Jürgen Jahnke
Der Verdienstausfall im Schadensersatzrecht

AnwaltsPraxis

Der Verdienstausfall im Schadensersatzrecht

3. Auflage 2009

Von
Rechtsanwalt **Jürgen Jahnke**, Münster

herausgegeben von der
Arbeitsgemeinschaft Verkehrsrecht
im Deutschen AnwaltVerein

Zitiervorschlag:
Jahnke, Verdienstausfall, Kap 1, Rn 1

Copyright 2009 by Deutscher Anwaltverlag, Bonn
Satz: Cicero Computer GmbH, Bonn
Druck: Medienhaus Plump GmbH, Rheinbreitbach
ISBN 978-3-8240-1033-2

Bibliografische Information der Deutschen Bibliothek
Die Deutsche Bibliothek verzeichnet diese Publikation in der Deutschen Nationalbibliografie; detaillierte bibliografische Daten sind im Internet über http://dnb.ddb.de abrufbar.

Vorwort

Der Gesetzgeber sah sich in den letzten Jahren, durch politische Engpässe, wirtschaftliche Opportunitäten, alterungsspezifische Vorgaben, Wahlversprechen geprägt, aber auch von persönlichkeitsbezogenen (personenbezogenen) Projekten und Zielen gejagt, bemüßigt, das juristische Feld in weiten Bereichen neu zu bestellen. Die Ernte ist zwar bis heute nicht eingefahren, die Experimente mit gesetzlichen Neuerungen laufen jedoch unbeirrt weiter; Flurschäden sind genügend hinterlassen.

Gesetze, gerade mit Bezug zum sozialen Leistungsrecht, erreichen mittlerweile Haltbarkeitszeiten, für die so manches Lebensmittelprodukt vom Markt zu nehmen wäre. Vielleicht haben die biblischen 10 Gebote nur deswegen ihre Klarheit nicht eingebüßt, weil sie ohne Sachverständigenkommission entstanden sind, und waren deswegen so lange von Bestand, weil hier nicht Politiker das letzte Wort hatten. Qualitative Vorbehalte gegenüber der Gesetzgebung äußerten auch *von Bismark* und *Moser*:

– Wer weiß, wie Gesetze und Würste zustande kommen, kann nachts nicht mehr ruhig schlafen. (*Otto Fürst von Bismarck*)

– Das Auge des Gesetzes blickt selten hinter die Kulissen des Lebens. (*Jürg Moser*)

Zutreffend skizziert *Dr. Gerda Müller* (Vizepräsidentin und Vorsitzende Richterin des VI. Zivilsenates des Bundesgerichtshofes):[1]

> „Kürzlich erkundigte sich ein Kollege aus einem Strafsenat bei mir quasi hinter vorgehaltener Hand, ob es den § 823 BGB noch gebe, und ich war froh, dies auf Anhieb bejahen zu können, ohne ihm sagen zu müssen 'da muss ich erst einmal nachschauen'.
>
> Dieser Vorfall erscheint mir kennzeichnend für die derzeitige Geistesverfassung der meisten Juristen, nämlich
> – sowohl die vorsichtige Erkundigung bei jemandem, der Bescheid wissen könnte,
> – als auch dessen Freude, wenn er tatsächlich Bescheid weiß,
> – und schließlich die gemeinsame Freude darüber, dass doch nicht alles geändert worden ist.
>
> Ja, wir sind – wie ich das in einer Zeitung las – weitgehend von Rechtskundigen zu Rechtsunkundigen geworden, und es drängt sich die Erinnerung an die Einführung des BGB auf, die mehrere Reichsgerichtsräte veranlasst haben soll, entnervt in den Ruhestand zu fliehen, um nicht das neue Recht und seine Anwendung erlernen zu müssen."

Auch nachstehende Worte von *Prof. Willi Geiger*, Richter am Bundesverfassungsgericht[2] haben an Aussagekraft nach wie vor nichts verloren. Im Gegenteil, sie gelten inhaltlich verstärkt fort:

> „In Anbetracht der Unmenge und der kaum noch durchschaubaren Kompliziertheit der Regelungen, die der Gesetzgeber, man ist versucht zu sagen, fabriziert hat und täglich fabriziert, wird der Bürger in seinen Erwartungen an das Gericht bescheidener werden müssen. Es ist für die unmittelbar Beteiligten objektiv nicht mehr möglich, den Ausgang eines Rechtsstreits zu kalkulieren. Da wird nicht nur mit der Beweislast immer raffinierter umgegangen, da wird auch überall und in den überraschendsten Kombinationen abgewogen, da gibt es Ausnahmen von der Regel zuhauf, da wird dem einen zugemutet, was dem anderen unzumutbar ist.
>
> Ich wage nach einem langen Berufsleben in der Justiz, wenn ich gefragt werde, den Ausgang eines Prozesses nur noch nach dem im ganzen System angelegten Grundsatz vorauszusagen:

---

1 *Müller* ADAC-Juristen-Congress am 25.10.2002 in Dortmund, DAR 2002, 540 = VersR 2003, 1.
2 *Geiger* „Die Rolle des Richters unter den gegenwärtigen Bedingungen unserer freiheitlich-rechtsstaatlichen Demokratie" DRiZ 1982, 321 (325).

Vorwort

- Nach der Regel müsste er so entschieden werden; aber nach einer der vielen unbestimmten Ausnahmen und Einschränkungen, die das Recht kennt, kann er auch anders entschieden werden. Das genaue Ergebnis ist schlechthin unberechenbar geworden.

Allenfalls kann man mit einiger Sicherheit sagen:
- Wenn du meinst, du bekommst alles, was dir nach deiner Überzeugung zusteht, irrst du dich.

Ein der Entlastung der Gerichte dienlicher Rat könnte bei dieser Lage der Dinge sein:
- Führe möglichst keinen Prozess; der außergerichtliche Vergleich oder das Knobeln erledigt den Streit allemal rascher, billiger und im Zweifel ebenso gerecht wie ein Urteil.

Das heißt in allem Ernst:
- Unter den in der Bundesrepublik Deutschland obwaltenden Verhältnissen von den Gerichten Gerechtigkeit zu fordern, ist illusionär."

Die Praxis hat mit dem vorwiegend tagespolitisch bestimmten Prozedere erhebliche Probleme, da die Rechtsprechung ebenso wenig wie die die Gesetzgebung prägende Ministerialbürokratie das Zusammenspiel verschiedener Gesetze und Rechtslagen im Leistungs- und Regressbereich überblickt. Der Bereich der Schadenabwicklung ist leider nur noch von wenigen Spezialisten annähernd durch- und überschaubar, die fehlerhafte Bearbeitung von Schadenfällen dürfte die Regel werden.

Diese Darstellung zu einem kleinen, aber kostenintensiven und damit wichtigen Teilbereich der Schadenregulierung will versuchen, Licht in den Dschungel zu tragen.

Münster, im Winter 2008

Inhaltsübersicht

Vorwort		5
Inhaltsverzeichnis		9
Übersichten		35
Literaturverzeichnis		37
Zeitschriften-/Fundstellenverzeichnis		39
Abkürzungsverzeichnis		43
Gesetzesverzeichnis		45
Kapitel 1	Einleitung	47
Kapitel 2	Erwerbsschaden	91
Kapitel 3	Erwerbstätige Personen	157
Kapitel 4	Selbstständige	359
Kapitel 5	Nebeneinkünfte	419
Kapitel 6	Potentiell erwerbstätige Personen	429
Kapitel 7	Sonderbereiche	447
Kapitel 8	Vorteilsausgleich	481
Kapitel 9	Schadenminderung	491
Kapitel 10	Reha-Management	513
Kapitel 11	Prozessuales, Beweisfragen	517
Kapitel 12	Verjährung	535
Kapitel 13	Kapitalisierung	553
Kapitel 14	Abfindungsvertrag	569
Kapitel 15	Anwalts- und Prozesskosten	585
Kapitel 16	Steuerrechtliche Aspekte	601
Index		619

Inhaltsverzeichnis

Vorwort 5

Übersichten 35

Literaturverzeichnis 37

Zeitschriften-/Fundstellenverzeichnis 39

Abkürzungsverzeichnis 43

Gesetzesverzeichnis 45

Kapitel 1 Einleitung 47
A. Statistik 47
B. Schadensersatz – Drittleistungsanspruch 49
    I. Schadensersatzpflichtiger und Drittleistungsträger 49
    II. Drittleistungsträger 50
    III. Unfallgegner 51
C. Beschränkung der Leistungspflicht des Haftpflichtversicherers gegenüber Drittleistungsträgern 51
D. Haftung 52
E. Forderungsberechtigung, Forderungswechsel 52
    I. Drittleistung 52
    II. Forderungsübergang 54
        1. Gesetzlicher – privatrechtlicher Forderungsübergang 54
            a. Recht zum Unfallzeitpunkt 55
            b. Arten des Forderungswechsels 56
                aa. Forderungswechsel 56
                bb. Analogieverbot 56
                cc. Abtretung 57
                dd. Konkurrenz von gesetzlichem und privatrechtlichem Anspruchswechsel 57
                    (1) Vermischung von Cessio legis und Abtretung 57
                    (2) § 119 SGB X und Abtretung (Kinderunfall) 58
                    (3) Rückabtretungsverbot 59
        2. Zeitpunkt des Forderungswechsels 59
        3. Künftig erst mögliche Zuständigkeit 59
            a. Sozialversicherer 59
            b. § 119 SGB X 60
            c. Sozialhilfeträger 60
            d. Privatversicherer, Arbeitgeber 60
            e. Rückübertragung 61
        4. Rechtsnachfolge und Beweislast 62
        5. Umfang des Forderungswechsels 64
    III. Gesamtgläubigerschaft 64
        1. Außenverhältnis 65
        2. Innenverhältnis 66
        3. Schuldnerschutz 67
    IV. Kongruenz 67
        1. Sachliche Kongruenz 68
        2. Zeitliche Kongruenz 69

      3. Drittleistungsträger und kongruente Leistungen 70
  V. Sonderfälle 71
      1. Teilungsabkommen 72
      2. § 110 SGB X, § 640 RVO 73
          a. RVO – SGB VII 74
              aa. Unfall ab dem 1.1.1997 74
              bb. Unfall bis zum 31.12.1996 74
          b. Originärer Anspruch 74
          c. Einwände zum Anspruchsgrund, Mitverantwortlichkeit 75
          d. Einbeziehung nicht kongruenter Ersatzansprüche 75
          e. Beweisverteilung 76
              aa. Anspruchsgrund 76
              bb. Anspruchshöhe 76
              cc. Übersicht 77
          f. Verwandtenprivileg 77
          g. Gesamtgläubigerschaft 79
          h. Zweitschädiger 79
              aa. § 640 RVO 79
              bb. §§ 110f. SGB VII 79
  VI. Vermögenseinbußen der Drittleistungsträger 80
      1. Nicht erstattungsfähige, durch das Haftpflichtgeschehen ausgelöste
         Leistungen 80
      2. Nicht ersatzfähige Vermögenseinbußen 80
      3. Anwaltliche Vertretung 81
      4. Verzug 81
F. Anspruch 82
  I. Rechtsnormen 82
      1. Bürgerliches Gesetzbuch (BGB) 82
      2. Haftpflichtgesetz (HPflG) 83
      3. Luftverkehrsgesetz (LuftVG) 84
      4. Produkthaftungsgesetz (ProdHaftG) 84
      5. Straßenverkehrsgesetz (StVG) 85
  II. Erwerbsschaden und Unterhaltsschaden 85
      1. Erwerbsschaden 85
      2. Unterhaltsschaden 86
      3. Entgangene Dienste 87
      4. Abfindung 87
          a. Kongruenz 87
          b. Verhandlungen mit dem Unfallbeteiligten 87
          c. Rechtsnachfolge 88
              aa. Erbe, Unterhaltsberechtigter 88
              bb. Drittleistungsträger 88
          d. Verjährung 89
      5. Kein Abgleich von Ansprüchen wegen Verletzung und Tötung 90

Kapitel 2 Erwerbsschaden 91
A. Rechtsverletzung 91
  I. Sachschaden 91
      1. Gewinnausfall 91
      2. Gewerblich genutztes Fahrzeug 91
  II. Rechtsgutverletzung 92

	1.	Anspruchsgrundlage		93
		a. Schaden, aber kein Anspruch		93
		b. Reflexwirkung		94
		c. Rechtsgüterschutz		95
		d. Schutzgesetzverletzung		96
	2.	Eigentumsverletzung		96
	3.	Tier		97
	4.	Körperverletzung		98
		a. Verletzung		98
			aa. Rechtsgutverletzung	98
			bb. Psychische Beeinträchtigung, Befindlichkeitsstörung	100
			cc. Nasciturus	104
			(1) Verletzung des Nasciturus	104
			(2) Verletzung der Mutter	104
			(3) Mitverantwortung der Mutter	105
			(4) Gesetzliche Unfallversicherung	105
			(5) Produkthaftung	105
		b. Körperlicher und psychischer Folgeschaden		105
		c. Nachweis		106
		d. Verletzungsverdacht		106
	5.	Kausalität, Zurechnungszusammenhang		108
		a. Allgemeines Lebensrisiko		108
		b. Geringfügiges Schadenereignis		111
		c. Eigener Eingriff den Schadenlauf		111
		d. Fehlverhalten Dritter		114
		e. Unfallfremde Schadensanfälligkeit, Vorschaden		115
			aa. Sozialrecht – Zivilrecht	115
			bb. Haftungsgrund	116
			cc. Haftungsvolumen	117
		f. Überholende Kausalität		117
III.	Mittelbarer Schaden			118
	1.	Sonderregeln		119
	2.	Eigene Rechtsgutverletzung		119
B. Schadenbestimmung				120
I. Differenzhypothese				120
II. Entgelt-Orientierung				122
III. Einzelprobleme und Abgrenzungen				125
	1.	Arbeitgeber		125
	2.	Arbeitskraftfortfall		125
	3.	Arztbesuche		125
	4.	Aufwandsentschädigung (Auslöse, Spesen, Auslagenersatz)		127
	5.	Besuchs- und Betreuungskosten		127
		a. Besuchskosten		127
		b. Zuwendung		128
		c. Betreuung		129
	6.	Chance		130
	7.	Dienstleistungen		130
		a. Außereheliche Gemeinschaft		130
		b. Entgangene Dienste		130
		c. Familienbetrieb		130

Inhaltsverzeichnis

    d. Unentgeltliche Hilfe 131
8. Eigenleistungen im/am eigenen Heim 131
    a. Kongruenz 131
    b. Anforderungen 132
    c. Darlegung 132
    d. Schadenhöhe 133
9. Elterngeld, Erziehungsgeld 133
10. Entwertungsschaden 133
11. Freizeiteinbuße 135
12. Frustrierter Aufwand, Frustrationsschaden 135
13. Geldstrafe/Sanktion 135
14. Geldwerte Zuwendung 136
15. Gesellschaft 136
16. Gesellschaftliche Nachteile 136
    a. Heiratschancen, verringerte 136
    b. Soziale Einbuße 137
17. Eingriff in den eingerichteten Gewerbebetrieb 137
18. Ideelle Einbußen 137
19. Kindergeld 137
20. Leibgeding 138
21. Minderverdienst 138
22. Nebenklage 138
23. Nebentätigkeit 138
24. Nutzungsausfall 138
25. Nutzlose Aufwendungen 138
26. Pflegetätigkeit 139
    a. Unentgeltliche Pflegetätigkeit 139
    b. Pflegetätigkeit (u.a. nach SGB XI) 139
        aa. Einkommenscharakter 139
            (1) Einkommen 139
            (2) § 119 SGB X 139
            (3) Steuer 140
        bb. Verletzung/Tod der gepflegten Person 140
        cc. Verletzung/Tod der pflegenden Person 140
27. Rechtswidrige Einkünfte 140
    a. Verbotene Einkünfte 140
    b. Sittenwidrigkeit 142
    c. Sozialrechtlicher Konfliktbereich 142
    d. Sozialrechtliche Nachteile bei Bedarfgemeinschaft (SGB II) 143
    e. Steuerrechtliche Parallelwertung 143
    f. Anwaltliche Honorarvereinbarung 144
28. Saisonarbeit 144
29. Seelische Beeinträchtigung 144
30. Selbsthilfegruppe, Recherchen 144
31. Sozialabgaben, Fortfall oder Minderung 144
32. Spekulationsgewinne 145
33. Trinkgeld 145
34. Unternehmer 146
    a. Eingriff in den eingerichteten Gewerbebetrieb 146
    b. Gesellschafter 147

        c. Mitarbeiter des verletzten Selbstständigen 147
        d. Verletzte Mitarbeiter eines Unternehmens 147
35. Urlaub 147
36. Vergebliche Aufwendungen 149
        a. Nutzungswegfall 149
        b. Beeinträchtigungen 151
        c. Fortlaufende Kosten 151
        d. Nutzlose Aufwendungen Dritter 151
        e. Rechtliche Gemengelage 152
37. Verlust von Wertgegenständen 152
38. Vermögensnachteile 152
39. Zeitverlust 153
        a. Immaterieller Schaden 153
        b. Rechtsgutverletzung 154
        c. Schadenabwicklung 154
40. Zinsen 155

Kapitel 3 Erwerbstätige Personen 157
A. Einleitung 157
B. Unselbständig Tätige 159
    I. Arbeitnehmer 159
        1. Personenkreis 159
            a. Arbeitnehmer im engeren Sinne 159
                aa. Arbeiter, Angestellte, Auszubildende (Azubi) 159
                bb. Geringfügige Beschäftigung 159
                      (1) Bis 31.3.1999: 630 DM-Beschäftigung 159
                      (2) 1.4.1999 – 31.3.2003: 630 DM/325-EUR-Job 160
                          (a) Sozialrecht 160
                          (b) Arbeitsvertrag 161
                          (c) Steuerrecht 162
                      (3) Ab 1.4.2003: Minijob (400 EUR)/Midijob 162
                          (a) Inhalt 162
                          (b) Minijob 162
                              (aa) 400-EUR-Grenze 162
                              (bb) Arbeitnehmer 163
                              (cc) Arbeitgeber 163
                              (dd) Sonderform: Geringfügige Beschäftigung in
                                    Privathaushalten 164
                              (ee) Versteuerung 165
                          (c) Midijob 166
                          (d) Kurzfristige Beschäftigung 166
                      (4) Übersicht 167
                cc. Ein-Euro-Job 168
                dd. Geringfügige versicherungspflichtige Beschäftigung 168
            b. Scheinselbstständige (§ 7 IV SGB IV) 168
                aa. Arbeitnehmerstellung 168
                bb. Regelung 1999 169
                cc. Regelung 2000 169
                dd. Regelung 2003 170
                ee. Personenkreise 171
                ff. Anfrageverfahren 172

Inhaltsverzeichnis

		gg.	Auswirkungen		173
			(1) Versicherungspflicht		173
			(2) Sozialleistungen		173
			(3) Arbeitsunfall, §§ 104 ff. SGB VII		174
	c.	Keine Arbeitnehmer (im engeren Sinne)			174
2.	Einkommen				174
	a.	Begriff des Einkommens			174
	b.	Arbeitslohn, Gehalt			175
	c.	Vermögenswirksame Leistungen			175
	d.	Riesterrente, Rüruprente			175
	e.	Kindergeld			176
	f.	Nebeneinkünfte			176
		aa. Nebentätigkeit			176
		bb. Zulage			176
		cc. Sachbezug			177
		dd. Auslöse, Spesen			178
	g.	Überstunden			178
	h.	Unregelmäßige Einkünfte			178
		aa. Saisonarbeiter			178
		bb. Trinkgeld			179
3.	Zeitraum und Prognose				179
	a.	Kapitalisierung			179
	b.	Entwicklung			179
	c.	Fiktive familiäre Entwicklung			180
	d.	Ausländer			181
	e.	Langfristiger Ausfall			182
		aa. Arbeitsendalter			183
			(1) Allgemeines		183
			(2) Arbeitnehmerschaft		183
			(3) Beamte		184
		bb. Rechtsprechung			185
	f.	Grenzziehung			186
		aa. Gesetzliches Rentenalter			186
		bb. Rentenreform („Rente mit 67")			187
			(1) Altersrente		187
			(2) Langjährige Versicherung		188
				(a) Langjährig Versicherte, § 36 SGB VI	188
				(b) Bergleute, § 40 SGB VI	188
				(c) Schwerbehinderte Menschen, § 37 SGB VI	188
				(d) Arbeitslosigkeit	189
				(e) Landwirtschaft	189
				(f) Künstler	189
			(3) Vorzeitige Rente		189
				(a) Abschlag	189
				(b) Erwerbsminderungsrente	189
				(c) Zugangsfaktor	189
				(aa) Gesetzesbegründung	190
				(bb) Sozialrechtliche Konsequenzen	192
			(4) Betriebliche Altersversorgung		193
			(5) Beamtenrechtliche Versorgung		193

		cc.	Sonderregelungen	193
4.	Vorschaden, psychische Beeinträchtigung			195
5.	Brutto-Netto-Schaden			196
	a.	Methodik		196
	b.	Berechnungsmodalitäten		197
		aa.	Sozialversicherungsabgaben	197
		bb.	Steuern	200
		cc.	Drittleistungen	201
		dd.	Pflichtwidrig unterlassene Einkünfte	201
		ee.	Vorteilsausgleich	202
		ff.	Arbeitgeberabfindung	202
	c.	Nettolohn-Vereinbarung		202
	d.	Beamte, Privatversicherte		203
6.	Beispiele			203
	a.	Alleinverdiener		203
	b.	Doppelverdiener		204

II. Drittleistungen/Forderungsübergang ... 205

1.	Uneinheitlichkeit des Rechtssystems			205
2.	Auslandsbezug			206
	a.	Ausländische Träger		206
	b.	Fremdrentenrecht		206
	c.	§ 119 SGB X		206
	d.	Europäische Sozialsysteme, MISSOC		206
3.	Arbeitgeber			207
	a.	Leistung		207
	b.	Leistungsbeschränkung		208
	c.	Forderungswechsel		209
	d.	Arbeitgeberabfindung		209
4.	Altersteilzeit			210
5.	Betriebliche Altersversorgung			212
	a.	Varianten		212
	b.	Leistung		212
	c.	Leistungsträger		213
	d.	Forderungsübergang		213
6.	Gesetzliche Sozialversicherung			214
	a.	Allgemeines zur gesetzlichen Sozialversicherung		215
		aa.	Antrag, von Amts wegen	215
			(1) Antrag	215
			(2) Von Amts wegen	215
		bb.	Verzicht, Verjährung	215
		cc.	Forderungsübergang	216
			(1) Sozialleistung	217
			(2) Kongruenz	218
			(3) Freiwillige Versicherung	218
			(4) Zeitpunkt, Reichweite	218
			(5) Altfall vor 1.7.1983: § 1542 RVO	220
			(a) Spätschaden	221
			(b) Quotenvorrecht des Sozialversicherers	221
	b.	Arbeitsverwaltung		222
		aa.	Keine Sozialversicherung	222

	bb.	Leistungen		222
		(1) Arbeitslosengeld (§§ 3 I Nr. 8, 116 Nr. 1, 117 ff. SGB III)		222
		(2) Teil-Arbeitslosengeld (§§ 3 I Nr. 8, 116 Nr. 2, 150 SGB III)		224
		(3) Arbeitslosenhilfe (§§ 3 I Nr. 8, 116 Nr. 6, 190 ff. SGB III) (bis 31.12.2004)		224
		(4) ALG II, §§ 19 ff. SGB II (ab 1.1.2005)		225
			(a) Personenkreis	225
			(b) Nachrangigkeit	225
			(c) Kongruenz	226
			(d) Leistungsumfang	226
			(e) Sozialversicherungsbeiträge	227
			(aa) Sozialversicherungsabgaben zum ALG II	227
			(bb) § 119 SGB X	227
			(f) Zumutbarkeit von Arbeitsaufnahme, Schadengeringhaltungsverpflichtung	228
			(g) Systemänderung	228
			(h) Regresszuständigkeit	228
		(5) Fortzahlungsanspruch bei Krankheit (§ 126 SGB III)		229
			(a) ALG	229
			(b) ALG II	229
			(c) Kinderbetreuung	230
	cc.	Umschulung		230
	dd.	Leistungsbeschränkung		230
	ee.	Forderungsübergang		230
		(1) Abtretung zugunsten der Arbeitsverwaltung		230
		(2) Cessio legis		231
		(3) Unfall vor dem 1.7.1983		231
			(a) § 127 AFG a.F.	231
			(b) Abfindung des unmittelbar Verletzten	232
		(4) Unfall ab dem 1.7.1983		233
			(a) 1.7.1983 – 31.12.1997: § 127 AFG n.F.	233
			(b) Ab 1.1.1998: § 116 SGB X	233
			(c) Ab 1.8.2006: § 116 SGB X	234
			(d) Zeitpunkt	234
	ff.	Arbeitsunfall		235
c.	Krankenkasse			235
	aa.	Krankengeld		235
		(1) Bezug zu anderen Barleistungen		235
		(2) Beiträge		236
		(3) Anspruchsbeschränkungen		236
	bb.	Kinderkrankengeld (§ 45 SGB V)		237
	cc.	Forderungsübergang		238
		(1) Cessio legis		238
		(2) Forderungsübergang bei Mitversicherung		238
d.	Pflegeversicherung			239
e.	Rentenversicherer			240
	aa.	Arbeitsunfähigkeit		240
	bb.	Übergangsgeld (§§ 20 ff. SGB VI)		240

	cc.	Renten		240
		(1) Voraussetzungen der Rentengewährung		241
		(2) Vorgezogene Renten		241
			(a) Rente wegen teilweiser Erwerbsminderung (§§ 33 III Nr. 1, 43, 240 SGB VI)	241
			(b) Erwerbsunfähigkeitsrente (§§ 33 III Nr. 2, 44, 241 SGB VI)	242
			(c) Bergmannsrente (§§ 33 III Nr. 3, 45, 242 SGB VI)	242
		(3) Altersrente (§§ 33 II, 35 ff. SGB VI)		242
	dd.	Zuschüsse zu den Aufwendungen für die Kranken- und Pflegeversicherung (§§ 106, 106a SGB VI)		243
	ee.	Fremdrentenrecht		243
	ff.	Unterbringung in beschützender Werkstatt		244
	gg.	Forderungsübergang		245
f.	Unfallversicherung			246
	aa.	Unfallversicherungsschutz		246
		(1) Vorbemerkung		246
		(2) Arbeitsunfall des Geschädigten		246
		(3) Leichtsinn		247
		(4) Bewusstseinstrübung		247
			(a) Wegeunfall	248
			(b) Arbeitsunfall	249
		(5) Übersichten		249
			(a) Gesetzlicher Unfallversicherungsschutz und Lebensabschnitte	249
			(b) Privatsphäre – berufliche Sphäre	250
	bb.	Jahresarbeitsverdienst (JAV)		251
		(1) Alle Arbeitseinkünfte		251
		(2) Sonderregelung		252
		(3) Satzung		253
	cc.	Verletztengeld (§§ 45 ff. SGB VII)		253
	dd.	Kinderpflege-Verletztengeld (§ 45 IV SGB VII)		254
	ee.	Verletztenrente		254
	ff.	Übergangsgeld während der Berufshilfemaßnahmen (§ 35 SGB VII)		255
	gg.	Konkurrenz von Barleistungen		255
	hh.	Forderungsberechtigung		256
		(1) Cessio legis, originärer Anspruch		256
		(2) Aufwendungsersatz (§ 110 SGB VII, § 640 RVO)		257
		(3) Forderungsübergang		257
			(a) Kongruenz	257
				(aa) Verdienstausfall	257
				(bb) Vermehrte Bedürfnisse	258
				(cc) Schmerzensgeld	258
			(b) Freiwillige Sozialversicherung	258
			(c) Zuständigkeitswechsel zur Unfallversicherung	259
				(aa) Krankenkasse	259
				(bb) Weitere Sozialversicherer	260
				(cc) Erstattungsverfahren der Leistungserbringer	260

                    (dd) Private Versicherer 261
                        (i) Subsidiaritätsklausel 261
                        (ii) Forderungsübergang 262
     g. Landwirtschaftliche Sozialversicherung 262
7. Berufsständische Versorgung 262
     a. Beitrag 263
     b. Leistungen 263
          aa. Leistungen zur Erhaltung, Besserung und Wiederherstellung
               der Erwerbsfähigkeit 263
          bb. Renten 263
               (1) Berufsunfähigkeitsrente 263
               (2) Altersrente 264
     c. Forderungsübergang 264
          aa. Abtretung 264
          bb. Quotenvorrecht 264
          cc. Besonderheiten bei Zusammentreffen mit anderem
               Leistungsträger 265
          dd. Verwandtenprivileg 265
     d. Arbeitsunfall 265
     e. Versicherungsschutzversagung 265
8. Soziale Grundversorgung 266
     a. „Sozialamt" 266
     b. Sozialhilfe 266
          aa. Leistungsberechtigung 266
               (1) Personenkreis 266
               (2) Bedürftigkeit 266
               (3) Einkommen 267
               (4) Subsidiarität 268
               (5) SGB II 268
          bb. Forderungsbefugnis 268
               (1) Vergangenheit 268
               (2) Zukunft 268
               (3) Einzugsermächtigung 269
          cc. Leistungsumfang 269
               (1) Hilfe zum Lebensunterhalt 269
                    (a) Laufende Leistungen 270
                    (b) Einmalige Leistungen 270
               (2) Hilfen in besonderen Lebenslagen 270
                    (a) Grundsicherung im Alter und bei
                         Erwerbsminderung 270
                    (b) Eingliederungshilfen für behinderte Menschen
                         (§§ 53 ff. SGB XII) 271
                    (c) Blindenhilfe (§ 72 SGB XII) 271
                    (d) Hilfe zur Weiterführung des Haushaltes (§§ 27 I
                         Nr. 10, 70 f. BSHG) 271
                    (e) Altenhilfe (§ 71 SGB XII) 271
               (3) Budget (§ 17 SGB IX) 272
          dd. Forderungsberechtigung 273
               (1) § 114 SGB XII 273
               (2) § 93 SGB XII 273

			(3)	§ 90 BSHG a.F.	273
			(4)	§ 116 SGB X	273
			(5)	Arbeitsunfall	274
		ee.	Verwandtenprivileg		274
		ff.	Versicherungsschutzversagung		275
	c.	SGB II			276
	d.	Grundsicherung			276
		aa.	Voraussetzungen		276
			(1)	Bedürftigkeit	276
			(2)	Antrag	276
			(3)	Anspruchsberechtigung	277
				(a) Altersarmut	277
				(b) Dauerhafte Erwerbsminderung	277
			(4)	Territorialprinzip	278
		bb.	Leistung		278
			(1)	Keine Subsidiarität	278
			(2)	Leistungsspektrum	278
			(3)	Behindertenwerkstatt	278
		cc.	Forderungswechsel		279
			(1)	GSiG, SGB XII	279
			(2)	Verteilung	279
			(3)	Systemänderung	279
			(4)	Verwandtenprivileg	280
		dd.	Versicherungsschutz		280
	e.	Asylbewerber			280
		aa.	„Sozialhilfe"leistungen		280
			(1)	Leistungsberechtigung	280
			(2)	Leistungen	281
			(3)	Forderungsübergang	281
		bb.	Gesetzliche Sozialversicherung		281
9.	Sozialversorgung – Soziale Entschädigung				282
	a.	Bundesversorgungsgesetz (BVG)			282
		aa.	Versorgungsfall		282
		bb.	Leistungen		282
			(1)	Versorgungskrankengeld	282
			(2)	Besondere Hilfen im Einzelfall inklusive Berufsförderung (§ 24 I Nr. 2 SGB I)	283
			(3)	Rente wegen Minderung der Erwerbsfähigkeit (§ 24 I Nr. 3 SGB I, §§ 29 ff. BVG)	283
				(a) Grundrente (§ 31 BVG)	283
				(b) Ausgleichsrente (§ 32 BVG)	283
				(c) Berufsschadenausgleich (§ 30 III, VI BVG)	283
				(d) Übersicht	284
			(4)	Ehegatten- und Kinderzuschläge zu Renten (§§ 33a, 33b BVG)	284
		cc.	Forderungsübergang		284
			(1)	Cessio legis	284
				(a) § 81a BVG	284
				(b) § 81 BVG	286
			(2)	Verwaltungskosten	286

		(3)	Verwandtenprivileg	286
	dd.	Haftungsausschluss		286
	ee.	Versicherungsschutzversagung		286
b.	Opferentschädigungsgesetz (OEG)			287
	aa.	Leistungsberechtigung		287
	bb.	Leistungsumfang		287
	cc.	Forderungsübergang		287

III. Summenversicherung 288
   1. Abgrenzung Sozialversicherung (§ 166 SGB X) – Private Versicherer (§ 67 VVG a.F., § 86 VVG n.F.) 288
   2. Private Unfallversicherung 288
   3. FahrerPlus 288
   4. Lebensversicherung 289
   5. Berufsunfähigkeitsversicherung 289
   6. Krankentagegeldversicherung, Krankenhaustagegeldversicherung 289
      a. Arbeits- bzw. Berufsunfähigkeit 289
      b. Summenversicherung, Schadenversicherung 289
      c. Schadenrechtlicher Prämienzuschlag 290
   7. Reiserücktrittsversicherung 290

IV. Sonstige Dritt- und Versorgungsleistungen, Sonderbereiche 291
   1. Zusatzversorgungskasse 291
   2. Ausbildungsförderung (BAföG) 291
   3. Bundeskindergeldgesetz (BKGG) 292
      a. Leistungen 292
      b. Forderungsübergang 292
   4. Erziehungsgeld (BErzGG) 293
      a. Leistungen 293
      b. Tod 293
      c. Forderungsübergang 294
   5. Elterngeld 294
      a. Leistungen 294
      b. Tod 295
      c. Forderungsübergang 295
   6. Prostitutionsgesetz (ProstG) 295

C. Beitragsregress 295
   I. §§ 116 I 2 Nr. 2, 119 SGB X 296
   II. Rentenminderung 297
     1. § 119 SGB X 297
        a. Haftung 297
           aa. Schadenersatzanspruch 297
           bb. Mithaftung 298
        b. Voraussetzungen nach § 119 SGB X 299
           aa. Unfalltag 299
               (1) Unfall nach dem 30.6.1983 299
               (2) Unfall vor dem 1.7.1983 299
           bb. Pflichtversicherung 299
           cc. Zeitpunkt der Rentenversicherungspflichtigkeit 300
               (1) § 119 SGB X a.F. 300
               (2) § 119 SGB X n.F. 300
               (3) Übersicht 301

			dd.	Pflichtversicherter Personenkreis	302
			(1)	Pflichtversicherung	302
			(2)	Keine Pflichtversicherung	303
			(3)	Geringfügige Beschäftigung	303
			(a)	Pflichtversicherter Personenkreis	305
			(aa)	Versicherungsfreiheit	305
			(bb)	Nur 400-EUR-Jobs	305
			(b)	Kein Pflichtversicherungsbeitrag	305
			(aa)	Arbeitnehmer	306
			(bb)	Aufstockung durch Arbeitnehmer	306
			(cc)	Arbeitgeber	306
			(dd)	Finanzierung	307
			(ee)	Unwirtschaftlichkeit	308
			(4)	Pflegepersonen	308
			(5)	Nachversicherung	309
	c.	Leistungsumfang			310
		aa.	Entgangene Beiträge		310
		bb.	Beitragsbemessungsgrenze		311
		cc.	Zeitraum		311
		dd.	Wechsel des Verletzten in anderes Sicherungssystem, anderweitige Absicherung		311
		ee.	Unfallfeste Position		312
		ff.	Anderweitige Drittleistungen		312
		gg.	Arbeitslosenhilfe, ALG II, Sozialhilfe		313
			(1)	Bemessungsgröße	313
			(2)	Zukunft	313
		hh.	Unfallverletztenrente		313
		ii.	Minderverdienst		313
		jj.	Beschützende Werkstatt		313
	d.	Leistungsbeschränkungen			314
		aa.	Arbeitsunfall		314
		bb.	Angehörigenprivileg		314
		cc.	Versicherungsschutz		314
		dd.	Verkehrsopferhilfe		315
		ee.	Quoten-/Befriedigungsvorrecht		315
			(1)	§ 119 SGB X – § 116 SGB X	315
			(2)	§ 119 SGB X – Direktanspruch	315
	e.	Regressabwicklung			316
		aa.	Aktivlegitimation		316
		bb.	Schadennachweis		317
		cc.	Teilungsabkommen		317
		dd.	Unzureichender Regress		318
			(1)	Mithaftung	318
			(2)	Sozialrechtliche Konsequenzen	318
			(3)	Fehlerhafter Regress	320
	f.	Forderungswechsel			321
		aa.	Übertragung		321
		bb.	Zeitpunkt des Forderungswechsels		321
			(1)	Tatsächliche Verbuchung von Beiträgen	321
			(2)	Kinderunfall, noch nicht versicherte Personen	321

				cc.	§ 120 SGB X (Rückwirkung)	322

        cc. § 120 SGB X (Rückwirkung) ... 322
            (1) Einleitung ... 323
            (2) Schadenfall vor dem 1.7.1983 (Einführung des SGB X, Ersetzung von § 1542 RVO) ... 323
            (3) Schadenfall nach dem 30.6.1983, §§ 116, 119 SGB X .. 323
                (a) Forderungsübergang ... 323
                (b) Abfindung des Direktgeschädigten ... 323
                    (aa) Abfindung ohne Vorbehalt ... 323
                    (bb) Vorbehaltsabfindung vor dem 1.1.2001 ... 324
                (c) Abgeschlossener Sachverhalt ... 325
    2. Konsequenzen aus § 119 III 1 SGB X ... 326
        a. Pflichtbeitrag ... 326
        b. Erwerbsminderungsrente für bereits erwerbsgeminderte Personen .. 326
        c. § 119 SGB X und Vorversicherungszeiten ... 327
        d. Pflegeperson ... 328
        e. Beitragszeiten nach § 119 SGB X und Erhöhung einer Erwerbsminderungsrente ... 328
III. Auslandsberührung ... 329
IV. Personen außerhalb § 119 SGB X ... 329
    1. Keine Rentenversicherungspflicht ... 329
    2. Selbstzahler ... 329
    3. Berufsständische Versorgung ... 330
    4. Betriebliche Altersversorgung ... 330
V. Entgangene Krankenversicherungsbeiträge ... 331
    1. § 116 SGB X anstelle von § 119 SGB X ... 331
        a. Versichertenstatus ... 331
        b. Einwendungen ... 332
    2. Krankengeldzahlung ... 332
        a. Zeitraum ... 332
        b. Anderweitige Barleistungen ... 332
        c. Minderverdienst ... 333
    3. Höhe ... 333
VI. Andere Sozialversicherungsbeiträge ... 333
VII. Erstattung von Beiträgen nach § 179 Ia SGB VI ... 334
    1. Aufwand für den Behinderten ... 335
        a. Sozialpflichtversicherung ... 335
        b. Rentenbeitrag ... 335
        c. Leistungen ... 336
    2. Forderungsübergang ... 336
        a. § 116 SGB X ... 336
        b. § 179 Ia SGB VI ... 337
            aa. Cessio legis ... 337
            bb. Zeitpunkt ... 337
            cc. Rechtsvorgänger ... 338
            dd. Anspruchsberechtigung ... 338
                (1) Bund ... 338
                (2) Kostenträger ... 338
            ee. Haftung ... 339
                (1) Schadensersatzanspruch ... 339
                (2) Kein Aufwendungsersatzanspruch ... 339

			(3) Kongruenz	339
		ff.	Arbeitsunfall	340
		gg.	Verwandtenprivileg	340
		hh.	Versicherungsschutz	340
	c.	§ 119 SGB X – § 179 Ia SGB VI		340
	3.	Verjährung		342

D. Beamte 342
   I. Berufsgruppen 342
      1. Beamte 342
      2. Referendare 343
         a. Rechtsreferendare 343
         b. Andere Referendare 343
      3. Nicht-beamtete Beschäftigte 343
      4. Kirchlich Bedienstete 343
   II. Einkommen 344
      1. Zeitraum vor Pensionierung 344
      2. Vorzeitige Pensionierung 344
      3. Altersteilzeit 345
   III. Dienstfähigkeit 345
      1. Eingeschränkte Weiterverwendung 345
      2. Anderweitige Weiterverwendung 345
      3. Reha vor Rente 345
      4. Behandlungspflicht 346
   IV. Zeitraum und Prognose 346
   V. Vorsorgeaufwand 346
      1. Beihilfe 346
      2. Ruhestandsbeamter 347
         a. Abrechnungsmodalität 347
         b. Vorzeitig unfallkausal pensionierte Beamte 347
         c. Familienangehörige 347
         d. Unterhaltsschaden 348
   VI. Drittleistungen 348
      1. Diensthern 348
      2. BBesG, BeamtVG 349
      3. Dienstunfall, Dienstwegeunfall 349
         a. Voraussetzungen 349
            aa. Dienstunfall 349
            bb. Dienstwegeunfall 350
            cc. Ausschlussfrist 350
         b. Dienstunfallversorgung 350
            aa. Unfallausgleich (§§ 30 II Nr. 3, 35 BeamtVG) 350
            bb. Grundrente (§ 31 BVG) 351
            cc. Unfallruhegehalt, Unterhaltsbeitrag (§§ 30 II Nr. 4, 36 – 38 BeamtVG) 351
            dd. Einmalige Unfallentschädigung (§ 43 BeamtVG) 351
            ee. Mittelbarer Schaden 352
   VII. Vorteilsausgleich 352
   VIII. Forderungsübergang 353
      1. Forderungsberechtigung 353
      2. Zeitpunkt 353

	3. Quotenvorrecht	354
	4. Anspruchskonkurrenz	355
	5. Verwandtenprivileg	355
	6. Arbeitsunfall, Dienstunfall	356
	a. Arbeitnehmer im öffentlichen Dienst	356
	b. Beamte	356
	aa. Beamter	356
	bb. Dienstherr	356
	cc. Übersicht	357
	7. Versicherungsschutzversagung	357
E.	Pfarrer und kirchliche Bedienstete	358
	I. Kirchlich Bedienstete	358
	II. Pfarrer	358
F.	Arbeitnehmer im weiteren Sinne	358

Kapitel 4 Selbstständige 359

A.	Personenkreis	359
	I. Arbeitnehmerähnliche Selbstständige	359
	1. Begriff	359
	a. Regelung 1999	359
	b. Regelung 2000	359
	2. Beiträge	360
	II. Landwirte	360
	1. Schadenbestimmung	360
	2. Landwirtschaftliche Sozialversorgung	361
	a. Landwirtschaftliche Krankenversorgung	361
	b. Landwirtschaftliche Unfallversicherung	361
	c. Altershilfe für Landwirte	362
	III. Gesellschafter	363
	1. Anspruch	363
	2. Geschäftsführer	364
	3. Ein-Mann-Gesellschaft	364
	4. Eheliche Gütergemeinschaft	365
	IV. Künstler	365
	1. Schadenbestimmung	365
	2. Künstlersozialkasse	366
	V. Prostitution	366
B.	Einzelheiten	367
	I. Wegfall der Arbeitskraft	367
	II. Konkrete Vermögenseinbuße	368
	III. Gewinn aus konkret entgangenen Geschäften	369
	IV. Einstellung einer Ersatzkraft	370
	V. Neugründung	371
	VI. Zeitraum und Prognose	372
	VII. Gewinnminderung und Schadennachweis	373
	VIII. Sachverhaltsermittlung	373
	IX. Steuer	375
C.	Vorteilsausgleich	375
D.	Schadenminderung	376
E.	Drittleistungsverhältnis	377
	I. Drittleistungen	377

				1.	Sicherungssystem	377
				2.	Barleistungen	377
		II.	§ 105 II SGB VII – Schutz des nicht-versicherten Unternehmers			378
			1.	Personenkreis		378
			2.	Voraussetzungen des Leistungsanspruch		379
				a.	Zivilrechtliche Haftung des Schädigers	379
				b.	Haftungsausschluss	379
			3.	Leistungsrechtliche Folgen		379
		III.	Forderungsübergang			380
F.	Mitbetroffene Dritte						381
	I.	Gesellschafter					381
	II.	Mitarbeiter des verletzten Selbstständigen					381
	III.	Verletzte Mitarbeiter des Unternehmens					381
		1.	Arbeitgeberregress			381
		2.	Erstattungsanspruch nach AAG und §§ 10 ff. LFZG			382
G.	Lohnfortzahlung und Regress des Arbeitgebers						382
	I.	Vorbemerkung					382
		1.	Abhängig Beschäftigte			382
		2.	Mittelbar Geschädigter			383
	II.	Fortzahlung der Bezüge durch den Arbeitgeber					384
		1.	Gesetzliche Regelungen			384
		2.	Leistungsträger			385
			a.	Arbeitgeber des Verletzten		385
			b.	Krankenkasse nach §§ 1 f. AAG		385
		3.	Leistungsberechtigte			385
			a.	Arbeitsvertrag		386
			b.	Arbeitsunfähigkeit		386
			c.	Leistungsbeschränkung, unverschuldete Erkrankung		388
				aa.	Schuldhafte Verursachung durch Arbeitnehmer	388
				bb.	Wegfall der Fortzahlungsverpflichtung	388
				cc.	Fortzahlung ohne gesetzlichen Anspruch	390
				dd.	Unfall bei Nebentätigkeit	391
				ee.	Schutz bei Wegfall des Fortzahlungsanspruches	391
		4.	Beiträge			392
		5.	Leistungsumfang			392
			a.	Zeitliche Beschränkung		393
			b.	Leistungsspektrum und Forderungsübergang bei Arbeitnehmern		394
				aa.	Leistungen nach dem EFZG („fortgezahltes Entgelt")	394
					(1) Bruttolohn	396
					(2) Vermögenswirksame Leistungen	396
					(3) Überstunden	396
					(4) Einmalige Jahreszuwendungen	396
					(a) Urlaubsgeld	397
					(b) Weihnachtsgeld; 13., 14. Monatsgehalt	397
					(c) Gratifikationen	397
					(d) Berechnung	397
					(5) Urlaubsentgelt (= bezahlte Freizeit)	398
					(6) Gehaltszuschläge, Auslösen u.Ä.	399
					(7) Arbeitgeberanteile zur Sozialversicherung	399

			(8)	Beiträge zur zusätzlichen Alters- und Hinterbliebenenversorgung	400
		bb.		Rückstellung für Pensionsverpflichtung	400
		cc.		Nicht vom Forderungsübergang erfasste Abgabenlasten	400
		dd.		Eigene Vermögenseinbußen	402
		ee.		Schadenabwicklung und -begleitung	404
		ff.		Verzug	404
			(1)	Verzugschaden	404
			(2)	Außergerichtliche Rechtsverfolgungskosten außerhalb des Verzuges	405
			(3)	Mehrwertsteuer	406
	c.	Besonderheiten für das Baugewerbe			406
		aa.		Erstattungsfähige Positionen	406
			(1)	Beiträge zur Alters- und Zusatzkasse	406
			(2)	Beiträge zur Urlaubskasse	406
			(3)	Beiträge zur Lohnausgleichskasse	407
		bb.		Nicht erstattungsfähige Positionen	407
			(1)	Winterbauumlage	407
			(2)	Beiträge des Arbeitgebers zum Schlechtwettergeld („SWG-Beiträge")	407
			(3)	Beiträge des Arbeitgebers zum Wintergeld und Winterausfallgeld	407
III.	Vorteilsausgleich				407
IV.	Über das EFZG hinausgehende Leistungen				408
	1.	Vertragliche Aufstockung der EFZG-Leistungen während des 6-Wochen-Zeitraumes			408
	2.	Leistungen nach Ablauf des 6-Wochenzeitraumes			408
	3.	Leistungen außerhalb der Entgeltfortzahlung			408
V.	Besonderheiten				409
VI.	Leistungsbeschränkungen				409
	1.	Grobe Fahrlässigkeit			409
	2.	Vereitelung, § 7 I Nr. 2 EFZG (§ 5 LFZG)			409
VII.	Forderungsübergang				410
	1.	Cessio legis			410
		a.		Haftpflichtereignis ab dem 1.6.1994	410
		b.		Zeitpunkt	410
		c.		Quotenvorrecht	411
		d.		Einwendungen	412
	2.	Abtretung			412
	3.	Verhältnis zu anderen Forderungsübergängen			413
		a.		§ 6 EFZG (§ 4 LFZG) und Abtretung zu § 116 SGB X	413
		b.		§§ 1 ff. AAG, §§ 10 ff. LFZG	413
		c.		Verhältnis von § 6 EFZG zu § 119 SGB X	414
	4.	Verwandtenprivileg, Arbeitsunfall			414
VIII.	Versicherungsschutzversagung				414
IX.	Geltendmachung durch Krankenkasse				414
	1.	Erstattungsverfahren			415
		a.		Bis 31.12.2005: §§ 10 ff. LFZG	415
		b.		Ab 1.1.2006: AAG	416
		aa.		Lohnfortzahlung (U1–Verfahren)	417

		bb.	Freiwilliges Ausgleichsverfahren	417
		cc.	Lohnfortzahlung bei Mutterschaft (U2–Verfahren)	417
	2.	Sondervermögen		417
	3.	Abfindung		418
	4.	Gesamtgläubiger, Teilungsabkommen		418

Kapitel 5 Nebeneinkünfte 419

A. Nebentätigkeit 419
    I. Unfall bei Nebentätigkeit 419
        1. Lohnfortzahlung 419
            a. Haupttätigkeit 419
            b. Nebentätigkeit 420
        2. Gesetzliche Unfallversicherung 420
    II. Geringfügige Beschäftigung 421
    III. Selbstständige Nebentätigkeit 421
    IV. Ungenehmigte Nebentätigkeit 421
        1. Genehmigungspflicht 423
        2. Konsequenzen 423
    V. Umfang 423
    VI. Dauer 424
B. Überstunden 424
    I. Kollegen 424
    II. Abgrenzung zur Arbeitszeit 425
    III. Arbeitszeitrecht 425
    IV. Rechtslage bis zum 30.9.1996 425
    V. Rechtslage ab dem 1.10.1996 426
    VI. Tarifvertrag 426
C. Aufwandsentschädigung (Auslöse, Spesen, Auslagenersatz) 426
D. Sonstige Nebeneinnahmen 428

Kapitel 6 Potentiell erwerbstätige Personen 429

A. Kinder, Schüler, Auszubildende, Studenten 429
    I. Lebensalter und Verantwortlichkeit 429
    II. Vermögensnachteile 430
        1. Ausbildungsverzögerung 430
        2. Änderung des Berufszieles 431
        3. Sozialabgaben 432
    III. Zukunftsprognose 433
    IV. Vorteilsausgleich, Schadenminderung 434
    V. Reserveursachen 435
    VI. Entgangene Dienste, Unterhalt 435
    VII. Drittleistungen 435
    VIII. Klage 438
B. Arbeitslose 439
    I. Direktanspruch 439
    II. Drittleistungen an im Unfallzeitpunkt Arbeitslose 441
        1. 6-Wochenzeitraum ab Unfall / Erkrankung (Fortzahlung von ALG I und ALG II) 441
            a. ALG, § 126 SGB III 441
            b. Kinderbetreuung 442
            c. Arbeitslosenhilfe, § 25 SGB II 442

	2.	Zeitraum nach 6 Wochen				443
		a.	Krankengeld			443
		b.	Träger nach dem SGB II			444
	III.	§ 110 SGB X				444

Kapitel 7 Sonderbereiche 447

A. Ausfall im Haushalt 447
    I. Haushaltsführungsschaden 447
        1. Verletzungsfall 447
            a. §§ 842, 843 BGB 447
            b. Aufteilung Verdienstausfall – vermehrte Bedürfnisse 447
        2. Unterhaltsschaden 448
    II. Verletzungsfall 448
        1. Eigenversorgung – Fremdversorgung 448
            a. Eigenversorgung 448
                aa. Einzelhaushalt 448
                bb. Mehrpersonenhaushalt 449
            b. Fremdversorgung 449
                aa. Gesetzliche Versorgung 449
                      (1) Historische Entwicklung des
                            Haushaltsführungsschadens 450
                      (2) Maßstab 450
                            (a) Unterhaltsberechtigter Personenkreis 451
                            (b) Dem schützenswerten Personenkreises erbrachte
                                  tatsächlich erbrachte Arbeitsleistung 452
                bb. Tatsächliche Versorgung 452
                cc. Vertragliche Versorgung – Naturalleistung als Gegenleistung
                      für Barversorgung 454
                      (1) Äquivalent zur gegenseitigen Unterhaltsverpflichtung .. 454
                      (2) Synallagma, do ut des 454
                      (3) Nachweis 454
        2. Personenkreis 455
            a. Hausmann, Hausfrau 455
            b. Berufstätige 455
            c. Eingetragene Lebenspartnerschaft 455
            d. Kind, Jugendlicher 456
            e. Eheähnliche Gemeinschaft 456
        3. Beeinträchtigung 457
        4. Ersatzkraft 462
        5. Zeitraum und Prognose 463
        6. Schadenminderung 464
    III. Anspruch bei Tod 465
            a. Anspruch 465
            b. Barunterhalt – Naturalunterhalt 466
            c. Naturalunterhalt 466
                aa. Familienrechtlicher Rahmen bei Tötung 466
                bb. Mitarbeitsverpflichtung 468
                      (1) Ehegatte 469
                      (2) Kind 469
                cc. Schadenbemessung 469
    IV. Drittleistungen 471

	1. Verdienstausfall		471
		a. Lohnersatzleistungen	471
		b. Verletztenrente	471
		c. Haushaltshilfe	471
		d. Kongruenzhinweise	472
	2. Vermehrte Bedürfnisse		472
	3. Unterhalt		473
B.	Entgangene Dienste		473
	I. Anspruchsgrundlage		473
	II. Anspruchsvoraussetzung		474
	1. Aktivlegitimation		474
	2. Anspruchsvoraussetzung		474
	3. Mitverantwortung des Getöteten		475
	III. Personenkreis		475
	1. Vertragliche Verpflichtung		475
	2. Ehegatte		475
	3. Nicht-eheliche Beziehung		475
	4. Kind – Eltern		476
		a. Hausstand des Kindes	476
		b. Dienstleistung und Unterhalt	476
		c. Abgrenzung	477
	5. Eltern – Kind, Kind – Verwandtschaft		477
	IV. Höhe des Anspruches		477
	V. Dauer des Anspruches		478
	VI. Konkurrenz		479
	VII. Drittleistungen		479

Kapitel 8 Vorteilsausgleich ... 481
A. Allgemeines ... 481
B. Arbeitgeber – Krankenkasse – Verletzte Person ... 482
    I. Kürzung beim Arbeitgeber ... 482
    II. Rückgriff des Arbeitgebers gegenüber seinem Arbeitnehmer ... 483
C. Ersparnisse während der Zeit der stationären Behandlung ... 483
    I. Kongruenz ... 483
    II. Höhe ... 483
D. Ersparnisse während der Zeit der Arbeitsunfähigkeit ... 484
    I. Kongruenz ... 484
    II. Höhe ... 484
        1. Berufsbedingter Aufwand ... 484
            a. Kosten der Berufsausübung ... 484
            b. Steuerrecht ... 485
        2. Familienrechtliche Leitlinien ... 486
        3. Ersparnis ... 488
E. Zeitraum ... 490
F. Steuern ... 490

Kapitel 9 Schadenminderung ... 491
A. Selbstschädigendes Verhalten des Verletzten ... 492
    I. Aufgabe des Arbeitsplatzes ... 492
    II. Kündigung ... 492
        1. Krankheitsbedingte Kündigung ... 493

2. Schwerbehinderung		494
3. Kündigungsschutzklage		496
III. Falscher Arbeitsplatz		496
B. Verwertung noch vorhandener Arbeitskraft		497
C. Haushaltsführung		500
D. Überobligatorische Tätigkeit		500
E. Erwerbsminderungsrente und Hinzuverdienst		501
F. Umschulung und Wiedereingliederung		503
I. Reha-Maßnahme		503
II. Teilnahmepflicht		504
III. Kosten		504
1. Erforderlichkeit		504
2. Umfang		505
IV. Vorteilsausgleich		506
G. Medizinische Maßnahmen		506
I. Behandelnder Arzt		506
II. Befolgung ärztlicher Anordnung		506
III. Medizinische Eingriffe		507
IV. Operation		507
V. Eingriff in den Heilverlauf		508
H. Schadenfeststellung		508
I. Warnpflicht		510
J. Hinweispflicht		511
K. Kreditaufnahme		512
L. Beamte		512

Kapitel 10 Reha-Management 513

A. Sozialversicherung – Haftpflichtversicherung		513
B. Reha-Management		513
C. Kosten		514

Kapitel 11 Prozessuales, Beweisfragen 517

A. Einstweilige Verfügung		517
B. Prozesskostenhilfe		517
C. Aktivlegitimation		518
I. Überprüfung		518
II. Künftige Zuständigkeit		518
D. Klageantrag – Rentenantrag		518
E. Rente		519
I. Rentenmehrheit		519
II. Rentenvergleich		519
F. Beweisregeln		519
I. § 286, 287 ZPO, § 252 S. 2 BGB		520
1. Haftungsbegründende Kausalität		520
a. Primärschaden		520
b. Behandelnde Ärzte		522
c. Zeitliche Nähe		523
d. Vorheriges Regulierungsverhalten		523
2. Haftungsausfüllende Kausalität		524
3. Feststellungstitel		525
4. Rechtsnachfolge		525

| II. Nachweisanforderungen 525
         1. Geschädigter 525
         2. Schädiger 530
         3. Substantiierung 530
         4. Anscheinsbeweis 532

Kapitel 12 Verjährung 535
A. Schuldrechtsreform 535
B. Verjährung (§§ 194 ff. BGB) 535
    I. Allgemeines 536
    II. Prozessuales 536
        1. Einrede 536
        2. Beweislast 538
    III. Fristenlauf 538
        1. Allgemein 538
        2. Verjährungsfrist und Anspruchsart 539
            a. Allgemeine Frist 539
            b. Vertragliche Ansprüche 539
            c. Gesetzliche Ansprüche 539
            d. Deliktische Ansprüche 539
                aa. Personenschaden 540
                bb. Sachschaden 540
            e. Sonstige Rechte 540
        3. Beginn der Verjährung 540
            a. Entstehung 541
            b. Kenntnis, grob fahrlässige Unkenntnis 541
                aa. Positive Kenntnis 541
                bb. Grob fahrlässige Unkenntnis 542
                cc. Drittleistungsträger 542
        4. Unterbrechung 543
        5. Hemmung 543
            a. Rechtsverfolgung (§ 204 BGB) 544
            b. Personenbezogene Sonderbeziehung (§ 207 BGB) 544
            c. Verhandlung (§ 203 BGB) 544
    IV. Verjährungsverzicht 545
C. Verdienstausfall und Verjährung 545
    I. Stammrecht 546
    II. Wiederkehrende Leistung 546
        1. Feststellungsurteil 547
        2. § 197 II BGB 548
    III. Berechnungsbeispiel 549
        1. Vergleich der Systeme 550
        2. Konkurrenz der System 550
        3. Ergebnis 550

Kapitel 13 Kapitalisierung 553
A. Vorbemerkung 553
B. Recht auf Kapitalabfindung 555
    I. Allgemein 555
    II. Ersatzberechtigter (Geschädigter) 556
        1. Wichtiger Grund 556

Inhaltsverzeichnis

2.	Wahlrecht, Wechsel in der Person des Berechtigten	556
III.	Ersatzverpflichteter (Schädiger)	556

C. Ermittlung des Kapitalbetrages ... 557
    I. Allgemeine Berechnung ... 557
    II. Faktoren ... 557
        1. Laufzeit der Schadensersatzrente ... 557
            a. Stichtag ... 558
            b. Zeitraum und Prognose ... 558
                aa. Zeitabschnitte ... 558
                bb. Individuelle Umstände ... 558
        2. Zinsfuß ... 559
        3. Zu- und Abschläge ... 562
            a. Sterbetafel ... 562
            b. Teuerungszuschlag ... 563

D. Beispiele ... 563
    I. Aufgeschobene Rente und Differenzfaktor ... 564
    II. Kinderunfall, hinausgeschobene Leibrente ... 565

E. Zeitrententabelle ... 566
F. Sterbetafel ... 567

Kapitel 14 Abfindungsvertrag ... 569

A. Direktanspruch ... 569
B. Drittleistungsträger ... 569
    I. Forderungsübergang im Unfallzeitpunkt ... 570
        1. Allgemeines ... 570
        2. Späterer Erwerb ... 570
        3. Sozialamt, Arbeitsverwaltung ... 571
            a. Sozialhilfe ... 571
                aa. Forderungsübergang ... 571
                bb. Sozialhilfe und Kapitalisierung ... 572
            b. Arbeitsamt ... 573
                aa. Unfall ab dem 1.7.1983, § 127 AFG n.F., § 116 SGB X ... 573
                bb. Unfall vor dem 1.7.1983, § 127 AFG a.F. ... 573
    II. Forderungsübergang nach dem Unfall ... 575
        1. Abfindung des Direktgeschädigten ... 575
        2. Sicherung ... 576

C. Rechtsnachfolge des abgefundenen Leistungsträgers ... 576
    I. Abfindungswirkung gegenüber Rechtsnachfolgern ... 577
        1. Grundsatz ... 577
        2. Ausnahmen ... 578

D. Bestand des Vergleiches ... 579
E. Rentenvergleich ... 580
    I. Prozesshandlung ... 580
    II. Außergerichtliches Verfahren ... 581
    III. Flexible Rente ... 581
    IV. Anpassung von Rente und Kapitalbetrag ... 582
        1. Kapitalbetrag ... 582
        2. Rente ... 583
            a. Abänderung ... 583
            b. Wesentliche Veränderung ... 584
            c. Abänderung ex-nunc ... 584

Kapitel 15 Anwalts- und Prozesskosten 585
A. Außergerichtliches Verfahren 585
    I. Mandatsverhältnis – Schadensersatzverhältnis 585
    II. Allgemeine Erstattungsgrundsätze 586
    III. Außergerichtliche Erledigung 587
    IV. Tätigkeit gegenüber eigenem Versicherer 587
    V. Aktivlegitimation 587
B. Einheitliches Mandat 588
    I. Mehrere Besprechungen und Verhandlungen 588
    II. Vereinzelung 588
        1. Sukzessives Geltendmachen 588
        2. Wiederkehrende Leistungen 589
C. Streitwert 589
    I. Mandatsverhältnis 589
    II. Schadensersatzverhältnis 590
    III. Gerichtsverfahren 590
D. Vergleich 590
    I. Einigungsgebühr, Vergleichsgebühr 590
        1. Zeitlicher Anwendungsbereich 590
        2. Einigungsgebühr (Mandat nach dem 30.6.2004 erteilt) 591
        3. Vergleichsgebühr (Mandat vor dem 1.7.2004 erteilt) 592
        4. Streitwert 592
    II. Zwischenvergleich 592
    III. Teilerledigung 593
    IV. Abfindungsvorbehalt 593
E. Anwaltliche Honorarvereinbarung 594
F. Gerichtliches Verfahren 596
    I. Zivilgerichtlicher Vergleich 596
    II. Sozial- bzw. Arbeitsrechtsstreit 597
    III. Strafverfahren 598
        1. Nebenklage 598
        2. Adhäsionsverfahren 598
    IV. Vormundschaftsgericht 599
G. Umsatzsteuer 599

Kapitel 16 Steuerrechtliche Aspekte 601
A. Allgemein 601
    I. Netto-Schaden 601
    II. Steuererstattung 602
        1. Mehrsteuer 602
        2. Berechnungsgrundlage 602
        3. Steuerschraube 603
        4. Einbindung des Finanzamts 603
    III. Fiktivsteuer 603
    IV. Fälligkeit 603
B. Steuerarten 604
    I. Einkommensteuer 604
        1. Einkünfte 604
            a. Steuerfreie Einnahmen 604
            b. Einmalige Leistungen 604
            c. Wiederkehrende Leistungen (periodische Zahlungsweise) 605

	2.	Schadenarten und Versteuerung	605
		a. Verdienstausfall	605
		b. Haushaltsführungsschaden	605
		c. Schmerzensgeld	606
		d. Heilbehandlung, vermehrte Bedürfnisse	606
		e. Beerdigungskosten, Unterhaltsschaden	606
		f. Zusammenfassung	607
	3.	Berechnung	607
		a. Zu versteuerndes Einkommen	607
		b. Steuertarif	607
		aa. Grundtarif	607
		bb. Splittingtarif	608
		cc. Steuerklassenwahl	609
	4.	Versteuerung von Renten	610
	5.	Versteuerung von Verdienstausfallabfindungen	610
II.	Kirchensteuer		611
III.	Solidaritätszuschlag		612
IV.	Gewerbesteuer, Gewerbekapitalsteuer		612
	1.	Gewerbesteuer	612
	2.	Gewerbekapitalsteuer	613
V.	Vermögenssteuer		613
VI.	Mehrwertsteuer		613
	1.	Schaden	613
	2.	Berechtigung	614
	3.	Zeitpunkt	615
	4.	Anwaltskosten	615
	5.	Ärztliche Gutachten	615
C. Steuervergünstigung			616
I. Steuervorteile beim Verletzten			616
II. Steuervorteile beim Schädiger			617
Index			619

Übersichten

Übersicht 1.1:	Haftungs- und Leistungsbeziehungen	49
Übersicht 1.2:	Beschränkungen der Leistungspflicht	51
Übersicht 1.3:	Prüfungsschema	52
Übersicht 1.4:	Kongruenz und Leistungssystem	54
Übersicht 1.5:	Zeittafel zu den Rechtsänderungen	55
Übersicht 1.6:	Forderungsübergänge	56
Übersicht 1.7:	Forderungsübergänge	59
Übersicht 1.8:	Kongruenz	68
Übersicht 1.9:	Schadenpositionen einer geschädigten Person	69
Übersicht 1.10:	Drittleistungsträger und kongruente Leistungen	70
Übersicht 1.11:	Forderungsübergang – Teilungsabkommen – Aufwendungsersatz	72
Übersicht 1.12:	Beweisverteilung bei § 110 SGB VII	77
Übersicht 1.13:	Einbindung Dritter in den Abfindungsvergleich	88
Übersicht 3.1:	Erwerbstätige Personen	158
Übersicht 3.2:	Geringfügige Beschäftigung	167
Übersicht 3.3:	Anhebung des gesetzlichen Rentenalters	188
Übersicht 3.4:	Tabelle: Beitragssätze zur Sozialversicherung	199
Übersicht 3.5:	Überleitungsnormen zugunsten der Arbeitgebers	209
Übersicht 3.6:	Altersteilzeit: Blockmodell – Teilzeitmodell	211
Übersicht 3.7:	Überleitungsnormen zugunsten der Arbeitsverwaltung	231
Übersicht 3.8:	Überleitungsnormen zugunsten der Krankenversicherung	238
Übersicht 3.9:	Überleitungsnormen und Rechtsänderungen bei der Pflegeversicherung	240
Übersicht 3.10:	Behindertenwerkstatt und Sozialversicherung	245
Übersicht 3.11:	Überleitungsnormen zugunsten der Rentenversicherung	246
Übersicht 3.12:	Gesetzlicher Unfallversicherungsschutz und Lebensabschnitte	249
Übersicht 3.13:	Privatsphäre – berufliche Sphäre	250
Übersicht 3.14:	Konkurrenz von Barleistungen – gesetzliche Unfallversicherung	256
Übersicht 3.15:	Überleitungsnormen zugunsten der gesetzlichen Unfallversicherung	256
Übersicht 3.16:	Überleitungsnormen zugunsten der Sozialhilfe	273
Übersicht 3.17:	Forderungswechsel zum Rentenversicherer nach § 119 SGB X	301

Übersicht 3.18:	Überleitung bei § 119 SGB X	321
Übersicht 3.19:	Rentenversicherung in der beschützenden Werkstatt	335
Übersicht 3.20:	Überleitung bei § 179 Ia SGB VI	337
Übersicht 3.21:	Regress beim Dienstunfall	357
Übersicht 4.1:	Forderungsübergang bei §§ 10, 12 LFZG, §§ 1 f., 5 AAG	415
Übersicht 6.1:	Lebensalter und Verantwortlichkeit	429
Übersicht 6.2:	Mindest-Jahresarbeitsverdienst	437
Übersicht 6.3:	Bezugsgröße (§ 18 SGB IV) und Mindest-Jahresarbeitsverdienst	437
Übersicht 8.1:	Unterhaltsrechtliche Leitlinien und Tabellen der OLG'e (Stand 1.1.2008)	486
Übersicht 13.1:	Kapitalisierung – Kapitalabbau im weiteren Verlauf	554
Übersicht 13.2:	Kapitalisierung – Aufgeschobene Rente	554
Übersicht 13.3:	Entwicklung des Kapitalisierungsfaktors in Abhängigkeit von Laufzeit und Zinsfuß	560
Übersicht 16.1:	Versteuerung von Schadenersatz	607

Literaturverzeichnis

Ascheid/Preis/Schmidt, Kündigungsrecht, 2. Aufl. München 2004
Bamberger/Roth, BGB, Band 1, 1. Aufl. München 2003
Böhme/Biela, Kraftverkehrs-Haftpflicht-Schäden, 23. Aufl. Heidelberg 2006
Berz/Burmann, Handbuch des Straßenverkehrs, 22. Ergänzungslieferung, München 2006
van Bühren (Hrg.), Anwalts-Handbuch Verkehrsrecht, 1. Aufl. Köln 2003
Erman, BGB, 1. Band, 11. Aufl. Münster 2004
Filthaut, Haftpflichtgesetz, 6. Aufl. München 2003
Geigel, Der Haftpflichtprozess, 25. Aufl. München 2008
Gerold/Schmidt/v. Eicken/Madert/Müller-Rabe, Rechtsanwaltsvergütungsgesetz, 17. Aufl. München 2006
Gitter/Schmitt, Sozialrecht, 5. Aufl. Bonn 2001
Hartmann, Kostengesetze, 37. Aufl. München 2007
Heß/Jahnke, Das neue Schadensersatzrecht, 1. Aufl. München 2002
Hillmann/Fleischmann, Das verkehrsrechtliche Mandat, Bd. 2: Verkehrszivilrecht, 4. Aufl. Bonn 2006
Hofmann, Haftpflichtrecht für die Praxis, 1. Aufl. München 1989
Hugemann, Personenschaden-Management, Frankfurt 2007
Jagow/Burmann/Heß, Straßenverkehrsrecht, 20. Aufl. München 2008
Jahnke, Ausgewählte Probleme für die Schadenregulierung, 1. Aufl. Karlsruhe 1999
Jahnke, Abfindung von Personenschadenansprüchen, 2. Aufl. Bonn 2008
Jahnke, Unfalltod und Schadenersatz, 1. Aufl. Bonn 2007
Jauernig, BGB, 11. Aufl. München 2004
Küppersbusch, Ersatzansprüche bei Personenschaden, 8. Aufl. München 2004
Küttner, Personalhandbuch 2007, 14. Aufl. München 2007
Meyer-Goßner, Strafprozessordnung, 45. Aufl. München 2001
Münchener Kommentar, Bürgerliches Gesetzbuch, Bd. 5 (§§ 705 – 853), 4. Aufl. München 2004
Palandt, Bürgerliches Gesetzbuch (BGB), 65. Aufl. München 2006
Pardey, Berechnung von Personenschäden, 3. Aufl. Bonn 2005
Prölss/Martin, Versicherungsvertragsgesetz, 27. Aufl. München 2004
Preis, Der Arbeitsvertrag, 2. Aufl. Köln 2005
Rentenversicherung, SGB IV, Text und Erläuterungen, (Kommentierung der Rentenversicherer, grüne Reihe), 14. Aufl. Berlin 2002
Rentenversicherung, SGB VI, Text und Erläuterungen, (Kommentierung der Rentenversicherer, grüne Reihe), 8. Aufl. Berlin 2002
Schneerbarth/Höfken/Bauschke/Schmidt, Beamtenrecht, 6. Aufl. Siegburg, 1992
Schneider/Schlund/Haas, Kapitalisierungs- und Verrentungstabellen, 2. Aufl. Heidelberg 1992
Schneider/Stahl, Kapitalisierungs- und Verrentungstabellen, 3. Aufl. München 2008
Schnellenbach, Beamtenrecht in der Praxis, 3. Aufl. München 1994
Soergel, BGB Bd. 5/2, Schuldrecht IV/2, 12. Aufl. Stuttgart 1998
v. Staudinger, BGB, §§ 249 – 254, 13. Aufl., Neubearbeitung, Berlin 2005
v. Staudinger, BGB, §§ 1601 – 16150, 13. Aufl., Neubearbeitung, Berlin 2000

Literaturverzeichnis

Wussow, Unfallhaftpflichtrecht, 15. Aufl. Köln u.a. 2002
Zöller, ZPO, 25. Aufl. Köln 2005

Zeitschriften-/Fundstellenverzeichnis

ags	Mitteilungsblatt der Arbeitsgemeinschaft Verkehrsrecht im Deutschen Anwaltverein
AHRS	Arzthaftpflicht-Rechtsprechung
AiB	Arbeitsrecht im Betrieb
AiB-Telegramm	Arbeitsrecht im Betrieb (Beilage)
AnwBl	Anwaltsblatt
AP	Arbeitsrechtliche Praxis
ArztR	Arztrecht
ArztuR	Der Arzt und sein Recht
AuAS	Arbeit und Arbeitsrecht
BAGE	Sammlung der Entscheidungen des BAG
BAGReport	Arbeitsrechtlicher Rechtsprechungsdienst des Bundesarbeitsgerichts und des Europäischen Gerichtshofes
BauR	Baurecht
BB	Betriebsberater
BFHE	Sammlung der Entscheidungen des BFH
BFH/NV	Sammlung amtlich nicht veröffentlichter Entscheidungen des BFH
BG	Die Berufsgenossenschaft
BGBl (I, II)	Bundesgesetzblatt (Teil I, Teil II)
BGHReport	BGH-Report
BGHR	Rechtsprechung des Bundesgerichtshofes
BGHSt	Sammlung der Entscheidungen des BGH in Strafsachen
BGHZ	Sammlung der Entscheidungen des BGH in Zivilsachen
BKK	Die Betriebskrankenkasse
BRAK-Mitt	Mitteilungen der Bundesrechtsanwaltskammer
BR-Drucksache	Drucksachen des Bundesrates
Breith	Sammlungen von Entscheidungen aus dem Sozialrecht – Breithaupt
BSGE	Sammlung der Entscheidungen des Bundessozialgerichtes
BStBl	Bundessteuerblatt
BT-Drucksache	Drucksachen des Bundestages
BVerfGE	Sammlung der Entscheidungen des Bundesverfassungsgerichtes
DAngVers	Die Angestelltenversicherung
DAR	Deutsches Autorecht
DB	Der Betrieb
DÖD	Der öffentliche Dienst
DOK	Die Ortskrankenkasse
DRiZ	Deutsche Richterzeitung
DStR	Deutsches Steuerrecht
DStRE	Deutsches Steuerrecht Entscheidungsdienst
DStZ	Deutsche Steuerzeitung
DVBl	Deutsches Verwaltungsblatt
DVP	Deutsche Verwaltungspraxis
EEK	Entscheidungssammlung zur Entgeltfortzahlung an Arbeiter und Angestellte bei Krankheit, Kur und Mutterschaft
ErsK	Die Ersatzkasse
EWiR	Entscheidungssammlung zum Wirtschaftsrecht
EzA	Entscheidungssammlung zum Arbeitsrecht

Zeitschriften-/Fundstellenverzeichnis

EzA-SD	Entscheidungssammlung zum Arbeitsrecht-Schnelldienst
FamRZ	Zeitschrift für das gesamte Familienrecht
GesR	GesundheitsRecht
HVBG-Info	Hauptverband der gewerblichen Berufsgenossenschaften – Aktueller Informationsdienst für die berufsgenossenschaftliche Sachbearbeitung
HVBGRdSchr	HVBG Rundschreiben
IVH	Info-Letter Versicherungs- und Haftungsrecht (bis 31.12.2002 NVersZ)
JMBl NW	Justizministerialblatt für das Land Nordrhein-Westfalen
JR	Juristische Rundschau
JW	Juristische Wochenschrift
JurBüro	Das juristische Büro
jurisPR-BGHZivilR	juris PraxisReport BGH-Zivilrecht
jurisPR-VerkR	juris PraxisReport Verkehrsrecht
JuS	Juristische Schulung
JVBl	Justizverwaltungsblatt
JZ	Juristenzeitung
LAGE	Entscheidungssammlung der Landesarbeitsgerichte
LM	Lindenmaier-Möhring, Nachschlagewerk des Bundesgerichtshofes
MDR	Monatsschrift für deutsches Recht
MedR	Medizinrecht
MittLVA Oberfr	Mitteilungen der LVA Oberfranken
NdsRpfl	Niedersächsische Rechtspflege
NJW	Neue Juristische Wochenschrift
NJW-RR	NJW Rechtsprechung-Report
NJWE-VHR	NJW-Entscheidungsdienst Versicherungs-/Haftungsrecht
NJW-Spezial	NJW-Spezial
NStE	Neue Entscheidungssammlung für Strafrecht
NVersZ	Neue Zeitschrift für Versicherung und Recht (ab 1.1.2003 Info-Letter)
NVwZ	Neue Zeitschrift für Verwaltungsrecht
NVwZ-RR	Rechtsprechung-Report: Verwaltungsrecht
NZA	Neue Zeitschrift für Arbeits- und Sozialrecht
NZA-RR	Rechtsprechung-Report: Arbeits- und Sozialrecht
NZS	Neue Zeitschrift für Sozialrecht
NZV	Neue Zeitschrift für Verkehrsrecht
OLGR	Rechtsprechung der Oberlandesgerichte
OLGZ	Entscheidungssammlung der Oberlandesgerichte in Zivilsachen
PVR	Praxis Verkehrsrecht (ab 1.1.2004 SVR)
RdA	Recht der Arbeit
RGBl	Reichsgesetzblatt
RGZ	Sammlung der Entscheidungen des Reichsgerichts in Zivilsachen
RVaktuell	Veröffentlichungsblatt der Deutschen Rentenversicherung
r+s	Recht und Schaden

SchlHA	Schleswig-Holsteinische Anzeigen
SGb	Sozialgerichtsbarkeit
SozR	Sozialrecht
SP	Schadenpraxis
StE	Steuer-Eildienst
SuP	Sozialrecht + Praxis
SVR	Straßenverkehrsrecht (bis 31.12.2003 PVR)
TranspR	Transportrecht
USK	Urteilssammlung für die gesetzliche Krankenversicherung
VerBAV	Veröffentlichungen des Bundesaufsichtsamtes für das Versicherungswesen
VerkMitt	Verkehrsrechtliche Mitteilungen
VersR	Versicherungsrecht
VGHBW-Ls	VGH-Rechtsprechungsdienst
VP	Versicherungspraxis
VRS	Verkehrsrechtsammlung
VW	Versicherungswirtschaft
VwRspr	Verwaltungsrechtsprechung
WI	Wussow-Information
WiB	Wirtschaftliche Beratung
WM	Wertpapiermitteilungen (Zeitschrift für Wirtschaft und Bankrecht)
ZAP	Zeitschrift für die Anwaltspraxis
ZBR	Zeitschrift für Beamtenrecht
zfs	Zeitschrift für Schadenrecht
ZfV	Zeitschrift für das Versicherungswesen
ZIP	Zeitschrift für Wirtschaftsrecht (bis 1982: «Zeitschrift für Wirtschaftsrecht und Insolvenzpraxis»)
Internetfundstellen	www.bundesarbeitsgericht.de
	www.bundesgerichtshof.de
	www.bundessozialgericht.de
	www.bundesverwaltungsgericht.de
	www.sozialgerichtsbarkeit.de

Abkürzungsverzeichnis

Zu den Abkürzungen der zitierten Publikationen siehe «Zeitschriften/Fundstellen».

aaO	am angegebenen Ort
Abs.	Absatz, Absätze
AG	Amtsgericht
AfV	Amt für Verteidigungslasten
ArbG	Arbeitsgericht
AV	Arbeitslosenversicherung
BAG	Bundesarbeitsgericht
BayObLG	Bayerisches Oberstes Landesgericht
BFH	Bundesfinanzhof
BG	Berufsgenossenschaft
BGH	Bundesgerichtshof
BSG	Bundessozialgericht
BUZ	Berufsunfähigkeitszusatzversicherung
BVerfG	Bundesverfassungsgericht
BZG	Bezugsgröße (§ 18 SGB IV)
ders	derselbe Autor
dh	das heißt
DRV	Deutsche Rentenversicherung (bis Oktober 2005 BfA, LVA, Knappschaft pp.)
EuGH	Europäischer Gerichtshof
FG	Finanzgericht
GdB	Grad der Behinderung
GmS	Gemeinsamer Senat der obersten Gerichtshöfe des Bundes
idR	in der Regel
iHv	in Höhe von
iSd	im Sinne der/s
iSe	im Sinne einer
iSv	im Sinne von
iVm	in Verbindung mit
JAV	Jahresarbeitsverdienst
KF	Kapitalisierungsfaktor
Kfz	Kraftfahrzeug
KV	Krankenversicherung
KVdR	Krankenversicherung der Rentner
Lbj.	Lebensjahr
LG	Landgericht
lit.	Buchstabe
MdE	Minderung der Erwerbsfähigkeit
MDK	Medizinischer Dienst der Krankenkassen
mwH	mit weiteren Hinweisen
mwN	mit weiteren Nachweisen

Abkürzungsverzeichnis

NTS	NATO-Truppenstatut
OLG	Oberlandesgericht
PV	Pflegeversicherung
PVdR	Pflegeversicherung der Rentner
RV	Rentenversicherung
RVT	Rentenversicherungsträger
S.	Satz
SHT	Sozialhilfeträger
SVT	Sozialversicherungsträger
TA	Teilungsabkommen
UVT	Unfallversicherungsträger

Gesetzesverzeichnis

AAG	Gesetz über den Ausgleich der Arbeitgeberaufwendungen für Entgeltfortzahlung (Aufwendungsausgleichsgesetz)
AFG	Arbeitsförderungsgesetz
ALG	Gesetz über die Alterssicherung der Landwirte (abgedruckt bei Aichberger Nr. 30/10)
AO	Abgabenordnung
AsylbLG	Asylbewerberleistungsgesetz
AsylVfG	Asylverfahrensgesetz
AtomG	Gesetz über die friedliche Verwendung der Kernenergie und den Schutz gegen ihre Gefahren – Atomgesetz
AVG	Angestelltenversicherungsgesetz
BAföG	Bundesausbildungsförderungsgesetz
BEEG	Bundeselterngeld- und Elternzeitgesetz
BBG	Bundesbeamtengesetz
BeamtVG	Gesetz über die Versorgung der Beamten und Richter in Bund und Ländern – Beamtenversorgungsgesetz
BetrAVG	Gesetz zur Verbesserung der betrieblichen Altersversorgung – Betriebsrentengesetz
BGB	Bürgerliches Gesetzbuch
BGSG	Gesetz über den Bundesgrenzschutz – Bundesgrenzschutzgesetz
BhV	Allgemeine Verwaltungsvorschrift für Beihilfen in Krankheits-, Pflege-, Geburts- und Todesfällen (Beihilfevorschriften)
BKKG	Bundeskindergeldgesetz
BSHG	Bundessozialhilfegesetz
BVG	Bundesversorgungsgesetz (abgedruckt bei Aichberger Nr. 20/10)
EFZG	Gesetz über die Zahlung des Arbeitsentgelts an Feiertagen und im Krankheitsfall – Entgeltfortzahlungsgesetz
ErwZulG	Gesetz über die erweiterte Zulassung von Schadenersatzansprüchen bei Dienst- und Arbeitsunfällen – Erweiterungsgesetz (auszugsweise abgedruckt in Schönfelder Anm. zu § 618 BGB)
EStG	Einkommensteuergesetz
FRG	Fremdrentengesetz (abgedruckt bei Aichberger Nr. 6/50)
GenTG	Gesetz zur Regelung der Gentechnik – Gentechnikgesetz
HaftpflG	Haftpflichtgesetz
InsO	Insolvenzordnung
KfzPflVV	Kraftfahrzeug-Pflichtversicherungsverordnung (Verordnung über den Versicherungsschutz in der Kraftfahrzeug-Haftpflichtversicherung)
KVLG 1989	Gesetz über die Krankenversicherung der Landwirte (abgedruckt bei Aichberger Nr. 30/22)
KSVG	Künstlersozialversicherungsgesetz (abgedruckt bei Aichberger Nr. 30/50)

Gesetzesverzeichnis

LPartG	Gesetz zur Beendigung der Diskriminierung gleichgeschlechtlicher Gemeinschaften: Lebenspartnerschaften
LuftVG	Luftverkehrsgesetz
LFZG	Gesetz über die Fortzahlung des Arbeitsentgelts im Krankheitsfall
OEG	Gesetz über die Entschädigung für Opfer von Gewalttaten (Opferentschädigungsgesetz)
PflVG	Pflichtversicherungsgesetz (Gesetz über die Pflichtversicherung für Kraftfahrzeughalter)
ProdHaftG	Gesetz über die Haftung für fehlerhafte Produkte – Produkthaftungsgesetz
ProstG	Gesetz zur Regelung der Rechtsverhältnisse der Prostituierten – Prostitutionsgesetz
RVO	Reichsversicherungsordnung
SGB I	Sozialgesetzbuch 1 – Allgemeiner Teil
SGB II	Sozialgesetzbuch 2 – Grundsicherung für Arbeitsuchende
SGB III	Sozialgesetzbuch 3 – Arbeitsförderung
SGB IV	Sozialgesetzbuch 4 – Gemeinsame Vorschriften für die Sozialversicherung
SGB V	Sozialgesetzbuch 5 – Gesetzliche Krankenversicherung
SGB VI	Sozialgesetzbuch 6 – Gesetzliche Rentenversicherung
SGB VII	Sozialgesetzbuch 7 – Gesetzliche Unfallversicherung
SGB VIII	Sozialgesetzbuch 8 – Kinder- und Jugendhilfe
SGB IX	Sozialgesetzbuch 9 – Rehabilitation und Teilhabe behinderter Menschen
SGB X	Sozialgesetzbuch 10 – Verwaltungsverfahren
SGB XI	Sozialgesetzbuch 11 – Soziale Pflegeversicherung
SGB XII	Sozialgesetzbuch 12 – Sozialhilfe
StVG	Straßenverkehrsgesetz
SVG	Soldatenversorgungsgesetz
TVG	Tarifvertragsgesetz
UmweltHG	Umwelthaftungsgesetz
VVG	Gesetz über den Versicherungsvertrag – Versicherungsvertragsgesetz
ZDG	Zivildienstgesetz
ZSG	Gesetz über das Zivilschutzkorps
ZPO	Zivilprozessordnung

Kapitel 1 Einleitung

Diese Abhandlung befasst sich mit dem oftmals vor allem in tatsächlicher, aber auch in rechtlicher Hinsicht schwierigen Teil aus dem Spektrum der Personenschäden,[1] den Ansprüchen wegen Erwerbsausfall bzw. -minderung.

A. Statistik

Die Zahl der aufgrund von Verkehrsunfällen verletzten und getöteten Personen ist in den letzten Jahren rückläufig.

Polizeilich erfasste Verkehrsunfälle[2]	Deutschland	2002	2003	2004	2005	2006	2007
insgesamt	Anzahl	2.289.474	2.259.567	2.261.689	2.253.992	2.235.318	2.335.005
davon mit Personenschaden	Anzahl	362.054	354.534	339.310	336.619	327.984	335.845
Verunglückte Personen							
insgesamt	Anzahl	483.255	468.783	445.968	438.804	427.428	436.368
– davon getötet[3]	Anzahl	6.842	6.613	5.842	5.361	5.091	4.949
– davon schwerverletzt[4]	Anzahl	88.382	85.577	80.801	76.952	74.502	75.443
– davon leichtverletzt[5]	Anzahl	388.031	376.593	359.325	356.491	347.835	355.976

Verkehrsunfälle – Verunglückte[6]	Deutschland	2002	2003	2004	2005	2006	2007
Getötete (einschl. innerhalb von 30 Tagen Getötete)	Anzahl	6.842	6.613	5.842	5.361	5.091	4.949
darunter: Im Alter von … bis unter … Jahren							
– unter 15	Anzahl	216	208	153	159	136	111
– 15 – 18	Anzahl	318	316	264	224	173	
– 18 – 25	Anzahl	1.550	1.392	1.269	1.076		
– 25 – 65	Anzahl	3.522	3.367	2.950	2.734		
– 65 und mehr	Anzahl	1.236	1.329	1.201	1.162	1.154	1.153
im Alter von … bis unter … Jahren							
Insgesamt	je 100.000 Einw.	8,3	8,0	7,1	6,5		
– unter 15	je 100.000 Einw.	1,7	1,7	1,3	1,3		

---

1 Zum Sachschaden siehe Kap 2 Rn 1.
2 Statistisches Bundesamt Deutschland, Fachserie 8 Reihe 7 „Verkehr, Verkehrsunfälle – Januar 2008" (Stand: 23.7.2008).
3 Personen, die innerhalb von 30 Tagen an den Unfallfolgen starben.
4 Personen, die unmittelbar zur stationären Behandlung (mindestens 24 Stunden) in einem Krankenhaus aufgenommen waren.
5 Alle übrigen Verletzten.
6 Statistisches Bundesamt Deutschland, Fachserie 8 Reihe 7 „Verkehr, Verkehrsunfälle – Januar 2008" (Stand: 23.7.2008), Statistisches Bundesamt Deutschland 2005 (Stand 13.5.2005), Statistisches Bundesamt 2006 (Stand 13.7.2006).

1 Einleitung

Verkehrsunfälle – Verunglückte[6]	Deutschland	2002	2003	2004	2005	2006	2007
– 15 – 18	je 100.000 Einw.	11,4	11,1	9,1	7,7		
– 18 – 25	je 100.000 Einw.	23,3	20,7	18,9	15,9		
– 25 – 65	je 100.000 Einw.	7,6	7,3	6,4	6,0		
– 65 und mehr	je 100.000 Einw.	8,7	9,1	8,1	7,6		
Getötete Benutzer von							
– Fahrrädern	Anzahl	583	616	475	575	486	425
– Mofas, Mopeds	Anzahl	131	134	122	107	107	100
– Motorrädern	Anzahl	913	946	858	875	793	807
– Personenkraftwagen	Anzahl	4.005	3.774	3.238	2.833	2.683	2.625
– Bussen	Anzahl	12	17	16	9	12	26
– Güterkraftfahrzeugen	Anzahl	244	236	233	213	235	215
Fußgänger	Anzahl	873	812	838	686	711	695

Verkehrsunfälle – Verunglückte[7]	Deutschland	2002	2003	2004	2005	2006	2007
Verletzte	Anzahl	483.255	468.783	445.968	438.804	427.428	436.368
darunter: Im Alter von … bis unter … Jahren							
– unter 15	Anzahl	41.047	40.043	37.132	36.795	34.534	33.883
– 15 – 18	Anzahl	30.923	30.442	29.779	28.537	26.733	
– 18 – 25	Anzahl	102.339	96.583	90.954	86.521		
– 25 – 65	Anzahl	264.097	255.742	242.386	240.133		
– 65 und mehr	Anzahl	37.467	38.807	39.114	40.781	42.882	45.070
im Alter von … bis unter … Jahren							
insgesamt	je 100.000 Einw.	577,6	560,1	533,3	525,4		
– unter 15	je 100.000 Einw.	327,9	325,9	305,3	308,6		
– 15 – 18	je 100.000 Einw.	1.107,6	1.065,6	1.029,4	982,6		
– 18 – 25	je 100.000 Einw.	1.535,8	1.439,3	1.351,7	1.277,3		
– 25 – 65	je 100.000 Einw.	570,9	555,7	528,2	527,4		
– 65 und mehr	je 100.000 Einw.	263,0	265,0	263,2	265,4		
Verletzte Benutzer von							
– Fahrrädern	Anzahl	70.163	75.659	73.162	77.859	76.518	78.579
– Mofas, Mopeds	Anzahl	17.871	18.204	17.759	17.757	19.283	21.398
– Motorrädern	Anzahl	37.366	38.339	34.453	34.828	33.428	33.995
– Personenkraftwagen	Anzahl	291.977	272.965	259.605	247.281	238.138	241.752

7 Statistisches Bundesamt Deutschland, Fachserie 8 Reihe 7 „Verkehr, Verkehrsunfälle – Januar 2008" (Stand: 23.7.2008), Statistisches Bundesamt Deutschland 2005 (Stand 13.5.2005), Statistisches Bundesamt 2006 (Stand 13.7.2006).

B. Schadensersatz – Drittleistungsanspruch

Verkehrsunfälle – Verunglückte[7]	Deutschland	2002	2003	2004	2005	2006	2007
– Bussen	Anzahl	4.817	4.910	4.978	5.232	5.355	499
– Güterkraftfahrzeugen	Anzahl	13.295	12.811	11.770	12.106	11.995	12.100
Fußgänger	Anzahl	36.343	35.015	34.077	33.916	33.226	33.804

B. Schadensersatz – Drittleistungsanspruch

Übersicht 1.1: Haftungs- und Leistungsbeziehungen

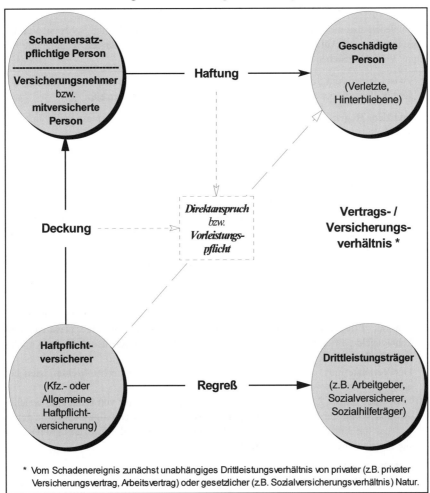

* Vom Schadenereignis zunächst unabhängiges Drittleistungsverhältnis von privater (z.B. privater Versicherungsvertrag, Arbeitsvertrag) oder gesetzlicher (z.B. Sozialversicherungsverhältnis) Natur.

I. Schadensersatzpflichtiger und Drittleistungsträger

Wird ein Unfallbeteiligter durch einen Unfall an seinem Körper verletzt oder gar getötet, so richten sich die Ansprüche des Verletzten (bzw. seiner Hinterbliebenen) wegen der anlässlich des Unfalles erlittenen Schäden und Einbußen

1 Einleitung

8 ■ zum einen an denjenigen, den er für den **Schaden verantwortlich** hält, weiter u.U. an dessen Haftpflichtversicherer,

9 ■ zum anderen an sonstige **Drittleistungsverpflichtete**, die aufgrund gesetzlicher Verpflichtung oder vertraglicher Vorsorge dem Geschädigten gegenüber im Zusammenhang mit dem Unfall eintrittspflichtig sind (z.B. private oder gesetzliche Krankenkasse, Berufsgenossenschaft, Arbeitsamt, Arbeitgeber),

10

* Privates Vertragsverhältnis bzw. privates oder soziales Versicherungsverhältnis.

11 Es entstehen also nicht nur der verletzten Person, sondern auch Dritten Schäden, Vermögenseinbußen und Aufwendungen, für die dann Ausgleich beim für das schädigende Ereignis Verantwortlichen gesucht wird. Dabei ist zu unterscheiden

12 ■ zwischen der vom Schaden unabhängig zu betrachtenden **Leistungsverpflichtung** der Drittleistungsträger aufgrund ihrer Drittleistungsbeziehung einerseits

13 ■ und dem **Regressanspruch** des Drittleistenden andererseits, der ausschließlich der schadensersatzrechtlichen Betrachtung unterliegt.

II. Drittleistungsträger

14 ■ **Sozialversicherer**
15 Aufgrund gesetzlicher Verpflichtung haben die Sozialversicherer (Krankenkasse, Pflegekasse, Rentenversicherer, Unfallversicherer [z.B. Berufsgenossenschaft, GUV], Arbeitsverwaltung) Leistungen zu erbringen ohne Rücksicht darauf, ob der Unfall von dem Verletzten ganz oder teilweise mitverschuldet wurde.
16 Auch **Selbstständige** können unter bestimmten Voraussetzungen Anspruch auf gesetzliche Sozialversicherungsleistungen haben.

17 ■ **Private Vorsorge**
18 Aufgrund privater Vorsorge kann der Verletzte Ansprüche gegen seine private Kranken- oder Pflegeversicherung haben. Ferner ist an Leistungen aus einer privaten Krankentagegeld-, Pflegezusatz-Tagegeld-, Unfall-, Berufsunfähigkeits- und/oder Kapital- bzw. Risiko-Lebensversicherung zu denken.
19 Der Verletzte muss teilweise zur Wahrung seiner Anspruchsrechte **Meldefristen** beachten.
20 U.U. ist es für die Zahlungspflicht dieser privaten Versicherer von Belang, in welcher Art und Weise der bei ihnen versicherte Geschädigte zum Unfallgeschehen beigetragen hat: Im Einzelfall (z.B. Alkoholfahrt, anderweitige **grobe Fahrlässigkeit**) kann die Eintrittspflicht ausgeschlossen sein.

21 ■ **Arbeitgeber, Dienstherr**
22 Abhängig Beschäftigte erhalten für begrenzte Zeiträume ihr Einkommen trotz Arbeitsunfähigkeit weiter gezahlt.

23 ■ **Sozialhilfeträger, sonstige Träger**
24 Das soziale Netz fängt letztlich diejenigen auf, die nicht im Rahmen gesetzlicher oder privater Vorsorge Schutz genießen: Hier greifen Sozialhilfeträger oder ausführende Behörden im Rahmen des AsylbLG ein.

III. Unfallgegner

Hat der Unfallgegner des Verletzten den Unfall ganz oder teilweise mit herbeigeführt, haben der Fahrer und/oder Halter des gegnerischen Fahrzeuges (bzw. der dahinter stehende Haftpflichtversicherer) dem Verletzten Schadensersatz zu leisten.

Trifft den Verletzten eine Mitschuld, hat er eine entsprechende Kürzung seiner ansonsten berechtigten Ansprüche hinzunehmen.

C. Beschränkung der Leistungspflicht des Haftpflichtversicherers gegenüber Drittleistungsträgern

Die Forderungsberechtigung der Drittleistungsträger gegenüber dem Haftpflichtigen bzw. dem hinter diesem stehenden Haftpflichtversicherer ist **mehrfachen Beschränkungen** unterworfen:

- Zunächst aus dem **Haftungsverhältnis** (Schadensersatzverhältnis) zwischen dem verletzten Ersatzberechtigten und dem Ersatzpflichtigen,
- ferner aus dem **Deckungsverhältnis** zwischen dem Haftpflichtversicherer und dem Ersatzpflichtigen,
- weiter aus dem privat- oder sozialrechtlich geprägten **(Dritt-)Leistungsverhältnis** zwischen Drittleistendem und Verletzten sowie
- letztlich auch aus dem **Zessionsverhältnis** zwischen Verletztem und Drittleistungsträger.

Übersicht 1.2: Beschränkungen der Leistungspflicht

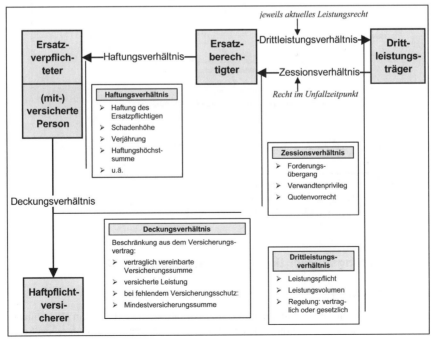

D. Haftung

33 **Übersicht 1.3: Prüfungsschema**

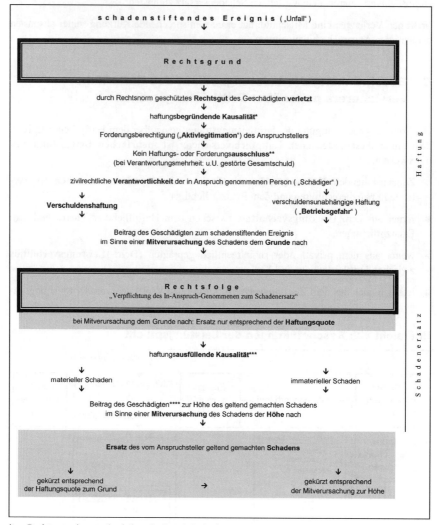

* Rechtsgutverletzung durch das schädigende Ereignis.
** Z.B. Arbeitsunfall, wirksamer Anspruchsverzicht.
*** Schaden beim Anspruchsteller aufgrund der Rechtsgutverletzung.
**** U.U. auch des Rechtsnachfolgers.

E. Forderungsberechtigung, Forderungswechsel

I. Drittleistung

34 Der in seinen Rechtsgütern unmittelbar verletzte Unfallbeteiligte (bzw. sein Hinterbliebener) erhält im Rahmen der Verantwortlichkeit des Schadensersatzpflichtigen seinen Scha-

E. Forderungsberechtigung, Forderungswechsel

den von diesem ersetzt. Neben dem Ersatzpflichtigen erbringen häufig auch Dritte Leistungen anlässlich des Schadensfalles, die ihrerseits den Schädiger wegen ihrer Leistungen in Regress nehmen. Die Abwicklung von Personenschäden zeichnet sich also nicht nur durch Probleme der Schadenbemessung aus: Anders als beim Sachschaden ist die Personenschadenregulierung durch vielfache, rechtlich sehr unterschiedlich zu behandelnde Leistungen von dritter Seite geprägt, wobei die Drittleistungsträger für ihre kongruenten Leistungen im Wege der cessio legis oder Abtretung dann Ersatzansprüche des unmittelbar Verletzten ganz oder teilweise zugewiesen bekommen.

Gerade mit Blick auf die vielfältigen Drittleistungen ist mit dem zeitlichen Fortschreiten der Regulierung und Abwicklung von Personenschadenansprüchen stets – und leider mit Fortschreiten der Regulierung auch immer wieder neu – zu **überprüfen**, ob der jeweils Fordernde (unmittelbar Verletzter, Drittleistungsträger) im Zeitpunkt seines Forderns auch tatsächlich schon, immer noch oder schon wieder Inhaber der für sich reklamierten Forderung ist. Bei der Geltendmachung seiner Ersatzansprüche hat der Fordernde alle anspruchsbegründenden Voraussetzungen zu beweisen, dazu gehört vor allem auch seine aktuelle Aktivlegitimation.[8]

35

Der **Anspruch des Verletzten** gegenüber dem Drittleistungsträger bestimmt sich ausschließlich nach dem Innenverhältnis dieser Drittleistungsbeziehung und ist unabhängig vom Schadensersatzverhältnis. Die Drittleistungsverpflichtung besteht, von einigen Ausnahmen[9] abgesehen, auch bei selbstverschuldetem oder mitverschuldetem Unfall. Die Leistungen aus der Drittleistungsbeziehung, die sich teilweise auch abstrakt (z.B. im Recht der gesetzlichen Unfallversicherung[10]) an pauschalen Sätzen und Leistungsbestimmungen orientieren, können durchaus höher sein als die anhand konkreter[11] Maßstäbe zu bestimmenden Schadensersatzansprüche.

36

Die Drittleistenden sind dem durch einen Unfall Verletzten aufgrund eigener unmittelbarer Rechtsbeziehungen außerhalb des Schadensersatzverhältnis zwischen Schädiger und Geschädigtem (Verletztem) zu Leistungen verpflichtet, und zwar entweder **vertraglich** (z.B. Tarifvertrag, Einzelarbeitsvertrag, privater Krankenversicherungsvertrag) oder **gesetzlich** (z.B. Leistungen nach SGB; Sozialhilfeleistungen; Beamtenrecht, EFZG).

37

---

8 Siehe ergänzend Kap 1 Rn 61 ff.
9 So beeinträchtigt grob fahrlässiges Verhalten des Verletzten u.a. den Entgeltfortzahlungsanspruch.
10 BSG v. 27.5.1970 – 2 RU 168/67 – BSGE 31, 185.
11 BGH v. 24.10.1978 – VI ZR 142/77 – VersR 1978, 1176; BGH v. 5.5.1970 – VI ZR 212/68 – BB 1970, 862 = BGHZ 54, 45 = MDR 1970, 752 = NJW 1970, 1411 = VersR 1970, 766 = VRS 39, 163, BGH v. 11.1.1957 – VI ZR 313/55 – VersR 1957, 132.

38 Das System verdeutlicht das folgende Schaubild:

Übersicht 1.4: Kongruenz und Leistungssystem

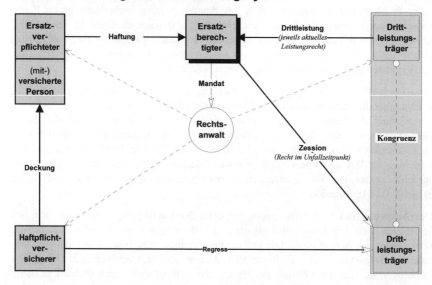

39 Differenziert werden muss vor allem zwischen der vom Schaden unabhängig zu betrachtenden Leistungsverpflichtung der Drittleistungsträger aufgrund ihrer Drittleistungsbeziehung einerseits und dem Regressanspruch des Drittleistenden, der ausschließlich der schadensersatzrechtlichen Betrachtung unterliegt, andererseits.

40 Während sich der Anspruch des Verletzten bzw. Hinterbliebenen auf **Leistungen** aus dem Drittleistungssystem nach dem jeweils **aktuell** geltenden und sich – unter Beachtung der jeweiligen Überleitungsvorschriften – wandelnden Recht (z.B. EFZG, SGB) richtet, orientiert sich der **Forderungswechsel** ausschließlich an dem im **Unfallzeitpunkt** geltenden Recht.[12]

II. Forderungsübergang

41 Der gesetzliche Forderungsübergang soll bewirken, dass Leistungen der Sozialversicherung, Dienstherrn und sonstigen Leistungsträger aus Anlass der Schädigung weder dem Schädiger zugute kommen noch zu einer doppelten Entschädigung des Geschädigten führen.[13]

1. Gesetzlicher – privatrechtlicher Forderungsübergang

42 Das Zessionssystem ist nicht einheitlich gestaltet, sondern mit vielen Besonderheiten u.a. in Abhängigkeit vom Unfallzeitpunkt, dem Zeitpunkt des Forderungsüberganges, der Person des Verletzten, aber auch der Person des Schädigers und der Haftung versehen. Die

---

[12] BGH v. 13.2.1996 – VI ZR 318/94 – BGHZ 132, 39 = JR 1996, 505 (Anm. *Fuchs*) = MDR 1996, 799 = NJW 1996, 1674 = r+s 1996, 311 = VersR 1996, 649.
[13] BGH v. 10.7.2007 – VI ZR 192/06 – BGHReport 2007, 1123 = BGHZ 173, 169 = DAR 2007, 639 (nur LS) = MDR 2007, 1370 (nur LS) = r+s 2007, 478 = SP 2007, 353 (nur LS) = VersR 2007, 1536 = VRS 113, 267 = zfs 2007, 681 (Anm. *Diehl*).

E. Forderungsberechtigung, Forderungswechsel

Gesetzgebung hat bei Änderungen des Drittleistungsrechts vor allem den Leistungssektor im Fokus. Die Vernachlässigung der Regressmöglichkeiten führt zu Unstimmigkeiten im System, die – wenn überhaupt – erst zu späteren Zeitpunkten[14] dann einem Reparaturversuch unterworfen werden.

a. Recht zum Unfallzeitpunkt

Der Forderungswechsel nicht nur zur Sozialversicherung/Sozialhilfe orientiert sich während der gesamten Zeit der Abwicklung des unfallkausalen Schadens bis hin zu seiner endgültigen Erledigung ausschließlich an dem im Unfallzeitpunkt geltenden, den Forderungswechsel herbeiführenden Recht.[15]

43

Man muss bedenken, dass in ein und demselben Unfallgeschehen für ein und denselben Verletzten deutliche verschiedene Forderungswechsel und Prioritäten zu beachten sind. Nicht der Schadenfall an sich prägt die jeweilige Forderungsberechtigung sondern die durch Zessionen und Vorrechte beeinflusste Anspruchssituation.

44

Das gilt auch, wenn sich die Rechtsgrundlagen später ändern (z.B. wurde § 1542 RVO durch § 116 SGB X abgelöst, § 67 VVG a.F. durch § 86 VVG n.F., Abtretungen werden durch Legalzession ersetzt [beispielsweise erfasst § 6 EZFG auch Angestellte]).

45

Im Einzelfall kann auch dem Aspekt der Vorwirkung von Gesetzen Bedeutung zukommen (z.B. Erstreckung des Schutzes durch das Angehörigenprivileg auf die nicht-eheliche Gemeinschaft).[16]

46

Übersicht 1.5: Zeittafel zu den Rechtsänderungen

47

Änderungs-datum	Rechtsänderung	
	Altes Recht	Neues Recht
1.7.1983	§ 127 AFG a.F.	§ 127 AFG n.F.
	§ 1542 RVO	§ 116 SGB X
	§ 90 BSHG a.F.	
	§ 90 BSHG a.F.	§ 90 BSHG n.F.
	./.	§ 119 SGB X a.F.
1.6.1994	LFZG (Ausnahme: §§ 10 ff. LFZG)	EFZG
1.1.1995	./.	SGB XI
1.1.1997	§§ 537 – 1147 RVO	SGB VII
	§ 640 RVO	§ 110 SGB VII
1.1.1998	§ 127 AFG n.F.	§ 116 X SGB X
1.1.2001	§ 119 SGB X a.F.	§ 119 SGB X n.F.
		§ 116 I Nr. 2 SGB X
	./.	§ 179 Ia SGB VI
	§§ 111, 113 SGB X a.F.	§§ 111, 113 SGB X n.F.

---

14 Z.B. Erweiterung des § 116 X SGB X erst (durch Gesetz v. 20.7.2006, BGBl I 2006, 1706) zum 1.8.2006 auf den „Träger der Grundsicherung für Arbeitsuchende nach SGB II".

15 BGH v. 13.2.1996 – VI ZR 318/94 – BGHZ 132, 39 = DAR 1996, 357 = JR 1996, 505 (Anm. *Fuchs*) = LM BGB § 844 II, Nr. 93 = MDR 1996, 799 = NJW 1996, 1674 = NVwZ 1996, 824 = NZV 1996, 229 = r+s 1996, 311 = SGb 1996, 328 = SP 1996, 168 = VersR 1996, 649 = VRS 91, 267.

16 *Jahnke* „Angehörigenprivileg im Wandel" NZV 2008, 57 (III.1.b.cc sowie dort Fn 67).

1 Einleitung

Änderungs-datum	Rechtsänderung	
	Altes Recht	Neues Recht
1.1.2002	Verjährung – Unwirksamkeit von Verjährungsverzichten	Verjährung – Wirksamer Verjährungsverzicht – Fristveränderung
1.1.2005	GSiG	§§ 41 – 46 SGB XII
	./.	§ 110 Ia SGB VII
1.1.2006	§§ 10 ff. LFZG	AAG
1.8.2006	Grundsicherungsträger nicht genannt	§ 116 X SGB X n.F.
1.1.2008	VVG a.F.	VVG n.F.

b. Arten des Forderungswechsels

aa. Forderungswechsel

48 Der Forderungsübergang – und damit verbunden der Wegfall der Forderungsberechtigung des Direktgeschädigten im Umfang des Forderungswechsels – auf die Drittleistenden erfolgt entweder privatrechtlich oder gesetzlich:

49 Übersicht 1.6: Forderungsübergänge

Forderungsübergang	Beispiel
privatrechtlich	Abtretungsvertrag (§ 398 BGB)
gesetzlich	§ 116 SGB X § 86 I VVG n.F. (§ 67 I VVG a.F.) § 6 EFZG § 52 BRRG aF[17], § 87a BBG aF[18]

ohne Forderungsübergang	Beispiel
eigenes Recht **(kein Forderungsübergang)**	§ 110 SGB VII / § 640 RVO Teilungsabkommen Verzug

bb. Analogieverbot

50 Im Verwaltungsrecht gilt das Verbot, die gesetzliche Ermächtigungsgrundlage für einen belastenden Verwaltungsakt im Wege der analogen Anwendung einer Norm zu gewinnen;[19] nichts anderes kann auch für gesetzliche Forderungsübergänge gelten. Der Umstand, dass dem Verletzten für seinen Forderungsverlust eine Gegenleistung angeboten wird, führt nur zu dessen Verpflichtung zur Rechtsübertragung. Außerhalb eines gesetzlich angeordneten Forderungswechsels muss der Verletzte seine Entscheidungsfreiheit behalten, da er ansonsten u.a. das Ausfallrisiko (z.B. bei Insolvenz einer berufsständischen Versorgung) trägt.

---

17 Außerkrafttreten zum 1.4.2009 gemäß § 63 II BeamtStG (Gesetz zur Regelung des Statusrechts der Beamtinnen und Beamten in den Ländern [Beamtenstatusgesetz – BeamtStG] v. 17.6.2008 BGBl I 2008,1010).

18 § 76 BBG nF (Gesetz zur Neuordnung und Modernisierung des Bundesdienstrechts – Dienstrechtsneuordnungsgesetz) wird § 87a BBG inhaltlich unverändert fortsetzen (BT-Drucksache 16/7076 v. 12.11.2007, S. 117).

19 VG Minden v. 29.7.2002 – 6 K 2617/01 – NJW 2003, 1411 (nur LS) = NVwZ 2003, 370.

E. Forderungsberechtigung, Forderungswechsel

Gesetzlich angeordnete Forderungsübergänge sind Enteignungen i.S.d. Art. 14 GG und daher nur durch Gesetz oder aufgrund eines Gesetzes statthaft, nicht aber aufgrund einer **Satzung** (auch wenn diese ihrerseits auf einem Gesetzes basiert) oder eines **Tarifvertrages**. Satzungen, **Individualarbeitsverträge** bzw. Tarifverträge können mangels Bestimmtheit und Verfügungsbefugnis auch keine wirksame antizipierte Abtretung enthalten und mangels ausreichender verfassungsgemäßer Rechtsgrundlage einen Forderungswechsel nicht regeln.[20]

51

Da gesetzlich angeordnete Forderungsübergänge im Lichte des Art. 14 GG zu sehen sind, verbietet sich bereits von daher eine **analoge Anwendung** von z.B. § 116 SGB X.[21]

52

cc. Abtretung

Satzung, Individualarbeits- oder Tarifvertrag können die **Verpflichtung zur Abtretung** aufnehmen und die beteiligten Parteien insofern binden; bis zur Abtretung bleibt allerdings der Geschädigte selbst verfügungsberechtigter Rechtsinhaber. Die Abtretungsverpflichtung folgt regelmäßig als Nebenpflicht aus der Leistungsbeziehung (z.B. Anstellungsvertrag, Altersversorgungsvertrag) bzw. analog § 255 BGB oder § 285 BGB.[22]

53

Ob der Arbeitgeber überhaupt aufgrund des Arbeitsvertrages oder der Betriebsvereinbarung einen gegenüber seinen Arbeitnehmern (bzw. dessen Hinterbliebenen) durchsetzbaren Anspruch auf eine Abtretung hat, ist arbeitsvertraglich und nicht schadenersatzrechtlich zu klären.[23] Treten Verletzte (bzw. deren Hinterbliebenen) ihre Ansprüche an Arbeitgeber oder andere Drittleistungsträger ab, werden diese – wie jeder andere **Abtretungsgläubiger** auch – dann Inhaber der Schadensersatzforderung, soweit diese Forderung materiellrechtlich gegenüber dem Ersatzpflichtigen dann auch berechtigt ist. Mit der Abtretung werden zwar Rechte übertragen, inhaltlich aber nicht verändert, insbesondere nicht zugunsten des Abtretungsgläubigers hinsichtlich der Beweislage verbessert.[24]

54

dd. Konkurrenz von gesetzlichem und privatrechtlichem Anspruchswechsel

(1) Vermischung von Cessio legis und Abtretung

Soweit ein gesetzlicher Forderungsübergang (Cessio legis) statuiert ist, kann sich der Drittleistende nur beschränkt **daneben** auf eine ihm zusätzlich vorliegende **Abtretung** (privatrechtlicher Anspruchswechsel) wegen desselben Anspruchs berufen. Soweit die Abtretung für Leistungen (z.B. zugunsten der Bundesagentur für Arbeit) erfolgt, die bereits einem gesetzlichen Forderungsübergang unterworfen sind, ist sie unwirksam. In den gesetzlichen Regelungen ist nicht nur niedergelegt, unter welchen Voraussetzungen ein Rechtsanspruch auf eine bestimmte Versorgungsleistung besteht, sondern auch, ob und unter welchen Bedingungen ein Rückgriff gegen Dritte, die zur Zahlung gleichgerichteter

55

---

20 *Jahnke* „Unfalltod und Schadenersatz" Kap 6 Rn 586; siehe zum Arbeitgeberregress Kap 4 Rn 370.
21 Dieses übersieht das LG Frankfurt in seinem Kostenbeschluss nach § 91a ZPO v. 29.9.1999 – 2/4 O 132/99 – VersR 2000, 340 (Anm. *Bloth/v. Pachelbel*) (zum AsylbLG).
22 Siehe Kap 4 Rn 371.
23 *Jahnke* „Unfalltod und Schadenersatz" Kap 6 Rn 629; Siehe auch *Jahnke* VersR 1996, 930 (zu B.IV.2), *ders.* NZV 1996, 172 (zu B.IV), *ders.* in Anwalt-Handbuch Teil 4 Rn 27.
24 S. Kap 1 Rn 76 ff.

Versorgungsleistungen verpflichtet sind, erfolgen kann und darf;[25] die in ihnen enthaltenen Regeln über die Überleitung der Ansprüche gegen Dritte oder über den gesetzlichen Forderungsübergang dienen dabei nicht nur dem Schutz des Trägers der Versorgungsleistungen, sondern auch dem des Empfängers und können daher nicht abbedungen werden.[26]

56 Zulässig ist allerdings, sich **wegen weitergehender Leistungen** eine Abtretung unterzeichnen zu lassen, soweit der Schutzzweck der Überleitungsnormen dabei nicht berührt wird. Beispielsweise darf der Arbeitgeber, dessen Regressnahme durch § 6 EFZG umschrieben wird, für den Zeitraum ab dem 43. Tag der Erkrankung sich Ersatzansprüche – allerdings nur unter Beachtung von Quotenvorrecht und Angehörigenprivileg – abtreten lassen, die er nunmehr nicht mehr nach dem EFZG, sondern aufgrund eines Tarifvertrages oder Einzelarbeitsvertrages über das gesetzliche Maß hinaus erbringt (z.B. Aufstockung des Krankengeldes durch weitere Zahlung bis zur Höhe des früheren Nettolohnes).

(2) § 119 SGB X und Abtretung (Kinderunfall)

57 Wie bei anderen gesetzlichen Forderungszuweisungen ist der Rentenversicherer auch bei § 119 SGB X auf die gesetzliche Regelung beschränkt und kann nicht auf die Abtretung zurückgreifen, um einen Beitragsregress zu sichern oder durchzuführen.[27]

---

25 BVerwG v. 30.11.1972 – V C 87.72 – BVerwGE 41, 216 = FEVS 1973, 310 (Der Nachranggrundsatz hat indessen nicht nur eine negative Seite, die Verweisung auf eine mögliche Selbsthilfe, sondern auch eine positive, die Verpflichtung zur Fremdhilfe durch den Träger der Sozialhilfe, soweit die Eigenhilfe versagt oder nach dem Gesetz unzumutbar ist. Mit Rücksicht hierauf ermöglichen die Vorschriften des BSHG über den Einsatz eigenen Einkommens und Vermögens, über den Kostensatz und die Verpflichtung anderer nicht nur die Verweisung auf Eigenhilfe, sondern begrenzen diese zugleich. Hieraus muss aber geschlossen werden, dass der Träger der Sozialhilfe dann, wenn er nicht im Wege der Überleitung, auch nicht im Wege der Abtretung zum Ersatz seiner Aufwendungen gelangen kann.).

26 BGH v. 24.9.1987 – III ZR 49/86 – JurBüro 1988, 1588 = MDR 1988, 125 = NJW 1988, 819 = NJW-RR 1988, 470 = RPfleger 1988, 72 = VersR 1988, 181 = zfs 1988, 107; BGH v. 7.11.1960 – VII ZR 168/59 – BGHZ 33, 243 = NJW 1961, 118 (Keine Umgehung mit Hilfe der Vorschriften über die Geschäftsführung ohne Auftrag oder ungerechtfertigten Bereicherung); BVerwG v. 22.10.1976 – VI C 216.73 – DÖD 1977, 62 = ZBR 1977, 189 (Ein Beihilfeanspruch, dessen Überleitung gemäß § 27e BVG ausgeschlossen ist, kann nicht wirksam an den überörtlichen Träger der Kriegsopferfürsorge abgetreten werden [im Anschluss an BVerwG BVerwGE 41, 216, 220]), BVerwG v. 22.10.1976 – VI C 36/72 – BVerwGE 51, 211 = DÖD 1977, 62 (nur LS) = VwRspr 28 (1977), 540 (Nr. 127) (Ein Beihilfeanspruch, dessen Überleitung gemäß § 90 BSHG ausgeschlossen ist, kann nicht an Sozialhilfeträger abgetreten werden), BVerwG v. 18.10.1976 – VI C 7.71 – DOK 1977, 561 (Ein Beihilfeanspruch, dessen Überleitung gemäß § 90 BSHG ausgeschlossen ist, kann nicht wirksam an den Sozialhilfeträger abgetreten werden [im Anschluss an BVerwGE 41, 216, 220]); BVerwG v. 30.11.1972 – V C 87.72 – BVerwGE 41, 216 = FEVS 1973, 310 (Ist ein Aufwendungsersatz im Wege der Überleitung ausgeschlossen, kann Ersatz auch nicht im Wege der Abtretung erlangt werden); OLG Frankfurt v. 30.9.1982 – 1 U 179/81 – FamRZ 1984, 582 (nur LS) = r+s 1984, 7 = VersR 1984, 254 = VRS 65, 422 = zfs 1983, 301 (BGH hat Revision nicht angenommen, Beschl. v. 12.7.1983 – VI ZR 293/82) (Ausschluss des Forderungsüberganges kann nicht durch eine Abtretung umgangen werden), OLG Hamburg v. 28.4.1992 – 7 U 59/91 – NJW-RR 1993, 40 = NZV 1993, 71 (Anm. *Wandt* NZV 1993, 56) = SP 1992, 261 (nur LS) = VersR 1993, 685 = zfs 1993, 125; OLG Hamm v. 24.1.1994 – 13 U 173/93 – NZV 1994, 441 = r+s 1994, 258; OLG Saarbrücken v. 26.2.1988 – 3 U 96/86 – r+s 1989, 104 = VersR 1988, 1038 = zfs 1988, 390; siehe auch BGH v. 24.9.1969 – IV ZR 776/68 – BGHZ 52, 350 = NJW 1969, 2284 = VersR 1969, 1036 (Abtretung im Anwendungsbereich des § 67 VVG kann gegen § 68a VVG verstoßen); sowie *Jahnke* „Verwandtenprivileg und Personenschadenregulierung" NZV 1995, 377 (380).

27 Siehe Kap 1 Rn 66 ff.

E. Forderungsberechtigung, Forderungswechsel

(3) Rückabtretungsverbot

Eine Rückabtretung der gesetzlich übergegangenen Forderung an den unmittelbar Verletzten ist regelmäßig unwirksam (Abtretungsverbot).[28]

58

2. Zeitpunkt des Forderungswechsels

Der Forderungsübergang auf die Drittleistenden erfolgt zu unterschiedlichen Zeitpunkten.

59

Übersicht 1.7: Forderungsübergänge

60

Art der Zession	Zeitpunkt des Forderungswechsel
gesetzlicher Forderungsübergang („Cessio legis")	Zeitpunkt des schädigenden **Ereignisses** (Unfalltag) (z.B. § 116 SGB X, § 119 SGB X, § 1542 RVO, § 52 BRRG)
	Zeitpunkt der Begründung der **Mitgliedschaft** (z.B. Begründung des Sozialversicherungsverhältnisses bei § 116 SGB X, § 119[29] SGB X)
	Zeitpunkt der Begründung des **Beamtenstatus**
	Zeitpunkt der **Erkennbarkeit** der Eintrittspflicht (z.B. Sozialhilfeträger, Arbeitsverwaltung)
	Zeitpunkt der tatsächlichen **Drittleistung** (z.B. § 6 EFZG, § 86 I 1 VVG n.F. [§ 67 I 1 VVG a.F.])
	Zeitpunkt des **Eintritts der Pflegebedürftigkeit** für die Pflegeversicherung (*rechtlich bislang unbeantwortet*)
privatrechtlicher Forderungsübergang	Zeitpunkt der **Abtretungs**vereinbarung (§ 398 S. 2 BGB)

3. Künftig erst mögliche Zuständigkeit

Bei der Geltendmachung von Ersatzansprüchen hat der Fordernde alle anspruchsbegründenden Voraussetzungen zu beweisen, dazu gehört vor allem auch seine aktuelle **Aktivlegitimation**.[30]

61

Problematisch sind absehbare (aber noch nicht erfolgte) oder befürchtete Forderungsveränderungen und -berechtigungen.

62

a. Sozialversicherer

Sozialversicherer erwerben nach § 116 SGB X erst mit der Abführung des ersten (freiwilligen oder pflichtigen) Sozialversicherungsbeitrages. Bis dahin ist der unmittelbar Verletzte Anspruchsinhaber und kann über diese Ansprüche auch endgültig verfügen.

63

Bei Wechsel von Familienmitversicherung zu eigener Mitgliedschaft gelten die Aspekte der Rechtsnachfolge.[31]

64

---

28 Siehe dazu Kap 1 Rn 72 ff.
29 § 119 SGB X weist – wenn ein Pflichtversicherungsbeitrag zuvor auf dem Beitragskonto bereits gebucht ist – im Unfallzeitpunkt die Forderung dem Rentenversicherer zum treuhänderischen Einzug zu.
30 AG Wertheim v. 14.10.2005 – 1 C 361/03 – DAR 2006, 283; siehe *Jahnke* „Abfindung von Personenschadenansprüchen" § 2 Rn 332 ff., § 5 Rn 543 ff. m.w.N.
31 BGH v. 22.3.1983 – VI ZR 13/81 – BG 1985, 48 = MDR 1983, 836 = r+s 1983, 141 (nur LS) = VersR 1983, 724; BSG v. 26.7.1979 – 8b/3 RK 70/78 – BKK 1980, 73 = ErsK 1979, 535 = FEVS 31, 85 = USK 79124. Siehe auch Kap 3 Rn 507 f.

65 Sozialversicherer die mit künftiger Zuständigkeit und daran anknüpfender Leistungspflicht zwar bereits rechnen, aber noch keine Beiträge erhalten haben oder aktuell unzuständig sind, können mangels aktueller Aktivlegitimation keine Feststellungsklage erheben.[32] Gleiches gilt für das Verlangen eines Anerkenntnisses oder Verjährungsverzichtes.

b. § 119 SGB X[33]

66 Ein Rentenversicherer, der damit rechnet, **irgendwann** einmal **regressberechtigt** zu sein, kann mangels aktueller Aktivlegitimation keine Feststellungsklage erheben. Rentenversicherer müssen, wollen sie künftigen Regress nach § 119 SGB X sichern, bereits Pflichtbeiträge des Verletzten in dessen Beitragskonto verbucht haben.[34]

67 Der Forderungswechsel nach § 119 SGB X erfolgt erst mit der Abführung (= tatsächlicher **Buchungstag**[35]) des ersten Rentenpflichtversicherungsbeitrages an den Rentenversicherer,[36] bis dahin bleibt der unmittelbar Verletzte Anspruchsinhaber, dessen Abfindung potentielle Regressmöglichkeiten des Rentenversicherers erledigt.

c. Sozialhilfeträger

68 Der Feststellungsklage eines Sozialhilfeträgers fehlt das Rechtsschutzinteresse, wenn nicht ernsthaft zu erwarten ist, dass der Sozialhilfeträger Sozialhilfeleistungen für den Verletzten erbringen muss und er deshalb jemals in den Genuss von dessen Ansprüchen gegen den Haftpflichtigen kommt.[37]

d. Privatversicherer, Arbeitgeber

69 Die **private Kranken-** oder **Pflegeversicherung** kann Feststellungsklage nicht erheben, wenn ein Forderungsübergang nach § 86 VVG n.F. / § 67 VVG a.F. mangels Leistungserbringung nicht vollzogen ist und der Verletzte den Krankenversicherer nicht zur Prozessführung ermächtigt hat.[38]

---

32 Siehe: BGH v. 13.3.2001 – VI ZR 290/00 – BGHReport 2001, 616 = MDR 2001, 829 = NJW-RR 2001, 957 = NZV 2001, 259 = PVR 2001, 286 (nur LS) (Anm. *Engelbrecht*) = r+s 2001, 289 = SGb 2001, 502 (nur LS) = VersR 2001, 1005 = VRS 100, 436 = zfs 2001, 2563 (Kein Feststellungsinteresse für LVA, solange die landwirtschaftliche Alterskasse für den Verletzten zuständig ist), BGH v. 19.3.1985 – VI ZR 163/83 – BG 1986, 404 = MDR 1986, 136 = NJW 1985, 2194 (nur LS) = r+s 1985, 199 (nur LS) = VersR 1985, 732 = zfs 1985, 299 (Mit der Übernahme der Heilbehandlung durch den Unfallversicherungsträger erwirbt dieser die bis dahin der Krankenkasse zustehenden kongruenten Schadenersatzansprüche des Verletzten als Alleingläubiger. Während der berufsgenossenschaftlichen Heilbehandlung kann die Krankenkasse eine Klage auf Feststellung der nach § 1542 RVO, § 116 SGB X wegen der Heilbehandlung übergegangenen Ansprüche grundsätzlich nicht erheben.).
33 Wegen der Einzelheiten siehe Kap 3 Rn 852 ff.
34 *Jahnke* „Abfindung von Personenschadenansprüchen" § 5 Rn 546 ff.
35 LSG Nordrhein-Westfalen v. 17.6.2005 – L 13 RA 44/04 – Breith 2005, 939.
36 LSG Nordrhein-Westfalen v. 17.6.2005 – L 13 RA 44/04 – Breith 2005, 939. LG Gera v. 19.6.2008 – 6 O 1457/07 – jurisPR-VerkR 16/2008 Anm. 5 (Anm. *Jahnke*) = r+s 2008, 400 (Anm. *Jahnke*); siehe auch BSG v. 31.1.2002 – B 13 RJ 23/01 R – Breith 2002, 836 = BSGE 89,151 = HVBG-Info 2002, 1505 = MittLVA Oberfr 2002, 283 = NZA 2002, 894 = NZS 2002, 661 = SGb 2002, 275. Siehe auch Kap 3 Rn 1021 f.
37 OLG Celle v. 14.10.1998 – 13 U 2/98 – OLGR 1999, 137; *Jahnke* „Abfindung von Personenschadenansprüchen" § 5 Rn 551.
38 AG Bad Homburg v. 18.3.1999 – 2 C 5105/98 (10) – VersR 2000, 844.

E. Forderungsberechtigung, Forderungswechsel

Entsprechendes gilt für den **Arbeitgeber**, auf den die Forderung nach § 6 EFZG (wie bei § 86 VVG n.F. bzw. § 67 VVG a.F.) erst mit jeweiliger Leistung (Lohnfortzahlung nach EFZG) übergeht. 70

e. Rückübertragung

Grundsätzlich kann der Drittleistungsträger über die auf ihn übergegangene Forderung auch durch weitere Übertragung verfügen. 71

Soll die Forderung auf den **ursprünglich Verletzten** übertragen werden, bedarf es dazu einer Abtretung. Dabei ist zu beachten, dass die Abtretung ein zweiseitiges Geschäft (Abtretungsvertrag) ist und ein einseitiger Akt des Drittleistungsträgers nicht ausreicht. Die Rückabtretung ist allerdings an denselben Kriterien zu messen wie die Abtretung.[39] 72

Besondere Probleme sind in der Praxis vor allem im Bereich der **Sozialhilfe** zu beachten: Eine Rückabtretung des nach § 116 SGB X auf den Sozialhilfeträger übergegangenen Anspruchs – z.B. zwecks gerichtlicher Verfolgung – an den Verletzten ist wegen Verstoßes gegen § 32 I SGB I nichtig, da sie zum Nachteil des Sozialleistungsberechtigten von den Vorschriften des SGB abweicht. Der Nachteil liegt dabei vor allem in der Belastung mit einem Prozesskostenrisiko.[40] 73

Bei Minderjährigen, die unter Vormundschaft stehen, bedarf die Rückabtretung zudem der vormundschaftsgerichtlichen Genehmigung, sofern der Wert über 3.000 EUR liegt; die Genehmigungspflicht gilt ebenso für unter Betreuung oder Pflegschaft stehende Erwachsene.[41] 74

Möglich ist auch eine Rückübertragung auf den ursprünglichen oder **zwischenzeitlich zuständigen Drittleistungsträger**, der dann nicht in seine ursprüngliche Rechtsstellung wieder einsteigt, sondern jedem anderen Rechtsnachfolger gleichgestellt ist. 75

> *Beispiel 1.1:* 76
> A ist im Unfallzeitpunkt bei der Barmer Ersatzkasse (BEK) krankenversichert. Im nächsten Jahr wechselt A zu einer IKK, zu einem späteren Zeitpunkt dann weiter zu einer AOK. Nachdem A keiner Beschäftigung mehr nachgeht, heiratet er die B und ist über B wieder bei der BEK familienmitversichert.[42]

---

39 BGH v. 2.12.2003 – VI ZR 243/02 – MDR 2004, 573 (nur LS) = NJW-RR 2004, 595 = NZV 2004, 249 = r+s 2004, 175 = SP 2004, 245 = SVR 2004, 312 (nur LS) (Anm. *Engelbrecht*) = SVR 2004, 352 (Anm. *Engelbrecht*) = VersR 2004, 492 = VRS 106, 365 (Die Aktivlegitimation ist dem Rentenversicherer als Treuhänder übertragen, der die zweckgebundenen Schadenersatzleistungen einzieht und zugunsten des Geschädigten als Pflichtbeiträge verbucht. Eine [Rück-]Abtretung der Forderung an den unmittelbar Verletzten ist unwirksam [Abtretungsverbot]).
40 OLG Köln v. 13.3.1998 – 3 U 131/97 – MDR 1998,778 = NJW-RR 1998, 1762 = OLGR 1998, 231 = VersR 1998, 1262.
41 Dazu ergänzend *Jahnke* „Abfindung von Personenschadenansprüchen" § 2 Rn 27 ff.
42 Es macht keinen Unterschied, ob A anstelle einer Familienmitversicherung eine eigene Versicherung bei der BEK begründet hätte.

> *Ergebnis:*
> Die BEK wird Rechtsnachfolger der AOK und steigt nicht in die frühere, im Unfallzeitpunkt erworbene Rechtsstellung ein.[43] Zwischenzeitliche Veränderungen im Rechtsbestand – z.B. Verjährung – wirken dann auch gegenüber der BEK.

4. Rechtsnachfolge und Beweislast

77 Die Beweislastverteilung beim Anspruch des Direktgeschädigten gilt auch für dessen etwaige Rechtsnachfolger. Die Drittleistungsträger können vom Ersatzpflichtigen sodann maximal bis zur Höhe ihrer Aufwendungen Ersatz verlangen, nicht aber darüber hinaus. In der Regulierungspraxis wird immer wieder aus dem Auge verloren, dass es nicht um Erstattung von dem Drittleistungsträger (z.B. Arbeitgeber) entstandenen Kosten oder Aufwendungen geht, sondern vielmehr um das Geltendmachen eines vom unmittelbar Verletzten auf seinen Rechtsnachfolger übergegangenen kongruenten Anspruchs.[44]

78 Der Ersatzanspruch des Geschädigten geht zwar, soweit sachliche und zeitliche **Kongruenz** besteht, auf die Drittleistenden über; der Ersatzanspruch hat sich dabei aber inhaltlich und insbesondere auch der Höhe nach mit diesem Forderungsübergang nicht verändert. Das gilt auch für die Beweislastverteilung insbesondere zum Schadenvolumen, aber auch zur Frage der **Unfallkausalität** von Verletzungen und Arbeitsunfähigkeiten.[45] Vor die Prüfung der sachlichen Richtigkeit von Abrechnungen ist die Frage gestellt, ob in der Person des Verletzten überhaupt beweisbar ein Anspruch entstanden war.[46]

---

43 Dasselbe gilt für die Abwicklung nach Teilungsabkommen; und zwar selbst dann, wenn beide Krankenkassen Mitglieder desselben Rahmenabkommens (z.B. GDV – VdAK) sind. Die erneute Begründung eines Versicherungsverhältnisses mit einem früheren Mitglied nach zwischenzeitlichem Kassenwechsel bedeutet einen „neuen TA-Fall", auf den dann das im Zeitpunkt des letzten Kassenwechsels geltende Teilungsabkommen anzuwenden ist.
44 BGH v. 10.7.2007 – VI ZR 192/06 – BGHReport 2007, 1123 = BGHZ 173, 169 = DAR 2007, 639 (nur LS) = MDR 2007, 1370 (nur LS) = r+s 2007, 478 = SP 2007, 353 (nur LS) = VersR 2007, 1536 = VRS 113, 267 = zfs 2007, 681 (Anm. *Diehl*).
45 KG v. 26.7.2001 – 12 U 1529/00 (zitiert von LG Chemnitz v. 16.12.2004 – 6 S 3278/04 – SP 2005, 230), OLG Oldenburg v. 27.3.2001 – 12 U 03/01 – DAR 2001, 313; LG Berlin v. 11.10.2004 – 24 O 154/02 – SP 2005, 194 (Beihilfe für Behandlung eines Polizisten), LG Chemnitz v. 16.12.2004 – 6 S 3278/04 – SP 2005, 230, LG Duisburg v. 13.7.2000 – 25 S 153/98 –, LG Duisburg v. 26.8.1999 – 22 S 148/99 -, LG Kassel v. 19.1.2006 – 1 S 68/05 -, LG Münster v. 22.8.2002 – 8 S 188/02 -; AG Berlin-Mitte v. 16.8.2004 – 113 C 3366/02 – SP 2005, 122, AG Coburg v. 16.10.2003 – 15 C 76/02, AG Dieburg v. 1.4.2003 – 20 C 252/02 – SP 2004, 265, AG Dortmund v. 13.2.2004 – 132 C 10527 -. AG Hamburg v. 1.6.2006 – 314B C 382/05 -, AG Hannover v. 4.5.2000 – 546 C 3998/99 – SP 2000, 339, AG Nettetal v. 24.11.2006 – 17 C 229/05 – SP 2007, 211; siehe auch OLG Hamm v. 28.1.2002 – 6 U 124/01 – r+s 2002, 505 (Unternehmer darf sich nur dann auf vorgelegte Arbeitsunfähigkeitsbescheinigung verlassen, wenn nicht tatsächliche Umstände ernsthafte Zweifel an der Glaubhaftigkeit des Inhaltes ärztlicher Zeugnisse begründen); siehe ergänzend Kap 4 Rn 183 f.
46 Diese Trennung hat BGH v. 16.10.2001 – VI ZR 408/00 – BGHZ 149, 63 = JR 2002, 372 (Anm. *Feuerborn*) = MDR 2002, 29 = NJW 2002, 128 = NZA 2002, 40 = NZV 2002, 28 = r+s 2002,63 (Anm. *Lemcke*) = SP 2002, 52 = VersR 2001, 1521 = VRS 101, 404 = WI 2002,21 (kritische Anm. *Wussow*) = zfs 2002, 67 verkannt: Der BGH weist zwar zutreffend (unter Hinweis auf die BAG-Rechtsprechung) auf die arbeitsrechtliche Situation hin, wonach der Arbeitgeber für den Lohnfortzahlungsanspruch seines Arbeitnehmers auf die Richtigkeit der ihm vorgelegten Arbeitsunfähigkeitsbescheinigung vertrauen darf, übersieht dann aber, dass der Anspruch auf Ersatz der erbrachten Lohnfortzahlung ein nach § 6 EFZG übergegangener Anspruch des verletzten Arbeitnehmers ist und damit die Beweissituation sich nicht nach dem EFZG, sondern nach dem Schadensersatzrecht orientiert; zum Verletzungsverdacht Kap 2 Rn 59 f.

E. Forderungsberechtigung, Forderungswechsel

Auch der Arbeitnehmer, der Entgeltfortzahlung im Krankheitsfall begehrt, hat darzulegen und zu **beweisen**, dass er arbeitsunfähig krank war.[47] Dieses hat insbesondere im Rahmen behaupteter HWS-Verletzungen schadenrechtliche Relevanz. Der Unterschied zwischen Arbeits- und Schadenersatzrecht ist hervorzuheben: 79

- Im **Arbeitsrecht** muss nur irgendeine, zur Arbeitsunfähigkeit führende, Erkrankung vorliegen; im Schadenersatzrecht muss es sich um eine unfallkausale Erkrankung handeln. Der Nachweis wird arbeitsrechtlich regelmäßig durch unverzügliche (§ 5 I 2, 3 EFZG: wenn die Arbeitsunfähigkeit länger als 3 Tage dauert, spätestens am darauf folgenden Arbeitstag, sofern der Arbeitgeber keine frühere Vorlage fordert) Vorlage einer förmlichen ärztlichen Arbeitsunfähigkeitsbescheinigung geführt.[48] Ein Arbeitnehmer, der aufgrund falscher Diagnose irrtümlich annimmt, er sei arbeitsunfähig erkrankt, hat keinen Schadensersatzanspruch gegenüber dem Schädiger, verliert andererseits aber nicht zwingend den Lohnfortzahlungsanspruch gegen seinen Arbeitgeber, da hier keine unfallkausale Arbeitsunfähigkeit gefordert ist.[49] 80

- Die Beweislastverteilung im Arbeitsrecht (Anspruch auf Entgeltfortzahlung gegenüber dem Arbeitgeber) ist streng zu scheiden von der Beweislastverteilung im Schadensersatz (Anspruch auf Schadensersatz wegen Körperverletzung und darauf beruhendem Verdienstausfall). Da der Arbeitgeber keine eigenen, sondern ausschließlich fremde **Schadensersatzansprüche** – nämlich solche, die in der Person seines Arbeitnehmers entstanden und geltend zu machen sind – im Wege des gesetzlichen (für die ersten 6 Wochen ab dem Unfalltag: § 6 EFZG) bzw. des privatrechtlichen (für die Zeit ab dem 43. Tag der unfallkausalen Arbeitsunfähigkeit: Abtretungsvertrag) Forderungsüberganges verfolgt, kommt es allein auf schadensersatzrechtliche Kriterien an,[50] was manchmal auch in der Rechtsprechung[51] übersehen wird. Der bloße Verdacht einer Verletzung reicht nicht aus, Verdienstausfallansprüche wegen Körperverletzung zu fordern.[52] 81

---

47 BAG v. 1.10.1997 – 5 AZR 726/96 – NJW 1998, 2762.
48 BAG v. 1.10.1997 – 5 AZR 726/96 – NJW 1998, 2762.
49 OLG Oldenburg v. 27.3.2001 – 12 U 03/01 – DAR 2001, 313 (Kein Lohnfortzahlungsanspruch des Arbeitgebers, da objektiv keine Arbeitsunfähigkeit vorlag).
50 OLG Oldenburg v. 27.3.2001 – 12 U 03/01 – DAR 2001, 313; LG Chemnitz v. 16.12.2004 – 6 S 3278/04 – SP 2005, 230; AG Berlin-Mitte v. 16.8.2004 – 113 C 3366/02 – SP 2005, 122, AG Dieburg v. 1.4.2003 – 20 C 252/02 – SP 2004, 265; AG Nettetal v. 24.11.2006 – 17 C 229/05 – SP 2007, 211; siehe auch die Nachweise Fn 51.
51 BGH v. 16.10.2001 – VI ZR 408/00 – BGHZ 149, 63 = JR 2002, 372 (Anm. *Feuerborn*) = MDR 2002, 29 = NJW 2002, 128 = NZA 2002, 40 = NZV 2002, 28 = r+s 2002, 63 (Anm. *Lemcke*) = SP 2002, 52 = VersR 2001, 1521 = VRS 101, 404 = WI 2002, 21 (kritische Anm. *Wussow*) = zfs 2002, 67 weist zwar zutreffend (unter Hinweis auf die BAG-Rechtsprechung) auf die arbeitsrechtliche Situation hin, wonach der Arbeitgeber für den Lohnfortzahlungsanspruch seines Arbeitnehmers auf die Richtigkeit der ihm vorgelegten Arbeitsunfähigkeitsbescheinigung vertrauen darf, übersieht dann aber, dass der Anspruch auf Ersatz der erbrachten Lohnfortzahlung sich nicht nach dem EFZG, sondern nach dem Schadensersatzrecht ausrichtet.
52 Siehe Kap 2 Rn 59 f.

82 ■ *Pardey*[53] bejaht zwar einen „normativen Schaden" desjenigen Arbeitnehmers, der berechtigterweise auf die ihm erteilte Arbeitsunfähigkeitsbescheinigung vertraut, der durch die Lohnfortzahlung des Arbeitgebers nicht entfällt und an den Arbeitgeber abgetreten werden kann. *Pardey* übersieht dabei aber, dass der Arzt zwar seinem Patienten gegenüber – u.U. aus rein medizinischer Vorsorge – eine Arbeitsunfähigkeit bescheinigt, bei diesem Attest aber überhaupt keine Feststellung zu einer Unfallkausalität benötigt, sondern ihm die Einschätzung jedweder Arbeitsunfähigkeit (aufgrund welchen Ursprungs auch immer[54]) ausreicht.

5. Umfang des Forderungswechsels

83 Die Drittleistungsträger können vom Ersatzpflichtigen bis zur Höhe ihrer Aufwendungen Ersatz verlangen, nicht aber darüber hinaus. Die Übergangsfähigkeit seiner Aufwendungen hat der Drittleistungsträger in gleichem Maße nachzuweisen wie der Verletzte selbst.[55]

III. Gesamtgläubigerschaft

84 **§ 117 SGB X – Schadenersatzansprüche mehrerer Leistungsträger**

[1]Haben im Einzelfall mehrere Leistungsträger Sozialleistungen erbracht und ist in den Fällen des § 116 Absätze 2 und 3 der übergegangene Anspruch auf Ersatz des Schadens begrenzt, sind die Leistungsträger Gesamtgläubiger. [2]Untereinander sind sie im Verhältnis der von ihnen erbrachten Sozialleistungen zum Ausgleich verpflichtet. [3]Soweit jedoch eine Sozialleistung allein von einem Leistungsträger erbracht ist, steht der Ersatzanspruch im Innenverhältnis nur diesem zu. [4]Die Leistungsträger können ein anderes Ausgleichsverhältnis vereinbaren.

85 **§ 428 BGB – Gesamtgläubiger**

[1]Sind mehrere eine Leistung in der Weise zu fordern berechtigt, dass jeder die ganze Leistung fordern kann, der Schuldner aber die Leistung nur einmal zu bewirken verpflichtet ist (Gesamtgläubiger), so kann der Schuldner nach seinem Belieben an jeden der Gläubiger leisten. [2]Dies gilt auch dann, wenn einer der Gläubiger bereits Klage auf die Leistung erhoben hat.

---

53 *Pardey* S. 209, Rn 892. *Küppersbusch* Rn 106, bejaht einen normativen Schaden des Arbeitnehmers bei objektiv falscher Krankschreibung durch den Arzt und verweist (*Küppersbusch* S. 31, Fn 193) den Ersatzpflichtigen auf einen Schadenersatzanspruch gegen den pflichtwidrig handelnden Arzt (Behandlungsvertrag mit Schutzwirkung für Dritte wie bei der Haftung eines Kfz-Sachverständigen bei fehlerhafter Begutachtung – dazu OLG Karlsruhe v. 29.12.2004 – 12 U 299/04 – VersR 2005, 706); siehe auch Kap 4 Rn 183 sowie OLG Oldenburg v. 27.3.2001 – 12 U 03/01 – DAR 2001, 313 (Kein Lohnfortzahlungsanspruch des Arbeitgebers, da objektiv keine Arbeitsunfähigkeit vorlag).
54 Das AG Berlin-Mitte (v. 16.8.2004 – 113 C 3366/02 – SP 2005, 122) führt u.a. aus: Die fehlende Regressmöglichkeit der Arbeitgeberin nach § 6 EFZG „mag für diese unbefriedigend sein, da ihre Arbeitnehmerin ja nun einmal tatsächlich krankgeschrieben war und sie während dieser Zeit tatsächlich die geltend gemachten Aufwendungen hatte. Es spricht aber doch einiges dafür, dass hierfür nicht der Verkehrsunfall verantwortlich ist, sondern eine der leider nicht ganz unüblichen Schwindeleien mit einer HWS-Verletzung nach einem Unfall. Ob hier nun die Arbeitnehmerin der Klägerin die gute Gelegenheit für einen Kurzurlaub nutzte, ob ihr Arzt möglicherweise hier wohlmeinend diese Verletzung quasi aufgedrängt hat, ob hier schlicht eine Fehlbeurteilung vorlag oder ob tatsächlich eine Verletzung vorhanden war, die sich im Prozess nicht beweisen ließ, sei dahingestellt".
55 OLG Brandenburg v. 3.11.2005 – 12 U 74/05 –.

§ 430 BGB – Ausgleichungspflicht der Gesamtgläubiger
Die Gesamtgläubiger sind im Verhältnis zueinander zu gleichen Anteilen berechtigt, soweit nicht ein anderes bestimmt ist.

Erbringen mehrere Drittleistungsträger gleichartige Leistungen an einen Geschädigten, sind sie beim Regress gegenüber dem Ersatzpflichtigen Gesamtgläubiger. Nur soweit Leistungen lediglich von einem Drittleistungsträger erbracht werden, besteht dann insoweit Einzelgläubigerschaft.

1. Außenverhältnis

Sind Drittleistungsträger im Verhältnis zum Ersatzpflichtigen Gesamtgläubiger,[56] ist im Außenverhältnis (zum Ersatzpflichtigen) jeder einzelne Leistungsträger berechtigt, den **gesamten** (kongruenten) **Anspruch** ungekürzt bis zur Höhe seiner Aufwendungen (auch klageweise) geltend zu machen (§ 428 BGB).[57]

Sind mehrere Drittleistungsträger eintrittspflichtig und schließt der Ersatzpflichtige mit einem dieser Drittleistenden einen **Abfindungsvergleich** über den ihm im Innenverhältnis der Gesamtgläubiger zueinander zustehenden Anteil, hat der darin liegende Erlassvertrag auch Wirkung gegenüber den weiteren Gesamtgläubigern.[58] Bei Gesamtgläubigerschaft betrifft die Abfindung den Gesamtanspruch; es sei denn, die Parteien wollen ausdrücklich nur den diesem Ersatzberechtigten im Innenverhältnis zustehenden Anteil regulieren. Der konkurrierende weitere Gesamtgläubiger kann dann nur noch dasjenige verlangen, was ihm letztlich im Innenverhältnis zum anderen (bereits abgefundenen) Drittleistungsträger noch zusteht.

In der **Praxis** verlangen die Sozialversicherer vielfach von vornherein **nur** die ihnen im Innenverhältnis zum weiteren Sozialleistungsträger **zustehende Quote** am gesamten Schadenersatzanspruch.[59] Soweit allerdings Sozialleistungen nur von einem Träger erbracht werden, steht diesem der insoweit kongruente Ersatzanspruch allein als Einzelgläubiger zu.[60]

---

56 BGH v. 14.2.1989 – VI ZR 244/88 – VersR 1989, 648 hatte einen Fall zu beurteilen, in dem die beteiligten Sozialversicherer jeweils lediglich Inhaber eines bestimmten Teils des der Geschädigten zustehenden Schadenersatzforderung geworden waren; sie konnten daher bzgl. dieser Forderung nicht miteinander konkurrieren; zu Einzelheiten einer Gesamtgläubigerschaft siehe BGH v. 4.3.1986 – VI ZR 234/84 – BG 1986, 756 = DAR 1986, 267 (nur LS) = MDR 1986, 746 = NJW 1986, 1861 = NJW-RR 1986, 902 = r+s 1986, 182 = VersR 1986, 810 = zfs 1986, 267 (nur LS) (BG und DRV beim Unterhaltsschaden).

57 Vgl. BGH v. 23.9.1986 – VI ZR 46/85 – VersR 1987, 156 (zu III. 3.); das gilt auch, wenn von einem weiteren Gesamtgläubiger Fristen (z.B. nach dem NTS) versäumt wurden (BGH v. 17.5.1979 – III ZR 176/77 – DOK 1980, 805 [nur LS.] = MDR 1979, 1002 = NJW 1979, 2039 = VersR 1979, 741).

58 BGH v. 4.3.1986 – VI ZR 234/84 – BG 1986, 756 = DAR 1986, 267 (nur LS) = MDR 1986, 746 = NJW 1986, 1861 = NJW-RR 1986, 902 = r+s 1986, 182 = VersR 1986, 810 = zfs 1986, 267 (nur LS).

59 *Küppersbusch* Rn 663 vertritt (m.E. zu Recht) die Auffassung, dass sich aus dieser alltäglichen Praxis schon fast ein Gewohnheitsrecht entwickelt hat, dass den jeweiligen Drittleistungsträger auch dann bindet, so weiter zu verfahren, wenn beispielsweise der zweite Träger seine Ansprüche nicht mehr durchsetzen kann (z.B. bei Verjährung); Siehe ergänzend BGH v. 4.3.1986 – VI ZR 234/84 – BG 1986, 756 = DAR 1986,267 (nur LS) = MDR 1986, 746 = NJW 1986, 1861 = NJW-RR 1986, 902 = r+s 1986, 182 = VersR 1986, 810 = zfs 1986, 267 (nur LS).

60 BGH v. 31.1.1989 – VI ZR 199/88 – HVBG-Info 1989, 802 = MDR 1989, 623 = NJW-RR 1989, 610 = NZV 1989, 306 (Anm. *Fuchs*) = r+s 1989, 187 = VersR 1989, 604 = VRS 76, 406 = zfs 1989, 261 (KVdR-Beiträge).

2. Innenverhältnis

90 Die in § 116 I, X SGB X namentlich genannten Sozialleistungsträger (Sozialversicherer, Arbeitsagentur, Sozialhilfeträger) sind, wenn der Schadenersatzanspruch nicht ausreicht, die kongruenten Leistungen aller Sozialleistungsträger zu erfüllen, gleichberechtigte Zessionare und **Gesamtgläubiger** (entsprechend § 117 S. 1 SGB X).[61] Reicht der übergehende Schadensersatzanspruch nicht zur vollen Deckung der unfallkausalen Leistungen z.B. von Renten- und Unfallversicherung aus, bestimmt sich im Innenverhältnis ihre Berechtigung nach dem Größenverhältnis ihrer unfallbedingten Leistungen.[62]

91 Der BGH[63] stellt klar, dass Sozialversicherer auch dann, wenn ihre Gesamtleistungen an den Geschädigten den zivilrechtlichen Schaden übersteigen, Gesamtgläubiger analog § 117 SGB X sind. Die Leistungsträger sind gleichberechtigte Zessionare[64] i.S.d. § 116 SGB X, die hinsichtlich des übergegangenen Ersatzanspruches konkurrieren. In Folge der Gesamtgläubigerschaft kann jeder der gesetzlichen Zessionare die zedierte Forderung so geltend machen, als wäre sie nur auf ihn übergegangen. Der Schuldner braucht sie jedoch nur einmal zu erfüllen (§ 428 BGB); im **Innenverhältnis** (zu weiteren Drittleistungsträgern) gleichen sich die Sozialversicherer entsprechend ihrer zu Schadenleistungen kongruenten Aufwendungen aus (§ 430 BGB, § 117 I 2 SGB X).

92 Eine entsprechende Anwendung des § 117 SGB X kommt nur insoweit in Betracht, als Sozialversicherungsträger und Dienstherr bzw. Versorgungsträger an dem übergegangenen Ersatzanspruch konkurrieren.[65]

93 Bereits vor Inkrafttreten des § 117 SGB X ist der BGH[66] in ständiger Rechtsprechung nicht nur in den in dieser Bestimmung ausdrücklich genannten Fällen, sondern auch dann, wenn der übergegangene Schadensersatzanspruch aus anderen Gründen nicht ausreichte,

---

61 BGH v. 3.12.2002 – VI ZR 304/01 – HVBG-Info 2003, 334 = NZV 2003, 172 = SP 2003, 89 = VersR 2003, 390 (ebenso die Vorinstanzen: KG v. 9.7.2001 – 12 U 636/00 – KGR 2002, 10 = NZV 2002, 93 und LG Berlin v. 24.11.1999 – 1 O 119/99 – HVBG-Info 2000, 185 = SP 2000, 270 = zfs 2000, 270).

62 BGH v. 3.12.2002 – VI ZR 304/01 – HVBG-Info 2003, 334 = NZV 2003, 172 = SP 2003, 89 = VersR 2003,390 (ebenso die Vorinstanzen: KG v. 9.7.2001 – 12 U 636/00 – KGR 2002, 10 = NZV 2002, 93 und LG Berlin v. 24.11.1999 – 1 O 119/99 – HVBG-Info 2000, 185 = SP 2000, 270 = zfs 2000, 270), BGH v. 31.1.1989 – VI ZR 199/88 – HVBG-Info 1989, 802 = MDR 1989, 623 = NJW-RR 1989,610 = NZV 1989, 306 (Anm. *Fuchs*) = r+s 1989, 187 = VersR 1989, 604 = VRS 76, 406 = zfs 1989, 261, BGH v. 27.6.1958 – VI ZR 98/57 – BGHZ 28, 68 = MDR 1958, 763.

63 BGH v. 3.12.2002 – VI ZR 304/01 – BGHZ 153, 113 = HVBG-Info 2003, 334 (Anm. *Dahm* HVBG-Info 2003, 2593) = NJW 2003, 1871 = NZV 2003, 172 = r+s 2003, 348 = SP 2003, 89 = VersR 2003, 390 = VRS 104, 278, BGH v. 12.4.2005 – VI ZR 50/04 – BGHReport 2005, 1269 = DAR 2005, 443 = MedR 2005, 526 (nur LS) = SP 2005, 302 = VersR 2005, 1004 = VRS 109, 265.

64 BGH v. 14.2.1989 – VI ZR 244/88 – NZV 1989, 268 = VersR 1989, 648 hatte einen Fall zu beurteilen, in dem die beteiligten SVT jeweils lediglich Inhaber eines bestimmten Teils des der Geschädigten zustehenden Schadensersatzforderung geworden waren; sie konnten daher bzgl. dieser Forderung nicht miteinander konkurrieren.

65 BGH v. 14.2.1989 – VI ZR 244/88 – BGHZ 106, 381 = HVBG-Info 1989, 2201 = MDR 1989, 626 = NJW 1989, 2622 = NJW-RR 1989, 1299 = NZV 1989, 268 = VersR 1989, 648 = zfs 1989, 262.

66 BGH v. 3.12.2002 – VI ZR 304/01 – BGHZ 153, 113 = HVBG-Info 2003, 334 (Anm. *Dahm* HVBG-Info 2003, 2593) = NJW 2003, 1871 = NZV 2003, 172 = r+s 2003, 348 = SP 2003, 89 = VersR 2003, 390 = VRS 104, 278; BGH v. 4.3.1986 – VI ZR 234/84 – BG 1986, 756 = DAR 1986, 221 (nur LS) = MDR 1986, 746 = NJW 1986, 1861 = NJW-RR 1986, 902 (nur LS) = r+s 1986, 182 = VersR 1986, 810 = VRS 34, 88 = zfs 1986, 267 (nur LS); BGH v. 17.5.1979 – III ZR 176/77 – BG 1979, 743 = MDR 1979, 1002 = r+s 1979, 2039 = r+s 1979, 216 (nur LS) = VersR 1979, 741 = VRS 58, 84; BGH v. 1.7.1969 – VI ZR 216/67 – BG 1969, 440 = DB 1969, 1947 = MDR 1969, 922 = NJW 1969, 1901 = VersR 1969, 898; BGH v. 27.6.1958 – VI ZR 98/57 – BG 1959, 120 = BGHZ 28, 68 = DB 1958, 1068 = MDR 1958, 533 = NJW 1958, 1588 = VersR 1958, 533 = VRS 15, 180.

um den beteiligten Sozialversicherungsträgern, soweit sie konkurrierten, vollen Ersatz ihrer kongruenten Leistungen zu gewähren, von einer Gesamtgläubigerschaft der Versicherungsträger ausgegangen.

3. Schuldnerschutz

Der BGH[67] verdeutlicht, dass in denjenigen Fällen, in denen mehrere (insbesondere Sozialversicherer) Zessionare der Schadensersatzforderung sind, es dem Schädiger nicht zuzumuten ist, im Einzelnen festzustellen, welcher Anteil welchem Zessionar an der von ihm geschuldeten Forderung zusteht. Der Ausgleich hat zwischen den Drittleistungsträgern erfolgen und darf nicht zu Lasten des Schädigers ausgetragen werden.[68]

94

Der BGH[69] stellt für die Annahme einer Gesamtgläubigerschaft nicht zuletzt die Schutzinteressen des leistungsverpflichteten Ersatzschuldners in den Vordergrund, der ansonsten u.U. einem Wettlauf der Gläubiger ausgesetzt sein und manchmal gar nicht überschauen kann, wer wegen derselben, zunächst in der Person des unmittelbar Geschädigten entstandenen, Schadenersatzforderung anspruchsberechtigt ist. Hier den Ersatzschuldner auf den Weg der Hinterlegung und die Fordernden auf den Prätendentenstreit zu verweisen, wäre in der Regulierungspraxis zudem höchst hinderlich.

95

IV. Kongruenz

Auf den Drittleistungsträger gehen grundsätzlich alle Ansprüche des geschädigten Leistungsberechtigten bis zur Höhe seiner Drittleistung über, wenn und soweit diese Drittleistung in einem zeitlichen und sachlichen inneren Zusammenhang mit dem Schaden stehen (Grundsatz der „zeitlichen und sachlichen Kongruenz"). Erforderlich ist danach die zeitliche und sachliche Deckungsgleichheit von „Ersatzanspruch des Verletzten" einerseits und „Leistung des Drittleistungsverpflichteten" andererseits.[70] Auch beim Forderungsübergang auf einen Drittleistungsträger ist Gegenstand der Ersatzpflicht nur der Schaden des Verletzten; die Verpflichtung wird nicht durch die Aufwendungen, die der Leistungsträger erbringt, erweitert.[71]

96

---

67 BGH v. 12.4.2005 – VI ZR 50/04 – BGHReport 2005, 1269 = DAR 2005, 443 = MedR 2005, 526 (nur LS) = SP 2005, 302 = VersR 2005, 1004 = VRS 109, 265; BGH v. 3.12.2002 – VI ZR 304/01 – HVBG-Info 2003, 334 = NZV 2003, 89 = SP 2003, 89 = VersR 2003, 390.

68 BGH v. 12.4.2005 – VI ZR 50/04 – BGHReport 2005, 1269 = DAR 2005, 443 = MedR 2005, 526 (nur LS) = SP 2005, 302 = VersR 2005, 1004 = VRS 109, 265; BGH v. 3.12.2002 – VI ZR 304/01 – BGHZ 153, 113 = HVBG-Info 2003, 334 (Anm. *Dahm* HVBG-Info 2003, 2593) = NJW 2003, 1871 = NZV 2003, 172 = r+s 2003, 348 = SP 2003, 89 = VersR 2003, 390 = VRS 104, 278. Siehe auch BGH v. 19.3.1985 – VI ZR 163/83 – BG 1986, 404 = LM Nr. 135 zu § 1542 RVO = MDR 1986, 136 = NJW 1985, 2194 (nur LS.) = r+s 1985, 199 (nur LS.) = VersR 1985, 732 = zfs 1985, 299.

69 BGH v. 12.4.2005 – VI ZR 50/04 – BGHReport 2005, 1269 = DAR 2005, 443 = MedR 2005, 526 (nur LS) = SP 2005, 302 = VersR 2005, 1004 = VRS 109, 265; BGH v. 3.12.2002 – VI ZR 304/01 – HVBG-Info 2003, 334 = NZV 2003, 89 = SP 2003, 89 = VersR 2003, 390.

70 BGH v. 10.7.2007 – VI ZR 192/06 – BGHReport 2007, 1123 = BGHZ 173, 169 = DAR 2007, 639 (nur LS) = MDR 2007, 1370 (nur LS) = r+s 2007, 478 = SP 2007, 353 (nur LS) = VersR 2007, 1536 = VRS 113, 267 = zfs 2007, 681 (Anm. *Diehl*); BGH v. 10.4.1979 – VI ZR 268/76 – NJW 1979, 2313 = VersR 1979, 640.

71 BGH v. 2.7.2002 - VI ZR 401/01 - DAR 2002, 501 = NJW 2002, 3175 = VersR 2002, 1110 (zu § 81a BVG).

1 Einleitung

Übersicht 1.8: Kongruenz

97

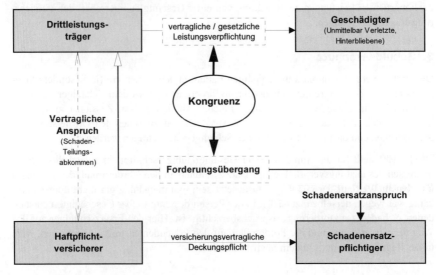

1. Sachliche Kongruenz

98 Die sachliche Kongruenz von Versicherungsleistung einerseits und Schadensersatzanspruch andererseits wird dann bejaht, wenn beide derselben Schadensart zuzuordnen sind, ohne dass der Sozialversicherungsträger die Deckung des konkreten Schadenspostens durch eine Leistung nachweisen muss.[72] Die Zugehörigkeit zu derselben Schadengruppe allein reicht für einen Forderungsübergang nicht, Sinn und Zweck der Überleitungsbestimmung müssen auch den Forderungswechsel rechtfertigen.

99 Für die Kongruenzbetrachtung im Bereich der Personenschäden werden folgende Schadensarten unterschieden: Heilbehandlungskosten, Erwerbsschaden, vermehrte Bedürfnisse, Unterhaltsschaden und Beerdigungskosten.

100 Mangels Kongruenz wird im Rahmen deutschen[73] Schadensersatzrechts nicht auf **Schmerzensgeld**[74] zugegriffen.

101 Im Sonderfall des § 13 SGB VII[75] leisten Unfallversicherer einem begrenzten (seit 1.1.2005 erweiterten[76]) Personenkreis auch Ersatz für beschädigte und zerstörte Sachen,

---

72 BGH v. 24.2.1981 – VI ZR 154/79 – VersR 1981, 477; BGH v. 10.4.1979 – VI ZR 268/76 – NJW 1979, 2313 = VersR 1979, 640.

73 Manches andere Rechtssystem (z.B. in der Schweiz) sieht u.U. einen Forderungsübergang auf einen Drittleistungsträger vor.

74 BGH v. 3.12.2002 – VI ZR 304/01 – HVBG-Info 2003, 334 = NZV 2003, 89 = SP 2003, 89 = VersR 2003, 390 (Die Verletztenrente ist in vollem Umfang mit dem Erwerbsschaden des Verletzten kongruent) (Vorinstanzen: KG v. 9.7.2001 – 12 U 636/00 – NZV 2002, 93 und LG Berlin v. 24.11.1999 – 1 O 119/99 – HVBG-Info 2000, 185 = zfs 2000, 270); BGH v. 29.5.1984 – VI ZR 209/83 – VersR 1984, 864 = zfs 1984, 331; BGH v. 9.3.1982 – VI ZR 317/80 – NJW 1982, 1589 = VersR 1982, 552 (Berufsgenossenschaftliche Verletztenrente); BGH v. 22.9.1970 – VI ZR 270/69 – VersR 1970, 1053; ebenso *Groß* in „Forderungsübergang im Schadensfall", DAR 1999, 343 = Schriftenreihe der Arbeitsgemeinschaft Verkehrsrecht im DAV – Homburger Tage 1998, S. 22; *Jahnke* „Forderungsübergang im Schadensfall", Schriftenreihe der Arbeitsgemeinschaft Verkehrsrecht im DAV – Homburger Tage 1998, S. 37.

u.a. auch Fahrzeuge (einschließlich Minderwert). Der Forderungsübergang erfolgt nach § 116 SGB X, Kongruenz besteht zum **Sachschaden**.

Übersicht 1.9: Schadenpositionen einer geschädigten Person

102

Gesamtheit der Schadenpositionen der verletzten Person							
materieller Schaden							immaterieller Schaden
Sachschaden		Körperschaden					
sonstiger Schaden[77]	Eigentumsstörung[78]	Heilbehandlung	Erwerbsschaden	Unterhaltsschaden	Beerdigungskosten	vermehrte Bedürfnisse	Schmerzensgeld

2. Zeitliche Kongruenz

Der Forderungsübergang folgt auch in zeitlicher Hinsicht der Drittleistung (zeitliche Kongruenz „pro rata temporis"). Die Leistungen des Drittleistungsträgers müssen sich auf denselben Zeitraum beziehen, für den Ersatzansprüche bestehen.[79] Wird z.B. die Barleistung (Rente usw.) monatlich erbracht, so ist auch der monatliche Erwerbsschaden zugrunde zu legen.

103

Gegebenenfalls muss gerade für die Kongruenzprüfung zwischen Erwerbsschaden und Sozialleistung eine Leistung aufgeteilt werden, wenn nur in einem bestimmten Zeitraum des Monates ein kongruenter Schaden entsteht:

104

- Erzielt eine Person ihr gesamtes Jahreseinkommen aus den Einkünften einer nur während einzelner Monate ausgeübten Erwerbstätigkeit (z.B. Saisonarbeiter), kann sich die zeitliche Kongruenz auf das gesamte Jahr erstrecken mit der Folge, dass jeder Monat dann mit $1/12$ des (in einem kürzeren Zeitraum erworbenen) Jahreseinkommens zu berücksichtigen ist.[80]

105

- Hätte der Verletzte aber ohne den Unfall ohnehin seinen Lebensunterhalt jeweils nur für einige Monate im Jahr verdienen können (z.B. bei einem Arbeitslosen, der prognostisch immer nur für einige Monate im Jahr kurzfristige Beschäftigung gefunden hätte),[81] besteht zeitliche Kongruenz nur für den Zeitraum, in dem er ohne den Unfall tatsächlich gearbeitet hätte.

106

---

75 § 13 SGB VII, geändert durch Art. 1 Nr. 5 Gesetz zur Verbesserung des unfallversicherungsrechtlichen Schutzes bürgerlich Engagierter und weiterer Personen v. 9.12.2004 BGBl I 2004, 3299, in Kraft getreten zum 1.1.2005 (Art. 2).
76 Durch die seit 1.1.2005 geltende Gesetzesänderung des § 13 SGB VII wurde der anspruchsberechtigte Personenkreis unter anderem auf die freiwilligen Feuerwehrangehörigen erweitert, um eine Gleichstellung mit anderen (spontanen) Unglücks- und Nothelfern zu erreichen. Damit sollte die Position der „organisierten" ehrenamtlichen Helfer verbessert werden.
77 Insbesondere sonstige Vermögensschäden, Rechtsverfolgungskosten.
78 Sachschaden an orthopädischen Hilfsmitteln: § 8 III SGB VII weist die prothetische Versorgung der „Heilbehandlung" zu.
In Ausnahmefällen (z.B. organisierte Helfer während ihrer Dienstausübung) können auch Fahrzeugschäden nach § 13 SGB VII zu erstatten sein.
79 BGH v. 13.3.1973 – VI ZR 129/71 – MDR 1973, 575 = VersR 1973, 436.
80 BGH v. 4.3.1997 – VI ZR 243/95 – r+s 1997, 371 = VersR 1997, 751.
81 Siehe Kap 6 Rn 56.

1 Einleitung

3. Drittleistungsträger und kongruente Leistungen

107 **Übersicht 1.10: Drittleistungsträger und kongruente Leistungen[82]**

Drittleistungen und Drittleistungsträger im Personenschaden	Kongruentes Leistungsspektrum						Forderungsübergang				
	Erwerb	Heilbehandlung	vermehrte Bedürfnisse	Unterhalt, Beerdigung	Sachschaden	Schmerzensgeld	im Unfallzeitpunkt[83]	bei Erkennbarkeit der Eintrittspflicht[84]	mit jeweiliger Leistung	mit Überleitungsanzeige	mit Abtretungsvertrag
§ 119 SGB X[85]	x						x				
§ 179 Ia SGB VI	x							x[86]			
Arbeitgeber	x	x[87]							x		x[88]
Arbeitsverwaltung[89]	x						x	x			
Asylbewerberversorgung		x	x							?	?
Ausbildungsförderung (BAföG)											
Berufsständische Versorgung	x	x		x							x
Berufsunfähigkeitszusatzversicherung, private											
Betriebliche Altersversorgung	x			x							x
Dienstherr (beamtenrechtliche Versorgung)	x	x	x	x				x			
Erziehungsgeld, Elterngeld	X										
Grundsicherung[90]	X										?
Kindergeld											
Krankenversicherung, gesetzliche		X	x	x				x			
Krankenversicherung, landwirtschaftliche		X	x	x				x			
Krankenversicherung, private	X[91]	x								x	
Lebensversicherung, private											

82 *Jahnke* in „Anwalts-Handbuch Verkehrsrecht Teil 4" Rn 31, *ders.* „Forderungsberechtigung und Forderungswechsel bei Verkehrsunfällen und ähnlichen Haftpflichtgeschehen", MDR 2004, 380.
83 Forderungsübergang kann später erfolgen, wenn die Mitgliedschaft erst zu einem späteren Zeitpunkt begründet wird und zuvor keine Mitversicherung bestand.
84 „Orakel" (Details siehe Kap 14 Rn 12 ff.).
85 Treuhänderischer Beitragsregress des Rentenversicherers (zu Einzelheiten siehe Kap 3 Rn 852 und Kap 3 Rn 996).
86 Der Forderungsübergang nach § 179 Ia SGB VI erfolgt – abweichend von § 116 I SGB X – frühestens mit der Erstattung der Beiträge durch Bund (siehe Kap 3 Rn 1123).
87 Sofern im Einzelfall der Arbeitgeber Krankenbeihilfen z.B. für Kuren, Brillen oder Zahnersatz gewährt, kann durch Abtretung, nicht aber gemäß § 6 EFZG die Forderung auf den Arbeitgeber übergehen.
88 Soweit § 6 EFZG nicht greift (siehe Kap 4 Rn 344 ff.).
89 Der Forderungsübergang bei ALG II ist rechtlich noch nicht geklärt.
90 Ab 1.1.2005 sind die Vorschriften des Grundsicherungsgesetzes (GSiG) als §§ 41 – 46 SGB XII in das SGB XII – welches das BSHG fortsetzt – überführt.
91 Bei entsprechender Ausgestaltung der Versicherungsbedingungen (siehe Kap 3 Rn 806), insbesondere Kap 3 Fn 526.

E. Forderungsberechtigung, Forderungswechsel

Drittleistungen und Drittleistungsträger im Personenschaden	Kongruentes Leistungsspektrum						Forderungsübergang				
	Erwerb	Heilbehandlung	vermehrte Bedürfnisse	Unterhalt, Beerdigung	Sachschaden	Schmerzensgeld	im Unfallzeitpunkt[83]	bei Erkennbarkeit der Eintrittspflicht[84]	mit jeweiliger Leistung	mit Überleitungsanzeige	mit Abtretungsvertrag
Opferentschädigung (OEG)		x	x	x			x				
Pflegeversicherung, gesetzliche			x				x[92]				
Pflegeversicherung, private			x							x	
Reiserücktrittsversicherung											
Rentenversicherung, gesetzliche	X	x	x	x			x				
Rentenversicherung, landwirtschaftliche	X	x	x	x			x				
Sozialhilfe	X	x	x	x			x	x			
Sozialversorgung (BVG)	x	x	x	x			x				
Unfallversicherung, beamtenrechtliche	x	x	x	x			x				
Unfallversicherung, gesetzliche	x	x	x	x	x[93]		x				
Unfallversicherung, landwirtschaftliche	x	x	x	x			x				
Unfallversicherung, private											
Zusatzversorgungskasse											

V. Sonderfälle

Die Abwicklung aufgrund Teilungsabkommens und der Regress nach einem Arbeitsunfall nach § 110 SGB VII bzw. § 640 RVO unterliegt abweichender Betrachtung.

108

---

92 Noch ist nicht entschieden, ob der Forderungsübergang nicht erst zu demjenigen Zeitpunkt stattfindet, zu dem Leistungen der Pflegeversicherung sich konkret abzeichnen.

93 Durch die seit 1.1.2005 geltende Gesetzesänderung des § 13 SGB VII wurde der anspruchsberechtigte Personenkreis auf die organisierten ehrenamtlichen Helfer (u.a. freiwillige Feuerwehrangehörige) erweitert, um eine Gleichstellung mit anderen (spontanen) Unglücks- und Nothelfern zu erreichen.

109 Übersicht 1.11: Forderungsübergang – Teilungsabkommen – Aufwendungsersatz

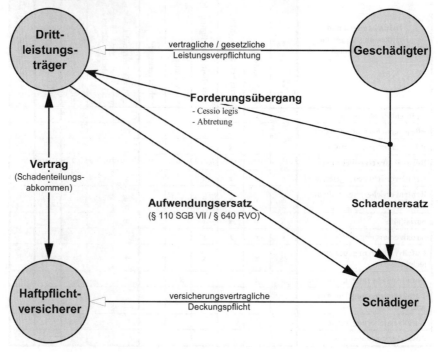

1. Teilungsabkommen

110 Verbindet einen Drittleistungsträger (idR: Sozialversicherungsträger) mit einem (hinter dem – auch nur potentiell denkbar – als Schadensersatzverpflichteten in Betracht kommenden „Schädiger" stehenden) Haftpflichtversicherer ein Schaden-Teilungsabkommen, gelten für die Schadenregulierung vom Rechtslageregress abweichende Sonderregelungen. Die Regulierung hat aber auch Auswirkungen auf Dritte, nämlich die in der Haftpflichtversicherung versicherten Personen.

111 Die Ausgleichung von Forderungen anlässlich eines Haftpflichtschadens aufgrund von Teilungsabkommen ist nicht abhängig von einem Forderungsübergang, ein Schaden-Teilungsabkommen zwischen Haftpflichtversicherer und Drittleistungsträger begründet vielmehr allein eine **vertragliche Verpflichtung** des Abkommenspartners zur Leistung:[94]

112 ■ Durch das Teilungsabkommen verpflichtet sich der **Haftpflichtversicherer** in denjenigen Schadenfällen, an denen sein Versicherter beteiligt war, sich an den Aufwendungen des für den Verletzten zuständigen Sozialversicherungsträgers ohne Prüfung der Haftungslage entsprechend der vereinbarten Abkommensquote zu beteiligen.

113 ■ Der **Regressgläubiger** (z.B. Sozialversicherungsträger) akzeptiert die Abkommensquote an Erfüllung statt für diejenigen Aufwendungen, die durch die Quote gedeckt werden sollen. Der Sozialversicherungsträger kann danach wegen seines nicht gedeckten Aufwandes weder auf den Haftpflichtversicherer (Abkommenspartner) noch auf

---

[94] Zur Thematik siehe insbesondere BGH v. 13.12.1977 – VI ZR 14/76 – NJW 1978, 2506 = VersR 1978, 278.

dessen mitversicherte Personen im Rahmen deren Haftung zurückgreifen, § 364 BGB.[95] Das Teilungsabkommen hat insofern eine drittbefreiende Wirkung; auch Verfahrensregeln für Verhalten nach Limitüberschreitung können Drittwirkung entfalten.[96]

- Sofern das Teilungsabkommen auf einen bestimmten Aufwendungsbetrag limitiert ist, kann es auch für nach Überschreiten des **Abkommenslimits** nach der Rechtslage dann zu regulierende Ansprüche vertragliche Regelungen enthalten. 114

- Während der Rechtslageregress zwingend eine **Kongruenzprüfung** voraussetzt, kann in Teilungsabkommen als Ausfluss der Vertragsfreiheit Abweichendes geregelt werden (z.B. Erstattung von Verletztenrenten mit einer festen prozentualen Quote des vom Sozialversicherer erbrachten Leistungsbetrages). 115

Für die Auslegung von Teilungsabkommen gelten die allgemeinen Vertragsgrundsätze. Die Abkommen sind unter Berücksichtigung der Interessen der Vertragspartner und der Verkehrssitte nach ihrem **Sinn und Zweck** auszulegen,[97] die insbesondere dahin gehen, Arbeitsaufwand und damit verbundener finanzieller Aufwendungen, die bei einer Rechtslage Regulierung entstehen würden, einzusparen.[98] 116

2. § 110 SGB X, § 640 RVO[99]

§ 640 RVO – Haftung der Unternehmer 117

(1) ¹Haben Personen, deren Ersatzpflicht durch § 636 oder § 637 beschränkt ist, den Arbeitsunfall vorsätzlich oder grob fahrlässig herbeigeführt, so haften sie für alles, was die Träger der Sozialversicherung nach Gesetz oder Satzung infolge des Arbeitsunfalls aufwenden müssen. ²Statt der Rente kann der Kapitalwert gefordert werden.

(2) Die Träger der Sozialversicherung können nach billigem Ermessen insbesondere unter Berücksichtigung der wirtschaftlichen Verhältnisse des Schädigers auf den Ersatzanspruch verzichten.

§ 110 SGB VII – Haftung gegenüber den Sozialversicherungsträgern 118

(1) ¹Haben Personen, deren Haftung nach den §§ 104 bis 107 beschränkt ist, den Versicherungsfall vorsätzlich oder grob fahrlässig herbeigeführt, haften sie den Sozialversicherungsträgern für die infolge des Versicherungsfalls entstandenen Aufwendungen, jedoch nur bis zur Höhe des zivilrechtlichen Schadenersatzanspruchs. ²Statt der Rente kann der

---

95 BGH v. 19.12.1990 – IV ZR 33/90 – MDR 1991, 655 = NJW 1991, 1546 = r+s 1991, 90 = VersR 1991, 478 = zfs 1991, 191 (nur LS); BGH v. 13.12.1977 – VI ZR 14/76 – NJW 1978, 2506 = VersR 1978, 278; KG v. 2.4.1981 – 12 U 1410/80 – VersR 1982, 690.
96 LG Braunschweig v. 9.4.1997 – 9 O 443/96 – NJWE-VHR 1997, 262 = VersR 1999, 242 (Die im TA festgelegte Verpflichtung zu ausführlicher Erörterung des Anspruches vor Klageerhebung gilt auch zugunsten der versicherten Personen).
97 BGH v. 23.3.1993 – VI ZR 164/92 – MDR 1993, 623 = NJW-RR 1993, 911 = NZV 1993, 309 = r+s 1993, 324 = VersR 1993, 841 = zfs 1993, 224; OLG Köln v. 22.10.1996 – 9 U 59/96 – r+s 1997, 487 (BGH hat Revision nicht angenommen, Beschl. v. 30.9.1997 – VI ZR 373/96 –) (Auslegung einer Verjährungsregel).
98 OLG Hamm v. 12.4.2002 – 29 U 73/01 – HVBG-Info 2003, 2595 = VersR 2003, 333.
99 Zu den Besonderheiten und Einschränkungen des Regresses beim Arbeitsunfall nach § 110 SGB VII, § 640 RVO siehe: *Jahnke* „Ausgewählte Probleme für die Schadenregulierung", S. 151 ff.; *Küppersbusch* „Aktuelle Fragen beim Regress des Sozialversicherungsträgers nach § 110 SGB VII" NZV 2005, 397; *Lemcke/Heß* „Der Regreß des Sozialversicherers nach § 110 SGB VII" r+s 2007, 221; *Weber* „Der Regress der Berufsgenossenschaft – aus § 116 SGB X oder aus § 640 RVO?" VersR 1995, 875.

> Kapitalwert gefordert werden. ³Das Verschulden braucht sich nur auf das den Versicherungsfall verursachende Handeln oder Unterlassen zu beziehen.
>
> (1a) ¹Unternehmer, die Schwarzarbeit nach § 1 des Schwarzarbeiterbekämpfungsgesetzes erbringen und dadurch bewirken, dass Beiträge nach dem Sechsten Kapitel nicht, nicht in der richtigen Höhe oder nicht rechtzeitig entrichtet werden, erstatten den Unfallversicherungsträgern die Aufwendungen, die diesen infolge von Versicherungsfällen bei Ausführung der Schwarzarbeit entstanden sind. ²Eine nicht ordnungsgemäße Beitragsentrichtung wird vermutet, wenn der Unternehmer die Personen, bei denen die Versicherungsfälle eingetreten sind, nicht nach § 28a SGB IV bei der Einzugsstelle angemeldet hatten.
>
> (2) Die Sozialversicherungsträger können nach billigem Ermessen, insbesondere unter Berücksichtigung der wirtschaftlichen Verhältnisse des Schuldners, auf den Ersatzanspruch ganz oder teilweise verzichten.

a. RVO – SGB VII

119 Durch das am 7.8.1996 verkündete Unfallversicherungs-Einordnungsgesetz (UVEG)[100] wurde die bis dahin in der **RVO** (§§ 537 – 1147 RVO) geregelte gesetzliche Unfallversicherung als siebtes Buch (SGB VII) in das SGB hinein genommen.[101] Die Neuregelungen des SGB VII lösen mit ihrer Einfügung in das Sozialgesetzbuch mit Wirkung zum **1.1.1997** (Art. 36 UVEG) die bis dahin geltenden Vorschriften der RVO über die gesetzliche Unfallversicherung ab.

aa. Unfall ab dem 1.1.1997

120 Das Recht des SGB VII gilt für alle Arbeitsunfälle, die sich nach dem 31.12.1996 ereigneten (§ 212 SGB VII, Art 36 S. 1 UVEG). Es ist auf den Zeitpunkt des Unfallereignisses, also auf den Eintritt des sog. Primärschadens abzustellen.[102]

121 Mittelbare Schäden i.S.d. § 11 SGB VII richten sich am „zugrunde liegenden" Arbeitsunfall aus, soweit es auf die Zuordnung zur RVO oder zum SGB VII ankommt; schließlich liegt die Ursache der Anerkennung als Versicherungsfall gerade im vorausgegangenen Erst-Unfall.[103]

122 § 214 IV SGB VII ändert für den Regress der Sozialversicherer nach § 110f. SGB VII nichts am Stichtag des 1.1.1997.[104]

bb. Unfall bis zum 31.12.1996

123 Auf Unfälle vor dem 1.1.1997 ist das Recht der **RVO** insoweit anzuwenden, als es um die Feststellung geht, ob es sich überhaupt um einen der gesetzlichen Unfallversicherung unterfallenden Unfall handelt, § 212 SGB VII.[105]

b. Originärer Anspruch

124 § 110 SGB VII begründet ebenso wie zuvor § 640 RVO ausschließlich einen originären (also nicht vom Geschädigten abgeleiteten), eigenen Anspruch des Sozialversicherungs-

---

100 Gesetz zur Einordnung des Rechts der gesetzlichen Unfallversicherung in das Sozialgesetzbuch (Unfallversicherungs-Einordnungsgesetz – UVEG –) v. 7.8.1996, BGBl I 1996, 1254.
101 Zum Gesetzentwurf siehe BT-Drucksachen 13/2204 und 13/2333.
102 BSG v. 17.2.1998 – B 2 U 2/97 R – VersR 1999, 1305.
103 Siehe auch *Otto* NZV 1996, 474 (I. 4., Fn 16).
104 Otto NZV 1996, 474 (I. 4., Fn 17).
105 BSG v. 17.2.1998 – B 2 U 3/97 R – NJW 1998, 3141 = VersR 1999, 1388.

trägers. Die Abwicklung der Regresse mit den Sozialversicherungsträgern aufgrund von Teilungsabkommen ist möglich. Die gerichtliche Geltendmachung erfolgt im Zivilrechtsweg.

c. Einwände zum Anspruchsgrund, Mitverantwortlichkeit

Störungen aus dem Haftpflichtverhältnis (zwischen Schädiger und Geschädigtem) beeinträchtigten den Anspruch des Sozialversicherungsträgers aus § 640 RVO zwar nicht, wohl aber nach §§ 110 f. SGB VII. Der Ersatzpflichtige kann sich seit dem 1.1.1996 (Inkrafttreten des SGB VII) anspruchsmindernd – bei der Vergleichsberechnung – auf eine Mitverantwortlichkeit des Verletzten berufen.[106]

125

d. Einbeziehung nicht kongruenter Ersatzansprüche

Die Kongruenzprüfung erfolgt zwar bei jedem Forderungsübergang; auf die Kongruenz (Deckungsgleichheit mit dem Anspruch des Direktgeschädigten) kommt es aber nicht an, wenn ein Sozialversicherer originär **aus eigenem Recht** (für Unfälle bis zum 31.12.1996 § 640 RVO,[107] für Unfälle ab dem 1.1.1997 § 110 SGB VII[108]) Forderungen stellt. Es sind sämtliche Aufwendungen des Sozialversicherungsträgers im Wege des **Aufwendungsersatzes** (und nicht des Schadensersatzes) vom Ersatzpflichtigen auszugleichen.

126

Für Schadenfälle **ab 1.1.1997** kommt aber einschränkend der zivilrechtliche Schadenersatzanspruch zur Geltung: Anders als die Regelung in § 640 RVO beschränkt **§ 110 I 1 SGB VII** den Anspruch des Sozialversicherers ausdrücklich auf „*die infolge des Versicherungsfalls entstandenen Aufwendungen, jedoch nur bis zur Höhe des zivilrechtlichen Schadenersatzanspruchs*". § 110 SGB X beinhaltet dabei aber keine Anspruchsbegrenzung auf zeitlich und sachlich kongruente Anspruchsteile, sondern stellt auf den Gesamtpersonenschaden – nicht jedoch zusätzlich auch auf den Sachschaden – ab.[109]

127

---

106 OLG Frankfurt v. 9.11.2004 – 16 U 112/04 – VersR 2006, 219 (wiedergegeben in der Anm. der Redaktion zu LG Hanau v. 25.5.2004 – 1 O 1183/03 – VersR 2006, 219); OLG Rostock v. 27.3.2003 – 1 U 118/01 – NJ 2003, 657 (nur LS) = OLGR 2003, 372; *Waltermann* NJW 1997, 3404 (V. 4.); a.A.: LG Hanau v. 25.5.2004 – 1 O 1183/03 – VersR 2006,219; (das LG übersieht bei seinem Hinweis auf *Geigel*, 24. Aufl., S. 1391 Rn 24, dass hier die Rechtsprechung zum rechtlich abweichenden § 640 RVO zitiert ist).
107 BGH v. 15.5.1973 – VI ZR 160/71 – VersR 1973, 818; BGH v. 3.2.1970 – VI ZR 177/68 – VersR 1970, 344.
108 BGH v. 27.6.2006 – VI ZR 143/05 – BG 2007, 41 (Anm. *Kornes*) = BGHZ 168, 161 = DAR 2006, 631 = MDR 2007, 150 = NJW 2006, 3563 = NZV 2007, 31 = r+s 2006, 479 = SP 2006, 345 = SVR 2006, 431 (nur LS) (Anm. *Lang*) = VersR 2006, 1429 = VRS 111, 259 = zfs 2007, 80 (Vorinstanz OLG Köln v. 30.5.2005 – 21 U 22/04 – r+s 2005, 306 [Anm. *Lemcke*]).
109 BGH v. 27.6.2006 – VI ZR 143/05 – BG 2007, 41 (Anm. *Kornes*) = BGHZ 168, 161 = DAR 2006, 631 = MDR 2007, 150 = NJW 2006, 3563 = NZV 2007, 31 = r+s 2006, 479 = SP 2006, 345 = SVR 2006, 431 (nur LS) (Anm. *Lang*) = VersR 2006, 1429 = VRS 111, 259 = zfs 2007, 80 (Vorinstanz OLG Köln v. 30.5.2005 – 21 U 22/04 – r+s 2005, 306 [Anm. *Lemcke*]); LG München v. 18.2.2003 – 25 O 7900/02 – IVH 2003, 191 (nur LS); ebenso: *Kornes* r+s 2002, 309; *Lehmacher* BG 2003 ,464, *ders.* NZV 2006, 63; a.A.: AG Peine v. 8.4.2002 – 24 C 210/01 – (zitiert nach *Dahm* HVBG-Info 2003, 195); *Böhme/Biela* S. 282 Rn F 98 f.; *Jahnke* „Ausgewählte Probleme für die Schadenregulierung" S. 158; *Küppersbusch* Rn 563; *Lemcke* r+s 2005, 307; *Peck* SP 2005, 123; *Stern-Krieger/Arnau* VersR 1997, 408; siehe auch den Beschl. des VGT 2001, Arbeitskreis VI r+s 2001, 67.

128 Der Personenschaden schließt ein angemessenes **Schmerzensgeld** ein. Das Schmerzensgeld ist anhand der bekannten Tabellen zu bemessen.[110] Maßgeblich ist der fiktive Anspruch des Geschädigten. Die Genugtuungsfunktion entfällt nicht deshalb, weil das Geld letztlich dem Sozialversicherer zufließt.[111]

129 Die Abhängigkeit von zivilrechtlichen Ansprüchen bedeutet, dass der **Fahrzeugschaden** nicht in die Begrenzung miteinbezogen werden kann. Hier greift bereits der auf Personenschadenansprüche beschränkte Haftungsausschluss nicht.

e. Beweisverteilung

aa. Anspruchsgrund

130 Die Beweislast für das Vorliegen eines **grob fahrlässigen Verhaltens** liegt beim Sozialversicherer.

bb. Anspruchshöhe

131 Die Zahlungsverpflichtung des nach §§ 104 ff. SGB VII haftungsbefreiten, allerdings grob fahrlässig handelnden Schädigers beschränkt § 110 I 1 SGB VII ausdrücklich auf denjenigen Umfang des Schadensersatzes, den der Verpflichtete zivilrechtlich hätte leisten müssen. Dabei ist es[112]

132 ■ Angelegenheit des **Ersatzpflichtigen**,

133 ■ die Mithaftung des Verletzten,

134 ■ Aufgabe des Sozialversicherers,

135 ■ den Umfang des zivilrechtlichen Anspruchs (u.a. Verletzungsvolumen) und

136 ■ die Übergangsfähigkeit seiner Leistungen (z.B. Verdienstminderung)

darzutun und zu beweisen.

137 Der Sozialversicherer hat insbesondere die **Übergangsfähigkeit** seiner Leistungen nachzuweisen.[113] Dabei trifft den Sozialversicherer bereits die primäre Darlegungs- und Be-

---

[110] Siehe ergänzend BGH v. 12.7.2005 – VI ZR 83/04 – BGHReport 2005, 1582 = BGHZ 163, 351 = NJW 2006, 1271 (Anm. *Czerwenka* NJW 2006, 1250) = NJW-Spezial 2006, 63 = NZV 2005, 629 (Anm. *Huber* NZV 2005, 620) = r+s 2005, 528 = TranspR 2006, 478 = VersR 2005, 1559 = VRS 110, 185.

[111] OLG Karlsruhe v. 14.2.2007 – 7 U 135/06 – NZV 2007, 299 = OLGR 2007,300 = r+s 2007, 261 (BGH hat Revision zurückgewiesen, BGH v. 29.1.2008 – VI ZR 70/07 – BGHReport 2008, 585 = MDR 2008, 564 = NJW 2008, 2033 = NJW-Spezial 2008, 298 = r+s 2008, 172 = SP 2008, 183 = VersR 2008, 659 = VRS 114, 219 = zfs 2008, 323).

[112] OLG Karlsruhe v. 14.2.2007 – 7 U 135/06 – NZV 2007, 299 = OLGR 2007, 300 = r+s 2007, 261 (BGH hat Revision zurückgewiesen, BGH v. 29.1.2008 – VI ZR 70/07 – BGHReport 2008, 585 = MDR 2008, 564 = NJW 2008, 2033 = NJW-Spezial 2008, 298 = r+s 2008, 172 = SP 2008, 183 = VersR 2008, 659 = VRS 114, 219 = zfs 2008, 323); *Küppersbusch* Rn 563; *ders.* „Aktuelle Fragen beim Regress des Sozialversicherungsträgers nach § 110 SGB VII" NZV 2005, 397 f.; *Lemcke* r+s 2005, 307 (zu Ziff. 2) spricht sich wegen der Sachnähe für eine Umkehr der Darlegungslast aus.

[113] OLG Karlsruhe v. 14.2.2007 – 7 U 135/06 – NZV 2007, 299 = OLGR 2007, 300 = r+s 2007, 261 (BGH hat Revision zurückgewiesen, BGH v. 29.1.2008 – VI ZR 70/07 – BGHReport 2008, 585 = MDR 2008, 564 = NJW 2008, 2033 = NJW-Spezial 2008, 298 = r+s 2008, 172 = SP 2008, 183 = VersR 2008, 659 = VRS 114, 219 = zfs 2008, 323); ebenso *Küppersbusch* Rn 563; *ders.* „Aktuelle Fragen beim Regress des Sozialversicherungsträgers nach § 110 SGB VII" NZV 2005, 397 f.; *Lemcke* r+s 2005, 307 (zu Ziff. 2) spricht sich wegen der Sachnähe für eine Umkehr der Darlegungslast aus.

weislast,¹¹⁴ und nicht erst (im Hinblick auf die „Sphärentheorie"¹¹⁵) eine sekundäre Behauptungs- und Beweislast.¹¹⁶ Soweit Probleme für den Sozialversicherer behauptet werden,¹¹⁷ die Höhe des Schadens beim am Regressverfahren nicht beteiligten Verletzten nachzuweisen, relativiert sich dieses in der Praxis: Die Situation ist nicht anders als in denjenigen Fällen, die bislang schon bei fehlender Haftung allein aufgrund Teilungsabkommens abzuwickeln waren; und das ist ein erhebliches Volumen der täglichen Schadenpraxis und Regressabwicklung.¹¹⁸

cc. Übersicht

Übersicht 1.12: Beweisverteilung bei § 110 SGB VII 138

		Beweislast bei
Anspruchsgrund	grob fahrlässige **Herbeiführung** des Arbeitsunfalls	Sozialversicherer
Anspruchshöhe	**Mithaftung** des Verletzten / Getöteten	Schädiger
	Umfang des zivilrechtlichen Anspruches	Sozialversicherer
	Übergangsfähigkeit der Sozialleistungen	Sozialversicherer

f. Verwandtenprivileg

Das Verwandtenprivileg kam beim Regress des Sozialversicherungsträgers nach § 640 RVO nicht zur Anwendung,¹¹⁹ da der Forderungsübergang von Ansprüchen des unmittelbar Verletzten nicht von Belang ist. Der Anspruch aus § 640 RVO ist originär und nicht abgeleitet. Eine analoge Anwendung entfiel, da Bestand und Volumen des Direktanspruches ohne jegliche Bedeutung für den Aufwendungsersatzanspruch des Sozialversicherers waren, der ohne Rücksicht auf Mitverantwortung und Kongruenz regressieren konnte.¹²⁰

139

---

114 BGH v. 29.1.2008 – VI ZR 70/07 – BGHReport 2008, 585 = MDR 2008, 564 = NJW 2008, 2033 = NJW-Spezial 2008, 298 = r+s 2008, 172 = SP 2008, 183 = VersR 2008, 659 = VRS 114, 219 = zfs 2008, 323 m.w.N.
115 Der Schadenersatzpflichtige hat insbesondere wegen des fehlenden Direktanspruches keine Informationen zum Verletzungs- und Schadenvolumen, während demgegenüber der Geschädigte dem Sozialversicherer zur Auskunft verpflichtet ist, soweit dieses der Verfolgung von Ausgleichsansprüchen des Sozialversicherers dient.
116 OLG Karlsruhe v. 14.2.2007 – 7 U 135/06 – NZV 2007, 299 = OLGR 2007, 300 = r+s 2007, 261 (BGH hat Revision zurückgewiesen, BGH v. 29.1.2008 – VI ZR 70/07 – BGHReport 2008, 585 = MDR 2008, 564 = NJW 2008, 2033 = NJW-Spezial 2008, 298 = r+s 2008, 172 = SP 2008, 183 = VersR 2008, 659 = VRS 114, 219 = zfs 2008, 323); siehe auch BGH v. 28.9.1999 – VI ZR 165/98 – DAR 2000, 62 = NZV 1999, 508 = r+s 1999, 506 = SP 1999, 411 = VersR 2000, 65 = zfs 2000, 14; BGH v. 10.2.1987 – VI ZR 17/86 – BB 1987, 715 = DB 1987, 1682 = JZ 1987, 574 (Anm. *v. Laumen*) = MDR 1987, 571 = NJW 1987, 1814 = r+s 1987, 132 (nur LS) = VersR 1987, 668 = zfs 1987, 263; ergänzende Nachweise bei *Küppersbusch* NZV 2005, 398, Fn 41.
117 Siehe *Wussow* WI 1996, 203.
118 Siehe *Lang/Stahl/Küppersbusch* „Die Kausalitätsprüfung im Teilungsabkommen – Eine für die Praxis bedeutsame Frage!" NZV 2006, 628.
119 BGH v. 18.10.1977 – VI ZR 62/76 – BG 1978, 400 = BGHZ 69, 354 = MDR 1978, 218 = NJW 1978, 218 = r+s 1978, 60 = VersR 1978, 35 = VRS 54, 12; OLG Celle v. 1.8.1990 – 9 U 107/89 – zfs 1991, 261 (BGH hat Revision nicht angenommen).
120 Zu Einzelheiten siehe *Jahnke*, Ausgewählte Problem für die Schadenregulierung, S. 152 ff.

140 Mit der Rechtsänderung in § 110 SGB X kommt dem Angehörigenprivileg (§ 116 VI SGB X) nunmehr Bedeutung zu.[121] Dass das Gesetz keinen Hinweis auf § 116 VI SGB X enthält, kann nicht als positives Schweigen des Gesetzgebers gedeutet werden,[122] die Angehörigenprivilegierung ist ein allgemein geltender Grundsatz.

141 Die Verknüpfung mit dem „zivilrechtlichen Schadenersatzanspruch" in § 110 I 2 SGB VII spricht für eine entsprechende Anwendung des Verwandtenprivileges,[123] auch wenn dieser Anspruch weiterhin ein originärer Anspruch des Sozialversicherers ist und damit unabhängig von einem Forderungsübergang. Mit der Neuregelung soll eben den zivilrechtlichen Einwendungen Rechnung getragen werden: Nach der Entscheidung des BGH[124] kommt es auf den zivilrechtlichen Aufwand des Schädigers an, den dieser wegen der Privilegierung „Arbeitsunfall" spart. Da beim Regress nach § 116 SGB X der Schädiger wegen § 67 II VVG a.F./§ 86 III VVG n.F., § 116 VI SGB X keine Leistungen an Sozialversicherer und andere Drittleistungsträger hätte erbringen müssen, soweit das Angehörigenprivileg zum Tragen gekommen wäre, sind insoweit auch keine Leistungen in den Regresszugriff des Sozialversicherers nach § 110 SGB VII einzustellen;[125] Vergleichsmaßstab für den Regress bleibt, was der Schädiger letztlich ohne seine Haftungsprivilegierung hätte zahlen müssen.

142 Dass § 110 II SGB VII dem Sozialversicherer die Möglichkeit einräumt, Verzicht zu üben, steht der grundsätzlich zu fordernden Privilegierung nicht entgegen.[126] § 116 VI SGB X, § 67 II VVG a.F. / § 86 III VVG n.F. schützen die Familie absolut und unabhängig von der Ausübung pflichtgemäßen Ermessens oder der wohlwollenden Verzichtserklärung des Sozialversicherers.

---

121 Siehe BGH v. 27.6.2006 – VI ZR 143/05 – (zu Rn 12, 15) BG 2007, 41 (Anm. *Kornes*) = BGHZ 168, 161 = DAR 2006, 631 = MDR 2007, 150 = NJW 2006, 3563 = NZV 2007, 31 = r+s 2006, 479 = SP 2006, 345 = SVR 2006, 431 (nur LS) (Anm. *Lang*) = VersR 2006, 1429 = VRS 111, 259 = zfs 2007, 80 (Vorinstanz OLG Köln v. 30.5.2005 – 21 U 22/04 – r+s 2005, 306 [Anm. *Lemcke*]); (Nach der Neuregelung durch § 110 SGB VII wird der dem Regress ausgesetzte Schädiger so gestellt, wie er ohne die Privilegierung nach den §§ 104 ff. SGB VII stünde). *Jahnke* „Angehörigenprivileg im Wandel" NZV 2008, 57 (zu V.).
122 Auch bis die Neufassung des EFZG enthält keinen Hinweis auf das Angehörigenprivileg, gleichwohl zweifelt bis heute niemand daran, dass die frühere Rechtslage (Analogie zu § 116 VI SGB X, § 67 II VVG a.F.) fort gilt.
123 *Jahnke* „Ausgewählte Probleme für die Schadenregulierung" S. 158; siehe auch *Küppersbusch* Rn 565.
124 BGH v. 27.6.2006 – VI ZR 143/05 – BG 2007, 41 (Anm. *Kornes*) = BGHZ 168, 161 = DAR 2006, 631 = MDR 2007, 150 = NJW 2006, 3563 = NZV 2007, 31 = r+s 2006, 479 = SP 2006, 345 = SVR 2006, 431 (nur Ls., Anm. *Lang*) = VersR 2006, 1429 = VRS 111, 259 = zfs 2007, 80.
125 BGH v. 27.6.2006 – VI ZR 143/05 – BG 2007, 41 (Anm. *Kornes*) = BGHZ 168, 161 = DAR 2006, 631 = MDR 2007, 150 = NJW 2006, 3563 = NZV 2007, 31 = r+s 2006, 479 = SP 2006, 345 = SVR 2006, 431 (nur Ls., Anm. *Lang*) = VersR 2006, 1429 = VRS 111, 259 = zfs 2007, 80 (zu Rn 12, 15). In diesem Sinne ist auch BGH v. 29.1.2008 – VI ZR 70/07 – BGHReport 2008, 585 = MDR 2008, 564 = NJW 2008, 2033 = NJW-Spezial 2008, 298 = r+s 2008, 172 = SP 2008, 183 = VersR 2008, 659 = VRS 114, 219 = zfs 2008, 323 zu verstehen: Der Schädiger darf auch prozessual nicht schlechter stehen als er ohne die Privilegierung nach §§ 104 ff. SGB VII gestanden hätte; § 110 SGB VII will den Schädiger gegenüber § 640 RVO besser – und nicht schlechter – stellen; siehe auch *Geigel-Wellner* Kap 32 Rn 29.
126 A.A.: *Böhme/Biela* S. 285 Rn F 112; siehe auch *Küppersbusch* Rn 565 f.

g. Gesamtgläubigerschaft[127]

Zu § 640 RVO stellte sich die Frage einer Gesamtgläubigerschaft nicht. Bei der Schaffung des demgegenüber inhaltlich nachhaltig veränderten § 110 SGB VII hat man die Fragestellung nicht gesetzlich geregelt.

143

Mehrere nach § 110 SGB VII ersatzberechtigte Sozialversicherer sind als Gesamtgläubiger zu behandeln.[128] Auch wenn § 110 SGB VII die Forderungsberechtigung dem Sozialversicherer nicht im Wege des Forderungsüberganges zuweist sondern den Anspruch originär entstehen lässt, entspricht die Interessenlage im Ausgangspunkt dem § 117 SGB X. Man wird daher bei einem Arbeitsunfall die ihre Aufwendungsersatzansprüche verfolgenden Sozialversicherer ebenfalls – wie bei § 116 SGB X – als Gesamtgläubiger behandeln müssen, wenn der wegen § 110 SGB VII gekürzte Anspruch nicht ausreicht, sämtliche Forderungen auf Ersatz der Aufwendungen zu befriedigen.

144

Gleiches gilt, wenn der Regress nach § 110 SGB VII mit einem Anspruch aus § 116 SGB X parallel läuft (z.B. bei Kollision mehrerer Fahrzeuge, bei denen dann teilweise Privilegierungen nach SGB VII greifen).

145

h. Zweitschädiger[129]

aa. § 640 RVO

Kann ein Sozialversicherungsträger wegen des Haftpflichtfalles den einen Schädiger (z.B. Arbeitskollegen) nach § 640 RVO und einen zweiten Schädiger nach § 116 SGB X in Anspruch nehmen, steht ihm die Wahl zwischen beiden Ansprüchen zu.[130]

146

Zwischen beiden Schädigern besteht zwar kein echtes Gesamtschuldverhältnis, trotzdem wirkt die Erfüllung des einen auch zugunsten des anderen.[131] Der Innenausgleich zwischen den Schädigern erfolgt nach § 812 BGB.[132] Im Verhältnis zwischen dem nach § 116 SGB X haftenden Zweitschädiger und dem Sozialversicherungsträger finden dabei letztlich die Grundsätze des gestörten Gesamtschuldverhältnisses Anwendung, dh. die Haftung des Zweitschädigers ist auf diejenige Quote beschränkt, die er im Innenverhältnis zum Erstschädiger zu übernehmen hätte, wenn dieser gesamtschuldnerisch für den Schaden haften würde.[133] Die Haftungsprivilegierung nach §§ 636 ff. RVO darf „außenstehende" Mitschädiger weder belasten noch sollen diese entlastet werden.[134]

147

bb. §§ 110 f. SGB VII

Kann ein Sozialversicherungsträger wegen des Haftpflichtfalles den einen Schädiger (z.B. Arbeitskollegen) nach § 110 SGB VII und einen zweiten Schädiger nach § 116 SGB X in Anspruch nehmen, steht ihm die Wahl zwischen beiden Ansprüchen zu. Auch wenn zwischen beiden Schädigern kein echtes Gesamtschuldverhältnis anzunehmen wäre, wirkt trotzdem auch bei § 110 SGB VII (wie bei § 640 RVO) die Erfüllung des einen auch zu-

148

---

127 Siehe ergänzend Kap 1 Rn 84 ff.
128 Ebenso *Lemcke/Heß* „Der Regreß des Sozialversicherers nach § 110 SGB VII" r+s 2007, 221 (228, zu II.).
129 Zum Gesamtschuldnerausgleich *Küppersbusch* Rn 567.
130 BGH v. 19.10.1971 – VI ZR 91/70 – VersR 1972, 171.
131 BGH v. 7.4.1981 – VI ZR 251/78 – VersR 1981, 649 = zfs 1981, 275 (nur LS).
132 BGH v. 7.4.1981 – VI ZR 251/78 – VersR 1981, 649 = zfs 1981, 275 (nur LS).
133 BGH v. 7.4.1981 – VI ZR 251/78 – VersR 1981, 649 = zfs 1981, 275 (nur LS).
134 BGH v. 7.4.1981 – VI ZR 251/78 – VersR 1981, 649 = zfs 1981, 275 (nur LS).

gunsten des anderen. Der Innenausgleich zwischen den Schädigern erfolgt nach § 426 BGB, jedenfalls aber nach § 812 BGB.

VI. Vermögenseinbußen der Drittleistungsträger

1. Nicht erstattungsfähige, durch das Haftpflichtgeschehen ausgelöste Leistungen

149 Erbringen aufgrund eines Haftpflichtgeschehens Drittleistungsträger Leistungen an den Verletzten oder einen sonstigen Dritten, sind diese Aufwendungen nur dann zu erstatten, wenn ein Schadenersatzanspruch eines Anspruchsberechtigten (Verletzte selbst, Hinterbliebener) auf den Drittleistungsträger übergeht; ansonsten ist dem Drittleistungsträger trotz einer dem Verletzten oder aber auch einem anderen Dritten gegenüber bestehenden Leistungsverpflichtung kein Ersatz zu leisten.

150 *Beispiele:*[135]
- Fehlende **Kongruenz**.
- Keine **Sozialleistung** i.S.v. § 116 SGB X.
- Zahlung von **Kranken-/Verletztengeld an Eltern** eines verunfallten Kindes (§§ 45 SGB V, 45 IV SGB VII, 126 II, III SGB III).
- Lehrling wird verletzt und erhält verlängert **Waisenrente** wegen des **unfallfremden** – früheren oder späteren – Todes eines Elternteiles.[136]
- Verletzte Person, die bereits unfallfremd im Unfallzeitpunkt Hinterbliebenenleistungen erhält (oder aber zu einem späteren Zeitpunkt erhalten wird), bezieht wegen ihrer Erwerbsunfähigkeit nunmehr die **große Witwenrente** (nach dem **unfallfremden** Tod des Ehegatten).[137]

2. Nicht ersatzfähige Vermögenseinbußen[138]

151 Dem Drittleistungsträger steht kein Anspruch auf Erstattung derjenigen Kosten zu, die ihm bei der Abwicklung der Leistung (an den Verletzten bzw. dessen Hinterbliebenen) und des Regresses entstehen:

152 ■ **Verwaltungskosten** des Drittleistungsträgers (wie Arztberichte,[139] Dolmetscherkosten,[140] Gutachten[141] und in diesem Zusammenhang anfallende ärztliche Untersuchungen,[142] Telefon- und Portospesen, Übersetzungen) sind keine übergangsfähigen Schadenpositionen, sondern als mittelbare Vermögenseinbußen des Drittleistungsverpflichteten nicht auszugleichen.

---

135 Zu Beispielen siehe *Jahnke „Unfalltod und Schadenersatz"* Kap 1 Rn 82 ff.
136 *Jahnke „Unfalltod und Schadenersatz"* Kap 1 Rn 82.
137 *Jahnke „Unfalltod und Schadenersatz"* Kap 1 Rn 83.
138 *Jahnke „Unfalltod und Schadenersatz"* Kap 1 Rn 73 ff.; zum Arbeitgeberregress siehe Kap 4 Rn 294 ff.
139 AG München v. 29.10.1987 – 292 C 3083/87 – VersR 1988, 918 = zfs 1988, 9.
140 Siehe auch BSG v. 10.5.1995 – 1 RK 20/94 – MDR 1995, 1045 = NJW 1996, 806 = VersR 1996, 257 (nur LS) = WI 1996, 44 (Keine Hinzuziehung eines Dolmetschers – konkret: Gebärdendolmetscher – zur Behandlung auf Kosten der gesetzlichen Krankenversicherung).
141 LG Stuttgart v. 17.8.1994 – 13 S 103/94 – SP 1995, 11.
142 Die Kosten des vom Unfallversicherungsträger eingeschalteten Durchgangsarztes sind nur soweit zu übernehmen, wie sie als „echte Heilbehandlungsmaßnahme" angefallen sind; gleiches gilt für die Kosten einer amtsärztlichen Untersuchung: Diese ist allerdings in aller Regel keine Heilbehandlungsmaßnahme.

E. Forderungsberechtigung, Forderungswechsel

- Die Kosten für die **Auszahlung** von Leistungen durch einen anderen Dritten (z.B. Verletztengeld durch Krankenkasse, Übernahme der Verwaltung der Sozialhilfeempfänger durch eine Krankenkasse, Durchführung der Heilbehandlung im Rahmen des BVG) sind nicht erstattungsfähig. 153

- Kosten der **Regressabwicklung** (wie Ermittlung des Verantwortlichen, Beweiserhebungskosten,[143] unfallanalytisches Gutachten, Rechtsanwaltskosten,[144] Telefon- und Portospesen, Zeitaufwand[145]) sind nicht zu ersetzen. 154

Gerade **Arbeitgeber** haben häufig deutliche wirtschaftliche Einbußen, die ihnen als mittelbar Geschädigte aber nicht zu ersetzen sind.[146] 155

3. Anwaltliche Vertretung

Ist die **Verantwortlichkeit** für den Schaden und damit die Haftung von vornherein derart **klar**, dass aus der Sicht des Geschädigten – unabhängig, ob Privatmann oder Behörde – kein vernünftiger Zweifel daran bestehen kann, dass der Schädiger seiner Ersatzpflicht nachkommen werde, ist es nach Auffassung des BGH[147] bereits grundsätzlich nicht erforderlich, schon für die erstmalige Geltendmachung des Schaden gegenüber dem Schädiger bzw. dessen Versicherung einen Anwalt beizuziehen. Hier hat bereits der Geschädigte selbst keinen Anspruch.[148] 156

Bedient sich der **Drittleistungsträger** (z.B. Arbeitgeber,[149] Sozialhilfeträger, Sozialversicherer[150]) bei der Verfolgung seines Regressanspruches anwaltlicher Hilfe, sind ihm die dadurch entstehenden Kosten nur dann zu erstatten, wenn die Voraussetzungen des **Verzuges** (insbesondere Einschaltung des Anwaltes erst nach vorheriger Mahnung durch den Drittleistenden, z.B. Arbeitgeber, selbst) erfüllt und die Kosten zudem Verzugsfolge sind.[151] Eine Anwaltskostenerstattung außerhalb des Verzuges entfällt. 157

4. Verzug

Voraussetzung des Verzuges ist auch im Fall der grundlosen Erfüllungsverweigerung die Fälligkeit der Forderung gegen den Schuldner.[152] 158

---

143 OLG Karlsruhe v. 25.7.1989 – 11 W 76/89 – VersR 1989, 1315 = zfs 1990, 55 (nur LS).
144 BGH v. 13.11.1961 – III ZR 114/60 – MDR 1962, 35 = NJW 1962, 202 = VersR 1961, 1141 = VRS 122, 23; siehe auch BSG v. 5.10.1995 – 2 RU 4/95 – *Breithaupt* 1996, 299 = NJW 1996, 1693 = WI 1996, 136 (Erstattung von Anwaltskosten seitens des gesetzlichen Unfallversicherungsträgers bei Verzug); zu Einzelheiten siehe *Jahnke* VersR 1991, 264 (272 f.); *ders.* NZV 1996, 169 (177 f.).
145 BGH v. 9.3.1976 – VI ZR 98/75 – VersR 1976, 857, 615 (Einsatz von besonderem Personal für Abwicklung von Schadenfällen).
146 Im Detail siehe Kap 4 Rn 153 ff. und Kap 2 Rn 91 ff.
147 BGH v. 8.11.1994 – VI ZR 3/94 – MDR 1995, 150 = VersR 1995, 183 = zfs 1995, 48 (Anm. *Höfle*).
148 Ergänzend *Jahnke* in „Anwaltshandbuch Verkehrsrecht", Teil 5 Rn 14 ff.
149 Siehe Kap 4 Rn 327 ff.
150 BGH v. 13.11.1961 – III ZR 114/60 – MDR 1962, 35 = NJW 1962, 202 = VersR 1961, 1141 = VRS 122, 23; siehe auch BSG v. 5.10.1995 – 2 RU 4/95 – *Breithaupt* 1996, 299 = NJW 1996, 1693 = WI 1996, 136 (Erstattung von Anwaltskosten seitens des gesetzlichen Unfallversicherungsträgers bei Verzug); zu Einzelheiten siehe *Jahnke* VersR 1991, 264 (272 f.) und NZV 1996, 169 (177 f.).
151 Zu Einzelheiten siehe *Jahnke* „Unfalltod und Schadensersatz" Kap 1 Rn 78 f., *ders.* in „Anwaltshandbuch Verkehrsrecht" Teil 5 Rn 18 ff.; *ders.* VersR 1991, 264 (272 f.); *ders.* NZV 1996, 169 (177 f. zu C.III. 4.a) m.w.N.
152 BGH v. 28.9.2007 – V ZR 139/06 – VersR 2008, 368.

159 Nur soweit sich erhöhter Aufwand als **Verzugsschaden** darstellt, kann eine daraus resultierende Ersatzpflicht des Schadenersatzschuldners in Betracht kommen. Die Einstandspflicht resultiert dabei nicht aus dem Unfallereignis selbst – als vom unmittelbar Verletzten abgeleiteter Anspruch -, sondern es handelt sich um einen unmittelbaren Anspruch des Fordernden, dem gegenüber der Schadenersatzschuldner vorwerfbar verzögert leistet.

F. Anspruch

I. Rechtsnormen

160 Der Umstand, dass jemand nach einem Geschehnis Vermögenseinbußen hat oder immaterielle Beeinträchtigungen beklagt, bedeutet nicht zugleich automatisch, dass ihm hierfür auch stets ein Anderer Schadensersatz und billige Entschädigung in Geld (Schmerzensgeld) zu leisten hat. Es bedarf stets einer **Anspruchsnorm**, die einen Dritten **dem Grunde** nach zum Ersatz verpflichtet; ohne eine solche Norm muss ein Geschädigter seinen Schaden selbst tragen.[153]

161 Die das Schadenvolumen bestimmenden Schadenersatzregelungen sind in ihren Konsequenzen letztlich inhaltlich gleich. Der Unterschied liegt in den Regelungen zur Haftung dem Grunde nach.

1. Bürgerliches Gesetzbuch (BGB)

162 **§ 842 BGB – Umfang der Ersatzpflicht bei Verletzung einer Person**

Die Verpflichtung zum Schadensersatz wegen einer gegen die Person gerichteten unerlaubten Handlung erstreckt sich auf die Nachteile, welche die Handlung für den Erwerb oder das Fortkommen des Verletzten herbeiführt.

§ 843 BGB – Geldrente oder Kapitalabfindung

(1) Wird infolge einer Verletzung des Körpers oder der Gesundheit die Erwerbsfähigkeit des Verletzten aufgehoben oder gemindert oder tritt eine Vermehrung seiner Bedürfnisse ein, so ist dem Verletzten durch Entrichtung einer Geldrente Schadensersatz zu leisten.

(2) ¹Auf die Rente findet die Vorschrift des § 760 Anwendung. ²Ob, in welcher Art und für welchen Betrag der Ersatzpflichtige Sicherheit zu leisten hat, bestimmt sich nach den Umständen.

(3) Statt der Rente kann der Verletzte eine Abfindung in Kapital verlangen, wenn ein wichtiger Grund vorliegt.

(4) Der Anspruch wird nicht dadurch ausgeschlossen, dass ein anderer dem Verletzten Unterhalt zu gewähren hat.

§ 844 BGB – Ersatzansprüche Dritter bei Tötung

(1) Im Falle der Tötung hat der Ersatzpflichtige die Kosten der Beerdigung demjenigen zu ersetzen, welchem die Verpflichtung obliegt, diese Kosten zu tragen.

(2) ¹Stand der Getötete zur Zeit der Verletzung zu einem Dritten in einem Verhältnis, vermöge dessen er diesem gegenüber kraft Gesetzes unterhaltspflichtig war oder unterhaltspflichtig werden konnte, und ist dem Dritten infolge der Tötung das Recht auf den Unterhalt entzogen, so hat der Ersatzpflichtige dem Dritten durch Entrichtung einer Geldrente insoweit Schadensersatz zu leisten, als der Getötete während der mutmaßlichen Dauer seines Lebens zur Gewährung des Unterhalts verpflichtet gewesen sein würde; die Vorschrift des

---

153 Siehe auch Kap 2 Rn 12 f.

§ 843 Absätze 2 bis 4 findet entsprechende Anwendung. ²Die Ersatzpflicht tritt auch dann ein, wenn der Dritte zur Zeit der Verletzung gezeugt, aber noch nicht geboren war.

§ 845 BGB – Ersatzansprüche wegen entgangener Dienste
¹Im Falle der Tötung, der Verletzung des Körpers oder der Gesundheit sowie im Falle der Freiheitsentziehung hat der Ersatzpflichtige, wenn der Verletzte kraft Gesetzes einem Dritten zur Leistung von Diensten in dessen Hauswesen oder Gewerbe verpflichtet war, dem Dritten für die entgehenden Dienste durch Entrichtung einer Geldrente Ersatz zu leisten. ²Die Vorschrift des § 843 Absätze 2 bis 4 findet entsprechende Anwendung.

2. Haftpflichtgesetz (HPflG)

§ 5 HPflG
(1) ¹Im Falle der Tötung ist der Schadensersatz (§§ 1, 2 und 3) durch Ersatz der Kosten einer versuchten Heilung sowie des Vermögensnachteils zu leisten, den der Getötete dadurch erlitten hat, daß während der Krankheit seine Erwerbsfähigkeit aufgehoben oder gemindert oder eine Vermehrung seiner Bedürfnisse eingetreten war. ²Der Ersatzpflichtige hat außerdem die Kosten der Beerdigung demjenigen zu ersetzen, dem die Verpflichtung obliegt, diese Kosten zu tragen.

(2) ¹Stand der Getötete zur Zeit der Verletzung zu einem Dritten in einem Verhältnis, vermöge dessen er diesem gegenüber kraft Gesetzes unterhaltspflichtig war oder unterhaltspflichtig werden konnte, und ist dem Dritten infolge der Tötung das Recht auf den Unterhalt entzogen, so hat der Ersatzpflichtige dem Dritten insoweit Schadensersatz zu leisten, als der Getötete während der mutmaßlichen Dauer seines Lebens zur Gewährung des Unterhalts verpflichtet gewesen sein würde. ²Die Ersatzpflicht tritt auch dann ein, wenn der Dritte zur Zeit der Verletzung gezeugt, aber noch nicht geboren war.

§ 6 HPflG
¹Im Falle einer Körperverletzung ist der Schadensersatz (§§ 1, 2 und 3) durch Ersatz der Kosten der Heilung sowie des Vermögensnachteils zu leisten, den der Verletzte dadurch erleidet, daß infolge der Verletzung zeitweise oder dauernd seine Erwerbsfähigkeit aufgehoben oder gemindert oder eine Vermehrung seiner Bedürfnisse eingetreten ist. ²Wegen des Schadens, der nicht Vermögenschaden ist, kann auch eine billige Entschädigung in Geld gefordert werden.

§ 7 HPflG
¹Die Ersatzpflicht nach den §§ 1 bis 3 dieses Gesetzes darf, soweit es sich um Personenschäden handelt, im voraus weder ausgeschlossen noch beschränkt werden. ²Das gleiche gilt für die Ersatzpflicht nach § 2 dieses Gesetzes wegen Sachschäden, es sei denn, daß der Haftungsausschluß oder die Haftungsbeschränkung zwischen dem Inhaber der Anlage und einer juristischen Person des öffentlichen Rechts, einem öffentlich-rechtlichen Sondervermögen oder einem Kaufmann im Rahmen eines zum Betrieb seines Handelsgewerbes gehörenden Vertrags vereinbart worden ist. ³Entgegenstehende Bestimmungen und Vereinbarungen sind nichtig.

§ 8 HPflG
(1) Der Schadensersatz wegen Aufhebung oder Minderung der Erwerbsfähigkeit und wegen Vermehrung der Bedürfnisse des Verletzten sowie der nach § 5 Absatz 2 einem Dritten zu gewährende Schadensersatz ist für die Zukunft durch Entrichtung einer Geldrente zu leisten.

(2) Die Vorschriften des § 843 Absätze 2 bis 4 BGB finden entsprechende Anwendung.

(3) Ist bei der Verurteilung des Verpflichteten zur Entrichtung einer Geldrente nicht auf Sicherheitsleistung erkannt worden, so kann der Berechtigte gleichwohl Sicherheitsleistung verlangen, wenn die Vermögensverhältnisse des Verpflichteten sich erheblich verschlech-

tert haben; unter der gleichen Voraussetzung kann er eine Erhöhung der in dem Urteile bestimmten Sicherheit verlangen.

3. Luftverkehrsgesetz (LuftVG)

164

§ 35 LuftVG – Schadensersatz bei Tötung

(1) ¹Bei Tötung umfaßt der Schadensersatz die Kosten versuchter Heilung sowie den Vermögensnachteil, den der Getötete dadurch erlitten hat, daß während der Krankheit seine Erwerbsfähigkeit aufgehoben oder gemindert oder sein Fortkommen erschwert oder seine Bedürfnisse vermehrt waren. ²Außerdem sind die Kosten der Bestattung dem zu ersetzen, der sie zu tragen verpflichtet ist.

(2) ¹Stand der Getötete zur Zeit des Unfalls zu einem Dritten in einem Verhältnis, vermöge dessen er diesem gegenüber kraft Gesetzes unterhaltspflichtig war oder werden konnte, und ist dem Dritten infolge der Tötung das Recht auf Unterhalt entzogen, so hat der Ersatzpflichtige ihm so weit Schadensersatz zu leisten, wie der Getötete während der mutmaßlichen Dauer seines Lebens zur Gewährung des Unterhalts verpflichtet gewesen sein würde. ₂Die Ersatzpflicht tritt auch dann ein, wenn der Dritte zur Zeit des Unfalls gezeugt, aber noch nicht geboren war.

§ 36 LuftVG – Schadensersatz bei Gesundheitsschäden

¹Bei Verletzung des Körpers oder der Gesundheit umfaßt der Schadensersatz die Heilungskosten sowie den Vermögensnachteil, den der Verletzte dadurch erleidet, daß infolge der Verletzung zeitweise oder dauernd seine Erwerbsfähigkeit aufgehoben oder gemindert oder sein Fortkommen erschwert ist oder seine Bedürfnisse vermehrt sind. ²Wegen des Schadens, der nicht Vermögenschaden ist, kann auch eine billige Entschädigung in Geld gefordert werden.

4. Produkthaftungsgesetz (ProdHaftG)

165

§ 7 ProdHaftG – Umfang der Ersatzpflicht bei Tötung

(1) ¹Im Falle der Tötung ist Ersatz der Kosten einer versuchten Heilung sowie des Vermögensnachteils zu leisten, den der Getötete dadurch erlitten hat, daß während der Krankheit seine Erwerbsfähigkeit aufgehoben oder gemindert war oder seine Bedürfnisse vermehrt waren. ²Der Ersatzpflichtige hat außerdem die Kosten der Beerdigung demjenigen zu ersetzen, der diese Kosten zu tragen hat.

(2) ¹Stand der Getötete zur Zeit der Verletzung zu einem Dritten in einem Verhältnis, aus dem er diesem gegenüber kraft Gesetzes unterhaltspflichtig war oder unterhaltspflichtig werden konnte, und ist dem Dritten infolge der Tötung das Recht auf Unterhalt entzogen, so hat der Ersatzpflichtige dem Dritten insoweit Schadensersatz zu leisten, als der Getötete während der mutmaßlichen Dauer seines Lebens zur Gewährung des Unterhalts verpflichtet gewesen wäre. ²Die Ersatzpflicht tritt auch ein, wenn der Dritte zur Zeit der Verletzung gezeugt, aber noch nicht geboren war.

§ 8 ProdHaftG – Umfang der Ersatzpflicht bei Körperverletzung

¹Im Falle der Verletzung des Körpers oder der Gesundheit ist Ersatz der Kosten der Heilung sowie des Vermögensnachteils zu leisten, den der Verletzte dadurch erleidet, daß infolge der Verletzung zeitweise oder dauernd seine Erwerbsfähigkeit aufgehoben oder gemindert ist oder seine Bedürfnisse vermehrt sind. ²Wegen des Schadens, der nicht Vermögenschaden ist, kann auch eine billige Entschädigung in Geld gefordert werden.

F. Anspruch

> **§ 9 ProdHaftG – Schadensersatz durch Geldrente**
>
> (1) Der Schadensersatz wegen Aufhebung oder Minderung der Erwerbsfähigkeit und wegen vermehrter Bedürfnisse des Verletzten sowie der nach § 7 Absatz 2 einem Dritten zu gewährende Schadensersatz ist für die Zukunft durch eine Geldrente zu leisten.
>
> (2) § 843 Absätze 2 bis 4 BGB ist entsprechend anzuwenden.

5. Straßenverkehrsgesetz (StVG)

> **§ 10 StVG – Umfang der Ersatzpflicht bei Tötung**
>
> (1) ¹Im Fall der Tötung ist der Schadensersatz durch Ersatz der Kosten einer versuchten Heilung sowie des Vermögensnachteils zu leisten, den der Getötete dadurch erlitten hat, dass während der Krankheit seine Erwerbsfähigkeit aufgehoben oder gemindert oder eine Vermehrung seiner Bedürfnisse eingetreten war. ²Der Ersatzpflichtige hat außerdem die Kosten der Beerdigung demjenigen zu ersetzen, dem die Verpflichtung obliegt, diese Kosten zu tragen.
>
> (2) ¹Stand der Getötete zur Zeit der Verletzung zu einem Dritten in einem Verhältnis, vermöge dessen er diesem gegenüber kraft Gesetzes unterhaltspflichtig war oder unterhaltspflichtig werden konnte, und ist dem Dritten infolge der Tötung das Recht auf Unterhalt entzogen, so hat der Ersatzpflichtige dem Dritten insoweit Schadensersatz zu leisten, als der Getötete während der mutmaßlichen Dauer seines Lebens zur Gewährung des Unterhalts verpflichtet gewesen sein würde. ²Die Ersatzpflicht tritt auch dann ein, wenn der Dritte zur Zeit der Verletzung gezeugt, aber noch nicht geboren war.
>
> **§ 11 StVG – Umfang der Ersatzpflicht bei Körperverletzung**
>
> ¹Im Fall der Verletzung des Körpers oder der Gesundheit ist der Schadensersatz durch Ersatz der Kosten der Heilung sowie des Vermögensnachteils zu leisten, den der Verletzte dadurch erleidet, dass infolge der Verletzung zeitweise oder dauernd seine Erwerbsfähigkeit aufgehoben oder gemindert oder eine Vermehrung seiner Bedürfnisse eingetreten ist. ²Wegen des Schadens, der nicht Vermögensschaden ist, kann auch eine billige Entschädigung in Geld gefordert werden.

II. Erwerbsschaden und Unterhaltsschaden

1. Erwerbsschaden

Neben den Heil- und Pflegekosten sind im Falle der Verletzung einer Person nach §§ 249 ff., 842, 843 BGB (bzw. den entsprechenden Vorschriften[154] in den speziellen Haftpflichtgesetzen wie § 6 HPflG, § 36 LuftVG, § 8 ProdHaftG, § 11 StVG, § 13 UmweltHG) die Nachteile für Erwerb und Fortkommen auszugleichen.

Der Erwerbsschaden eines Verletzten erfasst alle wirtschaftlichen Beeinträchtigungen, die der Geschädigte erleidet, weil er und soweit er seine Arbeitskraft verletzungsbedingt nicht verwerten kann.[155]

---

[154] § 842 BGB gilt nicht für die Spezialgesetze (*Soergel-Zeuner* § 842 Rn 2).
[155] BGH v. 20.3.1984 – VI ZR 14/82 – BB 1984, 1234 (nur LS) = BGHZ 90, 334 = DAR 1984, 257 = DB 1984, 2034 (nur LS) = MDR 1984, 658 = NJW 1984, 1811 = r+s 1984, 143 (nur LS) = VersR 1984, 639 = VRS 67, 178 = zfs 1984, 271 (nur LS).

2. Unterhaltsschaden

169 Auch die Bestimmung des Unterhaltsschadens orientiert sich wesentlich an den Aspekten zur Ermittlung des Verdienstausfallschadens.[156]

170 War ein infolge eines Haftpflichtgeschehens Getöteter zu seinen Lebzeiten kraft Gesetzes verpflichtet, Dritten Unterhalt zu leisten, so geben die – als Ausnahmevorschriften restriktiv auszulegenden – § 844 II BGB sowie die § 28 II AtomG, § 5 II HaftpflG, § 35 II LuftVG, § 10 II StVG, § 7 II ProdHaftG, § 12 II UmweltHG den Unterhaltsberechtigten trotz ihrer mittelbaren Betroffenheit einen **eigenen Ersatzanspruch**.[157]

171 Für die Höhe des Schadensersatzanspruches aus § 844 II BGB (und den vergleichbaren Vorschriften der anderen Haftungsgesetze) kommt es allein auf den gesetzlich geschuldeten und nicht auf den tatsächlich gewährten Unterhalt des Getöteten an.[158] Die Unterhaltsansprüche der Hinterbliebenen gegenüber dem Ersatzverpflichteten orientieren sich an Umfang und Ende der **familienrechtlich** geschuldeten Unterhaltsverpflichtung.

172 Der Unterhalt besteht zum einen im Barunterhalt (wirtschaftliche Unterstützung durch Einkommen), zum anderen im Naturalunterhalt (persönliche Zuwendung durch Betreuung, Erziehung, Haushaltsführung). Der **Barunterhalt** richtet sich nach dem Einkommen des Getöteten. Auszugehen ist vom tatsächlichen Nettoeinkommen des Getöteten zum Unfallzeitpunkt. Für die Zukunft muss das jeweilige Einkommen, u.U. auch getrennt nach Zeitabschnitten, gemäß § 287 ZPO fiktiv ermittelt werden. Es ist zu ermitteln, wie sich bei hypothetischem Weiterleben der Unterhaltsanspruch des Berechtigten wahrscheinlich entwickelt haben würde. Es sind ähnliche Überlegungen anzustellen wie beim Erwerbsschaden, allerdings mit der Besonderheit, dass ein Erwerbsschaden des Unfallbeteiligten nur bis zu dessen Versterben die Schadenhöhe bestimmt, während ab dem Todeseintritt der von ihm aus einem Erwerb geschuldete gesetzliche Unterhaltsanspruch den Schaden begrenzt.[159]

173 Verstirbt der Unfallbeteiligte zeitlich nach einer Körperverletzung aufgrund unfallfremder Ursachen, so ist den Hinterbliebenen nicht analog § 844 II BGB derjenige Schaden auszugleichen, der infolge der **Nichtabführung von Sozialversicherungsbeiträgen** durch den Verletzten entstanden ist.[160] Hinterbliebene genießen letztlich aber mittelbaren Schutz durch die Fortführung von ansonsten unfallkausal reduzierten oder ausgefallenen Beitragszahlungen nach § 119 SGB X für den Verletzten in Zeiten bis zu seinem Versterben; mit dem Tod des Verletzten – unabhängig von der Unfallkausalität – endet aber jeder Anspruch nach § 119 SGB X.

174 Folgt, da der Unfallbeteiligte erst später aufgrund der Unfallverletzungen verstirbt, nach dem Erwerbsschaden dann der Ersatz von Unterhaltsschäden, zeigt sich häufig eine deutliche Herabsetzung des geschuldeten Ersatzbetrages. Es kommt im Falle der Tötung eben nur noch auf den rechtlich geschuldeten Unterhalt und nicht auf aus einem (z.B. sehr hohen) Einkommen tatsächlich gewährte Zahlungen an.

---

156 OLG Frankfurt v. 26.7.2005 – 17 U 18/05 – SP 2005, 338.
157 Ergänzend *Jahnke* „Anwalts-Handbuch Verkehrsrecht" Teil 4 Rn 549 ff.; *ders.* „Unfalltod und Schadenersatz" Kap 6.
158 BGH v. 9.6.1967 – VI ZR 180/65 – VersR 1967, 880.
159 OLG Karlsruhe v. 11.7.1997 – 10 U 15/97 – NZV 1999, 210 = VersR 1998, 1256 (BGH hat Revision nicht angenommen, Beschl. v. 19.5.1998 – VI ZR 271/97); (Kein Ersatz entgangenen Gewinnes im Falle einer Gewinnphasenverschiebung durch Eröffnung einer Arztpraxis).
160 BGH v. 17.12.1985 – VI ZR 152/84 – MDR 1986, 488 = NJW 1986, 984 = VersR 1986, 391; OLG Stuttgart v. 21.7.1987 – 26 O 66/87 – VRS 75, 90 = zfs 1988, 311.

3. Entgangene Dienste

Zu Einzelheiten siehe Kapitel 7 B Entgangene Dienste (Kap 7 Rn 112 ff.). **175**

4. Abfindung

a. Kongruenz

Verdienstausfall des unmittelbar Verletzten einerseits und Unterhaltsschäden (aber auch **176**
Beerdigungskosten und entgangene Dienste) seiner Hinterbliebenen andererseits sind verschiedene, von einander getrennt zu betrachtende Schadenersatzpositionen, die unterschiedlichen Rechtspersönlichkeiten zustehen. Bei fremdverschuldeten Unfällen mit Todesfolge ist streng zu unterscheiden zwischen

- einerseits den Schadenersatzansprüchen des – u.U. auch erst später verstorbenen – **Unfallverletzten**, die dieser selbst noch zu Lebzeiten erworben hat und die dann im Wege der Gesamtrechtsnachfolge (§ 1922 BGB) auf die **Erben** übergegangen sind, und **177**

- andererseits den **eigenen**, originär erworbenen Ansprüchen unterhalts- und dienstberechtigter **Dritter** nach §§ 844, 845 BGB (bzw. den haftungsrechtlichen Sonderbestimmungen, z.B. § 10 StVG). **178**

Auch der Forderungsübergang ist daher differenziert zu betrachten: **179**

- Der **Verdienstausfallschaden** leitet sich vom unmittelbar Verletzten ab, **180**
- der **Unterhaltsschaden** vom Hinterbliebenen und **181**
- der Ersatz **entgangener Dienste** vom Dienstberechtigten. **182**

b. Verhandlungen mit dem Unfallbeteiligten

Bei Abfindungsverhandlungen mit einem Schwerverletzten muss u.U. auch die Möglichkeit einbezogen werden, dass dieser unfallkausal später verstirbt und danach seinen Hinterbliebenen einen Unterhaltsschadenersatzanspruch eröffnet. Ein Vergleich, der nur mit dem unmittelbar Verletzten geschlossen wird, betrifft nicht automatisch zugleich auch die Ersatzansprüche der mittelbar Geschädigten, wenn und soweit diesen eigene Ersatzansprüche zugewiesen sind (Unterhaltsschaden,[161] entgangene Dienste, Beerdigungskosten, §§ 844, 845 BGB). Diese Drittansprüche entstehen bereits mit der Verletzung des Unterhalts- bzw. Dienstpflichtigen.[162] **183**

> *Beispiel 1.2:* **184**
> A verunfallt am 5.1.2006. Sachschäden, Schmerzensgeld und weitere materielle Ansprüche sind erledigt. Die Verdienstausfallansprüche des A werden am 16.9.2008 durch vorbehaltlose Abfindungserklärung auch hinsichtlich künftiger Einbußen abge-

---

161 BGH v. 13.2.1996 – VI ZR 318/94 – BGHZ 132, 39 = DAR 1996, 357 = JR 1996, 505 (Anm. *v. Einem*) = LM BGB § 844 Abs. 2, Nr. 93 = MDR 1996, 799 = NJW 1996, 1674 = NVwZ 1996, 824 = NZV 1996, 229 = r+s 1996, 311 = SGb 1996, 328 = SP 1996, 168 = VersR 1996, 649 = VRS 91, 267; (ein vom Unterhaltspflichtigen zwischen Verletzung und Tod erklärter Verzicht oder ein von ihm in dieser Zeit abgeschlossener Vergleich kann den Anspruch des Unterhaltsberechtigten nicht beeinträchtigen).

162 Zum Problem der Feststellungsklageberechtigung dieser Drittberechtigten siehe BGH v. 13.2.1996 – VI ZR 318/94 – BGHZ 132, 39 = DAR 1996, 357 = JR 1996, 505 (Anm. *Fuchs*) = LM BGB § 844 Abs. 2, Nr. 93 = MDR 1996, 799 = NJW 1996, 1674 = NVwZ 1996, 824 = NZV 1996, 229 = r+s 1996, 311 = SGb 1996, 328 = SP 1996, 168 = VersR 1996, 649 = VRS 91, 267.

> funden.
> Aufgrund einer vom Schädiger zu verantwortenden gesundheitlichen Komplikation verstirbt A am 30.12.2008. A hinterlässt die Witwe W und den minderjährigen Waisen K.
>
> *Ergebnis:*
> W und K können Beerdigungskosten und Unterhaltsschäden geltend machen. Die Abfindung der Ansprüche des A berührt die Ansprüche der Hinterbliebenen nicht.
> Erledigt sind allerdings durch die Abfindung mit A diejenigen Ansprüche, die in der Person des A unmittelbar entstanden sind (Schmerzensgeldgeld, Kfz-Schaden, vergangener und künftiger Verdienstausfall). Hier konnte A eine Rechtsposition nicht mehr vererben; da er diese Rechtsposition bereits zu seinen Lebzeiten durch den Abfindungsvergleich vom 16.9.2008 verloren hat.

185 Werden insbesondere erhebliche künftige Verdienstausfallansprüche kapitalisiert, sollte klargestellt werden, dass – wenn eine wesentliche Vorversterblichkeit nicht einbezogen ist – auch etwaige Unterhaltsansprüche Dritter erledigt sind. Diese Ansprüche von Dritten können mit in die Abfindungsverhandlungen einbezogen werden. Der unmittelbar Verletzte kann entweder Verzichtserklärungen dieser Dritten beibringen oder aber diese veranlassen, dem Vergleich beizutreten. Vorzuschlagen wäre folgende **Formulierung**[163] (Die *Variablen* sind in Klammer < ... > gesetzt):

186 **Übersicht 1.13: Einbindung Dritter in den Abfindungsvergleich**

Die Rechtswirksamkeit des Vergleiches ist davon abhängig, dass der <*Anspruchsteller / Kläger*> binnen <*einer Woche*> eine Erklärung folgender unterhalts- und dienstberechtigten Personen <*Hannelore Müller, Bahnhofstr. 12, 12345 Glücksburg; Peter Müller, Bahnhofstr. 12, 12345 Glücksburg*> beibringt, dass auch sie gegenüber den <*Schadenersatzverpflichteten / Beklagten*> auf ihre etwaigen Ansprüche verzichten und an die <*Schadenersatzpflichtigen / Beklagten*> ihre etwaigen Ansprüche gegen dritte Personen abtreten.

c. Rechtsnachfolge

aa. Erbe, Unterhaltsberechtigter

187 Die Ansprüche wegen Verletzung bzw. Tötung eines Dritten stehen den in §§ 844, 845 BGB (bzw. den entsprechenden Regelungen in den Spezialgesetzen) aus **eigenem Recht** zu und gehören nicht zum Nachlass des Getöteten.

188 Zu beachten ist ferner, dass Erben einerseits und Unterhaltsberechtigte andererseits **nicht** zwingend **personenidentisch** sein müssen.[164] Des Weiteren sind die aus dem Unfall ererbten Ansprüche und die aus eigenem Recht erworbenen Ansprüche der unterhaltsberechtigte Personen inhaltlich völlig verschieden.

bb. Drittleistungsträger

189 Die Problematik der Anspruchsumfassung stellt sich parallel bei der **Abfindung** von Drittleistungsträgern, wenn diese später unfallkausal Hinterbliebenenleistungen erbringen. Hinsichtlich des Verdienstausfalles erfolgt der Forderungsübergang vom unmittelbar Ver-

---

163 *Jahnke* „Abfindung von Personenschadenansprüchen" § 2 Rn 48; ähnlich *Geigel-Bacher* Kap 40 Rn 86.
164 LG Nürnberg v. 20.10.1983 – 4 O 1735/83 – VersR 1984, 196.

letzten, der Unterhaltsschaden leitet sich demgegenüber von den unterberechtigten Hinterbliebenen ab.

d. Verjährung

Eine Nachforderung seitens der Hinterbliebenen erledigt sich i.d.R. nicht schon allein wegen Zeitablaufes (Verjährungseinwand). Weil der Tod als weitere Schadensfolge zunächst noch ungewiss ist, kann die Verjährung des Anspruches aus § 844 BGB erst mit dem Tod zu laufen beginnen.[165]

190

> *Beispiel 1.3:*
> Der A verunfallt am 10.3.2005. Seine Verdienstausfallansprüche werden am 25.7.2007 durch Abfindungserklärung auch hinsichtlich künftiger Einbußen abgefunden.
> A verstirbt unfallbedingt am 1.7.2008. W und Kind K lebten mit dem A als Familie zusammen.
>
> *Ergebnis:*
> **W** hat regelmäßig gleichzeitig mit A Kenntnis vom Schädiger; bei schweren Verletzungen hat der am Unfall nicht beteiligte Angehörige in der Praxis die Kenntnis häufig sogar eher als der unmittelbar Verletzte. W hatte aber erst mit dem Tode des A am 1.7.2008 Kenntnis vom Schaden.
> Dem minderjährigen **K** ist die Kenntnis des gesetzlichen Vertreters (Schädiger, aber auch Schaden) zuzurechnen. Die Frist läuft damit mit Kenntnis der W von den anspruchsbegründenden Umständen.

191

Nach § 199 I Nr. 1 BGB beginnt die Verjährung erst mit der Fälligkeit des Anspruches. Fälligkeit bezeichnet den Zeitpunkt, von dem ab der Gläubiger die sofortige Leistung verlangen kann.[166] Die Verjährung beginnt nicht vor Entstehung des Schadens. Der Vermögensschaden muss bereits eingetreten sein, die bloße Gefährdung reicht nicht aus.[167]

192

Die regelmäßige Verjährungsfrist beginnt (§ 199 BGB) mit **Kenntnis**, aber auch bei **grob fahrlässiger Unkenntnis**, des Unterhaltsgeschädigten von den den Anspruch begründenden Umständen und der Person des Schuldners.[168] Der Anspruch der Hinterbliebenen aus § 844 BGB entsteht zwar bereits mit dem Unfall. Weil der Tod als weitere Schadensfolge zunächst noch ungewiss ist, kann die Verjährung des Anspruches aus § 844 BGB bei Auseinanderfallen von Unfall und Tod erst mit dem Tod zu laufen beginnen. Auch bei schwerer Vorerkrankung (z.B. Koma) und absehbarem Todeseintritt dürfte keine vorverlagerte Kenntnis vom Schaden anzunehmen sein.

193

---

165 Das die Unterhaltspflicht begründende Verhältnis muss aber bereits im Zeitpunkt der Körperverletzung des Unterhaltspflichtigen und nicht erst im Zeitpunkt seines Todes bestanden haben (BGH v. 13.2.1996 – VI ZR 318/94 – BGHZ 132, 39 = DAR 1996, 357 = JR 1996, 505 [Anm. *Fuchs*] = LM BGB § 844 Abs. 2, Nr. 93 = MDR 1996, 799 = NJW 1996, 1674 = NVwZ 1996, 824 = NZV 1996, 229 = r+s 1996, 311 = SGb 1996, 328 = SP 1996, 168 = VersR 1996, 649 = VRS 91, 267); BGH v. 17.12.1985 – VI ZR 152/84 – DAR 1986, 116 = JR 1986, 413 (Anm. *v. Einem*) = JZ 1986,451 (Anm. *Dunz*) = MDR 1986, 488 = NJW 1986, 984 = r+s 1986, 67 = SGb 1987, 301 (Anm. *v. Einem*) = VersR 1986,391 = zfs 1986, 170 = VRS 71, 325.
166 *Palandt-Heinrichs*, § 271 Rn 1; BGH v. 13.3.2002 – IV ZR 40/01 – r+s 2002, 217 = VersR 2002, 698.
167 BGH 15.10.1992 – IX ZR 43/92 – NJW 1993, 648 = VersR 1993, 1358; BGH v. 23.3.1987 – II ZR 190/86 – BGHZ 100, 228 = DB 1987, 1478 = MDR 1987, 644 = NJW 1987, 1887 = NJW-RR 1987, 925 (nur LS).
168 OLG Karlsruhe v. 8.3.2005 – 13 U 110/04 – OLGR 2005, 376 (Kenntnis des nicht-ehelichen Kindes besteht nicht schon bei Kenntnis der die Abstammung begründenden äußeren Umstände, sondern erst mit Kenntnis der rechtskräftigen gerichtlichen Entscheidung).

5. Kein Abgleich von Ansprüchen wegen Verletzung und Tötung

194 Schadenersatzleistungen wegen eines unfallkausalen Todes könnten niedriger sein als diejenigen Leistungen, die bei einem längerfristigen Überleben des Unfallbeteiligten aufzubringen werden. Gleichwohl erfolgt keine Ersetzung der (fiktiven) Ansprüche wegen Verletzung durch Ansprüche wegen Tötung. Hier sind zwei unterschiedliche Schadenersatzbetrachtungen anzustellen, die in keinem verbinden oder vergleichbaren Zusammenhang zueinander stehen.

195 Selbst wenn der Schädiger eines zu Tode Gekommenen dadurch begünstigt erscheint, sind wirtschaftliche Einbuße der mittelbar Geschädigten nicht aufzustocken, wenn die Rechtsvorschriften (insbesondere §§ 844, 845 BGB) ihnen kein Anspruch zubilligen.[169]

196 *Beispiel 1.4:*
A wird getötet, weil er den Gurt nicht angelegt hat; er hätte mit Gurt schwerverletzt überlebt.

Ergebnis:
Auch wenn die fiktiven Ansprüche bei Überleben deutlich höher gewesen wäre, dienen diese nicht als Auffütterung der wegen Nichtanlegens des Gurtes zu kürzenden Ansprüche der Hinterbliebenen.

---

[169] Siehe OLG Hamm v. 29.10.2002 – 9 U 64/02 – zfs 2003, 593 (Anm. *Diehl*) (BGH hat Nichtzulassungsbeschwerde zurückgewiesen, Beschl. v. 30.9.2003 – VI ZR 27/03).

Kapitel 2 Erwerbsschaden

A. Rechtsverletzung

I. Sachschaden

1. Gewinnausfall

Der Verdienstausfall muss aus der Verletzung der Person des Anspruchstellenden resultieren. Führt eine Sachbeschädigung dazu, dass eine Person deswegen ihre **Arbeitskraft** nicht mehr einsetzen kann (weil z.B. das Arbeitsgerät beschädigt oder zerstört ist), so steht ihr als abhängig Beschäftigtem regelmäßig kein Ersatzanspruch zu.

Soweit der Unternehmer mit der ihm zur Verfügung stehenden, allerdings durch das Unfallgeschehen **gebrauchsuntüchtig** gewordenen **Sache** Einnahmen erzielen wollte, hat er Anspruch auf Ersatz seines Gewinnausfalles,[1] allerdings ohne Berücksichtigung von Lohnfortzahlungsverpflichtungen gegenüber seinen Arbeitnehmern, die bei Wegfall des Arbeitsgerätes zwar ihre Arbeit anbieten, allerdings nicht verwerten können. Eingeschränkter Kündigungsschutz und arbeitsrechtliche Lohnfortzahlungsverpflichtung stellen sich als mittelbarer Schaden des Arbeitgebers dar.

> *Beispiel 2.1:*
> Das LKW-Unternehmen U besitzt nur einen LKW, der vom Fahrer X gefahren wird. Ein von A verschuldeter Verkehrsunfall führt zum technischen Totalschaden dieses LKW. Der Fahrer X, der selbst beim Unfall unverletzt geblieben ist, wird daraufhin entlassen.
>
> *Ergebnis:*
> X hat keinen Anspruch gegen A auf Ersatz seines Verdienstausfalles.[2] Das Risiko nicht vorhandenen Arbeitsgerätes (hier LKW) betrifft allein die arbeitsvertragliche Sphäre: Hier ist zu klären, ob arbeitsvertragliche Gehaltsansprüche des X trotz Wegfall des Arbeitsgerätes gegenüber U bestehen.[3]
> U hat Anspruch auf Gewinnausfall.

2. Gewerblich genutztes Fahrzeug

Der Verdienstausfall nach Beschädigung eines gewerblich genutzten Fahrzeuges ist grundsätzlich konkret zu berechnen, eine abstrakte Berechnung der Nutzungsausfallschäden (z.B. unter Hinweis auf die Tagessätze für Nutzungsausfallentschädigung bei *Eurotax-Schwacke* [früher *Sanden/Danner/Küppersbusch*][4]) kommt nur ausnahmsweise in Be-

---

1 OLG München v. 30.6.2003 – 31 U 5458/02 – VersR 2006, 712 (BGH hat die Nichtzulassungsbeschwerde zurückgewiesen, Beschl. v. 7.12.2004 – VI ZR 353/03) (Produkthaftung kann auch Schadenersatz für entgangenen Gewinn umfassen).
2 Wenn X nicht entlassen wird, sondern vom Arbeitgeber sein Gehalt weiterbezieht, kann er trotzdem Einbußen haben (z.B. Wegfall von Überstunden oder Auslösen). Auch diese Einbußen sind dem X mangels Rechtsgutverletzung nicht zu ersetzen. X bleibt mittelbar (durch Fortfall des Arbeitsgerätes) geschädigt. Die Gehaltsfortzahlung kann aber ein Aspekt der Schadenbemessung des Unternehmers U sein.
3 Siehe dazu KG v. 5.7.2004 – 12 U 283/03 – NZV 2005, 146.
4 KG v. 21.8.2006 – 12 U 104/06 – KGR 2007, 127 = MDR 2007, 210 = NZV 2007, 244 = VRS 111, 401.

tracht.[5] Der Schaden bemisst sich nach dem entgangenen Gewinn (§ 252 BGB),[6] den Vorhaltekosten eines etwaigen Reservefahrzeuges[7] oder gegebenenfalls der Miete eines Ersatzfahrzeuges.[8] Als Schätzungsgrundlage kann ein Vergleich der Unternehmensabschlüsse der Jahre vor und nach dem Unfall herangezogen werden.[9]

5 Häufig kann durch **Umdisposition**[10] innerhalb des Betriebes der Ausfall aufgefangen werden. IdR dürfte bei Betrieben von mittlerer Größe und mehr der Ausfall eines einzigen Fahrzeuges keine nennenswerten Spuren hinterlassen. U.U. ist durch Anmietung eines Ersatzfahrzeuges ansonsten entstehender Gewinnausfall zu mindern,[11] abzuwägen sind dabei Schadenminderungspflicht und Erforderlichkeit.

6 Gerade bei **Taxi-** und **Mietwagenunternehmen**[12] hat die Rechtsprechung[13] versucht, pauschale Vorgaben zur Berechnung des Gewinnausfalles zu fassen. Diese pauschalen Gewinnschätzungen scheinen angesichts der zwischenzeitlichen Kostenentwicklung, der insbesondere die Festsetzung der Beförderungsentgelte für Taxis allenfalls mit Verzögerung folgt, zu hoch.

II. Rechtsgutverletzung

Zu beachten ist, dass

7 ■ der Geschädigte, der behauptet, bei einem Haftpflichtgeschehen neben einem Sachschaden auch einen Personenschaden erlitten zu haben, nach dem **hohen Beweismaß-**

---

5 BGH v. 4.12.2007 – VI ZR 241/06 – BB 2008, 229 (nur LS) = BGHReport 2008, 321 = DAR 2008, 140 = MDR 2008, 315 = NJW 2008, 913 (Anm. *Huber* NJW 2008, 1785) = NJW-Spezial 2008, 106 = NZV 2008, 192 = r+s 2008, 127 = SP 2008, 110 = SVR 2008, 138 (nur LS) (Anm. *Walter*) = VersR 2008, 369 = VRS 114, 173 = zfs 2008, 267 (Anm. *Diehl*) (Es kommt eine Entschädigung für zeitweise entzogene Gebrauchsvorteile auch bei gewerblich genutzten Fahrzeugen, Behördenfahrzeugen oder Fahrzeugen gemeinnütziger Einrichtungen in Betracht, falls sich deren Gebrauchsentbehrung nicht unmittelbar in einer Minderung des Gewerbeertrages [entweder in entgangenen Einnahmen oder über die mit der Ersatzbeschaffung verbundenen Unkosten] niederschlägt. Wo das Fahrzeug unmittelbar zur Erbringung gewerblicher Leistungen dient, wie etwa bei einem Taxi oder LKW, muss der Geschädigte den Ertragsentgang konkret berechnen [vgl. BGH v. 10.1.1978 – VI ZR 164/75 – BB 1978, 429 = BGHZ 70, 199 = DAR 1978, 164 = JuS 1978, 564 = JZ 1978, 274 = MDR 1978, 567 = NJW 1978, 812 = r+s 1978, 130 = VersR 1978, 374]. Wenn aber kein konkret bezifferbarer Verdienstentgang vorliegt, ist es dem Geschädigten grundsätzlich nicht verwehrt, an Stelle des Verdienstentgangs eine Nutzungsentschädigung zu verlangen, wenn deren Voraussetzungen vorliegen, also insbesondere ein fühlbarer wirtschaftlicher Nachteil für den Geschädigten eingetreten ist.). Grundsätzlich ablehnend: OLG Hamm v. 7.4.2000 - 9 U 257/98 – DAR 2001, 359 = MDR 2000, 1246 = NJW-RR 2001, 165 = OLGR 2000, 211 = r+s 2000, 452 = SP 2000, 237 = zfs 2000, 341 (ausdrückliche Aufgabe von OLG Hamm v. 16.10.1992 – 9 U 54/91 – NZV 1993, 65); KG v. 21.8.2006 – 12 U 104/06 – KGR 2007, 127 = MDR 2007, 210 = NZV 2007, 244 = VRS 111, 401; KG v. 23.3.2000 – 12 U 6653/98 -; LG Halle v. 16.7.2002 - 4 O 466/01 - NZV 2003, 34.

6 KG v. 21.8.2006 – 12 U 104/06 – KGR 2007, 127 = MDR 2007, 210 = NZV 2007, 244 = VRS 111, 401; KG v. 10.7.2000 – 12 U 1438/99; KG v. 10.4.1997 – 12 U 279/96.

7 KG v. 21.8.2006 – 12 U 104/06 – KGR 2007, 127 = MDR 2007, 210 = NZV 2007, 244 = VRS 111, 401.

8 KG v. 21.8.2006 – 12 U 104/06 – KGR 2007, 127 = MDR 2007, 210 = NZV 2007, 244 = VRS 111, 401.

9 OLG Karlsruhe v. 22.2.1991 – 10 U 211/90 – VersR 1992, 67 = VRS 81, 101 = zfs 1991, 377.

10 Zum Fahrschulwagen siehe auch Kap 4 Rn 110.

11 Siehe auch Kap 4 Rn 110 f. und Kap 9 Rn 83.

12 Zum Thema: *Leng* „Für die Praxis – Rechtsfragen beim Taxi" DAR 2001, 43.

13 OLG Celle v. 20.11.1986 – 5 U 181/83 – r+s 1987, 283; siehe auch: KG v. 5.7.2004 – 12 U 283/03 – NZV 2005, 146; OLG Hamm v. 29.5.2000 – 13 U 25/00 – NZV 2001, 218 (Bei Anmietung eines Ersatztaxis ersparte Eigenaufwendungen i.H.v. 20 % der Miettaxikosten).

stab des § 286 ZPO beweisen muss, dass er bei dem Unfall verletzt wurde, selbst wenn die schuldhafte Unfallverursachung durch den Schädiger feststeht;

- nicht jede unfallbedingte **Befindlichkeitsbeeinträchtigung** juristisch den Tatbestand der Körper- und/oder Gesundheitsverletzung erfüllt, 8
- nicht jede unfallbedingte Verletzung zugleich die **Arbeitsfähigkeit** beeinträchtigt, 9
- nicht jede unfallbedingte Arbeitsunfähigkeit zugleich auch zu einem **Erwerbsschaden** führt, 10
- nicht jede unfallbedingte Erwerbseinbuße des Geschädigten auch tatsächlich **erstattungspflichtig** ist. 11

1. Anspruchsgrundlage

a. Schaden, aber kein Anspruch

Der Umstand, dass Fremdverhalten Schäden herbeigeführt hat, bedeutet nicht automatisch, dass hierfür stets auch jemand anderer einzustehen hat. Materielle Vermögenseinbußen und immaterielles Schmerzensgeld kommen nur dann in Betracht, wenn eine **Anspruchsnorm** einen Ersatzanspruch **dem Grunde** nach zuweist und einen Dritten **dem Grunde** nach zum Ersatz verpflichtet.[14] 12

Es gibt durchaus Fälle, in denen ein Geschädigter zwar ein Unglück erleidet, gleichwohl aber dem Schädiger kein Unrecht vorhalten kann und seinen Schaden selbst tragen muss.[15] Es ist zu sehen, dass nicht jeder abstrakten Gefahr vorbeugend begegnet werden kann. Ein allgemeines Verbot, andere nicht zu gefährden, wäre utopisch.[16] Eine Verkehrssicherung, die jede Schädigung ausschließt, ist im praktischen Leben nicht erreichbar.[17] Zur Erfüllung von Verkehrssicherungspflichten muss nicht für alle denkbaren Möglichkeiten eines Schadenseintritts Vorsorge getroffen werden; es reicht vielmehr aus, nur solche Vorkehrungen zu treffen, die geeignet sind, die Schädigung Anderer tunlichst abzuwenden. Kommt es in Fällen, in denen keine Schutzmaßnahmen getroffen werden mussten, weil eine Gefährdung anderer zwar nicht völlig ausgeschlossen, aber nur unter besonders eigenartigen und entfernter liegenden Umständen zu befürchten war, ausnahmsweise doch einmal zu einem Schaden, muss der Geschädigte – so hart dies im Ein- 13

---

14 Siehe Kap 1 Rn 164 ff.
15 BGH v. 8.11.2005 – VI ZR 332/04 – BGHReport 2006, 233 = JA 2006, 404 (nur LS) = MDR 2006, 569 = NJW 2006, 610 = NZV 2006, 1 95 (nur LS); r+s 2006, 212 = VersR 2006, 233; BGH v. 15.4.1975 – VI ZR 19/74 – VersR 1975, 812; BGH v. 15.7.2003 – VI ZR 155/02 – BGHReport 2003, 1200 = IVH 2003, 226 (nur LS) = MDR 2003, 1352 = NJW-RR 2003, 1459 = NZV 2004, 79 = r+s 2004, 390 = VersR 2003, 1 319 = zfs 2003, 583.
16 BGH v. 9.9.2008 – VI ZR 279/06 –; BGH v. 8.11.2005 – VI ZR 332/04 – BGHReport 2006, 233 = JA 2006, 404 (nur LS) = MDR 2006, 569 = NJW 2006, 610 = NZV 2006, 195 (nur LS) r+s 2006, 212 = VersR 2006, 233; BGH v. 15.4.1975 – VI ZR 19/74 – VersR 1975, 812.
17 BGH v. 9.9.2008 – VI ZR 279/06 –, BGH v. 8.11.2005 – VI ZR 332/04 – BGHReport 2006, 233 = JA 2006, 404 (nur LS) = MDR 2006, 569 = NJW 2006, 610 = NZV 2006, 195 (nur LS) r+s 2006, 212 = VersR 2006, 233; BGH v. 21.4.1964 – VI ZR 39/63 – VersR 1964, 746.

zelfall sein mag – seinen Schaden selbst tragen: „Er hat ein 'Unglück' erlitten und kann dem Schädiger kein 'Unrecht' vorhalten."[18]

14 Gegenüber Einrichtungen, die sich dem Opferschutz aus freiwilligen Stücken heraus verschrieben haben (zB **Weißer Ring**), besteht in aller Regel kein Rechtsanspruch auf deren satzungsgemäße Leistungen.[19] Caritative Begünstigungen stehen in der Disposition des Spendenwilligen, ohne an Art 3 GG gebunden zu sein.[20]

b. Reflexwirkung

15 Die Einstandspflicht eines Schädigers erstreckt sich nicht auf solche Folgeschäden seiner unerlaubten Handlung, die bei wertender Betrachtung nicht mehr in einem inneren Zusammenhang mit der Unfallverletzung des Geschädigten stehen, sondern mit dieser nur eine bloß zufällige äußere Verbindung haben und sich deshalb letztlich als Verwirklichung eines allgemeinen Lebensrisikos darstellen.[21]

16 Es gilt der Grundsatz, dass Ersatz für mittelbaren Vermögensschaden, den ein Dritter bei Verletzung eines fremden Rechtsgutes durch bloße Reflexwirkung erleidet, grundsätzlich nicht geschuldet wird.[22]

17 Rechtlich entspricht die Situation im Beispiel 2.2 (Kap 2 Rn 20) dem Stau auf der Autobahn, den eine dritte Person verursacht und der dazu führt, dass ein Geschäftsmann, der

---

18 BGH v. 8.11.2005 – VI ZR 332/04 – BGHReport 2006, 233 = JA 2006, 404 (nur LS) = MDR 2006, 569 = NJW 2006, 610 = NZV 2006, 195 (nur LS) r+s 2006, 212 = VersR 2006, 233; BGH v. 15.7.2003 – VI ZR 155/02 – BGHReport 2003, 1200 = IVH 2003, 226 (nur LS) = MDR 2003, 1352 = NJW-RR 2003, 1459 = NZV 2004, 79 = r+s 2004, 390 = VersR 2003, 1319 = zfs 2003, 583; BGH v. 15.4.1975 – VI ZR 19/74 – VersR 1975, 812.
19 OLG Koblenz v. 29.12.2007 – 5 W 869/07 – MDR 2008, 267 = OLGR 2008, 209 = zfs 2008, 194 = WuM 2008, 34 (Auf die satzungsgemäßen Leistungen eines gemeinnützigen Vereins zur Unterstützung von Kriminalitätsopfern [Weißer Ring] besteht kein – zB auf § 328 BGB gestützter – Rechtsanspruch).
20 OLG Koblenz v. 29.12.2007 – 5 W 869/07 – MDR 2008, 267 = OLGR 2008, 209 = zfs 2008, 194 = WuM 2008, 34.
21 BGH v. 23.10.1984 – VI ZR 30/83 – DAR 1985, 54 = MDR 1985, 479 = NJW 1985, 791 = r+s 1985, 15 = VersR 1985, 62 = VRS 68, 81 = zfs 1985, 76; BGH v. 3.2.1976 – VI ZR 235/74 – JR 1977, 235 (Anm. *Heinze* JR 1977, 237) = MDR 1976, 565 = NJW 1976, 1143 = VersR 1976, 639 (Gehirnblutung als Folgeschaden aus Erregung über wörtliche und tätliche Beleidigung); BGH v. 7.6.1968 – VI ZR 1/67 – BB 1968, 813 (nur LS) = JZ 1969, 702 (Anm. *Huber* JZ 1969, 677) = MDR 1968, 747 = NJW 1968, 2287 = VersR 1968, 800 (Pensionierung nach Entdeckung verborgener unfallfremder Erkrankung liegt nicht im Schutzbereich des § 823 I BGB und ist daher vom Schädiger nicht zu ersetzen); BGH v. 2.7.1957 – VI ZR 205/56 – BB 1957, 980 = BGHZ 25, 86 = NJW 1957, 1475 (Anm. *Larenz* NJW 1958, 627) (Stirbt ein Unfallverletzter an einem Eingriff, der gelegentlich einer unfallbedingten Operation zur Beseitigung eines nicht unfallkausalen Leidens vorgenommen wird, so ist sein Tod keine adäquate Unfallfolge).
22 Teilweise erfolgt die Ausgrenzung des Ersatzanspruches, da sich das verwirklichte Risiko als Ausprägung eines bestehenden allgemeinen Lebensrisikos darstellt; siehe *Diehl* zfs 2007, 627.

im Stau stecken bleibt, zu spät zum Flughafen kommt und infolgedessen einen Geschäftsabschluss verpasst.[23] Hier besteht kein Schadenersatzanspruch.

c. Rechtsgüterschutz

Geschützte Rechtsgüter i.S.d. Haftungsnormen sind neben dem Eigentum und Besitz einer Sache der Körper, die Gesundheit und das Leben des Unfallbeteiligten.

Zu bedenken ist, dass es manchmal bereits an einer Rechtsgutverletzung i.S.d. § 823 BGB (bzw. der entsprechenden spezialrechtlichen Norm wie § 7 StVG) und damit an einer Haftung schon dem Grunde nach fehlt, so dass bereits von daher eine Diskussion zur Höhe überflüssig ist.

Beispiel 2.2:
Zwei Arbeitskollegen (Fahrer **F** und Beifahrer **B**) sind mit dem PKW auf dem Weg zur Arbeit. Aufgrund eines fremdverschuldeten Unfalles, bei dem der PKW fahruntüchtig beschädigt wird, beide Personen aber unverletzt bleiben, erreichen sie nicht mehr rechtzeitig den Zug zur Arbeitsstelle.[24]

---

23 Werden Straßen und andere Zuwegungen durch verantwortliches Handeln eines Dritten unpassierbar und können deswegen Anlieger und Eigentümer ihre Anlagen nicht gewinnbringend nutzen, so steht diesen mangels Anspruchsgrundlage kein Schadensersatz zu: BGH v. 11.1.2005 – VI ZR 34/04 – BGHReport 2005, 631 (nur LS) = NJW-RR 2005, 673 = NJW-Spezial 2005, 257 = MDR 2005, 686 = NZV 2005, 359 = TranspR 2005, 364 = VersR 2005, 515 = zfs 2005, 279 (Anm. *Diehl*); BGH v. 18.11.2003 – VI ZR 385/02 – DAR 2004, 77 = IVH 2004, 43 = MDR 2004, 274 = NJW 2004, 356 = NZV 2004, 136 = r+s 2004, 83 = SP 2004, 3, 111 = VersR 2004, 255 = VRS 106, 334 = zfs 2004, 111 (Halteverbote im Rahmen von Baustellen schützen das Vermögen des an der Ein- und Ausfahrt gehinderten Bauunternehmers oder eines von diesem beauftragten weiteren Unternehmers); BGH v. 15.11.1982 – II ZR 206/81 – BGHZ 82, 152 = JZ 1983, 857 (Anm. *Hruschka*) = MDR 1983, 730 = NJW 1983, 2313 = VersR 1983, 553 (Anm. *Brüggemeier* VersR 1984, 902) (Ist eine Wasserstrasse zeitweilig unbefahrbar, so können Inhaber eines wasserseitig nur über diese Straße – Elbe-Seitenkanal – erreichbaren Umschlags- und Lagereiunternehmens oder der Eigentümer der von diesem Unternehmen genutzten Anlagen keine Entschädigung wegen des Ausfalls der Schifffahrtsstrasse verlangen); BGH v. 21.12.1970 – II ZR 133/68 – BGHZ 55, 153 = MDR 1971, 647 = NJW 1971, 886 = VersR 1971, 418 (Wird ein Schiff durch ein schuldhaft verursachtes Schifffahrtshindernis – konkret Balkensperre zur Stützung einer bereits teilweise eingestürzten Mauer – in einem Gewässerteil [Fleet] derart eingeschlossen, dass es jede Bewegungsmöglichkeit verliert, so haftet der Unterhaltungspflichtige dem Schiffseigentümer für den durch das Festliegen des Schiffes entstandenen Schaden. Nicht zu ersetzen sind Ansprüche derjenigen Betroffenen, die mit ihren Schiffen nicht mehr die jenseits der Sperre liegende Verladestelle erreichen können.); LG Hannover v. 27.7.2006 – 19 S 18/06 – NZV 2006, 660 (Kein Ersatz von Mehrkosten der städtischen Verkehrsbetriebe für Einrichtung eines Schienenersatzverkehrs, da wegen Sperrung der Unfallstelle der Stadtbahnverkehr zum Erliegen kam); AG Achim v. 22.3.2006 – 10 C 632/05 – SP 2006, 273 (Marktbeschicker verlangte vergeblich Ersatz für Erwerbseinbußen, nachdem er wegen eines unfallkausal gebildeten Stau zu spät auf den Markt kam); ähnliches gilt für die sog. Stromkabelfälle: BGH v. 12.7.1977 – VI ZR 137/76 – VersR 1977, 1006; BGH v. 25.1.1977 – VI ZR 29/75 – VersR 1977, 616; KG v. 4.7.2003 – 9 U 307/01 – r+s 2005, 41 (BGH hat die Revision nicht angenommen, Beschl. v. 20.4.2004 – VI ZR 253/03) (Die Unterbrechung der Stromzufuhr durch Beschädigung eines Stromkabels auf einem nicht zum betroffenen Unternehmen gehörenden Grundstück ist im Allgemeinen kein betriebsbezogener Eingriff in das Recht am eingerichteten und ausgeübten Gewerbebetrieb); OLG Nürnberg v. 17.12.2003 – 4 U 2129/03 – VersR 2005, 281; siehe auch Kap 2 Rn 269.

24 LG Arnsberg v. 7.2.2006 – 5 S 101/05 – (Fahrzeuginsasse verpasst nach Autounfall Flugzeug) (Vorinstanz AG Menden v. 20.7.2005 – 4 C 53/05 – NJW-RR 2005, 1337 = NZV 2006, 259); siehe auch AG Frankfurt v. 30.3.2000 – 29 C 169/00 – 81 – NZV 2001, 132 (Zugverspätung begründet keinen Entschädigungsanspruch).

Ergebnis:
Da der **Beifahrer B** nicht verletzt wurde, fehlt es bereits an einer Rechtsgutverletzung i.S.v. § 823 BGB; der von B geltend gemachte Verdienstausfall für diesen Tag ist also bereits wegen Fehlens einer Anspruchsgrundlage (Haftungsnorm) nicht zu ersetzen.

d. Schutzgesetzverletzung

21 Der Anspruch nach § 823 II BGB setzt voraus, dass der konkrete Schaden aus der Verletzung eines Rechtsguts entstanden ist, zu dessen Schutz die Rechtsnorm erlassen wurde.[25]

22 Schutzgesetz i.S.v. § 823 II BGB ist nach ständiger Rechtsprechung eine Rechtsnorm, die zumindest auch dazu dienen soll, den Einzelnen oder einzelne Personenkreise gegen die Verletzung eines bestimmten Rechtsgutes zu schützen. Dafür kommt es nicht auf die Wirkung, sondern auf Inhalt und Zweck des Gesetzes sowie darauf an, ob der Gesetzgeber bei Erlass des Gesetzes gerade einen Rechtsschutz, wie er wegen der behaupteten Verletzung in Anspruch genommen wird, zugunsten von Einzelpersonen oder bestimmten Personenkreisen gewollt oder doch mitgewollt hat.

23 Es genügt, dass die Norm auch das in Frage stehende Interesse des Einzelnen schützen soll, mag sie auch in erster Linie das Interesse der Allgemeinheit im Auge haben. Andererseits soll der Anwendungsbereich von Schutzgesetzen nicht ausufern. Deshalb reicht es nicht aus, dass der Individualschutz durch Befolgung der Norm als ihr Reflex objektiv erreicht werden kann; er muss vielmehr im Aufgabenbereich der Norm liegen.[26]

2. Eigentumsverletzung

24 § 7 StVG setzt wie § 823 BGB grundsätzlich eine Beschädigung der Sache voraus. Ist eine Sache – z.B. Ladegut eines Fahrzeuges – nur mittelbar betroffen, eine Substanzschädigung aber nicht konkret feststellbar, entfällt eine Haftung.[27]

25 Eine Eigentumsverletzung kann zwar nicht nur durch eine Beeinträchtigung der Sachsubstanz, sondern auch durch eine sonstige die Eigentümerbefugnisse treffende tatsächliche Einwirkung auf die Sache erfolgen, etwa wenn ein Fahrzeug jede Bewegungsmöglichkeit verliert und seinem bestimmungsgemäßen Gebrauch entzogen wird.[28]

26 Dies ist jedoch nicht der Fall, wenn das Fahrzeug unter Beibehaltung seiner Bewegungsmöglichkeit im übrigen nur wenige Stunden an einer konkret geplanten Fahrt gehindert und dadurch lediglich seine wirtschaftliche Nutzung vorübergehend eingeengt wird.[29] Die bloße Sperrung eines bestimmten Weges stellt grundsätzlich keine Verletzung des Eigentums an dem betroffenen Transportmittel dar; ebenso wenig kommt ein Eingriff in den

---

25 BGH v. 18.11.2003 – VI ZR 385/02 – DAR 2004, 77 = IVH 2004, 43 = NJW 2004, 356 = NZV 2004, 136 = r+s 2004, 83 = VersR 2004, 255 = zfs 2004, 111.

26 BGH v. 11.1.2005 – VI ZR 34/04 – BGHReport 2005, 631 (nur LS) = NJW-RR 2005, 673 = NJW-Spezial 2005, 257 = MDR 2005, 686 = NZV 2005, 359 = TranspR 2005, 364 = VersR 2005, 515 = zfs 2005, 279 (Anm. *Diehl*) (§ 64 EBO hat keinen Schutzgesetzcharakter) BGH v. 18.11.2003 – VI ZR 385/02 – DAR 2004, 77 = IVH 2004, 43 = NJW 2004, 356 = NZV 2004, 136 = r+s 2004, 83 = VersR 2004, 255 = zfs 2004, 111; BGH v. 16.3.2004 – VI ZR 105/03 – VersR 2004, 1012.

27 OLG Hamm v. 23.8.2007 – 6 U 38/07 – SP 2008, 210.

28 BGH v. 5.6.1990 – VI ZR 359/89 – VersR 1991, 105; BGH v. 18.11.2003 – VI ZR 385/02 – DAR 2004, 77 = IVH 2004, 43 = NJW 2004, 356 = NZV 2004, 136 = r+s 2004, 83 = VersR 2004, 255 = zfs 2004, 111; siehe auch BGH v. 7.6.1979 – II ZR 132/77 – LM Nr. 27 zu § 823 [Ac].

29 BGH v. 21.6.1977 – VI ZR 58/76 – VersR 1977, 965; BGH v. 18.11.2003 – VI ZR 385/02 – DAR 2004, 77 = IVH 2004, 43 = NJW 2004, 356 = NZV 2004, 136 = r+s 2004, 83 = VersR 2004, 255 = zfs 2004, 111.

Gewerbebetrieb in Betracht.[30] Dass Kraftfahrer nach einem Verkehrsunfall die Unfallstelle umfahren und dabei Gehweg, Grünstreifen oder sogar Vorgärten von Anliegern befahren, kann als Auswirkung des allgemeinen Lebensrisikos nicht dem Verursacher des Erstunfalles angelastet werden.[31]

3. Tier

> **§ 90a BGB – Tiere**
>
> [1]Tiere sind keine Sachen. [2]Sie werden durch besondere Gesetze geschützt. [3]Auf sie sind die für Sachen geltenden Vorschriften entsprechend anzuwenden, soweit nicht etwas anderes bestimmt ist.
>
> **§ 960 BGB – Wilde Tiere**
>
> (1) [1]Wilde Tiere sind herrenlos, solange sie sich in der Freiheit befinden. [2]Wilde Tiere in Tiergärten und Fische in Teichen oder anderen geschlossenen Privatgewässern sind nicht herrenlos.
>
> (2) Erlangt ein gefangenes wildes Tier die Freiheit wieder, so wird es herrenlos, wenn nicht der Eigentümer das Tier unverzüglich verfolgt oder wenn er die Verfolgung aufgibt.
>
> (3) Ein gezähmtes Tier wird herrenlos, wenn es die Gewohnheit ablegt, an den ihm bestimmten Ort zurückzukehren.

Tiere sind zwar keine Sachen (§ 90a BGB), es gelten aber die für Sachen bestimmten Vorschriften entsprechend.

Wild, das unkontrolliert die Jagdbezirke wechselt, ist herrenlos (§ 960 I 1 BGB). Das Aneignungsrecht des Jagdberechtigten / Jagdpächters wird nicht schon durch das Anfahren des Wildes verletzt.[32]

Bei Tötung eines Tieres ist Wertersatz in Höhe des Wiederbeschaffungswertes (§ 90a S. 3 BGB) zu leisten,[33] bei Verletzung gilt § 251 II 2 BGB.[34]

Aufgewandte Ausbildungskosten sind allenfalls bei jungen Tieren zu ersetzen.[35]

---

30 AG Achim v. 22.3.2006 – 10 C 632/05 – SP 2006, 273.
31 BGH v. 16.2.1972 – VI ZR 128/70 – BGHZ 58, 162 = DAR 1972, 184 = JuS 1973, 280 (Anm. *Lange*) = JZ 1972, 551 (Anm. *Deutsch*) = MDR 1972, 594 = NJW 1972, 904 (Anm. *Haberhausen* NJW 1973,1307) = VerkMitt 1972, Nr. 54 = VersR 1972, 560 (Dem für einen Verkehrsunfall Verantwortlichen sind i.d.R. nicht auch diejenigen Schäden zuzurechnen, die nachfolgende Kraftfahrer dadurch anrichten, dass sie, um die Unfallstelle umgehen zu können, über Rad- und Fußweg der unfallbedingt gesperrten Straße fahren); siehe auch *Diehl* zfs 2007, 626.
32 AG Geislingen v. 23.1.1998 – 3 C 374/97 – SP 1998, 203; AG Hameln v. 4.1.2008 – 32 C 210/07 – SP 2008, 213 m.w.N. (Kein Ersatzanspruch des Jagdpächters); AG Weilburg v. 17.11.1995 – 5 C 364/95 – DAR 1997, 115F.
33 OLG Schleswig v. 27.5.1993 – 7 U 9/92 – NJW-RR 1994, 289.
34 LG Traunstein v. 22.3.2007 – 2 O 719/05 – (Bei der Beurteilung der Verhältnismäßigkeit der zu ersetzenden Heilbehandlungskosten eines überwiegend im Affektionsinteresse gehaltenen verletzten Tieres ist der Wert des Tieres nicht mit einem Altersabschlag [„Abschreibung"] anzusetzen. Heilbehandlungskosten bis zum Doppelten des unverminderten Anschaffungswertes für ein solches Tier sind noch nicht unverhältnismäßig i.S.v. § 251 II BGB.).
35 OLG Schleswig v. 27.5.1993 – 7 U 9/92 – NJW-RR 1994, 289.

4. Körperverletzung

32 Die Körperverletzung ist zunächst nur ein immaterieller – und damit allenfalls zum Schmerzensgeld führender – Personenschaden. Erst später kann daraus auch ein materieller Schaden werden, wenn die Verletzung und ihre Behandlung zu Mindereinnahmen oder Mehraufwendungen führen.

a. Verletzung

33 Der Schadensersatzanspruch im Körperschadenrecht setzt eine Rechtsgutverletzung und nicht nur deren Vermutung zur Anspruchsbegründung voraus. Die Verletzung kann auch durch Vermittlung anderer Personen zurechenbar erfolgen.

aa. Rechtsgutverletzung

34 **Gesundheitsverletzung** ist das Hervorrufen eines von den normalen körperlichen Funktionen nachteilig abweichenden Zustandes unabhängig davon, ob Schmerzzustände auftreten, ob eine tiefgreifende Veränderung der Befindlichkeit eingetreten ist oder ob es zum Ausbruch der Krankheit gekommen ist.[36]

35 **Körperverletzung** ist jeder unbefugte Eingriff in die Integrität der körperlichen Befindlichkeit;[37] und zwar auch dann wenn der Verletzte noch nicht geboren war. Während aus medizinischer Sicht der Tatbestand der Körperverletzung eine Strukturveränderung voraussetzt, reicht aus juristischer Sicht die Beeinträchtigung der körperlichen Befindlichkeit aus. Die körperliche Befindlichkeit ist das geschützte Rechtsgut, nicht die Materie;[38] ob deren Beeinträchtigung durch eine Strukturveränderung ausgelöst worden ist, ist letztlich nicht entscheidend.

36 Der unmittelbare Schaden des Dritten kann auch durch die Verletzung einer anderen Person vermittelt werden (z.B. **Infektion**).[39] Neben dem behandelten Patienten (z.B. Unfallopfer) ist auch dessen (u.U. zum Behandlungszeitpunkt noch nicht bekannter) Ehepartner oder ein ständiger Lebensgefährte in den Schutzbereich der Pflicht zur nachträglichen Sicherungsaufklärung über die Gefahr einer Infektion (z.B. transfusionsassoziierte HIV-

---

36 BGH v. 14.6.2005 – VI ZR 179/04 – NJW 2005, 2614 = r+s 2005, 527 = VersR 2005, 1238 (Vorinstanz OLG Koblenz v. 7.6.2004 – 13 U 1527/01 – GesR 2004, 330 [nur Ls.] = OLGR Koblenz 2004, 505).

37 BGH v. 9.11.1993 – VI ZR 62/93 – BGHZ 124, 52 = FamRZ 1994, 154 = JZ 1994, 463 = MDR 1994, 140 = MedR 1994, 113 = NJW 1994, 127 (Anm. *Laufs* NJW 1994, 775) = r+s 1994, 95 = VersR 1994, 55 (Anm. *Voß* VersR 1999, 545) = zfs 1994, 45 m.w.N.

38 BGH v. 9.11.1993 – VI ZR 62/93 – BGHZ 124, 52 = FamRZ 1994, 154 = JZ 1994, 463 = MDR 1994, 140 = MedR 1994, 113 = NJW 1994, 127 (Anm. *Laufs* NJW 1994, 775) = r+s 1994, 95 = VersR 1994, 55 (Anm. *Voß* VersR 1999, 545) = zfs 1994, 45.

39 BGH v. 14.6.2005 – VI ZR 179/04 – NJW 2005, 2614 = r+s 2005, 527 = VersR 2005, 1238 (Vorinstanz OLG Koblenz v. 7.6.2004 – 13 U 1527/01 – GesR 2004, 330 [nur Ls.] = OLGR Koblenz 2004, 505) (HIV-Infektion des Ehegatten eines mit Blutkonserve versorgten Unfallopfers).

Infektion) einbezogen.⁴⁰ Für den Anspruch aus § 823 I BGB ist es unerheblich, dass der unmittelbare Schaden des Dritten durch die Verletzung einer anderen Person vermittelt worden ist. Der Grundsatz, dass für mittelbare Schäden außerhalb der §§ 844, 845 BGB deliktisch nicht gehaftet wird, gilt nur für Vermögensschäden, die aus der Verletzung eines Rechtsguts des Primärgeschädigten bei Dritten hervorgehen. Er beansprucht dagegen keine Geltung, wenn der Geschädigte einen Schaden erleidet, der in der Verletzung eines eigenen Rechtsguts des § 823 I BGB besteht und für den der Schädiger im Rahmen des Zurechnungszusammenhanges zu haften hat.⁴¹

Ist die Verletzung behandlungsbedürftig und resultiert sodann aus der Behandlungsbedürftigkeit eine Arbeitsunfähigkeit, entsteht materieller Personenschaden erst dann, wenn die verletzte Person die erforderlichen Heilmaßnahmen durchführt und die damit dann einhergehende Beeinträchtigung des Verletzten – die nicht zwingend ist – zu Mindereinnahmen oder Mehraufwendungen führt.

---

40 BGH v. 14.6.2005 – VI ZR 179/04 – NJW 2005, 2614 = r+s 2005, 527 = VersR 2005, 1238 (Vorinstanz OLG Koblenz v. 7.6.2004 – 13 U 1527/01 – GesR 2004, 330 [nur Ls.] = OLGR Koblenz 2004, 505) (HIV-Infektion des Ehegatten eines mit Blutkonserve versorgten Unfallopfers); BGH v. 30.4.1991 – VI ZR 178/90 – ArztuR 1991, 27 = BGHZ 114, 284 = BKK 1992, 252 = FamRZ 1991, 918 = JR 1993, 21 (nur LS) (Anm. *Giesen*) = JuS 1991, 959 (nur LS) (Anm. *Emmerich*) = JZ 1991, 785 (Anm. *Spickhoff* JZ 1991, 756) = MedR 1992, 74 (Anm. *Fahrenhorst*) = LM BGB § 823 (Aa) Nr. 132 (2/1992) = MDR 1991, 728 = NJ 1991, 378 (nur LS) = NJW 1991, 1948 (Anm. *Deutsch* NJW 1991, 1937) = VersR 1991, 816 (Anm. *Hecker* VersR 1997, 532) = zfs 1991, 297 (nur LS); OLG Bremen v. 20.4.1990 – I U 34/89 – NJW 1990, 2322 = NJW-RR 1990, 1119 (nur LS) = VersR 1990, 1126 = zfs 1990, 260. Zur Eingrenzung des Personenkreises siehe OLG Düsseldorf v. 22.4.1993 – 8 U 23/92 – MDR 1994, 44 = OLGR 1993, 254 (Voraussetzung ist, dass schon im Zeitpunkt der haftungsbegründenden Handlung eine personenrechtliche Sonderbeziehung des Dritten zum Patienten bestanden hat, die bei wertender Betrachtung seine Einbeziehung in den Schutzbereich der Haftungsnorm rechtfertigt).
41 BGH v. 14.6.2005 – VI ZR 179/04 – NJW 2005, 2614 = r+s 2005, 527 = VersR 2005, 1238 (Vorinstanz OLG Koblenz v. 7.6.2004 – 13 U 1527/01 – GesR 2004, 330 [nur Ls.] = OLGR Koblenz 2004, 505) mit Hinweis auf BGHZ 56, 163 und *von Gerlach* Festschrift für Steffen, 1995, 147, 150.

2 Erwerbsschaden

bb. Psychische Beeinträchtigung, Befindlichkeitsstörung

38 Eine Körper- oder Gesundheitsverletzung kann bei einem Verkehrsunfall auch ohne jede mechanische Einwirkung (oder unabhängig davon) allein durch das **Unfallerlebnis** ausgelöst werden (**psychisch vermittelte Kausalität**).[42]

39 Schreckzustände sind Ausdruck des allgemeinen Lebensrisikos und unterfallen nicht dem Schutzzweck der deliktischen Haftung.[43] Auch eine psychische Erkrankung durch das Miterleben eines schweren Unfalles, bei dem der Betroffene nur als Zuschauer anwesend, sonst aber nicht beteiligt war, ist grundsätzlich dem **allgemeinen Lebensrisiko** zuzuordnen.[44] So hebt BGH v. 12.11.1985[45] hervor, dass der Betroffene nicht als unbeteiligter

---

[42] BGH v. 27.5.1993 – III ZR 59/92 – BGHZ 122, 363 = MDR 1993, 737 = NJW 1993, 2173 = NZV 1993, 430 (nur LS) = VersR 1993, 1012 = zfs 1993, 366 (zu III.1.b); BGH v. 6.6.1989 – VI ZR 241/88 – BGHZ 107, 359 = JR 1990, 115 (Anm. *Dunz*) = JZ 1989, 1069 (Anm. *Bar*) = MDR 1989, 899 = NJW 1989, 2616 (Anm. *Börgers* NJW 1990, 2535) = VersR 1989, 923 (Revision zu OLG Köln v. 31.5.1988 – 15 U 197/87 – zfs 1989, 42) (Schlaganfall nach Aufregung über Alkoholvorwurf seitens des Schädigers anlässlich eines fremdverschuldeten Unfalls); BGH v. 12.11.1985 – VI ZR 103/84 – MDR 1986, 487 = NJW 1986, 777 = r+s 1986, 68 = VersR 1986, 240 (Anm. *Dunz*) = zfs 1986, 131, 135 (Erleidet ein Unfallbeteiligter, der vom Schädiger in diese Rolle gezwungen wurde, eine Neurose, die auf das Miterleben des Unfalls mit schweren Folgen zurückzuführen ist, sind die hierauf beruhenden Gesundheitsschäden dem Unfallgeschehen haftungsrechtlich zuzurechnen. Einem Kraftfahrer, der einen Fußgänger tödlich verletzt, sind Gesundheitsschäden aus Anlass einer Konversionsneurose dann zu ersetzen, wenn der Grund für ihre Entstehung nicht geringfügig ist und deshalb ihre Entstehung nicht als bloße Aktualisierung des allgemeinen Lebensrisikos erscheint.); OLG Hamm v. 2.4.2001 – 6 U 231/99 – NJW-RR 2001, 1676 = NZV 2002, 36 = OLGR 2001, 362 = r+s 2001, 366 = SP 2001, 408 (Berufsunfähigkeit eines Lokführers aufgrund mehrerer im Dienst schuldlos, teilweise mit tödlichem Ausgang, erlittener Unfälle); OLG Köln v. 29.7.1999 – 1 U 27/99 – NJW-RR 2000, 760 = OLGR Köln 2000, 22; OLG München v. 8.2.2002 – 10 U 3448/99 – NZV 2003, 474 = r+s 2005, 84 = VersR 2004, 124 (BGH v. 8.11.2002 – VI ZR 156/02 – hat Prozesskostenhilfe für Revision nicht bewilligt); OLG Schleswig v. 18.8.1988 – 11 U 313/85 – NJW 1989, 1937 = NJW-RR 1989, 1110 (nur LS) = NVwZ 1989, 900 = VersR 1989, 1272 = VRS 78, 41 = zfs 1990, 44 (Herzinfarkt durch von Tiefflieger ausgehendem Düsenlärm) (BGH hat die Revision nicht angenommen, Beschl. v. 13.6.1989 – VI ZR 288/88).

[43] BGH v. 22.5.2007 – VI ZR 17/06 – DAR 2007, 515 = MDR 2007, 1015 = NJW 2007, 2764 (Anm. *Elsner*) = NJW-Spezial 2007, 352 = NZV 2007, 510 = r+s 2007, 388 = SP 2007, 248, 317 = VersR 2007, 1093 = zfs 2007, 626 (Anm. *Diehl*); OLG Celle v. 28.4.2005 – 9 U 242/04 – VersR 2006, 1376 (BGH hat Revision nicht angenommen, Beschl. v. 16.5.2006 – VI ZR 108/05 -) (Dem mittelbar geschädigten Retter stehen mangels Zurechnungszusammenhang keine Ersatzansprüche zu, wenn er sich von Berufs wegen zur Unglücksstelle begibt); OLG Köln v. 29.7.1999 – 1 U 27/99 – NJW-RR 2000, 760 = OLGR 2000, 22; OLG Oldenburg v. 27.3.2001 – 12 U 03/01 – DAR 2001, 313; siehe auch *Diehl* zfs 2007, 628.

[44] BGH v. 22.5.2007 – VI ZR 17/06 – DAR 2007, 515 = MDR 2007, 1015 = NJW 2007, 2764 (Anm. *Elsner*) = NJW-Spezial 2007, 352 = NZV 2007, 510 = r+s 2007, 388 = SP 2007, 248, 317 = VersR 2007, 1093 = zfs 2007, 626 (Anm. *Diehl*) (Auf dem Heimweg befindliche Polizeibeamte erleben mit, wie Insassen eines Unfallfahrzeuges verbrennen); BGH v. 12.11.1985 – VI ZR 103/84 – MDR 1986, 487 = NJW 1986, 777 = r+s 1986, 68 = VersR 1986, 240 (Anm. *Dunz* VersR 1986, 448) = zfs 1986, 131, 135 (zu II.2.c) (Auswirkungen eines Unfallgeschehens auf Dritte als „Reflex eines haftungsbegründenden Geschehens" [vgl. RGRK, 12. Aufl. § 823 Rn 11] sind haftungsrechtlich auszugrenzen, um eine uferlose Ausweitung der Schutzrichtung von Gefährdungs- und Verhaltensnormen auf die Umwelt des in erster Linie Geschützten zu vermeiden); OLG Karlsruhe v. 10.7.1998 – 10 U 27/98 – OLGR 1998, 308; siehe auch OLG Köln v. 31.5.1988 – 15 U 197/87 – zfs 1989, 42 (Schlaganfall nach Aufregung über Alkoholvorwurf seitens des Schädigers anlässlich eines fremdverschuldeten Unfalls); nachfolgend in der Revision zu OLG Köln (v. 31.5.1988 – 15 U 197/87 – zfs 1989, 42) verneint BGH v. 6.6.1989 – VI ZR 241/88 – BGHZ 107, 359 = DAR 1989, 291 = JR 1990, 112 (Anm. *Dunz*) = JuS 1990, 143 (Anm. *Emmerich*, weitere Anm. *Lipp* JuS 1991, 809) = JZ 1989, 1069 (Anm. *Bar*) = MDR 1989, 899 = NJW 1989, 2616 (Anm. *Börgers* NJW 1991, 2535) = NJW-RR 1989, 1299 (nur LS) = NZV 1989, 391 = r+s 1989, 283 (nur LS) = VersR 1989, 923 = VRS 77, 248 = zfs 1989, 335 den haftungsrechtlichen Zusammenhang zwischen Schlaganfall und Verkehrsverstoß bzw. Betriebsgefahr.

Dritter ein zufälliger **Zeuge** eines Verkehrsunfalls, sondern dem Unfallgeschehen selbst unmittelbar ausgesetzt war und daran mitgewirkt hat. Eine Haftpflicht des Unfallverursachers kommt nur in Betracht, wenn der Geschädigte als unmittelbar am Unfall Beteiligter infolge einer psychischen Schädigung eine schwere Gesundheitsstörung erlitten hat,[46] da in diesem Fall der Schädiger dem Geschädigten die Rolle eines unmittelbaren Unfallbeteiligten aufgezwungen hat.[47] **Beifahrer** eines unfallbeteiligten Fahrzeuges, die körperlich nicht verletzt wurden, sind – anders als der Fahrer – nicht unmittelbar am Haftungsgeschehen beteiligt, sondern – wie andere Zeugen auch – ohne Ersatzanspruch.[48]

Die Verletzung des Körpers setzt die Beeinträchtigung der körperlichen Befindlichkeit voraus. Eine Gesundheitsverletzung bedeutet die Beeinträchtigung der inneren oder der psychischen Funktionen (z.B. Infektion, Neurose, Psychose, posttraumatische Belastungsstörung). Stets ist ein Gesundheitsschaden im medizinischen Sinne erforderlich.[49] Entstehen psychische Beschwerden allein durch die psychische Reaktion auf das Unfallgeschehen, müssen die Beschwerden selbst Krankheitswert besitzen.[50] Unfallbedingte seelische Erschütterungen sind auch dann dem allgemeinen Lebensrisiko zuzuordnen, wenn sie zwar bereits medizinisch fassbare Auswirkungen, aber noch nicht Krankheitswert haben.[51]

40

Die Ersatzpflicht des Schädigers für Körper- und Gesundheitsschäden erstreckt sich grundsätzlich auch auf psychisch bedingte Folgewirkungen des von ihm herbeigeführten haftungsbegründenden Ereignisses.[52] Es kommt nicht darauf an, ob die psychische Gesundheitsverletzung eine organische Ursache hat, sondern nur darauf, ob sie ohne Unfall

41

---

45 BGH v. 12.11.1985 – VI ZR 103/84 – MDR 1986, 487 = NJW 1986, 777 = r+s 1986, 68 = VersR 1986, 240 (Anm. *Dunz* VersR 1986, 448) = zfs 1986, 131, 135 (zu II.2.c).
46 BGH v. 16.3.1993 – VI ZR 101/92 – DAR 1993, 226 = MDR 1993, 1066 = NJW 1993, 589 = NZV 1993, 224 = r+s 1993, 258 (nur LS) = VersR 1993, 589 = VRS 85, 255 = zfs 1993, 190; BGH v. 9.4.1991 – VI ZR 106/90 – DAR 1991, 259 = MDR 1992, 32 = NJW 1991, 2347 = NZV 1991, 386 (nur LS) = r+s 1991, 301 = VersR 1991, 704 = VRS 81, 155 = zfs 1991, 262.
47 BGH v. 12.11.1985 – VI ZR 103/84 – MDR 1986, 487 = NJW 1986, 777 = r+s 1986, 68 = VersR 1986, 240 (Anm. *Dunz*) = zfs 1986, 131, 135.
48 LG Magdeburg v. 14.3.2007 – 10 O 2703/06 – SP 2008, 46.
49 BGH v. 30.4.1996 – VI ZR 55/95 – BGHZ 132, 341 = DAR 1996, 351 = HVBG-Info 1996, 2083 = JZ 1996, 1080 (Anm. *Schlosser*) = MDR 1996, 886 = NJW 1996, 2425 = NZV 1996, 353 = r+s 1996, 303 (Anm. *Lemcke*) = SP 1996, 270 = VersR 1996, 990 (Anm. *Frahm* VersR 1996, 1212) = VRS 91, 414 = zfs 1996, 290 (Anm. *Diehl*); siehe *Müller* „Das reformierte Schadensersatzrecht" VersR 2003, 3 (13).
50 BGH v. 11.11.1997 – VI ZR 376/96 – BGHZ 137, 142 = DAR 1998, 63 = DB 1998, 672 (nur LS) = HVBG-Info 1998, 553 = JA 1998, 441 (nur LS) (Anm. *Roth*) = JuS 1998, 657 (Anm. *Emmerich*) = JZ 1998, 680 (Anm. *Schiemann*) = MDR 1998, 157 (Anm. *van Bühren*, Anm. *Schäfer* MDR 1998, 1080) = NJW 1998, 810 = NJWE-VHR 1998, 108 (nur LS) = NZV 1998, 65 (Anm. *Heß* NZV 1998, 402) = r+s 1998, 20 = SP 1998, 39, 104 = VersR 1998, 201 (Anm. *Wessels* VersR 2000, 284) = VRS 94, 243 = zfs 1998, 93; BGH v. 4.4.1989 – VI ZR 97/88 – BB 1989, 1510 (nur LS) = DAR 1989, 263 = DB 1989, 1517 (nur LS) = MDR 1989, 805 = NJW 1989, 2317 = r+s 1989, 185 (nur LS) = VersR 1989, 853 (Anm. *Deutsch/Schramm* VersR 1991, 715) = zfs 1989, 298 (nur LS); OLG München v. 8.2.2002 – 10 U 3448/99 – NZV 2003, 474 = r+s 2005, 84 = VersR 2004, 124 (BGH v. 8.11.2002 – VI ZR 156/02 – hat Prozesskostenhilfe für Revision nicht bewilligt).
51 Siehe z.B. OLG Hamm v. 30.10.2000 – 6 U 61/00 – r+s 2001, 63 = VersR 2002, 78.
52 BGH v. 16.3.2004 – VI ZR 138/03 – DAR 2004, 382 = MDR 2004, 1058 = NJW 2004, 1945 = NZV 2004, 344 = r+s 2004, 255 = SP 2004, 225 = SVR 2004, 379 (Anm. *Bachmeier*) = VersR 2004, 874 = VRS 106, 402 = zfs 2004, 349.

nicht aufgetreten wäre.[53] Das gilt auch für eine psychische Fehlverarbeitung als haftungsausfüllende Folgewirkung des Unfallgeschehens, wenn eine hinreichende Gewissheit besteht, dass diese Folge ohne den Unfall nicht eingetreten wäre.[54]

42 **Bagatellverletzungen** reichen nicht aus, eine Verantwortlichkeit zu begründen.[55] Eine Bagatelle ist eine vorübergehende, im Alltagsleben typische und häufig auch aus anderen Gründen als einem besonderen Schadensfall entstehende Beeinträchtigung des Körpers oder seelischen Wohlbefindens. Gemeint sind Beeinträchtigungen, die sowohl von der Intensität als auch der Art der Primärverletzung her nur ganz geringfügig sind und üblicherweise den Verletzten nicht nachhaltig beeindrucken, weil er schon aufgrund des Zusammenlebens mit anderen Menschen daran gewöhnt ist, vergleichbaren Störungen seiner Befindlichkeit ausgesetzt zu sein.[56]

43 Besteht bei zwei voneinander unabhängigen Schadensfällen (insbesondere HWS-Verletzungen) der Beitrag des Erstunfalls zum endgültigen Schadensbild nur darin, dass eine anlagebedingte Neigung des Geschädigten zu psychischer Fehlverarbeitung geringfügig verstärkt wird, reicht das nicht aus, um eine Haftung des Erstschädigers für die Folgen des Zweitunfalls zu begründen.[57]

44 Psychische Beeinträchtigungen wie Trauer und Schmerz beim Tod naher Angehöriger sind nur in eng begrenzten Ausnahmefällen entschädigungspflichtige Gesundheitsbeschä-

---

53 BGH v. 30.4.1996 – VI ZR 55/95 – BGHZ 132,341 = DAR 1996, 351 = HVBG-Info 1996, 2083 = JZ 1996, 1080 (Anm. *Schlosser*) = MDR 1996, 886 = NJW 1996, 2425 = NZV 1996, 353 = r+s 1996, 303 (Anm. *Lemcke*) = SP 1996, 270 = VersR 1996, 990 (Anm. *Frahm* VersR 1996, 1212) = VRS 91, 414 = zfs 1996, 290 (Anm. *Diehl*); BGH v. 9.4.1991 – VI ZR 106/90 – DAR 1991, 259 = MDR 1992, 32 = NJW 1991, 2347 = NZV 1991, 386 (nur LS) = r+s 1991, 301 = VersR 1991, 704 = VRS 81, 155 = zfs 1991, 262; BGH v. 2.10.1990 – VI ZR 353/89 – DAR 1991, 143 = MDR 1991, 325 = NJW 1991, 747 = NZV 1991, 23 = r+s 1991, 21 = VersR 1991, 432 = zfs 1991, 85; OLG Celle v. 18.3.1997 – 5 U 327/96 – OLGR 1997, 150 = VersR 1998, 643 = zfs 1997, 332 (Anm. *Diehl*) (Entwicklung einer Neurose oder Psychose unabhängig von den organischen Verletzungen allein durch das Unfallerlebnis) (dazu Nichtannahmebeschluss des BGH v. 9.12.1997 – VI ZR 155/97 -; NJW 1998, 1786 = NJWE-VHR 1998, 179 [nur Ls.] = NZV 1998, 372).
54 BGH v. 16.3.2004 – VI ZR 138/03 – DAR 2004, 382 = MDR 2004, 1058 = NJW 2004, 1945 = NZV 2004, 344 = r+s 2004, 255 = SP 2004, 225 = SVR 2004, 379 (Anm. *Bachmeier*) = VersR 2004, 874 = VRS 106, 402 = zfs 2004, 349.
55 BGH v. 11.11.1997 – VI ZR 376/96 – BGHZ 137, 142 = DAR 1998, 63 = DB 1998, 672 (nur LS) = HVBG-Info 1998, 553 = JA 1998, 441 (nur LS) (Anm. *Roth*) = JuS 1998, 657 (Anm. *Emmerich*) = JZ 1998, 680 (Anm. *Schiemann*) = MDR 1998, 157 (Anm. *van Bühren*, Anm. *Schäfer* MDR 1998, 1080) = NJW 1998, 810 = NJWE-VHR 1998, 108 (nur LS) = NZV 1998, 65 (Anm. *Heß* NZV 1998, 402) = r+s 1998, 20 = SP 1998, 39, 104 = VersR 1998, 201 (Anm. *Wessels* VersR 2000, 284) = VRS 94, 243 = zfs 1998, 93.
56 BGH v. 16.3.2004 – VI ZR 138/03 – DAR 2004, 382 = MDR 2004, 1058 = NJW 2004, 1945 = NZV 2004, 344 = r+s 2004, 255 = SP 2004, 225 = SVR 2004, 379 (Anm. *Bachmeier*) = VersR 2004, 874 = VRS 106, 402 = zfs 2004, 349 (Ein HWS-Schleudertrauma mit einer 6-wöchigen Arbeitsunfähigkeit ist keine Bagatelle); BGH v. 25.2.1997 – VI ZR 101/96 – DAR 1998, 67 = MDR 1997, 549 = NJW 1997, 1640 = r+s 1997, 370 = VersR 1997, 752 = zfs 1997, 249.
57 BGH v. 16.3.2004 – VI ZR 138/03 – DAR 2004, 382 = MDR 2004, 1058 = NJW 2004, 1945 = NZV 2004, 344 = r+s 2004, 255 = SP 2004, 225 = SVR 2004, 379 (Anm. *Bachmeier*) = VersR 2004, 874 = VRS 106, 402 = zfs 2004, 349; BGH v. 20.11.2001 – VI ZR 77/00 – VersR 2002, 200.

digungen (**Schock-** oder **Fernwirkungsschäden** naher Angehöriger).[58] **Schreckzustände** sind zunächst dem allgemeinen Lebensrisiko zuzuordnen und unterfallen nicht dem Schutzzweck der deliktischen Haftung.[59] Ist der Unfall selbst als Bagatelle[60] einzustufen, sind psychisch vermittelte Schäden nicht mehr zurechenbar.[61]

Psychische Beeinträchtigungen beim Tod (u.U. auch bei sehr schwerer Verletzung[62]) naher Angehöriger sind erst dann als **Gesundheitsschädigung** i.S.v. § 823 I BGB anzusehen, wenn sie pathologisch fassbar sind und deshalb nach der allgemeinen Verkehrsauffassung als Verletzung des Körpers oder der Gesundheit angesehen werden.[63] Die Gesundheitsbeeinträchtigung muss **echten Krankheitscharakter** haben. Die mit dem Tode eines Verwandten verbundenen Missempfindungen reichen zur Begründung einer Verletzung allein noch nicht aus. Gleiches gilt für gewisse pathologisch zu verifizierende Beeinträchtigungen wie depressive Verstimmungen,[64] Verzweiflung und andauernde Leis-

45

---

58 BVerfG v. 8.3.2000 – 1 BvR 1127/96 – DAR 2000, 349 = FamRZ 2000, 943 = MDR 2000, 829 = NJW 2000, 2187 = VersR 2000, 897 (Anm. *Hoppe* VersR 2000, 1114) = zfs 2000, 485 (Ausgangsverfahren OLG Nürnberg v. 1.8.1995 – 3 U 468/95 – DAR 1995, 447 = NZV 1996, 367 = r+s 1995, 384 = SP 1995, 331 = VersR 1997, 328 (nur LS) = VRS 91, 453 = zfs 1995, 370) (Schockschaden der Eltern nach Tötung aller drei Kinder); BGH v. 5.2.1985 – VI ZR 198/83 – BGHZ 93, 351 = DAR 1985, 217 = FamRZ 1985, 464 = JA 1985, 473 (Anm. *Breemhaar-Schwefer*) = JR 1985, 461 = JuS 1985, 727 = JZ 1985, 538 = MDR 1985, 563 = MedR 1985, 275 (Anm. *Dunz* MedR 1985, 269) = NJW 1985, 1390 = r+s 1985, 110 = VersR 1985, 499 = VRS 68, 414 = zfs 1985, 196 (nur LS); KG v. 10.11.1997 – 12 U 5774/96 – NZV 1999, 329 = VersR 1999, 504, OLG Hamm v. 10.3.1997 – 6 U 175/96 – NJW-RR 1997, 1048 = NJW-VHR 1997, 277 (nur LS) r+s 1997, 246 = VersR 1998, 730 (Abgrenzung von nicht ersatzfähiger mittelbarer Beeinträchtigung und Fernwirkungsschaden); ausführlich *Jahnke* in „Anwalts-Handbuch Verkehrsrecht" Teil 4 Rn 231 f., 497 ff., 530 ff.
59 OLG Köln v. 29.7.1999 – 1 U 27/99 – NJW-RR 2000, 760 = OLGR Köln 2000, 22; OLG Oldenburg v. 27.3.2001 – 12 U 03/01 – DAR 2001, 313; siehe auch *Diehl* zfs 2007, 627.
60 Zum Begriff des Bagatellunfalls siehe OLG Hamm v. 20.6.2001 – 13 U 136/99 – NZV 2002, 37 = VersR 2002, 491.
61 OLG Hamm v. 2.7.2001 – 13 U 224/00 – SP 2002, 11 m.w.N.
62 BGH v. 5.2.1985 – VI ZR 198/83 – BGHZ 93, 351 = DAR 1985, 217 = FamRZ 1985, 464 = JA 1985, 473 (Anm. *Breemhaar-Schwefer*) = JR 1985, 461 = = JuS 1985, 727 = JZ 1985, 538 = MDR 1985, 563 = MedR 1985, 275 (Anm. *Dunz* MedR 1985, 269) = NJW 1985, 1390 = r+s 1985, 110 = VersR 1985, 499 = VRS 68, 414 = zfs 1985, 196 (nur LS); OLG Hamm v. 10.3.1997 – 6 U 175/96 – NJW-RR 1997, 1048 = r+s 1997, 246 = VersR 1998, 730 (Ehefrau eines Verletzten); Zum Schock-/Fernwirkungsschaden im Einzelnen *Jahnke* „Unfalltod und Schadenersatz" Kap 2 Rn 176 ff.; OLG Hamm v. 10.3.1997 – 6 U 175/96 – VersR 1998, 730 (Ehefrau eines Verletzten).
63 BGH v. 4.4.1989 – VI ZR 97/88 – BB 1989, 1510 (nur LS) = DAR 1989, 263 = DB 1989, 1517 (nur LS) = MDR 1989, 805 = NJW 1989, 2317 = r+s 1989, 185 (nur LS) = VersR 1989, 853 (Anm. *Deutsch/Schramm* VersR 1990, 715) = zfs 1989, 298 (nur LS); BGH v. 31.1.1984 – VI ZR 56/82 – JZ 1985, 437 = MDR 1984, 657 = NJW 1984, 1405 = r+s 1984, 102 (nur LS) = VersR 1984, 439 = zfs 1984, 194 (Verschlimmerung einer Alkoholabhängigkeit nach Unfalltod des Ehegatten. Konkret kein Schadenersatzanspruch); KG v. 10.6.2004 – 12 U 315/02 – DAR 2005, 25 = KGR 2004, 576 = NZV 2005, 315 = VRS 107, 258; KG v. 30.10.2000 – 12 U 5120/99 – NZV 2002, 38 (Erforderlich sind psycho-pathologische Auswirkungen im Sinne einer Neurose oder sogar einer Psychose); OLG Düsseldorf v. 19.1.1995 – 8 U 17/94 – NJW-RR 1996, 214 = zfs 1996, 176; OLG Frankfurt v. 11.3.2004 – 26 U 28/98 – zfs 2004, 452 (Anm. *Diehl*); OLG Frankfurt v. 23.6.1979 – 3 U 225/77 – r+s 1979, 173 (nur LS) = VersR 1979, 578; OLG Hamm v. 22.2.2001 – 6 U 29/00 – NZV 2002, 234; OLG Hamm v. 10.3.1997 – 6 U 175/96 – NJW-RR 1997, 1048 = r+s 1997, 246 = VersR 1998, 730; OLG Nürnberg v. 27.2.1998 – 6 U 3913/97 – zfs 1998, 378; OLG Stuttgart v. 21.7.1988 – 14 U 3/88 – NJW 1989, 1554 = NJW-RR 1989, 477 = VersR 1988, 1187 = zfs 1989, 9; LG Flensburg v. 10.5.1988 – 10 O 75/88 – VersR 1989, 261 = zfs 1989, 158 (nur LS).
64 OLG Düsseldorf v. 17.9.1992 – 8 U 78/91 – OLGR 1992, 320; OLG Hamm v. 18.8.2003 – 6 U 198/02 – r+s 2004, 80; OLG Karlsruhe v. 13.3.1998 – 10 U 239/97 – OLGR 1998, 258; OLG Koblenz v. 17.10.2000 – 3 U 131/00 – OLGR 2001, 9; OLG Naumburg v. 7.3.2005 – 12 W 118/04 – NJW-RR 2005, 900.

tungsminderung, die dem allgemeinen Lebensrisiko zuzuordnen sind.[65] Dass aus medizinischer Sicht physiologische Störungen bestehen, reicht nicht; erforderlich ist, dass auch aus medizinischer Sicht eine nachhaltige traumatische Schädigung verursacht ist, die zudem aus juristischer Sicht dasjenige übersteigt, worin sich das normale Lebensrisiko der menschlichen Teilnahme an den Ereignissen der Umwelt realisiert.[66]

cc. Nasciturus[67]

(1) Verletzung des Nasciturus

46 Wird der **Fötus selbst** durch unmittelbare physische Einwirkung verletzt, ist der daraus entstehende Schaden zu ersetzen, wobei das im Unfallzeitpunkt noch ungeborene Kind eine eigene unfallbedingte Verletzung (§ 287 ZPO) nachweisen muss und nicht auf die unfallkausale Verletzung der Mutter verweisen kann.[68]

(2) Verletzung der Mutter

47 Der unmittelbare Gesundheitsschaden eines Ungeborenen kann auch durch Verletzung der Mutter vermittelt werden (z.B. Infektion, Medikamentenbehandlung der Mutter, Sauerstoffunterversorgung, Operation). Auch dem infolge einer Verletzung seiner Mutter (z.B. durch) mit einem Gesundheitsschaden überlebend zur Welt gekommenen Kind stehen dann eigene Ersatzansprüche zu.[69]

48 Der Abfindungsvergleich der Mutter über ihre eigenen Ansprüche betrifft nicht die Ansprüche des Nasciturus.[70]

49 Im Ausnahmefall (z.B. Infektion[71] der Kindesmutter vor Zeugung) stehen auch einem zum Handlungszeitpunkt noch nicht einmal Gezeugten Ansprüche zu.

---

65 KG v. 10.11.1997 – 12 U 5774/96 – NZV 1999, 329 = VersR 1999, 504; OLG Düsseldorf v. 19.1.1995 – 8 U 17/94 – NJW-RR 1996, 214 = zfs 1996, 176; OLG Stuttgart v. 21.7.1988 – 14 U 3/88 – NJW 1989, 1554 (nur LS) = NJW-RR 1989, 477 = VersR 1988, 1187 = zfs 1989, 9.

66 KG v. 30.10.2000 – 12 U 5120/99 – NZV 2002, 38; OLG Düsseldorf v. 29.7.1992 – 8 U 78/91 – OLGR 1992, 320 (Die prozessuale Darlegungspflicht erfordert substantiierten Vortrag, inwieweit – qualitativ und/oder quantitativ – die Erkrankungen tatsächlich zugenommen haben); OLG Hamm v. 18.8.2003 – 6 U 198/02 – r+s 2004, 80; OLG Hamm v. 22.2.2001 – 6 U 29/00 – NZV 2002, 234; OLG Hamm v. 10.3.1997 – 6 U 175/96 – NJW-RR 1997, 1048 = r+s 1997, 246 = VersR 1998, 730; OLG Karlsruhe v. 13.3.1998 – 10 U 239/97 – OLGR 1998, 258 (Ein pauschal als „Depression" bezeichneter Zustand reicht als Prozessvortrag nicht aus, um eine Gesundheitsbeeinträchtigung anzunehmen); OLG Koblenz v. 17.10.2000 – 3 U 131/00 – OLGR 2001, 9 (Erforderlich sind gewichtige psychopathologische Ausfälle von einiger Dauer. Befindlichkeitsstörungen wie Depressionen, Schlafstörungen, Alpträume, Seelenschmerzen, Weinkrämpfe, Gefühle des „Aus-der-Bahn-geworfen-seins" und vorübergehende Kreislaufstörungen bis hin zum Kollaps haben noch keinen konkret fassbaren Krankheitswert); OLG Köln v. 24.10.1980 – 20 U 42/80 – VersR 1982, 558.

67 Ergänzend *Jahnke* „Mittelbare Betroffenheit und Schadenersatzanspruch" r+s 2003, 89.

68 BGH v. 11.1.1972 – VI ZR 46/71 – VersR 1972, 372; OLG Celle v. 2.11.2000 – 14 U 17/00 – VRS 100, 250.

69 BGH v. 5.2.1985 – VI ZR 198/83 – MedR 1985, 275 (Anm. *Dunz* MedR 1985, 269) = VersR 1985, 499; OLG Hamm v. 25.5.1998 – 32 U 198/97 – DAR 1999, 260 m.w.N. (BGH hat Revision nicht angenommen, Beschl. v. 9.3.1999 – VI ZR 231/98).

70 OLG Celle v. 2.11.2000 – 14 U 17/00 – VRS 100, 250.

71 BGH v. 20.12.1952 – II ZR 141/51 – BGHZ 8, 243 = NJW 1953, 417 = VersR 1953, 86 (Angeborene Krankheit [Lues] durch Infektion der Kindesmutter im Krankenhaus noch vor Zeugung des Kindes).

(3) Mitverantwortung der Mutter

Folgt man dem OLG Koblenz,[72] das vor der Geburt Mutter und Leibesfrucht als haftungsrechtliche Einheit sieht, führt die Mitverantwortung der Mutter zum Schadengrund und/oder zur Schadenhöhe zu einer Anspruchskürzung auch der Direktansprüche des überlebenden, aber geschädigt Geborenen, selbst wenn man den Unterhaltsmehraufwand als – dann dort zu kürzende – Anspruchsmöglichkeit der Eltern darstellt.[73]

50

(4) Gesetzliche Unfallversicherung

> **§ 12 SGB VII – Versicherungsfall einer Leibesfrucht**
>
> [1]Versicherungsfall ist auch der Gesundheitsschaden einer Leibesfrucht infolge eines Versicherungsfalls der Mutter während der Schwangerschaft; die Leibesfrucht steht insoweit einem Versicherten gleich. [2]Bei einer Berufskrankheit als Versicherungsfall genügt, daß der Gesundheitsschaden der Leibesfrucht durch besondere Einwirkungen verursacht worden ist, die generell geeignet sind, eine Berufskrankheit der Mutter zu verursachen.

51

Wird der Nasciturus anlässlich einer unfallversicherten Tätigkeit der Mutter verletzt (z.B. auf dem Weg zur Arbeit), erhält auch das behindert zur Welt kommende Kind Leistungen der gesetzlichen Unfallversicherung (§ 12 SGB VII).

52

(5) Produkthaftung

Verursachen fehlerhafte Arzneimittel oder Blutkonserven körperliche oder wirtschaftliche (Unterhaltsverpflichtung) Schäden beim Partner, können diese unabhängig vom familiären Status im jeweiligen Schädigungszeitpunkt (Schaden beim unmittelbar Verletzten, vermittelter Schadenseintritt beim Partner) ersatzfähig sein.[74]

53

Gleiches kann für daraufhin geschädigte Kinder (auch Nasciturus) gelten.

54

b. Körperlicher und psychischer Folgeschaden

Aus unfallbedingten **Primärverletzungen** können sich körperliche oder psychische **Folgeschäden** entwickeln. Für diese **sekundären Unfallfolgen** kann der Schädiger eintrittspflichtig sein.

55

Eine psychische Störung, die auf einer vorangegangenen Körper- oder Gesundheitsverletzung beruht, kann dem Schädiger als weitere Schadensfolge zuzurechnen sein, wenn sie

56

---

72 OLG Koblenz v. 28.1.1988 – 5 U 1261/85 – VersR 1989, 196.
73 Siehe ergänzend BGH v. 17.12.1996 – VI ZR 133/95 – VersR 1997, 449.
74 BGH v. 14.6.2005 – VI ZR 179/04 – NJW 2005, 2614 = r+s 2005, 527 = VersR 2005, 1238 = zfs 2006, 141 (Anm. *Diehl*) (Vorinstanz OLG Koblenz v. 7.6.2004 – 13 U 1527/01 – GesR 2004, 330 [nur Ls.] = OLGR Koblenz 2004, 505); BGH v. 14.11.2006 – VI ZR 48/06 – EBE/BGH 2007, 4 = FamRZ 2007, 126 (Anm. *Born*) = GesR 2007, 68 = JuS 2007, 282 (nur LS) = VersR 2007, 109 (Vorinstanz OLG Karlsruhe v. 1.2.2006 – 13 U 134/04 – VersR 2006, 936).

nicht mehr selbstständig den Tatbestand der Körper- oder Gesundheitsverletzung erfüllt;[75] der BGH spricht hier nur noch von **Folgewirkungen**.[76] Die Haftung besteht selbst dann, wenn es sich um einen Therapieschaden handelt.[77]

57 Bei psychischen Befindlichkeitsbeeinträchtigungen ist die Unterscheidung wichtig, ob es sich um eine **primäre Unfallfolge** handelt oder nur um eine **sekundäre:** Psychische primäre Unfallfolgen müssen selbstständig Krankheitswert haben, für sekundäre psychische Folgewirkungen gilt das nicht.

c. Nachweis

58 Ob eine überhaupt eine Körper- und/oder Gesundheitsverletzung **dem Grunde nach** vorliegt, ist nach § 286 ZPO (**Strengbeweis**) festzustellen.

Zu Einzelheiten siehe Kapitel 11 F.I.1 Haftungsbegründende Kausalität (Kap 11 Rn 24 ff.).

d. Verletzungsverdacht[78]

59 Ist eine **Primärverletzung** nicht bewiesen, fehlt es an einer Körperverletzung i.S.d. Haftpflichttatbestände (z.B. § 823 BGB, § 7 StVG). Ebenso wenig wie Verdienstausfall[79] sind damit mangels Rechtsgutverletzung Fahrtkosten zu Ärzten, Attestkosten,[80] Transportkosten,[81] Krankengymnastik,[82] Medikamente,[83] Physiotherapie,[84] Rezeptkosten[85] und andere

---

75 BGH v. 16.11.1999 – VI ZR 257/98 – DAR 2000, 117 = MDR 2000, 267 = NJW 2000, 862 = NZV 2000, 121 = r+s 2000, 71 = SP 2000, 41 = VersR 2000, 372 = VRS 98, 162 = zfs 2000, 101; BGH v. 11.11.1997 – VI ZR 146/96 – DAR 1998, 66 = MDR 1998, 159 (Anm. *van Bühren*) = NJW 1998, 813 = NZV 1998, 110 (Anm. *Heß* NZV 1998, 402) = r+s 1998, 22 = SP 1998, 41 = VersR 1998, 200 (Anm. *Wessels* VersR 2000, 284) = VRS 94, 241 = zfs 1998, 92; BGH v. 11.11.1997 – VI ZR 376/96 – BGHZ 137, 142 = DAR 1998, 63 = DB 1998, 672 (nur LS) = HVBG-Info 1998, 553 = JA 1998, 441 (nur LS) (Anm. *Roth*) = JuS 1998, 657 (Anm. *Emmerich*) = JZ 1998, 680 (Anm. *Schiemann*) = MDR 1998, 157 (Anm. *van Bühren*, Anm. *Schäfer* MDR 1998, 1080) = NJW 1998, 810 = NJWE-VHR 1998, 108 (nur LS) = NZV 1998, 65 (Anm. *Heß* NZV 1998, 402) = r+s 1998, 20 = SP 1998, 39, 104 = VersR 1998, 201 (Anm. *Wessels* VersR 2000, 284) = VRS 94, 243 = zfs 1998, 93; BGH v. 30.4.1996 – VI ZR 55/95 – BGHZ 132, 341 = DAR 1996, 351 = HVBG-Info 1996, 2083 = JZ 1996, 1080 (Anm. *Schlosser*) = MDR 1996, 886 = NJW 1996, 2425 = NZV 1996, 353 = r+s 1996, 303 (Anm. *Lemcke*) = SP 1996, 270 = VersR 1996, 990 (Anm. *Frahm* VersR 1996, 1212) = VRS 91, 414 = zfs 1996, 290 (Anm. *Diehl*); BGH v. 16.3.1993 – VI ZR 101/92 – DAR 1993, 226 = MDR 1993, 1066 = NJW 1993, 589 = NZV 1993, 224 = r+s 1993, 258 (nur LS) = VersR 1993, 589 = VRS 85, 255 = zfs 1993, 190; OLG Hamm v. 27.5.1992 – 13 U 170/91 – r+s 1994, 57 = VersR 1993, 1166 = VRS 84, 253; siehe ferner *Müller* „Spätschäden im Haftpflichtrecht" VersR 1998, 129, *ders.* „Der HWS-Schaden – Bestandsaufnahme und Perspektiven" VersR 2003, 137.
76 BGH v. 16.11.1999 – VI ZR 257/98 – DAR 2000, 117 = MDR 2000, 267 = NJW 2000, 862 = NZV 2000, 121 = r+s 2000, 71 = SP 2000, 41 = VersR 2000, 372 = VRS 98, 162 = zfs 2000, 101.
77 OLG Hamm v. 28.5.1998 – 6 U 97/93 – OLGR 1999, 244 = r+s 1999, 62.
78 Siehe auch Kap 1 Rn 83 und Kap 4 Rn 183 f.
79 AG Bottrop v. 26.4.2007 – 11 C 16/06 – SP 2008, 147.
80 OLG Koblenz v. 12.6.2006 – 12 U 29/06 – SP 2006, 349 (Attestkosten sind bereits von der allgemeinen Kostenpauschale abgedeckt); AG Bottrop v. 26.4.2007 – 11 C 16/06 – SP 2008, 147; Anmerkung zu AG Berlin v. 19.4.2007 – 106 C 3098/06 – SP 2008, 48.
81 AG Nettetal v. 24.11.2006 – 17 C 229/05 – SP 2007, 211 (Dass jemand nach einem Unfall überrascht oder auch verwirrt sein mag, ist nachvollziehbar, begründet aber nicht ohne Weiteres, sich mit einem Rettungswagen ins Krankenhaus fahren zu lassen); Anmerkung zu AG Berlin v. 19.4.2007 – 106 C 3098/06 – SP 2008, 48.
82 AG Nettetal v. 24.11.2006 – 17 C 229/05 – SP 2007, 211.
83 Anmerkung zu AG Berlin v. 19.4.2007 – 106 C 3098/06 – SP 2008, 48.

A. Rechtsverletzung

Behandlungskosten zu ersetzen.[86] Auch ein Anspruch von Drittleistungsträgern (z.B. Krankenkasse nach „rein vorsorglicher Untersuchung") entfällt daher mangels in der Person des unmittelbar Unfallbeteiligten entstandenen Anspruchs.[87] Auch Rechtsanwaltskosten sind, soweit es um Körperschadenersatzansprüche geht, nicht zu ersetzen.[88]

---

84 Anmerkung zu AG Berlin v. 19.4.2007 – 106 C 3098/06 – SP 2008, 48.
85 AG Nettetal v. 24.11.2006 – 17 C 229/05 – SP 2007, 211.
86 KG v. 21.11.2005 – 12 U 285/03 – NZV 2006, 146; KG v. 9.5.2005 – 12 U 14/04 – DAR 2005, 621 = NZV 2005, 470, OLG Hamm v. 8.9.2005 – 6 U 185/04 – DAR 2007, 705 = r+s 2006, 394 (BGH hat die Nichtzulassungsbeschwerde zurückgewiesen, Beschl. v. 11.7.2006 – VI ZR 230/05 -) (Der Unfallverursacher haftet auch nicht für Gesundheitsschäden, die erst durch Fehler bei der ärztlichen Behandlung ausgelöst werden [konkret – objektiv falsche – ärztliche Äußerung des Verdachtes auf HWK6-Fraktur und daraus resultierender Gefahr einer Querschnittlähmung]); OLG Hamm v. 23.6.2003 – 6 U 99/02 – r+s 2003, 434 = SP 2003, 380 (Die Aufwendungen für den Arzt und für die von ihm aufgrund seiner Verdachtsdiagnose eingeleiteten Maßnahmen und auch die Kosten eines von ihm ausgestellten Attestes sind nur entschädigungspflichtig, wenn die angenommene unfallbedingte Körper- oder Gesundheitsverletzung tatsächlich verifiziert wird. Anknüpfungspunkt für die Ersatzpflicht ist nicht der Unfall als solcher, sondern erst die daraus resultierende Körperverletzung.); LG Darmstadt v. 12.8.2005 – 2 O 94/03 – zfs 2005, 542; AG Annaberg v. 12.6.2002 – 4 C 281/00 – SP 2005, 377; AG Berlin-Mitte v. 26.6.2007 – 109 C 3082/06 – SP 2008, 47; AG Bottrop v. 26.4.2007 – 11 C 16/06 – SP 2008, 147; AG Essen v. 3.3.2004 – 11 C 465/02 – SP 2004, 122; AG Köln v. 28.6.2006 – C 286/01 – SP 2007, 210; AG Nettetal v. 24.11.2006 – 17 C 229/05 – SP 2007, 211; siehe auch *Berz/Burmann-Heß* Kap 6 B, Rn 8a; Anmerkung zu AG Berlin v. 19.4.2007 – 106 C 3098/06 – SP 2008, 48; a.A.: KG Berlin v. 27.2.2003 – 12 U 8408/00 – KGR 2003, 156 = NZV 2003, 281 = VRS 105, 94 (Dem Verletzten steht, wenn in einem Rechtsstreit aufgrund eines orthopädischen Fachgutachtens nach den Anforderungen des § 286 ZPO eine Verletzung nicht bewiesen wird, aufgrund der ärztlichen Diagnose ein Anspruch auf Ersatz seiner materiellen Schäden [u.a. Fahrtkosten zu Ärzten, zur Massagepraxis und zum Anwalt] zu); LG Verden v. 29.10.2003 – 2 S 222/03 – zfs 2004, 207 (Das LG stellt letztlich nur auf die Verursachung des Arztbesuches durch den Unfall und die auf ärztlicher Krankschreibung beruhende Lohnfortzahlung ab.).
87 OLG Oldenburg v. 27.3.2001 – 12 U 03/01 – DAR 2001, 313; LG Berlin v. 11.10.2004 – 24 O 154/02 – SP 2005, 194 (Beihilfe für Behandlung eines Polizisten); LG Chemnitz v. 16.12.2004 – 6 S 3278/04 – SP 2005, 230; LG Duisburg v. 13.7.2000 – 25 S 153/98 -; LG Duisburg v. 26.8.1999 – 22 S 148/99 -; AG Berlin-Mitte v. 19.4.2007 – 106 C 3098/06 – SP 2008, 47; AG Berlin-Mitte v. 16.8.2004 – 113 C 3366/02 – SP 2005, 122; AG Coburg v. 16.10.2003 – 15 C 76/02; AG Dieburg v. 1.4.2003 – 20 C 252/02 – SP 2004, 265; AG Hamburg v. 1.6.2006 – 314B C 382/05 -.
88 AG Bottrop v. 26.4.2007 – 11 C 16/06 – SP 2008, 147; *Jagow/Burmann/Heß* vor § 249 BGB Rn 25.

60 Die Rechtsprechung zum Transport-,[89] Werk-[90] und Sachschadenrecht,[91] wonach auch ohne festgestellte Substanzverletzung allein aufgrund eines der betroffenen Sache anhaftenden und zu einer **Wertminderung** führenden Schadensverdachts ein Untersuchungsrecht bestehen kann, ist nicht auf Personenschäden übertragbar: Beim Körperschaden gibt es eben kein Äquivalent zum Minderwert (§ 849 BGB).

61 Bleibt die schwangere Mutter beim Unfall unverletzt, besteht kein Anspruch auf medizinische Untersuchung des ungeborenen Kindes (**Nasciturus**). Der entsprechende Ersatzanspruch setzt eine Verletzung von Mutter oder ungeborenem Kind voraus. Nur der – im Nachhinein unbegründete – Verdacht einer Verletzung ist nicht schützenswert.

5. Kausalität, Zurechnungszusammenhang

a. Allgemeines Lebensrisiko

62 Stellt sich ein Schaden bei wertender Betrachtungsweise als Verwirklichung des allgemeinen Lebensrisikos dar, entfällt eine Ersatzpflicht letztlich wegen des inneren Zusam-

---

89 BGH v. 24.5.2000 – I ZR 84/98 – BauR 2001, 686 (nur LS) = BB 2000, 2491 (nur LS) = MDR 2001, 402 = NJW-RR 2001, 322 = TranspR 2000, 456 = VersR 2001, 127 = VRS 100, 11 = WM 2001, 84 = zfs 2001, 13 (Eine Sachbeschädigung i.S.v. § 429 I HGB kann grundsätzlich auch ohne festgestellte Substanzverletzung allein aufgrund eines der betroffenen Sache anhaftenden Schadensverdachts in Betracht kommen. Veranlasst der Auftraggeber des Frachtführers zum Zwecke der Ausräumung eines berechtigten Schadensverdachts eine Untersuchung der Sache, so können die dadurch entstandenen Kosten unter den Voraussetzungen des § 430 III HGB ersetzt verlangt werden.); BGH v. 11.7.2002 – I ZR 36/00 – TranspR 2002, 440 (Eine Sachbeschädigung kann auch ohne festgestellte Substanzverletzung allein aufgrund eines der betroffenen Sache anhaftenden Schadensverdachts in Betracht kommen [konkret: unsichtbare Schäden an einem zehnachsigen Tieflader durch den Aufprall eines Transportbehälters beim Verladen], da ein potentieller Erwerber einer mit einem Schadensverdacht behafteten Sache im allgemeinen nicht bereit sein wird, ohne vorherige Ausräumung des Verdachts für die betroffene Sache den vollen Marktpreis zu zahlen, so dass ein begründeter Schadensverdacht daher i.d.R. zu einer Minderung der Wertschätzung des betroffenen Gutes im wirtschaftlichen Verkehr führt. Es ist daher grundsätzlich gerechtfertigt, dass der Eigentümer die Sache daraufhin untersuchen lässt, ob unsichtbare Schäden tatsächlich vorhanden sind, die zur Wiederherstellung der Funktionstüchtigkeit der betroffenen Sache behoben werden müssen. Der Ersatzpflichtige hat die für die gebotene Untersuchung erforderlichen Kosten auch dann zu erstatten, wenn die Untersuchung ergibt, dass keine unsichtbaren Schäden entstanden sind.).
90 LG Hamburg v. 5.3.1992 – 308 S 209/91 – BauR 1992, 812 (nur LS) = NJW-RR 1992, 1301 (Ergibt die auf eine Mängelrüge des Auftraggebers erfolgte Überprüfung des Werks durch den Werkunternehmer die Mangelfreiheit des Werks, so hat der Auftraggeber die dem Unternehmer für die Überprüfung entstandenen Kosten – Fahrtkosten, Lohnkosten – zu ersetzen); **a.A.**: AG Ludwigslust v. 31.1.2002 – 2 C 484/00 – (Kein Anspruch des Unternehmers gegen den Besteller auf Erstattung der Kosten eines zur Mangelfeststellung eingeholten Sachverständigengutachtens bei einer unberechtigten Rüge eines vermeintlichen Mangels).
91 OLG Stuttgart v. 15.6.1994 – 1 U 207/94 – BauR 1995, 137 (nur LS) (Ersatzfähiger Schaden des Eigentümers einer bei Erdarbeiten beschädigten Versorgungsleitung); LG Mönchengladbach v. 21.10.1987 – 5 S 89/87 – (Grundsätzlich kann der Geschädigte ein Ersatzfahrzeug auf Kosten des Schädigers daraufhin überprüfen lassen, ob nicht verdeckte Mängel vorliegen.).

menhanges zwischen der vom Schädiger geschaffenen Gefahrenlage und dem eingetretenen Schaden; dem Schutzzweck der Schadensersatznormen ist Rechnung zu tragen.[92]

Der haftungsrechtliche Zusammenhang zwischen Unglück und Schaden fehlt u.a., wenn sich jemand **von Berufs wegen** (z.B. Feuerwehr, Polizei, Sanitäter) zu einer Unglücksstelle begibt.[93]

Schreckzustände sind Ausdruck des allgemeinen Lebensrisikos und unterfallen nicht dem Schutzzweck der deliktischen Haftung.[94]

Kommt es bei **Unfallzeugen** (Gleiches gilt für Beifahrer im Unfallfahrzeug[95]) zu einer Schädigung, die aus der bloßen Anwesenheit bei einem schrecklichen Ereignis herrührt, ist dieses dem allgemeinen Lebensrisiko zuzurechnen.[96]

---

92 BGH v. 22.4.1986 – VI ZR 77/85 – VRS 71, 256; BGH v. 6.6.1989 – VI ZR 241/88 – BGHZ 107, 359 = JR 1990, 115 (Anm. *Dunz*) = JZ 1989, 1069 (Anm. *Bar*) = MDR 1989, 899 = NJW 1989, 2616 (Anm. *Börgers* NJW 1990,2535) = VersR 1989, 923 (Revision zu OLG Köln v. 31.5.1988 – 15 U 197/87 – zfs 1989, 42); OLG Nürnberg v. 24.5.2005 – 1 U 558/05 – DAR 2006, 635 = NZV 2008,38 = r+s 2006, 395 = r+s 2007, 213 = SP 2006, 348 = zfs 2006, 560 (Anm. *Diehl*) (BGH hat die Revision nicht angenommen, Beschl. v. 11.7.2006 – VI ZR 105/05 –). Zum Schutzzweck von Normen siehe: BGH v. 28.3.2006 – VI ZR 50/05 – NZV 2006, 465 = r+s 2006, 298 = SP 2006, 269 = VersR 2006, 944 = zfs 2006, 674; BGH v. 14.6.2005 – VI ZR 185/04 – DAR 2005 ,504 = MDR 2005, 1409 = NJW 2005, 2923 = NZV 2005, 457 = r+s 2005, 410 = SP 2005, 309 = SVR 2005, 386 (nur LS) (Anm. *Otting*) = VerkMitt 2006, Nr. 24 = VersR 2005, 1449 = VRS 109 (2005), 409.
93 OLG Celle v. 28.4.2005 – 9 U 242/04 – VersR 2006, 1376 (BGH hat Revision nicht angenommen, Beschl. v. 16.5.2006 – VI ZR 108/05 -) (Dem mittelbar geschädigten Retter stehen mangels Zurechnungszusammenhang keine Ersatzansprüche zu. Die Gefährdungshaftung der Bahn ist zudem auf solche Vorgänge beschränkt, bei denen sich gerade die Eigentümlichkeiten des Bahnverkehrs realisieren, vornehmlich Unfälle beim Ein- und Aussteigen und Rangieren.).
94 BGH v. 22.5.2007 – VI ZR 17/06 – DAR 2007, 515 = MDR 2007, 1015 = NJW 2007, 2764 (Anm. *Elsner*) = NJW-Spezial 2007, 352 = NZV 2007, 510 = r+s 2007, 388 = SP 2007, 248, 317 = VersR 2007, 1093 = zfs 2007, 626 (Anm. *Diehl*); OLG Celle v. 28.4.2005 – 9 U 242/04 – VersR 2006, 1376 (BGH hat Revision nicht angenommen, Beschl. v. 16.5.2006 – VI ZR 108/05 -) (Dem mittelbar geschädigten Retter stehen mangels Zurechnungszusammenhang keine Ersatzansprüche zu, wenn er sich von Berufs wegen zur Unglückstelle begibt); OLG Köln v. 29.7.1999 – 1 U 27/99 – NJW-RR 2000, 760 = OLGR 2000, 22; OLG Oldenburg v. 27.3.2001 – 12 U 03/01 – DAR 2001, 313; *Diehl* zfs 2007, 628; siehe ergänzend Kap 2 Rn 44.
95 LG Magdeburg v. 14.3.2007 – 10 O 2703/06 – SP 2008, 46 (Beifahrer eines unfallbeteiligten Fahrzeuges, die körperlich nicht verletzt wurden, sind – anders als der Fahrer – nicht unmittelbar am Haftungsgeschehen beteiligt, sondern wie andere Zeugen auch ohne Ersatzanspruch).

2 Erwerbsschaden

66 Die Einstandspflicht eines Schädigers erstreckt sich nicht auf solche **Folgeschäden** seiner unerlaubten Handlung, die bei wertender Betrachtung nicht mehr in einem inneren Zusammenhang mit der Unfallverletzung des Geschädigten stehen, sondern mit dieser nur eine bloß zufällige äußere Verbindung haben und sich deshalb letztlich als Verwirklichung eines allgemeinen Lebensrisikos darstellen.[97]

67 Der haftungsrechtliche Zusammenhang fehlt, wenn nicht der Unfall selbst sondern erst nachträgliche Ereignisse, durch die ein **neuer Gefahrenkreis** eröffnet wird, zum Tode führen (z.B. Herzinfarkt infolge der Aufregung über die polizeiliche Unfallaufnahme und

---

96 BGH v. 22.5.2007 – VI ZR 17/06 – DAR 2007, 515 = MDR 2007, 1015 = NJW 2007, 2764 (Anm. *Elsner*) = NJW-Spezial 2007, 352 = NZV 2007, 510 = r+s 2007, 388 = SP 2007, 248, 317 = VersR 2007, 1093 = zfs 2007, 626 (Anm. *Diehl*) (Die aus der bloßen Anwesenheit bei einem schrecklichen Ereignis herrührende psychische Beeinträchtigung ist dem allgemeinen Lebensrisiko zuzurechnen); OLG Karlsruhe v. 10.7.1998 – 10 U 27/98 – OLGR 1998, 308; BGH v. 12.11.1985 – VI ZR 103/84 – MDR 1986, 487 = NJW 1986, 777 = r+s 1986, 68 = VersR 1986, 240 (Anm. *Dunz* VersR 1986, 448) = zfs 1986, 131, 135 (zu II.2.c) betont, dass der Betroffene nicht als unbeteiligter Dritter ein zufälliger Zeuge eines Verkehrsunfalls, sondern dem Unfallgeschehen selbst unmittelbar ausgesetzt war und daran mitgewirkt hat. Ansonsten sind Auswirkungen eines Unfallgeschehens auf Dritte als „Reflex eines haftungsbegründenden Geschehens" haftungsrechtlich auszugrenzen, um eine uferlose Ausweitung der Schutzrichtung von Gefährdungs- und Verhaltensnormen auf die Umwelt des in erster Linie Geschützten zu vermeiden; siehe auch OLG Köln v. 31.5.1988 – 15 U 197/87 – zfs 1989, 42 (Schlaganfall nach Aufregung über Alkoholvorwurf seitens des Schädigers anlässlich eines fremdverschuldeten Unfalls); nachfolgend in der Revision zu OLG Köln (v. 31.5.1988 – 15 U 197/87 – zfs 1989, 42) verneint BGH v. 6.6.1989 – VI ZR 241/88 – BGHZ 107, 359 = DAR 1989, 291 = JR 1990, 112 (Anm. *Dunz*) = JuS 1990, 143 (Anm. *Emmerich*, weitere Anm. *Lipp* JuS 1991 ,809) = JZ 1989, 1069 (Anm. *Bar*) = MDR 1989, 899 = NJW 1989, 2616 (Anm. *Börgers* NJW 1990, 2535) = NJW-RR 1989, 1299 (nur LS) = NZV 1989, 391 = r+s 1989, 283 (nur LS) = VersR 1989, 923 = VRS 77, 248 = zfs 1989, 335 den haftungsrechtlichen Zusammenhang zwischen Schlaganfall und Verkehrsverstoß bzw. Betriebsgefahr; siehe Kap 2 Rn 38.

97 BGH v. 6.5.2003 – VI ZR 259/02 – BGHReport 2003, 997 = GesR 2003, 267 = MDR 2003, 989 = NJW 2003, 2311 = VersR 2003, 1128 (Anm. *Walter*) (Die Grenze, bis zu welcher der Erstschädiger dem Verletzten für die Folgen einer späteren fehlerhaften ärztlichen Behandlung einzustehen hat, wird in aller Regel erst dann überschritten, wenn es um die Behandlung einer Krankheit geht, die mit dem Anlass für die Erstbehandlung in keinem inneren Zusammenhang steht, oder wenn der die Zweitschädigung herbeiführende Arzt in außergewöhnlich hohem Maße die an ein gewissenhaftes ärztliches Verhalten zu stellenden Anforderungen außer Acht gelassen oder derart gegen alle ärztlichen Regeln verstoßen hat, dass der eingetretene Schaden seinem Handeln haftungsrechtlich-wertend allein zugeordnet werden muss.); BGH v. 20.9.1988 - VI ZR 37/88 – ArztR 1989, 295 = JuS 1989, 575 (Anm. *Emmerich*) = MDR 1989, 150 = MedR 1989, 78 = NJW 1989, 768 (Anm. *Deutsch*) = NJW-RR 1989, 412 (nur LS) = r+s 1989, 81 = VersR 1988, 1273; BGH v. 23.10.1984 – VI ZR 30/83 – DAR 1985, 54 = MDR 1985, 479 = NJW 1985, 791 = r+s 1985, 15 = VersR 1985, 62 = VRS 68, 81 = zfs 1985, 76; BGH v. 3.2.1976 – VI ZR 235/74 – JR 1977, 235 (Anm. *Heinze* JR 1977, 237) = MDR 1976, 565 = NJW 1976, 1143 = VersR 1976, 639 (Gehirnblutung als Folgeschaden aus Erregung über wörtliche und tätliche Beleidigung); BGH v. 7.6.1968 – VI ZR 1/67 – BB 1968, 813 (nur LS) = JZ 1969, 702 (Anm. *Huber* JZ 1969, 677) = MDR 1968, 747 = NJW 1968, 2287 = VersR 1968, 800 (Pensionierung nach Entdeckung verborgener unfallfremder Erkrankung liegt nicht im Schutzbereich des § 823 I BGB und ist daher vom Schädiger nicht zu ersetzen); BGH v. 2.7.1957 – VI ZR 205/56 – BB 1957, 980 = BGHZ 25, 86 = NJW 1957, 1475 (Anm. *Larenz* NJW 1958, 627) (Stirbt ein Unfallverletzter an einem Eingriff, der gelegentlich einer unfallbedingten Operation zur Beseitigung eines nicht unfallkausalen Leidens vorgenommen wird, so ist sein Tod keine adäquate Unfallfolge).

die Vorwürfe des anderen Unfallbeteiligten,[98] unfallunabhängige Operation anlässlich der Unfallbehandlung).[99]

Wird jemand erst anlässlich der **Schadensbegutachtung** verletzt, entfällt ein Schadenersatzanspruch.[100]

68

b. Geringfügiges Schadenereignis

Eine Zurechnung entfällt, wenn das Schadensereignis ganz geringfügig ist und nicht gerade speziell auf die Schadensanlage des Verletzten trifft.[101]

69

c. Eigener Eingriff den Schadenlauf

Der Verletzte oder Getötete kann sowohl an der ursprünglichen Schadenentstehung mitgewirkt haben (**haftungsbegründend** z.B. durch überhöhte Geschwindigkeit; **haftungsausfüllend** durch Nichtbenutzung von Sicherheitsobjekten wie Gurt oder Helm) wie auch schadenvergrößernd oder -verändernd in die weitere Schadenentwicklung eingreifen.[102]

70

---

98 OLG Köln v. 31.5.1988 – 15 U 197/87 – zfs 1989, 42 (Schlaganfall nach Aufregung über Alkoholvorwurf seitens des Schädigers anlässlich eines fremdverschuldeten Unfalls); BGH v. 6.6.1989 – VI ZR 241/88 – BGHZ 107, 359 = JR 1990, 115 (Anm. *Dunz*) = JZ 1989, 1069 (Anm. *Bar*) = MDR 1989, 899 = NJW 1989, 2616 (Anm. *Börgers* NJW 1990, 2535) = VersR 1989, 923 (Revision zu OLG Köln v. 31.5.1988 – 15 U 197/87 – zfs 1989, 42) verneint den haftungsrechtlichen Zusammenhang zwischen Schlaganfall und Verkehrsverstoß bzw. Betriebsgefahr.
99 BGH v. 13.5.1968 – III ZR 207/67 – VersR 1968, 773 (Eine gesundheitliche Schädigung, die ein Bundeswehrsoldat während seiner Wehrdienstzeit erlitten hat, ist durch eine Dienstverrichtung herbeigeführt worden, wenn diese im ursächlichen Zusammenhang mit dem Gesundheitsschaden steht. Das ist auch dann der Fall wenn die Schädigung auf einem ärztlichen Kunstfehler beruht, der nicht außerhalb aller Wahrscheinlichkeit lag und der bei der Behandlung der ersten – unmittelbaren – Wehrdienstbeschädigung begangen worden ist.).
100 LG Aachen v. 28.11.1984 – 4 O 300/84 – VersR 1985, 1097 (Gehbehinderter Fahrzeugeigentümer kommt bei der Besichtigung des beschädigten Fahrzeuges zu Fall); LG Arnsberg v. 7.2.2006 – 5 S 101/05 – (Vorinstanz AG Menden v. 20.7.2005 – 4 C 53/05 – NJW-RR 2005, 1337 = NZV 2006, 259) (Besitzer eines Mietwagens, der wegen Verzögerungen aufgrund der Unfallaufnahme zu spät zum Abflugterminal gelangt und daher einen Flug verpasst, kann keinen Ersatz der Flugkosten verlangen) lässt die Frage der Ersatzfähigkeit offen und verneint letztlich einen Anspruch, weil der Fluggast durch zu knappes Zeitpolster selbst zur Versäumung des Fluges beitrug.
101 BGH v. 11.11.1997 – VI ZR 376/96 – BGHZ 137, 142 = DAR 1998, 63 = DB 1998, 672 (nur LS) = HVBG-Info 1998, 553 = JA 1998, 441 (nur LS) (Anm. *Roth*) = JuS 1998, 657 (Anm. *Emmerich*) = JZ 1998, 680 (Anm. *Schiemann*) = MDR 1998, 157 (Anm. *van Bühren*, Anm. *Schäfer* MDR 1998, 1080) = NJW 1998, 810 = NJWE-VHR 1998, 108 (nur LS) = NZV 1998, 65 (Anm. *Heß* NZV 1998, 402) = r+s 1998, 20 = SP 1998, 39, 104 = VersR 1998, 201 (Anm. *Wessels* VersR 2000, 284) = VRS 94, 243 = zfs 1998, 93; BGH v. 30.4.1996 – VI ZR 55/95 – MDR 1996, 886 = VersR 1996, 990; BGH v. 8.2.1994 – VI ZR 68/93 – MDR 1994, 892 = VersR 1994, 695; OLG Nürnberg v. 24.5.2005 – 1 U 558/05 – DAR 2006, 635 = NZV 2008, 38 = r+s 2006, 395 = r+s 2007, 213 = SP 2006, 348 = zfs 2006, 560 (Anm. *Diehl*) (BGH hat die Revision nicht angenommen, Beschl. v. 11.7.2006 – VI ZR 105/05 -) (Konkret Schlaganfall des von der nicht schwer verletzten Tochter selbst zur Unfallstelle gerufenen Vaters).
102 BSG v. 2.11.2007 – B 1 KR 11 /07 R – ArztR 2008, 246 = Breith 2008, 648 = NZS 2008, 482 (nur LS) = SGb 2008, 22 = USK 2007-106 (Begehrt ein in ein Krankenhaus aufgenommener Versicherter die Verlegung in ein anderes Krankenhaus, obwohl er im Aufnahmekrankenhaus die erforderliche Krankenhausbehandlung erhalten kann, hat seine Krankenkasse die Fahrtkosten für die Verlegung nicht zu tragen. Dies gilt auch dann, wenn sich der Versicherte auf seine religiösen Bedürfnisse [Zeuge Jehova] beruft, die Verlegung erfolgt und die Krankenkasse die anschließende Krankenhausbehandlung übernimmt.).

2 Erwerbsschaden

71

Beispiel 2.3:
A wird durch einen von X verschuldeten Unfall am Bein schwer verletzt. Eine Operation ist geboten. A, der geistig voll zurechnungsfähig[103] ist, lehnt aus religiöser / weltanschaulicher[104] Überzeugung (z.B. Zeuge Jehova)[105] die Verwendung von Blutkonserven ab und gibt den Ärzten auch eine entsprechende Weisung.
Aufgrund einer nicht unüblichen medizinischen Komplikation verstirbt A anlässlich der Operation. Wäre ihm konserviertes Blut zugeführt worden, hätte er die Operation überlebt (Beweismaßstab des § 287 ZPO).
Ergebnis:
1. Soweit A auch bei Gabe von Blutkonserven die Operation überlebt hätte, hätten ihm auch für die post-operative Zeit **Ansprüche wegen Verletzung** zugestanden. Diese Ansprüche sind aber wegen des Todes nicht mehr zur Entstehung gelangt und können wegen ihrer inhaltlichen Verschiedenheit nicht verrechnet werden mit den stattdessen nun zu betrachtenden Ansprüchen wegen Todes.
2. Der Tod ist kausal auf das ursprüngliche Unfallgeschehen zurückzuführen. Die Weigerung des A, lebenssichernde Maßnahmen während der Operation vorzunehmen, stellt einen Eingriff in den Kausalverlauf dar, der zwar nicht den zivilrechtli-

---

[103] Es anderes kann sich ergeben, wenn der Verletzte in seiner Fähigkeit zur Willensbildung beeinträchtigt war und in diesem Zustand vernunftwidrige Entscheidung trifft: BSG v. 9.12.2003 – B 2 U 8/03 R – *Breith* 2004, 509 = FamRZ 2004, 1198 = HVBG-Info 2004, 130 (Anm.: BVerfG v. 9.3.2005 – 1 BvR 616/04 – hat die Verfassungsbeschwerde gegen das BSG-Urteil nicht angenommen); BSG v. 8.12.1998 – B 2 U 1/98 R – USK 98172; OLG München v. 31.1.2002 – 1 U 4705/98 – ArztR 2004, 66 = GesR 2004, 124 (Anm. *Dirksen*) = MedR 2003, 174 (Anm. *Bender*) = NJW-RR 2002, 811 = OLGR 2002, 438.

[104] BSG v. 9.12.2003 – B 2 U 8/03 R – Breith 2004, 509 = FamRZ 2004, 1198 = HVBG-Info 2004, 130 (Anm.: BVerfG v. 9.3.2005 – 1 BvR 616/04 – hat die Verfassungsbeschwerde gegen das BSG-Urteil nicht angenommen) (Das Grundrecht nach Art 4 GG [Glaubens- und Gewissensfreiheit] hat bei der Kausalitätsbetrachtung außen vor zu bleiben; es handelt sich um ein klassisches Abwehrrecht des Bürgers gegen den Staat); OLG München v. 31.1.2002 – 1 U 4705/98 – ArztR 2004, 66 = GesR 2004, 124 (Anm. *Dirksen*) = MedR 2003, 174 (Anm. *Bender*) = NJW-RR 2002, 811 = OLGR 2002, 438 (Bluttransfusion gegen die ausdrückliche Weigerung des einwilligungsfähigen Patienten ist unzulässig. Arzt muss sich an diese Weisung auch dann halten, wenn die Verweigerung einer Transfusion medizinisch vollkommen unvernünftig ist; selbst gilt selbst dann, wenn damit Lebensgefahr verbunden ist.).

[105] BSG v. 9.12.2003 – B 2 U 8/03 R – *Breith* 2004, 509 = FamRZ 2004, 1198 = HVBG-Info 2004, 130 (Anm.: BVerfG v. 9.3.2005 – 1 BvR 616/04 – hat die Verfassungsbeschwerde gegen das BSG-Urteil nicht angenommen) (Leistungen an Hinterbliebene sind nicht zu gewähren, wenn der Versicherte einen wegen der Folgen eines Arbeitsunfalls notwendigen operativen Eingriff nur deshalb nicht überlebt, weil er aus religiösen Gründen [Zeuge Jehova] eine Fremdbluttransfusion verweigert. Arbeitsunfall und Verweigerung der Fremdbluttransfusion sind zwar beide conditio sine qua non für den Tod, es fehlt dann aber an der Kausalität i.S.d. Unfallversicherungsrecht: Der Wegeunfall war für die Vornahme der Operation selbst konstitutiv mit der Folge, dass die Unfallversicherung die Operationskosten zu tragen hat; das Dazwischentreten nicht-betrieblicher, allein im Verantwortungsbereich des Versicherten liegender religiöser Gründe hat aber den gesamten Zusammenhang aus dem Schutzzweck der Unternehmerhaftung und betrieblicher Zurechenbarkeit herausgelöst.); OLG München v. 31.1.2002 – 1 U 4705/98 – ArztR 2004, 66 = GesR 2004, 124 (Anm. *Dirksen*) = MedR 2003, 174 (Anm. *Bender*) = NJW-RR 2002, 811 = OLGR 2002, 438 (Wird einem Zeugen Jehova gegen seinen ausdrücklichen Willen Blut transfundiert, kann dieses zwar grundsätzlich Schmerzensgeldansprüche nach sich ziehen. Voraussetzung ist aber der Nachweis eines konkreten Schadens; dieser Nachweis ist nicht bereits dadurch geführt, dass das Selbstbestimmungsrecht durch die Blutzufuhr verletzt wurde.).

chen[106] Kausalzusammenhang, wohl aber den Zurechnungszusammenhang entfallen lässt.

Da der Tod bei Verwendung von Blutkonserven nicht eingetreten wäre, haben die Hinterbliebenen des A keine **Ansprüche wegen Todes**. Nur soweit dem A bis zu seinem Versterben eigene Ansprüche (Sachschaden, Schmerzensgeld, materielle Personenschadenansprüche) entstanden sind, können diese von den Erben verfolgt werden.

3. Da die Verweigerung einer Fremdbluttransfusion bereits den Zurechnungszusammenhang entfallen lässt, stellt sich die Frage nach einem etwaigen Mitverschulden[107] wegen der Verneinung des Zurechnungszusammenhanges bereits nicht mehr.

Beispiel 2.4:
Abwandlung von Beispiel 2.3
A überlebt (anders als im Beispiel 2.3) die Operation, fällt aber nach der Operation in ein Koma und wird letztlich zum Pflegefall.
Wäre es nicht zu dem Zwischenfall bei der Operation gekommen, hätte A gegen X Personenschadenansprüche in Höhe von 50.000 EUR gehabt.

Ergebnis:
Es ist eine Vergleichsrechnung anzustellen.
1. Soweit auch **ohne den „Operationsschadenfall"** wegen Nichtverabreichung von konserviertem Blut Ansprüche wegen der unfallbedingten Verletzung des A entstanden wären (fiktive Betrachtung), sind diese wegen der Gleichartigkeit der Ansprüche (anders als beim Wechsel der Anspruchsberechtigung zum Hinterbliebenen) bei Überleben des A (wenn auch komatös) zu erstatten. Es gelten im Ergebnis dieselben Aspekte wie bei der überholenden Kausalität. A hat gegen X einen Anspruch in Höhe von 50.000 EUR.
2. Der weitergehende, auf dem Operationszwischenfall beruhende, Schaden übersteigt den Betrag von 50.000 EUR erheblich. Hierfür hat X aber nicht mehr einzustehen.
Einen Schädiger entlastet zwar nicht, wenn er auf eine Konstitution (unfallfremde Schadensanfälligkeit) eines Unfallbeteiligten trifft, die den Schadenseintritt erleichtert oder vergrößert.[108] Auch wer auf eine physisch oder psychisch angeschlagene Person trifft, muss den entstandenen Schaden ersetzen; der Schädiger hat den Verletzten so nehmen, wie er ihn (an-)getroffen hat. Dieser Grundsatz gilt aber nicht für Weltanschauungen, die eben nicht – wie Erkrankungen – unbeeinflussbar sind. Zu unterscheiden ist zwischen (fehlender) Steuerungsfähigkeit/-möglichkeit und (z.B. ideologisch bedingter) Steuerungswilligkeit.

---

106 Anders das BSG, das den Kausalzusammenhang i.S.d. Sozialversicherungsrecht (hier gilt die Theorie der wesentlichen Bedingung) entfallen lässt: BSG v. 9.12.2003 – B 2 U 8/03 R – *Breith* 2004, 509 = FamRZ 2004, 1198 = HVBG-Info 2004, 130 (Anm.: BVerfG v. 9.3.2005 – 1 BvR 616/04 – hat die Verfassungsbeschwerde gegen das BSG-Urteil nicht angenommen) (ebenso die Vorinstanzen SG Gießen v. 13.4.1999 – S 1 U 1642/95 – HVBG-Info 1999, 1772 und HessLSG v. 4.12.2002 – L 3 U 647/99 – HVBG-Info 2003, 1231).
107 Siehe dazu OLG München v. 31.1.2002 – 1 U 4705/98 – ArztR 2004 ,66 = GesR 2004, 124 (Anm. *Dirksen*) = MedR 2003, 174 (Anm. *Bender*) = NJW-RR 2002, 811 = OLGR 2002, 438 (zu III.1).
108 Siehe dazu Kap 2 Rn 82.

d. Fehlverhalten Dritter

73 Ein Fehlverhalten Dritter unterbricht grundsätzlich nicht den Zurechnungszusammenhang.[109]

74 Es kann dann allerdings **gesamtschuldnerische Haftung** zwischen Erst- und Folgeschädiger bestehen. Wird z.B. eine auf der Strasse liegende Person mehrfach überrollt, so haftet derjenige, der dieses verantwortlich verursachte, auch für die erst durch späteres Überfahren eingetretene dauerhafte Arbeitsunfähigkeit selbst wenn sich nicht mehr aufklären lässt, wer letztlich welche Verletzungen und Dauerfolgen herbeiführte.[110]

75 *Beispiel 2.5:*
A wird durch Verschulden des B verletzt und danach in ein Krankenhaus eingeliefert.
- Auf dem Transport ins Krankenhaus erleidet A eine weitere Verletzung.[111]
Der Krankentransporter verunfallt während der Rückfahrt (weil z.B. ein anderer Verkehrteilnehmer einen weiteren Unfall mit dem Krankenwagen herbeiführt, der Transporter wegen der hohen Geschwindigkeit von der Straße abkommt oder der Rettungshubschrauber abstürzt).
- Im Krankenhaus wird dem A eine falsche Blutkonserve verabreicht. Er fällt danach in ein dauerhaftes Koma.

Ergebnis:
B hat – u.U. gesamtschuldnerisch mit dem Zweitschädiger – dem A Schadenersatz zu leisten.
Die weiteren Ereignisse sind dem Erstschädiger B noch zuzurechnen; weder Kausal- noch Zurechnungszusammenhang sind unterbrochen.

76 Auch das Risiko einer falschen Behandlungsmethode trägt grundsätzlich der Erstschädiger. Ärztliche **Kunstfehler** unterbrechen die haftungsausfüllende Kausalität ausnahms-

---

[109] BGH v. 10.2.2004 – VI ZR 218/03 – DAR 2004, 265 = IVH 2004, 104 (nur LS) = MDR 2004, 684 (nur LS) = NJW 2004, 1375 = NJW-Spezial 2004, 65 (nur LS) = NZV 2004, 243 = r+s 2004, 212 = SP 2004, 148 = VerkMitt 2004, Nr. 61 = VersR 2004, 529 = VRS 106, 428 = zfs 2004, 255 (Anm. *Diehl*) (Der haftungsrechtliche Zurechnungszusammenhang zwischen einem Erstunfall, durch den es zur Teilsperrung einer Autobahn kommt, und den Schadensfolgen eines Zweitunfalls, der dadurch verursacht wird, dass ein Kraftfahrer ungebremst in die durch den Erstunfall veranlassten ordnungsgemäßen Absicherungsmaßnahmen fährt, kann je nach den besonderen Umständen des Einzelfalls entfallen. Dabei kann auch die Abwägung der Betriebsgefahren der beteiligten Kraftfahrzeuge zu dem Ergebnis führen, dass der Verursacher des Erstunfalls für die Schäden des Zweitunfalls nicht haftet.); BGH v. 11.11.1999 – III ZR 98/99 – MDR 2000, 262 = NJW 2000, 947 = VersR 2000, 370 = WM 2000, 531; OLG Karlsruhe v. 31.5.1990 – 9 U 224/88 – DAR 1991, 300 = NZV 1991, 269 = r+s 1991, 159 = VersR 1992, 842 = VRS 81 (1991), 81 = zfs 1991, 332 (nur LS) (Wer für den Verkehrsunfall verantwortlich ist, kann auch für die Verletzungen haftbar sein, die ein anderer dadurch erleidet, dass ein Dritter in die Unfallstelle hineinfährt. Ein haftungsrechtlicher Zusammenhang mit der Betriebsgefahr ist anzunehmen, solange die durch den Unfall geschaffene Gefahrenlage fortbesteht und hierauf der neue Unfall zurückzuführen ist. Der Zurechnungszusammenhang wird unterbrochen, wenn das schädigende Verhalten nur noch der äußere Anlass für das Verhalten Dritter ist. Hält ein Fahrzeug unmittelbar am Ort des ersten Unfalls am Straßenrand an und fährt ein weiteres Fahrzeug infolge überhöhter Geschwindigkeit auf dieses auf, so fehlt es am Zurechnungszusammenhang zwischen dem ersten und dem zweiten Unfall.); LG Köln v. 12.5.2005 – 30 O 495/03 – SP 2005, 331 (Zurechnungszusammenhang fehlt, wenn nach dem Erstunfall die Unfallstelle abgesichert ist und ein weiterer Kraftfahrer in die Unfallstelle hineinfährt oder wenn der erste Unfall nur noch äußerer Anlass und von untergeordneter Bedeutung für den zweiten Unfall ist und sich nicht anders darstellt als wenn das Hindernis, das zum zweiten Unfall geführt hat, aus irgendeinem anderen Grund bestanden hätte.).

[110] Siehe zum Innenausgleich *Jahnke* „Abfindung von Personenschadenansprüchen" § 2 Rn 246 ff. mit Rechenbeispielen.

[111] BGH v. 15.12.1970 – VI ZR 51/70 – BGHZ 55, 86 = JZ 1971, 382.

weise dann, wenn es sich um ein ungewöhnliches Fehlverhalten, also einen schweren Kunstfehler, des Arztes handelt.[112] Soll eine Zurechnung zu Lasten des Erstschädigers entfallen, muss ein fundamentaler Diagnoseirrtum, etwa ein Versäumnis oder Versehen, das „in Anbetracht der Eindeutigkeit der Befunde unter keinem denkbaren Gesichtspunkt entschuldbar erscheint", vorliegen.[113]

Bei Zurechnung des Diagnose- oder Behandlungsfehlers zu Lasten des Erstschädigers kann dieser aber **Rückgriffsansprüche** gegenüber dem Arzt haben (gestufte Gesamtschuld).[114] Der Arzt haftet für seine Fehler ohne Rücksicht auf ein Mitverschulden des Patienten am davor liegenden Haftpflichtereignis; für den Arzt ist ohne Relevanz, warum jemand von ihm zu behandeln ist.[115]

e. Unfallfremde Schadensanfälligkeit, Vorschaden

aa. Sozialrecht – Zivilrecht

Häufig ist der Unfall gar nicht die eigentliche Schadensursache, sondern ein schon bestehender Vorschaden, eine schicksalsbedingte Schadensanfälligkeit oder eine vorbestehende psychische Labilität.

Zu beachten ist, dass im Haftpflichtrecht andere Kausalitäts- und Beweisanforderungen gelten als im Sozialrecht. Da medizinische Gutachter manchmal von der im Sozialrecht vorherrschenden Kausalitätslehre der wesentlichen Bedingung geprägt sein könnten, sollten sie vorsorglich auf die im Zivilrecht geltenden Kriterien aufmerksam gemacht werden.[116]

Ist der Unfall gar nicht die eigentliche Schadensursache, sondern ein schon bestehender Vorschaden, eine schicksalsbedingte Schadensanfälligkeit oder eine vorbestehende psychische Labilität, führt zwar im **Sozialrecht** (insbesondere bei der gesetzlichen Unfallver-

---

112 BGH v. 20.9.1988 – VI ZR 37/88 – ArztR 1989, 295 = JuS 1989, 575 (Anm. *Emmerich*) = MDR 1989, 150 = MedR 1989, 78 = NJW 1989, 768 (Anm. *Deutsch*) = NJW-RR 1989, 412 (nur LS) = r+s 1989, 81 = VersR 1988, 1273; BGH v. 8.1.1965 – VI ZR 232/63 – VersR 1965, 439; OLG Hamm v. 1.9.1994 – 6 U 71/94 – NJW 1996, 789 = VersR 1996, 585; OLG Koblenz v. 24.4.2008 – 5 U 1236/07 – jurisPR-VerkR 19/2008 Anm. 2 (Anm. *Krämer*) = NJW 2008, 3006 = NJW-Spezial 2008, 649 = OLGR 2008, 585 = VersR 2008, 1071; *Wertenbruch*, „Haftung des Unfallverursachers für Zweitschädigung durch ärztliche Behandlung", NJW 2008, 2962.
113 OLG Düsseldorf v. 28.6.1984 – 8 U 112/83 – VersR 1985, 169.
114 OLG Hamm v. 1.9.1994 – 6 U 71/94 – MedR 1996, 83 = NJW 1996, 789 = NZV 1995, 446 = OLGR 1995, 233 = r+s 1995, 340 = SP 1996, 45 (nur LS) = VersR 1996, 585 (BGH hat Revision nicht angenommen, Beschl. v. 11.7.1995 – VI ZR 337/94 -) (Zum Gesamtschuldnerausgleich zwischen Unfallverursacher und den Verletzten falsch behandelndem Arzt); siehe *Jahnke* „Abfindung von Personenschadenansprüchen" § 2 Rn 246 ff. mit Rechenbeispielen.
115 OLG Hamm v. 1.9.1994 – 6 U 71/94 – MedR 1996, 83 = NJW 1996, 789 = NZV 1995, 446 = OLGR 1995, 233 = r+s 1995, 340 = SP 1996, 45 (nur LS) = VersR 1996, 585 (BGH hat Revision nicht angenommen, Beschl. v. 11.7.1995 – VI ZR 337/94 -); siehe auch OLG Köln v. 18.4.1996 – 18 U 101/95 – NZV 1997, 357 = VersR 1997, 1367 (Für den Ausgleich zwischen zum Schadenersatz verpflichteten Gesamtschuldnern [konkret: nach einer Schädigung durch Verkehrsunfall mit nachfolgender ärztlicher Fehlbehandlung] ist in entsprechender Anwendung des § 254 I BGB der Verursachungsbeitrag des Unfallverursachers gegenüber dem Verursachungsbeitrag des behandelnden Arztes als des Zweitschädigers abzuwägen. Der Verursachungsbeitrag des fehlerhaft behandelnden Arztes kann den Verursachungsbeitrag des grob fahrlässig überholenden Unfallverursachers überwiegen, wenn ein Behandlungsfehler die Wahrscheinlichkeit des konkret eingetretenen Schadens [konkret: Hirnschädigung] entscheidend vergrößert hat.).
116 OLG Köln v. 5.5.1998 – 13 U 208/97 – VersR 1998, 1249.

sicherung) u.U. die Lehre von der wesentlichen Bedingung zu einem Ausschluss der Leistungspflicht des zuständigen Sozialversicherungsträgers[117]

81 Für das **öffentliche Dienstrecht** gilt Entsprechendes.[118]

bb. Haftungsgrund

82 Im Haftungsrecht ist nur entscheidend, ob es auch ohne Unfall zu dieser gesundheitlichen Entwicklung gekommen wäre: Der Schädiger haftet auch dann, wenn der Unfall der letzte Tropfen gewesen ist, der das Fass zum Überlaufen gebracht hat.

83 Es ist für die Ersatzpflicht dem Grunde nach weder von Bedeutung, ob der Schaden nur deshalb eingetreten ist, weil der Verletzte aufgrund besonderer Konstitution für den Schaden besonders anfällig (unfallfremde Schadensanfälligkeit) war,[119] noch der Umstand, dass sich der mit einer schadenbegünstigenden Anlage Behaftete einer gefahrträchtigen Situation ausgesetzt hat.[120] Wer auf eine physisch oder psychisch angeschlagene Person trifft, muss den entstandenen Schaden ersetzen: Der Schädiger hat den Verletzten so nehmen, wie er ihn (an-)getroffen hat. Er hat keinen Anspruch darauf, so behandelt zu werden, als ob er einen Gesunden verletzt hätte,[121] und muss es hinnehmen, wenn der Scha-

---

[117] BSG v. 2.2.1999 – B 2 U 6/98 R – HVBG-Info 1999, 1099 = VersR 2000, 789; BGH v. 25.4.2006 – VI ZR 109/05 – NZS 2006, 600 (nur LS) = SP 2006, 240; BGH v. 19.4.2005 – VI ZR 175/04 – BGHReport 2005, 1107 = DAR 2005, 441 = HVBG-Info 2006, 380 = MDR 2005, 1108 = NJW-RR 2005, 897 = NJW-Spezial 2005, 304 = NZV 2005, 461 = r+s 2006, 38 = SP 2005, 259 = VersR 2005 ,945 = VRS 109, 98; *Plagemann* „Beweislastverteilung in der gesetzlichen Unfallversicherung" VersR 1997, 9.

[118] OLG Hamm v. 27.8.2001 – 6 U 252/99 – DAR 2002, 166 (nur LS) = NZV 2002, 171 = OLGR 2002, 113 = r+s 2002, 113 = SP 2002, 199 = VersR 2002, 994 (nur LS).

[119] BGH v. 19.4.2005 – VI ZR 175/04 – BGHReport 2005, 1107 = DAR 2005, 441 = HVBG-Info 2006, 380 = MDR 2005, 1108 = NJW-RR 2005, 897 = NJW-Spezial 2005, 304 = NZV 2005, 461 = r+s 2006, 38 = SP 2005, 259 = VersR 2005, 945 = VRS 109, 98; BGH v. 11.11.1997 – VI ZR 146/96 – DAR 1998, 66 = MDR 1998, 159 (Anm. *van Bühren*) = NJW 1998, 813 = NZV 1998, 110 (Anm. *Heß* NZV 1998, 402) = r+s 1998, 22 = SP 1998, 41 = VersR 1998, 200 (Anm. *Wessels* VersR 2000, 284) = VRS 94, 241 = zfs 1998, 92; BGH v. 11.11.1997 – VI ZR 376/96 – BGHZ 137, 142 = DAR 1998, 63 = DB 1998, 672 (nur LS) = HVBG-Info 1998, 553 = JA 1998, 441 (nur LS) (Anm. *Roth*) = JuS 1998 ,657 (Anm. *Emmerich*) = JZ 1998, 680 (Anm. *Schiemann*) = MDR 1998, 157 (Anm. *van Bühren*, Anm. *Schäfer* MDR 1998, 1080) = NJW 1998, 810 = NJWE-VHR 1998, 108 (nur LS) = NZV 1998, 65 (Anm. *Heß* NZV 1998, 402) = r+s 1998, 20 = SP 1998, 39, 104 = VersR 1998, 201 (Anm. *Wessels* VersR 2000, 284) = VRS 94, 243 = zfs 1998, 93; BGH v. 30.4.1996 – VI ZR 55/95 – BGHZ 132, 341 = DAR 1996, 351 = HVBG-Info 1996, 2083 = JZ 1996, 1080 (Anm. *Schlosser*) = MDR 1996, 886 = NJW 1996, 2425 = NZV 1996, 353 = r+s 1996, 303 (Anm. *Lemcke*) = SP 1996, 270 = VersR 1996, 990 (Anm. *Frahm* VersR 1996, 1212) = VRS 91, 414 = zfs 1996, 290 (Anm. *Diehl*); siehe auch OLG Hamm v. 31.1.2000 – 13 U 90/99 – DAR 2000, 263 = OLGR 2000, 232 = SP 2000, 337.

[120] BGH v. 5.11.1996 – VI ZR 275/95 – NJW 1997, 455 = VersR 1997, 122; BGH v. 30.4.1996 – VI ZR 55/95 – BGHZ 132, 341 = VersR 1996, 990; BGH v. 24.1.1984 – VI ZR 61/82 – VersR 1984, 286; BGH v. 22.9.1981 – VI ZR 144/79 – VersR 1981, 1178; BGH v. 10.5.1966 – VI ZR 243/64 – VersR 1966, 737; OLG Hamm v. 2.4.2001 – 6 U 231/99 – NJW-RR 2001, 1676 = NZV 2002, 36 = OLGR 2001, 362 = r+s 2001, 366 = SP 2001, 408.

[121] BGH v. 19.4.2005 – VI ZR 175/04 – BGHReport 2005, 1107 = DAR 2005, 441 = HVBG-Info 2006, 380 = MDR 2005, 1108 = NJW-RR 2005, 897 = NJW-Spezial 2005, 304 = NZV 2005, 461 = r+s 2006, 38 = SP 2005, 259 = VersR 2005, 945 = VRS 109, 98; OLG Hamm v. 20.6.2001 – 13 U 136/99 – NZV 2002, 37 = VersR 2002, 491; OLG Hamm v. 2.7.2001 – 13 U 224/00 – SP 2002, 11 m.w.H.; OLG Nürnberg v. 24.5.2005 – 1 U 558/05 – DAR 2006, 635 = NZV 2008, 38 = r+s 2006, 395 = r+s 2007, 213 = SP 2006, 348 = zfs 2006, 560 (Anm. *Diehl*) (BGH hat die Revision nicht angenommen, Beschl. v. 11.7.2006 – VI ZR 105/05 -).

den nur deshalb besonders groß ist, weil er das Pech hatte, auf einen gesundheitlich bereits zuvor geschwächten Menschen zu treffen.[122]

cc. Haftungsvolumen

Wer einen gesundheitlich schon geschwächten Menschen verletzt, kann zwar nicht verlangen so gestellt zu werden, als wenn der Betroffene gesund gewesen wäre. Die unfallfremden Faktoren können allerdings für die **Dauer** und **Höhe** des Schadensersatzanspruches (Unterhalt, entgangene Dienste) u.a. unter dem Aspekt der überholenden Kausalität, aber auch des körperlichen und psychischen Leistungsvermögens, von Bedeutung sein. 84

Wäre die Erwerbsfähigkeit auch ohne Unfall durch eine unfallunabhängige Erkrankung beeinträchtigt worden (**überholende Kausalität**), ist dieses anspruchskürzend zu berücksichtigen. Dem insoweit beweispflichtigen Schädiger kommen dabei ebenfalls die Beweiserleichterungen der § 252 BGB, § 287 ZPO zugute.[123] 85

Wird anlässlich eines Unfalles eine bis dahin **verborgene Erkrankung** offenbar und der Verletzte deshalb früher in den Ruhestand versetzt als es sonst geschehen wäre, ist der daraus resultierende Schaden nicht zu ersetzen.[124] 86

f. Überholende Kausalität

Die Ersatzpflicht kann in Fällen überholender Kausalität ausgeschlossen sein: Es bestehen dabei zwei oder mehr – insbesondere auch **hypothetisch** zu betrachtende – **Kausalketten**, die jede für sich den gleichen Erfolg (z.B. Arbeitsunfähigkeit, Arbeitslosigkeit) herbeizuführen geeignet sind, nebeneinander. Dabei führt die eine Ursache (z.B. Verkehrsunfall) den Erfolg herbei und verhindert damit, dass die andere Ursache (z.B. schwere Krebser- 87

---

122 BGH v. 11.11.1997 – VI ZR 146/96 – DAR 1998, 66 = MDR 1998, 159 (Anm. *van Bühren*) = NJW 1998, 813 = NZV 1998, 110 (Anm. *Heß* NZV 1998, 402) = r+s 1998, 22 = SP 1998, 41 = VersR 1998, 200 (Anm. *Wessels* VersR 2000, 284) = VRS 94, 241 = zfs 1998, 92; BGH v. 11.11.1997 – VI ZR 376/96 – BGHZ 137, 142 = DAR 1998, 63 = DB 1998, 672 (nur LS) = HVBG-Info 1998, 553 = JA 1998, 441 (nur LS) (Anm. *Roth*) = JuS 1998, 657 (Anm. *Emmerich*) = JZ 1998, 680 (Anm. *Schiemann*) = MDR 1998, 157 (Anm. *van Bühren*, Anm. *Schäfer* MDR 1998, 1080) = NJW 1998, 810 = NJWE-VHR 1998, 108 (nur LS) = NZV 1998, 65 (Anm. *Heß* NZV 1998, 402) = r+s 1998, 20 = SP 1998, 39, 104 = VersR 1998, 201 (Anm. *Wessels* VersR 2000, 284) = VRS 94, 243 = zfs 1998, 93; BGH v. 30.4.1996 – VI ZR 55/95 – BGHZ 132, 341 = DAR 1996, 351 = HVBG-Info 1996, 2083 = JZ 1996, 1080 (Anm. *Schlosser*) = MDR 1996, 886 = NJW 1996, 2425 = NZV 1996, 353 = r+s 1996, 303 (Anm. *Lemcke*) = SP 1996, 270 = VersR 1996, 990 (Anm. *Frahm* VersR 1996, 1212) = VRS 91, 414 = zfs 1996, 290 (Anm. *Diehl*); OLG Rostock v. 23.9.2005 – 8 U 88/04 – DAR 2006, 278.
123 BGH v. 11.11.1997 – VI ZR 376/96 – BGHZ 137, 142 = DAR 1998, 63 = DB 1998, 672 (nur LS) = HVBG-Info 1998, 553 = JA 1998, 441 (nur LS) (Anm. *Roth*) = JuS 1998, 657 (Anm. *Emmerich*) = JZ 1998, 680 (Anm. *Schiemann*) = MDR 1998, 157 (Anm. *van Bühren*, Anm. *Schäfer* MDR 1998, 1080) = NJW 1998, 810 = NJWE-VHR 1998, 108 (nur LS) = NZV 1998, 65 (Anm. *Heß* NZV 1998, 402) = r+s 1998, 20 = SP 1998, 39, 104 = VersR 1998, 201 (Anm. *Wessels* VersR 2000, 284) = VRS 94, 243 = zfs 1998, 93; OLG Schleswig v. 6.7.2006 – 7 U 148/01 – jurisPR-VerkR 14/2008 Anm. 3 (Anm. *Lang*) = NJW-RR 2007, 171 = NJW-RR 2007, 432 (nur LS) = NZV 2007, 203 = OLGR 2006, 821 = SchlHA 2007, 157 (Nichtzulassungsbeschwerde: BGH VI ZR 171/06) (Pauschale Kürzung des Ersatz auf 50 %); OLG Hamm v. 27.8.2001 – 6 U 252/99 – DAR 2002, 166 (nur LS) = NZV 2002, 171 = OLGR 2002, 113 = r+s 2002, 113 = SP 2002, 199 = VersR 2002, 994 (nur LS). Siehe auch Kap 11 Rn 56 ff.
124 BGH v. 7.6.1968 – VI ZR 1/67 – BB 1968, 813 (nur LS) = JZ 1969, 702 (Anm. *Huber* JZ 1969, 677) = MDR 1968, 747 = NJW 1968, 2287 = VersR 1968, 800.

krankung, aber auch Arbeitsplatzverlust) sich ganz oder teilweise früher oder später auswirken kann.[125]

88 Bedeutung hat die überholende Kausalität auch für die Beurteilung der Schadenhöhe, beispielsweise für möglichen Fortfall oder Beeinträchtigung der hypothetisch zu betrachten Erwerbsmöglichkeiten des Verletzten.

89 Dieser (regelmäßig vom Ersatzpflichtigen zu **beweisende**) hypothetische Ursachenzusammenhang ist anspruchsmindernd oder sogar anspruchsausschließend zu beachten, wenn mit ausreichender Gewissheit (§ 287 ZPO, nicht Strengbeweis nach § 286 ZPO) feststeht, dass infolge anderer hypothetischer Faktoren gleichbedeutende Bedürfnisse oder Einbußen entstehen oder bei fiktiver Betrachtung zu einem späteren Zeitpunkt entstanden wären.[126]

90 Führt eine zufällig bei der Schadenregulierung entdeckte unfallfremde, bis dahin verborgene Erkrankung zum Arbeitsplatzverlust, ist der daraus resultierende Schaden nicht zu ersetzen.[127]

III. Mittelbarer Schaden[128]

91 Infolge eines Haftpflichtgeschehens erwachsen nicht nur den unmittelbar am Unfall beteiligten Personen Schäden und Aufwendungen, auch Dritte können durchaus wirtschaftliche Einbußen erleiden.

92 Bei der Abwicklung von Personenschäden wird nicht immer im Auge behalten, dass unser Rechtssystem nur Schäden des unmittelbar Betroffenen für ersatzfähig erachtet. Dessen Anspruch kann zwar im Wege der gesetzlichen und/oder privaten **Rechtsnachfolge** auf die mittelbar Betroffenen oder andere Dritte übergehen,[129] inhaltlich bleibt es aber unverändert derjenige Anspruch, wie er in der Person des unmittelbar Verletzten entstanden ist. Das gilt auch für die Darlegungs- und Beweislast zum Grund der Haftung und zur Höhe des Anspruches (einschließlich der Grundsätze zur sekundären Behauptungs- und Beweislast).[130]

93 Abzugrenzen von den schadenersatzberechtigten – in ihren Rechten unmittelbar betroffenen – Verletzten und unfallkausal Verstorbenen sind die lediglich mittelbar Geschädigten. Während den unmittelbar beteiligten Personen das Schadensersatzrecht ein großes Spektrum ersatzfähiger Schadenpositionen zubilligt, gilt dieses für die am Haftpflichtgeschehen („Unfall") nicht unmittelbar Beteiligten nur in **engen Grenzen**.

94 Wegen weiterer Einzelfragen wird auf Kapitel 2B.III Arbeitskraftfortfall (Kap 2 Rn 120 ff.) verwiesen.

---

125 BGH v. 13.5.1953 – VI ZR 5/52 – VersR 1953, 244; BGH v. 7.6.1968 – VI ZR 42/67 – VersR 1968, 804; *Palandt-Heinrichs* vor § 249 Rn 96 ff.
126 BGH v. 14.2.1995 – VI ZR 106/94 – MDR 1995, 479 = r+s 1995, 181 = VersR 1995, 681; BGH v. 25.4.1972 – VI ZR 134/71 – MDR 1972, 769 = VersR 1972, 834; OLG Hamm v. 8.6.2000 – 6 U 189/99 – SP 2000, 411; OLG Hamm v. 12.2.1998 – 6 U 64/97 – MDR 1998, 902 = NZV 1998, 372 = r+s 1989, 371; OLG Köln v. 17.9.1987 – 7 U 76/87 – MDR 1989, 160 = VersR 1988, 61.
127 BGH v. 7.6.1968 – VI ZR 1/67 – BB 1968, 813 (nur LS) = JZ 1969, 702 (Anm. *Huber* JZ 1969, 677) = MDR 1968, 747 = NJW 1968, 2287 = VersR 1968, 800.
128 Zum Thema: *Jahnke* „Mittelbare Betroffenheit und Schadensersatzanspruch" r+s 2003, 89; *Pardey* S. 205, Rn 879; siehe ergänzend Kap 2 Rn 120 ff. und Kap 4 Rn 141 ff.
129 Zu den Forderungsübergängen siehe vor allem Kap 3 Rn 307 ff.
130 Siehe Kap 1 Rn 77 ff.

1. Sonderregeln

Mittelbar beeinträchtigten Personen,[131] die zwar weder körperlich verletzt noch in Sachen geschädigt worden sind, die aber doch eine Vermögenseinbuße anlässlich des Haftpflichtgeschehens erlitten haben, gibt (mit Ausnahme bestimmter Fälle, z.B. §§ 844, 845 BGB) das Recht der unerlaubten Handlung **keine eigenen Ersatzansprüche**,[132] ihre Forderungsberechtigung beschränkt sich auf die gesetzlich oder durch Abtretung übergegangenen Ansprüche.

Soweit die Sonderregeln zugunsten Dritter (§§ 844, 845 BGB bzw. entsprechenden Regelungen in den Spezialgesetzen) keinen Anspruch begründen, können die Geschädigten ihre wirtschaftlichen Einbußen nicht beim Unfallverursacher einfordern, selbst wenn der Schädiger eines zu Tode Gekommenen dadurch **begünstigt** erscheint.[133]

Die in §§ 844, 845 BGB (und den entsprechenden Regeln in den speziellen Haftungsgesetzen) normierte Bestimmung darf weder auf andere Drittgeschädigte noch auf andere als die dort genannten Schäden **ausgedehnt** werden.[134] Die Entscheidung des Gesetzgebers, jedenfalls bei fahrlässig begangenen unerlaubten Handlungen die Ersatzpflicht von einer Rechts- bzw. Rechtsgutverletzung (§ 823 I BGB) oder einer Schutzgesetzverletzung (§ 823 II BGB) abhängig zu machen, dient vor allem dem Ziel, den Kreis der Ersatzberechtigten auf die Inhaber des Rechts bzw. Rechtsgutes und die unter dem Schutzzweck der verletzten Norm Stehenden zu beschränken.[135]

2. Eigene Rechtsgutverletzung

Der Grundsatz, dass für mittelbare Schäden außerhalb der §§ 844, 845 BGB deliktisch nicht gehaftet wird, gilt nur für Vermögensschäden, die aus der Verletzung eines Rechtsgutes des Primärgeschädigten bei Dritten hervorgehen. Der Grundsatz gilt aber nicht, wenn der Geschädigte einen Schaden erleidet, der in der Verletzung eines eigenen

---

131 BGH v. 5.2.1985 – VI ZR 198/83 – BGHZ 93, 351 = DAR 1985, 217 = FamRZ 1985, 464 = JA 1985, 473 (Anm. *Breemhaar-Schwefer*) = JR 1985, 461 = JuS 1985, 727 = JZ 1985, 538 = MDR 1985, 563 = MedR 1985, 275 (Anm. *Dunz* MedR 1985, 269) = NJW 1985, 1390 = r+s 1985, 110 = VersR 1985, 499 = VRS 68, 414 = zfs 1985, 196 (nur LS) (Verletzung der Leibesfrucht durch Angriff auf die Psyche der Schwangeren); OLG Köln v. 13.1.1993 – 11 U 224/92 – VersR 1994, 356 (Ausfall der Arbeitskraft des Verletzten beim Hausbau eines Dritten).
132 BGH v. 22.6.2004 – VI ZR 112/03 – FamRZ 2004, 1543 = MDR 2004, 1355 = NJW 2004, 2894 = NZV 2004, 513 = r+s 2004, 434 = SP 2004, 368 = VersR 2004, 1192 = zfs 2004, 553 (Anm. *Diehl*); BGH v. 21.11.2000 – VI ZR 231/99 – BGHReport 2001, 123 = DAR 2001, 159 = JA 2001, 619 (nur LS) (Anm. *Schöpflin*) = MDR 2001, 389 = NJW 2001, 971 = r+s 2001, 245 = VersR 2001, 648.
133 OLG Hamm v. 29.10.2002 – 9 U 64/02 – zfs 2003, 593 (Anm. *Diehl*) (BGH hat Nichtzulassungsbeschwerde zurückgewiesen, Beschl. v. 30.9.2003 – VI ZR 27/03 –).
134 BGH v. 17.12.1985 – VI ZR 152/84 – DAR 1986, 116 = JR 1986, 413 (Anm. *v. Einem*) = JZ 1986, 451 (Anm. *Dunz*) = MDR 1986, 488 = NJW 1986, 984 = r+s 1986, 67 = SGb 1987, 301 (Anm. *v. Einem*) = VersR 1986,391 = zfs 1986, 170 = VRS 71, 325; BGH v. 25.10.1960 – VI ZR 175/59 – VersR 1960, 1097; BGH v. 26.1.1955 – VI ZR 251/53 – VersR 1955, 183; OLG Frankfurt v. 11.3.2004 – 26 U 28/98 – zfs 2004, 452 (Anm. *Diehl*) (Der im Recht des Staates Georgia/USA vorgesehene „Anspruch auf Ersatz des Wertes des vernichteten Lebens" ist nicht deckungsgleich mit dem deutschen Unterhaltsschadenersatzanspruch).
135 OLG Celle v. 28.4.2005 – 9 U 242/04 – VersR 2006, 1376 (BGH hat Revision nicht angenommen, Beschl. v. 16.5.2006 – VI ZR 108/05 –).

Rechtsgutes i.S.v. § 823 I BGB besteht und für den der Schädiger im Rahmen des **Zurechnungszusammenhanges** zu haften hat.[136]

99 Es können Geschädigte, die auf den ersten Blick nur mittelbar betroffen erscheinen, durchaus aufgrund von **Erweiterungen schadenersatzrechtlicher Anspruchsgrundlagen** unmittelbare Ersatzgläubiger sein,[137] so der Nasciturus[138] und der Schockgeschädigte.[139] Auch Retter können in den geschützten Personenkreis einbezogen sein, unterliegen aber besonderen Zurechnungsüberlegungen (vor allem dann, wenn sich eine Gefahr verwirklicht, die ihrem Berufsrisiko – z.B. Feuerwehr, Polizei, Sanitäter – zuzuordnen ist).[140]

B. Schadenbestimmung

I. Differenzhypothese

100 Ob und in welchem Umfang ein nach §§ 249 ff. BGB zu ersetzender Schaden vorliegt, beurteilt sich grundsätzlich nach einem rechnerischen Vergleich der durch das schädigende Ereignis bewirkten Vermögenslage mit derjenigen, die ohne jenen Umstand eingetreten wäre.[141] Es ist ein **Gesamtvermögensvergleich** anzustellen, in dessen Rahmen nach der sogenannten Differenzhypothese gegenüberstellend vorzutragen und zu beweisen ist,

---

136 BGH v. 14.6.2005 – VI ZR 179/04 – NJW 2005, 2614 = r+s 2005, 527 = VersR 2005, 1238 = zfs 2006, 141 (Anm. *Diehl*) (Vorinstanz OLG Koblenz v. 7.6.2004 – 13 U 1527/01 – GesR 2004, 330 [nur Ls.] = OLGR Koblenz 2004, 505) (HIV-Infektion des Partners und späteren Ehegatten eines mit Blutkonserve versorgten Unfallopfers).
137 OLG Celle v. 28.4.2005 – 9 U 242/04 – VersR 2006, 1376 (BGH hat Revision nicht angenommen, Beschl. v. 16.5.2006 – VI ZR 108/05 -).
138 Dazu Kap 2 Rn 46 ff.; BGH v. 11.1.1972 – VI ZR 46/71 – BGHZ 58, 48 = DB 1972, 433 = FamRZ 1972, 202 (Anm. *Pachler* FamRZ 1972, 189) = JR 1972, 242 (Anm. *Schlund* JR 1985, 462) = JuS 1972, 535 = JZ 1972, 363 (Anm. *Stoll*) = MDR 1972, 406 = NJW 1972, 1126 = VersR 1972, 372; im Ausnahmefall stehen auch einem zum Handlungszeitpunkt noch nicht einmal Gezeugten Ansprüche zu: BGH v. 20.12.1952 – II ZR 141/51 – BGHZ 8, 243 = JZ 1953, 307 (Anm. *Schlund* JR 1985, 462) = MDR 1953, 219 = NJW 1953, 417 = VersR 1953, 86 (Angeborene Krankheit – Lues – durch Infektion der Kindesmutter im Krankenhaus noch vor Zeugung des Kindes).
139 Dazu Kap 2 Rn 44.
140 BGH v. 22.5.2007 – VI ZR 17/06 – DAR 2007, 515 = MDR 2007, 1015 = NJW 2007, 2764 (Anm. *Elsner*) = NJW-Spezial 2007, 352 = NZV 2007, 510 = r+s 2007, 388 = SP 2007, 248, 317 = VersR 2007, 1093 = zfs 2007, 626 (Anm. *Diehl*) (Es spielt keine entscheidende Rolle, ob es sich bei den Geschädigten um Polizeibeamte oder andere Personen handelt, die zufällig das Unfallgeschehen miterleben. In beiden Fällen ist eine Schädigung, die aus der bloßen Anwesenheit bei einem schrecklichen Ereignis herrührt, dem allgemeinen Lebensrisiko zuzurechnen); BGH v. 6.6.1989 – VI ZR 241/88 – BGHZ 107, 359 = DAR 1989, 291 = JR 1990, 112 (Anm. *Dunz*) = JuS 1990, 143 (Anm. *Emmerich*, weitere Anm. *Lipp* JuS 1991, 809) = JZ 1989, 1069 (Anm. *Bar*) = MDR 1989, 899 = NJW 1989, 2616 (Anm. *Börgers* NJW 1990, 2535) = NJW-RR 1989, 1299 (nur LS) = NZV 1989, 391 = r+s 1989, 283 (nur LS) = VersR 1989, 923 = VRS 77, 248 = zfs 1989, 335 (Konkret kein haftungsrechtlicher Zusammenhang zwischen Schlaganfall und Verkehrsverstoß bzw. Betriebsgefahr); OLG Celle v. 28.4.2005 – 9 U 242/04 – VersR 2006, 1376 (BGH hat Revision nicht angenommen, Beschl. v. 16.5.2006 – VI ZR 108/05 -).
141 BGH v. 6.7.2000 – IX ZR 198/99 – VersR 2001, 1024; BGH v. 18.11.1999 – IX ZR 153/98 – NJW 2000, 734 = VersR 2001, 906; BGH v. 31.5.1994 – VI ZR 12/94 – NJW 1994, 2357 = VersR 1994, 1077; BGH v. 9.7.1986 – GSZ 1/86 – BB 1986, 2155 = BGHZ 98, 212 = DB 1986, 2480 = JZ 1987, 306 = MDR 1987, 109 = NJW 1987, 50 = NJW-RR 1987, 14 (nur LS) = VersR 1986, 1103 = VRS 71, 401 = WM 1986, 1352 = zfs 1986, 362 = ZIP 1986, 1394.

wie sich die gesamte Vermögenssituation ohne das Haftpflichtgeschehen entwickelt hätte und wie sie sich nunmehr tatsächlich darstellt.[142]

Nur die Differenz beider Vermögenslagen ist Gegenstand des Schadensersatzbegehrens. Unzulässig ist, **einzelne Schadenpositionen** herauszugreifen und gesondert, ohne Berücksichtigung anderer für die Vermögensentwicklung bedeutsamer Umstände, geltend zu machen.[143]

101

Das nach der Differenzmethode rein rechnerisch gewonnene Ergebnis bedarf dann noch einer normativen, am Schutzzweck der Haftung sowie an Funktion und Ziel des Schadensersatzes ausgerichteten Kontrolle (**normativer Schadensbegriff**[144]): Der Geschädigte soll im Wege des Schadensersatzes grundsätzlich nicht mehr erhalten als das, was er nach der materiellen Rechtslage verlangen kann.[145]

102

Auf der anderen Seite betont die Rechtsprechung den allgemeinen schadensrechtlichen Grundsatz,[146] dass der Geschädigte zwar vollen Schadensersatz verlangen kann, aber nicht darüber hinaus bereichert werden darf, an dem Schadensfall also nicht verdienen soll (**schadensrechtliches Bereicherungsverbot**).[147]

103

---

142 BGH v. 24.9.1999 – V ZR 71/99 – DB 2000, 210 = MDR 1999, 1494 = NJW 1999, 3625 = WM 1999, 2510 = zfs 2000, 16.
143 BGH v. 24.9.1999 – V ZR 71/99 – DB 2000, 210 = MDR 1999, 1494 = NJW 1999, 3625 = WM 1999, 2510 = zfs 2000, 16.
144 Vgl. BGH v. 7.11.2000 – VI ZR 400/99 – DAR 2001, 119 = NJW 2001, 1274 = r+s 2001, 110 = SP 2001, 126 = VersR 2001, 196 = zfs 2001, 163; *Steffen* ags 1995, 51 tritt der Auffassung „nicht weniger Juristen, der normative Schaden sei ein Synonym für juristischen Hokuspokus und richterliche Taschenspielertricks, für Scheinbegründungen von Billigkeitsergebnissen" entgegen.
145 BGH v. 6.7.2000 – IX ZR 198/99 – VersR 2001, 1024 m.w.N.; BGH v. 9.7.1986 – GSZ 1/86 – BB 1986, 2155 = BGHZ 98, 212 = DB 1986, 2480 = JZ 1987, 306 = MDR 1987, 109 = NJW 1987, 50 = NJW-RR 1987, 14 (nur LS) = VersR 1986, 1103 = VRS 71, 401 = WM 1986, 1352 = zfs 1986, 362 = ZIP 1986, 1394.
146 BGH v. 6.3.2007 – VI ZR 120/06 – BB 2007, 799 = BGHReport 2007, 492 = DAR 2007, 325 = NJW 2007, 1674 = NJW-Spezial 2007, 209 = NZV 2007, 291; BGH v. 7.6.2005 – VI ZR 192/04 – BGHReport 2005, 1305 = BGHZ 163, 180 = DAR 2005, 508 = JR 2006, 424 (Anm. *Huber*) = MDR 2005, 1223 = NJW 2005, 2541 = NJW-Spezial 2005, 400 = NZV 2005, 453 (Anm. *Sermond*) = r+s 2005, 393 = r+s 2005, 460 = SP 2005, 306 = SVR 2006, 302 (nur LS) (Anm. *Otting*) = VersR 2005, 1257 = zfs 2005, 598; BGH v. 15.2.2005 – VI ZR 70/04 – BGHReport 2005, 698 = BGHZ 162, 161 = DAR 2005, 266 (Anm. *Poppe*) = MDR 2005, 748 = NJW 2005, 1108 (Anm. *Huber* NJW 2007, 1625) = NJW-Spezial 2005, 160 = NZV 2005, 243 (Anm. *Heß*; Anm. *Freyberger* NZV 2005, 231) = r+s 2005, 172 (Anm. *Lemcke*) = SP 2005, 126, 162 = SVR 2005, 228 (Anm. *Huber*) = VerkMitt 2005, 81 = VersR 2005, 663 (Anm. *Schiemann* VersR 2006, 160) = VRS 108, 326 = zfs 2005, 382 (Anm. *Diehl*) (Reparatur auf 130 %-Basis nur bei fachgerechter Reparatur im sachverständigerseits vorgesehenen Volumen); BGH v. 7.12.2004 – VI ZR 119/04 – BB 2005, 352 = BGHReport 2005, 418 (Anm. *Freyberger*) = DAR 2005, 152 = EWiR 2005, 375 (nur LS) (Anm. *Eggert*) = MDR 2005, 330 = NJW 2005, 357 = NJW-Spezial 2005, 113 = NZV 2005, 140 = r+s 2005, 124 = SP 2005, 90 = VersR 2005, 381 = VRS 108, 161 = zfs 2005, 184 (Anm. *Diehl*) (Restwerterlös per Internet); BGH v. 21.1.1992 – VI ZR 142/91 – VersR 1992, 457.
147 BGH v. 15.2.2005 – VI ZR 70/04 – BGHReport 2005, 698 = BGHZ 162, 161 = DAR 2005, 266 (Anm. *Poppe*) = MDR 2005, 748 = NJW 2005, 1108 (Anm. *Huber* NJW 2007, 1625) = NJW-Spezial 2005, 160 = NZV 2005, 243 (Anm. *Heß*; Anm. *Freyberger* NZV 2005, 231) = r+s 2005, 172 (Anm. *Lemcke*) = SP 2005, 126, 162 = SVR 2005, 228 (Anm. *Huber*) = VerkMitt 2005, 81 = VersR 2005, 663 (Anm. *Schiemann* VersR 2006, 160) = VRS 108, 326 = zfs 2005, 382 (Anm. *Diehl*); OLG Saarbrücken v. 13.6.2006 – 4 U 364/05 – zfs 2007, 325 (Anm. *Diehl*).

104 Weitere Schranken der Ersatzpflicht werden über **Zumutbarkeitskriterien** errichtet, die man als korrigierendes Gegengewicht zum normativen Schaden sehen kann.[148]

105 Kann ein Verletzter trotz teilweise noch verbliebener Erwerbsfähigkeit keine Arbeitsstelle finden, so ist ihm grundsätzlich der Durchschnittsverdienst zu ersetzen, den er in der maßgeblichen Zeit ohne das Unfallgeschehen aus seiner früher ausgeübten Tätigkeit erzielt hätte.[149]

II. Entgelt-Orientierung

106 Die Körperverletzung ist zunächst nur eine immaterielle Einbuße. Erst später kann daraus zwar auch ein materieller Schaden erwachsen: Ein solcher Schaden erwächst aber nicht immer und schon gar nicht zwingend.

107 Derjenige, der seine Arbeitskraft **nicht verwerten will** (Rentner,[150] Pensionär, Arbeitsunwilliger), kann bei Aufhebung oder Minderung seiner Arbeitskraft keinen Ersatz für Erwerbsschaden beanspruchen.

108 Wer seinen Lebensunterhalt mit Einkünften aus Kapitalvermögen, Vermietung, Verpachtung, Erbmasse oder Lottogewinn bestreitet (auch der **Bonvivant**) und durch die Körperverletzung daran nicht gehindert wird, hat keinen Erwerbsschaden.[151]

109 Gleiches gilt für Personen, die bereits unfallfremd **nicht in der Lage** sind, ihre Arbeitskraft wirtschaftlich zu verwerten (Arbeitsunfähige,[152] i.d.R. auch in Behindertenwerkstatt Untergebrachte[153]). Dieses kann auch für Strafgefangene gelten.

110 Ebenso erleidet derjenige, der nicht gegen Entlohnung, sondern wohltätig, gemeinnützig oder **karitativ** tätig ist, keinen Erwerbsschaden.[154] Ein solcher Schaden kann auch nicht

---

148 Dazu u.a.: BGH v. 15.2.2005 – VI ZR 70/04 – BGHReport 2005, 698 = BGHZ 162, 161 = DAR 2005, 266 (Anm. *Poppe*) = MDR 2005, 748 = NJW 2005, 1108 (Anm. *Huber* NJW 2007, 1625) = NJW-Spezial 2005, 160 = NZV 2005, 243 (Anm. *Heß*; Anm. *Freyberger* NZV 2005, 231) = r+s 2005, 172 (Anm. *Lemcke*) = SP 2005, 126, 162 = SVR 2005, 228 (Anm. *Huber*) = VerkMitt 2005, 81 = VersR 2005, 663 (Anm. *Schiemann* VersR 2006, 160) = VRS 108, 326 = zfs 2005, 382 (Anm. *Diehl*); BGH v. 15.2.2005 – VI ZR 172/04 – BGHReport 2005, 700 (Anm. *Krischer*) = BGHZ 162, 170 = DAR 2005, 268 = NJW 2005, 1110 = NJW-Spezial 2005, 160 = NZV 2005, 245 (Anm. *Heß*; Anm. *Freyberger* NZV 2005, 231) = r+s 2005, 174 (Anm. *Lemcke*) = SP 2005, 126, 160 = SVR 2005, 227 (Anm. *Huber*) = VerkMitt 2005, 83 = VersR 2005, 665 (Anm. *Staab* VersR 2005, 1598; Anm. *Schiemann* VersR 2006, 160) = VRS 108 (2005), 331 = zfs 2005, 385 (Anm. *Diehl*).
149 BGH v. 25.1.1968 – III ZR 122/67 – VersR 1968, 396 (Entsprechendes gilt auch für den Ersatzanspruch eines Betriebsinhabers, der seine restliche Arbeitskraft weder im eigenen Betrieb noch in sonstiger Weise verwerten kann); OLG Hamm v. 21.6.1999 – 6 U 59/99 – DAR 2000, 264 = MDR 2000, 539 = OLGR 2000, 312 = r+s 2000, 199 = SP 2000, 123 (Verdienstausfallersatz bei nicht unfallkausalem Verlust einer nach dem Unfall angetretenen neuen Arbeitsstelle, wenn der Geschädigte ohne den Unfall bei seinem ersten Arbeitgeber weiterbeschäftigt gewesen wäre).
150 Wird neben der Rente erlaubterweise eine entgeltliche Beschäftigung (z.B. als Zeitungsausträger) ausgeübt, kann allerdings ein Verdienstausfall entstehen.
151 Münchener Kommentar-*Wagner* §§ 842, 843 Rn 47; *Pardey* S. 204, Rn 875.
152 Siehe auch OLG Hamm v. 21.9.1994 – 13 U 64/94 – r+s 1995, 258 (Wird ein Berufsunfähiger erwerbsunfähig, so ist ihm ein etwaiger Rentenschaden zu ersetzen).
153 Der Rentenminderungsschaden wird hier auch durch § 119 SGB X, § 179 Ia SGB VI reduziert bzw. ausgeschlossen.

fiktiv angesetzt werden. Gerade in diesem sozial-karitativen Bereich kommen weniger materielle Gründe (Verwertung von Arbeitskraft) als **ideelle Wertvorstellungen** zum Tragen (so dass man allenfalls an eine Berücksichtigung im Rahmen von § 253 II BGB n.F. – für Unfälle bis 31.7.2001 noch § 847 BGB a.F. – denken kann). Materielle Einbußen (allerdings ohne eine Ersatzberechtigung) hat nur der mittelbar Geschädigte, dh. diejenige Institution, für die verletzte Person tätig war.

> *Beispiel 2.6:*
> Frau Huber verwaltet jeden Samstag in der Pfarrgemeinde die Bibliothek. Sie erhält hierfür keine Gegenleistung der Gemeinde sondern arbeitet „für Gottes Lohn".
>
> *Ergebnis:*
> Mangels entgangener entgeltlicher Tätigkeit hat **Frau Huber** keinen ersatzfähigen Verdienstausfallschaden erlitten.
> Wenn Frau Huber aufgrund einer Verletzung ausfällt, muss die **Gemeinde** u.U. durch von ihr zu bezahlende Kräfte diesen Verlust auffangen, ohne dafür allerdings Schadenersatz aus eigenem (Gemeinde ist nur mittelbar geschädigt) oder von Frau Huber abgetretenem Recht (in ihrer Person sind bereits keine Ansprüche entstanden) verlangen zu können.

111

Der Erwerbsschaden ist entgelt-orientiert, nicht arbeitswert-orientiert. Entscheidend ist, dass durch den Ausfall oder die Beeinträchtigung der Arbeitskraft ihr **gewinnbringender Einsatz** unterblieben oder eingeschränkt ist. Erst die negativen Auswirkungen des Ausfalls der Arbeitskraft stellen einen Schaden im haftungsrechtlichen Sinne dar.[155] Dieser Problematik begegnet man gerade beim Erwerbsschaden des Selbstständigen.[156]

112

Der bloße Wegfall oder die Beeinträchtigung (ausgedrückt durch prozentuale **Minderung der Erwerbsfähigkeit**) der Arbeitskraft an sich stellt – anders als im Sozialrecht – noch keinen ersatzfähigen Nachteil bzw. ausgleichsfähigen Vermögenswert dar.[157] Der Grad der Minderung der Erwerbsfähigkeit (**MdE**) wird nicht konkret bestimmt, sondern anhand sozialrechtlicher Maßstäbe abstrakt nach der sog. „**Gliedertaxe**". Diese abstrakte Minderung der Erwerbsfähigkeit ist nicht gleichbedeutend mit einer konkreten finanziellen Einbuße und kann daher nicht auf das Schadensersatzrecht übertragen werden.[158] Häufig kann der Verletzte weiter seiner früheren oder anderen Tätigkeit nachgehen, ohne unfall-

113

---

154 OLG Celle v. 3.12.1987 – 5 U 299/86 – NJW 1988, 2618 = JuS 1995, 12 (Anm. *Gotthardt*) = VersR 1988, 1240 = zfs 1988, 37 (Verletzung eines Ordensbruders, der nach Satzung und Gelübde zu unentgeltlicher Arbeit verpflichtet war); siehe auch LG Karlsruhe v. 5.8.1996 – 12 O 148/95 – VersR 1998, 1116 (Das LG-Urteil wurde nicht rechtskräftig, die Parteien verglichen sich anschließend vor dem OLG) m.w.N.; *Bamberger/Roth-Spindler* § 843 Rn 15; *Huffmann* „Die nicht-eheliche Lebensgemeinschaft im Schadensrecht – Schadensersatz für entgangenen Unterhalt ?" VGT 1985, S. 95 (zu II.B.2); *Pardey* S. 301, Rn 1275 ff.
155 OLG Frankfurt v. 16.12.1992 – 13 U 223/89 – VersR 12994, 610 (BGH hat die Revision nicht angenommen, Beschl. v. 5.10.1993 – VI ZR 18/93 -); OLG Saarbrücken v. 14.4.1999 – 1 U 630/98-115 – VersR 2000, 985.
156 Siehe dazu Kap 4 Rn 67 ff.
157 BGH v. 16.3.2004 – VI ZR 138/03 – DAR 2004, 382 = MDR 2004, 1058 = NJW 2004, 1945 = NZV 2004, 344 = r+s 2004, 255 = SP 2004, 225 = SVR 2004, 379 (Anm. *Bachmeier*) = VersR 2004, 874 = VRS 106, 402 = zfs 2004, 349; BGH v. 5.5.1970 – VI ZR 212/68 – BB 1970, 862 = BGHZ 54, 45 = MDR 1970, 752 = NJW 1970, 1411 = VersR 1970, 766 = VRS 39, 163; OLG Saarbrücken v. 14.4.1999 – 1 U 630/98-115 – VersR 2000, 985; AG Stade v. 18.5.2004 – 61 C 1277/03 – SP 2004, 263.
158 BGH v. 24.10.1978 – VI ZR 142/77 – VersR 1978, 1170; BGH v. 5.5.1970 – VI ZR 212/68 – BB 1970, 862 = BGHZ 54, 45 = MDR 1970, 752 = NJW 1970, 1411 = VersR 1970, 766 = VRS 39, 163; BGH v. 24.1.1956 – VI ZR 271/54 – VersR 1956, 218.

2 Erwerbsschaden

bedingte Verdiensteinbußen hinnehmen zu müssen: Ein Schadensersatzanspruch entfällt dann ganz oder teilweise.

114 Beispiel 2.7:
Während ein beinamputierter (MdE 80 %) Versicherungskaufmann im Innendienst verletzungsbedingt nicht unbedingt eine Verdiensteinbußen hinzunehmen hat, muss demgegenüber vielleicht ein in der Feinmotorik der rechten Hand nur leicht gestörter (MdE u.U. ≤ 20 %) Uhrmacher oder Feinmechaniker unter Verdiensteinbußen seinen Beruf wechseln.[159]

115 IdR entfällt eine messbare Verdiensteinbuße (aber auch ein Haushaltsführungsschaden[160]) bei einer festgestellten **MdE** von **20 % oder weniger**.[161]

116 Bei der Ermittlung eines nach §§ 842, 843 BGB zu ersetzenden Erwerbsschadens darf auch unter Berücksichtigung der Beweiserleichterungen nach § 252 S. 2 BGB, § 287 I ZPO einem Verletzten, dessen Arbeitskraft unfallbedingt beeinträchtigt ist, nicht ohne hinreichende Anhaltspunkte dafür, wie sich seine Erwerbstätigkeit ohne das Unfallereignis voraussichtlich entwickelt hätte, pauschal ein abstrakt geschätzter **„Mindestschaden"** zugesprochen werden.[162] Verlangt ein Verletzter wegen aufgehobener oder geminderter Erwerbsfähigkeit Schadensersatz, so hat er konkret darzutun und nachzuweisen, dass er auch eine Erwerbseinbuße erlitten hat.[163] Eine abstrakte Berechnung ohne Berücksichti-

---

159 OLG München v. 4.5.2007 – 10 U 3439/05 – (BGH hat die Revision nicht angenommen, Beschl. v. 12.2.2008 – VI ZR 151/07 –) (Goldschmied ist wegen eines HWS-Traumas, einer Commotio Cerebri und Einschränkung des Sehvermögens auf dem allgemeinen Arbeitsmarkt zu 30 % erwerbsgemindert, als Goldschmied zu 100 % berufsunfähig).
160 Nachweise siehe Kap 7 Fn 61.
161 BGH v. 12.1.1965 – VI ZR 228/63 – VersR 1965, 462; KG v. 13.10.2005 – 12 U 296/03 – NZV 2006, 305 = VersR 2006, 661 = VRS 109, 436; KG v. 15.5.2000 – 12 U 3645/98 – DAR 2002, 211 (nur LS) = NVwZ-RR 2002, 450 = NZV 2002, 172 = VerkMitt 2002, Nr. 45 = VersR 2002, 1429 (BGH hat Revision nicht angenommen, Beschl. v. 4.12.2001 – VI ZR 282/00 -); OLG Nürnberg v. 18.4.1983 – 5 U 251/83 – zfs 1983, 165; LG Köln v. 18.7.1974 – 72 O 116/73 – r+s 1974, 78 (Bei einer MdE von 25 % entsteht einer 55-jährigen Kioskbesitzerin nicht ohne weiteres Erwerbsschaden); LG Hamburg v. 7.9.2000 – 323 S 46/00 – SP 2001, 54 (Kein Ersatz von Ersatzkraftkosten bei nur kurzfristigem Ausfall – 100 %ige Arbeitsunfähigkeit für 3 Tage – und anschließender 20 %-iger Arbeitsunfähigkeit für 7 Tage); AG Amberg v. 14.11.1968 – 1 C 556/66 – VersR 1970, 70 (nur LS).
162 BGH v. 16.3.2004 – VI ZR 138/03 – DAR 2004, 382 = MDR 2004, 1058 = NJW 2004, 1945 = NZV 2004, 344 = r+s 2004, 255 = SP 2004, 225 = SVR 2004, 379 (Anm. *Bachmeier*) = VersR 2004, 874 = VRS 106, 402 = zfs 2004, 349; BGH v. 24.1.1995 – VI ZR 354/93 – BB 1995, 696 = DAR 1995, 202 = MDR 1995, 693 = NJW 1995, 2227 = NZV 1995, 189 = r+s 1995, 217 = SP 1995, 201 = VersR 1995, 469 = zfs 1995, 170; BGH v. 17.1.1995 – VI ZR 62/94 – DAR 1995, 248 = MDR 1995, 358 = NJW 1995, 1023 = nzv 1995, 217 = r+s 1995, 139 = VersR 1995, 422 = VRS 88, 401; OLG München v. 4.5.2007 – 10 U 3439/05 – (BGH hat die Revision nicht angenommen, Beschl. v. 12.2.2008 – VI ZR 151/07 –).
163 BGH v. 5.4.2005 – VI ZR 21/03 -; BGH v. 16.3.2004 – VI ZR 138/03 – DAR 2004, 382 = MDR 2004, 1058 = NJW 2004, 1945 = NZV 2004, 344 = r+s 2004, 255 = SP 2004, 225 = SVR 2004, 379 (Anm. *Bachmeier*) = VersR 2004, 874 = VRS 106, 402 = zfs 2004, 349; BGH v. 11.6.1981 – VI ZR 88/80 – r+s 1981,193 = VersR 1981,1036 = zfs 1982, 9; OLG Koblenz v. 7.11.2005 – 12 U 1240/04 – HVBG-Info 2006, 786 = JurBüro 2006, 332 = OLGR 2006, 385 = SP 2006, 6, 89.

gung der konkreten Entwicklung reicht nicht aus.[164] Bei der Schadenberechnung ist nicht auf allgemeine Erfahrungswerte abzustellen, sondern auf die konkrete Situation des Verletzten.[165]

III. Einzelprobleme und Abgrenzungen[166]

1. Arbeitgeber

Siehe zu „Unternehmer" (Kap 2 Rn 229 ff.) und Kap 4 Rn 141 ff. **117**

2. Arbeitskraftfortfall

Der Wegfall von Arbeits- und Hilfskraft ist außerhalb der entgangenen Dienste bzw. des Unterhaltsschadens (Hausfrauenschaden, Betreuungsschaden) nicht erstattungsfähig.[167] Diese Schadensverlagerungen sind als nicht-typische Fälle auch nicht unter dem Aspekt der **Drittschadensliquidation** zu ersetzen. **118**

Auch wenn die Mitarbeit eines **Ehegatten** im Erwerbsgeschäft des anderen durch eine Körperverletzung ganz oder teilweise vereitelt wird, steht der Ersatzanspruch nur dem Verletzten selbst zu.[168] **119**

3. Arztbesuche

Es besteht eine **arbeitsrechtliche Verpflichtung** jedes Arbeitnehmers, sich um einen Termin außerhalb der eigenen Dienstzeit zu bemühen; es sei denn, es handelt sich um akute Erkrankungen oder Untersuchungen, die nur in der Dienst-/Arbeitszeit vorgenommen werden können. Besteht die Möglichkeit längerfristiger Planung, muss der geschädigte Arbeitnehmer diese nutzen. Hatte der Arbeitnehmer rechtzeitig um Arbeitsbefreiung gebeten, so kann der Arbeitgeber nicht nachträglich den Nachweis verlangen, dass dieser **120**

---

164 BGH v. 16.3.2004 – VI ZR 138/03 – DAR 2004, 382 = MDR 2004, 1058 = NJW 2004, 1945 = NZV 2004, 344 = r+s 2004, 255 = SP 2004, 225 = SVR 2004, 379 (Anm. *Bachmeier*) = VersR 2004, 874 = VRS 106, 402 = zfs 2004, 349; BGH v. 31.3.1992 – VI ZR 143/91 – NJW-RR 1992, 852 = VersR 1992, 973 = zfs 1992, 298; BGH v. 15.3.1988 – VI ZR 81/87 – DAR 1988, 268 = LM Nr. 38 zu § 252 BGB = MDR 1988, 849 = NJW 1988, 3016 = NZV 1988, 134 = VersR 1988, 837 = VRS 75, 161 = zfs 1988, 310, BGH v. 5.5.1970 – VI ZR 212/68 – BB 1970, 862 = BGHZ 54, 45 = MDR 1970, 752 = NJW 1970, 1411 = VersR 1970, 766 = VRS 39, 163; OLG Hamm v. 13.1.1986 – 27 W 74/85 – r+s 1986, 180, OLG Karlsruhe v. 25.3.1988 – 10 U 128/87 – r+s 1988, 136 = VersR 1988, 1164 (Einkommensteuererklärung der letzten 3 Jahre); OLG Köln v. 11.6.1970 – 14 U 183/68 – MDR 1971, 215 (Bei kurzer [1 – 2 Wochen] Arbeitsunfähigkeit eines selbstständigen Architekten ist nicht zwingend auf einen Verdienstausfall zu schließen); OLG München v. 28.2.1989 – 5 U 5138/8 – VersR 1991, 319 (BGH hat die Revision nicht angenommen, Beschl. v. 24.4.1990 – VI ZR 216/89 -).
165 OLG Frankfurt v. 16.12.1998 – 23 U 55/98 – zfs 1999, 516.
166 Siehe auch Kap 2 Rn 91 ff.
167 OLG Köln v. 13.1.1993 – 11 U 224/92 – r+s 1993, 242 = VersR 1994, 356 (Ausfall der Arbeitskraft des Verletzten beim Hausbau eines Dritten).
168 BGH v. 17.12.1985 – VI ZR 152/84 – DAR 1986, 116 = JR 1986,413 (Anm. *v. Einem*) = JZ 1986, 451 (Anm. *Dunz*) = MDR 1986, 488 = NJW 1986, 984 = r+s 1986, 67 = SGb 1987, 301 (Anm. *v. Einem*) = VersR 1986, 391 = zfs 1986, 170 = VRS 71, 325 (unter Hinweis auf BGH v. 11.7.1972 – VI ZR 194/70 – BGHZ 59,172) BGH v. 11.7.1972 – VI ZR 194/70 – BB 1972,1161 = BGHZ 59, 172 = MDR 1972, 941 = NJW 1972, 2217 = VersR 1972, 1075; siehe auch BGH v. 9.7.1968 – GSZ 2/67 – BB 1968, 974 = BGHZ 50, 304 = DAR 1969, 18 = DB 1968, 1620 = FamRZ 1968, 507 = MDR 1968, 821 = NJW 1968, 1823 = VersR 1968, 852 (Nach dem Inkrafttreten des Gleichberechtigungsgesetzes ist der Ehemann nicht mehr berechtigt, von dem verantwortlichen Schädiger Schadenersatz nach § 845 BGB wegen Behinderung der verletzten Ehefrau in der Haushaltsführung zu verlangen).

Arztbesuch tatsächlich auch während der Arbeitszeit erfolgen musste.[169] Der Arbeitgeber darf allerdings nicht von seinem Angestellten verlangen, dass dieser zu einem Arzt wechselt, der auch Sprechstunden außerhalb der Dienstzeit des Mitarbeiters anbietet.

121 Arbeitsrechtlich gilt, dass Arztbesuche grundsätzlich in der **Freizeit** und nicht während der Arbeitszeit abzuwickeln sind.[170] Lohnfortzahlung (häufig auch tarifvertraglich geregelt) kann der Arbeitnehmer nur beanspruchen, wenn der Arztbesuch während der Arbeitszeit notwendig war. **Notwendig** in diesem Sinne ist ein Arztbesuch nur, wenn

122 ■ der Arbeitnehmer den Arzt aus zwingenden **medizinischen Gründen** während der Arbeitszeit aufsuchen muss[171] oder

123 ■ der Arzt den Arbeitnehmer während der Arbeitszeit zur Untersuchung oder Behandlung in seine Praxis bestellt und der Arbeitnehmer zudem auf die **Termingestaltung** keinen Einfluss nehmen kann.[172]

124 Wird ein Arbeitnehmer bei einem Verkehrsunfall verletzt und muss er deshalb, ohne arbeitsunfähig zu sein, sich während der **Arbeitszeit** einer Heilbehandlung unterziehen, steht dem Arbeitgeber wegen der Fehlstunden kein Schadensersatzanspruch gegen den Schädiger zu.[173]

125 Verluste an **Freizeit** sind schadenrechtlich nicht zu ersetzen.[174] Wird (z.B. bei **Gleitzeitkonto**) die für den Arztbesuch aufgewandte Zeit später nachgearbeitet, liegt ebenfalls kein Schaden vor.[175] Verdiensteinbuße beim Geschädigten in Zusammenhang mit ärztlicher Behandlung fällt nur ausnahmsweise an, wenn zugleich der Arbeitgeber/Dienstherr den Lohn auch tatsächlich (und rechtlich zulässig) kürzt. Ersatzfähig ist diese Einbuße dann aber nur im Ausnahmefall, wenn der Verletzte keine andere Möglichkeit zur medizinischen Versorgung nutzen konnte als gerade zu einem Zeitpunkt, zu dem er ansonsten ohne Verschiebemöglichkeit Arbeit leisten muss.

---

169 BAG v. 10.7.1991 – 5 AZR 589/90 – EEK I/1063.
170 BAG v. 29.2.1984 – 5 AZR 92/82 – BAGE 45, 171 = BB 1984, 1046 = DB 1984, 1405 = NJW 1984, 2720; BAG v. 29.2.1984 – 5 AZR 467/81 – USK 8471; Ergänzend Brill „Arztbesuche während der Arbeitszeit" NZA 1984, 281.
171 BAG v. 29.2.1984 – 5 AZR 92/82 – BAGE 45, 171 = BB 1984, 1046 = DB 1984, 1405 = NJW 1984, 2720.
172 BAG v. 29.2.1984 – 5 AZR 92/82 – BAGE 45, 171 = BB 1984, 1046 = DB 1984, 1405 = NJW 1984, 2720; BAG v. 29.2.1984 – 5 AZR 455/81 – BAGE 45, 165 = BB 1984, 1164 = DB 1984, 1687 = MDR 1984, 785 = NJW 1984, 2720 (nur LS) (Keine Lohnfortzahlung, wenn nur die Termingestaltung des Arztes Lohnausfall verursachte); BAG v. 22.1.1985 – 5 AZR 34/85 – BAGE 50,376 = DB 1986, 1631 = NJW 1986, 2903 = NZA 1986, 524, BAG v. 27.6.1990 – 5 AZR 365/89 – BAGE 65, 226 = BB 1991, 1979 = DB 1991, 2072 = NZA 1991, 894.
173 LG Aachen v. 10.10.1985 – 2 O 260/85 – zfs 1986,34; siehe aber auch LG Frankfurt v. 2.12.1999 – 2/1 S 163/99, 2-01 S 163/99 – SP 2000, 269 (Arbeitsfehlzeiten von 50 unfallbedingten Arztbesuchen in 13 Monaten sind nicht verhältnismäßig geringfügig i.S.v. § 616 I BGB und müssen daher vom Arbeitgeber nicht bezahlt werden. Daher hat der Schädiger das auf die Fehlzeiten entfallenden Bruttoentgelt zzgl. Arbeitgeberanteile der SV-Beiträge zu ersetzen.).
174 OLG Köln v. 29.6.1981 – 24 U 21/81 – VersR 1982, 585 = zfs 1982, 239 unter Berufung auf BGH v. 28.2.1969 – II ZR 154/67 – MDR 1969,554 = NJW 1969,1109 = VersR 1969,437; LG München v. 6.6.1984 – 17 O 1130/84 – VersR 1985, 1150 = zfs 1986,43 (Kein Ersatz wegen des mit der Schadenabwicklung – Aufklärung des Sachverhalts, Bestellung eines Sachverständigen, Werkstattbesuche, Telefonate – verbundenen Zeitaufwandes); siehe auch Kap 2 Rn 267.
175 AG Ettenheim v. 26.1.2001 – C 283/00 -.

Der Verlust an Freizeit, mit dem **Eltern** anlässlich der Begleitung ihrer verletzten Kinder zu medizinischen Behandlungen belastet sind, ist als Vermögensschaden nicht zu ersetzen.[176]

4. Aufwandsentschädigung (Auslöse, Spesen, Auslagenersatz)

Dieser Problemkreis ist im Zusammenhang mit den Nebeneinkünften dargestellt (Kapitel 5 C Aufwandsentschädigung (Auslöse, Spesen, Auslagenersatz) (siehe Kap 5 Rn 39 ff.).

5. Besuchs- und Betreuungskosten[177]

Führt ein Unfall zu stationärer Behandlung und nachfolgend zur Betreuung und Versorgung des Verletzten, bedeutet dieses zwar regelmäßig Zeiteinbußen der Angehörigen, die dann aber nur eingeschränkt schadensersatzrechtliche Bedeutung haben.

a. Besuchskosten

Besuchskosten sind, da sich diese Aufwendungen eigentlich als Vermögensschaden letztlich nur mittelbar Betroffener darstellen, nur dann zu ersetzen, wenn sie wegen ihrer engen Verbundenheit mit den **Heilbehandlungskosten des Verletzten** entstanden und damit dem Anspruch des Verletzten zuzurechnen sind.[178] Den Anspruch hat daher der Verletzte und nicht etwa der Besucher.

Zu erstatten sind Aufwendungen, wenn der Besucher ein naher Verwandter ist, die Besuche während des stationären Aufenthalts erfolgen, für die Gesundung des Patienten medizinisch **notwendig** (dh. erforderlich, und nicht nur förderlich[179] oder wünschenswert[180]) und die Kosten unvermeidbar sind.[181]

Zu den Besuchskosten kann auch der dem Besucher entstandene **Verdienstausfall** gehören, wobei die Schadensminderungspflicht es gebietet, in zumutbarem Umfang die Arbeit zeitlich umzudisponieren.[182] Besuche sind zur Vermeidung von Einbußen im Rahmen einer Gleitzeit oder zum Feierabend hin zu disponieren; nur im Ausnahmefall kann eine Freistellung von der Arbeit durch **unbezahlten Urlaub** erforderlich sein. Der Anspruch ist auf diejenigen Nachteile begrenzt, die mit dem erforderlichen Heilungsaufwand für den Verletzten derart in einem inneren Zusammenhang stehen, dass sie als eigentliche Besuchskosten zu qualifizieren sind. Daher sind weitergehende Fortkommensnachteile der

---

176 OLG Frankfurt v. 21.5.1999 – 24 U 150/97 – VersR 2000, 607 (Einbußen an Freizeit, die Eltern eines gesundheitlich schwer geschädigten Kindes wegen dessen Betreuung haben, können den Schmerzensgeldanspruch des Kindes erhöhen).
177 Ausführlich *Jahnke* in Anwalts-Handbuch Verkehrsrecht Teil 4 Rn 89 ff., 140 ff.; *Hillmann/Fleischmann* § 9 Rn 269 ff.
178 BGH v. 19.2.1991 – VI ZR 171/90 – MDR 1991, 729 = VersR 1991, 559; KG v. 25.2.1999 – 12 U 7367/97 – SP 2000, 378; OLG Bremen v. 31.8.1999 – 3 U 165/98 – VersR 2001, 595 (BGH hat die Revision nicht angenommen, Beschl. v. 11.1.2000 – VI ZR 11/99 -); OLG Köln v. 21.3.1989 – 3 U 146/88 – r+s 1989, 400 = zfs 1990, 46.
179 KG v. 25.2.1999 – 12 U 7367/97 – SP 2000, 378.
180 KG v. 25.2.1999 – 12 U 7367/97 – SP 2000, 378, OLG Hamm v. 13.1.1992 – 13 U 118/91 – r+s 1993, 20.
181 BGH v. 19.2.1991 – VI ZR 171/90 – MDR 1991, 729 = VersR 1991, 559.
182 BGH v. 19.2.1991 – VI ZR 171/90 – MDR 1991, 729 = VersR 1991, 559; BGH v. 21.5.1985 – VI ZR 201/83 – MDR 1985, 922 = VersR 1985, 78 m.w.N.; OLG Köln v. 22.11.2000 – 11 U 75/00 – DAR 2001, 510 = VersR 2002, 209.

Besucher, die sich aus der Belastung der Erwerbstätigkeit mit den Krankenbesuchen ergeben, nicht mehr zu ersetzen.[183]

132 Eine Beeinträchtigung des Besuchers in seiner heimischen **Haushaltsführung** ist nicht zu berücksichtigen.[184] Versorgt der Besucher einen Haushalt, steht ihm kein Ersatz für die im Haushalt verlorene Arbeitszeit zu. Regelmäßig ist dies schon deswegen der Fall, weil die Haushaltstätigkeit disponibel ist, also vor- oder nachgearbeitet werden kann. Indiz hierfür ist z.B. die Geltendmachung fiktiver Haushaltshilfekosten: In diesem Falle ist bewiesen, dass die Arbeit anderweitig aufgefangen werden konnte. Anderes könnte je nach Familienverhältnissen allenfalls bei langfristiger Besuchsabwesenheit gelten, wenn auch tatsächlich eine **Ersatzkraft** eingestellt wird.

133 Besucht die Mutter einen nahen Angehörigen und musste gegen Entgelt[185] – und zwar außerhalb familiärer Bindungen[186] – eine Betreuung für zu Hause gebliebene Kinder besorgt werden, können diese **Babysitterkosten** u.U. im Einzelfall erstattungsfähig sein.[187] Eine gleichgelagerte Interessenlage besteht, wenn der Besucher eine Person für Betreuung eines im Haushalt lebenden **hilflosen Familienangehörigen** engagieren muss. Eine fiktive Erstattung scheidet stets aus.

b. Zuwendung

134 Es ist zu unterscheiden zwischen schadensrechtlich zu ersetzenden Vermögensschäden und vom Schadensersatzrecht nicht umfasster vermehrter Zuwendung der nächsten Angehörigen zu einem Kind.[188] Der Betreuungsaufwand durch Eltern ist kein kommerzialisierbarer Schaden, der in Geld bemessen werden kann.[189]

135 Werden Hilfeleistungen im Rahmen der **täglichen Familienbetreuung** abgedeckt und sind sie nicht auf Dauer ausgerichtet, so ist der Zeitaufwand von Familienangehörigen für vermehrte Zuwendung bei Verletzung eines Kindes – anders als der Betreuungsaufwand – nicht zu ersetzen. Diese Art von Zuwendung ist rein immaterieller Natur.[190]

136 Betreuungsleistungen müssen sich, sollen sie erstattungsfähig sein, deutlich vom selbstverständlichen, ursprünglichen **Aufgabengebiet der Eltern** abheben.[191] Ersatzfähig ist nur der zusätzliche (dh. erhöhte) Aufwand, die normale Kindesbetreuung aber nicht.[192]

---

183 BGH v. 19.2.1991 – VI ZR 171/90 – MDR 1991, 729 = VersR 1991, 559; OLG Köln v. 21.3.1989 – 3 U 146/88 – r+s 1989, 400 = zfs 1991, 46.
184 BGH v. 19.2.1991 – VI ZR 171/90 – MDR 1991, 729 = VersR 1991, 559.
185 OLG Frankfurt v. 2.11.1979 – 2 U 76/79 – und BGH v. 28.10.1980 – VI ZR 303/79 – VersR 1981, 239 = zfs 1981, 139.
186 OLG Hamm v. 1.2.1971 – 13 U 131/70 – VersR 1972, 1174 (nur LS).
187 BGH v. 24.10.1989 – VI ZR 263/88 – MDR 1991, 327 = VersR 1989, 1308.
188 Vgl. BGH v. 8.6.1999 – VI ZR 244/98 – NJW 1999, 2819 = r+s 1999, 415 = VersR 1999, 1156 (Baby-Bottle-Syndrom).
189 OLG Frankfurt v. 15.10.2003 – 23 U 3/97 – OLGR 2004, 191 (BGH hat die Revision nicht angenommen, Beschl. v. 11.5.2004 – VI ZR 326/03 –) (Baby-Bottle-Syndrom durch Dauernuckeln von gesüßtem Tee), OLG Frankfurt v. 11.3.1998 – 23 U 55/97 – OLGR 1999, 6.
190 BGH v. 22.11.1988 – VI ZR 126/88 – MDR 1989, 343 = VersR 1989, 188; KG v. 17.10.2005 – 12 U 173/02 – VersR 2006, 799 (nur LS).
191 BGH v. 8.6.1999 – VI ZR 244/98 – NJW 1999, 2819 = r+s 1999, 415 = VersR 1999, 1156; KG v. 17.10.2005 – 12 U 173/02 – VersR 2006, 799 (nur LS); OLG Frankfurt v. 22.3.2000 – 19 U 68/99 – VersR 2001, 1572 (BGH hat die Revision nicht angenommen, Beschl. v. 20.3.2001 – VI ZR 205/00 -); OLG Hamm v. 25.9.2002 – 13 U 62/02 – DAR 2003, 118.
192 OLG Frankfurt v. 22.3.2000 – 19 U 68/99 – VersR 2001, 1572 (BGH hat die Revision nicht angenommen, Beschl. v. 20.3.2001 – VI ZR 205/00 -).

Ein Bestreben der Eltern, die Hilfsbedürftigkeit eines geistig oder körperlich behinderten Kindes durch besonders liebevolle Zuwendung und Aufmerksamkeit auszugleichen, bleibt als immaterieller Aufwand bei der ersatzrechtlichen Bewertung außer Betracht.[193]

Der **Verlust an Freizeit**, mit dem Eltern anlässlich der Begleitung ihrer verletzten Kinder zu medizinischen Behandlungen belastet sind, stellt allenfalls einen reinen Vermögensschaden (m.E. eher immateriellen Schaden) dar und ist daher nicht zu ersetzen.[194] Nicht zu verwechseln ist der Freizeitverlust allerdings mit dem durch Eltern erfüllten Betreuungs- und Pflegeanspruch des Kindes.

c. Betreuung

Erfolgt die Betreuung eines Verletzten innerhalb der **Familie**, ist diese für den Ersatzpflichtigen einerseits nicht kostenlos, andererseits ist auch nicht auf die Kosten einer fremden Hilfskraft abzustellen.[195] Die zusätzliche Mühewaltung der Verwandten ist angemessen auszugleichen.[196]

Der Schädiger kann nicht die eventuell bestehende **Unterhaltspflicht** der Eltern (§ 1601 BGB) oder deren gesetzliche Betreuungspflicht (§ 1612 I, II BGB) entgegenhalten.[197] Wird das Unfallopfer vom **Schadensersatzpflichtigen** selbst gepflegt, weil dieser dem Verletzten gegenüber unterhaltspflichtig ist, geht der gegen den Haftpflichtversicherer gerichtete Anspruch auf Ersatz der Kosten dieser erforderlichen Pflegeleistungen auf den pflegenden Schädiger über.[198]

Der Geschädigte ist nicht verpflichtet, eine Hilfs- oder Pflegekraft einzustellen, sondern kann – orientiert am jeweils konkreten Bedarf – Ersatz der **fiktiven Kosten** fordern.[199]

Für die Angemessenheit ist zu sehen, dass Familienangehörige die Hilfeleistungen für die vorgegebene Haushaltsgemeinschaft weniger belastend und zeitaufwendig gestalten können. Die zusätzlichen Aufgaben sind für die Eltern eine Ergänzung ihrer bisherigen Pflichten, so dass **Rationalisierungseffekte** zu berücksichtigen sind.[200]

---

193 OLG Düsseldorf v. 1.3.2001 – 8 U 106/00 – VersR 2002, 858 (nur LS) (BGH hat die Revision nicht angenommen, Beschl. v. 30.10.2001 – VI ZR 133/01 -).
194 OLG Frankfurt v. 21.5.1999 – 24 U 150/97 – VersR 2000, 607 (Einbußen an Freizeit, die Eltern eines gesundheitlich schwer geschädigten Kindes wegen dessen Betreuung haben, können den Schmerzensgeldanspruch des Kindes erhöhen).
195 BGH v. 1.10.1985 – VI ZR 195/84 – VersR 1986, 173.
196 BGH v. 1.10.1985 – VI ZR 195/84 – VersR 1986, 59; OLG Nürnberg v. 13.7.1984 – 1 U 983/84 – und BGH v. 1.10.1985 – VI ZR 195/84 – VersR 1986, 173, OLG Zweibrücken v. 30.6.1998 – 5 U 26/95 – AHRS 0170/104, 0280/109, 0495/105, 2500/188 = OLGR 1999, 153 (nur LS) (Aktenzeichen der Revision: VI ZR 248/98) (Entspricht der personelle Pflegeaufwand einer Vollzeitbeschäftigung von mindestens 8 Stunden täglich, orientiert sich die Höhe der Geldrente am Nettolohn, den die Kindesmutter in ihrem Beruf als Krankenschwester verdienen könnte).
197 OLG Nürnberg v. 13.7.1984 – 1 U 983/84 – und BGH v. 1.10.1985 – VI ZR 195/84 – VersR 1986, 173.
198 OLG München (Augsburg) v. 30.5.1995 – 24 W 152/94 – NJW-RR 1995, 1239 = NZV 1997, 402 (Anm. *Huber* NZV 1997, 377); siehe auch OLG Hamm v. 17.8.1993 – 27 U 144/92 – NJW 1994, 68 = r+s 1994, 15 (Anm. *Lemcke*) = zfs 1993, 333; siehe auch BGH v. 15.6.2004 – VI ZR 60/03 – BGHReport 2004, 1415 (Anm. *Schiemann*) = BGHZ 159, 318 = DAR 2004, 517 = FamRZ 2004, 1471 = MDR 2004, 1295 = NJW 2004, 2892 = NZV 2004, 514 = r+s 2004, 390 = SP 2004, 261, 297 = SVR 2004, 467 (nur LS) (Anm. *Schröder*) = VersR 2004, 1147 = VRS (2004) 107, 251 = zfs 2004, 506.
199 BGH v. 1.10.1985 – VI ZR 195/84 – VersR 1986, 59; BGH v. 8.11.1977 – VI ZR 117/75 – VersR 1978, 149.
200 OLG Hamm v. 17.8.1993 – 27 U 144/92 – NZV 1994, 68 = r+s 1994, 15 = zfs 1993, 333.

2 Erwerbsschaden

142 Die Leistungen der Angehörigen sind marktgerecht zu bewerten.[201] Ist ein Kind dauerhaft pflegebedürftig und wird es durch seine Mutter gepflegt, so ist dem Kind, wenn seine Mutter ihren Beruf deshalb aufgibt, der Marktwert der Pflegeleistung – orientiert am Lohn einer **ungelernten Kraft** oder **Pflegehelferin**, nicht aber dem früheren Einkommen der Mutter – zu ersetzen.[202]

6. Chance

143 Die Vereitelung bloßer Gewinnchancen (Verkehrsunfall verhindert z.B., dass Unfallbeteiligter seinen Lottoschein abgeben kann) begründet keinen Ersatzanspruch.[203]

144 Ähnlich ist es zu sehen, wenn dem Verletzten die Möglichkeit genommen wird, für andere als die Unfallerkrankung versicherungsrechtliche Vorsorge (z.B. durch Abschluss einer Berufsunfähigkeitsversicherung) abzuschließen.

7. Dienstleistungen

a. Außereheliche Gemeinschaft

145 Zu Einzelheiten siehe Kapitel 7A.II.2.e Eheähnliche Gemeinschaft (Kap 7 Rn 53).

b. Entgangene Dienste

146 Zu Einzelheiten siehe Kapitel 7B Entgangene Dienste (Kap 7 Rn 112 ff.).

c. Familienbetrieb

147 Werden im Familienbetrieb **unentgeltliche Leistungen** erbracht, kann der fiktive „übliche Lohn" den Maßstab für das Schadenvolumen sein, sofern dieser vom Betrieb erwirtschaftet wird.[204] Ansonsten kann man auch Gedanken der Gesellschaft bürgerlichen Rechts übertragen und dem mitarbeitenden Familiemitglied einen Anteil am Gewinn der Gesellschaft entsprechend seinem Arbeitseinsatz zubilligen.[205] Hätte der Familienbetrieb allerdings keine familienfremde Kraft finanzieren können, besteht kein Ersatzanspruch in Höhe einer solchen fiktiven Ersatzkraft.

---

201 BGH v. 8.11.1977 – VI ZR 117/75 – MDR 1978, 396 = VersR 1978, 149.
202 BGH v. 10.11.1998 – VI ZR 354/97 – VersR 1999, 252; OLG Bremen v. 21.4.1998 – 3 U 45/96 – NJW-RR 1999, 1115 = OLGR 1999, 148 = VersR 1999, 1030 (BGH hat die Revision nicht angenommen, Beschl. v. 24.11.1998 – VI ZR 169/98 -); OLG Koblenz v. 14.3.1991 – 5 U 1789/89 – VersR 1992, 612 (nur LS).
203 *Palandt-Heinrichs*, § 252 Rn 5; siehe auch BGH v. 23.9.1982 – III ZR 196/80 – BauR 1983, 90 = DB 1983, 1427 = MDR 1983, 201 = NJW 1983, 442 = WM 1982, 1387.
204 OLG München v. 28.1.1993 – 1 U 1722/92 – NJW-RR 1993, 1179 = OLGR 1993, 161 (Der nach dem StrEG zu entschädigende Verdienstausfall ist bei einem faktischen Arbeitsverhältnis als LKW-Fahrer im Fuhrbetrieb der Ehefrau nach einem üblichen Lohn zu bemessen); siehe auch OLG Oldenburg v. 10.11.1992 – 5 U 43/92 – NJW-RR 1993, 798 = zfs 1993, 263 (Übernehmen Familienmitglieder die Aufgaben des Verletzten unentgeltlich, so können als zu ersetzender Betrag die Netto-Kosten einer fiktiven Ersatzkraft zur Schätzung herangezogen werden).
205 Siehe auch BGH v. 22.11.1983 – VI ZR 22/82 – NJW 1984, 979 = VersR 1984, 353 (Zu § 844 II BGB: Maßgeblich ist das dem Beitrag zum Geschäftsgewinn und der Arbeitsleistung entsprechende „wirkliche Arbeitseinkommen").

Auch wenn die **Mitarbeit** eines Ehegatten im Erwerbsgeschäft des anderen durch eine Körperverletzung ganz oder teilweise **vereitelt** wird, steht der Ersatzanspruch nur dem Verletzten selbst zu.[206]

d. Unentgeltliche Hilfe

Kein Ersatzanspruch besteht für den Bauherrn wegen des Ausfalles der Arbeitskraft des Verletzten, der ihm bei seinem Bau geholfen hat.[207]

Wer unentgeltlich für einen anderen Dienstleistungen erbringt und dann unfallkausal dazu vorübergehend oder dauerhaft nicht in der Lage ist, erleidet selbst keinen Verdienstausfall.[208] Der Verletzte selbst erleidet keinen Schaden, da die Arbeitskraft nicht gegen Entgelt zur Verfügung gestellt wurde; der Empfänger der jeweiligen Dienstleistung erleidet zwar eine Vermögenseinbuße, ist aber – mangels geschützter Rechtsgutverletzung – nur mittelbar geschädigt. Eine Schadenersatzverpflichtung ist nicht gegeben.

8. Eigenleistungen im/am eigenen Heim

a. Kongruenz

Der zu ersetzende Schaden umfasst auch den Verlust der Einsparungen, der durch den unfallbedingten Ausfall der Arbeitskraft am eigenen Grundstück entsteht, für Arbeiten, die der Verletzte selbst ausgeführt hätte (Renovierungsarbeiten,[209] z.B. Streichen und Tapezieren; Eigenleistungen am Bau[210]); und zwar unabhängig davon, ob man diesen Schaden rechtlich als Verdienstausfall[211] oder Vermehrung der Bedürfnisse klassifiziert.[212]

---

206 BGH v. 17.12.1985 – VI ZR 152/84 – DAR 1986, 116 = JR 1986, 413 (Anm. v. Einem) = JZ 1986, 451 (Anm. Dunz) = MDR 1986, 488 = NJW 1986, 984 = r+s 1986, 67 = SGb 1987, 301 (Anm. v. Einem) = VersR 1986, 391 = zfs 1986, 170 = VRS 71,325 (unter Hinweis auf BGH v. 11.7.1972 – VI ZR 194/70 – BGHZ 59, 172); BGH v. 11.7.1972 – VI ZR 194/70 – BB 1972, 1161 = BGHZ 59, 172 = MDR 1972, 941 = NJW 1972, 2217 = VersR 1972, 1075; siehe auch: BGH v. 9.7.1968 – GSZ 2/67 – BB 1968, 974 = BGHZ 50, 304 = DAR 1969, 18 = DB 1968, 1620 = FamRZ 1968, 507 = MDR 1968, 821 = NJW 1968, 1823 = VersR 1968, 852 (Nach dem Inkrafttreten des Gleichberechtigungsgesetzes ist der Ehemann nicht mehr berechtigt, von dem verantwortlichen Schädiger Schadensersatz nach § 845 BGB wegen Behinderung der verletzten Ehefrau in der Haushaltsführung zu verlangen); BGH v. 10.12.2002 – VI ZR 171/02 – NJW 2003, 1040 = NZV 2003, 171 = VersR 2003, 466 = zfs 2003, 224 (Wird der Partner eines erfolgreichen Eiskunstlaufpaares bei einem Verkehrsunfall verletzt, so kann die Partnerin keinen Ersatz desjenigen Schadens verlangen, der ihr durch den zeitweiligen Ausfall des Partners entstanden ist).
207 OLG Köln v. 13.1.1993 – 11 U 224/92 – r+s 1993, 242 = VersR 1994, 356.
208 OLG Celle v. 12.11.1981 – 5 U 67/81 – VersR 1983, 40 = zfs 1982, 104, 133 (Großmutter beaufsichtigte unentgeltlich Enkel); OLG Düsseldorf v. 12.4.1996 – 14 U 163/95 – OLGR 1996, 181 (Unentgeltliche Versorgung von Altenteilern – Schwiegermutter – durch Schwiegertochter im landwirtschaftlichen Betrieb).
209 OLG Hamm v. 20.9.1988 – 9 U 22/88 – BB 1989, 1226 = DAR 1989, 308 = MDR 1989, 160, 187 = NZV 1989, 72 = VersR 1989, 152 = zfs 1989, 121 (Anstreicherlohnkosten sind zu ersetzen).
210 BGH v. 6.6.1989 – VI ZR 66/88 – DAR 1989, 341 = MDR 1989, 983 = NJW 1989, 2539 = VersR 1989, 857 = zfs 1989, 339; BGH v. 24.10.1989 – VI ZR 263/88 – NZV 1991, 111 = VersR 1989, 1308; OLG Köln v. 10.1.1990 – 26 U 41/87 – VersR 1991, 111 (BGH hat die Revision nicht angenommen, Beschl. 16.10.1990 – VI ZR 60/90 –); OLG Zweibrücken v. 26.1.1994 – 1 U 209/62 – NZV 1995, 315 = r+s 1995, 300 = VersR 1996, 864 (BGH hat die Revision nicht angenommen, Beschl. v. 31.1.1995 – VI ZR 85/94 –); siehe auch Scheffen „Erwerbsausfallschaden bei verletzten und getöteten Personen (§§ 842 bis 843 BGB)" VersR 1991, 926.
211 OLG Hamm v. 20.9.1988 – 9 U 2/88 – VersR 1989, 152; OLG München v. 27.9.1988 – 5 U 6599/87 – zfs 1991, 154.

2 Erwerbsschaden

152 M.E. ist die Zuordnung wie beim Haushaltsführungsschaden[213] kopfanteilig dem Verdienstausfall und den vermehrten Bedürfnissen vorzunehmen; sollte die Eigenleistungen (z.B. Renovierung oder Errichtung einer Wohnung) letztlich einer Vermietung o.Ä. zugeführt werden, besteht Kongruenz nur zum Erwerbsschaden.

b. Anforderungen

153 Die Aufwendungen müssen für anderweitig inanspruchgenommene Kräfte tatsächlich entstanden sein, eine lediglich **fiktive** Abrechnung ist nicht möglich.[214] Der Ersatzanspruch entsteht nicht schon bei bloßer Notwendigkeit der Einstellung von Ersatzkräften sondern erst mit der tatsächlich erfolgten Einstellung.[215]

154 Wenn es möglich ist, muss der Geschädigte die geplante Baumaßnahme bis zu seiner Genesung **verschieben**.[216]

155 Entschließt sich ein Verletzter erst **nach** seiner Verletzung, eine renovierungsbedürftige Wohnung oder ein Haus zu erwerben, besteht kein Ersatzanspruch.[217]

c. Darlegung

156 Ausgehend von der Erkenntnis „Der Tag hat zwar nur 24 Stunden, aber zur Not nimmt man die Nacht hinzu!" gilt, dass der Schadensersatz „nicht dem Ausgleich von Träumen"[218] dient. Für den Ersatzanspruch gelten strenge **Beweis**anforderungen.[219] Der Verletzte hat darzulegen und zu beweisen, dass das Bauvorhaben tatsächlich angegangen worden wäre und dass er dabei Eigenleistungen erbracht hätte.[220]

157 Es ist weiter zu prüfen, ob der Verletzte überhaupt **handwerklich**, aber auch **zeitlich**[221] (insbesondere neben seinem Beruf oder seiner Haupttätigkeit) in der Lage gewesen wäre,[222] die Arbeiten durchzuführen, ferner ob er diese Tätigkeiten allein hätte ausführen können oder aber koordinierter bzw. zu koordinierender Hilfe bedurfte.

---

[212] Offen gelassen: BGH v. 6.6.1989 – VI ZR 66/88 – DAR 1989, 341 = MDR 1989, 983 = NJW 1989, 2539 = VersR 1989, 857 = zfs 1989, 339.
[213] Siehe Kap 7 Rn 1 ff.
[214] LG Dortmund v. 14.11.2007 – 21 O 62/07 – SP 2008, 215.
[215] BGH v. 22.6.2004 – VI ZR 112/03 – BGHReport 2004, 1554 = FamRZ 2004, 1543 = FPR 2004, 640 = MDR 2004, 1355 = NJW 2004, 2894 = NJW-Spezial 2004, 304 = NZV 2004, 513 = r+s 2004, 434 = SP 2004, 368 = SVR 2006, 100 (nur LS) (Anm. *Bachmaier*) = SVR 2005, 456 = VersR 2004, 1192 = zfs 2004, 553 (Anm. *Diehl*); LG Dortmund v. 14.11.2007 – 21 O 62/07 – SP 2008, 215.
[216] OLG Celle v. 23.9.1993 – 14 U 150/92 – SP 1994, 11.
[217] KG v. 11.7.1996 – 12 U 4464/94 – NZV 1997,232; *Berz/Burmann-Heß* Kap 6 D, Rn 24; *Geigel-Pardey* Kap 4 Rn 139.
[218] *Geigel-Schlegelmilch* (23. Aufl. 2001) Kap 4 Rn 120.
[219] BGH v. 6.6.1989 – VI ZR 66/88 – DAR 1989, 341 = MDR 1989, 983 = NJW 1989, 2539 = VersR 1989, 857 = zfs 1989, 339.
[220] OLG Hamm v. 28.6.1995 – 13 U 12/95 – MDR 1995, 1126 = NJW-RR 1996, 170 = zfs 1995, 412.
[221] Der Tag hat nur 24 Stunden. Ein nicht geringer Teil davon dient der Erholung und Erhaltung der Arbeitskraft für die der Einkommenserzielung dienende Beschäftigung; es sind also die für die Hauptbeschäftigung geltenden arbeitsrechtlichen Grundsätze zu beachten.
[222] Dazu BGH v. 6.6.1989 – VI ZR 66/88 – DAR 1989, 341 = MDR 1989, 983 = NJW 1989, 2539 = VersR 1989, 857 = zfs 1989, 339: „Insoweit fragt sich, ob der Beruf des Verletzten als Pharmaberater genügend Zeit für Eigenleistungen dieses Ausmaßes gelassen hätte. Weiter ist zu bedenken, dass der Verletzte von Vorarbeiten der Spezialhandwerker, von Materiallieferungen sowie von Wetterbedingungen abhängig gewesen wäre. Er hätte aus diesen Gründen seine Freizeit möglicherweise nicht stets sinnvoll für den Bau einsetzen können.".

Zu beachten ist ferner, dass insbesondere Wasser-, Gas- und Elektroinstallationen sowie Architekten- und Statikeraufgaben zu überwiegenden Teilen **nur** von anerkannten **Fachunternehmen** durchgeführt werden dürfen. Jedenfalls kommen Abnahmekosten hinzu.

d. Schadenhöhe

Zu ersetzen sind grundsätzlich die tatsächlichen (nicht fiktiven[223]) Mehraufwendungen an Lohn (incl. Umsatzsteuer) für Fremdvergaben der Arbeiten, gegebenenfalls auch höhere Zinsbelastungen durch erhöhten Fremdkapitalbedarf, die durch unfallbedingte Verzögerungen oder den Wegfall der Eigenleistung entstehen,[224] gekürzt um den Vorteilsausgleich.

Orientierungsmaßstab zur Schadenhöhe ist der Handwerkerlohn,[225] gemindert allerdings um Arbeitgeberaufwendungen (z.B. zur Sozialversicherung und Gewinnanteil) und die **Vorteile** einer offiziellen Auftragsvergabe (aufgrund handwerklicher Erfahrung häufig bessere und zügigere Ausführung, Gewährleistung, geringere Materialkosten, weggefallene Gerätebeschaffungs- oder -leihkosten, Beschaffungs- und Entsorgungskosten). Die Erledigung der Arbeit „in einem Zug" (am Stück) durch ein beauftragtes Unternehmen führt regelmäßig dazu, dass die Räumlichkeiten früher zur Verfügung stehen. Hierin liegt ein materieller vermögenswerter Vorteil nicht nur bei fremdbestimmter Nutzung (z.B. Ausbau einer zur Vermietung bestimmten Ferienwohnung oder Garage), sondern auch im privaten Bereich.[226] Auch kann durch die Schadensersatzleistung eine ansonsten erforderliche Kreditaufnahme (in Höhe des auf die Eigenleistung entfallenden Betrages) beim Anspruchsberechtigten vermieden sein; diese Zinsersparnis stellt einen berücksichtigenswerten Vorteil dar.

9. Elterngeld, Erziehungsgeld

Der Fortfall von Elterngeld und Erziehungsgeld bei Tötung eines Kindes stellt für die Eltern ebenso wenig Einkommensschaden dar wie der Wegfall des Kindergeldes.

10. Entwertungsschaden

Problematisch ist der Ersatz sog. Entwertungsschäden, beispielsweise die Entwertung des Unternehmens oder der Praxis durch den Wegfall des Inhabers. Diese sind auch im Fall des späteren Versterbens des Verletzten erstattungsfähig, wenn und soweit sie noch in der

---

223 Das Personenschadenrecht kennt grundsätzlich keine fiktiven Schadenabrechnungen (*Heß/Jahnke* S. 74 mit Hinweis u.a. auf BR-Drucks 742/01 v. 28.9.2001, S. 29).
224 BGH v. 24.10.1989 – VI ZR 263/88 – NZV 1991, 111 = VersR 1989, 1308 (Zinsbelastungen für Darlehensmehrbedarf nach Fortfall der Eigenleistung sind zu erstatten).
225 OLG München v. 16.4.1985 – 5 U 5606/84 – DAR 1985, 354 = DAR 1986, 139 (Anm. *Klimke*).
226 Umgekehrte Anwendung der Rechtsprechung zum Nutzungsausfall von Wohnraum: BGH v. 9.7.1986 – GSZ 1/86 – BB 1986, 2155 = BGHZ 98, 212 = DB 1986, 2480 = JZ 1987, 306 = MDR 1987, 109 = NJW 1987, 50 = NJW-RR 1987, 14 (nur LS) = VersR 1986, 1103 = VRS 71,401 = WM 1986, 1352 = zfs 1986, 362 = ZIP 1986, 1394.

Person des Erblassers eingetreten sind und können von den Erben geltend gemacht werden.[227]

163 Derartige Entwertungsschäden sind aber nicht erstattungsfähig, wenn der Erblasser alsbald verstirbt und Verletzung und Tod zeitlich so nahe zusammenfallen, dass sie gemeinsam als die Ursache für den Entwertungsschaden erscheinen.[228] Dann erben die Rechtsnachfolger den entwerteten Nachlass, ohne den Schädiger auf Ersatz in Anspruch nehmen zu können. Der unfallbedingte Wertverlust der Erbmasse ist als solcher kein erstattungspflichtiger Schaden, sondern nicht erstattungsfähiger mittelbarer Schaden der Erben. Kann nach dem Tod eines Geschäftsmannes Inventar nur unter seinem Preis verkauft werden, ist der Mindererlös ein nicht erstattungsfähiger Schaden der Erben.[229]

164 *Beispiel 2.8:*[230]
Das Landwirtsehepaar V und M hatte seinem Sohn S den Hof übertragen und sich im Gegenzug dazu von S Versorgungsleistungen (Leibgeding) zusagen lassen. V und S bewirtschafteten den Hof, wobei dem V ein Gewinnanteil von 30 % gebührte. S wird durch Verschulden des X getötet. V und M (zugleich seine Erben) können den Hof nicht fortführen und müssen diesen sogar mit Verlust verkaufen.

Ergebnis:
1. Die Hinterbliebenen des S haben (außerhalb von §§ 844, 845 BGB) keine eigenen Schadensersatzansprüche gegenüber dem X. Sie sind mittelbar geschädigt.
2. In der Person des S sind keine nennenswerten Personenschadenansprüche entstanden, die dann im Wege der Erbfolge auf V und M hätten übergehen können.

165 Auf die Höhe der Schadensrenten der Unterhaltsgeschädigten wirkt sich der Entwertungsschaden nicht aus, weil für die Berechnung dieser Ansprüche von den Verhältnissen auszugehen ist, wie sie ohne das Schadensereignis bestanden hätten.

166 *Beispiel 2.9:*
Abwandlung von Beispiel 2.8.
S wurde durch Verschulden des X verletzt und überlebt den Unfall 1 Jahr im Koma. Nach seinem Tode wollen V und M (zugleich seine Erben) den Hof nicht fortführen und veräußern ihn mit Verlust.

Ergebnis:
1. Die Hinterbliebenen des S haben
   keine **eigenen** Schadensersatzansprüche gegenüber dem X. Sie sind mittelbar geschädigt.

---

227 BGH v. 22.6.2004 – VI ZR 112/03 – BGHReport 2004, 1554 = FamRZ 2004, 1543 = FPR 2004, 640 = MDR 2004, 1355 = NJW 2004, 2894 = NJW-Spezial 2004, 304 = NZV 2004, 513 = r+s 2004, 434 = SP 2004, 368 = SVR 2006, 100 (nur LS) (Anm. *Bachmaier*) = SVR 2005, 456 = VersR 2004, 1192 = zfs 2004, 553 (Anm. *Diehl*); BGH v. 25.1.1972 – VI ZR 75/71 – BB 1972, 468 = MDR 1972, 504 = VersR 1972, 460; BGH v. 20.2.1962 – VI ZR 65/61 – NJW 1962, 911 = VersR 1962, 337; OLG Hamm v. 29.10.2002 – 9 U 64/02 – zfs 2003, 593 (Anm. *Diehl*) (BGH hat die Nichtzulassungsbeschwerde zurückgewiesen, Beschl. v. 30.9.2003 – VI ZR 27/03 -) (Stirbt ein Geschäftsinhaber infolge eines Unfalles, so können seine Erben, die das Geschäft deshalb stilllegen müssen, einen solchen Erwerbsschaden nicht fordern, auch wenn er in der Verletzung des Betriebsinhabers mitangelegt erscheint, sich aber zu dessen Lebzeiten wirtschaftlich nicht ausgewirkt hat).
228 BGH v. 20.2.1962 – VI ZR 65/61 – VersR 1962, 337; BGH v. 22.11.1983 – VI ZR 22/82 – NJW 1984, 979 = VersR 1984, 353; OLG Hamm v. 29.10.2002 – 9 U 64/02 – zfs 2003, 593 (Anm. *Diehl*) (BGH hat Nichtzulassungsbeschwerde zurückgewiesen, Beschl. v. 30.9.2003 – VI ZR 27/03 -).
229 *Böhme/Biela* S. 227, Rn D 227 (Fn 623).
230 BGH v. 21.11.2000 – VI ZR 231/99 – BGHReport 2001, 123 = DAR 2001, 159 = JA 2001, 619 (nur LS) (Anm. *Schöpflin*) = MDR 2001, 389 = NJW 2001, 971 = r+s 2001, 245 = VersR 2001, 648.

2. In der Person des S sind nunmehr Personenschadenansprüche entstanden, die im Wege der **Erbfolge** auf V und M übergehen:
- Schmerzensgeld
- Verdienstausfallschäden

    Anm.: Bei der Gewinnberechnung stellen die Versorgungsleistungen an die Eltern V und M gewinnmindernde Belastungen dar.
    Auch ist der vereinbarte Gewinnanteil des V in Höhe von 30 % anspruchsmindernd herauszunehmen.
- U.U. Entwertungsschaden infolge des endgültigen Fortfalles seiner Arbeitskraft.

Unter welchen Umständen überhaupt ein Entwertungsschaden (bei Überleben des Verletzten) verlangt werden kann, ist bereits zweifelhaft.[231] Schwierigkeiten bereitet zudem die Ermittlung des Anspruchsvolumens. Soweit der Verletzte wegen des Unfalles keine Einkünfte mehr aus seinem Unternehmen erzielen kann, hat er einen Anspruch auf Verdienstausfall; dabei mindert der Aufwand für die Fortführung seines Betriebs seinen Schaden (Betriebskosten). Die Wechselwirkung von Verdienstausfall und Entwertungsschaden ist bei der Ermittlung der Schadenhöhe stets zu bedenken.

167

Es kann auch der gegenteilige Effekt eintreten, wenn durch den Unfall ein **vorzeitiger Verkauf** von Gegenständen oder Unternehmen erzwungen wird und dabei der Erlös oberhalb dessen liegt, was bei hypothetischem Verlauf dann erst später erzielt worden wäre (z.B. Preisverfall bei bestimmten Produkten, Sturz von Wertpapieren).[232]

168

11. Freizeiteinbuße

Dieser Problemkreis wird unter dem Aspekt des „Zeitverlustes"[233] behandelt.

169

12. Frustrierter Aufwand, Frustrationsschaden

Dieser Problemkreis wird unter dem Aspekt der „ideellen Einbußen"[234] bzw. der „vergeblichen Aufwendungen"[235] behandelt, kann sich allerdings auch als „Freizeiteinbuße"[236] oder „Zeitverlust"[237] darstellen.

170

13. Geldstrafe/Sanktion

Die infolge eines Haftpflichtereignisses verwirkte Belastung mit einer Geldstrafe/-buße oder einer ähnlichen Sanktion entzieht sich der schadensrechtlichen Bewertung durch ih-

171

---

231 Siehe dazu: BGH v. 22.6.2004 – VI ZR 112/03 – BGHReport 2004, 1554 = FamRZ 2004, 1543 = FPR 2004, 640 = MDR 2004, 1355 = NJW 2004, 2894 = NJW-Spezial 2004, 304 = NZV 2004, 513 = r+s 2004, 434 = SP 2004, 368 = SVR 2006, 100 (nur LS) (Anm. *Bachmaier*) = SVR 2005, 456 = VersR 2004, 1192 = zfs 2004, 553 (Anm. *Diehl*); BGH v. 25.1.1972 – VI ZR 75/71 – BB 1972, 468 = MDR 1972, 504 = VersR 1972, 460; BGH v. 20.2.1962 – VI ZR 65/61 – NJW 1962, 911 = VersR 1962, 337; OLG Hamm v. 29.10.2002 – 9 U 64/02 – zfs 2003, 593 (Anm. *Diehl*) (BGH hat die Nichtzulassungsbeschwerde zurückgewiesen, Beschl. v. 30.9.2003 – VI ZR 27/03 -).
232 OLG Saarbrücken v. 13.6.2006 – 4 U 364/05 – zfs 2007, 325 (Anm. *Diehl*) (Mehrerlös bei unfallkausal vorzeitigem Verkauf eines Geschäftes ist als Vorteil auf den Verdienstausfall des Selbstständigen zu verrechnen).
233 Siehe Kap 2 Rn 267, siehe auch Kap 2 Rn 120 ff.
234 Vgl. Kap 2 Rn 178 ff.
235 Vgl. Kap 2 Rn 244 ff.
236 Siehe Kap 2 Rn 169.
237 Siehe Kap 2 Rn 272 ff.

ren Zweck als kriminalpolitisch zu verstehende staatliche (auch europarechtliche) Sanktion.[238] Es ist kein Ersatz zu leisten. Eine **ungerechtfertigte Strafanzeige**, die zu Sanktionen (z.B. Verlust der Fahrerlaubnis führt), kann Schadenersatzansprüche nach § 823 II BGB i.V.m. § 164 StGB und § 826 BGB auslösen.[239]

172 Der **Ausfall von Bußgeldern** (z.B. nach Beschädigung eines behördlichen Radargerätes zur Geschwindigkeitsüberwachung oder einer Kamera zur Überwachung von Rotlichtverstößen) ist nicht zu ersetzen.[240] Der Anerkennung der Geldbuße als ersatzfähigem Schaden steht ihre Funktion entgegen: In Anbetracht ihrer präventiven und repressiven Funktion ist die Einnahmenerzielung durch Verwarn- und Bußgelder zwar ein Nebeneffekt; der staatliche Anspruch auf Sanktionsgelder stellt aber keinen Vermögensbestandteil i.S.d. §§ 249 ff. BGB dar, weil er im Idealfall (dh., wenn alle Adressaten die Gebote und Verbote beachten würden), leer liefe.[241]

14. Geldwerte Zuwendung[242]

173 Sachbezüge[243] (z.B. Deputate, Werks- oder Belegschaftsrabatte) und Zulagen[244] sind bei der Schadenbestimmung mit einzubeziehen.

15. Gesellschaft

174 Siehe zu „Unternehmer" Kap 2 Rn 229 ff. und Kap 4 Rn 44 ff., 141 ff.

16. Gesellschaftliche Nachteile

a. Heiratschancen, verringerte

175 Verringerte oder verlorene Heiratschancen und damit eventuell einhergehend geminderte allgemeine Versorgungsmöglichkeit sind kein ersatzfähiger Schaden.[245]

---

238 *Erman-Kuckuk* § 249 Rn 61; *Staudinger-Schiemann* § 249 Rn 203; siehe auch AG Kempen v. 23.5.2006 – 14 C 16/06 – NZV 2007, 475 (Gläubiger, dem ein Zahlungsanspruch Zug-um-Zug gegen PKW-Rückgabe zusteht, hat gegen den Schuldner, der das Fahrzeug nicht abholt, keinen Anspruch auf Erstattung des Bußgeldes, welches der Gläubiger entrichten musste, weil er keine Steuern und Versicherungsbeiträge mehr zahlte).
239 OLG Hamm v. 3.2.2006 – 9 U 117/05 – OLGR 2006, 465 = VerkMitt 2006, Nr. 52 (Wird dem Kläger aufgrund einer Anzeige von Seiten des Beklagten [wegen eines vermeintlichen groben und gefährlichen Fahrmanövers in einer Autobahnbaustelle] die Fahrerlaubnis vorläufig über einen längeren Zeitraum entzogen, kann er den beklagten Anzeigeerstatter deshalb nicht auf Schadensersatz in Anspruch nehmen, auch wenn dieser später zu dem Vorfall unterschiedliche Darstellungen gibt, die schließlich zur Einstellung des Strafverfahrens gegen den Kläger führen. Ein solches Aussageverhalten begründet nicht schon den Vorwurf der falschen Anschuldigung.).
240 LG Aachen v. 26.7.1996 – 9 O 484/95 – NJWE-VHR 1997, 23 = NVwZ 1997, 416 (nur LS); LG Konstanz v. 23.7.1996 – 2 O 245/96 – NJW 1997, 467 = NJWE-VHR 1997,96 (nur LS) = NZV 1997, 524 (nur LS); zum Thema: *Palandt-Heinrichs*, § 252 Rn 1; *Boon* „Bußgeldausfälle als entgangener Gewinn nach § 252 BGB ?" NVwZ 1996, 45.
241 LG Aachen v. 26.7.1996 – 9 O 484/95 – NJWE-VHR 1997, 23 = NVwZ 1997, 416 (nur LS).
242 Siehe zu Nebeneinkünften Kap 5 Rn 39 ff.
243 Einzelheiten siehe Kap 3 Rn 152.
244 Einzelheiten siehe Kap 3 Rn 147 ff.
245 *Jauernig-Teichmann* § 842 Rn 3.

b. Soziale Einbuße

Der Verlust einer gesellschaftlichen Stellung rechtfertigt keinen Anspruch.[246]   **176**

17. Eingriff in den eingerichteten Gewerbebetrieb

Siehe unter „Unternehmer", Kap 2 Rn 229 ff.   **177**

18. Ideelle Einbußen[247]

Zu ideellen Zwecken getätigte und durch Nichterfüllung des Vertrages nutzlos gewordene Aufwendungen (z.B. Klavierkauf und Handschädigung, Flugscheinerwerb eines Freizeitpiloten und Fluguntauglichkeit,[248] Motorradanschaffung und Querschnittlähmung,[249] Bilderkauf und Erblindung) stellen keine ersatzfähigen Vermögensschäden dar.[250]   **178**

19. Kindergeld[251]

Der Arbeitgeber zahlte bis zum 31.12.1998 das Kindergeld lediglich monatlich aus (§ 73 EStG 1996, § 11 BKGG 1996). Es handelte sich um eine durchlaufende Rechnungsposition – allerdings mit steuerrechtlicher Relevanz (§ 32 EStG) -, keinesfalls aber um einen Lohnbestandteil.   **179**

Auch Ausländer ohne Aufenthaltsberechtigung oder Aufenthaltserlaubnis können Kindergeld erhalten.[252]   **180**

Das Kindergeld wird den Angehörigen des öffentlichen Dienstes (nicht nur den Beamten, sondern auch den Arbeitern und Angestellten) zwar durch den Besoldungsträger monatlich ausgezahlt (früher § 45 BKGG, ab 1.1.1996: § 72 EStG), gehört als allgemeine Sozialleistung des Staates aber nicht zur Besoldung.   **181**

Der Wegfall des Kindergeldes bei Tötung eines Kindes stellt für die Eltern weder einen Unterhaltsschaden noch einen Einkommensschaden dar.   **182**

Gleiches gilt für den Fortfall oder die Minderung von Erziehungs- und (ab 1.1.2007) Elterngeld.   **183**

---

246 OLG Celle v. 12.5.1975 – 5 U 81/74 – VersR 1976,594 (Teilnahme an Empfängen und sonstigen gehobenen Veranstaltungen).
247 Siehe auch im Abschnitt „36. Vergebliche Aufwendungen" (Kap 2 Rn 244 ff.).
248 LG Münster v. 2.4.1986 – 2 O 51/86 – zfs 1988, 38.
249 BGH v. 20.1.2004 – VI ZR 46/03 – BGHReport 2004, 660 = DAR 2004, 267 = IVH 2004, 69 (nur LS) = MDR 2004, 684 = NJW-RR 2004, 671 = NZV 2004, 195= r+s 2004, 171 = SP 2004, 121 = VerkMitt 2004, Nr. 55 = VersR 2004, 482 = VRS 106, 321 = zfs 2004, 258 (Ein Geschädigter, der infolge eines Verkehrsunfalls querschnittgelähmt ist und von dem Schädiger Ersatz der Kosten für den behindertengerechten Umbau seines PKW erhalten hat, kann keine Ersatz der Kosten für den Umbau seines Motorrades beanspruchen); OLG Celle v. 18.7.1996 – 5 U 181/95 – SP 1997,9.
250 BGH v. 10.12.1986 – VIII ZR 349/85 – BGHZ 99,182 = DB 1987,1418 = JZ 1987,512 (Anm. *Stoll* JZ 1987,517) = MDR 1987,399 = NJW 1987,831 = WM 1987,426 = ZIP 1987,297 (Kosten für letztlich vergebens aufgewandte Werbemaßnahme für eine politische Veranstaltung, nachdem der Mietvertrag über den Veranstaltungsraum gekündigt wurde und die beworbene Veranstaltung nicht stattfand.); siehe ergänzend Kap 2 Rn 244 ff. sowie Rn 113.
251 Siehe ergänzend Kap 3 Rn 817.
252 Niedersächsisches FG v. 23.1.2006 – 16 K 12/04 – DStRE 2006, 719 = StE 2006, 134 (nur LS) (Revisions-Az. BFH – III R 21/06 –).

20. Leibgeding

184 Es ist auf die Ausführungen zum Entwertungsschaden[253] zu verweisen.

21. Minderverdienst

185 Die unfallkausalen Einbußen enden nicht immer zugleich mit dem Zeitpunkt der gesundheitlichen Wiederherstellung des Verletzten. Auch nach Ende der Arbeitsunfähigkeit bestehen Ersatzansprüche, wenn beispielsweise eine Erwerbslosigkeit mit ausreichender Wahrscheinlichkeit auf den Unfall zurückzuführen ist.[254]

186 Erzielt der Verletzte durch den Einsatz der verbliebenen Arbeitskraft ein geringeres Einkommen als ohne den Unfall, so ist ihm die Differenz (allerdings nur entsprechend der Verantwortungsquote des Schädigers[255]) zwischen dem entgangenen und dem tatsächlichen Verdienst zu ersetzen. Besonderheiten sind mit Rücksicht auf das Quotenvorrecht allerdings bei verletzten Beamten zu berücksichtigen.

187 Bei der Berechnung des unfallkausalen Verdienstausfallschadens kann im Einzelfall auch Berücksichtigung finden, dass der Verletzte infolge der unfallbedingten Aufwendungen in einen finanziellen Engpass geriet und den Wareneinkauf drosseln musste, was dann zu Umsatz- und Gewinneinbrüchen führte.[256] Zu beachten ist aber die Verpflichtung des Geschädigten, diesem Engpass durch **schadenmindernde Maßnahmen** (Kreditaufnahme, konkreter Hinweis an den Schädiger) vorzubeugen.

22. Nebenklage

188 Es ist auf die Ausführungen im Rahmen der Anwaltskosten zu verweisen.[257]

23. Nebentätigkeit

189 Die Problemstellungen im Zusammenhang mit Nebentätigkeiten, Nebeneinkünften und Nebenbeschäftigungen sind im Kapitel 5 Nebeneinkünfte (Kap 5 Rn 1 ff.) zusammengefasst.[258]

24. Nutzungsausfall

190 Einzelheiten sind bei den vergeblichen Aufwendungen ausgeführt.[259]

25. Nutzlose Aufwendungen

191 Einzelheiten sind bei den vergeblichen Aufwendungen ausgeführt.[260]

---

[253] Siehe Kap 2 Rn 162 ff.
[254] BGH v. 2.4.1991 – VI ZR 179/90 – DAR 1991, 260 = MDR 1991, 602 = NJW 1991, 2422 = VersR 1991, 703 = zfs 1991, 262 (nur LS); OLG Köln v. 27.2.2002 – 11 U 116/01 – DAR 2002, 353,; OLG Hamm v. 23.11.2004 – 9 U 203/03 – OLGR 2005, 305.
[255] Der Geschädigte hat kein Quotenvorrecht dergestalt, dass in Fällen der Mithaftung das tatsächlich erzielte Einkommen mit dem wegen der Haftungsquotierung bedingten Ausfall beim entgangenen Einkommen verrechnet wird (BGH v. 28.4.1992 – VI ZR 360/91 – DAR 1992, 300 = MDR 1993, 126 = NJW-RR 1992, 1050 = NZV 1992, 313 = r+s 1992, 271 = VersR 1992, 886).
[256] BGH v. 18.6.1968 – VI ZR 122/67 – VersR 1968,970.
[257] Kap 15 Rn 64.
[258] Siehe auch Kap 2 Rn 147 f. (c. Familienbetrieb).
[259] Kap 2 Rn 245 ff.

26. Pflegetätigkeit

a. Unentgeltliche Pflegetätigkeit

Wer unentgeltlich für einen anderen Dienstleistungen erbringt und dann unfallkausal dazu vorübergehend oder dauerhaft nicht in der Lage ist, hat keinen **Verdienstausfall**.[261] Der Verletzte selbst erleidet keinen Schaden, da die Arbeitskraft nicht gegen Entgelt zur Verfügung gestellt wurde; der Empfänger der jeweiligen Dienstleistung erleidet zwar eine Vermögenseinbuße, ist aber – mangels geschützter Rechtsgutverletzung – nur mittelbar geschädigt.[262]

192

b. Pflegetätigkeit (u.a. nach SGB XI)

aa. Einkommenscharakter

(1) Einkommen

Die Pflegetätigkeit von Pflegepersonen nach dem SGB XI ist Einkommen. Pflegt jemand einen Dritten[263] als Pflegeperson und erhält er deshalb Leistungen nach dem SGB XI (Pflegegeld für selbstbeschaffte Pflegehilfen), stellt sich bei Verletzung dieser Pflegeperson der Wegfall der an sie gezahlten Beträge (z.B. Pflegegeld nach § 37 SGB XI) als zu ersetzender **Verdienstausfall** dar.[264]

193

Dabei kommt es nicht darauf an, inwieweit die Pflegeperson nur vorgeschoben ist. Wird eine Person als Pflegeperson benannt, ist davon auszugehen, dass ihr auch die Barleistungen nach dem SGB XI (die zunächst an den zu Pflegenden gezahlt werden) auch zur Verfügung gestellt sind.

194

(2) § 119 SGB X

Der Verdienstausfall (Pflegegeld nach § 37 SGB XI) ist zu ersetzen. Soweit Rentenversicherungsbeiträge von der Pflegekasse hätten abgeführt werden müssen (§ 44 SGB XI), besteht ein Regressanspruch des Rentenversicherers nach § 119 SGB X. Wird anstelle einer unfallkausalen aufgegebenen Arbeit nunmehr die Pflege eines anderen (auch Angehö-

195

---

260 Kap 2 Rn 257.
261 OLG Celle v. 12.11.1981 – 5 U 67/81 – VersR 1983, 40 = zfs 1982, 104,133 (Großmutter beaufsichtigte unentgeltlich Enkel); OLG Düsseldorf v. 12.4.1996 – 14 U 163/95 – OLGR 1996, 181 (Unentgeltliche Versorgung von Altenteilern – Schwiegermutter – durch Schwiegertochter im landwirtschaftlichen Betrieb); *Bamberger/Roth-Spindler* § 843 Rn 15; *Pardey* S. 301, Rn 1275 ff. Kap 2 Rn 110 und Kap 7 Rn 35.
262 Siehe Kap 2 Rn 150.
263 Für den zu Pflegenden stellt sich der Wegfall der Pflege als mittelbarer Schaden dar (Kap 2 Rn 150).
264 BGH v. 25.4.2006 – VI ZR 114/05 – (Berichtigungsbeschluss v. 20.6.2006 – VI ZR 114/05 -); BGHReport 2006, 1171 = DAR 2007, 22 (nur LS) = FamRZ 2006, 1108 (Anm. *Luthin*) = MDR 2006, 1409 = NJW 2006, 2327 = NJW-Spezial 2006, 402 = NZV 2006, 467 = r+s 2006, 519 (Anm. *Bliesener*) = SP 2006, 310 = VersR 2006, 1081 = VRS 111,327 = zfs 2006, 677 (Das nach § 37 SGB XI gezahlte Pflegegeld stellt eigene Einkünfte dar und vermindert den Unterhaltsbedarf nach § 1602 BGB); LG Paderborn v. 16.9.1999 – 3 O 86/99; siehe auch OLG Hamm v. 5.12.1995 – 2 UF 86/95 – NJW 1996, 3016 (Das gemäß § 37 SGB XI für ein pflegebedürftiges Kind gezahlte Pflegegeld ist beim pflegenden Elternteil jedenfalls dann als Einkommen zu berücksichtigen, wenn dieser nur einer Teilzeittätigkeit nachgeht).; BVerfG v. 11.10.2007 – 1 BvR 625/05 – NJW-Spezial 2007, 602 scheint zwar der Auffassung zuzuneigen, dass eine Anrechnung des Pflegegeldes auf den Anspruch auf Ersatz des Verdienstausfalls nicht zulässig sei, hat aber schadenrechtliche und unterhaltsrechtliche Rechtsprechung nur kursorisch und nicht vollständig (u.a. nicht BGH v. 25.4.2006 – VI ZR 114/05 –) ausgewertet und zur Rechtsklärung die Sache in die zivilrechtlichen Instanzen überantwortet.

rigen) übernommen, stellt dieses anrechenbare Verwertung der Arbeitskraft dar. Ansprüche wegen Verdienstausfall und Beitragsschaden (§ 119 SGB X) sind entsprechend zu kürzen.

(3) Steuer

196 Die steuerlichen Behandlung von Pflegegeldzahlungen regelt § 3 Nr. 36 EStG: Danach sind die Einnahmen für Pflegeleistungen bis zur Höhe des Pflegegeldes nach § 37 SGB XI steuerfrei, wenn diese Leistungen von Angehörigen des Pflegebedürftigen erbracht werden. Die Steuerfreiheit gilt auch für solche Personen, die mit dieser Leistung eine „sittliche Pflicht" i.S.v. § 33 II EStG erfüllen. Die Steuerfreiheit betrifft auch für Pflegegelder aus privaten Versicherungsverträgen, § 3 Nr. 36 S. 2 EStG. Nach § 33 VI EStG kann von der Pflegeperson bei Pflege eines Angehörigen ein Pflegepauschalbetrag (924 EUR/Jahr) beansprucht werden.[265]

bb. Verletzung/Tod der gepflegten Person

197 Wird die zu pflegende Person so schwer verletzt, dass nunmehr eine stationäre Pflege erforderlich wird oder aber die Pflegeperson aufgrund der unfallkausalen gesundheitlichen Beeinträchtigung der zu pflegenden Person die (finanziell dann auch abzugeltende) Pflege nicht mehr leisten kann, entsteht der Pflegeperson deshalb trotzdem kein ersatzfähiger Schaden.

198 Die Pflegeperson ist nur mittelbar Geschädigte, ihre Situation entspricht der des Arbeitnehmers beim Wegfall seines Arbeitgebers durch Tötung.

cc. Verletzung/Tod der pflegenden Person

199 Die Verletzung der Pflegeperson kann für die gepflegte Person durchaus eine starke finanzielle Einbuße darstellen; dies gilt insbesondere bei Pflege durch Familienangehörige. Gleichwohl stellt sich die Einbuße regelmäßig als nur mittelbarer und damit nicht ersatzfähiger Schaden heraus. Die Situation entspricht der des Arbeitgebers bei Verletzung seines Arbeitnehmers.[266]

200 *Beispiel 2.10:*
Der 76-jährige A ist pflegebedürftig nach Pflegestufe I (§ 15 I Nr. 1 SGB XI). Die Pflegeperson – seine Tochter T – wird durch einen von X allein verschuldeten Unfall verletzt.

Ergebnis:
Der Wegfall der Pflegekraft und die **Wiederbeschaffung** einer nunmehr kostenintensiveren Pflege ist wie der Wegfall eines Arbeitnehmers zu bewerten. Es handelt sich um mittelbaren Schaden.

27. Rechtswidrige Einkünfte

a. Verbotene Einkünfte

201 Einkünfte, die mit **rechtswidrigen Mitteln** oder aus **verbotenen Geschäften** erzielt worden wären, sind nicht zu ersetzen. Dabei muss das Verbotsgesetz nicht nur die Vornahme

---

[265] BFH v. 21.3.2002 – III R 42/00 – (Das Pflegegeld ist dann keine Einnahme des Betreuers, wenn er die Mittel lediglich treuhänderisch für den Pflegebedürftigen verwaltet und für diesen verwendet).
[266] Kap 4 Rn 144 und 152.

des gewinnbringenden Rechtsgeschäftes missbilligen, sondern auch dessen zivilrechtliche Wirksamkeit.[267]

Hierzu zählen:

- Einkünfte aus **Schwarzarbeit**,[268] (§ 1 SchwarzArbG[269] ist Verbotsgesetz i.S.v. § 134 BGB),   202

- illegale Beschäftigung von Ausländern[270] ohne **Aufenthaltsgenehmigung** oder **Arbeitsgenehmigung**[271] (Hervorzuheben ist, dass auch Asylbewerber einer Arbeit nachgehen dürfen; häufig sind aber ausländerrechtliche Beschränkungen vorgesehen),   203

- Beschäftigung unter Verstoß gegen das **Arbeitnehmerüberlassungsgesetz**,[272]   204

- Einkünfte unter Verstoß gegen das **Personenbeförderungsgesetz**[273] (z.B. als nicht zugelassener Taxifahrer, Konzessionsverlagerung auf Angehörige),   205

- Einkünfte unter Verstoß gegen das **Arbeitszeitrecht**[274] (insbesondere im Gaststätten- und Speditionsgewerbe).[275]   206

---

267 BGH v. 30.11.1979 – V ZR 214/77 – MDR 1980, 389 = NJW 1980, 775 = VersR 1980, 378 = zfs 1980, 173; BGH v. 7.5.1974 – VI ZR 7/73 – MDR 1974, 924 = NJW 1974, 1374 = VersR 1974,9 68 (Fehlende Konzession zum Betreiben eines Geschäftes muss einem Schadensersatzanspruch nicht entgegenstehen, solange die Einholung der behördlichen Genehmigung nicht bewusst unterlassen wurde); OLG Stuttgart v. 20.12.1977 – 11 U 91/74 – VersR 1979, 143 (Schädiger kann sich nicht auf fehlende Genehmigung nach Art. 1 § 1 RMBG berufen, wenn diese vor dem Unfallereignis auf einen entsprechenden Antrag ohne weiteres erteilt worden wäre); *Filthaut* § 6 Rn 15.

268 BGH v. 31.5.1991, – VII ZR 336/89 – NJW 1991, 2542; OLG Hamm v. 18.9.1959 – 3 Ss 1384/58 NJW 1960, 448, OLG Karlsruhe v. 6.4.1993 – 18a U 138/92 – r+s 1993, 181 = zfs 1993, 223 (Einvernehmliche Nichtanzeige geringfügiger Einkommen unter Verstoß gegen § 104 SGB IV); OLG Köln v. 31.3.2004 – 5 U 64/03 – VersR 2004, 1587 (Schwarzgelder gehören nicht zum verfügbaren Einkommen eines Versicherten im Rahmen der Berufsunfähigkeitszusatzversicherung. Einen wirtschaftlichen Wert haben sie nicht, denn die hinterzogenen Steuern und etwaige Strafen zehren den Wert auf.); OLG Köln v. 28.8.1968 – 13 U 29/68 – VersR 1969, 382; LG Zweibrücken v. 4.3.1983 – 2 O 183/80 – zfs 1983, 229 m. Rechtsprechungsübersicht; LG Oldenburg v. 13.8.1988 – 4 O 474/88 – VersR 1988, 1246 = zfs 1988, 309; LG Osnabrück v. 19.12.2001 – 1 S 28/01 (3) – NZV 2002, 190 (Mit missverständlichem und durch die Entscheidungsgründe nicht getragenem Leitsatz Nr. 2); *Roß* „Der Erwerbsschaden des Nichtselbstständigen" NZV 1999, 276 (zu II.2.); *Wussow-Dressler*, Unfallhaftpflichtrecht Kap 32 Rn 6.

269 Schwarzarbeitsbekämpfungsgesetz – SchwarzArbG – (Art. 1 des Gesetzes zur Intensivierung der Bekämpfung der Schwarzarbeit und damit zusammenhängender Steuerhinterziehung v. 23.7.2004, BGBl I 2004, 1842).

270 Siehe BayObLG v. 30.10.2001 – 4 St RR 105/01 – NJW 2002, 1282 (Unerlaubter Aufenthalt im Bundesgebiet und Erwerbstätigkeit).

271 *Wussow-Dressler* Unfallhaftpflichtrecht Kap 32 Rn 5; BGH v. 8.11.2001 – IX ZR 404/99 – BGHReport 2002, 373 = NZV 2002, 268 (Das Beschäftigungsrisiko eines ausländischen Arbeiters ist bei der Schadensermittlung zu berücksichtigen); siehe zur Entgeltfortzahlung im Krankheitsfalle bei Ausländern ohne Arbeitserlaubnis (§ 284 SGB III, § 19 AFG) BAG v. 26.6.1996 – 5 AZR 872/94 – BAGE 83, 229 = BB 1996, 2045 = DB 1996, 2133 = MDR 1997, 70 = NJW 1997, 821 = NZA 1996, 1087 = SGb 1996, 658 (nur LS) = WI 1997, 76.

272 BGH v. 18.7.2000 – X ZR 62/98 – JA 2001, 358 (nur Ls., Anm. *Herbert*) = MDR 2001, 324 = NJW 2000, 3492 = WM 2000, 2257 (Werden Leiharbeiter ohne die erforderliche Erlaubnis nach § 1 AÜG illegal eingesetzt, ist der Vertrag zwischen Entleiher und Verleiher unwirksam. Es steht dann aber Wertersatz nach § 812 BGB zu.).

273 KG v. 13.12.1971 – 12 U 1302/71 – DAR 1972, 329 = VersR 1972, 467.

274 Insbesondere Arbeitsverträge, die entgegen §§ 3, 7 I, 15 I Nr. 1 Arbeitszeitgesetz (ArbZG) eine regelmäßige Arbeitszeit von mehr als 8 Stunden/Werktag (48 Stunden/Woche) vorsehen, sind nichtig, § 134 BGB.

207 ▪ **Rechtswidrige Erstattungszusagen**[276] eines Arbeitgebers – selbst wenn sie sozial- und steuerrechtlich als Lohn zu werten sind[277] – sind nicht zu ersetzen. Dies gilt auch für pauschale Erstattungen (z.B. Bußgeldpauschale, „Knöllchenpauschale" für Auslieferungsfahrer).

b. Sittenwidrigkeit

208 Ebenso wenig wie verbotene Einkünfte finden Einnahmen aus solchen Geschäften, die gegen die guten Sitten verstoßen, schadensersatzrechtliche Berücksichtigung, wie z.B.

209 ▪ Verlust von **Bestechungsgeldern**,[278]

210 ▪ Einkünften aus **Prostitution**,[279]

211 aber nur bis zur Rechtsänderung durch das ProstG.[280]

212 Für die Bewertung des Merkmales der „guten Sitten" kann allerdings eine **gesellschaftliche Weiterentwicklung** nicht außer Betracht bleiben, wie u.a. die Rechtsprechung zum Telefonsex[281] zeigt.

c. Sozialrechtlicher Konfliktbereich

213 Nach der Rechtsprechung des BSG[282] sind auch für **sittenwidrige Beschäftigungen** Sozialversicherungsabgaben zu entrichten.

---

275 BGH v. 28.1.1986 – VI ZR 151/84 – BB 1986, 944 (nur LS) = DB 1986, 1279 = DAR 1986, 222 = JZ 1986, 505 = MDR 1986, 664 = NJW 1986, 1486 = r+s 1986, 126 = VersR 1986, 596 = zfs 1986, 236.
276 BAG v. 25.1.2001 – 8 AZR 465/00 – DB 2001, 1095 (Nichtige Zusage der Übernahme von Bußgeldern wegen Lenkzeitüberschreitung); BGH v. 7.7.2004 – VI R 29/00 – (Vorinstanz: FG Düsseldorf v. 24.11.1999 – 9 K 2985/97 H[L] -) (Übernahme von Verwarnungsgelder ist kein Arbeitslohn).
277 *Benner* BB 2004, Beilage 2 v. 26.1.2004, S. 12 („Geldbußen und Geldstrafen").
278 *Berz/Burmann-Heß* Kap 6 D, Rn 20; Zur Versteuerung siehe: BFH v. 20.3.2001 – IX R 97/97 – BB 2001, 1830 = BFHE 195,221 = BStBl II 2001, 1091 = DB 2001, 1286 = DStR 2001, 1028 = NJW 2001, 2280 = WM 2001, 1720 = ZIP 2001, 1091 (Beamter hatte Bestechungsgelder als „sonstige Einkünfte" im Jahr der Übergabe – und nicht erst der Einlösung – eines Schecks zu versteuern); *Benner* BB 2004, Beilage 2 v. 26.1.2004, S. 8 („Bestechungsgelder") (Schmiergelder, die ein Arbeitnehmer von einem Geschäftspartner seines Arbeitgebers erhält sind steuer- und beitragsfrei. Sie sind aber als sonstige Einkünfte nach § 22 Nr. 3 EStG zu versteuern).
279 Zu Einzelheiten siehe Kap 4 Rn 65 f.
280 Prostitutionsgesetz – ProstG – v. 20.12.2001 BGBl I 2001, 3983; zum Gesetzesvorlauf siehe BT-Drucksache 14/5958 und BT-Drucksache 14/4456; siehe auch BGH v. 13.7.2006 – I ZR 241/03 – BGHReport 2006, 1481 (Anm. *Walter*) = BGHZ 168,314 = JuS 2007, 398 (nur LS) = JZ 2007, 477 (Anm. *Armbrüster*) = MDR 2007, 231 = NJW 2006, 3490 (zu II.2.b. bb.).
281 BGH v. 22.11.2001 – III ZR 5/01 – NJW 2002, 361 = WM 2002, 241 (Gegenüber der Rechnungsstellung eines Mobilfunknetzbetreibers kann nicht der Einwand erhoben werden, die in der Rechnung aufgeführten 0190-Sondernummern seien zum Zweck angewählt worden, sittenwidrige Telefonsex-Gespräche zu führen) sowie BGH v. 9.6.1998 – XI ZR 192/97 – DB 1998, 2262 (nur LS) = MDR 1998, 1151 = NJW 1998, 2895 = WM 1998, 1676 = ZIP 1998, 1439 (Sittenwidrigkeit eines Vertriebs- und Vermarktungsvertrages von Telefonkarten für Telefonsex und Nichtigkeit des damit verbundenen Darlehensvertrages); OLG Stuttgart v. 21.4.1999 – 9 U 252/98 – MDR-NJW-RR 1999, 1056 = NJW-RR 1999, 1430 = OLGR 1999, 225 = ZIP 1999, 1217; siehe auch BGH v. 13.7.2006 – I ZR 241/03 – BGHReport 2006, 1481 (Anm. *Walter*) = BGHZ 168,314 = JuS 2007, 398 (nur LS) = JZ 2007, 477 (Anm. *Armbrüster*) = MDR 2007, 231 = NJW 2006, 3490 (Werbung für Prostitution und wettbewerbsrechtlicher Individualanspruch).

Hat jemand keine Hauptbeschäftigung, sondern nebeneinander **mehrere „geringfügige Beschäftigungen"**, die in ihrer Gesamtheit aber die sozialversicherungsfreien Grenzen überschreiten (z.B. Putzfrau, die in mehreren Haushalten tätig ist), kann der Verstoß gegen sozialversicherungsrechtliche Vorgaben dem Schadensersatzbegehren nicht entgegengehalten werden.[283] Die gesetzlichen Bestimmungen zu den Minijobs (630 DM-Gesetz, 325 EUR/400 EUR-Job) schränken solche sozialversicherungs- und steuerrechtlich begünstigten Mehrfachtätigkeiten allerdings ein.

214

d. Sozialrechtliche Nachteile bei Bedarfgemeinschaft (SGB II)

Verlieren Personen wegen der Verletzung eines Familienmitgliedes oder eines Mitgliedes der Bedarfsgemeinschaft (SGB II, SGB XII) die Berechtigung, eine größere (Sozial-)Wohnung innezuhaben (z.B. wegen längerfristiger stationärer Unterbringung) und müssen sie daher in eine kleinere Wohnung umziehen, sind die damit verbundenen Kosten (z.B. Umzugs- und Renovierungskosten) und Aufwendungen weder für den Verletzten selbst noch für die anderen Personen ersatzfähig.

215

e. Steuerrechtliche Parallelwertung

Eine Parallelwertung zum Steuerrecht hilft regelmäßig nicht weiter: Es kann vorkommen, dass Einkommen i.S.d. Steuerrechtes weit mehr erfasst („Geld stinkt nicht")[284] als schadensersatzrechtlich relevant ist.[285]

216

> *Beispiel 2.11:*
> – Der Einbrecher muss grundsätzlich seine Einkünfte aus den Einbrüchen als Einkommen versteuern, könnte aber die Anschaffungskosten für sein Einbruchswerkzeug als berufsbedingte Aufwendungen (Werbungskosten) gegenrechnen. Schadensersatzrechtlich sind hier unzweifelhaft keine Leistungen vom Schädiger zu erbringen.
> – Beispielsweise Bestechungsgelder[286] und Einkünfte aus Rauschgifthandel[287] sind zu versteuern, entgangene Gelder aber schadenrechtlich nicht zu ersetzen.

217

---

282 BSG v. 10.8.2000 – B 12 KR 21/98 R – BSGE 87,53 = HVBG-Info 2000, 2767 (Anm. *Schmitt* HVBG-Info 2002, 1041) = NJW 2001, 1965 = NZS 2001, 414 = SGb 2002, 174 (Anm. *Schmitt*) (Die Grundsätze des faktischen Arbeitsverhältnisses finden nur dann keine Anwendung, wenn dem Vertrag so schwere Rechtsmängel anhaften, dass die Anerkennung quasi-vertraglicher Ansprüche der Grundauffassung der geltenden Rechtsordnung widersprechen würde).
283 BGH v. 11.1.1994 – VI ZR 143/93 – DAR 1994, 198 = MDR 1994, 253 = NJW 1994, 851 = NZV 1994, 183 = r+s 1994, 139 = VersR 1994, 355.
284 „pecunia non olet": Um die leeren Staatskassen zu füllen, erhob Kaiser Vespasian (9 – 79 n.Chr.) auf die öffentlichen Toiletten eine spezielle Latrinensteuer. Von Kritikern darauf angesprochen soll er an einer Münze gerochen und „stinkt nicht" erwidert haben.
285 BFH v. 23.2.2000 – X R 142/95 – BB 2000, 1614 (nur LS) = DB 2000, 1596 = DStR 2000, 1341 (Anm. *Fischer*) = NJW 2000, 2919 (Einkünfte aus Prostitution unterfallen unabhängig von ihrer zivilrechtlichen Sittenwidrigkeit der Versteuerung. Der Zuhälter erbringt regelmäßig umsatzsteuerbare Leistungen. Die sittlich verwerfliche Vermietung von möblierten Zimmern an Prostituierte ist gewerblich. Telefonsex zählt unter den Voraussetzungen des § 15 II EStG zu den Einkünften aus Gewerbebetrieb).
286 Siehe Fn 278.

f. Anwaltliche Honorarvereinbarung

218 Von der gesetzlichen Regelung (BRAGO / RVG) abweichende Gebühren dürfen vereinbart werden. Wegen der Einzelheiten siehe Kapitel 15E Anwaltliche Honorarvereinbarung (Kap 15 Rn 45 ff.).

28. Saisonarbeit

219 Siehe Kap 3 Rn 160 f.

29. Seelische Beeinträchtigung

220 Psychische Beeinträchtigungen außerhalb der Schockschaden-Rechtsprechung[288] sind nicht zu ersetzen, sondern als Ausfluss des allgemeinen Lebensrisikos hinzunehmen.

30. Selbsthilfegruppe, Recherchen

221 Fahrtkosten und Mitgliedsbeiträge zu einer Selbsthilfegruppe[289] sowie Beiträge für Mitgliedschaften in Patienten- oder Geschädigtenvereinigungen[290] sind nicht erstattungsfähig.

222 Ebenso wenig sind im Zusammenhang mit der Verfolgung von Ansprüchen angeschaffte Literatur (z.B. Schmerzensgeldtabelle, Monographie zu – einzelnen – Schadensersatzthemen, Anschaffung medizinischer Fachliteratur[291]), Rechercheaufwand (z.B. zur Ermittlung einer Anwaltsadresse; Internet-Recherche[292] für Allgemeininformationen, Ärzte, Berater, Heilvorschläge u.Ä.) zu ersetzen.

31. Sozialabgaben, Fortfall oder Minderung

223 Soweit ein Geschädigter **geringere Sozialversicherungsabgaben** wegen der Einkommensminderung abzuführen hat, kann er in Höhe dieser Beitragsdifferenz keine Ersatzan-

---

287 Vgl. BFH v. 6.4.2000 – IV R 31/99 – BB 2000, 1721 = BFHE 192,64 = DB 2000, 1543 = DStZ 2000, 683 = NJW 2000, 3085 (Rauschgifthandel als Gewerbe); LSG Nordrhein-Westfalen v. 20.3.2002 – L 1 AL 85/01 – NZS 2002, 495 (Der Verwertbarkeit eines Bankguthabens steht nicht entgegen, dass es sich bei dem Guthaben auf dem Konto des Arbeitslosen nach rechtskräftigem gerichtlichen Urteil um Geld aus früheren Drogengeschäften handelt, das gemäß § 33 I Nr. 2 BTMG 1981, § 73d StGB für verfallen erklärt wurde. Es besteht dann kein Anspruch auf Arbeitslosenhilfe.).
288 Dazu *Dahm* „Die Behandlung von Schockschäden in der höchstrichterlichen Rechtsprechung", NZV 2008, 187; *Jahnke* „Unfalltod und Schadenersatz" Kap 2 Rn 176 ff.
289 LG Lüneburg v. 13.12.2001 – 9 O 139/01 – (OLG Celle v. 2.9.2002 – 9 U 13/02 – NdsRpfl 2003, 64 = OLGR 2002, 231 hat die Rechtsausführung des LG bestätigt, die Berufung der Klägerin dann aber bereits wegen einer Haftungsprivilegierung – Dienstunfall – zurückgewiesen).
290 LG Dortmund v. 30.6.1999 – 21 O 82/98 – VersR 2000, 1115 (Verein „Schädel-Hirn-Patienten").
291 Siehe auch: BFH v. 24.10.1995 – III R 106/93 – BFHE 179, 93 = BB 1996, 463 = NJW 1996, 1623 (Aufwand für medizinische Fachliteratur ist auch dann nicht als „außergewöhnliche Belastung" zu berücksichtigen, wenn die Literatur dazu dient, die Entscheidung für eine bestimmte Therapie oder für die Behandlung durch einen bestimmten Arzt zu treffen.); BFH v. 6.4.1991, – III R 60/88 – BFHE 161, 432 = BB 1991, 2037 (nur LS) = DB 1991, 2402 = FamRZ 1991, 74 (nur LS) (Aufwendungen des Steuerpflichtigen für Arzneimittel ohne schriftliche ärztliche Verordnung und für medizinische Fachliteratur sind in aller Regel keine „außergewöhnliche Belastung".); OLG Düsseldorf v. 6.3.1989 – 3 Ws 343/87, 3 Ws 344/87 – NStE Nr. 6 zu § 464a StPO (Keine Kostenerstattung für Privatgutachten, Anschaffung medizinischer Fachliteratur sowie für Akten- und Literaturstudium).
292 Siehe auch OLG Stuttgart v. 12.3.1998 – 8 W 74/97 – NJW-RR 1999, 437 (Allgemeinkosten des Anwaltes wie z.B. Datenbankrecherche in juris sind nicht erstattungsfähig).

sprüche stellen.²⁹³ Denkbare Einbußen bei den Barleistungen der Sozialversicherer (Krankengeld, Arbeitslosengeld, Erwerbsunfähigkeits- oder Altersrente) sind bei der konkreten Schadenabrechnung zu berücksichtigen, häufig sind die Nachteile aber auch durch gesetzliche Regelungen oder den Regress nach § 119 SGB X aufgefangen.

Verstirbt der Unfallbeteiligte zeitlich nach einer Körperverletzung aufgrund unfallfremder Ursachen, können infolge der Nichtabführung von Sozialversicherungsbeiträgen seine **Hinterbliebenen** zwar eine Minderung z.B. der Hinterbliebenenversorgung (Witwenrente aus der gesetzlichen Rentenversicherung oder Beamtenversorgung, Betriebsrente) erfahren. Diese Einbuße ist den Hinterbliebenen als mittelbarer Schaden nicht zu ersetzen.²⁹⁴

224

32. Spekulationsgewinne

Wird ein Unfallbeteiligter schwer verletzt und wird er dadurch gehindert, seinen Wertpapierbestand zu pflegen, können Wertpapierverluste im Einzelfall einen Schadensersatzanspruch begründen.²⁹⁵ Die Beweisanforderungen sind allerdings hoch.²⁹⁶

225

33. Trinkgeld

Entgangene Trinkgelder sind grundsätzlich zu ersetzen.²⁹⁷ Typische Berufsgruppen sind Friseusen, Kellner, Türsteher, Taxi- und Auslieferungsfahrer.

226

Nach § 3 Nr. 51 EStG sind Trinkgelder, „die anlässlich einer Arbeitsleistung dem Arbeitnehmer von Dritten freiwillig und ohne dass ein Rechtsanspruch auf sie besteht, zusätzlich zu dem Betrag gegeben werden, der für diese Arbeitsleistung zu zahlen ist", **steuerfrei**. Die Steuerbefreiung ist rückwirkend zum 1.1.2002 in Kraft getreten,²⁹⁸ zuvor galt ein Steuerfreibetrag von 1.224 EUR.

227

Der Nachweis zur Höhe ist, wenn nicht bereits vorangegangene steuerrechtliche Erklärungen vorliegen, häufig problematisch.²⁹⁹ Z.T. können die früheren Handhabungsregeln der Finanzverwaltung eine Grundlage für eine Einschätzung des entgangenen Volumens bieten, auch die Handwerkskammern haben teilweise Erkenntnisse.

228

---

293 BGH v. 12.4.1983 – VI ZR 126/81 – BGHZ 87, 181 = DAR 1983, 226 = MDR 1983, 742 = NJW 1983, 1669 = VersR 1983, 663; BGH v. 28.9.1999 – VI ZR 165/98 – DAR 2000, 62 = NZV 1999, 508 = r+s 1999, 506 = SP 1999, 411 = VersR 2000, 65 = zfs 2000, 14.
294 BGH v. 17.12.1985 – VI ZR 152/84 – MDR 1986, 488 = NJW 1986, 984 = VersR 1986, 391; OLG Stuttgart v. 21.7.1987 – 26 O 66/87 – VRS 75, 90 = zfs 1988, 311.
295 BGH v. 29.11.1982 – II ZR 80/82 – DB 1983, 709 = MDR 1983, 559 = NJW 1983, 758 = WM 1983, 172; BGH v. 18.2.1976 – VIII ZR 162/74 – MDR 1976, 661, BGH v. 9.2.1977 – VIII ZR 149/75 – WM 1977, 478; BGH v. 19.12.1991 – III ZR 5/91 – BGHR BGB § 244 Geldentwertungsschaden 1 = BGHR BGB vor § 1/Positive Vertragsverletzung Sicherungsmaßnahmen 1 (Ein Kursverlust begründet einen Schaden nur dann, wenn er sich im Vermögen des Gläubigers niedergeschlagen hat. Dem Schuldner obliegt es darzutun, dass dem Gläubiger dennoch kein Schaden entstanden ist, etwa weil dieser den zurückerhaltenen Betrag erneut in sich verschlechternde Devisen angelegt hätte.); OLG Frankfurt v. 7.1.1988 – 3 U 162/85 – DNotZ 1989, 254 = NJW -RR 1988, 1107; OLG Köln v. 25.7.1989 – 9 U 249/88 – WM 1989, 1529; LG Kiel v. 10.6.2003 – 5 O 22/02 – DAR 2004, 96 = VP 2004, 106; *Grunsky* JZ 1983, 372; *Erman-Kuckuk*, § 252 Rn 1, 6; *Palandt-Heinrichs*, § 252 Rn 5.
296 *Erman-Kuckuk*, § 252 Rn 6 unter Hinweis auf RG JW 1931, 3088.
297 OLG München v. 14.4.1981 – 4 U 813/82 – zfs 1983, 229 (Trinkgeld einer Friseuse 50,- bis 100,- DM monatlich); LG Hanau v. 10.6.1994 – 1/8 O 170/92 – ZfS 1994, 443.
298 Art. 2 des Gesetz zur Steuerfreistellung von Arbeitnehmertrinkgelder v. 8.8.2002 (BGBl I 2002, 3111).
299 Vgl. BGH v. 27.10.1998 – VI ZR 322/97 – DAR 1999, 66 = NJW 1999, 136 = NZV 1999, 75 = r+s 1999, 68 = SP 1999, 48 = VersR 1999, 106 = VRS 96, 87 = zfs 1999, 75.

34. Unternehmer

a. Eingriff in den eingerichteten Gewerbebetrieb[300]

229 Erleidet der **Partner** des verletzten Erwerbstätigen durch dessen Ausfall eigene Vermögenseinbußen, so sind ihm diese Schäden auch nicht aus dem Rechtsaspekt des Eingriffes in den eingerichteten und ausgeübten Gewerbebetrieb zu ersetzen.[301] Die Schädigung einer zum Betrieb gehörenden Person stellt keinen betriebsbezogenen Eingriff dar.[302] Die Verletzungshandlung kann jedermann treffen, so dass daher keine Verhaltenspflichten verletzt werden, die dem Schädiger gerade im Hinblick auf das besondere Schutzbedürfnis eines Gewerbebetriebes obliegen.[303]

230 Der Schädiger verletzt daher keine Verhaltenspflichten, die ihm gerade im Hinblick auf das besondere Schutzbedürfnis eines Gewerbebetriebes obliegen.[304] Eine Diskussion, ob der unverletzte Partner aus Gründen der Schadenminderung sich einen anderen Partner suchen oder aber alleine die Aufgaben übernehmen müsste, ist obsolet, da bereits kein Anspruch dem Grunde nach besteht.

231 Anlässlich eines Unfalles hat der (private) Arbeitgeber bzw. (öffentlich-rechtliche) Dienstherr darüber hinaus häufig auch eigene Einbußen, die ihm allerdings nicht zu ersetzen sind. **Arbeitgeber** können nur den auf sie übergegangenen Erwerbsschaden ihres Arbeitnehmers geltend machen, nicht aber darüber hinaus ihre eigenen wirtschaftlichen Einbußen.[305] Da der Arbeitgeber durch das Schadenereignis nur mittelbar und nicht gezielt beeinträchtigt wird, entfällt ein Ersatzanspruch aus dem Aspekt des Eingriffs in den eingerichteten und ausgeübten Gewerbebetriebes.[306] Der Arbeitgeber ist und bleibt insoweit nicht zum Ersatz berechtigter mittelbar Geschädigter.[307]

---

300 Zum Thema: *Sack* „Die Subsidiarität des Rechts am Gewerbebetrieb" VersR 2006, 1001.
301 BGH v. 10.12.2002 – VI ZR 171/02 – NJW 2003, 1040 = NZV 2003, 171 = VersR 2003, 466 = zfs 2003, 224 (Wird der Partner eines erfolgreichen Eiskunstlaufpaares bei einem Verkehrsunfall verletzt, so kann die Partnerin keinen Ersatz desjenigen Schadens verlangen, der ihr durch den zeitweiligen Ausfall des Partners entstanden ist); BGH v. 18.11.2003 – VI ZR 385/02 – DAR 2004, 77 = IVH 2004, 43 = MDR 2004, 274 = NJW 2004, 356 = NZV 2004, 136 = r+s 2004, 83 = SP 2004, 3, 111 = VersR 2004, 255 = VRS 106, 334 = zfs 2004, 111 (Halteverbot vor Baustelle dient nicht dem Schutz von Vermögensinteressen des an der Ein- und Ausfahrt Gehinderten); zum Eingriff in den eingerichteten und ausgeübten Gewerbebetrieb allgemein BGH v. 15.7.2005 – GSZ 1/04 – VersR 2006, 126 (Unberechtigte Schutzrechtsverwarnung als Eingriff).
302 BGH v. 14.10.2008 – VI ZR 36/08 –, BGH v. 10.12.2002 – VI ZR 171/02 – NJW 2003, 1040 = NZV 2003, 171 = VersR 2003, 466 = zfs 2003, 224; BGH v. 21.11.2000 – VI ZR 231/99 – BGHReport 2001, 123 = DAR 2001, 159 = JA 2001, 619 (nur LS) (Anm. *Schöpflin*) = MDR 2001, 389 = NJW 2001, 971 = r+s 2001, 245 = VersR 2001, 648; BGH v. 18.1.1983 – VI ZR 270/80 – NJW 1983, 812 = VersR 1983, 346, BGH v. 23.11.1976 – VI ZR 191/74 – LM Nr. 21 zu § 249 (Hd) BGB = VersR 1977, 227; BGH v. 14.4.1954 – VI ZR 107/52 – LM Nr. 4 zu § 823 (Da) BGB = VersR 1954, 356; BGH v. 19.6.1952 – III ZR 295/51 – BGHZ 7, 30.
303 BGH v. 21.6.1977 – VI ZR 58/76 – NJW 1977, 2264 = VersR 1977, 965.
304 BGH v. 11.1.2005 – VI ZR 34/04 – BGHReport 2005, 631 (nur LS) = NJW-RR 2005, 673 = NJW-Spezial 2005, 257 = MDR 2005, 686 = NZV 2005, 359 = TranspR 2005, 364 = VersR 2005, 515 = zfs 2005, 279 (Anm. *Diehl*); BGH v. 21.6.1977 – VI ZR 58/76 – NJW 1977, 2264 = VersR 1977, 965.
305 Dazu Kap 4 Rn 220.
306 AG Düsseldorf v. 3.4.2003 – 32 C 19870/02 – SP 2004, 48.
307 BGH v. 10.12.2002 – VI ZR 171/02 – NJW 2003, 1040 = NZV 2003, 171 = VersR 2003, 466 = zfs 2003, 224.

Ein Ersatzanspruch folgt auch nicht aus dem Rechtsaspekt des **Eingriffes in den eingerichteten und ausgeübten Gewerbebetrieb**,[308] da die Schädigung einer zum Betrieb gehörenden Person keinen betriebsbezogenen Eingriff darstellt.[309] Die Verletzungshandlung kann jedermann treffen, so dass daher keine Verhaltenspflichten verletzt werden, die dem Schädiger gerade im Hinblick auf das besondere Schutzbedürfnis eines Gewerbebetriebes obliegen.[310] Die Haftung für einen Eingriff in den eingerichteten und ausgeübten Gewerbebetrieb kommt nur in Betracht, wenn der Eingriff sich irgendwie gegen den Betrieb als solchen richtet, also betriebsbezogen ist und nicht vom Gewerbebetrieb ohne weiteres ablösbare Rechte oder Rechtsgüter betrifft. Ein derart begrenzter Eingriff liegt nicht vor, wenn es zu Störungen im Betriebsablauf aufgrund eines schädigenden Ereignisses kommt, das in keinerlei Beziehung zu dem Betrieb steht, mag dadurch auch eine für das Funktionieren des Betriebs maßgebliche Person oder Sache betroffen sein.[311]

232

b. Gesellschafter

Siehe Kap 4 Rn 44 ff. und Rn 142 ff.

233

c. Mitarbeiter des verletzten Selbstständigen

Siehe Kap 4 Rn 143.

234

d. Verletzte Mitarbeiter eines Unternehmens

Arbeitgeber eines Verletzten oder Getöteten erleiden infolge des Fortfalls deren Arbeitskraft zwar oft erhebliche wirtschaftliche Einbußen, können diese allerdings nur in eng umrissenem Rahmen beim Schädiger einfordern.

235

Siehe Kap 4 Rn 144 ff. sowie Kapitel 4G Lohnfortzahlung und Regress des Arbeitgebers (Kap 4 Rn 150 ff.).

35. Urlaub

Urlaub hat zwar grundsätzlich vermögenswerten Charakter, gleichwohl ist bei unfallbedingtem Wegfall oder Verfall dieser Freizeit keine Entschädigung in Geld zu leisten. Für

236

---

[308] BGH v. 10.12.2002 – VI ZR 171/02 – NJW 2003, 1040 = NZV 2003, 171 = VersR 2003, 466 = zfs 2003, 224 (Wird der Partner eines erfolgreichen Eiskunstlaufpaares bei einem Verkehrsunfall verletzt, so kann die Partnerin keinen Ersatz desjenigen Schadens verlangen, der ihr durch den zeitweiligen Ausfall des Partners entstanden ist); BGH v. 18.11.2003 – VI ZR 385/02 – DAR 2004, 77 = IVH 2004, 43 = NJW 2004, 356 = NZV 2004, 136 = r+s 2004, 83 = VersR 2004, 255 = zfs 2004, 111 (Halteverbot vor Baustelle dient nicht dem Schutz von Vermögensinteressen des an der Ein- und Ausfahrt Gehinderten); siehe ergänzend *Sack* „Die Subsidiarität des Rechts am Gewerbebetrieb" VersR 2006, 1001.
[309] BGH v. 14.10.2008 – VI ZR 36/08 –; BGH v. 10.12.2002 – VI ZR 171/02 – NJW 2003, 1040 = NZV 2003, 171 = VersR 2003, 466 = zfs 2003, 224; BGH v. 21.11.2000 – VI ZR 231/99 – BGHReport 2001, 123 = DAR 2001, 159 = JA 2001, 619 (nur LS) (Anm. *Schöpflin*) = MDR 2001, 389 = NJW 2001, 971 = r+s 2001, 245 = VersR 2001, 648; BGH v. 18.1.1983 – VI ZR 270/80 – NJW 1983, 812 = VersR 1983, 346; BGH v. 23.11.1976 – VI ZR 191/74 – LM Nr. 21 zu § 249 (Hd) BGB = VersR 1977, 227; BGH v. 14.4.1954 – VI ZR 107/52 – LM Nr. 4 zu § 823 (Da) BGB = VersR 1954, 356.
[310] BGH v. 21.6.1977 – VI ZR 58/76 – NJW 1977, 2264 = VersR 1977, 965.
[311] BGH v. 10.12.2002 – VI ZR 171/02 – NJW 2003, 1040 = NZV 2003, 171 = VersR 2003, 466 = zfs 2003, 224; OLG Oldenburg v. 30.9.2004 – 8 U 152/04 – VersR 2005, 980.

den Fall des vertanen Urlaubs differenziert der BGH[312] zwischen einerseits dem Vertragsrecht, soweit die Urlaubsdurchführung Gegenstand des Vertrages ist (also dem Anwendungsfall des § 651f BGB), und andererseits den übrigen Schadensersatznormen, die keine Erstattungsfähigkeit bedingen.

237 Der Fortfall des Urlaubs kann allenfalls bei der **Schmerzensgeldbemessung** in eng begrenztem Rahmen von Bedeutung sein.[313]

238 **Stornokosten** sind im Ergebnis nichts anderes als vom Reiseveranstalter / Hotelier pp. nicht erstattete Vorauszahlungen für – dann tatsächlich nicht oder nicht vollständig in Anspruch genommene – Unterbringung und Versorgung während des geplanten Urlaubs. Nach Beendigung des Urlaubs wären diese Aufwendungen (wie frustrierte Aufwendungen) dann ebenfalls getätigt gewesen, sodass dieser Wegfall nur immateriell zu beurteilen ist.[314]

239 Soweit eine **Reiserücktrittversicherung** abgeschlossen war, kann diese ebenfalls keinen Regress nehmen.[315]

240 Auch der **Ehegatte** eines **Verletzten** hat keinen Ersatzanspruch für die Absage eines bereits gebuchten gemeinsamen Urlaubs.[316]

241 Kann wegen einer **Verrentung** Urlaub nicht mehr genommen werden, besteht deswegen kein Schadensersatzanspruch des Verletzten (entgangener Freizeitverlust).[317]

242 Außerhalb der deliktischen Schadensersatzansprüche gibt das **Reisevertragsrecht** einen gesetzlichen Anspruch für vertane Urlaubszeit in § 651f II BGB,[318] ohne dass es auf eine Körperverletzung ankommt. Der immaterielle Charakter der Entschädigung bedeutet, dass nicht nur im Erwerbsleben stehende Reisende, sondern auch nicht oder nicht mehr Berufstätige (z.B. Schüler, Rentner) eine Entschädigung wegen nutzlos aufgewendeter Urlaubszeit verlangen können; das Arbeitseinkommen kann daher als Maßstab bei der Bemessung der Entschädigungshöhe nicht herangezogen werden.[319]

243 **§ 651f BGB – Schadensersatz**

(1) Der Reisende kann unbeschadet der Minderung oder der Kündigung Schadensersatz wegen Nichterfüllung verlangen, es sei denn, der Mangel der Reise beruht auf einem Umstand, den der Reiseveranstalter nicht zu vertreten hat.

---

312 BGH v. 11.1.2005 – X ZR 118/03 – DAR 2005, 213; BGH v. 11.1.1983 – VI ZR 222/80 – BGHZ 86, 212 = DAR 1983, 163 = DB 1983, 1198 = JZ 1983, 390 = MDR 1983, 477 = NJW 1983, 1107 = r+s 1983, 82 = VersR 1983, 392 = zfs 1983, 169.
313 Vgl. BGH v. 11.1.1983 – VI ZR 222/80 – BGHZ 86, 212 = DAR 1983, 163 = DB 1983, 1198 = JZ 1983, 390 = MDR 1983, 477 = NJW 1983, 1107 = r+s 1983, 82 = VersR 1983, 392 = zfs 1983, 169; LG Köln v. 13.9.2000 – 4 O 152/00 – SP 2000, 420 = SP 2001, 13; LG München I v. 29.4.1993 – 19 O 864/93 – SP 1994, 250.; *Hillmann/Fleischmann* § 9 Rn 61 ff.
314 Für Ersatzfähigkeit (allerdings ohne Begründung) OLG Frankfurt v. 11.10.2005 – 8 U 47/04 – MedR 2006, 294 = OLGR 2006, 489.
315 Siehe Kap 3 Rn 811.
316 AG Langen v. 9.6.1995 – 51 C 1054/93 – zfs 1995, 325.
317 Siehe ergänzend Kap 4 Rn 250.
318 BGH v. 11.1.2005 – X ZR 118/03 – DAR 2005, 213; BGH v. 10.10.1974 – VII ZR 231/73 – BGHZ 63, 98 = JZ 1975, 249 = NJW 1975, 40 = VersR 1975, 82; BGH v. 12.5.1980 – VII ZR 158/79 – BB 1981, 1426 (nur LS) = BGHZ 77, 116 = DB 1980,1691 = FamRZ 1980, 585 = JuS 1980, 909 = MDR 1980, 837 = NJW 1980, 1947 = WM 1980, 1007 = zfs 1980, 334 (nur LS) (Ehegatten, die den Haushalt führen, können auch dann Schadensersatz wegen nutzlos aufgewendeter Urlaubszeit beanspruchen, wenn nur der andere Ehegatte erwerbstätig ist).
319 BGH v. 11.1.2005 – X ZR 118/03 – DAR 2005, 213.

> (2) Wird die Reise vereitelt oder erheblich beeinträchtigt, so kann der Reisende auch wegen nutzlos aufgewendeter Urlaubszeit eine angemessene Entschädigung in Geld verlangen.

36. Vergebliche Aufwendungen[320]

Die schadenrechtlich anzustellende Differenzbetrachtung verlangt einen Vergleich der durch das haftungsbegründende Ereignis eingetretenen Vermögenslage mit derjenige Lage, die ohne den Unfall bestanden hätte. Aufwendungen, die vor dem haftungsbegründenden Ereignis bereits getätigt und aufgrund seines Eintrittes nutzlos geworden und als vergebens zu betrachten sind, werden als „**Frustrationsschaden**"[321] bezeichnet.

244

a. Nutzungswegfall

Kann der Verletzte nach der Beschädigung seines unfallbeteiligten Fahrzeuges dieses wegen seiner Verletzungen nicht benutzen, steht ihm kein Ersatzanspruch auf Nutzungsausfall zu.[322] Ersatz von Nutzungsausfall setzt **Nutzungsmöglichkeit**[323] und **Nutzungswillen** voraus;[324] die Verletzung oder Ortsabwesenheit des Eigentümers schließt daher regelmäßig einen auf Nutzungsausfall gerichteten Anspruch aus. Neben einer Nutzungsausfallentschädigung kann eine Verzinsung (§ 849 BGB) nicht verlangt werden.[325]

245

Der Anspruch besteht auch dann, wenn Familienangehörige auf das **Fahrzeug** rechtmäßig (beachte: Sonderführerscheine wie Motorrad- oder LKW-Führerschein können erforderlich sein) hätten zugreifen dürfen und kein zweites (weiteres) Fahrzeug in der Familie vorhanden ist.[326]

246

Können aufgrund der Körperverletzung auch **andere Vermögenswerte** (z.B. Jahreskarten,[327] verlorenes Fitnesstraining, Urlaub[328]) nicht genutzt werden, besteht kein materiel-

247

---

320 Zum Thema: *Emmerich* JuS 1987,489; *Timme* „Frustrierte Aufwendungen und Schadensersatz wegen Nichterfüllung" zfs 1999, 502; *Erman-Kuckuk* § 249 Rn 66 ff., *Staudinger-Schiemann* § 249 Rn 123 ff.
321 Zum Begriff siehe ausführlich BGH v. 10.12.1986 – VIII ZR 349/85 – BGHZ 99, 182 = DB 1987, 1418 = JZ 1987, 512 (Anm. *Stoll* JZ 1987, 517) = MDR 1987, 399 = NJW 1987, 831 = WM 1987, 426.
322 BGH v. 10.6.2008 – VI ZR 248/07 – DAR 2008, 465 (Anm. *Kuhn*) = NJW-RR 2008, 1198 = NJW-Spezial 2008, 457 = NZV 2008, 453 = r+s 2008, 352 = SP 2008, 327 = VersR 2008, 1086 = zfs 2008, 501 (Auch für den Nutzungsausfall gelten die schadensrechtlichen Grundsätze der subjektbezogenen Betrachtung des Schadens sowie des Bereicherungsverbotes). *Lemcke* in Anwalts-Handbuch Verkehrsrecht Teil 3 Rn 262.
323 AG Berlin-Mitte v. 25.1.2007 – 13 C 3060/05 (Kein Nutzungsausfall nach alkoholbedingtem Führerscheinentzug anlässlich des Schadenereignisses).
324 Dazu *Berz/Burmann-Born* Kap 5 C, Rn 58 f.; zum Ausfall eines Behördenfahrzeuges siehe OLG Köln v. 24.2.2005 – 7 U 118/04 – DAR 2005, 286.
325 BGH v. 24.2.1983 -VI ZR 191/81 – BB 1983, 2077 = BGHZ 87,38 = DAR 1983, 223 = DB 1983, 2464 = LM Nr. 4 zu § 849 BGB = MDR 1983, 655 = NJW 1983, 1614 = r+s 1983, 145 = VersR 1983, 555 = VRS 65,103.
326 KG v. 29.9.2005 – 12 U 235/04 – DAR 2006, 151 = NZV 2006, 1357 = VersR 2006, 806 (nur LS) (Voraussetzung ist eine vor dem Unfall getroffene Vereinbarung, dass Dritte auf das Fahrzeug zugreifen dürfen); AG Schwäbisch Gmünd v. 30.8.2004 – 4 C 446/04 – SP 2004, 376.; *Lemcke* in Anwalts-Handbuch Verkehrsrecht Teil 3 Rn 262.
327 OLG Hamm v. 3.12.2002 – 27 U 43/02 – NZV 2003, 180 = OLGR 2003, 109 = VersR 2004, 529 (nur LS) = VRS 104, 430.
328 Siehe Kap 2 Rn 235.

ler Schadensersatzanspruch wegen dieses Nutzungswegfalles.[329] Gleiches gilt für den Entzug von Gebrauchsvorteilen bei einem Freizeit-[330]Liebhaberobjekt.[331]

248 Wegen sog. „frustrierter Aufwendungen" ist kein Ersatz zu leisten, z.B. weil der Verletzte

249 ■ nunmehr seinen Piloten-[332] oder Motorradführerschein[333] im privaten Bereich (und nicht im beruflichen[334]) nicht mehr nutzen kann,

250 ■ Theater- und Konzertkarten,[335] Clubbeiträge,[336] Stunden eines Tanzkurses oder an der Volkshochschule[337] oder Jagdausübungsrechte (Jagdpacht),[338] hat verfallen lassen müssen,[339]

251 ■ seinen Hobbys[340] (vor allem Sport) nicht mehr nachgehen kann und Sportausrüstungen nicht mehr benötigt,

---

329 *Küppersbusch* Rn 214 ff; siehe auch BGH v. 10.6.2008 – VI ZR 248/07 – DAR 2008, 465 (Anm. *Kuhn*) = NJW-RR 2008, 1198 = NJW-Spezial 2008, 457 = NVZ 2008, 453 = r+s 2008, 352 = SP 2008, 327 = VersR 2008, 1086 = ZfS 2008, 501 (zu II.1.aE.).

330 BGH v. 10.6.2008 – VI ZR 248/07 – DAR 2008, 465 (Anm. *Kuhn*) = NJW-RR 2008, 1198 = NJW-Spezial 2008, 457 = NZV 2008, 453 = r+s 2008, 352 = SP 2008, 327 = VersR 2008, 1086 = zfs 2008, 501 (Keine Nutzungsausfallentschädigung für nur dem Freizeitzweck dienendem Wohnmobil); KG v. 26.11.2003 – 12 U 181/03 – DAR 2008, 520 (nur LS) = VRS 115, 3 (Keine Nutzungsausfallentschädigung für Motorrad, das neben einem Fahrzeug gehalten wurde).

331 AG Schwäbisch Gmünd v. 30.8.2004 – 4 C 446/04 – SP 2004, 376 (Liebhaber-Motorrad, das fast nur zu sportlichen Zwecken genutzt wurde).

332 LG Münster v. 2.4.1986 – 2 O 51/86 – zfs 1988, 38 (Nicht zu ersetzende Kosten für den Erwerb eines Flugscheines nach unfallbedingt eingetretener Fluguntauglichkeit).

333 OLG Celle v. 18.7.1996 – 5 U 181/95 – SP 1997, 9.

334 Etwas anderes kann gelten, wenn aufgrund des Führerscheins Geld verdient werden sollte. Dann kann ein zu ersetzender Verdienstausfallschaden grundsätzlich möglich sein.

335 A.A.: OLG Köln v. 6.4.2001 – 20 U 165/01 – SP 2001, 239 = SP 2001, 303 (Ersatzanspruch in Höhe des Wertes der geldwerten Genussmöglichkeit); zweifelnd OLG Hamm v. 5.2.1998 – 27 U 161/97 – MDR 1998, 535 = NJW 1998, 2292 = SP 1998, 396 = zfs 1998, 208; siehe auch OLG München v. 29.11.1985 – 10 U 1855/85 – Fremdenverkehrsrechtliche Entscheidungen 24 (1988), Nr. 574 = NJW-RR 1986, 963 = VersR 1987, 622 (Kreuzfahrt).

336 OLG Celle v. 18.7.1996 – 5 U 181/95 – SP 1997, 9 (Aerobictraining); OLG Köln v. 6.4.2001 – 20 U 165/01 – SP 2001, 239 = SP 2001, 303 (Mitgliedsbeitrag eines Ferienclubs); LG Köln v. 13.9.2000 – 4 O 152/00 – SP 2000, 420 = SP 2001, 13 (Kein Ersatz des Golfclubbeitrags).

337 *Hillmann/Fleischmann* § 9 Rn 478.

338 BGH v. 15.12.1970 – VI ZR 120/69 – BGHZ 55, 146 = MDR 1971, 470 = NJW 1971, 796 = VersR 1971, 444.

339 BGH v. 10.12.1986 – VIII ZR 349/85 – BGHZ 99, 182 = DB 1987, 1418 = JZ 1987, 512 (Anm. *Stoll* JZ 1987, 517) = MDR 1987, 399 = NJW 1987, 831 = WM 1987, 426 (Zu ideellen Zwecken getätigte und durch Nichterfüllung des Vertrages nutzlos gewordene Aufwendungen stellen keine ersatzfähigen Vermögensschäden dar); BGH v. 18.6.1979 – VII ZR 172/78 – NJW 1979, 2034 m.w.N. (Nutzloser Erschließungsaufwand des Pächters); BGH v. 21.6.1977 – VI ZR 58/76 – NJW 1977, 2264 (Nutzloser Lohnaufwand durch Betriebsstörung); BGH v. 18.9.1975 – III ZR 139/73 – BGHZ 65, 170 = NJW 1975, 2341 (Anm. *Stoll* JZ 1976, 281; *Küppers* VersR 1976, 604) (Verhinderte Kfz-Nutzung durch Führerscheinsicherstellung); BGH v. 15.12.1970 – VI ZR 120/69 – BGHZ 55, 146 = MDR 1971, 470 = NJW 1971, 796 = VersR 1971, 444 (Jagdpacht); OLG Celle v. 18.7.1996 – 5 U 181/95 – SP 1997, 9 (Aerobictraining, Führerscheinausbildung, Wohnungsmiete); OLG Celle v. 23.2.1984 – 5 U 132/83 – zfs 1984, 358 (Vergeblich gezahlte Kindergartenbeiträge); OLG Hamm v. 5.2.1998 – 27 U 161/97 – MDR 1998, 535 = NJW 1998, 2292 = SP 1998, 396 = zfs 1998, 208 (Kein Ersatz für in Rennwagen investierte Arbeit, wenn ein Hobbyrennfahrer unfallbedingt an Rennen nicht teilnehmen kann); OLG Hamm v. 14.2.1984 – 27 U 325/83 – VersR 1984, 1051 = zfs 1985, 6 (Verlust von Förderungsmitteln); OLG Hamm v. 14.4.1969 – 13 U 155/68 – VersR 1969, 762 (Jagdpacht); siehe auch BGH v. 18.6.1979 – VII ZR 172/78 – NJW 1979, 2034 sowie OLG München v. 29.11.1985 – 10 U 1855/85 – Fremdenverkehrsrechtliche Entscheidungen 24 (1988), Nr. 574 = NJW-RR 1986, 963 = VersR 1987, 622.

- sein Wochenendhaus³⁴¹ nicht nutzen kann.

Kann wegen der Schadensfolgen der Verletzte den Beruf nicht mehr ergreifen, den er ohne den Unfall wahrscheinlich ergriffen hätte, sind ihm die Minderungen gegenüber dem tatsächlich ergriffenen Beruf zu ersetzen. Die nutzlos gewordenen bisherigen **Ausbildungskosten** sind als frustrierte Aufwendungen aber nicht zu ersetzen.³⁴²

b. Beeinträchtigungen

Die Beeinträchtigung einer **Feier** (Hochzeits- oder Geburtstagsfeier) ist allenfalls immateriell zu berücksichtigen.³⁴³

c. Fortlaufende Kosten

Fortlaufende **Bürokosten**³⁴⁴ und **Mieten**³⁴⁵ sind als frustrierte Aufwendungen schadensersatzrechtlich irrelevant.

Müssen ausgefallene, dem Verletzten gegenüber zu erbringende, zuvor fest vereinbarte **Nachhilfestunden** oder **Klavierstunden** bezahlt werden, ist Ersatz zu leisten.

d. Nutzlose Aufwendungen Dritter

Nutzlose Aufwendungen von Dritten (Ehegatte bzw. Angehörige eines Verletzten oder Getöteten) beispielsweise für **Stornokosten** für Abbruch bzw. Nichtantritt von geplanter oder bereits gebuchter Reise bzw. Urlaub, verfallene Theaterkarten, Mietkosten (z.B. Wohnung,³⁴⁶ Leasingfahrzeug) weiterlaufende Finanzierungskosten für jetzt nicht mehr nutzbare Gegenstände (z.B. Zweitwagen) u.Ä. sind als mittelbare Schäden nicht zu ersetzen.³⁴⁷

Auch nutzlose Aufwendungen in Erwartung der Ehe (z.B. angesetzte **Hochzeitsfeier**) sind nicht zu ersetzen.³⁴⁸

---

340 *Bamberger/Roth-Grüneberg* § 249 Rn 86.
341 *Bamberger/Roth-Grüneberg* § 249 Rn 86.
342 Kap 6 Rn 18.
343 LG Görlitz v. 25.10.2000 – 4 O 116/00 – SP 2001, 376 (Beeinträchtigung einer Hochzeitsfeier durch Verkehrsunfall).
344 OLG München v. 1.7.2005 – 10 U 2544/05 – SVR 2006, 180 (Anm. *Quarch*) (Unfallbedingte nutzlose Kanzleimiete); OLG München v. 24.7.1981 – 10 U 1633/81 – zfs 1983, 361.
345 OLG Celle v. 18.7.1996 – 5 U 181/95 – SP 1997,9; LG Münster v. 14.10.2002 – 15 O 507/00 – (Wohnungsmiete während der Zeit der unfallkausalen stationären Behandlung ist als frustrierter Aufwand nicht ersatzfähig).
346 LG Essen v. 16.1.2003 – 6 O 39/01 – PVR 2003, 335 (nur LS) (Mietkosten für die Garage eines Getöteten sind, da es sich um frustrierte Aufwendungen handelt, nicht ersatzfähig).
347 BGH v. 4.4.1989 – VI ZR 97/88 – BB 1989, 1510 (nur LS) = DAR 1989, 263 = DB 1989, 1517 (nur LS) = MDR 1989, 805 = NJW 1989, 2317 = r+s 1989, 185 (nur LS) = VersR 1989, 853 (Anm. *Deutsch/Schramm* VersR 1991, 715) = zfs 1989, 298 (nur LS); BGH v. 15.12.1970 – VI ZR 120/69 – BGHZ 55,146 = MDR 1971,470 = NJW 1971,796 = VersR 1971,444 (Jagdpacht); OLG Celle v. 23.2.1984 – 5 U 132/83 – zfs 1984, 358; LG Lüneburg v. 13.7.1973 – 3 O 111/73 – VersR 1975, 1016; AG Langen v. 9.6.1995 – 51 C 1054/93 – zfs 1995, 325; siehe auch *Böhme/Biela* Rn D 220 ff. (S. 225).
348 Siehe auch LG Görlitz v. 25.10.2000 – 4 O 116/00 – SP 2001, 376 (Beeinträchtigung einer Hochzeitsfeier durch Verkehrsunfall) und LG Marburg v. 28.9.1981 – 6 O 128/81 – (zu §§ 1298, 1299 BGB).

e. Rechtliche Gemengelage

259 Manchmal mischen sich die rechtlichen Ansatzpunkte:

260 *Beispiel 2.12:*
Der Verletzte V hatte vor dem Unfall (Unfalltag 15.3.2001) Inserate in der Januar-Ausgabe einer Fachzeitschrift (Kosten: 1.000 DM) aufgegeben, um für eine von ihm am 6.12.2001 gegen Entgelt zu haltende Vortragsveranstaltung zu werben. Aufgrund des Unfalls muss die Veranstaltung ausfallen. Ohne den Unfall hätte V mit der Veranstaltung einen Umsatz von 15.000 DM gehabt.

Ergebnis:
Der entgangene Umsatz ist nicht dem entgangenen Gewinn (der zu ersetzen ist) gleichzusetzen; vielmehr müssen u.a. Kosten und Abgaben gegengerechnet werden. Die Kosten für die Inserate stellen sich also als Geschäftsausgaben dar, die bei der Gewinnausfallberechnung für die ausgefallene Veranstaltung am 6.12.2001 ebenso wie beispielsweise die nun überflüssigen Anmietungskosten für den Vortragssaal (abzüglich etwaiger Stornierungskosten), aber auch noch weiterer voraussichtlicher, unfallbedingt allerdings unterbliebener, Inserierungskosten vom mutmaßlichen Umsatz abzuziehen sind.

Die tatsächlichen Inserierungskosten sind im Ergebnis nicht als isolierte Schadenposition zu ersetzen, sondern vielmehr im Bereich der Gewinnausfallberechnung zu berücksichtigen.

37. Verlust von Wertgegenständen

261 Grundsätzlich kann der Verlust von Wertgegenständen (auch durch Diebstahl oder Unterschlagung Dritter nach dem Unfall, aber auch im Krankenhaus) entschädigungspflichtige Folge eines Haftpflichtgeschehens sein.[349]

262 Werden Wertgegenstände oder Bargeld, die beim Unfall mitgeführt wurden, nach dem Unfall nicht mehr aufgefunden, so spricht **kein Anschein** dafür, dass diese Wertgegenstände beim Unfall abhanden gekommen sind.[350]

38. Vermögensnachteile

263 Ist durch die Beeinträchtigung seiner Arbeitskraft dem Verletzten in dessen Vermögen konkreter Schaden entstanden, so ist dieser zu ersetzen. Zu ersetzen sind auch diejenigen konkreten Vermögenseinbußen, die der Verletzte dadurch erleidet, dass er in seiner **beruflichen Weiterentwicklung** (verspäteter Berufseintritt, beruflicher Aufstieg) behindert wird. Der Erwerbsschadensersatz erfasst dabei nicht nur den Verlust des Einkommens, sondern alle wirtschaftlichen Beeinträchtigungen, die der Geschädigte erleidet, weil er

---

[349] OLG Köln v. 25.2.2005 – 6 U 139/04 – DAR 2005, 404 = MDR 2005, 1346 = NZV 2005, 523 = OLGR 2005, 334 = SVR2006, 31 (nur LS) (Anm. *Schwab*) = VRS (2005) 109,263; OLG München v. 15.6.1978 – 1 U 4719/77 – VersR 1979, 1066 (Es stellt eine adäquate Unfallfolge dar, wenn einem Unfallbeteiligten beim Unfall ein Gegenstand verloren geht; jedoch spricht der Beweis des ersten Anscheins nur dann für diese Schadensursache, wenn feststeht, dass der Beteiligte den Gegenstand bei Antritt der Unfallfahrt noch im Besitz hatte [hier: wertvolles Diamantenkreuz am Halskettchen]).

[350] OLG Köln v. 25.2.2005 – 6 U 139/04 – DAR 2005, 404 = MDR 2005, 1346 = NZV 2005, 523 = OLGR 2005, 334 = SVR 2006, 31 (nur LS) (Anm. *Schwab*) = VRS (2005) 109, 263.

seine Arbeitskraft verletzungsbedingt nicht mehr verwerten kann, die also der Mangel der vollen Arbeitskraft der Person mit sich bringt.[351]

Versicherungsrechtliche Nachteile als Folgeschaden der Körperverletzung (z.B. Beitrags-/Risikozuschlag in der Kranken-, Lebens-[352] oder Unfallversicherung[353]) können ebenfalls zu erstatten sein. Versicherungsleistungen aus solchen vom Schädiger mitfinanzierten Versicherungen sind, da Kongruenz zum Erwerbsschaden und nicht zu den vermehrten Bedürfnissen besteht, dann aber auf spätere unfallkausale Verdienstausfallschäden anzurechnen.[354] 264

Im Einzelfall kann es schwirig sein, die zur Prämienerhöhung führende Risikoerhöhung vollständig dem Haftpflichtgeschehen zuzuweisen, verbleibende **Unklarheiten** sind nach Maßgabe des § 287 ZPO abzuwägen.[355] 265

Der Risikozuschlag in der **Berufsunfähigkeitszusatzversicherung** (BUZ)[356] stellt keine ersatzfähige Schadensposition dar, weil er weder adäquat-kausale Folge des schadenbegründenden Ereignisses ist noch der Beseitigung der Schadenfolge dient. 266

39. Zeitverlust[357]

a. Immaterieller Schaden

Nicht jede Vermögenseinbuße stellt einen erstattungsfähigen Schaden dar. Verlust an Freizeit ist schadenrechtlich nicht zu ersetzen.[358] Einbußen von Freizeit – mit der Freiheit, die eigene Freizeit in einer subjektiv für sinnvoll gehaltenen Weise zu nutzen – sind im- 267

---

351 BGH v. 20.3.1984 – VI ZR 14/82 – BB 1984, 1234 (nur LS) = BGHZ 90,334 = DAR 1984, 257 = DB 1984, 2034 (nur LS) = MDR 1984, 658 = NJW 1984, 1811 = r+s 1984, 143 (nur LS) = VersR 1984, 639 = VRS 67, 178 = zfs 1984, 271 (nur LS).
352 OLG Zweibrücken v. 26.1.1994 – 1 U 209/92 – NZV 1995, 315 = r+s 1995, 300 = VersR 1996, 864 = zfs 1995, 413 = VRS 89, 10 (BGH hat Revision nicht angenommen, Beschl. v. 31.1.1995 – VI ZR 85/94 -); LG Hamburg v. 7.5.1999 – 331 O 336/97 – SP 1999, 269 (Unfallkausale Erhöhung der Lebensversicherungsprämie ist als vermehrtes Bedürfnis nach § 843 I BGB zu ersetzen).
353 BGH v. 15.5.1984 – VI ZR 184/82 – MDR 1985, 38 = NJW 1984, 690 = r+s 1984, 243 = VersR 1984, 690 = zfs 1984, 269; OLG München v. 25.1.1974 – 10 U 1950/73 – NJW 1974,1203; OLG Zweibrücken v. 26.1.1994 – 1 U 209/62 – NZV 1995, 315 = r+s 1995, 300 = VersR 1996, 864 (BGH hat die Revision nicht angenommen, Beschl. v. 31.1.1995 – VI ZR 85/94 -), Siehe auch. *Berz/Burmann-Heß* Kap 6 D, Rn 26, *Erman-Kuckuk* § 249 Rn 115, 115a.
354 Siehe Kap 3 Rn 806.
355 Münchener Kommentar-*Oetker* § 249 Rn 376.
356 LG Wuppertal v. 25.10.1996 – 10 S 199/96 – SP 1997, 9.
357 LG Mönchengladbach v. 21.10.1987 – 5 S 89/87 – (Zeitaufwand für Ummeldung beim Straßenverkehrsamt).
358 BAG v. 24.8.1967 – 5 AZR 59/67 – BAGE 20, 48 = BB 1967, 1376 (Anm. *Becker* BB 1976, 746) = DB 1967, 1944 = MDR 1968, 80 = NJW 1968, 221; BGH v. 29.4.1977 – V ZR 236/74 – BauR 1978, 218 = BB 1977, 1018 = BGHZ 69, 36 = DB 1977, 1455 = JR 1977, 503 = JZ 1977, 512 = MDR 1977, 1007 = NJW 1977, 1446 = WM 1977, 943; OLG Köln v. 29.6.1981 – 24 U 21/81 – VersR 1982, 585 = zfs 239 unter Berufung auf BGH v. 28.2.1969 – II ZR 154/67 – MDR 1969, 554 = NJW 1969, 1109 = VersR 1969, 437; OLG Stuttgart v. 19.10.2006 – 7 U 60/06 – VersR 2007, 1524; LG München v. 6.6.1984 – 17 O 1130/84 – VersR 1985, 1150 = zfs 1986, 43 (Kein Ersatz wegen des mit der Schadenabwicklung – Aufklärung des Sachverhalts, Bestellung eines Sachverständigen, Werkstattbesuche, Telefonate – verbundenen Zeitaufwandes); *Bamberger/Roth-Grüneberg* § 249 Rn 85, *Erman-Kuckuk* § 249 Rn 54 m.w.N.; *Jauernig-Teichmann* vor §§ 249-253 Rn 16.

2 Erwerbsschaden

materieller Natur: Freizeit wird nicht erkauft, sie ist vielmehr schlicht vorhanden, ihr Verlust stellt keinen Vermögensschaden dar.[359]

268 Nennenswerte Freizeiteinbußen können allenfalls im Rahmen des immateriellen Ersatzes (**Schmerzensgeld**) Berücksichtigung finden, wobei eine noch engere Betrachtung als bei der Urlaubseinbuße[360] gilt.

b. Rechtsgutverletzung

269 Muss jemand unfallbedingt im unfallkausal entstandenen **Stau warten** und hat er deswegen Gewinneinbußen und Erwerbsminderung, stellt sich dieses letztlich als mittelbarer Schaden dar. Auch aus dem Aspekt des Eingriffs in den eingerichteten und ausgeübten Gewerbetrieb gibt es keinen Ersatz.[361]

270 Der durch eine polizeiliche **Unfallaufnahme** und etwaig anschließende **Zeugenaussage** im Strafverfahren[362] entstehende reine Vermögensschaden durch Zeitverlust ist nicht zu ersetzen.

271 Eine ungerechtfertigte Strafanzeige, die zum (vorübergehenden) **Verlust der Fahrerlaubnis** führt, kann Schadenersatzansprüche nach § 823 II BGB i.V.m. § 164 StGB und § 826 BGB auslösen.[363]

c. Schadenabwicklung

272 Der Geschädigte hat keinen Anspruch auf Ersatz des ihm durch die Schadenabwicklung entstehenden reinen Zeitverlustes.[364] Dies gilt auch dann, wenn er die entgangene Zeit

---

[359] BGH v. 22.11.1988 – VI ZR 126/88 – BGHZ 106, 28 = MDR 1989, 343 = VersR 1989, 188, BGH v. 10.10.1974 – VII ZR 231/73 – BGHZ 63, 98 = JZ 1975, 249 = NJW 1975, 40 = VersR 1975, 82 (Es ist zweifelhaft, ob die Freizeiteinbuße überhaupt einen Schadendarstellen kann); OLG Frankfurt v. 21.5.1999 – 24 U 150/97 – VersR 2000, 607 (Einbußen an ihrer Freizeit, die Eltern eines gesundheitlich schwer beeinträchtigten Kindes durch dessen Betreuung erleiden, sind materiell nicht zu entschädigen).
[360] Kap 2 Rn 236 ff.
[361] AG Achim v. 22.3.2006 – 10 C 632/05 – SP 2006, 273 (Marktbeschicker verlangte vergeblich Ersatz für Erwerbseinbußen, nachdem er wegen eines unfallkausal gebildeten Stau zu spät auf den Markt kam); siehe ergänzend Kap 2 Rn 17 und Rn 25.
[362] AG Waiblingen v. 24.1.1977 – III C 1111/76 – VersR 1977, 922 (Anm. *Schmalzl* VersR 1977, 1137); siehe auch LG Erfurt v. 11.1.2005 – 3 O 242/04 – NZV 2006, 44 (Kosten der Strafverfolgung gegen den Geschädigten sind als dem Schädiger grundsätzlich nicht zurechenbar zu behandeln [BGHZ 27, 137], weil sie auf der Durchsetzung des originären dem Staat zustehenden Strafverfolgungsanspruch beruhen, der eine andere Quelle als das schädigende Ereignis hat. Konkret: Kein Ersatz von Mietwagenkosten nach Beschlagnahme des Unfallfahrzeuges wegen eines Ermittlungsverfahrens.).
[363] OLG Hamm v. 3.2.2006 – 9 U 117/05 – OLGR 2006, 465 = VerkMitt 2006, Nr. 52; siehe auch BGH v. 30.5.2006 – VI ZR 174/05 – BGHReport 2006, 1159 = DAR 2006, 496 = MDR 2007, 86 = NJW 2006, 2320 = NJW-Spezial 2006, 353 = NZV 2006, 461 = r+s 2006, 473 (Anm. *Lemcke*) = SP 2006, 315 = SVR 2006, 383 (nur LS) (Anm. *Weinhold*) = VerkMitt 2006, 81 = VersR 2006, 1088 (Anm. *Staab* VersR 2007, 925) = zfs 2006, 568.
[364] BGH v. 22.11.1988 – VI ZR 126/88 – BGHZ 106,28 = MDR 1989, 343 = VersR 1989, 188; OLG Düsseldorf v. 18.10.1978 – 23 S 15/8 – VersR 1979, 193; OLG Köln v. 21.12.1995 – 7 U 116/95 – MDR 1996, 917, OLG Saarbrücken v. 5.3.1982 – 3 U 169/80 – r+s 1982, 214.

ohne den Unfall hätte gewinnbringend einsetzen können[365] oder im durch die Unfallaufnahme weitere Schäden entstehen.[366]

Ebenso wenig besteht ein Anspruch auf Entschädigung für den reinen Zeitaufwand während **ärztlicher Behandlungen**.[367] Hervorzuheben ist, dass abhängig Beschäftigte mittlerweile ihre Arbeitszeit häufig frei einteilen können („Gleitzeit") und hierzu auch unter schadensersatzrechtlichen Kriterien angehalten sind.[368] 273

Der Zeitaufwand, mit dem **Eltern** anlässlich der Begleitung ihrer verletzten Kinder zu medizinischen Behandlungen belastet sind, und der damit verbundene Verlust an Freizeit, ist als Vermögensschaden nicht zu ersetzen.[369] 274

40. Zinsen

Der Geschädigte kann nacheinander, nicht aber parallel, konkrete Nutzungsausfallentschädigung und abstrakt über § 849 BGB Verzinsung beanspruchen.[370] 275

Bei der Geltendmachung von Kreditkosten, Verzugs- und Prozesszinsen ist das Zinseszinsverbot (§§ 248, 289 S. 1, 291 S. 2, 301 BGB) zu beachten. 276

---

365 OLG Köln v. 29.6.1981 – 24 U 21/81 – VersR 1982, 585 = zfs 1982, 239.
366 LG Arnsberg v. 7.2.2006 – 5 S 101/05 – (Vorinstanz AG Menden v. 20.7.2005 – 4 C 53/05 – NJW-RR 2005, 1337 = NZV 2006, 259) (Besitzer eines Mietwagens, der wegen Verzögerungen aufgrund der Unfallaufnahme zu spät zum Abflugterminal gelangt und daher einen Flug verpasst, kann keinen Ersatz der Flugkosten verlangen) lässt die Frage der Ersatzfähigkeit offen und verneint letztlich einen Anspruch, weil der Fluggast durch zu knappes Zeitpolster selbst zur Versäumung des Fluges beitrug; LG Aachen v. 28.11.1984 – 4 O 300/84 – VersR 1985, 1097 (Kein Ersatzanspruch des Fahrzeugeigentümers, der bei der Besichtigung des beschädigten Fahrzeuges zu Fall kommt).
367 OLG Frankfurt v. 21.5.1999 – 24 U 150/97 – VersR 2000, 607; OLG München v. 24.7.1981 – 10 U 1633/81 – zfs 1983, 361.
368 Siehe Kap 2 Rn 125.
369 OLG Frankfurt v. 21.5.1999 – 24 U 150/97 – VersR 2000, 607 (Einbußen an Freizeit, die Eltern eines gesundheitlich schwer geschädigten Kindes wegen dessen Betreuung haben, können den Schmerzensgeldanspruch des Kindes erhöhen); in diesem Sinne auch KG v. 17.10.2005 – 12 U 173/02 – VersR 2006, 799 (nur LS); Siehe ergänzend Kap 2 Rn 135 ff.
370 BGH v. 24.2.1983 -VI ZR 191/81 – BB 1983, 2077 = BGHZ 87,38 = DAR 1983, 223 = DB 1983, 2464 = LM Nr. 4 zu § 849 BGB = MDR 1983, 655 = NJW 1983, 1614 = r+s 1983, 145 = VersR 1983, 555 = VRS 65, 103 (§ 849 BGB gilt auch für Ansprüche nach dem StVG).

Kapitel 3 Erwerbstätige Personen

A. Einleitung

Die Probleme des Verdienstausfallschadens stellen sich nicht für alle potentiell und aktuell Erwerbstätigen gleich:

- Unterschiede weist vor allem das jeweils in Betracht kommende **Drittleistungsspektrum** (wie Fortzahlung des Gehaltes durch Arbeitgeber bzw. Dienstherr, Leistungen der diversen Sozialversicherungsträger, aber auch der Sozialhilfe, Leistungen von privater Kranken-, Krankenzusatz- oder Pflegeversicherer) auf.

- Aber auch zu einzelnen **Berechnungsmodalitäten** (u.a. geprägt durch Besserstellung einzelner Gläubiger gegenüber dem Ersatzpflichtigen z.B. durch ein Quotenvorrecht) ergeben sich Unterschiede.

- Ferner können **steuer-** und **sozialversicherungsrechtliche Abrechnungsvorgaben** unterschiedliche Rollen spielen.

3 Erwerbstätige Personen

5 **Übersicht 3.1: Erwerbstätige Personen**

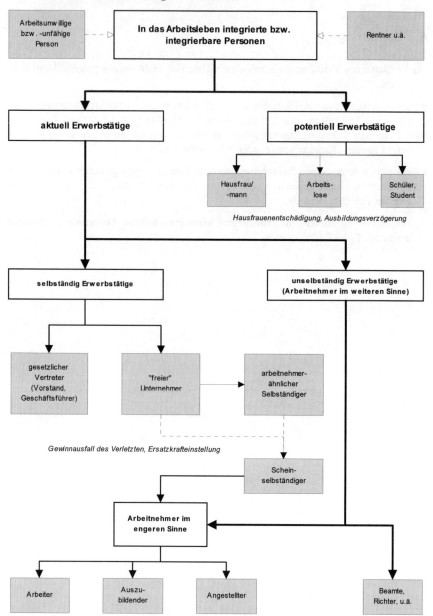

B. Unselbständig Tätige[1]

I. Arbeitnehmer

1. Personenkreis

Im **Arbeitsrecht** ist Arbeitnehmer diejenige Person, die im Dienste eines anderen, nämlich des Arbeitgebers, steht und eine vom Arbeitgeber abhängige, weisungsgebundene Tätigkeit ausübt. Im **Sozialrecht** definiert § 7 I SGB IV als „Beschäftigung" die nichtselbständige Arbeit, insbesondere in einem Arbeitsverhältnis, wobei Anhaltspunkt für eine Beschäftigung die Tätigkeit nach Weisungen und eine Eingliederung in die Arbeitsorganisation des Weisungsgebers ist.

Mit- und **Subunternehmer** sind keine Arbeitnehmer. Abgrenzungsschwierigkeiten ergeben sich im Einzelfall aus dem Aspekt der Scheinselbstständigkeit.

Auch **nebenberufliche Tätigkeiten**,[2] Probearbeits- und Aushilfsarbeitsverhältnisse sind vollwertige Arbeitsverhältnisse, ebenso Beschäftigungen mit Pauschalversteuerung. Es besteht – auch bei 400-EUR-Jobs[3] – ein Anspruch auf **Lohnfortzahlung** (§ 1 EFZG) und **Urlaub** (§ 2 BUrlG).

a. Arbeitnehmer im engeren Sinne
aa. Arbeiter, Angestellte, Auszubildende (Azubi)

Arbeitnehmer im engeren Sinne sind Angestellte und Arbeiter (§ 1 II EFZG): Einer dieser beiden Kategorien (einschließlich der Auszubildenden) gehört jeder Arbeitnehmer an.

Ein Arbeitnehmer, der nicht Angestellter ist, ist zwingend **Arbeiter**.

Die Abgrenzung zwischen Arbeiter und **Angestelltem** vollzieht sich vom Begriff des Angestellten her. Angestellt ist nach althergebrachter Definition, wer kaufmännische, büromäßige oder sonst vorwiegend geistige Arbeit leistet. Die Abgrenzung wird erleichtert durch § 133 II SGB VI (früher § 3 Angestelltenversicherungsgesetz [AVG]) mit der zugehörigen Verordnung, welche die meisten Angestelltengruppen erfasst. Eine rechtliche Differenzierung zwischen Arbeitern und Angestellten ist aber spätestens seit der Rentenversicherungsreform[4] für die Schadenregulierung nicht mehr vonnöten.

bb. Geringfügige Beschäftigung
(1) Bis 31.3.1999: 630 DM-Beschäftigung

Ausgenommen von der Versicherungspflicht in der gesetzlichen Sozialversicherung waren Personen, deren Einkünfte die in §§ 8, 18 SGB IV bestimmten Beträge (im Jahre

---

1 Zum Thema: *Jahnke* „Entgeltfortzahlung und Regress des Arbeitgebers im Schadenfall seines Arbeitnehmers" NZV 1996, 169; *Roß* „Der Erwerbsschaden des Nichtselbständigen" NZV 1999, 276.
2 Siehe ergänzend Kap 5 Rn 1 ff.
3 Hier erstattet die DRV Knappschaft-Bahn-See (Minijobzentrale) dem lohnfortzahlenden Arbeitgeber 80 % (2004: 70 %) der Aufwendungen (bis 31.12.2005: § 10 III LFZG, ab 1.1.2006: § 2 I 2 AAG).
4 Durch das „Gesetz zur Organisationsreform in der gesetzlichen Rentenversicherung (RVOrgG)" v. 9.12.2004 (BGBl I 2004, 3242) wurde die Rentenversicherung in Deutschland zum 1.10.2005 (§ 274d SGB VI) auch hinsichtlich ihrer jeweiligen Zuständigkeiten neu gegliedert.

1998: 620 DM [West] bzw. 520 DM [Ost]) nicht überschritten.[5] Bei der Berechnung der Sozialversicherungsfreigrenze war die für geringfügig Beschäftigte vom Arbeitgeber zu entrichtende Pauschalsteuer unberücksichtigt zu lassen, da diese Steuer (§ 40a EStG) kein Arbeitsentgelt nach § 14 I SGB IV darstellte.[6]

13 Wer als Arbeitnehmer Einkünfte aus mehreren Tätigkeiten bezog und damit in der Gesamtheit die versicherungsfreie Grenze überschritt, wurde allerdings sozialversicherungspflichtig und hatte Sozialversicherungsbeiträge zu zahlen.[7]

(2) 1.4.1999 – 31.3.2003: 630 DM/325-EUR-Job

14 Seit dem 1.4.1999 galten für die 630 DM-Beschäftigung neue rechtliche Bestimmungen. Mit der Neuregelung wurde die Geringfügigkeitsgrenze einheitlich für Ost und West auf ein monatliches Arbeitsentgelt von 630 DM festgeschrieben. Eine regelmäßige jährliche Anpassung war nicht vorgesehen.

15 Mit der Euro-Umstellung (Art. 5 des 4. Euro-Einführungsgesetzes[8]) wurde dann zum 1.1.2002 der Grenzwert von 630 DM durch 325 EUR ersetzt, ohne dass die rechtlichen Rahmenbedingungen im Übrigen verändert wurden.

16 Die Beschäftigung durfte regelmäßig nur weniger als 15 Wochenstunden ausgeübt werden und das Arbeitsentgelt regelmäßig 630 DM/325 EUR monatlich nicht übersteigen. Dabei waren nach § 8 II 1 SGB VI mehrere geringfügig entlohnte Beschäftigungen – sowie für den Bereich der Kranken- Pflege- und Rentenversicherung auch geringfügig entlohnte Beschäftigungen und nicht-geringfügig entlohnte Beschäftigungen – zusammenzurechnen. Die Zusammenrechnung einer geringfügig entlohnten Beschäftigung kam allerdings nur dann in Betracht, wenn die nicht geringfügige Beschäftigung Versicherungspflicht begründete (§ 7 S. 2 SGB V, § 5 II 1 SGB VI); dann bestand Versicherungspflicht auch in der geringfügig entlohnten Beschäftigung. Steuerfreie Aufwandsentschädigungen galten nicht als Arbeitsentgelt, § 14 I SGB IV.

17 Eine geringfügig entlohnte Beschäftigung (§ 8 I Nr. 1 SGB IV) war grundsätzlich arbeitslosen-, kranken-, pflege- und rentenversicherungsfrei (§ 7 S. 1 1. Halbs. SGB V, § 5 II 1 Nr. 1 SGB VI, 27 II 1 1. Halbs. SGB III).

(a) Sozialrecht

18 Im Sozialrecht wurden Nebenbeschäftigungen eines Arbeitnehmers mit anderweitig beitragspflichtigen Einkünften zusammengerechnet und unterlagen dann mit ihrem Gesamtbetrag der Sozialabgabepflicht in der gesetzlichen Kranken- und Rentenversicherung (nicht: Pflege- und Arbeitslosenversicherung). Arbeitgeber und Arbeitnehmer trugen dann jeweils 50 % der Sozialversicherungsbeiträge.

19 Nur kurzfristige Beschäftigungen bis zu 2 Monaten oder 50 Arbeitstagen im Laufe eines Jahres blieben beitragsfrei (§ 8 I SGB IV).

---

5 Die Sozialversicherungsfreiheit bei geringfügig Beschäftigten verstößt nicht gegen EG-Recht: EuGH v. 14.12.1995 – Rs. C-444/93 – BB 1996, 593 = NJW 1996, 446 (nur LS); EuGH v. 14.12.1995 – Rs. C-317/93 – NJW 1996, 445.
6 BGH v. 27.9.1995 – I ZR 156/93 – VersR 1996, 125.
7 BSG v. 23.5.1995 – 12 RK 60/93 – NZS 1995, 516.
8 Art. 5 des 4. Euro-Einführungsgesetzes v. 21.12.2000, BGBl I 2000, 1983.

(b) Arbeitsvertrag

Alle Arbeitsverhältnisse – auch in privaten Haushalten – mit einem monatlichen Verdienst von bis zu 630 DM waren seit 1.4.1999 der Sozialversicherung zu **melden** und auf der Lohnsteuerkarte zu vermerken, und zwar auch dann, wenn die Beschäftigung bereits vor dem 1.4.1999 aufgenommen war.

20

Der **Arbeitgeber** hatte (und zwar ohne irgendeine Beteiligung des Beschäftigten) vom Arbeitsentgelt (max. 630 DM/325 EUR) Beiträge (Beitragssatz 10 %) an die **Krankenversicherung** zu zahlen (§ 249b SGB V). Freiwillig Versicherte, die einer geringfügigen Beschäftigung nachgingen, mussten auf dieses Arbeitsentgelt keine Krankenversicherungsbeiträge entrichten.[9]

21

Ausnahmen von der Beitragspflicht galten für Beschäftigte, die nicht Pflichtmitglied der gesetzlichen Krankenversicherung und auch nicht als Familienmitglied dort mit versichert waren (insbesondere Beamte,[10] privat-krankenversicherte Selbstständige, Angestellte jenseits der Versicherungsgrenze) (siehe § 7 SGB V, § 8 II SGB IV).

22

Der Arbeitgeber hatte Beiträge vom Arbeitsentgelt (max. 630 DM/325 EUR) zur **Rentenversicherung** (Beitragssatz 12 %) (§§ 168 I Nr. 1b, 172 III, IV SGB VI) abzuführen, und zwar auch dann, wenn der Beschäftigte im Hauptberuf sozialversicherungsfrei war (z.B. Beamte, nicht pflichtversicherte Selbstständige).

23

Aus den (nur) vom Arbeitgeber abgeführten RV-Beiträgen erwuchsen dem Versicherten aber nur begrenzte Ansprüche gegenüber der Rentenversicherung in Form eines Rentenzuschlages[11] (§ 76b SGB VI) sowie einer begrenzten Anrechnung bei der Wartezeit.[12] Der Arbeitnehmer hatte die Möglichkeit, durch eigene Beitragszahlung die vollen Leistungsansprüche in der Rentenversicherung (u.a. Anspruch auf Reha-Maßnahme, Berufs- oder Erwerbsunfähigkeitsrente, vorgezogene Altersrente) zu erwerben (§ 5 II 2 SGB VI). Hierzu musste er die Arbeitgeber-RV-Beiträge auf den jeweils gültigen RV-Beitragssatz aufstocken (§ 168 Nr. 1b SGB VI). Die einseitige Aufstockung durch den Arbeitnehmer war i.d.R. wirtschaftlich wenig sinnvoll.

24

Die vom Arbeitgeber abzuführenden Pauschalbeiträge zur Kranken- und Rentenversicherung waren von diesem allein zu tragen und konnten nicht auf die Beschäftigten – ganz oder auch nur hälftig – abgewälzt werden.[13] Entsprechende Vereinbarungen sind nach § 134 BGB, § 32 SGB I nichtig.

25

---

9 BSG v. 16.12.2003 – B 12 KR 25/03 R – BKK 2004, 3 = SGb 2004, 173 = USK 2003-28 (Die Rückerstattungsfrist beträgt 4 Jahre) (siehe auch die Parallelentscheidung BSG v. 16.12.2003 – B 12 KR 20/01 R – BSGE 92,68 = NZS 2004, 537).

10 „Versicherungsrechtliche Beurteilung geringfügiger Nebenbeschäftigungen von Beamten" BB 1999, 1560; „Geringfügige Beschäftigungen während des Zivil- und Ersatzdienstes" BB 2000, 883.

11 Geringfügig Beschäftigte, die ein Jahr lang monatlich 630 DM verdienten, erwarben nach den Zahlen für 1999 einen monatlichen Rentenanspruch von 4,17 DM. Ausnahmen galten für Vollrentner, § 76b IV SGB VI.

12 Für geringfügig Beschäftigte, die ein Jahr lang monatlich 630 DM verdienen, werden 1,4 Monate für die Wartezeit berücksichtigt. Derjenige, der ausschließlich aus solcher Tätigkeit rentenrechtliche Ansprüche erwerben will, benötigt demnach 43 Jahre (60/1,4 = 42,857) zum Erreichen der allgemeinen Wartezeit von 60 Monaten.

13 ArbG Kassel v. 13.1.2000 – 6 Ca 513/88 – BB 2000, 480.

(c) Steuerrecht

26 Für den Arbeitgeber entfiel die bisherige Pauschal-**Lohnsteuer** (von rd. 23 %). Grundsätzlich bliebt der Arbeitslohn aus einem 630 DM-Job für den Beschäftigten steuerfrei (§ 3 Nr. 39 EStG).

27 Bei Verheirateten blieb es auch dann bei der **Steuer**freiheit, wenn der Ehegatte eigene Einkünfte erzielte. Über die Steuerfreiheit erstellt das Finanzamt auf Antrag des Arbeitnehmers eine Bescheinigung; ohne Vorliegen einer solchen Bescheinigung durfte der Arbeitgeber den Arbeitslohn nicht steuerfrei auszahlen (§§ 39a VI, 39b VII EStG).

28 Voraussetzung der Steuerfreiheit war, dass die Summe der anderen Einkünfte des Beschäftigten nicht positiv ist. Zu den **anderweitigen Einkünften** zählen alle (positiven und negativen) Einkünfte des § 2 EStG (insbesondere Arbeitseinkommen, Ertragsanteil einer Rente, Zinseinnahmen, Einkünfte aus selbstständiger Tätigkeit, aus Gewerbebetrieb und aus Vermietung bzw. Verpachtung, aber auch die Unterhaltszahlungen des geschiedenen Ehegatten, sofern er hierfür den Sonderausgabenabzug in Anspruch nimmt). Haupt- und Nebeneinkünfte eines Arbeitnehmers wurden dann in ihrer Gesamtheit steuerlich berücksichtigt, die Steuerfreiheit entfällt also.

29 Bei Steuerpflichtigen kann die weiterhin mögliche Entrichtung einer Pauschalsteuer[14] durch den Arbeitgeber dann günstig sein, wenn der persönliche Grenzsteuersatz höher war als der Pauschsatz. Saisonbeschäftigungen bis zu 2 Monaten oder 50 Arbeitstagen im Laufe eines Jahres bleiben steuerfrei.

(3) Ab 1.4.2003: Minijob (400 EUR)/Midijob[15]

(a) Inhalt

30 Die zum 1.4.2003 in Kraft getretene Neuregelung ersetzt das frühere 325-EUR-Gesetz. Aus der 630 DM/325 EUR-Beschäftigung wurde der Minijob.

31 Die Grenze für geringfügige Beschäftigungen ist von 325 EUR auf 400 EUR (Mini-Job) angehoben. Die wöchentliche Arbeitszeit spielt dabei keine Rolle mehr. Besondere Regelungen wurden darüber hinaus für Beschäftigungen im Niedriglohnbereich (Midi-Job) zwischen 400,01 EUR und 800,00 EUR (Gleitzone) getroffen.

(b) Minijob[16]

(aa) 400-EUR-Grenze

32 Eine geringfügige Beschäftigung liegt vor, wenn der Arbeitslohn höchstens 400 EUR/Monat beträgt (§ 8 I Nr. 1 SGB V). Die Arbeitszeitgrenze von 15 Stunden/Woche wurde abgeschafft.

---

14 Die Möglichkeit der Pauschalierung der Lohnsteuer für Teilzeitbeschäftigte durch den Arbeitgeber bestand weiter. Danach konnte der Arbeitgeber unter Verzicht auf die Vorlage einer Lohnsteuerkarte bei Arbeitnehmern, die nur in geringem Umfange (dh. max. 630 DM Monatslohn, 147 DM Wochenlohn, 22 DM Stundenlohn) (§ 40 II 2, IV Nr. 1 EStG) beschäftigt werden, die Lohnsteuer mit einem pauschalen Steuersatz von 20 % des Arbeitslohnes erheben. Hinzu kommen dann noch pauschale Kirchensteuer (i.d.R. 7 % der Lohnsteuer) und der Solidarzuschlag (5,5 % der Lohnsteuer).
15 BGBl I 2002, 4621 („Hartz II").
16 Zum Thema: *Kaldybajewa/Mielitz/Thiede* „Minijobs: Instrument für Beschäftigungsaufbau oder Verdrängung von sozialversicherungspflichtiger Beschäftigung" RVaktuell 2006, 12; *Schoor* „Neuregelung der geringfügigen Beschäftigung ab 1.4.2003" VW 2003, 340.

Mehrere geringfügige Beschäftigungen werden zusammengerechnet: Solange die Summe der Einkommen die Grenze von 400 EUR nicht überschreitet, gelten die Regeln des Minijobs für alle geringfügigen Beschäftigungsverhältnisse.

(bb) Arbeitnehmer

Wird neben einer **sozialversicherungspflichtigen Hauptbeschäftigung** eine geringfügige Beschäftigung im Nebenberuf ausgeübt, bleibt das Einkommen aus einem Minijob für Zeiträume ab 1.4.2003 für den Arbeitnehmer jetzt grundsätzlich steuer- und sozialversicherungsfrei.

Geringfügig Beschäftigte (Ausnahme Rentner und Pensionäre, § 76b IV SGB VI) haben die Möglichkeit, den **Rentenversicherungsbeitrag** mit eigenen **freiwilligen**[17] **Beiträge** aufzustocken. Durch die Aufstockung entstehen Beiträge, die das volle Leistungsspektrum der gesetzlichen Rentenversicherung (insb. Reha-Maßnahmen, Anspruch auf Erwerbsminderungsrente) eröffnen, da eventuell fehlende **Wartezeiten** nunmehr erfüllt werden können. Soll von der Aufstockung Gebrauch gemacht werden, ist dem Arbeitgeber eine entsprechende Erklärung (§ 5 II 2 SGB VI) hereinzureichen, die für die Dauer der Beschäftigung verbindlich ist und bei mehreren geringfügigen Tätigkeiten alle zeitlich parallelen geringfügigen Beschäftigungen erfasst.

Werden **mehrere** Minijobs verrichtet, so wird nur ein einziger Nebenjob – nach Auffassung der Sozialversicherungsträger der älteste – als 400-EUR-Job behandelt und bleibt damit sozialversicherungsfrei. Die anderen Nebenjobs werden mit dem Hauptberuf zusammengerechnet und unterliegen der normalen Beitragspflicht zur Kranken-, Pflege- und Rentenversicherung. Beiträge zur Arbeitslosenversicherung werden allerdings nicht nach dem kumulierten Wert erhoben (§ 27 II SGB III).

Ist die **Hauptbeschäftigung nicht sozialversicherungspflichtig** (z.B. Beamte, Selbstständige), werden Haupt- und Nebenerwerb nicht zusammengerechnet. Hat ein Beamter mehrere Nebenbeschäftigungen, so werden auch nur diese zusammengerechnet: Wird die 400 EUR-Grenze überschritten, sind alle Nebenjobs in der Arbeitslosen- und Rentenversicherung beitragspflichtig; in der Kranken- und Pflegeversicherung bleibt die Beitragfreiheit bestehen (§ 6 III SGB V).

(cc) Arbeitgeber

Der Arbeitgeber zahlte **bis 31.12.2005** eine **Pauschalabgabe** von grundsätzlich 25 % (ab 1.7.2006 30 %) (12 % bei Beschäftigung in Privathaushalt[18]) des Arbeitslohnes, und zwar 12 % an die Rentenversicherung (ab 1.7.2006 15 %, sofern es sich nicht um Beschäftigte im Privathaushalt handelt), 11 % an die Krankenversicherung (ab 1.7.2006 13 %) und 2 % Pauschalsteuer[19] (Einkommensteuer).

Für Mitglieder berufsständischer Versorgungswerke muss der volle Rentenversicherungsbeitrag an das zuständige Versorgungswerk abgeführt werden.

Der vom Arbeitgeber allein zu tragende Pauschalsatz ist mit Wirkung **ab 1.7.2006** auf 30 % angehoben worden.[20] Die Erhöhung des Pauschalsatzes betrifft den Anteil der Rentenversicherung (15 % statt zuvor 12 %) und den Anteil der Krankenversicherung (13 % statt zuvor 11 %). Die Erhöhung des RV-Anteils von auf 15 % (§ 172 III SGB VI) gilt

---

17 § 119 SGB X greift wegen der Freiwilligkeit der Beitragsentrichtung nicht.
18 Dazu Kap 3 Rn 46 ff.
19 Bei Verzicht auf die Lohnsteuerkarte.
20 Art. 11, 14 I Haushaltsbegleitgesetz (HBeglG 2006) v. 29.6.2006, BGBl I 2006, 1402.

nicht für geringfügige Beschäftigungen in Privathaushalten. Der Pauschalsteuersatz von 2 % ist geblieben.

40 Daneben zahlt der Arbeitgeber für die gesetzliche **Unfallversicherung**[21] 1,6 % sowie die **Lohnfortzahlungsumlage** (U1)[22] nach dem AAG mit 0,1 %. Für die U2-Umlage (Mutterschutz)[23] wird bislang kein Beitrag erhoben.

41 Der Pauschalbetrag (Sozialversicherungsbeitrag und Steuer) wird insgesamt an die DRV Knappschaft-Bahn-See als **zentrale Einzugsstelle** gezahlt. Der Arbeitgeber darf den Pauschalbeitrag nicht auf den Beschäftigten abwälzen (§ 32 SGB I). Die Anmeldung beim gesetzlichen Unfallversicherer übernimmt die DRV Knappschaft-Bahn-See.

42 Der Beitrag zur Krankenversicherung ist vom Arbeitgeber abzuführen, wenn der Arbeitnehmer in der **gesetzlichen Krankenversicherung** pflichtversichert, freiwillig versichert oder familienmitversichert ist. Ist der Arbeitnehmer **privat krankenversichert** oder gar **nicht versichert** (z.B. freie Heilfürsorge bei Polizeibeamten, Beihilfeberechtigung), so entfällt der Arbeitgeberbeitrag zur Krankenversicherung ersatzlos.

43 Auch für Beschäftigte, die nicht (z.B. Beamte) oder nicht mehr (z.B. Rentner, Pensionäre) der **gesetzlichen Rentenversicherung** angehören, ist der Beitrag (12 %) vom Arbeitgeber abzuführen. Der Pauschalbeitrag führt zu eigenen Ansprüchen auf Altersrente, allerdings nur in recht geringem Maße.[24] **Rentner** und Pensionäre erwerben durch den Rentenbeitrag allerdings keine Rentenansprüche mehr.

44 Beiträge zur **Arbeitslosen-** und **Pflegeversicherung** werden nicht erhoben.

45 Der Arbeitgeber ist bei Erkrankung zur **Lohnfortzahlung** nach dem EFZG verpflichtet, erhält dann aber von der DRV Knappschaft-Bahn-See zu 80 % des fortgezahlten Bruttoentgeltes ohne Einmalzahlungen **erstattet**. Die DRV erstattet dem Arbeitgeber Aufwendungen, zu denen dieser gesetzlich verpflichtet ist; unberücksichtigt bleiben Aufwendungen des Arbeitgebers für die ersten 28 Tage eines Beschäftigungsverhältnisses sowie für mehr als 42 Tage der Arbeitsunfähigkeit aufgrund derselben Krankheit.

(dd) Sonderform: Geringfügige Beschäftigung in Privathaushalten

46 **§ 8 SGB IV – Geringfügige Beschäftigung und geringfügige selbstständige Tätigkeit**

(1) Eine geringfügige Beschäftigung liegt vor, wenn
1. das Arbeitsentgelt aus dieser Beschäftigung regelmäßig im Monat 400 EUR nicht übersteigt,
2. die Beschäftigung innerhalb eines Kalenderjahres auf längstens zwei Monate oder 50 Arbeitstage nach ihrer Eigenart begrenzt zu sein pflegt oder im voraus vertraglich begrenzt ist, es sei denn, daß die Beschäftigung berufsmäßig ausgeübt wird und ihr Entgelt 400 EUR im Monat übersteigt.

---

21 Seit dem 1.1.2006 übernimmt die Minijob-Zentrale bei Minijobs in Privathaushalten auch die Anmeldung zur gesetzlichen Unfallversicherung. Die Unfallversicherung ist in das Haushaltsscheckverfahren integriert, die Beiträge zur Unfallversicherung werden zusammen mit den anderen Abgaben von der Minijob-Zentrale eingezogen.
22 Erstattung von 80 % des nach dem EFZG bei Arbeitsunfähigkeit fortzuzahlenden Bruttoentgeltes ohne Einmalbezüge.
23 Erstattung von 100 % des nach dem Mutterschutzgesetz fortzuzahlenden Bruttoentgeltes ohne Einmalbezüge.
24 Wer über 12 Monate eine Beschäftigung mit einem Verdienst von 400 EUR/Monat ausübt, erwirbt einen Rentenanspruch von 2,61 EUR/Monat (Rentenwert alte Bundesländer, 1. Halbjahr 2003). Es werden 3,2 Monate für die Wartezeit auf Altersrente berücksichtigt.

(2) ¹Bei der Anwendung des Absatz 1 sind mehrere geringfügige Beschäftigungen nach Nummer 1 oder Nummer 2 sowie geringfügige Beschäftigungen nach Nummer 1 mit Ausnahme einer geringfügigen Beschäftigung nach Nummer 1 und nicht geringfügige Beschäftigungen zusammenzurechnen. ²Eine geringfügige Beschäftigung liegt nicht mehr vor, sobald die Voraussetzungen des Absatz 1 entfallen. Wird bei der Zusammenrechnung nach Satz 1 festgestellt, dass die Voraussetzungen einer geringfügigen Beschäftigung nicht mehr vorliegen, tritt die Versicherungspflicht erst mit dem Tage der Bekanntgabe der Feststellung durch die Einzugsstelle oder einen Träger der Rentenversicherung ein.

(3) ¹Die Absätze 1 und 2 gelten entsprechend, soweit anstelle einer Beschäftigung eine selbstständige Tätigkeit ausgeübt wird. ²Dies gilt nicht für das Recht der Arbeitsförderung.

§ 8a SGB IV – Geringfügige Beschäftigung in Privathaushalten

¹Werden geringfügige Beschäftigungen ausschließlich in Privathaushalten ausgeübt, gilt § 8. ²Eine geringfügige Beschäftigung im Privathaushalt liegt vor, wenn diese durch einen privaten Haushalt begründet ist und die Tätigkeit sonst gewöhnlich durch Mitglieder des privaten Haushalts erledigt wird.

§ 8a SGB VI setzt voraus: 47

- Geringfügige Beschäftigung, die ausschließlich in Privathaushalten ausgeübt wird. 48
- Beschäftigung ist durch privaten Haushalt begründet. 49
- Die ausgeübte Tätigkeit muss sonst gewöhnlich durch Mitglieder des privaten Haushalts erledigt werden. 50

Für geringfügig in Haushalten Beschäftigte (z.B. Putzfrau) bestehen Unterschiede nur für den **Arbeitgeber**, nicht aber für den Arbeitnehmer: Wird die geringfügige Beschäftigung in Privathaushalten (§ 8a SGB IV) ausgeübt, zahlt der Arbeitgeber nur eine Pauschalabgabe von 12 % (2 % Pauschalsteuer,[25] jeweils 5 % für Kranken- und Rentenversicherung). 51

Arbeitgeberbeiträge zur Krankenversicherung entfallen bei privat-krankenversicherten Beschäftigten. Die Pauschalabgabe ermäßigt sich dann auf 7 %. 52

Daneben zahlt der Arbeitgeber für die gesetzliche **Unfallversicherung**[26] 1,6 % sowie die **Lohnfortzahlungsumlage** (U1)[27] nach dem AAG mit 0,1 %. Für die U2-Umlage (Mutterschutz)[28] wird bislang kein Beitrag erhoben. 53

(ee) Versteuerung

Der Arbeitslohn aus einem Minijob bleibt für den **Beschäftigten** steuerfrei (§ 52 IVa EStG), sofern nicht per Lohnsteuerkarte abgerechnet wird. Weitere positive Einkünfte aus anderen Einkunftsarten spielen keine Rolle mehr (anders noch bei den 325-EUR-Jobs bis 31.3.2003). 54

---

25 Bei Verzicht auf die Lohnsteuerkarte.
26 Seit dem 1.1.2006 übernimmt die Minijob-Zentrale bei Minijobs in Privathaushalten auch die Anmeldung zur gesetzlichen Unfallversicherung. Die Unfallversicherung ist in das Haushaltsscheckverfahren integriert, die Beiträge zur Unfallversicherung werden zusammen mit den anderen Abgaben von der Minijob-Zentrale eingezogen.
27 Erstattung von 80 % des nach dem EFZG bei Arbeitsunfähigkeit fortzuzahlenden Bruttoentgeltes ohne Einmalbezüge.
28 Erstattung von 100 % des nach dem Mutterschutzgesetz fortzuzahlenden Bruttoentgeltes ohne Einmalbezüge.

55 Der **Arbeitgeber** zahlt eine einheitliche Pauschalsteuer von 2 % des Arbeitslohnes, womit die Steuern (inklusive Kirchensteuer und Solidarzuschlag) abgegolten sind (§ 40a II EStG). Arbeitsrechtlich ist es zulässig, die Steuerbelastung im Innenverhältnis auf den Arbeitnehmer abzuwälzen und von dessen Verdienst abzuziehen.[29]

(c) Midijob

56 Wird die Verdienstgrenze von 400 EUR überschritten, liegt ab dem Tag des Überschreitens keine geringfügige Beschäftigung mehr vor.

57 Die Beschäftigung unterliegt der normalen Beitragspflicht in der **Sozialversicherung** nach dem kumulierten Einkommen von Haupt- und Nebenbeschäftigung. Bei mehreren Minijobs ist der insgesamt erzielte Arbeitslohn maßgeblich.

58 **Auszubildende** profitieren nicht von der Gleitzone.

59 Um ein sprunghaftes Ansteigen der Beiträge nach Überschreiten der 400 EUR-Grenze (Niedriglohn-Schwelle) zu entschärfen, wurde für Nebeneinkommen zwischen 400,01 EUR und 800 EUR (sog. Midijob) eine **Gleitzone** eingerichtet:

60 ▪ Der **Arbeitnehmeranteil** zur Sozialversicherung wird nach einem komplizierten Berechnungsverfahren nur stufenweise auf den normalen Beitragssatz angehoben und steigt von ca.[30] 4 % bei 400,01 EUR bis auf den vollen Satz von zuletzt ca. 21 % bei 800,00 EUR.

61 ▪ Zur **Rentenversicherung** können freiwillig erhöhte Beiträge (wie beim Minijob) abgeführt werden, nachdem man den Arbeitgeber hierüber informierte.

62 ▪ Der **Arbeitgeber** muss allerdings auch in der Gleitzone seinen Sozialversicherungsanteil ungekürzt entrichten.

63 Für die **Besteuerung** spielt die Gleitzone keine Rolle. Monatsverdienste zwischen 400,01 EUR und 800 EUR sind – wie zuvor auch – normal steuerpflichtig.

64 Keine Gleitzone – und damit volle Abgabenbelastung – gilt für solche Midijobs, die **neben** einer sozialversicherungspflichtigen **Hauptbeschäftigung** ausgeübt werden.

(d) Kurzfristige Beschäftigung

65 Von der geringfügigen Beschäftigung zu unterscheiden ist die kurzfristige Beschäftigung (z.B. als Saisonarbeiter, Aushilfe, Urlaubsvertreter).

66 Einkünfte aus kurzfristigen Beschäftigungen sind, unabhängig von der Höhe, beitragsfrei in der Sozialversicherung. Es werden auch keine Pauschalbeiträge abgeführt.

67 Eine kurzfristige Beschäftigung (§ 8 I Nr. 2 SGB IV) liegt vor, wenn die Beschäftigung

68 ▪ auf längstens **2 Monate**[31] oder **50 Arbeitstage** innerhalb eines Kalenderjahres[32]

69 ▪ entweder vertraglich oder nach Art des Beschäftigungsverhältnisses **zeitlich begrenzt** ist und

70 ▪ nicht berufsmäßig ausgeübt wird.

---

[29] BAG v. 5.8.1987 – 5 AZR 22/86 – BAGE 56, 14 = DB 1988, 182 = MDR 1988, 345 = NJW 1988, 1165.
[30] Bei einem Beitragssatz von 14 % in der Krankenversicherung. Hinzu kommen Beiträge zur Arbeitslosen- Kranken- und Rentenversicherung.
[31] Die Grenze von 2 Monaten ist entscheidend, wenn an mindestens 5 Tagen pro Woche gearbeitet wird.
[32] Bis 31.3.2004 wurde auf einen Zeitraum von 12 Monaten ab Beginn der Beschäftigung abgestellt.

B. Unselbständig Tätige

Die Beschäftigung muss **zeitlich begrenzt** sein. Ist von vornherein beabsichtigt, die Beschäftigung ständig zu wiederholen und über einen längeren Zeitraum auszuüben, gilt dies als „regelmäßig" und wird wie eine geringfügige Beschäftigung behandelt.[33]

71

Liegen die Einkünfte unter 400 EUR, wird die Beschäftigung grundsätzlich nicht **berufsmäßig** ausgeübt.

72

(4) Übersicht
Übersicht 3.2: Geringfügige Beschäftigung

73

		325 EUR – Job	Minijob		Midijob
Zeitraum		bis 31.3.2003	ab 1.4.2003		
Einkünfte		max. 325 EUR	max. 400,00 EUR		400,01 EUR bis 800,00 EUR
Arbeitgeber		allgemein	allgemein	Privathaushalt	allgemein
Sozialabgaben	Arbeitnehmer	Keine SV-Abgaben, soweit keine weiteren Einkünfte.	**Ein** Minijob neben dem sozialversicherungspflichtigen Hauptjob bleibt sozialabgabenfrei. **Mehrere** Minijobs werden zusammengerechnet und führen bei Überschreitung der 400 EUR-Grenze zur SV-Abgabenpflicht.		Arbeitnehmer-Anteil beträgt je nach Einkommen zwischen 4 % und zzt. 21 % (= ungekürzt) (Gleitzone).
	RV	Freiwillige Aufstockung des RV-Beitrages möglich.			
	Arbeitgeber AV	---	---	---	Ungekürzter Arbeitgeber-Sozialversicherungsanteil (zzt. 21 %).
	KV[34]	10 %	13 %[35]	5 %	
	PV	---	---	---	
	RV	12 %	15 %[36]	5 %	
	UV	---	1,6 %	1,6 %	Üblicher UV-Beitrag.
	AAG, U1	---	0,1 %	0,1 %	Üblicher Beitrag.
	AAG, U2	---	---	---	Üblicher Beitrag.
Steuern	Arbeitnehmer	Steuerfrei, wenn keine weiteren Einkünfte (Ansonsten über Lohnsteuerkarte oder pauschale Lohnsteuer von 20 %).	Steuerfrei, auch bei Nebenerwerb.		Über Lohnsteuerkarte.
	Arbeitgeber	---	2 % Pauschalabgabe.		---

---

33 Zu Einzelheiten siehe BSG v. 23.5.1995 – 12 RK 60/96 – BB 1996, 274 = DOK 1995, 507 = NZS 1995, 516 = USK 9530; ferner Geringfügigkeits-Richtlinien v. 21.11.2001 Tz. 2.2.
34 Ausnahmen gelten für Beschäftigte, die nicht Mitglied der gesetzlichen Krankenversicherung sind.
35 Durch Art. 11, 14 I Haushaltsbegleitgesetz (HBeglG 2006) v. 29.6.2006, BGBl I 2006, 1402 ist der vom Arbeitgeber allein zu tragende Sozialversicherungsbeitrag für die KV mit Wirkung ab 1.7.2006 um 2 % von 11 % auf 13 % angehoben worden.
36 Durch Art. 11, 14 I Haushaltsbegleitgesetz (HBeglG 2006) v. 29.6.2006, BGBl I 2006, 1402 ist der vom Arbeitgeber allein zu tragende Sozialversicherungsbeitrag für die RV mit Wirkung ab 1.7.2006 um 3 % angehoben worden. Die Erhöhung des RV-Anteils von zuvor 12 % auf 15 % (§ 172 III SGB VI) gilt nicht für geringfügige Beschäftigungen in Privathaushalten.

cc. Ein-Euro-Job

74 **§ 16 SGB II – Leistungen zur Eingliederung**

(3) ¹Für erwerbsfähige Hilfebedürftige, die keine Arbeit finden können, sollen Arbeitsgelegenheiten geschaffen werden. ²Werden Gelegenheiten für im öffentlichen Interesse liegende, zusätzliche Arbeiten nicht nach Absatz 1 als Arbeitsbeschaffungsmaßnahmen gefördert, ist den erwerbsfähigen Hilfebedürftigen zuzüglich zum Arbeitslosengeld II eine angemessene Entschädigung für Mehraufwendungen zu zahlen; diese Arbeiten begründen kein Arbeitsverhältnis im Sinne des Arbeitsrechts; die Vorschriften über den Arbeitsschutz und das Bundesurlaubsgesetz mit Ausnahme der Regelungen über das Urlaubsentgelt sind entsprechend anzuwenden; für Schäden bei der Ausübung ihrer Tätigkeit haften erwerbsfähige Hilfebedürftige nur wie Arbeitnehmerinnen und Arbeitnehmer.

75 Tritt ein ALG II-Empfänger eine Beschäftigung aufgrund der Zuweisung einer Arbeitsgelegenheit mit Mehraufwandentschädigung i.S.v. § 16 III SGB II („1-EUR-Job") an, so wird ein Arbeitsverhältnis regelmäßig auch dann nicht begründet, wenn die Heranziehung zu den Arbeiten rechtswidrig war.[37] Bei den Arbeitsgelegenheiten handelt es sich um eine Leistung zur Eingliederung für Erwerbsfähige, die keine Arbeit finden können (§ 16 III 1 SGB II).

dd. Geringfügige versicherungspflichtige Beschäftigung

76 Von der versicherungsfreien Beschäftigung ist zu unterscheiden die (in der Praxis eher selten vorkommende) geringfügige versicherungspflichtige Beschäftigung i.S.d. § 249 I 2 SGB V, § 168 SGB VI, § 346 SGB III (früher § 171 I Nr. 1 AFG), die zwar zu einer Beitragspflicht in der Sozialversicherung führt, bei der die Beiträge allerdings vom Arbeitgeber allein zu tragen sind.

b. Scheinselbstständige (§ 7 IV SGB IV)

aa. Arbeitnehmerstellung

77 „Scheinselbstständige" sind lediglich falsch betitelte, tatsächlich aber abhängig beschäftigte, Arbeitnehmer. Sie sind rechtlich den Arbeitnehmern nicht nur gleichgestellt, es sind vielmehr „echte" Arbeitnehmer. Kündigt ein Betriebsinhaber ein aus seiner Sicht freies Mitarbeiterverhältnis, betrachtet sich der Gekündigte jedoch als Arbeitnehmer, ist dieses vor den Arbeitsgerichten und nicht vor den Zivilgerichten zu klären.[38]

78 Die Beurteilung der Scheinselbstständigkeit ist nicht davon abhängig, dass der Verletzte vor dem Schadenereignis (möglicherweise fälschlich) steuer- und sozialrechtlich anders behandelt wurde.[39]

---

[37] ArbG Weiden v. 29.9.2005 – 2 Ca 480/05 -.
[38] BAG v. 24.4.1996 – 5 AZB 25/95 – BAGE 83, 40 = BB 1996, 1512 (nur LS) = DB 1996, 1578 = JR 1997, 220 (nur LS) = MDR 1996, 1042 = NJW 1996, 2948 = NZA 1996, 1005.
[39] BGH v. 6.2.2001 – VI ZR 339/99 – BGHReport 2001, 376 = DAR 2001, 266 = EWiR 2001, 567 (nur LS) (Anm. *Grunsky*) = IBR 2001, 543 (nur LS) (Anm. *Groß*) = LM BGB § 252 Nr. 81 = MDR 2001, 689 = NJW 2001, 1640 = NZV 2001, 210 = PVR 2001, 243 (nur LS) (Anm. *Halm*) = r+s 2001, 285 = SP 2001, 158 = VerkMitt 2002, Nr. 1 = VRS 100, 241.

bb. Regelung 1999[40]

Scheinselbstständig Beschäftigte waren nach der seit 1.1.1999 und bis 31.12.1999 in Kraft befindlichen Legaldefinition des § 7 IV SGB IV solche Personen, bei denen **mindestens 2** der folgenden **4** Kriterien zutrafen:[41]

- **Keine eigenen Angestellten** (§ 7 IV Nr. 1 SGB IV).
  Es werden außer Familienangehörigen (§ 7 IV 3 SGB IV) keine versicherungspflichtigen Arbeitnehmer[42] beschäftigt.
- Wirtschaftliche **Abhängigkeit** (§ 7 IV Nr. 2 SGB IV).
  IdR wird nur für einen Auftraggeber gearbeitet.[43]
- Typische **Arbeitnehmerleistung** (§ 7 IV Nr. 3 SGB IV).
  Es wird eine arbeitnehmerähnliche Beschäftigung ausgeübt bzw. arbeitnehmertypische Arbeitsleistung erbracht, dh der Beschäftigte unterliegt Weisungen des Auftraggebers und ist in dessen Arbeitsorganisation eingegliedert.[44]
- **Kein** unternehmerisches **Auftreten** (§ 7 IV Nr. 4 SGB IV).
  Die Person tritt nicht unternehmerisch am Markt auf.[45]

Waren mindestens 2 Kriterien erfüllt, wurde gesetzlich vermutet, dass im sozialversicherungsrechtlichen Sinne ein Beschäftigungsverhältnis vorlag. Der Betroffene bzw. sein Auftraggeber hatte dann die Möglichkeit, diese Vermutung zu widerlegen. Die Vermutungsregelung galt nicht für Handels- und Versicherungsvertreter, da es sich hier um traditionell Selbstständige handelt, bei denen die Vermutung einer Arbeitnehmertätigkeit nicht gerechtfertigt wäre.

Der Katalog des § 7 IV SGB IV war nach der Gesetzesbegründung allerdings nicht als abschließende Regelung gedacht, vielmehr sollte er Raum für weitere Aspekte lassen, die im Einzelfall für ein Beschäftigungsverhältnis oder eine selbstständige Tätigkeit sprachen. Eine endgültige Beurteilung ergab sich aus einer Gesamtschau und Gewichtung aller Umstände.

cc. Regelung 2000[46]

Nachdem der Gesetzgeber jedenfalls im Ansatz die von ihm geschaffenen Probleme der rechtlichen Regelung der Scheinselbstständigkeit erkannte, wurde der § 7 IV SGB IV

---

40 Zum Thema: *Kunz/Kunz* „Scheinselbständig oder (arbeitnehmerähnlich-) selbständig?" DB 1999, 846; *Reiserer* „Schluss mit dem Missbrauch der Scheinselbstständigkeit" BB 1999, 366; *Richardi* „Scheinselbständigkeit" und arbeitsrechtlicher Arbeitnehmerbegriff" DB 1999, 958.
41 Siehe auch „Versicherungsrechtliche Beurteilung scheinselbständiger Arbeitnehmer und arbeitnehmerähnlicher Selbständiger" BB 1999, 1500.
42 Es sollten auch 630 DM-Kräfte und geringfügig Beschäftigte unberücksichtigt bleiben.
43 Wer 5/6 (83 %) seiner Einnahmen vom selben Auftraggeber erhält, gilt als von ihm wirtschaftlich abhängig.
44 Wird der Beschäftigte organisatorisch in den Arbeitsablauf des Unternehmens eingebunden, in Dienstpläne eingeteilt und muss er sich an vorgegebene Zeiten halten, spricht dieses gegen Selbstständigkeit. Gleiches gilt, wenn er nicht arbeiten darf, wo er will, sondern erscheinen muss.
45 Hat der Beschäftigte weder eigene Betriebsräume noch ein eigenes Firmenfahrzeug und schaltet er auch keine eigene Werbung, spricht dieses für ein Beschäftigungsverhältnis.
46 Zum Thema: *Reiserer* „Endlich Schluss mit der „Scheinselbständigkeit!" Das neue Gesetz zur Förderung der Selbstständigkeit" BB 2000, 94; *Reiserer/Freckmann* „Scheinselbständigkeit – heute noch ein schillernder Rechtsbegriff" NJW 2003, 180.

rückwirkend (Art. 3 I des Gesetzes zur Förderung der Selbstständigkeit[47]) neu gefasst, ohne dass für die tägliche Praxis entscheidende Erleichterungen zu verzeichnen wären.

91 Scheinselbstständige sind nach der neuen – rückwirkend ab 1.1.1999 – geltenden Legaldefinition des § 7 IV SGB IV-2000 solche Personen, bei denen **mindestens 3** der folgenden **5** Kriterien zutreffen:

92 ■ **Keine** versicherungspflichtigen **Angestellten** (§ 7 IV Nr. 1 SGB IV).
93 Es werden keine eigenen versicherungspflichtigen Arbeitnehmer beschäftigt, dessen Arbeitsentgelt aus dieser Beschäftigung 630 DM/325 EUR übersteigt.[48]

94 ■ Wirtschaftliche **Abhängigkeit** (§ 7 IV Nr. 2 SGB IV).[49]
95 IdR wird auf Dauer und im Wesentlichen nur für einen Auftraggeber gearbeitet (Es gilt die $^5/_6$-Regel[50]).

96 ■ **Typische Arbeitnehmerleistung** (§ 7 IV Nr. 3 SGB IV).
97 Es wird eine arbeitnehmerähnliche Beschäftigung ausgeübt bzw. arbeitnehmertypische Arbeitsleistung erbracht, dh der Beschäftigte unterliegt Weisungen des Auftraggebers und ist in dessen Arbeitsorganisation eingegliedert (§ 7 I SGB IV).

98 ■ **Kein** unternehmerisches **Auftreten** (§ 7 IV Nr. 4 SGB IV).
99 Die Person tritt nicht unternehmerisch am Markt auf.

100 ■ **Fortführung vorheriger abhängiger Beschäftigung** (§ 7 IV Nr. 5 SGB IV).
101 Die Tätigkeit entspricht dem äußeren Erscheinungsbild nach der Tätigkeit, die die betreffende Person für denselben Auftraggeber zuvor aufgrund eines Beschäftigungsverhältnisses ausgeübt hat.

102 Sind mindestens 3 Kriterien erfüllt, wird gesetzlich vermutet, dass im sozialversicherungsrechtlichen Sinne ein Beschäftigungsverhältnis vorliegt. Der Betroffene bzw. sein Auftraggeber hat dann die Möglichkeit, diese Vermutung zu widerlegen, § 7 IV 3 SGB IV. Die Vermutungsregelung gilt nicht für Handelsvertreter, die im Wesentlichen ihre Tätigkeit frei gestalten und über ihre Arbeitszeit bestimmen können, § 7 IV 2 SGB IV.

103 Der Katalog des § 7 IV SGB IV war nach der Gesetzesbegründung allerdings nicht als abschließende Regelung gedacht, vielmehr soll er Raum für weitere Aspekte lassen, die im Einzelfall für ein Beschäftigungsverhältnis oder eine selbstständige Tätigkeit sprechen. Eine endgültige Beurteilung ergibt sich aus einer Gesamtschau und Gewichtung aller Umstände, § 7a II SGB IV.

dd. Regelung 2003[51]

104 Mit dem 2. Gesetz für moderne Dienstleistungen am Arbeitsmarkt (Hartz II)[52] wurde erneut versucht, die Scheinselbstständigkeit in den Griff zu bekommen, nachdem die beiden

---

47 BGBl I 2000, 2.
48 Familienangehörige sind gegenüber der ursprünglichen „Regelung 1999" nunmehr zu berücksichtigen.
49 Siehe BAG v. 12.12.1999 – 5 AZR 770/98 – r+s 2000, 351 (Abgrenzung des selbstständigen Versicherungsvertreters zum unselbstständigen Arbeitnehmer).
50 Siehe Fn 43.
51 Zum Thema: *Küttner-Voelzke* Nr. 374; *Reiserer/Freckmann* „Scheinselbstständigkeit – heute noch ein schillernder Rechtsbegriff" NJW 2003, 180.
52 Zweites Gesetz für moderne Dienstleistungen am Arbeitsmarkt v. 23.12.2002, BGBl I 2002, 4621. Dazu u.a. BT-Drucksache 15/26.

gesetzliche Vorgängerregeln (Regelung 1999, Regelung 2000[53]) in der Praxis Probleme aufwarfen.

> **§ 7 SGB IV-2003 – Beschäftigung[54]**
>
> (1) ¹Beschäftigung ist die nichtselbstständige Arbeit, insbesondere in einem Arbeitsverhältnis. ²Anhaltspunkte für eine Beschäftigung sind eine Tätigkeit nach Weisungen und eine Eingliederung in die Arbeitsorganisation des Weisungsgebers.
>
> ...
>
> (4) ¹Für Personen, die für eine selbstständige Tätigkeit einen Zuschuss nach § 4211 SGB III beantragen, wird widerlegbar vermutet, dass sie in dieser Tätigkeit als Selbstständige tätig sind. ²Für die Dauer des Bezugs dieses Zuschusses gelten diese Personen als selbstständig Tätige.

105

Scheinselbstständige gibt es auch nach der erneuten Novellierung weiterhin. § 7 I 2 SGB IV-2003 benennt aber nur noch einen Punkt und überlässt weitere Aspekte der Rechtsprechungsentwicklung und Praxis:

106

- **Typische Arbeitnehmerleistung**
  Der Beschäftigte unterliegt Weisungen des Auftraggebers und ist in dessen Arbeitsorganisation eingegliedert. § 7 I 2 SGB IV-2003 entspricht dem Katalogtatbestand des § 7 IV Nr. 3 SGB IV-1999+2000.

107
108

- **Weitere Aspekte** sind nicht mehr namentlich aufgeführt.
  Bereits der Katalog des § 7 IV SGB IV-2000 war nach der Gesetzesbegründung nicht als abschließende Regelung gedacht, vielmehr sollte Raum für weitere Aspekte bestehen, die im Einzelfall für ein Beschäftigungsverhältnis oder eine selbstständige Tätigkeit sprechen. Eine endgültige Beurteilung ergibt sich aus einer **Gesamtschau** und Gewichtung aller Umstände, § 7a II SGB IV.

109
110

ee. Personenkreise

Als scheinselbstständig gelten solche Erwerbstätige, die zwar den Status eines selbstständigen Unternehmers (freiwillig oder auf Drängen ihres Auftraggebers) nach außen hin darbieten, deren Tätigkeit tatsächlich aber der eines Arbeitnehmers entsprechen.

111

Der Aspekt der Scheinselbstständigkeit ist nach wie vor zu beachten u.a. bei der Regulierung folgender Personenkreise:[55] Auslieferungs-, Express-, Paketdienst-[56] und Kurierfahrer, LKW-Fahrer, Bauarbeiter, Betontransporter, Fliesenleger, Rohrleger, Journalisten, Programmierer, Franchisenehmer.[57]

112

Bei „freien Mitarbeitern" sind die Einkommensstrukturen und die Verteilung auf mehrere Auftraggeber nachzufragen.

113

---

53 Art. 3 I des Gesetzes zur Förderung der Selbständigkeit v. 20.12.1999, BGBl I 2000, 2.
54 Geändert durch das Zweite Gesetz für moderne Dienstleistungen am Arbeitsmarkt v. 23.12.2002, BGBl I 2002, 4621.
55 Siehe auch „Versicherungsrechtliche Beurteilung scheinselbstständiger Arbeitnehmer und arbeitnehmerähnlicher Selbstständiger" BB 1999, 1500 sowie *Küttner-Voelzke* Nr. 374 Rn 21.
56 Hess LSG v. 19.10.2006 – L 8/14 KR 1188/03 – ErsK 2007, 119 (Fahrer eines Paketdienstes [German Parcel] sind keine selbstständigen Unternehmer).
57 BAG v. 16.7.1997 – 5 AZB 29/96 – ZIP 1997 (Anm. *Flohr*) (Eismann-Beschluss); BGH v. 4.11.1998 – VIII ZB 12/98 – DStR 1998, 2020 (Eismann-Beschluss); BGH v. 16.10.2002 – VIII ZB 27/02 – WM 2003, 343 (Anm. *Flohr*) (vom Fass); OLG Düsseldorf v. 18.3.1998 – 6 W 2/97 – (Eismann II).

114 Personen, die einen **Existenzgründungszuschuss** (§ 4211 SGB III) beantragten, gelten – widerlegbar vermutet – als Selbstständige. § 7 IV SGB IV ist ersatzlos mit Wirkung ab 1.7.2009 gestrichen.[58]

ff. Anfrageverfahren[59]

115

> **§ 7a SGB IV – Anfrageverfahren**
>
> (1) ¹Die Beteiligten können schriftlich eine Entscheidung beantragen, ob eine Beschäftigung vorliegt, es sei denn, die Einzugsstelle oder ein anderer Versicherungsträger hatte im Zeitpunkt der Antragstellung bereits ein Verfahren zur Feststellung einer Beschäftigung eingeleitet. ²Über den Antrag entscheidet abweichend von § 28h Absatz 2 die Deutsche Rentenversicherung Bund.
>
> (2) Die Deutsche Rentenversicherung Bund entscheidet aufgrund einer Gesamtwürdigung aller Umstände des Einzelfalles, ob eine Beschäftigung vorliegt.
>
> (3) ¹Die Deutsche Rentenversicherung Bund teilt den Beteiligten schriftlich mit, welche Angaben und Unterlagen sie für ihre Entscheidung benötigt. ²Sie setzt den Beteiligten eine angemessene Frist, innerhalb der diese die Angaben zu machen und die Unterlagen vorzulegen haben.
>
> (4) Die Deutsche Rentenversicherung Bund teilt den Beteiligten mit, welche Entscheidung sie zu treffen beabsichtigt, bezeichnet die Tatsachen, auf die sie ihre Entscheidung stützen will, und gibt den Beteiligten Gelegenheit, sich zu der beabsichtigten Entscheidung zu äußern.
>
> (5) Die Deutsche Rentenversicherung Bund fordert die Beteiligten auf, innerhalb einer angemessenen Frist die Tatsachen anzugeben, die eine Widerlegung begründen, wenn diese die Vermutung widerlegen wollen.
>
> (6) ¹Wird der Antrag nach Absatz 1 innerhalb eines Monats nach Aufnahme der Tätigkeit gestellt und stellt die Deutsche Rentenversicherung Bund ein versicherungspflichtiges Beschäftigungsverhältnis fest, tritt die Versicherungspflicht mit der Bekanntgabe der Entscheidung ein, wenn der Beschäftigte
> 1. zustimmt und
> 2. er für den Zeitraum zwischen Aufnahme der Beschäftigung und der Entscheidung eine Absicherung gegen das finanzielle Risiko von Krankheit und zur Altersvorsorge vorgenommen hat, die der Art nach den Leistungen der gesetzlichen Krankenversicherung und der gesetzlichen Rentenversicherung entspricht.
>
> ²Der Gesamtsozialversicherungsbeitrag wird erst zu dem Zeitpunkt fällig, zu dem die Entscheidung, dass eine Beschäftigung vorliegt, unanfechtbar geworden ist.
>
> (7) ¹Widerspruch und Klage gegen Entscheidungen, dass eine Beschäftigung vorliegt, haben aufschiebende Wirkung. ²Eine Klage auf Erlass der Entscheidung ist abweichend von § 88 Absatz 1 SGG nach Ablauf von drei Monaten zulässig.

116 Die Klärung der rechtlichen Situation, ob ein unselbstständiges Beschäftigungsverhältnis anzunehmen ist, können die Beteiligten („Arbeitnehmer"/„Auftragnehmer" bzw. „Arbeitgeber"/„Auftraggeber") bei der Deutschen Rentenversicherung Bund (bis zum 30.9.2005 hieß diese Institution BfA) durch ein sog. Anfrageverfahren (§ 7a SGB IV) herbeiführen; dabei haben Widerspruch und Klage gegen die Entscheidung, es liege eine abhängige Beschäftigung vor, aufschiebende Wirkung, § 7a VII SGB IV.

---

[58] Art. 1 Nr. 3b, Art. 21 X des Gesetzes zur Änderung des Vierten Buches Sozialgesetzbuch und anderer Gesetze v. 19.12.2007, BGBl I 2007, 3024.

[59] Zum Thema: *Bieback* „Das neue Anfrageverfahren bei der Feststellung der Sozialversicherungspflicht" BB 2000, 873; *Reiserer/Freckmann* „Scheinselbstständigkeit – heute noch ein schillernder Rechtsbegriff" NJW 2003, 180.

Für das Verfahren ist die Deutsche Rentenversicherung Bund allein zuständig, ihre Entscheidung bindet auch die anderen Sozialversicherer. Ein Anfrageverfahren kann nicht mehr eingeleitet werden, wenn schon andere Versicherungsträger (z.B. im Rahmen einer anberaumten Betriebsprüfung [§ 28p SGB IV] oder durch Versendung eines Fragebogens) den Beschäftigungsstatus prüfen.

gg. Auswirkungen

Bleibt die Vermutung unwiderlegt, wird der Betreffende sozialversicherungsrechtlich **wie ein abhängig Beschäftigter** behandelt.

(1) Versicherungspflicht

Es besteht Versicherungspflicht in allen Zweigen der Sozialversicherung. Der Auftraggeber gilt dann als Arbeitgeber und hat demzufolge u.a. die Hälfte der Sozialversicherungsbeiträge zu tragen. Der Arbeitgeber muss u.U. bis zu 4 Jahre rückwärts die üblichen Arbeitnehmer- und Arbeitgeberanteile zur Sozialversicherung abführen, kann aber die Arbeitnehmeranteile nur für bis zu 3 Monate beim Arbeitnehmer einbehalten.

(2) Sozialleistungen

Da der Scheinselbstständige ein abhängig Beschäftigter ist, greifen die Sicherungen und **Zuständigkeiten** des Sozialleistungssystems, insbesondere kann die Zuständigkeit der gesetzlichen Unfallversicherung begründet sein. Auch Warte- und Vorversicherungszeiten können nunmehr erfüllt sein.

Da der Forderungswechsel gemäß **§§ 116, 119 SGB X** auch bei erst späterer Feststellung bereits im Unfallzeitpunkt erfolgt,[60] kann der Schadensersatzpflichtige (zumeist Haftpflichtversicherung) kaum ohne Missachtung der §§ 412, 407 I BGB (gutgläubige Leistung an einen Nichtberechtigten) mit befreiender Wirkung noch Leistungen an den unmittelbar Verletzten erbringen.

Ein **Verzicht** auf Sozialleistungen und/oder eine Abtretung seitens des unmittelbar Verletzten helfen nur eingeschränkt weiter. Zwar kann nach § 46 I 1. Halbs. SGB I der Versicherte auf alle Sozialleistungen verzichten,[61] der Verzicht ist jederzeit mit Wirkung für die Zukunft widerruflich (§ 46 I 2. Halbs. SGB I).[62]

Zur Erfüllung oder Sicherung von Ansprüchen auf Rückzahlung von Darlehen oder auf Erstattung von Aufwendungen können – unter Beachtung des Bestimmtheitsgrundsatzes[63] – solche Ansprüche auf Geldleistungen **abgetreten** und **verpfändet** werden (§ 53 II SGB I), die im Vorgriff auf fällig gewordene Sozialleistungen zu einer angemessenen Lebensführung erbracht wurden. Soweit ein Anspruch des Versicherten auf Geldleistungen

---

60 BGH v. 8.7.2003 – VI ZR 274/02 – BB 2004, 164 (nur LS) = BGHZ 155, 342 = DAR 2003, 512 = HVBG-Info 2003, 2869 = LMK 2003, 207 (nur LS) (Anm. *Eichenhofer*) = NJW 2003, 3193 = NZV 2003, 463 = r+s 2003, 524 = SP 2003, 376 = SVR 2004, 75 (nur LS) (Anm. *Engelbrecht*) = VersR 2003, 1174 = zfs 2003, 542 (Berufung zu OLG Hamm v. 18.6.2002 – 29 U 81/01 – HVBG-Info 2003, 811 = r+s 2002, 460).
61 Siehe dazu BSG v. 24.7.2003 – B 4 RA 13/03 R – VersR 2005, 1706.
62 Siehe Kap 3 Rn 366.
63 BSG v. 19.3.1992 – 7 RAr 26/91 – BSGE 70, 186 (Erst zukünftig entstehende Ansprüche eines Arbeitslosen gegen das Arbeitsamt sind nach § 53 SGB I nur dann wirksam abgetreten, wenn sie nach ihrer konkreten Bezeichnung ausreichend bestimmt sind. Eine Erklärung, wonach „hiermit meine Ansprüche gegenüber dem Arbeitsamt … in Höhe der mir zu gewährenden Leistungen nach dem AFG" abgetreten werden, genügt diesen Anforderungen nicht.).

gegenüber einem Sozialversicherungsträger dann abgetreten werden kann, bedarf diese allerdings der Genehmigung des zuständigen Sozialversicherungsträgers (§ 53 II Nr. 2 SGB I).[64]

124 Für Rentenminderungsschäden ist **§ 119 SGB X** zu bedenken. Auch gilt wie bei § 116 SGB X, dass der Forderungswechsel bereits im Unfallzeitpunkt stattgefunden hat.

(3) Arbeitsunfall, §§ 104 ff. SGB VII

125 Auch im Rahmen der §§ 104 ff. SGB VII (Haftungsausschluss beim Arbeitsunfall) gilt der Betreffende nunmehr als versicherter Arbeitnehmer.

c. Keine Arbeitnehmer (im engeren Sinne)

Keine Arbeitnehmer im engeren Sinne sind u.a.:

126 ▪ öffentlich Bedienstete außerhalb der Arbeitnehmerschaft, also **Beamte** und ihnen vergleichbare Personen (z.B. Richter, Staatsanwälte und Soldaten),

127 ▪ Personen, die als selbstständige **Unternehmer** (z.B. auch Handelsvertreter) (auch Sub- oder Mitunternehmer) tätig sind,

128 ▪ **Gesellschafter**,

129 ▪ gesetzliche Vertreter juristischer Personen (insbesondere **Vorstand**smitglieder und Geschäftsführer von AG und GmbH),

130 ▪ **Ordensangehörige**,[65]

131 ▪ **Sozialhilfeempfänger** (§ 19 III BSHG).

2. Einkommen

132 Zu ersetzen ist grundsätzlich der Verlust von jeglichen Erwerbseinkommen und Vermögensnachteilen, die im Zusammenhang mit der Verwertung der Arbeitskraft stehen.

a. Begriff des Einkommens

133 Zu beachten sind bei der Auswertung von Verdienstbescheinigungen die unterschiedlichen Begriffe und Ausweisungen zum Einkommen:

134

Begriff	Begriffsbestimmung
▪ **Brutto**-Einkommen	Einkommen incl. Einkommensteuer sowie – bei Sozialversicherungspflicht – Arbeitnehmerbeiträgen[66] zur Sozialversicherung, z.T. incl. Reisespesen und Auslagenersatz
▪ **steuerpflichtiges** Einkommen	Bruttoeinkommen abzgl. steuerfreier Bezüge, zzgl. geldwerter Vorteile

---

64 Siehe auch BGH v. 13.5.1997 – IX ZR 246/96 – NJW 1997, 2823 (Zur Zulässigkeit der Abtretung mehrerer pfändungsfreier Anspruchsteile auf laufende Geldleistungen).
65 LAG Hamm v. 9.9.1971 – 8 Sa 448/71 – DB 1972, 295 (Als Religionslehrer tätiger Ordensangehöriger).
66 Beim Arbeitgeberregress erstreckt sich begrifflich das Bruttoeinkommen auch auf die Arbeitgeberbeiträge zur Sozialversicherung.

Begriff	Begriffsbestimmung
■ sozialversicherungspflichtiges Einkommen	Bruttoeinkommen (max. bis zur Beitragsbemessungsgrenze) incl. geldwerter Vorteile
■ **Netto**-Einkommen	Einkommen nach Berücksichtigung der steuer- und sozialrechtlichen Abgaben („echter" Auszahlungsbetrag)
■ **Auszahlungsbetrag, Überweisungsbetrag**	Ausgezahlter Betrag incl. Reisespesen, abzgl. Vorschusszahlungen und Pfändungen oder Abtretungen, u.U. abzgl. vom Arbeitgeber einbehaltener privater Versicherungsbeiträge oder Arbeitgeberdarlehen

Bei einem Arbeiter oder Angestellten können die ersatzpflichtigen Beträge beim Erwerbsschaden i.d.R. verhältnismäßig einfach ermittelt werden. Häufig schafft bereits ein Blick auf die Gehaltsabrechnungen der letzten 12 – 24 Monate vor dem Unfall Klarheit. Auch die Einkommensteuerbescheide der letzten 3 – 5 Jahre vor dem Unfall helfen weiter. Werden Unterlagen nur unvollständig zugänglich gemacht (z.B. Verdienstbescheinigung nur für unterjährige Zeiträume [Februar bis November] oder nur für Sommermonate incl. Urlaubsgeld), ist Skepsis hinsichtlich des Jahreseinkommen angezeigt. **135**

b. Arbeitslohn, Gehalt

Zu den Einkünften eines unselbstständig Tätigen zählen:[67] **136**

- Eigentlicher **Arbeitslohn**[68] bzw. Gehalt (vgl. § 4 EFZG) incl. etwaiger familienstandabhängiger Sozialzuschläge (z.B. Ehegattenzuschlag nach dem BAT), **137**

- einzelarbeitsvertraglich oder tarifvertraglich zu gewährende jährliche **Sonderzahlungen**[69] (z.B. Urlaubsgeld, 13., 14. Monatsgehalt, Weihnachtsgeld, Gratifikationen, Treueprämie). **138**

Arbeitgeber können rechtlich verpflichtet sein, auch die Sonderleistungen an Arbeitsunfähige (u.U. nur anteilig) zu bezahlen. Diese Arbeitgeberleistungen sind auf den Ersatzanspruch des Verletzten anzurechnen. **139**

c. Vermögenswirksame Leistungen

Vermögenswirksame Leistungen zur Vermögensbildung nach dem Vermögensbildungsgesetz sind als Teil der Vergütung dem Verletzten zu erstatten.[70] **140**

Nach § 68 BBesG, § 1 I des „Gesetzes über vermögenswirksame Leistungen für Beamte ..." erhalten auch Beamte, Richter/Staatsanwälte, Soldaten (§ 1 I, III BBesG) diese Leistung. **141**

d. Riesterrente, Rüruprente

Riester- und Rüruprente[71] sind Teil des staatlich geförderten Systems, das die private Vorsorge für Alter anschieben soll. **142**

---

67 Zur Entgeltfortzahlung und dem Arbeitgeberregress siehe ergänzend *Jahnke* NZV 1996, 169.
68 BFH v. 6.6.2002 – VI R 178/97 – DB 2002, 2515 (Arbeitgeberanteile zur gesetzlichen Sozialversicherung gehören nicht zum Arbeitslohn).
69 OLG Zweibrücken v. 3.2.1978 – 1 U 65/77 – VersR 1978, 473.
70 LG Mannheim v. 6.11.1973 – 2 O 350/72 – VersR 1974, 605.
71 Zum Thema: *Heidemann* „Die Rürup-Rente – Für wen ist sie interessant?" VP 2005, 167.

3 Erwerbstätige Personen

143 Mit dem Alterseinkünftegesetz wurde zum 1.1.2005 die Basisrente (sog. Rüruprente) als kapitalgedeckte Rentenversicherung eingeführt, die ausschließlich an den Versicherungsnehmer ausbezahlt wird und keine Kapitalauszahlung zulässt.

144 Da Riesterrente und Rüruprente noch keinen allgemeinen Anklang gefunden haben, sind erhöhte Darlegungs- und Beweisanforderungen an einen Ersatzanspruch zu stellen.

e. Kindergeld[72]

145 Zum Kindergeld siehe im Kap 2 Rn 180 ff.

f. Nebeneinkünfte

aa. Nebentätigkeit

146 Zur Nebentätigkeit siehe im Kap 5 Rn 1 ff.[73]

bb. Zulage[74]

147 Zulagen (z.B. Schichtarbeiterzulage,[75] Nachtzulage,[76] Auslandszulage,[77] Erschwerniszulage[78]) sind zu ersetzen, nicht jedoch Aufwandsentschädigungen,[79] Fahrtkostenersatz[80] und Trennungsentschädigungen.[81]

---

[72] Siehe ergänzend Kap 3 Rn 811.
[73] Siehe ergänzend *Pardey* S. 229, Rn 968 und S. 230, Rn 971 ff.
[74] Siehe ergänzend zur Aufwandsentschädigung Kap 5 Rn 39 ff.
[75] BGH v. 14.3.2006 – VI ZR 279/04 – ArztR 2007, 124 = ArztuR 2006, 119 = BGHReport 2006, 969 = BGHZ 166,336 = GesR 2006, 313 = JR 2007, 191 = MDR 2006, 1286 = MedR 2006, 588 (Anm. *Gödicke* MedR 2006, 568) = NJW 2006, 2108 (Anm. *Spickhoff* NJW 2006, 2075) = r+s 2006, 471 = VersR 2006, 838 (Anm. *Leube* VersR 2007, 31); BAG v. 5.4.2000 – 7 AZR 213/99 – AP § 37 BetrVG1972 Nr. 131 = BB 2001, 96 = DB 2000, 2074 (nur LS) = NZA 2000, 1174 (Fahrtentschädigung für Lokomotivführer und Zugbegleiter).
[76] BGH v. 14.3.2006 – VI ZR 279/04 – ArztR 2007, 124 = ArztuR 2006, 119 = BGHReport 2006, 969 = BGHZ 166,336 = GesR 2006, 313 = JR 2007, 191 = MDR 2006, 1286 = MedR 2006, 588 (Anm. *Gödicke* MedR 2006, 568) = NJW 2006, 2108 (Anm. *Spickhoff* NJW 2006, 2075) = r+s 2006, 471 = VersR 2006, 838 (Anm. *Leube* VersR 2007, 31).
[77] OLG Hamm v. 10.10.2005 – 13 U 52/05 – DAR 2006, 274 = NJW-RR 2006, 168 = NZV 2006, 94 = OLGR 2006, 189 = VersR 2006, 1281; OLG Stuttgart v. 19.10.2006 – 7 U 60/06 – FamRZ 2007, 1242 = NJW-RR 2007, 88 = OLGR 2007, 120 = VersR 2007, 1524 (Afghanistan-Auslandsverwendungszulage); LG Erfurt v. 16.9.2003 – 3 O 565/02 – zfs 2004, 14 (Auslandsverwendungszuschlag eines Zeitsoldaten nach § 58a BBesG). Siehe auch: BFH v. 31.5.2005 – VI B 93/04 – BFH/NV 2005, 1555 und BFH v. 28.4.2005 – VI B 179/04 – BFH/NV 2005, 1303 (Auslandsverwendungszuschlag nach § 58a BBesG ist nach § 3 Nr. 64 EStG steuerfrei gestellter Arbeitslohn [§ 19 I 1 Nr. 1 EStG]. Der Auslandsverwendungszuschlag wird zusätzlich zu den bei Verwendung im Inland zustehenden Bezügen gezahlt [§ 58a IV 1 BBesG] und ist demnach Teil der normalen Dienstbezüge.); Schleswig-holsteinisches OLG v. 29.6.2004 – 8 UF 213/03 – FamRZ 2005, 369 = NJW-RR 2005, 3 = OLGR 2004, 490 (Einkünfte aus der Auslandsverwendungszulage eines Berufssoldaten sind beim Trennungsunterhalt hälftig zu berücksichtigen).
[78] BGH v. 14.3.2006 – VI ZR 279/04 – ArztR 2007, 124 = ArztuR 2006, 119 = BGHReport 2006, 969 = BGHZ 166,336 = GesR 2006, 313 = JR 2007, 191 = MDR 2006, 1286 = MedR 2006, 588 (Anm. *Gödicke* MedR 2006, 568) = NJW 2006, 2108 (Anm. *Spickhoff* NJW 2006, 2075) = r+s 2006, 471 = VersR 2006, 838 (Anm. *Leube* VersR 2007, 31); OLG Hamm v. 6.3.1996 – 13 U 211/95 – OLGR 1996, 90 = zfs 1996, 211.

Der unfallkausale Wegfall von **Sozialzulagen** (Kinderzulagen, Verheiratetenzuschlag) bei Tötung ist nicht zu erstatten. Diese Sozialanteile des Gehaltes sollen – z.T. als Bestandteil des öffentlich-rechtlichen Alimentationsprinzipes – den erhöhten Aufwendungen Rechnung tragen. 148

Eine Ministerialzulage, die nur teilweise der Deckung erhöhter Aufwendungen dient, ist in dieser Höhe nicht zu erstatten.[82] 149

Zu beachten ist, dass die Zulagen häufig an die **konkreten** Arbeitsleistungen und konkret bestehenden Erschwernisse anknüpfen und daher z.B. in Urlaubszeiten nicht gezahlt worden wären. 150

Ferner ist zu berücksichtigen, dass die Zulagen teilweise **steuerbegünstigt** behandelt werden und daher im Jahressteuerbescheid nicht oder nur unvollständig Niederschlag finden. 151

cc. Sachbezug

Auch Sachbezüge[83] (z.B. Deputate, Werks- oder Belegschaftsrabatte,[84] Jahreswagen)[85] sind gegebenenfalls mit einzubeziehen (vgl. auch § 8 EStG). Häufig haben aber auch ausgeschiedene Mitarbeiter und Rentner weiterhin Anspruch auf Rabatte uä.; aufgrund der Sachnähe hat der Verletzte (jedenfalls unter Aspekten der Sphärentheorie aufgrund sekundäre Darlegungs- und Beweislast) dann nachzuweisen, dass er keinerlei Möglichkeiten der Rabatt-Inanspruchnahme nach Ausscheiden aus dem Arbeitsverhältnis mehr hat. 152

Übernimmt der Arbeitgeber, der z.B. einen Paketzustelldienst betreibt oder Vertreter beschäftigt, aus ganz überwiegend eigenbetrieblichem Interesse die Zahlung von **Verwar-** 153

---

79 KG v. 15.5.2000 – 12 U 3645/98 – DAR 2002, 211 (nur LS) = NVwZ-RR 2002, 450 = NZV 2002, 172 = VerkMitt 2002, Nr. 45 = VersR 2002, 1429 (BGH hat Revision nicht angenommen, Beschl. v. 4.12.2001 – VI ZR 282/00 -; OLG Hamm v. 10.10.2005 – 13 U 52/05 – DAR 2006, 274 = NJW-RR 2006, 168 = NZV 2006, 94 = OLGR 2006, 189 = VersR 2006, 1281; BAG v. 5.4.2000 – 7 AZR 213/99 – AP § 37 BetrVG1972 Nr. 131 = BB 2001, 96 = DB 2000, 2074 (nur LS) = NZA 2000, 1174; BAG v. 15.7.1992 – 7 AZR 491/91 – AP § 46 BPersVG Nr. 19 = DB 1993, 2537 = NZA 1993, 661; siehe ergänzend Kap 5 Rn 39 ff.
80 OLG Hamm v. 10.10.2005 – 13 U 52/05 – DAR 2006, 274 = NJW-RR 2006, 168 = NZV 2006, 94 = OLGR 2006, 189 = VersR 2006, 1281.
81 OLG Hamm v. 10.10.2005 – 13 U 52/05 – DAR 2006, 274 = NJW-RR 2006, 168 = NZV 2006, 94 = OLGR 2006, 189 = VersR 2006, 1281.
82 *Filthaut* § 6 Rn 14 m.w.N.
83 OLG München v. 29.11.1985 – 10 U 1855/85 – Fremdenverkehrsrechtliche Entscheidungen 24 (1988), Nr. 574 = NJW-RR 1986, 963 = VersR 1987, 622.
84 Hess FG v. 14.3.2000 – 10 K 5969/97 – DStRE 2000, 962 (Belegschaftsrabatte sind nicht generell geldwerter Vorteil. Entscheidend für die Besteuerung ist, ob die verbilligten Produkte oder Leistungen zu ähnlichen Konditionen auch von anderen Unternehmen angeboten werden.) (Revision: BFH v. 30.5.2001 – VI R 123/00 – BB 2001, 1989 = BFHE 195, 376 = DB 2001, 2177 = NZA-RR 2002, 537) (Geldwerter Vorteil bei günstigerem Versicherungstarif; ähnlich FG München v. 13.2.2001 EFG 2001, 746, Beschwerde Az. VI B 85/01; BFH v. 4.6.1993 – VI R 95/92 – BB 1993, 1570, 1640 = BFHE 171, 74 = BStBl II 1993, 687 = DB 1993, 1652 = HVBG-Info 1994, 1907 (Ist im allgemeinen Geschäftsverkehr der Verkaufspreis des Produktes tatsächlich niedriger als der ausgezeichnete Preis, so gilt dieser als Endpreis). Siehe auch OLG Braunschweig v. 9.8.2004 – 6 U 5/03 – VersR 2005, 838 (Rabatt wegen persönlicher, nachbarschaftlicher Bekanntschaft ist nicht anspruchsmindernd anzurechnen).
85 Siehe ergänzend *Benner* „Arbeitsentgelt im Sinne der Sozialversicherung und Arbeitslohn im Sinne des Lohnsteuerrechts. Alphabetische Übersicht nach dem Stand v. 1.1.2004" Beilage 2 zu Betriebs-Berater (BB) Heft 4 v. 26.1.2004.

nungsgeldern, die gegen die bei ihm angestellten Fahrer wegen Verletzung des Halteverbots verhängt worden sind, handelt es sich hierbei nicht um Arbeitslohn.[86]

154
> **§ 8 EStG – Einnahmen**
>
> (3) ¹Erhält ein Arbeitnehmer aufgrund seines Dienstverhältnisses Waren oder Dienstleistungen, die vom Arbeitgeber nicht überwiegend für den Bedarf seiner Arbeitnehmer hergestellt, vertrieben oder erbracht werden und deren Bezug nicht nach § 40 pauschal versteuert wird, so gelten als deren Werte abweichend von Absatz 2 die um 4 % geminderten Endpreise, zu denen der Arbeitgeber oder der dem Abgabeort nächstansässige Abnehmer die Waren oder Dienstleistungen fremden Letztverbrauchern im allgemeinen Geschäftsverkehr anbietet. ²Die sich nach Abzug der vom Arbeitnehmer gezahlten Entgelte ergebenden Vorteile sind steuerfrei, soweit sie aus dem Dienstverhältnis insgesamt 1.080 EUR im Kalenderjahr nicht übersteigen.

155 Auch die steuerlichen Aspekte sind zu berücksichtigen. Steuerrechtlich gilt ein **Steuerfreibetrag** von 1.080 EUR (bis 31.12.2003 1.224 EUR, zuvor 2.400 DM), § 8 III EStG. Wird für die Verdienstausfallberechnung der Einkommen- bzw. Lohnsteuerbescheid zugrunde gelegt, ist zu beachten, dass im Bruttoeinkommen Sachbezüge beinhaltet sein können. Dann ist für die Verdienstausfallberechnung u.a. zu berücksichtigen, dass es sich nicht um Barbezüge des Verletzten handelt, die zudem nicht regelmäßig anfallen. Die Berechnung muss dann den Fallumständen entsprechend korrigiert werden.

dd. Auslöse, Spesen

156 Nur eine Aufwandsentschädigung, die über den Ausgleich der tatsächlichen Aufwendungen hinaus dem Empfänger als Entgelt zufließt, stellt einen ausgleichspflichtiger Erwerbsschaden dar.[87]

157 Gelingt im Einzelfall der Nachweis, dass der Verletzte einen Teil der Auslösesumme gespart hätte, dann ist dieser verbleibende Teil als Schadensersatz auszugleichen.

g. Überstunden[88]

158 Hätte der Verletzte ohne den Unfall Überstunden geleistet, sind diese zu ersetzen. Beim Vergleich mit Kollegen ist zu beachten, dass die Überstunden nicht gerade wegen des Ausfalles des Verletzten zu leisten waren.

159 Hätten die vergleichbaren Kollegen Kurzarbeit geleistet, ist auch der Verdienstausfall geringer.

h. Unregelmäßige Einkünfte

aa. Saisonarbeiter

160 Erzielt jemand sein Jahreseinkommen nur im Laufe weniger Monate[89] (z.B. Saisonarbeiter, Erntehelfer, Weihnachtsbaumverkäufer, Kellner im Gartenrestaurant), ist dieses für

---

86 BFH v. 7.7.2004 – VI R 29/00 – BB 2005, 1203 = BFHE 208,104 = BStBl II 2005, 367 = DB 2005, 536 = DStR 2005, 417 (Anm. *Buciek*) = NZA-RR 2005, 267 (Vorinstanz: FG Düsseldorf v. 24.11.1999 – 9 K 2985/97 H[L] -). Siehe auch BAG v. 25.1.2001 – 8 AZR 465/00 – DB 2001, 1095 (Nichtige Zusage der Übernahme von Bußgeldern wegen Lenkzeitüberschreitung) und *Benner* BB 2004, Beilage 2 v. 26.1.2004, S. 12 („Geldbußen und Geldstrafen").
87 Einzelheiten siehe Kap 5 Rn 39 ff.
88 Einzelheiten siehe Kap 5 Rn 29 ff.

die zeitliche Kongruenz (Betrachtung beim Forderungsübergang) auf das gesamte Jahr anteilig zu verteilen.[90]

Die Möglichkeit etwaiger **Nachholbarkeit** ist grundsätzlich zu bedenken; vor allem, wenn Verletzte sich auf unregelmäßige, von äußeren Einflüssen (z.B. Witterung, Jahreszeit, Erntezeit, Semesterferien) unabhängige Arbeit eingerichtet hatten (z.B. Zeitarbeitsverhältnisse mit arbeitsrechtlich relevanten Unterbrechungszeiten zur Vermeidung eines Kettenarbeitsvertrages).

bb. Trinkgeld

Entgangene Trinkgelder sind grundsätzlich zu ersetzen.[91]

3. Zeitraum und Prognose

a. Kapitalisierung

Konkrete individuelle Umstände[92] (ausländerrechtliche Stellung,[93] wahrscheinliche vorzeitige Invalidisierung, verletzungsunabhängige Erkrankung, unstete Arbeitsweise, Konkurs des Arbeitgebers in strukturschwacher Gegend, sonstige Gründe überholender Kausalität) können einen reduzierten Kapitalisierungsfaktor bedingen.[94]

Bei Risikoarbeitsgruppen (z.B. Schwerarbeit, Untertagetätigkeit) ist nicht nur – wie bei Bergleuten bereits gesetzlich vorgegeben – eine verkürzte Lebensarbeitszeit mit zu berücksichtigen.[95]

b. Entwicklung

Ein unfallbedingter Erwerbsschaden endet nicht bereits mit dem Zeitpunkt der vollständigen gesundheitlichen Wiederherstellung. Auch nach Beendigung der Arbeitsunfähigkeit

---

89 OLG Hamm v. 15.8.1994 – 6 U 184/91 – r+s 1995, 256 = SP 1995, 297 (Verletzter hatte nur unregelmäßig, durchschnittlich 8 Monate im Jahr, gearbeitet. Es war anzunehmen, dass er nur bis zum 60. anstelle des 65. Lebensjahres gearbeitet hätte.); OLG München (Senat Augsburg) v. 28.7.1994 – 24 U 862/92 – SP 1994, 343 (Zur – konkret fehlenden – Schätzung nach § 287 BGB: Ein in zwei Berufen Ausgebildeter hatte drei Jahre vor Unfall nur gelegentlich gearbeitet).
90 BGH v. 4.3.1997 – VI ZR 243/95 – MDR 1997, 937 = NJW 1997, 2943 = NJW-VHR 1997, 200 (nur LS) = NZV 1997, 302 = r+s 1997, 371 = SP 1997, 245 = VersR 1997, 751 = VRS 93,269 = zfs 1997, 250 (Erzielt jemand sein Jahreseinkommen nur im Laufe weniger Monate, ist dieses für die zeitliche Kongruenz auf das gesamte Jahr anteilig zu verteilen).
91 Einzelheiten siehe Kap 2 Rn 227 ff.
92 Vgl. OLG Hamm v. 31.1.1986 – 27 W 74/85 – r+s 1986, 180 zu den Beweisanforderungen an den Verletzten in Zeiten konjunktureller Schwierigkeiten; ferner BGH v. 24.1.1995 – VI ZR 354/93 – DAR 1995, 202 = MDR 1995, 693 = NZV 1995, 189 = r+s 1995, 218 = SP 1995, 201 = VersR 1995, 469 = zfs 1995, 170 (Wechselhafter beruflicher Werdegang) sowie OLG Hamm v. 15.8.1994 – 6 U 184/91 – r+s 1995, 256 = SP 1995, 297 (Berechnung des Verdienstausfalles bei unregelmäßigem Erwerbsleben vor dem Unfall). Siehe auch BGH v. 17.1.1995 – VI ZR 62/94 – DAR 1995, 248 = MDR 1995, 358 = NJW 1995, 1023 = r+s 1995, 139 = VersR 1995, 422 = VRS 88,401 (Zur Ermittlung des Erwerbsschadens bei einem jungen und noch nicht in einem festen Arbeitsverhältnis stehenden Verletzten).
93 BGH v. 8.11.2001 – IX ZR 404/99 – BGHReport 2002, 373 = NZV 2002, 268.
94 Siehe zur Prognose: OLG Hamm v. 15.6.1998 – 6 U 85/95 – r+s 1998, 465 (Bei der Prognose, ob ein Verletzter eine Arbeitsstelle gefunden hätte, muss neben der Ausbildung und dem bisherigen Arbeitsverlauf die ungünstige Arbeitsmarktlage berücksichtigt werden. Ist die Prognose sehr ungünstig, ist auch für die Schätzung eines Mindestschadens kein Raum).
95 Siehe auch *Jahnke* „Abfindung von Personenschadenansprüchen" § 1 Rn 143, 355.

kann Schadensersatz wegen Verdienstausfalles verlangt werden, wenn und solange die Erwerbslosigkeit noch ihre Ursache in dem Unfall hat.[96]

166 Der Regulierung ist das Einkommen zum Unfallzeitpunkt zugrunde zu legen. Zwischenzeitliche Lohnerhöhungen sind zu berücksichtigen. Behauptete Gehaltsaufbesserungen und berufliche Aufstiege, die infolge des Unfalles unterblieben sein sollen, sind grundsätzlich zwar mit einzubeziehen, der vom Verletzten zu erbringende Nachweis ist allerdings häufig schwer. Ebenso sind konjunkturelle Begleitumstände (Kurzarbeit, Konkurse, Entlassungen)[97] zu berücksichtigen.

167 Bei der Ermittlung des Fiktivverdienstes ist auch einzubeziehen, dass ein Verletzter nach Beendigung einer Ausbildung zum **Wehr-** oder **Zivildienst** eingezogen worden wäre. Für diesen Zeitraum sind (dann nur) der Wehrsold und der Wert der bei der Bundeswehr gewährten Verpflegung als fiktives Einkommen anzunehmen.[98]

168 Bei der Prognose zur voraussichtlichen Entwicklung der Erwerbstätigkeit des Geschädigten ohne das Unfallereignis sind auch solche Entwicklungen mit einzubeziehen, die sich erst nach dem Unfallgeschehen bis zur letzten mündlichen Verhandlung ergeben.[99]

169 Zur künftigen Entwicklung ist ergänzend auf die Ausführungen im Rahmen der Kapitalisierung hinzuweisen.[100]

c. Fiktive familiäre Entwicklung

170 Fiktive familiäre Entwicklungen (wie fiktive Heirat,[101] fiktive Kinder, fiktive Scheidung[102]) sind grundsätzlich bei der weiteren Berechnung des Verdienstausfalles außer Acht zu lassen. Vor allem die steuerrechtlichen Erleichterungen für Familien dienen ihrem Sinne nach dem Familienlastenausgleich ebenso wie das Kindergeld. Würde man eine Steuerentlastung annehmen, käme es zu ungerechtfertigten Bereicherungen, wenn zugleich die mit einer Familie verbundenen Lasten (fiktive Unterhaltsansprüche) unberücksichtigt blieben.

171 Gleiches gilt für fiktive Gehaltssteigerungen, die allein am Familienstand anknüpfen (wie im Beamtenrecht oder in Tarifverträgen wie beispielsweise dem früheren Bundesangestelltentarifvertrag [BAT]).

---

96 BGH v. 2.4.1991 – VI ZR 179/90 – DAR 1991, 260 = MDR 1991, 602 = NJW 1991, 2422 = VersR 1991, 703 = zfs 1991, 262 (nur LS); BGH v. 11.1.1951 – III ZR 187/50 – BGHZ 1,45; OLG Hamm v. 23.11.2004 – 9 U 203/03 – OLGR 2005, 305.
97 Siehe OLG Karlsruhe v. 25.1.1989 – 1 U 1/88 – NZV 1990, 269 = VRS 90,1 sowie Kap 13 Rn 38 ff.
98 OLG Köln v. 21.3.1997 – 19 U 158/96 – VersR 1998, 507.
99 BGH v. 27.10.1998 – VI ZR 322/97 – DAR 1999, 66 = NJW 1999, 136 = NZV 1999, 75 = r+s 1999, 68 = SP 1999, 48 = VersR 1999, 106 = VRS 96,87 = zfs 1999, 75. Siehe auch LG Bielefeld v. 19.2.2008 – 4 O 234/03 – (Jugendfußballer erhielt nach einem ärztlichen Kunstfehler 1,452 Mio. EUR brutto aus entgangenen Einnahmen als Profifußballer zugesprochen. Das Gericht ging von einer Karrierezeit des 18-jährigen von 13 Jahren aus, davon nach Ablauf von 10 Jahren mit Leistungsabfall und tätige einen Unsicherheitsabschlag von 50 %.).
100 Kap 13 Rn 30 ff.
101 „Mit der Ehe ist die Mark nur noch 50 Pfennig wert" hieß es zu Zeiten der D-Mark.
102 Anderes gilt beim Unterhaltsschaden, siehe *Jahnke* „Abfindung von Personenschadenansprüchen" § 1 Rn 293 und § 6 Rn 93 ff.

d. Ausländer

§ 1 AufenthG[103] – Zweck des Gesetzes; Anwendungsbereich

(1) ¹Das Gesetz dient der Steuerung und Begrenzung des Zuzugs von Ausländern in die Bundesrepublik Deutschland. ²Es ermöglicht und gestaltet Zuwanderung unter Berücksichtigung der Aufnahme- und Integrationsfähigkeit sowie der wirtschaftlichen und arbeitsmarktpolitischen Interessen der Bundesrepublik Deutschland. ³Das Gesetz dient zugleich der Erfüllung der humanitären Verpflichtungen der Bundesrepublik Deutschland. ⁴Es regelt hierzu die Einreise, den Aufenthalt, die Erwerbstätigkeit und die Integration von Ausländern. ⁵Die Regelungen in anderen Gesetzen bleiben unberührt.

(2) Dieses Gesetz findet keine Anwendung auf Ausländer,
1. deren Rechtsstellung von dem Gesetz über die allgemeine Freizügigkeit von Unionsbürgern geregelt ist, soweit nicht durch Gesetz etwas anderes bestimmt ist,
2. die nach Maßgabe der §§ 18 bis 20 GVG nicht der deutschen Gerichtsbarkeit unterliegen,
3. soweit sie nach Maßgabe völkerrechtlicher Verträge für den diplomatischen und konsularischen Verkehr und für die Tätigkeit internationaler Organisationen und Einrichtungen von Einwanderungsbeschränkungen, von der Verpflichtung, ihren Aufenthalt der Ausländerbehörde anzuzeigen und dem Erfordernis eines Aufenthaltstitels befreit sind und wenn Gegenseitigkeit besteht, sofern die Befreiungen davon abhängig gemacht werden können.

§ 2 FreizügG/EU[104] – Recht auf Einreise und Aufenthalt

(1) Freizügigkeitsberechtigte Unionsbürger und ihre Familienangehörigen haben das Recht auf Einreise und Aufenthalt nach Maßgabe dieses Gesetzes.

(2) Gemeinschaftsrechtlich freizügigkeitsberechtigt sind:
1. Unionsbürger, die sich als Arbeitnehmer, zur Arbeitsuche oder zur Berufsausbildung aufhalten wollen,
2. Unionsbürger, wenn sie zur Ausübung einer selbstständigen Erwerbstätigkeit berechtigt sind (niedergelassene selbstständige Erwerbstätige),
3. Unionsbürger, die, ohne sich niederzulassen, als selbstständige Erwerbstätige Dienstleistungen im Sinne des Artikels 50 des Vertrages zur Gründung der Europäischen Gemeinschaft erbringen wollen (Erbringer von Dienstleistungen), wenn sie zur Erbringung der Dienstleistung berechtigt sind,
4. Unionsbürger als Empfänger von Dienstleistungen,
5. nicht erwerbstätige Unionsbürger unter den Voraussetzungen des § 4,
6. Familienangehörige unter den Voraussetzungen der §§ 3 und 4,
7. Unionsbürger und ihre Familienangehörigen, die ein Daueraufenthaltsrecht erworben haben.

(3) ¹Das Recht nach Absatz 1 bleibt für Arbeitnehmer und selbstständig Erwerbstätige unberührt bei
1. vorübergehender Erwerbsminderung infolge Krankheit oder Unfall,

---

103 Art. 1 des Gesetzes zur Steuerung und Begrenzung der Zuwanderung und zur Regelung des Aufenthalts und der Integration von Unionsbürgern und Ausländern (Zuwanderungsgesetz) v. 30.7.2004, BGBl I 2004, 1950 enthält das „Gesetz über den Aufenthalt, die Erwerbstätigkeit und die Integration von Ausländern im Bundesgebiet (Aufenthaltsgesetz – AufenthG)", Neufassung v. 25.2.2008, BGBl I 2008, 162.
104 Art. 2 des Gesetzes zur Steuerung und Begrenzung der Zuwanderung und zur Regelung des Aufenthalts und der Integration von Unionsbürgern und Ausländern (Zuwanderungsgesetz) v. 30.7.2004, BGBl I 2004, 1950 enthält das „Gesetz über die allgemeine Freizügigkeit von Unionsbürgern (Freizügigkeitsgesetz/EU – FreizügG/EU)".

> 2. unfreiwilliger durch die zuständige Agentur für Arbeit bestätigter Arbeitslosigkeit oder Einstellung einer selbstständigen Tätigkeit infolge von Umständen, auf die der Selbstständige keinen Einfluss hatte, nach mehr als einem Jahr Tätigkeit,
> 3. Aufnahme einer Berufsausbildung, wenn zwischen der Ausbildung und der früheren Erwerbstätigkeit ein Zusammenhang besteht; der Zusammenhang ist nicht erforderlich, wenn der Unionsbürger seinen Arbeitsplatz unfreiwillig verloren hat.
>
> ²Bei unfreiwilliger durch die zuständige Agentur für Arbeit bestätigter Arbeitslosigkeit nach weniger als einem Jahr Beschäftigung bleibt das Recht aus Absatz 1 während der Dauer von sechs Monaten unberührt.
>
> (4) ¹Unionsbürger bedürfen für die Einreise keines Visums und für den Aufenthalt keines Aufenthaltstitels. ²Familienangehörige, die nicht Unionsbürger sind, bedürfen für die Einreise eines Visums nach den Bestimmungen für Ausländer, für die das Aufenthaltsgesetz gilt. ³Der Besitz einer gültigen Aufenthaltskarte eines anderen Mitgliedstaates der Europäischen Union nach Artikel 5 Absatz 2 der Richtlinie 2004/38/EG des Europäischen Parlaments und des Rates vom 29.4.2004 über das Recht der Unionsbürger und ihrer Familienangehörigen, sich im Hoheitsgebiet der Mitgliedstaaten frei zu bewegen und aufzuhalten und zur Änderung der Verordnung (EWG) Nr. 1612/68 und zur Aufhebung der Richtlinien 64/221/EWG, 68/360/EWG, 73/148/EWG, 75/34/EWG, 75/35/EWG, 90/364/EWG, 90/365/EWG und 93/96/EWG (ABl EU Nr. L 229 S. 35) entbindet von der Visumpflicht.
>
> (5) ¹Für einen Aufenthalt von Unionsbürgern von bis zu drei Monaten ist der Besitz eines gültigen Personalausweises oder Reisepasses ausreichend. ²Familienangehörige, die nicht Unionsbürger sind, haben das gleiche Recht, wenn sie im Besitz eines anerkannten oder sonst zugelassenen Passes oder Passersatzes sind und sie den Unionsbürger begleiten oder ihm nachziehen.
>
> (6) Für die Ausstellung der Bescheinigung über das Aufenthaltsrecht und des Visums werden keine Gebühren erhoben.

174 Die Möglichkeiten, als Ausländer in Deutschland zu arbeiten, unterliegen teilweise rechtlichen Grenzen. Dabei sind auch europarechtliche Besonderheiten zu beachten.

175 Während Bürger der **Europäischen Union** ohne wesentliche Einschränkungen in Deutschland arbeiten können (§ 1 II Nr. 1 AufenthG, § 2 FreizügG/EU), unterliegen Personen, die **nicht Unionsbürger** sind, den Beschränkungen des AufenthG, u.a. geregelt in §§ 18 ff. AufenthG.

176 Auch **Asylbewerber** dürfen einer Arbeit nachgehen. Häufig sind aber ausländerrechtliche Beschränkungen vorgesehen.

177 Ob und in welchem Volumen einem Ausländer Verdienstausfallschaden und u.U. seinen Hinterbliebenen Unterhaltsschäden entstanden sind, ist nur schwer unter Berücksichtigung der Einzelfallumstände (Stand des Asylverfahrens, bisherige Aufenthaltsdauer, Herkunftsland, Erfüllung der Meldepflichten, örtliche Gebundenheit etc.) zu prognostizieren.[105]

e. Langfristiger Ausfall

178 Schadensersatz für Erwerbseinbußen (Verdienstausfall, Minderverdienst) ist, kann der Ersatzberechtigte überhaupt nicht oder nicht mehr ohne Einbußen in das Erwerbsleben reintegriert werden, bis zu demjenigen Zeitpunkt zu leisten, in dem er voraussichtlich aus dem Erwerbsleben ausgeschieden wäre.[106] Es folgt i.d.R. dann der Bezug von Altersrente, § 33

---

[105] BGH v. 8.11.2001 – IX ZR 404/99 – BGHReport 2002, 373 = NZV 2002, 268.
[106] BGH v. 11.1.1951 – III ZR 187/50 – BGHZ 1,45.

II SGB VI,[107] begleitet u.U. von Ersatzansprüchen wegen einer unfallkausalen Rentenminderung,[108] die nicht von § 119 SGB X bereits aufgefangen wurde.

Über den Zeitpunkt des fiktiven Endes eines Erwerbslebens hinaus besteht möglicherweise ein Anspruch wegen Rentenminderung in denjenigen Fällen, in denen § 119 SGB X keinen oder nur teilweisen Schutz bietet[109] (z.B. Unfall vor dem 1.7.1983, Kinderunfall, von der Mitgliedschaft in der gesetzlichen Rentenversicherung befreite Personen, u.a. berufsständisch Versorgte).[110]

aa. Arbeitsendalter

(1) Allgemeines

Weiterführende Informationen zu arbeitsmarktpolitischen Aspekten, u.a. zum Lebensarbeitszeitende, können geben:[111]

- Handwerkskammer, Industrie- und Handelskammer, Arbeitgeberverband, Gewerkschaft,

- Unternehmen des Verletzten (Arbeitgeber, Betriebsrat, aber auch die Geschäftsberichte und Internetinformationen für die Belegschaft),

- Internetrecherchen, z.B. Zeitschriftenarchive, Wirtschaftsnachrichtenportale, Rentenversicherung (www.deutsche-rentenversicherung.de [www.vdr.de], www.deutsche-rentenversicherung-bund.de [www.bfa.de]), Statistisches deutsches Bundesamt (www.destatis.de), Arbeitsverwaltung (www.arbeitnet.de, www.arbeitsagentur.de), Monatsberichte der deutschen Bundesbank, Statistischer Teil (www.bundesbank.de/volkswirtschaft/vo_beihefte.php).

(2) Arbeitnehmerschaft

Nach den Feststellungen des Verbandes Deutscher Rentenversicherungsträger (VDR)[112] (dessen Aufgaben die Deutsche Rentenversicherung Bund [DRV Bund] mit der Reform der Rentenversicherung zum Oktober 2005 übernommen hat)[113] haben die Einführung der flexiblen Altersgrenze in der Rentenversicherung, die Möglichkeit des vorzeitigen Altersruhegeldbezuges sowie das Risiko vorzeitiger Invalidisierung eines Erwerbstätigen dazu geführt, dass das durchschnittliche Verrentungsalter bei Arbeitern und Angestellten deutlich vor den gesetzlich vorgesehen Altersgrenzen liegt. Nur ein geringer Teil des Rentenzuganges betrifft Altersrenten zum 65. Lebensjahr:[114]

- **1984** betrug das durchschnittliche Verrentungsalter bei Arbeitern 58,1 Jahre, bei Angestellten 60,4 Jahre, bei Arbeiterinnen 60,4 Jahre und bei weiblichen Angestellten

---

107 Siehe auch BGH v. 27.6.1967 – VI ZR 3/66 – VersR 1967, 953.
108 OLG Hamm v. 15.6.1998 – 6 U 85/95 – r+s 1998, 465.
109 Siehe hierzu Kap 3 Rn 1064 ff.
110 BGH v. 10.11.1987 – VI ZR 290/86 – DAR 1988, 52 = DB 1988, 960 (nur LS) = MDR 1988, 307 = NJW-RR 1988, 470 = NZV 1988, 98 = r+s 1988, 46 = VersR 1988, 46 = zfs 1988, 101.
111 *Jahnke* „Abfindung von Personenschadenansprüchen" § 6 Rn 97 ff.; *Stäblein* „Berufsunfähigkeitsrente bis 67" VW 2008, 1259.
112 VDR Statistik 1985, 65.
113 Durch das Gesetz zur Organisationsreform in der gesetzlichen Rentenversicherung (RVOrgG) v. 9.12.2004, BGBl I 2004, 3242 ist die Rentenversicherung in Deutschland zum 1.10.2005 (§ 274d SGB VI) neu gegliedert. Die Deutsche Rentenversicherung Bund übernimmt die Grundsatz- und Querschnittsaufgaben (§§ 125 II, 138 SGB VI).
114 *Schlund* in *Schneider/Schlund/Haas*, S. 104 (Rn 115 f.).

59,6 Jahre. Nur noch 9,3 % des Rentenzuganges im Jahre 1983 betrafen Altersrenten zum 65. Lebensjahr.[115]

186 ■ Im Jahre **1988** betrug das durchschnittliche Verrentungsalter von Arbeitern 58,6 Jahre, von Angestellten 60,8 Jahre, von Arbeiterinnen 62,4 Jahre und von weiblichen Angestellten 60,9 Jahre.[116]

187 ■ *Strauch*[117] untersuchte die Zugangsalter der Angestellten zur Erwerbsminderungs- und Altersrente. Er kommt zu dem statistisch gesicherten Ergebnis, dass das **Zugangsalter** für die Erwerbsminderungs- und Altersrenten allgemein immer jünger wird.[118] Die für die Angestelltenversicherung gefundenen Ergebnisse sind dabei auch auf die Arbeiterrentenversicherung prinzipiell übertragbar.[119]

188 ■ In der Angestelltenversicherung betrug das Zugangsalter für die Altersrente 1965 61,11 (Mann 62,18, Frau 61,01) Jahre, 1975 61,94 (Mann 62,93, Frau 60,81) Jahre, 1985 61,01 (Mann 61,60, Frau 60,47) Jahre, 1995 60,83 (Mann 61,32, Frau 60,37) Jahre; das durchschnittliche Verrentungsalter liegt wegen der dann miteinbezogenen Erwerbsminderungsrenten[120] deutlich darunter: 1965 61,58 (Mann 62,76, Frau 59,91), 1975 61,55 (Mann 62,51, Frau 60,49) Jahre, 1985 60,22 (Mann 60,60, Frau 59,90) Jahre, 1995 60,15 (Mann 60,59, Frau 59,78) Jahre.

189 ■ Erst mit Ablauf des 65. Lebensjahres beanspruchten 1965 45,6 %, 1975 26,4 %, 1985 22,9 % und 1995 24,5 % der versicherten Angestellten die Altersrente; die Mehrheit war bereits vorher aus dem Berufsleben ausgeschieden.[121]

190 ■ Für die Arbeiterrentenversicherung liegen die Zahlen, nicht zuletzt wegen der häufiger und bereits in jüngeren Jahren bewilligten Erwerbsminderungsrenten, darunter.[122]

(3) Beamte

191 Auch Beamte werden durchschnittlich zwischen dem 59. und 60. Lebensjahr pensioniert.[123]

192 Beispielsweise ermittelt das Landesamt für Besoldung und Versorgung Nordrhein Westfalen (LBV)[124] regelmäßig das Lebensalter von Landesbeamten in Nordrhein-Westfalen bei Eintritt in den Ruhestand.

---

115 *Schlund* in *Schneider/Schlund/Haas*, S. 104 (Rn 115 f.). Siehe auch *Böhme/Biela* S. 214 Rn D 182.
116 VDR Statistik 1988, 77 f.
117 *Strauch* „Rentenzugang im Wandel – Ein Vergleich der Rentenzugänge der Jahre 1965, 1975, 1985 und 1995" DAngVers 1999, Heft 10.
118 *Strauch* DAngVers 1999, Heft 10, Ziff. 3.4.
119 *Strauch* DAngVers 1999, Heft 10, Ziff. 2.4.
120 Das Zugangsalter der Empfänger von Erwerbsminderungsrenten betrug 1965 56, 84 (Mann 58, 15, Frau 55, 31) Jahre, 1975 57, 02 (Mann 57, 53, Frau 56, 62) Jahre, 1985 54, 21 (Mann 54, 90, Frau 53, 64) Jahre und 1995 51, 89 (Mann 53, 57, Frau 50, 53) Jahre.
121 *Strauch* DAngVers 1999, Heft 10, Tabellen 1 – 4.
122 *Strauch* DAngVers 1999, Heft 10, Ziff. 2.4.
123 Zu Einzelheiten siehe *Jahnke* „Ausgewählte Probleme für die Schadenregulierung", S. 42 f.; *Jahnke* „Abfindung von Personenschadenansprüchen" § 6 Rn 103 ff.; *Strauch* „Rentenzugang im Wandel – Ein Vergleich der Rentenzugänge der Jahre 1965, 1975, 1985 und 1995" DAngVers 1999, Heft 10; *Ohsmann/Kaldybajewa* „Rentenzugang der BfA 2001: Über ein Drittel aller Altersrenten mit Abschlägen" DAngVers 2002, Heft 5/6.
124 Informationsschrift „Bilanz 1994" des LBV, Anhang 4; Informationsschrift „Bilanz 2000" des LBV, Anhang 7 (S. 48). *Lemcke* r+s 2004, 343.

B. Unselbständig Tätige

Der Umstand ständiger[125] – vor allem mit dem Regress der Drittleistungsträger nicht abgestimmter – Rechtsveränderungen gerade im Sozialleistungs- und Haftungsrecht hat nach bisheriger Erkenntnis noch keine erwähnenswerte **Flucht in den Ruhestand** von mit dieser Abwicklung in der Praxis konfrontierter Personen in Rechtsprechung[126] und Verwaltung geführt.

193

bb. Rechtsprechung

Nach der **BGH-Rechtsprechung**[127] ist bei unselbstständig Tätigen in Anlehnung an die gesetzgeberischen Wertung[128] (und zwar entgegen allen bekannten statistischen Erfahrungswerten[129]) grundsätzlich von einem Erwerbsleben-Endalter bis zur gesetzlich vorgesehenen Altersgrenze (häufig, aber nicht immer ein Alter von 65 Jahren; konkret dann Ende am letzten Tag desjenigen Monates, in dem der Arbeitnehmer sein 65. Lebensjahr vollendet) auszugehen.[130]

194

---

125 *Prof. Willi Geiger* (RiBVerfG) „Die Rolle des Richters unter den gegenwärtigen Bedingungen unserer freiheitlich-rechtsstaatlichen Demokratie" DRiZ 1982, 321: „In Anbetracht der Unmenge und der kaum noch durchschaubaren Kompliziertheit der Regelungen, die der Gesetzgeber, man ist versucht zu sagen, fabriziert hat und täglich fabriziert, wird der Bürger in seinen Erwartungen an das Gericht bescheidener werden müssen.".

126 *Dr. Gerda Müller* (VRiBGH, VI. Zivilsenat) „Das reformierte Schadensersatzrecht" DAR 2002, 540 = VersR 2003, 1 (ADAC-Juristen-Congress am 25.10.2002 in Dortmund): „Kürzlich erkundigte sich ein Kollege aus einem Strafsenat bei mir quasi hinter vorgehaltener Hand, ob es den § 823 BGB noch gebe, und ich war froh, dies auf Anhieb bejahen zu können, ohne ihm sagen zu müssen ‚da muss ich erst einmal nachschauen'. Dieser Vorfall erscheint mir kennzeichnend für die derzeitige Geistesverfassung der meisten Juristen, nämlich sowohl die vorsichtige Erkundigung bei jemandem, der Bescheid wissen könnte, als auch dessen Freude, wenn er tatsächlich Bescheid weiß, und schließlich die gemeinsame Freude darüber, dass doch nicht alles geändert worden ist. Ja, wir sind – wie ich das in einer Zeitung las – weitgehend von Rechtskundigen zu Rechtsunkundigen geworden, und es drängt sich die Erinnerung an die Einführung des BGB auf, die mehrere Reichsgerichtsräte veranlasst haben soll, entnervt in den Ruhestand zu fliehen, um nicht das neue Recht und seine Anwendung erlernen zu müssen.".

127 BGH v. 27.1.2004 – VI ZR 342/02 – DAR 2004, 346 = FamRZ 2004, 777 = IVH 2004, 117 = MDR 2004, 810 (nur LS) = NJW-RR 2004, 821 = NZV 2004, 291 = r+s 2004, 342 = SP 2004, 190 = VersR 2004, 653 = VRS 106, 413 = zfs 2004, 260 (Für die Höhe der Geldrente aus § 844 II BGB ist das fiktive Nettoeinkommen des Getöteten nur bis zu einem voraussichtlichen Ausscheiden aus dem Erwerbsleben maßgeblich; derzeit ist dies bei einem nicht selbstständig Tätigen grundsätzlich die Vollendung des 65. Lebensjahres); BGH v. 4.6.1996 – VI ZR 227/94 – NJWE-VHR 1996, 141; BGH v. 26.9.1995 – VI ZR 245/94 – NJW 1995, 3313 = r+s 1995, 458 = SP 1995, 398 = VersR 1995, 1447 = zfs 1995, 451 (65. Lebensjahr auch bei Frauen maßgeblich; hier: Bewohnerin der ehemaligen DDR); BGH v. 27.6.1995 – VI ZR 165/94 – MDR 1995, 1218 = NJW-RR 1995, 1272 = r+s 1995, 383 (mit bemerkenswert – zu recht – kritischer Anm. *Lemcke*) = SP 1995, 366 = VersR 1995, 1321 = zfs 1995, 369; BGH v. 19.10.1993 – VI ZR 56/93 – DAR 1994, 67 = MDR 1994, 673 = NJW 1994, 131 = NZV 1994, 63 = r+s 1994, 58 = VersR 1994, 186 = zfs 1994, 10 (16-jähriges querschnittgelähmtes Mädchen); BGH v. 10.11.1987 – VI ZR 290/86 – DAR 1988, 52 = DB 1988, 960 (nur LS) = MDR 1988, 307 = NJW-RR 1988, 470 = NZV 1988, 98 = r+s 1988, 46 = VersR 1988, 685 = zfs 1988, 101; BGH v. 30.5.1989 – VI ZR 193/88 – DAR 1989, 243 = DB 1989, 2067 = MDR 1989, 982 = NJW 1989, 3150 = NZV 1989, 345 = r+s 1989, 288 (nur LS) = VersR 1989, 855 = zfs 1989, 338.

128 §§ 25 V, 67 AVG; §§ 1248 V, 1290 RVO; §§ 35 ff. SGB VI.

129 Siehe auch *Küppersbusch* Rn 860 ff.

130 Zu Veränderungen durch das „Rente mit 67"-Recht siehe Kap 3 Rn 201 ff.

195 Eine hiervon **abweichende vorzeitige Beendigung** des Erwerbslebens hat grundsätzlich der Ersatzverpflichtete darzulegen und zu beweisen:[131]

196 ▪ Der Ersatzpflichtige kann dabei seine Argumentation zum Lebensarbeitszeitende zwar nicht auf die **durchschnittlichen Renten-** bzw. **Pensionsalter** aller Arbeiter, Angestellten bzw. Beamten stützen.[132]

197 ▪ Wenn der Ersatzpflichtige aber ausreichend darlegen kann, dass aus einer eingegrenzten, überschaubaren und dem Geschädigten vergleichbaren Gruppe eine deutliche[133] Mehrheit z.B. vor dem 62. Lebensjahr ausscheidet, führt dieses jedenfalls zu einer **Beweislastumkehr** zu Lasten desjenigen, der eine längere Lebensarbeitszeit als in dieser Gruppe üblich vorträgt.

198 ▪ Übliche Verhaltensweisen einer vergleichbaren Personengruppe sind bei der Ermittlung des hypothetischen Ende des Arbeitslebens mit zu berücksichtigen.[134]

f. Grenzziehung

aa. Gesetzliches Rentenalter

199 Im **Ausgangspunkt** ist nach der Rechtsprechung der Erwerbsschaden eines Arbeitnehmers nach § 35 Nr. 1 SGB VI (der nicht mehr zwischen männlichen und weiblichen[135] Versicherten unterscheidet) damit i.d.R. bis zum vollendeten 65./67. Lebensjahr auszugleichen.

200 Da ein Arbeitsverhältnis nicht automatisch mit dem Erreichen der gesetzlichen Regelaltersgrenze endet sondern – mangels anderweitiger Vorgaben – gekündigt werden muss (vgl. auch § 41 SGB VI),[136] ist eine Arbeit **über das 65.** (bzw. in Abhängigkeit vom Geburtsjahr bis letztlich auf das 67.) Lebensjahr hinaus zwar denkbar. Wer jedoch eine über eine über die Regelaltersgrenze hinausgehende Tätigkeit behauptet, ist hierfür – da „vom gewöhnlichen Lauf der Dinge" (§ 252 BGB) abweichend – darlegungs- und beweisbelastet.

---

131 Siehe auch OLG Hamm v. 15.8.1994 – 6 U 184/91 – r+s 1995, 256 = SP 1995, 297 (Bei unregelmäßiger Tätigkeit vor dem Unfall kann auch früheres Ende der Lebensarbeitszeit als das 65. Lebensjahr angenommen werden); OLG München (Senat Augsburg) v. 28.7.1994 – 24 U 862/92 – SP 1994, 343 (Zur [fehlenden] Schätzung nach § 287 BGB: Ein in zwei Berufen Ausgebildeter hatte drei Jahre vor Unfall nur gelegentlich gearbeitet).
132 OLG Frankfurt v. 5.6.1998 – 24 U 161/96 – r+s 1999, 12 (Statistische Erkenntnisse sagen nichts für den Einzelfall aus).
133 *Lemcke* r+s 1995, 384 spricht von 70 – 80 %. Siehe auch *Lemcke* r+s 2004, 343.
134 Siehe auch *Pardey* S. 78, Rn 356.
135 BGH v. 19.10.1993 – VI ZR 56/93 – DAR 1994, 67 = MDR 1994, 673 = NJW 1994, 131 = NZV 1994, 63 = r+s 1994, 58 = VersR 1994, 186 = zfs 1994, 10 nimmt die voraussichtliche Dauer der Erwerbstätigkeit eines damals 16-jährigen querschnittgelähmten Mädchens mit Vollendung des 65. Lebensjahres an; BGH v. 26.9.1995 – VI ZR 245/94 – NJW 1995, 3313 = r+s 1995, 458 = SP 1995, 398 = VersR 1995, 1447 = zfs 1995, 451 begrenzt ebenfalls erst mit Vollendung des 65. Lebensjahres bei einer Bewohnerin der ehemaligen DDR.
136 *Küttner-Eisemann* Nr. 259 Rn 37; *Küttner-Macher* Nr. 354 Rn 1; *Küttner-Kreitner* Nr. 7 Rn 2, 3. Siehe auch Kap 9 Rn 18.

bb. Rentenreform („Rente mit 67")

Das Renteneintrittsalter wurde mit dem RV-Altersgrenzenanpassungsgesetz[137] nach hinten verschoben.

(1) Altersrente

> **§ 235 SGB VI – Regelaltersrente**
>
> (1) Versicherte, die vor dem 1.1.1964 geboren sind, haben Anspruch auf Regelaltersrente, wenn sie
> 1. die Regelaltersgrenze erreicht und
> 2. die allgemeine Wartezeit erfüllt
>
> haben. Die Regelaltersgrenze wird frühestens mit Vollendung des 65. Lebensjahres erreicht.
>
> (2) ¹Versicherte, die vor dem 1.1.1947 geboren sind, erreichen die Regelaltersgrenze mit Vollendung des 65. Lebensjahres. Für Versicherte, die nach dem 31.12.1946 geboren sind, wird die Regelaltersgrenze wie folgt angehoben:
>
> | Versicherte Geburtsjahr | Anhebung um Monate | auf Alter Jahr | Monate |
> |---|---|---|---|
> | 1947 | 1 | 65 | 1 |
> | 1948 | 2 | 65 | 2 |
> | 1949 | 3 | 65 | 3 |
> | 1950 | 4 | 65 | 4 |
> | 1951 | 5 | 65 | 5 |
> | 1952 | 6 | 65 | 6 |
> | 1953 | 7 | 65 | 7 |
> | 1954 | 8 | 65 | 8 |
> | 1955 | 9 | 65 | 9 |
> | 1956 | 10 | 65 | 10 |
> | 1957 | 11 | 65 | 11 |
> | 1958 | 12 | 66 | 0 |
> | 1959 | 14 | 66 | 2 |
> | 1960 | 16 | 66 | 4 |
> | 1961 | 18 | 66 | 6 |
> | 1962 | 20 | 66 | 8 |
> | 1963 | 22 | 66 | 10 |
>
> ²Für Versicherte, die
> 1. vor dem 1.1.1955 geboren sind und vor dem 1.1.2007 Altersteilzeitarbeit im Sinne der §§ 2 und 3 Absatz 1 Nr. 1 des Altersteilzeitgesetzes vereinbart haben oder
> 2. Anpassungsgeld für entlassene Arbeitnehmer des Bergbaus bezogen haben,
>
> wird die Regelaltersgrenze nicht angehoben.

Nach § 35 SGB VI besteht Anspruch auf **Regelaltersrente**, wenn die Regelaltersgrenze erreicht und die allgemeine Wartezeit erfüllt ist. Die Altersgrenze für die Regelaltersrente ist schrittweise vom 65. auf das 67. Lebensjahr angehoben, beginnend 2012 (§ 235 SGB VI). Für die Versicherten der Jahrgänge 1947 bis 1964 gilt eine stufenweise Anhebung der Altersgrenze. Von 2029 an wird die Regelaltersrente dann nur noch mit 67 Jahren gezahlt werden.

---

137 Gesetz zur Anpassung der Regelaltersgrenze an die demografische Entwicklung und zur Stärkung der Finanzierungsgrundlagen der gesetzlichen Rentenversicherung (RV-Altersgrenzenanpassungsgesetz) v. 20.4.2007 BGBl I 2007, 554, in Kraft getreten zum 1.1.2008. Siehe zur Gesetzesbegründung BT-Drucksache 16/3794 v. 12. 12. 2006.

204 **Übersicht 3.3: Anhebung des gesetzlichen Rentenalters**

Geburtsjahr	Anhebung auf	
	Lebensjahr	Monate
bis 1946	65	
1947	65	1
1948	65	2
1949	65	3
1950	65	4
1951	65	5
1952	65	6
1953	65	7
1954	65	8
1955	65	9
1956	65	10
1957	65	11
1958	66	
1959	66	2
1960	66	4
1961	66	6
1962	66	8
1963	66	10
ab 1964	67	

205 Für den Bezug von **ALG II** und **Sozialhilfe** enthalten § 7a SGB II und § 41 SGB XII entsprechende Tabellen.

(2) Langjährige Versicherung

(a) Langjährig Versicherte, § 36 SGB VI

206 Versicherte haben Anspruch auf Altersrente, wenn sie das 67. Lebensjahr vollendet und die Wartezeit von 35 Jahren erfüllt haben. Die vorzeitige Inanspruchnahme dieser Altersrente ist nach Vollendung des 63. Lebensjahres möglich.

207 § 236 SGB VI bestimmt tabellarisch die Übergangszeiträume für die Geburtsjahrgänge 1949 bis 1963. Für Geburtsjahrgänge vor dem 1.1.1949 bleibt es bei der Altersrente ab 65. Lebensjahr, ebenso für vor dem 1.1.1955 geborene, die Altersteilzeit vereinbart haben (§ 236 II 3 SGB VI). Versicherte der Geburtsjahrgänge ab 1964 können erst mit 67 abschlagsfrei in Rente gehen.

208 Besonders langjährig Versicherte mit 45 Pflichtbeitragsjahren aus Beschäftigung, Kindererziehung und Pflege (nicht aber Pflichtbeiträge bei Arbeitslosigkeit) haben Anspruch auf Altersrente, wenn sie das 65. Lebensjahr vollendet haben, § 38 SGB VI.

(b) Bergleute, § 40 SGB VI

209 Altersrente für langjährig untertage beschäftigte Bergleute wird ab dem 62. Lebensjahr gewährt, wenn die Wartezeit von 25 Jahren erfüllt ist.

(c) Schwerbehinderte Menschen, § 37 SGB VI

210 Schwerbehinderte (§ 2 II SGB IX) haben Anspruch auf Altersrente, wenn sie das 65. Lebensjahr vollendet haben, und die Wartezeit von 35 Jahren erfüllt haben. Bereits nach Vollendung des 62. Lebensjahrs ist die vorzeitige Inanspruchnahme der Altersrente mög-

lich. § 236a SGB VI bestimmt tabellarisch die Übergangszeiträume für die Geburtsjahrgänge 1952 bis 1963. Für Geburtsjahrgänge vor dem 1.1.1952 bleibt es bei der Altersrente ab 63. Lebensjahr und der Möglichkeit vorzeitiger Inanspruchnahme mit Vollendung des 60. Lebensjahres.

Die Altersgrenze für eine abschlagsfreie Erwerbsminderungsrente steigt von 63 auf 65 Jahre. Wer allerdings 35 Pflichtbeitragsjahre gesammelt hat, kann bis 2023 auch weiterhin mit 63 Jahren ohne Abzüge aus dem Berufsleben ausscheiden. Ab 2024 greift die Sonderregelung erst bei 40 Pflichtbeitragsjahren. **211**

(d) Arbeitslosigkeit

Für alle zwischen 1946 und 1948 Geborenen wird die Altersgrenze für die Rente nach Arbeitslosigkeit stufenweise vom 60. auf das 63. Lebensjahr angehoben. **212**

(e) Landwirtschaft

§§ 11, 12 i.V.m. §§ 87a, 87b ALG ändern die Altersversorgung (Regelaltersrente) der Landwirte parallel, § 27a ALG ebenso die Versorgung bei Erwerbsminderung. **213**

(f) Künstler

Das KSVG verweist in § 5 I Nr. 2 KSVG nunmehr auf die Bestimmungen des SGB VI. **214**

(3) Vorzeitige Rente

(a) Abschlag

Man kann vorzeitig in Rente gehen, aber nur unter bestimmten Voraussetzungen (Arbeitnehmer mit mindestens 35 Versicherungsjahren, Schwerbehinderung oder Erwerbsminderung) und dann zumeist mit Abschlägen. Für jeden Monat, den der Arbeitnehmer vor dem regulären Renteneintrittsalter in den Ruhestand tritt, fallen Abzüge in Höhe von 0,3 % an, und zwar lebenslang. **215**

> *Beispiel 3.1:* **216**
> Geht ein Arbeitnehmer schon mit 63 Jahren statt mit 65 Jahren in Rente, bekommt er bis zum Lebensende 7,2 % weniger Geld:
> 24 Monate * 0,3 Prozentpunkte = 7,2 Prozentpunkte

(b) Erwerbsminderungsrente

Die Bestimmungen für die Rente wegen Erwerbsminderung (§ 43 SGB VI) wurden angeglichen. Übergangszeiten für die Rentenkürzungen beschreiben die in §§ 264c, 265 SGB VI enthaltenen Tabellen. **217**

(c) Zugangsfaktor

> **§ 77 SGB VI – Zugangsfaktor** **218**
> (1) Der Zugangsfaktor richtet sich nach dem Alter der Versicherten bei Rentenbeginn oder bei Tod und bestimmt, in welchem Umfang Entgeltpunkte bei der Ermittlung des Monatsbetrags der Rente als persönliche Entgeltpunkte zu berücksichtigen sind.
> (2) ¹Der Zugangsfaktor ist für Entgeltpunkte, die noch nicht Grundlage von persönlichen Entgeltpunkten einer Rente waren,
>   1. bei Renten wegen Alters, die mit Ablauf des Kalendermonats des Erreichens der Regelaltersgrenze oder eines für den Versicherten maßgebenden niedrigeren Rentenalters beginnen, 1,0,
>   2. bei Renten wegen Alters, die

a) vorzeitig in Anspruch genommen werden, für jeden Kalendermonat um 0,003 niedriger als 1,0 und

b) nach Erreichen der Regelaltersgrenze trotz erfüllter Wartezeit nicht in Anspruch genommen werden, für jeden Kalendermonat um 0,005 höher als 1,0,

3. bei Renten wegen verminderter Erwerbsfähigkeit und bei Erziehungsrenten für jeden Kalendermonat, für den eine Rente vor Ablauf des Kalendermonats der Vollendung des 65. Lebensjahres in Anspruch genommen wird, um 0,003 niedriger als 1,0,

4. bei Hinterbliebenenrenten für jeden Kalendermonat,

a) der sich vom Ablauf des Monats, in dem der Versicherte verstorben ist, bis zum Ablauf des Kalendermonats der Vollendung des 65. Lebensjahres des Versicherten ergibt, um 0,003 niedriger als 1,0 und

b) für den Versicherte trotz erfüllter Wartezeit eine Rente wegen Alters nach Erreichen der Regelaltersgrenze nicht in Anspruch genommen haben, um 0,005 höher als 1,0.

²Beginnt eine Rente wegen verminderter Erwerbsfähigkeit oder eine Erziehungsrente vor Vollendung des 62. Lebensjahres oder ist bei Hinterbliebenenrenten der Versicherte vor Vollendung des 62. Lebensjahres verstorben, ist die Vollendung des 62. Lebensjahres für die Bestimmung des Zugangsfaktors maßgebend. ³Die Zeit des Bezugs einer Rente vor Vollendung des 62. Lebensjahres des Versicherten gilt nicht als Zeit einer vorzeitigen Inanspruchnahme. ⁴Dem Beginn und der vorzeitigen oder späteren Inanspruchnahme einer Rente wegen Alters steht für die Ermittlung des Zugangsfaktors für Zuschläge an Entgeltpunkten aus Beiträgen nach Beginn einer Rente wegen Alters der Beginn einer Vollrente wegen Alters gleich.

(3) ¹Für diejenigen Entgeltpunkte, die bereits Grundlage von persönlichen Entgeltpunkten einer früheren Rente waren, bleibt der frühere Zugangsfaktor maßgebend. ²Dies gilt nicht für die Hälfte der Entgeltpunkte, die Grundlage einer Rente wegen teilweiser Erwerbsminderung waren. ³Der Zugangsfaktor wird für Entgeltpunkte, die Versicherte bei

1. einer Rente wegen Alters nicht mehr vorzeitig in Anspruch genommen haben, um 0,003 oder

2. einer Rente wegen verminderter Erwerbsfähigkeit oder einer Erziehungsrente mit einem Zugangsfaktor kleiner als 1,0 nach Ablauf des Kalendermonats der Vollendung des 62. Lebensjahres bis zum Ende des Kalendermonats der Vollendung des 65. Lebensjahres nicht in Anspruch genommen haben, um 0,003,

3. einer Rente nach Erreichen der Regelaltersgrenze nicht in Anspruch genommen haben, um 0,005 je Kalendermonat erhöht.

(4) Bei Renten wegen verminderter Erwerbsfähigkeit und bei Hinterbliebenenrenten, deren Berechnung 40 Jahre mit den in § 51 Absatz 3a und 4 und mit den in § 52 Absatz 2 genannten Zeiten zugrunde liegen, sind die Absätze 2 und 3 mit der Maßgabe anzuwenden, dass an die Stelle der Vollendung des 65. Lebensjahres die Vollendung des 63. Lebensjahres und an die Stelle der Vollendung des 62. Lebensjahres die Vollendung des 60. Lebensjahres tritt.

219 Geändert wurde der Zugangsfaktor, § 77 SGB VI.

(aa) Gesetzesbegründung

BT-Drucksache 16/3794 v. 12.12.2006, S. 35 f. (zu Nr. 23 [§ 77])

220 Über den Zugangsfaktor werden die Rentenabschläge für vorgezogene Altersrenten, Renten wegen verminderter Erwerbsfähigkeit und Renten wegen Todes ermittelt. Eine Altersrente kann grundsätzlich mit Erreichen der neuen Regelaltersgrenze von 67 Jahren als Referenzalter mit dem Zugangsfaktor 1,0 und damit abschlagsfrei bezogen werden. Bei der Altersrente für schwerbehinderte Menschen (§§ 37, 236a) und der Altersrente für langjährig unter Tage beschäftigte Bergleute (§§ 40, 238) gilt ein niedrigeres Referenzalter. Die Altersrente für schwerbehinderte Menschen kann ab Vollen-

dung des 65. Lebensjahres und die Altersrente für langjährig unter Tage beschäftigte Bergleute ab Vollendung des 62. Lebensjahres abschlagsfrei bezogen werden.

Von der Anhebung des Referenzalters zur Ermittlung der Abschläge bei vorzeitiger Inanspruchnahme sind die Altersrente für Frauen (§ 237a) und die Altersrente wegen Arbeitslosigkeit oder nach Altersteilzeitarbeit (§ 237) ausgenommen. Berechtigte können diese Altersrenten weiterhin mit Vollendung des 65. Lebensjahres abschlagsfrei erhalten. Diese Renten können nur vor 1952 Geborene in Anspruch nehmen, so dass sie ab dem Jahr 2012 schnell an Bedeutung verlieren werden. 221

Wird eine Altersrente vorzeitig in Anspruch genommen, mindert sich die Rente – entsprechend dem geltenden Recht – um 0,3 Prozent für jeden Kalendermonat der vorzeitigen Inanspruchnahme. 222

Die Altersgrenze für die Ermittlung von Zuschlägen bei Bezug einer Altersrente wird um zwei Jahre angehoben. Wird eine Altersrente trotz erfüllter Wartezeit nicht mit Erreichen der neuen Regelaltersgrenze von 67 Jahren in Anspruch genommen, erhöht sie sich – entsprechend dem geltenden Recht – um 0,5 Prozent für jeden Kalendermonat, in dem die Altersrente nicht in Anspruch genommen wird. 223

Bei Beginn einer Rente wegen verminderter Erwerbsfähigkeit mit oder vor Vollendung des 62. Lebensjahres wird ein Abschlag in Höhe von 10,8 Prozent erhoben. Bei Beginn dieser Rente nach dem 62. und vor dem 65. Lebensjahr beträgt der Abschlag in Abhängigkeit vom Monat des Rentenbeginns zwischen 10,5 und 0,3 Prozent. Entsprechendes gilt bei den Hinterbliebenenrenten in Abhängigkeit vom Monat des Versterbens des Versicherten und bei Erziehungsrenten. 224

Die Abschläge bei den Erwerbsminderungsrenten in Höhe von 10,8 Prozent sind entsprechend der ursprünglichen Zielsetzung des Gesetzes und entgegen einer Entscheidung des 4. Senats des Bundessozialgerichts (Urt. v. 16.5.2006 – B 4 RA 22/05 R)[138] in allen Fällen vorzunehmen, in denen die Rente mit oder vor Vollendung des 62. Lebensjahres beginnt, also auch dann, wenn die Rente in jungen Jahren in Anspruch genommen wird. Übergangsregelung ist § 264c. 225

Zu § 77 IV SGB VI

In Anlehnung an die Regelung für Versicherte, die nach 45 Pflichtbeitragsjahren abschlagsfrei in die neue Altersrente für besonders langjährig Versicherte gehen können, wird für Renten wegen verminderter Erwerbsfähigkeit eine besondere Regelung für Versicherte getroffen, die 40 Pflichtbeitragsjahre zurückgelegt haben. Für sie verbleibt es beim bisherigen Recht. Entsprechendes gilt für Hinterbliebenenrenten. Übergangsregelung ist § 264c. 226

BT-Drucksache 16/3794 v. 12.12.2006, S. 43 (zu Nr. 72 [§ 264c])

Über den Zugangsfaktor werden die Rentenabschläge für Renten wegen verminderter Erwerbsfähigkeit und Renten wegen Todes ermittelt. Die stufenweise Anhebung der Altersgrenze für die Bestimmung des Zugangsfaktors erfolgt bei Renten wegen verminderter Erwerbsfähigkeit abhängig vom Rentenbeginn und bei Renten wegen Todes abhängig vom Zeitpunkt des Todes des Versicherten. Die Anhebungsschritte entsprechen der stufenweisen Anhebung bei der Altersrente für schwerbehinderte Menschen 227

---

138 BSG v. 16.5.2006 – B 4 RA 22/05 R – Breith 2007, 235 = NJW 2007, 2139 (Anm. *Ruland* NJW 2007, 2086) = NZS 2007, 208 (Anm. *Bredt* NZS 2007, 192) = SGb 2007, 123 (Anm. *vKoch* SGb 2007, 71) hatte den Anwendungsbereich der Rentenreduktion für den Verletzungsfall stark eingeschränkt.

(vgl. § 236a). Das Referenzalter für die Ermittlung des Zugangsfaktors erhöht sich bei einem Rentenbeginn/Zeitpunkt des Todes im Januar 2012 auf 63 Jahre und einen Monat, im Februar 2012 auf 63 Jahre und zwei Monate usw. Bei Rentenbeginn im Juni bis Dezember 2012 erhöht sich das Referenzalter auf 63 Jahre und sechs Monate. Die weiteren Anhebungsschritte erfolgen zunächst in Stufen von einem Monat pro Jahrgang (von Altersgrenze 63 auf 64 Jahre) und dann zwei Monate pro Jahrgang (von Altersgrenze 64 auf 65 Jahre). Bei einem Rentenbeginn/Zeitpunkt des Todes im Jahre 2024 und später beträgt das Referenzalter für die Ermittlung der Rentenabschläge 65 Jahre (§ 77).

228 Die Altersgrenze von 60 Jahren erhöht sich zeitgleich und in den gleichen Stufen auf 62 Jahre wie bei der Anhebung des Referenzalters von 63 auf 65 Jahre. Damit ist sichergestellt, dass wie im geltenden Recht höchstens ein Abschlag in Höhe von 10,8 Prozent erhoben wird.

229 Gemäß Satz 2 verbleibt es bei Renten wegen verminderter Erwerbsfähigkeit und Hinterbliebenenrenten in einem Übergangszeitraum für Versicherte mit 35 Pflichtbeitragsjahren bei dem bisherigen Referenzalter von 63 Jahren. Ab 2024 steigt die Zahl der notwendigen Pflichtbeitragsjahre auf 40 (§ 77 Abs. 4). Es ist davon auszugehen, dass Prävention und Gesundheitsförderung – wie sie beispielsweise im Rahmen der „Initiative 50plus" und der „Initiative Neue Qualität der Arbeit" vorgesehen sind – künftig dazu beitragen werden, krankheitsbedingte Frühverrentungen zu verhindern oder hinauszuzögern.

(bb) Sozialrechtliche Konsequenzen[139]

230 Da der Rentenversicherer diejenigen Sozialversicherungsbeiträge erhält, die bei hypothetischer Betrachtung auch ohne das Unfallgeschehen geflossen wären, darf dem Verletzten kein unfallkausaler rentenversicherungsrechtlicher Schaden entstehen.

231 Werden wegen einer **Mitverantwortlichkeit** des Verletzten nur gekürzte Rentenversicherungsbeiträge abgeführt, wird bei einer daraus resultierenden Rentenminderung ebenfalls der schadenersatzrechtlich relevante Bereich bereits durch die gekürzte Beitragsabführung erfüllt, ohne dass dem Geschädigten selbst noch ein Ersatzanspruch wegen Rentenminderung verbleibt.

232 Sinn und Zweck des § 119 SGB X ist nicht, für finanzielle Entlastungen der Rentenversicherung zu sorgen.[140] Sofern **sozialrechtliche Veränderungen** den Regress nach § 119 SGB X missachten oder übersehen und sich dann rentenversicherungsrechtliche Nachteile für den Verletzten ergeben, hat dieser aus dem gesetzlich bestimmten Treuhandverhältnis einen Anspruch gegen den Rentenversicherer, dass dieser ihn (den Verletzten) so stellt als ob der Unfall nicht geschehen wäre.

233 Ein Anspruch gegen den Ersatzpflichtigen besteht nicht, da dieser durch die Abführung der Rentenversicherungsbeiträge (die nach § 119 III SGB X „echte" Pflichtbeiträge sind) bereits vollständig seiner Ersatzpflicht nachgekommen ist (**Erfüllungseinwand**). Ist der Schaden durch Zahlung von Beiträgen ausgleichbar, soll sichergestellt werden, dass der

---

139 Dazu im Einzelnen Kap 3 Rn 1005 ff.
140 BSG v. 31.1.2002 – B 13 RJ 23/01 R – *Breith* 2002, 836 = BSGE 89, 151 = HVBG-Info 2002, 1505 = MittLVA Oberfr 2002, 283 = NZA 2002, 894 = NZS 2002, 661 = SGb 2002, 275.

Sozialversicherte später Sozialleistungen erhält, deren Berechnung auch die Zeit nach der Verletzung umfasst.[141]

(4) Betriebliche Altersversorgung

Ist im Versorgungsvertrag ausdrücklich die Vollendung des 65. Lebensjahres als Rentenbeginn genannt, bedarf jede Verschiebung nach hinten einer einvernehmlichen Regelung zwischen Arbeitgeber und Mitarbeitern oder Betriebsrat.

234

Eine automatische Anpassung gibt es hingegen bei dynamischen Verträgen, die auf das gesetzliche oder betriebsrentenrechtliche Eintrittsalter verweisen. § 2 I 1 Betriebsrentengesetz ist entsprechend geändert.

235

(5) Beamtenrechtliche Versorgung

Auch bei Beamten endet die Ersatzpflicht mit Erreichen der Pensionierung spätestens aus Altersgründen.[142]

236

Das Pensionsalter für Beamte wird angesichts der finanziellen Engpässe des Staatshaushaltes ebenfalls angehoben. Der Entwurf des DNeuG[143] sieht in § 51 BBG n.F. eine stufenweise Verlängerung der Dienstzeiten der Bundesbeamten (§ 1 BBG n.F.) für die Geburtsjahrgänge ab 1947 bis zum 67. Lebensjahr wie für Arbeitnehmer in § 235 SGB VI vor.[144] Die Bundesländer bestimmen die Dienstzeiten in ihren jeweiligen Länderbeamtengesetzen allerdings selbstständig (der Bund hat mit der Föderalismusreform die Regelungsbefugnis verloren),[145] wobei nach Art 125a I GG das frühere bundeseinheitliche Beamtenrecht bis zur Neuordnung durch jeweiliges Länderrecht weiter gilt.

237

cc. Sonderregelungen

Für **ältere Versicherte** sind vor allem die versteckten, aber wichtigen **Sonderregelungen** und Übergangsregeln der §§ 228 ff. SGB VI zu beachten:

238

- Langjährige Versicherte haben, wenn sie die Wartezeit von 35 Jahren erfüllt haben, Anspruch auf Altersrente mit Vollendung des 62. Lebensjahres (§ 36 SGB VI).

239

- Versicherte Frauen haben Anspruch auf Altersrente bereits mit Vollendung des 60. Lebensjahres, wenn sie **vor dem 1.1.1952** geboren sind und nach Vollendung des 40. Lebensjahres mehr als 10 Jahre Pflichtbeiträge für eine versicherte Beschäftigung oder Tätigkeit abführten und die Wartezeit von 15 Jahren erfüllen (§ 237a I SGB VI).

240

- Männliche und weibliche Versicherte, die **vor dem 1.1.1948** geboren sind, haben Anspruch auf Altersrente mit Vollendung des 63. Lebensjahres und nach Erfüllung einer Wartezeit von 35 Jahren (§ 236 I 1 SGB VI).

241

---

141 BSG v. 31.1.2002 – B 13 RJ 23/01 R – Breith 2002, 836 = BSGE 89, 151 = HVBG-Info 2002, 1505 = MittLVA Oberfr 2002, 283 = NZA 2002, 894 = NZS 2002, 661 = SGb 2002, 275 unter Hinweis auf BR-Drucksache 526/80 v. 10.10.1980, S. 29 (zur Nichtanwendung von § 44 IV SGB X); LSG Nordrhein-Westfalen v. 28.3.2001 – L 8 RJ 143/00 – (Vorinstanz zu BSG v. 31.1.2002 – B 13 RJ 23/01 R – Breith 2002, 836 = BSGE 89, 151 = HVBG-Info 2002, 1505 = MittLVA Oberfr 2002, 283 = NZA 2002, 894 = NZS 2002, 661 = SGb 2002, 275); LSG Celle–Bremen v. 28.9.2007 – L 1 R 142/07 – jurisPR-VerkR 12/2008 Anm. 6 (Anm. *Jahnke*) (Revisions-Az. BSG – B 5a R 128/07 R).
142 BGH v. 27.6.1967 – VI ZR 3/66 – VersR 1967, 953.
143 Einzelheiten zum DNeuG Kap 3 Rn 1146.
144 BT-Drucksache 16/7076 v. 12.11.2007, S. 113 (zu § 51).
145 Kap 3 Rn 1145 ff.

242 ■ Für **nach dem 31.12.1939** geborene weibliche Versicherte wurde die Altersgrenze von 60 Jahren stufenweise nach Maßgabe des § 237a II, III SGB VI angehoben, § 237a I 1 SGB VI.

243 ■ Für **nach dem 31.12.1936** geborene männliche und weibliche Versicherte wurde die Altersgrenze von 63 Jahren stufenweise nach Maßgabe des § 236 II, III SGB VI angehoben, § 236 I 2 SGB VI.

244 Weitere Sonderregelungen gelten für **bestimmte Personengruppen**:

245 ■ Für **Schwerbehinderte** (§ 2 II SGB IX, zuvor § 1 SchwbG), **Berufs-** und **Erwerbsunfähige** gelten ebenfalls auf das 63.[146] Lebensjahr vorgezogene Altersgrenzen (§ 37 SGB VI, wenn insbesondere die Wartezeit von 35 Jahren erfüllt ist).

246 Auch hier sind die Sonderregeln der §§ 228 ff., 236a SGB VI zu beachten, wonach vor dem 1.1.1946 geborene Schwerbehinderte mit Vollendung des 60. Lebensjahres den Anspruch erwerben, bei nach dem 31.12.1940 geborenen Personen die Altersgrenze aber stufenweise nach Maßgabe des § 236a SGB VI angehoben ist. Die vorzeitige Inanspruchnahme der Altersrente ist den Schwerbehinderten ermöglicht, §§ 37 S. 2, 236a S. 3 SGB VI.

247 ■ Für **Arbeitslose** gelten, wenn die Voraussetzungen nach §§ 33 II Nr. 5, 237 SGB VI vorliegen, vorgezogene Altersgrenzen.

248 Die Verkürzung der Leistungen auf letztlich ALG II-Bezug kann auch zu einem möglichst frühen Altersrentenbezug führen (was nicht nur für den Beitragsregress nach § 119 SGB X in die Prognose einzubeziehen ist).

249 ■ Die Inanspruchnahme von **Altersteilzeit** führt nach Maßgabe der §§ 33 II Nr. 5, 237 SGB VI zur vorgezogenen Berechtigung.

250 ■ Für **Leitende Angestellten** ist oftmals eine Befristung der Arbeitsverträge deutlich vor der gesetzlich vorgesehenen Regelaltersgrenze vorgesehen. Häufig ist eine Beschränkung auf das 60. Lebensjahr anzutreffen.[147]

251 Die besonderen Regelungen vor allem für Behinderte und Arbeitslose sind allerdings im stetigen Fluss; die vielfachen Überleitungsvorschriften sind zu beachten.

252 Für manche Berufsgruppen gelten allgemein **vorzeitige Altersgrenzen**, so u.a. für:

253 ■ **Polizei-** und **Polizeivollzugsbeamte** i.d.R. mit Vollendung des 60. Lebensjahres,

254 ■ **Soldaten** – in Abhängigkeit von Rang und Einsatz – zwischen 41. und 59. Lebensjahr (§ 45 II SoldatenG),[148]

---

146 In der bis zum 31.12.2000 gültigen Fassung des § 37 SGB VI: 60. Lebensjahr.
147 *Küppersbusch* Rn 862.

- Untertage-Beschäftigte mit dem 60. Lebensjahr (wenn 25 Jahre Wartezeit, § 40 SGB VI), 255
  Bergleute unterliegen eigenen Bestimmungen mit gegenüber dem 65. Lebensjahr vorgezogenen Rentenberechtigungen nach §§ 40, 238, 239a SGB VI (siehe zur Knappschaftsausgleichsleistung auch § 239 SGB VI). 256
- **Flugzeugführer/Pilot,**[149] 257
- **Taucher.** 258

4. Vorschaden, psychische Beeinträchtigung[150]

Die Einstandspflicht des Schadenersatzpflichtigen kann aus Gründen der Kausalität nicht nur ganz entfallen, sondern auch zeitlich beschränkt sein, wenn der durch den Unfall ausgelöste Schaden aufgrund z.B. von Vorschäden auch ohne den Unfall früher oder später eingetreten wäre.[151] 259

Man kann im Wege der Schadenschätzung dazu gelangen, die Schadensersatzberechtigung auf eine geringere Laufzeit als das hypothetische Lebensarbeitszeitende mit 65 zu schätzen.[152] 260

---

148 Siehe *Böhme/Biela* S. 215 Rn D 182 (Fn 520); **§ 45 Soldatengesetz – Altersgrenzen:** (1) Für die Berufssoldaten bildet das vollendete 61. Lebensjahr die allgemeine Altersgrenze; (2) Als besondere Altersgrenzen der Berufssoldaten mit Ausnahme der Offiziere des Sanitätsdienstes, des Militärmusikdienstes und des Geoinformationsdienstes der Bundeswehr werden festgesetzt: 1. die Vollendung des 60. Lebensjahres für Oberste, 2. die Vollendung des 58. Lebensjahres für Oberstleutnante, 3. die Vollendung des 56. Lebensjahres für Majore und Stabshauptleute, 4. die Vollendung des 54. Lebensjahres für Leutnante, Oberleutnante und Hauptleute, 5. die Vollendung des 53. Lebensjahres für Berufsunteroffiziere, 6. die Vollendung des 41. Lebensjahres für Offiziere, die in strahlgetriebenen Kampfflugzeugen als Flugzeugführer oder Waffensystemoffizier verwendet werden, die Vollendung des 40. Lebensjahres, soweit sie wehrfliegerverwendungsunfähig sind. (3) Die besonderen Altersgrenzen nach Absatz 2 gelten auch für die Berufssoldaten der Marine mit entsprechenden Dienstgraden. Gemäß Art. 4 Nr. 3 i.V.m. Art. 24 II Nr. 7 des Gesetzes vom 29.6.1998, BGBl I 1998, 1666,3128 in der zuletzt durch Art. 11 des Gesetzes vom 20.12.2001, BGBl I 2001, 4013 geänderten Fassung wird § 45 am 1.1.2007 wie folgt geändert: In Abs. 1 wird die Zahl „61." durch die Zahl „62." ersetzt. Abs. 2 wird wie folgt gefasst: (2) Als besondere Altersgrenzen der Berufssoldaten mit Ausnahme der Offiziere des Sanitätsdienstes, des Militärmusikdienstes und des Geoinformationsdienstes der Bundeswehr werden festgesetzt: 1. die Vollendung des 61. Lebensjahres für Oberste, 2. die Vollendung des 59. Lebensjahres für Oberstleutnante, 3. die Vollendung des 57. Lebensjahres für Majore und Stabshauptleute, 4. die Vollendung des 55. Lebensjahres für Leutnante, Oberleutnante und Hauptleute, 5. die Vollendung des 54. Lebensjahres für Berufsunteroffiziere, 6. die Vollendung des 41. Lebensjahres für Offiziere, die in strahlgetriebenen Kampfflugzeugen als Flugzeugführer oder Waffensystemoffizier verwendet werden, die Vollendung des 40. Lebensjahres, soweit sie wehrfliegerverwendungsunfähig sind.
149 BAG v. 20.2.2002 – 7 AZR 748/00 – BAGE 100, 292 = BB 2002, 1494 (nur LS) = DB 2002, 1665 = MDR 2002, 1013 = NZA 2002, 789 (Eine mit Piloten eines gewerbsmäßig eingesetzten Großflugzeuges 1990 vereinbarte und 1996 bestätigte Altersgrenze von 60. Lebensjahr ist nicht zu beanstanden).
150 Dazu Kap 2 Rn 38 ff.
151 BGH v. 30.4.1996 – VI ZR 55/95 – BGHZ 132, 341 = DAR 1996, 351 = HVBG-Info 1996, 2083 = JZ 1996, 1080 (Anm. *Schlosser*) = MDR 1996, 886 (Anm. *Jäger*) = NJW 1996, 2425 = NZV 1996, 353 = r+s 1996, 303 (Anm. *Lemcke*) = SP 1996, 270 = VersR 1996, 990 (Anm. *Frahm* VersR 1996, 1212) = VRS 91, 414 = zfs 1996, 290 (Anm. *Diehl*) (zu II.c und II.2.d aa)). Siehe auch *Müller* „Spätschäden im Haftpflichtrecht" VersR 1998, 129 = Schriftenreihe der Arbeitsgemeinschaft Verkehrsrecht im DAV – Homburger Tage 1997, S. 7.
152 OLG Schleswig-Holstein v. 2.6.2005 – 7 U 124/01 – OLGR 2006, 5 = SchlHA 2006, 163 (Abschlag von 50 % bei psychischem Folgeschaden).

5. Brutto-Netto-Schaden

a. Methodik

261 Einem in seinem Erwerbsleben durch ein schädigendes Ereignis betroffenen abhängig sozialversicherungspflichtig Beschäftigten sind nur seine Nettoeinbußen zu ersetzen. Anspruch auf Zahlung der hypothetischen Sozialabgaben, die ja an Dritte weiterzuleiten gewesen wären, besteht nicht.

262 Ob man bei der Ermittlung dieses Ersatzes sich der **Bruttomethode** oder der **modifizierten Nettomethode** bedient, bedeutet im Ergebnis keinen Unterschied.[153] Beide Berechnungsmethoden führen bei ihrer korrekten Anwendung zu gleichen Ergebnissen, es handelt sich nur um verschiedene Berechnungstechniken ohne eigenständige normative Aussage. Es dürfen nur beide Methoden bei der Abrechnung nicht miteinander vermengt werden; dies führt dann zu falschen Ergebnissen.[154]

263 Bei der Bruttolohnmethode[155] sind vom Bruttolohn im Wege des Vorteilsausgleiches u.a. Steuern und Sozialabgaben (brutto)[156] abzuziehen,[157] bei der modifizierten Nettolohntheorie ist Ausgangspunkt bereits das fiktive Nettoeinkommen nach Abzug von Steuern und Sozialabgaben.[158]

264 Gerechnet wird – unabhängig vom rechtlich jeweils gewählten Weg – im Ergebnis stets wie folgt:[159]

---

153 BGH v. 28.9.1999 – VI ZR 165/98 – DAR 2000, 62 = NZV 1999, 508 = r+s 1999, 506 = SP 1999, 411 = VersR 2000, 65 = zfs 2000, 14; BGH v. 15.11.1994 – VI ZR 194/93 – BGHZ 127, 391 = DAR 1995, 109 (Anm. *vGerlach* DAR 1995, 221) = JZ 1995, 403 (Anm. *Lange*) = LM § 249 (Ha) BGB Nr. 51 = MDR 1995, 155 = NJW 1995, 389 = NJW-RR 1995, 476 (nur LS) = NZV 1995, 63 (Anm. *Hofmann* NZV 1995, 94) = r+s 1995, 61 = VersR 1995, 105 = WI 1995, 14 = zfs 1995, 90; OLG Hamm v. 26.3.1998 – 6 U 214/95 – r+s 1999, 372.
154 BGH v. 6.2.2001 – VI ZR 339/99 – BGHReport 2001, 376 = DAR 2001, 266 = EWiR 2001, 567 (nur LS) (Anm. *Grunsky*) = IBR 2001, 543 (nur LS) (Anm. *Groß*) = LM BGB § 252 Nr. 81 = MDR 2001, 689 = NJW 2001, 1640 = NZV 2001, 210 = PVR 2001, 243 (nur LS) (Anm. *Halm*) = r+s 2001, 285 = SP 2001, 158 = VerkMitt 2002, Nr. 1 = VRS 100, 241 (Vorteile, insbesondere Leistungen von dritter Seite, die dem Geschädigten aufgrund des Schadensereignisses zufließen, sind mit ihrem Bruttobetrag zu berücksichtigen, wenn die Einbußen des Verletzten brutto gerechnet wurden); KG v. 16.1.1997 – 12 U 6048/95 –.
155 Siehe zu einer Abrechnung OLG Saarbrücken v. 29.11.2005 – 4 U 501/03 – OLGR 2006, 186.
156 OLG Hamm v. 26.3.1998 – 6 U 214/95 – r+s 1999, 372; OLG Saarbrücken v. 29.11.2005 – 4 U 501/03 – OLGR 2006, 186.
157 BGH v. 28.9.1999 – VI ZR 165/98 – DAR 2000, 62 = NZV 1999, 508 = r+s 1999, 506 = SP 1999, 411 = VersR 2000, 65 = zfs 2000, 14; BGH v.8.4.1986 – VI ZR 92/85 – NJW-RR 1986, 1216 = r+s 1986, 229 = VersR 1986, 914 = zfs 1986, 330.
158 OLG Hamm v. 1.7.1999 – 6 U 182/98 – SP 1999, 340.
159 BGH v. 15.11.1994 – VI ZR 194/93 – BGHZ 127,391 = DAR 1995, 109 (Anm. *vGerlach* DAR 1995, 221) = JZ 1995, 403 (Anm. *Lange*) = LM § 249 (Ha) BGB Nr. 51 = MDR 1995, 155 = NJW 1995, 389 = NJW-RR 1995, 476 (nur LS) = NZV 1995, 63 (Anm. *Hofmann* NZV 1995, 94) = r+s 1995, 61 = VersR 1995, 105 = WI 1995, 14 = zfs 1995, 90; OLG Saarbrücken v. 29.11.2005 – 4 U 501/03 – OLGR 2006, 186. *Küppersbusch* Rn 95 ff. Siehe auch BGH v. 10.12.2003 – IV ZR 217/02 – NZV 2004, 397 (Berechnung des fiktiven Nettoarbeitsentgeltes bei einer Versorgungsrente der betrieblichen Altersversorgung [VBL]).

Lohn- und Gehaltsfortzahlung des **Arbeitgebers**	brutto,[160]
Lohneinbuße eines unselbstständigen **Arbeitnehmers**	netto,
Beamte	brutto,[161]
	netto, soweit – vor allem nach vorzeitiger Pensionierung – der Beamte selbst Minderverdienste verfolgt
Selbstständige	brutto oder netto[162]
	(aber systemkonform).[163]

265

b. Berechnungsmodalitäten

aa. Sozialversicherungsabgaben

Abzuziehen sind die auf das fiktive Bruttoeinkommen entfallenden Arbeitnehmerbeiträge zur Sozialversicherung[164] (Arbeitslosen-, Kranken-, Pflege- und Rentenversicherung):[165]

266

- Die Arbeitnehmerbeiträge zur **Arbeitslosenversicherung** und **Rentenversicherung** sind bundeseinheitlich gleich.

267

In der knappschaftlichen Rentenversicherung sind nur die Arbeitgeberbeiträge höher.

268

- Den **Pflegeversicherung**sbeitrag tragen grundsätzlich Arbeitnehmer und Arbeitgeber je zur Hälfte (§ 58 I SGB XI), wegen des nicht gestrichenen Feiertages gilt eine Ausnahme[166] für das Bundesland Sachsen.[167]

269

Veränderungen in der Beitragshöhe können seit 1.1.2005 auch durch Geburten beeinflusst sein. Das BVerfG[168] hatte dem Gesetzgeber aufgegeben, bis zum 31.12.2004 ei-

270

---

160 Kap 4 Rn 233 ff.
161 BGH v. 30.6.1964 – VI ZR 81/63 – BGHZ 42,76 = VersR 1964, 1042.
162 Kap 4 Rn 105.
  Küppersbusch Rn 103 hebt zu Recht hervor, dass beim Selbstständigen die Bruttoabrechnung in aller Regel praktikabler ist. Siehe auch OLG Köln v. 31.3.2004 – 5 U 64/03 – VersR 2004, 1587 (Der Begriff des Nettoeinkommens ist aus Sicht des Selbstständigen unklar und mehrdeutig. Im Rahmen der Berufsunfähigkeitszusatzversicherung ist maßgeblich das „tatsächlich verfügbare" Einkommen.).
163 BGH v. 6.2.2001 – VI ZR 339/99 – BGHReport 2001, 376 = DAR 2001, 266 = EWiR 2001, 567 (nur LS) (Anm. *Grunsky*) = IBR 2001, 543 (nur LS) (Anm. *Groß*) = LM BGB § 252 Nr. 81 = MDR 2001, 689 = NJW 2001, 1640 = NZV 2001, 210 = PVR 2001, 243 (nur LS) (Anm. *Halm*) = r+s 2001, 285 = SP 2001, 158 = VerkMitt 2002, Nr. 1 = VRS 100, 241 (Vorteile, insbesondere Leistungen von dritter Seite, die dem Geschädigten aufgrund des Schadensereignisses zufließen, sind mit ihrem Bruttobetrag zu berücksichtigen, wenn die Einbußen des Verletzten brutto gerechnet wurden).
164 Eine Zusammenstellung der sozialversicherungsrechtlichen Abgaben seit 1980 enthält *Jahnke* „Ausgewählte Probleme für die Schadenregulierung", S. 49 f.
165 BGH v. 28.9.1999 – VI ZR 165/98 – DAR 2000, 62 = NZV 1999, 508 = r+s 1999, 506 = SP 1999, 411 = VersR 2000, 65 = zfs 2000, 14; BGH v. 29.9.1987 – VI ZR 293/86 – DAR 1988, 23 = DB 1988, 1113 (nur LS) = MDR 1988, 216 = NJW-RR 1988, 149 = r+s 1988, 12 =VersR 1988, 183 = VRS 74, 3 = zfs 1988, 70, BGH v. 8.4.1986 – VI ZR 92/85 – NJW-RR 1986, 1216 = r+s 1986, 229 = VersR 1986, 914 = zfs 1986, 330; OLG Hamm v. 26.3.1998 – 6 U 214/95 – r+s 1999, 372. Siehe auch OLG München v. 6.8.2004 – 10 U 2004/04 – VersR 2005, 1150 (BGH hat Revision nicht angenommen, Beschl. v. 12.7.2005 – VI ZR 228/04 -) (Wird der Verdienstausfall in einem Vergleich nach der modifizierten Nettolohntheorie berechnet, sind in aller Regel Beiträge zur Kranken- und Pflegeversicherung ohne entsprechenden Vorbehalt nicht mehr gesondert zu erstatten).
166 Ausnahme für diejenigen Beschäftigten, deren Beschäftigungsort in einem Bundesland liegt, das nicht einen Feiertag streicht, § 58 III, IV SGB XI. Die bislang nur Sachsen betreffende Ausnahme ist verfassungsgemäß: BVerfG (3. Kammer des 1. Senats) v. 11.6.2003 – 1 BvR 190/00 u.a. – NJW 2003, 3191 (nur LS) = LKV 2003, 421.
167 In Sachsen beträgt der Arbeitgeberanteil zur Pflegeversicherung bis 30.6.2008 0,35 % (im übrigen Bundesgebiet Tragungspflicht: 0,85 %), ab 1.7.2008 0,475 % (im übrigen Bundesgebiet 0,975 %).

ne Regelung zu treffen, die Mitglieder mit Kindern gegenüber kinderlosen Beitragszahlern beitragsmäßig besser stellt. Berücksichtigt werden auch Adoptiv-, Stief- und Pflegekinder. Eltern, deren Kind nicht mehr lebt, gelten trotzdem nicht als kinderlos. Ein um 0,25 % erhöhter Beitragssatz gilt nach § 55 III SGB XI seit 1.1.2005 für kinderlose Versicherte, die das 23. Lebensjahr vollendet haben und nach dem 1.1.1940 geboren sind. Vor dem 1.1.1940 geborene Personen, Wehr- und Zivildienstleistende sowie ALG II-Bezieher haben keinen Beitragszuschlag zu tragen, § 55 III 7 SGB XI. Den **Beitragszuschlag für Kinderlose** (§ 55 III, IV SGB XI) trägt der Versicherte allein, § 58 I 2 SGB XI. Für Midjobs (Gleitzone, § 20 II SGB IV) gelten die Sonderregeln der § 58 V SGB XI, § 249 IV SGB V.

271 ■ Die **Krankenversicherung**sabgaben sind unterschiedlich je nach Versicherungsträger konkret anzusetzen.

272 Es teilen sich Arbeitnehmer und Arbeitgeber den Krankenversicherungsbeitrag nicht mehr jeweils zur Hälfte; der Arbeitnehmeranteil ist höher. Seit 1.7.2005 hat der Versicherte einen Sonderbeitrag in Höhe von 0,9 % allein zu entrichten (§ 249a I SGB V).

273 Der durchschnittliche allgemeine Beitragssatz für versicherungspflichtige Krankenkassenmitglieder (§ 241 SGB V) wird regelmäßig ermittelt:[169] Fehlen konkrete Angaben, wird man diesen Beitragssatz zugrunde legen können. Bei Beziehern von Erwerbs- bzw. Berufsunfähigkeitsrenten kann der aktuelle Beitragssatz dem Rentenbescheid entnommen werden.

---

168 BVerfG v. 3.4.2001 – 1 BvR 1629/94 – VersR 2001, 916 zum Familienlastenausgleich in der sozialen Pflegeversicherung (Verfassungsverstoß durch Nichtberücksichtigung der Kindererziehung bei der Beitragsbemessung in der sozialen Pflegeversicherung).
169 *Aichberger* „Sozialgesetzbuch", Nr. 4/11 zu IV.

Übersicht 3.4: Tabelle: Beitragssätze zur Sozialversicherung

(Beitragssatz [Arbeitnehmer und Arbeitgeberanteil] in Prozent des beitragspflichtigen Einkommens)

Zeitraum	Arbeitslosenversicherung[170]	Krankenversicherung[171] West	Krankenversicherung[171] Ost	Rentenversicherung[172]	Knappschaftliche Rentenversicherung[173]	Pflegeversicherung[174]
01.01. – 31.12.1980	4,0	11,4		18,0	23,5	
01.01. – 31.12.1981	4,0	11,8		18,5	24,0	
01.01. – 31.12.1982	4,0	12,2		18,0	23,5	
01.01. – 31.08.1983	4,6	11,9		18,0	23,5	
01.09. – 31.12.1983	4,6	11,9		18,5	24,0	
01.01. – 31.12.1984	4,6	11,4		18,5	24,25	
01.01. – 31.05.1985	4,4	11,4		18,7	24,45	
01.06. – 31.12.1985	4,1	11,6		19,2	24,95	
01.01. – 31.12.1986	4,0	12,2		19,2	24,95	
01.01. – 31.12.1987	4,3	12,5		18,7	24,45	
01.01. – 31.12.1988	4,3	12,9		18,7	24,45	
01.01. – 31.12.1989	4,3	12,9	12,8	18,7	24,45	
01.01. – 31.12.1990	4,3	12,8	12,8	18,7	24,45	
01.01. – 31.03.1991	4,3	12,2	12,8	18,7	24,45	
01.04. – 31.12.1991	6,8	12,2	12,8	17,7	23,45	
01.01. – 31.12.1992	6,3	12,5	12,7	17,7	23,45	
01.01. – 31.12.1993	6,5	13,4	12,5	17,5	23,25	
01.01. – 30.06.1994	6,5	13,4	12,5	19,2	25,5	
01.07. – 31.12.1994	6,5	13,4	13,0	19,2	25,5	
01.01. – 31.12.1995	6,5	13,2	12,8	18,6	24,7	1,0
01.01. – 30.06.1996	6,5	13,2	12,8	19,2	25,5	1,0
01.07. – 31.12.1996	6,5	13,4	13,3	19,2	25,5	1,7
01.01. – 31.12.1997	6,5	13,3	13,7	20,3	26,9	1,7
01.01. – 31.12.1998	6,5	13,56	13,95	20,3	26,9	1,7
01.01. – 31.03.1999	6,5	13,5	13,95	20,3	26,9	1,7
01.04. – 31.12.1999	6,5	13,5	13,9	19,5	25,9	1,7
01.01. – 31.12.2000	6,5	13,5	13,8	19,3	25,6	1,7
01.01. – 31.12.2001	6,5	13,5	13,5	19,1	25,4	1,7

170 Im Ausgangspunkt tragen Arbeitnehmer und Arbeitgeber die Beiträge zu je ½.
171 Durchschnittlicher allgemeiner Beitragssatz in der Krankenversicherung für versicherungspflichtige Mitglieder mit Entgeltfortzahlungsanspruch für 6 Wochen, ermittelt zu § 247 SGB V (bzw. früher zu § 381a RVO). Im Ausgangspunkt tragen Arbeitnehmer und Arbeitgeber die Beiträge zu je ½, seit 1.7.2005 trägt der Arbeitnehmer einen zusätzlichen Beitrag (§ 241a SGB V) von 0,9 % allein. Die Werte wechselten teilweise nicht zum 1.1. eines Jahres. Die Werte wurden teilweise auf eine Kommastelle gerundet.
172 Im Ausgangspunkt tragen Arbeitnehmer und Arbeitgeber die Beiträge zu je ½.
173 In der knappschaftlichen Rentenversicherung trägt der Arbeitnehmer denselben Anteil wie der nichtknappschaftlich Versicherte, lediglich der Arbeitgeberanteil ist erhöht.
174 Im Ausgangspunkt tragen Arbeitnehmer und Arbeitgeber die Beiträge zu je ½. Der Arbeitnehmeranteil im Bundesland Sachsen beträgt stets 1 % (§ 58 II SGB XI). Seit 1.1.2005 beträgt der vom Versicherten allein zu tragende Kinderlosenzuschlag (§ 55 II SGB XI) 0,25 %.

Zeitraum	Arbeitslosenversicherung[170]	Krankenversicherung[171]		Rentenversicherung[172]	Knappschaftliche Rentenversicherung[173]	Pflegeversicherung[174]
		West	Ost			
01.01. – 31.12.2002	6,5	14,0	14,0	19,1	25,4	1,7
01.01. – 31.12.2003	6,5	14,3	14,3	19,5	25,9	1,7
01.01. – 31.12.2004	6,5	14,3	14,3	19,5	25,9	1,7
01.01. – 31.12.2005	6,5	14,2[175]	14,2[176]	19,5	25,9	1,7 + 0,25[177]
01.01. – 31.12.2006	6,5	13,3	13,3	19,5	25,9	1,7 + 0,25
01.01. – 31.12.2007	4,2	13,8	13,8	19,9	26,4	1,7 + 0,25
01.01. – 30.06.2008	3,3	14,8	14,8	19,9	26,4	1,7 + 0,25
01.07. – 31.12.2008	3,3	14,8	14,8	19,9	26,4	1,95 + 0,25

bb. Steuern[178]

275 Das hypothetische Bruttoeinkommen ist um die Steuerbelastung (Einkommensteuer, Kirchensteuer, Solidarzuschlag) zu kürzen.[179]

276 Der Geschädigte hat seinen Verdienstausfallschaden darzulegen und zu **beweisen**. Bei der Schadenberechnung sind steuerliche Vergünstigungen (wie Progressionsdifferenz, Steuerbegünstigung von Sozialleistungen [u.a. Krankengeld, EU-Rente] etc.) zugunsten des Schädigers zu berücksichtigen.[180] Der Schädiger genügt seiner Substantiierungspflicht, wenn er darlegt, bei welchen Steuerpositionen der Geschädigte unfallbedingt Steuervorteile erlangt. Zahlenangaben braucht er dabei nicht zu machen, denn die Tatbestände der steuerlichen Auswirkungen ergeben sich aus den entsprechenden Gesetzen. Im Ergebnis kann es daher für die Darlegungs- und Beweislast des Verletzten keinen Unterschied machen, ob die Steuerersparnis als Schadenberechnungsfaktor oder als ein auszugleichender Vorteil anzusehen ist. Auch im letzten Fall hat der Geschädigte wegen der Nähe zu den in seiner Sphäre liegenden Umständen die Darlegungs- und Beweislast.[181]

277 Nur soweit der Geschädigte die ermittelte und vom Schädiger zu erstattende Schadensersatzrente danach nunmehr als Einkommen versteuern muss, hat der Schädiger ihm die dann konkret auf den zu erstattenden Betrag entfallende **Mehr**steuer[182] zu ersetzen.[183]

---

175 Seit 1.7.2005 trägt der Arbeitnehmer einen zusätzlichen Beitrag (§ 241a SGB V) von 0,9 % allein.
176 Seit 1.7.2005 trägt der Arbeitnehmer einen zusätzlichen Beitrag (§ 241a SGB V) von 0,9 % allein.
177 Seit 1.1.2005 Kinderlosenzuschlag, § 55 II SGB XI.
178 Zu Steuern siehe Kap 16 Steuerrechtliche Aspekte.
179 BGH v. 17.11.2005 – III ZR 350/04 – EWiR 2006 (nur LS) (Anm. *Frisch*) = MDR 2006, 407 (nur LS) = NJW 2006, 499 = VersR 2006, 413 = WM 2006, 499 = ZIP 2006, 573; OLG Hamm v. 26.3.1998 – 6 U 214/95 – r+s 1999, 372 (Zusammenveranlagung von Ehegatten).
180 Siehe dazu ausführlich Kap 6 Rn 92 ff.
181 BGH v. 10.2.1987 – VI ZR 17/86 – BB 1987, 715 = DB 1987, 1682 = JZ 1987, 574 (Anm. vLaumen) = MDR 1987, 571 = NJW 1987, 1814 = r+s 1987, 132 (nur LS) = VersR 1987, 668 = zfs 1987, 263.
Siehe auch BGH v. 28.9.1999 – VI ZR 165/98 – DAR 2000, 62 = NZV 1999, 508 = r+s 1999, 506 = SP 1999, 411 = VersR 2000, 65 = zfs 2000, 14.
182 BGH v. 2.12.1997 – VI ZR 142/96 – DAR 1998, 99 = NJW 1998, 985 = r+s 1998, 153 = SP 1998, 159 = VersR 1998, 333 (Unterhaltsschaden einer Beamtenwitwe: Der Berechnung ist der den entgangenen Unterhaltsleistungen kongruente Teil des Witwengeldes zugrunde zu legen).

Unzulässig ist es, die ersparte Steuer auf den entgangenen Lohn mit der Steuer auf den Schadensersatz gleichzusetzen; die Steuer auf den Schadensersatz ist i.d.R. (nicht zuletzt wegen der Steuerbegünstigung der Sozialleistungen) deutlich geringer.

278

Bei Abrechnung von **Minderverdiensten** ist die steuerrechtliche **Progression** zu berücksichtigen, die ja gerade den Einkommensanteil der weiteren, unfallkausal gekürzten Einkünfte überproportional betrifft. Ein prozentualer Abschlag kann im Einzelfall zu einem überhöhten und damit unzutreffend berechneten Nettoschaden führen.[184]

279

cc. Drittleistungen

Drittleistungen sind mit ihrem Nettobetrag gegenzurechnen. Grundsätzlich ist dabei den vorangestellten Anforderungen Rechnung zu tragen.

280

Schwebt ein Sozialrechtsstreit zwischen dem Verletzten und dem Unfallversicherungsträger über die für die Höhe der Sozialleistung maßgebliche Minderung der Erwerbsfähigkeit, ist ein Zivilrechtstreit des Verletzten bis zum rechtskräftigen Abschluss des Sozialrechtsstreits nach § 148 ZPO auszusetzen.[185]

281

Es kommt letztendlich darauf an, was dem Geschädigten im eigenen Portemonnaie fehlt. Generell unbeachtlich sind Einbußen der Steuerbehörde oder der Sozialversicherung, letztere sind als nur mittelbar Geschädigte nur im Ausnahmefall (§ 116 I 2 Nr. 2 SGB X) geschützt.

282

Bei Empfängern von (vorzeitigen) Alters-, Berufsunfähigkeits- bzw. Erwerbsunfähigkeitsrenten ist zu beachten, dass bei der Gegenüberstellung auch die von diesen Rentenempfängern zu entrichtenden Beiträge zur Kranken- und Pflegeversicherung der Rentner (KVdR, bis 31.12.2004 auch PVdR) Berücksichtigung finden.

283

Verknappt formuliert gilt: „Nettolohn abzgl. Netto-Krankengeld bzw. Netto-EU-Rente".

284

dd. Pflichtwidrig unterlassene Einkünfte

Der Geschädigte ist u.a. verpflichtet, die ihm verbliebene Arbeitskraft gewinnbringend einzusetzen. Erfüllt er diese seine Obliegenheit nicht, sind die (fiktiv zu ermittelnden) erzielbaren Einkünfte anspruchskürzend auf seinen Verdienstausfallschaden anzurechnen.[186]

285

Bei der Schadenberechnung sind von den hypothetischen Einkünften ohne das Haftpflichtgeschehen neben etwaigen tatsächlichen Einkünften (z.B. Rentenleistungen, 400-EUR-Job) dann auch zusätzlich noch die fiktiven (weiter) erzielbaren Einkünfte (z.B.

286

---

183 BGH v. 10.4.1979 – VI ZR 151/75 – BB 1979, 2320 = DAR 1980, 16 = DB 1979, 2320 = JZ 1979, 474 = MDR 1979, 833 = NJW 1979, 1501 = r+s 1979, 195 = VersR 1979, 670 = VRS 57, 94; KG v. 17.6.1999 – 12 U 2463/98 – DAR 2000, 401 (nur LS) = KGR 2000, 239 (BGH hat die Revision nicht angenommen, Beschl. v. 9.5.2000 – VI ZR 293/99 -); OLG Oldenburg v. 13.2.1991 – 4 U 83/90 – r+s 1992, 414 = zfs 1992, 82.
184 OLG Brandenburg v. 15.5.2001 – 2 U 20/00 –.
185 LG Stuttgart v. 24.11.2006 – 2 O 57/06 -.
186 BVerfG v. 11.10.2007 – 1 BvR 625/05 – NJW-Spezial 2007, 602; BGH v. 24.2.1983 – VI ZR 59/81 – MDR 1983, 741 = NJW 1984, 354 = VersR 1983, 488 = zfs 1983, 202; OLG Köln v. 10.1.1990 – 26 U 41/87 – VersR 1991, 111 (BGH hat die Revision nicht angenommen, Beschl. 16.10.1990 – VI ZR 60/90 -). Zur Schadenminderungspflicht siehe im Einzelnen Kap 9.

mögliche Halbtagsbeschäftigung; höhere Verdienstmöglichkeit nach Umschulung) abzuziehen.[187]

ee. Vorteilsausgleich[188]

287 Letztlich ist zu berücksichtigen, dass sich **Ersparnisse** ergeben können, weil der Verletzte während der Zeit der Arbeitsunfähigkeit keine Ausgaben im Zusammenhang mit seiner ursprünglichen Berufstätigkeit (insbesondere Fahrtkosten von zur Arbeitsstelle) hat und zudem während der Zeit stationärer Behandlung anderweitig verpflegt wird.[189]

288 **Anderweitige Einkünfte** nach dem Schadenereignis sind vom Verletzten ungefragt offen zu legen und mit dem Schaden zu verrechnen.[190]

ff. Arbeitgeberabfindung

289 Ein Geschädigter, dem sein Arbeitgeber wegen der unfallbedingten Arbeitsunfähigkeit gekündigt hat, muss sich eine im Kündigungsschutzprozess vereinbarte Abfindung mit ihrem Nettobetrag (also abzgl. Steuerbelastung) auf seinen künftigen Verdienstausfallschaden anrechnen lassen.[191]

c. Nettolohn-Vereinbarung

290 Unter „Nettogehalt" wird arbeitrechtlich das um die gesetzlichen Abzüge, dh die vom Arbeitnehmer zu tragenden Sozialversicherungsbeiträge und die auf die Bezüge entfallenden Lohnsteuer, verminderte Bruttoarbeitsentgelt verstanden.[192]

291 Bei Nettolohn-Vereinbarungen ist zunächst zu prüfen, ob es sich nicht etwa um nichtersatzfähige **Schwarzarbeit** handelt.[193]

292 Bei Vereinbarung eines Nettoarbeitslohnes sind die vom Arbeitgeber übernommenen Steuern einschließlich des Solidarzuschlages sowie die übernommenen Arbeitnehmeranteile zur Arbeitslosen-, Kranken-, Pflege- und Rentenversicherung steuerpflichtig und sozialbeitragspflichtig (§ 14 II SGB IV).[194] Bei arbeitsvertraglicher Nettolohnvereinbarung ist der Barlohn um die Beitragsanteile des Arbeitnehmers und die bei rechtmäßigem Verhalten angefallenen Steuern zu erhöhen und so im „Abtastverfahren" ein Bruttolohn zu errechnen.[195]

---

187 Für Unterhaltsschäden gilt ähnlich, dass einem Hinterbliebenen, der es unterlässt, einer ihm zumutbaren Erwerbstätigkeit nachzugehen, die erzielbaren (fiktiven) Einkünfte auf den Schaden anzurechnen sind: BGH v. 26.9.2006 – VI ZR 124/05 – BGHReport 2007, 11 = DAR 2007, 141 = FamRZ 2007, 35 = MDR 2007, 337 = NJW 2007, 64 = NJW-Spezial 2007, 17 = NZV 2007, 29 = r+s 2007, 39 = SP 2007, 8 = VersR 2007, 76 = zfs 2007, 83; BGH v. 19.6.1984 – VI ZR 301/82 – BGHZ 91, 357 = FamRZ 1984, 976 = JZ 1985, 86 (Anm. *Lange*) = MDR 1984, 1016 = NJW 1984, 2520 = r+s 1984, 263 = VersR 1984, 936 (Anm. *Dunz* VersR 1985, 509); BGH v. 6.4.1976 – VI ZR 240/74 – DB 1976, 1716 = MDR 1976, 751 = NJW 1976, 1501 = VersR 1976, 877.
188 Zu Einzelheiten siehe Kap 8 Rn 1 ff.
189 BGH v. 22.1.1980 – VI ZR 198/78 – MDR 1980, 478 = NJW 1980, 1787 = r+s 1980, 107 = VersR 1980, 455; OLG Hamm v. 26.3.1998 – 6 U 214/95 – r+s 1999, 372.
190 Kap 9 Rn 77 ff.
191 Einzelheiten siehe Kap 3 Rn 326.
192 BAG v. 31.8.2005 – 5 AZR 6/05 – VersR 2006, 1520.
193 Manchmal auch als „*Berliner Lösung*" oder „*BAT*"-Lösung (BAT = Bar auf Tatze)] bezeichnet.
194 Siehe auch BAG v. 6.7.1990 – 5 AZR 523/69 – BAGE 22, 398 = BB 1970, 1136 = MDR 1970, 958 = NJW 1970, 1893.
195 *Küttner-Schlegel* Nr. 323; *Pardey* S. 230, Rn 970.

d. Beamte, Privatversicherte

Für Beamte und Privatversicherte gelten Besonderheiten.

Es sind grundsätzlich die Beiträge zur privaten Kranken- und Pflegeversicherung zunächst abzusetzen. Bei der Schadenberechnung kommt dem Schädiger dann zugute, dass der Beamte bzw. Privatversicherte nach der Versetzung in den Ruhestand geringere Beiträge[196] zur Kranken-[197] bzw. Pflegeversicherung zu entrichten hat. Nur die verringerten Beiträge sind bei der Schadenregulierung wieder hinzusetzen. Die Differenz vorher/nachher kommt dann dem Schädiger zugute.

6. Beispiele

Die nachfolgenden Beispiele zeigen die Ermittlung des Anspruchs des unmittelbar verletzten Arbeitnehmers. Für die Ermittlung des auf Drittleistungsträger übergangsfähigen Schadens ist das Nettoeinkommen u.a. um Vorteilsausgleich und Schadengeringhaltungsaspekte zu kürzen.

Die Beispiele sind mit **fiktiven Zahlen** gerechnet. Das hinter der Berechnung stehende **Prinzip** wird aber durch die ständigen Veränderungen in der Steuerbelastung (insbesondere der Steuersätze) sowie der Anpassungen in der sozialversicherungsrechtlichen Beitragsbelastung nicht verändert.

a. Alleinverdiener

Beispiel 3.2:

Der Verletzte **V** wohnt in Nordrhein-Westfalen und ist verheiratet. V hat keine Kinder. Seine Ehefrau **F** arbeitet nicht mit.

Der Verletzte erhält nach Ablauf der Entgeltfortzahlungszeit von 6 Wochen dann 1 Jahr lang (vom 1.1. bis zum 31.12.) während seiner Arbeitsunfähigkeit Barleistungen der Krankenkasse.

Die einfache Entfernung zur Arbeitsstelle beträgt 39 km. Während des Berechnungszeitraumes war V 14 Tage in stationärer Behandlung.

1. Ermittlung des Jahresbruttoeinkommens			
a. Monatseinkommen V	12 * 2.200 EUR =	26.400,00 EUR	
b. jährliche Einmalzahlungen			
Weihnachtsgeld[198] (60 %)		1.200,00 EUR	
Urlaubsgeld		300,00 EUR	
c. Jahresbruttoeinkommen		27.900,00 EUR	**27.900,00 EUR**
2. Abzüge vom Gehalt			
a. **Arbeitnehmer-Sozialversicherungsanteile** (unterstellte Werte)			
– Arbeitslosenversicherung	6,50 %		
– Krankenversicherung[199]	14,40 %		
– Pflegeversicherung[200]	1,95 %		
– Rentenversicherung	19,50 %		

---

[196] Siehe Kap 3 Rn 1171 f.
[197] Z.B. wird nunmehr eine gesonderte Versicherung für Krankengeldleistungen entbehrlich.
[198] Das Beispiel unterstellt ein vertraglich vereinbartes Weihnachtsgeld von 60 % eines Monatslohnes.
[199] Den Beitragssatz von 13,5 % tragen Arbeitnehmer und Arbeitgeber hälftig. Ab 1.7.2005 hat der Versicherte einen Sonderbeitrag in Höhe von 0,9 % allein zu entrichten (§ 249a SGB V).
[200] Den Beitragszuschlag für Kinderlose (§ 55 III, IV SGB XI) in Höhe von 0,25 % trägt der Versicherte allein, § 58 I 2 SGB XI.

3 Erwerbstätige Personen

Summe SVT	42,35 %		
→Arbeitnehmeranteil ½	**21,75 %**	6.068,25 EUR	./. 6.068,25 EUR
b. Steuern			
– Bruttoeinkommen		27.900,00 EUR	
./. Vorsorgeaufwand[201]	5.500,00 EUR		
./. Sonderausgaben	240,00 EUR		
./. Werbungskosten[202]	2.691,00 EUR		
Summe Abzüge	8.431,00 EUR	./. 8.431,00 EUR	
→ zu versteuerndes Einkommen		**19.469,00 EUR**	
– Einkommensteuer[203]	1.846,00 EUR		
– Kirchensteuer (NRW: 9 %)	166,14 EUR		
– Solidarzuschlag (5,5 %)	101,53 EUR		
Summe Steuern	2.113,67 EUR		./. 2.113,67 EUR
3. Jahresnettoeinkommen			**19.718,08 EUR**
4. Drittleistungen			
Krankengeld brutto		48,74 EUR/Tag	
./. Beiträge zur AV, PV u. RV[204]		./. 7,72 EUR/Tag	
Krankengeld netto		41,03 EUR/Tag * 360 Tage/Jahr =	./. 14.769,00 EUR
5. Zwischensumme			**4.949,08 EUR**
6. Schadengeringhaltungspflichtverletzung			
./. z.B. pflichtwidrig unterlassene Einnahmen			./. 0,00 EUR
7. Vorteilsausgleich			
a. Ersparnis stationäre Behandlung	14 Tage * 15 EUR =	210,00 EUR	
b. Ersparnis Arbeitsunfähigkeit[205]		4.485,00 EUR	
c. Summe Ersparnis		4.695,00 EUR	./. **4.695,00 EUR**
8. Bei V verbleibender Schaden			**254,08 EUR**

b. Doppelverdiener

299 *Beispiel 3.3:*
Der Verletzte **V** wohnt in Nordrhein-Westfalen und ist verheiratet. Abweichend von Beispiel 3.2. (Kap 3 Rn 301) erzielt die Ehefrau F aus abhängiger Beschäftigung ein Jahresbruttoeinkommen von 15.000 EUR. V und F haben keine Kinder.
V erhält nach Ablauf der Entgeltfortzahlungszeit von 6 Wochen dann 1 Jahr lang (vom 1.1. bis zum 31.12.) während seiner Arbeitsunfähigkeit Barleistungen der Krankenkasse.
Die einfache Entfernung zur Arbeitsstelle beträgt 39 km. Während des Berechnungszeitraumes war V 14 Tage in stationärer Behandlung.

---

201 Die tatsächlichen Vorsorgeaufwendungen (u.a. Sozialversicherungsabgaben und Haftpflichtbeiträge) werden hinsichtlich ihrer steuerrechtlichen Wirksamkeit und Bedeutung durch Vorsorgepauschale und Vorsorgehöchstbetrag teilweise erheblich eingegrenzt.
202 39 Entfernungs-km * 230 Arbeitstage/Jahr * Steuerpauschale 0,30 EUR/km = 2.691 EUR. Damit wird die steuerliche (EStG) Werbungskostenpauschale von 920 EUR (siehe Kap 8 Rn 35) überschritten.
203 Splittingtarif.
204 Das Krankengeld beträgt 70 % der Bemessungsgröße, die Beiträge werden nach 80 % der Bezugsgröße berechnet Zu weiteren Einzelheiten siehe Kap 3 Rn 491 ff.
205 2 * (Hin- und Rückweg) 39 Entfernungs-km * 230 Arbeitstage/Jahr * PKW-Kosten 0,25 EUR/km = 4.485 EUR.

B. Unselbständig Tätige

1. Ermittlung des Familien-Jahresbruttoeinkommens				
Verletzter **V**	(rd. 65 %)		27.900,00 EUR	**27.900,00 EUR**
Ehefrau **F**	(rd. 35 %)		15.000,00 EUR	
Familien-Jahresbruttoeinkommen			42.900,00 EUR	
2. Abzüge vom Gehalt				
a. Arbeitnehmer-Sozialversicherungsanteile des Verletzten V (unterstellte Werte)				
Arbeitnehmeranteil	21,75 %			./. 6.068,25 EUR
b. anteilige Steuern *(Berücksichtigung im Verhältnis Bruttoeinkommen des V zum Familien-Bruttoeinkommen)*				
– Familien-Bruttoeinkommen			42.900,00 EUR	
./. (anteiliger = 65 %) Vorsorgeaufwand[206]		2.535,00 EUR		
./. Sonderausgaben		240,00 EUR		
./. Werbungskosten[207]		3.611,00 EUR		
Summe Abzüge		6.386,00 EUR	./. 6.386,00 EUR	
→ **zu versteuerndes** Einkommen			**36.514,00 EUR**	
– Einkommensteuer[208]		6.691,00 EUR		
– Kirchensteuer (NRW: 9 %)		602,19 EUR		
– Solidarzuschlag (5,5 %)		368,01 EUR		
Summe Steuern (Familie)		7.661,20 EUR		
→ hieran Anteil des V (65 %)			4.982,46 EUR	./. 4.982,46 EUR
3. Jahresnettoeinkommen des V				**16.849,29 EUR**
4. Drittleistungen	*(siehe Beispiel 3.2., Kap 3 Rn 302)*			./. 14.769,00 EUR
5. Zwischensumme				**2.080,29 EUR**
6. Schadengeringhaltungspflichtverletzung				
./. z.B. pflichtwidrig unterlassene Einnahmen				./. 0,00 EUR
7. Vorteilsausgleich				
a. Ersparnis stationäre Behandlung	14 Tage * 15 EUR =		210,00 EUR	
b. Ersparnis Arbeitsunfähigkeit			4.485,00 EUR	
c. Summe Ersparnis			4.695,00 EUR	./. **4.695,00 EUR**
8. Bei V verbleibender Schaden				**0,00 EUR**
				(– 2.614,71 EUR)

II. Drittleistungen/Forderungsübergang

1. Uneinheitlichkeit des Rechtssystems

Die ordentliche **Gerichtsbarkeit** ist zuständig für die Beurteilung des Schadenersatzanspruches (Haftung, Kausalität, Schadenhöhe), die außerordentliche Gerichtsbarkeit befasst sich vorrangig mit den Verpflichtungen der Drittleistungsträger gegenüber der verletzten Person aus dem Drittleistungsverhältnis heraus (z.B. sozialrechtliche oder arbeitsvertragliche Leistungsansprüche). Nur in wenigen Ausnahmen ist von dieser Aufgabenverteilung

---

[206] Die tatsächlichen Vorsorgeaufwendungen (u.a. Sozialversicherungsabgaben und Haftpflichtbeiträge) werden hinsichtlich ihrer steuerrechtlichen Wirksamkeit und Bedeutung durch Vorsorgepauschale und Vorsorgehöchstbetrag eingegrenzt. Konkret soll der steuerrechtliche Höchstbetrag für die Eheleute mit 3.900 EUR angenommen werden, hiervon entfällt dann 65 % anteilig auf V (3.900 EUR * 65 % = 2.535 EUR).
[207] Für V werden wie im Beispiel 3.2 39 Entfernungs-km * 230 Arbeitstage/Jahr * Steuerpauschale 0,30 EUR/km = 2.691 EUR angesetzt, für seine Ehefrau F die steuerliche (EStG) Werbungskostenpauschale von 920 EUR (siehe Kap 8 Rn 35), zusammen 3.611 EUR.
[208] Splittingtarif.

abgewichen: Beispielsweise sind Schadenersatzansprüche gegen Arbeitgeber vor dem Arbeitgericht, Leistungsansprüche aus dem privaten Krankenversicherungsvertrag vor dem Zivilgericht zu klären.

302 Der Umstand, dass die Zuständigkeiten für die das Schadenersatzsystem steuernden Fragen von Haftung, Schadenhöhe, Forderungsübergang und Drittleistung nicht in einer einzigen **ministerialen Hand** sind (und auch nicht sein können), fördert nicht gerade die Zuverlässigkeit einer auch auf den Regress abgestimmten Gesetzgebung. Dieses gilt umso mehr, wenn aus übergeordneten politischen Erwägungen das soziale Leistungssystem beschnitten wird ohne Rücksicht auf die daran anknüpfenden Fragen z.B. des gesetzlichen Forderungsüberganges und der Schadenkongruenz.

303 Der Verdienstausfall bei abhängig Beschäftigten (Arbeiter, Angestellte, Beamte) wird weitgehend durch das soziale Sicherungssystem aufgefangen. Verbleiben nach Abzug der Drittleistungen dem Verletzten noch Verdiensteinbußen, sind diese ihm vom Schädiger zu erstatten.

304 Gerade in der ersten Zeit nach einem Schadenfall verbleiben – auch unter Berücksichtigung des Vorteilsausgleiches – dem Geschädigten selbst kaum noch eigene, von ihm selbst einzufordernde Ersatzansprüche wegen Erwerbseinbußen. Wegen der Forderungsübergänge sind hier die Drittleistungsträger anspruchs- und forderungsberechtigt.

2. Auslandsbezug

a. Ausländische Träger

305 Leistungen ausländischer Sozialversicherungsträger oder sonstiger Drittversorger sind auch dann bei der Forderung des Direktgeschädigten in Abzug zu bringen,[209] wenn das ausländische Recht einen Forderungsübergang nicht kennt.[210]

b. Fremdrentenrecht

306 Zum Fremdrentenrecht siehe Kap 3 Rn 538 ff.

c. § 119 SGB X

307 Zum Beitragsregress siehe Kap 3 Rn 1060 ff.

d. Europäische Sozialsysteme, MISSOC

308 Einen ersten Überblick über das europäische Sozialabsicherungssystem verschafft der Internetauftritt der Europäischen Kommission (dort im Bereich „Beschäftigung, soziale Angelegenheiten und Chancengleichheit").[211]

309 Insbesondere auf der **MISSOC**-Page[212] stehen vergleichende Tabellen zum länderspezifischen Leistungsvolumen zur Verfügung: Das System zur gegenseitigen Information über den Sozialschutz in den Mitgliedstaaten (**M**utual **I**nformation **S**ystem on **SOC**ial Protecti-

---

209 OLG Karlsruhe v. 18.8.2005 – 19 U 120/04 – SP 2006, 276 (Schweiz).
210 LG Darmstadt v. 10.9.1985 – 1 O 294/84 – zfs 1986, 174.Siehe ergänzend *Küppersbusch* Rn 482 ff. und *Geigel-Plagemann* Kap 30 Rn 12 f.
211 http://ec.europa.eu/social/home.jsp?langId=de.
212 http://ec.europa.eu/employment_social/spsi/missoc_de.htm.

on – MISSOC) wurde im Jahre 1990 eingerichtet, um zwischen den Mitgliedstaaten den laufenden Informationsaustausch über Sozialschutz zu fördern.

3. Arbeitgeber[213]

a. Leistung

> **§ 3 EFZG – Anspruch auf Entgeltfortzahlung im Krankheitsfall**
>
> (1) [1]Wird ein Arbeitnehmer durch Arbeitsunfähigkeit infolge Krankheit an seiner Arbeitsleistung verhindert, ohne dass ihn ein Verschulden trifft, so hat er Anspruch auf Entgeltfortzahlung im Krankheitsfall durch den Arbeitgeber für die Zeit der Arbeitsunfähigkeit bis zur Dauer von sechs Wochen. [2]Wird der Arbeitnehmer infolge derselben Krankheit erneut arbeitsunfähig, so verliert er wegen der erneuten Arbeitsunfähigkeit den Anspruch nach Satz 1 für einen weiteren Zeitraum von höchstens sechs Wochen nicht, wenn
> 1. er vor der erneuten Arbeitsunfähigkeit mindestens sechs Monate nicht infolge derselben Krankheit arbeitsunfähig war oder
> 2. seit Beginn der ersten Arbeitsunfähigkeit infolge derselben Krankheit eine Frist von zwölf Monaten abgelaufen ist.
>
> (2) ...
>
> (3) Der Anspruch nach Absatz 1 entsteht nach vierwöchiger ununterbrochener Dauer des Arbeitsverhältnisses.
>
> **§ 4 EFZG – Höhe des fortzuzahlenden Arbeitsentgelts**
>
> (1) Für den in § 3 Absatz 1 bezeichneten Zeitraum ist dem Arbeitnehmer das ihm bei der für ihn maßgebenden regelmäßigen Arbeitszeit zustehende Arbeitsentgelt fortzuzahlen.
>
> (1a) [1]Zum Arbeitsentgelt nach Absatz 1 gehören nicht das zusätzlich für Überstunden gezahlte Arbeitsentgelt und Leistungen für Aufwendungen des Arbeitnehmers, soweit der Anspruch auf sie im Falle der Arbeitsfähigkeit davon abhängig ist, daß dem Arbeitnehmer entsprechende Aufwendungen tatsächlich entstanden sind, und dem Arbeitnehmer solche Aufwendungen während der Arbeitsunfähigkeit nicht entstehen. [2]Erhält der Arbeitnehmer eine auf das Ergebnis der Arbeit abgestellte Vergütung, so ist der von dem Arbeitnehmer in der für ihn maßgebenden regelmäßigen Arbeitszeit erzielbare Durchschnittsverdienst der Berechnung zugrunde zu legen.
>
> (2) Ist der Arbeitgeber für Arbeitszeit, die gleichzeitig infolge eines gesetzlichen Feiertages ausgefallen ist, zur Fortzahlung des Arbeitsentgelts nach § 3 verpflichtet, bemißt sich die Höhe des fortzuzahlenden Arbeitsentgelts für diesen Feiertag nach § 2.
>
> (3) [1]Wird in dem Betrieb verkürzt gearbeitet und würde deshalb das Arbeitsentgelt des Arbeitnehmers im Falle seiner Arbeitsfähigkeit gemindert, so ist die verkürzte Arbeitszeit für ihre Dauer als die für den Arbeitnehmer maßgebende regelmäßige Arbeitszeit im Sinne des Absatz 1 anzusehen. [2]Dies gilt nicht im Falle des § 2 Absatz 2.
>
> (4) [1]Durch Tarifvertrag kann eine von den Absätzen 1, 1a und 3 abweichende Bemessungsgrundlage des fortzuzahlenden Arbeitsentgelts festgelegt werden. [2]Im Geltungsbereich eines solchen Tarifvertrages kann zwischen nichttarifgebundenen Arbeitgebern und Arbeitnehmern die Anwendung der tarifvertraglichen Regelung über die Fortzahlung des Arbeitsentgelts im Krankheitsfalle vereinbart werden.

Kann ein abhängig beschäftigter Arbeitnehmer unfallbedingt nicht arbeiten (ist er also arbeitsunfähig), werden ihm seine Bezüge (Lohn, Gehalt, Dienstbezüge) für einen gesetzlich umrissenen, im Einzelfall häufig tarifvertraglich bzw. einzelarbeitsvertraglich erweiterten, Zeitraum vom Arbeitgeber bzw. Dienstherrn weitergezahlt, der zu dieser Fortzah-

---

[213] Zum Arbeitgeberregress ausführlich Kap 4 Rn 152 ff.

lung auch gesetzlich und/oder vertraglich (Individualarbeitsvertrag, Tarifvertrag, Satzung, Betriebsvereinbarung usw.) verpflichtet ist.

312 Arbeiter und Angestellte erhalten zunächst für bis zu 6 Wochen (innerhalb eines 12-Monats-Zeitraumes, danach u.U. erneut) Entgelt-/Lohnfortzahlung (§ 3 EFZG) und daran anschließend bis max. 18 Monate ab dem Unfalltag Krankengeld. Daneben sehen Einzelarbeitsverträge bzw. Tarifverträge häufig Aufstockungen zum Krankengeld vor.

313 Die Entgeltfortzahlung umfasst den hypothetischen Bruttolohn in dieser Fortzahlungszeit incl. der Steuern und (Arbeitnehmer- und Arbeitgeber-) Sozialversicherungsabgaben, § 4 EFZG (siehe auch § 119 I Nr. 1 SGB X). § 4 IV EFZG gestattet eine von § 4 I, Ia, III EFZG abweichende Regelung, insbesondere die unterschiedliche Behandlung von tarifgebundenen und tarifungebundenen Arbeitnehmern.

314 Zur Höhe des nach § 4 EFZG fortzuzahlenden Arbeitsentgeltes gehört alles, was der Arbeitnehmer aufgrund des Arbeitsvertrages von seinem Arbeitgeber verlangen kann, was der Arbeitnehmer also durch die Verwendung seiner Arbeitskraft laufend erworben hat und nunmehr wegen des zeitweiligen Ausfalles seiner Arbeitsfähigkeit ohne die ihn schützende Rechtsstellung verlieren würde.[214]

315 Fortzuzahlen ist das für die regelmäßige Arbeitszeit zustehende Arbeitsentgelt. Alle Zahlungen, die dem ausschließlichen Nutzen des Arbeitnehmers dienen, gelten als Arbeitsentgelt.[215] Es gilt das sog. **Lohnausfallprinzip**:[216] Der erkrankte Arbeitnehmer erhält diejenige Vergütung, die er erhalten hätte, wenn er nicht erkrankt wäre. Nach § 4 III EFZG[217] entfällt der Anspruch auf Lohnfortzahlung, wenn im Betrieb kurzgearbeitet wird und im Fall der Arbeitsfähigkeit auch kein Lohnanspruch des Verletzten entstanden wäre (Der Verletzte erhält dann Krankengeld in Höhe des Kurzarbeitergeldes).

b. Leistungsbeschränkung[218]

316 Die Rechtsprechung hat die Versagung des Fortzahlungsanspruches nur dann zugelassen, wenn den Arbeitnehmer am Eintritt der zur Arbeitsunfähigkeit führenden Erkrankung ein **grobes Verschulden** trifft. Eine **Mitschuld Dritter** an der Arbeitsunfähigkeit des Arbeitnehmers steht der Annahme eines den Fortzahlungsanspruch ausschließenden Eigenverschuldens nicht grundsätzlich entgegen.

317 Entfällt der gesetzliche oder vertragliche Fortzahlungsanspruch oder kommt der Arbeitgeber grundlos seiner Fortzahlungsverpflichtung nicht nach, erhalten für diesen Zeitraum sozialversicherte Arbeitnehmer Kranken- oder Verletztengeld.

---

214 BGH v. 11.11.1975 – VI ZR 128/74 – NJW 1976, 326 = VersR 1976, 340.
215 OLG Oldenburg v. 23.4.1975 – 8 U 227/74 – VersR 1975, 719; OLG Hamm v. 8.6.1994 – 32 U 166/90 – OLGR 1995, 271 = zfs 1996, 11 (Eine Vergütung, die nicht tatsächlich regelmäßig monatlich ausgezahlt wird, ist kein echtes Arbeitsentgelt [BFH v. 14.10.1981 – I R 34/80 – BB 1982, 291 = BFHE 134, 293 = BStBl II 1982, 119 = NJW 1982, 791]).
216 BAG v. 6.12.1995 – 5 AZR 237/94 – MDR 1996, 1044 = NJW 1996, 2388.
217 So schon zu § 2 LFZG: BAG v. 6.10.1976 – 5 AZR 503/75 – DB 1977, 262 (Kurzarbeit dergestalt, dass Arbeit für 2 Wochen ruhte).
218 Einzelheiten Kap 4 Rn 185 ff.

c. Forderungswechsel[219]

Übersicht 3.5: Überleitungsnormen zugunsten der Arbeitgebers

Unfalldatum	Überleitungsnorm
vor 1.6.1994	§ 4 LFZG (ausschließlich Arbeiter)
ab 1.7.1994	§ 6 EFZG

Die zum Verdienstausfall kongruente Schadensersatzforderung geht nach **§ 6 EFZG** (in Altfällen § 4 LFZG) auf den Arbeitgeber, beschränkt auf den 6-Wochenzeitraum, kraft Gesetzes zeitgleich mit der Arbeitgeberleistung über, beschränkt aber stets auf den tatsächlich gezahlten Betrag (brutto).

Soweit jenseits der 6-wöchigen Fortzahlung Arbeitgeberleistungen erbracht werden, bedarf es zum Forderungswechsel auf den Arbeitgeber einer **Abtretung**. Die Abtretung darf (analog § 6 III EFZG) nicht zu einer Schlechterstellung des Arbeitnehmers führen und hat das Quotenvorrecht zu beachten.

Wegen des letztlich beim Arbeitgeber vorzunehmenden Vorteilsausgleiches und des Vorranges des Forderungsüberganges (auf Krankenkasse bzw. gesetzliche Unfallversicherung) nach § 116 SGB X verbleibt diesem nach Ablauf des EFZG-Fortzahlungszeitraumes von 6 Wochen häufig kein Ersatzanspruch mehr; die Abtretung geht dann mangels Masse ins Leere.

d. Arbeitgeberabfindung

Ein Geschädigter, dem sein Arbeitgeber wegen der unfallbedingten Arbeitsunfähigkeit gekündigt hat, muss sich eine im Kündigungsschutzprozess vereinbarte Abfindung[220] mit ihrem Nettobetrag (also abzgl. Steuerbelastung) auf seinen künftigen Verdienstausfallschaden anrechnen lassen.[221]

---

219 Einzelheiten Kap 4 Rn 357 ff.
220 Siehe auch BAG v. 16.5.2000 – 9 AZR 277/99 – BB 2000, 2365 = DB 2001, 50 = NZA 2000, 1236 (Der Arbeitnehmer muss den vereinbarten Beendigungszeitpunkt des Arbeitsverhältnis erleben. Verstirbt er vorher, haben seine Erben keinen Anspruch auf die Abfindung.).
221 BGH v. 30.5.1989 – VI ZR 193/88 – DAR 1989, 243 = DB 1989, 2067 = MDR 1989, 982 = NJW 1989, 3150 = NZV 1989, 345 = r+s 1989, 288 (nur LS) = VersR 1989, 855 = zfs 1989, 338. Anm.: Ein Geschädigter, dem sein Arbeitgeber wegen der unfallbedingten Arbeitsunfähigkeit gekündigt hatte, musste sich nach einer Entscheidung des BGH v. 16.1.1990 – VI ZR 170/89 – AnwBl 1991, 111 = BB 1990, 998 = DAR 1990, 177 = DB 1990, 1560 = JZ 1990, 447 = MDR 1990, 707 = NJW 1990, 1360 = NJW-RR 1990, 665 (nur LS) = NZV 1990, 225 = r+s 1990, 200 (nur LS) = VersR 1990, 496 = VRS 79,1 = zfs 1990, 225 eine im Kündigungsschutzprozess vereinbarte Abfindung deswegen nicht anrechnen lassen, weil im konkreten Fall aufgrund der getroffenen Parteivereinbarungen die Arbeitgeberzahlung nicht dazu bestimmt war, die mit der Klage geltend gemachte Arbeitseinkommenverkürzung auszugleichen. Diese Besonderheit übersieht das OLG Hamm (v. 7.10.1993 – 6 U 198/92 – VersR 1995, 669; BGH hat die Revision nicht angenommen, Beschl. v. 14.6.1994 – VI ZR 332/93 -), welches die BGH-Entscheidung v. 16.1.1990 unreflektiert zitiert (und offensichtlich die vorangegangene Entscheidung vom 30.5.1989 nicht kannte). Siehe auch *Wussow-Dressler*, Unfallhaftpflichtrecht Kap 32 Rn 13. **A.A.**: OLG Hamm v. 1.7.1999 – 6 U 182/98 – SP 1999, 340; OLG Hamm v. 7.10.1993 – 6 U 198/92 – r+s 1994, 417 = VersR 1995, 669 = VRS 88, 90 (BGH hat Revision nicht angenommen, Beschl. v. 14.6.1994 – VI ZR 332/93 -); OLG Frankfurt v. 19.9.2001 – 9 U 123/00 – zfs 2002, 20 unter Hinweis auf BGH v. 16.1.1990 – VI ZR 170/89 – NJW 1990, 1360.

4. Altersteilzeit[222]

323

> **§ 10 AlterstzG[223] – Soziale Sicherung des Arbeitnehmers**
>
> (1) ¹Beansprucht ein Arbeitnehmer, der Altersteilzeitarbeit (§ 2) geleistet hat und für den der Arbeitgeber Leistungen nach § 3 Abs. 1 Nr. 1 erbracht hat, Arbeitslosengeld oder Arbeitslosenhilfe, erhöht sich das Bemessungsentgelt, das sich nach den Vorschriften des Dritten Buches Sozialgesetzbuch ergibt, bis zu dem Betrag, der als Bemessungsentgelt zugrunde zu legen wäre, wenn der Arbeitnehmer seine Arbeitszeit nicht im Rahmen der Altersteilzeit vermindert hätte. ²Kann der Arbeitnehmer eine Rente wegen Alters in Anspruch nehmen, ist von dem Tage an, an dem die Rente erstmals beansprucht werden kann, das Bemessungsentgelt maßgebend, das ohne die Erhöhung nach Satz 1 zugrunde zu legen gewesen wäre. ³Änderungsbescheide werden mit dem Tag wirksam, an die Altersrente erstmals beansprucht werden konnte.
>
> (2) ¹Bezieht ein Arbeitnehmer, für den die Bundesagentur Leistungen nach § 4 erbracht hat, Krankengeld, Versorgungskrankengeld, Verletztengeld oder Übergangsgeld und liegt der Bemessung dieser Leistungen ausschließlich die Altersteilzeit zugrunde oder bezieht der Arbeitnehmer Krankentagegeld von einem privaten Krankenversicherungsunternehmen erbringt die Bundesagentur anstelle des Arbeitgebers die Leistungen nach § 3 Abs. 1 Nr. 1 in Höhe der Erstattungsleistungen nach § 4. ²Satz 1 gilt soweit und solange nicht, als Leistungen nach § 3 Abs. 1 Nr. 1 vom Arbeitgeber erbracht werden. ³Durch die Leistungen darf der Höchstförderzeitraum nach § 4 Abs. 1 nicht überschritten werden. ⁴§ 5 Abs. 1 gilt entsprechend.
>
> ...
>
> (5) ¹Sind für den Arbeitnehmer Aufstockungsleistungen nach § 3 Abs. 1 Nr. 1 Buchstabe a und b gezahlt worden, gilt in den Fällen der nicht zweckentsprechenden Verwendung von Wertguthaben für die Berechnung der Beiträge zur gesetzlichen Rentenversicherung der Unterschiedsbetrag zwischen dem Betrag, den der Arbeitgeber der Berechnung der Beiträge nach § 3 Abs. 1 Nr. 1 Buchstabe b zugrunde gelegt hat, und dem Doppelten des Regelarbeitsentgelts bis zum Zeitpunkt der nicht zweckentsprechenden Verwendung, höchstens bis zur Beitragsbemessungsgrenze, als beitragspflichtige Einnahme aus dem Wertguthaben; für die Beiträge zur Krankenversicherung, Pflegeversicherung oder nach dem Recht der Arbeitsförderung gilt § 23b Abs. 2 bis 3 des Vierten Buches Sozialgesetzbuch. ²Im Falle der Zahlungsunfähigkeit des Arbeitgebers gilt Satz 1 entsprechend, soweit Beiträge gezahlt werden.

324 Leistungen werden solchen Arbeitnehmern gewährt, die u.a. das 55. Lebensjahr vollendet und nach dem 14.2.1996 aufgrund einer Vereinbarung mit dem Arbeitgeber, die sich zumindest auf die Zeit erstrecken muss, bis eine Rente wegen Alters beansprucht werden kann, ihre Arbeitszeit auf die Hälfte der bisherigen wöchentlichen Arbeitszeit vermindert haben (§ 2 AlterstzG). Das AlterstzG bezweckt einen vereinfachten vorzeitigen Übergang in den Ruhestand, subventioniert durch Leistung der Bundesagentur für Arbeit. Das Altersteilzeitrecht wurde zum 1.4.2004 grundlegend modifiziert.[224]

325 Zu differenzieren ist zwischen dem Blockmodell und dem Teilzeitmodell:

326 ■ Beim **Blockmodell** arbeitet der Arbeitnehmer in der ersten (aktiven) Phase vor, während er in der zweiten (passiven) Phase weiter bezahlt wird ohne an seiner Arbeitsstätte Arbeitsleistungen erbringen zu müssen.

---

222 Zum Thema: *Zwanziger* „Struktur, Probleme und Entwicklung des Altersteilzeitrechtes – ein Überblick" RdA 2005, 226.
223 Altersteilzeitgesetz – AlterstzG – v. 23.7.1996, BGBl I 1996, 1078.
224 Art. 95 des Dritten Gesetzes für moderne Dienstleistungen am Arbeitsmarkt (Hartz III) v. 23.12.2003, BGBl I 2003, 2848. Siehe ergänzend BT-Drucksache 15/1515 v. 5.9.2003, S. 133.

- Verunfallt der Arbeitnehmer in der **ersten (aktiven) Phase**, erhält er die Lohnfortzahlung für die aktuelle Arbeitskraftverwertung, allerdings wird diese konkrete Arbeitskraft schlechter bezahlt (ein Teil des Arbeitslohnes wird ja erst in der zweiten passiven Phase ausgezahlt). Soweit der Arbeitgeber den mit Blick auf die Altersteilzeit gekürzten Lohn auszahlt, besteht Schadenkongruenz. 327

- Wird der Arbeitnehmer in der **zweiten (passiven) Phase** verletzt, besteht kein Schaden, da der Arbeitgeber Geld für bereits früher, nämlich in der ersten aktiven Phase, erbrachte Leistungen erst jetzt zahlt; es handelt sich nur um die spätere Fälligkeit des bereits früher verdienten Arbeitslohnes.[225] In der Freistellungsphase besteht der Vergütungsanspruch unabhängig von der aktuellen Arbeitsfähigkeit des Arbeitnehmers.[226] Es geht also nur um reinen Freizeitverlust des Verletzten ohne Einbuße in der Verwertung der Arbeitskraft, der Arbeitskrafteinsatz liegt bereits lange vor dem Unfall in der aktiven Phase. Der Krankengeldanspruch ruht im Hinblick auf die Lohnzahlung (nicht Lohnfortzahlung im Krankheitsfall nach EFZG) des Arbeitgebers.[227] 328

- Beim **Teilzeitmodell** arbeitet der Verletzte den gesamten Zeitraum mit gebremster Kraft („$^1/_2$-tags-Beschäftigung") durch. 329

Diese Fälle sind entsprechend dem Unfall in der aktiven Phase beim Blockmodell zu lösen, wobei zu berücksichtigen ist, dass der Bezug von Lohnersatzleistungen (wie Kranken- und Verletztengeld) möglich ist. 330

Übersicht 3.6: Altersteilzeit: Blockmodell – Teilzeitmodell

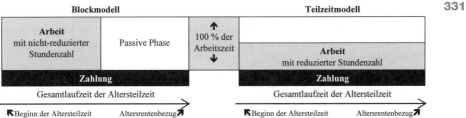

331

Mancher Altersteilzeitvertrag verlangt für den Fall einer **Krankengeldzahlung** in der aktiven Phase eine Nacharbeit und damit eine Verkürzung der passiven Phase. Wird aufgrund einer Erkrankung oder eines Unfallgeschehens kein Krankengeld, sondern Verletztengeld.[228] Übergangsgeld oder eine – u.U. sogar rückwirkend gewährte – Rente wegen Erwerbsminderung gewährt, begründet dieses nach dem Wortlaut der Vereinbarung keine Nacharbeitspflicht. Wenn der Arbeitgeber etwas anderes gemeint haben sollte, geht dieses zu seinen Lasten, da der Altersteilzeitvertrag entweder von ihm entworfen oder jedenfalls aus seinem Verantwortungsbereich herrührt und er damit wie ein Verwender von AGB dasteht. 332

---

225 Ebenso *Pardey* S. 231, Rn 978.
226 LAG Köln v. 11.5.2001 – 11 Sa 228/01 – NZA-RR 2002, 580. *Küttner-Kreitner* Nr. 9 Rn 13; *Küttner-Schlegel* Nr. 9 Rn 86.
227 *Küttner-Schlegel* Nr. 9 Rn 86.
228 Gewährung von Verletztengeld durch einen Unfallversicherungsträger rührt überwiegend aus den mit dem Arbeitsverhältnis verbundenen Gefahren her.

333 **Nebentätigkeiten**, die über geringfügige Beschäftigungen oder selbstständige Tätigkeiten hinausgehenden, beeinträchtigen die Leistungen der Altersteilzeit nachhaltig (siehe § 5 III AlterstzG).[229]

5. Betriebliche Altersversorgung

a. Varianten

334 Seit 2002 hat jeder Arbeitnehmer einen Anspruch darauf, dass sein Arbeitgeber ihm mindestens eine von 5 Formen der betrieblichen Altersversorgung anbietet. Das Gesetz zur Verbesserung der betrieblichen Altersversorgung (BetrAVG) regelt Einzelheiten der Rechtsverhältnisse.

335 ▪ Bei der **Direktversicherung** schließt der Arbeitgeber zugunsten seines Beschäftigten eine Lebensversicherung ab. Die Prämien mindern noch bis zum Jahre 2008 das sozialversicherungspflichtige Einkommen. Im Jahre 2005 konnte der Betroffene 2.496 EUR unversteuert anlegen. Hatte er keine alte Direktversicherung, die einer Pauschalsteuer von 20 % unterlag (die Auszahlung ist steuerfrei), so waren weitere 1.800 EUR anlegbar.

336 ▪ Für **Pensionskasse** und **Pensionsfond** geltend dieselben Vorteile im Steuer- und sozialversicherungsrecht. Während die Pensionskasse eine besondere Art der Lebensversicherung mit der üblichen Garantieverzinsung darstellt, belässt der Pensionsfond einen großen Teil der Risiken, aber auch größere Renditechancen beim Anleger. Es wird nur der Kapitalerhalt garantiert.

337 ▪ Die **Direktzusage** ähnelt der traditionellen Betriebsrente und wird vom Unternehmen per Rückstellung finanziert. Für sie gibt es keine Obergrenzen und die Beiträge können schwanken.

338 ▪ Die **Unterstützungskasse** (pauschal dotiert oder rückgedeckt) wird durch Zuwendungen der Arbeitgeber getragen.

b. Leistung

339 Soweit ein Arbeitnehmer vor Vollendung des 65. Lebensjahres Altersrente in Anspruch nimmt, erfolgen auch Leistungen der betrieblichen Altersversorgung, § 6 BetrAVG. Wird der Arbeitnehmer erwerbs- oder berufsunfähig, löst dieses häufig gleichzeitig den Anspruch auf Leistungen aus einer betrieblichen Altersversorgung aus.

340 Deren Leistungen hat der Verletzte sich anspruchsmindernd **anrechnen** zu lassen, wenn ein Forderungswechsel auf den Träger grundsätzlich möglich ist.[230] Kongruenz besteht nur hinsichtlich der Erwerbsminderungsrente zum Verdienstausfallschaden.[231]

---

[229] *Küttner-Schlegel* Nr. 9 Rn 78.
[230] OLG Hamm v. 1.9.1992 – 9 U 42/92 – r+s 1992, 413. *Wussow/Küppersbusch* (7. Aufl. 2000), S. 124, Rn 317 (Fn 226), differenzierend *Küppersbusch* Rn 85 und Rn 425. Siehe auch OLG Hamm v. 5.11.1976 – 9 U 220/76 – DB 1977, 1856 (nur LS) = r+s 1977, 214 (nur LS) = VersR 1977, 740 (Kongruenz der BG-Verletztenrente auch zum Schadensersatzanspruch wegen unfallbedingt geminderter betrieblicher Altersversorgung. Bis zur Höhe der BG-Rente geht der Schadensersatzanspruch auf die BG über.).

Die Leistungen der betrieblichen Altersversorgung sind in regelmäßigen Abständen **an-** 341
zupassen, § 116 BetrAVG.

Bei allen Varianten sind die aus einer Entgeltumwandlung resultierenden Beiträge **steuer-** 342
frei. Die Auszahlungen im Alter unterliegen dann allerdings der Einkommenssteuer.

Eine betriebliche Versorgungsordnung kann bestimmen, dass Anteile einer Verletztenren- 343
te im Rahmen einer **Gesamtversorgung** angerechnet werden (siehe auch § 5 II 1
BetrAVG).[232]

Soweit die betriebliche Altersversorgung nicht vom Arbeitgeber allein finanziert wird, er- 344
spart sich der Verletzte seinen Beitrag u.a. für die Zeit beitragsfreier Weiterversicherung.
Dieses ist im Wege des **Vorteilsausgleiches** anspruchsmindern zu berücksichtigen.

c. Leistungsträger

Das Gesetz zur Verbesserung der betrieblichen Altersversorgung (BetrAVG) regelt Ein- 345
zelheiten der Rechtsverhältnisse. Als Leistungsträger nach dem BetrAVG kommen in Betracht (§ 1 BetrAVG):

- Bei **Direktversicherung** ein Lebensversicherungsunternehmen (§ 1b II BetrAVG), 346

- im übrigen **Pensionsfonds**, **Pensions-** und **Unterstützungskassen** (§ 1b III, IV 347
  BetrAVG).

- Für z.B. die Versorgung der bei öffentlich-rechtlichen Arbeitgebern beschäftigten Ar- 348
  beitnehmer ist die „Versorgungsanstalt des Bundes und der Länder" (**VBL**) als rechts-
  fähige Anstalt des öffentlichen Rechtes zuständig.

d. Forderungsübergang

Ein gesetzlicher Forderungsübergang ist nicht vorgesehen;[233] allenfalls im Ausnahmefall 349
kann § 67 VVG a.F./§ 86 VVG n.F. greifen. Es ist aber bei fehlender Cessio legis die Abtretung möglich.

---

231 OLG Hamm v. 1.9.1992 – 9 U 42/92 – r+s 1992, 413 (Anrechnung beim Unterhaltsschaden). Siehe
    auch OLG München v. 2.2.2000 – 7 U 4410/99 – r+s 2002, 15 = VersR 2001, 1429 (BGH hat Revision
    nicht angenommen, Beschl. v. 27.3.2001 – VI ZR 320/00 -) (Keine Anrechnung) und *Küppersbusch*
    Rn 88, 91.
232 BAG v. 29.7.2003 – 3 AZR 425/02 – BAGReport 2004, 268 (nur LS) = NZA 2005, 712 (nur LS); BAG
    v. 21.1.2003 – 3 AZR 35/02 – AP Nr. 63 zu § 1 BetrAVG Zusatzversorgungskassen = NZA 2004, 1119
    (nur LS); BAG v. 19.3.2002 – 3 AZR 220/01 – BB 2003, 160 (nur LS) = DB 2003, 346,399 (Sieht eine
    Versorgungszusage die Versorgung wie für Landesbeamte vor, so schließt dies die Anrechnung einer
    gesetzlichen Unfallrente auf die Gesamtversorgung auch dann nicht aus, wenn die einschlägigen Beam-
    tengesetze eine solche Anrechnung (noch) nicht vorsehen. Der in jedem Fall anrechnungsfreie Teil ei-
    ner Unfallrente (§ 31 BVG) muss dem Versorgungsempfänger im wirtschaftlichen Wert zukommen.
    Wird vorab ein gesonderter Unfallausgleich zum Ausgleich immaterieller Schäden gewährt, kann in
    dessen Höhe auch der an sich anrechnungsfreie Teil der Unfallrente angerechnet werden.); BAG v.
    10.4.1984 – 3 AZR 39/83 – BB 1984, 1491 = DB 1984, 1887 = VersR 1984, 1159 (eine betriebliche
    Versorgungsordnung, die bestimmt, dass Verletztenrente der gesetzlichen Unfallversicherung im Rah-
    men einer Gesamtversorgung zur Hälfte angerechnet wird, ist im Allgemeinen rechtlich nicht zu bean-
    standen).
233 OLG Hamm v. 1.9.1992 – 9 U 42/92 – r+s 1992, 413 (Betriebsrente ist auf den Direktanspruch anzu-
    rechnen – konkret: Unterhaltsschaden).

350 Der Forderungswechsel erfolgt nur per **Abtretung**,[234] wobei die Verpflichtung zur Abtretung häufig in der Satzung geregelt ist. Beispielsweise verpflichtet § 50 VBL-Satzung (in der Neufassung zum 1.1.2001) den Versicherten/Hinterbliebenen zur Abtretung von Schadensersatzansprüchen. Soweit eine Abtretung verlangt werden kann, besteht i.d.R. ein dem § 86 VVG n.F. (§ 67 VVG a.F.) vergleichbares Quotenvorrecht (z.B. darf nach § 50 S. 2 VBL-Satzung-2001 der „Forderungsübergang nicht zum Nachteil der anspruchsberechtigten Personen Versicherten geltend gemacht" werden, es gilt also ein Quotenvorrecht zugunsten des Verletzten). Vergleichbares gilt häufig auch für anderweitige Institutionen der betrieblichen Altersversorgung;[235] es kommt also nicht, wie bei § 116 SGB X, zu einer relativen Verteilung.

351 Treffen Leistungen der betrieblichen Altersversorgung mit denen aus der gesetzlichen Renten- und/oder Unfallversicherung zusammen, geht der Forderungsübergang auf die Sozialversicherungsträger vor. Der Träger der betrieblichen Altersvorsorge ist kein Sozialversicherungsträger.[236] Gegenüber dem Anspruch eines Trägers der betrieblichen Altersversorgung ist vor allem der Anspruch des Unfallversicherungsträgers (ebenso der gesetzlichen Rentenversicherung) vorrangig zu berücksichtigen.[237]

352 §§ 104 ff. SGB VII (§ 636f. RVO) schließen den Regress aus, da hier bereits der Haftungsanspruch zu Fall gebracht wird. Eine § 110 SGB VII vergleichbare Regelung gibt es nicht.

353 Da der Schutzzweck des **Angehörigenprivileges** auch im Bereich der Abtretung von Ansprüchen greift, findet ein Forderungsübergang in diesen Fällen nicht statt. Insoweit kommt ein allgemein geltender Grundsatz zum Tragen.[238]

6. Gesetzliche Sozialversicherung

354 Erkrankt der Arbeitnehmer, erhält er während der Zeit der Arbeitsunfähigkeit Kranken- bzw. Verletztengeld, verliert er seine Arbeitsstelle, erhält er Arbeitslosengeld I oder ALG II, wird er berufs- oder erwerbsunfähig, zahlt der Rentenversicherer eine vorzeitige Erwerbs- oder Berufsunfähigkeitsrente. Kann der Verletzte seinen früheren Beruf nicht mehr ausüben, wird häufig zunächst eine Umschulung in einen anderen Beruf versucht, um die vorhandene Arbeitskraft noch sinnvoll einzusetzen („Reha vor Rente"). Soweit beim Verletzten eine Restarbeitskraft noch verblieben ist, muss er diese einsetzen und einer zumutbaren Erwerbstätigkeit nachgehen. Kann eine Beschäftigung im selben Unternehmen erreicht werden, muss der Verletzte notfalls auch weniger angesehene (sozial niederwertigere) Positionen übernehmen.

355 Im Sozialrecht sind die Zumutbarkeitsgrenzen bereits seit längerem niedriger gelegt worden und mit der Einführung des SGB II zum 1.1.2005 weiter verschärft.

---

234 BGH v. 26.9.1979 – VI ZR 94/78 – VersR 1979, 1120 = zfs 1980, 60 (Rheinische Zusatzversorgungskasse der Gemeinden und Gemeindeverbände); OLG Frankfurt v. 21.12.1999 – 14 U 60/94 – VersR 2000, 1523 (nur LS) (BGH hat Revision nicht angenommen, Beschl. v. 1.8.2000 – VI ZR 26/00 -). Siehe ergänzend *Küppersbusch* Rn 88, 91 sowie S. 239 (Fn 24).
235 Zu den Zusatzversorgungskassen siehe Kap 3 Rn 808.
236 OLG Hamm v. 16.10.2003 – 6 U 16/03 – DAR 2004, 144 (nur LS) = NJW 2004, 1427 (nur LS) = NJW-RR 2004, 317 = NZV 2004, 43 = OLGR 2004, 43 = SP 2004, 153 = VersR 2004, 1425 (Anm. *Kerpen*) übersieht dieses und behandelt daher – zu Unrecht – beide Hinterbliebenenrenten bei Mithaftung gleich.
237 OLG Hamm v. 5.11.1976 – 9 U 220/76 – VersR 1977, 740.
238 *Jahnke* „Verwandtenprivileg und Personenschadenregulierung" NZV 1995, 377 (379 f.).

a. Allgemeines zur gesetzlichen Sozialversicherung

Dem Verletzten stehen aufgrund eigener privater, freiwilliger und/oder gesetzlicher Vorsorge Leistungsansprüche gegenüber gesetzlichen (Dritt-)Leistungsträgern zu. Im Gegensatz zur schadensrechtlichen Betrachtung kann auch ein abstrakt bewerteter Wegfall der Arbeitskraft Leistungen auslösen.

356

Der in der Sozialversicherung Versicherte hat im Rahmen der gesetzlichen Arbeitslosen-, Kranken-, Pflege-, Unfall- und Rentenversicherung ein Recht auf die notwendigen Maßnahmen zum Schutz, zur Erhaltung, zur Besserung und zur Wiederherstellung der Gesundheit und der Leistungsfähigkeit sowie ferner ein Recht auf wirtschaftliche Sicherung u.a. bei Krankheit und Minderung der Erwerbsfähigkeit (§ 4 SGB I). Ein Geschädigter, der in einem Beschäftigungsverhältnis zu stehen behauptet, erhält regelmäßig Leistungen von dritter Seite. Ausnahmen hiervon bedürfen genauer Nachprüfung, Erklärung und Nachweise.

357

Sozialleistungen sind Dienst-, Sach- und Geldleistungen nach den Sozialgesetzbüchern (SGB) (§ 11 SGB I). Leistungsträger sind die in §§ 18 – 29 SGB I genannten Körperschaften. Für Barleistungen aus der Sozialversicherung ist der Ausgangswert (vergröbert formuliert) stets der Bruttolohn mit Ausnahme der Arbeitslosenversicherung (dort ist auf den Nettolohn abzustellen).

358

aa. Antrag, von Amts wegen

(1) Antrag

Leistungen in der **gesetzlichen Kranken-, sozialen Pflege-** und **Rentenversicherung** sowie nach dem **Arbeitsförderungsrecht** werden grundsätzlich nur auf Antrag erbracht, es sei denn, eine spezialrechtliche Bestimmung bestimmt hiervon Abweichendes, § 19 S. 1 SGB IV. Der Antrag ist dabei materiell-rechtliche Anspruchsvoraussetzung.

359

Anträge auf Sozialleistungen sind beim zuständigen Leistungsträger zu stellen. Der Antrag gilt erst in dem Moment als gestellt, in dem er dem zuständigen Träger zugeleitet wurde (§ 16 SGB I).

360

(2) Von Amts wegen

Leistungen der **gesetzlichen Unfallversicherung** sind von Amts wegen zu erbringen, es sei denn, die Vorschriften für die gesetzliche Unfallversicherung bestimmen etwas anderes, § 19 S. 2 SGB IV.

361

bb. Verzicht, Verjährung

> **§ 45 SGB I – Verjährung**
>
> (1) Ansprüche auf Sozialleistungen verjähren in 4 Jahren nach Ablauf des Kalenderjahrs, in dem sie entstanden sind.
>
> (2) Für die Hemmung, die Ablaufhemmung, den Neubeginn und die Wirkung der Verjährung gelten die Vorschriften des BGB sinngemäß.
>
> (3) Die Verjährung wird auch durch schriftlichen Antrag auf die Sozialleistung oder durch Erhebung eines Widerspruchs gehemmt. Die Hemmung endet 6 Monate nach Bekanntgabe der Entscheidung über den Antrag oder den Widerspruch.

362

3 Erwerbstätige Personen

> **§ 46 SGB I – Verzicht**
>
> (1) Auf Ansprüche auf Sozialleistungen kann durch schriftliche Erklärung gegenüber dem Leistungsträger verzichtet werden; der Verzicht kann jederzeit mit Wirkung für die Zukunft widerrufen werden.
>
> (2) Der Verzicht ist unwirksam, soweit durch ihn andere Personen oder Leistungsträger belastet oder Rechtsvorschriften umgangen werden.

363 Nach § 46 I 1. Halbs. SGB I kann der Versicherte zwar auf alle Sozialleistungen verzichten,[239] aber Vorsicht ist angezeigt: Der **Verzicht** ist jederzeit mit Wirkung für die Zukunft widerruflich (§ 46 I 2. Halbs. SGB I).

364 Nach § 45 SGB I **verjähren** Ansprüche auf Sozialleistungen in 4 Jahren nach Ablauf des Kalenderjahrs (Jahresultimoverjährung), in dem sie entstanden sind.

cc. Forderungsübergang

365
> **§ 116 SGB X – Ansprüche gegen Schadenersatzpflichtige**
>
> (1) ¹Ein auf anderen gesetzlichen Vorschriften beruhender Anspruch auf Ersatz eines Schadens geht auf den Versicherungsträger oder Träger der Sozialhilfe über, soweit dieser aufgrund des Schadensereignisses Sozialleistungen zu erbringen hat, die der Behebung eines Schadens der gleichen Art dienen und sich auf denselben Zeitraum wie der vom Schädiger zu leistende Schadensersatz beziehen. ²Dazu gehören auch
> 1. die Beiträge, die von Sozialleistungen zu zahlen sind, und
> 2. die Beiträge zur Krankenversicherung, die für die Dauer des Anspruchs auf Krankengeld unbeschadet des § 224 Absatz 1 SGB V zu zahlen wären.
>
> (2) Ist der Anspruch auf Ersatz eines Schadens durch Gesetz der Höhe nach begrenzt, geht er auf den Versicherungsträger oder Träger der Sozialhilfe über, soweit er nicht zum Ausgleich des Schadens des Geschädigten oder seiner Hinterbliebenen erforderlich ist.
>
> (3) ¹Ist der Anspruch auf Ersatz eines Schadens durch ein mitwirkendes Verschulden oder eine mitwirkende Verantwortlichkeit des Geschädigten begrenzt, geht auf den Versicherungsträger oder Träger der Sozialhilfe von dem nach Absatz 1 bei unbegrenzter Haftung übergehenden Ersatzanspruch der Anteil über, welcher dem Vomhundertsatz entspricht, für den der Schädiger ersatzpflichtig ist. ²Dies gilt auch, wenn der Ersatzanspruch durch Gesetz der Höhe nach begrenzt ist. ³Der Anspruchsübergang ist ausgeschlossen, soweit der Geschädigte oder seine Hinterbliebenen dadurch hilfebedürftig im Sinne der Vorschriften des SGB XII werden.
>
> (4) Stehen der Durchsetzung der Ansprüche auf Ersatz eines Schadens tatsächliche Hindernisse entgegen, hat die Durchsetzung der Ansprüche des Geschädigten und seiner Hinterbliebenen Vorrang vor den übergegangenen Ansprüchen nach Absatz 1.
>
> (5) Hat ein Versicherungsträger oder Träger der Sozialhilfe aufgrund des Schadensereignisses dem Geschädigten oder seinen Hinterbliebenen keine höheren Sozialleistungen zu erbringen als vor diesem Ereignis, geht in den Fällen des Absatzes 3 Satz 1 und 2 der Schadenersatzanspruch nur insoweit über, als der geschuldete Schadenersatz nicht zur vollen Deckung des eigenen Schadens des Geschädigten oder seiner Hinterbliebenen erforderlich ist.
>
> (6) ¹Ein Übergang nach Absatz 1 ist bei nicht vorsätzlichen Schädigungen durch Familienangehörige, die im Zeitpunkt des Schadensereignisses mit dem Geschädigten oder seinen Hinterbliebenen in häuslicher Gemeinschaft leben, ausgeschlossen. ²Ein Ersatzanspruch nach Absatz 1 kann dann nicht geltend gemacht werden, wenn der Schädiger mit dem Ge-

---

239 Zu den Anforderungen an einen formularmäßigen Verzicht auf Sozialleistungen siehe BSG v. 25.7.1995 – 10 RKg 9/94 – BSGE 76, 203 = MDR 1996, 180 = WI 1996, 52 (Ankreuzen von auf Formular vorgegebenen Alternativen bedeutet nur bei Hinzutreten besonderer Umstände eine Verzichtserklärung).

> schädigten oder einem Hinterbliebenen nach Eintritt des Schadensereignisses die Ehe geschlossen hat und in häuslicher Gemeinschaft lebt.
>
> (7) ¹Haben der Geschädigte oder seine Hinterbliebenen von dem zum Schadensersatz Verpflichteten auf einen übergegangenen Anspruch mit befreiender Wirkung gegenüber dem Versicherungsträger oder Träger der Sozialhilfe Leistungen erhalten, haben sie insoweit dem Versicherungsträger oder Träger der Sozialhilfe die erbrachten Leistungen zu erstatten. ²Haben die Leistungen gegenüber dem Versicherungsträger oder Träger der Sozialhilfe keine befreiende Wirkung, haften der zum Schadensersatz Verpflichtete und der Geschädigte oder dessen Hinterbliebene dem Versicherungsträger oder Träger der Sozialhilfe als Gesamtschuldner.
>
> (8) Weist der Versicherungsträger oder Träger der Sozialhilfe nicht höhere Leistungen nach, sind vorbehaltlich der Absätze 2 und 3 je Schadensfall für nicht stationäre ärztliche Behandlung und Versorgung mit Arznei- und Verbandmitteln 5 vom Hundert der monatlichen Bezugsgröße nach § 18 SGB IV zu ersetzen.
>
> (9) Die Vereinbarung einer Pauschalierung der Ersatzansprüche ist zulässig.
>
> (10) Die Bundesagentur für Arbeit und die Träger der Grundsicherung für Arbeitsuchende nach dem SGB II gelten als Versicherungsträger im Sinne dieser Vorschrift.

Der Forderungsübergang vollzieht sich auf den Sozialleistungsträger nach § 116 SGB X, in Altfällen nach § 1542 RVO, § 127 AFG. Im Wege des gesetzlichen Forderungswechsels können nur solche Ansprüche geltend gemacht werden, die einem Versicherungsmitglied ohne den gesetzlichen Forderungsübergang sonst selbst gegen den Schädiger zugestanden hätten.[240]

Voraussetzung für einen Forderungsübergang ist zunächst eine vom Sozialleistungsträger erbrachte oder zu erbringende **Sozialleistung** (§ 11 SGB I), die zudem **kongruent** zu einem **Schadensersatzanspruch** des Geschädigten ist. Ist die Belastung des Sozialleistungsträgers keine Sozialleistung (sondern z.B. eine Erstattungsleistung oder Zurechnungsverpflichtung), erwirbt er ebenso wenig einen Anspruch gegen den Schädiger wie bei fehlender Kongruenz.

(1) Sozialleistung

Die Regressvorschriften des Sozialgesetzbuches (§§ 116 ff. SGB X) umfassen wie die bis zum 1.7.1983 geltenden Vorschriften (§ 1542 RVO, § 127 AFG a.F.) nur die Sozialleistungen (§ 11 SGB I) der Versicherungsträger (einschl. der von diesen Sozialleistungen gezahlten Beiträge) und die Beitragsansprüche des Versicherten selbst. § 11 SGB I (in Kraft getreten am 1.1.1976) definiert als Sozialleistungen die im Sozialgesetzbuch bzw. dessen Vorläufern vorgesehenen Dienst-, Sach- und Geldleistungen; die §§ 23 ff. SGB I konkretisieren dann die Sozialleistungen der einzelnen Zweige.

Die persönliche und erzieherische Hilfe gehört zu den **Dienstleistungen**. **Sachleistungen** sind insbesondere Heilbehandlung und Leistungen zur Erhaltung und Wiederherstellung der Erwerbsfähigkeit. **Geldleistungen** sind Sozialleistungen, die in der (einmaligen oder laufenden) Zahlung eines Geldbetrages bestehen.

Keine Sozialleistungen sind u.a. Erstattungsansprüche anderer Leistungsträger nach §§ 102 – 105 SGB X.[241] So fallen Erstattungsansprüche der Sozialleistungsträger unter-

---

[240] OLG Celle v. 28.4.1982 – 3 U 259/81 – VersR 1983, 185; LG Hamburg v. 18.1.1979 – 6 O 216/78 – zfs 1983, 45 (zu § 87a BBG).
[241] BT-Drucksache 14/4375 v. 24.10.2000, S. 54 (zu Nr. 9, § 179 SGB VI). Siehe z.B. *Jahnke* VersR 2005, 1205 zum Erstattungsverfahren bei Selbstzahlern in Behindertenwerkstätten.

einander oder gegenüber der öffentlichen Hand (z.B. dem Bund) ebenso wenig unter diesen Begriff wie anderweitige finanzielle Belastungen. Die Bestimmung von Ausfall- und Zurechnungszeiten (z.B. §§ 58 ff. SGB VI), auch wenn diese letztlich die Leistungshöhe beeinflussen, ist weder Sach- noch Geldleistung.[242] Auch die Überantwortung der Ausführung von Aufgaben, die der Sozialverwaltung obliegen (z.B. Tätigkeit von Berufshelfern), auf Dritte (z.B. Reha-Manager) ist keine Sozialleistung.[243]

(2) Kongruenz

371 Dem Verletzten stehen aufgrund privater, freiwilliger und/oder gesetzlicher Vorsorge Leistungsansprüche gegenüber gesetzlichen (Dritt-)Leistungsträgern zu, § 4 II 2 SGB I.

372 Es gilt der Grundsatz, dass der Sozialversicherer nur wegen solcher Versicherungsleistungen beim Schädiger Ersatz nehmen kann, die zeitlich und sachlich in einem inneren Zusammenhang zu demjenigen Schaden stehen, den der Schädiger dem Geschädigten zu ersetzen hat (Kongruenzprüfung).

(3) Freiwillige Versicherung

373 Auch bei freiwilliger Sozialversicherung (vor allem als freiwilliges Mitglied einer gesetzlichen Krankenkasse oder Berufsgenossenschaft) erfolgt, da § 116 SGB X eben nicht zwischen Pflicht- und freiwilliger Versicherung differenziert, ein Forderungsübergang (§ 116 SGB X).[244] Gerade auch die Barleistungen sind daher anspruchsmindernd auf die Forderung des unmittelbar Verletzten anzurechnen.[245]

(4) Zeitpunkt, Reichweite

374 Das Sozialversicherungsverhältnis muss grundsätzlich bereits im Unfallzeitpunkt bestanden haben.[246] Bestand das Sozialversicherungsverhältnis im Unfallzeitpunkt (noch) nicht (beispielsweise Kinder oder sonstige mitversicherte Familienangehörige, Beamte), erwirbt der Sozialversicherungsträger die Forderung erst mit **Beginn des Versicherungsverhältnisses**.[247]

375 Der Umfang der anlässlich eines Schadenfalles entstehenden Aufwendungen entwickelt sich erst nach und nach. Der Forderungsübergang auf Sozialversicherer umfasst daher auch solche Ersatzansprüche eines Verletzten in Bezug auf Leistungen, die zwar erst in der Folgezeit erbracht werden müssen, die aber im Zeitpunkt des Versicherungsfalles bereits in Betracht zu ziehen waren. Für den Rechtsübergang reicht im Interesse eines möglichst weitgehenden Schutzes des SVT vor anderweitigen Verfügungen des Geschädigten

---

242 BGH v. 10.12.1991 – VI ZR 29/91 – MDR 1992, 269 = NJW 1992, 509 = r+s 1992, 127 (nur LS) = VersR 1992, 367 = zfs 1992, 80 (Die Zurechnungszeit an sich ist keine Sozialleistung); OLG Bamberg v. 31.8.2006 – 5 U 10/06 – (Eine Altersrente wird wegen Erreichens der Altersgrenze gezahlt. Für einen Regress des RVT fehlt es [Unfall vor 1.7.1983] an der erforderlichen Kongruenz zwischen Rente und Erwerbsschaden auch insoweit, als ein – errechenbarer – Teil der Rente auf unfallbedingt beitragslosen Zeiten beruht.) (ebenso Vorinstanz LG Coburg v. 13.12.2005 – 13 O 427/05 -).
243 Da ein Verletzter gegen den Ersatzpflichtigen keinen Anspruch auf Einschaltung eines Reha-Manager hat, besteht auch kein übergangsfähige, kongruenter Ersatzanspruch des Verletzten (siehe Kap 10 Rn 4).
244 Siehe Kap 4 Rn 137.
245 Siehe die Nachweise zu Kap 4 Rn 137.
246 BGH v. 24.2.1983 – VI ZR 243/80 – BG 1984, 517 = LM § 212 RVO Nr. 2 = MDR 1983, 743 = NJW 1983, 1912 = r+s 1983, 96 = VersR 1983, 536 = zfs 1983, 236 (nur LS).
247 BGH v. 4.10.1983 – VI ZR 194/81 – r+s 1984, 27 = VersR 1984, 136 = VRS 66,111; OLG Nürnberg v. 23.11.1977 – 4 U 18/77 – VersR 1980, 1069. Siehe auch Kap 3 Rn 503 ff.

schon eine wenn auch weit entfernte Möglichkeit des Eintritts von Leistungspflichten aus; die Entstehung solcher Leistungspflichten darf nur nicht völlig unwahrscheinlich erscheinen.[248]

Diese künftigen Leistungspflichten müssen aber bereits im Sozialversicherungsverhältnis zum Verletzten mitangelegt sein und nicht erst durch anderweitiges späteres Verhalten des Verletzten begründet werden (z.B. Wechsel von Familienmitversicherung in der Krankenversicherung zu eigener Mitgliedschaft).[249]

376

Dieses gilt auch für noch nicht feststehende Aufwendungen.[250] Es kommt für den Umfang des Forderungsüberganges nicht darauf an, ob die Leistungen tatsächlich gewährt worden sind oder in Zukunft gewährt werden, sondern allein auf die **gesetzliche Leistungsverpflichtung** gegenüber dem Geschädigten. Diese Leistungspflicht steht im Unfallzeitpunkt zwar nicht in konkreter Höhe fest, sie entwickelt sich vielmehr über die Folgezeit, solange der Verletzte wegen der Unfallfolgen leistungsberechtigt ist.

377

Beispielsweise geht der einem Sozialversicherten zustehende Anspruch auf Ersatz von Verdienstausfall auch dann bereits im Unfallzeitpunkt auf den Rentenversicherer im Rahmen dessen Leistungspflicht über, wenn die unfallbedingte Erwerbsunfähigkeit erst einige Jahre nach dem Unfall eintritt, aber eine Leistungspflicht des Rentenversicherungsträgers schon damals in Betracht kommen konnte.[251] Entsprechendes gilt im Fall des später aufgrund des Schadenereignisses eintretenden Todes. Der Rentenversicherer erwirbt dabei die Ansprüche nicht von einer gesetzlichen Krankenkasse, die zunächst nach dem Unfall Krankenhilfe gewährte.[252]

378

---

248 BGH v. 18.2.1997 – VI ZR 70/96 – BGHZ 134, 381 = DAR 1997, 271 = NJW 1997, 1783 = NZV 1997, 264 = r+s 1997, 248 (Anm. *Jahnke* r+s 1998, 157) = VersR 1997, 723; BGH v. 13.2.1996 – VI ZR 318/94 – BGHZ 132, 39 = DAR 1996, 357 = JR 1996, 505 (Anm. *Fuchs*) = LM BGB § 844 Abs. 2 Nr. 93 = MDR 1996, 799 = NJW 1996, 1674 = NJWE-VHR 1996, 110 = NVwZ 1996, 824 (nur LS) = NZV 1996, 229 = r+s 1996, 311 = SGB 1996, 328 = SP 1996, 168 = VersR 1996, 649 = VRS 91, 267; BGH v. 17.4.1990 – VI ZR 276/89 – MDR 1990, 811 = NJW 1990, 2933 = VersR 1990, 1028 = zfs 1990, 342 (nur LS); BGH v. 9.1.1990 – VI ZR 86/89 – FamRZ 1990, 366 (nur LS) = MDR 1990, 614 = NJW-RR 1990, 344 = SGb 1991, 452 (Anm. *Müller*) = VersR 1990, 437 = zfs 1990, 188 (nur LS); BGH v. 4.10.1983 – VI ZR 44/82 – BG 1985, 594 = MDR 1984, 216 = NJW 1984, 607 = r+s 1984, 9 (nur LS) = SGb 1984, 170 (Anm. *Sieg*) = VersR 1984, 35 = VRS 66,165 = zfs 1984, 77 (nur LS); BGH v. 10.7.1967 – III ZR 78/66 – BGHZ 48,181 = LM § 1542 RVO Nr. 54 = NJW 1967, 2199 = VersR 1967, 974; OLG Bamberg v. 2.10.1996 – 5 U 217/95 – NZV 1997, 517 = SP 1998, 49 = r+s 1998, 65 = WI 1998, 131 (BGH hat Revision nicht angenommen, Beschl. v. 3.6.1997 – VI ZR 365/96 -) (Vorinstanz: LG Bamberg v. 28.9.1995 – 1 O 531/92 – SP 1996, 10) (Geschädigter hatte 58 Monate Rentenversicherungszeiten. Vor Abfindung seiner Ansprüche war nicht damit zu rechnen, dass er weitere rentenversicherungsrechtliche Zeiten erfüllen würde. Aufgrund besonderer privater Umstände wurde der Geschädigte gefälligkeitshalber rentenversicherungspflichtig beschäftigt und erhielt dann später eine Erwerbsunfähigkeitsrente. Dem Regress der klagenden Rentenversicherung steht der Abfindungsvergleich entgegen.).
249 BGH v. 9.1.1990 – VI ZR 86/89 – FamRZ 1990, 366 (nur LS) = MDR 1990, 614 = NJW-RR 1990, 344 = SGb 1991, 452 (Anm. *Müller*) = VersR 1990, 437 = zfs 1990, 188 (nur LS).
250 BGH v. 13.2.1975 – VI ZR 209/73 – BG 1975, 472 = MDR 1975, 569 = NJW 1975, 978 = VersR 1975, 446; OLG Bamberg v. 2.10.1996 – 5 U 217/95 – NZV 1997, 517 = SP 1998, 49 = r+s 1998, 65 = WI 1998, 131 (BGH hat Revision nicht angenommen, Beschl. v. 3.6.1997 – VI ZR 365/96 -) (Vorinstanz: LG Bamberg v. 28.9.1995 – 1 O 531/92 – SP 1996, 10).
251 OLG Bamberg v. 2.10.1996 – 5 U 217/95 – NZV 1997, 517 = SP 1998, 49 = r+s 1998, 65 = WI 1998, 131 (BGH hat Revision nicht angenommen, Beschl. v. 3.6.1997 – VI ZR 365/96 -) (Vorinstanz: LG Bamberg v. 28.9.1995 – 1 O 531/92 – SP 1996, 10).
252 BGH v. 24.2.1983 – VI ZR 243/80 – BG 1984, 517 = LM § 212 RVO Nr. 2 = MDR 1983, 743 = NJW 1983, 1912 = r+s 1983, 96 = VersR 1983, 536 = zfs 1983, 236 (nur LS).

379 Andererseits entfällt der Forderungsübergang für familienmitversicherte Kinder, wenn sie zu späterer Zeit aus eigener Krankenversicherung Krankengeldansprüche erwerben, sie aber sich vor einer Begründung der selbstständigen Versicherung in der gesetzlichen Krankenversicherung ihrer Ansprüche auf Ersatz von Verdienstausfallschäden durch einen Abfindungsvergleich begeben haben.[253]

380 Erscheint eine Inanspruchnahme eines Sozialversicherers geradezu ausgeschlossen, wird der Geschädigte wieder Rechtsinhaber, ohne dass es besonderer Rückübertragung bedarf.[254]

381 Der Wechsel von einem zunächst leistungspflichtigen Sozialversicherungsträger zum nunmehr verpflichteten gleichartigen[255] Träger bedeutet, dass **Rechtsnachfolge** eintritt.[256] Der später zuständige Träger muss sich die den Anspruch beeinträchtigenden Handlungen seines Rechtsvorgängers zurechnen lassen (z.B. Vereinbarung einer Regulierungsquote, Abfindung der Forderung, Verjährung).[257] **Verjährungsunterbrechende** Maßnahmen seines Rechtsvorgängers kommen dem Rechtsnachfolge nicht ohne besondere Vereinbarung zugute.[258]

(5) Altfall vor 1.7.1983: § 1542 RVO

382 Diese Altfälle haben durchaus noch ihre Bedeutung: Wer als 20-jähriger im April 1983 einen Unfall erlitt, der ihn nicht vollständig aus dem Erwerbsleben herausnahm, steht im Jahre 2008 als nunmehr 45-jähriger durchaus noch im Arbeitsleben.

383
> **§ 1542 RVO**
>
> (1) ¹Soweit die nach diesem Gesetze Versicherten oder ihre Hinterbliebenen nach anderen gesetzlichen Vorschriften Ersatz eines Schadens beanspruchen können, der ihnen durch Krankheit, Unfall, Invalidität oder durch den Tod des Ernährers erwachsen ist, geht der Anspruch auf die Träger der Versicherung insoweit über, als sie den Entschädigungsberechtigten nach diesem Gesetze Leistungen zu gewähren haben. ²Dies gilt nicht bei Ansprüchen, die aus Schwangerschaft und Niederkunft erwachsen sind. ³Bei den gegen Unfall Versicherten und ihren Hinterbliebenen gilt es nur insoweit, als es sich nicht um einen Anspruch gegen den Unternehmer oder die ihm nach § 899 Gleichgestellten handelt.
>
> (2) Auf das Maß des Ersatzes für Krankenpflege und Krankenhauspflege sowie für Krankenbehandlung und Heilanstaltpflege ist § 1524 Absatz 1 Satz 2 bis 4 entsprechend anzuwenden, wenn der Versicherungsträger nicht höhere Aufwendungen nachweist.

384 Während die §§ 116 ff. SGB X ausschließlich für Schadensfälle gelten, die sich nach dem 30.6.1983 ereigneten, gilt § 1542 RVO – ohne zeitliche Begrenzung – weiterhin für die

---

253 Kap 3 Rn 503 ff.
254 BGH v. 15.6.2004 – VI ZR 60/03 – NJW 2004, 2892 = VersR 2004, 1147; BGH v. 3.12.2002 VI ZR 142/02 – NJW 2003, 1455 = VersR 2003, 267. Siehe auch *Jagow/Burmann/Heß* § 249 BGB Rn 141.
255 BGH v. 4.4.1978 – VI ZR 252/76 – BKK 1979, 101 = MDR 1979, 48 = VersR 1978, 660.
256 BGH v. 9.1.1990 – VI ZR 86/89 – FamRZ 1990, 366 (nur LS) = MDR 1990, 614 = NJW-RR 1990, 344 = SGb 1991, 452 (Anm. *Müller*) = VersR 1990, 437 = zfs 1990, 188 (nur LS) m.w.N.; BGH v. 7.12.1982 – VI ZR 9/81 – DÖV 1983, 348 (nur LS) = MDR 1983, 570 = LM Nr. 1 zu § 212 RVO = r+s 1983, 50 = VersR 1983, 262 = zfs 1983, 142 (nur LS); BGH v. 4.4.1978 – VI ZR 252/76 – BKK 1979, 101 = MDR 1979, 48 = VersR 1978, 660.
257 Siehe ergänzend *Jahnke* „Abfindung von Personenschadenansprüchen" § 2 Rn 307 ff.
258 BGH v. 19.3.1985 – VI ZR 163/83 – BG 1986, 404 = LM Nr. 135 zu § 1542 RVO = MDR 1986, 136 = NJW 1985, 2194 (nur LS) = r+s 1985, 199 (nur LS) = VersR 1985, 732 = zfs 1985, 299; BGH v. 4.4.1978 – VI ZR 252/76 – BKK 1979, 101 = MDR 1979, 48 = VersR 1978, 660.

Abwicklung aller Schadenfälle, die sich vor dem 1.7.1983 (**Schadentag**) ereigneten (Art. II, § 22 I des Gesetzes v. 4.11.1982, BGBl I, 1450, § 120 SGB X[259] n.F.).[260]

(a) Spätschaden

Das sozialrechtliche Leistungsspektrum (also die Rechtsbeziehung zwischen Verletztem/Hinterbliebenem und Sozialversicherung) richtet sich nach dem jeweils aktuell gültigen Recht (SGB). Der Forderungsübergang (Rechtsbeziehung zwischen Sozialversicherung und Ersatzpflichtigem) orientiert sich demgegenüber weiterhin an § 1542 RVO, auch wenn die Aufwendungen erst später entstehen und sich nach dem neuen, aktuell gültigen Sozialleistungsrecht bestimmen. Selbst wenn das die Sozialleistung auslösende Ereignis (Tod, aber auch Rentenansprüche nach Verschlechterung des Gesundheitszustandes) erst später eintritt, ist für die Abgrenzung (§ 116 SGB X zu § 1542 RVO) ausschließlich auf den Tag der Verletzungshandlung (Unfalltag) abzustellen.[261]

385

Dieses hat u.a. zur Konsequenz, dass hinsichtlich einzelner, von der „alten" RVO nicht vorgesehener Leistungstatbestände der gesetzliche Forderungsübergang (nach § 1542 RVO, nicht: § 116 SGB X) nicht greift, wenn insoweit eine Systemänderung zu bejahen ist. Bei Vorliegen einer rechtzeitigen vorbehaltlosen (oder aber den kongruenten Schadenbereich betreffenden) Abfindung entfällt z.B. ein Regress des gesetzlichen Krankenversicherers (insbesondere: Pflegeleistungen, Beiträge auf Krankengeld), im Übrigen bedarf es der privatrechtlichen Abtretung, soweit diese rechtlich statthaft ist.

386

(b) Quotenvorrecht des Sozialversicherers

Wesentlicher Unterschied zum späteren, seit dem 1.7.1983 geltend geltenden Recht der §§ 116 ff. SGB X ist das Quotenvorrecht des Sozialversicherers nach § 1542 RVO. Praktische Auswirkungen ergeben sich neben dem Bereich der Kranken- und Pflegeleistungen vor allem bei vorzeitiger Verrentung und daran anknüpfendem Mindverdienst.

387

Beispiel 3.4

388

AS erlitt durch einen Unfall am 30.6.1983 schwere Beinverletzungen.
Im Jahre 2008 erkrankt AS unfallbedingt und wird auf Dauer erwerbsunfähig. Ohne den Unfall hätte AS ein Nettoeinkommen von monatlich 2.000 EUR gehabt, die Rentenversicherung (DRV) zahlt seit dem 1.7.2008 eine Erwerbsminderungsrente in Höhe von 800 EUR.

Aufwand der Beteiligten		Haftung:	Geschuldeter Schadenersatzbetrag		
			80 %	50 %	30 %
Gesamtkosten	2.000 EUR	Ersatz:	1.600 EUR	1.000 EUR	600 EUR
davon: 1. AS	1.200 EUR	Rechtslage	800 EUR	200 EUR	---
2. DRV	800 EUR	Rechtslage	800 EUR	800 EUR	600 EUR
Rangfolge der bevorrechtigten Befriedigung:		1.	**Gesetzliche Sozialversicherung.**		
		2.	**Verletzte Person.**		

---

259 In der Fassung des 4. Euro-Einführungsgesetzes v. 29.12.2000, BGBl I 2000, 1983.
260 BGH v. 18.2.1997 – VI ZR 70/96 – BGHZ 134, 381 = DAR 1997, 271 = NJW 1997, 1783 = NZV 1997, 264 = r+s 1997, 248 (Anm. *Jahnke* r+s 1998, 157) = VersR 1997, 723; OLG München v. 3.3.1994 – 24 U 611/93 – NJW-RR 1995, 164 = SP 1995, 169 (nur LS) = VersR 1995, 726.
261 BGH v. 13.2.1996 – VI ZR 318/94 – BGHZ 132,39 = DAR 1996, 357 = JR 1996, 505 (Anm. *Fuchs*) = LM BGB § 844 Abs. 2 Nr. 93 = MDR 1996, 799 = NJW 1996, 1674 = NJWE-VHR 1996, 110 = NVwZ 1996, 824 (nur LS) = NZV 1996, 229 = r+s 1996, 311 = SGB 1996, 328 = SP 1996, 168 = VersR 1996, 649 = VRS 91, 267.

b. Arbeitsverwaltung

aa. Keine Sozialversicherung

389 Arbeitsverwaltung und Sozialhilfe sind anders strukturiert als die Sozialversicherung im Übrigen. Leistungsberechtigt sind – abweichend vom in der Sozialversicherung ansonsten geltenden Grundsatz – nicht nur Beitragspflichtige, sondern in Teilbereichen alle Jugendlichen und Erwachsenen **unabhängig** von **vorheriger Beitragszahlung** (Forderungsübergang bei Absehbarkeit der Eintrittspflicht) und Nationalität.

390 Bundesagentur für Arbeit und Träger der Grundsicherung für Arbeitsuchende nach dem SGB II sind keine Sozialversicherungsträger im eigentlichen Sinn sondern gelten nur als „Versicherungsträger i.S.v. § 116 SGB X".[262]

391 Die Vorschriften des SGB I und SGB X gelten gemäß § 37 SGB I grundsätzlich für alle „Bücher" des Sozialgesetzbuches einschließlich des SGB III (Arbeitsförderung), allerdings unter dem Vorbehalt abweichender spezieller Regelungen.

bb. Leistungen[263]

(1) Arbeitslosengeld (§§ 3 I Nr. 8, 116 Nr. 1, 117 ff. SGB III)

392 **Anspruch** auf Arbeitslosengeld hat, wer (die Voraussetzungen müssen kumulativ erfüllt sein) arbeitslos ist (§§ 117 I Nr. 1, 118 I Nr. 1, 119 SGB III), eine versicherungspflichtige, mindestens 15h/Woche umfassende Beschäftigung sucht (§ 119 III, V Nr. 1 SGB III), sich beim Arbeitsamt arbeitslos (persönlich, § 122 SGB III) gemeldet hat (§ 118 I Nr. 2 SGB III) und die Anwartschaftszeit erfüllt (§ 118 I Nr. 3 SGB III).

393 Bei beruflicher Weiterbildung besteht ebenfalls Anspruch auf Arbeitslosengeld (§§ 117 I Nr. 2, 124a SGB III).

394 Der Arbeitsvermittlung steht **zur Verfügung**, wer arbeitsfähig ist, § 119 I Nr. 3, V Nr. 2 SGB III. Arbeitsfähigkeit setzt u.a. voraus, dass der Arbeitswillige eine mindestens 15h/Woche umfassende versicherungspflichtige Beschäftigung unter den üblichen Bedingungen des Arbeitsmarktes aufnehmen und durchführen kann. Auch leistungsgeminderte Personen erhalten nach § 125 SGB III Arbeitslosengeld.

395 Die **Anwartschaft** erfüllt, wer innerhalb der Rahmenfrist von 2 Jahren (§ 124 SGB III), die dem ersten Tag der Arbeitslosigkeit unmittelbar vorausgeht, 12 Monate in einem Versicherungspflichtverhältnis (auch: Bezug von u.a. Kranken-, Verletzten- oder Übergangsgeld, §§ 24 I, 26 II SGB III) gestanden hat, § 123 SGB III.

396 Während des Bezuges von Arbeitslosengeld ist der Verletzte **pflichtversichert**es Mitglied der gesetzlichen Krankenkasse (§ 5 I Nr. 2 SGB V), Pflegekasse (§ 20 I Nr. 2 SGB XI) sowie der Rentenversicherung (§ 3 S. 1 Nr. 3 SGB VI), im Einzelfall besteht auch gesetzlicher Unfallversicherungsschutz (§ 2 I Nr. 14 SGB VII).

397 Zur **Höhe** beträgt das Arbeitslosengeld (§ 129 SGB III) für Arbeitslose mit mindestens einem Kind (§ 32 I, IV, V EStG) 67 %, im Übrigen 60 % des pauschalierten Netto-Arbeitsentgeltes[264] (= Leistungsentgelt, § 136 SGB III[265]). Die Bemessungsgrundlagen

---

262 Nehls-Hauck/Noftz § 119 Rn 8.
263 Zum Thema: *Bieringer* „Zum Forderungsübergang von Barleistungen nach § 127 AFG und § 1542 RVO bei Arbeitslosen" VersR 1983, 516.
264 Während die Sozialversicherung ihre Barleistungen aus dem Bruttolohn ermittelt, wählt die Arbeitslosenversicherung den Nettolohn zum Ausgangspunkt.
265 Leistungsentgelt = Bemessungsentgelt ./. gesetzliche Entgeltabzüge, § 136 SGB III.

B. Unselbständig Tätige

für das Arbeitslosengeld (§§ 130 – 134 SGB III) sind mit Wirkung ab 1.1.2005 neu geregelt. Ausgangspunkt der Berechnung des Leistungsentgeltes (= Netto-Arbeitsentgeltes, § 133 SGB III n.F., 136 SGB III a.F.) ist das um die gewöhnlich bei Arbeitnehmern anfallenden Abzüge geminderte Bemessungsentgelt (Arbeitsentgelt, §§ 132, 133 SGB III). § 136 I SGB III a.F. § 133 SGB III n.F. pauschaliert die Abzüge für die Berechnung des Leistungsentgelts. Für steuerliche Abzüge existieren besondere gesetzliche Vorgaben u.a. in §§ 136 II, III, 137 SGB III a.F. bzw. § 133 SGB III n.F., u.a. bleibt Kirchensteuer künftig außer Betracht.

Eine Entlassungsentschädigung (**Arbeitgeberabfindung**)[266] wurde in der bis zum 24.3.1999 gültigen Gesetzesfassung nach Abzug der Steuern auf die Hälfte des Arbeitslosengeldes angerechnet, soweit der Freibetrag (mindestens 10.000 DM, § 140 II Nr. 3 SGB III a.F.) überschritten wurde, § 140 SGB III a.F. Der Freibetrag betrug mindestens 25 % und stieg in Abhängigkeit von Beschäftigungsdauer und Lebensalter auf bis zu 65 %[267] des Abfindungsbetrages. Eine Anrechnung erfolgte in der früheren (bis 24.3.1999 gültigen Gesetzesfassung) nicht auf die Arbeitslosenhilfe, § 198 S. 2 Nr. 6 SGB III a.F. **398**

§ 140 SGB III a.F. wurde mit Wirkung zum 31.12.2005 gestrichen und durch § 143a SGB III ersetzt. Nach der Neufassung ruht der Anspruch auf Arbeitslosengeld für näher bestimmte Zeiträume, wenn eine Entlassungsentschädigung gezahlt wurde oder hätte gezahlt werden müssen. § 143a SGB III war seitdem bis zum 1.1.2005 auch auf die Arbeitslosenhilfe anzuwenden, § 198 S. 2 Nr. 6 SGB III a.F. **399**

Nebeneinkünfte aus Tätigkeiten mit weniger als 15h/Woche werden nach Maßgabe des § 141 SGB III berücksichtigt. **400**

Die **Dauer** der Arbeitslosengeldzahlung orientiert sich an Alter und Vorversicherungszeit, richtet sich also zum einen nach der der Arbeitslosigkeit vorausgegangenen beitragspflichtigen Beschäftigung, zum anderen nach dem Alter des Arbeitslosen (Ende jedenfalls mit Vollendung des 65. Lebensjahr, § 117 II SGB III), § 127 SGB III. Die Dauer des Anspruches auf Arbeitslosengeld beträgt zunächst 6 Monate (§ 127 SGB III) und verlängert sich in Abhängigkeit von der die Beitragspflicht begründenden Beschäftigung innerhalb einer Rahmenfrist[268] von 4 Jahren und desjenigen Lebensjahres, das der Arbeitslose bei der Entstehung des Anspruches vollendet hat. Minderungen der Anspruchsdauer sieht § 128 SGB III vor. **401**

Der Anspruch auf Arbeitslosengeld kann nach Maßgabe der §§ 142 ff. SGB III **ruhen** (u.a. bei Anspruch auf Kranken-/Verletztengeld,[269] Erwerbsunfähigkeitsrente). **402**

Zwar ist die Neuregelung des § 127 SGB III[270] zum 1.4.2004 in Kraft getreten, die Überleitungsvorschrift des § 434l SGB III ist aber u.a. zu beachten für Personen, deren Arbeitslosengeld-Anspruch bis zum 1.1.2006 entstanden ist. Das Gesetz enthält lang gestreckte **Übergangsfristen**, wichtig u.a. auch für den Regress nach § 119 SGB X (Bemessungsgrenze = 80 % des Bemessungsentgeltes). **403**

---

266 Siehe auch Kap 3 Rn 326.
267 Gaul „Neues im Arbeitsförderungsrecht nach dem 1. SGB III-Änderungsgesetz" NJW 1998, 647.
268 §§ 127 II, 124 SGB III: Die Rahmenfrist geht dem ersten Tag der Arbeitslosigkeit unmittelbar voraus.
269 Siehe auch §§ 142 II Nr. 1, 126 SGB III (Leistungsfortzahlung bei Arbeitsunfähigkeit).
270 Art. 3 Nr. 2 Gesetz zur Reform am Arbeitsmarkt v. 24.12.2003, BGBl I 2003, 3002.

(2) Teil-Arbeitslosengeld (§§ 3 I Nr. 8, 116 Nr. 2, 150 SGB III)

404 Teilarbeitslos ist, wer eine versicherungs**pflicht**ige Nebenbeschäftigung verloren hat und eine versicherungspflichtige Beschäftigung sucht (§ 150 II Nr. 1 SGB III). Es gelten im Übrigen die Regelungen für das Arbeitslosengeld entsprechend.

405 Ein Teil-Arbeitslosengeld wird für max. 6 Monate gezahlt.

(3) Arbeitslosenhilfe (§§ 3 I Nr. 8, 116 Nr. 6, 190 ff. SGB III) (bis 31.12.2004)

406 **Anspruch** auf Arbeitslosenhilfe hatte nach § 190 SGB III, wer (die Voraussetzungen müssen kumulativ erfüllt sein) arbeitslos war (§§ 190 Nr. 1, 198, 118 SGB III), sich beim Arbeitsamt arbeitslos gemeldet hatte (§ 190 Nr. 2 SGB III), keinen Anspruch auf Arbeitslosengeld hatte, weil er die Anwartschaftszeit (§ 190 I Nr. 4 SGB III) nicht erfüllte, bedürftig war (§ 190 I Nr. 5, 193 SGB III) und u.a. innerhalb eines Jahres vor dem Tag, an dem die sonstigen Voraussetzungen für den Anspruch auf Arbeitslosenhilfe erfüllt waren, Arbeitslosengeld bezog (§ 191 I Nr. 1 SGB III). Auch Beschäftigte des öffentlichen Dienstes (z.B. Referendare) hatten vorübergehend bis zum 31.12.1999[271] einen Anspruch auf Arbeitslosenhilfe, § 191 SGB III (§ 434b SGB III).

407 **Bedürftig** war ein Arbeitsloser im Wesentlichen, wenn er seinen (und den seiner Familienangehörigen) Lebensunterhalt nicht auf andere Weise als durch Arbeitslosenhilfe bestreiten konnte und das nach § 194 SGB III zu berücksichtigende Einkommen[272] die Arbeitslosenhilfe nach § 195 SGB III nicht erreichte, § 193 I SGB III. Damit orientierte sich die Arbeitslosenhilfe grob an den Grundsätzen der Sozialhilfe.

408 Zur **Höhe** betrug die Arbeitslosenhilfe (§ 195 SGB III) für Arbeitslose mit mindestens einem Kind (§ 32 I, IV, V EStG)[273] 57 %, im Übrigen 53 % des Netto-Arbeitsentgeltes[274] (§ 136 SGB III), vermindert um im Rahmen der Bedürftigkeitsprüfung zu berücksichtigendes Vermögen und Einkommen.

409 Während des Bezuges von Arbeitslosenhilfe war der Verletzte – anders als bei Sozialhilfebezug – **pflichtversichert**es Mitglied der gesetzlichen Krankenkasse (§ 5 I Nr. 2 SGB V), Pflegekasse (§ 20 I Nr. 2 SGB XI) sowie der Rentenversicherung (§ 3 S. 1 Nr. 3 SGB VI), im Einzelfall bestand auch gesetzlicher Unfallversicherungsschutz (§ 2 I Nr. 14 SGB VII). Von der Arbeitslosenhilfe wurden u.a. RV-Träger-Beiträge in Höhe von 80 %[275] des der Lohnersatzleistung zugrunde liegenden Arbeitsentgeltes[276] abgeführt.

410 Eine vom Arbeitgeber gezahlte **Arbeitgeberabfindung** war auch bei der Arbeitslosenhilfe zu berücksichtigen. § 143a SGB III galt auch für die Arbeitslosenhilfe, § 198 S. 2 Nr. 6 SGB III.[277]

---

[271] Drittes SGB III-Änderungsgesetz v. 22.12.1999 (BGBl I 1999, 2624).
[272] Nicht als Einkommen gelten Leistungen, die nach gesetzlichen Vorschriften gewährt werden, um einen Mehrbedarf zu decken, der durch einen Körperschaden verursacht ist (§ 194 III Nr. 1 SGB III), ferner Grundrente und Schwerstbeschädigtenzulage nach dem BVG (§ 194 III Nr. 6 SGB III) sowie Schadensersatzleistungen, soweit sie nicht für Einkommensverluste oder entgangene Unterhaltsansprüche erbracht werden (§ 194 III Nr. 7 SGB III).
[273] Einzelheiten siehe § 129 S. 1 Nr. 1 SGB III.
[274] Siehe Kap 3 Rn 401.
[275] § 232a I Nr. 2 SGB V (Krankenversicherung), § 57 I SGB XI i.V.m. § 232a I Nr. 2 SGB V (Pflegeversicherung), § 166 Nr. 2 lit. a SGB VI (Rentenversicherung).
[276] Bei wegen Vermögensanrechnung gekürzter Arbeitslosenhilfe ist die Beitragspflicht im Verhältnis zur Anrechnung ebenfalls gekürzt.
[277] Siehe Kap 3 Rn 401 f.

Die **Dauer** der Arbeitslosenhilfezahlung orientierte sich an §§ 196f. SGB III. Arbeitslosenhilfe wurde max. bis zum 65. Lebensjahr gezahlt, § 190 SGB III. 411

Nach § 190 I 3 SGB III[278] durfte Arbeitslosenhilfe längstens **bis zum 31.12.2004** bewilligt werden. 412

(4) ALG II, §§ 19 ff. SGB II (ab 1.1.2005)

Leistungen zur Sicherung des Lebensbedarfes werden seit dem 1.1.2005 auch nach dem SGB II[279] bestimmt. Kern der Hartz IV-Reform war die Zusammenführung von Arbeitslosenhilfe und Sozialhilfe für erwerbsfähige Hilfebedürftige zu einer neuen Leistung, nämlich der Grundsicherung für Arbeitsuchende (= Arbeitslosengeld II oder ALG II, systematisch besser wäre die Bezeichnung „Sozialhilfe II" gewesen). 413

(a) Personenkreis

Die Anspruchsberechtigten sind gesetzlich definiert als Personen, die (**kumulative** Voraussetzungen) zwischen **15** und **65 Jahre** alt (§ 7 I Nr. 1 SGB II), **erwerbsfähig** (§ 7 I Nr. 2, § 8 SGB II), **hilfebedürftig** (§ 7 I Nr. 3, § 9 SGB II) sind und in **Deutschland** leben (§ 7 I Nr. 4 SGB II) unabhängig von der Nationalität. **Keine** Leistungen erhalten u.a. **Auszubildende** mit Anspruch auf Leistungen nach dem BAföG oder nach §§ 60 – 62 SGB III (§ 7 V, VI SGB II). 414

In Deutschland lebende **Ausländer** erhalten Leistungen nach dem SGB II nur eingeschränkt (siehe §§ 7 I 2 und 3, 8 II SGB II). Leistungsberechtigte nach § 1 AsylbLG sind vom Leistungsbezug ausgeschlossen, § 7 I 2, 2. Halbs. SGB II.[280] Der Ausschluss von der Anschlussleistung des ALG II gilt auch dann, wenn sie zuvor sozialversicherungspflichtig beschäftigt waren. Dies führt dazu, dass auch bei vorangegangener rentenpflichtversicherter Tätigkeit der Anspruch nach **§ 119 SGB X** bei prognostischer Annahme eines ALG-Bezuges entfällt. 415

Erwerbsfähig ist – in Anlehnung an § 43 II 2 SGB VI (volle Erwerbsminderung) –, nach § 8 I SGB II, wer nicht wegen Krankheit oder Behinderung auf absehbare Zeit außerstande ist unter den üblichen Bedingungen des allgemeinen Arbeitsmarktes mindestens 3 h/Tag erwerbstätig zu sein. Nicht-Erwerbsfähige erhalten Sozialhilfe nach dem SGB XII. 416

Hilfebedürftig[281] ist nach § 9 I SGB II, wer seinen Lebensunterhalt, seine Eingliederung in Arbeit und den Lebensunterhalt der mit ihm in einer Bedarfsgemeinschaft lebenden Personen aus den einzusetzenden Mitteln und Kräften, vor allem nicht durch Aufnahme einer zumutbaren Arbeit, nicht in vollem Umfang decken kann und die erforderliche Hilfe nicht von anderen, insbesondere von Angehörigen oder von Trägern anderer Sozialleistungen erhält. Einkünfte und Vermögen der Mitglieder der Bedarfsgemeinschaft sind nach Maßgabe des § 9 II – V SGB II sowie der §§ 11, 12 SGB II zu berücksichtigen und können den ALG II-Anspruch mindern oder ausschließen. 417

(b) Nachrangigkeit

Leistungen zur Sicherung des Lebensunterhaltes dürfen nur erbracht werden, soweit die Hilfebedürftigkeit nicht anderweitig beseitigt werden kann (§ 3 III SGB II). Es besteht al- 418

---

278 Neufassung durch Art. 3 Nr. 14 Viertes Gesetz für moderne Dienstleistungen am Arbeitsmarkt (Hartz IV) v. 24.12.2003, BGBl I 2003, 2954.
279 Art. 61 I Viertes Gesetz für moderne Dienstleistungen am Arbeitsmarkt (Hartz IV) v. 24.12.2003, BGBl I 2003, 2954.
280 BT-Drucksache 15/1516, S. 52.
281 Siehe ergänzend Kap 3 Rn 665 ff.

so **Subsidiarität** der Leistungsverpflichtung. Verpflichtungen und Leistungen Dritter gehen grundsätzlich den Leistungen nach dem SGB II vor; § 5 I 1 SGB II entspricht § 2 II 1 BSHG a.F.

419 Verdienstausfallansprüche, aber auch andere Schadenersatzansprüche, die einem Verletzten für die **Zukunft** zustehen, müssen ihm ohne Berücksichtigung etwaiger Ansprüche nach dem SGB II oder SGB XII zuerkannt werden.[282] Im Hinblick auf den Subsidiaritätscharakter der Hilfen nach SGB II/SGB XII muss ein Geschädigter seinen Lebensbedarf zunächst aus dem Schadenersatzanspruch gegen den Schädiger decken, bevor er auf die Leistungsträger nach SGB II/SGB XII zurückgreifen kann. Es stellt bereits von daher keinen Verstoß gegen die Schadenminderungspflicht dar, wenn ein Geschädigter keine Leistungen nach dem SGB II beantragt.

(c) Kongruenz

420 Die Leistungen der Arbeitsverwaltung sind kongruent zum Verdienstausfall. Auch wenn die Gesetzesbegründung – in nicht schadenersatzrechtlichem Zusammenhang – davon spricht, dass das ALG II keine Lohnersatzleistung sei,[283] führt dieses schadenersatzrechtlich bei Vorleistung des Sozialleistungsträgers nicht dazu, die sachliche Kongruenz zum Verdienstausfall dem Grunde nach zu leugnen; ob allerdings der Höhe nach ein Verdienstausfall beim Verletzten entstanden und danach übergegangen ist, ist weiterhin zu prüfen.

421 Die Neuregelungen setzen zur Verwaltungskostenersparnis auf verstärkte Pauschalierung der Leistungen und stellen nicht mehr vorrangig auf die Einzelfallbetrachtung ab. Wegen der pauschalisierten Gewährung ist aber auf die **Übergangsfähigkeit** eines konkreten Schadens zu achten. Die Verdienstausfallberechnung eines ALG II-Empfänger und die Prognose ist nicht einfach.[284]

(d) Leistungsumfang

422 Hinter dem Arbeitslosengeld II (ALG II) verbirgt sich die Zusammenführung von Sozialhilfe und Arbeitslosenhilfe, verbunden mit einem Kinderzuschlag (§ 6a BKGG). Das ALG II ist als **nachrangige** Fürsorgeleistung eine bedarfsorientierte und auch bedürfnisgeprüfte Leistung.

423 Nur erwerbsfähige Hilfebedürftige erhalten **ALG II**, § 7 I SGB II; die Mitglieder ihrer Bedarfsgemeinschaft (Ehefrau, Partner, Kind) erhalten ergänzendes **Sozialgeld** (§ 28 SGB II). Erwerbsunfähige erhalten anstelle von ALG II Leistungen der Sozialhilfe nach dem SGB XII. Beide Leistungsarten sind staatliche Fürsorgeleistungen.

424 Erwerbsfähige Hilfebedürftige erhalten – unter vorheriger Kürzung um zu berücksichtigendes Einkommen (§ 19 S. 2 SGB II) – als ALG II Leistungen zur Sicherung des Lebensunterhaltes incl. der angemessenen Kosten für Unterkunft und Heizung (§§ 19 S. 1 Nr. 1, 20, 21, 22 SGB II) sowie einen befristeten Zuschlag nach Bezug von Arbeitslosengeld (§§ 19 S. 1 Nr. 2, 24 SGB II). Um finanzielle Härten beim Übergang vom Arbeitslo-

---

282 BGH v. 3.3.1998 – VI ZR 385/96 – DAR 1998, 231 = EWiR 1998, 393 (Anm. *Grunsky*) = MDR 1998, 595 = NJW 1998, 1634 = NZV 1998, 279 = r+s 1998, 196 = SP 1998, 241 = VersR 1998, 772 = zfs 1998, 210; BGH v. 4.3.1997 – VI ZR 243/95 – MDR 1997, 937 = NJW 1997, 2943 = NJW-VHR 1997, 200 (nur LS) = NZV 1997, 302 = r+s 1997, 371 = SP 1997, 245 = VersR 1997, 751 = VRS 93, 269 = zfs 1997, 250.
283 BT-Drucksache 15/1516, S. 72 (zu § 5 SGB V).
284 Vgl. BGH v. 10.10.2002 – III ZR 205/01 – HVBG-Info 2002, 3168 = MDR 2003, 26 = NJW 2002, 3769 = NZV 2002, 557 = r+s 2003, 80 = SP 2003, 10 = VersR 2002, 1521 = zfs 2003, 14. Siehe auch *Geigel-Plagemann* Kap 30 Rn 25.

sengeld (ALG I) in die Grundsicherung für Arbeitssuchende (ALG II) abzufedern, wird nach § 24 SGB II nach vorangegangener ALG-Bezug ein auf 2 Jahre befristeter Zuschlag gezahlt, dessen Höhe nach dem ersten Jahr halbiert wird und der am Ende des zweiten Jahres dann ganz entfällt.

Das ALG II kann – stets zugleich unter Wegfall des Zuschlages nach § 24 SGB II – gemäß § 31 SGB II **gekürzt** werden. Die Sozialversicherungspflichtigkeit bleibt dabei erhalten, da das ALG II nicht gänzlich entfällt. 425

Die ALG II-Gewährung kann im Einzelfall auch als **Darlehn** erfolgen, § 23 SGB II, u.a. dann, soweit in dem Monat, für den die Leistungen erbracht werden, voraussichtlich Einnahmen anfallen (§ 23 IV SGB II). Wenn ALG II nur **darlehnsweise** gewährt wird, entfällt die Pflichtversicherung in der Krankenversicherung (§ 5 I Nr. 2a SGB V), Pflegeversicherung (§ 20 I 2 Nr. 2a SGB XI) und Rentenversicherung (§ 3 S. 1 Nr. 3a lit. a) SGB VI). 426

Leistungen werden **kalendertäglich** berücksichtigt, der Monat dabei mit 30 Tagen, § 41 SGB II. 427

(e) Sozialversicherungsbeiträge

(aa) Sozialversicherungsabgaben zum ALG II

Alle erwerbsfähigen Hilfebedürftigen sind – wie schon bisher bei der Arbeitslosenhilfe – in der Zeit des ALG II-Bezuges in der gesetzlichen Kranken- (§ 5 I Nr. 2a SGB V) und Pflegeversicherung (§ 20 I Nr. 2a SGB XI) **pflichtversichert**, soweit nicht bereits im Rahmen der Familienversicherung Versicherungsschutz besteht. Erwerbsfähige Hilfebedürftige werden in der gesetzlichen Rentenversicherung auf der Basis des Mindestbeitrages (§ 166 I Nrn. 2a und 2b SGB VI) pflichtversichert (§ 3 S. 1 Nr. 3a SGB VI, Ausnahmen siehe § 3 S. 1 Nr. 3a 2. Halbs. SGB VI). Gesetzlicher Unfallversicherungsschutz besteht unter den Voraussetzungen des § 2 I Nr. 14 SGB VII. 428

Die Sozialversicherungsabgaben sind nicht zu **regressieren**. Kostenträger ist der Bund, der der Bundesagentur auch die Beiträge erstattet (§ 46 SGB II).[285] 429

(bb) § 119 SGB X

Arbeitslosigkeit führt bereits recht früh zum Verlust der beitragsrechtlichen Stellung durch Verkürzung der Leistungszeit von ALG I und der Beschränkungen der Bezugsberechtigung von ALG II u.a. durch das Einkommen und Vermögen der Bedarfsgemeinschaft. Das Volumen des Regresses nach § 119 SGB X hat diesen Veränderungen (z.B. Reduktion des Beitrages auf Mindestbemessungsgröße, Fortfall nach Bedürfnisprüfung auch gegenüber nicht-ehelichen Partnern) Rechnung zu tragen. Soweit Leistungen und Sozialversicherungspflichten im Bereich der Rentenpflichtversicherung durch Hartz IV neu geschaffen wurden, liegt eine Systemänderung vor. 430

Da auch Personen (u.a. setzt der Anspruch auf ALG II bereits bei jungen Leuten ab 15. Lebensjahr an), die zuvor nicht pflichtversichert waren, mit dem Bezug von ALG II nunmehr rentenpflichtversichert werden, ist der Anwendungsbereich des § 119 SGB X erweitert: 431

- Bezieher von ALG II, die **aufgrund** des **Unfallgeschehens erwerbsunfähig** werden und daher aus dem Leistungsbezug fallen, haben einen Beitragsschaden. 432

---

[285] *Küppersbusch* Rn 708.

433 ■ Personen, die unfallbedingt (z.B. wegen des Fortfalles der Erwerbsfähigkeit) keine Leistungen nach ALG II (**fiktiver ALG II-Bezug**) beziehen können, ohne den Unfall aber bezogen hätten, haben insoweit einen Beitragsschaden (sofern zuvor RV-Pflichtbeiträge abgeführt waren). Wäre aber ALG II nur darlehnsweise gewährt worden, entfällt wiederum ein Beitragsschaden.

(f) Zumutbarkeit von Arbeitsaufnahme, Schadengeringhaltungsverpflichtung

434 **Schadenersatzrechtlich** richtet sich die Verletzung der dem Anspruchsberechtigten dem Ersatzpflichtigen („Schädiger") gegenüber obliegenden Schadenminderungspflicht (§ 254 BGB) bei Nichtverwertung vorhandener Restarbeitskraft an anderen Kriterien aus als die sozialrechtliche Aufforderung, zunächst für sich selbst Sorge zu tragen anstelle der Gemeinschaft zur Last zu fallen.

435 Dem erwerbsfähigen Hilfebedürftigen ist **sozialrechtlich** betrachtet grundsätzlich jede Arbeit zumutbar (§ 10 I SGB II), weil er verpflichtet ist, die Belastung der Allgemeinheit durch seine Hilfeleistung zu minimieren. Das gilt auch für die Teilnahme an Maßnahmen zur Eingliederung in Arbeit (§ 10 III SGB II). Die Zumutbarkeitsschwelle im Sozialhilferecht des ALG II liegt deutlich unter dem familien- und schadenersatzrechtlichen Kriterien.

436 Zwar laufen Pflichtverletzungen im Sozialrecht einerseits und im zivilrechtlichen Schadenersatzrecht andererseits nicht parallel. Werden aber in Fällen, in denen der Arbeitslose seinen Verpflichtungen gegenüber der Agentur nicht nachkommt, Leistungsbeschränkungen oder sogar Leistungsausschlüsse für einen gewissen Zeitraum angeordnet, stellt sich doch regelmäßig parallel die auch schadenersatzrechtlich bedeutsame Frage, ob der Verletzte gleichzeitig seine **Schadengeringhaltungsverpflichtung** gegenüber dem Ersatzpflichtigen verletzt hat.

(g) Systemänderung

437 Der Gesetzgeber wollte ein „neues Leistungssystem"[286] durch „Herstellung einer neuen Ordnung auf dem Arbeitsmarkt"[287] begründen. Die Zusammenführung zum ALG II setzt allerdings **altbekannte Leistungen** (Arbeitslosenhilfe und Sozialhilfe) fort, so dass m.E. hier die Rechtsaspekte der Systemänderungen mit ihren Ausschlusswirkungen gegenüber einem Forderungsübergang auf den Sozialträger nicht zum Tragen kommen.[288]

438 Anderes gilt, soweit Leistungen und Sozialversicherungspflichten gerade auch im Bereich der **Rentenpflichtversicherung** neu geschaffen wurden. Hier ist eine Systemänderung anzunehmen mit der Konsequenz, dass Abfindungsvergleiche den Anspruch der Drittleistungsträger ausschließen.

(h) Regresszuständigkeit

439 Regresszuständig ist der **Leistungsträger**. Dieser ist aber nicht zugleich zwingend auch Forderungsinhaber nach § 116 SGB X.

440 Schwierigkeit bereitet der Regulierungspraxis die differenzierte selbstbestimmte und u.U. sogar willkürliche Zuweisung nach §§ 6, 6a und 44b SGB II. Nach § 33 SGB II n.F. kann

---

286 BT-Drucksache 15/1516, S. 49.
287 BT-Drucksache 15/1516, S. 1.
288 Vgl. BGH v. 3.12.2002 – VI ZR 142/02 – NJW 2003, 1455 = NZV 2003, 176 = r+s 2003, 390 = SP 2003, 93 = VersR 2003, 267 = zfs 2003, 181 (Verhältnis von SGB XI zum vorherigen Krankenkassenleistungsrecht).

nunmehr jeder Leistungsträger (in § 33 SGB II a.F. war nur die Agentur genannt) die **Überleitungsanzeige** abgegeben.

Wenn Leistungsempfänger Ansprüche gegen einen Dritten, der nicht Leistungsträger ist, haben, kann nach § 33 I SGB II der Leistungsträger nach dem SGB II durch **schriftliche Anzeige** gegenüber dem Dritten den Anspruchsübergang unter Beachtung zeitlicher und sachlicher Kongruenz, letztlich auch beschränkt auf den tatsächlichen Aufwand, bewirken.

441

§ 33 I SGB II ist gegenüber § 116 SGB X **subsidiär**. § 33 I SGB II entspricht § 90 I BSHG a.F. und ähnelt § 332 SGB III. Die Verweisung erfasst m.E. nicht Schadenersatzansprüche, für die § 116 SGB X die grundsätzliche Übergangsnorm im Sozialrecht – jedenfalls für Ansprüche aufgrund eines Sozialgesetzbuches (SGB) – darstellt. § 33 I SGB II dürfte sich vorrangig auf die Überleitung familienrechtlicher Unterhaltsansprüche, Arbeitseinkommen und diesen vergleichbarer eigener Vermögen beschränken. Der Gesetzgeber hatte mit § 116 SGB X im Bereich der Drittleistungen eine klare Grenzziehung gerade auch gegenüber § 90 BSHG a.F. vorgenommen, inwieweit Schadenersatzansprüche insbesondere in Ansehung von Kongruenzproblematiken auf Drittleistungsträger übergehen. Im Verhältnis zu § 116 SGB X war der Anwendungsbereich des § 90 BSHG gesperrt;[289] Entsprechendes bringt die Vorrangregelung in § 33 V SGB II zum Ausdruck, wonach §§ 115, 116 SGB X der Regelung des § 33 I SGB II vorgehen.

442

(5) Fortzahlungsanspruch bei Krankheit (§ 126 SGB III)

(a) ALG

Nach § 126 SGB III verliert der Arbeitslose bei Arbeitsunfähigkeit infolge Krankheit für die Dauer von bis zu 6 Wochen nicht seine Ansprüche auf Arbeitslosengeld (bzw. bis 31.12.2004 Arbeitslosenhilfe, § 198 S. 1 Nr. 3 SGB III).

443

Steht ein Arbeitslosengeldempfänger infolge einer Körperverletzung dem Arbeitsmarkt nicht mehr zur Verfügung, und bezieht er statt des Arbeitslosengeldes (§§ 117 ff. SGB III) Leistungsfortzahlung bei Arbeitsunfähigkeit i.S.d. § 126 I 1 SGB III, entsteht ihm wegen des Wegfalls seines bisherigen Anspruchs bei normativer Betrachtungsweise ein Erwerbsschaden, der dann entsprechend auf die Bundesagentur für Arbeit übergeht.[290]

444

Nach Ablauf der 6-Wochen-Frist wird Krankengeld in Höhe der zuvor erbrachten SGB III-Leistungen gezahlt, § 47b SGB V. Die Krankenversicherung kann dieses Krankengeld regressieren, wenn und soweit Leistungen der Arbeitsverwaltung geflossen wären.

445

(b) ALG II

§ 25 SGB II ist mit Wirkung zum 1.1.2005[291] rückwirkend geändert worden. Hat ein ALG II-Bezieher dem Grunde nach Anspruch auf Übergangsgeld bei medizinischen Leistungen der gesetzlichen Rentenversicherung oder Anspruch auf Verletztengeld der Un-

446

---

289 Siehe auch OLG Köln v. 13.3.1998 – 3 U 131/97 – VersR 1998, 1262.
290 BGH v. 8.4.2008 – VI ZR 49/07 – BGHReport 2008, 789 = DAR 2008, 467 (nur LS) = MDR 2008, 798 = NJW 2008, 2185 = NZV 2008, 402 = r+s 2008, 356 (Anm. *Lemcke*) = SP 2008, 288 = VersR 2008, 824. A.A.: LG Aachen v. 10.2.1984 – 5 S 432/83 – VersR 1985, 893 = zfs 1985, 333 (zu § 127 a.F. AFG); AG Münster v. 20.1.1987 – 28 C 621/86 – (zu § 127 n.F. AFG); *Jahnke* „Forderungsübergang im Schadensfall", Schriftenreihe der Arbeitsgemeinschaft Verkehrsrecht im DAV – Homburger Tage 1998, S. 29 ff. (S. 55, Fn 66); *Küppersbusch* Fn 329 (S. 46) und Rn 707.
291 Art. 2a Nr. 2, Art. 32 VI Gesetz zur Vereinfachung der Verwaltungsverfahren im Sozialrecht (Verwaltungsvereinfachungsgesetz) v. 21.3.2005, BGBl I 2005, 818.

fallversicherung, erbringen die Leistungsträger nach dem SGB II ihre bisherigen Leistungen als Vorschuss auf die Leistungen der Rentenversicherung weiter, § 25 SGB II. Ansonsten wird ALG II nicht fortgezahlt. Die gezahlten Vorschüsse sind bereits keine Sozialleistung i.S.v. § 116 SGB X, sodass ein Forderungsübergang entfällt.[292]

(c) Kinderbetreuung

447 Leistungsberechtigung besteht auch bei Betreuung von Kindern entsprechend den Bestimmungen des § 45 SGB V nach § 126 II, III SGB III.

448 **Regress** wegen der Fortzahlung kann die Arbeitsverwaltung allerdings nicht nehmen, da keinerlei Beziehung (Kongruenz) zum Betreuungsschaden (vermehrte Bedürfnisse des Kindes) erkennbar ist.

cc. Umschulung

449 Zur Umschulung siehe Kap 9 Rn 38 f.

dd. Leistungsbeschränkung

450 Für Arbeitslosengeld, ALG II (Arbeitslosenhilfe) gelten in Fällen, in denen der Arbeitslose seinen Verpflichtungen gegenüber dem Arbeitsamt nicht nachkommt, Leistungsbeschränkungen (z.T. sogar Leistungsausschlüsse) für einen gewissen Zeitraum.

451 Stellt die Arbeitsverwaltung ihre Leistung außerplanmäßig ein oder kürzt sie diese, ist dieses häufig auch ein Alarmzeichen für die zivilrechtliche Abwicklung, da nicht selten die Ursache ein auch schadenersatzrechtlich relevantes Fehlverhalten des Arbeitslosen ist. Die Verletzung von Verpflichtungen gegenüber der Arbeitsverwaltung stellt häufig gleichzeitig die Verletzung von Schadengeringhaltungsverpflichtungen gegenüber dem Ersatzpflichtigen dar.

452 Soweit die Leistungskürzung auf einer Arbeitgeberabfindung beruht, ist schadenersatzrechtlich die (fiktiv berechnete) ungekürzte Leistung der Arbeitsverwaltung anspruchskürzend gegenzurechnen. Hier ist der Lohnersatzcharakter der Abfindung evident.

ee. Forderungsübergang

(1) Abtretung zugunsten der Arbeitsverwaltung

453 Die von der Arbeitsverwaltung häufig benutzten Abtretungserklärungen sind nichtig (unabhängig vom Unfalldatum und dem anzuwendenden Zessionsrecht): Soweit der gesetzliche Forderungsübergang reicht, gilt dieser; soweit darüber hinaus Leistungen erwartet und abgetreten werden sollen, ist die Abtretung unzulässig.[293]

---

[292] *Geigel-Pardey* Kap 9 Rn 42.
[293] BGH v. 24.9.1987 – III ZR 49/86 – JurBüro 1988, 1588 = MDR 1988, 125 = NJW 1988, 819 = NJW-RR 1988, 470 = RPfleger 1988, 72 = VersR 1988, 181 = zfs 1988, 107; OLG Frankfurt v. 30.9.1982 – 1 U 179/81 – VersR 1984, 254 = zfs 1983, 301; OLG Hamburg v. 28.4.1992 – 7 U 59/91 – NJW-RR 1993, 40 = NZV 1993, 71 (Anm. *Wandt* NZV 1993, 56) = SP 1992, 261 (nur LS) = VersR 1992, 685 = zfs 1993, 125; OLG Saarbrücken v. 26.2.1988 – 3 U 96/86 – VersR 1988, 1038. Siehe ergänzend Kap 1 Rn 55 f.

B. Unselbständig Tätige

(2) Cessio legis

Der Forderungsübergang auf die Arbeitsverwaltung ist in der Vergangenheit mehrfach verändert worden. Der Forderungsübergang auf die Arbeitsverwaltung erfolgt vorwiegend in Abhängigkeit vom Tag des Schadenereignisses. 454

Übersicht 3.7: Überleitungsnormen zugunsten der Arbeitsverwaltung 455

Unfalldatum	Überleitungsnorm	
bis 30.6.1983	§ 127 AFG a.F.	
1.7.1983 – 31.12.1997	§ 127 AFG n.F. (§ 426 SGB III), der auf § 116 SGB X verweist	§ 426 SGB III bestimmt die Weitergeltung der früheren Bestimmungen des AFG.
ab 1.1.1998	§ 116 SGB X	
ab 1.8.2006	§ 116 X SGB X n.F.: Erweiterung auf Grundsicherungsträger nach SGB II	

Auch wenn sich das Leistungsspektrum nach dem SGB III richtet, ist für den Forderungsübergang das im Unfallzeitpunkt geltende Recht zu beachten, welches gerade bei der Arbeitsverwaltung Besonderheiten aufweist. Die Vorschriften des Arbeitsförderungsgesetzes (AFG) (mit Ausnahme der Leistungsbestimmungen bei Zahlungsunfähigkeit des Arbeitgebers, die erst zum 1.1.1999 durch das SGB III ersetzt werden) wurden mit Wirkung zum 1.1.1998 durch das SGB III abgelöst. 456

(3) Unfall vor dem 1.7.1983

Für Unfälle (Unfalltag) vor dem 1.7.1983 gelten gerade für den Regress der Arbeitsverwaltung Besonderheiten auch dann, wenn der Leistungsfall erst später eintritt. 457

(a) § 127 AFG a.F.

> **§ 127 AFG a.F. – Übergang von Schadenersatzansprüchen auf die Bundesanstalt** 458
>
> Ein auf anderen gesetzlichen Vorschriften beruhender Anspruch auf Ersatz eines Schadens, der durch Arbeitslosigkeit erwachsen ist, geht insoweit auf die Bundesanstalt über, als dieser durch die Gewährung von Leistungen nach diesem Gesetz an den Entschädigungsberechtigten Aufwendungen erwachsen. Hat dieser trotz des Rechtsüberganges von dem Dritten die Schadenersatzleistung erhalten, so gilt § 117 Absatz 4 Satz 4 entsprechend.

Für Unfälle vor dem 1.7.1983 gilt weiterhin § 127 AFG a.F.;[294] damit ist auch das im Rahmen von § 127 AFG a.F. zugunsten der Arbeitsverwaltung geltende **Quotenvorrecht** anzuwenden.[295] 459

Beispiel 3.5 460
AS erlitt durch einen Unfall am 30.6.1983 schwere Beinverletzungen.
Im Jahre 2008 erkrankt AS unfallbedingt und verliert seinen Arbeitsplatz. Ohne den Unfall hätte AS ein Nettoeinkommen von monatlich 2.000 EUR gehabt, die Arbeitsverwaltung zahlt seit dem 1.8.2005 Arbeitslosengeld in Höhe von 1.400 EUR.

Aufwand der Beteiligten		Geschuldeter Schadenersatzbetrag			
		Haftung:	80 %	50 %	30 %
Gesamtkosten	2.000 EUR	Ersatz:	1.600 EUR	1.000 EUR	600 EUR
davon: 1. AS	600 EUR	Rechtslage	200 EUR	---	---

---

294 *Becker/Böhme* (Kraftverkehrs-Haftpflicht-Schäden, 17. Aufl. 1989) S. 503 (Nr. 13).
295 OLG Bamberg v. 12.12.1978 – 5 U 44/78 – r+s 1979, 150 = VersR 1979, 473 (Anm. *Perkuhn* VersR 1979, 1109).

2. Arbeitsverwaltung	1.400 EUR	Rechtslage	1.400 EUR	1.000 EUR	600 EUR
Rangfolge der bevorrechtigten Befriedigung:		1.	Arbeitsverwaltung.		
		2.	Verletzte Person.		

(b) Abfindung des unmittelbar Verletzten[296]

461 Der Forderungsübergang auf die Arbeitsverwaltung erfolgt erst mit **Bewilligung** der Leistung. Nach der Rechtsprechung zu § 127 AFG a.F. (Fassung vor dem 1.7.1983) galt, dass eine vom Geschädigten unterzeichnete Abfindungserklärung, die keinen Vorbehalt hinsichtlich des Verdienstausfalles enthielt, dazu führte, dass die Arbeitsverwaltung wegen ihrer Aufwendungen (insbesondere Umschulungskosten) dann keinen Regress beim Ersatzpflichtigen mehr nehmen konnte, wenn im Zeitpunkt des Abfindungsvertrages die Leistung noch nicht bewilligt war.[297]

462 Diese Konsequenz aus der Abfindung gilt auch für Leistungen nach den Folgevorschriften des AFG im SGB III und SGB II, soweit Unfälle (vor allem Kinderunfälle und Spätschäden) abzuwickeln sind, die sich vor dem 1.7.1983 ereigneten.

463 *Beispiel 3.6:*
AS (* 1963) erlitt durch einen Unfall am 30.6.1983 schwere Beinverletzungen.
Im Jahre 2008 erkrankt der jetzt 45-jährige AS unfallbedingt und verliert seinen Arbeitsplatz. Ohne den Unfall hätte AS ein Nettoeinkommen von monatlich 2.000 EUR gehabt, die Arbeitsverwaltung zahlt seit dem 1.7.2008 Arbeitslosengeld (Bewilligungsbescheid v. 15.6.2008) in Höhe von 1.400 EUR und bewilligt am 14.12.2008 sodann eine Fortbildungsmaßnahme (Umschulung).
Die Ansprüche u.a. wegen Verdienstausfall sind durch Abfindungsvergleich mit dem Geschädigten im Jahre 1995 abgefunden worden.

Ergebnis:
Mit der Abfindung der Direktansprüche auf Ersatz von Verdienstausfallschaden im Jahre 1995 sind auch die Ansprüche der Arbeitsverwaltung (einschließlich der zum Verdienstausfall kongruenten Umschulung) erledigt.
Ein Forderungsübergang auf die Arbeitsverwaltung hätte frühestens mit Bewilligung von Arbeitslosengeld (Forderungswechsel am 15.6.2008) und hinsichtlich der Fortbildungsmaßnahme (Forderungswechsel am 14.12.2008) erfolgen können. Bis dahin waren die Ansprüche in der Hand des unmittelbar Verletzten.

---

296 Siehe auch *Jahnke* „Die vergleichsweise Erledigung von Schadensfällen" VersR 1995, 1145 (1155).
297 BGH v. 14.2.1984 – VI ZR 160/82 – DAR 1984, 289 = MDR 1984, 832 = VersR 1984, 482 = VRS 66,440 = zfs 1984, 204 (nur LS); BGH v. 23.3.1982 – VI ZR 293/80 – BGHZ 83, 245 = DB 1982, 2457 = MDR 1982, 570 = NJW 1982, 1763 = r+s 1982, 122 = VersR 1982, 646 = VRS 63, 34 = zfs 1982, 140; OLG Frankfurt v. 3.2.1983 – 1 U 112/82 – r+s 1984, 84 = VersR 1984, 484 = VRS 66, 271 = zfs 1984, 104; OLG Hamm v. 14.6.1982 – 13 U 103/81 – VersR 1983, 1061 = zfs 1984, 12; OLG Köln v. 25.6.1981 – 18 U 249/80 – VersR 1982, 780 = zfs 1982, 297 (Kein Forderungsübergang nach Abfindungsvergleich mit dem Geschädigten, sofern nicht der Reha-Träger beweist, dass der Haftpflichtversicherer positive Kenntnis vom gesetzlichen Forderungsübergang gehabt hat. Hat der Rechtsübergang noch nicht einmal stattgefunden, ist die Bösgläubigkeit des Haftpflichtversicherers ebenso ausgeschlossen wie der Gedanke an eine böswillige Vereitelung eines allenfalls zukünftig und möglicherweise einmal erwachsenen Anspruchs auf Aufwendungsersatz für Reha-Maßnahmen zugunsten des Geschädigten.); OLG Köln v. 29.10.1980 – 13 U 98/80 – zfs 1981, 366; LG Koblenz v. 22.6.1987 – 5 O 73/87 – VersR 1988, 923 (Anm. *Hartung* VersR 1988, 1195).

(4) Unfall ab dem 1.7.1983

(a) 1.7.1983 – 31.12.1997: § 127 AFG n.F.

> **§ 127 AFG n.F. – Übergang von Schadenersatzansprüchen auf die Bundesanstalt[298]**
>
> Für den Übergang von Schadenersatzansprüchen gilt § 116 SGB X entsprechend.

464

Der Forderungsübergang auf die Arbeitsverwaltung erfolgt erst für Unfälle ab dem 1.1.1998 nach § 116 SGB X (§ 116 X SGB X); für Unfälle in der Zeit vom 1.7.1983 bis 31.12.1997 gilt § 127 AFG a.F. (§ 426 SGB III), der (systemverändernd gegenüber § 127 AFG aF) auf § 116 SGB X verwies. § 426 SGB III bestimmt für ältere Fälle vor dem 1.1.1998 die Weitergeltung der früheren Bestimmungen des AFG.

465

§ 141 AFG wies die Ansprüche dem Bund und der für ihn handelnden Bundesanstalt für Arbeit zu. Der Forderungsübergang auf die Arbeitsverwaltung war nicht einheitlich geregelt:

466

- Nach § 127 AFG galt grundsätzlich § 116 SGB X entsprechend. Für die Gewährung von Kurzarbeitergeld war § 127 AFG anzuwenden, § 70 AFG.

467

- Hinsichtlich der Leistungen der Arbeitslosenhilfe erfolgt der Forderungsübergang nicht nach § 116 SGB X, § 127 AFG, sondern nach § 140 I AFG. Es bedurfte also der Überleitungsanzeige.[299]

468

- Nach § 70 AFG galt § 127 AFG und damit § 116 SGB X entsprechend: Der Forderungsübergang auf die Arbeitsverwaltung erfolgt somit zeitlich eher als auf den Arbeitgeber (§ 4 LFZG, § 6 EFZG), so dass, wenn ein entsprechender Verdienstausfallschaden des Verletzten gegeben ist, die Arbeitsverwaltung zuerst ihren Aufwand beim Schädiger geltend machen kann.[300]

469

(b) Ab 1.1.1998: § 116 SGB X

> **§ 116 SGB X – Ansprüche gegen Schadensersatzpflichtige**
>
> (10) Die Bundesagentur für Arbeit gilt als Versicherungsträger im Sinne dieser Vorschrift.

470

Die Vorschriften des Arbeitsförderungsgesetzes (AFG) (mit Ausnahme der Leistungsbestimmungen bei Zahlungsunfähigkeit des Arbeitgebers, die erst zum 1.1.1999 durch das SGB III ersetzt werden) wurden erst mit Wirkung zum 1.1.1998 durch das SGB III abgelöst.

471

Mit der Einfügung des § 116 X SGB X ist die Anwendung des § 116 SGB X (auch für Arbeitslosenhilfe, § 204 SGB III) im Übrigen klargestellt, so dass sich eine Anwendungsverweisung (früher: § 127 AFG n.F.) im SGB III erübrigt. Der Forderungsübergang vollzieht sich bei Schadenfällen nach dem 1.1.1998 daher unmittelbar gemäß § 116 SGB X.

472

---

298 Neufassung durch Art. II § 2 des „Sozialgesetzbuch (SGB) – Zusammenarbeit der Leistungsträger – v. 4.11.1982, BGBl I 1982, 1450 mit Wirkung zum 1.7.1983 (Art. II § 25).
299 BGH v. 19.9.1989 – VI ZR 344/88 – BB 1990, 216 (nur LS) = BGHZ 108, 296 = DB 1990, 1472 = MDR 1990, 144 = NJW 1989, 3158 = NJW-RR 1990, 37 = NZV 1990, 22 = r+s 1989, 402 (nur LS) = VersR 1989, 1212 = VRS 78,36 = zfs 1989, 407 (Vorinstanz OLG München v. 15.11.1988 – 5 U 6246/87 – VersR 1990, 544 = zfs 1990, 225).
300 Siehe BGH v. 3.4.1984 – VI ZR 253/82 – BG 1984, 720 = DAR 1984, 287 = MDR 1984, 1017 = NJW 1984, 2628 = r+s 1984, 194 = VersR 1984, 583 = VRS 68, 23 = zfs 1984, 175.

473 §§ 203, 204 SGB III wiesen bis zum 31.12.2004 die Ansprüche dem Bund und der für ihn handelnden Bundesagentur für Arbeit zu.

(c) Ab 1.8.2006: § 116 SGB X

474
> **§ 116 SGB X – Ansprüche gegen Schadensersatzpflichtige**
> (10) Die Bundesagentur für Arbeit und die Träger der Grundsicherung für Arbeitsuchende nach dem SGB II gelten als Versicherungsträger im Sinne dieser Vorschrift.

475 Erst zum 1.8.2006 hat der Gesetzgeber die Träger der Grundsicherung für Arbeitsuchende nach dem SGB II in die Legalzession aufgenommen. Bis dahin konnte ein Forderungsübergang nur per Abtretung erfolgen.

(d) Zeitpunkt

476 Nach § 127 AFG n.F. erfolgt der Forderungsübergang auf die Arbeitsverwaltung wie bei § 116 SGB X im Unfallzeitpunkt oder aber später mit der ersten Beitragsentrichtung. Die frühere Rechtslage (§ 127 a.F. AFG), wonach der Rechtsübergang erst mit Bewilligung der Leistung erfolgte, gilt seit dem 1.7.1983 nicht mehr fort.[301]

477 Auch soweit der Verletzte im Unfallzeitpunkt noch nicht beitragspflichtig zur Arbeitslosenversicherung war (z.B. Unfälle von Kindern, Schülern und Studenten, andere nichtsozialversicherungspflichtige Personen wie Beamte), ist ein Forderungsübergang auf die Bundesagentur für Arbeit für solche Leistungen, die **nicht von vorheriger Beitragszahlung** abhängig sind, trotz vorangegangener Abfindung des unmittelbar Verletzten unter bestimmten Voraussetzungen möglich, insbesondere dann, wenn bereits zum Zeitpunkt des Abfindungsvergleiches künftige Reha-Leistungen ernsthaft in Betracht zu ziehen waren.[302]

478 Der frühe Forderungsübergang beschränkt sich allerdings auf diejenigen Leistungen der Arbeitsverwaltung, die nicht von vorheriger Beitragszahlung abhängig sind (z.B. Weiterbildung, Umschulung). Soweit Leistungen die **vorherige Beitragsentrichtung** voraussetzen (z.B. Arbeitslosengeld), erfolgt der Forderungsübergang nicht vor Zahlung des ersten Beitrages an die Arbeitslosenversicherung.

479 Da der Forderungsübergang auf die Arbeitsverwaltung zu einem Zeitpunkt erfolgt, den in der Praxis eigentlich niemand voraussehen kann („**Orakel**"),[303] ist die außergerichtliche Regulierung von Unfallschäden für den Schadensersatzleistenden mit einem erheblichem Risiko behaftet, wenn beide Parteien (Verletzter, Ersatzpflichtiger) eine in die Zukunft gerichtete Erledigung gemeinsam anstreben oder der Verletzte auf einer Kapitalisierung besteht.[304]

---

301 BGH v. 20.9.1994 – VI ZR 285/93 – BGHZ 127,120 = BB 1995, 50 (nur LS) = DAR 1994, 493 = HVBG-Info 1995, 180 = MDR 1995, 366 = NJW 1994, 3097 = NZV 1994, 476 = r+s 1995, 19 = SP 1995, 9 = VersR 1994, 1450 = zfs 1994, 441; BGH v. 19.9.1989 – VI ZR 344/88 – BB 1990, 216 (nur LS) = BGHZ 108, 296 = DB 1990, 1472 = MDR 1990, 144 = NJW 1989, 3158 = NJW-RR 1990, 37 = NZV 1990, 22 = r+s 1989, 402 (nur LS) = VersR 1989, 1212 = VRS 78, 36 = zfs 1989, 407 (Vorinstanz OLG München v. 15.11.1988 – 5 U 6246/87 – VersR 1990, 544 = zfs 1990, 225).
302 Siehe dazu im Einzelnen: BGH v. 20.9.1994 – VI ZR 285/93 – BB 1995, 50 (nur LS) = DAR 1994, 493 = MDR 1995, 366 = NJW 1994, 3097 = r+s 1995, 15 = SP 1995, 9 = VersR 1994, 1450 = zfs 1994, 441.
303 Ein später angerufenes Gericht hat es hier mit seiner späteren Rückschau natürlich einfach.
304 Ähnliche Probleme bereitet der Forderungsübergang auf den Sozialhilfeträger, siehe Kap 3 Rn 706 f. Siehe auch Kap 14 Rn 12 ff.

ff. Arbeitsunfall

In den Fällen der **§§ 110f. SGB VII, §§ 640f. RVO** (grob fahrlässig herbeigeführter Arbeitsunfall) steht nur Sozialversicherungsträgern ein eigenes, auf Aufwendungsersatz gerichtetes Forderungsrecht zu. § 6b I 2 SGB II ändert hieran nichts.

Da Bundesagentur für Arbeit und Träger der Grundsicherung für Arbeitsuchende nach dem SGB II keine Sozialversicherungsträger sind (sondern als solche nur im Rahmen des § 116 SGB X gelten), können sie ihre Aufwendungen (u.a. unfallkausales Arbeitslosengeld) nicht nach §§ 110f. SGB VII, §§ 640f. RVO von einem Ersatzpflichtigen erstattet verlangen.[305]

c. Krankenkasse

aa. Krankengeld

Nach § 44 SGB V besteht bei Arbeitsunfähigkeit des Versicherten Anspruch auf Krankengeld.

Das Krankengeld beträgt seit dem 1.1.1997 70 %[306] des Regelentgeltes[307] (Einzelheiten zur Berechnung: § 47 SGB V). Es wird bis zu max. 30 Kalendertagen/Monat gezahlt (§ 47 I 7 SGB V). Nach § 47 II 1 SGB V ist für die Berechnung des Regelentgelts das vom Verletzten vor Beginn der Arbeitsunfähigkeit erzielte Einkommen zugrunde zu legen, welches dann – anders als nach § 47 V SGB V in der bis zum 1.7.2001 geltenden Fassung – nicht mehr nach oben angepasst wird.

(1) Bezug zu anderen Barleistungen

Nach § 50 II SGB V wird das Krankengeld u.a. um den Zahlbetrag der **Rente** wegen teilweiser oder völliger Erwerbsminderung, Berufsunfähigkeit oder der Teilrente wegen Alters aus der gesetzlichen Rentenversicherung oder der Knappschaftsausgleichsleistung gekürzt, wenn die Leistung von einem Zeitpunkt nach dem Beginn der Arbeitsunfähigkeit oder der stationären Behandlung an zuerkannt wird.

Für Bezieher von u.a. **Arbeitslosengeld** wird das Krankengeld in Höhe des Betrags des Arbeitslosengeldes (bis 31.12.2004 auch Arbeitslosenhilfe; abgelöst seit 1.1.2005 durch ALG II) gewährt, den der Verletzte zuletzt bezogen hat (§ 47b I SGB V). Ändern sich während des Bezuges von Krankengeld die für den Anspruch auf Arbeitslosengeld maßgeblichen Verhältnisse des Versicherten, so ist auf Antrag des Versicherten als Krankengeld derjenige Betrag zu gewähren, den der Versicherte als Arbeitslosengeld pp. erhalten würde, wenn er nicht erkrankt wäre. Änderungen, die zu einer Erhöhung des Krankengeldes um weniger als 10 % führen würden, werden nicht berücksichtigt (§ 47b I SGB V).

Nach § 47b SGB V ist als Krankengeld der Betrag der zuvor erbrachten Leistung des Arbeitsamtes zu zahlen. Zu beachten ist der fiktive Wechsel zur Arbeitslosenhilfe (bis

---

305 Siehe auch *Küppersbusch* S. 211 Fn 7 mit Hinweis auf die fehlende Einbeziehung bei § 158c IV VVG a.F.
306 BVerfG (2. Kammer des 1. Senates) v. 17.2.1997 – 1 BvR 1903/96 – NJW 1997, 2444 (Kürzung von 80 % auf 70 % ist verfassungsgemäß).
307 Das höchstmögliche Krankengeld bestimmt sich wie folgt: Beitragsbemessungsgrenze in der Krankenversicherung * 70 % / 360 Kalendertage = tägliches Bruttokrankengeld. Dieses Bruttokrankengeld ist sodann um die „Empfänger"-Anteile zur Arbeitslosen-, Pflege- und Rentenversicherung zu kürzen, um das Nettokrankengeld zu ermitteln.

31.12.2004) bzw. zum **ALG II**[308] (ab 1.1.2005) nach (fiktiver) Ausschöpfung des Zeitraumes für die Arbeitslosengeldzahlung. Seit dem 1.1.2005 wird Krankengeld in Höhe des ALG II-Bezuges nicht gewährt, in § 47b SGB V wurde das ALG II herausgenommen (Art. 4 Nr. 2a Verwaltungsvereinfachungsgesetz[309]). Hat ein ALG II-Bezieher dem Grunde nach Anspruch auf Übergangsgeld bei medizinischen Leistungen der gesetzlichen Renten- oder Unfallversicherung, erbringen die Leistungsträger nach dem SGB II ihre bisherigen Leistungen als Vorschuss auf die Leistungen der Rentenversicherung weiter, § 25 SGB II.

487 Der Krankenversicherer kann bei einem im Unfallzeitpunkt bereits Arbeitslosen das Krankengeld nur in Höhe und für die Zeit der Arbeitslosengeldzahlungen (bis 31.12.2004 auch Arbeitslosenhilfezahlungen) **regressieren**.[310]

(2) Beiträge

488 Vom Krankengeld werden Beiträge zur Arbeitslosen-, Pflege- und Rentenversicherung von der Krankenkasse (§ 345 Nr. 5 SGB III, § 59 II SGB XI, §§ 161, 176 I SGB VI) abgeführt. Der Beitragsbemessung sind 80 % des der Bemessung des Krankengeldes zugrunde liegenden Arbeitseinkommens zugrunde zu legen (§ 345 Nr. 4 SGB III, § 57 II SGB XI, § 166 I Nr. 2 SGB VI). Bei von der Pflichtmitgliedschaft befreiten Personen werden Beiträge zu berufsständischen Versorgungswerken zusätzlich zum Krankengeld nicht abgeführt.[311]

489 IdR teilen sich Sozialversicherter und Krankenkasse die Beiträge hälftig (Arbeitslosenversicherung: § 347 Nr. 5 SGB III; Pflegeversicherung: § 59 II SGB XI; Rentenversicherung: § 170 I Nr. 2 lit. a SGB VI). Ausnahmen (iSe verhältnismäßigen Mehrbelastung des Sozialversicherers) sind allerdings gesetzlich vorgesehen (zB: Arbeitslosenversicherung: § 347 Nr. 5 SGB III; Pflegeversicherung: § 59 II SGB XI; Rentenversicherung: § 170 I Nr. 2, II SGB VI, u.a. entspricht in der knappschaftliche Versicherung der Anteil des Versicherten dem Anteil des nicht-knappschaftlichen Versicherten).

490 Auch wenn das zu zahlende Krankengeld seit 1.1.1997 90 % des Nettoarbeitsentgeltes nicht überschreiten darf (§ 47 I 2 SGB V), gilt als Bemessungsgrundlage für die abzuführenden Sozialversicherungsbeiträge weiterhin das Brutto-Regelentgelt in Höhe von 80 %. Ist aber das Krankengeld auf das Nettoarbeitsentgelt begrenzt, so ist der Beitragsanteil für den Versicherten vom (niedrigeren) Nettoarbeitsentgelt zu berechnen. Die Differenz zum Gesamtbeitrag ist dann von der Krankenkasse zu tragen.

(3) Anspruchsbeschränkungen

491 Der Anspruch **ruht**, solange Anspruch auf Lohn-/Gehaltsfortzahlung[312] besteht, § 49 SGB V. Während der Dauer von Reha-Maßnahmen ruht der Anspruch in Höhe des (ge-

---

308 Siehe ergänzend Kap 3 Rn 416 ff.
309 Gesetz zur Vereinfachung der Verwaltungsverfahren im Sozialrecht (Verwaltungsvereinfachungsgesetz) v. 21.3.2005, BGBl I 2005, 818.
310 BGH v. 20.3.1984 – VI ZR 78/83 – VersR 1984, 862 = VRS 67, 3; BGH v. 20.3.1984 – VI ZR 14/82 – BB 1984, 1234 (nur LS) = BGHZ 90, 334 = DAR 1984, 257 = DB 1984, 2034 (nur LS) = MDR 1984, 658 = NJW 1984, 1811 = r+s 1984, 143 (nur LS) = VersR 1984, 639 = VRS 67, 178 = zfs 1984, 271 (nur LS). A.A.: OLG Karlsruhe v. 20.10.1982 – 1 U 135/82 – zfs 1983, 330.
311 BSG v. 14.2.2001 – B 1 KR 25/99 – NJW 2002, 1894 (Keine verfassungswidrige Benachteiligung, wenn während des Krankengeldbezuges keine Beiträge zur Alterssicherung abgeführt werden).
312 Auch: Anspruch auf Arbeitslosengeld, § 126 SGB III (§ 105b AFG) bzw. (bis 31.12.2004) Arbeitslosenhilfe, §§ 198 S. 2 Nr. 3, 126 SGB III (§ 134 AFG) für max. 6 Wochen (§ 49 I Nr. 3a SGB V).

genüber dem Krankengeld regelmäßig geringeren) Übergangsgeldes; der offene „Spitzbetrag" wird allerdings weiter als Krankengeld gewährt.

Wegen derselben Krankheit wird Krankengeld max. **78 Wochen** innerhalb eines Drei-Jahres-Zeitraumes, gerechnet vom Tag des Beginns der Arbeitsunfähigkeit (und nicht erst ab Beginn der Krankengeldzahlung), gezahlt (§ 48 I SGB V); ein erneutes Aufleben des Krankengeldanspruches ist möglich (§ 48 II, III SGB V). Der Krankengeldbezug endet insbesondere mit dem Beginn von Ruhegehaltsbezügen (insbesondere u.a. Erwerbsunfähigkeits- und Alters-Vollrente), § 50 I SGB V.

bb. Kinderkrankengeld (§ 45 SGB V)[313]

Nach § 45 SGB V haben Versicherte[314] Anspruch auf Krankengeld für längstens 10 Tage (§ 45 II SGB V, Alleinerziehende 20 Tage) bei Erkrankung eines (mitversicherten[315]) Kindes unter 12 Jahren, wenn eine andere haushaltsangehörige Person dieses nicht betreuen kann.

Die Übergangsfähigkeit dieser Sozialleistung ist zweifelhaft.[316] Krankengeld ist kongruent zum Verdienstausfall und nicht zu vermehrten Bedürfnissen. Grundsätzlich sind die infolge eines schädigenden Ereignisses zusätzlich erforderlichen Betreuungsaufwendungen als vermehrte Bedürfnisse ersatzfähig. Das Kind kann einen seinen Eltern durch die Betreuung entstandenen Verdienstausfall (ausschließlich) aus eigenem Recht als vermehrte Bedürfnisse geltend machen. Ein Forderungsübergang (Schadenersatzansprüche des Kindes!) nach § 116 SGB X auf den SVT entfällt m.E. aber, da der Anspruch auf Kinderkrankengeld keine Leistung an das Kind, sondern an dessen Eltern ist. Bei § 45 SGB V (auf den auch § 45 IV SGB VII verweist) handelt es sich um einen eigenen sozialversicherungsrechtlichen Leistungsanspruch der Eltern gegen die Krankenkasse: Das Kind hat zwar den Schaden, erhält aber keine Leistung; die Eltern erhalten zwar die Leistung, sind aber nicht unmittelbar Geschädigte.

M.E. ist diese Leistung an die Eltern mangels Kongruenz nicht zu erstatten. Bejaht man aber eine Kongruenz, muss dann der Direktanspruch des verletzten Kindes um den an den Sozialversicherer gezahlten Leistungsbetrag gekürzt werden. Auch wenn man die Ersatzfähigkeit nach § 116 SGB X grundsätzlich annimmt, bedarf es noch Feststellungen zum dann schadenrechtlichen finanziellen **Bedarf des Kindes** (und nicht der Eltern). Das Krankengeld richtet sich am Einkommen der Eltern aus, der unfallkausale Bedarf des Kindes (nahe liegend sind allenfalls Betreuungskosten) ist aber vom Einkommen der Eltern unabhängig.

---

313 Siehe auch Kap 3 Rn 593 ff.
314 Siehe BSG v. 31.1.1995 – 1 RK 1/94 – BSGE 76, 1 = NZS 1995, 363 = SGb 1995, 398 (Anm. *Schlenker*) (Für freiwillige Mitglieder können die gesetzlichen Krankenkassen in ihrer Satzung auch den Anspruch auf Kinderkrankenpflegegeld ausschließen oder zu einem späteren Zeitpunkt entstehen lassen).
315 BSG v. 31.3.1998 – B 1 Kr 9/96 R – *Breithaupt* 1999, 130 = NZS 1999, 29 = SGb 1998, 308 (Bleibt eine berufstätige Mutter zur Pflege ihres erkrankten Kindes zu Hause, besteht ein Anspruch auf Kinderkrankengeld nur dann, wenn neben der Betreuungsperson auch das betreute Kind in der gesetzlichen Krankenversicherung mitversichert ist. Da Ehemann und Kind privat krankenversichert waren, hatte die Mutter keinen Anspruch auf Kinderkrankengeld.).
316 *Küppersbusch* Rn 602 (zu Ziff. 4) bejaht die Kongruenz zu vermehrten Bedürfnissen des verletzten Kindes (siehe allerdings die in der 9. Aufl. nicht aufgegriffene Widersprüchlichkeit von *Wussow/Küppersbusch* [6. Aufl. 1996], S. 177 [Rn 459] mit der Begründung zur damals vergleichbaren Situation des Regresses der Pflegekasse [S. 204, Rn 520]); *Geigel-Plagemann* Kap 30 Rn 26 (Kongruenz zu vermehrten Bedürfnissen). Siehe auch *Küppersbusch* Rn 772 a.E., der jedenfalls den KV-Beitragsregress der Krankenkasse nach § 119 SGB X ablehnt.

496 Im Falle des Rooming-In gerade bei verletzten Kleinkindern kann ausnahmsweise auch Kongruenz zu den Besuchskosten (= Kongruenz zu Heilbehandlungskosten des Verletzten) bestehen. Dabei ist zur **Höhe** dann zu bedenken, dass Verdienstausfall (Netto-Ersatz) nur ausnahmsweise und in engen Grenzen bei den Besuchern zu ersetzen ist.[317]

497 Sozialversicherungsbeiträge auf das Kinderkrankengeld (einschließlich entgangene Krankenversicherungsbeiträge) bleiben beim Ersatz jedenfalls unberücksichtigt. Hier ist kein kongruenter Schaden des Kindes erkennbar, der nach §§ 116, 119 SGB X eingefordert werden könnte.

498 **Teilungsabkommen** enthalten teilweise vertragliche Bestimmungen zur Erstattung von Kinderkrankengeld.

499 Der **Beitragsregress** der Krankenkasse (§ 116 I 2 Nr. 2 SGB X) entfällt ebenso wie ein Regress des Rentenversicherers nach § 119 SGB X.[318]

cc. Forderungsübergang

(1) Cessio legis

500 Der Forderungsübergang auf die gesetzliche Krankenversicherung erfolgt in Abhängigkeit vom Tag des Schadenereignisses, korrigiert im Einzelfall durch die Begründung des Mitgliedschaftsverhältnisses.

501 **Übersicht 3.8: Überleitungsnormen zugunsten der Krankenversicherung**

Unfalldatum	Überleitungsnorm
bis 30.6.1983	§ 1542 RVO
ab 1.1.1983	§ 116 SGB X

502 Das Sozialversicherungsverhältnis muss grundsätzlich bereits im Unfallzeitpunkt bestanden haben.[319] Bestand das Sozialversicherungsverhältnis im Unfallzeitpunkt (noch) nicht (beispielsweise Kinder oder sonstige mitversicherte Familienangehörige, Beamte), erwirbt der Sozialversicherungsträger die Forderung erst mit **Beginn des Versicherungsverhältnisses**.[320]

(2) Forderungsübergang bei Mitversicherung

503 Kinder oder Ehegatten haben als mitversicherte Personen (§ 10 V SGB V) nur einen beschränkten Leistungsumfang der Krankenkasse zu erwarten. Der Forderungsübergang nach § 116 SGB X erfasst zwar grundsätzlich auch künftig erst entstehende Leistungsverpflichtungen eines Sozialversicherers (z.B. spätere Erwerbsminderungsrente), solange die Entstehung solcher Leistungspflichten nur nicht völlig unwahrscheinlich erscheint.[321] Ist der Verletzte als Kind oder Ehegatte zum Unfallzeitpunkt (nur) mitversicherte Person in der Krankenversicherung seiner Eltern oder seines Partners, **beschränkt** sich der Forde-

---

317 Dazu *Jahnke* in Anwalts-Handbuch Verkehrsrecht, Teil 4 Rn 89 ff.
318 *Küppersbusch* Rn 772.
319 BGH v. 24.2.1983 – VI ZR 243/80 – BG 1984, 517 = LM § 212 RVO Nr. 2 = MDR 1983, 743 = NJW 1983, 1912 = r+s 1983, 96 = VersR 1983, 536 = zfs 1983, 236 (nur LS).
320 BGH v. 4.10.1983 – VI ZR 194/81 – r+s 1984, 27 = VersR 1984, 136 = VRS 66,111; OLG Nürnberg v. 23.11.1977 – 4 U 18/77 – VersR 1980, 1069.
321 Siehe Kap 3 Rn 378.

rungsübergang auf die Krankenkasse aber auf diejenigen Leistungen, die einer mitversicherten Person zustehen.[322]

Wird eine in der Krankenversicherung lediglich mitversicherte Person (vor allem Ehegatte, Kind) **abgefunden**, ist bei späterer Begründung seines eigenen (freiwillig oder pflichtig begründeten) Krankenversicherungsverhältnisses zu differenzieren zwischen denjenigen Leistungen, die für Mitversicherte erbracht werden und denjenigen, die nur einem („Haupt")Versicherten zustehen (wie Krankengeld). Nur soweit Mitversicherte Leistungen beanspruchen können, kann die Krankenkasse auch nach Begründung einer eigenen Mitgliedschaft Ersatzansprüche geltend machen.

504

Bei Wechsel von Familienmitversicherung zu eigener Mitgliedschaft gelten Aspekte der **Rechtsnachfolge**.[323]

505

Beispiel 3.7:
A erlitt als Kind durch einen Unfall am 30.6.1995 schwere Beinverletzungen. Zum Unfallzeitpunkt ist A über seinen Vater bei der AOK krankenversichert (Familienmitversicherung). Am 4.1.2002 werden die Direktansprüche des A durch Abfindungsvergleich endgültig erledigt.
1. Die AOK zahlt für eine Heilmaßnahme im Juni 2004 1.000 EUR.
2. Nach Abschluss seiner Ausbildung und Aufnahme einer Tätigkeit wird A selbstständiges Mitglied (versicherte Person) in der BKK. Anlässlich einer weiteren Behandlung im Jahre 2008 zahlt die BKK Heilmaßnahmen i.H.v. 10.000 EUR und Krankengeld i.H.v. 12.000 EUR.

506

Ergebnis:
1. Die AOK erhält, da der Forderungsübergang weiterhin greift, 1.000 EUR erstattet. Heilbehandlungskosten werden auch für Mitversicherte getragen, die Abfindung konnte die Forderungsinhaberschaft der AOK daher nicht beeinträchtigen.
2. Die Abfindung des A zum Schadenersatzbereich „Verdienstausfall" (in der vorbehaltlosen Abfindung am 4.1.2002 enthalten) führt dazu, dass die BKK später Regress
   a) zwar für Heilbehandlung (10.000 EUR) nehmen kann, da hier die Abfindung die Forderungsinhaberschaft der AOK (und damit der BKK als unmittelbarer Rechtsnachfolgerin der AOK) nicht beeinträchtigen konnte,
   b) nicht aber für Krankengeld (12.000 EUR).

d. Pflegeversicherung

Leistungen der Pflegeversicherung können Entgeltcharakter beim Verletzten haben.[324]

507

Ein Forderungsübergang auf den Pflegeversicherer ist in der Praxis derzeit nicht erkennbar, wohl aber ein Regress nach § 119 SGB X.[325]

508

---

322 BGH v. 9.1.1990 – VI ZR 86/89 – FamRZ 1990, 366 (nur LS) = MDR 1990, 614 = NJW-RR 1990, 344 = SGb 1991, 452 (Anm. *Müller*) = VersR 1990, 437 = zfs 1990, 188 (nur LS) (Kind), BGH v. 22.3.1983 – VI ZR 13/81 – BG 1985, 48 = MDR 1983, 836 = r+s 1983, 141 (nur LS) = VersR 1983, 724 (Ehegatte).
323 BGH v. 22.3.1983 – VI ZR 13/81 – BG 1985, 48 = MDR 1983, 836 = r+s 1983, 141 (nur LS) = VersR 1983, 724; BSG v. 26.7.1979 – 8b/3 RK 70/78 – BKK 1980, 73 = ErsK 1979, 535 = FEVS 31,85 = USK 79124.
Siehe auch Kap 14 Rn 36.
324 Kap 2 Rn 194 ff.
325 Kap 2 Rn 196 ff.; Kap 3 Rn 938 ff.

509 Bedeutsame Daten für die Pflegeversicherung sind:

Übersicht 3.9: Überleitungsnormen und Rechtsänderungen bei der Pflegeversicherung

Datum	Überleitungsnorm
bis 30.6.1983	§ 1542 RVO
ab 1.1.1983	§ 116 SGB X
1.1.1989 bis 31.3.1995	Gewährung von häuslicher Pflegehilfe bei Schwerpflegebedürftigkeit (§§ 53 ff. SGB V)
ab 1.1.1995	Einführung der Pflegeversicherung (SGB XI)
ab 1.4.1995	Erstmalige Gewährung von Leistungen aus der Pflegeversicherung

e. Rentenversicherer

aa. Arbeitsunfähigkeit

510 Verliert ein Verletzter wegen unfallbedingt eingetretener Erwerbsunfähigkeit den Anspruch auf Leistungen der Arbeitsverwaltung (Arbeitslosengeld, Arbeitslosenhilfe/ALG II, ist dieses dem Verdienstausfallschaden zuzuordnen.[326] Wird ein bereits Berufsunfähiger unfallbedingt nunmehr erwerbsunfähig, hat der Schädiger etwaige Rentenschäden zu ersetzen.[327]

bb. Übergangsgeld (§§ 20 ff. SGB VI)

511 Nach § 20 I SGB V besteht bei vom Rentenversicherer getragenen berufsfördernden Reha-Maßnahmen für arbeitsunfähige Versicherte Anspruch auf Übergangsgeld. Das Übergangsgeld wird während der Dauer der Reha-Maßnahme gezahlt.

512 Höhe und Berechnung des Übergangsgeldes richten sich nach § 21 SGB VI, §§ 44 – 54 SGB IX.[328] Teilweise zahlt neben dem Rentenversicherer die Krankenversicherung Spitzbeträge als Krankengeld (vgl. § 49 I Nr. 3 SGB VI).

513 Vom Übergangsgeld werden Beiträge zur Arbeitslosen- (§ 345 Nr. 5 SGB III), Pflege- (§ 57 I SGB XI, 235 SGB V), Kranken- (§ 235 SGB V) und Rentenversicherung (§ 163 V SGB VI) vom Rentenversicherer (§ 176 I SGB VI) abgeführt. Die Beitragsbemessungsgrundlage beträgt seit 1.1.1995 80 % des der Lohnersatzleistung zugrundeliegenden Arbeitsentgeltes.

cc. Renten

514 Renten aus der gesetzlichen Rentenversicherung werden gewährt wegen Alters, verminderter bzw. aufgehobener Erwerbsfähigkeit oder Tod.

---

326 BGH v. 20.3.1984 – VI ZR 78/83 – VersR 1984, 862 = VRS 67, 3; BGH v. 20.3.1984 – VI ZR 14/82 – BB 1984, 1234 (nur LS) = BGHZ 90, 334 = DAR 1984, 257 = DB 1984, 2034 (nur LS) = MDR 1984, 658 = NJW 1984, 1811 = r+s 1984, 143 (nur LS) = VersR 1984, 639 = VRS 67, 178 = zfs 1984, 271 (nur LS); OLG Köln v. 13.1.2000 – 7 U 137/99 – OLGR 2000, 295 = VersR 2000, 869 (nur LS) (Verlust der Arbeitslosenhilfe infolge Untersuchungshaft eines später freigesprochenen Beschuldigte stellt einen von der Entschädigungspflicht erfassten Vermögensschaden i.S.v. § 7 I StrEG dar, der dann auch nach § 116 SGB X auf den Sozialhilfeträger übergeht).

327 OLG Hamm v. 21.9.1994 – 13 U 64/94 – r+s 1995, 258.

328 Durch Art. 6 Nr. 17, 18 des „Sozialgesetzbuch – Neuntes Buch – (SGB IX) Rehabilitation und Teilhabe behinderter Menschen" v. 19.6.2001 BGBl I 2001, 1046 wurden die Regeln der Rentenversicherung zum Übergangsgeld (§§ 20 – 27 SGB VI a.F.) mit Wirkung zum 1.7.2001 in das SGB IX übertragen.

Renten an Hinterbliebene sind ausschließlich kongruent zum Unterhaltsschaden. Sie können daher vom Rentenversicherer (oder einem sonstigen Drittleistungsträger wie Unfallversicherung oder beamtenrechtlicher Versorgungsträger) auch dann nicht im Regresswege vom Haftpflichtigen zurückgefordert werden, wenn die Verletzung eines Empfängers von Hinterbliebenenrenten oder Hinterbliebenenversorgung zu einer höheren Hinterbliebenenrente (wegen Wegfalles oder Reduktion des anzurechnenden Einkommens) oder zu einer Verlängerung der Hinterbliebenenrentenzahlung (wegen Verzögerung in der Ausbildung) führt.[329]

(1) Voraussetzungen der Rentengewährung

Grundvoraussetzung für alle Renten aus der gesetzlichen Rentenversicherung ist die Erfüllung einer Wartezeit, im Einzelnen geregelt in §§ 50, 51 – 53 SGB VI:

- Die **allgemeine Wartezeit** (z.B. für einen Anspruch auf Rente wegen Erwerbsminderung und für Hinterbliebene) beträgt 5 Jahre (§ 50 I SGB VI).

- Die allgemeine Wartezeit ist **vorzeitig** erfüllt bei Vorliegen eines Arbeitsunfalls oder einer Wehr-/Zivildienstbeschädigung (§ 53 I SGB VI), ferner, wenn der Versicherte vor Ablauf von 6 Jahren nach Beendigung einer Ausbildung erwerbsunfähig geworden ist bzw. starb und in den letzten 2 Jahren vorher mindestens 1 Jahr mit Pflichtbeiträgen belegt ist (§ 53 II SGB VI).[330]

- Bei Vorliegen eines Arbeits(Wege)unfalles ist zusätzlich erforderlich, dass der Versicherte im Zeitpunkt des Ereignisses versicherungspflichtig gewesen sein muss oder in den letzten 2 Jahren vor dem Arbeitsunfall mindestens 1 Jahr mit Pflichtbeiträgen belegt hatte, § 53 I 2 SGB VI.

- Weitere Voraussetzung ist in allen Fällen, dass der Betreffende bei Eintritt des Versicherungsfalles „**Versicherter**" gewesen ist.

Diese Eigenschaft ist erfüllt, wenn mindestens ein rechtswirksamer, auf die Wartezeit des zu beurteilenden Rentenanspruches anrechenbarer Beitrag vorliegt. Auch Kindererziehungszeiten sind Pflichtbeitragszeiten.

(2) Vorgezogene Renten[331]

Zu den vorgezogenen Renten („Frührenten") zählen die Renten wegen verminderter Erwerbsfähigkeit und Knappschaftsausgleichsleistung bis zur Vollendung des 65. Lebensjahres (§ 33 I, III SGB VI).

Vorgesehen sind Renten wegen teilweiser Erwerbsminderung (§§ 33 III Nr. 1, 43 SGB VI n.F.), wegen voller Erwerbsminderung (§ 33 III Nr. 2 SGB VI n.F.) sowie nach den Übergangsvorschriften (5. Kapitel des SGB VI) die bislang bekannten Berufs- (§ 240 SGB VI), Erwerbsunfähigkeits- (§ 241 SGB VI) und Bergmannsrenten (§§ 239a, 242 SGB VI), § 33 III Nrn. 3 – 5 SGB VI n.F.

(a) Rente wegen teilweiser Erwerbsminderung (§§ 33 III Nr. 1, 43, 240 SGB VI)

Bis zum 31.12.2000 wurden **Berufsunfähigkeitsrenten** gewährt. Berufsunfähig war derjenige, dessen Erwerbsfähigkeit krankheitsbedingt weniger als 50 % derjenigen eines

---

329 Siehe auch Kap 6 Rn 30.
330 Im Fall des § 53 II SGB VI ist für den Eintritt der Erwerbsunfähigkeit oder des Todes ein „Unfall" nicht gefordert, er kann (muss aber nicht!) Ursache für einen Rentenanspruch sein.
331 Zum Thema: *Stichnoth/Wiechmann* DAngVers 2001, 1.

Versicherten mit ähnlicher Ausbildung oder gleichwertigen Fähigkeiten bzw. Kenntnissen beträgt. Berufsunfähig war nicht, wer (unabhängig von der Arbeitsmarktlage)[332] eine Tätigkeit vollschichtig ausüben kann (Beispiel: Pförtner), § 43 II 4 SGB VI a.F. Für Altfälle gewährt aus dem Aspekt des Vertrauensschutzes § 240 SGB VI weiterhin Berufsunfähigkeitsrenten.

525 Seit dem 1.1.2001 werden **Teil-Erwerbsminderungsrenten** nach § 33 III Nr. 1, 43 I SGB VI gezahlt. Teilweise erwerbsgemindert ist derjenige, der wegen Krankheit oder Behinderung auf nicht absehbare Zeit außerstande ist, unter den üblichen Bedingungen des allgemeinen Arbeitsmarktes mindestens 6 Stunden täglich erwerbstätig zu sein; dabei ist die jeweilige Arbeitsmarktlage nicht zu berücksichtigen (§ 43 I 2, III SGB VI).

526 Renten wegen verschlossenen Teilzeitarbeitsmarktes sind grundsätzlich nach § 102 II SGB VI zu befristen.

(b) Erwerbsunfähigkeitsrente (§§ 33 III Nr. 2, 44, 241 SGB VI)

527 Voll erwerbsunfähig ist derjenige, der krankheits- oder behinderungsbedingt auf nicht absehbare Zeit außerstande ist, eine Erwerbstätigkeit unter den üblichen Bedingungen des allgemeinen Arbeitsmarktes (unabhängig von der Arbeitsmarktlage, § 43 III SGB VI) mindestens 3 Stunden täglich erwerbstätig zu sein, § 43 II 2 SGB VI. Voll erwerbsgemindert können auch Personen sein, die wegen Art oder Schwere der Behinderung nicht auf dem allgemeinen Arbeitsmarkt tätig sein können (§ 43 I 3 SGB VI).

528 Als erwerbsunfähig galt bis 31.12.2000 derjenige nicht, der eine **selbstständige Tätigkeit** ausübte (§ 44 II 2 Nr. 1 SGB VI a.F.). Das Vorliegen von Selbstständigkeit steht seit dem 1.1.2001 der Rente wegen voller Erwerbsminderung nicht mehr entgegen; eine Rente wegen Berufsunfähigkeit konnte bereits vor dem 1.1.2001 an den Selbstständigen gezahlt werden.

529 **(c) Bergmannsrente (§§ 33 III Nr. 3, 45, 242 SGB VI)**

(3) Altersrente (§§ 33 II, 35 ff. SGB VI)

530 Regelaltersrente (§ 35 SGB VI) erhält, wer die Wartezeit erfüllt und das 65. Lebensjahr[333] vollendete. Frauen haben mit Vollendung des 60. Lebensjahres Anspruch hierauf, wenn eine Wartezeit von 15 Jahren erfüllt ist und seit Vollendung des 40. Lebensjahres mehr als 10 Jahre an Pflichtbeitragszeiten vorliegen (§ 39 SGB VI).

531 Langjährig Versicherte erhalten bei Erfüllung der Wartezeit von 35 Jahren mit Vollendung des 62. Lebensjahres Altersrente (§ 36 SGB VI).

532 Schwerbehinderte (§ 2 II SGB IX:[334] GdB beträgt 50 % oder mehr), Arbeitslose[335] sowie Tätige nach dem Altersteilzeitgesetz können ebenfalls, wenn die weiteren Voraussetzun-

---

[332] BSG v. 19.12.1996 – GS 1/96 – SGb 1998, 20 (Es ist nicht Aufgabe der Rentenversicherung, eine Erwerbs- oder Berufsunfähigkeitsrente nur deswegen zu gewähren, weil der Arbeitsmarkt den Betroffenen – insbesondere ältere Arbeitnehmer, die nur noch eingeschränkte Arbeiten ausführen können – verschlossen ist. Für diese Betroffenen ist die Arbeitsverwaltung zuständig); in gleichem Sinne: BSG v. 19.12.1996 – GS 2/95 – BSGE 80, 24 = NZS 1997, 421 = NJW 1997, 3046 (nur LS).

[333] EuGH v. 14.3.2000 – Rs. C-102/98 – und – Rs. C-211/98 – DB 2000, 678 (Entscheidend gerade für türkische Arbeitnehmer ist dasjenige Geburtsdatum, dass bei der ersten Anmeldung bei einem Sozialversicherer angegeben wurde. Nachträgliche Änderungen des Geburtsdatums werden bei der Bemessung und Gewährung der Altersrente oder der Zulassung zum vorgezogenen Ruhestand nicht berücksichtigt. Ein anderes Geburtsdatum wird nur berücksichtigt, wenn es sich aus einer Urkunde ergibt, deren Original vor dem Zeitpunkt dieser Angabe ausgestellt worden ist.).

[334] Nicht jedoch gleichgestellte behinderte Menschen i.S.v. § 2 III SGB IX.

gen erfüllt sind, ab dem 63. Lebensjahr Altersrente beanspruchen (§ 37 SGB VI; Vertrauensschutz wird für vor dem 1.1.1951 geborene Personen durch § 236a SGB VI gewährleistet).

Die Altersrente kann ab dem 1.1.1992 als Voll- oder Teilrente in Anspruch genommen werden (§ 42 SGB VI). Bei Gewährung als Teilrente sind die Hinzuverdienstgrenzen nach § 34 SGB VI zu beachten.

533

Die Altersrente ist der Rentenversicherung nicht zu ersetzen (Ausnahme: Hinterbliebenenrente). So kann der Rentenversicherungsträger wegen einer auf das 63. Lebensjahr vorgezogenen Altersrente keinen Regress nehmen, obwohl andererseits der Verletzte sich bei der Berechnung seines Verdienstausfallschadens die Altersrente anrechnen lassen muss.[336]

534

dd. Zuschüsse zu den Aufwendungen für die Kranken- und Pflegeversicherung (§§ 106, 106a SGB VI)

Rentenbezieher, die freiwillig in der gesetzlichen Kranken- oder Pflegeversicherung oder bei einem privaten Kranken- oder Pflegeversicherer versichert sind, erhalten auf Antrag einen Zuschuss, §§ 106, 106a SGB VI.

535

Der Zuschuss zur gesetzlichen Krankenversicherung (**KVdR**) (§ 106 SGB VI) berechnet sich nach dem durchschnittlichen allgemeinen Beitragssatz der Krankenkassen auf den Zahlbetrag der Rente. Der Zuschuss beträgt hiervon 50 %.

536

Der Zuschuss zur gesetzlichen Pflegeversicherung (**PVdR**) (§ 106a SGB VI, § 23 I Nr. 1 lit. e SGB I) ist vollständig gestrichen mit Wirkung **ab 1.4.2004**, Art. 13 IV des 2. SGB VI-Änderungsgesetzes. Die Beiträge aus der Rente der gesetzlichen Rentenversicherung trägt das Mitglied allein (§ 59 I SGB XI); gleiches gilt u.a. für Altersrenten in der Landwirtschaft.

537

ee. Fremdrentenrecht[337]

> **§ 22b FRG**
>
> (1) ¹Für anrechenbare Zeiten nach diesem Gesetz werden für Renten aus eigener Versicherung und wegen Todes eines Berechtigten insgesamt höchstens 25 Entgeltpunkte der allgemeinen Rentenversicherung zugrunde gelegt. ²Hierbei sind zuvor die Entgeltpunkte der

538

---

335 BSG v. 12.12.1995 – 5 RJ 26/95 – SGb 1996, 166 = WI 1996, 140 (Vorgezogene Altersrente wird nur bei Arbeitslosigkeit in Deutschland, nicht aber im Ausland gewährt).
336 BGH v. 10.11.1981 – VI ZR 262/79 – BG 1982, 427 = DAR 1982, 124 = DB 1982, 900 = JuS 1982, 706 = MDR 1982, 395 = NJW 1982, 984 = r+s 1982, 52 = VersR 1982, 166 = VRS 62, 242 = zfs 1982, 107. Siehe allerdings auch BGH v. 11.3.1986 – VI ZR 64/85 – DAR 1986, 220 = MDR 1986, 745= NJW 1986, 2762 = r+s 1986, 207 = VersR 1986, 812 = VRS 41, 111 = zfs 1986, 267 (Das einem unfallbedingt Schwerbehinderten nach Vollendung des 60. Lebensjahres zu zahlende vorgezogene Altersruhegeld wird zum Ausgleich unfallbedingter Erwerbseinbußen geleistet, so dass das die für den Anspruchsübergang vorausgesetzte Kongruenz gegeben ist). Vgl. OLG Bamberg v. 11.7.1995 – 3 U 214/93 – HVBG-Info 1996, 2508 = NZV 1996, 316 = VersR 1997, 71 = VRS 91 (1996), 321 (Erhöht sich die mit 20 % anzusetzende Behinderung aus einem Verkehrsunfall durch spätere unfallabhängige Schäden 10 Jahre nach dem Unfall auf 50 % und wird deshalb vorzeitiges Altersruhegeld nach § 1248 I RVO gewährt, so hat der für den Unfall Verantwortliche dem Rentenversicherungsträger hierfür Ersatz zu leisten, wenn die unfallbedingte Schädigung für die Feststellung der Schwerbehinderung mitursächlich war und dies nicht auf einer ungewöhnlich groben Fehleinschätzung beruht.).
337 Zum Fremdrenten- und Vertriebenenrecht siehe bei *Aichberger* „Sozialgesetzbuch", Nr. 6/50 – 6/53.

> knappschaftlichen Rentenversicherung mit dem Wert 1,3333 zu multiplizieren. ³Entgeltpunkte aus der Rente mit einem höheren Rentenartfaktor sind vorrangig zu berücksichtigen.
>
> (2) Die Entgeltpunkte einer Rente mit anrechenbaren Zeiten nach diesem Gesetz werden ermittelt, indem die Summe aller Entgeltpunkte um die Entgeltpunkte vermindert wird, die sich ohne Berücksichtigung von anrechenbaren Zeiten nach diesem Gesetz ergeben.
>
> (3) ¹Bei Ehegatten, Lebenspartnern und in einer eheähnlichen Gemeinschaft lebenden Berechtigten, deren jeweilige Renten nach den Absätzen 1 und 2 festgestellt worden sind, werden höchstens insgesamt 40 Entgeltpunkte zugrunde gelegt. ²Diese werden auf die Renten in dem Verhältnis aufgeteilt, in dem die sich nach Anwendung von den Absätzen 1 und 2 jeweils ergebenden Entgeltpunkte zueinander stehen, höchstens jedoch 25 Entgeltpunkte für einen Berechtigten.

539 Das Fremdrentenrecht führt häufig zu Barleistungen entsprechend einem hypothetischen inländischen Versicherungsverlauf. Die anrechenbaren Zeiten bei Aussiedlern wurden im Rahmen des RV-Nachhaltigkeitsgesetzes[338] begrenzt und nennenswert reduziert, abstellend auf den Stichtag 7.5.1996 (Art. 15 III RV-Nachhaltigkeitsgesetz), § 22b FRG.[339]

540 Gerade **Aussiedler** (aber nicht nur diese) aus dem Bereich der ehemaligen UdSSR (aber nicht nur diese) können unerwartet hohe Ansprüche auf Barleistungen aus der deutschen Sozialversicherung (Rentenversicherung, Arbeitsverwaltung, Kranken- und Pflegekasse) erhalten. Ob der Verletzte/Getötete dem problematischen Personenkreis angehört, lässt sich manchmal bereits aus der Ermittlungsakte (Geburtsort) entnehmen. Bei Unfällen mit Verletzten/Getöteten aus diesem Personenkreis ist stets aufzuklären, ob **Leistungen** aus der deutschen (oder ausländischen) **Sozialversicherung** bezogen werden (bzw. bezogen werden können) oder beantragt sind. Da anstelle von Sozialhilfeleistungen dann Ansprüche aus einer Sozialversicherung bestehen können, sollten auch entsprechende Hinweise an den Verletzten erfolgen.

541 Häufig absolvieren die Aussiedler in der ersten Zeit nach der Einreise einen Deutsch-Kurs. Die Teilnahme an diesem Kurs und die Wege in diesem Zusammenhang stehen unter gesetzlichem **Unfallversicherungsschutz** („Schulunfall", zum Jahresarbeitsverdienst siehe § 8a FRG[340]). Weiter wird nicht selten zugleich Übergangsgeld gezahlt mit der Konsequenz, dass gleichzeitig Vorversicherungszeiten im rentenrechtlichen Sinne existieren (u.a. wichtig für den Anspruch auf Erwerbsminderungsrente).

ff. Unterbringung in beschützender Werkstatt[341]

542 Wird ein Verletzter in einer beschützenden Werkstatt untergebracht, sind erhebliche rentenrechtliche Auswirkungen zu beachten, da die in einer beschützenden Werkstatt untergebrachten Personen während ihrer Unterbringung („Tätigkeit") dort nach § 1 S. 1 Nrn. 2, 3 SGB VI rentenpflichtversichert sind und somit eine eigenständige rentenrechtliche Versorgung aufbauen.

543 Der an den Rentenversicherer abzuführende Beitrag orientiert sich zwar zunächst am (regelmäßig relativ niedrigen) Arbeitsentgelt (§ 14 SGB IV) in der beschützenden Werkstatt,

---

338 Gesetz zur Sicherung der nachhaltigen Finanzierungsgrundlagen der gesetzlichen Rentenversicherung (RV-Nachhaltigkeitsgesetz) v. 26.6.2004, BGBl I 2004, 1791.
339 BVerfG v. 13.6.2006 – 1 BvL 9/00, 1 BvL 11/00, 1 BvL 12/00, 1 BvL 5/01, 1 BvL 10/04 – BGBl I 2006, 1704 = BVerfGE 116, 96 = NJW 2007, 1581 (nur LS) = NVwZ 2007, 437 = NZS 2007, 253 (Die reduzierte Berücksichtigung von Beitragszeiten aufgrund des FRG ist verfassungsrechtlich nicht zu beanstanden. Es bedarf jedoch einer Übergangsregelung für in 1996 bereits rentennahe Jahrgänge.).
340 Abgedruckt bei *Aichberger* „Sozialgesetzbuch", Nr. 6/50.
341 Siehe ergänzend Kap 3 Rn 1098 ff.

beträgt aber stets mindestens 80 % der monatlichen Bezugsgröße (§ 162 Nr. 2, 2a SGB VI). Aufgrund der Dynamik der Bezugsgröße (§ 18 SGB IV) steigt der rentenbegründende Beitrag an den Rentenversicherer.

Da es sich um rentenbegründende Beiträge handelt, erwirbt der untergebrachte Verletzte damit Ansprüche auf Altersrente (i.d.R. eine vorgezogene Rente wegen Schwerbehinderung). 544

Trotz vorbestehender schwerer Arbeitsbehinderung erwächst insbesondere in jungen Jahren verletzten Personen ein Anspruch auf Erwerbsminderungsrente. Nach §§ 43 VI, 50 II SGB VI haben solche Versicherte, die bereits vor Erfüllung der allgemeinen Wartezeit (§ 50 I SGB VI: 5 Jahre) erwerbsunfähig waren und seitdem ununterbrochen erwerbsunfähig sind, Anspruch auf volle Erwerbsminderungsrente, wenn sie die Wartezeit von 20 Jahren bis zum Antrag erfüllen. Das gilt auch und vor allem dann, wenn der durch ein Unfallgeschehen Verletzte zuvor noch nicht rentenversichert war. Ein Anspruch auf Teilerwerbsminderungsrente ist nicht vorgesehen. 545

Neben dem Bezug der Erwerbsminderungsrente bestehen Hinzuverdienstmöglichkeiten. 546

Die vom Träger der Werkstatt erbrachten Barleistungen („Lohn") sind diesem Träger ebenso wenig zu erstatten wie die von ihm im übrigen zu erbringenden Sozialversicherungsabgaben. Insofern fehlt es an einem Schaden, der auf den Werkstatt-Träger übergegangen ist. Die (erhöhten) Sozialabgaben stellen sich als mittelbarer Schaden dar. Dem Träger sind die Unterbringungskosten einschließlich der Transportkosten zur Werkstatt (Kongruenz zu den vermehrten Bedürfnisse des Verletzten) zu erstatten, gekürzt allerdings um den Vorteilsausgleich (z.B. Unterkunft, Mahlzeiten, Kleidung). 547

Übersicht 3.10: Behindertenwerkstatt und Sozialversicherung 548

Sozialversicherung	Sozialversicherungspflicht	Bemessungsgröße	Alleinige Kostentragung	Erstattung durch
AV	§ 344 III SGB III	§ 344 III SGB III: 20 % BZG	§ 346 II SGB III: Arbeitgeber	
KV	§ 5 I Nr. 7 SGB V	§ 235 III SGB V: 20 % BZG	§ 251 II 1 SGB V: Träger der Einrichtung	§ 251 II 2 SGB V: für die behinderten Menschen zuständiger Leistungsträger
PV	§ 20 I Nr. 7 SGB XI	§ 57 I SGB XI i.V.m. § 235 III SGB V: 20 % BZG	§ 59 I 1 SGB XI i.V.m. § 251 II 1 SGB V: Träger der Einrichtung:	§ 59 I 1 SGB XI i.V.m. § 251 II 2 SGB V: für die behinderten Menschen zuständiger Leistungsträger
RV	§ 1 S. 1 Nrn. 2, 3 SGB VI	§ 162 Nrn. 2, 2a SGB VI: 80 % BZG	§ 168 I Nrn. 2, 2a SGB VI: Träger der Einrichtung	§ 179 I 1 SGB VI: Bund

gg. Forderungsübergang

Der Forderungsübergang auf den gesetzlichen Rentenversicherer erfolgt in Abhängigkeit vom Tag des Schadenereignisses. Frühestens mit Zahlung des ersten RV-Beitrages erwirbt der Rentenversicherer die Schadenersatzforderung. 549

550 **Übersicht 3.11: Überleitungsnormen zugunsten der Rentenversicherung**

Unfalldatum	Überleitungsnorm
bis 30.6.1983	§ 1542 RVO
ab 1.1.1983	§ 116 SGB X

f. Unfallversicherung

aa. Unfallversicherungsschutz

(1) Vorbemerkung

551 Der Umstand, ob ein Unfall als Arbeitsunfall, Arbeitswegeunfall oder aufgrund besonderer Umstände (z.B. Nothilfe) in den Zuständigkeitsbereich der gesetzlichen Unfallversicherung fällt, hat erhebliche Bedeutung für die Schadenregulierung:

552 ▪ Gefahren für andere Sozialversicherer oder **Leistungsträger**

553 ▪ Es werden Leistungen durch einen Träger erbracht, der hierzu letztlich nicht verpflichtet ist (z.B. Krankenkasse, Arbeitsamt).

554 ▪ Gefahren für **Schadenersatzpflichtigen** bzw. dessen Haftpflichtversicherung

555 ▪ Leistungen werden an Drittleistungsträger gezahlt, die nicht Forderungsinhaber sind.

556 ▪ Zu hohe Leistungen werden an den unmittelbar Geschädigter erbracht.

557 ▪ Die Haftungsersetzung (§§ 104 ff. SGB VII) wird nicht beachtet.

558 ▪ Gefahren für den **Geschädigten**

559 ▪ Übersehen der besseren sozialen Absicherung.

(2) Arbeitsunfall des Geschädigten

560
> **§ 7 SGB VII**
> (1) Versicherungsfälle sind Arbeitsunfälle und Berufskrankheiten.
> (2) Verbotswidriges Handeln schließt einen Versicherungsfall nicht aus.
>
> **§ 8 SGB VII**
> (1) ¹Arbeitsunfälle sind Unfälle von Versicherten infolge einer den Versicherungsschutz nach §§ 2, 3 oder 6 begründenden Tätigkeit (versicherte Tätigkeit). ...
> (2) Versicherte Tätigkeiten sind auch
> 1. das Zurücklegen des mit der versicherten Tätigkeit zusammenhängenden unmittelbaren Weges nach und von dem Ort der Tätigkeit,
> ...

561 Das Gesetz definierte den **Arbeitsunfall** in § 548 I 1 RVO als „einen Unfall, den der Versicherte (Verletzte bzw. getötete Person) bei einer der in §§ 539, 540, 543 – 545 RVO genannten Tätigkeiten erleidet". § 8 I 1 SGB VII bestimmt den Arbeitsunfall als „Unfall von Versicherten infolge einer den Versicherungsschutz nach den §§ 2, 3 oder 6 SGB VII begründenden Tätigkeit (versicherte Tätigkeit)". Eine inhaltliche Änderung hat das SGB VII gegenüber dem vorangegangenen Recht der RVO nicht vorgenommen.

Durch § 8 I SGB VII werden bestimmte Unfälle im Umgang mit Arbeitsgerät (§ 8 II Nr. 5 SGB VII, früher § 549 RVO) und **Wegeunfälle** (§ 8 II Nrn. 1 – 4 SGB VII, früher § 550 RVO) als versicherte Tätigkeiten und damit als Arbeitsunfall einbezogen.

562

Der Versicherungsfall „**Arbeitsunfall**" setzt voraus, dass eine versicherte Tätigkeit vorliegt, die ursächlich war für einen Unfall, der seinerseits ursächlich geworden ist für einen Körperschaden. Der **ursächliche Zusammenhang** muss bei einem Arbeitsunfall also in doppelter Hinsicht bestehen:

563

- Der Schaden muss vom schädigenden Ereignis verursacht sein und

564

- das schädigende Ereignis muss im inneren ursächlichen Zusammenhang mit der versicherten Tätigkeit stehen. Der Schaden darf also „nicht nur gelegentlich" der Arbeit eingetreten sein.

565

(3) Leichtsinn

Einen Rechtssatz mit dem Inhalt, dass der gesetzliche Unfallversicherungsschutz entfällt, wenn der Versicherte sich bewusst einer höheren Gefahr aussetzt und dadurch zu Schaden kommt, gibt es nicht. Auch leichtsinniges unbedachtes Verhalten beseitigt den bestehenden inneren Zusammenhang mit der betrieblichen Tätigkeit nicht.[342]

566

Nur im Ausnahmefall, wenn sich der Versicherte derart sorglos und unvernünftig verhält, dass für den Eintritt des Arbeitsunfalls nicht mehr die versicherte Tätigkeit, sondern die selbst geschaffene Gefahr als **rechtlich allein wesentliche Ursache** anzusehen ist, kann der Versicherungsschutz entfallen.[343] Der selbstgeschaffenen Gefahr müssen betriebsfremde Motive zugrunde liegen; verfolgt der Versicherte ausschließlich betriebliche Zwecke, schließt ein solches Verhalten nicht den Zusammenhang zwischen versicherter Tätigkeit und Unfall aus.[344]

567

(4) Bewusstseinstrübung

Ist bei einem Unfall **Übermüdung**[345] oder **Alkohol**[346] die rechtlich allein wesentliche Ursache, entfällt die haftungsbegründende Kausalität.

568

---

342 BSG v. 7.3.2000 – B 2 U 249/9 B – HVBG-Info 2000, 2058.
343 Siehe BSG v. 7.3.2000 – B 2 U 249/9 B – HVBG-Info 2000, 2058; BSG v. 2.11.1988 – 2 RU 7/88 – SozR 2200 § 548 Nr. 93; BSG v. 5.8.1976 – 2 RU 231/74 – BSGE 42, 129.
344 BSG v. 7.3.2000 – B 2 U 249/9 B – HVBG-Info 2000, 2058.
345 BSG v. 28.2.1961 – 2 RU 97/59 – MDR 1961, 633 = VersR 1961, 725 = VRS 21, 318, BSG v. 29.10.1986 – 2 RU 43/85 – NZA 1987, 183 (Unfallversicherungsschutz bejaht, wenn ein am Steuer Eingeschlafener bei seiner Fahrt wesentlich von dem Wunsch geprägt war, möglichst schnell nach Hause zur Familie zu gelangen).

3 Erwerbstätige Personen

(a) Wegeunfall

569 Nicht entscheidend ist das Vorliegen grober Fahrlässigkeit, es kommt vielmehr auf die Ursächlichkeit an. Die Grenzen der absoluten Fahruntüchtigkeit entsprechen auch im Sozialrecht denen der BGH-Rechtsprechung.[347]

570 Bei Wegeunfällen[348] fehlt die Kausalität bereits dann, wenn der Verletzte **absolut fahruntüchtig** i.S.d. strafrechtlichen Rechtsprechung (es gelten für Kraftfahrer,[349] Radfahrer[350] und Fußgänger[351] unterschiedliche Promille-Sätze) war.[352] Es realisiert sich dann ein alkohol- und nicht ein betriebsbedingtes Risiko.

---

346 BSG v. 17.2.1998 – B 2 U 2/97 R – VersR 1999, 1305; BSG v. 23.9.1997 – 2 RU 40/96 – NZV 1998, 114 (Kein Unfallversicherungsschutz bei 1,82 o/oo und Vorfahrtsverletzung des anderen Unfallbeteiligten); BSG v. 5.7.1994 – 2 RU 34/93 – BB 1994, 2209 = EWiR 1994, 1125 (Anm. *Künzl*) (Kein unternehmensbedingter Alkoholgenuss bei Unfall eines Gastwirts); BSG v. 25.11.1992 – 2 RU 40/91 – DStR 1993, 773 = NZV 1993, 267; BSG v. 25.6.1992 – 2 RU 31/91 – NJW 1993, 87 = zfs 1993, 226 (Kein Ausschluss bei einem mit 1,72 o/oo alkoholisierten Fußgänger); BSG v. 16.8.1960 – 2 RU 119/58 – VRS 20, 237; LSG Rheinland-Pfalz v. 31.5.1995 – L 3 U 251/94 – BB 1995, 2483 = HVBG-Info 1995, 2756 = SGb 1995, 546 = WI 1996, 8 (Fortfall des Versicherungsschutzes nur, wenn die Alkoholisierung die allein wesentliche Ursache des Unfalles ist. Konkret wurde Versicherungsschutz angenommen: Dass ein alkoholisierter Fußgänger Schwierigkeiten hat, den Weg nach Hause zurückzulegen, rechtfertigt für sich allein noch nicht die Annahme, eine Lösung von der versicherten Tätigkeit sei erfolgt; der Versicherte darf vielmehr nicht mehr zu einer zielgerichteten Absolvierung des Weges fähig sein.); LSG Schleswig-Holstein v. 11.1.2001 – L 5 U 71/00 – AiB-Telegramm 2001, 25 (Bei 1,16 o/oo spricht Anschein dafür, dass alkoholbedingte Fahruntüchtigkeit die wesentliche Ursache des Unfalles war. Der Anschein kann nur durch den vollen Beweis, dass ein weiteres Ereignis den Ursachenverlauf beeinflusst haben könnte, widerlegt werden.); LSG Sachsen-Anhalt v. 29.10.2008 – L 6 U 39/04 – (Die Blutalkoholkonzentration muss – anders als im Strafverfahren – nicht unbedingt durch ein standardisiertes Verfahren bewiesen sein).
347 BSG v. 17.2.1998 – B 2 U 2/97 R – VersR 1999, 1305; BSG v. 23.9.1997 – 2 RU 40/96 – NZV 1998, 114 (Kraftfahrer: 1,1 o/oo); BSG v. 25.11.1992 – 2 RU 40/91 – DStR 1993, 773 = NZV 1993, 267 (Kraftfahrer: 1,1 o/oo).
348 Zu Einzelheiten siehe BSG v. 17.2.1998 – B 2 U 2/97 R – VersR 1999, 1305.
349 Kraftfahrer Blutalkoholkonzentration (BAK): 1,1 o/oo: BGH v. 28.6.1990 – 4 StR 297/90 – BGHSt 37,89 = DAR 1990, 303 = NZV 1990, 357 = VRS 90, 108 = VersR 1990, 1177 = zfs 1990, 285; BGH v. 9.10.1991 – IV ZR 264/90 – NJW 1992, 119; BSG v. 17.2.1998 – B 2 U 2/97 R – VersR 1999, 1305; BSG v. 25.11.1992 – 2 RU 40/91 – DStR 1993, 773 = NZV 1993, 267.
350 Radfahrer Blutalkoholkonzentration (BAK): max. 1,7 o/oo: BGH v. 17.7.1986 – 4 StR 543/85 – MDR 1986, 950 = NJW 1986, 2650 = r+s 1986, 243 = VerkMitt 1986, 82 = VRS 86, 364 = zfs 1986, 285 (1,6 o/oo); bayObLG v. 28.2.1992 – 1 StR RR 30/92 – DAR 1992, 269 = NZV 1992, 290 = VerkMitt 1992, 66 = VersR 1993, 455 = VRS 83, 191 = zfs 1992, 175 (offengelassen, ob Grenzwert auf 1,6 o/oo herabzusetzen ist); OLG Celle v. 10.3.1992 – 1 Ss 55/92 – zfs 1992, 175 (1,6 o/oo); OLG Hamm v. 19.11.1991 – 3 Ss 1030/91 – DAR 1993, 152 = NZV 1992, 198 (1,6 o/oo); OLG Karlsruhe v. 28.7.1997 – 2 Ss 89/97 – DAR 1997, 456 = NZV 1997, 486 = VersR 1999, 634 (1,6 o/oo); OLG Schleswig v. 18.3.1992 – 9 U 156/88 – VersR 1993, 347; LG Wuppertal v. 20.3.1996 – 8 S 191/95 – (1,92 o/oo) r+s 1997, 131.
351 Fußgänger können bei einer Blutalkoholkonzentration (BAK) von 1,5 o/oo absolut verkehrsuntüchtig sein:.
BSG v. 25.6.1992 – 2 RU 31/91 – NJW 1993, 87 = zfs 1993, 226 (Kein Ausschluss bei einem mit 1,72 o/oo alkoholisierten Fußgänger); LG Detmold v. 27.11.1991 – 2 S 213/91 – VersR 1992, 864. Siehe auch AG Freudenstadt v. 7.8.1992 – 4 C 368/92 – VersR 1993, 334 (Für Fußgänger gelten keine allgemeinen BAK-Grenzwerte. Eine BAK von 1,33 o/oo reichte im konkreten Fall nicht aus). Siehe auch *Fuchs* „Die Behandlung alkoholbedingter Straßenverkehrsunfälle im Unfallversicherungsrecht" NZV 1993, 422; *Hoffmann* „Der Anscheinsbeweis aus Anlass von Trunkenheitsfahrten im Schadensersatzrecht" NZV 1997, 57; *Keller* „Wegeunfall – alkoholbedingte Fahruntüchtigkeit – konkurrierende Kausalität" HVBG-Info 1998, 3430.
352 BSG v. 17.2.1998 – B 2 U 2/97 R – VersR 1999, 1305. Siehe auch *Gitter/Schmitt* S. 160, § 19 Rn 17 ff.

B. Unselbständig Tätige

(b) Arbeitsunfall

Bei Arbeitsunfällen ist – anders als bei den Wegeunfällen – eine **Abwägung** zu treffen. Tritt neben die Aufmerksamkeitsstörung (z.B. durch Rauschmittel[353] oder Übermüdung) ein betrieblicher Umstand als weitere wesentliche Ursache, so steht der Einfluss der Bewusstseinstrübung dem Versicherungsschutz nicht entgegen.[354] Es ist vergleichend zu werten, welcher Umstand gegenüber der alkoholbedingten Fahruntüchtigkeit etwa gleichwertig und welcher demgegenüber derart unbedeutend ist, dass er außer Betracht bleiben muss. Dabei spielt das Ausmaß der Alkoholeinwirkung eine Rolle: Denn die alkoholbedingte Fahruntüchtigkeit erhält ein qualitativ stärkeres Gewicht, je höher die BAK ist, da die Leistungseinbußen beim Kraftfahrer mit steigender BAK zunehmen.[355] Ist der Verunfallte derart betrunken, dass er nicht mehr zu einer ernstlichen, dem Unternehmen dienenden Tätigkeit in der Lage ist, so fehlt es bereits an einer versicherten Tätigkeit.[356]

571

Diese **Differenzierung** zwischen Arbeits- und Wegeunfällen führt zu merkwürdigen Ergebnissen: Der alkoholabhängige Auslieferungsfahrer, der mit einem Alkoholspiegel von 1,5 ‰ auf einer Auslieferungsfahrt mit seinem (privaten oder arbeitgebereigenen) PKW bei einem von ihm anteilig mitverschuldeten Autobahnunfall verletzt wird, erhält Leistungen der Unfallversicherung, wenn die Alkoholisierung für sich allein betrachtet keine wesentliche Rolle für das Unfallgeschehen spielte. Derselbe PKW-Fahrer verlöre – und zwar ohne Prüfung der weiteren Ursachen und Umstände – jeglichen Versicherungsschutz, wenn er unter denselben Umständen mit seinem privaten PKW auf dem Heimweg von der Arbeit verunglückt.

572

(5) Übersichten

(a) Gesetzlicher Unfallversicherungsschutz und Lebensabschnitte

Übersicht 3.12: Gesetzlicher Unfallversicherungsschutz und Lebensabschnitte

573

Zeitpunkt	Verletzung/Tötung auf dem Weg zum und während des Aufenthaltes an der beschriebenen Stätte sowie auf angeordneten Wegen	
vor der Geburt	Verletzung des Nasciturus bei Arbeitsunfall/Arbeitswegeunfall der Mutter	§ 12 SGB VII
Geburt – ca. 3. Lebensjahr		
ca. 3. Lebensjahr – ca. 6. Lebensjahr	Kindergarten, Tageseinrichtung	§ 2 I Nr. 8 lit. a SGB VII

---

[353] Siehe zu neben dem Alkohol in Betracht zu ziehenden Rauschmitteln *Harbort* „Indikatoren für rauschmittelbedingte Fahrunsicherheit" NZV 1996, 219.
[354] BSG v. 16.8.1960 – 2 RU 60/57 – BSGE 13, 9; BSG v. 20.1.1977 – 8 RU 52/76 – NJW 1978, 1212 (Zur Verteilung der Beweislast zwischen Unfallversicherungsträger und Verletzten/Hinterbliebenen); BSG v. 2.2.1978 – 8 RU 66/77 – VersR 1979, 179 (Anscheinsbeweis beim Abkommen von der Fahrbahn).
[355] BSG v. 25.11.1992 – 2 RU 40/91 – DStR 1993, 773 = NZV 1993, 267.
[356] Siehe zu Alkohol und Anscheinsbeweis auch: BGH v. 10.1.1995 – VI ZR 247/94 – NZV 1995, 145 = r+s 1995, 132 = SP 1995, 197 = VersR 1995, 357 = zfs 1995, 126 (Alkoholbedingte absolute Fahruntüchtigkeit eines unfallbeteiligten Kfz-Führers darf bei der Abwägung nach § 17 StVG nur dann berücksichtigt werden, wenn feststeht, dass sie sich im Unfallgeschehen niedergeschlagen hat); OLG Saarbrücken v. 17.6.1994 – 3 U 951/93-183 – NZV 1995, 23 = SP 1995, 131 = zfs 1995, 127; OLG Zweibrücken v. 23.4.1993 – 1 U 295/91 – VersR 1995, 429 (BGH hat Revision nicht angenommen, Beschl. v. 1.3.1994 – VI ZR 179/93 -); Siehe auch *Plagemann* „Die Einordnung der gesetzlichen Unfallversicherung in das SGB VII" NJW 1996, 3173 (zu III. 1.).

3 Erwerbstätige Personen

Zeitpunkt	Verletzung/Tötung auf dem Weg zum und während des Aufenthaltes an der beschriebenen Stätte sowie auf angeordneten Wegen	
ca. 6. Lebensjahr – ca. 10. Lebensjahr	Grundschule	§ 2 I Nr. 8 lit. b SGB VII
ca. 11. Lebensjahr – ca. 21. Lebensjahr	weiterführende Schule	
ca. 17. Lebensjahr – ca. 21. Lebensjahr	Ausbildung (Lehre, Berufsschule)	§ 2 I Nr. 2 SGB VII
Wehrpflichtdienst, Zivildienst		§§ 2 f., 4 BVG, § 81 SVG, § 47 II, V ZDG
ca. 21. Lebensjahr – ...	Studium	§ 2 I Nr. 8 lit. c SGB VII
Nach Abschluss der Ausbildung (auch nach dem Verrentung, z.B. bei geringfügiger Beschäftigung)	Arbeitslosigkeit, Sozialhilfe	§ 2 I Nr. 14 SGB VII
	Berufsausübung	§ 2 I Nr. 1, 5, 6, 7 SGB VII
	Beamte, Berufs- u. Zeitsoldaten	§§ 30 ff. BeamtVG, §§ 46, 71, 71a DRiG
unabhängig von voheriger Ausbildung	„Wie"-Beschäftigung	§ 2 II SGB VII
	Werkstatt für Behinderte	§ 2 I Nr. 4 SGB VII
	Empfänger von Leistungen zur medizinischen Reha	§ 2 I Nr. 15 SGB VII
Sozialer Schutz	„Wie"-Beschäftigte	§ 2 II SGB VII
	Selbsthilfe beim Bau	§ 2 I Nr. 16 SGB VII
	Nothelfer	§ 2 I Nr. 13 lit. a SGB VII
	Zeuge, zur Hilfe dienstlich aufgeforderte Person	§ 2 I Nr. 11 SGB VII
	ehrenamtlich Tätige	§ 2 I Nr. 10 SGB VII
	Pflegepersonen	§ 2 I Nr. 17 SGB VII
	Opfer von Gewalttaten	§ 1 IV – VII OEG
	Impfschaden	§ 51 I BSeuchG
Versicherte kraft Satzung	Besucher	§ 3 I Nr. 2 SGB VII
	ehrenamtlich Tätige	§ 3 I Nr. 4 SGB VII

(b) Privatsphäre – berufliche Sphäre

574 Übersicht 3.13: Privatsphäre – berufliche Sphäre

Tätigkeit:	privat		betriebsbezogen		
Unfallort:	Überall (aber außerhalb der beruflichen Sphäre)	Weg von und zur Arbeitsstelle	Innerbetrieblicher Weg	Werksverkehr	Arbeitsstelle bzw. gemeinsame Betriebsstätte
Gesetzliche Unfallversicherung					
Grenzpunkt	Haustür →	Weg	← i.d.R. Werkstor, Betriebsgelände		
gesetzlicher Unfall-Versicherungsschutz	nein		ja		
Schutz nach §§ ...	./.	§ 8 II SGB VII	§ 8 I SGB VII		

Tätigkeit:	privat		betriebsbezogen		
Unfallort:	Überall (aber außerhalb der beruflichen Sphäre)	Weg von und zur Arbeitstelle	Innerbetrieblicher Weg	Werksverkehr	Arbeitsstelle bzw. gemeinsame Betriebsstätte
Haftungsausschluss (§§ 104 ff. SGB VII)	./.	nein	ja		
Regress des gesetzlichen Unfallversicherers	nein	ja, § 116 SGB X	ja, aber nur bei grober Fahrlässigkeit und Vorsatz, §§ 110f. SGB VII		
Zuschlag (Malus) zum Unternehmerbeitrag zur gesetzlichen Unfallversicherung	nein	nein, § 162 I 2 SGB VII	ja, § 162 SGB VII		
Private Unfallversicherung/Insassenunfallversicherung					
privater Unfall-Versicherungsschutz	ja				
Regress des privaten Unfallversicherers	nein				

bb. Jahresarbeitsverdienst (JAV)

Für etliche Barleistungen des Unfallversicherungsträgers ist Berechnungsgrundlage der Jahresarbeitsverdienst (kurz: «JAV») (§§ 81 ff. SGB VII). Die vom JAV abhängigen Geldleistungen (z.B. Renten) werden seit 1.8.2004 jeweils zum selben Zeitpunkt angepasst wie die Rentenanpassung in der gesetzlichen Rentenversicherung erfolgt (§§ 89, 95 SGB VII). 575

(1) Alle Arbeitseinkünfte

Als JAV gilt grundsätzlich der **Gesamtbetrag aller Arbeitsentgelte** (§ 14 SGB IV) und Arbeitseinkünfte (§ 15 SGB IV) des Verletzten in den letzten 12 Kalendermonaten vor dem Unfallmonat (§ 82 I 1 SGB VII). Der JAV errechnet sich dabei nicht nur aus dem Einkommen derjenigen Beschäftigung oder Tätigkeit, bei der sich der Unfall ereignete;[357] zu berücksichtigen sind auch weitere Einnahmen z.B. aus **Nebenbeschäftigungen**:[358] Entscheidend ist dabei nur, dass alle Tätigkeiten (z.B. Putzfrau, Lagertätigkeit, Zeitungsbote, Taxifahrer,[359] Nebenerwerbslandwirt[360]) in der gesetzlichen Unfallversicherung – freiwillig oder gesetzlich – versichert sind. 576

---

[357] BSG v. 4.7.1995 – 2 RU 33/94 – BG 1996, 438 (nur LS) (Anm. *Platz*) = DStR 1996, 933 (nur LS) = HVBG-Info 1995, 2304 (Anm. *Wolber* HVBG-Info 1996, 1204) = NZS 1996, 80 = SGb 1996, 186 (Anm. *Wolber*) = SP 1996, 43 = VersR 1996, 522 m.w.N.

[358] BSG v. 4.7.1995 – 2 RU 33/94 – BG 1996, 438 (nur LS) (Anm. *Platz*) = DStR 1996, 933 (nur LS) = HVBG-Info 1995, 2304 (Anm. *Wolber* HVBG-Info 1996, 1204) = NZS 1996, 80 = SGb 1996, 186 (Anm. *Wolber*) = SP 1996, 43 = VersR 1996, 522 m.w.N. (Bei einem nebenberuflich tätigen Taxifahrer ist für die Berechnung seiner Verletztenrente auch sein aus seiner „Hauptbeschäftigung" erzieltes Einkommen zusätzlich mit zu berücksichtigen).

[359] BSG v. 4.7.1995 – 2 RU 33/94 – BG 1996, 438 (nur LS) (Anm. *Platz*) = DStR 1996, 933 (nur LS) = HVBG-Info 1995, 2304 (Anm. *Wolber* HVBG-Info 1996, 1204) = NZS 1996, 80 = SGb 1996, 186 (Anm. *Wolber*) = SP 1996, 43 = VersR 1996, 522 m.w.N.

577 Auf den Schadenersatzanspruch ist die Gesamtleistung der gesetzlichen Unfallversicherung (berechnet aus dem kumulierten JAV von – unfallversicherter – Neben- und Haupttätigkeit, unabhängig davon, ob es sich um selbstständige oder abhängige Beschäftigung handelt) zu verrechnen und nicht nur mit demjenigen Anteil, der auf den Unfallbetrieb entfällt.[361]

(2) Sonderregelung

578 Sonderregelungen bestehen u.a. für in der Schul- oder Berufsausbildung befindliche Personen sowie für **jüngere Verletzte**[362] (§ 90 SGB VII), für die **landwirtschaftliche** (§ 93 SGB VII) und **See-Unfallversicherung** (§ 92 SGB VII) sowie für **Beamte**, Soldaten uä. Personen (die z.B. bei einer Nebentätigkeit verunfallen) (§§ 61, 82 II 2, 82 IV, 90 VI SGB VII). Der JAV der **freiwillig versicherten** Personen richtet sich nach der Satzung, § 83 SGB VII.

579 Für Zeiten, in denen der Verletzte im Zeitjahr vor dem Unfall **kein Arbeitsentgelt** bezog, wird ein Durchschnittseinkommen zugrunde gelegt, das sich an einem zeitnahen Berechnungszeitraum zum die Unfallversicherungsleistung auslösenden Ereignis orientiert und die tatsächlich erzielten vorangegangenen Einkünfte des Versicherten berücksichtigt (§ 82 II 1 SGB VII). Kann ein JAV im letzten Jahr nicht festgestellt werden (z.B. Ausländer im Heimatland; Aus- und Umsiedler[363]), ist ein JAV im Rahmen billigen Ermessens festzusetzen, §§ 87, 91 SGB VII.

580 Der mindestens zu berücksichtigende JAV (**Mindest-JAV**, § 85 SGB VII) ist zunächst in Abhängigkeit vom im Zeitpunkt des Versicherungsfall vollendeten Lebensalter des Verletzten durch einen gesetzlichen festgelegten Prozentsatz von der im Zeitpunkt des Versicherungsfalles maßgebenden Bezugsgröße (§ 18 SGB IV) definiert. Zu beachten ist aber, dass der Mindest-JAV in den Folgejahren nach Erreichen der bestimmter Altersgrenzen

---

360 BSG v. 24.5.1984 – 2 RU 9/83 – HVBG-Info 1984, 81 (Hat ein landwirtschaftlicher Unternehmer [Nebenerwerbslandwirt] den Arbeitsunfall bei seiner – vollschichtig – in einem gewerblichen Unternehmen verrichteten Beschäftigung erlitten, so ist der JAV gem. § 571 I RVO a.F. zu berechnen. Danach ist außer dem in dem gewerblichen Unternehmen erzielten Arbeitsentgelt auch das Erwerbseinkommen als selbstständiger Landwirt zu berücksichtigen. Da die Anwendung des § 780 RVO einen Unfall bei einer Betätigung als landwirtschaftlicher Unternehmer voraussetzt, kommt insoweit eine Berücksichtigung des Durchschnittssatzes nicht in Betracht [vgl. BSG v. 13.3.1975 – 2 RU 245/73 – HVBGRdSchr VB 1/76]. Maßgebend ist vielmehr das tatsächliche Erwerbseinkommen, das im Jahr vor dem Unfall aus der Tätigkeit als selbstständiger Landwirt erzielt worden ist. Dabei ist von dem Begriff des Einkommens i.S.d. § 32 EStG auszugehen, wobei jedoch Einkünfte aus nicht-beruflicher Tätigkeit, z.B. aus Kapitalvermögen, ausgesondert werden müssen und die Sonderfreibeträge [§ 32 I, II, III EStG] nicht abgezogen werden dürfen.); BSG v. 13.3.1975 – 2 RU 245/73 – HVBGRdSchr VB 1/76 (Der in § 571 RVO verwendete Begriff des Arbeitseinkommens umfasst als Oberbegriff das durch geistige oder körperliche Arbeit in unselbstständiger Tätigkeit erzielte Arbeitsentgelt und das als Unternehmer oder Selbstständiger erzielte Erwerbseinkommen. Bei Unternehmen [konkret: selbstständiger Landwirt in Spanien] ist für die Ermittlung des Arbeitseinkommens nach § 571 RVO vom steuerrechtlichen Einkommensbegriff [§ 32 I EStG] auszugehen, gemindert u.a. um Einkünfte aus nicht-beruflicher Tätigkeit, z.B. Kapitalvermögen.); OLG Zweibrücken v. 9.11.2005 – 1 U 166/04 – (BGH hat Nichtzulassungsbeschwerde zurückgewiesen, Beschl. v. 6.12.2006 – VI ZR 267/05 -) VersR 2007, 273 (Anm. *Wellner*) = zfs 2007, 147 (Anm. *Diehl*).

361 OLG Zweibrücken v. 9.11.2005 – 1 U 166/04 – (BGH hat Nichtzulassungsbeschwerde zurückgewiesen, Beschl. v. 6.12.2006 – VI ZR 267/05 -) VersR 2007, 273 (Anm. *Wellner*) = zfs 2007, 147 (Anm. *Diehl*).

362 Dazu Kap 6 Rn 44 ff.

363 Siehe zu Problemstellungen des Fremdrentenrechts Kap 3 Rn 539.

nach oben angepasst wird (§ 90 I, III, IV, V SGB VII).[364] Gerade bei **Kindern** und Jugendlichen, die vor Abschluss ihrer Ausbildung verletzt wurden, ist daher Vorsicht bei der Regulierung der Direktansprüche geboten; eine (teilweise deutliche) Anhebung der Rentenleistung erfolgt bei fortschreitendem Alter des Verletzten.

Für die Berechnung der Rente ist dann im Weiteren nach § 56 III SGB VII $^2/_3$ **der Ausgangsgröße** der weiteren Berechnung zugrundezulegen.[365]

581

(3) Satzung

Der JAV beträgt höchstens das Doppelte der im Zeitpunkt des Versicherungsfalles maßgeblichen Bezugsgröße, es sei denn, durch Satzung ist ein höherer Betrag vorgesehen (§ 85 II SGB VII). Letzteres ist allerdings vielfach geschehen.

582

cc. Verletztengeld (§§ 45 ff. SGB VII)

Nach § 45 SGB VII besteht bei Arbeitsunfähigkeit (i.S.d. Krankenversicherungsrechtes) infolge des Arbeitsunfalls **Anspruch** auf Verletztengeld ab dem Tag der Arbeitsunfähigkeit, und zwar auch bei Wiedererkrankung (§ 48 SGB VII). Ausgezahlt wird das Verletztengeld von der Krankenkasse in Auftragsverwaltung für die Unfallversicherung; die pauschale Erstattung der der Krankenkasse entstehenden Verwaltungskosten durch die Unfallversicherung (2 % des Auszahlungsbetrages) ist nicht als Schadenersatz erstattungsfähig.

583

Das Verletztengeld ist deutlich höher als das Krankengeld und **beträgt** (abweichend von § 47 SGB V, § 47 I 1 Nr. 2 SGB VII) 80 % des Regelentgeltes (§ 47 SGB VII mit Verweisung auf § 47 I, II SGB V; zu Einzelheiten der Berechnung siehe § 47 SGB V). Die Höchstgrenze für das Regelentgelt ist in der Unfallversicherung höher als in der Krankenversicherung. Zuschüsse des Arbeitgebers zum Verletztengeld werden allerdings nur solange nicht angerechnet, wie sie den Nettolohn nicht übersteigen.

584

Vom Verletztengeld werden Beiträge zur Arbeitslosen-, Kranken-, Pflege- und Rentenversicherung vom Unfallversicherungsträger (§ 235 SGB V, § 176 I SGB VI, § 57 I SGB XI, § 345 Nr. 4 SGB III [zuvor § 186 AFG]) abgeführt. Die Beitragsbemessungsgrundlage beträgt 80 % des der Lohnersatzleistung zugrunde liegenden Arbeitsentgeltes.

585

Der Anspruch **ruht** faktisch, solange Anspruch u.a. auf Lohnfortzahlung oder Arbeitslosengeld bzw. Arbeitslosenhilfe besteht, § 52 SGB VII (ähnlich: § 27 SGB VI). Für in der Unfallversicherung freiwillig versicherte Unternehmer ist das Verletztengeld dann nicht wegen einer Lohnfortzahlung zu kürzen, wenn die Fortzahlung aus einer anderweitigen abhängigen Beschäftigung herrührt.[366]

586

Verletztengeld wird auch während der **Dauer** von Heil- und berufsfördernden Maßnahmen unter den Voraussetzungen des § 45 SGB VII gezahlt.

587

Der Verletztengeldbezug ist grundsätzlich unbefristet (§ 46 III 1 SGB VII). Verletztengeld wird bis zum Ende der Arbeitsunfähigkeit bzw. dem Beginn des Übergangsgeldbezuges gezahlt. Nur für den Fall, dass mit dem Eintritt der Arbeitsfähigkeit nicht mehr zu rechnen ist und Berufsförderung nicht in Betracht kommt (§ 46 III 2 SGB VII), endet der

588

---

364 Dazu im Einzelnen Kap 6 Rn 44 ff.; insbesondere Übersicht 6.2.
365 Siehe Kap 3 Rn 596.
366 BSG v. 14.12.1995 – 2 RU 1/95 – VersR 1996, 1300 (Unfall bei selbstständiger – freiwillig unfallversicherter – Nebentätigkeit eines ansonsten im Angestelltenverhältnis abhängig Beschäftigten).

Verletztengeldbezug mit Gewährung der in § 50 I 1 SGB V genannten Leistungen (Vollrente wegen Erwerbsminderung oder Alter aus der gesetzlichen Rentenversicherung, Ruhegehalt nach beamtenrechtlichen Grundsätzen, Vorruhestandsgeld bzw. den vorstehenden Leistungen vergleichbare Bezüge), im Übrigen spätestens mit Ablauf der 78. Woche nach Beginn der Arbeitsunfähigkeit, nicht allerdings vor Ablauf der stationären Behandlung (§ 46 III Nr. 3 SGB VII).

dd. Kinderpflege-Verletztengeld (§ 45 IV SGB VII)

589 Wird ein Kind vor dem vollendeten 12. Lebensjahr verletzt und bleibt ein Elternteil zur Betreuung des verletzten Kindes der Arbeit fern, ist dem einen Verdienstausfall erleidenden Elternteil Kinderpflege-Verletztengeld (wie in der Krankenversicherung, § 45 SGB V) zu zahlen. Der Anspruch ist auf maximal 10 Tage (bei Alleinerziehenden 20 Tage) beschränkt.

Kongruenz könnte allenfalls zu vermehrten Bedürfnissen des verletzten Kindes bestehen.[367]

ee. Verletztenrente

590 Der Verletzte hat nach § 56 I SGB VII Anspruch auf eine Rente wegen Minderung der Erwerbsfähigkeit (Verletztenrente), wenn die zu entschädigende Minderung seiner Erwerbsfähigkeit über die 26. Woche (nach der RVO bis 31.12.1996 13. Woche) nach dem Arbeitsunfall andauert.

591 Die Verletztenrente ist **steuerfrei** (§ 3 Nr. 1 lit. a EStG) und unterliegt nicht der Beitragspflicht zur Sozialversicherung.

Die Verletztenrente ist als Einkommen beim **ALG II** zu berücksichtigen.[368]

592 Die Rente **beginnt** mit dem Tage nach dem Wegfall des Verletztengeldbezuges (§ 72 I Nr. 1 SGB VII) und nicht erst, wenn die Arbeitsunfähigkeit endet. Der Rentenbezug dauert an, solange der Verletzte unfallbedingt in seiner Erwerbsfähigkeit (abstrakt berechnet) um 20 % und mehr gemindert ist (§ 72 SGB VII). Folgt auf die Zahlung von Verletztengeld eine berufliche Reha-Maßnahme mit Zahlung von Übergangsgeld, wird neben dem Übergangsgeld Verletztenrente gezahlt (§§ 72 I Nr. 1, 46 III 1 Nr. 2 SGB VII). Ist der Verletzte nicht arbeitsunfähig bzw. erzielte er bei Beginn der Arbeitsunfähigkeit kein Arbeitseinkommen, so beginnt die Rente mit dem Tag nach dem Arbeitsunfall (§ 72 I Nr. 2 SGB VII).

593 Die Rente **endet** nicht mit Erreichen des Lebensarbeitszeitendalters. Sie wird bei Fortbestehen der Behinderung bis zum Tode des Berechtigten gezahlt (§ 72 VI SGB VII).

594 Die **Rentenhöhe** beträgt bei vollständigem Verlust der Erwerbsfähigkeit (MdE = 100 %) $^2/_3$ des JAV (Vollrente, § 56 III 1 SGB VII). Ist die Erwerbsfähigkeit um mindestens 20 % gemindert, wird eine Teilrente gewährt (§ 56 III 2 SGB VII): Diese richtet sich an der Vollrente aus und wird in demjenigen Prozentsatz der Vollrente gezahlt, der der Minderung der Erwerbsfähigkeit entspricht. Der Grad der Minderung der Erwerbsfähigkeit (MdE) wird nicht konkret bestimmt, sondern abstrakt nach der sog. „Gliedertaxe".

---

367 Siehe Kap 3 Rn 497 ff.
368 BSG v. 5.9.2007 – B 11b AS 15/06 R – Breith 2008, 261 = FEVS 59,145 = NZS 2008, 215; LSG Berlin-Brandenburg v. 5.12.2007 – L 5 AS 1202/05 – ZFSH/SGB 2008, 239.

Nur im Ausnahmefall (nämlich beim Zusammentreffen von Minderungen aufgrund mehrerer Arbeitsunfälle) kann die aus einem einzelnen Arbeitsunfall dabei resultierende Minderung der Erwerbsfähigkeit (MdE) auch von unter 20 % (aber mehr als 10 %, § 56 I 3 SGB VII) dann eine Rolle spielen, wenn die aus den mehreren Arbeitsunfällen insgesamt resultierende Gesamt-MdE wenigstens 20 % beträgt (§ 56 I SGB VII).

595

Für die Berechnung der **Jahresrente** gilt die Formel (§ 56 III SGB VII):

596

**Jahresrente =
2/3 Jahresarbeitsverdienst * Minderung der Erwerbsfähigkeit (MdE in %)**

Kann ein Verletzter unfallbedingt einer Erwerbstätigkeit nicht mehr nachgehen und bezieht er keine Rente aus der gesetzlichen Rentenversicherung, erhöht sich die Verletztenrente um 10 % (§ 57 SGB VII; Grenze: $^2/_3$ JAV im Falle des § 59 SGB VII). Eine weitere Erhöhung für max. 2 Jahre sieht § 58 SGB VII für den Fall vor, dass der Verletzte aufgrund des Arbeitsunfalls ohne Arbeitseinkommen bleibt und die Rentenleistungen zusammen mit den Leistungen nach dem SGB III (bis 31.12.1997: AFG) (Arbeitslosengeld, bis 31.12.2004 Arbeitslosenhilfe, ab 1.1.2005 ALG II) nicht der Höhe des Übergangsgeldes entsprechen.

597

Während der Zeit einer mehr als 1 Monat dauernden **Heimpflege** kann die Rente um bis zu ½ gekürzt werden, § 60 SGB VII.

598

ff. Übergangsgeld während der Berufshilfemaßnahmen (§ 35 SGB VII)

Im Rahmen der Leistungen zur Teilhabe am Arbeitsleben (Berufshilfe) werden u.a. Hilfen zur Erhaltung und Erlangung eines Arbeitsplatzes, zur Berufsfindung sowie zur beruflichen Aus- und Fortbildung sowie Umschulung[369] gewährt. § 35 SGB VII verweist auf die Regeln der §§ 33 – 38 SGB IX sowie §§ 40, 41 SGB IX (Behindertenwerkstatt). In der Praxis übernimmt häufig die Arbeitsverwaltung (Bundesagentur für Arbeit) die Organisation der beruflichen Rehabilitation in Zusammenarbeit mit dem Unfallversicherungsträger, der dabei häufig nur Kostenträger ist.

599

Übergangsgeld (§§ 49f. SGB VII i.V.m. §§ 46 – 51 SGB IX) wird während berufsfördernder Maßnahmen für die Dauer dieser Maßnahme gezahlt, wenn der Verletzte durch die Berufshilfemaßnahme daran gehindert ist, einer ganztägigen Erwerbstätigkeit nachzugehen. Auch nach Abschluss einer solchen Maßnahme wird Übergangsgeld bei Arbeitslosigkeit bis zu 3 Monaten fortgezahlt (§ 50 SGB VII, § 51 IV SGB IX).

600

Die **Höhe** des Übergangsgeldes bestimmen §§ 46 – 51 SGB IX (§ 50 SGB VII).

601

Der Anspruch auf **Verletztenrente** besteht neben dem Übergangsgeld.

602

gg. Konkurrenz von Barleistungen

Die Verletztenrente aus der gesetzlichen Unfallversicherung kann neben andere Barleistungen, die durch ein Schadenereignis ausgelöst wurden, treten. Die dadurch entstehenden Konkurrenzen sind bei der Regulierung zu beachten.

603

---

369 BSG v. 24.2.2000 – B 2 U 12/99 R – DB 2000, 575 (Keine Kostenerstattung für selbst organisierte und beschaffte Umschulung. Das Vorliegen der Voraussetzungen des grundsätzlich analog anwendbaren § 13 III SGB V wurden verneint.).

3 Erwerbstätige Personen

604 **Übersicht 3.14: Konkurrenz von Barleistungen – gesetzliche Unfallversicherung**

Unfalltag ⟵ ⟶ Lebensende

Arbeitsunfähigkeit	Umschulung	Entgeltliche Tätigkeit	Arbeitsunfähigkeit[370]	Arbeitslosigkeit	Vorverrentung	Altersrente
Lohnfortzahlung	Verletztengeld	Übergangsgeld	Lohn für geleistete Arbeit	Lohnfortzahlung	Arbeitslosengeld	Rente aus der gesetzlichen Rentenversicherung
						Berufsständische Versorgung
						Betriebsrente
Verletztenrente						

605 Soweit die weiteren Leistungserbringer Sozialversicherungsträger i.S.d. § 116 sind, konkurriert die Unfallversicherungsleistung gleichrangig (§ 117 SGB X). Gegenüber Leistungsträgern, die erst später die Forderung des Verletzten gesetzlich (z.B. Arbeitgeber mit Geldleistung, § 6 EFZG) oder privatrechtlich (z.B. berufsständische Versorgung per Abtretung) erwerben, geht die Ersatzforderung vollständig den Forderungen der später eintretenden Leistungsträger vor.

hh. Forderungsberechtigung

(1) Cessio legis, originärer Anspruch

606 Der Forderungsübergang auf die gesetzliche Unfallversicherung erfolgt ebenso wie die originäre Anspruchszuweisung bei grob fahrlässiger Herbeiführung des Arbeitsunfalls in Abhängigkeit vom Tag des Schadenereignisses.

607 **Übersicht 3.15: Überleitungsnormen zugunsten der gesetzlichen Unfallversicherung**

Unfalldatum	Überleitungsnorm	Anspruchsnorm	
		Arbeitsunfall und Regress bei grober Fahrlässigkeit[371]	Schwarzarbeit[372]
bis 30.6.1983	§ 1542 RVO	§§ 640f. RVO	---
1.7.1983 – 31.12.1997	§ 116 SGB X[373]		
ab 1.1.1997 – 31.7.2004		§§ 110f. SGB VII	
ab 1.8.2004			§ 110 Ia SGB VII

---

370 Z.B. wegen Metallentfernung.
371 Art. 36 Gesetz zur Einordnung des Rechts der gesetzlichen Unfallversicherung in das Sozialgesetzbuch (Unfallversicherungs-Einordnungsgesetz – UVEG –) v. 7.8.1996, BGBl I 1996, 1254.
372 § 110 Ia SGB VII wurde eingefügt durch Art. 7 des Gesetzes zur Intensivierung der Bekämpfung der Schwarzarbeit und damit zusammenhängender Steuerhinterziehung v. 23.7.2004 (BGBl I 2004, 1842) und trat zum 1.8.2004 in Kraft (Art. 26 I).
373 Nach Art. 2, § 1 Nr. 4 galt die RVO als besonderer Teil des Sozialgesetzbuches, so dass im Zeitraum 1.7.1983 – 31.12.1996 § 116 SGB X unmittelbar den Forderungsübergang bestimmt (§§ 22, 37 S. 1, 2. Alt. SGB I). Mit dem 1.1.1997 wurde die gesetzliche Unfallversicherung als Teil des Sozialgesetzbuches eingeführt (SGB VII); § 116 SGB X gilt damit unmittelbar (§ 37 SGB I).

(2) Aufwendungsersatz (§ 110 SGB VII, § 640 RVO)

In den Fällen der §§ 110f. SGB VII, §§ 640f. RVO (grob fahrlässig herbeigeführter Arbeitsunfall) steht leistungspflichtigen Sozialversicherungsträgern (Unfallversicherungsträger, Pflegekasse und Rentenversicherungsträger; praktisch nicht [vgl. § 11 IV SGB V] Krankenkasse) ein eigenes – und gerade nicht vom unmittelbar Geschädigten erst abgeleitetes – Forderungsrecht zu.[374]

608

(3) Forderungsübergang

(a) Kongruenz

(aa) Verdienstausfall

Die Zweckbestimmung der Verletztenrente besteht ausschließlich im Ausgleich des (abstrakt berechneten) **Erwerbsschadens**. Auch wenn im unfallversicherungsrechtlichen Gefüge ein Funktionswandel der Verletztenrente eingetreten ist,[375] nimmt der BGH[376] dieses ausdrücklich nicht zum Anlass, der Verletztenrente eine andere Funktion als die eines Lohnersatzes[377] zuzuweisen.

609

Verletztenrente und Verletztengeld aus der gesetzlichen Unfallversicherung sind kongruent zum Verdienstausfall-[378] und Rentenminderungsschaden (auch Minderung in der betrieblichen Altersversorgung)[379] und zum Ausfall als Hausfrau/-mann.[380]

610

Keine Kongruenz besteht zum aus einem fehlerhaften Beitragsregress (§ 119 SGB X) resultierenden **Altersrentenverkürzungsschaden**.[381]

611

---

374 Zum Regress nach § 110 SGB VII und § 640 RVO; siehe auch Kap 1 Rn 117 ff.
375 BGH v. 3.12.2002 – VI ZR 304/01 – HVBG-Info 2003, 334 = NZV 2003, 89 = SP 2003, 89 = VersR 2003, 390 verweist auf BVerfG v. 7.11.1972 – 1 BvL 4/71, 1 BvL 17/71, 1 BvL 10/72, 1 BvR 355/71 – BGBl I 1973, 128 (nur LS) = BB 1973, 429 = BVerfGE 34, 118 = DB 1973, 336 = FamRZ 1973, 181 = MDR 1973, 379 = NJW 1973, 502 (Anm. *Faecks* NJW 1973, 1021) = VersR 1973, 269.
376 BGH v. 3.12.2002 – VI ZR 304/01 – HVBG-Info 2003, 334 = NZV 2003, 89 = SP 2003, 89 = VersR 2003, 390 (Die Verletztenrente ist in vollem Umfang mit dem Erwerbsschaden des Verletzten kongruent) (Vorinstanzen: KG v. 9.7.2001 – 12 U 636/00 – NZV 2002, 93 und LG Berlin v. 24.11.1999 – 1 O 119/99 – HVBG-Info 2000, 185 = zfs 2000, 270).
377 BSG v. 5.9.2007 – B 11b AS 15/06 R – *Breith* 2008, 261 = FEVS 59,145 = NZS 2008, 215 (Trotz ihrer unterschiedlichen Funktionen soll die Verletztenrente vorrangig als Lohnersatz den Lebensunterhalt des Versicherten sicherstellen); in diesem Sinne ebenfalls BSG v. 3.12.2002 – B 2 U 12/02 R – Breith 2003, 227 = BSGE 90, 172 = FEVS 54, 436 = HVBG-Info 2003, 178 = HVBG-Info 2004, 315 (nur LS) (Anm. *Trenk-Hinterberger*, Anm. *Fenn*) = SGb 2004, 187 (Anm. *Trenk-Hinterberger*) = SozR 3-5910 § 76 Nr. 4 (Vorinstanz Hess LSG v. 12.12.2001 – L 3 U 578/98 – HVBG-Info 2002, 918).
378 BGH v. 3.12.2002 – VI ZR 304/01 – HVBG-Info 2003, 334 = NZV 2003, 89 = SP 2003, 89 = VersR 2003, 390; BGH v. 4.12.1984 – VI ZR 117/83 – MDR 1985, 660 = VersR 1985, 356; BGH v. 9.3.1982 – VI ZR 317/80 – BG 1982, 704 = MDR 1982, 659 = NJW 1982, 1589 = VersR 1982, 552 (Kongruenz allein zum Verdienstausfall); OLG Hamm v. 24.9.1996 – 27 U 85/96 – r+s 1997, 23; OLG Hamm v. 16.3.1994 – 13 U 204/93 – VersR 1994, 1356 (zu § 35 BeamtVG); OLG Hamm v. 5.11.1976 – 9 U 220/76 – OLG Hamm v. 5.11.1976 – 9 U 220/76 – DB 1977, 1856 (nur LS) = r+s 1977, 214 (nur LS) = VersR 1977, 740 (Kongruenz auch zum Schadensersatzanspruch wegen unfallbedingt geminderter betrieblicher Altersversorgung); OLG Nürnberg v. 7.6.2002 – 6 U 3849/01 – OLGR 2003, 198 = NJW-RR 2003, 1677 = VersR 2004, 1290 = zfs 2003, 283 (Anm. *Diehl*) (Vorinstanz zu BGH VI ZR 233/02).
379 OLG Hamm v. 24.9.1996 – 27 U 85/96 – r+s 1997, 23 (zu §§ 581, 1542 RVO).
380 BGH v. 4.12.1984 – VI ZR 117/83 – DAR 1985, 119 = MDR 1985, 660 = NJW 1985, 735 = VersR 1985, 356 = zfs 1985, 141; KG v. 5.6.2008 – 2 U 188/04 – DAR 2008, 520 (nur LS); OLG Hamm v. 24.9.2001 – 6 U 86/01 – HVBG-Info 2002, 1269 = r+s 2001, 506.
381 LG Stuttgart v. 30.1.2008 – 4 S 70/07 – r+s 2008, 402. Siehe ergänzend Kap 3 Rn 1009 ff.

612 Der BGH[382] stellt klar, dass Sozialversicherer auch dann, wenn ihre Gesamtleistungen an den Geschädigten den zivilrechtlichen Schaden übersteigen, **Gesamtgläubiger** analog § 117 SGB X sind. Die Leistungsträger sind gleichberechtigte Zessionare[383] i.S.d. § 116 SGB X, die hinsichtlich des übergegangenen Ersatzanspruches konkurrieren. Im **Innenverhältnis** gleichen sich die Sozialversicherer entsprechend ihrer zu Schadenleistungen kongruenten Aufwendungen aus.

(bb) Vermehrte Bedürfnisse

613 Soweit der Ausfall der verletzten Person (**Hausfrau**, Hausmann) zu den vermehrten Bedürfnissen zu rechnen ist,[384] besteht dann keine sachliche Kongruenz mit der Verletztenrente des Unfallversicherungsträgers, so dass der Forderungsübergang wegen dieses Teiles entfällt.[385] Die Aufteilung des Schadens in (nicht übergangsfähigen) Mehrbedarf und (übergangsfähigen) Erwerbsschaden kann i.d.R. nach **Kopfteilen** der haushaltsangehörigen Personen vorgenommen werden.[386]

(cc) Schmerzensgeld

614 Da die Unfallrente aus der gesetzlichen Unfallversicherung nur kongruent zum Verdienstausfallschaden ist, ist sie aus diesem Grunde auch dann nicht auf das Schmerzensgeld anzurechnen, wenn der Verletzte keinen Erwerbsschaden erlitten hat.[387] Die aus der gesetzlichen Unfallversicherung gezahlte Verletztenrente bleibt bei der Schmerzensgeldbemessung außer Betracht.[388]

615 Die Gewährung einer Verletztenrente spielt auch für die **Schmerzensgeldzumessung** keine Rolle.[389]

(b) Freiwillige Sozialversicherung

616 Die Barleistungen sind anspruchsmindernd auf die Forderung des unmittelbar Verletzten auch bei freiwillig Sozialversicherten anzurechnen, da der Forderungsübergang nach § 116 SGB X nicht zwischen pflicht- und freiwillig versicherten Personen differenziert.[390]

---

382 BGH v. 3.12.2002 – VI ZR 304/01 – HVBG-Info 2003, 334 = NZV 2003, 89 = SP 2003, 89 = VersR 2003, 390.
383 BGH v. 14.2.1989 – VI ZR 244/88 – NZV 1989, 268 = VersR 1989, 648 hatte einen Fall zu beurteilen, in dem die beteiligten SVT jeweils lediglich Inhaber eines bestimmten Teils des der Geschädigten zustehenden Schadenersatzforderung geworden waren; sie konnten daher bzgl. dieser Forderung nicht miteinander konkurrieren.
384 BGH v. 23.6.1998 – VI ZR 327/98 – DAR 1998, 447 = NZV 1998, 456.
385 BGH v. 8.10.1996 – VI ZR 247/95 – DAR 1997, 66 = NJW 1997, 256 = r+s 1997, 22 = VersR 1996, 1565 = zfs 1997, 12; BGH v. 25.9.1973 – VI ZR 49/72 – BG 1974, 268 = FamRZ 1975, 30 = MDR 1974, 302 = NJW 1974, 41, 640 = SGb 1974, 390 = VersR 1974, 162 = zfs 1974, 158 (Aufgabe von BGH v. 19.12.1967 – VI ZR 62/66 – BG 1968, 405 = DB 1968, 349 = FamRZ 1968, 146 = MDR 1968, 317 = VersR 1968, 194).
386 BGH v. 4.12.1984 – VI ZR 117/83 – DAR 1985, 119 = MDR 1985, 660 = NJW 1985, 735 = VersR 1985, 356 = zfs 1985, 141.
387 BGH v. 9.3.1982 – VI ZR 317/80 – BG 1982, 704 = MDR 1982, 659 = NJW 1982, 1589 = VersR 1982, 552; OLG Hamm v. 16.3.1994 – 13 U 204/93 – VersR 1994, 1356.
388 BGH v. 3.12.2002 – VI ZR 304/01 – NZV 2003, 172 = SP 2003, 89 = VersR 2003, 390; BGH v. 9.3.1982 – VI ZR 317/80 – BG 1982, 704 = MDR 1982, 659 = NJW 1982, 1589 = VersR 1982, 552.
389 BSG v. 5.9.2007 – B 11b AS 15/06 R – Breith 2008, 261 = FEVS 59, 145 = NZS 2008, 215 (Die Verletztenrente kann nicht als privilegierte Entschädigung behandelt werden, die wegen eines Schadens, der nicht Vermögensschaden ist, nach § 253 IIBGB geleistet wird [§ 11 III Nr. 2 SGB II]).
390 Siehe Kap 4 Rn 137, insbesondere Kap 4 Rn 94.

(c) Zuständigkeitswechsel zur Unfallversicherung[391]

(aa) Krankenkasse

Stellt sich zu einem späteren Zeitpunkt heraus, dass ein Schadenfall z.B. als Nothilfe, Arbeitsunfall oder Wegeunfall in die Zuständigkeit der gesetzlichen Unfallversicherung gehört, stellt sich die **Anspruchsberechtigung** u.a. der gesetzlichen Krankenkasse als **von Anfang fehlend** heraus.[392]

Leistungen, die die Krankenkasse (und gegebenenfalls die Pflegekasse außerhalb der Rentenversicherungsbeiträge) tatsächlich erbracht hat, sind ihr von der Unfallversicherung zu erstatten. Im Verhältnis zum Schadenersatzpflichtigen stehen der Krankenkasse aus keinem Rechtsgrund Ansprüche zu.[393] Das gilt auch für den Fall, dass die Krankenversicherung nicht alle ihre Aufwendungen (z.B. aufgrund interner Vereinbarung mit der Unfallversicherung ambulante Behandlungskosten) nicht erstattet (siehe § 105 SGB X) erhält.[394]

Ein **Abfindungsvergleich** zwischen Krankenkasse und Ersatzpflichtigen (insbesondere Haftpflichtversicherer) ist unwirksam (§ 779 BGB) und bindet insbesondere nicht die Unfallversicherung.[395] Auch wird der **Verjährungslauf** weder durch Handlungen des unzuständigen Trägers noch Handlungen des Ersatzpflichtigem diesem Träger gegenüber beeinträchtigt.[396]

Soweit der Ersatzpflichtige an die Krankenkasse leistete, steht ihm ein Rückforderungsrecht nach **§ 812 BGB** zu, dem allerdings z.B. bei Versäumung der Fristen (§§ 111, 113 SGB X) im Verhältnis der Sozialversicherer zueinander § 242 BGB im Einzelfall entgegenstehen kann.

---

391 Zum Thema: *Lemcke* r+s 2002, 441.
392 BGH v. 8.7.2003 – VI ZR 274/02 – BB 2004, 164 (nur LS) = BGHReport 2003, 1201 = BGHZ 155,342 = DAR 2003, 512 = HVBG-Info 2003, 2869 = NJW 2003, 3193 = r+s 2003, 524 = SP 2003, 376 = SVR 2004, 74 (Anm. *Engelbrecht*) = zfs 2003, 542 (Berufung zu OLG Hamm v. 18.6.2002 – 29 U 81/01 – HVBG-Info 2003, 811 = r+s 2002, 460 [Anm. *Lemcke* r+s 2002, 441]); OLG Rostock v. 18.6.2004 – 8 U 93/03 – NZV 2005, 206 = r+s 2004, 481 = VersR 2006, 430; LG Stuttgart v. 28.1.2002 – 27 O 317/01 – r+s 2002, 460. OLG Hamm v. 3.4.2001 – 27 U 199/00 – DAR 2001, 360 (nur LS) = OLGR 2002, 7 = VersR 2002, 483 = VRS 100, 401 (Ein Geschädigter, der eine Unfallrente des GUV erhalten hat, kann in Höhe dieser Leistungen den dem Grunde nach zum Schadensersatz verpflichteten Versicherer nicht aus einem zum Vergleich des Verdienstausfallschadens geschlossenen Abfindungsvergleich in Anspruch nehmen, wenn er den Versicherer vor Vergleichsabschluss pflichtwidrig nicht auf die in jenem Zeitpunkt bereits anerkannte Leistungspflicht des Sozialversicherers hingewiesen hat). Siehe auch BGH v. 19.3.1985 – VI ZR 163/83 – BG 1986, 404 = LM Nr. 135 zu § 1542 RVO = MDR 1986, 136 = NJW 1985, 2194 (nur LS) = r+s 1985, 199 (nur LS) = VersR 1985, 732 = zfs 1985, 299 (Mit Übernahme der Heilbehandlung durch die BG ist diese nunmehr für die Heilbehandlung insgesamt zuständig).
393 BGH v. 8.7.2003 – VI ZR 274/02 – BB 2004, 164 (nur LS) = BGHZ 155, 342 = DAR 2003, 512 = HVBG-Info 2003, 2869 = LMK 2003, 207 (nur LS) (Anm. *Eichenhofer*) = NJW 2003, 3193 = NZV 2003, 463 = r+s 2003, 524 = SP 2003, 376 = SVR 2004, 75 (nur LS) (Anm. *Engelbrecht*) = VersR 2003, 1174 = zfs 2003, 542 (Berufung zu OLG Hamm v. 18.6.2002 – 29 U 81/01 – HVBG-Info 2003, 811 = r+s 2002, 460); OLG Rostock v. 18.6.2004 – 8 U 93/03 – NZV 2005, 206 = r+s 2004, 481 = VersR 2006, 430.
394 OLG Rostock v. 18.6.2004 – 8 U 93/03 – NZV 2005, 206 = r+s 2004, 481 = VersR 2006, 430.
395 BGH v. 8.7.2003 – VI ZR 274/02 – BB 2004, 164 (nur LS) = BGHReport 2003, 1201 = BGHZ 155, 342 = DAR 2003, 512 = HVBG-Info 2003, 2869 = LMK 2003, 207 (nur LS) (Anm. *Eichenhofer*) = NJW 2003, 3193 = r+s 2003, 524 = SP 2003, 376 = SVR 2004, 75 (nur LS) (Anm. *Engelbrecht*) = zfs 2003, 542 (Berufung zu OLG Hamm v. 18.6.2002 – 29 U 81/01 – HVBG-Info 2003, 811 = r+ s 2002, 460 [Anm. *Lemcke* r+s 2002, 441]).
396 AG Zittau v. 7.2.2006 – 5 C 389/05 –.

3 Erwerbstätige Personen

621 Zum Interessenausgleich führt der BGH aus:[397]

622 Die Voraussetzungen für einen Anspruch aus § 812 I BGB sind grundsätzlich sowohl hinsichtlich der Leistungen der Klägerin (*Haftpflichtversicherung*) aufgrund des Teilungsabkommens als auch der Leistungen aufgrund des Abfindungsvergleichs zu bejahen. Eine abschließende Entscheidung über den Klageanspruch hängt allerdings davon ab, ob und gegebenenfalls inwieweit sich die Beklagte (*Krankenkasse*) zu Recht auf Entreicherung (§ 818 III BGB) beruft. Diese Einrede kann grundsätzlich auch ein in Anspruch genommener Sozialleistungsträger erheben (BGH v. 8.10.1969 – IV ZR 633/68 – VersR 1969, 1141, 1142).[398] Im vorliegenden Fall könnte sich die Entreicherung der Beklagten daraus ergeben, dass ihr Erstattungsanspruch gegen den Streithelfer (*gesetzliche Unfallversicherung*) aus § 105 SGB X wegen Versäumung der einzuhaltenden Fristen (§§ 111, 113 SGB X) ausgeschlossen ist, wobei möglicherweise die Ursache der Fristversäumung in Betracht gezogen werden muss (§§ 818 IV, 819 BGB).

623 Erheblich ist auch der Einwand der Beklagten, das Rückforderungsverlangen der Klägerin sei treuwidrig, weil sie, obwohl sie für die Folgen des Unfalls des R. (*verletzte Person*) umfassend einstandspflichtig sei, durch die gestaffelte Rückabwicklung hinsichtlich der von der Beklagten erbrachten Leistungen zumindest teilweise grundlos entlastet werde (§ 242 BGB). Dies kann dem Bereicherungsanspruch der Klägerin je nach den besonderen Umständen des Falls entgegenstehen. Die Grundsätze von Treu und Glauben beanspruchen gerade im Bereicherungsrecht unter dem Blickpunkt der Billigkeit in besonderem Maße Geltung (vgl. etwa BGHZ 132, 198, 215; BGH v. 15.3.1978 – IV ZR 77/77 – WM 1978, 708, 711).[399]

(bb) Weitere Sozialversicherer

624 Auch wenn in der Praxis der Hauptanwendungsfall vorwiegend Krankenkassenleistungen betrifft, gilt Vorstehendes ebenso für Leistungen der **Arbeitsverwaltung** und **Rentenversicherung**, soweit die gesetzliche Unfallversicherung primär leistungspflichtig ist oder eine Anrechnung/Kürzung von Leistungen erfolgt.

625 Bei der Beurteilung der Übergangsfähigkeit von Leistungen ist zu sehen, dass sämtliche Sozialversicherer Gesamtgläubiger der Regressforderung sind, wobei mit befreiender Wirkung auch an einen von ihnen geleistet werden kann. Erwägenswert ist ferner die (gutgläubige) erfüllende Leistung an den unmittelbar Anspruchsberechtigten.

(cc) Erstattungsverfahren der Leistungserbringer

626 **§ 111 SGB X – Ausschlußfrist (Fassung bis zum 31.12.2000)**

¹Der Anspruch auf Erstattung ist ausgeschlossen, wenn der Erstattungsberechtigte ihn nicht spätestens 12 Monate nach Ablauf des letzten Tages, für den die Leistung erbracht wurde, geltend macht. ²Der Lauf der Frist beginnt frühestens mit Entstehung des Erstattungsanspruchs.

---

397 BGH v. 8.7.2003 – VI ZR 274/02 – BB 2004, 164 (nur LS) = BGHReport 2003, 1201 = BGHZ 155,342 = DAR 2003, 512 = HVBG-Info 2003, 2869 = LMK 2003, 207 (nur LS) (Anm. *Eichenhofer*) = NJW 2003, 3193 = r+s 2003, 524 = SP 2003, 376 = SVR 2004, 75 (nur LS) (Anm. *Engelbrecht*) = zfs 2003, 542 (Berufung zu OLG Hamm v. 18.6.2002 – 29 U 81/01 – HVBG-Info 2003, 811 = r+s 2002, 460 [Anm. *Lemcke* r+s 2002, 441]).

398 BGH v. 8.10.1969 – IV ZR 633/68 – BKK 1970, 165 = MDR 1970, 126 = NJW 1970, 134 = VersR 1969, 1141.

399 BGH v. 21.3.1996 – III ZR 245/94 – BGHZ 132, 198 = DVBl 1996, 801 = JZ 1996, 1127 (Anm. *Kühne*) = NJW 1996, 3409 = WM 1996, 1497; BGH v. 15.3.1978 – IV ZR 77/77 – WM 1978, 708.

Nach § 111 SGB X a.F. (Rechtsänderung zum 1.1.2001) ist der Erstattungsanspruch des Leistungserbringers (z.B. Arbeitsverwaltung,[400] Krankenkasse,[401] Rentenversicherung[402]) ausgeschlossen, wenn er ihn nicht spätestens 12 Monate nach Ablauf des letzten Tages, für den die Leistung erbracht wurde, geltend[403] machte. Der Erstattungsanspruch des berechtigen Trägers entsteht, sobald dieser seine Leistungen tatsächlich erbracht hat und ihm die entsprechenden Kosten entstanden sind.[404] Die Entscheidung des zur Erstattung verpflichteten Trägers ist in diesem Zusammenhang ohne Belang; insbesondere hat ein Bescheid eines Unfallversicherungsträgers über die Anerkennung als Arbeitsunfall materiell-rechtlich nur deklaratorische Bedeutung und keine für die Entstehung des Erstattungsanspruches auslösende Funktion.[405]

627

---

§ 111 SGB X – Ausschlussfrist (Fassung ab 1.1.2001)

[1]Der Anspruch auf Erstattung ist ausgeschlossen, wenn der Erstattungsberechtigte ihn nicht spätestens 12 Monate nach Ablauf des letzten Tages, für den die Leistung erbracht wurde, geltend macht. [2]Der Lauf der Frist beginnt frühestens mit dem Zeitpunkt, zu dem der erstattungsberechtigte Leistungsträger von der Entscheidung des erstattungspflichtigen Leistungsträgers über seine Leistungspflicht Kenntnis erlangt hat.

628

Nach § 111 S. 2 SGB X n.F. beginnt der Fristenlauf frühestens mit demjenigen Zeitpunkt, zu dem der erstattungsberechtigte Leistungsträger von der Entscheidung des erstattungspflichtigen Leistungsträgers über seine Leistungspflicht Kenntnis erlangte; die Verjährungsfrist wurde in § 113 I SGB X ebenfalls entsprechend angepasst. § 111 SGB X n.F. ist auf Erstattungsansprüche jedenfalls dann nicht anzuwenden, wenn die Ausschlussfrist bereits unter Geltung des § 111 SGB X a.F. am 1.6.2000 (§ 120 II SGB X) abgelaufen war.[406]

629

(dd) Private Versicherer

(i) Subsidiaritätsklausel

Die Eintrittspflicht der Privatversicherung ist bedingungsgemäß häufig ausgeschlossen, wenn es sich um einen der gesetzlichen Unfallversicherung unterfallenden Leistungsfall handelt. Hier kann eine bei rückwirkender Zuständigkeit die Rückabwicklung möglich werden.

630

---

400 BSG v. 19.3.1996 – 2 RU 22/95 – SozR 3-1300 § 111 Nr. 4.
401 BSG v. 10.5.2005 – B 1 KR 20/04 R – SozR 4-1300 § 111 Nr. 3 = USK 2005, 65; BSG v. 24.2.2004 – B 2 U 29/03 R – HVBG-Info 2004, 334 = USK 2004-96.
402 BSG v. 11.11.2003 – B 2 U 15/03 R – FEVS 55, 481 = HVBG-Info 2004, 10.
403 BSG v. 24.2.2004 – B 2 U 29/03 R – HVBG-Info 2004, 334 = USK 2004-96: Zum einen muss der berechtigte Leistungsträger seine Erstattungsansprüche endgültig und unmissverständlich geltend machen, so dass eine bloß vorsorgliche und unverbindliche Anmeldung nicht ausreicht. Zum anderen muss für den erstattungspflichtigen Leistungsträger erkennbar sein, wegen welcher Leistungen er in Anspruch genommen wird und woraus sich der Erstattungsanspruch ergeben soll. Die diesbezüglichen Anforderungen dürfen aber nicht überspannt werden.
404 BSG v. 10.5.2005 – B 1 KR 20/04 R – SozR 4-1300 § 111 Nr. 3 = USK 2005, 65 (Die Neufassung des § 111 SGB X n.F. hat die Anforderungen an die „Entstehung" nicht verändert); BSG v. 24.2.2004 – B 2 U 29/03 R – HVBG-Info 2004, 334 = USK 2004-96; BSG v. 11.11.2003 – B 2 U 15/03 R – FEVS 55, 481 = HVBG-Info 2004, 10.
405 BSG v. 11.11.2003 – B 2 U 15/03 R – FEVS 55, 481 = HVBG-Info 2004, 10.
406 BSG v. 10.5.2005 – B 1 KR 20/04 R – SozR 4-1300 § 111 Nr. 3 = USK 2005, 65;BSG v. 24.2.2004 – B 2 U 29/03 R – HVBG-Info 2004, 334 = USK 2004-96; BSG v. 11.11.2003 – B 2 U 15/03 R – FEVS 55, 481 = HVBG-Info 2004, 10 (Unzulässige Rückwirkung).

(ii) Forderungsübergang

631 Der Forderungsübergang nach § 86 VVG n.F./§ 67 VVG a.F. ist von der tatsächlichen Erbringung von Versicherungsleistungen abhängig.[407] Nur wenn die private Krankenversicherung zahlt, findet dann (Zug-um-Zug) auch ein Forderungswechsel (nur) im Umfang der Leistung statt.

632 Für den Forderungsübergang nach § 86 I VVG n.F./ § 67 I VVG a.F. ist nicht entscheidend, ob dem leistenden Versicherer die Möglichkeit zugestanden hätte, sich auf Leistungsfreiheit wegen Obliegenheitsverletzung[408] oder Eingreifens einer Subsidiaritätsklausel[409] zu berufen. Zahlt der private Versicherer (**Leistung trotz Leistungsverweigerungsrecht**), kommt es prinzipiell zu einem Forderungsübergang;[410] es sind aber das Quotenvorrecht und die Schadenkongruenzen zu beachten.

g. Landwirtschaftliche Sozialversicherung

633 Die Leistungen der landwirtschaftlichen Sozialversicherung dienen vorrangig der Erhaltung des landwirtschaftlichen Betriebes. Zu den Einzelheiten ist auf die Darstellung beim selbstständigen Landwirt zu verweisen (siehe Kap 4 Rn 24 ff.).

7. Berufsständische Versorgung

634 Außerhalb der gesetzlichen Rentenversicherung finden sich für Angehörige der klassischen verkammerten freiberuflich Tätigen (Ärzte, Apotheker, Architekten, Notare, Rechtsanwälte, Steuerberater und -bevollmächtigte, Tierärzte, Wirtschaftsprüfer und vereidigte Buchprüfer sowie Zahnärzte) als Träger der sozialen Sicherung[411] berufsständische Versorgungswerke, die im wesentlichen der Altersvorsorge dienen, daneben aber auch weitere Leistungen u.a. im Falle der Berufsunfähigkeit erbringen.

635 Die berufsständischen Versorgungswerke sind offen für die selbstständigen **Freiberufler**, dabei wird z.T. auch eine Pflichtmitgliedschaft begründet. Aber auch **abhängig Beschäftigte** dieser Berufsgruppen (z.B. Krankenhausarzt, Syndikusanwalt) können sich – jedenfalls für die Zeitdauer ihrer Zugehörigkeit zur Berufsgruppe[412]- von ihrer Versicherungspflicht bei einem gesetzlichen Rentenversicherer befreien lassen und in eine berufsständische Versorgung eintreten (§ 6 SGB VI). Versicherungsfrei in der gesetzlichen Rentenversicherung sind auf Antrag die in § 6 SGB VI genannten Personen (Mitglieder berufsständischer Versorgungswerke).

---

407 OLG Bamberg v. 2.10.1996 – 5 U 217/95 – NZV 1997, 517 = SP 1998, 49 = r+s 1998, 65 = WI 1998, 131 (BGH hat Revision nicht angenommen, Beschl. v. 3.6.1997 – VI ZR 365/96 -) (Vorinstanz: LG Bamberg v. 28.9.1995 – 1 O 531/92 – SP 1996, 10); OLG Hamm v. 8.1.1988 – 6 U 174/97 – r+s 1998, 184.
408 OLG Hamm v. 8.1.1988 – 6 U 174/97 – r+s 1998, 184 (Kaskoversicherer hätte sich auf § 61 VVG berufen können); siehe auch *Wussow* WI 1998, 8.
409 BGH v. 23.11.1988 – IVa ZR 143/87 – VersR 1989, 250 (Transportversicherung).
410 Siehe auch Kap 4 Rn 203.
411 BVerfG (2. Kammer des 1. Senates) v. 23.1.1997 – 1 BvR 1317/86 – NJW 1997, 1634.
412 BSG v. 30.4.1997 – 12 RK 34/96 R – DB 2001, 1038 = NJW 1997, 3333 (Endet die Pflichtmitgliedschaft in der Versorgungseinrichtung – konkret: Anwaltsversorgung -, so ist die Befreiung von der Rentenversicherungspflicht mit Wirkung für die Zukunft aufzuheben).

B. Unselbständig Tätige

a. Beitrag

Den Beitrag zum Versorgungswerk trägt das Mitglied selbst. Abhängig Beschäftigte haben gegenüber ihrem Arbeitgeber einen Anspruch auf Erstattung der Beiträge in demjenigen Umfange, wie der Arbeitgeber Beiträge an den gesetzlichen Rentenversicherer hätte zahlen müssen, § 172 II SGB VI. Beiträge zu berufsständischen Versorgungswerken bei von der Pflichtmitgliedschaft befreiten Personen werden zum Krankengeld nicht abgeführt.[413]

§ 119 SGB X findet auf die berufsständischen Versorgungswerke keine Anwendung: Der Verletzte muss also selbst dafür Sorge tragen, dass seine Beitragsverluste in der berufsständischen Versorgung oder die Leistungsminderungen in der Zukunft ausgeglichen werden.

b. Leistungen

Leistungsträger sind die jeweiligen Versorgungswerke (regelmäßig als Körperschaften des öffentlichen Rechtes). Die Versorgungswerke sind i.d.R. durch Landesgesetze installiert, wobei sich weitere Einzelheiten dann aus den jeweiligen Satzungen der Versorgungswerke ergeben.

Der **Leistungsumfang** entspricht grob dem Spektrum der gesetzlichen Rentenversicherung. Die Leistungen sind anspruchsmindernd auf den Ersatzanspruch des Verletzten anzurechnen.

Die **Wartezeiten** bis zur Möglichkeit der Inanspruchnahme von Leistungen sind häufig erheblich kürzer als in der gesetzlichen Rentenversicherung.

aa. Leistungen zur Erhaltung, Besserung und Wiederherstellung der Erwerbsfähigkeit

Maßnahmen der Heilbehandlung, Berufsförderung und weitere ergänzende Leistungen zur Erhaltung, Besserung und Wiederherstellung der Erwerbsfähigkeit einschließlich wirtschaftlicher Hilfen ähnlich denen der gesetzlichen Rentenversicherung werden nicht von allen Versorgungswerken erbracht. Zum Teil sind Zuschüsse zu Rehabilitationsmaßnahmen vorgesehen.

Kongruenz besteht zu Heilbehandlungskosten und Verdienstausfall.

bb. Renten

Die **Barleistungen** gehen nicht selten über das aus der gesetzlichen Rentenversicherung bekannte Maß deutlich hinaus.

(1) Berufsunfähigkeitsrente

Kongruenz besteht zum vom Leistungsträger nachzuweisenden Verdienstausfallschaden des Verletzten, ferner zum Ausfallschaden als Hausfrau/-mann (soweit dieser auf § 842 BGB beruht).

Berufsunfähig ist ein Mitglied, das nicht mehr in der Lage ist, seiner beruflichen Tätigkeit in nennenswertem Umfang nachzugehen. Für die Auslegung des Begriffes der „Berufsun-

---

[413] BSG v. 14.2.2001 – B 1 KR 25/99 – NJW 2002, 1894 (Keine verfassungswidrige Benachteiligung, wenn während des Krankengeldbezuges keine Beiträge zur Alterssicherung abgeführt werden).

fähigkeit" ist nicht ohne weiteres auf die Definitionen der gesetzlichen Rentenversicherung (§ 43 SGB VI) zurück zu greifen.[414] Die Möglichkeiten einer Berufsausübung müssen krankhaft bedingt so stark eingeschränkt sein, dass ihr eine existenzsichernde Funktion nicht mehr zukommen kann, auch wenn die Verrichtung einzelner berufstypischer Tätigkeiten noch möglich ist.[415] Unter Existenzsicherung ist dabei allerdings nicht die Aufrechterhaltung des bisherigen Lebensstandards zu verstehen.[416]

646 Eine **Berufsunfähigkeitsrente** wird i.d.R. zunächst auf Zeit gewährt.

647 Rentenansprüche gegen das Versorgungswerk genießen (eingeschränkten) **Pfändungsschutz**.[417]

(2) Altersrente

648 **Regelaltersrente** erhält, wer die Wartezeit erfüllt und ein vorgegebenes Lebensalter (zumeist das 65. Lebensjahr) vollendete. Viele Versorgungswerke ermöglichen auch den vorgezogenen Ruhestand bei gleichzeitiger Leistungskürzung, eröffnen aber gleichzeitig andererseits auch den späteren Ruhestand mit Leistungsmehrung. Die Altersrente ist dem Träger nicht zu ersetzen.

649 **Zuschüsse** zu den Aufwendungen für die Kranken- und Pflegeversicherung wie in der gesetzlichen Rentenversicherung sehen die Versorgungswerke i.d.R. nicht vor.

c. Forderungsübergang

aa. Abtretung

650 Die mir bislang bekannten Versorgungswerke sind nicht durch einen gesetzlichen Forderungsübergang für drittverursachte Leistungen geschützt. Sie müssen daher ihren Regress im Wege der privatrechtlichen Abtretung verfolgen. Dabei ist die Verpflichtung zur Abtretung manchmal in der Satzung statuiert, z.T. verbunden mit einem Quotenvorrecht des Verletzten (ähnlich § 6 EFZG, § 67 I 2 VVG a.F, § 86 I 2 VVG n.F.). Eine Abfindung des unmittelbar Verletzten vor einer Abtretung verhindert den Forderungsübergang.

bb. Quotenvorrecht

651 Zu beachten ist, dass der Versorgungsträger den Forderungsübergang auf sich nur unter Wahrung der Interessen des unmittelbar Verletzten geltend machen und eine dementsprechende Abtretungserklärung verlangen kann. Soweit (z.B. bei Mithaftung) die berufsstän-

---

414 VGH Mannheim v. 29.10.2002 – 9 S 2062/01 – NJW 2003, 374 (Anwaltsversorgung); VGH München v. 26.7.1995 – 9 B 93.2788 – NJW 1996, 1613 = NVwZ 1996, 814 (Zur Satzung der bayrischen Ärzteversorgung).
415 VGH Mannheim v. 29.10.2002 – 9 S 2062/01 – NJW 2003, 374 (Anwaltsversorgung); VGH München v. 26.7.1995 – 9 B 93.2788 – NJW 1996, 1613 = NVwZ 1996, 814 (Bayrische Ärzteversorgung).
416 VGH München v. 26.7.1995 – 9 B 93.2788 – NJW 1996, 1613 = NVwZ 1996, 814.
417 BGH v. 25.8.2004 – IXa ZB 271/03 – BB 2004, 2714 (nur LS) = BGHReport 2004, 1649 (Anm. Schuschke) = BGHZ 160,197 = DVBl 2005, 245 = FamRZ 2004, 1963 = MDR 2005, 236 = NJW 2004, 3770 = NJW-Spezial 2004, 382 = WM 2004, 2316 (Die Unpfändbarkeit von landesrechtlich begründeten Ansprüchen des öffentlichen Rechts folgt aus deren Unabtretbarkeit nur dann, wenn die Unpfändbarkeit mit dem verfassungsrechtlich geschützten Befriedigungsrecht des Gläubigers vereinbar ist. Ansprüche gegen das Anwaltsversorgungswerk Baden-Württemberg sind in den Grenzen des § 850c ZPO pfändbar.) (**A.A.** Vorinstanz LG Ravensburg v. 8.9.2003 – 4 T 51/03 – NJW 2004, 1538 zu § 11 I Gesetz über das Versorgungswerk der Anwälte in Baden-Württemberg).

dische Versorgung in Konkurrenz zu ihrem Mitglied tritt, wird man, sofern keine Regelung vorhanden ist, differenzieren müssen:

- Nachdem sich der Gesetzgeber bei der Novellierung des § 1542 RVO gegen ein Quotenvorrecht für Drittleistungsträger entschieden hat, scheidet in allen Fällen jedenfalls ein Anspruch des Versorgungsträgers auf vorrangige Befriedigung aus. 652

- Handelt es sich um eine **befreite Mitgliedschaft** (beispielsweise bei angestellten Ärzten oder Anwälten) i.S.v. § 6 SGB VI, wird man analog § 116 SGB X die relative Theorie anwenden müssen. Die Mithaftung schlägt sich dann bei den Direktansprüchen verhältnismäßig („relativ") nieder. 653

- War die verletzte Person **nicht** in der gesetzlichen **Rentenversicherung versicherungspflichtig** (und lag kein Befreiungstatbestand zugunsten einer berufsständischen Versorgung vor), wird man analog § 6 EFZG, § 67 VVG a.F., § 86 VVG n.F., § 52 S. 3 BRRG a.F. ein Quotenvorrecht zugunsten des Verletzten annehmen müssen. 654

- Reichen Haftungshöchst- oder Versicherungssumme nicht aus, steht dem Verletzten stets ein **Befriedigungsvorrecht** vor dem Träger der berufsständischen Versorgung zu. 655

cc. Besonderheiten bei Zusammentreffen mit anderem Leistungsträger

Treffen Leistungen der Versorgungswerke mit denen aus der gesetzlichen Renten- oder Unfallversicherung zusammen, geht der Forderungsübergang auf den Sozialversicherungsträger dann vor, wenn ein § 116 SGB X entsprechender[418] gesetzlicher Forderungsübergang auf das Versorgungswerk fehlt. Ist der beim Verletzten eingetretene Schaden geringer als die Summe der kongruenten Leistungen von Sozialversicherer und berufsständischer Versorgung, ist der Schaden wegen des zeitlich vorrangigen Forderungsüberganges (§ 116 SGB X) zunächst zwischen den Sozialversicherungsträgern verhältnismäßig zu verteilen; erst ein danach noch verbleibender Restschaden kann nach erfolgter Abtretung vom Versorgungswerk eingefordert werden. 656

dd. Verwandtenprivileg

Das Verwandtenprivileg ist anwendbar. Insoweit kommt ein allgemein geltender Grundsatz zum Tragen.[419] 657

d. Arbeitsunfall

Der Haftungsausschluss nach §§ 104 ff. SGB VII (bis 31.12.1996: §§ 636 f. RVO) kommt zum Tragen, da bereits die Haftung entfällt. Ein § 110 SGB VII vergleichbarer Aufwendungsersatzanspruch existiert nicht. 658

e. Versicherungsschutzversagung

Fehlender Versicherungsschutz berührt die Ansprüche des Abtretungsgläubigers, dem Träger der berufsständischen Versorgung, grundsätzlich nicht. Insoweit steht er in derselben Rechtsposition wie der unmittelbar Geschädigte. 659

---

418 Ansonsten ist den Leistungsträgern (Sozialversicherungsträger, Versorgungswerk) im Verhältnis ihrer jeweiligen Leistung zum Gesamtrentenbezug anteilig Ersatz des zur Höhe nachgewiesenen Verdienstausfall- oder Unterhaltsschadens zu leisten.
419 *Jahnke* „Verwandtenprivileg und Personenschadenregulierung" NZV 1995, 377 (379 f.).

660 Zu beachten ist allerdings, dass der Versorgungsträger den Forderungsübergang auf sich nur unter Wahrung der Interessen des unmittelbar Verletzten geltend machen kann. Insoweit gilt ein allgemeiner Grundsatz, der in § 6 EFZG (früher: 4 LFZG), § 67 VVG a.F., § 86 VVG n.F. einen gesetzlichen Ausdruck gefunden hat („Quotenvorrecht"). Reichen z.B. Haftungshöchst- oder Versicherungssumme nicht aus, steht dem Verletzten ein Befriedigungsvorrecht vor dem Träger der berufsständischen Versorgung zu.

8. Soziale Grundversorgung

a. „Sozialamt"

661 Auch wenn in der Praxis derselbe Briefkopf in der **Korrespondenz** benutzt wird, ist das *„Sozialamt"* rechtlich nicht identisch mit dem *„Leistungsträger nach dem AsylbLG"* bzw. *„Träger der Grundsicherung"*. Grundsicherungsamt und Sozialamt waren bis zum 1.1.2005 funktional unterschiedlich verantwortliche Stellen, selbst wenn faktisch dieselbe Verwaltung und derselbe Mitarbeiter tätig wurden. Wie bei Leistungsansprüchen nach dem AsylbLG handelte häufig in der Praxis in **Personalunion** der Sachbearbeiter des Sozialamtes. Da nicht immer ausreichend differenziert wird (z.B. gemeinsame Nutzung des Briefkopfes des Sozialamtes), in welcher Eigenschaft jeweils korrespondiert wird, ist festzustellen, **wer** konkret der **Leistungsträger** war: Trotz häufig bestehender Personenidentität in der Sachbearbeitung handelt es sich um drei verschiedene Rechtsinstitutionen.

b. Sozialhilfe

662 Bis 2.1.2005 (einige für die Schadenregulierung weniger wichtige Vorschriften traten bereits früher in Kraft) galt das im BSHG mit seinen Durchführungsverordnungen, aber auch in etlichen Spezialgesetzen des Bundes und der Länder, geregelte Sozialhilferecht, seit 2005 gelten die –auf das SGB II abgestimmten – Bestimmungen des SGB XII.[420] Das SGB XII kommt letztlich dem Anliegen einer Fortentwicklung und Zusammenfassung des Sozialhilferechtes nach.[421]

aa. Leistungsberechtigung

(1) Personenkreis

663 **Erwerbsunfähige** erhalten anstelle von ALG II Leistungen der Sozialhilfe nach dem SGB XII.

664 Auch **Ausländer**, die sich in Deutschland aufhalten, haben nach § 23 SGB XII (§ 120 I BSHG) Anspruch u.a. auf Hilfen zum Lebensunterhalt und Krankenhilfe. **Ausgeschlossen** sind dabei allerdings Leistungsberechtigte nach § 1 **Asylbewerber**leistungsgesetz (AsylbLG), § 23 II SGB XII.

(2) Bedürftigkeit

665 Anspruchsberechtigt ist derjenige, der seinen notwendigen Lebensunterhalt nicht oder nicht ausschließlich aus eigenen Kräften und Mitteln bestreiten kann, § 19 I SGB XII (§ 11 BSHG). Grundsätzlich wird jedes Einkommen und Vermögen angerechnet (zur Berechnung im Einzelnen siehe §§ 82 ff. SGB XII). Auch Vermögen von ehelichen und

---

[420] Gesetz zur Einordnung des Sozialhilferechts v. 27.12.2003, BGBl I 2003, 3022.
[421] BT-Drucksache 15/1514, S. 50.

nicht-ehelichen Partnern wird – wie im SGB II – einbezogen (§§ 19 I 2, 20,[422] 36 SGB XII).

(3) Einkommen

Grundsätzlich wird jedes Einkommen und Vermögen angerechnet (zur Berechnung im Einzelnen siehe §§ 82 ff. SGB XII, §§ 76 ff. BSHG). Einige Vermögensgegenstände und Einnahmen sind allerdings geschützt.

Schmerzensgeld gehört zum Schonvermögen i.S.d. Sozialhilferechtes und ist nur eingeschränkt mit Sozialhilfeleistungen verrechenbar. Entschädigungen nach § 253 II BGB n.F.[423] (Unfälle nach dem 31.7.2002) bzw. § 847 BGB a.F. (Unfälle bis zum 1.8.2002) sind nicht als Einkommen im Rahmen des BSHG zu berücksichtigen; § 83 II SGB XII ist deckungsgleich mit § 77 II BSHG.[424] Auch die **Zinseinnahmen** aus dem angelegten Schmerzensgeldkapital sind jedenfalls dann nicht anzurechnen, wenn sie die Grundrente nach § 31 BVG nicht überschreiten.[425]

Leistungen aus einer **privaten Unfallversicherung** sind, da es sich um eine Summenversicherung handelt, nicht zu Lasten des Verletzten auf Schadenersatzleistungen anzurechnen. Auch geht der Anspruch auf Leistungen aus einem privaten Unfallversicherungsvertrag nicht nach § 116 SGB X auf einen Sozialhilfeträger über.[426]

Die **Grundrente** nach BVG (oder nach Gesetzen, die eine entsprechende Anwendung des BVG vorsehen) zählt nicht zum Einkommen. **Verletztenrenten** sind demgegenüber ungekürzt als Einkommen auf Sozialhilfeleistungen anzurechnen, da eine Gleichstellung mit der BVG-Grundrente mangels Vorliegen einer vom Gesetzgeber in §§ 76, 77 BSHG und § 82 SGB XII[427] übersehenen Gesetzeslücke nicht möglich ist.[428]

---

[422] § 20 SGB XII setzt inhaltsgleich § 122 BSHG fort (BT-Drucksache 15/1514, S. 57).
[423] Gleiches muss für die in Sondergesetzen enthaltenen Schmerzensgeldvorschriften gelten. Die Nicht-Erwähnung in § 77 BSHG und § 83 SGB XII ist m.E. ein offensichtliches gesetzgeberisches Versehen (*Heß/Jahnke* S. 85 f. zu § 77 BSHG).
[424] BT-Drucksache 15/1514, S. 65.
[425] Vgl. BSG v. 15.4.2008 – B 14/7b AS 6/07 R – NZA 2008, 928 (auch angespartes Schmerzensgeld ist geschützt); BSG v. 20.2.1991 – 11 RAr 109/89 – BSGE 68, 148 = FamRZ 1992, 810 = SGb 1992, 84 (*Bieback* SGb 1992, 88); BSG v. 17.10.1990 – 11 RAr 133/88 – SuP 1991, 506 (Vorinstanz: LSG Baden-Württemberg v. 13.9.1988 – L 5 Ar 1758/86 – Bibliothek BSG Justiz 1990, 37); BVerwG v. 18.5.1995 – 5 C 22/93 – BVerwGE 98, 256 = DÖV 1995, 869 = DVBl 1995, 1191 = FamRZ 1995, 1348 = MDR 1996, 864 = NJW 1995, 3001 = NVwZ 1996, 67 (nur LS) (Vorinstanz: OVG Lüneburg v. 24.3.1993 – 4 L 2065/92 -); LSG Saarland v. 18.2.1994 – L 2 Ar 35/92 – Breithaupt 1995, 279 (Arbeitslosenhilfe); OVG Lüneburg v. 25.10.1974 – IV A 14/74 – FEVS 24, 276 = VersR 1976, 350 (Offengelassen, ob ein Hilfesuchender ein besonders hohes Schmerzengeld teilweise einsetzen muss); VGH Baden-Württemberg v. 25.5.1993 – 6 S 3184/91 – FEVS 44, 290 = NVwZ 1994, 308 (nur LS); OLG Nürnberg v. 19.12.1979 – 4 U 22/79 – VersR 1980, 1149 (Nur allmählicher Forderungsübergang auf Sozialhilfeträger).
[426] OLG Düsseldorf v. 23.5.1995 – 4 W 17/95 – HVBG-Info 1996, 1255 = r+s 1995, 386 = VersR 1996, 480; VGH Baden-Württemberg v. 12.12.1994 – 7 S 530/94 – VGHBW-Ls 1995, Beilage 3, B 11 (Invaliditätsleistung aus einer privaten Unfallversicherung ist bei der Eingliederungshilfe – konkret: Schulunterbringungskosten – nicht anzurechnen). Siehe auch BVerwG v. 11.3.1993 – 3 C 18/90 – (Pflegezulage wegen Impfschadens und Eingliederungshilfe – konkret: Schulbildungskosten – für Behinderte sind nicht zweckidentisch).
[427] BT-Drucksache 15/1514, S. 65: § 82 I SGB XII setzt inhaltsgleich § 76 I BSHG fort.

(4) Subsidiarität

670 Die Sozialhilfe erbringt Leistungen nur subsidiär (§ 2 I SGB XII setzt § 2 I BSHG fort).[429] Sozialhilfe erhält nicht, wer sich selbst helfen oder auf andere zugreifen kann, § 2 SGB XII. Es stellt bereits von daher keinen Verstoß gegen die Schadenminderungspflicht dar, wenn ein Geschädigter nicht die Sozialhilfe in Anspruch nimmt. Die Sozialhilfe ist nachrangig gegenüber allen Versicherungs- oder Versorgungsansprüchen, ferner gegenüber privatrechtlichen Ansprüchen aus Vertrag oder Delikt.[430]

671 § 117 SGB XII statuiert die bußgeldbewehrte Pflicht, dem Sozialhilfeträger auf dessen Verlangen **Auskunft** über Leistungen zu geben.

(5) SGB II

672 Nach § 21 SGB XII erhalten Leistungsberechtigte nach dem SGB II keine Leistungen für den Lebensunterhalt.

bb. Forderungsbefugnis

673 Soweit Sozialversicherer und sonstige Drittleistungsträger kongruente Leistungen erbringen, kürzen diese wegen des Forderungsüberganges nach § 116 SGB X den vom Anspruchsberechtigten selbst noch geltend zu machenden Ersatzanspruch. Bei möglicher Zuständigkeit eines Sozialhilfeträgers sind aber Besonderheiten zu beachten:

(1) Vergangenheit

674 In der Vergangenheit bereits geleistete Sozialhilfe muss vom geltend gemachten Verdienstausfall abgezogen werden. Hier greift der Forderungsübergang nach § 116 SGB X zugunsten des Sozialhilfeträgers.

(2) Zukunft

675 Hätte der Anspruchsberechtigte auch in Zukunft Anspruch auf Sozialhilfeleistungen, sind diese zukünftig anfallenden Leistungen nur ausnahmsweise mindernd beim Anspruch des Anspruchsberechtigten zu berücksichtigen.[431] Verdienstausfallansprüche (in regelmäßig wiederkehrender Höhe zu entrichtende Rentenbeträge), die einem Verletzten für die Zukunft zustehen, müssen ihm ohne Berücksichtigung etwaiger Sozialhilfansprüche zuer-

---

428 BSG v. 3.12.2002 – B 2 U 12/02 R – Breith 2003, 227 = BSGE 90,172 = FEVS 54,436 = HVBG-Info 2003, 178 = HVBG-Info 2004, 315 (nur LS) (Anm. *Trenk-Hinterberger*, Anm. *Fenn*) = SGb 2004, 187 (Anm. *Trenk-Hinterberger*) = SozR 3-5910 § 76 Nr. 4 (Vorinstanz Hess LSG v. 12.12.2001 – L 3 U 578/98 – HVBG-Info 2002, 918); BSG v. 29.3.2007 – B 7b AS 2/06 R – Breith 2008, 133 = FEVS 59, 1 = SGb 2007, 351 (zu § 11 SGB II); BSG v. 5.9.2007 – B 11b AS 15/06 R – Breith 2008, 261 = FEVS 59, 145 = NZS 2008, 215 (zu § 11 SGB II).
429 BT-Drucksache 15/1514, S. 55.
430 BGH v. 4.3.1997 – VI ZR 243/95 – MDR 1997, 937 = NJW 1997, 2943 = NJW-VHR 1997, 200 (nur LS) = NZV 1997, 302 = r+s 1997, 371 = SP 1997, 245 = VersR 1997, 751 = VRS 93, 269 = zfs 1997, 250 (Zukünftige Verdienstausfallrente darf wegen des Subsidiaritätsgrundsatzes nicht von vornherein im Hinblick auf dem Geschädigten für den Fall seiner Mittellosigkeit zustehende Sozialhilfeansprüche gekürzt werden).
431 OLG Bremen v. 21.4.1998 – 3 U 45/96 – OLGR 1999, 148 = NJW-RR 1999, 1115 = VersR 1999, 1030 (BGH hat die Revision nicht angenommen, Beschl. v. 24.11.1998 – VI ZR 169/98 -).

kannt werden.⁴³² Im Hinblick auf den Subsidiaritätscharakter der Sozialhilfe muss ein Geschädigter seinen Lebensbedarf zunächst aus dem Schadensersatzanspruch gegen den Schädiger decken, bevor er auf die Sozialhilfe zurückgreifen kann. Der Haftpflichtige hat keine Möglichkeit, den unmittelbar Anspruchsberechtigten zunächst auf die Sozialhilfe zu verweisen.⁴³³

(3) Einzugsermächtigung

Trotz Forderungsüberganges auf den Sozialhilfeträger verbleibt dem Geschädigten die Ermächtigung, vom Schädiger die Ersatzleistung einzufordern (Nachrang der Sozialhilfe). Der BGH⁴³⁴ hat dem Geschädigten für seine **künftigen Ansprüche** eine **Einzugsermächtigung** erteilt, u.a. mit der Konsequenz, dass der Schadenersatzpflichtige auch im Verlaufe der weiteren Regulierung mit befreiender Wirkung an den unmittelbar Anspruchsberechtigten zahlen kann. 676

Ein rechtskräftiges, vom Geschädigten erstrittenes **Feststellungsurteil** wirkt ebenso wie ein titelersetzendes Anerkenntnis zugunsten – aber auch zulasten – auch des Sozialhilfeträgers.⁴³⁵ 677

cc. Leistungsumfang

Art, Form und Maß der Sozialhilfeleistung richten sich nach den Besonderheiten des Einzelfalles (§ 9 SGB XII überträgt im Wesentlichen inhaltsgleich § 3 I BSHG).⁴³⁶ Sozialhilfeleistungen sind **von Amts wegen** und nicht erst auf Antrag zu gewähren (§§ 17 I, 18 SGB XII).⁴³⁷ 678

Nach dem Recht der Sozialhilfe können insbesondere Geld- und Sachleistungen in Anspruch genommen werden (§§ 28 I SGB I, 8 SGB XII) *(§ 8 I BSHG)*: 679

(1) Hilfe zum Lebensunterhalt

Hilfe zum Lebensunterhalt erhält, wer seinen notwendigen Lebensunterhalt nicht oder nur unzureichend aus eigenen Kräften und Mitteln bestreiten kann (§ 19 SGB XII, § 11 BSHG). Die Hilfe kann durch einmalige oder laufende Leistungen erfolgen. 680

---

432 BGH v. 10.10.2002 – III ZR 205/01 – HVBG-Info 2002, 3168 = MDR 2003, 26 = NJW 2002, 3769 = NZV 2002, 557 = r+s 2003, 80 = SP 2003, 10 = VersR 2002, 1521 = zfs 2003, 14; BGH v. 3.3.1998 – VI ZR 385/96 – DAR 1998, 231 = EWiR 1998, 393 (Anm. *Grunsky*) = MDR 1998, 595 = NJW 1998, 1634 = NZV 1998, 279 = r+s 1998, 196 = SP 1998, 241 = VersR 1998, 772 = zfs 1998, 210; BGH v. 4.3.1997 – VI ZR 243/95 – MDR 1997, 937 = NJW 1997, 2943 = NJW-VHR 1997, 200 (nur LS) = NZV 1997, 302 = r+s 1997, 371 = SP 1997, 245 = VersR 1997, 751 = VRS 93, 269 = zfs 1997, 250.
433 BGH v. 10.10.2002 – III ZR 205/01 – HVBG-Info 2002, 3168 = MDR 2003, 26 = NJW 2002, 3769 = NZV 2002, 557 = r+s 2003, 80 = SP 2003, 10 = VersR 2002, 1521 = zfs 2003, 14.
434 BGH v. 27.6.2006 – VI ZR 337/04 – BGHReport 2006, 1367 = DAR 2007, 22 (nur LS) = MDR 2007, 151 = NJW 2006, 3565 = NZV 2007, 33 = r+s 2007, 40 = SP 2006, 381 = SVR 2007, 58 (Anm. *Lang*) = VersR 2006, 1383 = VRS 111, 252 = zfs 2006, 618. Zu Einzelheiten und Gefahren siehe Kap 14 Rn 17 ff. und *Jahnke* „Abfindung von Personenschadenansprüchen" § 3 Rn 324 ff.
435 BGH v. 5.3.2002 – VI ZR 442/00 – BGHZ 150,94 = EWiR 2002, 745 (nur LS) (Anm. *Plagemann*) = HVBG-Info 2002, 1949 = NJW 2002, 1877 = NVersZ 2002, 332 = NZV 2002, 266 = r+s 2002, 241 = SP 2002, 236 = VersR 2002, 869 = VRS 102,447 = ZIP 2002, 1462 = zfs 2002, 337.
436 BT-Drucksache 15/1514, S. 53.
437 Siehe OLG Köln v. 22.8.1994 – 5 U 145/94 – VersR 1995, 1102 (Begibt sich ein Sozialhilfeempfänger zu einer unaufschiebbaren Maßnahme in ein Krankenhaus, so folgt allein daraus noch nicht, dass er selbst Kostenträger sein will. Honoraransprüche eines zur Versorgung von Kassenpatienten zugelassenen Krankenhauses sind gegen den Sozialhilfeträger und nicht gegen den Patienten zu richten.).

(a) Laufende Leistungen

681 Laufende Leistungen sind die zur Deckung des Lebensunterhaltes notwendigen, regelmäßig wiederkehrenden und voraussehbaren Leistungen. Der notwendige Lebensunterhalt umfasst u.a. Unterkunft (einschließlich Hausrat und notwendige Energiezufuhr), Verpflegung (einschließlich Kleidung und Körperpflegemittel) und persönliche Bedürfnisse des täglichen Lebens (u.a. Teilnahme am kulturellen Leben), § 27 SGB XII.

682 §§ 28 ff. SGB XII setzen aus Verwaltungskostenersparnis auf verstärkte **Pauschalierung** der meisten einmaligen Leistungen und ihre Einbeziehung in den Regelsatz, sodass detaillierte Bedarfsprüfungen und Einzelfallentscheidungen weitgehend entfallen.[438] Sie bemessen sich nach festen, durch Landesrecht festgesetzten (§ 28 II SGB XII) monatlichen Regelsätzen (§ 28 SGB XII), ergänzt durch die Sonderregeln zu Unterkunft und Heizung (§ 29 SGB XII) sowie den Mehrbedarf (§ 30 SGB XII). Alle pauschalierbaren Leistungen werden in einem gemeinsamen, monatlich auszuzahlenden Gesamtbetrag zusammengefasst.[439] Für einige bestimmte Gruppen (u.a. ältere Menschen über 65 Jahre; Erwerbsunfähige im Sinne des SGB VI; Blinde; Behinderte; Kranke, die einer besonders aufwendigen Verpflegung bedürfen) wird ein **Mehrbedarf** nach § 30 SGB XII (wie schon nach § 23 BSHG) pauschal ermittelt.

683 Beiträge zur **Kranken-** und **Pflegeversicherung** sind nach § 32 SGB XII (wie nach § 13 BSHG) für Weiterversicherte nach § 9 I Nr. 1 SGB V zu zahlen.[440]

684 **Kongruenz** kann zum Verdienstausfall bestehen.[441] Wegen der pauschalisierten Gewährung ist aber auf die Übergangsfähigkeit eines konkreten Schadens zu achten. Da der Mehrbedarf pauschaliert ermittelt wird, ist für den Regressanspruch auf konkretem Nachweis der vermehrten Bedürfnisse beim Verletzten zu bestehen. Verdienstausfall- und Unterhaltsschadenberechnung bei Sozialhilfeempfang und Prognose sind daher nicht einfach.[442]

(b) Einmalige Leistungen

685 Einmalige Leistungen werden, nachdem etliche Ansprüche nach § 21 Ia BSHG in den pauschalen Regelsatz des § 28 SGB XII einbezogen sind, nur noch in engen Grenzen nach § 31 SGB XII (**abschließende Aufzählung**) erbracht.

686 Die in § 31 I SGB XII abschließend genannten Leistungen haben keine **Schadenkongruenz** mit Ausnahme (eher theoretisch) der Erstausstattung nach einem unfallkausalen Wohnungsschaden (zB. Brand).

(2) Hilfen in besonderen Lebenslagen

(a) Grundsicherung im Alter und bei Erwerbsminderung

687 Wegen der Details wird auf die Darstellung zum GSiG (Kap 3 Rn 714 ff.) verwiesen.

---

438 BT-Drucksache 15/1514, S. 53.
439 BT-Drucksache 15/1514, S. 59.
440 VG Frankfurt v. 23.7.2002 – 8 E 2017/02 (2) – NJW 2003, 842 (Versicherungsbeiträge für eine Hausrat- oder Haftpflichtversicherung gehören nicht zum notwendigen Lebensunterhalt i.S.v. § 12 BSHG).
441 Siehe dazu BGH v. 1.10.1991 – VI ZR 334/90 – DAR 1992, 103 = NJW 1992, 115 = NZV 1992, 26 = VersR 1991, 1417 = zfs 1992, 7 (nur LS).
442 Vgl. BGH v. 10.10.2002 – III ZR 205/01 – HVBG-Info 2002, 3168 = MDR 2003, 26 = NJW 2002, 3769 = NZV 2002, 557 = r+s 2003, 80 = SP 2003, 10 = VersR 2002, 1521 = zfs 2003, 14.

(b) Eingliederungshilfen für behinderte Menschen (§§ 53 ff. SGB XII)

§§ 53 ff. SGB XII setzen §§ 27 I Nr. 6, 39 ff. BSHG inhaltlich unverändert fort,[443] ergänzt um die Regeln des trägerübergreifenden persönlichen Budgets (§ 57 SGB XII). Diese Leistung soll helfen, drohende Behinderungen (§ 53 II SGB XII) zu verhüten bzw. vorhandene Behinderungen und deren Folgen zu mildern, insbesondere um dem Behinderten eine (Wieder)Eingliederung in die Gesellschaft zu ermöglichen und ihn unabhängig(er) von Pflege zu machen (§ 53 III SGB XII). 688

Gewährt werden u.a. Hilfen zur Schul-, Aus- und **Weiterbildung** (§ 54 I 1 SGB XII i.V.m. §§ 33, 41 SGB IX, § 54 I 1 Nrn. 1 – 3 SGB XII), ferner berufliche Eingliederungshilfen, Unterbringung in **beschützenden Werkstätten**[444] (§ 54 I 1 Nr. 4 SGB XII, § 56 SGB XII i.V.m. § 41 SGB IX) oder **Heimen** (§ 55 SGB XII, §§ 40 II, 43 BSHG). 689

Kongruenz besteht nicht nur zu Heilbehandlungskosten und vermehrten Bedürfnissen, sondern auch zum Verdienstausfall. 690

(c) Blindenhilfe (§ 72 SGB XII)

Kongruenz[445] besteht nur zu aufgrund der Blindheit vermehrten Bedürfnissen.[446] 691

(d) Hilfe zur Weiterführung des Haushaltes (§§ 27 I Nr. 10, 70 f. BSHG)

Personen mit eigenem Haushalt erhalten (i.d.R. nur **vorübergehende**, § 70 I 2 SGB XII) Hilfe zur Haushaltsweiterführung, wenn ein Haushaltsangehöriger den Haushalt nicht weiterführen kann, obwohl dieses geboten ist (zB. Versorgung der Familie bei vorübergehender krankheitsbedingter Abwesenheit der Mutter nach einem Unfall). Es wird entweder eine Pflegekraft eingesetzt (§ 70 II SGB XII) oder die auswärtige Unterbringung übernommen (§ 70 IV SGB XII). 692

Die §§ 27 I Nr. 10, 70 f. BSHG inhaltlich fortsetzende[447] Leistung kann **kongruent** zum Haushaltshilfe- und Betreuungsschaden oder den vermehrten Bedürfnissen sein. 693

(e) Altenhilfe (§ 71 SGB XII)

Die Altenhilfe gemäß § 71 SGB XII dient wie §§ 27 I Nr. 12, 75 BSHG dazu, altersbedingte Schwierigkeiten den betroffenen Personen zu erleichtern (§ 71 I 2 SGB XII). 694

---

443 BT-Drucksache 15/1514, S. 62.
444 OLG Hamm v. 16.6.1994 – 6 U 230/92 – r+s 1994, 340 (dazu Revision: BGH v. 12.12.1995 – VI ZR 271/94 – BGHZ 131, 274 = FamRZ 1996, 279 = HVBG-Info 1996, 516 = JR 1997, 14 (Anm. *Müller/Steinmeyer*) = MDR 1996, 799 = NJW 1996, 726 = NJW-RR 1996, 1306 (nur LS) = NVwZ 1996, 515 (nur LS) = NZV 1996, 110 = r+s 1996, 102 = SP 1996, 79 = VersR 1996, 349 = VRS 90,358 = WI 1996, 34 = zfs 1996, 90).
445 **A.A.** noch (im Rahmen von § 90 BSHG a.F.) OLG Hamm v. 5.3.1976 – 9 U 212/75 r+s 1977, 61 = VersR 1977, 133 (Keine Prüfung der sachlichen Kongruenz zu konkret übergangsfähigen vermehrten Bedürfnissen).
446 LG Köln v. 4.3.2002 – 2 O 234/01 – VersR 2003, 751; LG Münster v. 27.5.2002 – 15 O 48/02 – SP 2003, 236 zu § 1 GHBG (Gesetz über die Hilfen für Blinde und Gehörlose). Der Rechtsstreit mit dem Sozialhilfeträger wurde in 2. Instanz vergleichsweise erledigt; im Vergleichsprotokoll (OLG Hamm v. 17.3.2003 – 13 U 134/02 –) ist Folgendes festgehalten: „*Der Vorsitzende wies daraufhin, dass ein Anspruch des Klägers (Sozialhilfeträger) aus § 843 BGB i.V.m. §§ 1, 3, 7 GHBG und § 116 SGB X dem Grunde nach gegeben sein dürfte. Aufgrund der Neufassung des § 7 GHBG sei die Rechtsprechung des BGH v. 24.9.1987 – III ZR 49/86 – NJW 1986, 819 in NRW nicht mehr anwendbar. Es gehe deshalb nur noch darum festzustellen, welche Vermehrung der Bedürfnisse bei Frau B. (= unfallverletzte Person) eingetreten sei.*".
447 BT-Drucksache 15/1514, S. 63.

695 Die Leistung beruht auf unfallfremden Ursachen und ist daher **nicht kongruent** zu einem Schadenersatzanspruch.

(3) Budget (§ 17 SGB IX)

696 Eingliederungshilfe muss seit 1.1.2008 (§ 159 V SGB XII) auf Antrag auch als Teil eines trägerübergreifenden Budgets gewährt werden. § 57 SGB XII verweist auf § 17 SGB IX. Einzelheiten, u.a. über die Zusammenarbeit und das Verfahren zwischen den am Persönlichen Budget beteiligten Leistungsträgern, regelt die Budgetverordnung (§ 21a SGB IX). Persönliche Budgets zeichnen sich im Wesentlichen dadurch aus, dass den behinderten und pflegebedürftigen Menschen regelmäßige Geldzahlungen zur Verfügung gestellt werden, die ihnen ermöglichen sollen, bestimmte Betreuungsleistungen selbst zu organisieren und zu bezahlen. Für das Persönliche Budget ist weiter kennzeichnend, dass es dabei zu einer Veränderung des klassischen Leistungsdreiecks (Leistungsträger – Leistungsempfänger – Leistungserbringer) kommt. Die Leistungsempfänger treffen nunmehr direkte Vereinbarungen mit den Leistungserbringern, die nicht mehr in einem unmittelbaren Vertragsverhältnis mit den Leistungsträgern stehen. Mit der weiteren Ausgestaltung des Persönlichen Budgets insbesondere als trägerübergreifendes Budget, die zentral im SGB IX erfolgt, soll der kranke, behinderte oder pflegebedürftige Mensch unterstützt werden, ein möglichst selbstständiges und selbstbestimmtes Leben führen zu können. Das Budget soll zielgenau, dh. bezogen auf den tatsächlichen Hilfebedarf entsprechend der individuellen Lebenssituation, zur Verfügung gestellt werden. Der behinderte oder pflegebedürftige Mensch erhält einen größeren Entscheidungs- und Gestaltungsspielraum hinsichtlich der Art und des Zeitpunktes der Leistungserbringung und der Auswahl des Leistungserbringers.[448]

697 **Budgetfähige Leistungen** sind nach § 17 II 4 SGB IX solche, die sich über einen längeren Zeitraum regelmäßig wiederholen, sich auf alltägliche und regiefähige Bedarfe beziehen und als Geldleistungen oder ausnahmsweise (§ 17 III 2 SGB IX) durch Gutscheine erbracht werden können. Gelegentliche sowie kurzfristige Hilfebedarfe und einmalige Leistungen werden damit ausgeschlossen, können aber neben Budgetleistungen erbracht werden. Typische budgetfähige Leistungen sind neben Hilfen zur Mobilität und zur Teilhabe am Leben in der Gemeinschaft Hilfen zum Erreichen des Ausbildungs- oder Arbeitsplatzes (Fahrtkosten).[449]

698 In § 17 II 2 SGB IX wird der Kreis der bei der Leistungserbringung beteiligten Leistungsträger und damit zugleich die Zusammensetzung des Persönlichen Budgets festgelegt. § 17 II 3 SGB IX schreibt die Erbringung des Persönlichen Gesamtbudgets trägerübergreifend als Komplexleistung fest. Ziel der Komplexleistung ist eine zwischen den jeweils beteiligten Leistungsträgern abgestimmte Leistungserbringung, die bei den Leistungsberechtigten „aus einer Hand" ankommt, ohne die **Zuständigkeit** der Leistungsträger zu ändern. Weitergehende Leistungen, zB. einmalige Geldleistungen oder Sachleistungen, werden neben den budgetfähigen Leistungen wie bisher erbracht.

699 § 17 IV SGB IX regelt nur, welcher Leistungsträger **im Auftrag** und Namen der anderen beteiligten Leistungsträger den Verwaltungsakt erlässt und das weitere Verfahren durchführt. Beauftragter Träger ist der nach § 14 SGB IX erstangegangene Träger, wenn er Leistungen im Rahmen des Persönlichen Budgets zu erbringen hat. Der beauftragte Träger ist weder Rechtsinhaber noch Rechtsnachfolger bzgl. der schadenkongruenten übergangsfähigen Leistungen. Regresszuständigkeit und Forderungsinhabersaft werden durch

---

[448] BT-Drucksache 15/1514, S. 52.
[449] BT-Drucksache 15/1514, S. 72.

die Schaffung des persönlichen Budgets nicht tangiert, was u.a. für die Anwendung des Verwandtenprivileg und den Zeitpunkt des **Forderungsübergangs** von Bedeutung ist.

dd. Forderungsberechtigung

Übersicht 3.16: Überleitungsnormen zugunsten der Sozialhilfe

700

Unfalldatum	Überleitungsnorm für Haftpflichtansprüche
bis 30.6.1983	§ 90 BSHG a.F.
ab 1.7.1983	§ 116 SGB X

(1) § 114 SGB XII

§ 114 SGB XII überträgt im Wesentlichen inhaltsgleich den früheren § 140 BSHG. Über den bisherigen Regelungsinhalt des § 140 BSHG hinaus werden nunmehr auch die Lebenspartner i.S.d. LPartG einbezogen. Daher werden die Kosten der Hilfe zum Lebensunterhalt des Lebenspartners von Leistungsberechtigten, die der Träger der Sozialhilfe aufgebracht hat, in die Erstattungspflichten Dritter einbezogen, auch wenn diese sich nicht aus § 93 SGB XII, sondern aus einer außerhalb des SGB XII geregelten Anspruchsgrundlage ergeben.[450]

(2) § 93 SGB XII

§ 93 IV SGB XII bestimmt den Vorrang von § 116 SGB X gegenüber § 93 SGB XII (Überleitungsanzeige) in gleicher Weise wie zuvor § 90 IV 2 BSHG.[451]

701

(3) § 90 BSHG a.F.

Auf Schadenfälle **vor dem 1.7.1983** (Unfalltag) ist § 90 BSHG a.F. anzuwenden.[452]

702

Der Übergang vom BSHG zum SGB XII hat den Forderungsübergang nicht berührt.

703

(4) § 116 SGB X

Für den Forderungsübergang gilt, wenn der der Leistung zugrunde liegende Schadenfall sich **nach dem 30.6.1983** ereignete, § 116 SGB X. Der Sozialhilfeträger ist dem Sozialversicherungsträger nach dem Gesetzeswortlaut zwar gleichgestellt (§§ 37 i.V.m. 9, 12, 28 SGB I), es gelten aber bei der Regressabwicklung Besonderheiten insbesondere bei der Aktivlegitimation des Verletzten, der Wirksamkeit von Abfindungsvergleichen, dem Angehörigenprivileg sowie bei der Verjährung des Regressanspruches.

704

Tritt wegen einer Mitverantwortlichkeit des Geschädigten Sozialhilfebedürftigkeit ein, besteht – auch bei Mitverantwortlichkeit – ein Quotenvorrecht des Geschädigten, **§ 116**

705

---

[450] BT-Drucksache 15/1514, S. 69.
[451] BT-Drucksache 15/1514, S. 66.
[452] Zum alten Recht, das den Forderungsübergang unter anderem von der Überleitungsanzeige abhängig machte, siehe *Becker/Böhme* (19. Aufl. 1994) Rn F 71 ff. (S. 298 f.). Siehe auch: BGH v. 13.2.1996 – VI ZR 318/94 – BGHZ 132,39 = DAR 1996, 357 = JR 1996, 505 (Anm. *Fuchs*) = LM BGB § 844 Abs. 2, Nr. 93 = MDR 1996, 799 = NJW 1996, 1674 = NVwZ 1996, 824 = NZV 1996, 229 = r+s 1996, 311 = SGb 1996, 328 = SP 1996, 168 = VersR 1996, 649 = VRS 91,267; BGH v. 13.7.2004 – VI ZR 273/03 – FamRZ 2004, 1569 = MDR 2005, 34 = NJW 2004, 3176 = NZV 2004, 625 (nur LS) = SP 2004, 370 = VersR 2004, 126 (Der Sozialhilfeträger kann den auf Ersatz des Unterhaltsaufwandes für ein Kind gerichteten Schadensersatzanspruch der Mutter gegen den Arzt [vgl. BGHZ 86, 240 ff.] auch auf sich überleiten, wenn die Mutter nicht wirtschaftlich leistungsfähig ist).

III 3 SGB X.[453] Der Regress nach § 119 SGB X wegen der RV-Beiträge ist so nah an die Person des Verletzten geknüpft, dass im Verhältnis zum Sozialhilfeträger der Rentenversicherer am Vorrecht des unmittelbar Verletzten zum Nachteil des Sozialhilfeträgers teilnimmt.

706 Der Forderungsübergang auf den Sozialhilfeträger erfolgt bereits, sobald infolge des schädigenden Ereignisses aufgrund konkreter Anhaltspunkte, auch für eine Bedürftigkeit des Verletzten, mit der **Leistungspflicht** eines Sozialhilfeträgers **zu rechnen** ist. Das kann bereits im Unfallzeitpunkt der Fall sein, aber auch erst im weiteren Verlaufe der Schadenabwicklung und u.U. auch erst nach Abschluss der Regulierung mit dem unmittelbar Anspruchsberechtigten.[454]

707 Da der Forderungsübergang auf den Sozialhilfeträger[455] somit zu einem Zeitpunkt erfolgt, den in der Praxis eigentlich niemand voraussehen kann (**„Orakel"**),[456] ist die außergerichtliche Regulierung von Unfallschäden für den Schadensersatzleistenden mit einem erheblichem Risiko behaftet, wenn die Parteien eine in die Zukunft gerichtete Erledigung ins Auge fassen.[457]

(5) Arbeitsunfall

708 Liegen die Voraussetzungen der §§ 104 ff. SGB VII (in Altfällen §§ 636f. RVO) vor, ist bereits die Eintrittspflicht des Schädigers für Personenschäden ausgeschlossen. Da Verletzte selbst bereits keine Ansprüche hat, kann ein Forderungsübergang auf den Soziahilfeträger nicht erfolgen. Die Subsidiaritätsklausel kommt, da bereits der Direktanspruch fehlt, nicht zum Tragen. Das gilt auch im Fall einer gestörten Gesamtschuld für den privilegierten Anteil.

709 In den Fällen der §§ 110f. SGB VII, §§ 640f. RVO (grob fahrlässig herbeigeführter Arbeitsunfall) steht nur leistungspflichtigen Sozial**versicherung**strägern ein eigenes – und gerade nicht vom unmittelbar Geschädigten erst abgeleitetes – Forderungsrecht zu. Sozial**hilfe**träger können nicht nach §§ 110f. SGB VII, §§ 640f. RVO Rückgriff nehmen.

ee. Verwandtenprivileg

710 Seit dem 1.7.1983 gilt § 116 VI SGB X ausdrücklich gegenüber dem Sozialhilfeträger.[458] Für den Ausschluss des Forderungsüberganges ist es grundsätzlich unbeachtlich, ob und

---

453 Dazu *Küppersbusch* VersR 1983, 193 (S. 198 ff. zu III.2). Siehe auch: BGH v. 21.11.2000 – VI ZR 120/99 – HVBG-Info 2001, 488 = MDR 2001, 328 = NJW 2001, 1214 = r+s 2001, 151 = SP 2001, 87 = VersR 2001, 387; Siehe auch OLG Düsseldorf v. 26.2.1996 – 1 U 124/95 – HVBG-Info 1996, 1850 = NZV 1996, 238 (Die eingelegte Revision wurde am 25.10.1996 zurückgenommen) (Zur Reichweite des Quotenvorrechtes, insbesondere zur Erstreckung auch auf nicht-kongruenten Schaden unter Darstellung des Meinungsstandes).
454 Kap 14 Rn 15.
455 Ähnliche Probleme bereitet der Forderungsübergang auf das Arbeitsamt auch im Rahmen des SGB II (dazu Kap 3 Rn 482 sowie *Jahnke*, Abfindung von Personenschadenansprüchen, § 2 Rn 96).
456 Einzelheiten siehe Kap 14 Rn 14 ff.
457 Ähnliche Probleme bereitet der Forderungsübergang auf die Arbeitsagentur (dazu *Jahnke* „Abfindung von Personenschadenansprüchen" § 2 Rn 319) auch im Rahmen des SGB II.
458 OLG Stuttgart v. 13.8.1992 – 11 U 36/92 – NZV 1993, 353 = r+s 1993, 182 = VersR 1993, 724 (BGH hat Revision nicht angenommen, Beschl. v. 9.3.1993 – VI ZR 225/92 -).

dass der Schädiger durch eine Haftpflichtversicherung geschützt ist.[459] Beim Regress des Sozialhilfeträgers ist daher das Bestehen von **Privat-Haftpflichtversicherungsschutz** unbeachtlich.

Eine Ausnahme macht die BGH-Rechtsprechung[460] allein[461] für den Regress des Sozialhilfeträgers gegenüber dem **Kfz-Haftpflichtversicherer**. Dem Sozialhilfeträger gegenüber kann zwar der unmittelbar in Anspruch genommene haftpflichtige Versicherter („Schädiger") das Verwandtenprivileg entgegenhalten, nicht aber der dem Direktanspruch (§ 3 Nr. 1 PflVG a.F./§ 115 I VVG n.F.) ausgesetzte Krafthaftpflichtversicherer. Der BGH[462] betont, dass gerade der Grundsatz des Nachranges der Sozialhilfe es gebiete, dass der Sozialhilfeträger dann, wenn er vor einem eintrittspflichtigen Haftpflichtversicherer in Anspruch genommen werde, eine Rückgriffsmöglichkeit gegen den Haftpflichtversicherer haben müsse.

711

ff. Versicherungsschutzversagung

Sozialhilfeleistungen sind keine Leistungen eines anderen Versicherers i.S.d. § 158c IV VVG a.F.,[463] so dass dem Krafthaftpflichtversicherer das Verweisungsprivileg nicht gegeben ist.

712

Siehe allerdings auch OLG Bamberg v. 20.4.1993 – 5 U 141/92 – SP 1994, 376 = VersR 1994, 995 = WI 1994, 199 (Geschädigter muss sich Leistungen des Sozialhilfeträgers nicht im Wege des Vorteilsausgleiches anrechnen lassen, wenn der Forderungsübergang nach § 116 VI SGB X ausgeschlossen ist). Ergänzend ist auf die Anmerkung von Wussow WI 1994, 199 zu dieser Entscheidung des OLG Bamberg hinzuweisen.

459 BGH v. 5.12.1978 – VI ZR 233/77 – DAR 1979, 105 = JR 1979, 286 = LM § 1542 RVO Nr. 104 = MDR 1979, 570 = NJW 1979, 983 = VersR 1979, 256 = VRS 56,267 = WI 1979, 54; BGH v. 21.9.1976 – VI ZR 210/75 – MDR 1977, 215 = NJW 1977, 108 = VersR 1977, 149; BGH v. 9.1.1968 – VI ZR 44/66 – MDR 1968, 309 = NJW 1968, 649 = VersR 1968, 248. *Plagemann* NZV 1998, 94 (95 m.w.N. in Fn 6, 96).

460 BGH v. 9.7.1996 – VI ZR 5/95 – BGHZ 133,192 = EWiR 1996, 899 (nur LS) (Anm. *Plagemann*) = FamRZ 1996, 1211 (nur LS) = HVBG-Info 1996, 2315 = JR 1997, 192 (Anm. *Schmitt*) = MDR 1996, 1120 = NJW 1996, 2933 = NJW-RR 19966,1365 (nur LS) = NVwZ 1996, 1245 (nur LS) = NZV 1996, 445 = r+s 1996, 398 = SGb 1997, 343 (Anm. *Wank*) = SP 1996, 345 = VerkMitt 1997, Nr. 44 = VersR 1996, 1258 (Anm. *Rischar* VersR 1998, 27) = VRS 92,93 = WI 1996, 171. Ebenso: *Plagemann* NZV 1998, 95.

461 BGH v. 28.11.2000 – VI ZR 352/99 – BGHZ 146,108 = DAR 2001, 118 = EWiR 2001, 183 (nur LS) (Anm. *van Bühren*) = HVBG-Info 2001, 676 = LM SGB X § 116 Nr. 23 (Anm. *Schmitt*) = MDR 2001, 268 = NJW 2001, 754 = r+s 2001, 112 (Anm. *Lemcke*) = PVR 2001, 83 (Anm. *Halm*) = SP 2001, 160 = VersR 2001, 215 (Anm. *Halfmeier/Schnitzler* VersR 2002, 11) = VRS 100, 15 = ZIP 2001, 118 = zfs 2001, 106 (Vorinstanz OLG München v. 24.9.1999 – 10 U 1679/99 – NZV 2000, 416 [Anm. *Plagemann*]); LG Trier v. 19.3.1998 – 6 O 203/97 – HVBG-Info 2000, 2861, = NJW-RR 1999, 392 = NZV 1998, 416 = SP 1998, 315 = VersR 2000, 1130 mit ausführlicher Begründung. Das OLG Koblenz hat mit Urteil v. 21.6.1999 – 12 U 679/98 – r+s 2001, 114 = SGb 2001, 245 (nur LS) = VersR 2000, 1436 die Berufung zurückgewiesen und der BGH Revision nicht angenommen, Beschl. v. 29.2.2000 – VI ZR 239/99.

462 BGH v. 9.7.1996 – VI ZR 5/95 – BGHZ 133,192 = EWiR 1996, 899 (nur LS) (Anm. *Plagemann*) = FamRZ 1996, 1211 (nur LS) = HVBG-Info 1996, 2315 = JR 1997, 192 (Anm. *Schmitt*) = MDR 1996, 1120 = NJW 1996, 2933 = NJW-RR 19966,1365 (nur LS) = NVwZ 1996, 1245 (nur LS) = NZV 1996, 445 = r+s 1996, 398 = SGb 1997, 343 (Anm. *Wank*) = SP 1996, 345 = VerkMitt 1997, Nr. 44 = VersR 1996, 1258 (Anm. *Rischar* VersR 1998, 27) = VRS 92,93 = WI 1996, 171.

463 BGH v. 23.9.1965 – II ZR 144/63 – BGHZ 44,166 = NJW 1965, 2343 = VersR 1965, 1167; OLG Braunschweig v. 20.5.1966 – 3 U 13/66 – VersR 1966, 969; OLG München v. 21.6.1994 – 5 U 6414/93 – OLGR 1995, 199 (zu § 116 SGB X).

c. SGB II

713 Zu Leistungen nach dem SGB II siehe Kap 3 Rn 416 ff.

d. Grundsicherung[464]

714 Ab 1.1.2003 wurde mit der Rentenreform 2001 die bedarfsorientierte Grundsicherung im Alter und bei Erwerbsminderung (GSiG) eingeführt. Das „Gesetz über eine bedarfsorientierte Grundsicherung im Alter und bei Erwerbsminderung (GSiG)"[465] war zum 1.1.2003 in Kraft getreten (Art. 35 VI AvmG) und wurde anschließend dann zum 1.1.2005 – wie schon bei Abfassung des GSiG geplant -[466] in das SGB XII (§§ 41 – 46 SGB XII) übergeführt, ohne dass sich nachteilige Veränderungen für Grundsicherungsbezieher dadurch ab dem 1.1.2005 ergeben.[467] Seit dem 1.1.2005 ist der **Sozialhilfeträger** zuständig.

aa. Voraussetzungen

715 Leistungen der Grundsicherung knüpfen zum einen an das Alter an, zum anderen an eine dauerhafte vollständige Erwerbsminderung (§ 28a I SGB I, § 1 GSiG): Die Leistungen dienen der Vermeidung von Altersarmut, der verdeckten Armut bei dauerhaft voll Erwerbsgeminderten, der Sicherung des Lebensunterhaltes, aber auch dem Schutz von unterhaltspflichtigen Personen vor Rückgriffen.[468]

(1) Bedürftigkeit

716 Die Leistungen nach dem GSiG sind bedarfsorientiert und greifen daher erst dann, wenn das eigene Vermögen und Einkommen nicht ausreicht, den Grundbedarf zu decken. Durch die Leistung soll im Regelfall die Notwendigkeit für die Gewährung von Sozialhilfe vermieden werden.[469] Die Überleitung in §§ 41 ff. SGB XII ändert hieran nichts. Soweit im Rahmen des GSiG Einkünfte eines eingetragenen Lebenspartners nach dem LPartG[470] unberücksichtigt blieben, repariert § 43 I SGB XII diese Gesetzeslücke.

717 Das **Bestehen eines Sozialversicherungsverhältnis** jedweder Art wird weder vorausgesetzt noch hindert es die Antragsberechtigung.[471]

(2) Antrag

718 Leistungen werden nur nach Antrag gewährt, § 41 I SGB XII (§ 1 GSiG). Leistungen der Grundsicherung sind auf Erwerbsschäden anzurechnen.

---

464 Zum Thema: *Münder* „Das Gesetz über eine bedarfsorientierte Grundsicherung im Alter und bei Erwerbsminderung" NJW 2002, 3661.
465 Art. 12 des Altersvermögensgesetzes – AVmG -, BGBl I 2001, 1310, abgedr. *Aichberger* „Sozialgesetzbuch", Nr. 963.
466 BT-Drucksache 14/5150 v. 25.1.2001, S. 32 (Zu Art. 1a, § 68 SGB I).
467 Pressemitteilung des Bundesministeriums für Gesundheit und Soziale Sicherung v. 19.12.2003 (Ziff. 5).
468 BR-Drucksache 764/00 v. 23.11.2000, S. 168 f.
469 BT-Drucksache 14/5150 v. 25.1.2001, S. 48 (Zu Art. 8a, § 1 GSiG).
470 Dazu *Münder* NJW 2002, 3662 (zu II.2.).
471 BT-Drucksache 14/5150 v. 25.1.2001, S. 49 (Zu Art. 8a, § 1 GSiG).

(3) Anspruchsberechtigung

(a) Altersarmut

Antragsberechtigt sind Personen, die das 65./67. Lebensjahr (Staffelung entsprechend der rentenversicherungsrechtlichen Altersgrenze, § 41 II SGB XII) vollendet haben. Der Bezug einer Altersrente wird nicht vorausgesetzt. Schadenkongruenz besteht nicht.

719

(b) Dauerhafte Erwerbsminderung

Desweiteren werden Personen mit einbezogen, die zwar im erwerbsfähigen Alter sind, aber einer Beschäftigung dauerhaft nicht mehr nachgehen können, um ihre materielle Situation zu verbessern. Ihre Position, die aufgrund typischer und objektiver Gründe eine Erwerbsaufnahme nicht mehr erwarten lässt, unterscheidet sich grundlegend von derjenigen von erwerbstätigen oder potentiell erwerbsfähigen Hilfeempfängern unter 65/67 Jahren, für die immerhin eine der Arbeitsmarktlage entsprechende Chance zur Aufnahme einer Erwerbstätigkeit besteht. Gerade bei **Mitverschulden** des Geschädigten gewinnt die Grundsicherung an Bedeutung.

720

Antragsberechtigt sind daher Personen, die das **18. Lebensjahr** vollendet haben, unabhängig von der jeweiligen Arbeitsmarktlage i.S.v. § 43 II SGB VI voll erwerbsgemindert sind und bei denen es unwahrscheinlich ist, dass die volle Erwerbsminderung behoben werden kann (dauerhafte Erwerbsminderung).

721

Nicht erforderlich sind Erfüllung der rentenversicherungsrechtlichen Mindestversicherungszeit (**Wartezeit**) oder Vorliegen der versicherungsrechtlichen Voraussetzungen für den Bezug einer Erwerbsminderungsrente.[472]

722

Eine **befristete Erwerbsminderung** reicht nicht aus: Für solche voll Erwerbsgeminderte, die eine befristete Rente wegen voller Erwerbsminderung erhalten bzw. erhalten würden, weil entweder der Anspruch auf volle Erwerbsminderung nur in Abhängigkeit von der jeweiligen Arbeitsmarktsituation besteht oder weil von einer Behebung der vollen Erwerbsminderung ausgegangen werden kann, entfällt die Antragsberechtigung.[473] Eine Befristung kann längstens für 3 Jahre erfolgen, nach einer Gesamtdauer von 9 Jahren ist allerdings von fehlender Behebbarkeit der Minderung auszugehen, § 102 II SGB VI. Die einmal festgestellte medizinisch bedingte dauerhafte volle Erwerbsminderung ist nicht jährlich (Bewilligungszeitraum beträgt 12 Monate, § 44 I SGB XII, § 6 S. 1 GSiG a.F.) zu **prüfen**, da die Feststellung ja gerade daran anknüpft, dass die Minderung dauerhaft ist.

723

Rentenversicherer sind sowohl aufgrund des GSiG wie des SGB XII in das Verfahren eingebunden; sie trifft u.a. eine Informations- und **Beratungspflicht**: § 15 IV SGB I, § 109a SGB VI, § 46 SGB XII (§§ 5, 7 GSiG). Liegt eine Rente (nach dem SGB VI) unter bestimmten Grenzen, ist der Information seitens des Rentenversicherers bereits ein Antragsformular beizufügen (§ 109a I 3 SGB VI); hier besteht eine über die Informationspflicht hinausgehende Handlungsverpflichtung des Rentenversicherers.[474] Auf Ersuchen des Trägers der Grundsicherung **stellt** der Rentenversicherer bei Personen, die das 18. Lebensjahr vollendet und keinen Anspruch auf eine Erwerbsminderungsrente haben, **fest**, ob sie voll erwerbsgemindert i.S.d. § 43 II SGB VI sind und dieses auch bleiben, § 109a II SGB VI. An die Entscheidung des Rentenversicherers ist der Grundsicherungsträger gebunden, nicht zuletzt, um an gleichen sozialrechtlichen Maßstäben ausgerichtete Entscheidungen und damit Rechtssicherheit für die betroffenen Personen zu gewährleisten.

724

---

472 BR-Drucksache 764/00 v. 23.11.2000, S. 164.
473 BR-Drucksache 764/00 v. 23.11.2000, S. 164 f.
474 BT-Drucksache 14/5150 v. 25.1.2001, S. 50 (Zu Art. 8a, § 5 GSiG).

Der Grundsicherungsträger hat dem Rentenversicherer dessen Kosten und Auslagen zu erstatten (§ 30 II 1 SGB IV, § 109a II 3 SGB VI, § 45 II SGB XII). Diese Verwaltungskosten sind dem Sozialhilfeträgers (bis 31.12.2004 Grundsicherungsträger) mangels Kongruenz nicht zu erstatten.

(4) Territorialprinzip

725 Da es sich um bedarfsorientierte Leistungen handelt, die auf die persönlichen Lebensverhältnisse abstellen, stehen sie – ebenso wie die Sozialhilfe im Übrigen – nur Personen mit gewöhnlichem Aufenthalt in **Deutschland** zu (§ 41 I SGB XII). Es gilt das Territorialprinzip. Eine räumliche Erweiterung auf Mitgliedstaaten der Europäischen Union – oder darüber hinaus – ist nicht vorgesehen.

bb. Leistung

(1) Keine Subsidiarität

726 Anders als bei Leistungen der Sozialhilfe gilt keine Subsidiarität der Ansprüche nach dem GSiG, § 2 I BSHG war nicht anwendbar. Nach Eingliederung in das Sozialhilferecht des SGB XII gelten zwar die allgemeinen Vorschriften der §§ 1 – 7 SGB XII auch für die Grundsicherungsleistung. § 41 II SGB XII geht aber der Subsidiaritätsanordnung in § 2 II SGB XII als lex specialis vor; erklärtermaßen[475] sollte keine inhaltliche Veränderung des bereits auf eine künftige Eingliederung angelegte[476] GSiG durch die Überführung in das SGB XII erfolgen.

727 Es sind, ähnlich wie bei der Sozialhilfe, **eingeschränkt** familienrechtliche **Unterhaltsansprüche** zu berücksichtigen; darüber hinaus ist auch die Verpflichtung eheähnlicher Partner anzurechnen (§ 2 I GSiG). Kein Anspruch besteht bei Leistungsberechtigung nach § 1 AsylbLG (§ 2 III 2 1. Alt. GSiG) oder wenn das Einkommen der Unterhaltspflichtigen (Eltern, Kind) die Grenze von 100.000 EUR überschreitet (§ 2 III 1 GSiG). §§ 41 II, 43 SGB XII setzen § 2 I 2 GSiG fort.

(2) Leistungsspektrum

728 Die bedarfsorientierte Grundsicherung nach dem SGB XII umfasst ab 1.1.2005 (§ 42 SGB XII) den für den Antragsberechtigten maßgebenden **Regelsatz** nach § 28 SGB XII (§ 42 Nr. 1 SGB XII), angemessene tatsächliche Aufwendungen für **Unterkunft** und **Heizung** (§§ 29, 42 Nr. 2 SGB XII), Übernahme von **Kranken-** und **Pflegeversicherungsbeiträgen** entsprechend § 32 SGB XII (§ 42 Nr. 4 SGB XII), einen **Mehrbedarf** u.a. von 17 % des maßgebenden Regelsatzes bei Besitz eines Schwerbehindertenausweises (§ 69 V SGB IX) mit dem Merkmal „G" (§§ 42 Nr. 3, 30 I SGB XII).

(3) Behindertenwerkstatt

729 Erfasst werden auch Personen, die in Behindertenwerkstätten untergebracht sind. Nach § 43 II 3 Nr. 1 SGB VI sind (dauerhaft) voll erwerbsgemindert auch Versicherte nach § 1 S. 1 Nr. 2 SGB VI, die wegen der Art und Schwere ihrer Behinderung nicht auf dem allgemeinen Arbeitsmarkt tätig sein können; die Regelung bezieht damit auch die Fälle des § 1 S. 1 Nr. 2b SGB VI mit ein. Nach § 43 II 3 Nr. 2 SGB VI sind Versicherte, die bereits

---

[475] Pressemitteilung des Bundesministeriums für Gesundheit und Soziale Sicherung v. 19.12.2003 (Ziff. 5).
[476] BT-Drucksache 14/5150 v. 25.1.2001, S. 32 (Zu Art. 1a, § 68 SGB I).

vor Erfüllung der allgemeinen Wartezeit voll erwerbsgemindert waren, dies auch „in der Zeit einer nicht erfolgreichen Eingliederung in den allgemeinen Arbeitsmarkt".

GSiG und §§ 41 ff. SGB XII finden Anwendung allerdings nur soweit die Hilfe zum Lebensunterhalt **außerhalb** der Einrichtungen betroffen ist.[477]

730

Die Aufwendungen **innerhalb** der Werkstatt (teilstationär, vollstationär) unterliegen bis zum 31.12.2004 dem Recht des BSHG und nicht dem GSiG (was vor allem auch den Rückgriff gegenüber Unterhaltspflichtigen tangiert, vgl. § 91 II BSHG).[478]

731

cc. Forderungswechsel

(1) GSiG, SGB XII

§ 116 SGB X nennt als gesetzliche Zessionare „*Versicherungsträger*" und „*Träger der Sozialhilfe*", nicht aber einen „*Träger der Grundsicherung i.S.d. GSiG*".[479] Die Gesetzesänderung in § 116 X SGB X zum 1.8.2006 zugunsten des „Trägers der Grundsicherung für Arbeitsuchende nach dem SGB II" gilt nicht für die zu diesem Zeitpunkt bereits nicht mehr existenten Träger der Grundsicherung nach dem GSiG. Für Forderungen wegen GSiG-Leistungen **bis zum 31.12.2004** hat eine **Abtretung** zu erfolgen, zeitlich vor einem Abtretungsvertrag liegende Abfindungsvereinbarungen verhindern daher einen Forderungswechsel.

732

Nach § 8 Nr. 2, §§ 41 ff. SGB XII ist die Grundsicherung **seit dem 1.1.2005** eine vom örtlichen Sozialhilfeträger (§ 98 I 2 SGB XII) zu erbringende Sozialhilfeleistung, für die (erst) ab diesem Zeitpunkt **§ 116 SGB X** mit allen Beschränkungen und Besonderheiten bei der Eintrittspflicht eines Sozialhilfeträgers gilt.

733

(2) Verteilung

Bei Mehrheit von Ansprüchen und unzureichendem kongruenten Schadenersatzanspruch ist relativ gleichmäßig zu verteilen. Der Anspruch nach dem GSiG steht auf derselben Stufe **wie** die Barleistung anderer **Sozialversicherer** (in Betracht kommen vor allem Verletztenrente, Hinterbliebenenrente, Erwerbsminderungsrente). Das muss auch für die von der Subsidiarität entlastete Leistung nach §§ 41 ff. SGB XII gelten.

734

(3) Systemänderung

Auch wenn die Leistungen nach dem GSiG eine starke Nähe zum Sozialhilferecht aufweist, ist doch eine Systemänderung anzunehmen. Eine entsprechende Leistung kannte das Sozialhilferecht **bis zum 1.1.2003** nicht.

735

Eine erneute Systemänderung liegt nicht mehr im Wechsel (**ab 1.1.2005**) vom GSiG zum SGB XII. Die Überführung war bereits in der Gesetzesbegründung zum GSiG angekündigt.[480]

736

---

477 BR-Drucksache 764/00 v. 23.11.2000, S. 164, 169.
478 BR-Drucksache 764/00 v. 23.11.2000, S. 169.
479 *Münder* NJW 2002, 3665 (zu V.) geht ohne Problembewusstsein von einer entsprechenden Anwendung des § 116 SGB X aus. *Küppersbusch* Rn 91, 731 verneint zutreffend die Anwendbarkeit des § 116 SGB X bis zur Gesetzesänderung.
480 BT-Drucksache 14/5150 v. 25.1.2001, S. 32 (Zu Art. 1a, § 68 SGB I).

(4) Verwandtenprivileg

737 Das Verwandtenprivileg kommt – anders als für Leistungen der Sozialhilfe im Übrigen – sowohl im Rahmen des GSiG wie auch nachfolgend im Rahmen der §§ 41 ff. SGB XII zum Tragen (§ 116 VI SGB X oder analog § 67 II VVG a.F., § 116 VI SGB X, wenn man die Abtretung fordert), da die eine Verwandtenprivilegierung im Rahmen des BSHG ablehnende Rechtsprechung[481] auf den Subsidiaritätscharakter (§ 2 BSHG) abstellt, der bei den Leistungen der Grundsicherung aber gerade nicht gilt.

738 Die Überführung des GSiG in das SGB XII ändert hieran nichts.

dd. Versicherungsschutz

739 Nach dem Wegfall der Subsidiarität kann bei fehlendem Versicherungsschutz an den Grundsicherungsträger ebenso wie an den Sozialhilfeträger (soweit Leistungen nach §§ 41 ff. SGB XII zu erbringen sind) als Dritten unter denselben Voraussetzungen wie bei einem Sozialversicherungsträger **verwiesen** werden.

e. Asylbewerber

aa. „Sozialhilfe"leistungen

740 Auch Ausländern können Sozialhilfe nach den Regelungen des BSHG (bis 31.12.2004) und SGB XII (ab 1.1.2005) erhalten. Besonderheiten gelten aber für Asylbewerber, die anstelle von Sozialhilfeleistungen Leistungen nach dem Asylbewerberleistungsgesetz (**AsylbLG**) erhalten. Ansprüche nach dem **BSHG** und **SGB XII** sind ausgeschlossen (§ 120 II BSHG, § 23 II SGB XII, § 9 I AsylbLG).[482] Ausnahmen gelten nach § 2 I AsylbLG für solche Leistungsberechtigte (§ 1 AsylbLG), die über eine Dauer von insgesamt 36 Monaten Leistungen nach § 3 AsylbLG (Grundleistungen) erhalten und die Aufenthaltsdauer nicht rechtsmissbräuchlich beeinflusst haben.

(1) Leistungsberechtigung

741 Die Leistungen sind wie bei der Sozialhilfe (§ 2 SGB XII, § 2 BSHG) nur **subsidiär** zu erbringen, §§ 8, 9 II AsylbLG.

742 Die Leistungsberechtigung **endet** u.a. mit der Ausreise oder der Anerkennung der Asylberechtigung (§ 1 III AsylbLG). Nach Anerkennung der Asylberechtigung können dann Sozialhilfeleistungen erfolgen (vgl. § 23 SGB XII, § 120 BSHG).

---

481 BGH v. 9.7.1996 – VI ZR 5/95 – BGHZ 133,192 = EWiR 1996, 899 (nur LS) (Anm. *Plagemann*) = FamRZ 1996, 1211 (nur LS) = HVBG-Info 1996, 2315 = JR 1997, 192 (Anm. *Schmitt*) = MDR 1996, 1120 = NJW 1996, 2933 = NJW-RR 19966,1365 (nur LS) = NVwZ 1996, 1245 (nur LS) = NZV 1996, 445 = r+s 1996, 398 = SGb 1997, 343 (Anm. *Wank*) = SP 1996, 345 = VerkMitt 1997, Nr. 44 = VersR 1996, 1258 (Anm. *Rischar* VersR 1998, 27) = VRS 92,93 = WI 1996, 171 (Gerade der Grundsatz des Nachranges der Sozialhilfe gebietet, dass der Sozialhilfeträger dann, wenn er vor einem eintrittspflichtigen Haftpflichtversicherer in Anspruch genommen werde, eine Rückgriffsmöglichkeit gegen den Haftpflichtversicherer haben muss).

482 BVerwG v. 29.9.1998 – 5 B 82/97 – AuAS 1999, 23 = FEVS 49,97 (An der Verfassungsmäßigkeit der §§ 1, 3, 6, 9 AsylbLG bestehen keine Zweifel).

(2) Leistungen

Der notwendige Bedarf für Unterkunft und Verpflegung (Grundleistungen) wird nach § 3 AsylbLG grundsätzlich durch **Sachleistungen** gedeckt (§ 3 I 1 AsylbLG), Kongruenz kann ausnahmsweise im Einzelfall zu den vermehrten Bedürfnissen bestehen.

743

Soweit zusätzlich **Barleistungen**[483] von monatlich 20,45 EUR (*bis 31.12.2001 40,– DM*) für Kinder bis zum vollendeten 14. Lebensjahr und 40,90 EUR (*bis 31.12.2001 80,– DM*) für Personen ab dem 15. Lebensjahr zur Deckung der persönlichen Bedürfnisse des täglichen Lebens gezahlt werden (§ 3 I 4 AsylbLG), besteht **keine** schadensrechtliche **Kongruenz**.

744

(3) Forderungsübergang

Der Träger nach dem AsylbLG ist kein Sozialhilfeträger, § 116 SGB X gilt nicht. Das AsylbLG enthält keine Regelung zum Forderungsübergang von Schadensersatzansprüchen. Das SGB XII, BSHG und vergleichbare Regelungen werden ausdrücklich für unanwendbar erklärt, § 9 I AsylbLG. Nach § 9 III AsylbLG sind ausdrücklich nur die §§ 102 – 114 SGB X entsprechend anzuwenden, nicht aber § 116 SGB X.[484]

745

§ 7 III AsylbLG n.F. verweist zwar nunmehr auf § 90 BSHG bzw. auf § 93 SGB XII, die Verweisung erfasst m.E. aber nicht Schadenersatzansprüche,[485] für die § 116 SGB X die grundsätzliche Übergangsnorm im Sozialrecht darstellt. Im Verhältnis zu § 116 SGB X ist der Anwendungsbereich des § 90 BSHG gesperrt.[486]

746

Der Forderungsübergang auf den Leistungsträger kann (wohl nur) im Wege der **Abtretung** erfolgen.[487]

747

bb. Gesetzliche Sozialversicherung

Asylbewerber dürfen – unter Beschränkungen (u.a. Meldepflicht bis zum 3. Tag ab Arbeitsaufnahme, § 8a AsylbLG) – grundsätzlich eine Beschäftigung aufnehmen (siehe u.a. § 61 AsylVfG, § 7 II AsylbLG). Anlässlich dieser Beschäftigung können sie sozialversichert sein, so dass dann die gesetzliche Sozialversicherung (vor allem Kranken- und Unfallversicherung) eintrittspflichtig (mit den dann an **§ 116 SGB X** ausgerichteten Forderungsübergängen) sein kann.

748

Ob und in welchem Volumen einem Asylbewerber **Verdienstausfallschaden** entstanden sind und wären, ist nur schwer unter Berücksichtigung der Einzelfallumstände (u.a. Stand des Asylverfahrens, bisherige Aufenthaltsdauer, Herkunftsland, Erfüllung der Meldepflichten, örtliche Gebundenheit etc.) zu prognostizieren.

749

---

[483] Die gesetzlich vorgesehenen DM-Beträge sind noch nicht amtlich auf EUR umgestellt.
[484] LG Münster v. 6.11.1997 – 15 O 379/97 – NVwZ 1998, 104 = NZV 1998, 289 = r+s 1998, 199 = SP 1998, 210 = VersR 1998, 739 (Anm. *Jahnke*) (Kein gesetzlicher Forderungsübergang auf den Leistungsträger – konkret: Gemeindeverwaltung – nach § 116 SGB X oder § 90 BSHG).
[485] A.A.: *Küppersbusch* Rn 488 (Forderungsübergang per Überleitungsanzeige nach § 90 BSHG).
[486] Siehe auch OLG Köln v. 13.3.1998 – 3 U 131/97 – VersR 1998, 1262.
[487] *Jahnke* VersR 1998, 739 (Anm. zu LG Münster v. 6.11.1997 – 15 O 379/97 – VersR 1998, 739).
Diese Möglichkeit, auf die auch andere Drittleistungsträger (z.B. berufsständische Versorgung, betriebliche Altersversorgung) zurückgreifen müssen, lässt das LG Frankfurt (v. 29.9.1999 – 2/4 O 132/99 – VersR 2000, 340 [Anm. *Bloth/v.Pachelbel*]) unerwähnt.

9. Sozialversorgung – Soziale Entschädigung

a. Bundesversorgungsgesetz (BVG)

750 Das Bundesversorgungsgesetz (BVG) regelt u.a. Unfallversicherungsleistungen für Wehrpflichtige und Zivildienstleistende. Das BVG gilt seit 3.10.1990 auch im Beitrittsgebiet,[488] allerdings mit Abweichungen in der jeweiligen Betragshöhe.

aa. Versorgungsfall

751 Die Leistungen der sozialen Entschädigung bei Gesundheitsschäden sind, da keine präventiven Maßnahmen durchgeführt werden, ausnahmslos abhängig vom Eintritt des Versorgungsfalles sowie einem entsprechenden Antrag. Die Versorgungsfälle des sozialen Entschädigungsrechtes weisen im Wesentlichen dieselbe Grundstruktur auf wie der Versicherungsfall „**Arbeitsunfall**" in der gesetzlichen Unfallversicherung. Erforderlich ist, dass es bei einer risikogeschützten Tätigkeit zu einer Gesundheitsschädigung oder zum Tod gekommen ist und dieses eine gesundheitliche und/oder wirtschaftliche Beeinträchtigung zur Folge hat. Regelmäßig reicht es aus, dass der Unfall sich ebenso wie in der gesetzlichen Unfallversicherung als ein auf äußeren Einwirkungen beruhendes, plötzliches, zeitlich und örtlich bestimmbares, einen Körperschaden verursachendes Ereignis darstellt, das mit dem Dienst in einem zeitlichen Zusammenhang steht. Zwischen geschützter Tätigkeit und Gesundheitsbeschädigung sowie zwischen Gesundheitsbeschädigung und entsprechendem Schaden muss (haftungsbegründende und haftungsausfüllende) Kausalität bestehen.

752 Versorgungsfall ist vor allem eine **Wehrdienstbeschädigung**, ohne dass der Bundeswehrdienst erfasst wird, § 2f. BVG, § 1 I SVG. Der Wehrdienstbeschädigung nachgebildet sind die Versorgungsfälle bei Verletzung von Angehörigen der Bundeswehr einschließlich der Wehrpflichtigen (§ 81 SVG), des früheren Bundesgrenzschutzes (§ 59 I BGSG a.F. i.V.m. §§ 80 ff. SVG) sowie von Zivildienstleistenden (§ 47 II ZDG).

753 **Wegeunfälle** gelten ebenfalls als Dienstbeschädigungen (§ 4 BVG, § 81 IV SVG, § 47 V ZDG).

bb. Leistungen

754 Nach § 5 I SGB I hat derjenige, der einen Gesundheitsschaden erleidet, für dessen Folgen die staatliche Gemeinschaft in Abgeltung eines besonderen Opfers oder aus anderen Gründen nach versorgungsrechtlichen Grundsätzen einsteht, ein Recht auf die notwendigen Maßnahmen u.a. zur Besserung und Wiederherstellung der Gesundheit und Leistungsfähigkeit sowie auf eine angemessene wirtschaftliche Versorgung (auch der Hinterbliebenen, § 5 II SGB I). Die zentralen Vorschriften finden sich im Bundesversorgungsgesetz (BVG), das ursprünglich der Kriegsopferversorgung diente.

(1) Versorgungskrankengeld

755 Das Versorgungskrankengeld (§§ 16 ff. BVG) entspricht hinsichtlich der Anspruchsvoraussetzungen und des Leistungsumfanges dem Krankengeld der gesetzlichen Krankenversicherung.

---

[488] Anl. I, Kap. VIII, Sachgebiet K, Abschnitt III, Nrn. 1 ff. zu Art. 3 und 8 des Einigungsvertrages.

(2) Besondere Hilfen im Einzelfall inklusive Berufsförderung (§ 24 I Nr. 2 SGB I)

Umschulungskosten sind vom Schädiger zu erstatten. 756

(3) Rente wegen Minderung der Erwerbsfähigkeit (§ 24 I Nr. 3 SGB I, §§ 29 ff. BVG)

(a) Grundrente (§ 31 BVG)

Ein Anspruch auf Grundrente (§ 31 BVG) besteht bei schädigungsbedingter Minderung der Erwerbsfähigkeit (MdE) von mindestens 30 %, § 31 I BVG. Die Rente orientiert sich wie die Verletztenrente aus der gesetzlichen Unfallversicherung nicht an tatsächlichen Einkommenseinbußen des Verletzten, sondern abstrakt an festen im Gesetz verankerten Werten (§ 31 BVG) mit speziellen Erhöhungstatbeständen für ältere Personen ab 65, Blinde und außergewöhnlich schwer Betroffene. 757

Die Grundrente ist ein Ausgleich für die Einbußen an körperlicher Integrität und den hieraus resultierenden Nachteilen.[489] Der Forderungsübergang nach § 81a BVG erfasst bei Gewährung einer Grundrente nach § 31 BVG nicht den Schmerzensgeldanspruch des Verletzten.[490] Rückgriff kann nur in die Ansprüche des Verletzten wegen **vermehrter Bedürfnisse** (§ 843 BGB) genommen werden.[491] 758

(b) Ausgleichsrente (§ 32 BVG)

Die Ausgleichsrente (§ 32 BVG) wird in abstrakter Abhängigkeit von der festgestellten MdE neben der Grundrente nur an Schwerbeschädigte (§ 31 III BVG: MdE mindestens 50 %) als gesetzlich fixierter Betrag in Abhängigkeit von der MdE (§ 32 II BVG) gezahlt, sofern sie u.a. infolge ihres Gesundheitszustandes eine zumutbare Erwerbstätigkeit nicht oder nur eingeschränkt ausüben können. 759

Auf die Ausgleichsrente wird (im Gegensatz zur Grundrente) das sonstige Einkommen des Geschädigten angerechnet, soweit bestimmte Freibeträge überschritten werden (§ 33 BVG).[492] Sondervorschriften gelten für Kinder und Jugendliche nach § 34 BVG. 760

Mangels Kongruenz findet hinsichtlich der Ausgleichsrente kein Forderungsübergang statt.[493] 761

(c) Berufsschadenausgleich (§ 30 III, VI BVG)

Berufsschadenausgleich erhält ein rentenberechtigter Verletzter (mit einer MdE von mindestens 30 %), sofern sein Einkommen aus gegenwärtiger oder früherer Tätigkeit durch 762

---

489 BSG v. 18.5.1975 – 5 RJ 98/74 – BSGE 40, 225.
490 BGH v. 29.5.1984 – VI ZR 209/83 – VersR 1984, 864 = zfs 1984, 331; BGH v. 22.9.1970 – VI ZR 270/69 – VersR 1970, 1053.
491 BGH v. 4.6.1985 – VI ZR 17/84 – MDR 1986, 308 = NJW-RR 1986, 308 = r+s 1985, 223 = VersR 1985, 990 = VRS 69, 348 = zfs 1985, 362; BGH v. 10.11.1964 – VI ZR 186/63 – MDR 1965, 122 = NJW 1965, 102 = VersR 1964, 1307; OLG Bamberg v. 12.12.1978 – 5 U 44/78 – r+s 1979, 150 = VersR 1979, 473 (Anm. *Perkuhn* VersR 1979, 1109); OLG Brandenburg v. 3.11.2005 – 12 U 74/05 –. *Küppersbusch* Rn 734.
492 Siehe die nach § 33 V BVG erlassene Verordnung über die Einkommensfeststellung nach dem Bundesversorgungsgesetz (Ausgleichsrentenverordnung – AusglV) vom 1.7.1975 (BGBl I 1975, 1769).
493 Siehe auch BSG v. 24.4.1991 – 9a/9 RV 15/88 – BSGE 68,244 (Die Ausgleichsrente einer schwerbeschädigten Person, die nach der Schädigung heiratet, darf nicht deswegen gekürzt werden, weil ihr Ehegatte zum Familienunterhalt mehr beiträgt als sie. § 4 I 1 AusglV, der bestimmt, dass als anzurechnende Einkünfte „bei verheirateten Schwerbehinderten auch die Leistungen des Ehegatten aufgrund eines bürgerlich-rechtlichen Unterhaltsanspruchs zu berücksichtigen" sind, rechtfertigt nicht die Berücksichtigung eines Unterhaltsanspruchs zwischen zusammenlebenden Ehegatten.).

die Schädigungsfolgen gemindert ist. Der Ausgleich beträgt 42,5 % des Einkommensverlustes, der sich errechnet aus der Differenz zwischen dem Bruttoeinkommen des Verletzten aus gegenwärtiger oder früherer Tätigkeit zuzüglich der Ausgleichsrente und dem Durchschnitt jener Berufs- und Wirtschaftsgruppe, der der Verletzte ohne die Beschädigung wahrscheinlich angehören würde (§ 30 III, IV BVG).

763 Kongruenz besteht zum Verdienstausfall.[494]

(d) Übersicht

764 Die Erwerbsminderungsrente besteht aus 3 Komponenten, die nach unterschiedlichen Maßstäben übergangsfähig sind:

765

	Bestandteil	**Kongruenz**
Rente wegen Minderung der Erwerbsfähigkeit	Berufsschadenausgleich	Verdienstausfall
	Ausgleichsrente	---
	Grundrente	Vermehrte Bedürfnisse

(4) Ehegatten- und Kinderzuschläge zu Renten (§§ 33a, 33b BVG)

766 Ein schwerbeschädigter (§ 31 III BVG: MdE mindestens 50 %) Rentenberechtigter erhält einen festen Ehegattenzuschlag (§ 33a BVG), ferner einen Kinderzuschlag für jedes Kind bis zu dessen vollendetem 16. Lebensjahr, wenn für das Kind kein Anspruch auf Kindergeld besteht (§ 33b BVG).

767 Mangels Kongruenz findet kein Forderungsübergang statt.

cc. Forderungsübergang

(1) Cessio legis

768 Den Forderungsübergang regelt § 81a BVG mit den Einschränkungen des § 81a I 3 BVG (Quotenvorrecht des Verletzten) und des § 81 BVG (Schadenersatzansprüche gegenüber dem Bund). Die Grundsätze der kongruenten Schadendeckung gelten auch für den Regress nach § 81a BVG.

(a) § 81a BVG

769
> **§ 81a BVG**
> (1) ¹Soweit den Versorgungsberechtigten ein gesetzlicher Anspruch auf Ersatz des ihnen durch die Schädigung verursachten Schadens gegen Dritte zusteht, geht dieser Anspruch im Umfang der durch dieses Gesetz begründeten Pflicht zur Gewährung von Leistungen auf den Bund über. ²Das gilt nicht bei Ansprüchen, die aus Schwangerschaft und Niederkunft erwachsen sind. ³Der Übergang des Anspruchs kann nicht zum Nachteil des Berechtigten geltend gemacht werden.
> (2) Absatz 1 gilt entsprechend, soweit es sich um Ansprüche nach diesem Gesetz handelt, die nicht auf einer Schädigung beruhen.

770 Den Forderungsübergang regelt § 81a BVG mit den Einschränkungen des § 81a I 3 BVG (Quotenvorrecht des Verletzten) und des § 81 BVG (Schadenersatzansprüche gegenüber

---

[494] A.A. *Geigel-Plagemann* Kap 30 Rn 156 (Kongruenz zu vermehrten Bedürfnissen) unter Hinweis auf OLG Bamberg v. 12.12.1978 – 5 U 44/78 – r+s 1979, 150 = VersR 1979, 473 (Anm. *Perkuhn* VersR 1979, 1109) (Anm.: OLG Bamberg äußert sich nur zur Grundrente nach § 31 BVG und sieht hier – zutreffend – Kongruenz zu vermehrten Bedürfnissen).

dem Bund). § 81a BVG erweitert nicht den Umfang der Ersatzpflicht des Schadenersatzschuldners.[495]

Auf die Versorgungsverwaltung geht der Regressanspruch im Zeitpunkt des Schadenereignisses über.[496] Erbringt die Versorgungsverwaltung an Soldaten (§ 80 SVG) nach deren Dienstbeendigung Versorgungsleistungen, findet § 81a BVG ebenfalls Anwendung.[497]

771

Im Bereich der Sozialversorgung nach dem BVG gilt ein **Quotenvorrecht** zugunsten des Verletzten bzw. Hinterbliebenen, § 81a I 3 BVG.[498]

772

Die Leistungen der **Krankenkasse** sind aufgrund des gesetzlichen Auftragsverhältnisses (§ 18c BVG) auch dem Bund als Versorgungsträger nach BVG zuzurechnen und erfüllen dessen Leistungspflichten.[499] Der Umstand, dass der Bund die Heilbehandlung durch eine gesetzliche Krankenkasse zu erbringen hat (§ 18c I 3 BVG), steht einer Kongruenz der Leistungspflichten i.S.d. § 81a BVG nicht entgegen. Der Aspekt, dass nach § 20 BVG[500] die Erstattungsansprüche der Krankenkasse vom Bund pauschal abgegolten werden, lässt den Forderungsübergang nach § 81a BVG auf die Bundesrepublik Deutschland nicht entfallen; § 81a BVG stellt nicht darauf ab, wer die nach dem BVG zu gewährenden Leistungen tatsächlich erbringt.[501]

773

Die Leistungspflichten der Krankenkasse und nach dem BVG stehen nebeneinander.[502] Kann der Verletzte zugleich Leistungen nach dem SGB V und nach dem BVG verlangen, geht ein kongruenter Schadenersatzanspruch gegen Dritte gemäß § 116 SGB X sowohl auf die Krankenkasse wie auch nach § 81a BVG auf den Bund (als **Gesamtgläubiger**) über.[503] Erbringen Versorgungsverwaltung und Sozialversicherungsträger wegen desselben Unfalles Leistungen, geht, reicht der übergangsfähige Schaden nicht zur vollen Deckung der unfallbedingten Leistungen aus, der Anspruch des Sozialversicherungsträgers dem der Versorgungsverwaltung vor.[504] Haben andere Träger ebenfalls Sozialleistungen an den Verletzten erbracht, besteht unter den Regressgläubigern keine Gesamtgläubigerschaft.[505] Für den Erfüllungseinwand (§ 428 BGB) bleibt es für Schuldner gleichgültig,

774

---

495 BGH v. 2.7.2002 – VI ZR 401/01 – DAR 2002, 501 = NJW 2002, 3175 = VersR 2002, 1110.
496 BGH v. 16.10.2007 – VI ZR 227/06 – BGHReport 2008, 1162 = FamRZ 2008, 35 = MDR 2008, 209 = r+s 2008, 83 = VersR 2008, 275 = VRS 114, 229; BGH v. 4.10.1983 – VI ZR 44/82 – BG 1985, 594 = MDR 1984, 216 = NJW 1984, 607 = r+s 1984, 9 (nur LS) = SGb 1984, 170 (Anm. *Sieg*) = VersR 1984, 35 = VRS 66,165 = zfs 1984, 77 (nur LS).
497 BGH v. 26.2.1991 – VI ZR 149/90 – DAR 1991, 293.
498 OLG Hamm v. 24.10.2001 – 13 U 85/01 – DAR 2002, 216 = NJW-RR 2002, 1322 = OLGR 2002, 214 = SP 2002, 162 = VersR 2003, 1595 = zfs 2002, 475.
499 BGH v. 12.4.2005 – VI ZR 50/04 – DAR 2005, 443 = MedR 2005, 526 (nur LS) = SP 2005, 302 = VersR 2005, 1004.
500 Die Pauschale wurde (in Fortführung von § 19 I 3 BVG a.F.) zunächst als Übergangsvorschrift für das Beitrittsgebiet gemäß Art. 3 des Einigungsvertrages eingeführt und erhielt anschließend mit dem 2. Gesetz zur Änderung des Gesetzes über die Entschädigung für Opfer von Gewalttaten v. 21.7.1993, BGBl I 1993, 1262 allgemeine Geltung.
501 BGH v. 12.4.2005 – VI ZR 50/04 – DAR 2005, 443 = MedR 2005, 526 (nur LS) = SP 2005, 302 = VersR 2005, 1004.
502 BGH v. 12.4.2005 – VI ZR 50/04 – DAR 2005, 443 = MedR 2005, 526 (nur LS) = SP 2005, 302 = VersR 2005, 1004.
503 BGH v. 12.4.2005 – VI ZR 50/04 – DAR 2005, 443 = MedR 2005, 526 (nur LS) = SP 2005, 302 = VersR 2005, 1004.
504 BGH v. 30.3.1971 – VI ZR 190/69 – MDR 1971, 569 = NJW 1971, 1217 (nur LS) = VersR 1971, 637.
505 BGH v. 17.11.1988 – III ZR 202/87 – MDR 1989, 614 = NJW 1989, 1735 = VersR 1989, 495 = zfs 1989, 229 (nur LS).

ob der Anspruch nur auf den Bund oder auch auf eine Krankenkasse übergegangen ist.[506] Der Regress entfällt, wenn ein Krankenversicherungsträger, der nach § 18c BVG im Auftrag der Versorgungsverwaltung die Heilbehandlung durchführte, mit dem Haftpflichtversicherer nach Teilungsabkommen abgerechnet hat.[507]

775 Kenntnis i.S.d. § 407 BGB hat der Ersatzpflichtige, wenn er sämtliche Umstände, die die Leistungspflicht der Versorgungsverwaltung auslösen können, kennt.[508] Bei **gutgläubiger Leistung** des Schädigers besteht ein Bereicherungsanspruch der Versorgungsverwaltung gegen den Verletzten nach § 816 II BGB.

(b) § 81 BVG

776 § 81 BVG

Erfüllen Personen die Voraussetzungen des § 1 BVG oder entsprechender Vorschriften anderer Gesetze, die dieses Gesetz für anwendbar erklären, so haben sie wegen einer Schädigung gegen den Bund nur die auf diesem Gesetz beruhenden Ansprüche; jedoch finden die Vorschriften beamtenrechtlichen Unfallfürsorge, das Gesetz über die erweiterte Zulassung von Schadenersatzansprüchen bei Dienstunfällen in der ... bereinigten Fassung und § 82 BeamtVG Anwendung.

777 Schadenersatzansprüche **gegenüber** dem **Bund** unterliegen den Beschränkungen des § 81 BVG.

(2) Verwaltungskosten

778 Verwaltungskosten sind nicht zu erstatten. Das gilt auch für den Pauschsatz nach § 20 BVG für Auftragstätigkeit der Krankenkasse.

(3) Verwandtenprivileg

779 Das Verwandtenprivileg greift zugunsten des Ersatzpflichtigen ein.[509]

dd. Haftungsausschluss

780 Soweit um es Verletzungshandlungen bei Soldaten, Wehr- und Zivildienstpflichtigen handelt, gelten die Ausführungen zum **Dienstunfall**.[510]

ee. Versicherungsschutzversagung

781 Es gelten dieselben Aspekte wie für die Sozialversicherung.

---

506 BGH v. 12.4.2005 – VI ZR 50/04 – DAR 2005, 443 = MedR 2005, 526 (nur LS) = SP 2005, 302 = VersR 2005, 1004.
507 BGH v. 27.3.1973 – VI ZR 5/72 – BB 1973, 1031 = MDR 1973, 754 = NJW 1973, 1124 = VersR 1973, 614 = VRS 45, 7.
508 BGH v. 16.10.2007 – VI ZR 227/06 – BGHReport 2008, 1162 = FamRZ 2008, 35 = MDR 2008, 209 = r+s 2008, 83 = VersR 2008, 275 = VRS 114, 229; OLG Frankfurt v. 26.11.1985 – 14 U 164/84 – VersR 1987, 592 (zu § 10 OEG); *Geigel-Plagemann* Kap 30 Rn 157.
509 *Geigel-Plagemann* Kap 30 Rn 156.
510 Kap 3 Rn 1188 ff.

b. Opferentschädigungsgesetz (OEG)

aa. Leistungsberechtigung

Das Gesetz über die Entschädigung für Opfer von Gewalttaten (Opferentschädigungsgesetz – OEG) gewährt Versorgungsleistungen In- und Ausländern (§ 1 IV – VII OEG), die durch einen vorsätzlichen, rechtswidrigen tätlichen Angriff in **Deutschland** oder auf einem deutschen Schiff bzw. Flugzeug gesundheitlich zu Schaden gekommen sind (§ 1 I OEG).

Wurde für den tätlichen Angriff ein **Kraftfahrzeug** oder ein Anhänger gebraucht, ist das OEG, nicht zuletzt mit Blick auf die Verkehrsopferhilfe, unanwendbar, § 1 XI OEG. Die in § 7 II StVG enthaltene Einschränkung auf **Anhänger**, die dazu bestimmt sind, von einem Kraftfahrzeug mitgeführt zu werden, enthält das OEG nicht, was aber auf einem gesetzgeberischen Versehen beruhen dürfte.

bb. Leistungsumfang

Der Verletzte erhält Leistungen nach den Vorschriften des **BVG**[511] (§ 1 I 1, VIII 1 OEG), allerdings mit einigen Modifikationen zur Höhe des Leistungsanspruches.

Die **Kongruenz**fragen sind parallel zur Anspruchssituation des BVG zu beantworten.

cc. Forderungsübergang

Es ist das **Quotenvorrecht** nach § 5 I OEG, § 81a BVG zu beachten.

Erbringen Versorgungsverwaltung und Sozialversicherungsträger wegen desselben Unfalles sich inhaltlich deckende Sozialleistungen, geht der Schadenersatzanspruch im Unfallzeitpunkt auf beide Leistungsträger (nach § 116 SGB X bzw. § 5 OEG, § 81a BVG) über.[512] Reicht der übergangsfähige Schaden nicht zur vollen Deckung der unfallbedingten Leistungen aus, geht der Anspruch des **Sozialversicherungsträgers** dem der Versorgungsverwaltung vor.[513] § 118 SGB X gilt auch für den Regress nach dem OEG entsprechend.[514]

Für die **Kenntnis vom Rechtsübergang** nach § 5 OEG, § 81a BVG genügt grundsätzlich die Kenntnis von Tatsachen, nach denen mit Leistungen nach dem OEG zu rechnen ist. Aspekte der Erschwerung der Abfindung des Versorgungsberechtigten und Hinderlichkeit beim „Täter-Opfer-Ausgleich" haben bei der Interessenabwägung zugunsten des Erhaltes der Rückgriffsmöglichkeiten des Versorgungsträgers zurückzutreten.[515]

---

511 Kap 3 Rn 750 ff.
512 BGH v. 28.3.1995 – VI ZR 244/94 – MDR 1995, 802 = NJW 1995, 2413 = r+s 1995, 386 (nur LS) = VersR 1995, 601 (Anm. *Frahm* VersR 1995, 768) = WI 1995, 104 = zfs 1995, 290 (Krankenkasse, Versorgungsträger im Rahmen der Opferentschädigung); OLG Hamm v. 12.8.1999 – 6 U 8/99 – HVBG-Info 2000, 180 = OLGR 2000, 40 = r+s 1999, 418 = SGb 2000, 264 (nur LS).
513 BGH v. 30.3.1971 – VI ZR 190/69 – MDR 1971, 569 = NJW 1971, 1217 (nur LS) = VersR 1971, 637.
514 OLG Hamm v. 12.8.1999 – 6 U 8/99 – HVBG-Info 2000, 180 = OLGR 2000, 40 = r+s 1999, 418 = SGb 2000, 264 (nur LS).
515 BGH v. 16.10.2007 – VI ZR 227/06 – BGHReport 2008, 1162 = FamRZ 2008, 35 = MDR 2008, 209 = r+s 2008, 83 = VersR 2008, 275 = VRS 114, 229.

III. Summenversicherung

1. Abgrenzung Sozialversicherung (§ 166 SGB X) – Private Versicherer (§ 67 VVG a.F., § 86 VVG n.F.)

789 Bei **freiwilliger Sozialversicherung** (vor allem als freiwilliges Mitglied einer gesetzlichen Krankenkasse oder Berufsgenossenschaft) erfolgt ein gesetzlicher Forderungsübergang (§ 116 SGB X), da die gesetzliche Regelung in § 116 SGB X nicht zwischen freiwilliger und Pflichtversicherung unterscheidet. Die Barleistungen sind von daher anspruchsmindernd bei der Forderung des unmittelbar Verletzten zu berücksichtigen.[516]

790 Leistungen aus **privater Schadenvorsorge** sind demgegenüber nicht anzurechnen, soweit es sich um Summenversicherungen handelt. Der Übergang einer Schadensersatzforderung auf den aufgrund eigener vertraglicher Vereinbarung mit dem Verletzten eintrittspflichtigen Versicherer findet nach § 67 VVG a.F./§ 86 VVG n.F. nur bei Schaden-, nicht aber bei Summenversicherern statt (arg. e. § 178a II 1 VVG a.F.).[517] Der Geschädigte, der sich diese Leistungen durch eigene Prämienzahlungen außerhalb des Sozialrechtes durch freiwillige Prämien erkauft, muss sich diese Drittleistungen nicht auf seinen Schadensersatzanspruch anrechnen lassen.

2. Private Unfallversicherung

791 Privaten Unfallversicherern[518] ist als Summenversicherern der Regress mangels Forderungsübergang gegenüber dem Verursacher ihrer Leistungspflicht nicht möglich.[519] Eine Anrechnung auf Schadensersatzleistungen zu Lasten des Verletzten entfällt.

792 Bei Abschluss einer **Insassenunfallversicherung** darf der für einen Kraftfahrzeugunfall Haftende die Anrechnung der ausbezahlten Versicherung auf den Insassenschaden bestimmen[520] (und z.B. dadurch seinen Schadensfreiheitsrabatt retten), wenn er hieran ein anzuerkennendes Interesse hat.

3. FahrerPlus

793 Bei dieser neuen und noch nicht allgemein verbreiteten privaten Absicherung handelt es sich um eine private Unfallversicherung, die sich hinsichtlich ihres Leistungsvolumen nicht an festen Sätzen, sondern an den Grundsätzen der Schadenversicherung mit bestimmten Anrechnungs- und Verrechnungsmodalitäten orientiert. Sie kann qua definitionem eine Schadenversicherung mit speziell geregelten Verrechnungsvorgaben sein, auch wenn sie im Ansatz eine Unfallversicherung darstellt. Ob und inwieweit Forderungswechsel und Anrechnungen vorzunehmen sind, ist abhängig vom jeweiligen Vertragwerk.

---

516 Siehe Kap 4 Rn 137, insbesondere Fn 94.
517 BGH v. 4.7.2001 – IV ZR 307/00 – MDR 2001, 1352 = NVersZ 2001, 457 = r+s 2001, 431 = VersR 2001, 1100; BGH v. 20.12.1972 – IV ZR 171/71 – VersR 1973, 224; BGH v. 8.7.1980 – VI ZR 275/78 – BG 1981, 165 = MDR 1981, 42 = r+s 1980, 206 = VersR 1980, 1072 = zfs 1981, 14 (nur LS).
518 Anderes gilt für die gesetzliche Unfallversicherung und zwar auch bei freiwilliger Mitgliedschaft. Hier erfolgt wegen des gesetzlichen Forderungsüberganges in § 116 SGB X, der nicht zwischen Pflichtversicherung und freiwilliger Mitgliedschaft differenziert, eine Anrechnung.
519 Siehe OLG Düsseldorf v. 23.5.1995 – 4 W 17/95 – r+s 1995, 386 = VersR 1996, 480 (Anspruch auf Leistungen aus einem privaten Unfallversicherungsvertrag geht nicht nach § 116 SGB X auf einen Sozialhilfeträger über).
520 BGH v. 13.1.1981 – VI ZR 180/79 – BGHZ 80,8 = DAR 1981, 291 = MDR 1981, 574 = NJW 1981, 1613 = VersR 1981, 447 = VRS 61,90; BGH v. 7.5.1975 – IV ZR 209/73 – BGHZ 64, 260 = NJW 1975, 1273; BGH v. 4.4.1973 – IV ZR 130/71 – NJW 1973, 1368.

4. Lebensversicherung

Leistungen der Lebensversicherung sind, da es sich um eine Summenversicherung handelt, nicht auf den Schaden anzurechnen.

5. Berufsunfähigkeitsversicherung

Leistungen einer privaten Berufsunfähigkeitszusatzversicherung (BUZ) sind ebenso wenig wie Leistungen der Lebensversicherung auf den Schaden anzurechnen.

Sofern man unfallkausale Prämienzuschläge überhaupt als erstattungsfähig annimmt,[521] sind Leistungen der BUZ dann auf einen unfallbedingten Verdienstausfallschaden anzurechen.[522]

6. Krankentagegeldversicherung, Krankenhaustagegeldversicherung

a. Arbeits- bzw. Berufsunfähigkeit

Der Anspruch auf Zahlung von Krankentagegeld setzt die ärztliche Feststellung der vollständigen (100 %) **Arbeitsunfähigkeit** voraus (siehe § 1 III MBKT 94[523]).[524] Der zugrundezulegende ärztliche Befund kann nicht rückwirkend getroffen oder später nachgeholt werden.[525]

Das Krankentagegeld endet mit Eintritt der Berufsunfähigkeit (vgl. § 15 lit. a MBKT 94).[526] Der Bezug einer Erwerbs- oder **Berufsunfähigkeitsrente** aus privatrechtlichem oder sozialrechtlichem Versicherungsverhältnis steht dem Anspruch auf Krankentagegeld entgegen.[527]

Die Krankentagegeldversicherung für Erwerbstätige endet nicht ohne weiteres mit der **Kündigung** des Arbeitsverhältnisses, sondern erst in dem Zeitpunkt, in dem der Versicherte auch bei einer Gesundung von einer neuen Tätigkeit Abstand genommen hätte oder seine Bemühungen um die Aufnahme einer solchen Tätigkeit gescheitert wären.[528]

b. Summenversicherung, Schadenversicherung

Krankenhaustagegeldversicherung und Krankentagegeldversicherung sind, wenn der private Versicherungsträger diese nicht als Schadenversicherung i.S.v. § 67 VVG a.F., § 86

---

521 LG Wuppertal v. 25.10.1996 – 10 S 199/96 – SP 1997, 9 (Der Risikozuschlag in der Berufsunfähigkeitszusatzversicherung stellt keine ersatzfähige Schadensposition dar, weil er weder adäquat-kausale Folge des schadenbegründenden Ereignisses ist noch der Beseitigung der Schadenfolge dient).
522 So zur Krankentagegeldversicherung BGH v. 15.5.1984 – VI ZR 184/82 – MDR 1985, 38 = NJW 1984, 2627 = r+s 1984, 243 = VersR 1984, 690 = zfs 1984, 269.
523 Musterbedingungen für die Krankentagegeldversicherung (MBKT), abgedr. bei *Prölss/Martin*, S. 1886 ff.
524 LG Köln v. 18.5.2005 – 23 O 158/03 – VersR 2006, 781. *Prölss/Martin-Prölss*, MBKT 94, § 1 Rn 7.
525 LG Köln v. 18.5.2005 – 23 O 158/03 – VersR 2006, 781.
526 *Prölss-Prölss/Martin* § 15 MBKT94 Rn 17 ff. LG Siegen v. 6.6.2005 – 1 O 155/04 – r+s 2006, 78 (Es kommt nur auf die tatsächliche Rentenzahlung an den Versicherungsnehmer an, gleich ob diese rechtlich geschuldet ist oder aus Kulanz erfolgt); LG Rostock v. 31.8.2005 – 10 O 53/05 – VersR 2006, 397 (Pflicht zur Rückzahlung bei rückwirkend gewährter Berufsunfähigkeitsrente).
527 OLG Celle v. 1.11.2007 – 8 U 127/07 – VersR 2008, 526; OLG Karlsruhe v. 6.7.2006 – 12 U 89/06 – VersR 2007, 51; LG Köln v. 23.1.2008 – 23 O 30/07 – VersR 2008, 1057.
528 BGH v. 15.5.2002 – IV ZR 100/01 – VersR 2002, 881.

VVG n.F. ausgestaltet hat,[529] **Summenversicherungen**, so dass zum einen ein Forderungsübergang auf den privaten Krankenversicherer nicht stattfindet und zum anderen deren Leistungen nicht auf den Ersatzanspruch anzurechnen sind.[530]

801 Hat der private Versicherungsträger diese Versicherungen als **Schadensversicherung** i.S.v. § 67 VVG a.F./§ 86 VVG n.F. ausgestaltet, erfolgt bei der Krankentagegeldversicherung eine Anrechnung auf die Verdienstausfallansprüche des Verletzten,[531] bei der Krankenhaustagegeldversicherung zusätzlich eine Anrechnung auf die Heilkosten und vermehrten Bedürfnisse (z.B. Besuchskosten).[532]

c. Schadenrechtlicher Prämienzuschlag

802 Auf folgende Ausnahme ist hinzuweisen: Der Prämienzuschlag, den ein Krankenversicherer bei Abschluss einer Krankentagegeldversicherung wegen der Unfallfolgen verlangt, ist ersatzpflichtig, wenn dem Verletzten der Abschluss einer Krankentagegeldversicherung unter Ausschluss der Unfallfolgen nicht zumutbar oder nicht möglich war.[533] Hat der Schädiger bei einer Tagegeldversicherung die verletzungsbedingten Risikozuschläge übernommen, muss sich der Geschädigte – abweichend vom Grundsatz der Nichtberücksichtigung – die entsprechenden Leistungen auf seinen Anspruch auf Ersatz künftigen Erwerbsschaden **anrechnen** lassen.[534] Es erfolgt dabei allerdings kein Forderungsübergang auf die private Krankenversicherung: Zum einen ändert sich der Rechtscharakter der Summenversicherung nicht, zum anderen war deren Risiko durch den Zuschlag abgegolten; der Ersatzanspruch ist durch die Zahlung des Risikozuschlages erfüllt.

7. Reiserücktrittsversicherung

803 Nach Auffassung des LG München[535] handelt es sich bei der Reiserücktrittsversicherung nicht um eine Schaden- sondern um eine **Summenversicherung**, sodass bereits von daher ein Forderungsübergang nach § 67 VVG a.F., § 86 VVG n.F. entfällt.

---

529 Dieses muss anhand der jeweils vereinbarten Allgemeinen Versicherungsbedingungen überprüft werden. Der BGH (v. 4.7.2001 – IV ZR 307/00 – MDR 2001, 1352 = NVersZ 2001, 457 = r+s 2001, 431 = VersR 2001, 1100) hat eine entsprechende Ausgestaltung der Bedingungen für zulässig erachtet.

530 BGH v. 4.7.2001 – IV ZR 307/00 – MDR 2001, 1352 = NVersZ 2001, 457 = r+s 2001, 431 = VersR 2001, 1100 (Vorinstanz: OLG Stuttgart v. 17.2.2000 – 7 U 234/99 – VersR 2001, 49); OLG Köln v. 13.1.1993 – 11 U 224/92 – r+s 1993, 242 = VersR 1994, 356; OLG Köln v. 30.7.1979 – 5 U 86/78 – VersR 1979, 1094; OLG Nürnberg v. 11.4.1985 – 2 U 306/85 – VersR 1986, 588 = zfs 1986, 240; LG Hamburg v. 20.2.1976 – 6 O 384/75 – r+s 1979, 82; LG Heidelberg v. 10.9.1997 – 8 O 89/97 – NJW-RR 1998, 463; AG Hanau v. 9.4.1984 – 31 C 256/85 – r+s 1985, 221. Zum Thema: *Hartung* „Anm. zu LG Regensburg (v. 21.12.1984 – 1 O 961/84 – VersR 1986, 481 = zfs 1986, 207)" VersR 1986, 673; *Wussow* „Zur Anrechnung von Barleistungen aus der Sozialversicherung auf den Krankentagegeldanspruch in der privaten Krankenversicherung (§ 4 MB/KT)" WI 1997, 38 (keine Anrechnung).

531 Siehe OLG München v. 4.5.2007 – 10 U 3439/05 – (BGH hat die Revision nicht angenommen, Beschl. v. 12.2.2008 – VI ZR 151/07 -) (Vertragliche Pflicht zur Abtretung an die Krankentagegeldversicherung stellt klar, dass der Versicherungsnehmer sich hier gerade nicht eine freiwillige Leistung erkauft hat, die ihm Ersatzleistungen der Versicherung und zugleich des Schädigers bringt, sondern lediglich eine Vorfinanzierung seitens der Versicherung erfolgen soll).

532 Siehe BGH v. 15.5.1984 – VI ZR 184/82 – MDR 1985, 38 = NJW 1984, 2627 = r+s 1984, 243 = VersR 1984, 690 = zfs 1984, 269.

533 BGH v. 15.5.1984 – VI ZR 184/82 – MDR 1985, 38 = NJW 1984, 2627 = r+s 1984, 243 = VersR 1984, 690 = zfs 1984, 269.

534 BGH v. 15.5.1984 – VI ZR 184/82 – MDR 1985, 38 = NJW 1984, 2627 = r+s 1984, 243 = VersR 1984, 690 = zfs 1984, 269.

535 LG München v. 27.4.2006 – 31 S 21056/05 – VersR 2007, 354.

Selbst wenn man die Reiserücktrittsversicherung zu den **Schadenversicherern** i.S.d. § 67 VVG a.F., § 86 VVG n.F. rechnet, stehen ihr auch dann Ansprüche nicht zu, da es bereits an einem Anspruch des unmittelbar Verletzten fehlt, der dann auf den Reiserücktrittsversicherer übergehen könnte: **804**

- Urlaub hat zwar grundsätzlich vermögenswerten Charakter, gleichwohl ist bei unfallbedingtem Wegfall oder **Verfall dieser Freizeit** keine Entschädigung in Geld zu leisten. Für den Fall des vertanen Urlaubs differenziert der BGH[536] zwischen einerseits dem Vertragsrecht, soweit die Urlaubsdurchführung Gegenstand des Vertrages ist (also dem Anwendungsfall des § 651f BGB), und andererseits den übrigen Schadenersatznormen, die keine Erstattungsfähigkeit bedingen. Der Fortfall des Urlaubs kann allenfalls bei der Schmerzensgeldbemessung in eng begrenztem Rahmen von Bedeutung sein.[537] **805**

- Soweit Dritten (Ehegatte[538] bzw. Angehörige eines Verletzten oder Getöteten) **Stornokosten** für die einer geplanten gemeinsamen oder bereits gebuchten Reise entstehen, sind diese Kosten als mittelbare Schäden nicht zu ersetzen.[539] Stornokosten sind letztlich nichts anderes als die Nichterstattung eines Teiles des Urlaubspreises. **806**

- Soweit der Versicherte vor Reiseantritt **verstirbt**, erbringt die Reiserücktrittsversicherung keine kongruenten Leistungen. **807**

IV. Sonstige Dritt- und Versorgungsleistungen, Sonderbereiche

1. Zusatzversorgungskasse

Ein Forderungswechsel entfällt bei Leistungen solcher Zusatzversorgungskassen, die weder Sozialversicherer i.S.v. § 116 SGB X noch private Schadenversicherer i.S.v. § 67 VVG a.F., § 86 VVG n.F. sind.[540] **808**

2. Ausbildungsförderung (BAföG)

§§ 37, 38 BAföG sehen einen Forderungsübergang für den Fall einer unfallbedingten Verlängerung der Ausbildung nicht vor. **809**

Der Abschnitt VII „Vorauszahlung und Anspruchsübergang" (§§ 36 – 38 BAföG) enthält die Spezialregelung, die der allgemeinen Verweisung in § 37 SGB I vorgeht. **810**

---

536 BGH v. 11.1.1983 – VI ZR 222/80 – BGHZ 86,212 = DAR 1983, 163 = DB 1983, 1198 = JZ 1983, 390 = MDR 1983, 477 = NJW 1983, 1107 = r+s 1983, 82 = VersR 1983, 392 = zfs 1983, 169.
537 Vgl. BGH v. 11.1.1983 – VI ZR 222/80 – BGHZ 86,212 = DAR 1983, 163 = DB 1983, 1198 = JZ 1983, 390 = MDR 1983, 477 = NJW 1983, 1107 = r+s 1983, 82 = VersR 1983, 392 = zfs 1983, 169; LG Köln v. 13.9.2000 – 4 O 152/00 – SP 2000, 420 = SP 2001, 13; LG München I v. 29.4.1993 – 19 O 864/93 – SP 1994, 250.
538 AG Langen v. 9.6.1995 – 51 C 1054/93 – zfs 1995, 325.
539 BGH v. 4.4.1989 – VI ZR 97/88 – MDR 1989, 805 = VersR 1989, 853; BGH v. 15.12.1970 – VI ZR 120/69 – BGHZ 55,146 = MDR 1971, 470 = NJW 1971, 796 = VersR 1971, 444 (Jagdpacht); OLG Celle v. 23.2.1984 – 5 U 132/83 – zfs 1984, 358; LG Lüneburg v. 13.7.1973 – 3 O 111/73 – VersR 1975, 1016; AG Langen v. 9.6.1995 – 51 C 1054/93 – zfs 1995, 325. *Küppersbusch* Rn 214 ff.
540 BGH v. 26.9.1979 – IV ZR 94/78 – MDR 1980, 213 = VersR 1979, 1120 = VRS 58,12 (Rheinische Zusatzversorgungskasse für Gemeinden und Gemeindeverbände); OLG Frankfurt v. 21.12.1999 – 14 U 60/94 – VersR 2000, 1523 (BGH hat die Revision nicht angenommen, Beschl. v. 1.8.2000 – VI ZR 26/00 -) (Versorgungsanstalt der Deutschen Bundespost). *Küppersbusch* Rn 91.

3. Bundeskindergeldgesetz (BKGG)[541]

811 Kindergeld wird nach den Bestimmungen des Bundeskindergeldgesetzes (BKGG)[542] gewährt. Das Bundeskindergeldgesetz gilt als besonderer Teil des SGB, § 68 Nr. 9 SGB I.

a. Leistungen

812 Kindergeld ist eine allgemeine Sozialleistung des Staates, die von der Bundesagentur für Arbeit als **Familienkasse** (§ 7 BKGG) festgesetzt und grundsätzlich auch ausgezahlt wird (§ 70 I EStG). Für Angehörige des öffentlichen Dienstes gilt die Anstellungskörperschaft als Familienkasse (§ 72 EStG).

813 Überschreiten Einnahmen des Kindes festgelegte Grenzen (2008: 7.680 EUR/Jahr), wird das Kindergeld gestrichen (§ 2 II 2 BKGG, § 32 IV 2 EStG). Für die Bestimmung der Grenze sind Sozialversicherungsabgaben des Kindes außer Betracht zu lassen.[543]

814 Kindergeld wird nicht gewährt, wenn **Kinderzulagen** aus der gesetzlichen Unfallversicherung oder Kinderzuschüsse aus der gesetzlichen Rentenversicherung gezahlt werden müssen (§ 4 I Nr. 1 BKGG). Ist allerdings die Kinderzulage mehr als 5 EUR geringer als das gesetzliche Kindergeld, wird die Differenz zum Kindergeld gezahlt (§ 4 II BKGG).

815 Für **vollstationär untergebrachte Kinder** führt die Grundsicherung nicht zu einem Verlust des Kindergeldanspruches.[544] Beim vollstationär untergebrachten Kind verbleibt i.d.R. ein ungedeckter Bedarf abzudecken.

816 Der Kindergeldanspruch **endet** regelmäßig spätestens mit dem 27. Lebensjahr des Kindes (verlängert gegebenenfalls um Zeiten des Grundwehrdienstes und diesem vergleichbare Zeiten, § 2 III 2 und 3 BKGG).[545]

b. Forderungsübergang

817 Auch bei einer unfallbedingten Verlängerung der Kindergeldzahlung (§ 2 I Nr. 3 BKGG) findet ein **Forderungsübergang** nicht statt. § 116 SGB X wird über § 18 BKGG nicht für anwendbar erklärt. Auch fehlt es an einer schadenrechtlichen Kongruenz.

818 Auch bei einer unfallbedingten **Verlängerung** der Kindergeldzahlung (§ 2 I Nr. 3 BKGG a.F., § 2 II, III BKGG 1996) findet ein Forderungsübergang nicht statt. § 116 SGB X wird über § 18 BKGG nicht für anwendbar erklärt. Darüber hinaus fehlt es auch an einer schadenrechtlichen Kongruenz.[546]

---

541 Kap 2 Rn 180 ff.
542 Abgedruckt bei *Aichberger* „Sozialgesetzbuch", Nr. 8/10.
543 BVerfG v. 11.1.2005 – 2 BvR 167/02 – DB 2005, 1299 (Anm. *Schmitt*) = DStR 2005, 911 = FamRZ 2005, 962, 1231 (Anm. *Engels*) = NJW 2005, 1923.
544 Vgl. BFH v. 15.10.1999 – VI R 40/98 – BFHE 189, 449 = DB 2000, 125 = FamRZ 2000, 665 = HVBG-Info 2000, 148 = NJW 2000, 1356.
545 Vgl. BFH v. 26.7.2001 – VI R 56/98 – NJW 2002, 1143 (nur LS) = FPR 2002, 28 (Berücksichtigung eines behinderten Kindes über das 27. Lebensjahr hinaus war auch nach § 32 IV 1 Nr. 3 EStG a.F. nur möglich, wenn die Behinderung vor Vollendung des 27. Lebensjahres eingetreten war).
546 LG Hannover v. 15.12.1975 – 19 O 238/75 – VersR 1976, 827 (Anm. *Schmidt* VersR 1977, 80).

4. Erziehungsgeld (BErzGG)

a. Leistungen

Das BErzGG gilt für Kinder, die **vor dem 1.1.2007 geboren** wurden, § 27 BEEG. 819

Nach § 1 BErzGG[547] hat Anspruch auf Erziehungsgeld, wer in Deutschland mit einem ihm anvertrauten Kind lebt und dieses selbst betreut und erzieht. Der Anspruch setzt voraus, dass der Betreuende keine oder aber keine volle Erwerbstätigkeit ausübt; nach § 2 BErzGG darf bei Erwerbstätigkeit die wöchentliche Arbeitszeit 30 Wochenstunden nicht übersteigen. 820

Nach § 3 BErzGG erhält nur eine erziehende Person (Elternteil, Lebenspartner) das Erziehungsgeld, wobei das Geld demjenigen ausgezahlt wird, der als Berechtigter bestimmt wurde. Werden die Einkommensgrenzen (§§ 5, 6 BErzGG) überschritten, entfällt der Anspruch auf Erziehungsgeld. 821

Gezahlt wird das Erziehungsgeld vom Tag der Geburt an max. für 24 Monate (§ 4 BErzGG) in Höhe von bislang 450 EUR (bis zum Ende des 12. Lebensmonats) und anschließend in Höhe von 300 EUR (§ 5 BErzGG). 822

Hat ein Elternteil oder Partner vor dem Unfall gearbeitet und erhält er nach der Geburt Erziehungsgeld, ist das gezahlte Erziehungsgeld als Vorteil auf den Verdienstausfallschaden anzurechnen, wenn ohne den Unfall kein Anspruch auf Erziehungsgeld bestanden hätte. 823

> *Beispiel 3.8:* 824
> Die A arbeitet nach der Geburt ihrer Tochter X weiterhin als Verkäuferin. Da ihr Einkommen die Einkommensgrenzen übersteigt, wird ihr kein Erziehungsgeld gezahlt. Wegen eines Unfalles muss sie die Berufstätigkeit aufgeben und erhält nunmehr, da die Einkommensgrenzen nicht mehr überschritten werden, Erziehungsgeld.
>
> *Ergebnis:*
> A muss sich das Erziehungsgeld auf ihren Anspruch auf Verdienstausfall anrechnen lassen.

b. Tod

Soweit der **Hinterbliebene** bei Erziehung von Kindern Erziehungsgeld erhält, ist dieses wie eigenes Einkommen zu werten, da das Erziehungsgeld in Abhängigkeit vom Einkommen gezahlt wird. 825

Entfällt Erziehungsgeld wegen des Todes eines **Kindes**, ist dieses ebenso wenig ein ersatzfähiger Schaden wie der todesbedingte Wegfall von Kindergeld. 826

BGH v. 4.7.1978 – VI ZR 11/77 – BG 1978, 705 = VersR 1978, 861 (Die Ablösung des Kindergeldanspruches nach § 8 I Nr. 1 BKGG a.F. durch den Anspruch auf Kinderzulage aus der gesetzlichen Unfallversicherung [§ 583 II RVO] ist kein Schaden des Unfallverletzten, für den die BGB wegen ihrer Rentenleistungen Regress nehmen kann); BGH v. 19.10.1982 – VI ZR 238/80 – BG 1984, 232 = DAR 1983, 54 = MDR 1983, 122 = NJW 1983, 114 = r+s 1982, 247 (nur LS) = VersR 1983, 52 = zfs 1983, 109 (Kongruenz besteht beim Kinderzuschuss nur, soweit dieser höher ist als der Kindergeldzuschuss); BGH v. 20.3.1984 – VI ZR 148/82 – VRS 67, 87 = zfs 1984, 300.

547 Gesetz zum Erziehungsgeld und zur Elternzeit v. 6.12.1985, BGBl I 1985, 2154 (abgedr. bei *Aichberger* „Sozialgesetzbuch", Nr. 8/20).

c. Forderungsübergang

827 Das BErzGG ist kein besonderes Buch des SGB, wie sich aus der Auflistung in § 68 SGB I sowie der Verweisungsregelung des § 22 BErzGG ergibt. Soweit das gezahlte Erziehungsgeld den Verdienstausfallschaden mindert, findet kein Forderungsübergang auf den Leistungsträger des Erziehungsgeldes statt.

5. Elterngeld[548]

828 Die Ausführungen zum Erziehungsgeld gelten entsprechend für das Elterngeld.

a. Leistungen

829 Nach § 1 BEEG hat Anspruch auf Elterngeld, wer (nicht freizügigkeitsberechtigte Personen nach Maßgabe des § 1 VII BEEG) in Deutschland (Ausnahmen siehe § 1 II BEEG) mit seinem Kind in einem Haushalt lebt und dieses selbst betreut und erzieht und keiner bzw. keiner vollen Erwerbstätigkeit nachgeht. Elterngeld erhalten Erwerbstätige, Beamte, Selbstständige und erwerbslose Elternteile, Studierende und Auszubildende, aber auch ALG II-Bezieher (dazu § 10 I BEEG).

830 Anspruch besteht erst für Kinder, die **ab dem 1.1.2007 geboren** wurden. Für Kinder, die vor dem 1.1. 2007 zur Welt gekommen sind, gilt das bisherige BErzGG, § 27 BEEG.

831 Das Elterngeld wird im Kernzeitraum 12 Monate gezahlt. 2 zusätzliche Partnermonate kommen hinzu, wenn sich der jeweils andere Partner Zeit für das Kind nimmt und im Beruf kürzer tritt. Die insgesamt 14 Monate (§ 4 BEEG) können somit frei zwischen Vater und Mutter aufgeteilt werden, mindestens 2 Monate sind allein für den Vater oder die Mutter reserviert. Bei der Geburt eines weiteren Kindes innerhalb von 24 Monaten wird zusätzlich zum neuen Elterngeld ein Geschwisterbonus gezahlt.

832 Maßgeblich für die Berechnung des Elterngeldes ist nach § 2 I BEEG der Durchschnittsbetrag aus dem Einkommen der vergangenen zwölf Kalendermonate vor der Geburt des Kindes bzw. vor der in Anspruch genommenen Mutterschutzfrist. 67 % des wegfallenden Einkommens (mindestens 300 EUR, maximal 1.800 EUR) werden ersetzt, wenn die Arbeitszeit auf maximal 30 Stunden pro Woche (§ 1 VI BEEG) reduziert wird, § 2 I BEEG.

833 Das Mindestelterngeld in Höhe von 300 EUR (§ 2 V BEEG) wird im Kernzeitraum von 12 Monaten immer gezahlt, wenn ein Elternteil das Kind betreut, unabhängig davon, ob der Elternteil vorher erwerbstätig war. Das betrifft Transferempfänger ebenso wie Einverdienerfamilien. Für Geringverdiener gibt es ein erhöhtes Elterngeld, § 2 II BEEG. Ist das zugrunde liegende Nettoeinkommen geringer als 1.000 EUR monatlich, wächst der Einkommensersatz bis zu 100 %. Je 20 EUR geringerem Einkommen erhöht sich die Ersatzrate um jeweils ein Prozent.

834 Das Mindestelterngeld in Höhe von 300 EUR wird während der Kernzeit von 12 Monaten nicht als Einkommen auf andere Sozialleistungen oder Wohngeld angerechnet, § 10 BEEG. Mutterschaftsgeld wird nach Maßgabe des § 3 BEEG verrechnet.

835 Das Elterngeld ist steuerfinanziert. Es ist für die Einkommensteuer progressionsrelevant: Es wird zum Einkommen hinzugerechnet und bestimmt die Höhe des Steuersatzes. Selbst wird es nicht versteuert und ist abgabenfrei, § 3 Nr. 67 EStG.

---

[548] Gesetz zum Elterngeld und zur Elternzeit (Bundeselterngeld- und Elternzeitgesetz – BEEG) v. 5.12.2006, BGBl I 2006, 2748. Zum Gesetzesentwurf siehe BR-Drucksache 426/1/06 v. 14.6.2006 (Kabinettsbeschluss) und 26.6.2006.

b. Tod

Soweit der **Hinterbliebene** bei Erziehung von Kindern Elterngeld erhält, ist dieses wie eigenes Einkommen zu werten, da das Elterngeld in Abhängigkeit vom Einkommen gezahlt wird.

836

Entfällt Elterngeld wegen des Todes eines **Kindes** (oder kommt es zu Kürzungen), ist dieses ebenso wenig ein ersatzfähiger Schaden wie der todesbedingte Wegfall von Erziehungsgeld.

837

c. Forderungsübergang

Ein Forderungsübergang ist ausgeschlossen. § 116 SGB X ist nicht anwendbar, § 26 I BEEG.

838

6. Prostitutionsgesetz (ProstG)[549]

Die Aktivitäten der Prostituierten werden als **zivilrechtlich** wirksam definiert (§ 1 ProstG), die alte Rechtsprechung[550] zum Schadensersatz (Begrenzung auf die Höhe eines existenzdeckenden Einkommens) hat damit ihre Gültigkeit verloren.[551]

839

§ 3 ProstG erlaubt nunmehr eine **sozialversicherungsrechtliche** Absicherung. Bei den in § 1 S. 2 ProstG geregelten Dauerschuldverhältnissen handelt es sich um jederzeit kündbare atypische Dienst- und Arbeitsverträge, auf die u.a. auch die Grundsätze über den innerbetrieblichen Schadensausgleich Anwendung finden.[552]

840

C. Beitragsregress

> **§ 116 SGB X n.F. – Ansprüche gegen Schadensersatzpflichtige**
>
> (1) ¹Ein auf anderen gesetzlichen Vorschriften beruhender Anspruch auf Ersatz eines Schadens geht auf den Versicherungsträger oder Träger der Sozialhilfe über, soweit dieser aufgrund des Schadenereignisses Sozialleistungen zu erbringen hat, die der Behebung eines Schadens der gleichen Art dienen und sich auf denselben Zeitraum beziehen. ²Dazu gehören auch
> 1. die Beiträge, die von Sozialleistungen zu zahlen sind, und
> 2. die Beiträge zur Krankenversicherung, die für die Dauer des Anspruchs auf Krankengeld unbeschadet des § 224 Absatz 1 SGB V zu zahlen wären.
>
> (3) ¹Ist der Anspruch auf Ersatz eines Schadens durch ein mitwirkendes Verschulden oder eine mitwirkende Verantwortlichkeit des Geschädigten begrenzt, geht auf den Versicherungsträger oder Träger der Sozialhilfe von dem nach Absatz 1 bei unbegrenzter Haftung übergehenden Ersatzanspruch der Anteil über, welcher dem Vomhundertsatz entspricht, für den der Schädiger ersatzpflichtig ist. ²Dies gilt auch, wenn der Ersatzanspruch durch Gesetz der Höhe nach begrenzt ist. ... .

841

---

549 Zum Thema: *Armbrüster* NJW 2002, 2763; *Palandt-Heinrichs* Anhang zu § 138 BGB; BR-Drucksache 817/01 v. 8.5.2001.
550 ZB BGH v. 6.7.1976 – VI ZR 122/75 – VersR 1976, 491.
551 *Armbrüster* NJW 2002, 2764 (zu IV.1.).
552 *Armbrüster* NJW 2002, 2765 (zu IV.1.).

3 Erwerbstätige Personen

> **§ 119 SGB X n.F. – Übergang von Beitragsansprüchen**
>
> (1) ¹Soweit der Schadenersatzanspruch eines Versicherten den Anspruch auf Ersatz von Beiträgen zur Rentenversicherung umfasst, geht dieser auf den Versicherungsträger über, wenn der Geschädigte im Zeitpunkt des Schadensereignisses bereits Pflichtbeitragszeiten nachweist oder danach pflichtversichert wird; dies gilt nicht, soweit
> 1. der Arbeitgeber das Arbeitsentgelt fortzahlt oder sonstige der Beitragspflicht unterliegende Leistungen erbringt oder
> 2. der Anspruch auf Ersatz von Beiträgen nach § 116 übergegangen ist.
>
> ²Für den Anspruch auf Ersatz von Beiträgen zur Rentenversicherung gilt § 116 Absatz 3 Satz 1 und 2 entsprechend, soweit die Beiträge auf den Unterschiedsbetrag zwischen dem bei unbegrenzter Haftung zu ersetzenden Arbeitsentgelt oder Arbeitseinkommen und der bei Bezug von Sozialleistungen beitragspflichtigen Einnahme entfallen.
>
> (2) ¹Der Versicherungsträger, auf den ein Teil des Anspruchs auf Ersatz von Beiträgen zur Rentenversicherung nach § 116 übergeht, übermittelt den von ihm festgestellten Sachverhalt dem Träger der Rentenversicherung auf einem einheitlichen Meldevordruck. ²Das Nähere über den Inhalt des Meldevordrucks und das Mitteilungsverfahren bestimmen die Spitzenverbände der Sozialversicherungsträger.
>
> (3) ¹Die eingegangenen Beiträge oder Beitragsanteile gelten in der Rentenversicherung als Pflichtbeiträge. ²Durch den Übergang des Anspruchs auf Ersatz von Beiträgen darf der Versicherte nicht schlechter gestellt werden, als er ohne den Schadenersatzanspruch gestanden hätte.
>
> (4) ¹Die Vereinbarung der Abfindung von Ansprüchen auf Ersatz von Beiträgen zur Rentenversicherung mit einem ihrem Kapitalwert entsprechenden Betrag ist im Einzelfall zulässig. ²Im Fall des Absatzes 1 Satz 1 Nr. 1 gelten für die Mitwirkungspflichten des Geschädigten die §§ 60, 61, 65 Absatz 1 und 3 sowie § 65a SGB I entsprechend.

842
> **§ 62 SGB VI – Schadenersatz bei rentenrechtlichen Zeiten**
>
> Durch die Berücksichtigung rentenrechtlicher Zeiten wird ein Anspruch auf Schadenersatz wegen verminderter Erwerbsfähigkeit nicht ausgeschlossen oder gemindert.

843
> **§ 224 SGB V – Beitragsfreiheit bei Krankengeld, Mutterschaftsgeld oder Erziehungsgeld oder Elterngeld**
>
> (1) ¹Beitragsfrei ist ein Mitglied für die Dauer des Anspruches auf Krankengeld oder Mutterschaftsgeld oder des Bezuges von Erziehungsgeld oder Elterngeld. ²Die Beitragsfreiheit erstreckt sich nur auf die in Satz 1 genannten Leistungen.
>
> (2) Durch die Beitragsfreiheit wird ein Anspruch auf Schadenersatz nicht ausgeschlossen oder gemindert.

I. §§ 116 I 2 Nr. 2, 119 SGB X

844 § 116 I 2 Nr. 2 SGB X und § 119 SGB X regeln Beitragsforderungen der Renten- und Krankenversicherung zum **eigenen Sozialversicherungszweig**. Die Beiträge zu anderen Sozialversicherungen werden nach § 116 I 2 Nr. 1 SGB X regressiert.

845 Der Regress der Sozialversicherer nach § 116 I 2 Nr. 2 SGB X und § 119 SGB X ist dabei grundsätzlich losgelöst von einer kongruenten schadensersatzrechtlich relevanten Leistung. Es wird quasi ein Schaden des Verletzten im Rahmen der § 224 II SGB V, § 62 SGB VI fingiert, um dann einen letztlich nur mittelbaren Schaden der Drittleistungsträger

(Rentenversicherer, Krankenversicherer[553]) in Gestalt der dortigen Beitragsausfälle auszugleichen.

II. Rentenminderung

1. § 119 SGB X

Ein Rentenminderungsschaden wird bei abhängig Beschäftigten über den Regress des Rentenversicherers nach § 119 SGB X aufgefangen.[554] § 119 SGB X n.F. betrifft nur noch die fehlenden Beiträge zur Rentenversicherung des Verletzten, während demgegenüber die bis zum 1.1.2001 geltende Fassung auch den (danach in § 116 I Nr. 2 SGB X geregelten) Beitragsregress der Krankenkasse für bei ihnen Pflichtversicherte erfasste. Dem Beitragsregress des zuständigen gesetzlichen Rentenversicherers (DRV Bund und entsprechende Träger der Rentenversicherung; bis 30.9.2005: BfA, LVA pp.) liegt dabei keine Drittleistung des Rentenversicherers zugrunde, sondern die **„treuhänderische" Verfolgung** des Direktanspruches durch die Rentenversicherungsträger.[555]

846

Daneben ist zu beachten, dass auch von den **Barleistungen** anderer **Sozialversicherungsträger** (u.a. Krankengeld, Arbeitslosengeld) rentenbegründende Beiträge abgeführt werden, häufig berechnet nach rd. 80 % des fiktiven Bruttoeinkommens. Bei der Arbeitslosenhilfe bildete seit 1.1.2000 bis zum 31.12.2004 nur der tatsächlich gezahlte Beitrag die Bemessungsgrundlage; ab 1.1.2005 gelten die Bestimmungen des SGB II.

847

a. Haftung

aa. Schadenersatzanspruch

Die Forderung nach § 119 SGB X setzt einen **Schadensersatzanspruch** des Verletzten voraus.

848

Aufwendungsersatzansprüche (z.B. GoA, § 110 SGB VII) sind nicht anspruchsbegründend.[556]

849

Der Regress des Beitragsschadenersatzes nach § 119 SGB X richtet sich nach zivilrechtlichen Grundsätzen und ist daher vor den **Zivilgerichten** zu klären.[557]

850

---

553 BGH v. 28.9.1999 – VI ZR 165/98 – DAR 2000, 62 = NZV 1999, 508 = r+s 1999, 506 = SP 1999, 411 = VersR 2000, 65 = zfs 2000, 14.
554 Zum Thema: *Furtmayr* „Der Beitragsregreß gem. § 119 SGB X aus der Sicht des Geschädigten" VersR 1997, 38; *Hänlein* „Der Ersatz des Beitragsschadens im Lichte neuerer Entwicklungen" NJW 1998, 105; *von der Heide* „Der Beitragsregreß nach dem RRG 1992" VersR 1994, 274; *Küppersbusch* „Ersatz von Rentenversicherungsbeiträgen nach § 119 SGB X – Hinweise für die praktische Schadensregulierung" VersR 1988, 665; *ders.* „Beitragsregreß nach §§ 116, 119 SGB X n.F." NZV 1992, 58.
555 BGH v. 18.12.2007 – VI ZR 278/06 – BGHReport 2008, 435 = DAR 2008, 200 (nur LS) = FamRZ 2008, 685 = MDR 2008, 383 = NJW 2008, 1961 = NJW-Spezial 2008, 137 = NZV 2008, 392 = r+s 2008, 174 = SP 2008, 141 = VersR 2008, 513 = VRS 114, 223 = zfs 2008, 261; BGH v. 2.12.2003 – VI ZR 243/02 – MDR 2004, 573 (nur LS) = NJW-RR 2004, 595 = NZV 2004, 249 = r+s 2004, 175 = SVR 2004, 312 (nur LS) (Anm. *Engelbrecht*) = SVR 2004, 352 (Anm. *Engelbrecht*) = VersR 2004, 492 = VRS 106, 365.
556 *Geigel-Plagemann* Kap 30 Rn 139.
557 LSG Nordrhein-Westfalen v. 17.1.2003 – L 13 RJ 3/99 –. BGH v. 18.12.2007 – VI ZR 278/06 – BGHReport 2008, 435 = DAR 2008, 200 (nur LS) = FamRZ 2008, 685 = MDR 2008, 383 = NJW 2008, 1961 = NJW-Spezial 2008, 137 = NZV 2008, 392 = r+s 2008, 174 = SP 2008, 141 = VersR 2008, 513 = VRS 114, 223 = zfs 2008, 261; BGH v. 2.12.2003 – VI ZR 243/02 – MDR 2004, 573 (nur LS) = NJW-RR 2004, 595 = NZV 2004, 249 = r+s 2004, 175 = SVR 2004, 312 (nur LS) (Anm. *Engelbrecht*) = SVR 2004, 352 (Anm. *Engelbrecht*) = VersR 2004, 492 = VRS 106, 365.

bb. Mithaftung

851 Bis zur Gesetzesänderung (zum 1.1.2001) war streitig,[558] ob in Fällen der Mitverantwortlichkeit die relative Theorie oder die Aufstockungstheorie anzuwenden war. Trifft den Verletzten ein Mitverschulden, galt m.E. bis zum 31.12.2000 ein Quotenvorrecht zugunsten des nach § 116 SGB X Regress nehmenden Lohnersatzleistungsträgers (sog. **Aufstockungstheorie**).

852 Nach der Neufassung des § 119 I 2 SGB X[559] ist der Regress des Rentenversicherers hinsichtlich der von ihm geltend gemachten Ansprüche entsprechend der Mithaftung und ohne Quotenvorrecht abzurechnen. Der Gesetzgeber hat sich damit für die **relative Theorie** entschieden; die Vorschrift hat, wenn der Sachverhalt noch nicht abschließend geregelt wurde, Rückwirkung (§ 120 SGB X).

853 *Beispiel 3.9:*
Berechnungsbeispiel zur relativen Theorie (§ 119 SGB X):
- hypothetisches Bruttoeinkommen des Verletzten:[560]   3.000,00 EUR
- Beitragssatz in der Rentenversicherung (Jahr 2002):   19,1 %[561]
- Haftung: 50 %

Ergebnis:
Der Rentenversicherer regressiert nach § 119 SGB X entsprechend der Rechtslage (im Beispiel: 50 %) den verbleibenden Beitragschaden nach der Regel „offener Beitragschaden nach Abzug der auf die Lohnersatzleistung bereits gezahlten Beiträge * Haftungsquote" wie folgt:

entgangener Gesamt-RV-Beitrag	3.000 EUR * 19,1 % =	573,00 EUR
RV-Beitrag (§ 116 SGB X) von Lohnersatzleistung[562]	2.400 EUR * 19,1 % =	− 458,40 EUR
verbliebener Beitragsschaden (§ 119 SGB X) * **Haftungsquote 50 %** =	**600 EUR * 19,1 % =**	**114,60 EUR** **57,30 EUR**

Nach § 119 SGB X sind 57,30 EUR an den Rentenversicherer zu zahlen.

Anmerkung:
Nach **Teilungsabkommen** (der Rechtslageregress würde sich nach **§ 116 SGB X** richten) regressiert die **Krankenversicherung** beispielsweise 55 % der von ihr an die Rentenversicherung abgeführten Pflichtbeiträge (auf das Krankengeld sind seit 1992 Pflichtbeiträge u.a. auch an die Rentenversicherung abzuführen, berechnet nach – grob gerechnet – 80 % des vorangegangenen Bruttoeinkommens):
    458,40 EUR   * TA-Quote 55 %   =   252,12 EUR.
Ein **anderer Sozialversicherer** würde seine auf Barleistungen anfallenden RV-Beiträge ebenfalls nach Teilungsabkommen bzw. Rechtslage gemäß § 116 SGB X (nicht: § 119 SGB X) in Regress stellen.

---

[558] *Jahnke* in Anwalts-Handbuch Verkehrsrecht Teil 4 Rn 413; *Wussow/Küppersbusch* (7. Aufl. 2000), S. 248, Rn 577.
[559] Änderung durch das 4. Euro-Einführungsgesetz v. 29.12.2000, BGBl I 2000, 1983.
[560] Der Betrag soll auch dem Regelentgelt entsprechen.
[561] Seit 1.1.2003 beträgt der Beitragssatz 19,5 %: Zu den Veränderungen siehe Tabelle Kap 3 Rn 1105.
[562] Bei Gewährung von Krankengeld: 3.000 EUR (Ausgangsbemessungsgröße für Krankengeld) * 80 % (Bemessungsfaktor für Beiträge auf Krankengeld) * 19,1 % (RV-Beitragssatz) = 458,40 EUR (Versicherten- und Trägeranteil).

b. Voraussetzungen nach § 119 SGB X

Seit dem 1.1.2001[563] gelten für den Beitragsregress nach § 119 SGB X veränderte Voraussetzungen, wobei das neue Recht Rückwirkung entfalten soll.

aa. Unfalltag

(1) Unfall nach dem 30.6.1983

§ 119 SGB X gilt nur für Schadenereignisse, die sich nach dem 30.6.1983 (Unfalltag) ereigneten, § 120 I 1 SGB X (bis zum 31.12.2000 Art. II § 22 des Gesetzes v. 4.11.1982, BGBl I, 1450).[564] Bei Schadenfällen vor dem Inkrafttreten des § 119 SGB X, also vor dem 1.7.1983, muss der Verletzte selbst noch für seine Absicherung sorgen.

(2) Unfall vor dem 1.7.1983

Abzustellen ist ausschließlich auf den auf den **Tag der Verletzungshandlung** (= Unfalltag); die §§ 116 – 119 SGB X bleiben auch dann unanwendbar, wenn Unfallfolgen (z.B. Kur, Verrentung, Tod) erst später eintreten.[565] Gerade bei Spätfolgen bei in Kindheitstagen verletzten Personen hat dieses Recht noch lange Geltung.

Die §§ 116 – 119 SGB X sind nur auf nach dem 30.6.1983 eingetretene Schadenereignisse anzuwenden. Für frühere Schadenereignisse gilt nach § 120 I 1 SGB X das bis zum 1.7.1983 geltende Recht weiter, damit u.a. das Quotenvorrecht des § 1542 RVO, aber auch § 90 BSHG a.F.

Vor dem Inkrafttreten des § 119 SGB X mit dem 1.7.1983 hatte der Schädiger dem Verletzten selbst die von diesem zu zahlenden Rentenbeiträge entsprechend der Haftung zu ersetzen.[566] Diese sog. **Altfälle** (Schadenereignisse vor dem 1.7.1983) erfasst § 119 SGB X weiterhin nicht.

Der Anspruch setzte voraus, dass die Zahlung freiwilliger Rentenversicherungsbeiträge sozialrechtlich möglich war und sich zudem wegen der damit zu erreichenden Verbesserung der sozialrechtlichen Situation als **wirtschaftlich vernünftig** darstellte.[567] Der Geschädigte musste, auch wenn ihm dieses möglich war, diese Schadensersatzleistung allerdings nicht an den Rentenversicherer weiterleiten.[568]

bb. Pflichtversicherung

Voraussetzung ist nach § 119 SGB X n.F. – wie schon nach § 119 SGB X a.F. – das Bestehen einer Pflichtversicherung in der gesetzlichen Rentenversicherung. Werden oder

---

563 Gesetz zur Einführung des EUR im Sozial- und Arbeitsrecht sowie zur Änderung anderer Vorschriften (4. Euro-Einführungsgesetz) v. 21.12.2000, BGBl I 2000, 1983.
564 BGH v. 29.9.1987 – VI ZR 293/86 – DAR 1988, 23 = DB 1988, 1113 (nur LS) = MDR 1988, 216 = NJW-RR 1988, 149 = r+s 1988, 12 = VersR 1988, 183 = VRS 74, 3 = zfs 1988, 70.
565 BGH v. 13.2.1996 – VI ZR 318/94 – BGHZ 132,39 = MDR 1996, 799 = NJW 1996, 1674 = VersR 1996, 649.
566 BGH v. 12.4.1983 – VI ZR 126/81 – BGHZ 87,181 = DAR 1983, 226 = NJW 1983, 1669 = VersR 1983, 663 = zfs 1983, 268. Siehe ergänzend Kap 3 Rn 1066 f.
567 BGH v. 29.9.1987 – VI ZR 293/86 – DAR 1988, 23 = DB 1988, 1113 (nur LS) = MDR 1988, 216 = NJW-RR 1988, 149 = r+s 1988, 12 = VersR 1988, 183 = VRS 74, 3 = zfs 1988, 70.
568 BSG v. 31.1.2002 – B 13 RJ 23/01 R – Breith 2002, 836 = BSGE 89, 151 = HVBG-Info 2002, 1505 = MittLVA Oberfr 2002, 283 = NZA 2002, 894 = NZS 2002, 661 = SGb 2002, 275.

wurden **freiwillige Beiträge** entrichtet, greift § 119 SGB X ebenso wenig wie in denjenigen Fällen, in denen überhaupt keine Beiträge entrichtet sind.[569]

cc. Zeitpunkt der Rentenversicherungspflichtigkeit

(1) § 119 SGB X a.F.[570]

861
> **§ 119 SGB X a.F. (Fassung bis zum 31.12.2000) – Übergang von Beitragsansprüchen**
>
> (1) ¹Soweit der Schadensersatzanspruch eines Versicherten, der der Versicherungspflicht unterliegt, den Anspruch auf Ersatz von Beiträgen zur Sozialversicherung umfaßt, geht dieser auf den Versicherungsträger über; dies gilt nicht, wenn und soweit der Arbeitgeber das Arbeitsentgelt fortzahlt oder sonstige der Beitragspflicht unterliegende Leistungen erbringt. ²Der Übergang des Anspruchs auf Ersatz von Beiträgen nach § 116 geht dem Übergang nach dieser Vorschrift vor.
>
> (2) ¹Der Versicherungsträger, auf den ein Teil des Anspruchs auf Ersatz von Beiträgen zur Rentenversicherung nach § 116 übergeht, hat den von ihm festgestellten Sachverhalt dem Träger der Rentenversicherung auf einem einheitlichen Meldevordruck zu übermitteln. ²Das Nähere über den Inhalt des Meldevordrucks und das Mitteilungsverfahren haben die Spitzenverbände der Sozialversicherungsträger zu bestimmen.
>
> (3) ¹Die eingegangenen Beiträge oder Beitragsanteile gelten in der Rentenversicherung als Pflichtbeiträge, wenn der Geschädigte im Zeitpunkt des Schadensereignisses pflichtversichert war. ²Durch den Übergang des Anspruchs auf Ersatz von Beiträgen darf der Sozialversicherte nicht schlechter gestellt werden, als er ohne den Schadensersatzanspruch gestanden hätte.

862 Nach dem **bis zum 31.12.2000** geltenden Recht war der Regress nach § 119 SGB X beschränkt auf denjenigen Personenkreis, der

863 ▪ **im Unfallzeitpunkt**[571] sozialversichert war,

864 ▪ und zwar als **pflichtversicherter** Beitragszahler.

865 Pflichtversicherungen zu anderen Zeitpunkten waren bis zum 31.12.2000 ebenso irrelevant wie rückwirkende Versicherungen. Es reichte nicht aus, dass der Verletzte zu einem früheren Zeitpunkt oder nach dem Unfallereignis irgendwann einmal pflichtversichert war. Auch durch eine Nachversicherung (z.B. bei Beamten) wurde der Regress nach § 119 SGB X nicht begründet.[572]

(2) § 119 SGB X n.F.

866 Mit der Neufassung des § 119 SGB X n.F. durch das 4. Euro-Einführungsgesetz[573] kommt diese Vorschrift zur Anwendung, wenn der Verletzte

867 ▪ **im Unfallzeitpunkt** rentenpflichtversichert ist oder

868 ▪ im Unfallzeitpunkt zwar nicht pflichtversichert ist, zu einem **späteren Zeitpunkt** dann erstmalig oder erneut rentenpflichtversichert wird oder

---

569 LG Münster v. 9.5.2005 – 15 O 646/04 – unter Hinweis auf BT-Drucksache 14/4395, S. 61.
570 Siehe im Überblick *Küppersbusch* VersR 1988, 665; *ders.* NZV 1992, 58.
571 LG Mannheim v. 9.8.1990 – 5 O 72/90 – VersR 1991, 899.
572 OLG Karlsruhe v. 6.3.1991 – 1 U 240/90 – NZV 1992, 156.
573 Gesetz zur Einführung des EUR im Sozial- und Arbeitsrecht sowie zur Änderung anderer Vorschriften (4. Euro-Einführungsgesetz) v. 21.12.2000, BGBl I 2000, 1983.

- im Unfallzeitpunkt nicht mehr pflichtversichert ist, aber **irgendwann vor dem Unfallzeitpunkt** bereits **Pflichtbeitragszeiten** in der gesetzlichen Rentenversicherung hatte.

Nach dem vorangegangenen, bis zum 31.12.2000 geltenden, Recht musste der Verletzte exakt (gerade) im Unfallzeitpunkt rentenpflichtversichert sein, eine frühere oder spätere Pflichtversicherung war unbeachtlich. Dieses ist geändert und erweitert: Geschützt sind alle Personen, die **irgendwann** einmal **Pflichtbeiträge** zur gesetzlichen Rentenversicherung gezahlt haben oder zahlen werden. Der Regress nach § 119 SGB X ist auch eröffnet, wenn für den Verletzten zu einem späteren Zeitpunkt Rentenpflichtversicherungsbeiträge abgeführt werden oder der Verletzte früher einmal pflichtversichert war. Dieses ist u.a. der Fall, wenn der Verletzte später in einer Werkstatt für Behinderte untergebracht wird, aber wohl auch, wenn für Kindererziehung Beiträge eingestellt werden. Gerade nicht erforderlich ist, dass ein Pflichtversicherungsverhältnis nach dem Unfall fortbesteht.[574]

Die Zahlung nur von **freiwilligen Beiträgen** zur Rentenversicherung reicht auch nach § 119 SGB X n.F. nicht aus, den Regress nach § 119 SGB X zu eröffnen.[575]

Ein Anspruch nach § 119 SGB X soll nach der gesetzgeberischen Begründung[576] nicht bereits dann bestehen, wenn davon auszugehen ist, dass der Geschädigte, wäre es zum Schadenereignis nicht gekommen, eine versicherungspflichtige Tätigkeit aufgenommen hätte (fiktive Betrachtung). Hier muss der Geschädigte selbst tätig werden. Erst wenn der Geschädigte nach dem Schadenereignis auch tatsächlich pflichtversichert wird, geht insoweit der Anspruch auf den Rentenversicherer über. Es kommt auf den **Buchungstag der Beiträge** und nicht auf den Zeitraum an, für den gebucht wird (z.B. rückwirkende Beitragsleistungen für ausscheidende und nachzuversichernde Beamte); entscheidend ist die tatsächliche Beitragszahlung.[577]

Ein Abfindungsvergleich mit dem Direktgeschädigten kann den Anspruch des Rentenversicherers nach § 119 SGB X ausschließen.[578]

(3) Übersicht

Übersicht 3.17: Forderungswechsel zum Rentenversicherer nach § 119 SGB X

Zeitpunkt der erstmaligen Rentenversicherung	Mitgliedschaft in der Rentenversicherung und Unfallzeitpunkt		
	Pflicht-versicherung	**Freiwillige** Versicherung	keine Mitgliedschaft in der gesetzlichen Rentenversicherung
irgendwann vor dem Unfallzeitpunkt	Forderungsübergang **im Unfallzeitpunkt**	**kein** Forderungsübergang	**kein** Forderungsübergang
im Unfallzeitpunkt			
irgendwann nach dem Unfallzeitpunkt	Forderungsübergang **im Zeitpunkt** der **Begründung** des **Pflicht**versicherungsverhältnisses		

---

574 BGH v. 18.12.2007 – VI ZR 278/06 – BGHReport 2008, 435 = DAR 2008, 200 (nur LS) = FamRZ 2008, 685 = MDR 2008, 383 = NJW 2008, 1961 = NJW-Spezial 2008, 137 = NZV 2008, 392 = r+s 2008, 174 = SP 2008, 141 = VersR 2008, 513 = VRS 114, 223 = zfs 2008, 261.
575 *Geigel-Plagemann* Kap 30 Rn 138.
576 Referentenentwurf, Begründung S. 48.
577 Kap 3 Rn 1016.
578 Dazu Kap 3 Rn 1029 ff.

Mitgliedschaft in der Rentenversicherung und Unfallzeitpunkt			
Zeitpunkt der erstmaligen Rentenversicherung	Pflichtversicherung	Freiwillige Versicherung	keine Mitgliedschaft in der gesetzlichen Rentenversicherung
niemals	Kein Forderungsübergang		

dd. Pflichtversicherter Personenkreis

Pflichtbeitragszeiten sind solche Zeiten,

875 ■ für die nach Bundesrecht Pflichtbeiträge **abgeführt** worden sind oder

876 ■ für die nach besonderen Vorschriften Pflichtbeiträge **als gezahlt gelten** (§ 55 SGB VI).

(1) Pflichtversicherung

877 **Pflichtbeiträge** (§§ 1 ff., 162 SGB VI) werden abgeführt u.a. für:

878 ■ **Arbeiter, Angestellte, Auszubildende** (§§ 1 S. 1 Nrn. 1, 3a SGB VI).

879 ■ Formale Selbstständige können pflichtversichert sein (§ 7 IV SGB IV), wenn es sich um **Scheinselbstständige** handelt. Als Arbeitgeber gilt dann der Weisungsgeber.

880 ■ Bezieher von **Lohnersatzleistungen** (Kranken-, Verletzten-, Versorgungskranken-, Übergangs-, Unterhalts- und Arbeitslosengeld, Arbeitslosenhilfe), § 3 S. 1 Nr. 3 SGB VI.

881 Für Zeiten nach dem 1.1.1992 (RRG 92) sind gemäß § 3 S. 1 Nr. 3 SGB VI auch Personen, an die vorgenannte **Lohnersatzleistungen** gezahlt werden, in diesem Zeitraum rentenversicherungspflichtig, wenn sie im letzten Jahr vor Beginn der Leistung zuletzt versicherungspflichtig waren.

882 ■ **ALG II-Empfänger.**

883 Sofern ALG II nicht nur darlehnsweise gewährt wird (§ 3 S. 1 Nr. 3a lit. a) SGB VI), sind alle erwerbsfähigen Hilfebedürftigen (im Alter zwischen 15 und 65, § 7 I Nr. 1 SGB II) für die Zeit des ALG II-Bezuges auf der Basis des Mindestbeitrages (§ 166 I Nrn. 2a, 2b SGB VI) rentenpflichtversichert (§ 3 S. 1 Nr. 3a SGB VI).

884 ■ **Arbeitnehmerähnliche Selbstständige** (§ 2 Nr. 9 SGB VI).

885 Seit dem 1.1.1999 sind auch arbeitnehmerähnliche Selbstständige rentenpflichtversichert[579] (§ 2 Nr. 9 SGB VI, siehe auch § 7 IV 1 SGB IV), wenn sie im Zusammenhang mit ihrer selbstständigen Tätigkeit[580] keinen versicherungspflichtigen Arbeitnehmer beschäftigen sowie dauerhaft und im Wesentlichen nur für einen Auftraggeber tätig sind.

886 ■ In die Handwerksrolle eingetragene **Handwerker** (§ 2 Nr. 8 SGB VI),
887 es sei denn, sie sind – nach 18-jähriger Pflichtbeitragszahlung – befreit nach § 6 I Nr. 4 SGB VI.

---

[579] Eine Befreiungsmöglichkeit besteht für einen eng begrenzten Personenkreis (vor dem 2.1.1949 geboren oder am 10.12.1998 bereits bestehende anderweitige adäquate Versorgung, § 231 V SGB IV) sowie in der Existenzgründungsphase (§ 6 Ia SGB VI).
[580] Gestrichen wurde rückwirkend (Art. 3 I) zum 1.1.1999 durch das Gesetz zur Förderung der Selbstständigkeit (BGBl I 2000, 2) die beschränkende Ausnahme für Familienangehörige i.S.d. § 7 IV 2 SGB IV.

Zur Höhe der Beitragslast ist anzumerken, dass die Handwerker dem Rentenversicherer regelmäßig ihre Einkommensteuerbescheide hereinzureichen haben. 888

- Selbstständige **Künstler** und Publizisten (u.a. freie Journalisten, § 2 KSVG) (§ 1 KSVG, § 2 Nr. 5 SGB VI), 889
soweit sie nicht den Ausnahmetatbeständen der §§ 3, 4 KSVG unterfallen. 890

- **Wehrpflichtige** und **Zivildienstleistende** (§§ 1 S. 3, 3 S. 1 Nr. 2 und S. 4 SGB VI). 891

- **Behinderte** bei Unterbringung in spezifischen **Werkstätten** bzw. ähnlichen Institutionen (§§ 1 Nr. 2, 3, 162 Nr. 2 SGB VI). 892

- **Pflegepersonen** (§ 3 S. 1 Nr. 1a, 166 II SGB VI, § 44 SGB XI). 893

- Personen in der Zeit, für die ihnen **Kindererziehungszeiten** anzurechnen sind (§§ 3 S. 1 Nr. 1, 56 SGB VI). 894

- Bezieher von **Vorruhestandsbezügen**, wenn sie unmittelbar vor Beginn der Leistung versicherungspflichtig waren (§ 3 S. 1 Nr. 4 SGB VI). 895

(2) Keine Pflichtversicherung

Keine Pflichtbeiträge i.S.d. SGB VI werden abgeführt für: 896

- Bezieher von **Altersrenten** (§§ 5 IV Nr. 1, 162 Nr. 1 SGB VI), auch von vorgezogenen Altersrenten. 897

- **Beamte**, Richter und diesen gleichgestellte öffentlich Bedienstete (§ 5 I SGB VI). 898

- Zeit- und Berufs**soldaten** (§ 5 I Nr. 1 SGB VI).[581] 899

- Mitglieder **berufsständischer Versorgungseinrichtungen** (§§ 5 IV Nr. 2, 6 I 1 – 5 SGB VI). 900

- **Freiberufler**, Selbstständige außerhalb der Grenzen von § 2 Nr. 9 SGB VI, § 7 IV SGB IV, 901

- **Landwirte** und deren Familienangehörige nach den Bestimmungen des Gesetzes über die Alterssicherung der Landwirte (§ 1 I ALG). 902

- **Geringfügig Beschäftigte** (§ 5 II SGB VI, §§ 8, 8a SGB IV), 903
solange sie nicht durch schriftliche Erklärung gegenüber ihrem Arbeitgeber auf die Versicherungsfreiheit verzichteten (§§ 2 S. 2, 5 II 2 SGB VI). 904

- Beschäftigte mit **Minijobs** (630 DM-, 325 EUR-, 400-EUR-Job) (ohne versicherungspflichtige Hauptbeschäftigung) (§ 5 II SGB VI, §§ 8, 8a SGB IV). 905

- **Schüler**, Studenten (§ 5 III SGB VI). 906

- (Nur-)Hausfrauen/-männer. 907

- **Freiwillig** Versicherte (§ 7 SGB VI). 908

(3) Geringfügige Beschäftigung 909

Die zum 1.4.2003 in Kraft getretene Neuregelung ersetzt das frühere 325-Euro-Gesetz. Aus der 630 DM/325 EUR-Beschäftigung wurde der Minijob.[582] Eine geringfügige Be- 910

---

[581] Wehrpflichtige sind pflichtversichert in der Rentenversicherung, § 3 S. 1 Nr. 2 SGB VI.
[582] Im Einzelnen Kap 3 Rn 12 ff.

schäftigung liegt vor, wenn der Arbeitslohn höchstens 400 EUR/Monat beträgt (§ 8 I Nr. 1 SGB V). Mehrere geringfügige Beschäftigungen werden zusammengerechnet: Solange die Summe der Einkommen die Grenze von 400 EUR nicht überschreitet, gelten die Regeln des Minijobs für alle geringfügigen Beschäftigungsverhältnisse.

911

§ 8 SGB IV – Geringfügige Beschäftigung und geringfügige selbstständige Tätigkeit

(1) Eine geringfügige Beschäftigung liegt vor, wenn
1. das Arbeitsentgelt aus dieser Beschäftigung regelmäßig im Monat 400 EUR nicht übersteigt,
2. die Beschäftigung innerhalb eines Kalenderjahres auf längstens zwei Monate oder 50 Arbeitstage nach ihrer Eigenart begrenzt zu sein pflegt oder im voraus vertraglich begrenzt ist, es sei denn, daß die Beschäftigung berufsmäßig ausgeübt wird und ihr Entgelt 400 EUR im Monat übersteigt.

(2) ^{1}Bei der Anwendung des Absatz 1 sind mehrere geringfügige Beschäftigungen nach Nummer 1 oder Nummer 2 sowie geringfügige Beschäftigungen nach Nummer 1 mit Ausnahme einer geringfügigen Beschäftigung nach Nummer 1 und nicht geringfügige Beschäftigungen zusammenzurechnen. ^{2}Eine geringfügige Beschäftigung liegt nicht mehr vor, sobald die Voraussetzungen des Absatz 1 entfallen. Wird bei der Zusammenrechnung nach Satz 1 festgestellt, dass die Voraussetzungen einer geringfügigen Beschäftigung nicht mehr vorliegen, tritt die Versicherungspflicht erst mit dem Tage der Bekanntgabe der Feststellung durch die Einzugsstelle oder einen Träger der Rentenversicherung ein.

(3) ^{1}Die Absätze 1 und 2 gelten entsprechend, soweit anstelle einer Beschäftigung eine selbstständige Tätigkeit ausgeübt wird. ^{2}Dies gilt nicht für das Recht der Arbeitsförderung.

§ 8a SGB IV – Geringfügige Beschäftigung in Privathaushalten

^{1}Werden geringfügige Beschäftigungen ausschließlich in Privathaushalten ausgeübt, gilt § 8. ^{2}Eine geringfügige Beschäftigung im Privathaushalt liegt vor, wenn diese durch einen privaten Haushalt begründet ist und die Tätigkeit sonst gewöhnlich durch Mitglieder des privaten Haushalts erledigt wird.

912

§ 5 SGB VI – Versicherungsfreiheit

(2) ^{1}Versicherungsfrei sind Personen, die
1. eine geringfügige Beschäftigung (§ 8 Absatz 1, § 8a SGB IV),
2. eine geringfügige selbstständige Tätigkeit (§ 8 Absatz 3, § 8a SGB IV) oder
3. eine geringfügige nicht erwerbsmäßige Pflegetätigkeit

ausüben, in dieser Beschäftigung, selbstständigen Tätigkeit oder Pflegetätigkeit; § 8 Absatz 2 SGB IV ist mit der Maßgabe anzuwenden, dass eine Zusammenrechnung mit einer nicht geringfügigen Beschäftigung oder nicht geringfügigen selbstständigen Tätigkeit nur erfolgt, wenn diese versicherungspflichtig ist. ^{2}Satz 1 Nr. 1 gilt nicht für geringfügig Beschäftigte nach § 8 Absatz 1 Nr. 1 und § 8a SGB IV, die durch schriftliche Erklärung gegenüber dem Arbeitgeber auf die Versicherungsfreiheit verzichten; der Verzicht kann nur mit Wirkung für die Zukunft und bei mehreren geringfügigen Beschäftigungen nur einheitlich erklärt werden und ist für die Dauer der Beschäftigungen bindend. ^{3}Satz 1 Nr. 1 und 2 gilt nicht für Personen, die im Rahmen betrieblicher Berufsbildung, nach dem Gesetz zur Förderung eines freiwilligen sozialen Jahres, nach dem Gesetz zur Förderung eines freiwilligen ökologischen Jahres oder nach § 1 Satz 1 Nr. 2 bis 4 beschäftigt sind oder von der Möglichkeit einer stufenweisen Wiederaufnahme einer nicht geringfügigen Tätigkeit (§ 74 SGB V) Gebrauch machen. ^{4}Eine nicht erwerbsmäßige Pflegetätigkeit ist geringfügig, wenn die Beitragsbemessungsgrundlage für die Pflegetätigkeit (§ 166 Absatz 2) auf den Monat bezogen 400 EUR nicht übersteigt; mehrere nicht erwerbsmäßige Pflegetätigkeiten sind zusammenzurechnen.

Rentenversicherer vertreten den Standpunkt, dass der Fortfall einer geringfügigen Beschäftigung zum Regress nach § 119 SGB X berechtigt. Bei Richtigkeit dieser Auffassung folgt daraus, dass auch die Möglichkeit künftiger Beschäftigung im 400 Euro-Bereich den Regress nach § 119 SGB X dann mindert. Das gilt auch dann, wenn eine solche Beschäftigung dem Geschädigten zumutbar wäre, er sie aber nicht annimmt.

913

M.E. werden aber auch nach der Änderung des Sozialrechts (Mini-Jobs) keine zu einem Regress nach § 119 SGB X berechtigende Pflichtbeiträge für Beschäftigte mit Minijobs ohne versicherungspflichtige Hauptbeschäftigung abgeführt.

914

(a) Pflichtversicherter Personenkreis

(aa) Versicherungsfreiheit

Geringfügig Beschäftigte sind im Grundsatz versicherungs- und beitragsfrei (also nicht versicherungspflichtig, §§ 5 II S. 1 Nr. 1 SGB VI, 8, 8a SGB IV), solange sie nicht durch schriftliche Erklärung gegenüber ihrem Arbeitgeber auf die Versicherungsfreiheit verzichteten (§§ 2 S. 2, 5 II 2 SGB VI).

915

Maßgebendes Motiv für die Versicherungsfreiheit von geringfügigen Beschäftigungen war seit jeher die Vermeidung von Kleinstrentenansprüchen bzw. die Tatsache, dass derartige Tätigkeiten für die Alterssicherung ohne wesentliche Bedeutung sind.[583]

916

Mit Wirkung zum 1.4.1999 wurden die Regelungen zur versicherungsrechtlichen Beurteilung von geringfügig Beschäftigten grundlegend geändert, um u.a. ein Ausweiten dieser Beschäftigungsverhältnisse zu verhindern und die Finanzgrundlagen der beitragsfinanzierten Sozialversicherung zu sichern (**Finanzierungsaspekt**).

917

(bb) Nur 400-EUR-Jobs

§ 119 SGB X knüpft den Forderungswechsel daran an, dass „der Geschädigte im Zeitpunkt des Schadenereignisses bereits Pflichtbeitragszeiten nachweist oder danach pflichtversichert wird". Für Personen, die noch keine Pflichtversicherungsbeiträge auf dem Rentenkonto aufweisen, kann ein Beitragsregress bereits dem Grunde nach nicht verfolgt werden. Für solche verletzte Personen, die zuvor nur 400-EUR-Jobs hatten, entfällt jegliche Regressmöglichkeit, da auf dem Rentenbeitragskonto noch keine Pflichtversicherungsbeiträge vorhanden sind.

918

Es stellt aber einen **Systembruch** dar, wenn bei gleicher Grundkonstellation (Betrachtung eines 400-EUR-Jobs) der fremde (und sogar zufällige) Umstand des Fehlens von Pflichtversicherungsbeiträgen den Regress wegen weiterer, entgehender 400-EUR-Jobs bereits dem Grunde nach bestimmt.

919

(b) Kein Pflichtversicherungsbeitrag

§ 119 SGB X setzt den Entgang von Pflichtversicherungsbeiträgen voraus, die pflichtversicherten Personen sind aber nur in §§ 1 – 4 SGB VI („Versicherungspflichtig sind ...") aufgeführt, während § 5 SGB VI demgegenüber von den „versicherungsfreien" Personen handelt. Auch nach Anhebung der Grenze für geringfügige Beschäftigungen auf 400 EUR sieht das Gesetz **Pauschalabgaben** des Arbeitgebers wie zuvor beim 325-EUR-Job vor, ohne die weiteren rechtlichen Rahmenbedingungen zu verändern. Solange neben dem 400-EUR-Job keine versicherungspflichtige Tätigkeit ausgeübt wird oder aber mehrere geringfügige Beschäftigungen nebeneinander die Versicherungspflicht begründen, entfällt

920

---

583 Kommentierung der Rentenversicherer „SGB IV", § 8 Ziff. 1 (S. 78).

mangels Pflichtbeitragspflicht des Verletzten ein Regress nach § 119 SGB X wie schon zuvor bei den 325-EUR-Jobs.

(aa) Arbeitnehmer

921 Wird neben einer **sozialversicherungspflichtigen Hauptbeschäftigung** eine geringfügige Beschäftigung im Nebenberuf ausgeübt, bleibt das Einkommen aus einem Minijob für Zeiträume ab 1.4.2003 für den Arbeitnehmer jetzt grundsätzlich steuer- und sozialversicherungsfrei.

922 Ist die **Hauptbeschäftigung nicht sozialversicherungspflichtig** (z.B. Beamte, Selbstständige), werden Haupt- und Nebenerwerb nicht zusammengerechnet. Hat ein Beamter mehrere Nebenbeschäftigungen, werden auch nur diese zusammengerechnet: Wird die 400 EUR-Grenze überschritten, sind alle Nebenjobs in der Arbeitslosen- und Rentenversicherung beitragspflichtig; in der Kranken- und Pflegeversicherung bleibt die Beitragfreiheit bestehen (§ 6 III SGB V).

923 Werden **mehrere** Minijobs verrichtet, wird nur ein einziger Nebenjob – nach Auffassung der Sozialversicherungsträger der älteste – als 400-EUR-Job behandelt und bleibt damit sozialversicherungsfrei. Die anderen Nebenjobs werden mit dem Hauptberuf zusammengerechnet und unterliegen der normalen Beitragspflicht zur Kranken-, Pflege- und Rentenversicherung. Beiträge zur Arbeitslosenversicherung werden allerdings nicht nach dem kumulierten Wert erhoben (§ 27 II SGB III).

(bb) Aufstockung durch Arbeitnehmer

924 Geringfügig Beschäftigte (Ausnahme Rentner und Pensionäre, § 76b IV SGB VI) haben die Möglichkeit, den **Rentenversicherungsbeitrag** des Arbeitgebers in Höhe von 12 % (ab 1.7.2006 15 %) (bei Haushalts-Jobs: von 5 %) auf den regulären vollen Satz von 19,5 % mit eigenen **freiwilligen**[584] **Beiträge** aufzustocken. Soll von der Aufstockung Gebrauch gemacht werden, ist dem Arbeitgeber eine entsprechende Erklärung (§ 5 II 2 SGB VI) hereinzureichen, die für die Dauer der Beschäftigung verbindlich ist und bei mehreren geringfügigen Tätigkeiten alle zeitlich parallelen geringfügigen Beschäftigungen erfasst.

925 Diese Aufstockung muss der Arbeitnehmer selbst tragen, der Arbeitgeber ist daran nicht beteiligt. Die Aufstockung wirkt sich nicht nur auf die spätere Rentenhöhe aus (Faustregel: 1 Jahr 400-EUR-Job = 4,25 EUR Rentenanspruch pro Monat). Durch die freiwillige Aufstockung entstehen Beiträge, die das volle Leistungsspektrum der gesetzlichen Rentenversicherung (insb. Reha-Maßnahmen, Anspruch auf Erwerbsminderungsrente, vorgezogene Altersrente) eröffnen,[585] da eventuell fehlende **Wartezeiten** nunmehr erfüllt werden können.

(cc) Arbeitgeber

926 Der Arbeitgeber entrichtet bei geringfügigen Beschäftigungen eine **Pauschalabgabe**,[586] der auch einen Anteil für die Rentenversicherung enthält (§ 172 III 1 SGB VI, bis 30.6.2006 12 %, ab 1.7.2006 15 %. § 172 IIIa SGB VI bei geringfügiger Beschäftigung in

---

584 § 119 SGB X greift wegen der Freiwilligkeit der Beitragsentrichtung nicht.
585 *Preis-Rolfs* „Der Arbeitsvertrag", II B 20 Rn 44 (S. 733).
586 Dazu Kap 3 Rn 38 ff.

Privathaushalten 5 %).[587] Der Pauschalbetrag (SV-Beitrag und Steuer) wird insgesamt an die Bundesknappschaft als **zentrale Einzugsstelle** gezahlt. Der Arbeitgeber darf den Pauschalbeitrag nicht auf den Beschäftigten abwälzen (§ 32 SGB I).

Durch diese Arbeitgeberzahlung erwirbt der Arbeitnehmer – die Rentenanwartschaft allerdings nur geringfügig steigernde – Zuschläge zu den Entgeltpunkten (§ 52 SGB VI); Ansprüche auf eine Rente wegen verminderter Erwerbsfähigkeit werden durch den Pauschalbeitrag ebenso wenig begründet wie solche auf Reha-Leistungen.[588] 927

Für geringfügig in Haushalten Beschäftigte (z.B. **Putzfrau**) bestehen Unterschiede nur für den Arbeitgeber, nicht aber für den Arbeitnehmer: Wird die geringfügige Beschäftigung in Privathaushalten (§ 8a SGB IV) ausgeübt, zahlt der Arbeitgeber nur eine Pauschalabgabe von 12 % (2 % Pauschalsteuer, jeweils 5 % für Kranken- und Rentenversicherung). 928

Auch für Beschäftigte, die nicht (z.B. **Beamte**) oder nicht mehr (z.B. Rentner, Pensionäre) der gesetzlichen Rentenversicherung angehören, ist der Beitrag (12 %, ab 1.7.2006 15 %) vom Arbeitgeber abzuführen.[589] Der Pauschalbeitrag führt zu eigenen Ansprüchen auf Altersrente, allerdings nur in recht geringem Maße.[590] **Rentner** und Pensionäre erwerben durch den Rentenbeitrag allerdings keine Rentenansprüche mehr. 929

Allein der Umstand, dass der Arbeitgeber verpflichtet ist, bei geringfügig Beschäftigten einen – auch für die Rentenversicherung bestimmten – Pauschalbetrag zusätzlich abzuführen, bedeutet nicht zugleich, dass sich der auf die Rentenversicherung entfallende Anteil auch rentenversicherungsrechtlich automatisch zum Pflichtbeitrag wandelt. Die Terminologie des Gesetzgebers ist nun einmal eine andere. Die gesetzliche Regelung unterscheidet sehr wohl zwischen den Beiträgen bei geringfügiger Beschäftigung einerseits und Pflichtversicherungsbeiträgen andererseits. Es kommt nicht darauf an, ob der Arbeitgeber verpflichtet ist, RV-Beiträge zu zahlen, sondern – wie sich nicht zuletzt aus § 119 III SGB X ergibt -, ob es sich um Pflichtversicherungsbeiträge des Verletzten handelt. 930

(dd) Finanzierung

Der Zahlungsverpflichtung des Arbeitgebers liegt vor allem ein Finanzierungs- und Regulierungsgedanke zugrunde. 931

Auch für Beschäftigte, die nicht (z.B. Beamte) oder nicht mehr (z.B. Rentner, Pensionäre) der gesetzlichen Rentenversicherung angehören, ist der Beitrag (bis 30.6.2006 12 %, ab 1.7.2006 15 %) vom Arbeitgeber abzuführen.[591] Der Pauschalbeitrag führt zu eigenen Ansprüchen auf Altersrente, allerdings nur in recht geringem Maße.[592] Rentner und Pensionäre erwerben durch den Rentenbeitrag allerdings keine Rentenansprüche mehr. 932

---

587 Durch das Haushaltsbegleitgesetz v. 29.6.2006 (BGBl I 2006, 1402) ist der vom Arbeitgeber allein zu tragende Pauschalsatz um 3 % angehoben worden. Diese Erhöhung betrifft den Anteil der Rentenversicherung an diesem Pauschalsatz. Die Erhöhung des RV-Anteils von 12 % auf 15 % (§ 172 III SGB VI) gilt nicht für geringfügige Beschäftigungen in Privathaushalten.
588 *Boecken* „Die Neuregelung der geringfügigen Beschäftigungsverhältnisse" NZA 1999, 393(398); *Preis-Rolfs* „Der Arbeitsvertrag", II B 20 Rn 27 (S. 728).
589 Kommentierung der Rentenversicherer „SGB VI", § 172 Ziff. 2 (S. 684).
590 Wer über 12 Monate eine Beschäftigung mit einem Verdienst von 400 EUR/Monat ausübt, erwirbt einen Rentenanspruch von 2,61 EUR/Monat (Rentenwert alte Bundesländer, 1. Halbjahr 2003). Es werden 3,2 Monate für die Wartezeit auf Altersrente berücksichtigt.
591 Kommentierung der Rentenversicherer „SGB VI", § 172 Ziff. 2 (S. 684).
592 Wer über 12 Monate eine Beschäftigung mit einem Verdienst von 400 EUR/Monat ausübt, erwirbt einen Rentenanspruch von 2,61 EUR/Monat (Rentenwert alte Bundesländer, 1. Halbjahr 2003). Es werden 3,2 Monate für die Wartezeit auf Altersrente berücksichtigt.

3 Erwerbstätige Personen

933 Insbesondere der Umstand, dass Rentner keine Leistungsaufstockung erfahren, zeigt, dass es sich nicht um echte Rentenversicherungsbeiträge handelt, sondern um eine Finanzierung der Sozialversicherung durch einen Pauschalbetrag, der nur eine interne Aufsplittung auf Sozialversicherungsbereiche erfährt.

934 Die Einführung der alleinigen Beitragspflicht des Arbeitgebers sollte nach der gesetzgeberischen Intention vor allem dazu führen, dass für den Arbeitgeber die geringfügige Beschäftigung unwirtschaftlich werden zulassen; eine Verbesserung der Situation der Arbeitnehmer war allenfalls als „Begleitmusik" anzusehen, was auch durch die mindere Wertigkeit dieser Beiträge auf Arbeitnehmerseite zum Ausdruck kommt.

935 Im Gesetzentwurf auf Drucksache 14/280 ist eine Neuregelung der geringfügigen Beschäftigungsverhältnisse vorgesehen, deren Ziel es u.a. ist, der Erosion der Finanzgrundlagen der beitragsfinanzierten Sozialversicherung entgegenzuwirken. Mittelfristig soll die Ausweitung dieser Beschäftigungsverhältnisse eingedämmt werden, Ausweichreaktionen in den Bereich der Schwarzarbeit oder ein weiteres Aufsplitten der Arbeitsverhältnisse sollen verhindert werden. Außerdem sollen die Kontrollmöglichkeiten verbessert werden. Zu den vorgesehenen Einzelmaßnahmen zählt u.a. die Festschreibung der Geringfügigkeitsgrenze bei 630 DM. Die Arbeitgeber haben für die geringfügigen Beschäftigungsverhältnisse Pauschalbeiträge von 10 % an die Kranken- und 12 % an die Rentenversicherung zu entrichten, aus denen keine zusätzlichen Ansprüche entstehen. Für die Arbeitnehmer ist die Option vorgesehen, mit ergänzenden eigenen Beitragszahlungen Leistungsansprüche in der gesetzlichen Rentenversicherung zu erwerben.[593]

(ee) Unwirtschaftlichkeit

936 Es gibt rechtliche Konstellationen, in denen der Beitrag „im Sande verläuft", dh zu keinen Rentenansprüchen (z.B. Beamte) oder zu keinen Rentenaufstockungen/Rentenerhöhungen (z.B. Rentner, fehlende Erfüllung der allgemeinen Wartezeit) führt. § 119 SGB X dient nicht der finanziellen Entlastung der Rentenversicherung sondern hat das Ziel, die soziale Sicherung des Versicherten nach Eintritt eines Schadensfalles zu verbessern.[594]

(4) Pflegepersonen

937 Pflegepersonen unterliegen nach Maßgabe der §§ 3 S. 1 Nr. 1a, 166 II SGB VI, § 44 SGB XI der Versicherungspflicht.

938 Soweit Rentenversicherungsbeiträge von der Pflegekasse hätten abgeführt werden müssen (§ 44 SGB XI), besteht ein Regressanspruch nach § 119 SGB X. Die **zeitliche Grenze** wird bestimmt zum einen durch die Leistungsfähigkeit der pflegenden Person, zum anderen durch Umstände in der Person der gepflegten Person (Tod, stationäre Unterbringung).

939 Da es sich um Pflichtbeiträge handelt, erfüllt die Pflegeperson die rentenrechtlichen Voraussetzungen (Vorversicherungszeit) für **eigene Ansprüche** u.a. auf Erminderungsrenten.

940 *Beispiel 3.10:*
Martha Huber ist seit vielen Jahren als Hausfrau tätig. Vor langer Zeit hatte sie eine Ausbildung abgeschlossen, war jedoch nach der Geburt eines Kindes nicht mehr rentenpflichtversichert tätig. Im fortgeschrittenen Alter pflegt sie ihren Ehemann seit etlichen Jahren. Frau Huber wird bei einem Unfall verletzt.

---

593 Bericht des Ausschusses für Arbeit und Sozialordnung (11. Ausschuss) v. 1. 3. 1999, BT-Drucksache 14/441.
594 BSG v. 31.1.2002 – B 13 RJ 23/01 R – Breith 2002, 836 = BSGE 89, 151 = HVBG-Info 2002, 1505 = MittLVA Oberfr 2002, 283 = NZA 2002, 894 = NZS 2002, 661 = SGb 2002, 275.

Ergebnis:
Frau Huber kann wegen ihrer Tätigkeit als Pflegeperson (SGB XI) und dabei angefallenen RV-Pflichtversicherungsbeiträge die Vorversicherungszeit für einen Anspruch auf Erwerbsminderungsrente erfüllt haben, auch wenn sie keiner beruflichen Tätigkeit nachgegangen ist und sich als „Hausfrau" in der Schadenregulierung bezeichnet.

Die von der Rentenversicherung gewährte Erwerbsminderungsrente ist zum Haushaltsführungsschaden kongruent und anspruchsmindernd bei ihrem Anspruch zu berücksichtigen.

(5) Nachversicherung

> **§ 8 SGB VI – Nachversicherung, Versorgungsausgleich und Rentensplitting**
>
> (1) ¹Versichert sind auch Personen,
>   1. die nachversichert sind oder
>   2. für die aufgrund eines Versorgungsausgleichs oder eines Rentensplittings Rentenanwartschaften übertragen oder begründet sind.
>
> ²Nachversicherte stehen den Personen gleich, die versicherungspflichtig sind.
>
> (2) ¹Nachversichert werden Personen, die als
>   1. Beamte oder Richter auf Lebenszeit, auf Zeit oder auf Probe, Berufssoldaten und Soldaten auf Zeit sowie Beamte auf Widerruf im Vorbereitungsdienst,
>   2. sonstige Beschäftigte von Körperschaften, Anstalten oder Stiftungen des öffentlichen Rechts, deren Verbänden einschließlich der Spitzenverbände oder ihrer Arbeitsgemeinschaften,
>   3. satzungsmäßige Mitglieder geistlicher Genossenschaften, Diakonissen oder Angehörige ähnlicher Gemeinschaften oder
>   4. Lehrer oder Erzieher an nicht-öffentlichen Schulen oder Anstalten
>
> versicherungsfrei waren oder von der Versicherungspflicht befreit worden sind, wenn sie ohne Anspruch oder Anwartschaft auf Versorgung aus der Beschäftigung ausgeschieden sind oder ihren Anspruch auf Versorgung verloren haben und Gründe für einen Aufschub der Beitragszahlung (§ 184 Absatz 2) nicht gegeben sind. ²Die Nachversicherung erstreckt sich auf den Zeitraum, in dem die Versicherungsfreiheit oder die Befreiung von der Versicherungspflicht vorgelegen hat (Nachversicherungszeitraum). ³Bei einem Ausscheiden durch Tod erfolgt eine Nachversicherung nur, wenn ein Anspruch auf Hinterbliebenenrente geltend gemacht werden kann.

941

Für nachzuversichernde Personen (§ 8 SGB VI) gelten die gezahlten Beiträge als rechtzeitig gezahlte Pflichtbeiträge (§ 8 I 2 SGB VI, § 185 II SGB VI). Nachversicherte stehen den Personen gleich, die versicherungspflichtig sind. Nachversichert werden u.a.:

942

- gemäß §§ 8 II Nr. 1, 181 SGB VI aus dem Beamtenverhältnis **ausscheidende Beamte** bzw. Richter auf Lebenszeit, Berufssoldaten, Zeitsoldaten sowie Beamte auf Widerruf im Vorbereitungsdienst,

943

- wenn sie ohne Anspruch oder Anwartschaft auf Versorgung aus der Beschäftigung ausgeschieden sind (u.a. Referendare, soweit sie nicht als Angestellte beschäftigt wurden) oder

944

- ihren Anspruch auf Versorgung verloren haben und Gründe für einen Aufschub der Beitragszahlung (§ 184 II SGB VI) nicht gegeben sind.

945

- Personen, für die aufgrund eines Versorgungsausgleiches (§ 187 SGB VI) – in Zusammenhang mit einer **Ehescheidung** (§§ 1587 I 1, 1587a II Nr. 2 BGB) – Rentenanwartschaften übertragen oder begründet sind, § 8 I Nr. 2 SGB VI.

946

947 Für geschiedene Ehepartner von pflichtversicherten Personen werden also Pflichtbeiträge beim Rentenversicherer eingestellt, ohne dass dieser Ehepartner irgendwann einmal eigene Pflichtversicherungsbeiträge abführt oder abgeführt hat.

c. Leistungsumfang

aa. Entgangene Beiträge

948 Der Umstand, dass die Forderung dem Rentenversicherer nach § 119 SGB X grundsätzlich zugewiesen ist, bedeutet nicht auch zugleich, dass ein Anspruch auch der Höhe nach bestehen muss. Zu ersetzen ist der Ausfall derjenigen Rentenversicherungsbeiträge (Arbeitnehmer- und Arbeitgeberanteil), die ohne den Unfall ansonsten für den Verletzten geleistet worden wären:

949 ■ Es werden Arbeitnehmer- und Arbeitgeberbeiträge nach dem hypothetischen, vom Rentenversicherer nachzuweisenden **rentenversicherungsrechtlich relevanten Bruttoeinkommen**[595] des Verletzten – maximal bis zur jeweiligen Beitragsbemessungsgrenze – während der Zeit der Arbeitsunfähigkeit und der nachfolgenden unfallkausalen Beitragsminderung und Beitragslosigkeit eingefordert.

950 Zu beachten ist, dass nicht jedes steuerpflichtige Einkommen eines Verletzten auch sozialversicherungsrechtlich relevant ist und umgekehrt (z.B. steuerbegünstigte Feiertagsarbeit).

951 ■ Fehlende Beiträge sind abzuführen für den **Zeitraum**, in dem eine **rentenversicherungspflichtige Tätigkeit** vom Geschädigten ausgeübt worden wäre.

952 ■ Hätte der Verletzte nicht versicherungspflichtig gearbeitet, fehlen auch keine nach § 119 SGB X einzufordernden Beiträge auf dem Rentenversicherungskonto.[596]

953 ■ Zu ersetzen sind ausschließlich der **deutschen** Rentenversicherung entgangene Beiträge. Soweit eine Rentenversicherung im Ausland erfolgt wäre, ist ein Regress nach § 119 SGB X nicht eröffnet.[597]

954 Die Rentenversicherer holen regelmäßig **Bescheinigungen** beim früheren Arbeitgeber ein, um das hypothetische sozialversicherungspflichtige Bruttoeinkommen, z.B. anhand eines vergleichbaren Arbeitskollegen, festzustellen.

955 Da der Rentenversicherer diejenigen Beiträge erhält, die auch ohne das Unfallgeschehen auf das Rentenbeitragskonto geflossen wären, entsteht dem Verletzten kein unfallkausaler Schaden mehr.[598]

---

[595] BGH v. 18.12.2007 – VI ZR 278/06 – BGHReport 2008, 435 = DAR 2008, 200 (nur LS) = FamRZ 2008, 685 = MDR 2008, 383 = NJW 2008, 1961 = NJW-Spezial 2008, 137 = NZV 2008, 392 = r+s 2008, 174 = SP 2008, 141 = VersR 2008, 513 = VRS 114, 223 = zfs 2008, 261 (Die Beiträge zur gesetzlichen Rentenversicherung gehören zum Einkommen des pflichtversicherten Arbeitnehmers; der Schädiger hat deshalb während der von ihm zu vertretenden Arbeitsunfähigkeit für Beiträge aufzukommen, wenn und soweit sie in dieser Zeit fortzuentrichten sind); OLG Hamm v. 21.2.2001 – 13 U 208/00 – HVBG-Info 2002, 1273 = r+s 2001, 507 = SGb 2002, 561 (nur LS) = SP 2001, 410 = VersR 2002, 732 = zfs 2001, 406.

[596] Siehe BGH v. 10.7.2007 – VI ZR 192/06 – BGHReport 2007, 1123 = BGHZ 173,169 = DAR 2007, 639 (nur LS) = MDR 2007, 1370 (nur LS) = r+s 2007, 478 = SP 2007, 353 (nur LS) = VersR 2007, 1536 = VRS 113,267 = zfs 2007, 681 (Anm. *Diehl*); BGH v. 8.11.1983 – VI ZR 214/82 – VersR 1984, 237; BGH v. 1.4.1980 – VI ZR 36/79 – VersR 1981, 427.

[597] Kap 3 Rn 1060 ff.

bb. Beitragsbemessungsgrenze

Die obere Grenze des Regresses ist immer die Beitragsbemessungsgrenze.[599]

956

cc. Zeitraum

Fehlende Beiträge fordert der Rentenversicherungsträger für den Zeitraum, in dem eine rentenversicherungspflichtige Tätigkeit vom Geschädigten ausgeübt worden wäre. Das Forderungsrecht gilt auch für **Teilmonate**.[600]

957

Bei **dauerhafter** Erwerbsunfähigkeit sind die Beiträge bis zum hypothetischen Eintritt in das Rentenleben zu ersetzen, wenn und soweit eine rentenversicherungspflichtige Tätigkeit bis dorthin angedauert hätte.

958

Der Zeitraum wird nach oben begrenzt durch das fiktive Erreichen der **Altersrente**, aber auch durch unfallfremde Erwerbsunfähigkeit oder sonstiges Ausscheiden aus der Rentenversicherungspflicht.

959

Ebenso endet die Rentenversicherungspflicht bei unfallunabhängiger **fiktiver Verbeamtung** oder fiktiver Aufnahme einer **selbstständigen** (und damit allenfalls freiwillig versicherbaren) Tätigkeit. Gleiches gilt für versicherungsfreie oder befreite (z.B. zugunsten einer berufsständischen Versorgung) Tätigkeit. Wäre der Geschädigte z.B. in ein Beamtenverhältnis übernommen worden oder wird nach einer Vereinbarung mit dem Geschädigten der Direktanspruch angelehnt an beamtenrechtliche Versorgung abgewickelt, endet mit diesem Zeitpunkt die Forderungsberechtigung mangels Schaden.[601]

960

dd. Wechsel des Verletzten in anderes Sicherungssystem, anderweitige Absicherung

Der BGH[602] schließt den Regress nach § 119 SGB X nicht aus, wenn der Verletzte nach dem Unfall in ein anderes Sicherungssystem (z.B. Beamtenpension, berufsständische Versorgung) wechselt. Es ist im Ausgangspunkt der **hypothetische pflichtversicherte Weg** des (fiktiv zu betrachtenden) Arbeitslebens zu prüfen und dem Anspruch des Rentenversicherers zugrunde zu legen, um anschließend dann die Kürzung wegen Vorteilsausgleichs vorzunehmen.

961

---

598 LSG Nordrhein-Westfalen v. 28.3.2001 – L 8 RJ 143/00 – (Vorinstanz zu BSG v. 31.1.2002 – B 13 RJ 23/01 R – Breith 2002, 836 = BSGE 89, 151 = HVBG-Info 2002, 1505 = MittLVA Oberfr 2002, 283 = NZA 2002, 894 = NZS 2002, 661 = SGb 2002, 275).
599 Siehe ergänzend *Küppersbusch* Rn 779.
600 BGH v. 17.3.1987 – VI ZR 297/85 – MDR 1987, 750 = r+s 1987, 237 = VersR 1987, 598 = zfs 1987, 238 (nur LS); BGH v. 15.4.1986 – VI ZR 146/85 – BGHZ 97,330 = MDR 1986, 745 = NJW 1986, 2247 = r+s 1986, 209 (nur LS) = VersR 1986, 592 = 1986, 204 (nur LS).
601 Andersfalls kommt es zu einer Bereicherung des Verletzten.
602 BGH v. 18.12.2007 – VI ZR 278/06 – BGHReport 2008, 435 = DAR 2008, 200 (nur LS) = FamRZ 2008, 685 = MDR 2008, 383 = NJW 2008, 1961 = NJW-Spezial 2008, 137 = NZV 2008, 392 = r+s 2008, 174 = SP 2008, 141 = VersR 2008, 513 = VRS 114, 223 = zfs 2008, 261 (Bei Verbeamtung nach dem Unfall orientiert sich der Vorteilsausgleich an den beim Ausscheiden aus dem Beamtenverhältnis – § 8 II SGB VI – nachzuentrichtenden Versicherungsbeiträgen. Die Vorteilsanrechnung, die bereits den Regress nach § 119 SGB X kürzt, ist letztlich im Wege sekundärer Darlegungslast vom Rentenversicherer vorzunehmen.) (Vorinstanz OLG Stuttgart v. 7.9.2006 – 13 U 49/06 – OLGR 2006, 924 = r+s 2007, 127 hatte den Regress nach § 119 SGB X noch abgelehnt bei unfallkausaler Aufnahme in ein Beamtenverhältnis).

3 Erwerbstätige Personen

962 Nimmt der Geschädigte nach dem Unfall eine nicht-rentenpflichtversicherte Tätigkeit auf, sind die hierdurch gewonnenen künftigen Absicherungen im Wege des **Vorteilsausgleichs** zu verrechnen:

963 ■ Bei Verbeamtung nach dem Unfall orientiert sich der Vorteilsausgleich an den beim Ausscheiden aus dem Beamtenverhältnis (§ 8 II SGB VI) nachzuentrichtenden Versicherungsbeiträgen. Die Vorteilsanrechnung, die den Regress nach § 119 SGB X kürzt, ist letztlich im Wege sekundärer Darlegungslast vom Rentenversicherer vorzunehmen.[603]

964 ■ Entsprechend lässt sich zur Vermeidung einer doppelten Entschädigung des Verletzten der Vorteilsausgleich bestimmen, wenn der Verletzte (z.B. als versicherungsfreier Selbstständiger oder Freiberufler) eine gleichwertige Absicherung in einer berufsständischen Versorgung oder durch eine Lebensversicherung erwirbt.

965 ■ Wenn der Verletzte nach dem Unfall selbstständig wird, ist der Vorteilsausgleich recht problematisch (z.B. Berücksichtigung des – späteren – Wertes der aufgebauten Firma oder pekuniärer Rücklagen?). Es muss bei späterer Selbstständigkeit zudem der Frage nachgegangen werden, ob der Verletzte nicht auch ohne den Unfall der Beitragspflicht in der gesetzlichen Rentenversicherung entgangen wäre.

966 Bei der Abrechnung des Verdienstausfalles mit dem Verletzten ist zu bedenken, dass dieser durch den Beitragsregress Ansprüche auf Erwerbsminderungsrente (die **Vorversicherungszeiten** bleiben erfüllt)[604] haben kann, jedenfalls aber einen Anspruch auf Altersrente erwirbt. Sofern Vorsorgeaufwendungen vom Verletzten ersetzt verlangt werden, ist die Wechselwirkung mit dem Beitragsregress nach § 119 SGB X zu beachten.

ee. Unfallfeste Position

967 Trotz unfallfester Position (vgl. § 62 SGB VI) können für Zeiträume ab dem 1.1.1992 (nicht jedoch für davor liegende Zeiten, RRG 1992) Beiträge gefordert werden.[605]

ff. Anderweitige Drittleistungen

968 Soweit bereits Drittleistungsträger aufgrund eigener vertraglicher (z.B. Arbeitgeber aufgrund arbeits- oder tarifvertraglicher Regelung, siehe § 119 I 1, 2. Halbs. SGB X) oder gesetzlicher (z.B. §§ 166, 179 SGB VI) Verpflichtung Pflichtbeiträge entrichten, werden vom Rentenversicherer mangels Schaden für diesen Zeitraum keine Beträge eingefordert (Ausnahme: Spitzbeträge bei Teilleistung der Drittleistungsträger, z.B. Krankengeldzahlung).

969 Aufgrund der Ergänzung des § 116 SGB X steht den Lohnersatzleistungsträgern für Zeiten ab dem 1.1.1992 ein eigenständiger Beitragserstattungsanspruch zu. Daneben tritt der Anspruch des Rentenversicherungsträgers nach § 119 SGB X in Höhe des über die Lohnersatzleistung hinausgehenden Beitragausfallschadens.

---

603 BGH v. 18.12.2007 – VI ZR 278/06 – BGHReport 2008, 435 = DAR 2008, 200 (nur LS) = FamRZ 2008, 685 = MDR 2008, 383 = NJW 2008, 1961 = NJW-Spezial 2008, 137 = NZV 2008, 392 = r+s 2008, 174 = SP 2008, 141 = VersR 2008, 513 = VRS 114, 223 = zfs 2008, 261.
604 Siehe Kap 3 Rn 1052 f.
605 BGH v. 10.12.1991 – VI ZR 29/91 – MDR 1992, 269 = NJW 1992, 509 = r+s 1992, 127 (nur LS) = VersR 1992, 367 = zfs 1992, 80.

gg. Arbeitslosenhilfe, ALG II, Sozialhilfe

(1) Bemessungsgröße

Auch für Arbeitslosenhilfeempfänger werden seit dem RRG 1992 begründende Pflichtbeiträge zur Rentenversicherung abgeführt. Die Beitragshöhe orientierte sich **bis zum 31.12.1999** an 80 % des der Lohnersatzleistung zugrundeliegenden Arbeitsentgeltes. Mit Wirkung ab 1.1.2000 galt als beitragspflichtige Einnahme in der Rentenversicherung nur noch die tatsächlich gezahlte Arbeitslosenhilfe (§ 166 I Nr. 2a SGB VI).

Ab 1.1.2005 gelten die Neuregelungen des SGB II, wonach erwerbsfähige Hilfebedürftige in der gesetzlichen Rentenversicherung auf der Basis des Mindestbeitrages (§ 166 I Nrn. 2a und 2b SGB VI) pflichtversichert (§ 3 S. 1 Nr. 3a SGB VI, Ausnahmen siehe § 3 S. 1 Nr. 3a 2. Halbs. SGB VI) sind, solange die ALG II-Leistung nicht darlehnsweise erfolgt.[606]

(2) Zukunft

Für die Kapitalisierung ist zu beachten, dass die Gewährung von Arbeitslosenhilfe ähnlich der Sozialhilfe (ab 1.1.2005 gelten die entsprechenden Regeln des SGB II und SGB XII) auch von eigenem Vermögen (zu bedenken sind auch mögliche künftige Erbschaften) und familiären Umständen abhängt. Der Anspruch nach §§ 116, 119 SGB X wird damit auch durch Veränderungen im Einkommen des Ehegatten, aber auch (!) des außerehelichen Lebenspartners (das Sozialrecht hat hier bereits Rechtsgrundlagen zu Lasten einer eheähnlichen Gemeinschaft geschaffen, siehe § 122 BSHG a.F., § 137 II AFG a.F., § 194 I 1 Nr. 2 SGB III, § 9 II, V SGB II, §§ 20, 36 SGB XII) beeinflusst.

hh. Unfallverletztenrente

Erhält der Verletzte aus demselben Unfallereignis eine Verletztenrente der gesetzlichen Unfallversicherung, ist diese zwar auf den Direktanspruch während der aktiven Arbeitszeit und auch auf eine etwaige Rentenminderung zu verrechnen, schließt aber den Regress des Rentenversicherers nach § 119 SGB X nicht aus.[607]

Andererseits kann der Unfallversicherer nicht die Übergangsfähigkeit seiner Verletztenrente aus dem Umstand herleiten, dass der Rentenversicherer fehlerhaft regressierte.[608]

ii. Minderverdienst

Liegt ein unfallbedingter Minderverdienst vor, ist auch hier der Regress wegen der Differenzbeiträge möglich. Eine Verletztenrente eines Unfallversicherungsträgers schließt den Regress nach § 119 SGB X nicht aus.[609]

jj. Beschützende Werkstatt[610]

Wird ein Verletzter in einer beschützenden Werkstatt untergebracht, ist zu beachten, dass hier nach fiktiven Werten relativ hohe Pflichtbeiträge zur Rentenversicherung abgeführt

---

606 Siehe auch Kap 3 Rn 433 ff.
607 BGH v. 9.5.1995 – VI ZR 124/94 – DAR 1995, 325 = MDR 1995, 801 = NJW 1995, 1968 = r+s 1995, 301 = SP 1995, 266 = VersR 1995, 1076 = WI 1995, 105 = zfs 1995, 330.
608 Kap 3 Rn 1010.
609 BGH v. 9.5.1995 – VI ZR 124/94 – DAR 1995, 325 = MDR 1995, 801 = NJW 1995, 1968 = r+s 1995, 301 = SP 1995, 266 = VersR 1995, 1076 = WI 1995, 105 = zfs 1995, 330.
610 Siehe auch Kap 3 Rn 1099 ff., insbesondere Kap 3 Rn 1136 ff.

werden: Als beitragspflichtige Einnahme gelten 80 % der monatlichen Bezugsgröße, § 166 Nr. 2 SGB VI: Im Jahre 2008 betrug die monatliche Bezugsgröße 2.485 EUR/West bzw. 2.100 EUR/Ost. Es wurden daher Rentenbeiträge entsprechend einem Bruttojahreseinkommen von 23.856 EUR/West bzw. 20.160 EUR/Ost abgeführt. Ein Regress nach § 119 SGB X erstreckt sich von daher nur auf Minderverdienste jenseits dieser fiktiven Werte.[611]

d. Leistungsbeschränkungen

aa. Arbeitsunfall

977 Der Haftungsausschluss wegen Arbeitsunfall nach §§ 104 ff. SGB VII (bis 31.12.1996: §§ 636f. RVO) schließt auch Ansprüche nach § 119 SGB X aus.[612]

978 Wenn der Direktanspruch aufgrund des Vorliegens der Voraussetzungen der §§ 104 ff. SGB VII (bis 31.12.1996: §§ 636f. RVO) ausgeschlossen ist, gilt dieser Ausschluss auch für den Regress nach § 119 SGB X. Der Beitragsregress ist der Direktanspruch, er wird nur vom Rentenversicherer treuhänderisch geltend gemacht; der Regress nach § 119 SGB X folgt nur den Kriterien des Direktanspruches.

979 Der Anspruch nach **§ 110 SGB VII** (bis 31.12.1996: § 640 RVO) erfasst nur die eigenen (originären) Aufwendungen der Sozialversicherer (Berufsgenossenschaft, Rentenversicherung) aufgrund der Sozialgesetzbücher, nicht aber den vom Rentenversicherer (nur) treuhänderisch geltend zu machenden, auf § 119 SGB X gestützten Direktanspruch wegen entgangener RV-Beiträge. Hat der Schadenersatzpflichtige an den Rentenversicherer Zahlungen erbracht, sind diese nach § 812 BGB zurückzuerstatten; die Buchung der Zahlung als Pflichtbeitrag auf dem Beitragskonto stellt keine Entreicherung (§ 818 BGB) dar.

bb. Angehörigenprivileg

980 Das Angehörigenprivileg (§ 116 VI SGB X) findet keine Anwendung.[613]

cc. Versicherungsschutz

981 Fehlender Versicherungsschutz hindert den Regress des Rentenversicherers nach § 119 SGB X (anders als bei § 116 SGB X[614]) nicht. Da es sich im Grunde genommen um den Direktanspruch handelt, greifen hier die Regeln über die Vorleistungsverpflichtung dem unmittelbar Verletzten gegenüber. Der Haftpflichtversicherer eines Ersatzpflichtigen kann sich auch in den Fällen der unzureichenden Prämienzahlung gegenüber dem nach § 119 SGB X Beiträge regressierenden Rentenversicherer nicht auf die Leistungsfreiheit berufen (anders hinsichtlich desjenigen Teiles, der auf die Lohnersatzleistungen nach § 116 SGB X entfällt).

---

611 Siehe die Tabelle Kap 3 Rn 1105.
612 *Geigel-Plagemann* Kap 30 Rn 139.
613 BGH v. 24.1.1989 – VI ZR 130/88 – BG 1990, 165 = DAR 1989, 181 = DB 1989, 877 (nur LS) = MDR 1989, 533 = NJW 1989, 1217 = r+s 1989, 153 = VersR 1989, 492 = zfs 1989, 120. *Jahnke* NZV 1995, 381 (II. 7. d. aa.).
614 Hier führen die Drittleistungsträger zwar Rentenversicherungsbeiträge an den Rentenversicherer ab, können diese allerdings nicht beim Schädiger bzw. dessen Haftpflichtversicherer regressieren.

dd. Verkehrsopferhilfe

Der Anspruch des Rentenversicherers nach § 119 SGB X kann auch gegenüber dem Entschädigungsfond (§ 12 I PflVG) geltend gemacht werden.[615]

ee. Quoten-/Befriedigungsvorrecht

(1) § 119 SGB X – § 116 SGB X

Bei rechtlicher (z.B. § 12 StVG) oder tatsächlicher (fehlende finanzielle Leistungsfähigkeit des Ersatzschuldners) Zahlungsbeschränkung des Schädigers oder seines Haftpflichtversicherers gilt, dass der Regress des Rentenversicherers nach § 119 SGB X dem Regress anderer Sozialversicherer und Sozialhilfeträger nach § 116 SGB X vorgeht.[616]

(2) § 119 SGB X – Direktanspruch

Ob ein Quoten- oder Befriedigungsvorrecht des Verletzten bei rechtlicher oder tatsächlicher Zahlungsbeschränkung des Schädigers oder seines Haftpflichtversicherers auch im Rahmen des § 119 SGB X zum Tragen kommt, ist fraglich.[617]

Ein generelles Vorrecht des Verletzten (das in § 119 III 2 SGB X eine gewisse Ausgestaltung erfährt) erscheint mir allerdings rechtlich fraglich, obwohl es den unmittelbaren Interessen des Verletzten oft eher dienen würde. Die gesetzliche Alterssicherung ist nach derzeitigem Dafürhalten wirtschaftlich betrachtet nicht die günstigste Alternative; so bietet beispielsweise eine private Lebensversicherung häufig ungleich bessere Konditionen. Man müsste dann bei Erschöpfung der Haftungshöchstsumme bzw. Versicherungssumme anteilig die Ansprüche verteilen.

Gerade bei jungen Verletzten kann die Situation eintreten, dass die Wartezeit (z.B. allgemeine Wartezeit von 60 Monaten) noch nicht erreicht ist. Dann kann der Regress nach § 119 SGB X rentenbegründend[618] wirken, was sich gerade bei Mithaftung oder Beschränkung der Haftungshöchstsumme oder Versicherungssumme finanziell positiv für den unmittelbar Verletzten auswirken kann. Gerade in diesem Fall wäre ein generell bejahtes Befriedigungsvorrecht des Verletzten nicht angemessen.

Im Ergebnis wird man m.E. ausschließlich darauf abstellen müssen, ob unter wirtschaftlicher Betrachtungsweise dem Verletzten konkrete Vorteile aus einer Bevorrechtigung erwachsen oder nicht. Bei wirtschaftlicher Erschöpfung der von den Ersatzpflichtigen zur Verfügung zu stellenden Beträge wird man den unmittelbar Verletzten dann bevorteilen müssen, wenn ihm der Regress nach § 119 SGB X wirtschaftliche Vorteile bringt. Dann muss aber auch ein Alles-oder-Nichts-Prinzip gelten, dh dem Rentenversicherer muss der komplette Regress nach § 119 SGB X (u.U. anteilig in einem Kürzungsverfahren mit dem unmittelbar Geschädigten) eröffnet sein und nicht nur ein Regress, der sich auf diejenigen Zeiträume erstreckt, die dem unmittelbar Verletzten die Rechte auf Leistungen aus der Rentenversicherung gerade erst begründet („Rosinentheorie").

---

615 BGH v. 25.1.2000 – VI ZR 64/99 – r+s 2000, 201 = VersR 2000, 471.
616 OLG Karlsruhe v. 12.5.1997 – 10 U 33/97 -.
617 Befürwortend *Küppersbusch* Rn 778.
  Das OLG Karlsruhe v. 12.5.1997 – 10 U 33/97 – nimmt eine gleichberechtigte Bevorrechtigung von Direktanspruch und Anspruch nach § 119 SGB X gegenüber den Regressgläubigern nach § 116 SGB X an; danach wäre anteilig zu quoteln.
618 Altersrente bzw. Erwerbsunfähigkeitsrente nach 20 Jahren, § 44 SGB VI.

e. Regressabwicklung

aa. Aktivlegitimation

988 Es sind seit der Rechtsänderung zum 1.1.2001 nur noch wenige Fälle denkbar, in denen der Regress nach § 119 SGB X nicht – dem Grunde nach – in Betracht zu ziehen ist. Bei Kindern ist eine mögliche Einbindung in eine Behindertenwerkstatt zu sehen.

989 Die Neuregelung des § 119 SGB X zum 1.1.2001 bewirkt nur den Forderungswechsel. Der Beitragsregress des zuständigen gesetzlichen Rentenversicherers ist und bleibt die **„treuhänderische" Verfolgung**[619] des Direktanspruches durch die Rentenversicherungsträger. Der Geschädigte ist weder aus eigenem Recht noch in gewillkürter Prozessstandschaft des Sozialversicherungsträgers zur Geltendmachung von auf diesen nach § 119 SGB X übergegangenen Ansprüchen vor den Zivilgerichten **prozessführungsbefugt**.[620]

990 § 119 SGB X verpflichtet den Schädiger, in Fällen eines Beitragsausfalles Schadensersatz in Form von Beitragszahlungen an die DRV zu leisten. Der Geschädigte muss, was seine sozialversicherungsrechtliche Stellung angeht, so gestellt werden, wie er ohne die Schädigung stünde. Nicht zuletzt aus fürsorgerischen Gründen[621] überträgt dabei § 119 SGB X die Aktivlegitimation für den Anspruch auf Ersatz des dem Versicherten entstandenen Beitragsschadens vollständig auf die DRV, die die Beitragsforderung (in fremdem Interesse) dann **in alleiniger Verantwortung**[622] einzieht und entsprechend als Pflichtbeiträge verbuchen muss. Sinn und Zweck der Regelung ist es dabei nicht, für eine finanzielle Entlastung der Rentenversicherung zu sorgen.[623] Mit dem gesetzlichen Forderungsübergang soll gewährleistet werden, dass der Geschädigte später Sozialleistungen erhält, die die Zeit seiner Verletzung umfassen.[624]

991 Ein **Abfindungsvergleich**, der grundsätzlich formlos wirksam ist, darf vom RVT geschlossen werden, weil ihm nach § 119 SGB X hierzu von Gesetzes wegen die Dispositionsbefugnis eingeräumt ist. Nach dem Regelungsgegenstand von Vergleichen im Beitrag-

---

619 BGH v. 18.12.2007 – VI ZR 278/06 – BGHReport 2008, 435 = DAR 2008, 200 (nur LS) = FamRZ 2008, 685 = MDR 2008, 383 = NJW 2008, 1961 = NJW-Spezial 2008, 137 = NZV 2008, 392 = r+s 2008, 174 = SP 2008, 141 = VersR 2008, 513 = VRS 114, 223 = zfs 2008, 261; BGH v. 2.12.2003 – VI ZR 243/02 – MDR 2004, 573 (nur LS) = NJW-RR 2004, 595 = NZV 2004, 249 = r+s 2004, 175 = SVR 2004, 312 (nur LS) (Anm. *Engelbrecht*) = SVR 2004, 352 (Anm. *Engelbrecht*) = VersR 2004, 492 = VRS 106, 365 (Die Aktivlegitimation ist dem Rentenversicherer als Treuhänder übertragen, der die zweckgebundenen Schadensersatzleistungen einzieht und zugunsten des Geschädigten als Pflichtbeiträge verbucht.).
620 BGH v. 2.12.2003 – VI ZR 243/02 – MDR 2004, 573 (nur LS) = NJW-RR 2004, 595 = NZV 2004, 249 = r+s 2004, 175 = SVR 2004, 312 (nur LS) (Anm. *Engelbrecht*) = SVR 2004, 352 (Anm. *Engelbrecht*) = VersR 2004, 492 = VRS 106, 365 (Eine [Rück-]Abtretung der Forderung an den unmittelbar Verletzten ist unwirksam [Abtretungsverbot]).
621 *Plagemann/Plagemann* in Festschrift für Grüner, S. 421, 442.
622 BGH v. 2.12.2003 – VI ZR 243/02 – MDR 2004, 573 (nur LS) = NJW-RR 2004, 595 = NZV 2004, 249 = r+s 2004, 175 = SP 2004, 245 = SVR 2004, 312 (nur LS) (Anm. *Engelbrecht*) = SVR 2004, 352 (Anm. *Engelbrecht*) = VersR 2004, 492 = VRS 106, 365; LG Stuttgart v. 30.1.2008 – 4 S 70/07 – r+s 2008, 402; LSG Baden-Württemberg v. 20.3.2007 – L 9 R 917/05 – (Revision [BSG – B 12 R 3/07 R –] wurde von der Klägerin am 28.5.2008 im Termin zurückgenommen) m.w.N.; LSG Celle-Bremen v. 28.9.2007 – L 1 R 142/07 – jurisPR-VerkR 12/2008 Anm. 6 (Anm. *Jahnke*) (Revisions-Az. BSG – B 5a R 128/07 R); LG Gera v. 19.6.2008 – 6 O 1457/07 – jurisPR-VerkR 16/2008 Anm. 5 (Anm. *Jahnke*) = r+s 2008, 400 (Anm. *Jahnke*).
623 BSG v. 31.1.2002 – B 13 RJ 23/01 R – Breith 2002, 836 = BSGE 89, 151 = HVBG-Info 2002, 1505 = MittLVA Oberfr 2002, 283 = NZA 2002, 894 = NZS 2002, 661 = SGb 2002, 275. *Nehls – Hauck/Noftz*, § 119 Rn 2.
624 BT-Drucksache 9/95, S. 27.

regressverfahren ist dabei grundsätzlich davon auszugehen, dass die Vergleichsabschlüsse die geltend gemachten, sich auf die Alterssicherung beziehenden Ersatzansprüche vollumfänglich (und nicht nur teilweise) regeln sollen.[625] Der Geschädigte (zugleich Versicherter der gesetzlichen Rentenversicherung) kann von der DRV weder die Beteilung an den Verhandlungen noch die Neuaufnahme von Verhandlungen mit dem Ersatzpflichtigen verlangen, wenn er mit dem von der DRV verhandelten Regressergebnis unzufrieden und nicht einverstanden ist;[626] der Verletzte ist darauf beschränkt, vermeintliche Schäden in seiner rentenrechtlichen Stellung (nur) gegenüber der DRV geltend zu machen.

bb. Schadennachweis

Zur Höhe verbleibt es bei dem vom Rentenversicherer zu führenden Schadensnachweis hinsichtlich entgangener und entgehender Beiträge zum Rentenkonto.[627] Nicht erforderlich ist der Nachweis, dass dem Verletzten infolge des Beitragsausfalls bzw. der Minderung auch ein Rentenschaden entsteht. Nach § 62 SGB VI wird durch die Berücksichtigung rentenrechtlicher Zeiten ein Anspruch auf Schadenersatz wegen verminderter Erwerbsfähigkeit nicht ausgeschlossen oder gemindert. Diese Vorschrift fingiert also für Fälle, in denen das Zahlen von RV-Beiträgen wirtschaftlich nicht sinnvoll wäre, einen Schaden und damit einen Ersatzanspruch des Verletzten.[628] Der Ersatzpflichtige hat prinzipiell schon bei der Entstehung der Beitragslücken dafür zu sorgen, dass eine unfallbedingte Verkürzung späterer Versicherungsleistungen von vornherein ausgeschlossen wird, wobei die Ersatzpflicht nicht voraussetzt, dass eine nachteilige Beeinflussung der (späteren) Rente bereits feststeht; ausreichend ist bereits die Möglichkeit einer Rentenverkürzung.[629]

992

Die Höhe des Schadens orientiert sich weiterhin ausschließlich an der prognostischen Entwicklung, dh nicht hinter jedem nach § 119 SGB X denkbaren Regress muss sich auch zugleich ein tatsächlich entgangener Schaden verbergen. Die Prognose ist allerdings deutlich schwieriger geworden.

993

cc. Teilungsabkommen

§ 119 IV 1 SGB X gibt dem Rentenversicherer die Möglichkeit zur Pauschalierung, um im Einzelfall den Regress ökonomisch zu gestalten.

994

Wegen der treuhänderischen Tätigkeit für einzelne Versicherte soll aber der Abschluss von Teilungsabkommen, so die gesetzgeberische Begründung,[630] ausgeschlossen sein.

995

---

625 LSG Celle-Bremen v. 28.9.2007 – L 1 R 142/07 – jurisPR-VerkR 12/2008 Anm. 6 (Anm. *Jahnke*) (Revisions-Az. BSG – B 5a R 128/07 R).
626 LSG Baden-Württemberg v. 20.3.2007 – L 9 R 917/05 – (Revision [BSG – B 12 R 3/07 R –] wurde von der Klägerin am 28.5.2008 im Termin zurückgenommen) m.w.N.; LSG Celle-Bremen v. 28.9.2007 – L 1 R 142/07 – jurisPR-VerkR 12/2008 Anm. 6 (Anm. *Jahnke*) (Revisions-Az. BSG – B 5a R 128/07 R).
627 *Küppersbusch* Rn 764, 769; *Schneider/Stahl* S. 278.
628 *Küppersbusch* (7. Aufl. 2000) S. 248, Rn 576.
629 BGH v. 18.12.2007 – VI ZR 278/06 – BGHReport 2008, 435 = DAR 2008, 200 (nur LS) = FamRZ 2008, 685 = MDR 2008, 383 = NJW 2008, 1961 = NJW-Spezial 2008, 137 = NZV 2008, 392 = r+s 2008, 174 = SP 2008, 141 = VersR 2008, 513 = VRS 114, 223 = zfs 2008, 261; BGH v. 10.7.2007 – VI ZR 192/06 – BGHReport 2007, 1123 = BGHZ 173,169 = DAR 2007, 639 (nur LS) = MDR 2007, 1370 (nur LS) = r+s 2007, 478 = SP 2007, 353 (nur LS) = VersR 2007, 1536 = VRS 113,267 = zfs 2007, 681 (Anm. *Diehl*).
630 Referentenentwurf, Begründung S. 48.

dd. Unzureichender Regress[631]

(1) Mithaftung

996 In den Fällen der Mithaftung werden zwar geringere Beiträge auf das Rentenkonto gebucht, dabei fällt die Beitragsminderung unterschiedlich je nach Zeitraum aus:

997 ▪ Während der Lohnfortzahlungszeit fällt, da das Gehalt auch bei Mithaftung des Arbeitnehmers ungekürzt fortgezahlt wird, kein Beitragsschaden an.

998 ▪ In der ersten Zeit nach dem Schadenereignis werden regelmäßig Lohnersatzleistungen (wie Krankengeld, Verletztengeld, Arbeitslosengeld) gezahlt, die ihrerseits ebenfalls mit einem RV-Beitragsanteil (§ 166 I SGB VI) versehen sind. Während der Träger der Lohnersatzleistungen die RV-Beiträge ungekürzt an den Rentenversicherer abführt, kann er seine Leistungen nur entsprechend der Verantwortungsquote vom Ersatzpflichtigen (nach § 116 SGB X) regressieren.

999 Den Spitzbetrag zwischen Lohnersatzleistungsanteil und hypothetischem Bruttoverdienst fordert dann der Rentenversicherer nach § 119 SGB X entsprechend der Verantwortungsquote zusätzlich ein.

1000 ▪ Erst nach Beendigung des Lohnersatzzeitraumes obliegt dem Rentenversicherer der vollständige, der Höhe nach aber auf die Verantwortungsquote des Schädigers beschränkte, Regress nach § 119 SGB X.

1001 Soweit aus den – je nach Regresszeitraum unterschiedlich – gekürzt abgeführten Rentenversicherungsbeiträgen später dann eine Rentenminderung resultiert, ist dieses Ausdruck der Mitverantwortlichkeit des Verletzten und führt zu keinem weiteren quotalen Ersatzanspruch des Verletzten wegen seiner Rentenminderung. Der schadenersatzrechtliche relevante Bereich wird durch die gekürzte Beitragsabführung nach § 119 SGB X erfüllt, ohne dass dem Geschädigten selbst noch ein Ersatzanspruch wegen späterer Rentenminderung (vor allem der Altersrente) verbleibt.[632]

1002 § 119 III 2 SGB X schützt den Verletzten vor einem weiteren Rentenschaden, der u.a. dadurch eintreten kann, dass die nach § 119 III 1 SGB X als Pflichtbeiträge geltenden Beiträge niedriger sind als die bisher auf dem Beitragskonto gebuchten Beiträge und daher zu einer Verringerung der Bemessungsgrundlage führen.[633]

(2) Sozialrechtliche Konsequenzen

1003 Ist der Schaden durch Zahlung von Beiträgen ausgleichbar, soll sichergestellt werden, dass der Sozialversicherte später Sozialleistungen erhält, deren Berechnung auch die Zeit nach der Verletzung umfasst.[634] Sinn und Zweck des § 119 SGB X ist nicht, für eine finanzielle Entlastung der Rentenversicherung zu sorgen.[635]

---

631 Siehe auch Kap 3 Rn 230 ff.
632 LSG Nordrhein-Westfalen v. 28.3.2001 – L 8 RJ 143/00 – (Vorinstanz zu BSG v. 31.1.2002 – B 13 RJ 23/01 R – Breith 2002, 836 = BSGE 89, 151 = HVBG-Info 2002, 1505 = MittLVA Oberfr 2002, 283 = NZA 2002, 894 = NZS 2002, 661 = SGb 2002, 275).
633 Siehe ergänzend *Geigel-Plagemann* Kap 30 Rn 145 f. sowie BR-Drucksache 526/80 v. 10.10.1980, S. 29 (zu § 125).
634 BSG v. 31.1.2002 – B 13 RJ 23/01 R – Breith 2002, 836 = BSGE 89, 151 = HVBG-Info 2002, 1505 = MittLVA Oberfr 2002, 283 = NZA 2002, 894 = NZS 2002, 661 = SGb 2002, 275 unter Hinweis auf BR-Drucksache 526/80 v. 10.10.1980, S. 29 (zur Nichtanwendung von § 44 IV SGB X).
635 BSG v. 31.1.2002 – B 13 RJ 23/01 R – Breith 2002, 836 = BSGE 89, 151 = HVBG-Info 2002, 1505 = MittLVA Oberfr 2002, 283 = NZA 2002, 894 = NZS 2002, 661 = SGb 2002, 275.

Da der Rentenversicherer diejenigen Sozialversicherungsbeiträge erhält, die bei hypothetischer Betrachtung auch ohne das Unfallgeschehen geflossen wären, darf dem Verletzten kein unfallkausaler rentenversicherungsrechtlicher Schaden entstehen. Den Rentenversicherer finanziell belastende beitragsfreie Zeiten, die zu höherer Rente führen, gibt es daher nicht.

1004

Sofern sozialrechtliche Veränderungen den Regress nach § 119 SGB X missachten oder übersehen und sich dann rentenversicherungsrechtliche Nachteile für den Verletzten ergeben,[636] hat dieser aus dem gesetzlich bestimmten **Treuhandverhältnis** einen Anspruch gegen den Rentenversicherer, dass dieser ihn (den Verletzten) so stellt als ob der Unfall nicht geschehen wäre. Ein Anspruch gegen den Ersatzpflichtigen besteht nicht, da dieser durch die Abführung der Rentenversicherungsbeiträge (die nach § 119 III SGB X „echte" Pflichtbeiträge sind) bereits vollständig seiner Ersatzpflicht nachgekommen ist (Erfüllungseinwand).[637]

1005

Das zum 1.8.2008 in Kraft getretene **RV-Altersgrenzenanpassungsgesetz**[638] sieht eine Kürzung der Altersrente (um 10,8 %) vor, wenn mit oder vor Vollendung des 62. Lebensjahres zuvor eine Rente wegen verminderter Erwerbsfähigkeit bezogen wurde (§ 77 SGB VI).[639] Da § 77 SGB VI den Beitragsregress nach § 119 SGB X offensichtlich nicht gesehen hat, kann sich sozialrechtlich aufgrund dieser geänderten Gesetzeslage eine Rentenminderung trotz des § 119 SGB X-Regresses ergeben, wenn nicht seitens des Rentenversicherers in die Rentenberechnung individuell eingegriffen wird. Da die Rechenprogramme der Rentenversicherung die Beitragserstattung nicht ausreichend würdigen, wird ansonsten nämlich einem Geschädigten trotz der parallelen Beitragserstattung (§ 119 SGB X-Regress) die Rente gekürzt.

1006

Dem Geschädigten ist eine auf seinem vorzeitigen Erwerbsminderungsrentenbezug beruhende Rentenminderung nicht vom Schädiger als Rentenminderungsschaden (Verdienstausfall) zu ersetzen. Vielmehr ist er als Sozialversicherter an den Rentenversicherer als seinen Treuhänder zu verweisen, der dann das Rentenkonto unter Einbeziehung der Beitragszahlungen nach § 119 SGB X aufgrund des Sozialversicherungsverhältnisses

1007

---

636 Siehe *Furtmayr* „Theorien zum Rentenschaden des Geschädigten in der gesetzlichen Rentenversicherung" zfs 2006, 603 sowie *Heidemann* „Erwerbsminderungsrenten werden zukünftig nur noch mit Abschlag gewährt" VP 2007, 49. BSG v. 16.5.2006 – B 4 RA 22/05 R – Breith 2007, 235 = NJW 2007, 2139 (Anm. *Ruland* NJW 2007, 2086) = NZS 2007, 208 (Anm. *Bredt* NZS 2007, 192) = SGb 2007, 123 (Anm. *vKoch* SGb 2007, 71) hatte den Anwendungsbereich der Rentenreduktion für den Verletzungsfall zwar stark eingeschränkt, die Rechtsprechung ist aber durch Eingreifen des Gesetzgebers obsolet geworden (BT-Drucksache 16/3794 v. 12.12.2006, S. 36 [zu Nr. 23b – § 77 SGB VI -]: „Die Abschläge bei den Erwerbsminderungsrenten in Höhe von 10,8 Prozent sind entsprechend der ursprünglichen Zielsetzung des Gesetzes und entgegen einer Entscheidung des 4. Senats des Bundessozialgerichts [Urteil vom 16. Mai 2006 – B 4 RA 22/05 R] in allen Fällen vorzunehmen, in denen die Rente mit oder vor Vollendung des 62. Lebensjahres beginnt, also auch dann, wenn die Rente in jungen Jahren in Anspruch genommen wird."). Mit dem RV-Altersgrenzenanpassungsgesetz wurde das Urteil des BSG v. 16.5.2006 – B 4 RA 22/05 – „neutralisiert" (*Heidemann* VP 2007, 49). Nach BSG v. 14.8.2008 – B 5 R 32/07 R, B 5 R 88/07 R, B 5 R 98/07 R, B 5 R 140/07 R – ArbuR 2008, 123 = SGb 2008, 591 besteht eine ausreichende gesetzliche Ermächtigungsgrundlage für die Praxis der Rentenversicherungsträger, die Rente bereits vor dem 60. Lebensjahr des Versicherten zu mindern.

637 In diesem Sinne auch *Diehl* zfs 2007, 686.

638 Gesetz zur Anpassung der Regelaltersgrenze an die demografische Entwicklung und zur Stärkung der Finanzierungsgrundlagen der gesetzlichen Rentenversicherung (RV-Altersgrenzenanpassungsgesetz) v. 20.4.2007 BGBl I 2007, 554. Zur Gesetzesbegründung BT-Drucksache 16/3794 v. 12.12.2006.

639 Kap 3 Rn 218 f.

glattstellen muss.⁶⁴⁰ Gegenüber dem Verletzten gilt, dass sein auf Ersatz von Rentenminderung gerichteter Ersatzanspruch bereits durch **Erfüllung** (Beitragszahlungen auf das Rentenkonto nach § 119 SGB X) erloschen ist. Der Regress nach § 119 SGB X erfasst den Rentenminderungsschaden allumfassend und eröffnet dem Verletzten keinen darüber hinausgehenden, gegen den Schadenersatzpflichtigen gerichteten Ersatzanspruch wegen Minderung seiner Altersrente.⁶⁴¹

(3) Fehlerhafter Regress

1008 Dem verletzten Versicherten drohen keine Rechtsnachteile für den Fall, dass der Rentenversicherer wegen des Beitragsausfalles gegen den Ersatzpflichtigen nicht oder nur **unzureichend vorgeht**.

1009 Bezieht ein Verletzter eine verkürzte Altersrente, weil der Rentenversicherer es pflichtwidrig unterlassen hat, den Beitragsschaden nach § 119 SGB X in vollem Umfange zu regressieren, geht, selbst wenn man einen Ersatzanspruch des Geschädigten gegenüber dem Schädiger bejahen würde, ein solcher Ersatzanspruch nicht gemäß § 116 SGB X auf den eine **Verletztenrente** zahlenden Unfallversicherer über.⁶⁴²

1010 Lässt der Rentenversicherer den Regressanspruch gegenüber dem Haftpflichtigen **verjähren**,⁶⁴³ berührt dieses nicht den Anspruch des unmittelbar Verletzten gegenüber dem Rentenversicherer auf ordnungsgemäße Weiterführung seines Rentenkontos entsprechend den fiktiven Werten, wie sie ohne den Verjährungseinwand eingestellt worden wären.

1011 Kommt der Rentenversicherer seinen Aufgaben als Treuhänder nicht ordnungsgemäß nach, steht dem Geschädigten ein gegen den Rentenversicherer vor den Sozialgerichten⁶⁴⁴ geltend zu machender Schadenersatzanspruch (pVV des Sozialleistungsverhältnisses, Amtshaftungsanspruch nach § 839 BGB,⁶⁴⁵ sozialrechtlicher Herstellungsanspruch⁶⁴⁶) zu.⁶⁴⁷

---

640 Siehe zur Problematik auch LSG Nordrhein-Westfalen v. 17.6.2005 – L 13 RA 44/04 – Breith 2005, 939; LSG Baden-Württemberg v. 20.3.2007 – L 9 R 917/05 – (Revision [BSG – B 12 R 3/07 R –] wurde von der Klägerin am 28.5.2008 im Termin zurückgenommen).
641 LSG Nordrhein-Westfalen v. 28.3.2001 – L 8 RJ 143/00 – (Vorinstanz zu BSG v. 31.1.2002 – B 13 RJ 23/01 R – Breith 2002, 836 = BSGE 89, 151 = HVBG-Info 2002, 1505 = MittLVA Oberfr 2002, 283 = NZA 2002, 894 = NZS 2002, 661 = SGb 2002, 275) (Durch den Anspruchsübergang kann der Versicherte vom Schädiger keine Zahlung an sich selbst verlangen; sein Rentenschaden wird allein durch die Beitragsverpflichtung des Schädigers ausgeglichen).
642 LG Stuttgart v. 30.1.2008 – 4 S 70/07 – r+s 2008, 402.
643 Siehe dazu Kap 12 Rn 83.
644 LSG Nordrhein-Westfalen v. 17.1.2003 – L 13 RJ 3/99 –; LG Stuttgart v. 30.1.2008 – 4 S 70/07 – r+s 2008, 402 (Zuständigkeit nach § 51 SGG). *Schott* in jurisPR-BGHZivilR 9/2004 Anm. 5: Der Geschädigte selbst wird auf den unbefriedigenden Weg verwiesen, den Rentenversicherer vor den Sozialgerichten in Anspruch zu nehmen.
645 Offengelassen in LSG Nordrhein-Westfalen v. 17.6.2005 – L 13 RA 44/04 – Breith 2005, 939.
646 LSG Nordrhein-Westfalen v. 17.1.2003 – L 13 RJ 3/99 –. Offengelassen von LSG Nordrhein-Westfalen v. 17.6.2005 – L 13 RA 44/04 – Breith 2005, 939.
647 BGH v. 2.12.2003 – VI ZR 243/02 – MDR 2004, 573 (nur LS) = NJW-RR 2004, 595 = NZV 2004, 249 = r+s 2004, 175 = SP 2004, 245 = SVR 2004, 312 (nur LS) (Anm. *Engelbrecht*) = SVR 2004, 352 (Anm. *Engelbrecht*) = VersR 2004, 492 = VRS 106, 365; BSG v. 31.1.2002 – B 13 RJ 23/01 R – Breith 2002, 836 = BSGE 89, 151 = HVBG-Info 2002, 1505 = MittLVA Oberfr 2002, 283 = NZA 2002, 894 = NZS 2002, 661 = SGb 2002, 275; LSG Nordrhein-Westfalen v. 17.1.2003 – L 13 RJ 3/99 –.

f. Forderungswechsel

aa. Übertragung

Die treuhänderische Forderungsübertragung auf den Rentenversicherer nach § 119 SGB X erfolgt in Abhängigkeit vom Datum des Schadenereignisses, korrigiert durch das Datum der Entrichtung des ersten Pflichtbeitrages.

Übersicht 3.18: Überleitung bei § 119 SGB X

Unfalldatum	Überleitungsnorm
bis 30.6.1983	entfällt
ab 1.1.1983	§ 119 SGB X a.F., u.U. § 119 SGB X n.F.
ab 1.1.2001	§ 119 SGB X n.F.

bb. Zeitpunkt des Forderungswechsels[648]

(1) Tatsächliche Verbuchung von Beiträgen

Der Forderungswechsel auf den Rentenversicherer erfolgt erst mit der Abführung des ersten Rentenpflichtversicherungsbeitrages an den Rentenversicherer (= Buchung),[649] bis dahin bleibt der unmittelbar Verletzte Anspruchsinhaber, dessen Abfindung potentielle Regressmöglichkeiten des Rentenversicherers erledigt.

Erst der tatsächliche Eingang der Beiträge löst die Bewertung als Pflichtbeiträge aus. Es kommt daher auf den tatsächlichen **Buchungstag**[650] der Beiträge an und nicht auf den Beginn des Zeitraumes, für den gebucht wird (z.B. rückwirkende Beitragsleistungen für ausscheidende und nachzuversichernde Beamte, siehe §§ 8 I 2 SGB VI, 185 II SGB VI).

(2) Kinderunfall, noch nicht versicherte Personen

Insbesondere Kinder sind bis zum Eintritt in die Rentenversicherung (erstmalige Begründung einer Pflichtmitgliedschaft, §§ 1 – 4 SGB VI) alleinige Inhaber der Forderung auch hinsichtlich des Rentenminderungsschadens, zu dem der Regress nach § 119 SGB X kongruent ist.[651]

Rentenversicherer erfahren teilweise bereits vor Entrichtung des ersten Pflichtbeitrages von einer schweren Verletzung einer bei ihnen noch nicht selbst versicherten Person, z.B. bei Gewährung einer Heilmaßnahme aus der Versicherung der Eltern des Verletzten[652] oder bei freiwilliger Versicherung.

- Solange für den Verletzten noch kein Pflichtbeitrag[653] entrichtet ist, kann ein Rentenversicherer, der befürchtet, später vielleicht einmal zuständig zu werden (z.B. bei Kin-

---

648 Siehe zur Problematik Kap 3 Rn 1029 ff.
649 LG Münster v. 9.5.2005 – 15 O 646/04 –; LSG Nordrhein-Westfalen v. 17.6.2005 – L 13 RA 44/04 – Breith 2005, 939. *Schneider/Stahl* S. 279. Siehe auch BSG v. 31.1.2002 – B 13 RJ 23/01 R – Breith 2002, 836 = BSGE 89, 151 = HVBG-Info 2002, 1505 = MittLVA Oberfr 2002, 283 = NZA 2002, 894 = NZS 2002, 661 = SGb 2002, 275.
650 LSG Nordrhein-Westfalen v. 17.6.2005 – L 13 RA 44/04 – Breith 2005, 939.
651 LG Gera v. 19.6.2008 – 6 O 1457/07 – jurisPR-VerkR 16/2008 Anm. 5 (Anm. *Jahnke*) = r+s 2008, 400 (Anm. *Jahnke*). Siehe auch BGH v. 18.12.2007 – VI ZR 278/06 – BGHReport 2008, 435 = DAR 2008, 200 (nur LS) = FamRZ 2008, 685 = MDR 2008, 383 = NJW 2008, 1961 = NJW-Spezial 2008, 137 = NZV 2008, 392 = r+s 2008, 174 = SP 2008, 141 = VersR 2008, 513 = VRS 114, 223 = zfs 2008, 261.
652 Kap 3 Rn 1022.
653 Nur für den Regress nach § 116 SGB X reicht auch ein freiwilliger RV-Beitrag aus.

dern[654] die noch keinen Beitrag entrichtet haben), im Hinblick auf später vielleicht anstehende Regressansprüche[655] nicht selbst auf Sicherung dieser etwaig ihm einmal zustehenden Ansprüchen drängen.

1019 Das Begehren des Rentenversicherers ist unter Hinweis auf fehlende **Aktivlegitimation**/Forderungsberechtigung[656] zurückzuweisen. Die entsprechenden Schadensersatzansprüche verbleiben bis zur erstmaligen Begründung des Rentenversicherungsverhältnisses in der Hand des verletzten Kindes.[657] Rentenversicherer können daher für Kinder oder andere (noch) nicht pflichtversicherte Personen vor der Buchung des ersten Pflichtbeitrages weder ein Anerkenntnis noch einen Verjährungsverzicht zur Sicherung des Regresses nach § 119 SGB X vom Ersatzpflichtigen fordern.

1020 ▪ Zu beachten ist, dass der Rentenversicherer damit Kenntnis vom Schadenfall (z.B. des Kindes) hat und von daher eine **Verjährung** in Gang gesetzt wird: Die Verjährung beginnt jedenfalls mit Begründung eines (freiwilligen oder pflichtigen) Rentenversicherungsverhältnisses, soweit auf die Rentenversicherung selbst abzustellen ist.[658] Hier muss der Rentenversicherer Vorsorge treffen, um – soweit dann überhaupt noch möglich – rechtzeitig seine Ansprüche zu sichern. Hervorzuheben bleibt, dass Kenntnisse in der Person des Kindes oder seiner Vertreter auch gegen Rechtsnachfolger wirken, zu denen auch die Rentenversicherung zählt.[659]

1021 Die Zuständigkeit für Heilmaßnahmen aus der **Versicherung der Eltern** (§ 31 I Nr. 4 SGB VI i.V.m. Gemeinsamer Richtlinie der Träger der Rentenversicherung für Kinderheilbehandlung) berechtigt ausschließlich zur Sicherung von Ansprüchen nach **§ 116 SGB X**[660] (und zwar nur soweit sie aus der Versicherung der Eltern resultieren, dh nur für Heilmaßnahmen), nicht aber der Ansprüche nach § 119 SGB X.

cc. § 120 SGB X (Rückwirkung)

1022 | **§ 120 SGB X – Übergangsregelung**

(1) ¹Die §§ 116 bis 119 sind nur auf Schadenereignisse nach dem 30.6.1983 anzuwenden; für frühere Schadenereignisse gilt das bis 30.6.1983 geltende Recht weiter. ²Ist das Schadenereignis nach dem 30.6.1983 eingetreten, sind § 116 Absatz 1 Satz 2 und § 119 Absätze 1, 3 und 4 in der ab 1.1.2001 geltenden Fassung auf einen Sachverhalt auch dann anzuwenden, wenn der Sachverhalt bereits vor diesem Zeitpunkt bestanden hat und darüber noch nicht abschließend entschieden ist.

---

654 Gleiches gilt für alle diejenigen Personen, die noch keine RV-Beiträge abgeführt haben (z.B. häufig Schüler und Studenten). Zu beachten ist gerade für Schwerverletzte, dass die Tätigkeit in einer Behindertenwerkstatt zur Pflichtversicherung auch in der Rentenversicherung führt.
655 Regressansprüche aus einer nachfolgend noch zu begründenden Rentenversicherung nach §§ 116, 119 SGB X.
656 Siehe zum fehlenden Feststellungsinteresse bzw. zur fehlenden Berechtigung: BGH v. 13.3.2001 – VI ZR 290/00 – BGHReport 2001, 616 = MDR 2001, 829 = NJW-RR 2001, 957 = NZV 2001, 259 = PVR 2001, 286 (nur LS) (Anm. *Engelbrecht*) = r+s 2001, 289 = SGb 2001, 502 (nur LS) = VersR 2001, 1005 = VRS 100, 436 = zfs 2001, 2563 (Kein Feststellungsinteresse für LVA, solange die landwirtschaftliche Alterskasse für den Verletzten zuständig ist).
657 LG Gera v. 19.6.2008 – 6 O 1457/07 – jurisPR-VerkR 16/2008 Anm. 5 (Anm. *Jahnke*) = r+s 2008, 400 (Anm. *Jahnke*). *Jahnke* in Anwaltshandbuch Verkehrsrecht, Teil 4 Rn 384, 403 f.
658 *Jahnke* jurisPR-VerkR 16/2008 Anm. 5, *ders*. r+s 2008, 400.
659 *Jahnke* „Abfindung von Personenschadenansprüchen" § 5 Rn 382 m.w.H.
660 OLG Dresden v. 30.9.2005 – 7 U 1147/05 – bejaht im Ergebnis zutreffend den Forderungsübergang nach § 116 SGB X (Der Schädiger soll nicht freigestellt werden, soweit er ohne das Bestehen der Sozialversicherung dem Geschädigten Ersatz zu leisten gehabt hätte.)

(1) Einleitung

§ 120 SGB X will die Neuregelungen auch auf vergangene Schadenregulierungen erstrecken. Nach der ursprünglichen, bis zum 31.12.2000 geltenden Fassung des § 119 SGB X musste der Verletzte im Unfallzeitpunkt als pflichtversicherter Beitragszahler sozialversichert gewesen sein; dass der Verletzte zu irgendeinem früheren oder späteren Zeitpunkt als dem Tag des Unfallereignisses einmal pflichtversichert war, reichte ebenso wenig aus wie eine auf den Unfallzeitpunkt (oder noch davor) wirkende Nachversicherung. Nach § 120 I 2 SGB X gilt die weite Regelung des § 119 SGB X n.F. rückwirkend auch für vor dem 1.1.2001 vorgenommene Schadenregulierungen, wenn über diese noch nicht abschließend entschieden wurde.

1023

(2) Schadenfall vor dem 1.7.1983 (Einführung des SGB X, Ersetzung von § 1542 RVO)

Unfälle (= Schadentag) vor dem 1.7.1983 sind nach § 1542 RVO abzuwickeln. Die §§ 116 – 119 SGB X sind bereits nach der Gesetzesfassung generell unanwendbar, ein etwaiger erst späterer Schadenseintritt (z.B. gesundheitliche Verschlechterung, Verrentung, Tod) nach dem 30.6.1983 ist unbeachtlich.[661] Die gesetzliche Neuregelung schafft hier nur Deutlichkeit, aber keine Änderung der bisherigen Rechtslage.

1024

(3) Schadenfall nach dem 30.6.1983, §§ 116, 119 SGB X

§ 120 SGB X will die Neuregelungen der §§ 116 ff. SGB X grundsätzlich zwar auch in die Vergangenheit erstrecken, die Rückwirkung ist allerdings etlichen Begrenzungen unterworfen. Auch können Handlungen des unmittelbar Verletzten Einfluss auf die Forderungsberechtigung des Rentenversicherers nehmen.

1025

(a) Forderungsübergang

Der Forderungsübergang auf den Rentenversicherer erfolgt erst mit der Abführung des **ersten** Rentenpflichtversicherungs**beitrag**es.

1026

Bei den Neuregelungen der §§ 116, 119 SGB X zum 1.1.2001 handelt es sich um eine **Systemänderung**.

1027

(b) Abfindung des Direktgeschädigten

Bestand nach § 119 SGB X in der bis zum 31.12.2000 geltenden Fassung bereits ein Regressrecht des Rentenversicherers, hat die Neufassung am Forderungswechsel nichts geändert. Abfindungen des Direktgeschädigten beeinflussten das Regressrecht des Rentenversicherers dann nicht.

1028

Problematisch sind diejenigen Fälle, in denen erst mit der Neufassung ein **Regressrecht** des Rentenversicherers **erstmalig** eröffnet wird. Hat sich das Schadenereignis nach dem 30.6.1983 ereignet, so sind „*§ 119 I, III, IV SGB X in der ab 1.1.2001 geltenden Fassung auf einen Sachverhalt auch dann anzuwenden, wenn der Sachverhalt bereits vor diesem Zeitpunkt bestanden hat und darüber noch nicht abschließend entschieden ist*" (§ 120 I 2 SGB X).

1029

(aa) Abfindung ohne Vorbehalt

Wurde der Direktgeschädigte, für den nach dem alten Recht des § 119 SGB X ein Rentenversicherungsregress nicht in Betracht kam, **bis zum 1.1.2001** ohne Einschränkung ab-

1030

---

[661] BGH v. 13.2.1996 – VI ZR 318/94 – NJW 1996, 1674 = VersR 1996, 649.

gefunden, gilt, da bis zum 31.12.2000 die Forderung wegen Rentenminderung sich in der Hand des Geschädigten befand, dass sie dann auch mit diesem abgefunden wurde. Der Forderungsübergang nach § 119 SGB X n.F. ist ausgeschlossen.[662]

1031 Auch **nach dem 1.1.2001** ist und bleibt der Geschädigte bis zur Begründung des Renten**pflicht**versicherungsverhältnisses (durch Entrichtung des ersten Beitrages) Inhaber u.a. auch der Forderungen wegen etwaiger Rentenminderungsschadens. Da der Forderungsübergang bei späterer Begründung eines Rentenpflichtversicherungsverhältnisses erst im Zeitpunkt dieser späteren Begründung (durch Zahlung des ersten Rentenversicherungsbeitrags) erfolgt, können auch in der Zeit nach dem 1.1.2001 durch Abfindung des Direktgeschädigten zugleich die Regressmöglichkeiten des Rentenversicherers für diesen Personenkreis erledigt werden. Mit ähnlicher, wenn auch wegen der Besonderheiten des § 119 SGB X nicht zwingend vergleichbarer, Begründung wurde bereits zum Recht des alten AFG[663] der Forderungsübergang auf die Bundesagentur für Arbeit verneint.

(bb) Vorbehaltsabfindung vor dem 1.1.2001

1032 Der Regress nach § 119 SGB X ist kongruent zum Verdienstausfallschaden. Eine **Abfindung** des Direktgeschädigten bis zum 31.12.2000 **mit Vorbehalt** für Pflegekosten, vermehrte Bedürfnisse oder Heilbehandlungskosten oder für immaterielle Schäden, **nicht aber Verdienstausfall** schließt daher den Regress des Rentenversicherers aus. Eine Berufung auf die Abfindung ist möglich.

1033 Eine **Abfindung** des Direktgeschädigten vor dem 1.1.2001 **mit Vorbehalt** für **materielle** Zukunftsschäden (oder explizit **Verdienstausfallschaden**) hat das Regressrecht nach § 119 SGB X nicht erledigt. Es gelten dann aber die Regeln wie für Vorbehaltsabfindungen generell,[664] u.a. ist die Verjährung zu beachten. Ausgangspunkt ist, dass nach der Rechtsprechung[665] Abfindungsvorbehalte **3 Jahre nach Vorbehaltsabfindung** verjähren:[666]

1034 ▪ Wurde der Direktanspruch mehr als 3 Jahre vor dem 1.1.2001 mit einem den Verdienstausfall erfassenden Vorbehalt abgefunden, ist der Verjährungseinwand in gleicher Weise wie gegenüber dem Direktanspruch anzunehmen.

1035 ▪ Wurde der Direktanspruch innerhalb der Zeit vom 1.1.1998 bis zum 1.1.2001 unter Vorbehalt abgefunden, ging, wenn die Voraussetzungen des § 119 SGB X vorlagen, die Forderungsberechtigung am 1.1.2001 auf den Rentenversicherer über. Waren die Voraussetzungen des § 119 SGB X n.F. nicht erfüllt (z.B. Schülerunfall vor Ausbildungsbeginn), wechselt die Forderung zum späteren Zeitpunkt (Buchung des 1.

---

662 LG Münster v. 9.5.2005 – 15 O 646/04 – (Eine echte Rückwirkung in dem Sinne, dass dem Geschädigten nachträglich Inhaberschaft und Verfügungsbefugnis für einen Teil seiner Ersatzansprüche bezüglich Verdienstausfallschadens entzogen werden, sind dem Zivilrecht prinzipiell fremd).
663 BGH v. 14.2.1984 – VI ZR 160/82 – VersR 1984, 482 = zfs 1984, 204 (nur LS); BGH v. 23.3.1982 – VI ZR 293/80 – NJW 1982, 1763 = VersR 1982, 646 = zfs 1982, 140.
664 *Jahnke* „Abfindung von Personenschadenansprüchen" § 2 Rn 261 ff., § 5 Rn 664 ff.
665 BGH v. 28.1.2003 – VI ZR 263/02 – NJW 2003, 1524 = NZV 2003, 225 = PVR 2003, 291 = r+s 2003, 171 = SP 2003, 155 = VersR 2003, 452 = VRS 104,405 = zfs 2003, 281; BGH v. 8.12.1998 – VI ZR 318/97 – BB 1999, 1766 (nur LS) = DAR 1999, 166 = MDR 1999, 353 = NJW 1999, 1782 = NVersZ 1999, 189 = NZV 1999, 158 = r+s 1999, 109 (Anm. *Lemcke* r+s 1999, 510) = SP 1999, 87 = VersR 1999, 382 = VRS 96,321 = zfs 1999, 190 (Konkret wurde auch das Ende der Hemmung nach § 3 Nr. 3 PflVG a.F. angenommen, ohne dass ein schriftlicher Bescheid des Versicherers vorlag); BGH v. 26.5.1992 – VI ZR 253/91 – DAR 1992, 375 = MDR 1993, 125 = NJW 1992, 2228 = NZV 1992, 356 = r+s 1992, 304 = VersR 1992, 1091.
666 *Jahnke* „Abfindung von Personenschadenansprüchen" § 5 Rn 664 ff.

Pflichtbeitrages). Der Rentenversicherer muss sich dabei dann den Zeitablauf bis zum Forderungswechsel (1.1.2001 oder 1. Pflichtbeitrag) entgegenhalten lassen. Da hinsichtlich des Rentenminderungsschadens der Geschädigte selbst nach altem Recht aktiv werden musste, ist dem Rentenversicherer – anders als sonst beim Forderungsübergang nach § 116 SGB X – die Kenntnis von Schaden und Schädiger des unmittelbar Verletzten als seinem Rechtsvorgänger zuzurechnen. Die Verjährungsfrist läuft (wie z.B. beim Zuständigkeitswechsel von Sozialversicherungsträgern) also unabhängig von einer Kenntnis des zuständigen Sachbearbeiters der Rentenversicherung.

(c) Abgeschlossener Sachverhalt[667]

Schwierigkeit bereitet die Rückwirkung der gesetzlichen Neuregelung. Eine Rückwirkung auch auf laufende und in der Vergangenheit bereits diskutierte bzw. aufgestellte Forderungen kommt in Betracht (§ 120 I 2 SGB X), wenn 1036

- der Sachverhalt bereits **vor dem 1.1.2001** bestanden hat (Unfall zwischen 1.7.1983 und 31.12.2000) und 1037

- darüber noch nicht abschließend entschieden wurde. 1038

§ 120 I 2 SGB X bestimmt aus verwaltungsökonomischen[668] Gründen die Anwendung des erweiterten § 119 SGB X n.F. nur auf diejenigen Fälle, die beim Inkrafttreten des Gesetzes noch nicht abschließend entschieden waren, sei es im Verwaltungs- oder Gerichtsverfahren oder durch Auftreten von Änderungen in den tatsächlichen Verhältnissen. Bereits abschließend entschiedene bzw. abgewickelte Fälle sollen nicht neu aufgerollt werden. 1039

Einige, für die Praxis allerdings kaum weiterhelfende, Aspekte bringt die gesetzgeberische Begründung zur Änderung der §§ 111 – 113 SGB X. Im **Referentenentwurf**[669] wird ausgeführt: 1040

> § 120 I 2 erfasst die Änderungen der §§ 116 und 119 SGB X durch diesen Gesetzentwurf und zwar für die Fälle, die beim Inkrafttreten dieses Gesetzes noch nicht abschließend entschieden sind, sei es im Verwaltungs- oder Gerichtsverfahren oder durch Auftreten von Änderungen in den tatsächlichen Verhältnissen. Die Regelung der Absätze 2 und 3 soll hinsichtlich des Vollzugs der Änderungen der §§ 111 und 113 SGB X durch diesen Entwurf eine verwaltungsökonomische Abwicklung der Erstattungsverfahren gewährleisten, indem alle noch nicht abgewickelten Fälle nach dem neuen Recht abzuwickeln sind (Abs. 2) und bereits abgewickelte Fälle nicht neu aufgerollt werden sollen (Abs. 3). Deshalb wird in Abs. 2 festgelegt, dass alle vor dem 1.6.2000 bereits abschließend entschiedenen bzw. abgewickelten Fälle nicht erneut im Hinblick auf die zu erwartende Rechtsänderung aufgegriffen werden können. 1041

Eine Entscheidung kann auch **einseitig** getroffen werden, sie bedarf von daher bereits keiner Gegenerklärung. Hatte der Rentenversicherer Regressansprüche nur nach § 116 SGB X angemeldet, z.B. weil nach der damals geltenden Rechtslage ein Regress nach § 119 SGB X nicht in Betracht kam oder hat entsprechend der früheren Rechtslage der Ersatzpflichtige einen geltend gemachten Regressanspruch zurückgewiesen, liegt eine den Sachverhalt abschließende Entscheidung i.S.v. § 120 SGB X vor; ein Regress nach § 119 SGB X n.F. entfällt. 1042

§ 119 SGB X hat den Streit, ob für den Regress des Rentenversicherers die relative Theorie oder ein Quotenvorrecht gilt, zugunsten der relativen Theorie – mit einer durch § 120 SGB X begrenzten Rückwirkung – entschieden. Wurde in der Vergangenheit über die 1043

---

667 *Jahnke* in Anwalts-Handbuch Verkehrsrecht Teil 4 Rn 400 ff.
668 Referentenentwurf zu § 120 SGB X, Begründung S. 49.
669 Referentenentwurf, Begründung S. 49.

Anwendung der **relativen Theorie** bei Mitverantwortlichkeit gestritten und unter Anwendung der Aufstockungstheorie abgerechnet bzw. die Zahlung verweigert, liegt für diejenigen Zeiträume eine abschließende Entscheidung vor, für die vom Rentenversicherer die Abrechnung akzeptiert wurde. Soweit der Rentenversicherer die Aufstockungstheorie nicht akzeptierte und ausdrücklich Vorbehalte machte oder soweit die Schadenakte zur Sammelbesprechung auch wegen dieser Thematik anstand, hat im Zweifel keine abschließende Entscheidung vorgelegen.

2. Konsequenzen aus § 119 III 1 SGB X

a. Pflichtbeitrag

1044
> **§ 119 SGB X n.F. – Übergang von Beitragsansprüchen**
>
> (3) ¹Die eingegangenen Beiträge oder Beitragsanteile gelten in der Rentenversicherung als Pflichtbeiträge. ²Durch den Übergang des Anspruchs auf Ersatz von Beiträgen darf der Versicherte nicht schlechter gestellt werden, als er ohne den Schadenersatzanspruch gestanden hätte.

Die eingegangenen Beiträge gelten als Pflichtbeiträge. Damit sind insgesamt die Regelungen der Pflichtversicherung anwendbar; dieses entspricht der Intention des Gesetzgebers und der Einbindung des § 119 SGB X in das Gesamtsystem.[670]

b. Erwerbsminderungsrente für bereits erwerbsgeminderte Personen

1045
> **§ 50 SGB VI – Wartezeiten**
>
> (1) Die Erfüllung der allgemeinen Wartezeit von fünf Jahren ist Voraussetzung für einen Anspruch auf
> 1. Regelaltersrente,
> 2. Rente wegen verminderter Erwerbsfähigkeit und
> 3. Rente wegen Todes.
>
> Die allgemeine Wartezeit gilt als erfüllt für einen Anspruch auf
> 1. Regelaltersrente, wenn der Versicherte bis zur Vollendung des 65. Lebensjahres eine Rente wegen verminderter Erwerbsfähigkeit oder eine Erziehungsrente bezogen hat,
> 2. Hinterbliebenenrente, wenn der verstorbene Versicherte bis zum Tod eine Rente bezogen hat.
>
> (2) Die Erfüllung der Wartezeit von 20 Jahren ist Voraussetzung für einen Anspruch auf Rente wegen voller Erwerbsminderung an Versicherte, die die allgemeine Wartezeit vor Eintritt der vollen Erwerbsminderung nicht erfüllt haben.
>
> (3) Die Erfüllung der Wartezeit von 25 Jahren ist Voraussetzung für einen Anspruch auf
> 1. Altersrente für langjährig unter Tage beschäftigte Bergleute und
> 2. Rente für Bergleute vom 50. Lebensjahr an.
>
> (4) Die Erfüllung der Wartezeit von 35 Jahren ist Voraussetzung für einen Anspruch auf
> 1. Altersrente für langjährig Versicherte und
> 2. Altersrente für schwerbehinderte Menschen.

1046 Nach 20 Jahren erhalten gemäß § 50 II SGB VI Personen Erwerbsminderungsrente auch dann, wenn sie im Unfallzeitpunkt die Wartezeit von 60 Monaten bzw. die verkürzte Wartezeit von 3 Jahren noch nicht erfüllt hatten. Dabei ist zu sehen, dass die vom Ersatz-

---

670 *Nehls-Hauck/Noftz* § 119 Rn 14 ff. m.w.N. In diesem Sinne auch BGH v. 15.4.1986 – VI ZR 146/85 – BGHZ 97,330 = MDR 1986, 745 = NJW 1986, 2247 = r+s 1986, 209 (nur LS) = VersR 1986, 592 = 1986, 204 (nur LS).

pflichtigen nach § 119 SGB X eingezogenen Beiträge Pflichtbeiträge (§ 119 III 1 SGB X) sind und daher zur Erfüllung der Wartezeit beitragen.

> *Beispiel 3.11:*
> Ein Auszubildender, der in den ersten Tagen seiner Lehre verletzt wird, hat einen Anspruch auf mit RV-Beiträgen versehenes Krankengeld für bis zu 78 Wochen.
> Zusammen mit dem Regress nach § 119 SGB X hat der Verletzte nach 20-jähriger Beitragszeit (RV-Beiträge auf Lohnfortzahlung, Krankengeld und § 119 SGB X, aber auch Kinderbeitragszeiten[671]) einen Anspruch auf Erwerbsminderungsrente und selbstverständlich im Anschluss daran auf Altersrente.

1047

Personen, die z.B. in jugendlichem Alter verletzt werden und für die Regress nach § 119 SGB X genommen wird, haben, wenn die Wartezeit nicht als vorzeitig erfüllt gilt (§ 53 SGB VI), aber dann zu späterer Zeit einen Anspruch auf Erwerbsminderungsrente und später dann auf Altersrente. Zu diesem Anspruch trägt nicht selten allein schon der Regress nach § 119 SGB X bei, da die von der Rentenversicherung beim Schädiger vereinnahmten Beiträge Pflichtbeiträge im Rentenkonto darstellen.

1048

Auch etwaige Hinterbliebene erhalten dann Hinterbliebenenrenten.

1049

Die Möglichkeit künftiger Rentenzahlung ist zur **Vermeidung von Doppelzahlungen** bei der Kapitalisierung künftiger Ansprüche zu beachten. Wird vom Rentenversicherer eine Erwerbsminderungsrente gezahlt, ist diese kongruent zum Verdienstausfall und Haushaltsführungsschaden. Sie muss zum einen auf den Schaden des Direktgeschädigten angerechnet werden (Differenz-Kapitalisierung wie bei aufgeschobener Leibrente), zum anderen besteht häufig ein künftiger Ersatzanspruch des Rentenversicherers.

1050

c. § 119 SGB X und Vorversicherungszeiten

§ 119 SGB X-Beiträge sind Pflichtbeiträge (§ 119 III 1 SGB X) und erfüllen damit rentenrechtliche Voraussetzungen wie jeder andere Pflichtbeitrag z.B. vom Lohn oder der Lohnersatzleistung (Krankengeld etc.).

1051

> *Beispiel 3.12:*
> Der Verletzte hat aufgrund seiner gesundheitlichen Gesamtsituation u.U. bereits heute einen Anspruch auf Erwerbsminderungsrente oder entsprechende Teilrente.
> Diesem Anspruch steht aber entgegen, dass dem Verletzten die rentenversicherungsrechtliche Vorversicherungszeit fehlt (§ 43 SGB VI: Zahlung von 3 Jahren innerhalb der letzten 5 Jahre vor Eintritt der Erwerbsminderung).
>
> *Ergebnis:*
> Sobald wegen eines erfolgreichen § 119 SGB X-Regresses Beiträge für entsprechende Zeiträume (Vorversicherungszeit!) gebucht sind, hat der Verletzten nunmehr einen Rentenanspruch wegen Erwerbsminderung, wenn die Erwerbsunfähigkeit nach Vollendung der Wartezeit (§ 43 I Nr. 3, II Nr. 3 SGB VI) eingetreten ist.
> Eine damit zu zahlende Rente kann dann bei Ersatzpflichtigen nach § 116 SGB X regressiert werden.

1052

Diese Wechselwirkung ist vor allem zu beachten, wenn nicht nur Streit über Umfang (Teilzeitbeschäftigung, Vollzeitarbeit), sondern über die Art (sozialversicherungspflichtige Tätigkeit, Selbstständigkeit, 400-EUR-Job) der unfallkausal beeinträchtigten Arbeitskraftverwertung besteht. Wird bei der Regulierung angenommen, dass in der Vergangen-

1053

---

671 Beispielsweise Schwangerschaft und Kindererziehung nach dem Unfallereignis.

heit sozialversicherungspflichtige Tätigkeit aufgenommen worden wäre, so muss man auch die beitragsrechtlichen Auswirkungen berücksichtigen, da ansonsten – wegen rückwirkender Neubestimmung einer Rentenzahlung seitens der Rentenversicherung – nunmehr Doppelzahlungen nicht auszuschließen sind. Es kann sich daher empfehlen, in die Schadenregulierung die Beteiligten (DRV, Direktgeschädigter) gleichzeitig einzubeziehen.

1054 Wechselt der Verletzte in die Selbstständigkeit und muss der Schadenersatzpflichtige Beiträge nach § 119 SGB X an die Rentenversicherung zahlen, können Ansprüche auf Gewährung einer Erwerbsminderungsrente be- und entstehen.[672]

d. Pflegeperson

1055 Da für Pflegepersonen Pflichtbeiträge abgeführt werden, können diese überraschend Anspruch auf Erwerbsminderungsrenten haben.[673]

e. Beitragszeiten nach § 119 SGB X und Erhöhung einer Erwerbsminderungsrente

1056 Regresseinnahmen nach § 119 SGB X für zurückliegende Beitragszeiten führen zur nachträglichen – auch rückwirkenden – Erhöhung der Renten (Erwerbsminderungsrente, aber auch Altersrente). Wenn Rentenversicherungsbeiträge **noch nicht** (es wurden vom Ersatzpflichtigen keine Zahlungen erbracht oder nur Vorschüsse ohne eine ausreichende Verrechnungsbestimmung gezahlt) oder **nur unvollständig** (Beitragsschaden ist zur Höhe oder zur Laufzeit noch streitig; Ersatzpflichtiger geht von Teilzeitbeschäftigung aus, man verständigt sich letztlich dann auch für vergangene Zeiträume auf Vollzeittätigkeit) auf dem Beitragskonto sind, sind diese Beiträge bislang nicht bei der Rentenberechnung (Erwerbsminderungsrente, Altersrente, Hinterbliebenenrente) berücksichtigt.

1057 Der Rentenversicherer ist gehalten, nach Durchführung des Beitragsregresses die Barleistungen zu überprüfen (§ 48 I Nr. 1 SGB X, § 63 I SGB VI i.V.m. §§ 64 ff. SGB VI). Er muss dazu sämtliche nach § 119 SGB X erbrachten Leistungen einstellen, ohne sich auf die zeitliche Begrenzung des § 44 IV SGB X (Berücksichtigung von nur 4 Jahren rückwärts) berufen zu können.[674]

1058 Zu beachten ist dieser Umstand, wenn Streit über den Umfang der sozialversicherungspflichtigen Tätigkeit besteht. Wird hier zu einem späten Zeitpunkt Einvernehmen erzielt und dementsprechend auch der Regress nach § 119 SGB X erfüllt, erfasst dieser dann auch zurückliegende Zeiträume. Die Neuberechnung der Rentenansprüche des Verletzten führt dann in aller Regel zu einer Anhebung der an diesen zu zahlenden Renten, die zum einen den Schaden beim unmittelbar Verletzten senken, zum anderen vom Rentenversicherer (nach § 116 SGB X) regressiert werden (bei einem Arbeitsunfall/Arbeitswegeunfall besteht Konkurrenz als Gesamtgläubiger mit einem Unfallversicherer).

---

672 Kap 3 Rn 967.
673 Kap 3 Rn 938 ff.
674 BSG v. 31.1.2002 – B 13 RJ 23/01 R – Breith 2002, 836 = BSGE 89, 151 = HVBG-Info 2002, 1505 = MittLVA Oberfr 2002, 283 = NZA 2002, 894 = NZS 2002, 661 = SGb 2002, 275 (Die Rentenversicherungsträger sind durch § 119 SGB X in besonderer Weise in die Pflicht genommen worden, ihrerseits für einen vollständigen Ausgleich des eingetretenen Rentenschadens des Versicherten Sorge zu tragen. Im Vordergrund dieser Regelung steht nicht die unterhaltssichernde Funktion der durch die entrichteten Beiträge erhöhten Rente, sondern der durch die Rentenversicherungsträger selbst zu besorgende Schadensausgleich.).

III. Auslandsberührung

Der Regress nach § 119 SGB X stellt weder auf die Staatsangehörigkeit des Verletzten noch auf den Unfallort noch auf den Beschäftigungsort ab, sondern allein auf die der deutschen Rentenversicherung entgangenen Beiträge. 1059

Es sind also auch bei **ausländischen Verletzten** Beiträge zu erstatten, wenn und solange für diese Personen Pflichtbeiträge an einen deutschen Rentenversicherer (DRV) abgeführt worden wären. 1060

War der Verletzte **im Ausland tätig** oder wäre er ohne den Unfall im Ausland beschäftigt gewesen, ist festzustellen, ob Zahlungen an die deutsche Rentenversicherung oder aber einen anderen Träger erfolgt wären. Der Beschäftigungsort ist unbeachtlich, es kommt ausschließlich darauf an, ob ohne das Schadenereignis Pflichtbeiträge der deutschen Rentenversicherung entgangen sind. Soweit ausländischen Sozialversicherern Beiträge entgehen, haben weder diese ausländischen Träger noch ein deutscher Rentenversicherer einen Regressanspruch nach § 119 SGB X.[675] 1061

IV. Personen außerhalb § 119 SGB X

Mit der Neuregelung durch § 119 SGB X hat der noch unmittelbar abzuwickelnde Rentenminderungsschaden nur noch für diejenige Personenkreise Bedeutung, für die zu keinem Zeitpunkt vor Erledigung des Direktanspruches Pflichtbeiträge auf dem Rentenkonto gebucht waren. 1062

1. Keine Rentenversicherungspflicht

Bei den nicht-versicherungs**pflicht**igen Personengruppen entfällt der Regress nach § 119 SGB X, solange keine Beiträge auf dem Rentenkonto gebucht sind. 1063

Nicht-versicherungspflichtig in der Rentenversicherung sind die oben (Kap 3 Rn 897 ff.) aufgeführten Personenkreise. 1064

2. Selbstzahler

Vor dem Inkrafttreten des § 119 SGB X mit dem 1.7.1983 hatte der Schädiger dem Verletzten selbst die von diesem zu zahlenden Rentenbeiträge entsprechend der Haftung unter engen Voraussetzungen zu erstatten.[676] 1065

Die zum früheren Recht entwickelten Grundsätze gelten für den Personenkreis außerhalb § 119 SGB X fort: **Fiktive Rentenversicherungsbeiträge** sind nicht zu zahlen. Ein Geschädigter hat auch keinen Anspruch, vom Ersatzpflichtigen die Mittel zum Abschluss einer privaten Versicherung zu erhalten.[677] Ein Beitragsanspruch besteht nur soweit, als das gesetzliche Rentenversicherungsrecht die Beitragsentrichtung ermöglicht und auf diese Weise einem späteren Rentennachteil vorbeugt. Die Abführung freiwilliger Rentenversicherungsbeiträge muss also sozialrechtlich möglich sein und sich zudem wegen der damit zu erreichenden Verbesserung der sozialrechtlichen Situation als wirtschaftlich vernünftig 1066

---

675 *Geigel-Plagemann* Kap 30 Rn 138.
676 BGH v. 29.9.1987 – VI ZR 293/86 – DAR 1988, 23 = DB 1988, 1113 (nur LS) = MDR 1988, 216 = NJW-RR 1988, 149 = r+s 1988, 12 =VersR 1988, 183 = VRS 74, 3 = zfs 1988, 70; BGH v. 12.4.1983 – VI ZR 126/81 – VersR 1983, 663.
677 OLG Stuttgart v. 25.11.1997 – 14 U 20/97 – VersR 1999, 630.

darstellen.[678] Gerade an der Frage der **Wirtschaftlichkeit** wird heute der Ersatzanspruch i.d.R. scheitern. Der Rentenminderungsschaden ist regelmäßig konkret zu bestimmen oder durch einen Feststellungsantrag abzusichern, ohne dass der Geschädigte einen durchsetzbaren Anspruch auf laufende Rentenversicherungsbeiträge hat.

3. Berufsständische Versorgung

1067 Anders als in der gesetzlichen Rentenversicherung erhalten die Versorgungswerke der freien Berufe keinen aus allgemeinen Steuermitteln finanzierten Bundeszuschuss. Die Versorgungswerke finanzieren die von ihnen zu erbringenden Leistungen nicht nach dem Umlageverfahren, sondern bilden eine Kapitalrücklage, aus der die späteren Leistungen bewirkt werden. Den **Beitrag** zum Versorgungswerk trägt das Mitglied selbst. Abhängig Beschäftigte haben gegenüber ihrem Arbeitgeber einen Anspruch auf Erstattung der Beiträge in demjenigen Umfange, wie der Arbeitgeber Beiträge an den gesetzlichen Rentenversicherer hätte zahlen müssen, § 172 II SGB VI. Die Beitragsbemessungsgrenze wird jährlich neu festgesetzt und orientiert sich häufig am Bemessungssatz der gesetzlichen Rentenversicherung.

1068 § 119 SGB X findet auf die berufsständischen Versorgungswerke keine Anwendung. Den Trägern der berufsständischen Versorgung steht kein § 119 SGB X vergleichbarer Regressanspruch auf Ersatz der ihnen entgehenden, für den Verletzten zu entrichtenden, Beiträge zu. Dieses gilt auch im Fall der befreiten Mitgliedschaft gemäß § 6 SGB VI. Der Verletzte muss selbst dafür Sorge tragen, dass seine Beitragsverluste in der berufsständischen Versorgung oder die Leistungsminderungen in der Zukunft ausgeglichen werden.

1069 Während des Bezuges von Sozialleistungen bleibt die Mitgliedschaft in einer berufsständischen Versorgung regelmäßig erhalten. Soweit durch geringere Beitragszahlungen Versorgungseinbußen entstehen, hat der Ersatzpflichtige diese (erst später eintretende) **Rentenminderung** auszugleichen. Besteht während der Zeit unfallbedingter Arbeitsunfähigkeit oder Arbeitslosigkeit die Möglichkeit zur freiwilligen Beitragszahlung an das berufsständische Versorgungswerk, hat der Schädiger diese (Mehr-)Beiträge zu ersetzen, wenn dieses wirtschaftlich sinnvoll ist. Zu beachten ist, dass im Einzelfall auch Sozialversicherer[679] zur Beitragsleistung an das Versorgungswerk verpflichtet sein können (siehe § 207 SGB III [früher § 166b AFG]).

4. Betriebliche Altersversorgung

1070 Den Zusatzkassen (im öffentlichen Dienst z.B. VBL oder ZVK) und Trägern der betrieblichen Altersversorgung steht kein § 119 SGB X vergleichbarer Regressanspruch auf Ersatz der ihnen entgehenden, für den Verletzten zu entrichtenden, Beiträge zu.

1071 Muss der Verletzte seine Tätigkeit unfallbedingt ganz oder teilweise einstellen und entstehen deshalb Beitragsausfälle oder -minderungen in der betrieblichen Altersversorgung, hat der Schädiger dem Verletzten die Minderungen bei der Betriebsrente zu ersetzen.

---

678 BGH v. 29.9.1987 – VI ZR 293/86 – DAR 1988, 23 = DB 1988, 1113 (nur LS) = MDR 1988, 216 = NJW-RR 1988, 149 = r+s 1988, 12 =VersR 1988, 183 = VRS 74, 3 = zfs 1988, 70; BGH v. 18.10.1977 – VI ZR 21/76 – BB 1978, 361 = BGHZ 69, 347 = MDR 1978, 215 = NJW 1978, 155 (Anm. *Buchmüller* NJW 1978, 999) = r+s 1978, 42 (nur LS) = SGb 1978, 215 = VersR 1977, 1156 (Anm. *Hofmann* VersR 1978, 620); BSG v. 31.1.2002 – B 13 RJ 23/01 R – Breith 2002, 836 = BSGE 89, 151 = HVBG-Info 2002, 1505 = MittLVA Oberfr 2002, 283 = NZA 2002, 894 = NZS 2002, 661 = SGb 2002, 275.
679 Hier besteht dann i.d.R. ein Forderungsübergang nach § 116 SGB X.

Keine Ersatzpflicht besteht allerdings gegenüber Familienangehörigen, wenn diese beispielsweise gekürzte Hinterbliebenen-Betriebsrenten erhalten (mittelbarer Schaden).[680]

V. Entgangene Krankenversicherungsbeiträge

> **§ 116 SGB X n.F. – Ansprüche gegen Schadensersatzpflichtige**
>
> (1) ¹Ein auf anderen gesetzlichen Vorschriften beruhender Anspruch auf Ersatz eines Schadens geht auf den Versicherungsträger oder Träger der Sozialhilfe über, soweit dieser aufgrund des Schadenereignisses Sozialleistungen zu erbringen hat, die der Behebung eines Schadens der gleichen Art dienen und sich auf denselben Zeitraum beziehen. ²Dazu gehören auch
> 1. die Beiträge, die von Sozialleistungen zu zahlen sind, und
> 2. die Beiträge zur Krankenversicherung, die für die Dauer des Anspruchs auf Krankengeld unbeschadet des § 224 Absatz 1 SGB V zu zahlen wären.
>
> (3) ¹Ist der Anspruch auf Ersatz eines Schadens durch ein mitwirkendes Verschulden oder eine mitwirkende Verantwortlichkeit des Geschädigten begrenzt, geht auf den Versicherungsträger oder Träger der Sozialhilfe von dem nach Absatz 1 bei unbegrenzter Haftung übergehenden Ersatzanspruch der Anteil über, welcher dem Vomhundertsatz entspricht, für den der Schädiger ersatzpflichtig ist. ²Dies gilt auch, wenn der Ersatzanspruch durch Gesetz der Höhe nach begrenzt ist. ... .

1072

> **§ 224 SGB V – Beitragsfreiheit bei Krankengeld, Mutterschaftsgeld oder Erziehungsgeld**
>
> (1) ¹Beitragsfrei ist ein Mitglied für die Dauer des Anspruches auf Krankengeld oder Mutterschaftsgeld oder des Bezuges von Erziehungsgeld. ²Die Beitragsfreiheit erstreckt sich nur auf die in Satz 1 genannten Leistungen.
>
> (2) Durch die Beitragsfreiheit wird ein Anspruch auf Schadensersatz nicht ausgeschlossen oder gemindert.

1. § 116 SGB X anstelle von § 119 SGB X

Seit dem 1.1.2001 (4. Euro-Einführungsgesetz) gelten für den Beitragsregress nach § 119 SGB X neue Voraussetzungen: Während sich der Regress der Krankenversicherung wegen der ihr entgehenden KV-Beiträge sich früher nach § 119 SGB X a.F. richtete,[681] ist Anspruchsgrundlage nunmehr § 116 I 1 Nr. 2 SGB X n.F.

1073

§ 116 I 2 Nr. 2 betrifft wie § 119 SGB X a.F. ausschließlich Schadenereignisse, die sich **nach dem 30.6.1983** (Unfalltag) ereigneten (für § 119 SGB X a.F. Art. II § 22 des Gesetzes v. 4.11.1982, BGBl I, 1450;[682] für § 116 I 2 Nr. 2 SGB X § 120 SGB X).

1074

a. Versichertenstatus

Nach **§ 119 SGB X a.F.** bestand bei freiwillig in der Krankenversicherung versicherten Personen kein Regressanspruch der Krankenkasse wegen der ihr entgehenden KV-Beiträge. Der Anspruch stand der Krankenkasse nur bei Ausfall von **Pflichtbeiträgen** zu.

1075

---

680 Siehe Kap 2 Rn 97 und Kap 2 Rn 224 f.
681 BGH v. 28.9.1999 – VI ZR 165/98 – DAR 2000, 62 = NZV 1999, 508 = r+s 1999, 506 = SP 1999, 411 = VersR 2000, 65 = zfs 2000, 14.
682 BGH v. 29.9.1987 – VI ZR 293/86 – DAR 1988, 23 = DB 1988, 1113 (nur LS) = MDR 1988, 216 = NJW-RR 1988, 149 = r+s 1988, 12 =VersR 1988, 183 = VRS 74, 3 = zfs 1988, 70.

1076 Für den auf **§ 116 SGB X** n.F. gestützten Regress der gesetzlichen Krankenversicherung (i.S.d. SGB V, nicht private Krankenversicherung) macht es keinen Unterschied mehr, ob zuvor eine **freiwillige** oder eine **Pflichtversicherung** bestand.

b. Einwendungen

1077 Da sich der Regress nach § 116 SGB X richtet, gelten auch sämtliche Einwendungen, die diesem Forderungsübergang entgegenstehen, u.a.

1078 ▪ Verwandtenprivileg;

1079 ▪ fehlender **Versicherungsschutz**, soweit er im Übrigen im Rahmen von § 116 SGB X zum Tragen käme.

2. Krankengeldzahlung

1080 Es kommt nur noch darauf an, dass Krankengeld gezahlt wird. Ein Regress der Krankenkasse entfällt, sobald ein Krankengeldanspruch des Verletzten nicht mehr besteht,

1081 ▪ sei es aufgrund **Zeitablaufes**,

1082 ▪ sei es, weil **andere Lohnersatzleistungen** gewährt werden.

a. Zeitraum

1083 Der Regress ist zeitlich deckungsgleich ausschließlich mit dem Zeitraum, für den Anspruch auf Zahlung von Krankengeld besteht. Der Erstattungszeitraum endet mit dem Anspruch auf Krankengeld.

1084 Wegen derselben Krankheit wird Krankengeld max. 78 Wochen innerhalb eines Jahrs-Zeitraumes, gerechnet vom Tag des Beginns der Arbeitsunfähigkeit (i.d.R. Unfalltag) gezahlt, § 48 I SGB V. Zu beachten ist, dass ausnahmsweise zu späteren Zeitpunkten der Krankengeldanspruch wieder aufleben kann (vgl. § 48 II, III SGB V). Der Krankengeldbezug und damit zugleich der Anspruch der Krankenkasse nach § 116 I 2 Nr. 2 SGB X endet mit dem Beginn von Ruhegehaltsbezügen (Erwerbsminderungsrente, Altersrente, § 50 I SGB V) auch bereits vor Ablauf von 78 Wochen. Das Ende im Rechtssinne gilt auch bei rückwirkender Gewährung von z.B. Erwerbsminderungsrenten trotz der i.d.R. vorgenommenen Verrechnung der Sozialleistungen miteinander.

b. Anderweitige Barleistungen

1085 Der Regress der Krankenkasse ist beschränkt ausschließlich auf Zeiten der Gewährung nur von Krankengeld. Andere **Lohnersatzleistungen** wie beispielsweise Verletztengeld, Übergangsgeld, Arbeitslosengeld (nur bis 31.12.2004 Arbeitslosenhilfe) oder Erwerbsminderungsrente lösen einen Ersatzanspruch der Krankenkasse nicht aus.[683] Bei rückwirkender Bewilligung von anderen Lohnersatzleistungen (Hauptfall: Erwerbsminderungsrente) fällt der Ersatzanspruch der Krankenkasse wegen entgangener KV-Beiträge ebenfalls **rückwirkend** weg, da nach § 50 I SGB V der Anspruch auf Krankengeld mit dem Beginn der anderweitigen Leistungen (vor allem Erwerbsminderungsrente) endet.

---

683 OLG Karlsruhe (Zivilsenate Freiburg) v. 2.11.2000 – 19 U 195/99 – Justiz 2001, 162 = OLGR 2001, 64 = SP 2001, 90 = VersR 2001, 612.

Schadensersatzpflichtigen ist dann nicht nur das bei ihm regressierte Krankengeld (Brutto-Krankengeld inklusive der Arbeitnehmer- und Trägeranteile zur Sozialversicherung) zu erstatten, sondern daneben auch die für denselben Zeitraum erhaltenen KV-Beiträge (§ 812 BGB).

Handelt es sich um einen der **gesetzlichen Unfallversicherung** unterfallenden Schaden, kann die Krankenkasse überhaupt keinen Anspruch wegen der ihr fehlenden KV-Beiträge verfolgen. Vom Verletztengeld werden seitens der Unfallversicherung bereits KV-Beiträge abgeführt, die dem Unfallversicherungsträger (z.B. BG) zu ersetzen sind; soweit danach der Krankenkasse noch ein Schaden in Höhe des Differenzbetrages zum Bruttoeinkommen des Verletzten verbleibt, ist diese Einbuße nicht zu ersetzen.

Wird während einer von der Berufsgenossenschaft oder Rentenversicherung gewährten **Reha-Maßnahme** von dort Übergangsgeld gezahlt, entfällt ein Regress der Krankenkasse wegen ihr entgehender KV-Beiträge (Minderbeitrag, soweit z.B. Rentenversicherung bzw. BG niedrigere KV-Beiträge an die Krankenkasse abführten). Das gilt auch dann, wenn die Krankenkasse **Spitzbeträge** in Ergänzung zum Übergangsgeld leistet; es fehlt an einer beitragsfreien Versicherung i.S.d. § 224 SGB V.

c. Minderverdienst

Auch bei Minderverdienst hat die Krankenkasse keinen ersatzfähigen Schaden. Sie ist mittelbar geschädigt und hat daher den Regress nur nach § 116 I Nr. 2 SGB X (bzw. bis 31.12.2000 § 119 SGB X a.F.), der wegen der Abhängigkeit von der Krankengeldgewährung beim Minderverdienst keinen Regress zulässt.[684]

3. Höhe

Der Regress der Krankenversicherung orientiert sich am **fiktiven sozialversicherungspflichtigen Einkommen** des Verletzten (häufig „Bruttoeinkommen"), das dieser während der Zeit der Arbeitsunfähigkeit erzielt hätte.

Teilweise enthalten **Teilungsabkommen** Regelungen zur Berechnung und Höhe.

VI. Andere Sozialversicherungsbeiträge

Die Neufassung von § 116 I 2 Nr. 2 SGB X betrifft die der Krankenversicherung entgangenen KV-Beiträge, die bis zum 31.12.2000 nur nach § 119 SGB X geltend gemacht werden konnten. Die Ersatzfähigkeit dieser Forderungsposition wird durch die gesetzliche Neuregelung festgeschrieben, auch wenn es sich grundsätzlich weiterhin um einen mittelbaren Schaden der Krankenversicherung handelt. Entgangene oder geminderte Beiträge zu anderen Zweigen der Sozialversicherung (z.B. Pflegeversicherung, Arbeitslosenversicherung) oder sonstigen Vorsorgeträgern sind außerhalb der explizit in §§ 116, 119 SGB X geregelten Fälle den Trägern nicht zu ersetzen.

---

684 OLG Karlsruhe (Zivilsenate Freiburg) v. 2.11.2000 – 19 U 195/99 – Justiz 2001, 162 = OLGR 2001, 64 = SP 2001, 90 = VersR 2001, 612 (Der Schaden, den eine Krankenkasse dadurch erleidet, dass ihr Pflichtmitglied als Verkehrsunfallopfer eine Erwerbsunfähigkeitsrente und kein [höheres] Arbeitsentgelt bezieht, wodurch sich der Krankenkassenbeitrag verringert, ist als mittelbarer Schaden nicht erstattungsfähig).

1093 ▪ Beiträge zur **Arbeitslosenversicherung** können nur bei bestehendem Arbeitsverhältnis entrichtet werden, sodass § 119 SGB X nicht anwendbar ist.[685]

1094 ▪ Beiträge zur Krankenversicherung der Rentner (**KVdR**) sind dem Regress nach § 119 SGB X nicht zugänglich; hier ist nur der Regress nach § 116 SGB X gegeben.[686]

1095 ▪ Entgangene Beiträge zur **Pflegeversicherung** werden weder durch § 119 SGB X noch durch § 116 I SGB X einer Erstattungsfähigkeit zugeführt.[687]

1096 ▪ § 119 SGB X gilt nicht für entfallene Beiträge zur **Unfallversicherung**.[688] Diese sind ausschließlich vom Arbeitgeber zu entrichten (§ 150 SGB VII).

VII. Erstattung von Beiträgen nach § 179 Ia SGB VI[689]

1097 Das „Gesetz zur Einführung des EUR im Sozial- und Arbeitsrecht sowie zur Änderung anderer Vorschriften (4. Euro-Änderungsgesetz)"[690] enthielt neben der Neufassung des § 119 SGB X in Art. 6 Nr. 9 die erstmalige Schaffung des § 179 Ia SGB VI.

1098

> **§ 179 SGB VI – Erstattung von Aufwendungen**
>
> (1) ¹Für Behinderte nach § 1 Satz 1 Nr. 2 Buchstabe a erstattet der Bund den Trägern der Einrichtung die Beiträge, die auf den Betrag zwischen dem tatsächlich erzielten monatlichen Arbeitsentgelt und 80 % der monatlichen Bezugsgröße entfallen, wenn das tatsächlich erzielte monatliche Arbeitsentgelt 80 % der monatlichen Bezugsgröße nicht übersteigt. ²Im übrigen erstatten die Kostenträger den Trägern der Einrichtung die von diesen getragenen Beiträge für Behinderte.
>
> (1a) ¹Ein auf anderen gesetzlichen Vorschriften beruhender Anspruch auf Ersatz eines Schadens geht auf den Bund über, soweit dieser aufgrund des Schadenereignisses Erstattungsleistungen nach Absatz 1 Satz 1 erbracht hat. ²Die nach Landesrecht für die Erstattung von Aufwendungen für die gesetzliche Rentenversicherung der in Werkstätten beschäftigten Behinderten zuständige Stelle macht den nach Satz 1 übergegangenen Anspruch geltend. ³§ 116 Absätze 2 bis 7, 9 und die §§ 117 und 118 des SGB X gelten entsprechend. ⁴Werden Beiträge nach Absatz 1 Satz 2 erstattet, gelten die Sätze 1 und 3 entsprechend mit der Maßgabe, dass der Anspruch auf den Kostenträger übergeht. ⁵Der Kostenträger erfragt, ob ein Schadenereignis vorliegt und übermittelt diese Antwort an die Stelle, die den Anspruch auf Ersatz von Beiträgen zur Rentenversicherung geltend macht.
>
> (2) ¹Bei Entwicklungshelfern und bei im Ausland beschäftigten Deutschen sind unbeschadet der Regelung über die Beitragstragung Vereinbarungen zulässig, wonach Versicherte den

---

[685] BGH v. 29.9.1987 – VI ZR 293/86 – DAR 1988, 23 = DB 1988, 1113 (nur LS) = MDR 1988, 216 = NJW-RR 1988, 149 = r+s 1988, 12 =VersR 1988, 183 = VRS 74, 3 = zfs 1988, 70. *Nehls-Hauck/Noftz* § 119 Rn 8.

[686] OLG Karlsruhe (Zivilsenate Freiburg) v. 2.11.2000 – 19 U 195/99 – Justiz 2001, 162 = OLGR 2001, 64 = SP 2001, 90 = VersR 2001, 612 (Der Schaden, den eine Krankenkasse dadurch erleidet, dass ihr Pflichtmitglied als Verkehrsunfallopfer eine Erwerbsunfähigkeitsrente und kein [höheres] Arbeitsentgelt bezieht, wodurch sich der Krankenkassenbeitrag verringert, ist als mittelbarer Schaden nicht erstattungsfähig).

[687] *Nehls-Hauck/Noftz* § 119 Rn 10b.

[688] *Geigel-Plagemann* Kap 30 Rn 133; *Nehls-Hauck/Noftz* § 119 Rn 9.

[689] Zum Thema: *Jahnke* „Beitragsregress nach § 179 Abs. 1a SGB VI" VersR 2005, 1203, *Küppersbusch* Rn 758; *Langenick* „Der Beitragsregress des Bundes nach § 179 Ia SGB VI im Lichte aktueller OLG-Urteile und der Rechtsprechung des BGH zu analogen Problemkreisen – ein „Déjà-vu-Erlebnis"? NZV 2007, 105; *Langenick/Vatter* „Der Beitragsregress des Bundes gemäß § 179 Ia SGB VI – eine notwendige Gesetzesvorschrift?" NZV 2005, 609.

[690] Gesetz zur Einführung des EUR im Sozial- und Arbeitsrecht sowie zur Änderung anderer Vorschriften (4. Euro-Einführungsgesetz) v. 21.12.2000, BGBl I 2000, 1983.

> antragstellenden Stellen die Beiträge ganz oder teilweise zu erstatten haben. ²Besteht eine Pflicht zur Antragstellung nach § 11 des Entwicklungshelfer-Gesetzes, so ist eine Vereinbarung zulässig, soweit die Entwicklungshelfer von einer Stelle im Sinne des § 5 Absatz 2 des Entwicklungshelfer-Gesetzes Zuwendungen erhalten, die zur Abdeckung von Risiken bestimmt sind, die von der Rentenversicherung abgesichert werden.

1. Aufwand für den Behinderten

Regeln zu den Werkstätten für Behinderte enthalten §§ 39, 136 ff. SGB IX.

Bei der Regulierung ist zu differenzieren zwischen dem Träger der Maßnahme (**Kostenträger**) einerseits und dem **Träger der Einrichtung** (Beschäftigungsverhältnis mit Behindertem) andererseits.

a. Sozialpflichtversicherung

Behinderte (und damit auch Verletzte nach Unfällen), die u.a. in anerkannten Einrichtungen für Behinderte tätig sind, sind (wie ansonsten auch Arbeitnehmer) in der gesetzlichen Sozialversicherung pflichtversichert, und zwar nicht nur in der gesetzlichen Arbeitslosen- (§ 344 III SGB III), Kranken- (§ 5 I Nr. 7 SGB V) und Pflegeversicherung (§ 20 I Nr. 7 SGB XI), sondern auch gemäß § 1 S. 1 Nr. 2 SGB VI in der Rentenversicherung.

b. Rentenbeitrag

Der **Beitragssatz** entspricht dem für Arbeitnehmern geltenden Satz (z.B. in 2008 19,9 %).

Beitragsbemessungsgrundlage ist zwar grundsätzlich das Arbeitsentgelt (§ 14 SGB IV) in der Behinderteneinrichtung (§ 162 Nrn. 2, 2a SGB VI), die Untergrenze für die Beitragsbemessung beträgt jedoch stets 80 % der **sozialen Bezugsgröße** (BZG, § 18 SGB IV). Wird ein Verletzter in einer beschützenden Werkstatt untergebracht, werden in der Praxis regelmäßig an fiktiven Werten (80 % BZG) ausgerichtete relativ hohe Pflichtbeiträge zur Rentenversicherung abgeführt.[691] Der parallele Regress nach § 119 SGB X erstreckt sich dann nur auf Minderverdienste jenseits dieser fiktiven Werte.

Übersicht 3.19: Rentenversicherung in der beschützenden Werkstatt

Jahr	RV-Beitragssatz	BZG (§ 18 SGB IV)		80 % BZG			
		Monat		Monat		Jahr	
		West	Ost	West	Ost	West	Ost
1995	18,6 %	4.060 DM	3.290 DM	3.248 DM	2.632 DM	38.976 DM	31.584 DM
1996	19,2 %	4.130 DM	3.500 DM	3.304 DM	2.800 DM	39.648 DM	33.600 DM
1997	20,3 %	4.270 DM	3.640 DM	3.416 DM	2.912 DM	40.992 DM	34.944 DM
1998	20,3 %	4.340 DM	3.640 DM	3.472 DM	2.912 DM	41.664 DM	34.944 DM
1999	20,3 %[692] 19,5 %[693]	4.410 DM	3.710 DM	3.528 DM	2.968 DM	42.336 DM	35.616 DM
2000	19,3 %	4.480 DM	3.640 DM	3.584 DM	2.912 DM	43.008 DM	34.944 DM
2001	19,1 %	4.480 DM	3.780 DM	3.584 DM	3.024 DM	43.008 DM	36.288 DM
2002	19,1 %	2.345 EUR	1.960 EUR	1.876 EUR	1.568 EUR	22.512 EUR	18.816 EUR

---

691 Kap 3 Rn 977.
692 Zeitraum 1.1.1999 – 31.3.1999.
693 Zeitraum 1.4.1999 – 31.12.1999.

3 Erwerbstätige Personen

Jahr	RV-Beitrags-satz	BZG (§ 18 SGB IV)		80 % BZG			
		Monat		Monat		Jahr	
		West	Ost	West	Ost	West	Ost
2003	19,5 %	2.380 EUR	1.995 EUR	1.904 EUR	1.596 EUR	22.848 EUR	19.152 EUR
2004	19,5 %	2.415 EUR	2.030 EUR	1.932 EUR	1.624 EUR	23.184 EUR	19.488 EUR
2005	19,5 %	2.415 EUR	2.030 EUR	1.932 EUR	1.624 EUR	23.184 EUR	19.488 EUR
2006	19,5 %	2.450 EUR	2.065 EUR	1.960 EUR	1.652 EUR	23.520 EUR	19.824 EUR
2007	19,9 %	2.450 EUR	2.100 EUR	1.960 EUR	1.680 EUR	23.520 EUR	20.160 EUR
2008	19,9 %	2.485 EUR	2.100 EUR	1.988 EUR	1.680 EUR	23.856 EUR	20.160 EUR

1105 Die Beiträge werden getragen von den Trägern der Einrichtung (§ 168 I Nrn. 2 und 2a SGB VI), wenn kein oder nur ein geringes Arbeitsentgelt gezahlt wird. Nur soweit das Arbeitsentgelt jenseits von 80 % BZG liegt (was in der Praxis aber nur selten vorkommen dürfte), teilen sich Behinderter und Träger der Einrichtung die **Beitragslast**.

1106 Für Behinderte i.S.d. § 1 S. 1 Nr. 2 lit. a (nicht aber Nr. 2 lit. b) SGB VI sowie in einem Integrationsprojekt (§ 132 SGB IX, § 179 I SGB VI) Beschäftigte werden dem Träger der Einrichtung die von ihm entrichteten Rentenversicherungsbeiträge gemäß § 179 I SGB VI erstattet:

1107 ■ Der Bund erstattet die Rentenversicherungsbeiträge („Arbeitgeber"- und „Arbeitnehmer"Anteil) für den Bereich zwischen tatsächlichem Entgelt in der Einrichtung und der Mindestbemessungsgrundlage von 80 % BZG. Nur soweit die Einrichtung tatsächlich Arbeitentgelt (in der Praxis wird vielfach nur ein Taschengeld gezahlt) an den Behinderten zahlt, ersetzt der Bund der Einrichtung die Beiträge nicht.

1108 ■ Soweit die vom Träger der Einrichtung zu zahlenden Beiträge auf dem tatsächlich erzielten Arbeitsentgelt beruhen, sind sie dem Träger vom Kostenträger (u.a. Bundesanstalt für Arbeit = Bundesagentur, Sozialhilfeträger)[694] zu erstatten.

c. Leistungen

1109 Es ist vor allem § 50 II SGB VI zu beachten. Danach besteht gerade bei jungen Verletzten der Anspruch auf **Voll-Erwerbsminderungsrente** nach einer Wartezeit von 20 Jahren, wenn die allgemeinen Wartezeit (Regelfall § 50 I SGB VI: 60 Monate) vor Eintritt der vollen Erwerbsminderung nicht erfüllt war.

1110 Ferner besteht ein Anspruch auf **Altersrente** regelmäßig ab dem 63. Lebensjahr (§ 37 SGB VI).

2. Forderungsübergang

a. § 116 SGB X

1111 Beiträge zur gesetzlichen Rentenversicherung für die in Einrichtungen für Behinderte beschäftigten Personen, die aufgrund eines von einem Dritten verursachten Schadenereignisses nur noch dort beruflich tätig sein können, können nicht nach § 116 SGB X im Regresswege gegen den Schädiger geltend gemacht werden.[695]

---

[694] Siehe ergänzend BGH v. 12.12.1995 – VI ZR 271/94 – VersR 1996, 350 (re. Spalte zu II. 1. b) bb)).
[695] BT-Drucksache 14/4375 v. 24.10.2000, S. 54 (zu Nr. 9, § 179 SGB VI).

Auf § 116 SGB X gestützte Regressansprüche scheitern daran, dass die Regressvorschriften der §§ 116 ff. SGB X nur die Sozialleistungen der Versicherungsträger und der Träger der Sozialhilfe (incl. der von diesen Sozialleistungen gezahlten Beiträge) und die Beitragsansprüche des Versicherten selbst umfassen. Die Erstattungen des Bundes sind nicht unter den Begriff Sozialleistungen zu subsumieren. Gemäß § 11 SGB I fallen Erstattungsansprüche der Sozialleistungsträger untereinander oder gegenüber dem Bund nicht unter diesen Begriff.[696]

1112

b. § 179 Ia SGB VI

aa. Cessio legis

Übersicht 3.20: Überleitung bei § 179 Ia SGB VI

1113

Datum	Überleitungsnorm
bis 31.12.2000	entfällt
ab 1.1.2001	§ 179 Ia SGB VI

Die Änderung des § 179 SGB VI will gewährleisten, dass in den Fällen einer Drittschädigung, die dazu führt, dass der betroffene Geschädigte nur noch in einer Einrichtung für Behinderte beruflich tätig sein kann, die vom Bund und dem Kostenträger der Behinderteneinrichtung erstatteten Beiträge zur gesetzlichen Rentenversicherung gegen den Schädiger regressiert werden können.

1114

Dazu wurde in § 179 Ia SGB VI ein eigener Forderungsübergang statuiert,[697] in dessen Anwendungsbereich dann die § 116 II bis VII, IX und §§ 117, 118 SGB X, also einschließlich der Pauschalisierungsmöglichkeit, entsprechend gelten (§ 179 Ia 3 SGB VI).

1115

bb. Zeitpunkt

Nach § 179 Ia SGB VI geht ein Anspruch auf Ersatz eines Schadens auf den Bund über, „*soweit* dieser aufgrund des Schadenereignisses Erstattungsleistungen nach Absatz 1 S. 1 erbracht hat". § 179 Ia SGB VI formuliert den Forderungsübergang wie § 6 EFZG[698] und § 67 VVG a.F.,[699] aber auch ähnlich zu § 127 AFG a.F.[700] Für EFZG und VVG besteht Einigkeit, dass der Forderungsübergang erstmals mit der tatsächlichen Zahlung (und nicht schon bei Fälligkeit des Zahlungsanspruches oder der zuvor erhobenen Forderung) stattfindet.[701] In Ansehung der vergleichbaren Formulierung kann der Forderungsübergang

1116

---

696 BT-Drucksache 14/4375 v. 24.10.2000, S. 54 (zu Nr. 9, § 179 SGB VI).
697 Art. 6, Nr. 9 des 4. Euro-Einführungsgesetz v. 21.12.2000, BGBl I 2000, 1983.
698 Nach § 6 I EFZG geht der Anspruch insoweit auf den Arbeitgeber über, „als dieser dem Arbeitnehmer nach dem EFZG Arbeitsentgelt fortgezahlt und darauf entfallende vom Arbeitgeber zu tragende Beiträge zur Bundesagentur für Arbeit, Arbeitgeberanteile an Beiträgen zur Sozialversicherung und zur Pflegeversicherung sowie zu Einrichtungen der zusätzlichen Alters- und Hinterbliebenenversorgung abgeführt hat".
699 Nach § 67 I VVG a.F. geht der Anspruch auf den Versicherer über, „soweit dieser dem Versicherungsnehmer den Schaden ersetzt".
700 Nach § 127 AFG in der bis zum 30.6.1983 geltenden Fassung geht ein Anspruch auf Ersatz eines Schadens, der durch Arbeitslosigkeit erwachsen ist, „insoweit auf die Bundesanstalt über, als dieser durch die Gewährung von Leistungen nach diesem Gesetz an den Entschädigungsberechtigten Aufwendungen erwachsen". Der Forderungsübergang auf die Arbeitsverwaltung erfolgt erst mit Bewilligung der Leistung.
701 *Jahnke* in Anwalts-Handbuch Verkehrsrecht Teil 4 Rn 346, ders. „Abfindung von Personenschadensansprüchen" § 2 Rn 330.

nach § 179 Ia SGB VI ebenfalls erst mit der Erstattung durch den Bund (tatsächliche Zahlung) erfolgen,[702] wobei die Formulierung desweiteren einen sukzessiven Forderungswechsel wie bei § 6 EFZG, § 67 VVG a.F. nahe legt. § 116 SGB X[703] stellt demgegenüber mit seiner Formulierung „zu erbringen hat" bereits auf die bloße Verpflichtung und nicht erst die tatsächliche Leistung ab.

cc. Rechtsvorgänger

1117 Der Forderungsübergang in § 179 Ia SGB VI stellt eine **Systemänderung** dar, wie bereits die Gesetzesbegründung deutlich herausstellt: Es gab zuvor keine Rechtsgrundlage für einen Regress.[704]

1118 Bis zum Inkrafttreten am 1.1.2001 war die Forderung damit noch in der Hand des unmittelbar Verletzten. Wurde ein zum Verdienstausfallschaden bzw. Rentenminderungsschaden kongruenter Anspruch mit dem unmittelbar Verletzten abgefunden, geht auch künftig die auf § 179 Ia SGB VI gestützte Forderung ins Leere. **Abfindungsvergleiche** ohne Vorbehalte oder nur mit Vorbehalt für vermehrte Bedürfnisse bzw. Pflegekosten schließen den Regress nach § 179 Ia SGB VI aus.[705]

1119 Der Regressträger nach **§ 119 SGB X** ist nicht Rechtsvorgänger des Forderungsberechtigten nach § 179 Ia SGB VI; dieses folgt aus der grundsätzlichen Gleichstufigkeit von § 179 Ia SGB VI und § 116 SGB X.

dd. Anspruchsberechtigung

(1) Bund

1120 Soweit der Bund dem Einrichtungsträger Beiträge erstattet, geht die Forderung des Verletzten auf den Bund über, wobei die Geltendmachung der übergegangenen Forderung dem nach Landesrecht bestimmten Stelle überantwortet ist (§ 179 Ia 1, 2 SGB VI).

1121 Zur Verfahrensvereinfachung sollen die nach Landesrecht (für die Erstattung von Aufwendungen für die gesetzliche Rentenversicherung der in Werkstätten beschäftigten Behinderten) zuständigen Stellen den Regress durchführen[706] und die ihnen vom Schädiger erstatteten Beträge mit den vom Bund angeforderten Mitteln verrechnen. Damit die vorgenannten Stellen überhaupt tätig werden können, muss der Kostenträger die notwendigen Daten erheben und an diese Stellen weiterleiten (§ 179 Ia 5 SGB VI).

(2) Kostenträger

1122 Soweit nicht der Bund sondern der Kostenträger Erstattungsleistungen vornimmt, geht die Forderung auf den Kostenträger über (§ 179 Ia 3 SGB VI).

---

702 Ebenso: *Geigel-Plagemann* Kap 30 Rn 153; *Jahnke* jurisPR-VerkR 16/2008 Anm. 5, *ders*. r+s 2008, 400, *Langenick/Vatter* „Der Beitragsregress des Bundes gemäß § 179 Ia SGB VI – eine notwendige Gesetzesvorschrift ?" NZV 2005, 609 (614).
703 Nach § 116 I SGB X geht der Anspruch auf Ersatz eines Schadens auf den Versicherungsträger über, „soweit dieser aufgrund des Schadenereignisses Sozialleistungen zu erbringen hat, die der Behebung eines Schadens der gleichen Art dienen und sich auf denselben Zeitraum beziehen.".
704 BT-Drucksache 14/4375 v. 24.10.2000, S. 54: „Regressansprüche des Bundes scheitern bisher daran, dass die Regressvorschriften ... nur die Sozialleistungen ... umfassen. Die Erstattungen des Bundes sind nicht unter den Begriff Sozialleistungen zu subsumieren.".
705 LG Münster v. 9.5.2005 – 15 O 646/04 –.
706 Zu diesen Stellen vgl. § 1 der Aufwendungserstattungs-Verordnung v. 11.7.1975, BGBl I 1975, 1896, zuletzt geändert durch Verordnung v. 31.5.1994, BGBl I 1994, 1203.

Als Legalzession ist § 179 Ia SGB VI einer erweiternden Analogie auf andere Sozialversicherungsabgaben nicht zugänglich.⁷⁰⁷

Nach § 179 I 2 SGB VI erstatten die Kostenträger (i.d.R. Sozialhilfeträger) der Einrichtung für Behinderte die von dieser auf der Grundlage des gezahlten Arbeitsentgelts abgeführten Rentenversicherungsbeiträge. Nach § 179 Ia 4 SGB VI ist auch in diesen Fällen der Regress des Kostenträgers gegen den Schädiger zulässig (entsprechend der in § 116 I 2 SGB X vorgesehenen Regelung für den Regress des Beitragsanteils des Sozialleistungsträgers).

ee. Haftung

(1) Schadensersatzanspruch

§ 179 Ia SGB VI entspricht § 116 I 1 SGB X und bezieht sich als spezielle Übergangsnorm ausschließlich auf die Beitragserstattungsleistungen des § 179 I SGB VI.

Wie nach § 116 SGB X geht auch nach § 179 Ia SGB VI „ein auf anderen gesetzlichen Vorschriften beruhender Anspruch auf Ersatz eines Schadens auf den Bund über". Vorauszusetzen ist also, dass in der Person des Verletzten ein auf Erstattung von Rentenpflichtversicherungsbeiträgen gerichteter Schadensersatzanspruch als Folge des Haftpflichtgeschehens entstanden ist, der dann vom unmittelbar Verletzten auf den Bund übergehen kann.

(2) Kein Aufwendungsersatzanspruch

Vom Schadensersatzanspruch zu unterscheiden ist der Aufwendungsanspruch. Beim Aufwendungsersatz wird unabhängig von einer konkreten Prüfung eines eingetretenen Schaden der letztlich mittelbare Schaden des Dritten (nämlich desjenigen, der den Aufwand betreibt bzw. aufgrund eigener Leistungsverpflichtung betreiben muss) dem Erstattungsbegehren zugrundegelegt: Der tatsächlich betriebene Aufwand wäre vom Schädiger dann auszugleichen.

Beim Regress von Sozialleistungsträgern ist der Aufwendungsersatz nur in § 110 SGB VII (für Unfälle bis zum 31.12.1996 § 640 RVO) – und zwar als eigener Anspruch des Unfallversicherers und nicht als übergegangener Anspruch – vorgesehen. Die Begründung ist vor allem im Sanktionscharakter für grob fahrlässiges Schadenherbeiführung des Solidarmitgliedes der **gesetzlichen Unfallversicherung** (mit ursprünglich genossenschaftlicher Ausgestaltung) zu sehen. Außerhalb der Unfallversicherung gibt es keinen Aufwendungsersatz.

§ 110 SGB VII und § 640 RVO gelten nicht für die Träger i.S.v. § 179 Ia SGB VI, da es sich nicht um Sozialversicherer handelt.

(3) Kongruenz

§ 179 Ia SGB VI ist § 116 I 1 SGB X nachgebaut, wobei allerdings der auf die Kongruenz hinweisende Teilsatz fehlt (... soweit dieser aufgrund des Schadenereignisses Sozialleistungen zu erbringen hat, *die der Behebung eines Schadens der gleichen Art dienen und*

---

⁷⁰⁷ Kap 1 Rn 50 ff.

sich auf denselben Zeitraum beziehen. ...). § 179 Ia SGB VI geht jedenfalls nicht über den durch § 116 SGB X gesteckten Rahmen hinaus.[708]

1130 Der Forderungsübergang von Schadensersatzansprüchen ist allgemein durch die **sachliche** und **zeitliche** Kongruenz eingeschränkt. Das Fehlen des Halbsatzes in § 179 Ia SGB VI führt nicht dazu, dass ein auf den gesamten Schaden sich erstreckendes Vorrecht des Bundes eingeführt werden sollte. Es handelt sich – wenn überhaupt – nur um eine Unsauberkeit bei der Gesetzesfassung. Auch andere Legalzessionen (§ 52 S. 1 BRRG a.F., § 67 I 1 VVG a.F., siehe auch § 119 SGB X) gehen nicht ausdrücklich auf die sich von selbst verstehende Kongruenz ein.

1131 Deckungsgleich ist der Schadenersatzanspruch mit dem **Beitragsschaden** des Verletzten in der gesetzlichen Rentenversicherung; es besteht also Kongruenz zum Verdienstausfall[709] und nicht zu den vermehrten Bedürfnissen. Nur soweit der Geschädigte ohne den Unfall sein Rentenkonto gefüllt hätte, hat er einen Schaden; darüber hinausgehende Beitragszahlungen aus sozialer Verantwortung sind und bleiben nicht ersatzfähiger mittelbarer Schaden des Bundes bzw. Kostenträgers.[710] Es gelten dieselben Kriterien wie bei der Forderung des Rentenversicherers nach § 119 SGB X.

ff. Arbeitsunfall

1132 Der Arbeitsunfall (§§ 104 ff. SGB VII) schließt den Anspruch bereits dem Grunde nach aus, so dass bereits von daher der Anspruch dem Grunde nach fehlt und ein Übergang nicht mehr möglich ist.

gg. Verwandtenprivileg

1133 § 116 VI SGB X gilt, § 179 Ia 3 SGB VI.

hh. Versicherungsschutz

1134 Ist der Versicherungsschutz versagt, gelten dieselben Folgen wie hinsichtlich der Sozialversicherung.

c. § 119 SGB X – § 179 Ia SGB VI

1135 Das (treuhänderische) Forderungsrecht der Rentenversicherung nach § 119 SGB X und der Regress (aus übergegangenem Recht) nach § 179 Ia SGB VI stehen gleichberechtigt nebeneinander; Rentenversicherer (§ 119 SGB X) und Regressgläubiger nach § 179 Ia SGB VI sind **Gesamtgläubiger**.

---

708 LG Augsburg v. 4.7.2005 – 10 O 110/05 – NZV 2006, 214 = r+s 2005, 441 (Kläger hat Berufung zum OLG München zurückgenommen).
709 BGH v. 10.7.2007 – VI ZR 192/06 – BGHReport 2007, 1123 = BGHZ 173,169 = DAR 2007, 639 (nur LS) = MDR 2007, 1370 (nur LS) = r+s 2007, 478 = SP 2007, 353 (nur LS) = VersR 2007, 1536 = VRS 113,267 = zfs 2007, 681 (Anm. *Diehl*) (Revision zu OLG Oldenburg v. 3.8.2006 – 8 U 334/05 – [zugunsten des Haftpflichtigen aufhebende Berufungsentscheidung zu LG Osnabrück v. 30.11.2005 – 10 O 3632/04 -]); OLG München v. 4.5.2006 – 24 U 681/05 – r+s 2006, 348 (bestätigende Berufungsentscheidung zu LG Augsburg v. 9.9.2005 – 9 O 104/05 –); LG Augsburg v. 4.7.2005 – 10 O 110/05 – NZV 2006, 214 = r+s 2005, 441 (Kläger hat Berufung zum OLG München zurückgenommen; LG Krefeld v. 22.12.2005 – 3 O 216/05 – (Kläger hat Berufung zum OLG Düsseldorf – 8 U 6/06 – zurückgenommen); LG Münster v. 9.5.2005 – 15 O 646/04 –; LG Traunstein v. 5.10.2005 – 3 O 298/05 – (Es wurde ein Vergleich geschlossen; das OLG München – 10 U 5133/05 – bescheinigte dem beklagten Haftpflichtversicherer „eine eher günstiger zu betrachtende Position").
710 LG Augsburg v. 4.7.2005 – 10 O 110/05 – NZV 2006, 214 = r+s 2005, 441.

Dabei ist ohne Bedeutung, dass der Regress nach § 119 SGB X nur das treuhänderische Verfolgen des Direktanspruches darstellt;[711] beide Forderungen verbindet der Zweck, den unfallkausalen Rentenminderungsschaden des Verletzten – aber auch nur diesen – auszugleichen und sind damit durch die Einheitlichkeit der Tilgungswirkung[712] verbunden.

1136

Soweit vor der Regressanmeldung durch den Träger nach § 179 Ia SGB VI für denselben Zeitraum Leistungen an den Rentenversicherer nach § 119 SGB X erbracht wurden, kann der Ersatzpflichtige **Erfüllung** einwenden. Der Regress nach § 179 Ia SGB VI läuft dann leer. Dasselbe gilt auch für den Fall, dass der Rentenversicherer bereits abgefunden wurde.[713] War der Verletzte bereits in einer Behindertenwerkstatt untergebracht und sind nur die Spitzbeträge mit dem Rentenversicherer abgefunden, ist keine Erfüllung eingetreten.

1137

Beispiel 3.13:
Im Jahre 2008 wird der Verletzte in einer Behindertenwerkstatt untergebracht. Der Regress der LVA[714] wurde im Jahre 2003 durch Zahlung eines Einmalbetrages abgefunden, ohne dass dabei genau die Bereiche § 116 SGB X und § 119 SGB X abgegrenzt wurden (z.B. Risiko-Pauschalvergleich).

1138

Ergebnis:
Rentenversicherung und Regressgläubiger nach § 179 Ia SGB VI sind wegen des Rentenminderungsschadens Gesamtgläubiger mit der Konsequenz, dass der Haftpflichtversicherer sich auf die erfüllende Zahlung an die LVA berufen kann.

Bei laufender Regulierung und paralleler Beitragszahlung durch den Werkstattträger wird das Beitragskonto des Verletzten bereits laufend mit Pflichtbeiträgen gefüllt. Der Regress nach § 119 SGB X erstreckt sich dann – wie im Falle anderer Minderverdienste- nur auf Beitragseinbußen jenseits der fiktiven Werte (80 % der Bezugsgröße), nach denen bereits der Werkstattträger das Rentenbeitragskonto bediente (**Spitzbeträge**).[715]

1139

Beispiel 3.14:
Im Jahre 2008 hätte der in den alten Bundesländern (West) lebende Verletzte V 32.000 EUR brutto verdient.

1140

---

711 BGH v. 2.12.2003 – VI ZR 243/02 – MDR 2004, 573 (nur LS) = NJW-RR 2004, 595 = NZV 2004, 249 = r+s 2004, 175 = SP 2004, 245 = SVR 2004, 312 (nur LS) (Anm. *Engelbrecht*) = SVR 2004, 352 (Anm. *Engelbrecht*) = VersR 2004, 492 = VRS 106, 365.
712 *Palandt-Heinrichs* § 428 Rn 1.
713 Ergänzend *Jahnke* in Anwalts-Handbuch Verkehrsrecht Teil 4 Rn 398.
714 Mit dem Gesetz zur Organisationsreform in der gesetzlichen Rentenversicherung (RVOrgG) v. 9.12.2004, BGBl I 2004, 3242 heißen die früheren Landesversicherungsanstalten (LVA) seit 1.10.2005 nunmehr Deutsche Rentenversicherung (DRV), ergänzt um den jeweiligen Regionalnamen.
715 Dieses entspräche dann der Abrechnungspraxis in denjenigen Fällen, in denen neben der Unfallversicherung auch anderer Sozialversicherer (z.B. LVA) Leistungen erbringen. Es findet dann häufig, wie auch BGH v. 4.3.1986 – VI ZR 234/84 – BG 1986, 756 = DAR 1986, 267 (nur LS) = MDR 1986, 746 = NJW 1986, 1861 = NJW-RR 1986, 902 = r+s 1986, 182 = VersR 1986, 810 = zfs 1986, 267 (nur LS) (zu II.4.) festhält, schon intern ein Gesamtausgleich statt mit der Folge, dass i.d.R. von jedem der Gesamtgläubiger nur die auf ihn entfallende Quote geltend gemacht wird. Hierauf hat sich die Praxis im Bereich des § 116 SGB X eingestellt. BGH v. 4.3.1986 – VI ZR 234/84 – a.a.O. stellt dann aber heraus, dass der einzelne Gesamtgläubiger eine auch den anderen bindende Vereinbarung zur Haftung nicht treffen darf und hat von daher (nur) wegen der überschießenden Haftung einen weiteren Regress zugelassen (Konkret war mit der LVA eine Haftung von 1/3 vereinbart und der Abrechnung zugrunde gelegt; insoweit war die Forderung der BG durch die Abfindung der LVA erledigt. Da die Haftung aber mit 2/3 zu bewerten war, konnte die BG wegen des nicht berücksichtigten weiteren Haftungsdrittel Regress nehmen.).

Ergebnis:
Nachdem Rentenversicherungsbeiträge entsprechend einem Bruttojahreseinkommen von 23.856 EUR vom Werkstattträger auf das Rentenkonto des V abgeführt werden, besteht ein Regressrecht des Rentenversicherers nach § 119 SGB X nur nach der Differenz zwischen 30.000 EUR und 23.856 EUR, die Bemessungsgröße für § 119 SGB X beläuft sich also auf 8.144 EUR.

3. Verjährung

1141 Die Aspekte der Verjährung, insbesondere für wiederkehrende Leistungen, § 197 II BGB sind zu beachten.[716]

D. Beamte

1142 Zu den Arbeitnehmern im weiteren Sinne zählen neben den vorgenannten Angestellten und Arbeitern auch die mit einer – einem Arbeitslohn faktisch gleichstehenden – „Aufwandsentschädigung" alimentierten Beamten und ihnen vergleichbaren Personen (u.a. Richter, Soldaten). Für diese Personen gilt das EFZG nicht, vielmehr ist auf das jeweilige **Beamtenrecht** des Bundes und der Länder abzustellen.

I. Berufsgruppen

1. Beamte

1143 Zu den Beamten und den ihnen gleichstehenden Berufen gehören Beamte (§ 48 BRRG a.F.), Richter und Staatsanwälte (§ 12 DRiG), Soldaten, Wehrpflichtige und Zivildienstleistende, nicht jedoch Arbeiter und Angestellte im öffentlichen Dienst.

1144 Die Länder waren bis zur Änderung des Grundgesetzes durch die **Föderalismusreform** aufgrund der Rahmenkompetenz des Bundes (Art 75 I 1 Nr. 1 GG)[717] verpflichtet, ihre Landesbeamtengesetze an den Vorgaben des BRRG auszurichten. An die Stelle der vorherigen Rahmengesetzgebung tritt eine konkurrierende Gesetzgebungsbefugnis des Bundes (Art 74 I Nr. 27 GG),[718] die der Bund mit dem BeamtStG genutzt hat.

1145 Das Gesetz zur Neuordnung und Modernisierung des Bundesdienstrechts (Dienstrechtsneuordnungsgesetz – DNeuG)[719] regelt nur das Recht der Bundesbeamten (§ 1 BBG), die Länder bestimmen die Rechtsverhältnisse in ihren jeweiligen Länderbeamtengesetzen. In die Zuständigkeit der Länder ist auch die Regelung des Forderungsüberganges überantwortet, § 52 BRRG a.F. ist mit Wirkung ab 1.4.2009[720] ersatzlos gestrichen. Nach Art 125a I GG gilt das frühere bundeseinheitliche Beamtenrecht aber bis zur Neuordnung durch jeweiliges Länderrecht weiter.

---

716 Kap 12 Rn 79.
717 Aufgehoben durch Art. 1 Nr. 8 des Gesetzes zur Änderung des Grundgesetzes v. 28.8.2006, BGBl I 2006, 2034.
718 Eingefügt durch Art. 1 Nr. 7 lit. a) oo) des Gesetzes zur Änderung des Grundgesetzes v. 28.8.2006, BGBl I 2006, 2034.
719 Zur Gesetzesbegründung BT-Drucksache 16/7076 v. 12.11.2007.
720 § 63 II BeamtStG (Gesetz zur Regelung des Statusrechts der Beamtinnen und Beamten in den Ländern [Beamtenstatusgesetz – BeamtStG] v. 17.6.2008 BGBl I 2008, 1010).

2. Referendare

a. Rechtsreferendare

Rechtsreferendare erhalten eine monatliche Unterhaltsbeihilfe (siehe z.B. § 22 Saarländisches JAG, Landesverordnungen über die Gewährung von Unterhaltsbeihilfen an Rechtsreferendare) unter Berücksichtigung eines familienbedingten Mehrbedarfs. Weitergehende Leistungen wie eine jährliche Sonderzahlung, vermögenswirksame Leistungen oder Kaufkraftausgleich werden nicht gewährt. Das EFZG findet Anwendung. 1146

Referendare unterliegen der Sozialversicherungspflicht in der Arbeitslosen-, Kranken- und Pflegeversicherung. 1147

Nach etlichen landesrechtliches Regelungen (z.B. § 32 III JAG NW) sind Referendare in der gesetzlichen Rentenversicherung versicherungsfrei (§ 5 I SGB VI). Dem Rechtsreferendar wird entsprechend den beamtenrechtlichen Vorschriften Anwartschaft auf Versorgung bei verminderter Erwerbsfähigkeit und im Alter sowie auf Hinterbliebenenversorgung gewährleistet. Beim Ausscheiden aus dem Dienst ist allerdings eine Nachversicherung in Betracht zu ziehen (vgl. auch § 186 SGB VI). 1148

Unfallfürsorge wird je nach Bundesland entweder nach SGB VII oder nach BeamtVG gewährt. 1149

b. Andere Referendare

Studienreferendare, aber auch technische Referendare werden häufig im Beamtenverhältnis ausgebildet. 1150

3. Nicht-beamtete Beschäftigte

Die Vorschriften des BeamtVG gelten nicht entsprechend für Arbeitnehmer (Arbeiter, Angestellte, Auszubildende) im öffentlichen Dienst. Nicht-beamtete Beschäftigte im öffentlichen Dienst erhalten ihre Gehaltszahlung nach dem BAT bzw. den tariflichen Nachfolgeregelungen des TVÖD.[721] 1151

Soweit öffentlich Bedienstete Arbeitnehmer (Arbeiter oder Angestellte) sind, gelten die Vorschriften der Sozialversicherung und das private Arbeitsrecht, nicht aber das beamtenrechtliche Dienstrecht. Neben die gesetzliche Sozialversicherung tritt zusätzlich die betriebliche Altersversorgung (z.B. VBL). 1152

Es ist für die Beschäftigten im öffentlichen Dienst, soweit sie nicht beamtet[722] sind, auf die Ausführungen zur Sozialversicherung und zum Arbeitgeber zu verweisen. 1153

4. Kirchlich Bedienstete

Zu den Rechtsverhältnissen von kirchlich Bediensteten und Pfarrern siehe Kap 3 Rn 1243 ff. 1154

---

721 Tarifvertrag öffentlicher Dienst v. 9.2.2005 (Einzelheiten siehe www.verdi.de).
722 Auch Beamten gleichstehende Personen: Soldaten, Zivildienstleistende, Richter und Staatsanwälte.

II. Einkommen

1155 Die Höhe der Alimentation (Gehalt) wird zum einen durch berufliche Fortentwicklung bestimmt, zum anderen auch durch sich ändernde persönliche Umstände (Älterwerden, Familienstand, Kinderzahl). Bei Veränderungen im familiären Bereich kann das Gehalt daher auch sinken (z.B. durch Scheidung oder Wegzug von Kindern).

1156 Beamte erhalten neben dem Monatsgehalt ebenfalls Sonderleistungen ähnlich wie Arbeitnehmer.[723] Hervorzuheben ist, dass in den letzten Jahren Sonderleistungen nicht mehr dynamisiert (Weihnachtsgeld) oder sogar gestrichen (Urlaubsgeld) wurden. Auch treten bei den Sonderleistungen Unterschiede zwischen Bundesbeamten und Länderbeamten zutage; es gilt hier kein einheitliches Besoldungsrecht mehr.[724]

1. Zeitraum vor Pensionierung

1157 Anders als beim abhängig beschäftigten Arbeitnehmer endet beim Beamten die Gehaltsfortzahlung nicht mit Ablauf der 6. Woche nach dem Eintritt der Arbeitsunfähigkeit oder zu einem (z.B. durch einzel- oder tarifvertragliche Regelung bestimmten) zeitlich danach gelegenen bereits vorab fixierten Zeitpunkt. Bis zu seiner Pensionierung erhält der dienstunfähige Beamte seine ungekürzten Dienstbezüge ohne zeitliche Begrenzung.

1158 Ein Verdienstausfallschaden kann im Ausnahmefall wegen Nichtgewährung von **Leistungszulagen** (§ 42a BBesG) oder Wegfalls bzw. Verzögerung einer **Beförderung** in Betracht kommen. Die hierbei geltenden strengen Beweisanforderungen betreffen vor allem die Leistungszulagen, deren Empfängerzahl auf 10 % der Beamten eines Dienstherrn beschränkt ist.

1159 Schadensersatzrechtliche Relevanz können während dieser Zeit entgangene **Nebentätigkeiten** haben.

2. Vorzeitige Pensionierung

1160 Wird ein Beamter verletzungsbedingt vorzeitig in den Ruhestand versetzt, besteht sein Erwerbsschaden für die Zeit bis zur fiktiven altersbedingten Versetzung in den Ruhestand im Fortfall seiner vollen Dienstbezüge, für die Zeit danach in der (netto zu bestimmenden) Differenz zwischen erdientem Ruhegehalt und demjenigen Ruhegehalt, welches bei einer durch die Verletzung nicht unterbrochenen Dienstzeit erdient worden wäre. Zu beachten ist, dass die Beamtenpensionen einer anderen (zumeist höheren) Versteuerung als Arbeitnehmerrenteneinkommen unterliegen können.

1161 Die **beamtenrechtliche Richtigkeit** der vorzeitigen Pensionierung selbst ist im zivilrechtlichen Haftungsverfahren regelmäßig nicht mehr zu überprüfen.[725] Ob jedoch die wegen Dienstunfähigkeit ausgesprochene Pensionierung eine adäquate Unfallfolge ist, ist durch die Verwaltungsentscheidung nicht bindend festgestellt.[726]

---

723 Zu Einzelheiten siehe Kap 3 Rn 132 ff.
724 Kap 3 Rn 1186.
725 OLG Karlsruhe v. 5.9.1996 – 19 U 131/95 – r+s 1997, 413 = VersR 1998, 1115 (BGH hat die Revision nicht angenommen, Beschl. v. 6.5.1997 – VI ZR 333/96 -); OLG Schleswig v. 13.1.2005 – 7 U 78/02 – OLGR 2005, 311 = SchlHA 2005, 303 = SVR 2005, 471 (nur LS) (Anm. *Schröder*) = VersR 2006, 938 (BGH hat Nichtzulassungsbeschwerde zurückgewiesen, Beschl. v. 13.9.2005 – VI ZR 25/05 -).
726 *Böhme/Biela* S. 208 Rn D 162 m.w.N.

3. Altersteilzeit

Es gelten die Ausführungen zum Arbeitnehmer[727] entsprechend auch für Beamte. 1162

III. Dienstfähigkeit

1. Eingeschränkte Weiterverwendung

Die in § 87a BBG a.F., § 76 BBG n.F. enthaltene Legalzession ist an die „**Aufhebung der** 1163
Dienstfähigkeit" eines Beamten geknüpft. Ein Forderungsübergang entfällt also, wenn ein Beamter während der gesamten Dienststunden seinen bisherigen Dienst weiterversieht, in seiner Dienstfähigkeit aber wegen der Folgen eines Unfalles noch eingeschränkt ist und daher vorübergehend nicht mehr ganz so viel zu arbeiten vermag wie vor dem Unfall oder wie ein völlig gesunder Beamter in vergleichbarer Stellung.[728]

2. Anderweitige Weiterverwendung

Auch der vorzeitig pensionierte Beamte muss zur Schadenminderung eine anderweitige, 1164
seinen verbliebenen Möglichkeiten entsprechende Tätigkeit aufnehmen, deren Einnahmen auf den Verdienstausfall dann anzurechnen sind. Dem Schädiger ist nicht anzulasten, wenn sich ein dienstunfähiger Geschädigter mit seiner Pension begnügt und auf Zusatzerwerb verzichtet.[729]

3. Reha vor Rente

Der rentenversicherungsrechtliche Aspekt „Reha vor Rente" findet sich im bundeseinheit- 1165
lich geltenden (§ 1 BeamtStG) beamtenrechtlichen Dienstunfähigkeitsrecht wieder (§§ 26 II, III, 27, 29 BeamtStG).[730] Der Grundsatz „Rehabilitation und Weiterverwendung vor Versorgung" wird zur Vermeidung der Versetzung in den vorzeitigen Ruhestand wegen Dienstunfähigkeit gestärkt durch die zustimmungsfreie Versetzung auch auf geringerwertige Tätigkeiten innerhalb der Laufbahngruppe unter Inkaufnahme von Zulagenverlusten (mit Umschulungspflicht, § 26 III BRRG a.F., § 42 III BBG a.F., § 26 I 3, II 3, III BeamtStG). Auch aus dem einstweiligen Ruhestand können Beamte wieder zurückgerufen werden (§§ 29 II BRRG, 45 I BBG).

Polizeivollzugsbeamte sind nach § 4 I BundespolizeibeamtenG dienstunfähig, wenn sie 1166
den besonderen gesundheitlichen Anforderungen für den Polizeivollzugsdienst nicht mehr genügen und nicht zu erwarten ist, dass sie ihre volle Verwendungsfähigkeit innerhalb zweier Jahre wiedererlangt (Polizeidienstunfähigkeit), es sei denn, die auszuübende Funk-

---

727 Kap 3 Rn 328 ff.
728 OLG Bamberg v. 12.5.1967 – 3 U 81/66 – VersR 1967, 961.
729 BGH v. 24.2.1983 – VI ZR 59/81 – MDR 1983, 741 = NJW 1984, 354 = VersR 1983, 488 = zfs 1983, 202.
Siehe auch BGH v. 23.1.1979 – VI ZR 103/78 – DAR 1980, 49 = JZ 1979, 308 = MDR 1979, 658 = NJW 1979, 2142 = r+s 1980, 20 = VersR 1979, 424 = VRS 56,323.
VG Oldenburg – VI A 2189/98 – (Tätigkeit eines Finanzbeamten kann auch – zur Vermeidung einer vorzeitigen Versetzung in den Ruhestand wegen Dienstunfähigkeit – dann sinnvoll und sachgerecht ausgeübt werden, wenn er seine Körperhaltung, unterstützt durch ein Stehpult, wechselt).
730 BR-Drucksache 780/06 v. 3.11.2006, S. 57 (Entsprechend dem Grundsatz „Rehabilitation vor Versorgung" soll vorrangig eine anderweitige Verwendung geprüft werden bevor die Versetzung in den Ruhestand erfolgt).

tion erfordert bei Beamten auf Lebenszeit diese besonderen gesundheitlichen Anforderungen auf Dauer nicht mehr uneingeschränkt.

4. Behandlungspflicht

1167 Der Verletzte ist nach § 33 III BeamtVG verpflichtet, sich einer ärztlichen Behandlung zu unterziehen, es sei denn, dass die Behandlung mit einer erheblichen Gefahr für Leben und Gesundheit des Verletzten verbunden ist. Das gilt auch für eine Operation, solange diese keinem erheblichen Eingriff in die körperliche Unversehrtheit bedeutet.

1168 Auch wenn auf den ersten Blick die Duldungspflichten eines Beamten höher erscheinen als die Pflichten eines nicht-beamteten Verletzten,[731] erweist sich in der Praxis kein Unterschied.

IV. Zeitraum und Prognose

1169 Es gelten dieselben Rahmenbedingungen wie bei den Arbeitnehmern.[732]

V. Vorsorgeaufwand

1. Beihilfe[733]

1170 Beamte unterliegen nicht der Versicherungspflicht in der gesetzlichen Kranken- und Pflegeversicherung (SGB V, SGB XI). Sie erhalten statt dessen eine Beihilfe zu den Heil- und Pflegekosten.[734] Der in Prozentpunkten bemessene Beitragssatz ist abhängig vom jeweiligen Familienstand und der Kinderzahl, aber auch dem Status als aktiver oder Ruhestandsbeamter.[735]

1171 Der durch die Beihilfe nicht gedeckte verbleibende Anteil muss vom Beamten durch private Vorsorge abgedeckt werden, i.d.R. durch Abschluss einer privaten Kranken- und Pflegeversicherung. Diese Kosten sind bei Berechnung ähnlich wie die Sozialversicherungsabgaben zunächst herauszunehmen.

1172 Der Schadensersatzpflichtige hat unzweifelhaft dem Dienstherrn eines verletzten Beamten im Rahmen der Haftung unter Beachtung des **Quotenvorrechtes** (nur!) diejenigen Beihilfen zu ersetzen, denen eine **kausal** auf das Unfallgeschehen zurückzuführende Heilbehandlungsmaßnahme (aber auch Pflege) zugrunde liegt.[736]

---

731 Siehe Kap 9 Rn 60 ff.
732 Siehe Kap 3 Rn 165 ff.
733 BVerwG v. 17.6.2004 – 2 C 50/02 – VersR 2004, 1441 (Die Beihilfevorschriften des Bundes genügen nicht den Anforderungen des verfassungsrechtlichen Gesetzesvorbehaltes. Für eine Übergangszeit gilt die BhV aber noch weiter.); VG Göttingen v. 26.2.2008 – 3 A 277/07 – (Beihilferegelungen für Bundesbeamte sind mit höherrangigem Recht unvereinbar).
734 BVerwG v. 3.7.2003 – 2 C 36/02 – ArztR 2004, 235 = BVerwGE 118,277 = DVBl 2003, 1554 = NJW 2004, 308 = NVwZ 2004, 628 (nur LS).
735 BVerwG v. 3.7.2003 – 2 C 36/02 – ArztR 2004, 235 = BVerwGE 118,277 = DVBl 2003, 1554 = NJW 2004, 308 = NVwZ 2004, 628 (nur LS) (Eine nach Besoldungsgruppen abgestufte Kostendämpfungspauschale verletzt nicht den Gleichbehandlungsgrundsatz. Das System der Beihilfen kann ohne Verletzung des Art 35 V GG abgeändert werden.).
736 Kap 3 Rn 1175 ff.

2. Ruhestandsbeamter

a. Abrechnungsmodalität

Wird ein Beamter in den Ruhestand versetzt, ist der nunmehr fällige (u.U. gegenüber dem früheren Beitrag ermäßigte) Beitrag zur privaten Kranken- und Pflegeversicherung der Schadenberechnung wieder hinzuzusetzen, wenn eine anderweitige Absicherung des Kranken- und Pflegerisikos nicht gegeben ist.

b. Vorzeitig unfallkausal pensionierte Beamte

Ein schadensersatzpflichtiger Unfallverursacher ist nicht verpflichtet, dem Dienstherrn eines infolge der unfallkausalen Verletzung vorzeitig in Ruhestand versetzten Beamten auch solche Beihilfeleistungen zu ersetzen, die mit dem Unfall nichts zu tun haben (**unfallfremde Beihilfeleistungen**).[737] Dem Dienstherrn eines verletzten Beamten sind nur diejenigen Beihilfen zu ersetzen, denen eine kausal auf das Unfallgeschehen zurückzuführende Heilbehandlungsmaßnahme oder Pflege zugrunde liegt.

Die BGH-Rechtsprechung gilt, da sie auf die Regeln des Beamtenrahmenrechtes abstellt, für alle Beamten (Bund, Land, Gemeinden; aber auch z.B. Post und Bahn) gleichermaßen.

Der BGH[738] verneint zutreffend die Ersatzfähigkeit von Beihilfeleistungen für **unfallfremde Erkrankungen** an verletzte und wegen der Verletzung dann in den **Ruhestand** versetzte **Beamte** selbst.

c. Familienangehörige

Der Dienstherr kann für Familienangehörige eines unfallkausal pensionierten Beamten solche Beihilfeleistungen, die ihre Ursache nicht in einer unfallbedingten Verletzung gerade dieses Familienangehörigen haben, nicht beim Ersatzpflichtigen regressieren.

Die BGH-Entscheidung v. 17.12.2000[739] zu Beihilfeleistungen für **unfallfremde Erkrankungen** an verletzte und wegen der Verletzung dann in den Ruhestand versetzte Be-

---

[737] BGH v. 17.12.2002 – VI ZR 271/01 – BGHReport 2003, 324 = BGHZ 153,223 = DÖD 2003, 141 = DVBl 2003, 610 = MDR 2003, 388 = NJW 2003, 1864 (nur LS) = NVwZ 2003, 635 = NZV 2003, 228 = r+s 2003, 125 = SP 2003, 126 = VersR 2003, 330 = VRS 104,338 = ZBR 2003, 166 = zfs 2003, 178 (Vorinstanz: OLG Nürnberg v. 21.3.2001 – 4 U 3965/00 – NZV 2001, 512 = OLGR Nürnberg 2001, 227 = SP 2001, 265 = VersR 2002, 592). *Ebener/Schmalz* „Zur Frage, ob der Dienstherr vom Schädiger Regress für Beihilfeaufwendungen für unfallunabhängige Heilbehandlungsmaßnahmen verlangen kann" VersR 2002, 594. **A.A.:** OLG Frankfurt v. 20.3.1997 – 1 U 135/95 – VersR 1997, 1297 = VersR 1998, 210 (nur LS).

[738] BGH v. 17.12.2002 – VI ZR 271/01 – BGHReport 2003, 324 = BGHZ 153,223 = DÖD 2003, 141 = DVBl 2003, 610 = MDR 2003, 388 = NJW 2003, 1864 (nur LS) = NVwZ 2003, 635 = NZV 2003, 228 = r+s 2003, 125 = SP 2003, 126 = VersR 2003, 330 = VRS 104,338 = ZBR 2003, 166 = zfs 2003, 178 (Vorinstanz: OLG Nürnberg v. 21.3.2001 – 4 U 3965/00 – NZV 2001, 512 = OLGR Nürnberg 2001, 227 = SP 2001, 265 = VersR 2002, 592).

[739] BGH v. 17.12.2002 – VI ZR 271/01 – BGHReport 2003, 324 = BGHZ 153,223 = DÖD 2003, 141 = DVBl 2003, 610 = MDR 2003, 388 = NJW 2003, 1864 (nur LS) = NVwZ 2003, 635 = NZV 2003, 228 = r+s 2003, 125 = SP 2003, 126 = VersR 2003, 330 = VRS 104,338 = ZBR 2003, 166 = zfs 2003, 178 (Vorinstanz: OLG Nürnberg v. 21.3.2001 – 4 U 3965/00 – NZV 2001, 512 = OLGR Nürnberg 2001, 227 = SP 2001, 265 = VersR 2002, 592).

amte gilt wegen der Vergleichbarkeit der Rechtssituation auch für den Ersatz von Beihilfeleistungen an beihilfeberechtigte Familienangehörige solcher Ruhestandsbeamten.[740]

d. Unterhaltsschaden

1179 Beihilfeleistungen (unfallfremde Erkrankungen) an **Hinterbliebene** (Witwe und Waisen[741]) von unfallkausal verstorbenen Beamten sind Bestandteil der Unterhaltsverpflichtung des verstorbenen Beamten.[742]

1180 Der BGH hat in seiner Entscheidung v. 17.12.2000[743] nicht die Frage beantwortet, ob ein Regress des Beihilfeträgers der Höhe nach beschränkt ist durch die (fiktiven) Kosten einer privaten Kranken- und Pflegeversicherung oder ob immer der konkrete Heil- und Pflegeaufwand des Angehörigen den Schadensersatzanspruch festlegt. Gerade bei sehr schweren, kostenintensiven Behandlungen von Hinterbliebenen erscheint es zweifelhaft, dem Schädiger die konkrete finanzielle Verantwortung für diese schicksalhafte Erkrankung aufzubürden; zumutbar ist hier m.E. nur derjenige Betrag, den der Verstorbene für eine Krankenversicherung hätte aufwenden müssen.

VI. Drittleistungen

1. Dienstherr

1181 Der Dienstherr eines verletzten Beamten ist nicht nur wie ein Arbeitgeber für die Gehaltsfortleistung zuständig, sondern er übernimmt zusätzlich noch Funktionen eines Kranken- und Pflegeversicherers sowie die Vorruhestands-, Ruhestands-, Alters- und Hinterbliebenenversorgung. Dem Dienstherrn sind im Rahmen der Haftung dann die von ihm fortgewährten Dienstbezüge einschließlich der Steuern (also brutto), allerdings unter Beachtung des Quotenvorrechtes des verletzten Beamten, zu erstatten.

1182 Nach der Pensionierung hat der Dienstherr Anspruch auf Erstattung der von ihm gezahlten Pensionsbezüge (brutto einschließlich der Steuern), dem Beamten selbst ist (bei Mithaftung unter Berücksichtigung seines Quotenvorrechtes) dann die Nettodifferenz zum Fiktivgehalt auszugleichen.

1183 Zur Anspruchshöhe kann im Übrigen ergänzend auf die Ausführungen zu den Arbeitern und Angestellten Bezug genommen werden, die für Beamte entsprechend gelten.

---

740 Siehe LG Göttingen v. 10.12.2001 – 2 O 122/01 – (Nach Revisionseinlegung des beklagten Haftpflichtigen und Bekanntwerden der Entscheidung des BGH v. 17.12.2002 – VI ZR 271/01 – hat die klagende Behörde die Klage zurückgenommen).
741 BGH v. 28.2.1989 – VI ZR 208/88 – VersR 1989, 486 (Haben beide Elternteile als Beamte für das Kind Anspruch auf Beihilfe, so hat der Dienstherr Anspruch auf 50 % seiner Beihilfeleistungen an das Kind).
742 BGH v. 17.12.2002 – VI ZR 271/01 – BGHReport 2003, 324 = BGHZ 153,223 = DÖD 2003, 141 = DVBl 2003, 610 = MDR 2003, 388 = NJW 2003, 1864 (nur LS) = NVwZ 2003, 635 = NZV 2003, 228 = r+s 2003, 125 = SP 2003, 126 = VersR 2003, 330 = VRS 104,338 = ZBR 2003, 166 = zfs 2003, 178 (Vorinstanz: OLG Nürnberg v. 21.3.2001 – 4 U 3965/00 – NZV 2001, 512 = OLGR Nürnberg 2001, 227 = SP 2001, 265 = VersR 2002, 592); BGH v. 17.12.1985 – VI ZR 155/84 – VersR 1986, 463.
743 BGH v. 17.12.2002 – VI ZR 271/01 – BGHReport 2003, 324 = BGHZ 153,223 = DÖD 2003, 141 = DVBl 2003, 610 = MDR 2003, 388 = NJW 2003, 1864 (nur LS) = NVwZ 2003, 635 = NZV 2003, 228 = r+s 2003, 125 = SP 2003, 126 = VersR 2003, 330 = VRS 104,338 = ZBR 2003, 166 = zfs 2003, 178 (Vorinstanz: OLG Nürnberg v. 21.3.2001 – 4 U 3965/00 – NZV 2001, 512 = OLGR Nürnberg 2001, 227 = SP 2001, 265 = VersR 2002, 592).

2. BBesG, BeamtVG

Beamte haben ein grundsätzlich dem abhängigen Beschäftigten vergleichbares, finanziell aber häufig deutlich besser ausgestaltetes Sicherungssystem.

1184

Das **BBesG** gilt nach seiner Änderung[744] zunächst nur für Bundesbeamte (§ 1 BBesG). Sofern das Länderrecht allerdings nichts Abweichendes regelt, gelten dort für Beamte und Richter der Länder, der Gemeinden, der Gemeindeverbände sowie der sonstigen der Aufsicht eines Landes unterstehenden Körperschaften, Anstalten und Stiftungen des öffentlichen Rechts seine Bestimmungen entsprechend (§ 86 BBesG).

1185

Das **BeamtVG** regelt die Versorgung der Bundesbeamten und Richter des Bundes. (§ 1 BeamtVG). Das Beamt VG in der bis zum 31.8.2006 geltenden Fassung gilt für Richter der Länder und Beamte der Länder, der Gemeinden, der Gemeindeverbände sowie der sonstigen der Aufsicht eines Landes unterstehenden Körperschaften, Anstalten und Stiftungen des öffentlichen Rechts weiter, soweit es nicht durch Landesrecht ersetzt wurde oder etwas anders bestimmt ist (§ 108 BeamtVG).

1186

3. Dienstunfall, Dienstwegeunfall

Handelt es sich für den Verletzten um einen Dienst- oder Dienstwegeunfall, ist der Dienstherr auch für die Unfallversorgung (§§ 30 ff. BeamtVG) zuständig.

1187

Die Barleistungen aus der Unfallversorgung sind deutlich höher als die normale beamtenrechtliche Versorgung.

1188

a. Voraussetzungen

Während Arbeitnehmer kraft Gesetzes in der gesetzlichen Unfallversicherung bei Arbeits- bzw. Arbeitswegeunfällen versichert sind, erhalten Beamte und Hinterbliebene des Verunfallten bei Vorliegen eines Dienst- oder Dienstwegeunfalls Unfallversorgung durch ihren Dienstherrn (§§ 1 I, 30 I BeamtVG).

1189

Voraussetzung des Leistungsbezuges aus der Unfallfürsorge ist das Vorliegen eines **Dienstunfalls** (§ 31 I BeamtVG) oder **Dienstwegeunfalls** (§ 31 II BeamtVG). Die Leistungsvoraussetzungen regeln sozialrechtliche und beamtenrechtliche Unfallfürsorge annähernd gleich, es gelten daher die Grundzüge der gesetzlichen Unfallversicherung auch hier. Eine dienstbezogene Handlung muss zum Schaden geführt haben. Es genügt ein ursächlicher Zusammenhang zwischen der schädigenden Handlung und dem öffentlich-rechtlichen Dienstverhältnis.

1190

aa. Dienstunfall

Ein Dienstunfall liegt vor, wenn die Fahrt angeordnet oder genehmigt wurde bzw. geboten erschien. Zu beachten ist, dass der Begriff der Verwaltung enger ist als der des Dienstherrn, ein Dienstherr kann auch für mehrere öffentliche Verwaltungen zuständig sein. Ein Dienstunfall ist nach § 31 I BeamtVG ein Unfall, dh ein Ereignis, das plötzlich, örtlich und zeitlich bestimmbar aufgetreten ist, auf äußerer Einwirkung beruht und einen Körperschaden verursacht hat (§ 31 I S. 1 BeamtVG), den ein Versicherter (vergröbert formuliert) „während der Dienstausübung" (inklusive Dienstreise) erleidet.

1191

---

744 Geändert mit Wirkung ab 1.1.2008 (Art. 14 I) durch das Gesetz über die Anpassung von Dienst- und Versorgungsbezügen im Bund 2008/2009 (Bundesbesoldungs- und -versorgungsanpassungsgesetz 2008/2009 – BBVAnpG 2008/2009) v. 29.7.2008, BGBl I 2008, 1582.

bb. Dienstwegeunfall

1192 Ein Dienstwegeunfall ist ein Unfall auf dem Weg von und nach dem Ort der Dienststelle, § 31 II BeamtVG (wobei Abweichungen z.T. zu tolerieren sind, § 31 II BeamtVG).

1193 Der Weg zur Dienststelle beginnt und endet an der Außentür des Wohngebäudes, in dem der Beamte seine regelmäßige Unterkunft hat.[745] Die Dienstunfallfürsorge schützt den Beamten allerdings ausschließlich auf dem unmittelbaren Weg zwischen Wohnung und Dienststelle, soweit gesetzlich nicht ausdrücklich andere Wege einbezogen sind, die Rechtsprechung des BSG zum **dritten Ort** gilt nicht.[746]

cc. Ausschlussfrist

1194 Zu beachten ist, dass Unfälle, aus denen beamtenrechtliche Unfallfürsorgeansprüche entstehen können, vom verletzten Beamten grundsätzlich (Ausnahme: § 45 II BeamtVG) innerhalb einer Ausschlussfrist von 2 Jahren nach Eintritt des Unfalles beim Dienstvorgesetzten zu melden sind, § 45 I 1 BeamtVG.

1195 Die Fristversäumnis führt zum Erlöschen der Unfallfürsorgeansprüche.[747] Eine Wiedereinsetzung nach § 32 VwVfG ist nicht möglich, da § 45 BeamtVG eine entgegenstehende Regelung (siehe § 45 II BeamtVG) enthält.

b. Dienstunfallversorgung

1196 Die Leistungsarten von Dienstunfallversorgung (§§ 30 I, 39 I BeamtVG) und gesetzlicher Unfallversicherung (SGB VII) sind zwar in beiden Systemen sind gesetzestechnisch zwar unterschiedlich aufgebaut, in der Sache aber ähnlich.[748]

aa. Unfallausgleich (§§ 30 II Nr. 3, 35 BeamtVG)

1197 Ist der Verletzte infolge eines Dienstunfalls länger als 6 Monate in seiner Erwerbsfähigkeit wesentlich eingeschränkt, erhält er neben den Dienstbezügen oder dem Ruhegehalt einen (steuerfreien, § 3 Nrn. 1b, 6 EStG) Unfallausgleich in Höhe der Grundrente nach § 31 I – IV BVG (§ 35 I 2 BeamtVG).

Die Frage der **Kongruenz** wird in der Rechtsprechung unterschiedlich beurteilt:

1198 ■ Zum **Schmerzensgeld** besteht unstreitig keine Kongruenz.[749]

1199 ■ Nach der früheren Rechtsprechung[750] besteht Kongruenz **ausschließlich** zum Anspruch des Beamten auf **vermehrte Bedürfnisse**, so dass teilweise ein Forderungsübergang in Betracht kommen kann.

---

745 *Schnellenbach*, Rn 469 f. (S. 255 f.) m.w.N.
746 BVerwG v. 27.5.2004 – 2 C 29/03 – BVerwGE 121,67 = DÖD 2005, 39 = DVBl 2004, 1377 = NVwZ-RR 2004, 865 = ZBR 2004, 433 = zfs 2005, 103 (Anm. *Haus*).
747 VG Frankfurt v. 15.9.1960 – I/1 1264/59 – ZBR 1961, 29.
748 Siehe die Gegenüberstellung bei *Scheerbarth/Höfken*, § 30 V 1 c (S. 642).
749 OLG Hamm v. 16.3.1994 – 13 U 204/93 – SP 1995, 297 = VersR 1994, 1356.

- Nach einem Urteil des KG v. 15.5.2000[751] (BGH hat die Revision ohne Begründung nicht angenommen) soll Kongruenz **ausschließlich** zum **Verdienstausfall** bestehen. Die Kongruenz zu den vermehrten Bedürfnissen wird ausdrücklich verneint. Das KG hat bei seiner Entscheidung aber wohl die frühere Rechtsprechung (auch desselben Senates des KG) nicht gesehen; der BGH ist in seinem nicht begründeten Nicht-Annahmebeschluss auf die Problematik nicht eingegangen.

Da sich die Gesetzeslage – auch im Umfeld betrachtet – nicht verändert hat, spricht alles für das Aufrechterhalten der alten Rechtsprechung und damit der Kongruenz zu vermehrten Bedürfnissen.

bb. Grundrente (§ 31 BVG)

Hervorzuheben bleibt hinsichtlich der Grundrente nach § 31 BVG, dass Rückgriff nur in die Ansprüche des Verletzten wegen **vermehrter Bedürfnisse** genommen werden kann.[752] Die Kongruenzfrage ist zu § 31 BVG bislang nicht in Zweifel gezogen worden.

cc. Unfallruhegehalt, Unterhaltsbeitrag (§§ 30 II Nr. 4, 36 – 38 BeamtVG)

Wird der Beamte infolge des Dienstunfalls dienstunfähig und tritt er in den Ruhestand ein, erhält er anstelle der früheren Dienstbezüge ein Unfallruhegehalt (§ 36 I BeamtVG), berechnet nach § 36 II, III BeamtVG. Für Beamte, die vor dem 60. Lebensjahr in den Ruhestand treten, ist § 13 BeamtVG (Zurechnungszeit) zu beachten, § 36 II BeamtVG. Das Unfallgehalt liegt gemäß § 36 III BeamtVG 20 % über dem Normalversorgungssatz (§ 14 BeamtVG); mindestens werden $^2/_3$, höchstens $^3/_4$ der ruhegehaltsfähigen Bezüge gezahlt.

Nach § 37 BeamtVG wird ein erhöhtes Ruhegehalt gezahlt, wenn ein Beamter unter Einsatz seines Lebens bei einer besonders gefährlichen Diensthandlung dienstunfähig mit einer MdE von 50 % und mehr wird und in den Ruhestand eintritt.

Es besteht Kongruenz zum Verdienstausfallschaden.

dd. Einmalige Unfallentschädigung (§ 43 BeamtVG)

Nach § 43 BeamtVG wird neben der beamtenrechtlichen Versorgung eine einmalige Leistung in Höhe von 80.000 EUR an den Verletzten gezahlt, wenn ein Beamter unter Einsatz seines Lebens bei einer besonders gefährlichen Diensthandlung (§ 37 BeamtVG) dienstunfähig mit einer MdE von 50 % und mehr ist und in den Ruhestand eintritt.

Es besteht keine Kongruenz zu Schäden des unmittelbar Verletzten.

---

750 BGH v. 13.1.1970 – VI ZR 124/68 – DVBl 1970, 356 = JVBl 1970, 134 = MDR 1970, 315 = VersR 1970, 1034 = ZBR 1970, 130; BGH v. 16.5.1961 – VI ZR 126/60 – NJW 1961, 1358 = ZBR 1961, 214; KG v. 21.11.1991 – 12 U 5939/90 – NZV 1992, 236 (Kongruenz mit Massagen und orthopädischen Schuhwerk); OLG Brandenburg v. 3.11.2005 – 12 U 74/05 –. Siehe auch BGH v. 30.6.1970 – VI ZR 5/69 – BB 1970, 1012 = BG 1971, 113 = DB 1970, 1683 = MDR 1970, 1000 = NJW 1970, 1685 = VersR 1970, 899 (Kostenzuschuss zum Auto ist nicht kongruent zur BG-Verletztenrente).Anders noch BGH v. 26.9.1961 – VI ZR 240/60 – VersR 1961, 1019, aufgegeben mit BGH v. 23.2.1965 – VI ZR 30/64 – MDR 1965, 568 = NJW 1965, 914 = VersR 1965, 563.
751 KG v. 15.5.2000 – 12 U 3645/98 – DAR 2002, 211 (nur LS) = NVwZ-RR 2002, 450 = NZV 2002, 172 = VerkMitt 2002, Nr. 45 = VersR 2002, 1429 (BGH hat Revision nicht angenommen, Beschl. v. 4.12.2001 – VI ZR 282/00 -).
752 Siehe Kap 3 Fn 488.

ee. Mittelbarer Schaden

1208 Da § 87a BBG a.F., § 76 BBG n.F. die „Aufhebung der Dienstfähigkeit" eines Beamten voraussetzt, entfällt ein Ersatzanspruch, wenn der Beamte während der gesamten Dienststunden seinen bisherigen Dienst weiter versieht, in seiner Dienstfähigkeit aber wegen der Folgen eines Unfalles eingeschränkt ist und daher letztlich **weniger leistet**.[753]

1209 Die den Dienstherrn aufgrund des schädigenden Ereignisses treffenden **Versorgungslasten** sind ihm nicht zu erstatten;[754] insbesondere ist kein Ersatz zu leisten für den Umstand, dass Zeiten der Dienstunfähigkeit ruhegehaltsfähig sind.

1210 Kosten **innerdienstlicher Umbesetzungen** und andere Aufwendungen anlässlich der personellen Ersetzung eines dienstunfähigen Beschäftigten gehören nicht zum ersatzfähigen Schaden des verletzten Bediensteten.

1211 Die **eigenen Einbußen** beim Dienstherrn sind diesem als mittelbar Geschädigtem nicht zu ersetzen. Es gelten auch für den Dienstherrn die gleichen Schadengrundsätze, so dass auf die Ausführungen zum privaten Arbeitgeber verwiesen werden kann.

1212 **Verwaltungskosten** des Dienstherrn (z.B. amtsärztliche Bescheinigungen) sind nicht zu erstatten. Die Kosten amtsärztlicher Untersuchung sind nur soweit zu übernehmen als sie als „echte Heilbehandlungsmaßnahme" angefallen sind (das ist allerdings regelmäßig nicht der Fall).

1213 Die einem Dienstherrn auferlegten Aufwendungen im **Umlageverfahren** mehrerer öffentlicher Versorgungsträger sind (ähnlich den Aufwendungen privater Arbeitgeber nach §§ 10 ff. LFZG) nicht (auch nicht anteilig) zu erstatten.

VII. Vorteilsausgleich

1214 Grundsätzlich gelten die Ausführungen zum Arbeitnehmer entsprechend für Beamte und ihnen vergleichbare Beschäftigte. Ersparte Aufwendungen während der Zeit der stationären Behandlung sind ebenso zu berücksichtigen wie ersparte Aufwendungen für die Berufsausübung während der Zeit der Arbeitsunfähigkeit. Das **Quotenvorrecht** des Beamten ist zu beachten.

1215 Lediglich die den **Soldaten** zu gewährende Versorgung umfasst auch die unentgeltliche Bereitstellung von Gemeinschaftsverpflegung, so dass während der stationären Behandlung grundsätzlich keine wesentliche häusliche Ersparnis mehr angenommen werden kann.[755] Etwas anderes kann sich nur bei konkret entgegenstehenden anderen Umständen ergeben, die vom Ersatzpflichtigen nachzuweisen wären.

---

[753] OLG Bamberg v. 12.5.1967 – 3 U 81/66 – VersR 1967, 961.
[754] BGH v. 8.6.1982 – VI ZR 21/81 – r+s 1983, 6 = VersR 1982, 1193 = VRS 63,171 = zfs 1982, 329, BGH v. 24.4.1979 – VI ZR 21/77 – MDR 1979, 1011 = r+s 1979, 216 = VersR 1979, 737 = VRS 57,84 (Nachversicherungsbeitrag); LG Münster v. 3.7.1981 – 6 O 290/81 – VersR 1983, 1085 (Nicht erstattungsfähiger Versorgungsaufwand in Höhe von 33,15 % der Personalkosten).
[755] BGH v. 6.12.1977 – VI ZR 172/76 – VersR 1978, 251.

VIII. Forderungsübergang

1. Forderungsberechtigung

Im Wege des gesetzlichen Forderungswechsels können nur solche Ansprüche geltend gemacht werden, die einem Beamten ohne den gesetzlichen Forderungsübergang sonst selbst gegen den Schädiger zugestanden hätten.[756]

1216

Das Zessionsrecht ist durch die Föderalismusreform betroffen. Das Dienstrechtsneuordnungsgesetz (DNeuG) enthält in Art. 1 die Neufassung des Bundesbeamtengesetzes (BBG). § 76 BBG n.F. führt § 87a BBG a.F. fort und erweitert dabei die Vorschrift auf Versorgungskassen, lässt das Quotenvorrecht aber unangetastet. Das DNeuG betrifft nur Bundesbeamte, § 1 BBG; für Beamte in den Ländern und Gemeinden gilt nach Art 125a GG das bisherige Recht weiter, soweit nicht das Landesrecht selbstständig Änderungen vornimmt.

1217

Die **Unfallkasse Post und Telekom** in Tübingen führt als Träger der Versicherung alle Aufgaben der gesetzlichen Unfallversicherung in Nachfolge der Bundespost-Ausführungsbehörde für Unfallversicherung und der Zentralstelle Arbeitsschutz beim Bundesamt für Post und Telekommunikation weiter (§ 1 PostSVOrgG[757]) und ist dabei auch zur Geltendmachung von Ansprüchen nach § 87a BBG befugt (§ 2 I Nr. 4 PostSVOrgG).[758]

1218

Entsprechendes gilt für die **Bahnbeamten**.[759]

1219

2. Zeitpunkt

Der Forderungsübergang auf den Dienstherrn nach den beamtenrechtlichen Bestimmungen erfolgt grundsätzlich im **Unfallzeitpunkt** (das gilt nicht nur für die an § 52 BRRG a.F. ausgerichteten Normen, sondern dürfte auch nach weiteren länderrechtlichen Änderungen der Übergangsnormen infolge der Föderalismusreform für die neuen Vorschriften gelten).

1220

War der Verletzte im Unfallzeitpunkt noch nicht verbeamtet, erfolgt der Forderungsübergang erst mit dem **Erwerb der Beamtenstellung**.[760] War zuvor ein Sozialversicherer Leistungsträger, ist der Dienstherr dessen Rechtsnachfolger;[761] die Abfindung des Sozial-

1221

---

756 OLG Celle v. 28.4.1982 – 3 U 259/81 – VersR 1983, 185 (zu § 1542 RVO); LG Hamburg v. 18.1.1979 – 6 O 216/78 – zfs 1983, 45.
757 Gesetz über die Träger der gesetzlichen Sozialversicherung im Bereich der früheren Deutschen Bundespost (Postsozialversicherungsorganisationsgesetz – PostSVOrgG -), BGBl I 1994, 2338.
758 OLG Saarbrücken v. 7.6.1996 – 3 U 198/95 -.
759 Siehe Gesetz zur Zusammenführung und Neugliederung der Bundeseisenbahnen (Bundeseisenbahnneugliederungsgesetz – BEZNG) v. 27.12.1993 (Art. 1 des Eisenbahnneuordnungsgesetzes), BGBl I 1993, 2378, in Kraft getreten zum 1.1.1994.
760 BayObLG v. 30.10.1986 – RReg. 1 Z 21/86 – VersR 1987, 992 (nur LS).
Zum Anspruchsübergang nach § 116 SGB X bei später ins Beamtenverhältnis berufenen Personen siehe BGH v. 17.6.1997 – VI ZR 288/96 – DAR 1997, 403 = NJW 1997, 2883 = NZV 1997, 393 = r+s 1997, 418 = VersR 1997, 1161 = VRS 93,405 = zfs 1997, 451.
761 BGH v. 7.12.1982 – VI ZR 9/81 – DÖV 1983, 348 (nur LS) = MDR 1983, 570 = LM Nr. 1 zu § 212 RVO = r+s 1983, 50 = VersR 1983, 262 = zfs 1983, 142 (nur LS).

versicherers verhindert den Forderungsübergang auf den Dienstherrn.[762] Auch der Geschädigte selbst kann Rechtsvorgänger des beamtenrechtlichen Dienstherrn sein und mit Wirkung gegen diesen bei einem Abfindungsvergleich den Forderungsübergang vereiteln.

3. Quotenvorrecht

1222

> **§ 52 BRRG a.F.**
> [1]Wird ein Beamter oder Versorgungsberechtigter oder einer ihrer Angehörigen körperlich verletzt oder getötet, so geht ein gesetzlicher Schadenersatzanspruch, der diesen Personen infolge der Körperverletzung oder der Tötung gegen einen Dritten zusteht, insoweit auf den Dienstherrn über, als dieser während einer auf der Körperverletzung beruhenden Aufhebung der Dienstfähigkeit oder infolge der Körperverletzung oder der Tötung zur Gewährung von Leistungen verpflichtet ist. [2]Ist eine Versorgungskasse zur Gewährung der Versorgung verpflichtet, so geht der Anspruch auf sie über. [3]Der Übergang des Anspruchs kann nicht zum Nachteil des Verletzten oder der Hinterbliebenen geltend gemacht werden.

1223 Für **Bundesbeamte** setzt § 76 BBG n.F. § 87a BBG a.F. fort. Ob eine § 52 BRRG a.F. entsprechende Regelung in alle **Länderbeamtengesetze** übernommen ist, ist seit der Föderalismusreform konkret zu prüfen.[763]

1224 Wird ein Beamter bzw. eine beihilfeberechtigte Person durch ein Haftpflichtgeschehen verletzt oder getötet und reicht die vom Haftpflichtigen zur Verfügung zu stellende Entschädigungsleistung nicht aus (auch bei voller Haftung sind oftmals Vorteilsausgleiches zu berücksichtigen), den Gesamtaufwand auf Seiten der anspruchsberechtigten Personen auszugleichen, ist bei der Regulierung häufig die Quotenbevorrechtigung (siehe § 52 S. 3 BRRG a.F.) des Beamten bzw. Hinterbliebenen zu berücksichtigen. Die Anwendung und Berücksichtigung des Beamtenquotenvorrechtes gehört zu den praktisch schwierigsten Aufgaben in der Schadenregulierung; die fehlerhafte Anwendung (eher: Nichtanwendung) ist – leider – die Regel.[764]

1225 Das Quotenvorrecht des Beamten bewirkt häufig, dass Vorteilsausgleichungen, **Mitverantwortungsanteile** und Verstöße gegen die **Schadenminderungspflicht** letztlich nur den Anspruch des Dienstherrn, nicht aber den Direktanspruch beeinträchtigen.[765]

---

762 BGH v. 7.12.1982 – VI ZR 9/81 – DÖV 1983, 348 (nur LS) = MDR 1983, 570 = LM Nr. 1 zu § 212 RVO = r+s 1983, 50 = VersR 1983, 262 = zfs 1983, 142 (nur LS) (Geht die Leistungspflicht vom SVT auf einen öffentlichen Dienstherrn über, erwirbt letzterer vom SVT die zunächst auf diesen übergegangenen Schadensersatzansprüche des Verletzten). *Küppersbusch* Rn 667.
763 Siehe Kap 3 Rn 1146.
764 Einzelheiten mit Berechnungsbeispielen: *Jahnke* „Unfalltod und Schadenersatz" Kap 6 Rn 718 ff., 781 ff.
765 BGH v. 24.2.1983 – VI ZR 59/81 – MDR 1983, 741 = NJW 1984, 354 = VersR 1983, 488 = VRS 65, 91 = zfs 1983, 202 (Nichtverwertung verbliebener Arbeitskraft); OLG Frankfurt v. 22.10.1992 – 3 U 146/93 – VRS 86,17 (BGH hat Revision nicht angenommen, Beschl. v. 6.7.1993 – VI ZR 293/92 -) (Ein wegen unfallbedingter Dienstunfähigkeit in den vorzeitigen Ruhestand versetzter Beamter verletzt seine Schadengeringhaltungsverpflichtung, wenn er seine verbliebene Restarbeitskraft nicht anderweitig einsetzt. Dieser Einwand kommt allerdings zunächst in vollem Umfang des anzusetzenden fiktiven anderweitigen Verdienstes beim Dienstherrenregress zum Tragen [Quotenvorrecht des Beamten].); OLG Karlsruhe v. 5.9.1996 – 19 U 131/95 – r+s 1997, 413 (BGH hat Revision nicht angenommen, Beschl. v. 6.5.1997 – VI ZR 333/96 -) (Verwertet eine in den Ruhestand versetzte Lehrerin nicht ihre Restarbeitskraft, wirkt sich dies erst dann auf den Direktanspruch aus, wenn aus der Verwertung dieser Restarbeitskraft mehr als die gezahlten Ruhestandsbezüge zu erzielen gewesen wäre).

Lässt ein Beamter oder sein Hinterbliebener den ihm wegen des Quotenvorrechtes zustehenden Teil des Schadenersatzanspruches **verjähren**, kann auch der Dienstherr diesen Teil nicht mehr gegen den Schadenersatzpflichtigen geltend machen.[766]

1226

4. Anspruchskonkurrenz[767]

Das Quotenvorrecht des Beamten führt u.a. auch dazu, dass Leistungen **anderweitiger Drittleistungsträger** den auf den Dienstherrn/Beihilfeträger übergehenden Anspruch überproportional kürzen oder sogar auf Null reduzieren. Die korrekte Berücksichtigung der unterschiedlichen Forderungsübergänge bedingt, dass auf den Dienstherrn bzw. Beihilfeträger nicht ein der Haftungsquotierung entsprechender Anteil an den Leistungen entfällt, sondern ein deutlich hierunter liegender Betrag. Die anderen Beteiligten (Anspruchsteller, sonstige Drittleistungsträger) erhalten u.U. sogar mehr als einen der Haftungsquote entsprechenden Anteil.

1227

Aus dem Vorrecht folgt u.a., dass der private (Kranken- bzw. Pflege-)Versicherer, der sein Recht vom Beamten nach § 67 I VVG a.F. überleitet, dessen Bevorrechtigung mit übernimmt und daher seine Leistungen vor der **Beihilfe** geltend machen kann.[768]

1228

Löst ein Unfall nicht nur für den Dienstherrn Versorgungsleistungen aus, sondern auch Kostenverpflichtungen für einen **Sozialversicherer**, gehen die Ansprüche des Beamten auf Schadenersatz auf beide Gläubiger als Gesamtgläubiger über.[769] Leistungen auch aus der Rentenversicherung können z.B. bei später verbeamteten Personen in Betracht kommen. Leistungen der gesetzlichen Unfallversicherung sind insbesondere bei Unfällen nach Eingliederung in einen fremden Betrieb und bei der Nothilfe denkbar. Hat der Ersatzpflichtige den Schaden nicht in vollem Umfang zu ersetzen, steht dem Sozialversicherungsträger gegenüber dem Dienstherrn ein Quotenvorrecht zu.[770] Es kommt also nicht zu einer Ausgleichung entsprechend der jeweiligen Leistung, vielmehr erhält der nach § 116 SGB X Regressberechtigte bei unzureichender Regressmasse verhältnismäßig mehr. Insbesondere Vorteilsausgleichungen und Verletzung von Schadenminderungspflichten wirken damit regelmäßig (neben Haftungseinwänden) gegen den Dienstherrn.

1229

5. Verwandtenprivileg

Als Ausfluss der Fürsorgepflicht entfällt entsprechend § 67 II VVG a.F., § 116 VI SGB X der Forderungsübergang bei Verletzung oder Tötung durch einen in häuslichen Gemein-

1230

---

766 KG v. 5.10.1998 – 22 U 3273/97 – NZV 1999, 208.
767 Abrechnungsbeispiele bei *Jahnke* „Unfalltod und Schadenersatz" Kap 6 Rn 718, 781 ff.
768 BGH v. 10.2.1998 – VI ZR 139/97 – DAR 1998, 351 (nur LS) = NZV 1998, 243 = NJW-RR 1998, 1103 = NVersZ 1999, 25 = r+s 1998, 198 = SP 1998, 279; BGH v. 30.9.1997 – VI ZR 335/96 – NJW-RR 1998, 237 = NZV 1997, 512 = r+s 1997, 506 = SP 1998, 12 (nur LS) = VersR 1997, 1537 = WI 1998, 15 (Revisionsentscheidung zu OLG Schleswig v. 3.9.1996 – 9 U 34/96 – NZV 1997, 79).
769 BGH v. 15.3.1983 – VI ZR 156/80 – BG 1984, 785 = DVBl 1983, 1241 = MDR 1983, 835 = NVwZ 1985, 219 = VersR 1983, 686 (Aber: Von der Gesamtgläubigerschaft sind solche Leistungen des Dienstherrn ausgenommen, für die beim Sozialversicherungsträger keine Leistungspflicht besteht [hier: Kosten für höhere Pflegeklasse]).
770 Siehe hierzu im Einzelnen die Entscheidung des BGH v. 14.2.1989 – VI ZR 244/88 – NZV 1989, 268 = VersR 1989, 648 (mit anschaulicher Berechnung) sowie BGH v. 17.11.1988 – III ZR 202/87 – BGHZ 106, 13 = MDR 1989, 614 = NJW 1989, 1735 = VersR 1989, 495 = zfs 1989, 229 (nur LS); BGH v. 16.11.1962 – VI ZR 11/62 – VersR 1963, 239.

schaft lebenden Familienangehörigen.[771] Durch Abtretung kann dieser Schutz des Angehörigen nicht umgangen werden.[772]

6. Arbeitsunfall, Dienstunfall

a. Arbeitnehmer im öffentlichen Dienst

1231 Soweit öffentlich Bedienstete Arbeitnehmer (Arbeiter oder Angestellte) sind, gelten die Vorschriften der gesetzlichen Sozialversicherung (§§ 104f. SGB VII, 636 f. RVO) und nicht das beamtenrechtliche Dienstrecht.

1232 Wenn ein ziviler Bediensteter (Arbeitnehmer) der öffentlichen Verwaltung mit einem Beamten „dienstlich kollidiert", sollten Ansprüche gegen die öffentlich-rechtliche Körperschaft nicht nach § 636 RVO ausgeschlossen sein. Veränderungen bringt hier § 105 I 2 SGB VII.

b. Beamte

1233 Die Haftungsfreistellung bei Beamten und Soldaten ist in den § 46 BeamtVG, § 91a SVG gesondert geregelt. Die Bestimmungen sind, im Detail allerdings mit Besonderheiten versehen, den §§ 636f. RVO nachgebildet.

aa. Beamter

1234 Nach § 46 BeamtVG haben der verletzte Beamte bzw. seine Hinterbliebenen aus Anlass eines Dienstunfalls gegen den Dienstherrn nur Ansprüche auf die im BeamtVG vorgesehenen Unfallfürsorgeleistungen. Weitergehende Ansprüche können sie nicht geltend machen, soweit es sich bei dem Unfall nicht um einen Dienstunfall bei der Teilnahme am allgemeinen Verkehr (§ 46 II 2 BeamtVG, § 1 ErwZulG) handelt.

1235 Nach § 46 II 1 BeamtVG bzw. § 91a SVG i.V.m. § 1 ErwZulG sind Ersatzansprüche des Beamten (Soldaten und vergleichbare Personen) gegen den (öffentlich-rechtlichen) Dienstherrn und seine Bediensteten ausgeschlossen. Es ist nicht erforderlich, dass der Schädiger den Schaden durch eine dienstliche Verrichtung herbeigeführt hat. Es genügt ein ursächlicher Zusammenhang zwischen der schädigenden Handlung und dem öffentlich-rechtlichen Dienstverhältnis.[773] Ein Dienstunfall liegt vor, wenn die Fahrt angeordnet oder genehmigt wurde bzw. geboten erschien.

bb. Dienstherr

1236 Hinsichtlich des Regresses des Dienstherrn bestehen wesentliche Unterschiede gegenüber dem Regress bei Schädigung eines Sozialversicherten. Die beamtenrechtlichen Vorschriften nehmen lediglich dem verletzten Beamten die Möglichkeit der Geltendmachung weiterer Ansprüche, schließen aber nicht die Inanspruchnahme des Schädigers durch den Dienstherrn aus.[774] Abweichend vom unfallversicherungsrechtlichen Haftungsausschluss sind die versorgungsrechtlichen Bestimmungen dahingehend auszulegen, dass sie dem Geschädigten seine Ansprüche nicht von Grund auf nehmen, sondern lediglich der Höhe

---

771 BGH v. 8.1.1965 – VI ZR 234/63 – NJW 1965, 907; *Jahnke* „Angehörigenprivileg im Wandel" NZV 2008, 57.
772 *Jahnke* NZV 1995, 380 (II.7.c.) m.w.N.; siehe auch Kap 1 Rn 55 f.
773 BGH v. 29.3.1977 – VI ZR 52/76 – VersR 1977, 649.
774 BGH v. 17.6.1997 – VI ZR 288/96 – NJW 1997, 2883 = NZV 1997, 393 = r+s 1997, 418.

nach insoweit einschränken, als sie über die Grenzen der Unfallfürsorge hinausgehen. Diese Interpretation hat im Verhältnis von Schädiger zum Geschädigten keine Auswirkungen; es bleibt letztlich faktisch bei einer Entschädigungssperre. Diese Auslegung führt dann aber dazu, dass der die Fürsorgeleistungen erbringende Versorgungsträger aus übergegangenem Recht beim für das Unfallgeschehen Verantwortlichen Regress selbst dann nehmen kann, wenn dem Unfallverursacher nur einfache Fahrlässigkeit zur Last fällt. Anderes gilt aber für Dienstunfälle aufgrund des Regressverbotes nach § 4 I ErwZulG.

Ist der Schädiger der Dienstherr und handelt es sich um einen Dienstunfall, sind die Ansprüche grundsätzlich auf die Dienstunfallversorgung begrenzt.[775] **1237**

Hatte der Geschädigte nicht am **allgemeinen Verkehr teilgenommen**, steht zwar dem Dienstherrn ein Regressanspruch zu, nicht aber dem Beamten.[776] **1238**

Lag dagegen eine Teilnahme am allgemeinen Verkehr vor, greift § 4 ErwZulG. Danach ist der Regress des Dienstherrn gegen eine andere öffentliche Verwaltung, die für ihren Bediensteten haftet, ausgeschlossen. Im Übrigen ist dem Dienstherrn ein Regress gegen außerhalb einer öffentlichen Verwaltung stehende Ersatzpflichtige allerdings nicht genommen. Dem Beamten selbst steht ein Ersatzanspruch nach § 1 ErwZulG zu. **1239**

cc. Übersicht

Für den Regress des Dienstherrn ist wie folgt zu differenzieren: **1240**

Übersicht 3.21: Regress beim Dienstunfall

	Ansprüche des Beamten	Ansprüche des Dienstherrn
Teilnahme am allgemeinen Verkehr	Personenschadenansprüche bestehen	Regress ausgeschlossen gegen andere öffentliche Verwaltung, die für ihren Bediensteten haftet
keine Teilnahme am allgemeinen Verkehr	Haftungsausschluss	Regressanspruch gegen Schädiger

7. Versicherungsschutzversagung

Eine Ausdehnung des § 158c IV VVG a.F., § 117 III 2 VVG n.F. auf andere Fälle, in denen ein weiterer solventer Schuldner (wie z.B. ein öffentlich-rechtlicher Dienstherr) zur Verfügung steht, wurde von der Rechtsprechung bislang abgelehnt.[777] Dem Dienstherrn sind auch bei fehlendem Versicherungsschutz die übergangsfähigen Aufwendungen in den Grenzen des Quotenvorrechtes zu ersetzen. **1241**

---

775 Zum Anspruchsübergang nach § 116 SGB X bei später ins Beamtenverhältnis berufenen Personen siehe BGH v. 17.6.1997 – VI ZR 288/96 – DAR 1997, 403 = NJW 1997, 2883 = NZV 1997, 393 = r+s 1997, 418 = VersR 1997, 1161 = VRS 93,405 = zfs 1997, 451.
776 BGH v. 17.11.1988 – III ZR 202/87 – VersR 1989, 495; BGH v. 15.3.1988 – VI ZR 163/87 – MDR 1988, 768 = VersR 1988, 614 (Auch auf einen Sozialversicherungsträger ist ein Forderungsübergang möglich); BGH v. 29.3.1977 – VI ZR 52/76 – VersR 1977, 649.
777 BGH v. 26.9.1979 – VI ZR 94/78 – VersR 1979, 1120 = zfs 1980, 60 (Rheinische Zusatzversorgungskasse der Gemeinden und Gemeindeverbände); BGH v. 17.10.1957 – II ZR 39/56 – BGHZ 25,330 = NJW 1957,1874 = VersR 1957,729.

E. Pfarrer und kirchliche Bedienstete

I. Kirchlich Bedienstete

1242 Das BeamtVG und das BBesG gelten explizit nicht für die öffentlich-rechtlichen Religionsgesellschaften und ihre Verbände, § 1 III BeamtVG, § 1 IV BBesG. Kirchliche Bedienstete und ihre Angehörigen erhalten aber häufig analog der beamtenrechtlichen Versorgung Leistungen. Vielfach sieht dabei das Kirchenbesoldungsrecht eine entsprechende Anwendung des Beamtenversorgungsrechtes (BeamtVG) vor.

1243 Der **Forderungsübergang** erfolgt jedoch, auch wenn das Kirchenbesoldungsrecht eine entsprechende Anwendung des beamtenrechtlichen Vorschriften vorsieht, wie bei einem Angestellten im öffentlichen Dienst (dh EFZG und Abtretung), ein gesetzlicher Forderungsübergang existiert nicht.[778] Dies gilt sowohl für den Gehaltsregress wie auch die Beihilfeleistungen.

II. Pfarrer

1244 Pfarrer werden häufig nach beamtenrechtlichen Grundsätzen (in analoger Anwendung) bezahlt.

1245 Gleichwohl gilt nicht der gesetzliche **Forderungsübergang** des Beamtenrechtes. Vielmehr bedarf es stets – soweit der Pfarrer nur in kirchlichen Diensten und nicht (z.B. als beamteter Lehrer) in staatlichen Diensten steht – der Abtretung an den kirchlichen Dienstherrn. Dies gilt sowohl für den Gehaltsregress wie auch die Beihilfeleistungen.

1246 Die in Pfarrerbesoldungsgesetzen enthaltene Abtretungsverpflichtung[779] sieht häufig ein **Quotenvorrecht** des Pfarrers vor (ähnlich der beamtenrechtliche Regelung bzw. der Altersversorgung durch VBL und ZVK).

F. Arbeitnehmer im weiteren Sinne

1247 Für sonstige abhängig Beschäftigte, deren Arbeitgeber im freien Beruf (z.B. Arzt, Rechtsanwalt, Steuerberater) sind oder kein Gewerbe (z.B. Verein, Stiftung, Theater, Pflegeanstalt) betreiben, gelten die Vorschriften des BGB (vor allem §§ 611 ff. BGB), soweit keine tarif- oder einzelvertraglichen Absprachen vorgehen.

---

778 Ob OLG Karlsruhe v. 13.10.2004 – 7 U 207/02 – VersR 2006, 228 (BGH hat Revision nicht angenommen, Beschl. v. 18.10.2005 – VI ZR 297/04 -) zu recht einen Forderungsübergang nach § 103 HGB angenommen hat (problematisiert wurde dieses in der veröffentlichten Entscheidung nicht), erscheint zweifelhaft.

779 Z.B. § 24 Kirchengesetz der Konföderation evangelischer Kirchen in Niedersachsen über die Besoldung und Versorgung der Pfarrer und Pfarrerinnen (Pfarrerbesoldungs- und Versorgungsgesetz).

Kapitel 4 Selbstständige

A. Personenkreis

Unter dem Begriff des Selbstständigen fallen Freiberufler, Gewerbetreibende, Handwerker, Kaufleute, Landwirte und Unternehmer.

I. Arbeitnehmerähnliche Selbstständige

Seit 1.1.1999 sind auch arbeitnehmerähnliche Selbstständige von der gesetzlichen Rentenversicherung vereinnahmt (§ 2 Nr. 9 SGB VI): Hierbei handelt es sich Personen, die im Zusammenhang mit ihrer selbstständigen Tätigkeit keine weitere versicherungspflichtige Person beschäftigen und im Wesentlichen nur für einen Auftraggeber tätig sind.

Während Scheinselbstständige[1] rechtlich nichts anderes als Arbeitnehmer sind, handelt es sich bei den arbeitnehmerähnlichen Selbstständigen um **echte Selbstständige**, die der Gesetzgeber als Pflichtmitglieder (nur) in die Rentenversicherung einbezieht, die im übrigen aber sozialversicherungsfrei bleiben. Diese Einbeziehung in die Pflichtversicherung haben allerdings nicht alle Selbstständige freudig begrüßt, sondern sie vielfach mehr als „Zwangsbeglückung" empfunden.

1. Begriff

§ 2 Nr. 9 SGB VI greift nicht auf die Definition der arbeitnehmerähnlichen Personen in § 12a Tarifvertragsgesetz (TVG) zurück, sondern zieht eine eigene Begriffsbestimmung heran.

a. Regelung 1999

Arbeitnehmerähnlicher Selbstständiger war nach der seit 1.1.1999 und nur bis 31.12.1999 in Kraft befindlichen Legaldefinition des § 2 Nr. 9 SGB VI diejenige Person, die

- im Zusammenhang mit ihrer selbstständigen Tätigkeit **außer Familienangehörigen** (§ 7 IV 3 SGB IV) **keinen versicherungspflichtigen Arbeitnehmer** beschäftigte und

- regelmäßig und im wesentlichen **nur für einen Auftraggeber tätig** ist.

Die Vorschrift erfasste damit jene Personen, die zwar die beiden ersten Katalogmerkmale des § 7 IV SGB IV erfüllte, aber die Vermutung der nicht-selbstständigen Beschäftigung widerlegten.

b. Regelung 2000

§ 2 SGB VI ist rückwirkend neu gefasst.[2]

Arbeitnehmerähnlicher Selbstständiger ist gemäß § 2 Nr. 9 SGB VI, wer

- im Zusammenhang mit seiner selbstständigen Tätigkeit **keinen versicherungspflichtigen Arbeitnehmer** beschäftigt, dessen Arbeitsentgelt regelmäßig 400 EUR (bis 1.4.2003 630 DM bzw. 325 EUR) übersteigt[3] und

- auf Dauer und im Wesentlichen **nur für einen Auftraggeber tätig** ist.

---

1 Dazu Kap 3 Rn 74 ff.
2 Art. 3 I des Gesetzes zur Förderung der Selbstständigkeit, BGBl I 2000, 2.
3 Familienangehörige werden in der Novellierung nicht mehr genannt.

13 Die Vorschrift erfasst damit weiterhin jene Personen, die die Vermutung der nichtselbstständigen Beschäftigung widerlegen.

2. Beiträge

14 Die Beiträge zur **Rentenversicherung** trägt der Selbstständige allein. Die Beitragshöhe wird auf Grundlage der Bezugsgröße (§ 18 SGB IV) ermittelt. Wird ein höheres oder niedriges Einkommen erzielt, bildet dieses, mindestens aber 1/7 der Bezugsgröße, die Bemessungsgrundlage (§§ 162 Nr. 5, 165 I Nr. 1, III SGB VI). In den ersten drei Jahren der Tätigkeit kann auf Antrag eine Pauschalregelung in Anspruch genommen werden, wonach ein Arbeitseinkommen von 50 % der Bezugsgröße zugrunde gelegt wird (§ 165 I 2 SGB VI).

15 Eine **Befreiungsmöglichkeit** von der Rentenversicherungspflicht besteht für Personen, die vor dem 2.1.1949 geboren sind und bislang nicht versicherungspflichtig waren. Wer vor dem 10.12.1998 bereits über eine private Lebensversicherung oder betriebliche Versorgungszusage verfügte, konnte sich bis zum 30.6.1999 rückwirkend befreien lassen, wenn diese private Vorsorge rentenversicherungsäquivalent ausgestaltet ist (§ 231 V SGB VI).

II. Landwirte

1. Schadenbestimmung

16 Wird die zu erwartende Ernte durch Handlungen Dritter beeinträchtigt (neben Verletzung des Landwirtes auch z.B. Spritzschaden), ist aus der nicht mehr einzubringenden Ernte resultierender Gewinnausfall zu ersetzen. Dabei wird im Rahmen der Ausfallermittlung die Umsatzsteuer positiv und negativ (im Rahmen des Vorteilsausgleiches) als Rechenposition mit einbezogen.

17 Bei Landwirten ist der Verdienstausfall nicht abstrakt, sondern konkret zu ermitteln.[4] Der konkret entgangene Hofertrag wird regelmäßig unter Beiziehung eines Sachverständigen zu ermitteln sein, der auch die parallelen konjunkturellen und klimatischen Entwicklungen mit einzubeziehen hat. Als Hofertrag ist der Reinertrag, gekürzt um Betriebskosten, Steuern, Abgaben und Investitionskosten, anzusetzen.

18 Im Regelfall werden landwirtschaftliche Betriebe nach Durchschnittssätzen besteuert (pauschalierender Betrieb, § 24 UStG). Die Vorsteuer aus erhaltenen Rechnungen können diese Landwirte allerdings nicht geltend machen, sodass der Schadenersatzbeträge inklusive **Mehrwertsteuer** zu erstatten sind.[5] Ein Landwirt kann allerdings von einem Jahr auf das andere zur Regelbesteuerung wechseln (optierender Betrieb, § 15a UStG); die Option führt zu einer anteiligen Mehrwertsteuerberücksichtigung und aerstattung u.U. auch für bereits erhaltene Schadenersatzleistungen. Bei nachträglicher Optierung hat der Landwirt dann die anteilige Mehrwertsteuererstattung an den Schadenersatzleistenden zurückzuzahlen, da er entsprechend um die anteilige Mehrwertsteuer bereichert ist.

19 Nicht zu ersetzen sind fiktive Gehaltskosten eines Landwirtschaftsmeisters.

20 Die Mitwirkung der landwirtschaftlichen **Hausfrau** in einem landwirtschaftlichen Betrieb ist unter dem Aspekt des Verdienstausfalles zu würdigen.

---

4 BGH v. 7.10.1966 – VI ZR 26/65 – DAR 1967, 15 = MDR 1967, 120 = VersR 1966, 1158 = VRS 32, 10.
5 Siehe Kap 16 Rn 74.

Wird der Hof durch Familienmitglieder oder landwirtschaftliche Hilfskräfte bewirtschaftet, sind deren Kosten unter Einbeziehung insbesondere der steuerlichen Vorteile zu ersetzen.

2. Landwirtschaftliche Sozialversorgung

Häufig greift auch die landwirtschaftliche Sozialversicherung (Alterskasse, Berufsgenossenschaft, Krankenkasse) mit, auf den Schaden des unmittelbar Verletzten anzurechnenden, Leistungen ein.

Das gilt auch für Nebenerwerbslandwirte.[6]

a. Landwirtschaftliche Krankenversorgung

Für die landwirtschaftliche Krankenversicherung gilt neben dem SGB V auch das „2. Gesetz über die Krankenversicherung der Landwirte (KVLG 1989)".

Landwirtschaftliche Unternehmer (unabhängig von Hofgröße und Einkommen), ihre mitarbeitenden Familienangehörigen (§ 7 KVLG 1989) und Altenteiler sind **pflichtversichert**, § 5 I Nr. 3 SGB V, § 2 KVLG 1989. Nicht versichert ist (§ 3 KVLG 1989) u.a. derjenige, der bereits nach anderweitigen Vorschriften versicherungspflichtig ist (z.B. Nebenerwerbslandwirt). §§ 4, 5 KVLG 1989 sehen Befreiungsmöglichkeiten von der Pflichtversicherung vor.

Schwerpunktmäßig dient die Sozialversorgung der Aufrechterhaltung des landwirtschaftlichen Betriebes, vor allem durch den Einsatz von Betriebshelfern. Als **Betriebshilfe** (§ 9 KVLG 1989) ist eine Ersatzkraft zu stellen, u.U. sind die Kosten einer selbst beschafften betriebsfremden Ersatzkraft in angemessener Höhe zu erstatten, § 11 KVLG 1989.

Krankengeld wird (anders als in der gesetzlichen Krankenversicherung nach SGB V) gemäß § 8 II KVLG 1989 nur in den Fällen der §§ 12, 13 KVLG 1989 gewährt (für mitarbeitende Familienangehörige). Der nach § 2 KVLG 1989 versicherungspflichtige Unternehmer erhält anstelle des Krankengeldes Betriebshilfe, aber nur während einer stationären Behandlung oder Kur; darüber hinaus, wenn die Satzung die Gewährung auch für den Fall bestimmt, dass die Bewirtschaftung des Unternehmens gefährdet ist, § 9 III KVLG 1989. Die Satzung kann Erweiterungen des Gewährungsvoraussetzungen vorsehen (§ 9 III, IV KVLG 1989).

Anspruch auf **Haushaltshilfe** (§ 10 KVLG 1989) besteht, wenn dem Versicherten, seinem Ehegatten oder einem mit der Haushaltsführung ständig betrauten Familienangehörigen wegen Krankheit oder Kur die Haushaltsführung nicht möglich ist und diese auch nicht anderweitig sicherzustellen ist. Als Haushaltshilfe ist eine Ersatzkraft zu stellen, u.U. sind die Kosten einer selbst beschafften betriebsfremden Ersatzkraft in angemessener Höhe zu erstatten, § 11 KVLG 1989.

b. Landwirtschaftliche Unfallversicherung

Leistungsträger sind die landwirtschaftlichen Berufsgenossenschaften (§ 114 I Nr. 2 SGB VII). Leistungen erhalten nach § 2 I Nr. 5 SGB VII insbesondere die landwirtschaft-

---

6 OLG Zweibrücken v. 9.11.2005 – 1 U 166/04 – (BGH hat Nichtzulassungsbeschwerde zurückgewiesen, Beschl. v. 6.12.2006 – VI ZR 267/05 -) VersR 2007, 273 (Anm. *Wellner*) = zfs 2007, 147 (Anm. *Diehl*) (Nebenerwerbslandwirt muss sich Verletztenrente auch auf anderweitigen Verdienstausfall anrechnen lassen).

lichen Unternehmer und ihre mitarbeitenden Familienangehörigen. Was zur Landwirtschaft gehört, bestimmen §§ 123f. SGB VII.

30 Liegt ein Arbeitsunfall vor, so ist bei Leistungen zur **medizinischen Rehabilitation** ausschließlich die Berufsgenossenschaft zuständig, § 9 ALG.

31 Handelt es sich um einen landwirtschaftlichen Arbeits- oder Arbeitswegeunfall, wird dem landwirtschaftlichen Unternehmer eine **Betriebshilfe** (§ 22 I Nr. 7 SGB I, § 54 I SGB VII) für max. 3 Monate während einer stationären Behandlung (nur) dann gewährt, wenn im Betrieb keine Arbeitnehmer oder mitarbeitenden Familienangehörigen ständig beschäftigt werden. Als Betriebshilfe ist eine Ersatzkraft zu stellen, u.U. sind die Kosten einer selbst beschafften betriebsfremden Ersatzkraft in angemessener Höhe zu erstatten, § 54 IV SGB VII.

32 Anspruch auf **Haushaltshilfe** (§ 54 II SGB VII) besteht für längstens 3 Monate, wenn dem Versicherten oder seinem Ehegatten infolge des Arbeitsunfalls die Haushaltsführung nicht möglich und auch nicht anderweitig sicherzustellen ist. Als Haushaltshilfe ist eine Ersatzkraft zu stellen, u.U. sind die Kosten einer selbst beschafften betriebsfremden Ersatzkraft in angemessener Höhe zu erstatten, § 54 IV SGB VII.

33 Wird bei Anspruch auf Betriebs- oder Haushaltshilfe eine Ersatzkraft nicht gestellt, besteht Anspruch auf **Verletztengeld** (§ 55 SGB VII), wenn dieses sachgerecht ist oder aber die Voraussetzungen des § 1 II ALG nicht erfüllt sind. Die Verletztengeldzahlung ist gegenüber der Betriebs- und Haushaltshilfe nachrangig zu gewähren. Die Höhe bestimmt sich nach § 55 II SGB VII i.V.m. § 13 I KVLG 1989.

34 Für die Berechnung des **JAV** sind beim landwirtschaftlichen Arbeitsunfall die besonderen Regeln des § 93 SGB VII zu beachten. Für Nebenerwerbslandwirte ist die mögliche Kumulation des JAV zu berücksichtigen.[7]

c. Altershilfe für Landwirte

35 Für die Altersversorgung der Landwirte galt außerhalb des SGB VI bis zum 31.12.1994 das Gesetz über eine Altershilfe für Landwirte (GAL), das ab dem 1.1.1995 durch das „Gesetz über die Alterssicherung der Landwirte (ALG)"[8] abgelöst wurde. Mit dem ALG erfolgt im wesentlichen eine Annäherung an das Recht der gesetzlichen Rentenversicherung (SGB VI).

36 Träger der landwirtschaftlichen Altershilfe sind die bei den landwirtschaftlichen Berufsgenossenschaften errichteten **Landwirtschaftlichen Alterskassen**, § 23 II Nr. 4 SGB I, § 49 ALG.

37 Leistungen erhalten der **landwirtschaftliche Unternehmer** (auch ehemaliger) (§ 1 I Nr. 1, II, III ALG), aber auch seine Angehörigen. Neben mitarbeitenden Familienangehörigen (auch ehemaligen) (§ 1 I Nr. 2, VIII ALG) sind leistungsberechtigt z.T. noch deren Ehegatten und Hinterbliebene (§ 1 I GAL, § 4 ALG).

38 Hervorzuheben ist eine wichtige Änderung durch das ALG gegenüber dem früheren Recht des GAL durch das Agrarsozialreformgesetz[9]: Auch der **Ehegatte** eines Landwirtes gilt seither selbst als landwirtschaftlicher Unternehmer (§ 1 III ALG), dh. er ist versicherungs- und beitragspflichtig und erwirbt eigene Ansprüche (u.a. auch auf Rente wegen Al-

---

7 Siehe Kap 3 Rn 571, dort auch Fn 360.
8 *Aichberger* „Sozialgesetzbuch", Nr. 30/10.
9 Agrarsozialreformgesetz v. 29.7.1994, BGBl I 1994, 1890.

ter oder Erwerbsunfähigkeit). Voraussetzung für die Versicherungspflicht des Ehegatten des landwirtschaftlichen Unternehmers ist ausschließlich die Ehe mit einem Landwirt; die Ehegatten dürfen nur nicht getrennt leben. Die Versicherungspflicht entsteht unabhängig von einer tatsächlichen Mitarbeit des Ehegatten im landwirtschaftlichen Unternehmen. Auch der Ehegatte eines nach altem Recht befreiten Landwirtes ist versicherungspflichtig. Damit haben vor allem Ehefrauen von Landwirten Rentenansprüche aus eigenem Recht. Dieses stellt eine **Systemänderung** dar mit den daraus folgenden Besonderheiten insbesondere bei Abfindungen vor der Rechtsänderung.[10]

Nach dem Recht der Altershilfe für Landwirte können der gesetzlichen Rentenversicherung entsprechende Leistungen in Anspruch genommen werden (§ 23 I Nr. 1 SGB I, §§ 7 ff. ALG), wobei etliche Sonderregelungen[11] für ältere Personengruppen gelten. Die **Höhe** der laufenden Rentenleistung sowie die Rentenberechnung ergibt sich aus der speziellen Rentenformel des § 23 ALG. Reduzierungen und abweichende Berechnungsmodalitäten für die zu erbringende Geldleistung sehen §§ 23 VII, VIII und 24 ALG vor. Die Renten werden jeweils zum 1. Juli eines Jahres angepasst, § 25 ALG. Barleistungen knüpfen häufig an eine vorherige Hofübergabe (vgl. § 21 ALG) an.

Die im Rahmen der Altershilfe zu gewährenden **Rehabilitationsleistungen** (§ 10 ALG) zur Besserung und Wiederherstellung der Erwerbsfähigkeit umfassen Maßnahmen der medizinischen Rehabilitation: Das Leistungsspektrum entspricht im wesentlichen dem der gesetzlichen Rentenversicherung (§ 10 I ALG verweist insbesondere auf § 15 SGB VI; daneben sind auch Reisekosten und Aufwendungen für Reha-Sport zu erstatten). Es sind auch Leistungen zur beruflichen Rehabilitation vorgesehen (§ 31 I Nr. 1 SGB VI). Bei Bedarf wird begleitend Betriebs- und Haushaltshilfe gestellt (§ 10 I 2, II – IV ALG).

Betriebs- und **Haushaltshilfe** (§§ 36 ff. ALG) wird zur Fortführung des landwirtschaftlichen Unternehmens bei Arbeitsunfähigkeit des Versicherten gewährt, § 36 ALG.

Landwirte (Landwirt und Ehegatte des Landwirts) erhalten eine **Erwerbsunfähigkeitsrente** (§ 13 ALG), wenn Erwerbsunfähigkeit i.S.d. gesetzlichen Rentenversicherung (SGB VI) vorliegt, die Wartezeit erfüllt ist und der Betrieb abgegeben wird.

Unternehmer (Landwirt und Ehegatte des Landwirt) und mitarbeitender Familienangehöriger erhalten **Altersgeld** (§ 11 ALG) mit Vollendung des 65. Lebensjahres, der Unternehmer allerdings nur bei Abgabe des Betriebes. Unternehmer können eine vorzeitige Altersrente (vorgezogene Altersrente, § 12 ALG) ab Vollendung des 55. Lebensjahres (allerdings nur bei Abgabe des Betriebes) erhalten, wenn eine Wartezeit von 15 Jahren erfüllt ist und der Ehegatte bereits Anspruch auf Altersrente ab dem 65. Lebensjahr hat.

III. Gesellschafter

1. Anspruch

Grundsätzlich ist ausschließlich der Schaden des **verletzten Gesellschafters** in Form des Wegfalls oder einer Verringerung seiner Gewinnbeteiligung o.ä. zu ersetzen. Ausnahmen gelten für die Ein-Mann-Gesellschaft und die Gütergemeinschaft.[12]

Dem mitarbeitenden Gesellschafter einer Personengesellschaft, der mit einer Quote am Reingewinn der Gesellschaft beteiligt ist, kann ein Erwerbsschaden nur bei unfallbeding-

---

10 Das ALG wurde als Art. 1 Agrarsozialreformgesetz am 29.7.1994 verkündet, BGBl I 1994, 1890.
11 Siehe dazu das 5. Kap. des ALG: §§ 82 ff. ALG.
12 Dazu *Böhme/Biela* S. 209 D 164 und S. 226 D 223.

ter Verringerung des Gesellschaftsgewinns und, damit verbunden, seines Gewinnanteiles entstehen. Der Schaden der **Gesellschaft** und der **anderen Gesellschafter** ist ein nicht zu erstattender Drittschaden.[13]

46
Beispiel 4.1:
Der Kfz-Mechaniker M und der Buchhalter B betreiben eine Kfz-Werkstatt mit Ersatzteilhandel. M wird anlässlich eines Unfalles verletzt. Der von B und M bewirtschaftete Betrieb muss daraufhin eingestellt werden.

Ergebnis:
1. **M** kann seine entgangenen Gewinnanteile als Schaden geltend machen.
2. **B** bleibt als mittelbar Geschädigter ohne Ersatzanspruch.

2. Geschäftsführer

47 Der verletzte Geschäftsführer kann nach § 842 BGB Ersatz der echten Arbeitsvergütung für seine Geschäftsführertätigkeit verlangen. Die Fortzahlung der Bezüge seitens der Gesellschaft steht dem nicht entgegen; regelmäßig erfolgt dann im Gegenzug eine Abtretung der Schadensersatzansprüche zugunsten der Gesellschaft.[14] Auch flexibel bemessendes Entgelt („Tantieme")[15] kann nach Prüfung zu ersetzendes Arbeitsentgelt sein.[16]

48 Geschäftsführer sind keine Arbeitnehmer i.S.d. EFZG. Es erfolgt also kein automatischer Anspruchswechsel nach § 6 EFZG, selbst wenn vertraglich im Geschäftsführervertrag die entsprechende Geltung des EFZG vereinbart ist.[17] Es bedarf, will die Gesellschaft den Lohnfortzahlungsaufwand regressieren, der Abtretung.

49 Gerade bei kleineren Gesellschaften besteht manchmal Veranlassung, vorlegte Unterlagen auch auf Rückdatierung zu prüfen.

3. Ein-Mann-Gesellschaft

50 Wird der geschäftsführende Alleingesellschafter einer Kapitalgesellschaft infolge einer Unfallverletzung arbeitsunfähig und entgeht seiner Gesellschaft dadurch ein Geschäftsgewinn, kann er diesen Verlust als eigenen Schaden vom Schädiger ersetzt verlangen.[18]

51 Ist der Verletzte als Geschäftsführer einer GmbH gleichzeitig Gesellschafter der Arbeitgeberin, kann er vom Haftpflichtigen Erstattung seines während der unfallbedingten Arbeitsunfähigkeit fortgezahlten Geschäftsführergehaltes nur verlangen, wenn das gezahlte

---

13 BGH v. 23.11.1976 – VI ZR 191/74 – MDR 1977, 384 = VersR 1977, 227 (Verletzung des Komplementärs einer KG). *Böhme/Biela* S. 226 D 223, *Lemcke* r+s 1999, 376 (zu 3.).
14 BGH v. 5.7.1977 – VI ZR 44/75 – BB 1978, 283 = MDR 1978, 43 = NJW 1978, 40 = VersR 1977, 863; OLG Hamm v. 28.1.2002 – 6 U 124/01 – r+s 2002, 505 (§ 6 EFZG ist nicht anwendbar).
15 Siehe dazu auch *Schwedhelm* „Aktuelle Probleme der verdeckten Gewinnausschüttung" BB 2000, 693.
16 BGH v. 5.7.1977 – VI ZR 44/75 – BB 1978, 283 = MDR 1978, 43 = NJW 1978, 40 = VersR 1977, 863.
17 Kap 4 Rn 163.
18 BGH v. 13.11.1973 – VI ZR 53/72 – BGHZ 61, 380 = MDR 1974, 216 = NJW 1974, 134 = VersR 1974, 335, BGH v. 8.2.1977 – VI ZR 249/74 – MDR 1977, 568 = NJW 1977, 1283 (Anm. *Hüffer* NJW 1977, 2160) = VersR 1977, 374.
Siehe auch OLG Bamberg v. 18.10.2007 – 1 U 85/07 – r+s 2007, 513 (Beherrschender Gesellschafter und Alleingeschäftsführer einer GmbH ist als Selbstständiger zu behandeln).

Geschäftsführergehalt des Alleingesellschafters eine **echte Tätigkeitsvergütung** darstellt.[19]

Ob allerdings die vertraglich zugesagte Vergütung ein echtes Arbeitsentgelt darstellt, bedarf einer besonders genauen Überprüfung,[20] insbesondere „**Mondscheingehälter**" sind nicht zu ersetzen. Erwirtschaftet die Gesellschaft keine ausreichenden Umsätze, um neben weiteren Geschäftskosten auch noch den Geschäftsführer zu bezahlen, fehlt es am entsprechenden Schadensersatzanspruch. Im Rahmen der Schadenregulierung vorgelegte Anstellungsverträge sind sorgfältig zu prüfen.

52

4. Eheliche Gütergemeinschaft

Der in das Gesamtgut der Gütergemeinschaft fallende deliktische Schadensersatzanspruch des verletzten Ehegatten auf Verdienstausfall erstreckt sich auf die gesamten unfallbedingten Gewinneinbußen des von den Eheleuten gemeinsam betriebenen Erwerbsgeschäftes.

53

Wird die Gütergemeinschaft von beiden Eheleuten gemeinsam verwaltet, ist der verletzte Ehegatte für den zum Gesamtgut gehörenden Schadensersatzanspruch nur mit Ermächtigung des **anderen Ehegatten** allein prozessführungsbefugt.[21]

54

IV. Künstler

1. Schadenbestimmung

Bei Künstlern ist der eingetretene materielle Schaden häufig nur schwer abzuschätzen.

55

---

19 BGH v. 16.6.1992 – VI ZR 264/91 – VersR 1992, 1410 (Berechnung des Anspruches bei einem für 2 Gesellschaften tätigen Alleingesellschafters), BGH v. 5.7.1977 – VI ZR 44/75 – BB 1978, 283 = MDR 1978, 43 = NJW 1978, 40 = VersR 1977, 863.
BGH v. 9.3.1971 – VI ZR 158/69 – BB 1971, 494 = DB 1971, 825 = JR 71, 329 (Anm. *Schwerdtner*) = LM § 842 BGB, Nr. 8 = MDR 1971, 569 = NJW 1971, 1136 = VersR 1971, 570; KG v. 3.6.2004 – 12 U 357/02 – NZV 2005, 149 (Kein Verdienstausfallschaden des GmbH-Geschäftsführer/Alleingesellschafters, der wegen unfallbedingter Arbeitsunfähigkeit von der GmbH keine Bezüge erhält. Die Entlohnung des Alleingesellschafters-Geschäftsführers geht zu Lasten des Gewinns der Gesellschaft, so dass im Umfang der Beteiligung des verletzten Gesellschafters i.d.R. ein anrechnungsfähiger Vorteil für die Gesellschaft und damit für ihren Alleingesellschafter verbleibt.), OLG Hamm v. 17.11.1978 – 9 U 112/75 – r+s 1979, 215 = VersR 1979, 745 (BGH hat die Revision nicht angenommen, Beschl. v. 12.6.1979 – VI ZR 271/78 -) (Ersatzfähigkeit des im Ausfall von Tantiemen bestehenden Erwerbsschadens eines unfallbedingt arbeitsunfähigen GmbH-Geschäftsführers).
Berz/Burmann-Heß Kap 6 D, Rn 75.
20 BGH v. 5.7.1977 – VI ZR 44/75 – BB 1978, 283 = MDR 1978, 43 = NJW 1978, 40 = VersR 1977, 863, BGH v. 9.3.1971 – VI ZR 158/69 – BB 1971, 494 = DB 1971, 825 = JR 71, 329 = LM § 842 BGB, Nr. 8 = MDR 1971, 569 = NJW 1971, 1136 = VersR 1971, 570.
Zum (vorsichtig zu betrachtenden) Erwerbsschaden des Gesellschafter-Geschäftsführers einer 1-Mann-GmbH siehe OLG Hamm v. 8.6.1994 – 32 U 166/90 – OLGR 1995, 271 = zfs 1996, 11 (konkret keine Berechnung anhand der Geschäftsführervergütung).
Siehe auch OLG Bamberg v. 18.10.2007 – 1 U 85/07 – r+s 2007, 513 (Beherrschender Gesellschafter und Alleingeschäftsführer einer GmbH ist als Selbstständiger zu behandeln. Das mit ihm vereinbarte Geschäftsführergehalt kommt nur dann als Bemessungsgrundlage für das Krankentagegeld in Betracht, wenn es mit der finanziellen und wirtschaftlichen Situation der GmbH tatsächlich vereinbar ist.).
21 BGH v. 7.12.1993 – VI ZR 152/92 – DAR 1994, 113 = MDR 1994, 253 = NJW 1994, 652 = VersR 1994, 316 = zfs 1994, 323.
Siehe ergänzend *Jahnke* „Abfindung von Personenschadenansprüchen" § 2 Rn 145.

56 Bei **Vortragskünstlern** bilden bereits geplante Auftritte einen ersten Hinweis, gleichwohl wird man hier auch die Entwicklung der Szene sehen müssen, die bekanntlich starken (vor allem geschmacklichen) Veränderungen unterworfen ist. Auch bereits geplante Auftritte können dann auch aus unfallfremden Gründen mangels Nachfrage obsolet sein.

57 Bei **bildenden Künstlern**[22] (wie Maler, Bildhauer) ist zu prüfen, ob und inwieweit die handwerklichen Fähigkeiten Einbußen erlitten haben und ob der Kreativität auch durch andere Möglichkeiten Ausdruck verliehen werden kann.

58 Hinzu kommt nach Jahren größerer Preissteigerungen auch eine – nicht zuletzt durch die wirtschaftlichen Veränderungen begleitete – negative **Käufermarktentwicklung** zum Tragen.

2. Künstlersozialkasse

59 Künstler, zu denen u.a. auch freie Journalisten, Webdesigner, Werbetexter und Softwareentwickler gehören, können Ansprüche aus der Künstlersozialversicherung haben.

60 Selbstständige Künstler (§ 2 S. 1 KSVG) und Publizisten (§ 2 S. 2 KSVG) befinden sich in einer wirtschaftlichen und sozialen Situation, die nicht selten der von Arbeitnehmern nicht unähnlich ist. Sie sind daher seit 1.1.1983 aufgrund des Künstlersozialversicherungsgesetz[23] (KSVG) als Pflichtversicherte (§ 1 KSVG, zur Befreiung siehe §§ 4 bis 7 KSVG) in den Schutz der gesetzlichen Kranken- (§ 5 I Nr. 4 SGB V) und Rentenversicherung (§ 2 Nr. 5 SGB VI) und seit 1.1.1995 in die soziale Pflegeversicherung einbezogen (§ 1 KSVG), sofern die Einkommensgrenzen (§ 3 KSVG) überschritten werden.

61 Die Durchführung der Künstlersozialversicherung obliegt der Künstlersozialkasse,[24] einer Abteilung der Unfallkasse des Bundes (§ 37 I KSVG) mit Sitz in Wilhelmshaven.

62 Die Finanzierung der Sozialversicherungsbeiträge ist derjenigen der Arbeitnehmer nachgebildet (§ 14 KSVG): Der Versicherte trägt wie ein Arbeitnehmer nur den halben Beitrag, die andere Hälfte wird über die Künstlersozialabgabe von den Verwertern sowie durch einen Bundeszuschuss aufgebracht.

63 Die Künstler erhalten Leistungen nach dem SGB V (gesetzliche Krankenversicherung) und SGB VI (gesetzliche Rentenversicherung) wie jeder andere dort Versicherte.

64 Die Künstlersozialversicherung ist eine gesetzliche Sozialversicherung (§ 36a KSVG), sodass § 116 SGB X gilt.

V. Prostitution[25]

65 Bei entgehenden Einnahmen aus Prostitution hatte der BGH[26] eine Begrenzung auf „die Höhe eines existenzdeckenden Einkommens angenommen, das auch in einfachen Verhältnissen von jedem gesunden Menschen erfahrungsgemäß erreicht werden kann."

---

22 BGH v. 21.1.1969 – VI ZR 172/67 – VersR 1969, 376.
23 Künstlersozialversicherungsgesetz, abgedr. in *Aichberger* „SGB", Nr. 30/50.
24 Die Versicherten der Künstlersozialkasse (1.1.2008: 159.532 Personen) kommen aus den Bereichen bildende Künste (36 %), Musik (27 %), Wort (25 %) und darstellende Kunst (12 %) (Quelle: www.kuenstlersozialkasse.de, Stand 1.1.2008).
25 Siehe auch Kap 2 Rn 210.
26 BGH v. 6.7.1976 – VI ZR 122/75 – BGHZ 67, 119 = MDR 1977, 132 = NJW 1976, 1883 = VersR 1976, 491.

Nachdem der Gesetzgeber mit dem Prostitutionsgesetz (ProstG)[27] Verbesserungen in deren zivil- und sozialrechtlicher Situation angegangen hat, dürfte bei Dirnenlohn kein unwirksames Rechtsgeschäft mehr zu unterstellen sein.[28] Im ProstG sind deren Aktivitäten als **zivilrechtlich** wirksam definiert (§ 1 ProstG), die alte Rechtsprechung zum Schadensersatz (Begrenzung auf die Höhe eines existenzdeckenden Einkommens) verliert damit ihre Gültigkeit.[29] § 3 ProstG erlaubt eine **sozialversicherungsrechtliche** Absicherung.

66

B. Einzelheiten

Die Regulierung der Verdienstausfallschäden eines Selbstständigen bereitet in der Praxis die größten Probleme. Sein Einkommen ist selten konstant, es wird – mehr noch als beim abhängig Beschäftigten – von Wirtschaftslage, Saisoneinflüssen, Geschäftsauf- und -abbau, Fehleinschätzungen und politischen Entwicklungen, aber auch der persönlichen Reputation geprägt und unterliegt mehr oder minder starken Schwankungen.

67

Zu ersetzen sind die Einkünfte, die der Verletzte ohne die unfallbedingte Arbeitsunfähigkeit erzielt hätte. Die Anspruchshöhe kann oft nur mit Hilfe eines Sachverständigen ermittelt werden.

68

I. Wegfall der Arbeitskraft

Dem Grundsatz, dass der bloße Wegfall der Arbeitskraft noch keinen ersatzfähigen Schaden darstellt, kommt gerade beim Selbstständigen besondere Bedeutung zu. Bei ihm bestimmt sich der Wert seiner Tätigkeit gerade nicht nach Dauer und Intensität des Arbeitseinsatzes, sondern nach dem dadurch erzielten wirtschaftlichen Erfolg. Erst wenn der Wegfall dann zu einer Vermögenseinbuße führt, liegt ein Schaden vor. Die bloße abstrakte Berechnung des Wertes seiner Arbeitskraft reicht nicht aus.[30]

69

---

27 Gesetz zur Regelung der Rechtsverhältnisse der Prostituierten (Prostitutionsgesetz – ProstG -) v. 20.12.2001 BGBl I 2001, 3983. Zum Gesetzesvorlauf siehe BT-Drucksache 14/5958 und BT-Drucksache 14/4456.

28 Siehe auch: BGH v. 8.11.2007 – III ZR 102/07 – BGHReport 2008, 105 = FamRZ 2008, 256 (nur LS) = MDR 2008, 132 = NJW 2008, 140 (Anm. *Majer* NJW 2008, 1926) (Seit Inkrafttreten des ProstG steht Entgeltansprüchen für die Erbringung von Telefonsexdienstleistungen selbst, aber auch für die Vermarktung und Vermittlung dieser Leistungen, nicht mehr der Einwand der Sittenwidrigkeit gemäß § 138 I BGB entgegen); BGH v. 22.11.2001 – III ZR 5/01 – NJW 2002, 361 = WM 2002, 241 (Gegenüber der Rechnungsstellung eines Mobilfunknetzbetreibers kann nicht der Einwand erhoben werden, die in der Rechnung aufgeführten 0190-Sondernummern seien zum Zweck angewählt worden, sittenwidrige Telefonsex-Gespräche zu führen); BGH v. 9.6.1998 – XI ZR 192/97 – MDR 1998, 1151 = NJW 1998, 2895 (Sittenwidrigkeit eines Vertriebs- und Vermarktungsvertrages von Telefonkarten für Telefonsex und Nichtigkeit des damit verbundenen Darlehensvertrages).

29 In diesem Sinne BGH v. 13.7.2006 – I ZR 231/03 – DVP 2007, 214 (nur LS) = Kriminalistik 2007, 29 (nur LS); BGH v. 13.7.2006 – I ZR 241/03 – BGHReport 2006, 1481 (Anm. *Walter*) = BGHZ 168, 314 = JuS 2007, 398 (nur LS) = JZ 2007, 477 (Anm. *Armbrüster*) = MDR 2007, 231 = NJW 2006, 3490; BGH v. 13.7.2006 – I ZR 65/05 – DVP 2007, 214 (nur LS) = Kriminalistik 2007, 29 (nur LS) (Kontaktanzeigen in Zeitungen sind wettbewerbsrechtlich nicht generell unzulässig. Verboten ist nur noch die Verletzung des Jugendschutzes.).

30 BGH v. 16.3.2004 – VI ZR 138/03 – DAR 2004, 382 = MDR 2004, 1058 = NJW 2004, 1945 = NZV 2004, 344 = r+s 2004, 255 = SP 2004, 225 = SVR 2004, 379 (Anm. *Bachmeier*) = VersR 2004, 874 = VRS 106, 402 = zfs 2004, 349 (Versicherungsmakler); OLG Karlsruhe v. 3.6.2005 – 10 U 149/04 – SP 2005, 374; LG Augsburg v. 25.10.2002 – 10 O 1894/02 – SP 2003, 130; AG Düsseldorf v. 18.2.2004 – 22 C 15432/03 – SP 2004, 262; AG Stade v. 18.5.2004 – 61 C 1277/03 – SP 2004, 263.

70 *Beispiel 4.2:*
Der Inhaber einer kleinen pharmazeutischen Fabrik wird bei einem Verkehrsunfall verletzt und fällt für 2 Wochen im Betrieb aus. Er selbst ist zum Teil im Forschungslabor seiner Firma tätig. Für die Zeit der Arbeitsunfähigkeit wurde keine Ersatzkraft eingestellt. Ein Gewinnrückgang oder ein Ausbleiben einer erwarteten Gewinnsteigerung konnte nicht nachgewiesen werden.

Ergebnis:
Der BGH[31] hat die geltend gemachten Kosten für eine fiktive Ersatzkraft abgelehnt, da der bloße Wegfall der Arbeitskraft als solcher noch kein Schaden sei.

II. Konkrete Vermögenseinbuße

71 Kann ein Verletzter trotz teilweise verbliebener Erwerbsfähigkeit keine Arbeitsstelle finden, so ist ihm grundsätzlich der Durchschnittsverdienst zu ersetzen, den er in der maßgeblichen Zeit ohne den Unfall bei der vorher ausgeübten Tätigkeit erhalten hätte.[32] Das gilt grundsätzlich auch für den Ausgleich, der dem Geschädigten wegen Beeinträchtigung der Mitarbeit im eigenen Unternehmen zusteht, sofern er seine restliche Arbeitskraft weder im eigenen Betrieb noch in anderer Weise nutzbar machen kann.[33]

72 Bei der Berechnung des unfallkausalen Verdienstausfallschadens kann auch zu berücksichtigen sein, dass der Verletzte infolge der unfallbedingten Aufwendungen in einen finanziellen Engpass geriet und deswegen den Wareneinkauf drosseln musste, was wiederum zu einem Umsatzrückgang und einer Gewinnverminderung führte.[34]

73 Der Schaden ist an der konkreten Vermögenseinbuße zu messen.[35] Abstrakte Berechnungen scheiden vor allem dann aus, wenn die zurückliegenden Monatsverdienste erheblichen Schwankungen unterliegen.[36]

74 *Beispiel 4.3:*
Ein verletzter Steuerberater fällt für seine Praxis unfallbedingt 3 Monate aus. Die anfallenden Arbeiten werden von einer Ersatzkraft erledigt. Aus medizinischer Sicht wird eine Minderung der Erwerbsfähigkeit (MdE) von 30 % als Dauerschaden angenommen, ohne dass sich diese Verletzungsfolgen (z.B. Sprunggelenksarthrose) konkret auf den Beruf als Steuerberater auswirken.

---

31 BGH v. 31.3.1992 – VI ZR 143/91 – NJW-RR 1992, 852 = VersR 1992, 973 = zfs 1992, 298, BGH v. 5.5.1970 – VI ZR 212/68 – BB 1970, 862 = BGHZ 54, 45 = MDR 1970, 752 = NJW 1970, 1411 = VersR 1970, 766 = VRS 39, 163; OLG Saarbrücken v. 14.4.1999 – 1 U 630/98-115 – VersR 2000, 985.
32 Vgl. OLG München v. 23.1.1987 – 10 U 2359/85 – NJW 1987, 1484 = VersR 1987, 1048 = zfs 1987, 235 (nur LS) (Verdienstausfall eines freiberuflichen Orthopäden).
33 BGH v. 25.1.1968 – III ZR 12/67 – VersR 1968, 396.
34 BGH v. 18.6.1968 – VI ZR 122/67 – VersR 1968, 970.
35 BGH v. 16.3.2004 – VI ZR 138/03 – DAR 2004, 382 = MDR 2004, 1058 = NJW 2004, 1945 = NZV 2004, 344 = r+s 2004, 255 = SP 2004, 225 = SVR 2004, 379 (Anm. *Bachmeier*) = VersR 2004, 874 = VRS 106, 402 = zfs 2004, 349; KG v. 26.1.2004 – 12 U 8954/00 – NZV 2005, 148 = VersR 2004, 1567 (nur LS) (Verbot einer Vermischung von abstrakter und konkreter Berechnung); OLG Köln v. 3.6.1992 – 11 U 26/92 – r+s 1992, 274; OLG Saarbrücken v. 14.4.1999 – 1 U 630/98-115 – VersR 2000, 985.
36 LG Saarbrücken v. 21.12.2000 – 11 S 304/99 – zfs 2001, 108 (Wenn in einem Zeitabschnitt überdurchschnittliche Umsätze erzielt wurden, spricht eine gewisse Wahrscheinlichkeit dafür, dass die in den angrenzenden Zeiträumen zu erzielenden Umsätze unter dem Durchschnitt liegen und eben in diesen Zeitabschnitten ein – abstrakt berechneter – durchschnittlicher Umsatz nicht mit Wahrscheinlichkeit zu erwarten ist).

Ergebnis:
Der Schadenersatzpflichtige übernimmt während der Zeit der Arbeitsunfähigkeit die Kosten der Ersatzkraft und die trotz des Ersatzkrafteinsatzes noch eingetretenen Gewinnverluste.

Die abstrakte MdE (30 %) ist schadensersatzrechtlich ohne Bedeutung,[37] da sie sich auf das Einkommen des Verletzten nicht auswirkt (Bedeutung hat die MdE allerdings für eine etwaig von einer BG zu zahlende Verletztenrente).

III. Gewinn aus konkret entgangenen Geschäften

Dass dem Selbstständigen ein Geschäft konkret entgangen und auch nicht mehr nachholbar ist, ist in der Praxis nur selten beweisbar.[38] An den **Nachweis** der Wahrscheinlichkeit eines Geschäftsabschlusses werden, da die Gefahr von Manipulationen (Gefälligkeitsbescheinigungen) sehr hoch ist,[39] zu recht hohe Anforderungen gestellt. Fallbeispiele wird man bei Architekten[40] und Maklern, u.U. auch bei Autohändlern,[41] finden können. Gerade bezogen auf Makler herrscht die Meinung vor, dass letztlich jeder andere Makler auch den Auftrag hätte hereinholen können. 75

Die Ausgangs- bzw. Anknüpfungstatsachen für die Schadensschätzung muss der Selbstständige darlegen und beweisen,[42] bei Fehlen ausreichender Grundlagen für eine Schadensschätzung ist die Klage abzuweisen.[43] Wird der Schaden auf der Grundlage **konkret entgangener Einzelgeschäfte** berechnet,[44] ist § 252 BGB nicht anwendbar; vielmehr muss der Verletzte nachweisen, welche Geschäfte ihm entgangen sind. Auch ist darzutun, ob der zunächst entgangene Auftrag nicht später nachgeholt wurde.[45] 76

Bei der Schadenberechnung sind diejenigen **Kosten** gegenzurechnen, die die Durchführung des entgangenen Geschäftes verursacht hätte. 77

Ferner ist aufzuklären, ob der unfallbedingte Ausfall nicht teilweise dadurch kompensiert worden ist, dass nach der Wiedererlangung der Arbeitsfähigkeit **freie Kapazitäten** vor- 78

---

37 BGH v. 24.10.1978 – VI ZR 142/77 – VersR 1978, 1170.
38 OLG Frankfurt v. 16.12.1992 – 13 U 223/89 – VersR 12994, 610 (BGH hat die Revision nicht angenommen, Beschl. v. 5.10.1993 – VI ZR 18/93 -).
39 Siehe BGH v. 19.9.1995 – VI ZR 226/94 – NJWE-VHR 1996, 7 = VersR 1996, 380 (Angeblicher hoher Schaden wegen unfallbedingt nicht möglicher Erfüllung eines Beratervertrages). *Schneider/Stahl* S. 268.
40 OLG Köln v. 11.6.1970 – 14 U 183/68 – MDR 1971, 215 (Kurzfristige Arbeitsunfähigkeit eines Architekten).
41 OLG Hamm v. 23.11.1999 – 27 U 93/99 – DAR 2000, 218 (nur LS) = NJW-RR 2001, 456 = NZA-RR 2000, 298 = NZV 2000, 369 (Keine Ersatzpflicht, wenn der Autohändler dem Kunden unmittelbar nach dem Unfall ein entsprechendes Fahrzeug bestellen konnte); KG v. 29.11.1971 – 12 U 1168/71 – DAR 1972, 43 = NJW 1972, 496 = VersR 1972, 201 = VRS 42, 82; AG Schwelm v. 25.3.1999 – 211 C 9/98 – SP 1999, 204 (Entgangener Gewinn wegen behaupteten Verkaufs eines Fahrzeuges vor dem Unfall).
42 BGH v. 3.3.1998 – VI ZR 385/96 – DAR 1998, 231 = DB 1998, 1561 = EWiR 1998, 393 (Anm. *Grunsky*) = MDR 1998, 595 = NJW 1998, 1634 = NZV 1998, 279 = r+s 1998, 196 = SP 1998, 241 = VersR 1998, 772 = VRS 95, 1 = zfs 1998, 210; BGH v. 6.7.1993 – VI ZR 228/92 – DAR 1993, 429 = NJW 1993, 2673 = NZV 1993, 428 = r+s 1993, 378 = VersR 1993, 1284 = zfs 1993, 335; BGH v. 15.3.1988 – VI ZR 81/87 – DAR 1988, 268 = LM Nr. 38 zu § 252 BGB = MDR 1988, 849 = NJW 1988, 3016 = NZV 1988, 134 = VersR 1988, 837 = VRS 75, 161 = zfs 1988, 310.
43 LG Saarbrücken v. 21.12.2000 – 11 S 304/99 – zfs 2001, 108.
44 LG Saarbrücken v. 21.12.2000 – 11 S 304/99 – zfs 2001, 108 (Wenn in einem Zeitabschnitt überdurchschnittliche Umsätze erzielt wurden, spricht eine gewisse Wahrscheinlichkeit dafür, dass die in den angrenzenden Zeiträumen zu erzielenden Umsätze unter dem Durchschnitt liegen und eben in diesen Zeitabschnitten ein – abstrakt berechneter – durchschnittlicher Umsatz nicht mit Wahrscheinlichkeit zu erwarten ist).
45 OLG Frankfurt v. 11.3.1999 – 1 U 268/97 – SP 2000, 124.

handen waren, die ohne Unfall durch die ausgefallenen Geschäfte gebunden gewesen wären. Insoweit kommt dann eine Vorteilsausgleichung in Betracht.

79 Gerade bei **Ärzten** bedeutet ein Patientenschwund nicht mehr zwingend auch Umsatz- und Gewinneinbußen. Die jüngsten Gesundheitsstrukturreformen führten auch dazu, dass Ärzte bei Überschreiten bestimmter vorgegebener Grenzen keine Bezahlung oder sogar Abschläge für ihre ärztliche Betreuung erhielten.

IV. Einstellung einer Ersatzkraft

80 Der Freiberufler kann seinen Schaden nicht abstrakt in Höhe des Gehaltes einer vergleichbaren Ersatzkraft berechnen.[46] Kosten einer Ersatzkraft können nur beansprucht werden, wenn diese tatsächlich auch eingestellt wurde.[47]

81 Die Einstellung einer Ersatzkraft muss sinnvoll gewesen sein, dh. ihr Einsatz muss kalkulatorisch letztlich über den entstehenden Kosten liegen. Wird eine Ersatzkraft eingestellt, sind deren **Kosten** zu ersetzen, wenn nachgewiesen wird, dass der Geschäftsgewinn, der ansonsten erzielt worden wäre, durch Einstellung der Ersatzkraft verringert wurde.[48] Voraussetzung ist aber stets, dass ohne das haftungsbegründende Ereignis ein Gewinn in mindestens der Höhe des Aufwandes für eine Ersatzkraft erwirtschaftet worden wäre.[49]

82 Die Aufwendungen für die Ersatzkraft sind vom Verletzten darzutun und zu beweisen.[50]

83 Ergibt sich trotz des Einsatzes einer Ersatzkraft ein **Gewinnverlust**, ist dieser daneben zu erstatten. Die mit der Einstellung der Ersatzkraft verbundenen **Steuerersparnisse** sind gegenzurechnen.[51]

84 *Beispiel 4.4:*
Ein Arzt wird durch einen Verkehrsunfall verletzt und ist 6 Monate arbeitsunfähig. Für diese Zeit stellt er eine Praxisvertretung ein.

---

46 BGH v. 16.3.2004 – VI ZR 138/03 – DAR 2004, 382 = MDR 2004, 1058 = NJW 2004, 1945 = NZV 2004, 344 = r+s 2004, 255 = SP 2004, 225 = SVR 2004, 379 (Anm. *Bachmeier*) = VersR 2004, 874 = VRS 106, 402 = zfs 2004, 349 (Versicherungsmakler); BGH v. 31.3.1992 – VI ZR 143/91 – NJW-RR 1992, 852 = VersR 1992, 973 = zfs 1992, 298; BGH v. 5.5.1970 – VI ZR 212/68 – BB 1970, 862 = BGHZ 54, 45 = MDR 1970, 752 = NJW 1970, 1411 = VersR 1970, 766 = VRS 39, 163; OLG Saarbrücken v. 14.4.1999 – 1 U 630/98-115 – VersR 2000, 985 (Rechtsanwalt); AG Stade v. 18.5.2004 – 61 C 1277/03 – SP 2004, 263 (Versicherungsvertreter).
47 BGH v. 31.3.1992 – VI ZR 143/91 – NJW-RR 1992, 852 = VersR 1992, 973 = zfs 1992, 298; AG Wolgast v. 1.9.2005 – 1 C 559/04 – SP 2006, 166.
48 BGH v. 10.12.1996 – VI ZR 268/95 – BB 1997, 810 (nur LS) = DAR 1997, 154 = DB 1997, 624 (nur LS) = MDR 1997, 239 = NJW 1997, 941 = NZV 1997, 174 = r+s 1997, 197 = SP 1997, 100 = VersR 1997, 453 = VRS 93, 30 = WiB 1997, 537 (Anm. *Michalski*) = zfs 1997, 90 (Personalmehrbedarf als Erwerbsschaden des verletzten Unternehmers); BGH v. 6.10.1970 – VI ZR 202/69 – VersR 1971, 82 (Ersatz der Mehrkosten eines Ersatzfahrers, wenn Fuhrunternehmer nicht mehr als Fahrer tätig sein kann); OLG Frankfurt v. 26.5.1992 – 8 U 257/92 – zfs 1992, 368 (Betreibt ein Verletzter ein Geschäft allein und kann er verletzungsbedingt dieses Geschäft nicht mehr allein führen, so können Hilfskraftkosten auch ohne Darlegung der Gewinnsituation des Geschäftes vor und nach dem Unfall erstattungsfähig sein); LG Hamburg v. 7.9.2000 – 323 S 46/00 – SP 2002, 54 (100 %ige Arbeitsunfähigkeit für 3 Tage, 20 %ige Arbeitsunfähigkeit für 7 Tage. Keine Einstellung eines Ersatzgeschäftsführers notwendig); AG Wolgast v. 1.9.2005 – 1 C 559/04 – SP 2006, 166 (Beauftragung eines Architekten zur Überwachung eines Bauvorhabens muss u.U. durch Umorganisation aufgefangen werden).
49 AG Stade v. 18.5.2004 – 61 C 1277/03 – SP 2004, 263.
Geigel-Pardey Kap 4 Rn 125; *Wussow-Dressler*, Unfallhaftpflichtrecht Kap 33 Rn 4.
50 AG Stade v. 18.5.2004 – 61 C 1277/03 – SP 2004, 263. *Wussow-Dressler*, Unfallhaftpflichtrecht Kap 33 Rn 4.
51 Dazu *Küppersbusch* Rn 153.

Ergebnis:
Ersatzfähig sind die Kosten des Praxisvertreters. Stellt sich zusätzlich eine unfallkausale Patientenabwanderung heraus, so sind die hieraus etwaig entstehenden Netto-Verluste (Umsatz ./. ersparter Aufwand) zusätzlich zu erstatten.

Übernehmen **Familienmitglieder** die Aufgaben des Verletzten unentgeltlich, können als zu ersetzender Betrag die Netto-Kosten einer fiktiven Ersatzkraft zur Schätzung herangezogen werden.[52]

IdR darf im Rahmen der für den Erwerbsausfall dann noch anzustellenden Prognose nicht ohne weiteres unterstellt werden, dass die Unternehmensergebnisse, wäre der verletzte Unternehmer selbst weiterhin einsatzfähig gewesen, schlechter ausgefallen wären als sie ohne den Unternehmer dann bei Einsatz der Ersatzkraft tatsächlich erreicht worden sind.[53]

V. Neugründung

Erhebliche Schwierigkeiten bereitet die Beurteilung eines gerade im Aufbau befindlichen Gewerbes.[54] Eine abstrakte Berechnung nach fiktiven Aufwendungen für eine Ersatzkraft scheidet aus.[55]

Beispiel 4.5:
Ein bislang angestellter Versicherungskaufmann ist seit Monaten als selbstständiger Versicherungsvermittler tätig. Er wird bei einem Unfall so schwer verletzt, dass er auf Dauer erwerbsunfähig ist. Die Einkommensentwicklung der ersten Monate zeigt, dass er nur einen geringen Gewinn erwirtschaftete.

Ergebnis:
Zum Teil gibt es in der Startphase nur geringe Umsätze, da der Bekanntheitsgrad des Unternehmens noch im Aufbau ist.
Andererseits gibt es auch starke Umsätze in der Anlaufphase, wenn sich beispielsweise ein zuvor angestellter Versicherungsvertreter vor seiner Selbstständigkeit einen Kundenstamm „angespart" hat, den er erst mit der Selbstständigkeit dann für sich (und

---

52 OLG Oldenburg v. 10.11.1992 – 5 U 43/92 – NJW-RR 1993, 798 = zfs 1993, 263.
53 BGH v. 10.12.1996 – VI ZR 268/95 – BB 1997, 810 (nur LS) = DAR 1997, 154 = DB 1997, 624 (nur LS) = MDR 1997, 239 = NJW 1997, 941 = NZV 1997, 174 = r+s 1997, 197 = SP 1997, 100 = VersR 1997, 453 = VRS 93, 30 = WiB 1997, 537 (Anm. *Michalski*) = zfs 1997, 90.
54 Siehe: BGH v. 3.3.1998 – VI ZR 385/96 – DAR 1998, 231 = DB 1998, 1561 = EWiR 1998, 393 (Anm. *Grunsky*) = MDR 1998, 595 = NJW 1998, 1634 = NZV 1998, 279 = r+s 1998, 196 = SP 1998, 241 = VersR 1998, 772 = VRS 95, 1 = zfs 1998, 210; BGH v. 17.2.1998 – VI ZR 342/96 – DAR 1998, 349 = MDR 1998, 534 = NJW 1998, 1633 = r+s 1998, 195 = SP 1998, 207 = VersR 1998, 772 (Prognoseentscheidung für die hypothetische [nebenberufliche] Laufbahn eines Fußballtrainers); BGH v. 6.7.1993 – VI ZR 228/92 – DAR 1993, 429 = NJW 1993, 2673 = NZV 1993, 428 = r+s 1993, 378 = VersR 1993, 1284 = zfs 1993, 335 (Die Anforderungen an die Darstellung der hypothetischen Entwicklung des Geschäftsbetriebes eines neu gegründeten Unternehmens dürfen nicht überspannt werden); OLG Celle v. 17.8.2005 – 9 U 4/05 – r+s 2006, 42 = zfs 2006, 84 (Anm. *Diehl*) (Schätzung in Höhe von den Gewinn mindernden Kosten einer tatsächlich eingestellten Ersatzkraft bei 36jährigem Zimmermann, dessen Betriebs wenige Monate zuvor gegründet wurde); OLG Hamburg v. 7.11.1995 – 7 U 59/95 – r+s 1997, 20 = zfs 1997, 172 (Unfall einer Gastwirtin 3 Monate nach Eröffnung des Betriebes. Günstige Prognose für Verletzte aufgrund der Umstände: Gesamtlaufzeit des Pachtvertrages, guter Standort, gute Reingewinnentwicklung in der Startphase).
55 BGH v. 31.3.1992 – VI ZR 143/91 – NJW-RR 1992, 852 = VersR 1992, 973 = zfs 1992, 298, BGH v. 5.5.1970 – VI ZR 212/68 – BB 1970, 862 = BGHZ 54, 45 = MDR 1970, 752 = NJW 1970, 1411 = VersR 1970, 766 = VRS 39, 163; OLG Celle v. 17.8.2005 – 9 U 4/05 – r+s 2006, 42 = zfs 2006, 84 (Anm. *Diehl*).

nicht für den früheren Prinzipal) „beackert" oder in der Anfangszeit Verwandte, Bekannte und Freunde zu sich herüberzieht („Umdecken").
Ähnliche Probleme zeigten sich nach der Öffnung des Marktes in den neuen Bundesländern, wo es anfangs starke Umsätze gab, die sich dann in den Folgejahre nach unten nivellierten.

89 Wie soll man hier den künftigen Verdienstausfallschaden ermitteln ? Gerade in einem auch durch die Persönlichkeit des Verletzten geprägten Beruf lässt die kurze Vorlaufphase kaum Prognosen zu. Vergleichbares gilt auch für freie Berufe (beispielsweise Anwälte, die sich nach einer Aufwärmphase in einem größeren Büro auf eigene Füße stellen).

90 Als Ansatzpunkt kann sich anbieten, sofern der berufliche Vorlauf (insbesondere abhängige Beschäftigung) eine gewisse Konstanz aufweist, der Regulierung das durchschnittliche frühere Einkommen zugrunde zu legen.[56]

VI. Zeitraum und Prognose

91 Während bei abhängig Beschäftigten der Verdienstausfall mit dem Erreichen des hypothetischen Rentenalters (also spätestens mit dem 65. Lebensjahr) endet, ist das Lebensarbeitszeitende eines Selbstständigen nur schwer zu ermitteln.

92 Wenn man im konkreten Einzelfall eine Verwertung der Arbeitskraft bei einem Selbstständigen auch jenseits des 65. Lebensjahres annehmen will,[57] muss man dann allerdings eine reduzierte Leistungsfähigkeit und altersbedingt sinkende Arbeitskraft im Beruf berücksichtigen.[58]

93 Es zeichnet sich ein **gesellschaftlicher Wandel** ab. Nachdem die abhängig beschäftigten Arbeitnehmer – z.T. unter Gehaltsverzicht – häufiger die Freuden eines vorgezogenen, politisch auch gewollten,[59] Ruhestandes erleben, haben auch Selbstständige entdeckt, dass das Leben nicht nur aus Arbeit besteht. Die Attraktivität aktiver Freizeitgestaltung tritt – nicht nur bei abhängig Beschäftigten – häufiger an die Stelle von Berufstätigkeit bzw. Vermögensmehrung. Hinzu kommen wirtschaftliche Veränderungen: So zeigte sich im Verlauf bereits der vergangenen Gesundheitsreformen, dass Arztpraxen vermehrt mit dem und vor dem 65. Lebensjahr aufgegeben wurden. Zudem hat der Gesetzgeber zeitliche Grenzen bei Freiberuflern gezogen (so endet z.B. die Kassenarztzulassung i.d.R. mit dem 68. Lebensjahr [§ 95 VII SGB V][60], die Notartätigkeit mit dem 70. Lebensjahr [§§ 47 Nr. 1 1. Alt., 48a BNotO]).

---

56 Vgl. BGH v. 3.3.1998 – VI ZR 385/96 – DAR 1998, 231 = DB 1998, 1561 = EWiR 1998, 393 (Anm. *Grunsky*) = MDR 1998, 595 = NJW 1998, 1634 = NZV 1998, 279 = r+s 1998, 196 = SP 1998, 241 = VersR 1998, 772 = VRS 95, 1 = zfs 1998, 210.
Siehe *Berz/Burmann-Heß* Kap D, Rn 62.
57 Siehe zum Verdienstausfall bei selbstständig Tätigen: BGH v. 10.12.1996 – VI ZR 268/95 – BB 1997, 810 (nur LS) = DAR 1997, 154 = DB 1997, 624 (nur LS) = MDR 1997, 239 = NJW 1997, 941 = NZV 1997, 174 = r+s 1997, 197 = SP 1997, 100 = VersR 1997, 453 = VRS 93, 30 = WiB 1997, 537 (Anm. *Michalski*) = zfs 1997, 90 (Personalmehrbedarf als Erwerbsschaden des verletzten Unternehmers); BGH v. 6.7.1993 – VI ZR 228/92 – DAR 1993, 429 = NJW 1993, 2673 = NZV 1993, 428 = zfs 1993, 335.
58 BGH v. 10.2.1976 – VI ZR 72/75 – VersR 1976, 663; BGH v. 7.5.1974 – VI ZR 10/73 – NJW 1974, 1651 = VersR 1974, 1016; BGH v. 15.1.1963 – VI ZR 79/62 – VersR 1963, 433.
59 Zur Altersteilzeit siehe Kap 3 Rn 263.
60 Die Beschränkung ist zulässig: BVerfG v. 31.3.1998 – 1 BvR 2167/93 und 1 BvR 2198/93 – MedR 1998, 323 = NJW 1998, 1776 = NZA 1998, 589 = NZS 1998, 285 = SGb 1998, 365 (nur LS); BSG v. 25.11.1998 – B 6 KA 4/98 R – BSGE 83, 135 = NZS 1999, 515 = SGb 1999, 126.

Bei der Prognose zur voraussichtlichen Entwicklung der Erwerbstätigkeit des Geschädigten ohne das Unfallereignis sind auch solche Entwicklungen mit einzubeziehen, die sich erst nach dem Unfallgeschehen bis zur letzten mündlichen Verhandlung ergeben.[61]

94

VII. Gewinnminderung und Schadennachweis[62]

In der Praxis wird i.d.R. versucht, die wahrscheinliche unfallbedingte Gewinnminderung zu schätzen.[63] Hier liegen beim Selbstständigen die Hauptprobleme. Grundsätzlich hat der Verletzte den Umfang seiner Einbußen zu beweisen,[64] wobei ihm das Gesetz allerdings gewisse Beweiserleichterungen (§ 252 BGB, § 287 ZPO) einräumt; ein abstrakt berechneter Mindestschaden ist allerdings nicht zu ersetzen.[65]

95

Es reicht aus, wenn er darlegt, dass der Gewinn mit einer gewissen Wahrscheinlichkeit erzielt worden wäre.[66] Für die Bemessung ist allerdings eine möglichst breite Vergleichsgrundlage notwendig.[67] Unzureichend sind Bescheinigungen der Steuerberater, die z.B. den Jahresverdienst auf die Tage der Krankschreibung umrechnen.[68]

96

Als entgangener Gewinn können nur Beträge angesehen werden, die dem Geschädigten nach allgemeiner Lebenserfahrung und nach den besonderen Umständen des Einzelfalles ohne das schädigende Ereignis zugeflossen wären; dabei ist ein objektiver Maßstab anzulegen.[69] Der Hinweis auf Vergleichspersonen ist – anders als bei abhängig Beschäftigten – wegen der häufig personengeprägten Situation des verletzten Selbstständigen kaum möglich.[70]

97

VIII. Sachverhaltsermittlung

Um das Schadensersatzvolumen zu ermitteln, ist die Entwicklung des Umsatzes und Rohgewinnes vor dem Unfall mit der wirtschaftlichen Entwicklung nach dem Unfall zu ver-

98

---

61 BGH v. 27.10.1998 – VI ZR 322/97 – DAR 1999, 66 = NJW 1999, 136 = NZV 1999, 75 = r+s 1999, 68 = SP 1999, 48 = VersR 1999, 106 = VRS 96, 87 = zfs 1999, 75.
62 Siehe ergänzend Kap 11 Rn 26 ff.
63 BGH v. 16.3.2004 – VI ZR 138/03 – DAR 2004, 382 = MDR 2004, 1058 = NJW 2004, 1945 = NZV 2004, 344 = r+s 2004, 255 = SP 2004, 225 = SVR 2004, 379 (Anm. *Bachmeier*) = VersR 2004, 874 = VRS 106, 402 = zfs 2004, 349 (Für die Schadenschätzung beim Verdienstausfall eines Selbstständigen [konkret: Versicherungsmakler] müssen vom Geschädigten ausreichende Schätzungsunterlagen beigebracht werden).
64 BGH v. 22.2.1973 – VI ZR 15/72 – MDR 1973, 400 = NJW 1973, 700 = VersR 1973, 423 = VRS 44, 321.
65 BGH v. 16.3.2004 – VI ZR 138/03 – DAR 2004, 382 = MDR 2004, 1058 = NJW 2004, 1945 = NZV 2004, 344 = r+s 2004, 255 = SP 2004, 225 = SVR 2004, 379 (Anm. *Bachmeier*) = VersR 2004, 874 = VRS 106, 402 = zfs 2004, 349.
66 BGH v. 19.10.2005 – VIII ZR 392/03 – BGHReport 2006, 163 = JR 2007, 27 (Anm. *Spallino*) = MDR 2006, 501 = NJW 2006, 843 (nur LS) = NJW-RR 2006, 243 = WM 2006, 544 (Ist der Geschädigte Kaufmann, entspricht es dem gewöhnlichen Lauf der Dinge, dass er marktgängige Waren jederzeit zum Marktpreis absetzen kann).
67 OLG Frankfurt v. 11.3.1999 – 1 U 268/97 – SP 2000, 124; OLG Karlsruhe v. 3.6.2005 – 10 U 149/04 – SP 2005, 374 u.a. mit Darstellung der prozessualen Anforderungen an einen substantiierten ausreichenden Sachvortrag des Klägers (Konkret wurde Klage mangels Substanz abgewiesen); OLG München v. 4.5.2007 – 10 U 3439/05 – (BGH hat die Revision nicht angenommen, Beschl. v. 12.2.2008 – VI ZR 151/07 –) (Referenzzeitraum von 4 Monaten ist zu wenig).
68 OLG Koblenz v. 12.6.2006 – 12 U 29/06 – SP 2006, 349.
69 LG Köln v. 29.1.1970 – 2 O 411/69 – VersR 1971, 773.
70 OLG Frankfurt v. 11.3.2004 – 26 U 28/98 – zfs 2004, 452 (Anm. *Diehl*) (Kein Vergleich beim Maklern mit annähernd gleicher Aus- und Fortbildung).

gleichen. Auch Fremdkapitalkosten sind, da sie den Rohgewinn mindern, zu berücksichtigen.[71] Problematisch ist dabei in der Schadenpraxis, die Unfallfolgen zu den unfallfremden Einflüssen abzugrenzen.

99 IdR kann der Gewinnausfall (Verdienstausfall) des Selbstständigen nur mit Hilfe und Unterstützung eines **Sachverständigen** für Gewinnausfallschäden (Betriebswirt, Wirtschaftsprüfer, nur eingeschränkt Steuerberater[72]) einigermaßen zuverlässig geschätzt werden,[73] auch wenn die Ergebnisse manchmal eher einer Weissagung/Prophezeiung ähneln denn einer begründbaren Prognose. Die Ergebnisse des Finanzfachmannes sind zudem häufig auch unter schadensersatzrechtlichen Aspekten noch juristisch zu überprüfen. Auch ein Richter muss das sachverständigerseits dargelegte Ergebnis einer eigenen Prüfung unterziehen.[74]

100 Um eine zügige Regulierung zu erreichen, müssen dem Sachverständigen möglichst rasch alle zur Bewertung des Ausfallschaden erforderlichen Geschäftsunterlagen zur Verfügung gestellt werden: Bilanzen der vergangenen Jahre, Gewinn- und Verlustrechnungen, Einkommensteuererklärungen und -bescheide der Vorjahre, Mehrwertsteuervoranmeldungen und -bescheide. Die Prognose wird besser, je mehr Unterlagen (auch für längere Zeiträume) zur Verfügung stehen. Bilanzen werden allerdings häufig erst zu spät – nach dem Unfall liegenden – Zeitpunkten erstellt, so dass oft im nahen zeitlichen Zusammenhang mit dem Unfall noch keine ausreichenden Unterlagen vorhanden sind, um eine ausreichend sichere Abschätzung vorzunehmen.

101 Häufig ist der Verletzte wegen seiner Verletzungen nicht in der Lage, die zur Schadenfeststellung notwendigen Unterlagen zur Verfügung zu stellen. Es ist daher dringend notwendig, einen kompetenten Ansprechpartner auf Seiten des Verletzten zu benennen. Der Geschädigte sollte sich bei der Regulierung wegen der Kompliziertheit der Materie anwaltlichen Beistands bedienen.

102 Leider entspricht es der Erfahrung, dass gerade bei Selbstständigen die Familienmitglieder keine oder nur vage, wenn nicht gar völlig falsche, Vorstellungen über den Geschäftsumfang, die Einkommensentwicklung und den Aufbewahrungsort wichtiger Geschäftspapiere haben. Häufig ist der Chef zugleich die „Seele des Geschäfts", mit der also der Bestand des Unternehmens auf Gedeih und Verderb verbunden ist. Nicht selten hat sich der Chef angewöhnt, niemandem – insbesondere nicht dem Ehegatten – Einblick in die Bücher und Geschäftsvorgänge zu gewähren. Ist der Chef einmal nicht mehr in der Lage, selbst die Entscheidungen zu treffen, geht mit einem mal der gesamte Betrieb „den Bach herunter".

---

71 OLG Hamm v. 25.4.1986 – 9 U 154/81 – r+s 1987, 132 (BGH hat Prozesskostenhilfegesuch mit Beschl. v. 10.2.1987 – VI ZR 255/86 – abgelehnt).
72 OLG Karlsruhe v. 14.7.2004 – 7 U 18/03 – VersR 2005, 420; AG Düsseldorf v. 18.2.2004 – 22 C 15432/03 – SP 2004, 262 (Unzureichende Bescheinigung eines Steuerberaters).
73 KG v. 26.1.2004 – 12 U 8954/00 – NZV 2005, 148 = VersR 2004, 1567 (nur LS) (Die Vorinstanz hätte sich der Hilfe eines Sachverständigen bedienen müssen, um unfallunabhängige Faktoren wie Konjunkturentwicklung, Fehldispositionen im Betrieb etc. von den Unfallfolgen abzugrenzen).
Siehe auch OLG Köln v. 31.3.2004 – 5 U 64/03 – VersR 2004, 1587 (Der Begriff des Nettoeinkommens ist aus Sicht des Selbstständigen unklar und mehrdeutig. Im Rahmen der Berufsunfähigkeitszusatzversicherung ist maßgeblich das „tatsächlich verfügbare" Einkommen.).
74 BGH v. 7.3.2001 – X ZR 176/99 – BB 2001, 1012 (nur LS) = DAR 2001, 354 = LM ZPO § 286 (A) Nr. 79 (Das Gericht darf die Ergebnisse eines Sachverständigengutachten nicht ohne weiteres übernehmen. Auch wenn der Richter die Stellungnahme eines Fachmannes einholt, ist er einer eigenverantwortlichen Bewertung nicht enthoben, sondern muss darlegen, warum er sich von der Meinung des Sachverständigen hat überzeugen lassen.).

Probleme bereitet auch die Angewohnheit mancher Selbstständiger, bei der Buchhaltung des Guten zuviel oder aber zuwenig zu tun: **Doppelte Buchführung** verstehen etliche dahin, dass das „erste Buch" für die Steuer zu führen ist und das „zweite Buch" dann zur eigenen Information die tatsächlichen Verhältnisse widerspiegelt; manch anderer führt erst gar keine Bücher (und ist dazu u.U. auch gar nicht verpflichtet). 103

Entgangene Einkünfte aus **Schwarzarbeit** sind dem Unternehmer nicht zu erstatten.[75] 104

IX. Steuer

Eine angemessene Beurteilung der betrieblichen Ertragslage eines Selbstständigen mit aufgrund des Unfalles entzogenen Einnahmen bei weiterlaufenden Kosten kann häufig nur nach der **Bruttomethode** erfolgen.[76] Nach der Bruttolohnmethode ist mit der Schadensberechnung beim entgangenen Bruttoverdienst des Geschädigten anzusetzen.[77] Selbstständige zahlen nicht immer Sozialversicherungsabgaben und entrichten keine an einem Gehalt orientierte Lohnsteuer. Vorteile (z.B. weggefallene oder geminderte Steuern wie Einkommen-, Umsatz und Gewerbesteuer, geminderte Kosten, Leistungen von dritter Seite[78]), die dem Geschädigten aufgrund des Schadensereignisses zufließen, sind im Wege des Vorteilsausgleichs zu berücksichtigen, und zwar mit ihrem Bruttobetrag.[79] 105

C. Vorteilsausgleich

Kann das Unternehmen / Gewerbe vom Verletzten nicht mehr weiter betrieben werden, ist der aus der Verwertung erzielte Erlös (Verkaufspreis,[80] Pacht) mit dem Gewinnausfallschaden zu verrechnen.[81] 106

Nimmt der Selbstständige seine Tätigkeit wieder auf und verlangt er Schadenersatz wegen entgangener oder nicht fortgeführter Projekte, ist zu bedenken, dass vor dem Unfall aufgrund der vorhandenen oder geplanten Auftragslage gebundene **Kapazitäten** nunmehr frei geworden sind, die jetzt weitere – vorher wegen Kapazitätsmangel abzulehnende oder erst später durchzuführende – Aufträge ermöglichen. Dieses ist im Wege der Vorteilsausgleichung gegenzurechnen. 107

---

75 OLG Köln v. 31.3.2004 – 5 U 64/03 – VersR 2004, 1587 (Schwarzgelder gehören nicht zum verfügbaren Einkommen eines Versicherten im Rahmen der Berufsunfähigkeitszusatzversicherung. Einen wirtschaftlichen Wert haben sie nicht, denn die hinterzogenen Steuern und etwaige Strafen zehren den Wert auf.).
76 Vgl. BGH v. 6.2.2001 – VI ZR 339/99 – DAR 2001, 266 = EWiR 2001, 567 (Anm. *Grunsky*) = MDR 2001, 689 = NJW 2001, 1640 = NZV 2001, 210 = r+s 2001, 285 = SP 2001, 158 = VRS 100, 241. Zu den Möglichkeiten, sich „steuergünstig" einzurichten siehe OLG Köln v. 31.3.2004 – 5 U 64/03 – VersR 2004, 1587 (Einkommen im Rahmen der Berufsunfähigkeitszusatzversicherung.
77 BGH v. 15.11.1994 – VI ZR 194/93 – BGHZ 127, 391 = DAR 1995, 109 (Anm. *v.Gerlach* DAR 1995, 221) = JZ 1995, 403 (Anm. *Lange*) = LM § 249 (Ha) BGB Nr. 51 = MDR 1995, 155 = NJW 1995, 389 = NJW-RR 1995, 476 (nur LS) = NZV 1995, 63 (Anm. *Hofmann* NZV 1995, 94) = r+s 1995, 61 = VersR 1995, 105 = WI 1995, 14 = zfs 1995, 90.
78 Siehe Kap 4 Rn 114 ff.
79 BGH v. 6.2.2001 – VI ZR 339/99 – DAR 2001, 266 = EWiR 2001, 567 (Anm. *Grunsky*) = MDR 2001, 689 = NJW 2001, 1640 = NZV 2001, 210 = r+s 2001, 285 = SP 2001, 158 = VRS 100, 241.
80 OLG Saarbrücken v. 13.6.2006 – 4 U 364/05 – zfs 2007, 325 (Anm. *Diehl*) (Mehrerlös bei unfallkausal vorzeitigem Verkauf eines Geschäftes ist als Vorteil auf den Verdienstausfall des Selbstständigen zu verrechnen).
81 OLG Saarbrücken v. 13.6.2006 – 4 U 364/05 – zfs 2007, 325 (Anm. *Diehl*) (Vorzeitiger Verkauf einer Apotheke).

D. Schadenminderung

108 Der verletzte Selbstständige oder sein Beauftragter haben sich unverzüglich um eine **Ersatzkraft** zu bemühen. Drohen durch den Ausfall des Unternehmers dem Betrieb unmittelbare Nachteile, sollte unverzüglich mit dem Haftpflichtversicherer **Kontakt** aufgenommen werden, um abzustimmen, durch welche Maßnahmen (z.B. Vorschusszahlungen oder kurzfristige Kreditgewährung) die Fortführung des Betriebes sichergestellt werden kann.

109 Ist ein Unternehmer zu seiner Berufsausübung auf eine **Fahrzeugbenutzung** angewiesen und ist ihm wegen seiner Verletzung das eigenhändige Fahren nicht möglich, kann die Schadenminderungspflicht ihm gebieten, entweder andere Verkehrsmittel (z.B. Taxi und Bahn) zu benutzen oder vorübergehend einen Fahrer einzustellen.[82]

110 Fällt der Unternehmer nur kurz- oder mittelfristig aus, ist er im Rahmen des Zumutbaren verpflichtet, entgangene Geschäfte oder unterbliebene Arbeitsleistungen durch maßvolle[83] – nicht überobligatorische – Verlängerung der täglichen Arbeitszeit **nachzuholen**.[84] Bei nur **teilweiser Arbeitsunfähigkeit** ist der Selbstständige verpflichtet, die verbliebene Arbeitskraft voll einzusetzen.[85]

111 *Beispiel 4.6:*
Fahrlehrer F kann zwar wegen einer Beinverletzung vorübergehend keine Fahrstunden mehr geben, wohl aber Unterricht.

Ergebnis:
F muss noch offene Fahrstunden „nach hinten" verschieben und gegebenenfalls auch am Wochenende Fahrstunden erteilen.

112 Auch durch **Umdisposition**, gerade auch bei Leitungsfunktionen,[86] kann im Einzelfall der Schaden gemindert werden.[87] Verbleiben gesundheitliche Dauerschäden, ist der Selbstständige verpflichtet, seinen Betrieb so weit wie möglich neu zu organisieren und seinen Behinderungen entsprechend **umzustrukturieren** und seine noch verbliebene Arbeitskraft voll einzusetzen.

---

82 OLG Köln v. 4.3.1993 – 12 U 138/92 – VRS 85, 262 = zfs 1993, 261 (Handverletzung).
Siehe auch AG Lüdinghausen v. 31.10.2005 – 10 OWi 400 Js 144/05 – 190/05 – NZV 2006, 220 (Einem Sozius einer Anwaltssozietät ist anlässlich eines einmonatigen Fahrverbotes zumutbar, durch Umorganisation seiner Kanzlei vorübergehend einen Mitarbeiter zu Fahrzwecken einzusetzen oder einen Fahrer anzustellen).
83 BGH v.16.2.1971 – VI ZR 147/69 – BGHZ 55, 329 = DAR 1971, 266 = MDR 1971, 469 = NJW 1971, 836 = VersR 1971, 544 = VRS 41, 165 (Keine Anrechnung des Ertrages aus nachgeholten Geschäften, soweit sich die Nachholung als überobligatorische Maßnahme darstellt); LG Duisburg v. 21.6.2001 – 12 S 40/01 – SP 2002, 91 (Vorteile aus überpflichtgemäßer Anstrengung entlasten den Schädiger nicht. Entscheidend sind die Einzelfallumstände, zu denen der Geschädigte aber ausreichend vortragen muss.).
84 Vgl. LG Kiel v. 13.10.1967 – 8 S 113/67 – VersR 1968, 853 (Fahrlehrer muss auch bei ausgebuchter Fahrschule beweisen, dass Fahrschüler wegen der Verlegung von Unterrichtsstunden ganz ausgeschieden sind oder aber weniger Fahrstunden erhalten haben); AG Stade v. 18.5.2004 – 61 C 1277/03 – SP 2004, 263 (Versicherungsagent). Siehe auch OLG Frankfurt v. 11.3.1999 – 1 U 268/97 – SP 2000, 124.
85 AG Stade v. 18.5.2004 – 61 C 1277/03 – SP 2004, 263.
86 Für den Bereich der Berufsunfähigkeitsversicherung siehe OLG Saarbrücken v. 13.4.2005 – 5 U 842/01-67 – r+s 2007, 70 = VersR 2006, 778 (Zum Beruf eines „Selbstständigen" gehört, seinen Tagesablauf so organisieren zu können, dass eine „autonome somatoforme Funktionsstörung" bewirkende Stressfaktoren vermieden werden).
87 AG Stade v. 18.5.2004 – 61 C 1277/03 – SP 2004, 263; AG Wolgast v. 1.9.2005 – 1 C 559/04 – SP 2006, 166.

Beispiel 4.7:
Betreiben mehrere Personen die Fahrschule, müsste F vermehrt den theoretischen Unterricht erteilen. Sinkt dadurch sein Einkommen, sind die Differenzen zu ersetzen.

E. Drittleistungsverhältnis

I. Drittleistungen

1. Sicherungssystem

Da Selbstständige und Inhaber von Betrieben oftmals nicht verpflichtet sind, Mitglied des Sozialversicherungssystems zu sein, haben sie es dann selbst in ihrer Hand, Risikovorsorge zu betreiben. Auch der Selbstständige kann freiwillig am **sozialen Sicherungssystem** durch eigene Versicherung in der gesetzlichen Kranken-, Pflege-, Renten- und/oder Unfallversicherung teilnehmen, deren Leistungen dann anspruchsmindernd auf den Schaden anzurechnen sind.[88]

Teilweise sind Selbstständige wie Arbeitnehmer bereits Pflichtmitglieder in der gesetzlichen **Rentenversicherung** (z.B. in die Handwerksrolle eingetragene Handwerker, § 2 Nr. 8 SGB VI; Künstler, § 2 Nr. 5 SGB VI, § 1 KSVG) oder **berufsständischen Versorgungswerken** (Angehörige der klassischen verkammerten Freiberufler: Ärzte, Apotheker, Architekten, Notare, Rechtsanwälte, Steuerberater und -bevollmächtigte, Tierärzte, Wirtschaftsprüfer und vereidigte Buchprüfer sowie Zahnärzte). Teilweise nehmen selbstständige Handelsvertreter an Versorgungswerken derjenigen Unternehmen teil, deren Produkte sie vertreten.[89]

Auch in der gesetzlichen **Krankenversicherung** und **Pflegeversicherung** besteht teilweise Pflichtversicherungsschutz (z.B. Künstler, § 1 KSVG).

In der gesetzlichen **Unfallversicherung** ist teilweise eine Pflichtversicherung von Unternehmern vorgesehen (siehe Pflichtversicherung kraft Satzung § 3 SGB VII).

2. Barleistungen

Auch Selbstständige erhalten Barleistungen aus der Sozialversicherung. Soweit sie freiwillig sozialversichert sind, können sie teilweise die Höhe der Leistungen durch die Höhe ihrer vorangegangenen Beiträge selbst steuern (siehe z.B. § 154 SGB VII).

Aus der Krankenversicherung erhalten hauptberuflich selbstständig Erwerbstätige mit Wirkung ab 1.1.2009 (Änderung von § 44 II Nr. 2 SGB V n.F.) keine Krankengeldleistungen; im Gegenzug zahlen sie einen ermäßigten Beitragssatz. Diese Versicherten können sich aber für Krankengeld-Wahltarife ihrer Krankenkasse entscheiden (§ 53 VI SGB V n.F.).

---

88 Kap 4 Rn 137.
89 OLG München v. 2.2.2000 – 7 U 4410/99 – DAR 2001, 364 = OLGR 2001, 168 = r+s 2001, 15 = VersR 2001, 1429 = VRS 100, 420 (Keine Anrechnung einer Berufsunfähigkeitsrente, die an die Stelle des Handelsvertreterausgleiches nach § 89b HGB getreten ist).

II. § 105 II SGB VII – Schutz des nicht-versicherten Unternehmers

120 Manchmal genießt ein Selbstständiger auch unvermuteten Schutz nach § 105 II SGB VII.[90] Diese Vorschrift wurde mit dem SGB VII zum 1.1.1997 neu eingeführt und scheint in die Praxis auch der Unfallversicherer noch nicht ausreichend eingeführt.

121
> **§ 105 SGB VII – Beschränkung der Haftung anderer im Betrieb tätiger Personen**
>
> (1) ¹Personen, die durch eine betriebliche Tätigkeit einen Versicherungsfall von Versicherten desselben Betriebs verursachen, sind diesen sowie deren Angehörigen und Hinterbliebenen nach anderen gesetzlichen Vorschriften zum Ersatz des Personenschadens nur verpflichtet, wenn sie den Versicherungsfall vorsätzlich oder auf einem nach § 8 Absatz 2 Nr. 1 bis 4 versicherten Weg herbeigeführt haben. ²Satz 1 gilt entsprechend bei der Schädigung von Personen, die für denselben Betrieb tätig und nach § 4 Absatz 1 Nr. 1 versicherungsfrei sind. ³§ 104 Absatz 1 Satz 2, Absätze 2 und 3 gilt entsprechend.
>
> (2) ¹Absatz 1 gilt entsprechend, wenn nicht versicherte Unternehmer geschädigt worden sind. ²Soweit nach Satz 1 eine Haftung ausgeschlossen ist, werden die Unternehmer wie Versicherte, die einen Versicherungsfall erlitten haben, behandelt, es sei denn, eine Ersatzpflicht des Schädigers gegenüber dem Unternehmer ist zivilrechtlich ausgeschlossen. ³Für die Berechnung von Geldleistungen gilt der Mindestjahresarbeitsverdienst als Jahresarbeitsverdienst. ⁴Geldleistungen werden jedoch nur bis zur Höhe eines zivilrechtlichen Schadensersatzanspruchs erbracht.

122 Für Unfälle ab dem 1.1.1997 bezieht § 105 II SGB VII ausnahmsweise auch gänzlich unversicherte Personen zwangsweise in den gesetzlichen Unfallversicherungsschutz mit ein und nimmt dabei zugleich in Kauf, dass ganz erheblich weitergehende zivilrechtliche Ersatzansprüche abgeschnitten werden.

123 Nach § 105 II 1 SGB VII gilt der Haftungsausschluss unter Betriebsangehörigen (i.S.d. § 105 I SGB VII) entsprechend, wenn ein nicht-versicherter Unternehmer geschädigt worden ist. Als Konsequenz dieser Haftungsbeschränkung wird dem geschädigten – und nicht versicherten – Unternehmer ein (durch § 105 II 2 – 4 SGB VII allerdings modifizierter) eigener Leistungsanspruch gegenüber dem Unfallversicherungsträger dadurch gewährt, dass man ihn einem versicherten Unternehmer gleichstellt.

1. Personenkreis

124 Ausgeschlossen ist vor allem die Haftung desjenigen, der durch eine betriebliche Tätigkeit den nicht-versicherten Unternehmer des Betriebes geschädigt hat. Die Privilegierung gilt auch, wenn der nicht-versicherte Unternehmer durch einen in seinen Betrieb faktisch Eingegliederten (§ 2 II SGB VII) verletzt wird.[91]

125 § 105 II SGB VII erfasst nicht solche Unternehmer, die schon aufgrund § 2 II SGB VII Versicherungsschutz genießen. Derjenige Unternehmer, der sich freiwillig selbst versichert, ist „Versicherter desselben Betriebes" und unterfällt von daher bereits § 105 I SGB VII.[92]

126 Nicht miteinbezogen sind nach dem Gesetzeswortlaut die unternehmerähnlichen Personen (vgl. § 6 I Nr. 2 SGB VII) und die nicht versicherten, aber zu freiwilliger Versicherung berechtigten, mitarbeitenden Ehefrauen (§ 6 I Nr. 1 SGB VII).

---

90 Dazu *Jahnke* „Ausgewählte Probleme für die Schadenregulierung", S. 139 ff.
91 *Lemcke* ZAP (Heft 23 v. 9.12.1998) Fach 2, S. 213.
92 *Lemcke* ZAP (Heft 23 v. 9.12.1998) Fach 2, S. 213, Otto „Ablösung der §§ 636 bis 642 RVO durch das neue Unfallversicherungsrecht" NZV 1996, 473 (475).

E. Drittleistungsverhältnis

Soweit ein Beschäftigter bei betrieblicher Tätigkeit seinen Arbeitgeber verletzt, kommt es für den Personenschaden auf die Grundsätze der gefahrgeneigten Arbeit mit abgewogener Risikoverteilung im direkten Ausgleichsverhältnis nicht mehr an. Der Arbeitnehmer haftet nur nach Maßgabe des § 105 I SGB VII, also für Vorsatz und bei Wegeunfällen.

2. Voraussetzungen des Leistungsanspruch

Der nicht-versicherte Unternehmer ist von sämtlichen zivilrechtlichen Ansprüchen gegenüber dem Schädiger ausgeschlossen und erhält insbesondere auch kein Schmerzensgeld. Er erhält unter den besonderen Voraussetzungen des § 105 II SGB VII einen Leistungsanspruch gegenüber dem gesetzlichen Unfallversicherer, obwohl er an diesen zuvor keinerlei Leistungen (anders als der versicherte Unternehmer) erbrachte.

a. Zivilrechtliche Haftung des Schädigers

Der verletzte nicht-versicherte Unternehmer wird nur dann einem Versicherten gleichgestellt, wenn die Voraussetzungen einer zivilrechtlichen Haftung des Schädigers gegenüber dem geschädigten, allerdings nicht-versicherten, Unternehmer vorliegen (§ 105 II 2, 2. Halbs. SGB VII). Besteht bereits **kein zivilrechtlicher Anspruch** (z.B. bei fehlendem Verschulden des Schädigers oder bei Eingreifen des § 8a I 1 StVG a.F. [Unfall bis 1.8.2002] gegenüber Insassen, aber auch bei Vorliegen der von der Rechtsprechung erarbeiteten arbeitsrechtlichen Haftungsbeschränkungen), wird der Haftungsausschluss eben nicht durch § 105 II 1 SGB VII erst herbeigeführt.

Eine bloße **Mitverantwortung** des Geschädigten bei der Herbeiführung des schadenstiftenden Ereignisses (Haftung dem Grunde nach) berührt den Anspruch gegenüber dem Unfallversicherungsträger nicht, solange danach nicht die zivilrechtliche Verantwortlichkeit gänzlich ausgeschlossen wäre (siehe auch § 7 II SGB VII).

b. Haftungsausschluss

Weiter muss gerade die Anwendung des § 105 II 1 i.V.m. I SGB VII zum Haftungsausschluss führen. Entfällt das Privileg, weil der Versicherungsfall vorsätzlich oder auf einem nach § 8 II Nrn. 1 – 4 versicherten Weg herbeigeführt wurde, besteht kein Leistungsanspruch gegen den Unfallversicherungsträger. Hier ist der nicht-versicherte Unternehmer allein auf seinen zivilrechtlichen Anspruch gegen seinen Schädiger angewiesen.

3. Leistungsrechtliche Folgen

Der nicht-versicherte Unternehmer ist, liegen die Voraussetzungen des § 105 II 2 SGB VII vor, leistungsrechtlich wie ein Versicherter zu behandeln, der einen Versicherungsfall erlitten hat. Dazu gehören auch Leistungen an Hinterbliebene.

Nach § 105 II 3 SGB VII richtet sich die Berechnung des JAV, der die Höhe der Geldleistungen bestimmt, nach dem Mindest-JAV (§ 85 I SGB VII).

Unternehmereinkommen liegen häufig über dem Mindest-JAV; gleichwohl kann der nicht-versicherte Unternehmer seine darüber hinaus gehenden zivilrechtlichen Ansprüche nicht gegenüber dem Schädiger verfolgen. Das Haftungsprivileg gilt absolut und ist nicht teilbar, selbst Schmerzensgeldansprüche sind dem nicht-versicherten Unternehmer verwehrt.

135 Eine **Mitverantwortung** des Geschädigten (§ 254 BGB) führt nicht zu einer Reduktion der vom Unfallversicherer zu erbringenden Leistungen (siehe auch § 7 II SGB VII). Eine andere Regelung ist mit der gewollten Gleichstellung in § 105 II SGB VII nicht vereinbar.

136 § 105 II 4 SGB VII **beschränkt** die Geldleistungen an nicht-versicherte Unternehmer der Höhe nach auf den zivilrechtlichen Schadensersatzanspruch (es dürften dieselben Aspekte[93] wie zu § 110 SGB VII gelten), der ohne die Regelung des § 105 II 1 SGB VII hätte geltend gemacht werden können. Die Unfallversicherungsträger müssen danach abweichend vom ansonsten geltenden Prinzip der abstrakten Berechnung des gesetzlichen Unfallversicherungsrechtes den Schaden nach der zivilrechtlichen Differenzmethode konkret berechnen.

III. Forderungsübergang

137 Der Forderungsübergang auf die Sozialversicherer (§ 116 SGB X) findet auch bei **freiwillig Sozialversicherten** statt, da § 116 SGB X nicht zwischen freiwilliger und Pflicht-Versicherung differenziert. Die Barleistungen (insbesondere Krankengeld, Verletztengeld, Verletztenrente, Erwerbsunfähigkeitsrente) sind anspruchsmindernd auf die Forderung des unmittelbar Verletzten anzurechnen.[94]

138 Leistungen der **privaten Unfallversicherung** und der privaten **Berufsunfähigkeitszusatzversicherung**[95] (BUZ) sind ebenso wenig wie Leistungen der **Lebensversicherung** auf den Schaden anzurechnen.

139 Die **Krankentagegeldversicherung** ist, solange keine anderweitige versicherungsvertragliche Regelung getroffen ist, eine Summenversicherung. Ihre Leistungen sind daher nicht auf den Ersatzanspruch anzurechnen.[96]

140 Die **Betriebsunterbrechungsversicherung** ist Schadenversicherung i.S.v. § 67 I VVG a.F./§ 86 I VVG n.F.[97] Soweit diese technische Versicherung Leistungen auch wegen Gewinnminderung ersetzt, muss sich wegen § 67 I VVG a.F./§ 86 I VVG n.F. der Anspruchsberechtigte eine Kürzung seiner Ansprüche gefallen lassen.

---

93 Kap 1 Rn 126 ff.
94 BGH v. 25.2.1986 – VI ZR 229/84 – DAR 1986, 220 = NJW-RR 1986, 962 = r+s 1986, 156 (nur LS) = VersR 1986, 698 = VRS 71, 106 = zfs 1986, 267; BGH v. 1.1.1981 – VI ZR 203/79 – BG 1982, 479 = DAR 1982, 121 = FamRZ 1982, 368 = JR 1982, 202 (Anm. *Gitter*) = MDR 1982, 479 = NJW 1982, 1045 = r+s 1982, 30 (nur LS) = SGb 1982, 321 (Anm. *Sieg*) = VersR 1982, 291 = VRS 62, 253 = zfs 1982, 141 (unter Aufgabe von BGH v. 30.1.1962 – VI ZR 75/61 – NJW 1962, 800) (EU-Rente beim Selbstständigen); BGH v. 11.5.1976 – VI ZR 51/74 – MDR 1976, 921 = NJW 1976, 2349 = VersR 1976, 756 (Ersatzkasse); BGH v. 3.5.1977 – VI ZR 235/75 – VersR 1977, 768; KG v. 26.1.2004 – 12 U 8954/00 – NZV 2005, 148 = VersR 2004, 1567 (nur LS) (Verletztengeld), OLG Celle v. 17.8.2005 – 9 U 4/05 – r+s 2006, 42 = zfs 2006, 84 (Anm. *Diehl*), OLG Hamburg v. 3.3.1998 – 7 U 213/97 – SP 1998, 315 (AOK), OLG Hamm v. 28.1.2002 – 6 U 124/01 – r+s 2002, 505 (BG-Verletztengeld), OLG Karlsruhe v. 1.7.1977 – 10 U 30/77 – VersR 1977, 1096 (Rentenversicherung), OLG Nürnberg v. 7.6.2002 – 6 U 3849/01 – OLGR 2003, 198 = NJW-RR 2003, 1677 = VersR 2004, 1290 = zfs 2003, 283 (Anm. *Diehl*) (Vorinstanz zu BGH VI ZR 233/02), OLG Oldenburg v. 20.10.1994 – 1 U 56/94 – SP 1995, 39 = VersR 1996, 480 = zfs 1996, 332 (BG).
95 Zu Ausnahmen siehe Kap 3 Rn 509.
96 Zu Ausnahmen siehe Kap 3 Rn 514.
97 OLG Stuttgart v. 23.2.2007 – 10 U 226/06 – BauR 2007, 935 (nur LS) = OLGR 2007, 755 (Vorinstanz zu BGH v. 1.2.2008 – V ZR 47/07 – BauR 2008, 726 [nur Ls.] = BGHReport 2008, 485 = JZ 2008, 475 = MDR 2008, 446 = NJW 2008, 992 = VersR 2008, 648).

F. Mitbetroffene Dritte[98]

Abzugrenzen von den schadenersatzberechtigten – in ihren Rechten unmittelbar betroffenen – Verletzten sind die mittelbar Geschädigten.[99] Mittelbar Geschädigte sind diejenigen, die zwar weder körperlich verletzt wurden noch einen Sachschaden erlitten haben, die aber doch einen Vermögensschaden anlässlich des Unfalles beklagen. Ihnen gibt (mit Ausnahme bestimmter Fälle, z.B. §§ 844, 845 BGB) das Recht der unerlaubten Handlung keine eigenen Ersatzansprüche, ihre Forderungsberechtigung beschränkt sich auf die (gesetzlich oder durch wirksame Abtretung) übergegangenen Ansprüche.

141

I. Gesellschafter

Grundsätzlich ist nur der Schaden des verletzten Gesellschafters wegen Ausfall oder Verringerung seiner Gewinnbeteiligung zu ersetzen. Verluste der Gesellschaft und der Mitgesellschafter sind als bloßer Drittschaden nicht zu ersetzen. Nur dem Verletzten sind seine Einkommenseinbußen zu ersetzen, die Mitgesellschafter gehen leer aus.[100]

142

II. Mitarbeiter des verletzten Selbstständigen

Muss das Geschäft wegen der Verletzung oder Tötung des Unternehmers geschlossen werden und verlieren deswegen Mitarbeiter des Unternehmers ihren Arbeitsplatz und damit ihre Erwerbsquelle, haben diese Mitarbeiter bei nachfolgender Arbeitslosigkeit keine Ersatzansprüche: Sie sind nur mittelbar geschädigt.[101]

143

III. Verletzte Mitarbeiter des Unternehmens

1. Arbeitgeberregress[102]

Arbeitgeber bzw. Dienstherrn eines Verletzten erleiden infolge des Fortfalls dessen Arbeitskraft zwar oft erhebliche wirtschaftliche Einbußen, können diese allerdings nur in eng umrissenem Rahmen beim Schädiger einfordern,[103] nämlich nur soweit ein Forderungsübergang vom verletzten Arbeitnehmer erfolgt oder aber eigene Verzugsschäden zu ersetzen sind.

144

- Abzugrenzen von den schadenersatzberechtigten – in ihren Rechten unmittelbar betroffenen – Verletzten sind die **mittelbar Geschädigten**. Der Arbeitgeber eines Verletzten hat als mittelbar Geschädigter keinen eigenen (originären) Schadensersatzanspruch, sondern kann nur die aufgrund gesetzlichen Forderungsüberganges (§ 6 EFZG) auf ihn übergegangenen Schadensersatzansprüche seines erkrankten Arbeitnehmers verfolgen. Nur in eng umgrenztem Bereich ist eine wirksame[104] Abtretung von Verdienstausfallansprüchen des verletzten Arbeitnehmers zugunsten seines Arbeitgebers möglich.

145

---

98 Siehe auch Kap 2 Rn 91 ff. und 229 ff.
99 Siehe ergänzend Kap 2 Rn 91 ff.
100 Kap 4 Rn 45 f.
101 Siehe Beispiel 2.1.
102 Einzelheiten Kap 4 Rn 220 ff.
103 Siehe auch *Jahnke* „Entgeltfortzahlung und Regress des Arbeitgebers im Schadenfall seines Arbeitnehmers" NZV 1996, 169.
104 Zur Wirksamkeit einer solchen Abtretung siehe Kap 1 Rn 54.

146 ■ Nur soweit sich der Aufwand des Arbeitgebers als **Verzugschaden** (§§ 284, 285, 286 I BGB) darstellt, kann eine daraus resultierende Ersatzpflicht des Schadensersatzschuldners in Betracht kommen. Diese Verantwortlichkeit resultiert dann aber nicht aus dem Unfallereignis selbst als vom unmittelbar Verletzten abgeleiteter Anspruch, sondern es handelt sich um einen unmittelbaren Schaden des Fordernden, dem gegenüber der Schadensersatzschuldner vorwerfbar verzögert leistet.

2. Erstattungsanspruch nach AAG und §§ 10 ff. LFZG[105]

147 Arbeitgeber, die regelmäßig nicht mehr als 20 Arbeitnehmer (ohne Auszubildende) beschäftigen, hatten *bis zum 31.12.2005* einen Erstattungsanspruch in Höhe von 70 – 80 % des an ihre Arbeiter und Auszubildenden (nicht: Angestellten) fortgezahlten Entgeltes nebst der Arbeitgeberbeiträge zur Arbeitslosen- und Rentenversicherung (§ 10 I Nr. 3 LFZG) gegen die zuständige „RVO"-Krankenkasse (§ 10 I, III LFZG: AOK, IKK, Bundesknappschaft oder Seekasse) Zug um Zug gegen Abtretung der auf sie übergegangenen Schadensersatzansprüche (§ 12 LFZG).

148 *Seit 1.1.2006* ist der Erstattungsanspruch durch das AAG erweitert auf Arbeitgeber mit nicht mehr als 30 Arbeitnehmern und auch auf Angestellte. Ferner erlaubt § 12 AAG ein freiwilliges Ausgleichsverfahren für solche Arbeitgeber, die die Voraussetzungen des § 1 AAG nicht erfüllen.

149 Ob ein solcher Ausgleichsanspruch vom Arbeitgeber bei der Krankenkasse geltend macht wurde, muss im Verlaufe der Regulierung des Lohnfortzahlungsregresses verbindlich geklärt sein. Nicht immer weisen die Arbeitgeber von sich aus darauf hin, der spätere Rückgriff der Krankenkasse beim Schadensersatzpflichtigen führt dann zur Rückabwicklung (§ 812 BGB), soweit doppelt Leistungen geflossen sind.

G. Lohnfortzahlung und Regress des Arbeitgebers

I. Vorbemerkung

1. Abhängig Beschäftigte

150 Die Abwicklung der vom Arbeitgeber gegenüber dem Schädiger erhobenen Ansprüche stößt in der Praxis auf – im Verhältnis zur Abwicklung mit Sozialversicherungsträgern – überproportional große Abwicklungsschwierigkeiten. Häufig besteht Unklarheit, was auf den Arbeitgeber/Dienstherrn übergeht bzw. an ihn abgetreten ist.

151 Weitere Unklarheiten schafft auch das Rechtssystem, welches nicht einen einzigen, in allen Fällen gleich zu behandelnden Arbeitnehmertypus kennt, sondern die unselbstständig Erwerbstätigen in mehrere Gruppen zergliedert, wobei diese einzelnen Arbeitnehmergruppen differierende Rechtsstrukturen aufweisen, die zu erheblichen Unterschieden bei der Schadenabwicklung führen. Mit der teilweisen Aufhebung des Lohnfortzahlungsgesetzes (§§ 1 – 9 LFZG sind mit Ablauf des 31.5.1994 aufgehoben, Art. 60, 68 IV PflegeVG, §§ 10 ff. LFZG galten bis zum 31.12.2005 weiter und wurden durch das AAG zum 1.1.2006 ersetzt) und seiner Ersetzung durch das Entgeltfortzahlungsgesetz (im Rahmen

---

[105] Dazu im Detail Kap 4 Rn 381 ff.

der Pflegegesetzgebung[106]) sind erste Rechtsvereinheitlichungen für Arbeitnehmer (im engeren Sinne: Arbeiter und Angestellte bzw. Auszubildende) vorgenommen.

2. Mittelbar Geschädigter

Kann ein abhängig Beschäftigter (Arbeitnehmer im weiteren Sinne) unfallbedingt nicht arbeiten (ist er also arbeitsunfähig), werden ihm seine Bezüge (Lohn, Gehalt, Dienstbezüge) i.d.R. für einen bestimmten Zeitraum vom Arbeitgeber bzw. Dienstherrn weitergezahlt, der zu dieser Fortzahlung gesetzlich und/oder vertraglich (Individualarbeitsvertrag, Tarifvertrag, Satzung, Betriebsvereinbarung usw.) verpflichtet ist. Einem abhängig (unselbstständig) beschäftigten Verletzten können also aus seinem Beschäftigungsverhältnis Ansprüche gegenüber seinem Arbeitgeber zustehen, die dieser dann beim Ersatzpflichtigen regressiert. Beamte zählen zwar zu den nicht-selbstständig Beschäftigten, unterliegen aber bei der Gehaltsfortzahlung im Krankheitsfall weiteren besonderen Rahmenbedingungen.[107]

152

Arbeitgeber und Dienstherr sind und bleiben nicht zum Ersatz berechtigte **mittelbar Geschädigte**.[108] Private Arbeitgeber erleiden ebenso wie (öffentlich-rechtliche) Dienstherrn eines Verletzten oder Getöteten infolge des Fortfalls deren Arbeitskraft zwar oft erhebliche wirtschaftliche eigene Einbußen, können diese allerdings nur in eng umrissenem Rahmen beim Schädiger einfordern:

153

- Der Arbeitgeber kann nur die auf ihn nach § 6 EFZG bzw. – zulässiger[109] – Abtretung übergegangenen Aufwendungen geltend machen, dh. fordern, soweit ein Schaden des **verletzten** (und damit „kranken")[110] Arbeitnehmers vorliegt, zu dem er **kongruente Leistungen** erbringt. Arbeitgeberleistungen sind kongruent zum Verdienstausfall eines Verletzten, Leistungen wegen des Todesfalls bzw. nach dem Tode sind mangels Kongruenz nicht zu ersetzen.

154

- Mittelbare, ihn nur wirtschaftlich treffende, Belastungen kann der Arbeitgeber nicht ersetzt verlangen.

155

---

106 Gesetz zur sozialen Absicherung des Risikos der Pflegebedürftigkeit (PflegeVG) v. 26.5.1994, 4. Teil, Art. 53 (Entgeltfortzahlungsgesetz – EFZG -), BGBl I 1994, 1065.
107 Kap 3 Rn 542 ff.
108 BGH v. 14.10.2008 – VI ZR 36/08 –; BGH v. 10.12.2002 – VI ZR 171/02 – NJW 2003, 1040 = NZV 2003, 171 = VersR 2003, 466 = zfs 2003, 224; BGH v. 21.11.2000 – VI ZR 231/99 – BGHReport 2001, 123 = DAR 2001, 159 = JA 2001, 619 (nur LS) (Anm. *Schöpflin*) = MDR 2001, 389 = NJW 2001, 971 = r+s 2001, 245 = VersR 2001, 648; BGH v. 18.1.1983 – VI ZR 270/80 – NJW 1983, 812 = VersR 1983, 346; BGH v. 23.11.1976 – VI ZR 191/74 – LM Nr. 21 zu § 249 (Hd) BGB = VersR 1977, 227; BGH v. 14.4.1954 – VI ZR 107/52 – LM Nr. 4 zu § 823 (Da) BGB = VersR 1954, 356; BGH v. 19.6.1952 – III ZR 295/51 – BGHZ 7, 30; OLG Koblenz v. 18.6.2001 – 12 U 814/00 – PVR 2003, 25 (In den Schutzbereich der §§ 823 ff. BGB fallen bei einem Unfall grundsätzlich nur die Personen, die selbst verletzt wurden. Eine Ausnahme gilt nach den §§ 844, 845 BGB nur für nahe Angehörige. Eine Ausdehnung auf andere Personen [konkret: Unternehmer, dessen Mitarbeiter getötet wurden und dessen andere Mitarbeiter Schockschäden erlitten] ist abzulehnen, da andernfalls die Ersatzpflicht des Schädigers unbegrenzt ausufern würde.) OLG Köln v. 6.3.2007 – 3 U 188/06 – SP 2007, 427.
109 In eng umgrenztem Bereich ist eine wirksame Abtretung von Verdienstausfallansprüchen des verletzten Arbeitnehmers zugunsten seines Arbeitgebers möglich: *Jahnke* VersR 1996, 930 (zu B.IV.2), *ders.* NZV 1996, 172 (zu B.IV), *ders.* in Anwalts-Handbuch Teil 4 Rn 27.
110 § 3 I 1 EFZG lautet „Wird ein Arbeitnehmer durch Arbeitsunfähigkeit infolge Krankheit an seiner Arbeitsleistung verhindert, …, so hat er Anspruch auf Entgeltfortzahlung im Krankheitsfall durch den Arbeitgeber …".

4 Selbstständige

156 ▪ Es ist nicht gerechtfertigt, ein **Sonderrecht** für Gewerbetreibende zu schaffen während andere mittelbar Geschädigte ohne Schadensausgleich bleiben.[111]

157 ▪ Die Berufung auf einen **Eingriff** in den eingerichteten und ausgeübten **Gewerbebetrieb** führt nicht zu einem Schadensersatzanspruch, da der Betrieb durch das Schadenereignis nur mittelbar und nicht gezielt beeinträchtigt wird.[112]

158 ▪ Die **Drittschadensliquidation** eröffnet dem Arbeitgeber keine Möglichkeit, weitergehende Einbußen geltend zu machen.[113]

159 ▪ § 6 EFZG ist mangels planwidriger Gesetzeslücke nicht erweiternd auszulegen.[114]

160 ▪ §§ 844, 845 BGB sind einer erweiternden Analogie nicht zugänglich.[115]

II. Fortzahlung der Bezüge durch den Arbeitgeber[116]

161 Arbeitnehmer haben bei unfallbedingter Arbeitsunfähigkeit grundsätzlich gegen ihren Arbeitgeber Anspruch auf Entgeltfortzahlung für einen vorübergehenden Zeitraum.

1. Gesetzliche Regelungen

162 Bei der Drittleistung des Arbeitgebers war bis zum 31.5.1994 eine Differenzierung nach **Arbeitern**, **Angestellten** und **Auszubildenden** geboten. Durch das PflegeVG (Art. 53, 55, 60) erfolgte eine einheitliche Regelung des Rechtes auf Entgeltfortzahlung im Krankheitsfall durch das Entgeltfortzahlungsgesetz (EFZG), das zum 1.6.1994 in Kraft trat (Art. 68 IV PflegeVG). Das EFZG gilt für *alle Arbeitnehmer*, dh. für Arbeiter, Angestellte (§ 1 II EFZG) sowie Auszubildende (§ 1 II EFZG, § 12 I BBildG).

163 Keine gesetzliche Anwendung findet das EFZG auf **Geschäftsführer**.[117] Auch bei vertraglicher Einbeziehung der Regelungen des EFZG in den Geschäftsführervertrag findet kein gesetzlicher Forderungsübergang statt, da eben nicht ein Gesetz (EFZG) Grundlage der Gehaltsfortzahlung ist, sondern nur ein Vertrag, der sich lediglich inhaltlich an den Inhalten des EFZG orientiert. Es verbleibt damit beim Erfordernis der Abtretung von Ansprüchen.

164 Mit Wirkung vom 1.10.1996 war die Entgeltfortzahlung auf 80 % des der Berechnung zugrunde zu legenden Arbeitsentgeltes beschränkt, § 4 I 1 EFZG. Daneben traten allerdings einzel- oder tarifvertragliche Abreden, die dann das nach dem EFZG gesetzlich fort zu zahlenden Arbeitsentgelt vertraglich aufstocken. Eine Kürzung auf 80 % unterblieb u.a. aber bei einem Arbeitsunfall im Betrieb des zur Entgeltzahlung Verpflichteten, § 4 I 2 EFZG. Mit Wirkung vom 1.1.1999 wurde die Kürzung der Entgeltfortzahlung auf 80 % wieder zurückgenommen. Die Fortzahlung beträgt seither wieder 100 %.

---

111 BGH v. 10.12.2002 – VI ZR 171/02 – NJW 2003, 1040 = NZV 2003, 171 = VersR 2003, 466 = zfs 2003, 224, BGH v. 21.6.1977 – VI ZR 58/76 – NJW 1977, 2264 = VersR 1977, 965.
112 BGH v. 14.10.2008 – VI ZR 36/08 –; AG Düsseldorf v. 3.4.2003 – 32 C 19870/02 – SP 2004, 48.
113 OLG Köln v. 6.3.2007 – 3 U 188/06 – SP 2007, 427.
114 OLG Köln v. 6.3.2007 – 3 U 188/06 – SP 2007, 427.
115 OLG Koblenz v. 18.6.2001 – 12 U 814/00 – PVR 2003, 25 (Eine Ausdehnung der §§ 844, 845 BGB auf Unternehmer, dessen Mitarbeiter getötet wurden und dessen andere Mitarbeiter Schockschäden erlitten haben, ist abzulehnen, da andernfalls die Ersatzpflicht des Schädigers unbegrenzt ausufern würde).
116 Zum Thema: *Jahnke* „Entgeltfortzahlung und Regress des Arbeitgebers im Schadenfall seines Arbeitnehmers" NZV 1996, 169.
117 OLG Hamm v. 28.1.2002 – 6 U 124/01 – r+s 2002, 505.

2. Leistungsträger

a. Arbeitgeber des Verletzten

Der Arbeitgeber erbringt Lohnfortzahlung nach Maßgabe des EFZG. 165

Arbeitgeber ist, wer mindestens einen Arbeitnehmer beschäftigt. Arbeitgeber kann eine natürliche Person (Betriebsinhaber, Einzelhandelskaufmann), aber auch eine juristische Person des Privatrechts (Aktiengesellschaft, GmbH, VVaG) oder des öffentlichen Rechtes (Bund, Land, Gemeinde, Sozialversicherungsträger, Universität) sein. Bei den juristischen Personen üben deren gesetzliche Vertreter die Arbeitgeberfunktion aus. 166

b. Krankenkasse nach §§ 1 f. AAG[118]

Die Krankenkasse ist gegenüber dem verletzten Arbeitnehmer kein Leistungsträger. Der Ersatzpflichtige hat es wegen des nach § 6 I EFZG übergangenen Anspruches mit zwei Anspruchstellern zu tun.[119] 167

Die Rechtsbeziehung besteht unmittelbar nur zwischen Arbeitgeber und Krankenkasse (als Leistungsträger ihm [dem Arbeitgeber] gegenüber) nach §§ 1f. AAG (bis 31.12.2005: §§ 10 ff. LFZG). Gleicht eine Krankenkasse im Rahmen des Umlageverfahrens die Arbeitgeberaufwendungen aus, beinhaltet § 5 AAG (wie bis zum 31.12.2005 § 12 LFZG) keinen gesetzlichen Forderungsübergang.[120] 168

3. Leistungsberechtigte

Auch wenn der Arbeitnehmer seinem Arbeitgeber nicht die geschuldete Arbeit leistet, hat er gegen seinen Arbeitgeber einen gesetzlich und/oder (einzel- oder tarif-)vertraglich garantierten Anspruch auf Leistung von Entgelt während seiner Arbeitsunfähigkeit, allerdings in der Dauer beschränkt. Leistungsberechtigt sind Arbeitnehmer (im engeren Sinne: also Arbeiter und Angestellte einschließlich der Auszubildenden, § 1 EFZG, § 12 BBildG), wenn die weiteren Voraussetzungen des Fortzahlungsanspruches vorliegen. 169

Der gegen den Arbeitgeber gerichtete Fortzahlungsanspruch des Arbeitnehmers im Krankheitsfalle setzt voraus: 170

- **Arbeitsvertrag** zwischen Arbeitnehmer und Arbeitgeber, 171
- **Arbeitsunfähigkeit** des Arbeitnehmers, 172
- **nicht** selbst **verschuldete** Arbeitsunfähigkeit. 173

---

118 §§ 10 ff. LFZG galten neben dem Entgeltfortzahlungsgesetz (EFZG) bis zum 31.12.2005 weiter, Art. 60 PflegeVG und wurden erst durch Art. 4 des Gesetzes über den Ausgleich von Arbeitgeberaufwendungen und zur Änderung weiterer Gesetze v. 30.12.2005, BGBl I 2005, 3686 in das Aufwendungsausgleichsgesetz (AAG) überführt.
119 BGH v. 19.3.1985 – VI ZR 163/83 – BG 1986, 404 = MDR 1986, 136 = NJW 1985, 2194 (nur LS) = r+s 1985, 199 (nur LS) = VersR 1985, 732 = zfs 1985, 299 (Verletzter kann Krankenkasse ermächtigen, im Wege der Prozessstandschaft die Ersatzpflicht des Schädigers für den Verdienstausfallschaden insoweit feststellen zu lassen, als die Krankenkasse wegen ihrer Erstattungspflicht nach § 10 LFZG ein rechtliches Interesse hieran hat).
120 Zu Einzelheiten Kap 4 Rn 381 ff.

a. Arbeitsvertrag

174 Es muss ein Arbeitsvertrag zwischen dem Verletzten und seinem Arbeitgeber bestehen und der Unfall sich nach Aufnahme/Beginn der Beschäftigung ereignet haben. Der Anspruch besteht auch dann (§ 8 I 1 EFZG), wenn die Erkrankung zur Berufs- oder Erwerbsunfähigkeit führt. § 8 EFZG setzt eine wirksame Beendigung des Arbeitsverhältnisses durch den Arbeitgeber voraus.[121]

175 Während das LFZG eine „**Startfrist**" nicht kannte,[122] entsteht der Fortzahlungsanspruch nach dem EFZG erst nach 4-wöchiger ununterbrochener Dauer des Arbeitsverhältnisses, § 3 III EFZG.

176 Problematisch ist der Anspruch auf Entgeltfortzahlung im Krankheitsfalle bei Ausländern **ohne Arbeitserlaubnis** (§ 284 SGB III, § 19 AFG a.F.):

177 ■ Fehlt die vorgeschriebene Arbeitserlaubnis, so stellt das daraus resultierende Beschäftigungsverbot einen Grund für das Nichtleisten der Arbeit dar. Damit kann auch keine Entgeltfortzahlung begehrt werden.[123]

178 ■ Steht fest, dass die Arbeitserlaubnis, wäre ihr Fehlen rechtzeitig bemerkt worden, sogleich im Anschluss an eine abgelaufene Erlaubnis erteilt worden wäre, konnte das Beschäftigungsverbot für das Nichtleisten der Arbeit nicht kausal werden. Es besteht ein Anspruch auf Entgeltfortzahlung.[124]

179 ■ Bleibt offen, ob die Arbeitserlaubnis überhaupt oder nur mit einer zeitlichen Verzögerung erteilt worden wäre, so liegt eine zusätzliche Ursache für das Nichtleisten der Arbeit vor. Die krankheitsbedingte Arbeitsunfähigkeit steht dann als alleinige Ursache für den Unfall nicht fest. Es besteht kein Anspruch auf Entgeltfortzahlung.[125]

b. Arbeitsunfähigkeit

180 Es muss eine zur Arbeitsunfähigkeit führende **Erkrankung** vorliegen. Diese liegt auch dann vor, wenn erst die zur Behebung der Krankheit notwendige Krankenpflege den Arbeitnehmer an seiner Arbeitsleistung hindert.[126]

181 Arbeitsunfähigkeit liegt vor, wenn die Krankheit es dem Arbeitnehmer unmöglich macht, die nach dem Inhalt des Arbeitsvertrages geschuldete Leistung zu erbringen oder die Arbeit nur unter der Gefahr fortzusetzen, seinen Gesundheitszustand in absehbarer, naher Zukunft zu verschlechtern.[127]

---

121 BAG v. 22.12.1971 – 1 AZR 180/71 – BAGE 24, 84 = BB 1972, 878 = DB 1972, 733, 1300 (Zum inhaltlich identischen § 6 LFZG).
122 Selbst wenn der Arbeitnehmer beim erstmaligen Gang zur Arbeit verunfallte, konnte er u.U. einen Anspruch auf Fortzahlung haben, siehe: BAG v. 27.1.1972 – 5 AZR 329/71 – BAGE 24, 107 = BB 1972, 661 = DB 1972, 732 (Nicht bei Unfall auf Anreise zum neuen Beschäftigungsort); BAG v. 10.6.1972 – 5 AZR 6/72 – BB 1972, 1004 = DB 1972, 1536 = NJW 1972, 1832.
123 BAG v. 26.6.1996 – 5 AZR 872/94 – BAGE 83, 229 = BB 1996, 2045 = DB 1996, 2133 = MDR 1997, 70 = NJW 1997, 821 = NZA 1996, 1087 = SGb 1996, 658 (nur LS) = WI 1997, 76.
124 BAG v. 26.6.1996 – 5 AZR 872/94 – BAGE 83, 229 = BB 1996, 2045 = DB 1996, 2133 = MDR 1997, 70 = NJW 1997, 821 = NZA 1996, 1087 = SGb 1996, 658 (nur LS) = WI 1997, 76.
125 BAG v. 26.6.1996 – 5 AZR 872/94 – BAGE 83, 229 = BB 1996, 2045 = DB 1996, 2133 = MDR 1997, 70 = NJW 1997, 821 = NZA 1996, 1087 = SGb 1996, 658 (nur LS) = WI 1997, 76.
126 BAG v. 14.1.1972 – 5 AZR 264/71 – BB 1972, 921.
127 AG Stade v. 18.5.2004 – 61 C 1277/03 – SP 2004, 263.

G. Lohnfortzahlung und Regress des Arbeitgebers

Die krankheitsbedingte Arbeitsunfähigkeit muss die **alleinige Ursache** dafür sein, dass der Arbeitnehmer seine Arbeitsleistung nicht erbringt. An der alleinigen Ursächlichkeit fehlt es, wenn die Arbeit zumindest auch aus einem anderen Grund nicht geleistet worden wäre.[128]

182

Der Arbeitnehmer, der Entgeltfortzahlung im Krankheitsfall begehrt, hat darzulegen und zu **beweisen**, dass er arbeitsunfähig krank war.[129] Dieses hat insbesondere im Rahmen behaupteter HWS-Verletzungen schadenrechtliche Relevanz. Der Unterschied zwischen Arbeits- und Schadenersatzrecht ist hervorzuheben: Im Arbeitsrecht muss nur irgendeine, zur Arbeitsunfähigkeit führende, Erkrankung vorliegen; im Schadenersatzrecht muss es sich um eine unfallkausale Erkrankung handeln. Der Nachweis wird **arbeitsrechtlich** regelmäßig durch unverzügliche (§ 5 I 2, 3 EFZG: wenn die Arbeitsunfähigkeit länger als 3 Tage dauert, spätestens am darauf folgenden Arbeitstag, sofern der Arbeitgeber keine frühere Vorlage fordert) Vorlage einer förmlichen ärztlichen Arbeitsunfähigkeitsbescheinigung geführt.[130] Schwierigkeiten bereiten die Nachweise regelmäßig bei im Ausland aufgetretener Arbeitsunfähigkeit.[131] Ein Arbeitnehmer, der aufgrund falscher Diagnose irrtümlich annimmt, er sei arbeitsunfähig erkrankt, hat keinen Schadensersatzanspruch gegenüber dem Schädiger, verliert andererseits aber nicht zwingend den Lohnfortzahlungsanspruch gegen seinen Arbeitgeber, da hier keine unfallkausale Arbeitsunfähigkeit gefordert ist.[132]

183

Die **Beweislastverteilung** im Arbeitsrecht (Anspruch auf Entgeltfortzahlung gegenüber dem Arbeitgeber) ist streng zu scheiden von der Beweislastverteilung im Schadensersatz (Anspruch auf Schadensersatz wegen Körperverletzung und darauf beruhendem Verdienstausfall). Da der Arbeitgeber keine eigenen, sondern ausschließlich fremde Schadensersatzansprüche – nämlich solche, die in der Person seines Arbeitnehmers entstanden und geltend zu machen sind – im Wege des gesetzlichen (für die ersten 6 Wochen ab dem Unfalltag: § 6 EFZG) bzw. des privatrechtlichen (für die Zeit ab dem 43. Tag der unfallkausalen Arbeitsunfähigkeit: Abtretungsvertrag) Forderungsüberganges verfolgt, kommt es allein auf **schadensersatzrechtliche Kriterien** an,[133] was manchmal auch in der

184

---

128 BAG v. 26.6.1996 – 5 AZR 872/94 – BAGE 83, 229 = BB 1996, 2045 = DB 1996, 2133 = MDR 1997, 70 = NJW 1997, 821 = NZA 1996, 1087 = SGb 1996, 658 (nur LS) = WI 1997, 76 (Fehlende Arbeitserlaubnis); BAG v. 14.6.1995 – 5 AZR 143/94 – NJW 1996, 3099 (Nichtaushändigung des Sozialversicherungsausweises gibt dem Arbeitgeber nur ein zeitweiliges Leistungsverweigerungsrecht).
129 BAG v. 1.10.1997 – 5 AZR 726/96 – NJW 1998, 2762.
130 BAG v. 1.10.1997 – 5 AZR 726/96 – NJW 1998, 2762.
131 Siehe BAG v. 1.10.1997 – 5 AZR 499/96 – NJW 1998, 2764 (Erkrankung in der Türkei).
132 OLG Oldenburg v. 27.3.2001 – 12 U 03/01 – DAR 2001, 313 (Kein Lohnfortzahlungsanspruch des Arbeitgebers, da objektiv keine Arbeitsunfähigkeit vorlag).
133 OLG Oldenburg v. 27.3.2001 – 12 U 03/01 – DAR 2001, 313; LG Chemnitz v. 16.12.2004 – 6 S 3278/04 – SP 2005, 230; AG Berlin-Mitte v. 16.8.2004 – 113 C 3366/02 – SP 2005, 122 (Das AG führt u.a. aus: Die fehlende Regressmöglichkeit der Arbeitgeberin nach § 6 EFZG „mag für diese unbefriedigend sein, da ihre Arbeitnehmerin ja nun einmal tatsächlich krankgeschrieben war und sie während dieser Zeit tatsächlich die geltend gemachten Aufwendungen hatte. Es spricht aber doch einiges dafür, dass hierfür nicht der Verkehrsunfall verantwortlich war, sondern eine der leider nicht ganz unüblichen Schwindeleien mit einer HWS-Verletzung nach einem Unfall. Ob hier nun die Arbeitnehmerin der Klägerin die gute Gelegenheit für einen Kurzurlaub nutzte, ob ihr möglicherweise ihr wohlmeinend diese Verletzung quasi aufgedrängt hat, ob hier schlicht eine Fehlbeurteilung vorlag oder ob tatsächlich eine Verletzung vorhanden war, die sich im Prozess nicht beweisen ließ, sei dahingestellt."); AG Dieburg v. 1.4.2003 – 20 C 252/02 – SP 2004, 265; AG Nettetal v. 24.11.2006 – 17 C 229/05 – SP 2007, 211. Siehe auch Kap 1 Rn 76 ff. sowie die Nachweise Fn 52.

Rechtsprechung[134] übersehen wird. Der bloße Verdacht einer Verletzung reicht nicht aus, Verdienstausfallansprüche wegen Körperverletzung zu fordern.[135]

c. Leistungsbeschränkung, unverschuldete Erkrankung

185 Es handelt sich um ein Verschulden des Arbeitnehmers gegen sich selbst.

aa. Schuldhafte Verursachung durch Arbeitnehmer

186 Die Fortzahlung des Arbeitgebers ist in § 3 I EFZG (ähnlich in den früheren gesetzlichen Bestimmungen) und vertraglichen Abreden häufig daran geknüpft, dass es sich um eine „vom Arbeitnehmer unverschuldete Erkrankung" handelt. Dieses bedeutet ein Verschulden des Arbeitnehmers gegen sich selbst. Die Rechtsprechung hat die Versagung des Fortzahlungsanspruches allerdings nur dann zugelassen, wenn den Arbeitnehmer am Eintritt der zur Arbeitsunfähigkeit führenden Erkrankung ein **grobes Verschulden** trifft.

187 **Schuldhaft** i.S.d. Versagungsvorschriften handelt derjenige Arbeitnehmer, der gröblich gegen das von einem verständigen Menschen im eigenen Interesse zu erwartende Verhalten verstößt.[136] Die gesetzliche Wertung schließt den Anspruch bei eigenem Verschulden des Arbeitnehmers aus, weil es unbillig wäre, den Arbeitgeber mit der Verpflichtung zur Lohnfortzahlung auch dann zu belasten, wenn der Arbeitnehmer zumutbare Sorgfalt sich selbst gegenüber außer Acht gelassen und dadurch seine Arbeitsunfähigkeit verursacht hat.

188 Eine **Mitschuld Dritter** an der Arbeitsunfähigkeit des Arbeitnehmers steht der Annahme eines den Fortzahlungsanspruch ausschließenden Eigenverschuldens nicht grundsätzlich entgegen.[137]

189 Die Darlegungs- und **Beweislast** für ein grob fahrlässiges Verschulden des Arbeitnehmers trifft grundsätzlich den Arbeitgeber.[138]

bb. Wegfall der Fortzahlungsverpflichtung

190 Der Wegfall kommt insbesondere in folgenden **Fällen** in Betracht:

191 ■ Die Arbeitsunfähigkeit beruht auf einem durch übermäßigen **Alkohol**genuss / Rauschmittelkonsum selbst verschuldeten Unfall.[139]

---

134 BGH v. 16.10.2001 – VI ZR 408/00 – BGHZ 149, 63 = JR 2002, 372 (Anm. *Feuerborn*) = MDR 2002, 29 = NJW 2002, 128 = NZA 2002, 40 = NZV 2002, 28 = r+s 2002, 63 (Anm. *Lemcke*) = SP 2002, 52 = VersR 2001, 1521 = VRS 101, 404 = WI 2002, 21 (kritische Anm. *Wussow*) = zfs 2002, 67 weist zwar zutreffend (unter Hinweis auf die BAG-Rechtsprechung) auf die arbeitsrechtliche Situation hin, wonach der Arbeitgeber für den Lohnfortzahlungsanspruch seines Arbeitnehmers auf die Richtigkeit der ihm vorgelegten Arbeitsunfähigkeitsbescheinigung vertrauen darf, übersieht dann aber, dass der Anspruch auf Ersatz der erbrachten Lohnfortzahlung sich nicht nach dem EFZG, sondern nach dem Schadensersatzrecht ausrichtet.
135 Siehe auch Kap 1 Rn 181 und Kap 2 Rn 58.
136 BAG v. 23.11.1971 – 1 AZR 388/70 – NJW 1972, 703; BAG v. 11.3.1987 – 5 AZR 739/85 – NJW 1987, 2253.
137 BAG v. 23.11.1971 – 1 AZR 388/70 – NJW 1972, 703.
138 BAG v. 23.11.1971 – 1 AZR 404/70 – BAGE 24, 36 = BB 1972, 221 = MDR 1972, 451 = NJW 1972, 704 = NJW 1973, 78.
139 BAG v. 11.3.1987 – 5 AZR 739/85 – NJW 1987, 2253.

G. Lohnfortzahlung und Regress des Arbeitgebers 4

- Die Verletzung der **Anschnallpflicht** führt zum Verlust des Fortzahlungsanspruches, wenn und soweit die entstandenen unfallbedingten Verletzungen auf dieser Säumnis beruhen.[140]

    192

    Es gelten die Beweisregeln des Haftpflichtrechtes,[141] wonach der Arbeitgeber das Nichtanlegen des Gurtes und der Arbeitnehmer die fehlende Kausalität beweisen muss.[142]

    193

    Gleiches wie bei Verletzung der Gurtpflicht gilt für das Nicht-Tragen des vorgeschriebenen **Schutzhelm**es, aber auch nicht getragener **Motorradschutzkleidung**.[143]

    194

    Von **Fahrradfahrern** ist nicht generell das Tragen eines Helmes zur Schadensvorbeugung zu verlangen. Daher ist ein Mitverschulden aus dem Nichttragen eines Helmes generell noch nicht herleitbar.[144] eine differenzierte Betrachtung zwischen Radfahrergruppen (innerorts, außerorts; Benutzung von Fahrradweg oder Straße) zeichnet sich aber ab;[145] bei die Straße nutzenden Radrennsportlern wird man ein Mitverschulden bei Nichttragen eines Helmes annehmen können.[146]

    195

- Bei **Unfällen im Straßenverkehr** liegt ein grobes Verschulden dann vor, wenn der Arbeitnehmer Leben und Gesundheit besonders leichtfertig aufs Spiel gesetzt hat.[147]

    196

    Lediglich in Ausnahmefällen dürfte eine grob fahrlässige Verletzung von Verkehrsvorschriften zum Ausschluss des Fortzahlungsanspruches führen; es muss sich um einen schwerwiegenden Verstoß gegen elementare Normen handeln. Es gelten ähnliche Rahmenbedingungen wie bei § 110 SGB VII (*bzw. bis zum 31.12.1996: § 640 RVO*)

    197

---

140 BAG v. 7.10.1981 – AZR 1113/79 – BB 1982, 618 = DAR 1982, 123 = DOK 1982, 426 (nur LS) = MDR 1982, 525 = NJW 1982, 1013 = VersR 1982, 659 = zfs 1982, 163. Siehe auch *Weber* „Anschnallpflicht und Lohnfortzahlung" DAR 1983, 9.
141 BGH v. 1.4.1980 – VI ZR 40/79 – DAR 1980, 274 = NJW 1980, 2125 = VersR 1980, 824 = VRS 59, 166 (Verteilung der Beweislast); BGH v. 3.7.1990 – VI ZR 239/89 – DAR 1990, 379 = NZV 1990, 386 = r+s 1990, 417 = VRS 1990, 410 (Anscheinsbeweis bei bestimmten typischen Gruppen von Unfallverletzungen für Nichtbenutzen des Gurtes); BGH v. 10.3.1981 – VI ZR 236/79 – DAR 1981, 261 = VersR 1981, 548 = VRS 61, 81 = zfs 1981, 233 (Anscheinsbeweis dafür, dass das Nichtanlegen des Gurtes ursächlich für die Verletzungen war).
142 LAG Berlin v. 18.7.1979 – 5 Sa 53/79 – NJW 1979, 2327 = VersR 1980, 56.
143 AG Hagen v. 17.5.2001 – 14 C 58/01 – SP 2002, 127; AG Hannover v. 15.2.1996 – 544 C 15726/95 – NJWE-VHR 97, 11 = r+s 1997, 68 = SP 1997, 99 = zfs 1996, 445.
144 OLG Hamm v. 26.9.2000 – 27 U 93/00 – DAR 2001, 35 (nur LS) = JurBüro 2001, 387 (nur LS) = MDR 2001, 330 = NZV 2001, 86 = OLGR 2001, 106 = VersR 2001, 1577; OLG Karlsruhe v. 24.1.1990 – 1 U 94/89 – NZV 1991, 25 = r+s 1990, 118 = VRS 78, 329 = zfs 1991, 80; OLG Nürnberg v. 29.7.1999 – 8 U 1893/99 – DAR 1999, 507 = MDR 1999, 1384 = NZV 1999, 472 (nur LS) = OLGR 2000, 105 = SP 1999, 371 = VersR 2000, 337 (nur LS) = zfs 1999, 467 (nur LS) (Anm. *Diehl*) m.w.N.; OLG Nürnberg v. 23.10.1990 – 3 U 2574/90 – DAR 1991, 173 (Anm. *Berr*) = NJW-RR 1991, 546 = NZV 1991, 230 = r+s 1991, 85 = VersR 1991, 354 = zfs 1991, 40.
145 OLG Düsseldorf v. 12.2.2007 – I-1 U 182/06 – DAR 2007, 458 (Anm. *Hufnagel*, Anm. Mecklenbrauck DAR 2007, 646) = jurisPR-VerkR 1/2008 Anm 3 (Anm. *Jahnke*) = jurisPR-VerkR 2/2007 Anm 2 (Anm. *Wenker*) = NJW 2007, 3075 = NZV 2007, 619 (Anm. *Schiffler*, Anm. *Kettler* NZV 2007, 603) = SP 2007, 167; OLG Hamm v. 26.9.2000 – 27 U 93/00 – DAR 2001, 35 (nur LS) = JurBüro 2001, 387 (nur LS) = MDR 2001, 330 = NZV 2001, 86 = OLGR 2001, 106 = VersR 2001, 1577; OLG Karlsruhe v. 24.1.1990 – 1 U 94/89 – NZV 1991, 25 = r+s 1990, 118 = VRS 78, 329 = zfs 1991, 80.
146 OLG Düsseldorf v. 12.2.2007 – I-1 U 182/06 – DAR 2007, 458 (Anm. *Hufnagel*, Anm. Mecklenbrauck DAR 2007, 646) = jurisPR-VerkR 1/2008 Anm 3 (Anm. *Jahnke*) = jurisPR-VerkR 2/2007 Anm 2 (Anm. *Wenker*) = NJW 2007, 3075 = NZV 2007, 619 (Anm. *Schiffler*, Anm. *Kettler* NZV 2007, 603) = SP 2007, 167.
147 BAG v. 7.10.1981 – 5 AZR 1113/79 – BB 1982, 618 = DAR 1982, 123 = DOK 1982, 426 (nur LS) = MDR 1982, 525 = NJW 1982, 1013 = VersR 1982, 659 = zfs 1982, 163.

und der dazu ergangenen Rechtsprechung.[148] Die Rechtsprechung zu § 67 VVG a.F. ist ebenso wenig wie bei § 110 SGB VII zu übertragen.

198 Benutzt ein Arbeitnehmer ein nicht-verkehrstaugliches Kfz unter Verstoß gegen §§ 16, 18, 19 II StVZO und erleidet er wegen dieser Untauglichkeit des Fahrzeuges Verletzungen, so entfällt der Lohnfortzahlungsanspruch.[149]

199 Für den Wegfall der Fortzahlungsverpflichtung des Arbeitgebers bei schuldhafter Verursachung der Arbeitsunfähigkeit durch seinen Arbeitnehmer gilt das **Alles-oder-Nichts-Prinzip**. Eine z.B. nach dem Verschuldensgrad gestufte, dh. geminderte Lohnfortzahlung sieht das Gesetz nicht vor. Gleichwohl ist es dem Arbeitgeber nicht gesetzlich untersagt, von seinem Lohnverweigerungsrecht keinen oder nur abgemilderten Gebrauch zu machen.[150]

cc. Fortzahlung ohne gesetzlichen Anspruch

200 Beruft sich der Arbeitgeber gegenüber seinem Arbeitnehmer nicht auf die Leistungsbeschränkung – was in der Praxis zulässig und nicht selten ist[151] – und **zahlt** er das Entgelt ganz oder gemindert fort, obwohl er gegenüber seinem Arbeitnehmer aufgrund arbeitsrechtlicher Regeln und Bestimmungen seine Leistung hätte verweigern dürfen, hindert dieses nicht den Forderungsübergang nach § 6 EFZG (früher § 4 LFZG). Der Arbeitgeberregress ist unter Zugrundelegung der entsprechenden Mithaftungsquote vom Ersatzpflichtigen auszugleichen.

201 Zahlt der Arbeitgeber nur einen **Teil des Lohnes** fort, ist der Abrechnung des übergegangenen Anspruches dann auch nur die tatsächliche Teilleistung zugrunde zu legen. Bei der Abrechnung sind aber ferner die Mithaftung und dabei auch das Quotenvorrecht des Arbeitnehmers zu berücksichtigen, so dass i.d.R. nur ein deutlich unter der Haftungsquote liegender Betrag dem Arbeitgeber zu erstatten ist. Hinzu kommt dann noch anspruchsmindernd der Vorteilsausgleich.

202 Beruft sich der Arbeitgeber nachträglich – z.B. nach Berufen des Schädigers auf Nicht-Anlegen des Gurtes – auf Leistungsfreiheit und macht seine Leistung rückgängig, fällt der nicht erfüllte Ersatzanspruch an den Arbeitnehmer zurück; der Forderungsübergang ist auflösend bedingt.[152]

---

[148] *Lemcke/Heß* „Der Regreß des Sozialversicherers nach § 110 SGB VII" r+s 2007, 221.
[149] ArbG Marburg v. 24.8.1990 – 2 Ca 226/90 – DB 1991, 869 (nur LS).
[150] Zum Forderungsübergang siehe dann Kap 4 Rn 200 f.
[151] Zum einen scheinen nicht jedem Arbeitgeber die gesetzlichen Rahmenbedingungen des EFZG bekannt zu sein, zum anderen nehmen Arbeitgeber auch ihre soziale Verantwortung gegenüber ihren Beschäftigten ernst.
[152] *Geigel-Pardey* Kap 9 Rn 33.

G. Lohnfortzahlung und Regress des Arbeitgebers

Es kommt – ähnlich wie bei der Leistung eines privaten Krankenversicherers im Rahmen des § 67 VVG a.F.[153] – nur auf die **tatsächliche Leistung** (Zahlung des Lohnes) an.[154]

dd. Unfall bei Nebentätigkeit

Ansprüche auf Fortzahlung der Bezüge sind nur dann ausgeschlossen, wenn den Arbeitnehmer an der krankheitsbedingten Arbeitsunfähigkeit ein Verschulden trifft. Andere Einschränkungen als den Ausschluss bei Verschulden kennt das Gesetz nicht.[155]

Nur im Einzelfall kann die Geltendmachung von Fortzahlungsansprüchen gegen **Treu und Glauben** (§ 242 BGB) verstoßen, etwa bei verbotener oder vertragswidrig ausgeübter Nebentätigkeit.[156]

ee. Schutz bei Wegfall des Fortzahlungsanspruches

Entfällt der gesetzliche oder vertragliche Fortzahlungsanspruch oder kommt der Arbeitgeber grundlos seiner Fortzahlungsverpflichtung nicht nach, erhalten für diesen Zeitraum sozialversicherte Arbeitnehmer Kranken- (§ 49 I Nr. 1 SGB V) oder Verletztengeld (§ 52 SGB VII; bis 31.12.1996: § 560 I 2 RVO). Der Anspruch auf Kranken- und Verletztengeld ruht nur solange, wie der Verletzte beitragspflichtiges Arbeitseinkommen erhält.

> **§ 115 SGB X – Ansprüche gegen den Arbeitgeber**
>
> (1) Soweit der Arbeitgeber den Anspruch des Arbeitnehmers auf Arbeitsentgelt nicht erfüllt und deshalb ein Leistungsträger Sozialleistungen erbracht hat, geht der Anspruch des Arbeitnehmers gegen den Arbeitgeber auf den Leistungsträger bis zur Höhe der erbrachten Sozialleistungen über.
>
> (2) Der Übergang wird nicht dadurch ausgeschlossen, dass der Anspruch nicht übertragen, verpfändet oder gepfändet werden kann.
>
> (3) An Stelle der Ansprüche des Arbeitnehmers auf Sachbezüge tritt im Fall des Absatzes 1 der Anspruch auf Geld; die Höhe bestimmt sich nach den nach § 17 Absatz 1 Satz 1 Nr. 3 SGB IV festgelegten Werten der Sachbezüge.

Die Krankenkasse/Unfallversicherung hat u.U. Ansprüche nach § 115 SGB X gegen den Arbeitgeber. Verweigert ein Arbeitgeber die Entgeltfortzahlung und erbringt der Sozialversicherer daher ab dem Unfalltag Sozialleistungen (der Anspruch auf Kranken- bzw. Verletztengeld besteht von Anfang an, er ruht nur gemäß § 49 I Nr. 1 SGB V, § 52 S. 1 Nr. 1 SGB VII), sieht § 115 SGB X einen gesetzlichen Forderungsübergang auf den Sozialversicherungsträger vor, „soweit" dieser leistet.

---

153 BGH v. 23.11.1988 – IVa ZR 143/87 – VersR 1989, 250 (Der Forderungsübergang findet nach § 67 VVG auch dann statt, wenn der private Krankenversicherer trotz Eingreifens einer Subsidiaritätsklausel leistet. Der Forderungsübergang ist ausschließlich von der tatsächlichen Erbringung von Versicherungsleistungen abhängig.). Der Forderungsübergang nach § 67 I VVG stellt nicht darauf an, ob dem leistenden Versicherer die Möglichkeit zugestanden hätte, sich auf Leistungsfreiheit wegen Obliegenheitsverletzung (OLG Hamm v. 8.1.1988 – 6 U 174/97 – r+s 1998, 184 [Kaskoversicherer hätte sich auf § 61 VVG berufen können]) oder Eingreifens einer Subsidiaritätsklausel (BGH v. 23.11.1988 – IVa ZR 143/87 – VersR 1989, 250 [Transportversicherung]) zu berufen. Ebenso OLG Stuttgart v. 23.2.2007 – 10 U 226/06 – BauR 2007, 935 (nur LS) = OLGR 2007, 755 (Vorinstanz zu BGH v. 1.2.2008 – V ZR 47/07 – BauR 2008, 726 [nur Ls.] = BGHReport 2008, 485 = JZ 2008, 475 = MDR 2008, 446 = NJW 2008, 992 = VersR 2008, 648).

154 *Geigel-Pardey* Kap 9 Rn 34.

155 Zu Einzelheiten siehe Kap 5 Rn 4 f. und 16 ff.

156 Siehe Kap 5 Rn 5.

209 Nach § 115 SGB X kann nur der Anspruch auf Arbeitsentgelt für nicht-selbstständige Tätigkeit, nicht aber für selbstständige Tätigkeit (auch Nebentätigkeit) auf den Sozialversicherungsträger übergehen.[157]

4. Beiträge

210 Der Arbeitnehmer zahlt keine vorsorgenden Beiträge zur Sicherung seines Anspruches auf Entgeltfortzahlung.

211 Kleinere Arbeitgeber sind gegen ihre finanziellen Belastungen im Rahmen des Solidarsystems durch das Umlageverfahren nach dem AAG (bis 31.12.2005 noch §§ 10 ff. LFZG) abgesichert. Sie erhalten bis zu 80 % des fortgezahlten Arbeitsentgeltes zzgl. der Arbeitgeberbeiträge zur Sozialversicherung erstattet (§ 1 AAG, § 10 I LFZG).

5. Leistungsumfang

212 Auch wenn der verletzte Arbeitnehmer seinem Arbeitgeber nicht die geschuldete Arbeit leistet, hat er gegen seinen Arbeitgeber Anspruch auf Fortgewährung der Bezüge für die Zeit seiner Arbeitsunfähigkeit, allerdings in der Dauer beschränkt.

213 Die Arbeitgeberleistungen (Entgeltfortzahlung) sind kongruent zum Verdienstausfallschaden[158] des Verletzten.

214
> **§ 3 EFZG – Anspruch auf Entgeltfortzahlung im Krankheitsfall**
>
> (1) ¹Wird ein Arbeitnehmer durch Arbeitsunfähigkeit infolge Krankheit an seiner Arbeitsleistung verhindert, ohne dass ihn ein Verschulden trifft, so hat er Anspruch auf Entgeltfortzahlung im Krankheitsfall durch den Arbeitgeber für die Zeit der Arbeitsunfähigkeit bis zur Dauer von sechs Wochen. ²Wird der Arbeitnehmer infolge derselben Krankheit erneut arbeitsunfähig, so verliert er wegen der erneuten Arbeitsunfähigkeit den Anspruch nach Satz 1 für einen weiteren Zeitraum von höchstens sechs Wochen nicht, wenn
> 1. er vor der erneuten Arbeitsunfähigkeit mindestens sechs Monate nicht infolge derselben Krankheit arbeitsunfähig war oder
> 2. seit Beginn der ersten Arbeitsunfähigkeit infolge derselben Krankheit eine Frist von zwölf Monaten abgelaufen ist.
>
> (3) Der Anspruch nach Absatz 1 entsteht nach vierwöchiger ununterbrochener Dauer des Arbeitsverhältnisses.
>
> **§ 4 EFZG – Höhe des fortzuzahlenden Arbeitsentgelts**
>
> (1) Für den in § 3 Absatz 1 bezeichneten Zeitraum ist dem Arbeitnehmer das ihm bei der für ihn maßgebenden regelmäßigen Arbeitszeit zustehende Arbeitsentgelt fortzuzahlen.

---

157 OLG Frankfurt v. 17.6.2002 – 1 U 57/01 – OLGR Frankfurt 2002, 321 (Die Beschäftigung als Arbeitnehmer i.S.v. § 115 SGB X wird maßgeblich geprägt durch die persönliche Abhängigkeit, die in dem Direktionsrecht des Unternehmers sowie in der Eingliederung im Betrieb zum Ausdruck kommt, sowie durch die wirtschaftliche Abhängigkeit. Für die Frage, ob die Arbeitnehmereigenschaft gegeben ist, kommt es maßgeblich auf das Gesamtbild der Tätigkeit und der Stellung im Betrieb an; in die Gesamtbeurteilung ist auch die vertragliche Regelung mit einzubeziehen, wenn die übrigen Umstände sowohl für eine abhängige Beschäftigung als auch für eine selbstständige Tätigkeit sprechen.).
158 Zum Verdienstausfall siehe: OLG Hamm v. 8.6.1994 – 32 U 166/90 – OLGR 1995, 271 = zfs 1996, 11 (Erwerbsschaden des Gesellschafter-Geschäftsführers einer 1-Mann-GmbH: Auf die vertraglich vereinbarte Geschäftsführervergütung kann ausnahmsweise nur dann zurückgegriffen werden, wenn es sich um „echtes Arbeitsentgelt" handelt [BGH NJW 1981, 40]. Eine Vergütung, die nicht tatsächlich regelmäßig monatlich ausgezahlt wird, ist kein echtes Arbeitsentgelt [BFH v. 14.10.1981 – I R 34/80 – BB 1982, 291 = BFHE 134, 293 = BStBl II 1982, 119 = NJW 1982, 791]).

(1a) ¹Zum Arbeitsentgelt nach Absatz 1 gehören nicht das zusätzlich für Überstunden gezahlte Arbeitsentgelt und Leistungen für Aufwendungen des Arbeitnehmers, soweit der Anspruch auf sie im Falle der Arbeitsfähigkeit davon abhängig ist, daß dem Arbeitnehmer entsprechende Aufwendungen tatsächlich entstanden sind, und dem Arbeitnehmer solche Aufwendungen während der Arbeitsunfähigkeit nicht entstehen. ²Erhält der Arbeitnehmer eine auf das Ergebnis der Arbeit abgestellte Vergütung, so ist der von dem Arbeitnehmer in der für ihn maßgebenden regelmäßigen Arbeitszeit erzielbare Durchschnittsverdienst der Berechnung zugrunde zu legen.

(2) Ist der Arbeitgeber für Arbeitszeit, die gleichzeitig infolge eines gesetzlichen Feiertages ausgefallen ist, zur Fortzahlung des Arbeitsentgelts nach § 3 verpflichtet, bemißt sich die Höhe des fortzuzahlenden Arbeitsentgelts für diesen Feiertag nach § 2.

(3) ¹Wird in dem Betrieb verkürzt gearbeitet und würde deshalb das Arbeitsentgelt des Arbeitnehmers im Falle seiner Arbeitsfähigkeit gemindert, so ist die verkürzte Arbeitszeit für ihre Dauer als die für den Arbeitnehmer maßgebende regelmäßige Arbeitszeit im Sinne des Absatz 1 anzusehen. ²Dies gilt nicht im Falle des § 2 Absatz 2.

(4) ¹Durch Tarifvertrag kann eine von den Absätzen 1, 1a und 3 abweichende Bemessungsgrundlage des fortzuzahlenden Arbeitsentgelts festgelegt werden. ²Im Geltungsbereich eines solchen Tarifvertrages kann zwischen nichttarifgebundenen Arbeitgebern und Arbeitnehmern die Anwendung der tarifvertraglichen Regelung über die Fortzahlung des Arbeitsentgelts im Krankheitsfalle vereinbart werden.

a. Zeitliche Beschränkung

Das EFZG enthält eine zeitliche Beschränkung auf **6 Wochen** innerhalb eines 12-Monats-Zeitraumes, gerechnet ab dem 1. Tag der Arbeitsunfähigkeit. Der Fortzahlungsanspruch entsteht erst nach 4-wöchiger ununterbrochener Dauer des Arbeitsverhältnisses (§ 3 III EFZG).

215

Wird der Arbeitnehmer wegen desselben Schadenereignisses erneut arbeitsunfähig (Hauptfall: Metallentfernung nach Fraktur), verliert er nach § 3 I 2 EFZG wegen der erneuten Arbeitsunfähigkeit den Fortzahlungsanspruch für einen weiteren Zeitraum von höchstens 6 Wochen nicht, wenn er vor der erneuten Arbeitsunfähigkeit mindestens 6 Monate nicht infolge derselben Krankheit (dh. des Unfallereignisses) arbeitsunfähig war, oder seit Beginn der ersten Arbeitsunfähigkeit infolge derselben Krankheit eine Frist von 12 Monaten abgelaufen ist.[159] Bei Fortsetzungserkrankungen wird der Anspruch dergestalt ermittelt, dass die einzelnen Krankheitszeiten zusammengerechnet werden bis die Anspruchszeit von 42 Kalendertagen verbraucht ist.[160] Ein erneutes Wiederaufleben des auf 6-wöchige Fortzahlung gerichteten Anspruches regelt § 3 I 2 EFZG (Rahmenfrist: 12 Monate).

216

Danach, also regelmäßig ab der 7. Woche, besteht Anspruch auf Leistungen der Sozialversicherer (z.B. Krankenkasse, Berufsgenossenschaft, Rentenversicherer, Arbeitsagentur). Neben den Leistungen der Sozialversorgung wird häufig aufgrund einzel- bzw. tarif-

217

---

159 BAG v. 14.3.2007 – 5 AZR 514/06 – DB 2007, 1360 = EEK 3275 = USK 2007-3 (Anspruch nach § 3 I 2 Nr. 2 EFZG setzt voraus, dass der Arbeitnehmer erst nach Ablauf der 12-Monatsfrist erneut arbeitsunfähig wird. Wird der Arbeitnehmer schon vorher erneut arbeitsunfähig und dauert die Arbeitsunfähigkeit über den Ablauf der 12-Monatsfrist hinaus an, greift die Bestimmung nicht.).
160 BAG v. 22.2.1973 – 5 AZR 461/72 – BB 1973, 1490.

vertraglicher Abrede ein Zuschuss[161] zum Kranken- oder Verletztengeld für gewisse Zeiträume gewährt.

218 Anzumerken ist, dass für **Beamte** eine allgemeine zeitliche Beschränkung nicht existiert. Diese erhalten bis zur Versetzung in den Ruhestand ihre vollen Dienstbezüge auch bei Dienstunfähigkeit.

219 Ähnliches gilt für Beschäftigte, für die das **BeamtVG** für **entsprechend** anwendbar erklärt ist, z.B. kirchliche Bedienstete.

b. Leistungsspektrum und Forderungsübergang bei Arbeitnehmern[162]

220 Lohnfortzahlung und Regress des Arbeitgebers richten sich bei Arbeitnehmern (Arbeiter, Angestellte, Auszubildende) nach dem EFZG.

221 Die Überleitungsvorschrift zugunsten des Arbeitgebers enthält § 6 I EFZG. Im Rahmen des § 6 I EFZG gehen zwar Erwerbsschadensersatzansprüche des Arbeitnehmers (§ 842 BGB) auf den Arbeitgeber über,[163] dh. aber nicht, dass der Arbeitgeber auch auf den Haushaltsführungsschaden zugreifen kann (diese Aussage gilt unabhängig von einer Beachtung der Quotenbevorrechtigung).

222 Nach § 6 I EFZG findet bei folgenden Leistungen des Arbeitgebers ein Übergang statt:

223 ▪ nach dem EFZG **fortgezahltes Arbeitsentgelt**,

224 ▪ darauf entfallende **Arbeitgebersozialversicherungsbeiträge** (zur AV, KV, PV, RV),

225 ▪ Arbeitgeberbeiträge zur zusätzlichen **Alters-** und **Hinterbliebenenversorgung**.

226 Die Aufzählung in § 6 I EFZG ist **abschließend**.[164] Nur wegen der vorgenannten Arbeitgeberaufwendungen findet kraft Gesetzes der Forderungsübergang statt. Weitere Zuwendungen (z.B. aufgrund tarifvertraglicher Bestimmungen) können im Einzelfall abtretungsweise übergehen. Die zivil- und arbeitsrechtliche Verpflichtung zur **Abtretung** findet dabei allerdings ihre Grenzen in der Kongruenz zum Verdienstausfallschaden (und nur ausnahmsweise auch Heilbehandlungskosten).

227 Für den gesetzlichen Forderungsübergang kommt es nicht darauf an, ob der Arbeitgeber zur Lohnfortzahlung verpflichtet ist, sondern allein darauf, dass er den Lohn **tatsächlich fortgezahlt** hat.[165] Der Arbeitnehmer muss das Geld also auch tatsächlich erhalten haben.

aa. Leistungen nach dem EFZG („fortgezahltes Entgelt")

228 Zur Höhe des nach § 4 EFZG fortzuzahlenden Arbeitsentgeltes gehört alles, was der Arbeitnehmer aufgrund des Arbeitsvertrages von seinem Arbeitgeber verlangen kann, was

---

161 Nach § 49 I Nr. 1 2. Halbs. SGB V, § 52 Nr. 1 SGB VII gelten Zuschüsse des Arbeitgebers zum Kranken- und Verletztengeld nicht als Arbeitsentgelt, beim Krankengeld allerdings nur soweit als sie zusammen mit dem Krankengeld das Nettoarbeitsentgelt nicht übersteigen.
162 Siehe auch *Jahnke* „Entgeltfortzahlung und Regress des Arbeitgebers im Schadenfall seines Arbeitnehmers" NZV 1996, 169; *Küppersbusch* Rn 105 f.
163 OLG Nürnberg v. 25.11.1993 – 2 U 1737/93 – SP 1994, 312. Siehe auch OLG Düsseldorf v. 12.7.1991 – 22 U 23/91 – NJW-RR 1992, 164 (Geltendmachung des beim Arbeitgeber infolge Gehaltsfortzahlung entstandenen Schadens im Wege der Drittschadensliquidation ist nicht durch §§ 844f. BGB ausgeschlossen).
164 OLG Köln v. 6.3.2007 – 3 U 188/06 – SP 2007, 427.
165 BGH v. 1.4.1980 – VI ZR 40/79 – NJW 1980, 2125 = VersR 1980, 824; BGH v. 4.4.1978 – VI ZR 252/76 – VersR 1978, 660; OLG Düsseldorf v. 29.6.1976 – 4 U 281/75 – VersR 1977, 259.

der Arbeitnehmer also durch die Verwendung seiner Arbeitskraft laufend erworben hat und nunmehr wegen des zeitweiligen Ausfalles seiner Arbeitsfähigkeit ohne die ihn schützende Rechtsstellung verlieren würde.[166]

Fortzuzahlen ist das für die regelmäßige Arbeitszeit zustehende Arbeitsentgelt. Es gilt das sog. „Lohnausfallprinzip":[167] Der erkrankte Arbeitnehmer erhält diejenige Vergütung, die er erhalten hätte, wenn er nicht erkrankt wäre. Nach § 4 III EFZG[168] entfällt der Anspruch auf Lohnfortzahlung, wenn im Betrieb kurzgearbeitet wird und im Fall der Arbeitsfähigkeit auch kein Lohnanspruch des Verletzten entstanden wäre (Der Verletzte erhält dann Krankengeld in Höhe des Kurzarbeitergeldes).

§ 4 IV EFZG gestattet eine von § 4 I, Ia, III EFZG abweichende Regelung, insbesondere die unterschiedliche Behandlung von tarifgebundenen und tarifungebundenen Arbeitnehmern.

Steuerrechtlich gehören zu den Einkünften aus nichtselbstständiger Arbeit (§ 19 I 1 Nr. 1 EStG) u.a. Gehälter, Löhne, Gratifikationen, Tantiemen und andere Bezüge und Vorteile, die für eine Beschäftigung im öffentlichen oder privaten Dienst gewährt werden. Arbeitslohn sind nach § 2 I Lohnsteuer-Durchführungsverordnung (LStDV) alle Einnahmen, die dem Arbeitnehmer aus dem Dienstverhältnis zufließen; dabei ist unerheblich, unter welcher Bezeichnung und in welcher Form die Einnahmen gewährt werden. Arbeitslohn ist jeder gewährte Vorteil, der durch das individuelle Dienstverhältnis veranlasst ist.[169] Zum Arbeitslohn können steuerrechtlich auch Ausgaben gehören, die ein Arbeitgeber leistet, um einen Arbeitnehmer oder diesem nahe stehende Personen für den Fall der Krankheit, des Unfalls, der Invalidität, des Alters oder des Todes abzusichern (Zukunftssicherung). Die Arbeitslohnqualität von Zukunftssicherungsleistungen, bei denen die Leistung des Arbeitgebers an einen Dritten (Versicherer) erfolgt, hängt davon ab, ob sich der Vorgang – wirtschaftlich betrachtet – so darstellt, als ob der Arbeitgeber dem Arbeitnehmer Mittel zur Verfügung gestellt und der Arbeitnehmer sie zum Zweck seiner Zukunftssicherung verwendet hat. Davon ist auszugehen, wenn dem Arbeitnehmer gegen die Versorgungseinrichtung, an die der Arbeitgeber die Beiträge geleistet hat, ein Rechtsanspruch auf die Leistung zusteht.[170] Die Begründung eines eigenen Anspruchs stellt einen Vorteil bzw. eine Bereicherung i.S.d. § 19 I 1 Nr. 1 EStG dar.[171]

---

166 BGH v. 11.11.1975 – VI ZR 128/74 – NJW 1976, 326 = VersR 1976, 340.
167 BAG v. 6.12.1995 – 5 AZR 237/94 – MDR 1996, 1044 = NJW 1996, 2388.
168 So schon zu § 2 LFZG: BAG v. 6.10.1976 – 5 AZR 503/75 – DB 1977, 262 (Kurzarbeit dergestalt, dass Arbeit für 2 Wochen ruhte).
169 BFH v. 26.6.2003 – VI R 112/98 – BB 2003, 2334 (nur LS) = BFHE 203, 53 = BStBl II 2003, 886 = DStRE 2003, 1263 = NZA-RR 2004, 35 (Kein Arbeitslohn bei Verfolgung betriebsfunktionaler Zielsetzungen des Arbeitgebers. Konkret Führerscheinerwerb der Klasse 3 im Rahmen der Gesamtausbildung zum Polizeivollzugsdienst); BFH v. 30.5.2001 – VI R 159/99 – BB 2001, 1518 (nur LS) = BFHE 195, 364 = BStBl II 2001, 815 = DStR 2001, 1205 = NZA 2001, 1068 (Bundeszuschuss des Bundes an die Bahnversicherungsanstalt ist bei den dort zusatzversicherten Arbeitnehmer des Bundeseisenbahnvermögens nicht anteilig als Arbeitslohn zu erfassen); Niedersächsisches FG v. 11.1.2007 – 11 K 307/06 – DStrE 2007, 599 (Revisions-Az. BFH – VI R 8/07 -) (Zahlungen des Arbeitgebers an eine umlagefinanzierte Zusatzversorgungseinrichtung [konkret VBL] ist nicht lohnsteuerbar, da die Umlage keinen Arbeitslohn darstellt).
170 BFH v. 15.2.2006 – VI R 92/04 – BStBl II 2006, 528; BFH v. 14.9.2005 – VI R 148/98 – BStBl II 2006, 532; BFH v. 14.9.2005 – VI R 32/04 – BStBl II 2006, 500; BFH v. 20.7.2005 – VI R 165/01 – BFH/NV 2005, 1939; BFH v. 12.9.2001 – VI R 154/99 – BStBl II 2002, 22; BFH v. 30.5.2001 – VI R 159/99 – BStBl II 2001, 815; BFH v. 16.4.1999 – VI R 60/96 – BStBl II 2000, 406 m.w.N.; Niedersächsisches FG v. 11.1.2007 – 11 K 307/06 – DStrE 2007, 599 (Revisions-Az. BFH – VI R 8/07 -).
171 BFH v. 19.2.1993 – VI R 42/93 – BStBl II 1993, 519 (Reisegepäckversicherung).

4 Selbstständige

232 Alle Zahlungen, die dem ausschließlichen Nutzen des Arbeitnehmers dienen, gelten als Arbeitsentgelt.[172] Zu erstatten sind dem Arbeitgeber:

(1) Bruttolohn

233 Der Berechnung zugrunde zu legen ist der an den Arbeitnehmer unmittelbar fortgezahlte Bruttolohn[173] für einen Zeitraum von max. 6 Wochen einschließlich der vom Arbeitnehmer[174] selbst zu tragenden Anteile zur Sozialversicherung und der Steuern (Lohn- und Einkommensteuer, Kirchensteuer, Solidaritätszuschlag).

234 Bei Akkord ist derjenige Lohn weiter zu zahlen, den der Arbeitnehmer erzielt hätte, wäre er nicht krank geworden (Vergleich mit Mitgliedern im Gruppenakkord[175]) (vgl. § 4 I 3 EFZG).

235 Der zu ersetzende Schaden erfasst den gesamten Erwerbsausfall einschließlich eines vom konkreten Arbeitserfolg (Umsatz) unabhängigen Betrages, den der Arbeitgeber für die Dauer der Arbeitsunfähigkeit als Fixum zahlte.[176]

236 **Anmerkung:** Für Unfälle nach dem 1.10.1996 (§ 13 EFZG, Art. 13 des Wachstums- und BeschäftigungsförderungsG vom 25.9.1996) und vor dem 1.1.1999 hatte der Arbeitgeber nur in Höhe von 80 % des zugrunde zu legenden Arbeitsentgeltes fort zu leisten. Handelte es sich allerdings um einen diesem Arbeitsverhältnis zuzurechnenden Arbeitsunfall (nicht: Arbeitswegeunfall), so bestand der Fortzahlungsanspruch ungekürzt (§ 4 I 2 EFZG).

(2) Vermögenswirksame Leistungen

237 Vermögenswirksame Leistungen zur Vermögensbildung nach dem Vermögensbildungsgesetz sind als Teil der Vergütung dem fortzahlenden Arbeitgeber zu erstatten.[177]

(3) Überstunden

238 Zu Einzelheiten siehe Kap 5 B Überstunden. (Kap 5 Rn 28 ff.).

(4) Einmalige Jahreszuwendungen[178]

239 Auch nicht unmittelbar fällige Lohnbestandteile können übergehen. Als gezahlter Lohn gelten auch bestimmte Teilbeträge, die erst später ausgezahlt werden, wobei der Anspruch aber in der Zeit der Arbeitsunfähigkeit bereits begründet ist.

---

172 OLG Oldenburg v. 23.4.1975 – 8 U 227/74 – VersR 1975, 719; OLG Hamm v. 8.6.1994 – 32 U 166/90 – OLGR 1995, 271 = zfs 1996, 11 (Eine Vergütung, die nicht tatsächlich regelmäßig monatlich ausgezahlt wird, ist kein echtes Arbeitsentgelt [BFH v. 14.10.1981 – I R 34/80 – BB 1982, 291 = BFHE 134, 293 = BStBl II 1982, 119 = NJW 1982, 791]).
173 BGH v. 18.5.1965 – VI ZR 262/63 – VersR 1965, 786; BGH v. 27.4.1965 – VI ZR 124/64 – VersR 1965, 620; BGH v. 30.6.1964 – VI ZR 81/63 – BGHZ 42, 76 = VersR 1964, 1042; OLG München v. 10.2.1995 – 10 U 3162/94 – NJW-RR 1996, 736.
174 BFH v. 6.6.2002 – VI R 178/97 – DB 2002, 2515 (Arbeitgeberanteile zur gesetzlichen Sozialversicherung gehören nicht zum Arbeitslohn).
175 BAG v. 22.10.1980 – 5 AZR 438/78 – BB 1981, 1467 = VersR 1981, 366 (nur LS).
176 OLG Düsseldorf v. 26.6.1975 – 12 U 152/74 – VersR 1976, 297 (nur LS).
177 LG Mannheim v. 6.11.1973 – 2 O 350/72 – VersR 1974, 605.
178 Ein Anspruch auf einmalige Jahreszuwendungen kann sich auf „betrieblicher Übung" stützen mit der Folge, dass sich ein Arbeitgeber von dieser Leistungsverpflichtung (zum Grund, aber auch zur Höhe des Anspruches) nicht mehr ohne weiteres einseitig lösen kann. Siehe hierzu: BAG v. 26.3.1997 – 10 AZR 612/96 – NJW 1998, 475.

G. Lohnfortzahlung und Regress des Arbeitgebers

Im Einzelnen sind die auf die Zeit der Arbeitsunfähigkeit entfallenden **Anteile** zu erstatten vom: 240

(a) Urlaubsgeld[179]

Das Urlaubsgeld ist eine Vergütung, die aus besonderem Anlass neben den sonstigen Bezügen in Geld gewährt wird.[180] 241

(b) Weihnachtsgeld; 13., 14. Monatsgehalt

Diese Sonderleistungen[181] haben im Zweifel immer Lohncharakter und sind daher in die Ersatzberechnung mit einzubeziehen.[182] 242

(c) Gratifikationen

Gratifikation ist eine Vergütung, die aus besonderem Anlass zu den sonstigen Bezügen gewährt wird (Abschluss-, Jahres-, Treueprämie, Jubiläumsgabe, Heirats- und Geburtsbeihilfen, Erfolgsbeteiligung). 243

Die Kongruenz ist nur im Einzelfall gegeben, und zwar in Abhängigkeit von Sinn und Zweck der Leistung. Nur bei **regelmäßiger Gewährung** kann dabei ein Forderungsübergang überhaupt in Frage kommen. 244

Schadensersatzrechtlich nicht zu berücksichtigen ist beispielsweise eine einmalig im Jahr gezahlte Anwesenheitsprämie,[183] auch wenn diese arbeitsrechtlich geschuldet wird.[184] Gleiches gilt, wenn Prämien von der Leistung einer vom Arbeitgeber vorgegebenen Arbeitsgruppe abhängen. 245

(d) Berechnung

Die Berechnung der bei einmaligen Jahresleistungen zu erstattenden Beträge ist wie folgt vorzunehmen:[185] 246

---

179 BGH v. 7.5.1996 – VI ZR 102/95 – DAR 1996, 355 = NZV 1996, 355 = SP 1996, 311 = VersR 1996, 1117 = zfs 1996, 330; BGH v. 28.1.1986 – VI ZR 30/85 – BauR 1986, 475 = DAR 1986, 218 = DB 1986, 1015 = EWiR 1986, 477 (Anm. *Gagel*) = MDR 1986, 572 = NJW-RR 1986, 512 = r+s 1986, 207 (nur LS) = VersR 1986, 650 = zfs 1986, 267 (nur LS); BGH v. 4.7.1972 – VI ZR 114/71 – BGHZ 59, 109 = DAR 1973, 17 = MDR 1972, 940 = NJW 1972, 1703 = VersR 1972, 1057 = VRS 43, 243; OLG München v. 10.2.1995 – 10 U 3162/94 – NJW-RR 1996, 736.
180 Zum Thema: *Hohmeister* „Neue Rechtsprechung des BAG zum Urlaubsrecht – ein Überblick" BB 2004, 661.
181 BAG v. 7.8.2002 – 10 AZR 709/01 – BAGE 102, 151 = BB 2002, 2552 = DB 2002, 2384 = MDR 2003, 91 = NZA 2002, 1284 (Gewährt ein Arbeitgeber ohne Rechtspflicht und Rechtsbindung eine Weihnachtszuwendung als freiwillige Leistung, kann er in den Grenzen des § 4a EFZG solche Arbeitnehmer ausnehmen, die im Bezugszeitraum Fehlzeiten aufwiesen).
182 BGH v. 7.5.1996 – VI ZR 102/95 – DAR 1996, 355 = NZV 1996, 355 = SP 1996, 311 = VersR 1996, 1117 = zfs 1996, 330; BGH v. 29.2.1972 – VI ZR 192/70 – NJW 1972, 766 = VersR 1972, 566; OLG München v. 10.2.1995 – 10 U 3162/94 – NJW-RR 1996, 736.
183 BAG v. 9.11.1972 – 5 AZR 144/72 – BB 1973, 141 = DB 1973, 189.
184 Vgl. LAG Düsseldorf v. 29.6.2000 – 5 Sa 591/00 – BB 2000, 2316 (nur LS) (Sondervergütung i.S.v. § 4a EFZG ist auch eine quartalsweise gezahlte Anwesenheitsprämie).
185 BGH v. 7.5.1996 – VI ZR 102/95 – DAR 1996, 355 = NZV 1996, 355 = SP 1996, 311 = VersR 1996, 1117 = zfs 1996, 330.

$$\frac{\text{Jahresbetrag}^{186} * \text{Krankheits(kalender)tage}^{187}}{\text{365 Kalendertage} - \text{Urlaubstage}}$$

247 Bei Eintritt oder Ausscheiden im Laufe des Kalenderjahres ist anstelle des Divisors «365 – Urlaubstage» die Anzahl der Kalendertage einzusetzen, an denen das Arbeitsverhältnis bestanden hat, wenn der Arbeitgeber die einmaligen Leistungen auch nur anteilig für diesen Beschäftigungszeitraum zahlte.

(5) Urlaubsentgelt (= bezahlte Freizeit)[188]

248 Der Schädiger ist zum Ersatz des auf den Zeitraum der Arbeitsunfähigkeit anteilig entfallendes Teiles des Anspruches auf bezahlte Freizeit (Urlaubsentgelt) verpflichtet. Die Berechnung des zu erstattenden anteiligen Urlaubsentgeltes erfolgt in 2 Schritten:[189]

249 1. Schritt: Ermittlung des materiellen Wertes der bezahlten Freizeit

$$\frac{\text{Jahreseinkommen} * \text{Jahresurlaubstage}}{\text{Jahresarbeitstage}^{190}} = \text{Urlaubsentgelt (brutto)}$$

2. Schritt: Ermittlung des zu ersetzenden anteiligen Betrages

$$\text{Urlaubsentgelt (brutto)} * \frac{\text{Krankheits(kalender)tage}}{\text{365 Kalendertage} - \text{Urlaubstage}}$$

250 **§ 7 BUrlG – Zeitpunkt, Übertragbarkeit und Abgeltung des Urlaubs**

(3) ¹Der Urlaub muß im laufenden Kalenderjahr gewährt und genommen werden. ²Eine Übertragung des Urlaubs auf das nächste Kalenderjahr ist nur statthaft, wenn dringende betriebliche oder in der Person des Arbeitnehmers liegende Gründe dies rechtfertigen. ³Im Fall der Übertragung muß der Urlaub in den ersten drei Monaten des folgenden Kalenderjahrs gewährt und genommen werden. ⁴Auf Verlangen des Arbeitnehmers ist ein nach § 5 Absatz 1 Buchstabe a entstehender Teilurlaub jedoch auf das nächste Kalenderjahr zu übertragen.

(4) Kann der Urlaub wegen Beendigung des Arbeitsverhältnisses ganz oder teilweise nicht mehr gewährt werden, so ist er abzugelten.

251 Ist der Verletzte **ganzjährig arbeitsunfähig** und kann der Urlaub nicht mehr im Folgejahr genommen werden, stehen ferner arbeitsrechtliche Vorschriften der Barabgeltung des Ur-

---

[186] Jahresbetrag der jährlichen Sonderzuwendung (z.B. Urlaubsgeld, Weihnachtsgeld).
[187] Zeitraum der Arbeitsunfähigkeit in Kalendertagen (bei § 6 I EFZG, § 4 I LFZG: max. 42 Kalendertage).
[188] BGH v. 7.5.1996 – VI ZR 102/95 – DAR 1996, 355 = NZV 1996, 355 = SP 1996, 311 = VersR 1996, 1117 = zfs 1996, 330; BGH v. 13.5.1986 – VI ZR 80/85 – VersR 1986, 968, BGH v. 4.7.1972 – VI ZR 114/71 – BGHZ 59, 109 = DAR 1973, 17 = MDR 1972, 940 = NJW 1972, 1703 = VersR 1972, 1057 = VRS 43, 243; OLG Stuttgart v. 10.7.1987 – 2 U 307/88 – NJW-RR 1988, 151 = r+s 1988, 151 = zfs 1988, 107. Für Beamte ebenfalls: BGH v. 4.7.1972 – VI ZR 88/71 – BGHZ 59, 154 = DAR 1973, 18 = MDR 1972, 940 = NJW 1972, 1705 = VersR 1972, 1056 = VRS 43, 249.
[189] BGH v. 7.5.1996 – VI ZR 102/95 – DAR 1996, 355 = NZV 1996, 355 = SP 1996, 311 = VersR 1996, 1117 = zfs 1996, 330.
[190] Für Arbeitnehmer mit einer 5-Tage-Arbeitswoche gilt folgende Formel, wobei i.d.R. mit 225 – 230 Jahresarbeitstagen gerechnet werden kann: 365 Kalendertage abzüglich 52 Wochenenden (104 Tage) abzüglich nicht auf einen Samstag oder Sonntag fallende Feiertage (zumeist 6 Feiertage) abzüglich Urlaubstage. Galt für den Verletzten eine von der 5-Tage-Arbeitswoche abweichende Regelung, so ist eine diesen Umständen Rechnung tragende Korrektur vorzunehmen.

laubes (siehe § 7 III, IV BUrlG) entgegen,[191] so ist das Urlaubsentgelt nicht dem Schaden hinzuzurechnen. Es handelt sich dann nur um entgangene Freizeit, der eine finanzielle Transaktion nicht zugrunde liegt und die als Schadenposition grundsätzlich nicht zu ersetzen ist.

Freistellungstage (vgl. § 15a BAT) sind schadenrechtlich wie Urlaubstage zu behandeln.[192] 252

Nicht zu berücksichtigen ist der **Zusatzurlaub** für Schwerbehinderte.[193] Es handelt sich um eine soziale Leistung aufgrund des SGB IX (§ 125 SGB IX setzt § 44 SchwbG fort), die auch dann nicht zu Lasten des Ersatzverpflichteten zu berücksichtigen ist, wenn er die Schwerbehinderteneigenschaft durch den Unfall herbeigeführt hat. 253

(6) Gehaltszuschläge, Auslösen u.Ä.[194]

Ausgenommen von der Entgeltfortzahlung sind Auslösen, Schmutzzulagen, Nachtschichtzuschläge[195] und ähnliche Leistungen, soweit dadurch Aufwendungen abgegolten werden, die tatsächlich entstanden wären (§ 4 Ia EFZG).[196] 254

Zu zahlen (und vom Schädiger zu erstatten) sind Gefahrenzulagen sowie laufend gezahlte Sozialzulagen (z.B. Kinderzuschläge), laufend gezahlte Zuverlässigkeitsprämien und laufend gewährte Tantiemen. 255

Weiter gewährte geldwerte Vorteile und Sachleistungen[197] (z.B. der geldwerte Vorteil eines Dienstwagens) können ebenfalls zum Verdienst gehören. 256

Trinkgelder[198] werden von Dritten bezahlt und daher selbst dann nicht vom Forderungsübergang des § 6 EFZG erfasst, wenn der Arbeitgeber diese bei der Gehaltsbemessung berücksichtigte.[199] 257

(7) Arbeitgeberanteile zur Sozialversicherung

Zu erstatten sind dem Arbeitgeber seine in § 6 I EFZG enumerativ aufgeführten Anteile zur Sozialversicherung (AV, KV, PV und RV). 258

Zu beachten ist, dass der Arbeitgeberanteil in der knappschaftlichen Rentenversicherung gegenüber der gesetzlichen Rentenversicherung erhöht ist. 259

---

191 Siehe dazu: BAG v. 5.12.1995 – 9 AZR 871/94 – BB 1996, 1559 = MDR 1996, 717 = NZA 1996, 594; BAG v. 27.11.1995 – 9 AZR 455/94 – ZTR 1996, 28; BAG v. 9.8.1994 – 9 AZR 346/92 – BB 1995, 48 = NZA 1995, 230; BAG v. 3.5.1994 – 9 AZR 522/92 – BB 1994, 2281; BAG v. 8.2.1994 – 9 AZR 332/92 – BB 1994, 1218 = NZA 1994, 853 (Öffentlicher Dienst); BSG v. 9.2.1993 – 12 RK 26/90 – VersR 1994, 246. Der gesetzliche Anspruch auf Urlaubsabgeltung ist ebenso befristet wie der Anspruch auf Urlaub: BAG v. 5.12.1995 – 9 AZR 871/94 – BB 1996, 1559; BAG v. 17.1.1995 – 9 AZR 664/93 – BB 1995, 1485 = EzA § 7 BUrlG Nr. 98 = NZA 1995, 531.
192 BGH v. 7.5.1996 – VI ZR 102/95 – DAR 1996, 355 = NZV 1996, 355 = SP 1996, 311 = VersR 1996, 1117 = zfs 1996, 330.
193 BGH v. 29.10.1985 – VI ZR 56/84 – VersR 1986, 96; BGH v. 9.10.1979 – VI ZR 269/78 – JZ 1980, 103 = MDR 1980, 219 = r+s 1980, 39 = VersR 1980, 82 = zfs 1980, 83; OLG Düsseldorf v. 28.5.1984 – 1 U 202/83 – VersR 1985, 69 = zfs 1985, 76.
194 Siehe zu Nebeneinkünften Kap 5 Rn 38 ff.; ferner *Pardey* S. 201, Rn 968.
195 BAG v. 13.3.2002 – 5 AZR 648/00 – DB 2002, 1892.
196 Siehe zu Nebeneinkünften Kap 5 Rn 38 ff.
197 Dazu Kap 3 Rn 148 ff.
198 Dazu Kap 2 Rn 226 ff.
199 *Geigel-Pardey* Kap 9 Rn 29.

260 In der Krankenversicherung kann der Arbeitgeber die tatsächlich von ihm an die zuständige Krankenkasse abgeführten Beträge verlangen. Die Beitragssätze zur Krankenversicherung differieren bekanntlich stark.

261 Bei Geringverdienern trägt der Arbeitgeber auch die Arbeitnehmeranteile zur Sozialversicherung. Sein Regress erstreckt sich dann auf seine volle Beitragslast.

(8) Beiträge zur zusätzlichen Alters- und Hinterbliebenenversorgung

262 Erfasst werden u.a. die Beiträge zur Zusatzversorgungskasse des Bundes und der Länder, zur Höherversicherung in der gesetzlichen Rentenversicherung, zu betrieblichen Alters-, Invaliditäts- und Hinterbliebenenversorgungseinrichtungen,[200] privaten Pensionskassen[201] und zu den Sozialkassen im Baugewerbe.[202]

263 Nicht zu verwechseln ist diese nach § 6 EFZG ersatzfähige Position mit den Rückstellungen für Pensionsverpflichtungen.

bb. Rückstellung für Pensionsverpflichtung[203]

264 Die Rückstellung wird manchmal von Arbeitgebern mit den Beiträgen zur zusätzlichen Alters- und Hinterbliebenenversorgung verwechselt und dann als solcher Arbeitgeberbeitrag zur Versorgung ausgewiesen. Überprüfung ist daher geboten.

265 Bei einer im Rahmen der betrieblichen Altersversorgung gegebenen Versorgungszusage bilden nicht erst die nach Eintritt des Versorgungsfalles anfallenden Renten, sondern bereits diejenigen Aufwendungen einen Bestandteil der Arbeitsvergütung, die der Arbeitgeber während des laufenden Beschäftigungsverhältnisses tätigt, um die Ruhegehaltszusage im Versorgungsfall erfüllen zu können. Zu diesen Aufwendungen gehören auch die Rückstellungen, die zur Sicherung der Ruhegehaltsverbindlichkeit gebildet werden.[204]

266 Der Forderungsübergang auf den Arbeitgeber erfolgt nicht gesetzlich (§ 6 EFZG), vielmehr bedarf es der Abtretung durch den Arbeitnehmer.

cc. Nicht vom Forderungsübergang erfasste Abgabenlasten

267 Die Vorschrift des § 6 I EFZG erschöpft sich in einem Wechsel der Gläubigerstellung und verschafft dem (im übrigen nur mittelbar geschädigten) Arbeitgeber keine eigenen Ersatzansprüche. Aufwendungen, die in die wirtschaftliche Zuständigkeit des Arbeitgebers gehören, sind diesem nicht zu erstatten. Dem Schädiger werden keine über seine Verpflich-

---

[200] OLG München v. 11.7.1997 – 10 U 5296/96 – SP 1998, 208.
[201] OLG Nürnberg v. 25.11.1993 – 2 U 1737/93 – SP 1994, 312.
[202] Siehe zum Baugewerbe Kap 4 Rn 327 ff.
[203] BGH v. 7.7.1998 – VI ZR 241/97 – BB 1998, 2116 (nur LS) = DAR 1998, 388 (nur LS) = DB 1998, 2597 = LM BGB § 249 (A) Nr. 115 (Anm. Löwisch) = MDR 1998, 1288 = NJW 1998, 3276 = NZA-RR 1998, 457 = NZV 1998, 457 = r+s 1998, 506 = SP 1998, 387 = VerkMitt 1999, Nr. 10 = VersR 1998, 1253 = VRS 95, 323 (Revision zu OLG München v. 11.7.1997 – 10 U 5296/96 – SP 1998, 208). A.A.: (keine Erstattungsfähigkeit) OLG München v. 11.7.1997 – 10 U 5296/96 – SP 1998, 208 (Vorinstanz zu BGH v. 7.7.1998 – VI ZR 241/97 -); OLG Nürnberg v. 25.11.1993 – 2 U 1737/93 – SP 1994, 312.
[204] BGH v. 7.7.1998 – VI ZR 241/97 – BB 1998, 2116 (nur LS) = DAR 1998, 388 (nur LS) = DB 1998, 2597 = LM BGB § 249 (A) Nr. 115 (Anm. Löwisch) = MDR 1998, 1288 = NJW 1998, 3276 = NZA-RR 1998, 457 = NZV 1998, 457 = r+s 1998, 506 = SP 1998, 387 = VerkMitt 1999, Nr. 10 = VersR 1998, 1253 = VRS 95, 323.

G. Lohnfortzahlung und Regress des Arbeitgebers

tungen zum Ersatz des Verdienstausfalles des verletzten Arbeitnehmers hinausgehenden zusätzlichen Lasten auferlegt.[205]

Dem Arbeitgeber sind **nicht** seine **Abgabenlasten** zu erstatten, u.a.:   268

- Ausgaben für **Arbeitsschutz** und Arbeitssicherheit.   269
- **Arbeitsmedizinischer Dienst**   270
- **Behindertenausgleichsabgabe**.[206]   271
- **BG-Beitrag** des Arbeitgebers.[207]   272

  Beiträge des Arbeitgebers zur gesetzlichen Unfallversicherung sind nicht dem Erwerb des Arbeitnehmers zuzurechnen. Es handelt sich nicht um einen Arbeitgeberanteil zur Sozialversicherung, sondern um eine genossenschaftliche Umlage.   273

  Ebenso hat ein Arbeitgeber gegen den Schädiger keine Ersatzansprüche bei Fortfall von Beitragsnachlässen in der gesetzlichen Unfallversicherung.[208]   274

- Aufwendungen für berufliche Aus- und **Weiterbildung**,[209] Berufsbildungsumlage.   275
- Beiträge zur privaten **Unfallversicherung**.[210]   276
- **Haftpflichtversicherungsbeitrag**.[211]   277
- **Innungsbeitrag**.[212]   278
- **Kindergeld**.[213]   279
- Konkursausfallgeld.   280
- **Lohnsummensteuer**.[214]   281
- Rentenlast-Ausgleichsverfahren   282
- Sozialkosten.   283

  Hinter der Position „Sozialkosten" verbergen sich häufig undifferenziert einerseits (erstattungsfähige) Sozialversicherungsabgaben zur Arbeitslosen-, Kranken-, Pflege- und Rentenversicherung, andererseits (nicht erstattungsfähige) Abgaben an die Berufsge-   284

---

205 BGH v. 11.11.1975 – VI ZR 128/74 – NJW 1976, 326 = VersR 1976, 340.
206 OLG Oldenburg v. 26.1.1984 – 1 U 183/83 – zfs 1984, 202.
207 BGH v. 28.1.1986 – VI ZR 30/85 – BauR 1986, 475 = DAR 1986, 218 = DB 1986, 1015 = EWiR 1986, 477 (Anm. *Gagel*) = MDR 1986, 572 = NJW-RR 1986, 512 = r+s 1986, 207 (nur LS) = VersR 1986, 650 = zfs 1986, 267 (nur LS); BGH v. 13.7.1976 – VI ZR 230/75 – VersR 1976, 1158; BGH v. 11.11.1975 – VI ZR 128/74 – NJW 1976, 326 = VersR 1976, 340; OLG Köln v. 6.3.2007 – 3 U 188/06 – SP 2007, 427; AG Bretten v. 17.10.1974 – C 118/74 – VersR 1975, 867.
208 LG Oldenburg v. 10.12.1990 – 7 O 2853/90 – zfs 1991, 190; AG München v. 28.12.1989 – 284 C 37147/89 – zfs 1990, 79.
209 LG Karlsruhe v. 21.1.1983 – 10 S 58/82 – VersR 1983, 1065 = zfs 1984, 11 (nur LS).
210 OLG Nürnberg v. 13.5.1975 – 7 U 277/74 – VersR 1976, 598 (Beiträge zur privaten Unfallversicherung sind auch nicht anteilig ersatzfähig).
211 AG Büdingen v. 24.9.1997 – 20 C 712/97 -.
212 AG Büdingen v. 24.9.1997 – 20 C 712/97 -.
213 Der Arbeitgeber zahlte bis zum 31.12.1998 das Kindergeld lediglich monatlich aus (§ 73 EStG 1996, § 11 BKGG 1996). Es handelte sich um eine durchlaufende Rechnungsposition – allerdings mit steuerrechtlicher Relevanz (§ 32 EStG) -, keinesfalls aber um einen Lohnbestandteil.
214 BGH v. 16.11.1965 – VI ZR 197/64 – VersR 1966, 89; OLG Koblenz v. 30.9.1974 – 12 U 224/73 – VersR 1975, 1056; LG Münster v. 18.12.1975 – 3 O 465/74 – VersR 1976, 599 (nur LS).

nossenschaft und wirtschaftliche Belastungen des Arbeitgebers. Ohne Konkretisierung des hinter einer eingeforderten Position „Sozialkosten" konkret zu verstehenden Aufwandes ist diese Forderung mangels Substantiierung noch nicht fällig; der Arbeitgeber muss sie detailliert darlegen.

285 ▪ **Umlage**beiträge gemäß § 14 **LFZG**,[215] **MuSchG** bzw. § 7 **AAG**.
286 Der Arbeitgeber kann die Umlageaufwendungen (bis 31.12.2005 LFZG und MuSchG, ab 1.1.2006 U1- und U2-Verfahren nach AAG) nicht im Wege des EFZG-Regresses geltend machen.

287 ▪ **Umlage** an **Zusatzversorgungseinrichtungen**.[216]

288 ▪ **Umlage** für das **Insolvenzgeld** (§§ 358 ff. SGB III).

289 ▪ **Zusatzurlaub** für Schwerbehinderte (§ 125 SGB IX setzt § 44 SchwbG fort).[217]

290 ▪ **Versorgungslasten**.
291 Allgemeine das Unternehmen treffende Versorgungslasten (z.B. Firmenpensionszusage, Nachversicherungspflicht) sind nicht zu erstatten.

292 ▪ **Verzugszinsen**.
293 Der Arbeitgeber, der verzögert seinem Arbeitnehmer das Gehalt nicht auszahlt, hat diesem Verzugszinsen auf den Bruttolohn[218] zu erstatten. Es handelt sich um ein ausschließlich arbeitsvertragliches Versäumnis.

dd. Eigene Vermögenseinbußen

294 Der Arbeitgeber hat wegen eigener Vermögenseinbußen als mittelbar Geschädigter keinen eigenen (originären) Schadensersatzanspruch. Es sind ihm daher nicht zu ersetzen:

295 ▪ **Kosten-, Auslagen- oder Verwaltungskostenpauschale**.
296 Es handelt sich hierbei um eigene Vermögenseinbußen des Arbeitgebers.[219] Der Aufwand zur Durchsetzung seiner Ansprüche (außerhalb der Voraussetzungen des Verzuges) ist dem Arbeitgeber (als nicht unmittelbar Verletztem) nicht zu ersetzen.

297 ▪ **Gemeinkostenzuschlag**.
298 Kalkulatorische oder lohngebundene Kosten, die ein Unternehmer bei seiner Gewinnkalkulation und Auftragsannahme im Wirtschaftsleben einzubeziehen hat, sind, fällt der Arbeitnehmer aus, nur ein mittelbarer und damit nicht zu ersetzender Schaden des Arbeitgebers als Unternehmer (Realisierung des Unternehmerrisikos).
299 Lohngebundene oder kalkulatorisch gebundene Kosten werden nicht selten prozentual dem Bruttolohn hinzugeschlagen. Ohne nähere Aufschlüsselung können diese Aufschläge nicht akzeptiert werden, da sie regelmäßig nur den (wirtschaftlichen) mittelbaren Schaden des Arbeitgebers betreffen.

300 ▪ Allgemeine **Geschäftsunkosten**.[220]

---

215 OLG Stuttgart v. 27.10.1977 – 10 U 78/74 -.
216 Niedersächsisches FG v. 11.1.2007 – 11 K 307/06 – DStrE 2007, 599 (Revisions-Az. BFH – VI R 8/07 -) (Zahlungen des Arbeitgebers an eine umlagefinanzierte Zusatzversorgungseinrichtung [konkret VBL] ist nicht lohnsteuerbar, da die Umlage keinen Arbeitslohn darstellt).
217 BGH v. 29.10.1985 – VI ZR 56/84 – VersR 1986, 96; BGH v. 9.10.1979 – VI ZR 269/78 – JZ 1980, 103 = MDR 1980, 219 = r+s 1980, 39 = VersR 1980, 82 = zfs 1980, 83; OLG Düsseldorf v. 28.5.1984 – 1 U 202/83 – VersR 1985, 69 = zfs 1985, 76.
218 BAG v. 7.3.2001 – GS 1/00 – BAGE 97, 150 = BB 2001, 2270 = DB 2001, 2196 = MDR 2001, 1360 = NJW 2001, 3570 = NZA 2001, 1195.
219 AG Dieburg v. 1.4.2003 – 20 C 252/02 – SP 2004, 265.

G. Lohnfortzahlung und Regress des Arbeitgebers 4

- **Umsatzausfall** und **Gewinneinbuße**. 301
  Umsatzeinbußen (z.B. aufgrund des Ausfalles eines besonders qualifizierten, manchmal nur schwer oder gar nicht ersetzbaren Spezialisten[221])sind nicht zu ersetzen.[222] 302

- **Vertragsstrafen** und **Gewährleistungsansprüche** 303
  im Zusammenhang mit dem Ausfall des verletzten Mitarbeiters.

- **Ersatzkraft**. 304
  Die Erstattung der Kosten für eine während der Zeit der Arbeitsunfähigkeit des Verletzten eingestellte Ersatzkraft kann ein Arbeitgeber nicht verlangen.[223] 305
  Kosten betrieblicher **Umorganisation**.[224] 306

- **Überstunden** der Kollegen. 307
  Die Erstattung der Kosten für Überstunden der Kollegen, um den Arbeitsausfall des verletzten Arbeitnehmers aufzufangen, kann ein Arbeitgeber nicht verlangen.[225] 308

- Lohnfortzahlung bei nur **teilweisem Ausfall** der Arbeitsleistung. 309
  Wird Lohn für nur teilweisen Ausfall der Arbeitsleistung wegen Feststellung und Abwicklung des Schadens fortgezahlt, besteht kein Regressanspruch des Arbeitgebers. Hier hat auch der unmittelbar Geschädigte nur in Ausnahmefällen einen Ersatz auf Abgeltung seiner zeitlichen Aufwendungen.[226] 310
  Gleiches gilt, wenn der Verletzte unfallbedingt während der Arbeitszeit zum Arzt muss.[227] 311

- **Tarifvertragliche Leistungen** an **Hinterbliebene**.[228] 312
  Nicht zu ersetzen ist ein aufgrund tarifvertraglicher Bestimmung an den Arbeitnehmer gezahltes Bruttomonatsgehalt seiner bei dem Verkehrsunfall getöteten und beim gleichen Arbeitgeber beschäftigten Ehefrau.[229] 313

- **Tarifvertragliche Zuschläge** zum Krankengeld. 314
  Ein Forderungsübergang im Wege der Abtretung ist möglich, aber auch erforderlich. 315

---

220 LG Duisburg v. 11.4.1972 – 1 O 377/71 – r+s 1975, 95.
221 LG Hamburg v. 9.11.1989 – 6 O 174/89 – r+s 1991, 198 (BGH hat Sprungrevision des Arbeitgebers zurückgewiesen, Beschl. v. 19.6.1990 – VI ZR 346/89 -). *Lemcke* r+s 1999, 376 (zu 3.).
222 OLG Stuttgart v. 21.12.1983 – 1 U 114/83 – NJW 1984, 1904 = zfs 1984, 290; LG Duisburg v. 11.4.1972 – 1 O 377/71 – r+s 1975, 95; LG Hamburg v. 9.11.1989 – 6 O 174/89 – r+s 1991, 158 (BGH hat Sprungrevision des Arbeitgebers zurückgewiesen, Beschl. v. 19.6.1990 – VI ZR 346/89 -); LG Wiesbaden v. 27.7.1971 – 1 S 18/71 – VersR 1972, 989; LG Zweibrücken v. 9.6.1980 – 1 O 1/80 – VersR 1981, 990 = zfs 1981, 360; AG Frankfurt v. 29.2.1980 – 32 C 12730/79 – zfs 1980, 163 (Verzögerung durch Unfallaufnahme und daraus folgender Schaden des Arbeitgebers). Siehe BGH v. 15.5.1979 – VI ZR 187/78 – DB 1979, 2225 = MDR 1980, 46 = NJW 1979, 2244 = r+s 1979, 262 = VersR 1979, 936 (Inhaber eines Taxiunternehmens kann, wenn bei einem Unfall nicht nur das Taxi beschädigt, sondern auch der Fahrer verletzt wurde, vom Schädiger keinen Ausgleich für die Arbeitsunfähigkeit des Fahrers fordern). Siehe auch *Lemcke* r+s 1999, 376 (zu 3.).
223 BGH v. 14.10.2008 – VI ZR 36/08 –; AG Burgdorf v. 3.3.1987 – 3 C 937/86 – r+s 1987, 284; AG Düsseldorf v. 3.4.2003 – 32 C 19870/02 – SP 2004, 48.
224 *Geigel-Pardey* Kap 9 Rn 31.
225 AG Bad Schwalbach v. 27.5.1982 – 2 C 93/82 – zfs 1982, 322.
226 Siehe auch Kap 4 Rn 344.
227 Siehe hierzu auch BGH v. 13.10.1970 – VI ZR 31/69 – MDR 1971, 40 = NJW 1971, 240 = VersR 1971, 127 (Kein Ersatzanspruch, wenn die ambulante Behandlung eines Beamten während der Dienstzeit stattfindet und er nur kurzfristig zum Zwecke der Behandlung seinen Dienst unterbricht); LG Aachen v. 10.10.1985 – 2 O 260/85 – zfs 1986, 34. Siehe ergänzend Kap 2 Rn 120 ff.
228 LG Bielefeld v. 23.3.1979 – 6 O 18/79 – MDR 1980, 145 = VersR 1980, 541, LG Limburg v. 11.3.1981 – 2 O 482/80 – VersR 1982, 254 = zfs 1982, 138.
229 OLG Nürnberg v. 13.5.1975 – 7 U 277/74 – VersR 1976, 598.

316 ▪ **Abfindung** anlässlich der Auflösung des Arbeitsverhältnisses oder anlässlich eines Kündigungsschutzprozesses.[230]

ee. Schadenabwicklung und -begleitung

317 Dem Arbeitgeber eines verletzten Arbeitnehmers steht mangels Forderungsübergang kein Anspruch auf Erstattung derjenigen Kosten zu, die ihm bei der Abwicklung der Leistung an den Verletzten, für die Ermittlung des Schädigers sowie die **Abwicklung des Regresses** entstehen. Der Arbeitgeber erhält keinen Ersatz für:

318 ▪ **Krankenbesuche** von Mitarbeitern des Verletzten.[231]

319 ▪ Kosten der **Ermittlung** des Schädigers / Verantwortlichen (z.B. Beweiserhebungskosten[232]).

320 ▪ Kosten der **Abwicklung** des Schadensersatzanspruches (z.B. Telefon- und Portospesen, Zeitaufwand,[233] Auslagen-/Kostenpauschale[234]).[235]

321 ▪ **Rechtsanwaltskosten** außerhalb des Verzugschadens.[236]

322 ▪ **Verwaltungskosten**.

323 Aufwendungen für amtsärztliche Bescheinigungen, Kosten der Arbeitsunfähigkeitsbescheinigungen, Arztberichte,[237] Dolmetscherkosten,[238] Gutachten[239] und in diesem Zusammenhang anfallende ärztliche Untersuchungen,[240] Übersetzungen sind keine übergangsfähigen Schadenpositionen, sondern sind als mittelbare Vermögenseinbuße des Drittleistungsverpflichteten nicht auszugleichen.

324 ▪ **Mehrwertsteuer** auf den geltend gemachten Regressanspruch.

325 Der Regress der Gehaltsfortzahlung ist bereits kein umsatzsteuerrechtliches Geschäft.

ff. Verzug

(1) Verzugschaden

326 Nur soweit sich der Aufwand des Arbeitgebers als Verzugschaden (§§ 286 I, 280 I 1, II BGB) darstellt, kann eine daraus resultierende Ersatzpflicht des Schadensersatzschuldners in Betracht kommen. Diese Verantwortlichkeit resultiert dann aber nicht aus dem Unfallereignis selbst als vom unmittelbar Verletzten abgeleiteter Anspruch, sondern es handelt

---

230 *Geigel-Pardey* Kap 9 Rn 29. Siehe Kap 3 Rn 262.
231 LG Duisburg v. 11.4.1972 – 1 O 377/71 – r+s 1975, 95.
232 OLG Karlsruhe v. 25.7.1989 – 11 W 76/89 – VersR 1989, 1315 = zfs 1990, 55 (nur LS).
233 OLG Köln v. 6.3.2007 – 3 U 188/06 – SP 2007, 427.
234 AG Dieburg v. 1.4.2003 – 20 C 252/02 – SP 2004, 265.
235 BGH v. 9.3.1976 – VI ZR 98/75 – VersR 1976, 857, 615 (Einsatz von besonderem Personal für Abwicklung von Schadenfällen).
236 Kap 4 Rn 322 ff.
237 AG München v. 29.10.1987 – 292 C 3083/87 – VersR 1988, 918 = zfs 1988, 9.
238 Siehe auch BSG v. 10.5.1995 – 1 RK 20/94 – MDR 1995, 1045 = NJW 1996, 806 = VersR 1996, 257 (nur LS) = WI 1996, 44 (Keine Hinzuziehung eines Dolmetschers [konkret: Gebärdendolmetscher] zur Behandlung auf Kosten der gesetzlichen Krankenversicherung).
239 LG Stuttgart v. 17.8.1994 – 13 S 103/94 – SP 1995, 11.
240 Die Kosten des vom Unfallversicherungsträger eingeschalteten Durchgangsarztes sind nur soweit zu übernehmen, wie sie als „echte Heilbehandlungsmaßnahme" angefallen sind.
  Gleiches gilt für die Kosten einer amtsärztlichen Untersuchung: Diese ist allerdings in aller Regel schon keine Heilbehandlungsmaßnahme.

sich um einen unmittelbaren Schaden des Fordernden, dem gegenüber der Schadensersatzschuldner vorwerfbar verzögert leistet.

(2) Außergerichtliche Rechtsverfolgungskosten außerhalb des Verzuges[241]

Bedient sich der Arbeitgeber bei der Verfolgung seines Regressanspruches anwaltlicher Hilfe, sind ihm die dadurch entstehenden Kosten nur dann zu erstatten, wenn die Voraussetzungen des Verzuges (insbesondere Einschaltung des Anwaltes erst nach vorheriger Mahnung durch den Arbeitgeber selbst) erfüllt und die Kosten zudem Verzugsfolge[242] sind.[243]

327

Nach dem EFZG gehen nur bestimmte, in § 6 I EFZG **enumerativ** aufgezählte Aufwendungen auf den Arbeitgeber über. Die Kosten eines Rechtsanwaltes, den der Arbeitgeber zur Geltendmachung seiner Ansprüche einschaltet, gehören nicht dazu.

328

Ebenso wenig lässt sich der Anspruch auf §§ 401, 412 BGB stützen. Es gehört zu den Grundprinzipien des Schadensersatzrechtes, dass Rechtsverfolgungskosten – zu denen auch die Rechtsanwaltskosten gehören – nur dann vom Anspruchsgegner zu ersetzen sind, wenn er sich im Verzug befand. Dieser Grundsatz wurde von der Rechtsprechung ausschließlich zugunsten des unmittelbar Geschädigten durchbrochen. Dabei hat die Rechtsprechung gleichzeitig klargestellt, dass diese Durchbrechung des Grundsatzes als **höchstpersönliches Recht** des unmittelbar Geschädigten ausgestaltet ist.[244] Diese Berechtigung des unmittelbar Geschädigten auf sofortige Anwaltseinschaltung ist eine Rechtsposition, die einen Schadensersatzanspruch nur dann und in demjenigen Umfang auslöst, als der Geschädigte selbst einen Anwalt zu Rate zieht. Nach den §§ 398 ff. BGB können ausschließlich Ansprüche, nicht aber Rechtspositionen übertragen werden.[245] Die Rechtsposition des Geschädigten ist höchstpersönlich und daher wegen § 399 BGB nicht durch Zession übertragbar. Die Berufung auf § 401 BGB geht aus einem weiteren Grund fehl: Die Verpflichtung des Schädigers, als adäquaten Schaden des unmittelbaren Ge-

329

---

241 Ergänzend *Jahnke* in Anwalts-Handbuch Verkehrsrecht Teil 5 Rn 18 ff.
242 LG Koblenz v. 28.6.1977 – 6 S 435/76 – r+s 1978, 19 = VersR 1977, 1060; AG Dortmund v. 11.10.1999 – 132 C 6509/99 – AnwBl 2000, 320.
243 LG Arnsberg v. 22.1.1990 – 5 S 284/89 – zfs 1990, 224; LG Hanau v. 26.7.1977 – 2 S 149/77 – r+s 1978, 116 = VersR 1978, 381; LG Koblenz v. 28.6.1977 – 6 S 435/76 – r+s 1978, 19 = VersR 1977, 1060; LG Mosbach v. 19.10.1982 – S 94/82 – VersR 1983, 571 = zfs 1983, 238; LG Münster v. 11.9.1986 – 8 S 30/86 -; AG Borken v. 15.4.1983 – 3 C 119/83 -; AG Bretten v. 17.10.1974 – C 118/74 – VersR 1975, 867; AG Burgsteinfurt v. 30.5.72 – 3 C 308/72 -; AG Dortmund v. 11.10.1999 – 132 C 6509/99 – AnwBl 2000, 320; AG Gummersbach v. 10.12.1986 – 2 C 161/86 – zfs 1988, 106; AG Krefeld v. 2.7.1986 – 7 C 476/86 – zfs 1986, 269; AG Lüdinghausen v. 20.12.1985 – 4 C 1080/85 -; AG Mannheim v. 2.3.1984 – 4 C 378/83 – zfs 1984, 301; AG München v. 28.12.1972 – 7 C 1764/72 – VersR 1974, 1012; AG Nordhorn v. 15.6.1987 – 3 C 576/87 – zfs 1988, 135; AG Saarlouis v. 1.2.1973 – 4 C 296/72 – VersR 1974, 72; AG Wiesbaden v. 4.2.1993 – 99 C 1704/92 – VersR 1994, 948, 1314 (nur LS) = zfs 1993, 316; AG Wiesbaden v. 11.12.1969 – 96 C 980/69 – VersR 1971, 164. Ebenso für Sozialversicherungsträger: BGH v. 13.11.1961 – III ZR 114/60 – MDR 1962, 35 = NJW 1962, 202 = VersR 1961, 1141= VRS 22, 23. Siehe auch BSG v. 5.10.1995 – 2 RU 4/95 – Breith 1996, 299 = NJW 1996, 1693 = WI 1996, 136 (Erstattung von Anwaltskosten seitens des gesetzlichen Unfallversicherungsträgers bei Verzug). Zu Einzelheiten siehe *Jahnke* VersR 1991, 264 (272 f.), *ders.* NZV 1996, 169 (177 f. zu C.III.4.a), *Schmalzl* VersR 1994, 1314 (Anm. zu AG Wiesbaden v. 4.2.1993 – 99 C 1704/92 – VersR 1994, 948 = zfs 1993, 316). **A.A.**: AG Frankfurt v. 8.10.1999 – 301 C 7114/99 – ags 2000, 27.
244 BGH v. 13.11.1961 – III ZR 114/60 – VersR 1961, 1141 = NJW 1962, 202 = MDR 1962, 35 = VRS 22, 23; LG Mosbach v. 19.10.1982 – S 94/82 – VersR 1983, 571 = zfs 1983, 238; AG Borken v. 15.4.1983 – 3 C 119/83 -; AG Castrop-Rauxel v. 15.2.1985 – 4 C 7/85 -; AG Köln v. 11.4.1980 – 267 C 17/80 – VersR 1980, 588.
245 AG Wiesbaden v. 11.12.1969 – 96 C 980/69 – VersR 1971, 164.

schädigten dessen Rechtsanwaltskosten zu tragen, stellt kein diesen Rechten des § 401 BGB vergleichbares Sicherungs- oder Vorzugsrecht dar. Bereits seinem Wortlaut nach passt § 401 BGB nicht.

330 Auch die **Drittschadensliquidation**, die manchmal als Anspruchsgrundlage ins Feld geführt wird, gibt dem Arbeitgeber keinen Anspruch. Diese Rechtsfigur ist von der Rechtsprechung nur für ganz bestimmte, fest umrissene Fallkonstellationen entwickelt worden, wobei gleichzeitig einer Ausweitung dieser Rechtsfigur auf andere als die anerkannten Fälle entgegengetreten wird.[246] Ein von der Rechtsprechung anerkannter Fall der Drittschadensliquidation liegt nicht vor. Zudem sei hervorgehoben, dass der Arbeitgeber nicht schutzlos ist: Die Vorschriften des Verzuges bieten ihm ausreichende Möglichkeiten.

(3) Mehrwertsteuer

331 Soweit der Arbeitgeber Anspruch auf Ersatz der Rechtsverfolgungskosten hat, ist auch darauf zu achten, dass ein Anspruch auf Erstattung der Mehrwertsteuer dann nicht besteht, wenn der Arbeitgeber zum Vorsteuerabzug berechtigt ist. Der Anspruch auf Ersatz des Verzugsschadens ist nämlich ein eigener und nicht abgeleiteter Anspruch des Arbeitgebers, was häufig in den Kostennoten der Anwälte übersehen wird.

c. Besonderheiten für das Baugewerbe[247]

aa. Erstattungsfähige Positionen

332 Zu erstatten sind dem Arbeitgeber:

(1) Beiträge zur Alters- und Zusatzkasse

333 Beiträge zur Alters- und Zusatzkasse des Baugewerbes[248] einschließlich der Beiträge zur Kapitallebensversicherung für Arbeitnehmer[249] sind zu ersetzen.

(2) Beiträge zur Urlaubskasse[250]

334 Der Arbeitgeber zahlt keinen Urlaubslohn, sondern leistet dafür Beiträge an die Urlaubskasse, die an den Arbeitnehmer den Urlaubslohn auszahlt.

---

246 OLG Köln v. 6.3.2007 – 3 U 188/06 – SP 2007, 427.
Erman-Kuckuk vor §§ 249-253 Rn 139 ff.; *Palandt-Heinrichs* Vorbemerkung vor § 249 Anm. 6 (Rn 108 ff.).
247 Siehe dazu die Rechtsprechungsübersicht in zfs 1984, 11 f.; ferner *Platzer* „Der Umfang des Forderungsübergangs bei Dritthaftung im Baugewerbe" BB 1993, 1212.
248 BGH v. 28.1.1986 – VI ZR 30/85 – BauR 1986, 475 = DAR 1986, 218 = DB 1986, 1015 = EWiR 1986, 477 (Anm. *Gagel*) = MDR 1986, 572 = NJW-RR 1986, 512 = r+s 1986, 207 (nur LS) = VersR 1986, 650 = zfs 1986, 267 (nur LS); OLG Oldenburg v. 26.1.1984 – 1 U 183/83 – zfs 1984, 202; OLG Oldenburg v. 23.4.1975 – 8 U 227/74 – r+s 1975, 213 = VersR 1975, 719.
249 BGH v. 28.1.1986 – VI ZR 30/85 – BauR 1986, 475 = DAR 1986, 218 = DB 1986, 1015 = EWiR 1986, 477 (Anm. *Gagel*) = MDR 1986, 572 = NJW-RR 1986, 512 = r+s 1986, 207 (nur LS) = VersR 1986, 650 = zfs 1986, 267 (nur LS).
250 BGH v. 28.1.1986 – VI ZR 30/85 – BauR 1986, 475 = DAR 1986, 218 = DB 1986, 1015 = EWiR 1986, 477 (Anm. *Gagel*) = MDR 1986, 572 = NJW-RR 1986, 512 = r+s 1986, 207 (nur LS) = VersR 1986, 650 = zfs 1986, 267 (nur LS).

(3) Beiträge zur Lohnausgleichskasse[251]

Aus der Lohnausgleichskasse erfolgt der Lohnausgleich in der Winterperiode (arbeitsfreie Zeit zwischen Weihnachten und Neujahr). 335

Die Zusatzversorgungskasse (ZVK) ist zum einen eine Einrichtung der zusätzlichen Alters- und Hinterbliebenenversorgung i.S.d. § 6 I EFZG, § 4 I LFZG zum anderen gleichzeitig Einzugsstelle für die Lohnausgleichs- und Urlaubskasse. Bei der Arbeitgeberabrechnung ist daher darauf zu achten, dass die „Beiträge zur ZVK" nicht doppelt geltend gemacht werden. 336

bb. Nicht erstattungsfähige Positionen

Nicht zu erstatten sind dem Arbeitgeber: 337

(1) Winterbauumlage[252]

Die Winterbauumlage wird durch eine Umlage von den Arbeitgebern nach § 354 SGB III (früher § 186a AFG) erhoben. 338

(2) Beiträge des Arbeitgebers zum Schlechtwettergeld („SWG-Beiträge")

Das Schlechtwettergeld wird vom Arbeitsamt gezahlt (§§ 209 ff. SGB III[253] [früher §§ 83 ff. AFG a.F.]), der Arbeitgeber hat aber die Beiträge zur Kranken- und Rentenversicherung allein zu zahlen (§ 168 I Nr. 1a SGB VI [früher §§ 163, 166 AFG a.F.]) (sog. „Beiträge für SWG"). 339

Diese Beiträge sind kein Lohnbestandteil, sondern als kalkulatorische Position dem Arbeitgeber nicht zu ersetzen. 340

(3) Beiträge des Arbeitgebers zum Wintergeld und Winterausfallgeld

Wintergeld (§§ 209 I Nr. 1, 212 f. SGB III, früher § 77 AFG) und Winterausfallgeld (§§ 209 I Nr. 2, 214 f. SGB III, früher § 81 AFG) werden seit 1996 vom Arbeitsamt gezahlt. 341

Soweit der Arbeitgeber überhaupt noch Beiträge zur Kranken-, Pflege- und Rentenversicherung allein zu zahlen hat (siehe Erstattungsanspruch nach § 214a SGB III), ist festzuhalten dass diese Beiträge kein Lohnbestandteil des Arbeitnehmers sind; Beiträge sind als kalkulatorische Position dem Arbeitgeber nicht zu ersetzen. 342

III. Vorteilsausgleich[254]

Während der **Zeit der Arbeitsunfähigkeit** erspart der Arbeitnehmer berufliche Aufwendungen, während der **Zeit der stationären Behandlung** darüber hinaus Aufwendungen 343

---

251 BGH v. 28.1.1986 – VI ZR 30/85 – BauR 1986, 475 = DAR 1986, 218 = DB 1986, 1015 = EWiR 1986, 477 (Anm. *Gagel*) = MDR 1986, 572 = NJW-RR 1986, 512 = r+s 1986, 207 (nur LS) = VersR 1986, 650 = zfs 1986, 267 (nur LS).
252 BGH v. 28.1.1986 – VI ZR 30/85 – BauR 1986, 475 = DAR 1986, 218 = DB 1986, 1015 = EWiR 1986, 477 (Anm. *Gagel*) = MDR 1986, 572 = NJW-RR 1986, 512 = r+s 1986, 207 (nur LS) = VersR 1986, 650 = zfs 1986, 267 (nur LS).
253 Erstattungsanspruch nach § 214a SGB III gegen die Bundesagentur für Arbeit.
254 Dazu im Detail Kap 8 Rn 1 ff.

insbesondere für Verpflegung. Die Eigenersparnis des Arbeitnehmers ist bei seinem Arbeitgeber abzusetzen.[255]

IV. Über das EFZG hinausgehende Leistungen

1. Vertragliche Aufstockung der EFZG-Leistungen während des 6-Wochen-Zeitraumes

344 Der Umfang des Anspruchsüberganges wird von § 6 EFZG auf dasjenige begrenzt, was aufgrund des EFZG gezahlt worden ist.[256] Erbringt der Arbeitgeber während des 6-Wochen-Zeitraumes des EFZG über das EFZG hinausgehende Leistungen (insbesondere pauschal berechnete fiktive Überstundenbezahlung während der Zeit der Arbeitsunfähigkeit), kann sich ein Regressanspruch des Arbeitgebers wegen dieser übergesetzlichen Leistungen ausschließlich auf eine **Abtretung** stützen, nicht aber auf § 6 EFZG.

2. Leistungen nach Ablauf des 6-Wochenzeitraumes

345 Etliche Arbeitnehmer erhalten (insbesondere im tarifvertraglich, aber auch individuell einzelvertraglich vereinbarten Geltungsbereich des BAT oder TVöD) über den 6-Wochen-Zeitraum des EFZG hinaus das Krankengeld aufstockende Leistungen.

346 Der Forderungsübergang des EFZG greift hier nicht, die **Abtretung** zugunsten des Arbeitgebers ist erforderlich.[257]

3. Leistungen außerhalb der Entgeltfortzahlung

347 Manche Arbeitgeber gewähren bei Krankheit ihren Beschäftigten zusätzliche Leistungen (z.B. Beihilfen zu Heilbehandlungskosten oder Hilfsmittel), die nicht als Entgeltzahlung zu werten sind.

348 Soweit Beihilfeleistungen erbracht werden, besteht Kongruenz zu den Heilbehandlungskosten bzw. den vermehrten Bedürfnissen. Es ist allerdings in diesen Fällen eine Abtretung der Ersatzansprüche an den Arbeitgeber notwendig. Ob der Arbeitnehmer zu einer Abtretung verpflichtet ist, ist arbeitsrechtlich – auch unter Beachtung der Vorgaben des Quotenvorrechtes – zu beurteilen.[258]

---

255 BGH v. 3.4.1984 – VI ZR 253/82 – BG 1984, 720 = MDR 1984, 1017 = NJW 1984, 2628 = r+s 1984, 194 = VersR 1984, 583 = zfs 1984, 175; OLG Hamm v. 23.11.1999 – 27 U 93/99 – DAR 2000, 218 (nur LS) = NJW-RR 2001, 456 = NZA-RR 2000, 298 = NZV 2000, 369. Ergänzend Kap 8 Rn 6 f.
256 OLG Köln v. 6.3.2007 – 3 U 188/06 – SP 2007, 427.
257 OLG Köln v. 23.7.1988 – 24 U 30/86 – zfs 1988, 208 (Zahlt der Arbeitgeber Lohn über den 6-Wochen-Zeitraum des EFZG hinaus, so kann er nach Abtretung Ersatz des Bruttolohnes [einschließlich der Jahressonderleistungen wie Weihnachtsgeld u.Ä.] zuzüglich Arbeitgebersozialversicherungsanteile verlangen).
258 Siehe im Fall der Tötung ergänzend sowie *Jahnke* „Unfalltod und Schadenersatz" Kap 6 Rn 629 ff.

V. Besonderheiten

Wird der Verletzte trotz der bleibenden körperlichen Behinderungen von seinem Arbeitgeber in der bisherigen Stellung unter (auch finanziell) unveränderten Bedingungen weiter beschäftigt, entsteht i.d.R. kein ersatzpflichtiger Erwerbsschaden.[259]

VI. Leistungsbeschränkungen

1. Grobe Fahrlässigkeit

Grob fahrlässige Herbeiführung der Arbeitsunfähigkeit seitens des Arbeitnehmers (z.B. Alkohol, Fahren ohne Sicherheitsgurt[260]) führt zum Ausschluss des Fortzahlungsanspruches.

Beruft sich der Arbeitgeber gegenüber seinem Arbeitnehmer nicht auf diese Leistungsbeschränkung – was in der Praxis nicht selten ist -, ist der Arbeitgeberregress unter Zugrundelegung der entsprechenden Mithaftungsquote vom Ersatzpflichtigen auszugleichen.[261]

2. Vereitelung, § 7 I Nr. 2 EFZG (§ 5 LFZG)

Erfolgt der Forderungsübergang nicht im Unfallzeitpunkt, sondern später (z.B. Abtretung; § 6 EFZG), kann der Geschädigte vorher wirksam über seine gesamten Ansprüche zu Lasten des künftigen Zessionars verfügen.

Eine vom Verletzten unterzeichnete **vorbehaltlose Abfindungserklärung** hindert einen erneuten Forderungsübergang nach § 6 EFZG (vor 1.5.1994: § 4 LFZG) auf den Arbeitgeber.[262] Dieses kann dann zu Rechtsverlusten des Geschädigten gegenüber seinem Arbeitgeber führen (§ 7 I Nr. 2 EFZG, § 5 LFZG[263]).

Es lebt dann allerdings der **Krankengeldanspruch** wieder auf.

Hervorzuheben ist, dass bei einer Mithaftung nur eine **Teilvereitelung** in Betracht kommt und der Arbeitgeber somit nur z.T. die Fortzahlung verweigern darf.

Soweit der Geschädigte daraufhin Vermögenseinbußen (Mindereinkommen, Fortfall privatärztlicher Versorgung) erleidet, ist ein Schadensersatzanspruch gegenüber seinem Rechtsberater wegen Verletzung der **Beratungspflichten** (positive Vertragsverletzung des Mandatsvertrages) denkbar.

---

259 BGH v. 3.10.1967 – VI ZR 35/66 – VersR 1967, 1068; OLG Celle v. 21.3.1974 – 5 U 102/73 – VersR 1974, 1208 (Schaden bejaht, wenn die Arbeitsvergütung nunmehr eine unentgeltliche, arbeitsrechtlich nicht gerechtfertigte Zuwendung des Arbeitgebers enthält); OLG Hamm v. 8.11.1990 – 27 U 105/90 – VersR 1992, 66 = zfs 1992, 7 (Übergangsfähiger Schaden bejaht, wenn ein Teil des Gehaltes nicht mehr als Entlohnung, sondern als Schadenausgleich im Wege sozialer Fürsorge – als „personengebundener Zuschlag" – gezahlt wird); LG Freiburg v. 18.10.1984 – 1 O 646/82 – zfs 1987, 141. Siehe ergänzend *Küppersbusch* Rn 107 (auch Fn 195, 196).
260 Einzelheiten siehe Kap 4 Rn 190 ff.
261 Siehe Kap 4 Rn 200 ff.
262 Kap 4 Rn 369.
263 Zu den Anforderungen an den Arbeitnehmer siehe BAG v. 7.12.1988 – 5 AZR 757/87 – BB 1989, 630 = DB 1989, 534 = MDR 1989, 569 = NJW 1989, 1302 = NZA 1989, 306.

VII. Forderungsübergang

357 Deckungsgleichheit besteht mit dem Verdienstausfallschaden[264] und (für Beihilfeleistungen des Arbeitgeber) auch mit den Heilbehandlungskosten.

358 Der Arbeitgeber eines Verletzten hat als mittelbar Geschädigter keinen eigenen (originären) Schadensersatzanspruch, sondern kann nur die aufgrund gesetzlichen Forderungsüberganges (§ 6 EFZG) auf ihn übergegangenen Schadensersatzansprüche seines Arbeitnehmers verfolgen.[265] Weitergehende Ansprüche lassen sich nur aus einer wirksamen Abtretung von in der Person des verletzten Arbeitnehmers selbst entstandenen Schadensersatzansprüchen herleiten.

1. Cessio legis

359 Die zum Verdienstausfall kongruente Schadensersatzforderung geht nach § 6 EFZG auf den Arbeitgeber, beschränkt auf den 6-Wochenzeitraum, kraft Gesetzes zeitgleich mit der Arbeitgeberleistung über. Für Entgeltfortzahlungen ab 1.6.1994 ist das EFZG auf alle Arbeitnehmer gleichermaßen anzuwenden.

360 Nur für bis zum 31.5.1994 geleistete Lohnfortzahlung galt für Arbeiter § 4 I LFZG, bei Angestellten und Auszubildenden war eine Abtretung (§ 4 I LFZG galt nicht analog[266]) erforderlich.

a. Haftpflichtereignis ab dem 1.6.1994

361 § 4 LFZG gilt, da für den Forderungsübergang auf den Unfalltag abzustellen ist, für Altfälle (Schadentag **vor dem 1.6.1994**) weiter. Soweit Arbeitnehmer aufgrund von Spätschäden erkranken und Lohnfortzahlung erhalten, ist für Schadenfälle bis zum 31.5.1996 weiterhin § 4 LFZG und nicht § 6 EFZG anzuwenden. Das bedeutet, dass in Altfällen (Unfalltag vor dem 1.6.1996) nur bei Arbeitern, nicht jedoch bei damaligen Angestellten und Auszubildenden ein gesetzlicher Forderungsübergang gilt. Angestellte müssen also ihren Ersatzanspruch an den Arbeitgeber abtreten.

362 Für Entgeltfortzahlungen **ab 1.6.1994** ist das EFZG, und damit auch § 6 EFZG, auf alle Arbeitnehmer gleichermaßen anzuwenden.

b. Zeitpunkt

363 Gemäß § 6 I EFZG geht der Schadensersatzanspruch des Arbeitnehmers „insoweit auf den Arbeitgeber über, als dieser dem Arbeitnehmer nach dem EFZG (früher LFZG) Arbeitsentgelt fortzahlt". Der Forderungsübergang erfolgt nicht im Unfallzeitpunkt, sondern sukzessive mit der jeweiligen (tatsächlichen) Leistung (Lohnfortzahlung) des Arbeitgebers.[267]

---

[264] OLG Köln v. 23.7.1988 – 24 U 30/86 – zfs 1988, 208 (Zahlt der Arbeitgeber Lohn über den 6-Wochen-Zeitraum des LFZG [heute: EFZG] hinaus, so kann er nach Abtretung Ersatz des Bruttolohnes [einschließlich der Jahressonderleistungen wie Weihnachtsgeld u.Ä.] zuzüglich Arbeitgebersozialversicherungsanteile verlangen).
[265] OLG Köln v. 6.3.2007 – 3 U 188/06 – SP 2007, 427.
[266] BGH v. 23.5.1989 – VI ZR 284/88 – BB 1989, 1509 = DAR 1989, 260 = DB 1989, 1585 = MDR 1989, 902 = NJW 1989, 2062 = r+s 1989, 288 (nur LS) = VersR 1989, 855 = zfs 1989, 299.
[267] BGH v. 4.4.1978 – VI ZR 252/76 – VersR 1978, 660.

c. Quotenvorrecht

Zugunsten des verletzten Arbeitnehmers gilt im Verhältnis zu seinem Arbeitgeber das Quotenvorrecht des § 6 III EFZG (früher § 4 III LFZG). Trifft den verletzten Arbeitnehmer ein Mitverschulden, so geht der Ersatzanspruch nur insoweit auf den Arbeitgeber über, als er zur Deckung der Differenz zwischen Arbeitgeberleistung und tatsächlichem Verdienstausfall nicht benötigt wird. Der Arbeitnehmer kann das Quotenvorrecht aber nur hinsichtlich seines Erwerbsschadens geltend machen, nicht aber auch hinsichtlich eines Haushaltsführungsschadens.

Beispiel 4.8:
Der Verletzte **V** erzielt aus abhängiger Beschäftigung 3.000 EUR brutto (und zwar incl. der Arbeit**geber**beiträge zur Sozialversicherung); sein Arbeitgeber **AG** leistet entsprechende Entgeltfortzahlung. Aus Nebenverdiensten erzielte V 500 EUR netto.
Das Mitverschulden des **V** beläuft sich auf 25 %.
Die Ersparnisse während der Arbeitsunfähigkeit und stationären Behandlung betragen 400 EUR.

	Schaden	Quotierung (zum Vergleich)	Ersatzanspruch unter Beachtung des Quotenvorrechtes
1. Ermittlung der Schadenhöhe			
Monatseinkommen des **V** aus abhängiger Beschäftigung	3.000 EUR		
Nebenverdienst des **V**	+ 500 EUR		
→ **kongruenter Schaden**	3.500 EUR	* Haftung 75 % =	**2.625 EUR**
2. Berücksichtigung des Quotenvorrechtes (§ 6 III EFZG)			
Anspruch des Verletzten **V** (Restschaden nach Abzug der EFZG-Leistung)[268]	500 EUR	(375 EUR)[269]	./. 500 EUR
Anspruch des Arbeitgebers **AG**	3.000 EUR	(2.250 EUR)	2.125 EUR
Der Arbeitgeber bekommt also nicht seinen entsprechend der Haftungsquote bestimmten Anteil, sondern deutlich weniger.			
Zusätzlich ist zu bedenken, dass der **Vorteilsausgleich** seinen Anspruch zusätzlich mindert.	400 EUR	*300 EUR*	./. 300 EUR
			1.825 EUR
Der Arbeitgeber erhält also letztlich nur **1.825 EUR**.			

Der Arbeitgeber erhält ungleich weniger als einen der Mitverantwortung des Arbeitnehmers entsprechenden Anteil seines kongruenten Aufwandes an der Schadenzahlung des Ersatzpflichtigen.

Anmerkung: Die Abrechnung unter Berücksichtigung der jeweiligen Bevorrechtigungen wird noch ungleich schwieriger, sobald der Zeitraum jenseits des 6-Wochenzeitraumes des EFZG abgerechnet werden muss.

---

268 Bevorrechtigte und nicht relative Berücksichtigung der Arbeitnehmeransprüche (Quotenvorrecht).
269 Betrag bei Berücksichtigung einer relativen Haftungskürzung.

d. Einwendungen

369 Da es sich um einen gesetzlichen Forderungsübergang und nicht um einen originär dem Arbeitgeber entstandenen Anspruch handelt, können dem Arbeitgeber sämtliche Einwendungen entgegengehalten werden, die zur Zeit des Forderungsüberganges begründet waren, §§ 412, 404 BGB:[270] Der Arbeitgeber muss, falls in der Zwischenzeit die Forderung erloschen oder einredebehaftet geworden sein sollte, dieses gegen sich gelten lassen.

370 Die Verjährung von Ansprüchen auf Ersatz von Unfallschäden erstreckt sich auch auf Spätfolgen, deren Eintritt im Zeitpunkt der allgemeinen Schadenkenntnis als möglich voraussehbar war. Dieser Grundsatz gilt auch für die nach § 6 EFZG, § 4 LFZG übergehenden Ansprüche.[271]

2. Abtretung[272]

371 Der Arbeitgeber eines Verletzten hat als mittelbar Geschädigter keinen eigenen (originären) Schadensersatzanspruch, sondern kann nur die aufgrund gesetzlichen Forderungsüberganges (§ 6 EFZG) auf ihn übergegangenen Schadensersatzansprüche seines Arbeitnehmers verfolgen. Nur in eng umgrenztem Bereich ist darüber hinaus eine wirksame Abtretung von Verdienstausfallansprüchen des verletzten Arbeitnehmers zugunsten seines Arbeitgebers möglich.[273]

372 Erbringt der Arbeitgeber über die nach dem EFZG vorgeschriebenen Leistungen hinaus weitere (z.B. Aufstockung auf bis zu 100 % des Lohnes während des 6-Wochen-Zeitraumes, Leistungen nach Beendigung des 6-Wochen-Zeitraumes, Beihilfen bei Gesundheitsbeschädigung), bedarf es der Abtretung des Schadensersatzanspruches seitens des verletzten Arbeitnehmers zugunsten seines Arbeitgebers (Abtretungsvertrag).[274]

373 Die Arbeitgeberanteile zur Sozialversicherung sind als Erwerb des Arbeitnehmers anzusehen, da sie ausschließlich dem Arbeitnehmer zu Gute kommen und erst zusammen mit den von ihm zu tragenden Anteilen den Schutz an Sozialversicherung schaffen, den er durch seine Arbeit verdient.[275] Die Abtretung des verletzten Angestellten erfasst also auch die Beiträge des Arbeitgebers zur Sozialversicherung sowie zu den Einrichtungen der zusätzlichen Alters- und Hinterbliebenenversorgung.

374 Der Forderungsübergang vollzieht sich dann erst mit dem Abtretungsvertrag (und nicht vorher), so dass u.a. ein zuvor mit dem verletzten Arbeitnehmer geschlossener **Abfindungsvergleich** den Forderungswechsel (ebenso den Regress der Krankenkasse nach AAG und §§ 10 ff. LFZG[276]) verhindert.[277]

375 **Tarifverträge** und **Individualarbeitsverträge** können mangels Bestimmtheit und Verfügungsbefugnis keine wirksame antizipierte Abtretung enthalten, sondern allenfalls die Verpflichtung zur individuellen Abtretung.[278] Manche Arbeitsverträge und Betriebsvereinbarungen sehen die Verpflichtung der Arbeitnehmer (bzw. deren Hinterbliebenen) zur

---

270 BGH v. 4.4.1978 – VI ZR 252/76 – VersR 1978, 660.
271 BGH v. 20.4.1982 – VI ZR 197/80 – r+s 1982, 141 = VersR 1982, 703 = zfs 1982, 260.
272 Zur Wirksamkeit von Abtretungen siehe ergänzend *Jahnke* in Anwalts-Handbuch Verkehrsrecht Teil 4 Rn 27.
273 Zu Einzelheiten siehe *Jahnke* NZV 1996, 172 (zu B.IV.2).
274 LG Mannheim v. 6.11.1973 – 2 O 350/72 – VersR 1974, 605.
275 BGH v. 27.4.1965 – VI ZR 124/64 – VersR 1965, 620.
276 LG Augsburg v. 14.1.1983 – 1 O 2473/82 – zfs 1984, 75.
277 Kap 14 Rn 27 ff.
278 Kap 1 Rn 51 und 53.

G. Lohnfortzahlung und Regress des Arbeitgebers

Abtretung vor. Treten diese den Anspruch an den Arbeitgeber ab, so ist dieser – wie jeder andere **Abtretungsgläubiger** auch – Inhaber der Schadensersatzforderung, soweit diese materiellrechtlich gegenüber dem Ersatzpflichtigen auch berechtigt ist.

Zu einer Abtretung kann der Arbeitnehmer einzel- oder tarifvertraglich verpflichtet sein; seine Verpflichtung folgt aber stets auch aus einer **Nebenpflicht** des Anstellungsvertrag und letztlich dann analog § 255[279] oder § 285 BGB.[280] Ob der Arbeitgeber allerdings auch aufgrund des Arbeitsvertrages oder der Betriebsvereinbarung einen gegenüber seinen Arbeitnehmern (bzw. dessen Hinterbliebenen) durchsetzbaren Anspruch auf eine Abtretung hat, ist arbeitsvertraglich und nicht schadenersatzrechtlich zu klären.

376

Die Abtretung darf (analog § 6 III EFZG) nicht zu einer Schlechterstellung des Arbeitnehmers führen.[281] Dem aus dem **Quotenvorrecht** zu folgernden Schutz des Arbeitnehmers ist auch bei der Abtretung vorrangig Rechnung zu tragen.

377

3. Verhältnis zu anderen Forderungsübergängen

a. § 6 EFZG (§ 4 LFZG) und Abtretung zu § 116 SGB X

Der Regress nach § 116 SGB X geht dem Regress nach § 6 EFZG (§ 4 LFZG) vor. Dabei gilt der Vorrang des § 116 SGB X auch dann, wenn der Drittleistungsträger seine Rechte aus einem Abtretungsvertrag herleitet.

378

Der Ersatzanspruch des Unfallversicherungsträgers wegen seiner Verletztenrentenzahlung an den Verletzten während dessen Arbeitsunfähigkeit wird durch die Gehaltsfortzahlung des Arbeitgebers für die gleiche Zeit nicht berührt und geht dabei diesem vor.[282] Ein Unfallversicherungsträger kann bei weiterer unfallbedingter Arbeitsunfähigkeit während der Zeit der Lohnfortzahlung (z.B. bei operativer Plattenentfernung) Regress wegen einer gezahlten Verletztenrente nehmen. Andererseits ist dem Arbeitgeber (wegen des vorrangigen Forderungsüberganges nach § 116 SGB X auf den Unfallversicherungsträger) stets die Entgeltzahlung nur gekürzt um die Verletztenrente zu erstatten. Dieses ist auch dann zu beachten, wenn die Regressabwicklung mit dem Unfallversicherungsträger aufgrund eines Teilungsabkommens geschieht, das hinsichtlich des Rentenregresses Modifikationen hinsichtlich der Übergangsfähigkeit von Verletztenrenten enthält.

379

b. §§ 1 ff. AAG, §§ 10 ff. LFZG[283]

Der Ersatzpflichtige hat es wegen des nach § 6 I EFZG (früher: § 4 I LFZG) übergegangenen Anspruches mit zwei Anspruchstellern (Arbeitgeber und Krankenkasse) zu tun.[284]

380

---

[279] OLG Nürnberg v. 25.11.1993 – 2 U 1737/93 – SP 1994, 312. *Filthaut* § 6 Rn 19; *Küppersbusch* Rn 106.
[280] *Jauernig-Teichmann* vor §§ 249-253 Rn 8.
[281] Zu Einzelheiten siehe *Jahnke* NZV 1996, 172 (zu B.IV.2).
[282] OLG Celle v. 14.4.1977 – 10 U 118/76 – VersR 1977, 1027.
[283] Zu Einzelheiten siehe Kap 4 Rn 381 ff.
[284] BGH v. 19.3.1985 – VI ZR 163/83 – BG 1986, 404 = MDR 1986, 136 = NJW 1985, 2194 (nur LS) = r+s 1985, 199 (nur LS) = VersR 1985, 732 = zfs 1985, 299 (Verletzter kann Krankenkasse ermächtigen, im Wege der Prozessstandschaft die Ersatzpflicht des Schädigers für den Verdienstausfallschaden insoweit feststellen zu lassen, als die Krankenkasse wegen ihrer Erstattungspflicht nach § 10 LFZG ein rechtliches Interesse hieran hat).

c. Verhältnis von § 6 EFZG zu § 119 SGB X

381 Soweit es zur Konkurrenz zwischen Forderung des Rentenversicherers nach § 119 SGB X und Arbeitgeberforderung kommt, geht die Forderung nach § 119 SGB X vor.

4. Verwandtenprivileg, Arbeitsunfall

382 Erfolgt die Schädigung des Arbeitnehmers durch einen Familienangehörigen oder greift das Haftungsprivileg der §§ 104 ff. SGB VII (§§ 636 f. RVO) bei einem Arbeitsunfall zugunsten des Schädigers, so entfällt der Regress des Arbeitgebers. § 110 SGB VII/§ 640 RVO gelten ausschließlich für Sozialversicherungsträger und nicht für Arbeitgeber.

383 Auch die Grundsätze über die **gestörte Gesamtschuld**[285] sind auf den Arbeitgeberregress anzuwenden.

VIII. Versicherungsschutzversagung

384 Fehlender Versicherungsschutz in der Krafthaftpflichtversicherung berührt den Regressanspruch des gehalt-/lohnfortzahlenden Arbeitgebers nicht.[286] Der Arbeitgeber hat daher dieselben Rechte auf Vorleistung wie der Direktgeschädigte nach § 117 I VVG n.F. (§ 158c I VVG, § 3 PflVG a.F.) (unter Beachtung des Quotenvorrechtes des Verletzten, § 6 III EFZG).[287]

385 § 117 III, IV VVG n.F. i.V.m. § 3 PflVG n.F. (§ 158c IV VVG a.F. i.V.m. § 3 Nr. 6 S. 1 PflVG a.F., Einschränkung nach § 3 Nr. 6 S. 2 PflVG a.F.) nimmt nur „andere Schadenversicherer oder Sozialversicherungsträger" aus der Vorleistungsverpflichtung aus.

IX. Geltendmachung durch Krankenkasse

386 Die Krankenkasse erbringt dem verletzten Arbeitnehmer gegenüber keine Leistungen. Der Ersatzpflichtige hat den nach § 6 I EFZG übergehenden Anspruch mit zwei Anspruchstellern abzuwickeln.[288] Die Praxis zeigt, dass ein Regress nehmender Arbeitgeber die Leistung der Krankenkasse nach LFZG / AAG nicht immer unaufgefordert von seiner Schadensersatzforderung absetzt. Eine Nachfrage empfiehlt sich daher in aller Regel.

---

285 Dazu *Jahnke* „Ausgewählte Probleme für die Schadenregulierung", 5. Kap.; *Lemcke* „Die gestörte Gesamtschuld in der Personenschadenregulierung" r+s 2006, 52.
286 AG Nürnberg v. 9.5.1972 – 3 C 392/71 – VersR 1973, 516. BGH v. 16.9.1986 – VI ZR 151/85 – VersR 1986, 1231 lässt allerdings ausdrücklich offen, ob eine Verweisung des leistungsfreien Krafthaftpflichtversicherers auf die RVO-Krankenkasse (im Fall der §§ 10 ff. LFZG) oder den privaten Arbeitgeber möglich ist (VersR 1986, 1233 zu II. 2. b).
287 AG Nürnberg v. 9.5.1972 – 3 C 392/71 – VersR 1973, 516. Siehe auch BGH v. 17.10.1957 – II ZR 39/56 – BGHZ 25, 330 = NJW 1957, 1874 = VersR 1957, 729 (Dem Dienstherrn eines Beamten gegenüber besteht nicht die Möglichkeit des Haftpflichtversicherers, sich auf das Verweisungsprivileg zu berufen).
288 BGH v. 19.3.1985 – VI ZR 163/83 – BG 1986, 404 = MDR 1986, 136 = NJW 1985, 2194 (nur LS) = r+s 1985, 199 (nur LS) = VersR 1985, 732 = zfs 1985, 299 (Verletzter kann Krankenkasse ermächtigen, im Wege der Prozessstandschaft die Ersatzpflicht des Schädigers für den Verdienstausfallschaden insoweit feststellen zu lassen, als die Krankenkasse wegen ihrer Erstattungspflicht nach § 10 LFZG ein rechtliches Interesse hieran hat).

Übersicht 4.1: Forderungsübergang bei §§ 10, 12 LFZG, §§ 1 f., 5 AAG

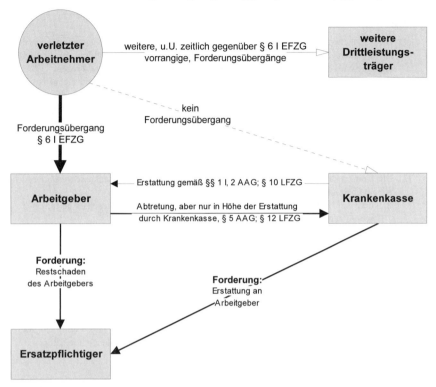

1. Erstattungsverfahren

a. Bis 31.12.2005: §§ 10 ff. LFZG

Arbeitgeber, die regelmäßig nicht mehr als 20 Arbeitnehmer (ohne Auszubildende) beschäftigten, hatten einen Erstattungsanspruch in Höhe von 70 – 80 % des an ihre Arbeiter und Auszubildenden (nicht: Angestellten[289]) fortgezahlten Entgeltes nebst der Arbeitgeberbeiträge zur Arbeitslosen- und Rentenversicherung (§ 10 I Nr. 3 LFZG) gegen die zuständige „RVO"-Krankenkasse (§ 10 I, III LFZG: AOK, IKK, Bundesknappschaft oder Seekasse) Zug um Zug gegen Abtretung der auf sie übergegangenen Schadensersatzansprüche (§ 12 LFZG). Die §§ 10 ff. LFZG galten neben dem Entgeltfortzahlungsgesetz (EFZG) weiter, Art. 60 PflegeVG.

Die Satzung konnte vorsehen, dass auch Arbeitgeber mit bis zu 30 Beschäftigten am Umlageverfahren teilnehmen dürfen (§ 16 II 4 LFZG). Im Regelfall hatten Arbeitgeber ein eigenwirtschaftliches Interesse, am Umlageverfahren nach §§ 10 ff. LFZG teilzunehmen, bis zu einer Beschäftigtenzahl von 20 Arbeitnehmern bestand sogar Pflichtmitgliedschaft.

---

[289] BSG v. 20.4.1999 – B 1 KR 1/97 R – SGb 1999, 350 = Zeitschrift f. Sozialrecht 1999, 185 (Kein Anspruch einer Anwaltskanzlei mit weniger als 20 angestellten Mitarbeitern auf Teilnahme am Umlageverfahren gegen die Kosten der Lohnfortzahlung im Krankheitsfall [Lohnausgleichskasse]).

b. Ab 1.1.2006: AAG

390 **§ 1 AAG – Erstattungsanspruch**

(1) Die Krankenkassen mit Ausnahme der landwirtschaftlichen Krankenkassen erstatten den Arbeitgebern, die in der Regel ausschließlich der zu ihrer Berufsausbildung Beschäftigten nicht mehr als 30 Arbeitnehmer und Arbeitnehmerinnen beschäftigen, 80 Prozent
1. des für den in § 3 Absatz 1 und 2 und den in § 9 Absatz 1 EFZG bezeichneten Zeitraum an Arbeitnehmer und Arbeitnehmerinnen fortgezahlten Arbeitsentgelts,
2. der auf die Arbeitsentgelte nach der Nummer 1 entfallenden von den Arbeitgebern zu tragenden Beiträge zur Bundesagentur für Arbeit und der Arbeitgeberanteile an Beiträgen zur gesetzlichen Kranken- und Rentenversicherung, zur sozialen Pflegeversicherung und nach § 172 Absatz 2 SGB VI sowie der Beitragszuschüsse nach § 257 SGB V und nach § 61 SGB XI.

(2) Die Krankenkassen mit Ausnahme der landwirtschaftlichen Krankenkassen erstatten den Arbeitgebern in vollem Umfang
1. den vom Arbeitgeber nach § 14 Absatz 1 des Mutterschutzgesetzes gezahlten Zuschuss zum Mutterschaftsgeld,
2. das vom Arbeitgeber nach § 11 des Mutterschutzgesetzes bei Beschäftigungsverboten gezahlte Arbeitsentgelt,
3. die auf die Arbeitsentgelte nach der Nummer 2 entfallenden von den Arbeitgebern zu tragenden Beiträge zur Bundesagentur für Arbeit und die Arbeitgeberanteile an Beiträgen zur gesetzlichen Kranken- und Rentenversicherung, zur sozialen Pflegeversicherung und nach § 172 Absatz 2 SGB VI sowie der Beitragszuschüsse nach § 257 SGB V und nach § 61 SGB XI.

(3) Am Ausgleich der Arbeitgeberaufwendungen nach den Absätzen 1 (U1-Verfahren) und 2 (U2-Verfahren) nehmen auch die Arbeitgeber teil, die nur Auszubildende beschäftigen.

§ 5 AAG – Abtretung

Ist auf den Arbeitgeber ein Anspruch auf Schadenersatz nach § 6 EFZG übergegangen, so ist die Krankenkasse zur Erstattung nur verpflichtet, wenn der Arbeitgeber den auf ihn übergegangenen Anspruch bis zur anteiligen Höhe des Erstattungsbetrags an die Krankenkasse abtritt.

391 Die §§ 10 ff. LFZG galten gemäß Art. 60 PflegeVG neben dem EFZG bis zum 31.12.2005 weiter und wurden erst durch Art. 4 des Gesetzes über den Ausgleich von Arbeitgeberaufwendungen und zur Änderung weiterer Gesetze[290] zum 31.12.2005 aufgehoben.

392 Das LFZG (nicht jedoch das EFZG) und die Vorschriften der Lohnfortzahlung bei Mutterschaft werden durch das Aufwendungsausgleichsgesetz (AAG)[291] zum 1.1.2006 in Beachtung einer Entscheidung des BVerfG[292] fortgeführt. Das Gesetz differenziert (§ 1 III AAG) zwischen U1-Verfahren (Lohnfortzahlung, § 1 I AAG) und U2-Verfahren (Leistungen nach § 14 I MuSchG, § 1 II AAG).

---

[290] Gesetz über den Ausgleich von Arbeitgeberaufwendungen und zur Änderung weiterer Gesetze v. 30.12.2005, BGBl I 2005, 3686.

[291] Gesetz über den Ausgleich der Arbeitgeberaufwendungen für Entgeltfortzahlung (Aufwendungsausgleichsgesetz – AAG) v. 22.12.2005, BGBl I 2005, 3686.

[292] BVerfG v. 18.11.2003 – 1 BvR 302/96 – BB 2004, 47 = BGBl I 2004, 69 = BVerfGE 109, 64 = DB 2003, 2788 = FamRZ 2004, 254 (nur LS) = MDR 2004, 400 (nur LS) = NJW 2004, 146 = NZA 2004, 33 = NZS 2004, 93.

aa. Lohnfortzahlung (U1–Verfahren)

Nach § 1 AAG erstattet diejenige Krankenkasse, bei der der Arbeitnehmer versichert[293] ist (§ 2 I AAG) auf Antrag (§ 2 II AAG) dem Arbeitgeber 80 % der von ihm nach dem EFZG erbrachten Lohnfortzahlung (§ 1 I Nr. 1 AAG) zzgl. der von ihm zu tragenden Beiträge bzw. Zuschüsse zur Arbeitslosen-, Kranken-, Pflege- und Rentenversicherung (§ 1 I Nr. 2 AAG)[294] und zwar Zug-um-Zug gegen Abtretung (§ 5 AAG) der nach § 6 EFZG übergegangenen Ansprüche.

Das U1-Verfahren gilt nicht für öffentlich-rechtliche Träger (§ 11 I, II Nr. 2 AAG) und mitarbeitende Familienmitglieder in der Landwirtschaft (§ 11 II Nr. 1 AAG).

Inhaltliche rechtliche Änderungen sind für Schadenregulierung insoweit erfolgt, als der Anwendungsbereich auf Arbeitgeber, die (auch oder nur)[295] Angestellte beschäftigen, erweitert ist und nunmehr ab 1.1.2006 neben AOK, IKK, Bundesknappschaft und Seekasse – mit Rücksicht auf das seit 1996 bestehende Wahlrecht der Versicherten -[296] auch die Ersatz- und Betriebskrankenkassen (nicht jedoch die landwirtschaftlichen Krankenkassen)[297] zuständig sein können. § 5 AAG setzt § 12 LFZG unverändert fort.[298] Für geringfügig Beschäftigte (u.a. auch Putzhilfen im Haushalt, § 8a SGB VI) ist die Deutsche Rentenversicherung Knappschaft-Bahn-See (früher Bundesknappschaft) zuständig, § 2 I 2 AAG.

bb. Freiwilliges Ausgleichsverfahren

Nach § 12 AAG können (wie bereits zuvor nach § 19 LFZG)[299] Arbeitgeber, die die Voraussetzungen des § 1 AAG nicht erfüllen, eine Ausgleichseinrichtung gründen. Für diese Einrichtung gilt das AAG dann aber nicht (§ 12 II AAG).

cc. Lohnfortzahlung bei Mutterschaft (U2–Verfahren)

Soweit Erstattungen im Falle der Mutterschaft an Arbeitgeber erfolgen (§ 1 II AAG), fehlt es an einer schadensersatzrechtlichen Kongruenz. Die erstattende Krankenkasse kann keinen Ersatz ihrer Leistungen fordern.

2. Sondervermögen

Die Krankenkasse ist gegenüber dem verletzten Arbeitnehmer kein Leistungsträger. Die Rechtsbeziehungen bestehen unmittelbar nur zwischen Arbeitgeber und der Krankenkasse (als Leistungsträger ihm [dem Arbeitgeber] gegenüber) nach § 8 AAG bzw. §§ 10 ff. LFZG. Gleicht eine Krankenkasse im Rahmen des Umlageverfahrens nach §§ 1f. AAG

---

[293] Für Privat-Versicherte gilt § 175 III 2 SGB V. Grundsätzlich ist diejenige Krankenkasse zuständig, bei der der Arbeitnehmer vor Eintritt in die private Krankenversicherung versichert war; bestand keine gesetzliche Krankenversicherung, kann der Arbeitgeber nach § 173 SGB V die zuständige Kasse nach den Regeln des § 173 SGB V wählen (BR-Drucksache 614/05 v. 12.8.2005, S. 21).
[294] Hier ist gegenüber dem LFZG eine Erweiterung des Leistungsvolumens erfolgt (BR-Drucksache 614/05 v. 12.8.2005, S. 20).
[295] BR-Drucksache 614/05 v. 12.8.2005, S. 19 f.; BT-Drucksache 16/39 v. 3.11.2005, S. 10 (zu IV), 12 (zu § 1).
[296] BR-Drucksache 614/05 v. 12.8.2005, S. 13, 19; BT-Drucksache 16/46 v. 3.11.2005, S. 1, 8.
[297] BR-Drucksache 614/05 v. 12.8.2005, S. 14 sieht für diesen Bereich kein Handlungsbedürfnis, da hier ein Kassenwahlrecht nicht gegeben ist.
[298] BR-Drucksache 614/05 v. 12.8.2005, S. 22; BT-Drucksache 16/39 v. 3.11.2005, S. 13 (zu § 5).
[299] BR-Drucksache 614/05 v. 12.8.2005, S. 27.

bzw. §§ 10 ff. LFZG die Arbeitgeberaufwendungen aus, beinhaltet § 5 AAG ebenso wie zuvor § 12 LFZG keinen gesetzlichen Forderungsübergang.[300]

399 Die Krankenkasse verfolgt ihren Regress gegenüber dem Ersatzpflichtigen nicht als Sozialversicherungsträger, sondern lediglich als Verwalter des bei ihr verwaltungstechnisch angebundenen Lohnausgleichstopfes (Sondervermögen, § 8 AAG, § 15 LFZG). Die Forderungsberechtigung folgt also nicht aus § 116 SGB X (in Altfällen vor 1.7.1983 § 1542 RVO), sondern allein aus der privatrechtlichen **Abtretung** des Arbeitgebers.

3. Abfindung

400 Die aus einer Abfindungserklärung des Verletzten folgenden Beschränkungen treffen die Krankenkasse in gleicher Weise wie den Arbeitgeber, da die Krankenkasse ihre Rechte erst vom Arbeitgeber als ihrem Rechtsvorgänger herleitet.

401 Nur soweit der Regress der Krankenkasse im Rahmen eines **Teilungsabkommens** abgewickelt wird, ist die Abfindungserklärung ohne Belang, da hier kein vom Geschädigten und Arbeitgeber abgeleiteter Anspruch verfolgt wird, sondern ein eigener originärer vertraglicher (aus dem Teilungsabkommen). Nach Überschreiten des Abkommenslimits kommen jedoch die Beschränkungen zum Tragen.

4. Gesamtgläubiger, Teilungsabkommen

402 Die Krankenkasse (als Sondervermögensverwalter) ist zusammen mit dem Arbeitgeber gegenüber dem Ersatzverpflichteten Gesamtgläubiger.

403 Der **Vorteilsausgleich** (z.B. wegen ersparter Wegekosten und Ersparnisse während der stationären Behandlung) kann daher in vollem Umfange entweder beim Arbeitgeber (dortiger Restanspruch) oder der Krankenkasse erfolgen.

404 Soweit Haftpflichtversicherer aufgrund von **Teilungsabkommen** den Arbeitgeberregress abwickeln, bestimmen etliche Abkommen, dass ein Abzug von Ersparnissen nicht möglich ist. Teilungsabkommen mit zuvor nicht zuständigen Kassen für Fälle ab dem 1.1.2006 können ähnliche Regelungen enthalten. Die Berufung auf Abfindungsvergleiche ist in Teilungsabkommen häufig nicht geregelt.

405 Zu beachten ist, dass manche **Teilungsabkommen** zwischen Krankenkassen und Haftpflichtversicherern auch den Fall regeln können, dass der Arbeitgeber die Krankenkasse nicht in Anspruch nimmt und seinen Regress vollständig mit dem Haftpflichtversicherer reguliert.

406 Das Bundesverbandsabkommen zwischen dem Verband der Haftpflichtversicherer und dem Bundesverband von AOK und IKK bestimmt dazu in § 2 des Abkommens, dass dem Haftpflichtversicherer, wenn er dem Arbeitgeber die Lohnfortzahlung erstattet, die Krankenkasse 50 % des nach §§ 10 ff. LFZG geschuldeten Betrages erstatten muss. Nach § 4 dieser Abkommen ist die AOK bzw. IKK zur Auskunft dazu verpflichtet, ob ein Arbeitgeber am Umlageverfahren teilnimmt.

---

300 KG v. 18.4.1974 – 12 U 2207/73 – VersR 1975, 140; AG Regensburg v. 11.7.1989 – 6 C 486/89 – VersR 1986, 1278 = zfs 1990, 47.

Kapitel 5 Nebeneinkünfte

A. Nebentätigkeit

I. Unfall bei Nebentätigkeit

1. Lohnfortzahlung

a. Haupttätigkeit

Ansprüche auf Fortzahlung der Bezüge aus der Hauptbeschäftigung sind nur dann ausgeschlossen, wenn den Arbeitnehmer an der krankheitsbedingten Arbeitsunfähigkeit ein Verschulden trifft. Andere Einschränkungen als den Ausschluss bei Verschulden kennt das Gesetz nicht.

1

Die Höhe der Entgeltfortzahlung des Hauptarbeitgebers nach dem EFZG wird durch eine (abhängige und selbstständige) Nebentätigkeit nicht beeinflusst.[1] Die Fortzahlung richtet sich allein am aus der Haupttätigkeit geschuldeten Entgelt aus.

2

Der Anspruch auf Lohnfortzahlung setzt Arbeitsunfähigkeit[2] voraus ohne dass es nach der gesetzlichen Regelung – von wenigen Ausnahmen abgesehen – von Belang ist, wann und bei welcher Gelegenheit sich ein Arbeitnehmer eine Krankheit zuzieht oder einen Unfall erleidet. Es ist also unerheblich, ob sich der Arbeitnehmer in seinem Hauptberuf, in der Freizeit oder bei einer Nebentätigkeit (gleich ob in einem zweiten Arbeitsverhältnis oder als selbstständiger Unternehmer) verletzt oder eine allgemeine Erkrankung (z.B. Erkältung) zuzieht.[3]

3

Ereignet sich der Unfall bei einer **nicht-genehmigten Nebentätigkeit** des Arbeitnehmers, verliert der Verletzte den Fortzahlungsanspruch gegenüber seinem (Haupt)Arbeitgeber dann nicht, wenn dieser die Nebentätigkeit hätte genehmigen müssen.[4] Der Nebenarbeitgeber ist (neben dem Hauptarbeitgeber) zur zusätzlichen Lohnfortzahlung verpflichtet.

4

Im Einzelfall kann die Geltendmachung von Fortzahlungsansprüchen gegen **Treu und Glauben** (§ 242 BGB) verstoßen, etwa bei verbotener oder vertragswidrig ausgeübter Nebentätigkeit, aber u.U. auch bei gefährlicher oder übermäßig kräfteraubender Beschäftigung.[5] Rechtsmissbrauch kann der Arbeitgeber seinem Arbeitnehmer aber nur im Ein-

5

---

1 BAG v. 21.4.1982 – 5 AZR 1019/79 – BAGE 38, 309 = BB 1982, 1424 = DB 1982, 1729 = NJW 1983, 2900.
2 Dazu Kap 4 Rn 180 ff.
3 BAG v. 19.10.1983 – 5 AZR 195/81 – BAGE 43, 348 = NJW 1984, 1706; BAG v. 7.11.1975 – 5 AZR 459/74 – BB 1976, 228 = DB 1976, 396 = NJW 1976, 823 = VersR 1976, 1189.
4 BAG v. 19.10.1983 – 5 AZR 195/81 – BAGE 43, 348 = NJW 1984, 1706. LAG Hamm v. 8.2.2006 – 18 Sa 1083/05 – EEK 3223 = NZA-RR 2006, 406 (nachgehend BAG v. 18.7.2007 – 5 AZR 697/06-) (Lohnfortzahlungsanspruch gilt auch dann, wenn Arbeitgeber des Hauptarbeitsverhältnisses die Nebentätigkeit nicht genehmigt hat. Für Unfälle bei Nebentätigkeiten, die zur Arbeitsunfähigkeit führen, gelten für den Lohnfortzahlungsanspruch grundsätzlich dieselben Regeln wie für sonstige Arbeitsunfälle, dh es kommt allein darauf an, ob ein leichtfertiges oder grob fahrlässiges Verhalten zu bejahen ist. Etwas anderes gilt nur, wenn die Nebentätigkeit besonders gefährlich oder für den Arbeitnehmer zu schwer war.). Ergänzend Kap 5 Rn 18 ff.
5 BAG v. 21.4.1982 – 5 AZR 1019/79 – BAGE 38, 309 = BB 1982, 1424 = DB 1982, 1729 = NJW 1983, 2900 (Deutlicher Verstoß gegen Arbeitszeitordnung). *Geigel-Pardey* Kap 9 Rn 27.

zelfall entgegenhalten und nicht von vornherein durch generelle (einzel- oder tarifvertragliche) Regelung ausschließen.[6]

b. Nebentätigkeit

6   Nebentätigkeit ist jede Tätigkeit, in der Arbeitnehmer außerhalb seines Hauptarbeitsverhältnisses seine (psychische und/ physische) Arbeitskraft zur Verfügung stellt. Auch nebenberufliche Tätigkeiten, Probearbeits- und Aushilfsarbeitsverhältnisse sind vollwertige Arbeitsverhältnisse, ebenso Beschäftigungen mit Pauschalversteuerung. Es besteht – auch bei 400 €-Jobs[7] – gegenüber dem Nebenarbeitgeber ein Anspruch auf Lohnfortzahlung (nach EFZG),[8] bezahlten Urlaub[9] und u.U. auch betriebliche Altersversorgung.[10] Auch das Kündigungsschutzrecht ist zu beachten.[11]

7   Die Lohnfortzahlungsverpflichtung des Nebenarbeitgebers besteht (neben der des Hauptarbeitgebers) auch bei allgemeiner Erkrankung oder einem Unfall außerhalb der Nebentätigkeit (Freizeit, Hauptarbeitgeber).

2. Gesetzliche Unfallversicherung

8   Geschah die Verletzung im Zusammenhang mit der Berufsausübung (Arbeitsunfall, Arbeitswegeunfall), ist für die **Höhe der Barleistungen** (insbesondere Verletztengeld und Verletztenrente) die Gesamtheit aller versicherten Einkünfte (sowohl aus dem Hauptberuf als auch aus der Nebenbeschäftigung) des Verletzten zu berücksichtigen, wenn alle Tätigkeiten unfallversichert waren.[12]

9   Auf den Verdienstausfall ist sodann die gesamte Barleistung der Unfallversicherung zu verrechnen und nicht nur mit demjenigen Anteil, der auf den Unfallbetrieb entfällt.[13]

10 Der **Haftungsausschluss** nach §§ 104 ff. SGB VII wegen eines Arbeitsunfalls im Nebenjob schließt auch Ersatzansprüche wegen Einbußen im Hauptjob aus, und umgekehrt. Es sind sämtliche Ansprüche wegen Personenschadens (dh. entgangene Einnahmen aus Hauptberuf, nebenberuflicher abhängiger Beschäftigung, nebenberuflicher Selbstständigkeit [z.B. Nebenerwerbslandwirt], Haushaltsführungsschaden, aber auch entgangene Dienste) ausgeschlossen.

11 Der Arbeitsunfall (z.B. bei Eingliederung in fremden, dem SGB VII – und nicht dem BeamtVG – unterfallenden Betrieb) eines **Beamten** schließt – anders beim Dienstunfall – auch Regress des Dienstherrn aus (vgl. § 105 I 2 SGB VII).

---

6 BAG v. 19.10.1983 – 5 AZR 195/81 – BAGE 43, 348 = NJW 1984, 1706.
7 Hier erstattet die DRV Knappschaft-Bahn-See – Minijobzentrale – dem lohnfortzahlenden Arbeitgeber 80 % (2004: 70 %) der Aufwendungen (bis 31.12.2005: § 10 III 2 LFZG, ab 1.1.2006: § 2 I 2 AAG).
8 BAG v. 21.1.1960 – 2 AZR 523/58 – BB 1960, 326 = DB 1960, 441.
9 BAG v. 19.6.1959 – 1 AZR 565/57 – BAGE 8, 47 = BB 1959, 1030 = DB 1959, 1086 = MDR 1959, 960 = NJW 1959, 2036.
10 BAG v. 22.11.1994 – 3 AZR 349/94 – BAGE 78, 288 = BB 1995, 2011 = DB 1995, 930 = MDR 1995, 724 = NZA 1995, 733 = VersR 1995, 1381 (Es verstößt gegen den arbeitsrechtlichen Gleichbehandlungsgrundsatz, Arbeitnehmer allein deshalb aus einem betrieblichen Versorgungswerk auszunehmen, weil sie in einen zweiten Arbeitsverhältnis stehen).
11 *Küttner-Röller* Nr. 322 Rn 2.
12 Details siehe Kap 3 Rn 413.
13 OLG Zweibrücken v. 9.11.2005 – 1 U 166/04 – (BGH hat Nichtzulassungsbeschwerde zurückgewiesen, Beschl. v. 6.12.2006 – VI ZR 267/05 -) VersR 2007, 273 (Anm. *Wellner*) = zfs 2007, 147 (Anm. *Diehl*).

II. Geringfügige Beschäftigung

Einzelheiten sind im Kapitel 3B.I.1.ab Geringfügige Beschäftigung (Kap 3 Rn 12 ff.) dargestellt.

III. Selbstständige Nebentätigkeit

Es gelten die Ausführungen zu Einbußen bei Selbstständigen entsprechend (siehe Kapitel 4 Selbstständige).

Sofern der Verletzte mit der selbstständigen Nebentätigkeit gesetzlich unfallversichert ist (z.B. Nebenerwerbslandwirt), sind die erhöhten Leistungen der Unfallversicherung zu berücksichtigen.[14]

Im universitären Bereich sind häufig feste Abgabenquoten bei freiberuflicher Nebentätigkeit vorgesehen.[15]

IV. Ungenehmigte Nebentätigkeit

> **§ 611 BGB – Vertragstypische Pflichten beim Dienstvertrag**
>
> (1) Durch den Dienstvertrag wird derjenige, welcher Dienste zusagt, zur Leistung der versprochenen Dienste, der andere Teil zur Gewährung der vereinbarten Vergütung verpflichtet.
>
> (2) Gegenstand des Dienstvertrags können Dienste jeder Art sein.

> **§ 40 BeamtStG – Nebentätigkeit** (ab 1.4.2009[16])
>
> Eine Nebentätigkeit ist grundsätzlich anzeigepflichtig. Sie ist unter Erlaubnis- oder Verbotsvorbehalt zu stellen, soweit sie geeignet ist, dienstliche Interessen zu beeinträchtigen.
>
> **§ 42 BRRG** (bis 31.3.2009[17])
>
> (1) ¹Der Beamte bedarf zur Übernahme jeder Nebentätigkeit, soweit er nicht zu ihrer Wahrnehmung verpflichtet ist, der vorherigen Genehmigung. ²Als Nebentätigkeit gilt nicht die Wahrnehmung öffentlicher Ehrenämter sowie einer unentgeltlichen Vormundschaft, Betreuung oder Pflegschaft eines Angehörigen; ihre Übernahme ist vor Aufnahme schriftlich anzuzeigen. ³Nicht genehmigungspflichtig ist
> 1. eine unentgeltliche Nebentätigkeit mit Ausnahme
>   a) der Übernahme eines Nebenamtes, einer in Satz 2 Halbsatz 1 nicht genannten Vormundschaft, Betreuung oder Pflegschaft sowie einer Testamentsvollstreckung,
>   b) der Übernahme einer gewerblichen Tätigkeit, der Ausübung eines freien Berufes oder der Mitarbeit bei einer dieser Tätigkeiten,
>   c) des Eintritts in ein Organ eines Unternehmens mit Ausnahme einer Genossenschaft sowie der Übernahme einer Treuhänderschaft,
> 2. die Verwaltung eigenen oder der Nutznießung des Beamten unterliegenden Vermögens,
> 3. eine schriftstellerische, wissenschaftliche, künstlerische oder Vortragstätigkeit des Beamten,

---

14 Siehe dazu Kap 5 Rn 8 und Kap 3 Rn 413.
15 Vgl. BAG v. 22.3.2001 – 8 AZR 536/00 – ArztR 2002, 122.
16 Inkrafttreten gemäß § 63 BeamtStG (Gesetz zur Regelung des Statusrechts der Beamtinnen und Beamten in den Ländern [Beamtenstatusgesetz – BeamtStG] v. 17.6.2008 BGBl I 2008, 1010).
17 Außerkrafttreten gemäß § 63 BeamtStG (Gesetz zur Regelung des Statusrechts der Beamtinnen und Beamten in den Ländern [Beamtenstatusgesetz – BeamtStG] v. 17.6.2008 BGBl I 2008, 1010).

5 Nebeneinkünfte

4. die mit Lehr- oder Forschungsaufgaben zusammenhängende selbstständige Gutachtertätigkeit von Lehrern an öffentlichen Hochschulen und Beamten an wissenschaftlichen Instituten und Anstalten,
5. die Tätigkeit zur Wahrung von Berufsinteressen in Gewerkschaften oder Berufsverbänden oder in Selbsthilfeeinrichtungen der Beamten.

[4]Durch Gesetz kann für nicht genehmigungspflichtige Nebentätigkeiten eine Anzeigepflicht vorgesehen werden, die auch auf die Entgelte und geldwerten Vorteile erstreckt werden kann. [5]Die Dienstbehörde kann aus begründetem Anlaß verlangen, daß der Beamte über eine von ihm ausgeübte nicht genehmigungspflichtige Nebentätigkeit, insbesondere über deren Art und Umfang, Auskunft erteilt; die Auskunftspflicht kann auf die Entgelte und geldwerten Vorteile erstreckt werden. [6]Eine nicht genehmigungspflichtige Nebentätigkeit ist ganz oder teilweise zu untersagen, wenn der Beamte bei ihrer Ausübung dienstliche Pflichten verletzt.

(2) [1]Die Genehmigung ist zu versagen, wenn zu besorgen ist, daß durch die Nebentätigkeit dienstliche Interessen beeinträchtigt werden. [2]Ein solcher Versagungsgrund liegt insbesondere vor, wenn die Nebentätigkeit
1. nach Art und Umfang die Arbeitskraft des Beamten so stark in Anspruch nimmt, daß die ordnungsgemäße Erfüllung seiner dienstlichen Pflichten behindert werden kann,
2. den Beamten in einen Widerstreit mit seinen dienstlichen Pflichten bringen kann,
3. in einer Angelegenheit ausgeübt wird, in der die Behörde, der der Beamte angehört, tätig wird oder tätig werden kann,
4. die Unparteilichkeit oder Unbefangenheit des Beamten beeinflussen kann,
5. zu einer wesentlichen Einschränkung der künftigen dienstlichen Verwendbarkeit des Beamten führen kann,
6. dem Ansehen der öffentlichen Verwaltung abträglich sein kann.

[3]Die Voraussetzung des Satzes 2 Nr. 1 gilt in der Regel als erfüllt, wenn die zeitliche Beanspruchung durch eine oder mehrere Nebentätigkeiten in der Woche ein Fünftel der regelmäßigen wöchentlichen Arbeitszeit überschreitet. [4]Ergibt sich eine Beeinträchtigung dienstlicher Interessen nach Erteilung der Genehmigung, so ist diese zu widerrufen.

(3) [1]Nebentätigkeiten, die der Beamte nicht auf Verlangen, Vorschlag oder Veranlassung seines Dienstvorgesetzten übernommen hat oder bei denen der Dienstvorgesetzte ein dienstliches Interesse an der Übernahme der Nebentätigkeit durch den Beamten nicht anerkannt hat, darf er nur außerhalb der Arbeitszeit ausüben. [2]Ausnahmen dürfen nur in besonders begründeten Fällen, insbesondere im öffentlichen Interesse, zugelassen werden, wenn dienstliche Gründe nicht entgegenstehen und die versäumte Arbeitszeit nachgeleistet wird.

(4) [1]Der Beamte darf bei der Ausübung von Nebentätigkeiten Einrichtungen, Personal oder Material des Dienstherrn nur bei Vorliegen eines öffentlichen oder wissenschaftlichen Interesses mit dessen Genehmigung und gegen Entrichtung eines angemessenen Entgelts in Anspruch nehmen. [2]Das Entgelt hat sich nach den dem Dienstherrn entstehenden Kosten zu richten und muß den besonderen Vorteil berücksichtigen, der dem Beamten durch die Inanspruchnahme entsteht.

(5) [1]Anträge auf Erteilung einer Genehmigung (Absatz 1 Satz 1) oder auf Zulassung einer Ausnahme (Absatz 3 Satz 2) und Entscheidungen über diese Anträge, das Verlangen auf Übernahme einer Nebentätigkeit sowie die Auskunftserteilung nach Absatz 1 Satz 5 bedürfen der Schriftform. [2]Der Beamte hat dabei die für die Entscheidung erforderlichen Nachweise, insbesondere über Art und Umfang der Nebentätigkeit sowie die Entgelte und geldwerten Vorteile hieraus, zu führen; der Beamte hat jede Änderung unverzüglich schriftlich anzuzeigen. [3]Das dienstliche Interesse (Absatz 3 Satz 1) ist aktenkundig zu machen.

1. Genehmigungspflicht

Die Aufnahme einer Nebentätigkeit ist grundsätzlich **nicht** seitens des Hauptarbeitgebers genehmigungspflichtig.[18] Der Arbeitnehmer verpflichtet sich nämlich nur zur „Leistung der versprochenen Dienste" (§ 611 I BGB) und nicht seiner gesamten ungeteilten Arbeitskraft.[19]

Personen, die insbesondere in der passiven Phase der **Altersteilzeit** sind, ist eine abhängige oder selbstständige Nebentätigkeit nur eingeschränkt möglich.[20]

Ausnahmen gelten aber u.a. im öffentlichen Dienst (§ 42 BRRG, § 40 BeamtStG, §§ 65, 66 BBG; § 3 III TVöD). Nebentätigkeiten (z.B. von Ärzten) können gesetzlichen (insbesondere sozialrechtlichen) Vorgaben und Einschränkungen unterliegen.[21]

Der Arbeitnehmer hat einen Anspruch auf Zustimmung des (Haupt)Arbeitgebers, wenn die Aufnahme der Nebentätigkeit betriebliche Interessen nicht beeinträchtigt.[22] Soweit **Hauptarbeitgeberinteressen** durch die Nebentätigkeit berührt sein können, besteht allerdings eine Anzeigepflicht des Arbeitnehmers.[23] Im Einzelfall kann der Arbeitgeber die Nebentätigkeit untersagen,[24] z.B. bei Konkurrenz (vgl. § 60 HGB), Überschreitung der Höchstarbeitszeiten (vgl. § 2 I 2 ArbZG),[25] Urlaubszweckentfremdung (vgl. § 8 BUrlG), Vernachlässigung der Hauptarbeitspflichten.

2. Konsequenzen

Arbeitsrechtlich nicht genehmigte Nebenbeschäftigungen begründen nur dann keinen Ersatzanspruch, wenn sie arbeitsvertraglich nicht zulässig sind. Eine arbeitsvertragliche Klausel, wonach eine Nebenbeschäftigung der Zustimmung des Arbeitgebers bedürfe, stellt die Aufnahme einer solchen Tätigkeit unter Erlaubnisvorbehalt, wobei auch tarifvertragliche Beschränkungen[26] zu beachten sein können.

V. Umfang

Ausnahmsweise können auch **fiktive Einkünfte** aus einer bisher nicht ausgeübten Nebentätigkeit zu ersetzen sein.[27]

Der Wegfall von Nebeneinkünften ist für die Zeit ihres Bestandes **netto**, also nach Durchführung des Vorteilsausgleiches und Abzug von Steuern und Abgaben, zu ersetzen.

---

18 *Küttner-Röller* Nr. 322 Rn 3.
19 BAG v. 14.8.1969 – 2 AZR 184/68 – BB 1969, 1311 = DB 1969, 1993.
  Küttner-Röller Nr. 322 Rn 2.
20 Siehe Kap 3 Rn 337.
21 Dazu BSG v. 30.1.2002 – B 6 KA 20/01 R – NJW 2002, 3278 (nur LS) (Umfang erlaubter Nebenbeschäftigung eines Vertragsarztes) sowie BAG v. 22.3.2001 – 8 AZR 536/00 – ArztR 2002, 122.
22 BAG v. 11.12.2001 – 9 AZR 464/00 – BAGE 100, 70 = BB 2002, 2447 = DB 2002, 1507 = JR 2002, 483 (nur LS) = NZA 2002, 965 = RdA 2003, 175 (Anm. *Buchner*).
23 *Küttner-Röller* Nr. 322 Rn 5.
24 *Küttner-Röller* Nr. 322 Rn 7 ff., 13 ff.; *Küttner-Kania* Nr. 377 Rn 4.
25 LAG Nürnberg v. 19.9.1995 – 2 Sa 429/94 – LAGE § 611 BGB Doppelarbeitsverhältnis Nr. 1 = NZA 1996, 882. Siehe Kap 5 Rn 32.
26 BAG v. 26.6.2001 – 9 AZR 343/00 – DB 2001, 2657 (Einem Busfahrer im öffentlichen Nahverkehr kann durch Tarifregelung – konkret: Bayern – wirksam untersagt werden, eine Nebentätigkeit als Fahrer im Güterfernverkehr auszuüben).
27 BGH v. 17.2.1998 – VI ZR 342/96 – DAR 1998, 349 = MDR 1998, 534 = NJW 1998, 1633 = r+s 1998, 195 = SP 1998, 207 = VersR 1998, 772 (Fiktive Einkünfte aus erfolgsabhängiger Nebentätigkeit als Fußballtrainer).

25 Die Grenze zur **Schwarzarbeit**[28] ist zu beachten. Deren Beeinträchtigung stellt keinen ersatzfähigen Schaden dar.

VI. Dauer

26 Bei nebenberuflichen Einkünften ist zu prüfen, ob und wie lange der Geschädigte diesen hätte nachgehen können und dürfen.[29] Von Belang sind dabei u.a. die gesundheitlichen **Belastungen** durch die Mehrfachtätigkeiten, die Billigung durch den Hauptarbeitgeber, tarifvertragliche Beschränkungen,[30] gesetzliche Veränderungen (z.B. Sozialrecht, Steuerrecht, 630 DM-Gesetz, Minijob), familiäre Veränderungen.

27 Aus Art und Dauer einer Nebentätigkeit kann sich ergeben, dass diese den Verletzten auf Dauer **überfordert** hätte, wenn sie sehr zeitaufwendig ist und nahezu jede Freizeit ausgeschlossen hätte. Dann ist anzunehmen, dass diese Nebentätigkeit nicht unbegrenzt ausgeübt worden wäre.[31]

28 Insbesondere durch die gesetzliche Regelung der Minijobs sind diese als Nebenbeschäftigung neben einer sozialversicherungspflichtigen und zu versteuernden Haupttätigkeiten häufig nicht mehr lukrativ. Hinzu kommt, dass Minijob-Beschäftigte für den Arbeitgeber unterschiedlich teuer sind in Abhängigkeit von deren anderweitiger Beschäftigung (weiterer sozialversicherungspflichtiger Beruf) bzw. versicherungsrechtlichem Status (Beamter, Familienmitversicherung). Bei der Beurteilung, ob ein Verletzter eine entsprechende Nebenbeschäftigung hätte aufnehmen, beibehalten oder aufrechterhalten können, sind diese Umstände – auch unter Berücksichtigung von potentiellen Mitbewerbern um eine solche Stelle – mit abzuwägen. Wurde die vom Verletzten nach dem Schadenereignis nicht mehr aufgenommene Minijob-Beschäftigung seitens des Arbeitgebers mit einer Person besetzt, die kostenniedriger ist, so wird dem Verletzten die Darlegung schwer fallen, er wäre trotz seiner demgegenüber teureren Arbeitskraft weiter- oder wiederbeschäftigt worden.

B. Überstunden[32]

I. Kollegen

29 Hätte der Verletzte ohne den Unfall Überstunden geleistet, sind diese zu ersetzen. Hätten die vergleichbaren Kollegen **Kurzarbeit** geleistet, ist auch der Verdienstausfall geringer.

30 Beim Vergleich ist – da dieses nicht selten in der Praxis vorkommt – insbesondere zu beachten, dass die Überstunden des Vergleichsarbeitnehmers nicht gerade wegen des Ausfalles des Verletzten ganz oder teilweise zu leisten waren.

---

28 Siehe Kap 2 Rn 202.
29 OLG Köln v. 26.10.1988 – 13 U 91/88 – VersR 1989, 755 (BGH hat die Revision nicht angenommen, Beschl. v. 30.5.1989 – VI ZR 313/88 -).
30 BAG v. 26.6.2001 – 9 AZR 343/00 – (Einem Busfahrer im öffentlichen Nahverkehr kann durch Tarifregelung – konkret: Bayern – wirksam untersagt werden, eine Nebentätigkeit als Fahrer im Güterfernverkehr auszuüben).
31 OLG Köln v. 26.10.1988 – 13 U 91/88 – VersR 1989, 755 (BGH hat die Revision nicht angenommen, Beschl. v. 30.5.1989 – VI ZR 313/88 -).
32 Siehe Kap 3 Rn 154 ff.

II. Abgrenzung zur Arbeitszeit

Fallen regelmäßig Überstunden an, können diese bereits als „regelmäßige Arbeitszeit" i.S.v. § 4 I EFZG und nicht nur als Überstunden i.S.v. § 4 Ia EFZG anzusehen sein.[33] Sind die Zeiten regelmäßige Arbeitszeit, hat der Arbeitgeber entsprechend Lohn fortzuzahlen.

31

Überstunden sind dann bereits Bestandteil des Fortzahlungsanspruches nach § 4 EFZG, wenn regelmäßig eine erhöhte Arbeitszeit abgerufen und auch geleistet wird.[34]

32

III. Arbeitszeitrecht

§ 3 Arbeitszeitgesetz (ArbZG) bestimmt, dass die werktägliche (Montag bis Samstag) Arbeitszeit der Arbeitnehmer 8 Stunden nicht überschreiten darf. Eine Verlängerung auf bis zu 10 Stunden darf nur dann erfolgen, wenn innerhalb von 6 Kalendermonaten (bzw. 24 Wochen) im Durchschnitt 8 Stunden werktäglich (das sind 48 Stunden/Woche) nicht überschritten werden. Wer als Arbeitgeber vorsätzlich oder fahrlässig entgegen § 3 ArbZG einen Arbeitnehmer über die Grenzen der Arbeitszeit hinaus beschäftigt, handelt gemäß § 22 I Nr. 1 ArbZG ordnungswidrig.[35]

33

Arbeitsverträge, die entgegen §§ 3, 7 I, 15 I Nr. 1 ArbZG eine regelmäßige Arbeitszeit von mehr als 8 Stunden/Werktag (48 Stunden/Woche) vorsehen, sind gemäß § 134 BGB nichtig.

34

IV. Rechtslage bis zum 30.9.1996

Vor dem 1.10.1996 waren Überstunden im Rahmen der arbeitsvertraglichen Entgeltfortzahlung schon dann zu berücksichtigen, wenn davon auszugehen war, dass sie auch wäh-

35

---

33 BAG v. 26.6.2002 – 5 AZR 592/00 – DB 2002, 2439; BAG v. 21.11.2001 – 5 AZR 457/00 – AiB 2002, 778 (Anm. *Steiner*) = EEK 3068 = EzA-SD 2001, Nr. 25, 3 (Vorinstanz LAG Düsseldorf v. 18.5.2000 – 5 Sa 215/00 – BB 2000, 1630 [nur Ls.] = DB 2001, 155 [nur Ls.] = EEK 3027 = LAGE § 4 EFZG Nr. 5 = NZA-RR 2000, 538) (Erbringt ein Arbeitnehmer über einen Zeitraum von mehreren Monaten Arbeitsleistungen in einem zeitlichen Umfang, der über die tarifliche Wochenarbeitszeit hinausgeht, so kann es sich bei der tatsächlich angefallenen Arbeitszeit um die für ihn maßgebende regelmäßige Arbeitszeit i.S.v. § 4 I EFZG handeln. Dies gilt dann nicht, wenn die Mehrarbeit unter besonderen Umständen projektbezogen veranlasst worden ist und vom Betriebsrat als Überstunden genehmigt worden war.).

34 BAG v. 9.7.2003 – 5 AZR 610/01 – (Maßgebend ist die durchschnittliche Arbeitszeit der letzten 12 Monate); BAG v. 26.6.2002 – 5 AZR 592/00 – DB 2002, 2439 (Bei Schwankungen der individuellen Arbeitszeit ist eine vergangenheitsbezogene Betrachtung geboten. Maßgebend ist der Durchschnitt der vergangenen 12 Monate.); BAG v. 26.6.2002 – 5 AZR 511/00 – (Bei Schwankungen der individuellen Arbeitszeit ist maßgebend ist der Durchschnitt der vergangenen 12 Monate); BAG v. 26.6.2002 – 5 AZR 153/01 – DB 2002, 2441 = NJW 2003, 237 (Keine Fortzahlung des Überstundenzuschlages für vereinbarte Mehrarbeitsstunden); BAG v. 21.11.2001 – 5 AZR 296/00 – DB 2002, 845 (Bei Schwankungen der individuellen Arbeitszeit ist maßgebend ist der Durchschnitt der vergangenen 12 Monate); BAG v. 21.11.2001 – 5 AZR 457/00 – AiB 2002, 778 (Anm. *Steiner*) = EEK 3068 = EzA-SD 2001, Nr. 25, 3 (Vorinstanz LAG Düsseldorf v. 18.5.2000 – 5 Sa 215/00 – BB 2000, 1630 [nur Ls.] = DB 2001, 155 [nur Ls.] = EEK 3027 = LAGE § 4 EFZG Nr. 5 = NZA-RR 2000, 538) (Erbringt ein Arbeitnehmer über einen Zeitraum von mehreren Monaten Arbeitsleistungen in einem zeitlichen Umfang, der über die tarifliche Wochenarbeitszeit hinausgeht, so kann es sich bei der tatsächlich angefallenen Arbeitszeit um die für ihn maßgebende regelmäßige Arbeitszeit i.S.v. § 4 I EFZG handeln. Dies gilt dann nicht, wenn die Mehrarbeit unter besonderen Umständen projektbezogen veranlasst worden ist und vom Betriebsrat als Überstunden genehmigt worden war.).

35 Siehe auch Kap 2 Rn 206.

rend der Erkrankung angefallen wären.[36] Überstunden mussten nach § 4 I 1 EFZG a.F. als Krankenlohn weitergezahlt werden, wenn sie im Lohnfortzahlungszeitraum regelmäßig angefallen wären. Ein bereits entstandener Anspruch auf Überstundenvergütung kann arbeitsrechtlich nicht durch einseitige Freistellung erfüllt werden, wenn keine Ersetzungsbefugnis (z.B. Gleitzeitregelung) vereinbart ist.[37] Wenn Überstunden vor der Erkrankung geleistet wurden, indizierte dieses zwar arbeitsrechtlich einen Anfall auch im Erkrankungszeitraum;[38] leisteten aber vergleichbare Kollegen gleichzeitig während der Zeit der Arbeitsunfähigkeit keine Überstunden oder sogar Kurzarbeit, bestand trotz einer u.U. gegebenen arbeitsrechtlichen Verpflichtung zur Bezahlung (fiktiver) Überstunden keine zivilrechtliche Erstattungspflicht, da es an einem Schadensersatzanspruch des Verletzten fehlt.

V. Rechtslage ab dem 1.10.1996

36 Nach § 4 EFZG in der ab dem 1.10.1996 geltenden Fassung berechnet sich die Entgeltfortzahlung nach demjenigen Arbeitsentgelt, das der verletzte Arbeitnehmer während der für ihn geltenden regelmäßigen Arbeitszeit erhalten hätte. Fallen **regelmäßig Überstunden** an, so können diese bereits als „regelmäßige Arbeitszeit" i.S.v. § 4 I EFZG und nicht als Überstunden i.S.v. § 4 Ia EFZG anzusehen sein.[39]

37 **Fiktive Überstunden** sind zwar nach der gesetzlichen Regelung nicht mehr zu zahlen. Etliche Tarifverträge, aber auch Einzelarbeitsverträge, enthalten aber Regelungen, die die Rechtslage vor dem 1.10.1996 tarifvertraglich fortführen. Anzumerken ist ferner, dass dem unmittelbar Verletzten ein eigener Schadensersatzanspruch verblieben sein kann, wenn ihm (dem Verletzten) vergleichbare Arbeitnehmerkollegen Überstunden leisteten. Gerade in Fällen der Mithaftung ist dann auch das Quotenvorrecht (§ 6 III EFZG) zu beachten.

VI. Tarifvertrag

38 Zu berücksichtigen ist, dass manche Tarifverträge (u.a. der BAT) – ähnlich der vor dem 1.10.1996 geltenden Gesetzesregelung – entgegen (bzw. jenseits) der gesetzlichen Regelung im EFZG **fiktive Überstundenabgeltungen** für Krankheitszeiten vorsehen, die beim Verletzten gegenzurechnen sind.

C. Aufwandsentschädigung (Auslöse, Spesen, Auslagenersatz[40])

39 Nur wenn und soweit eine Aufwandsentschädigung nicht dem Ausgleich tatsächlicher Vermögensaufwendungen dient, sondern dem Empfänger als Entgelt für eine bestimmte

---

36 BAG v. 15.2.1978 – 5 AZR 739/76 – BB 1978, 1011 = DB 1978, 1351 = JZ 1978, 447; OLG Koblenz v. 30.9.1974 – 12 U 224/73 – NJW 1975, 881 = VersR 1975, 1056.
37 BAG v. 18.9.2001 – 9 AZR 307/00 – NJW 2002, 1739.
38 BAG v. 15.2.1978 – 5 AZR 739/76 – BB 1978, 1011 = DB 1978, 1351 = JZ 1978, 447; BAG v. 18.1.1973 – 5 AZR 362/72 – DB 1973, 829; BAG v. 8.5.1972 – 5 AZR 428/71 – BB 1972, 878 = DB 1972, 1359 (3-Monatszeitraum vor Eintritt der Arbeitsunfähigkeit).
39 Kap 5 Rn 30.
40 Siehe ergänzend Benner „Arbeitsentgelt im Sinne der Sozialversicherung und Arbeitslohn im Sinne des Lohnsteuerrechts. Alphabetische Übersicht nach dem Stand v. 1.1.2004" Beilage 2 zu Betriebs-Berater (BB) Heft 4 v. 26.1.2004; ferner Kap 3 Rn 142 ff.

C. Aufwandsentschädigung

Dienstleistung oder als Ersatz für Verdienstausfall oder Zeitverlust zufließt, liegt ein ausgleichspflichtiger Erwerbsschaden vor.[41] Eine Pauschalisierung des typischen Mehraufwandes ist dabei möglich.[42]

Vorsicht ist im Umgang mit den jeweils verwendeten Begrifflichkeiten („Spesen", „Auslöse", „Auslagen" pp.) angesagt, da diesen Begriffen keine eindeutige Begriffszuweisung zugrunde liegt: Es ist bei jeder Zahlung losgelöst von ihrer Bezeichnung zu ermitteln, was sich letztlich dahinter verbirgt.

40

Nach dem allgemeinen Sprachgebrauch werden als „Spesen" solche Auslagen oder Kosten begriffen, die in Verbindung mit der Erledigung eines Geschäfts entstehen.[43] Steuerfreie Spesen, Auslösen, Aufwandsentschädigungen,[44] Fahrtkostenersatz,[45] Trennungsentschädigungen[46] sind nur insoweit zu ersetzen, als der Verletzte diesen pauschalen Ausgleich für erhöhte Lebenshaltungskosten tatsächlich nicht verwendet hätte, um seine Mehraufwendungen ganz oder teilweise zu bestreiten.[47]

41

Es besteht zunächst eine **Vermutung** dafür, dass diese zusätzlichen Arbeitgeberleistungen als pauschalierter Ausgleich für erhöhte Lebenshaltungskosten auch den regelmäßigen Mehraufwendungen entsprechen (ansonsten würde es sich um einkommensteuer- und sozialversicherungsrechtlich relevante geldwerte Vorteile handeln).[48] Gerade bei Fahrtkos-

42

---

41 OLG Düsseldorf v. 27.5.1995 – 1 W 15/95 – VersR 1996, 334 (Aufwandsentschädigung für Amateurfußballer).
42 BAG v. 5.4.2000 – 7 AZR 213/99 – AP § 37 BetrVG 1972 Nr. 131 = BB 2001, 96 = DB 2000, 2974 (nur LS) = NZA 2000, 1174; BAG v. 15.7.1992 – 7 AZR 491/91 – AP § 46 BPersVG Nr. 19 = DB 1993, 2537 = NZA 1993, 661.
43 BVerfG (2. Kammer des 1. Senates) v. 12.8.2002 – 1 BvR 328/02 – NJW 2002, 3314.
44 OLG Hamm v. 10.10.2005 – 13 U 52/05 – DAR 2006, 274 = NJW-RR 2006, 168 = NZV 2006, 94 = OLGR 2006, 189 = VersR 2006, 1281.
45 OLG Hamm v. 10.10.2005 – 13 U 52/05 – DAR 2006, 274 = NJW-RR 2006, 168 = NZV 2006, 94 = OLGR 2006, 189 = VersR 2006, 1281.
46 Siehe auch Kap 3 Fn 77.
47 KG v. 15.5.2000 – 12 U 3645/98 – DAR 2002, 211 (nur LS) = NVwZ-RR 2002, 450 = NZV 2002, 172 = VerkMitt 2002, Nr. 45 = VersR 2002, 1429 (BGH hat Revision nicht angenommen, Beschl. v. 4.12.2001 – VI ZR 282/00 – (Reiseentschädigung eines Zugbegleiters ist kein Erwerbsschaden); OLG Düsseldorf v. 27.5.1995 – 1 W 15/95 – VersR 1996, 334 (Kein Ersatz); OLG Düsseldorf v. 24.1.1972 – 1 U 164/71 – VersR 1972, 695 (Zulage zum Ausgleich erhöhter Lebenshaltungskosten); OLG Hamm v. 10.10.2005 – 13 U 52/05 – DAR 2006, 274 = NJW-RR 2006, 168 = NZV 2006, 94 = OLGR 2006, 189 = VersR 2006, 1281; OLG Hamm v. 6.3.1996 – 13 U 211/95 – OLGR 1996, 90 = zfs 1996, 211 (verneint: Spesen, Kleidergeld; bejaht: Erschwerniszulage); OLG Hamm v. 19.10.1982 – 27 U 98/92 – VersR 1983, 927 = zfs 1983, 361 m. Rechtsprechungsübersicht; OLG München v. 13.12.1983 – 24 U 154/82 – DAR 1984, 117 = r+s 1984, 83 = VersR 1986, 69 = zfs 1984, 173 (Auslöse zu 50 % ersatzpflichtig, wenn Geschädigter sparen konnte); OLG Nürnberg v. 29.2.1968 – 2 U 23/67 – VersR 1968, 976 (Trennungsentschädigung); OLG Saarbrücken v. 13.2.1976 – 3 U 23/75 – FamRZ 1978, 242 = r+s 1977, 192 = VersR 1977, 727 (Pauschalierung mit 50 % zulässig); LG Flensburg v. 11.6.1991 – 2 O 170/91 – DAR 1991, 460 (Strenger Maßstab: Inwieweit die einem Fernfahrer gezahlten Spesen und Auslösen tatsächlich einen Verdienstausfall darstellen, hat der Geschädigte konkret nachzuweisen); AG Gütersloh v. 22.12.1983 – 4 C 859/83 – zfs 1984, 36 (Keine Erstattung von Spesen bei Berufskraftfahrer). *Berz/Burmann-Heß* Kap 6 D, Rn 10.
48 Siehe zum Thema auch: BAG v. 5.4.2000 – 7 AZR 213/99 – AP § 37 BetrVG 1972 Nr. 131 = BB 2001, 96 = DB 2000, 2074 (nur LS) = NZA 2000, 1174; BAG v. 15.7.1992 – 7 AZR 491/91 – AP § 46 BPersVG Nr. 19 = DB 1993, 2537 = NZA 1993, 661.

tenzuschüssen,[49] Schmutzzulagen (z.B. Seifengeld), Kleidergeld dürfte regelmäßig kein ersatzfähiger Gewinnanteil anzunehmen sein.[50]

43 **Rechtswidrige** Erstattungszusagen[51] eines Arbeitgebers – auch wenn sie sozial- und steuerrechtlich als Lohn zu werten sind[52] – sind nicht zu ersetzen. Das gilt nicht nur für konkrete Erstattungen, sondern auch bei abstrakter Gewährung (z.B. „Parkknöllchen"pauschale für Auslieferungsfahrer, Bußgeldpauschale für Außendienstmitarbeiter).

44 Gelingt im Einzelfall dem Verletzten der Nachweis, dass er bei genügsamer Lebensführung zumindest einen Teil der Auslösesumme **gespart** hätte, dann ist dieser verbleibende Teil als Schadensersatz auszugleichen.[53] Der Verletzte hat zu substantiieren, dass die Auslöse regelmäßig zum Einkommen hinzukommt und bei der Lebenshaltung fest damit gerechnet wurde.[54]

45 In diesem Zusammenhang können **familienrechtliche Handhabungen** weiterhelfen: Der hier häufig zu findende Richtwert,[55] wonach bei Aufwendungspauschalen (außerhalb von Kilometergeld) 1/3[56] als Einkommen angesetzt werden kann, dürfte als Ausgangspunkt für die Schadenregulierung durchaus richtig sein, auch wenn nicht gänzlich unberücksichtigt bleiben darf, dass unter familienrechtlichen Aspekten betrachtet dem arbeitenden Unterhaltspflichtigen vielleicht ein Bonus als Arbeitsanreiz belassen werden sollte.

46 **Steuerrechtliche** Tagessätze und Pauschalen[57] bei auswärtiger Beschäftigung sind eher zu niedrig angesetzt und können allenfalls zur Kontrolle herangezogen werden.

D. Sonstige Nebeneinnahmen

47 Geldwerte Zuwendungen wie freie Kost und Logis, Rabatte sind Bestandteil des Lohnes und daher beim Einkommen dargestellt (Kapitel 3B.I.2.f Nebeneinkünfte, Kap 3 Rn 143 ff.)

---

49 LG Erfurt v. 16.9.2003 – 3 O 565/02 – zfs 2004, 14 (Reisekostenentschädigung im Zusammenhang mit einem KFOR-Einsatz); LG Kassel v. 28.10.1986 – 7 O 269/86 – NJW-RR 1987, 799 = zfs 1987, 9.
50 OLG Hamm v. 6.3.1996 – 13 U 211/95 – OLGR 1996, 90 = zfs 1996, 211.
51 BAG v. 25.1.2001 – 8 AZR 465/00 – DB 2001, 1095 (Nichtige Zusage der Übernahme von Bußgeldern wegen Lenkzeitüberschreitung).
52 *Benner* BB 2004, Beilage 2 v. 26.1.2004, S. 12 („Geldbußen und Geldstrafen").
53 OLG Frankfurt v. 29.1.1964 – 7 U 154/63 – MDR 1964, 843; LG Hannover v. 14.2.1986 – 18 S 181/85 – zfs 1987, 134.
54 LG Düsseldorf v. 24.8.2000 – 21 S 556/99 – SP 2000, 415.
55 Siehe beispielsweise: Unterhaltsrechtlichen Leitlinien der Familiensenate in Süddeutschland (*Schönfelder* Ergänzungsband, Nr. 47b), Nr. 1.4; OLG Düsseldorf – Leitlinien zum Unterhalt (*Schönfelder* Ergänzungsband, Nr. 47/1), Nr. 1.4.
56 Ebenso *Pardey* S. 230, Rn 971.
57 BFH v. 11.5.2005 – VI R 7/02 – DAR 2005, 587 (Höhe des Verpflegungsmehraufwands richtet sich bei Auswärtstätigkeiten i.S.v. § 4 V 1 Nr. 5 S. 3 EStG nach der Abwesenheit des Arbeitnehmers von seiner Wohnung am Ort des Lebensmittelpunktes. Nicht entscheidend ist die Abwesenheitsdauer von der auswärtigen Unterkunft am Einsatzort.); BFH v. 11.5.2005 – VI R 34/04 – DAR 2005, 589 (Keine Entfernungspauschale für Wege zwischen Wohnung, auswärtiger Unterkunft und auswärtiger Tätigkeitsstätte bei Einsatzwechseltätigkeit); BFH v. 11.5.2005 – VI R 25/04 – DAR 2005, 590 (Keine Entfernungspauschale für Wege zu ständig wechselnden Tätigkeitsstätten ab Betriebssitz).

Kapitel 6 Potentiell erwerbstätige Personen

A. Kinder, Schüler, Auszubildende, Studenten

I. Lebensalter und Verantwortlichkeit

Übersicht 6.1: Lebensalter und Verantwortlichkeit[1]

Vollendetes Lebensalter	Deliktische Handlungen – Zivilrecht –		
	Fahrlässigkeit		Vorsatz
	Unfall mit einem Kraftfahrzeug, einer Schienenbahn oder einer Schwebebahn	Unfall außerhalb des motorisierten Verkehrs	Unabhängig von einer Beteiligung des motorisierten Verkehrs
Nasciturus	§§ 844 II 2; 823, § 7 StVG (u.ä. Vorschriften) Anspruchsberechtigung, kein eigenes Mitverschulden		
Geburt 7. Lebensjahr	§ 828 I BGB Generell keine eigene zivilrechtliche Verantwortlichkeit und kein eigenes Mitverschulden		
10. Lebensjahr	§ 828 II 1 BGB Keine eigene zivilrechtliche Verantwortlichkeit und kein eigenes Mitverschulden (bei Unfällen ab dem 1.8.2002)	§ 828 III BGB Keine zivilrechtliche Verantwortlichkeit und kein Mitverschulden bei fehlender Einsichtsfähigkeit	§ 828 II 2, III BGB Keine zivilrechtliche Verantwortlichkeit und kein Mitverschulden bei fehlender Einsichtsfähigkeit
14. Lebensjahr	§ 828 III BGB: Keine zivilrechtliche Verantwortlichkeit und kein Mitverschulden bei fehlender Einsichtsfähigkeit		
18. Lebensjahr 21. Lebensjahr	§ 828 III BGB Keine Einschränkung von zivilrechtlicher Verantwortlichkeit und Mitverantwortlichkeit		

Bei einem Unfall können Kinder sowohl **Opfer** wie auch **Täter** sein. Diese „Doppelstellung" ist nicht erst durch die Regelung mit Wirkung vom 1.8.2002 eingeführt, sie galt schon zuvor für Kinder, die das 7. Lebensjahr noch nicht vollendet hatten: Der Anwendungsbereich für Unfälle im motorisierten Verkehr ist lediglich auf die Altergruppe der 7 bis 10-jährigen ausgedehnt worden. § 828 II BGB gilt unabhängig davon, ob das an einem Unfall mit einem Kraftfahrzeug beteiligte Kind Schädiger („Kind als Täter") oder Geschädigter („Kind als Opfer") ist.[2]

Haftung und Mithaftung der Kinder richten sich an denselben Maßstäben aus. Kinder müssen deliktsfähig sein, wenn ihnen ein Verhalten anspruchsmindernd zugerechnet wer-

---

[1] *Heß/Jahnke* S. 52.
[2] BGH v. 21.12.2004 – VI ZR 276/03 – DAR 2005, 150 (Anm. *Diederichsen* DAR 2005, 301) = NJW-RR 2005, 327 = NZV 2005, 185 = r+s 2005, 349 (nur LS) = VersR 2005, 378 = VRS 108, 248, BGH v. 30.11.2004 – VI ZR 365/03 – DAR 2005, 148 = MDR 2005, 390 = NJW 2005, 356 = NJW-Spezial 2005, 162 (Anm. *Heß*) = NZV 2005, 139 = r+s 2005, 83 (Anm. *Lemcke*) = SP 2005, 102 = SVR 2005, 74 (nur LS) (Anm. *Nickel*) = VerkMitt 2005, Nr. 29 =VersR 2005, 380 = VRS 108, 172 = zfs 2005, 177 (Anm. *Diehl*); BGH v. 30.11.2004 – VI ZR 335/03 – BGHZ 161, 180 = DAR 2005, 146 (Anm. *Huber* DAR 2005, 171) = MDR 2005, 506 = NJW 2005, 354 = NZV 2005, 137 = r+s 2005, 80 = SP 2005, 79 = SVR 2005, 73 (nur LS) (Anm. *Schwab*) = VersR 2005, 376 = zfs 2005, 174 (Anm. *Diehl*).

6 | **Potentiell erwerbstätige Personen**

den soll.³ § 828 BGB n.F. gilt umgekehrt auch für einen den Kindern gegenüber erhobenen anspruchskürzenden **Mithaftungseinwand** – passive Haftung – (§ 254 BGB, § 9 StVG, § 4 HaftpflG). Das Verschulden beurteilt sich nach § 276 BGB (Vorsatz, Fahrlässigkeit), die Zurechnungsfähigkeit nach § 828 BGB.

4   Wegen der Maßgeblichkeit des § 828 BGB n.F. für das Mitverschulden (§ 254 BGB) und der bereits in **Sondergesetzen** regelmäßig enthaltenen Verweisungsnormen bedarf es keiner ausdrücklichen entsprechenden Aufnahme dieser Regelung in weitere Haftungsgesetze.

II. Vermögensnachteile

5   Dem verletzten Kind sind alle diejenigen wirtschaftlichen Nachteile zu ersetzen, die das Kind erleidet, weil es unfallbedingt seine Arbeitskraft nicht in demjenigen Umfang einsetzen kann, wie dies ihm ohne den Unfall möglich gewesen wäre.

1. Ausbildungsverzögerung

6   Kinder, Schüler, Studenten, manchmal auch Auszubildende haben – mit Ausnahme von Ferien- oder Freizeitjobs – i.d.R. keinen Verlust eines vorhandenen Einkommens. Die rechtlichen Grenzen der „Kinderarbeit" sind zu beachten. Rechtswidrige **Kinderarbeit** wäre nicht zu ersetzen, auch wenn unfallrechtlicher Schutz bestehen kann (siehe §§ 7 II, 110 Ia SGB VII).

7   Diese Personen können aber in ihrer **zukünftigen Ausrichtung** betroffen sein. Grundsätzlich hat der Schadensersatzpflichtige sämtliche vermögensrechtlich relevanten Nachteile auszugleichen, die infolge verzögerter Berufsausbildung und/oder verspätetem Eintritt in das Erwerbsleben entstehen.[4]

Zu ersetzen sind u.a.:

8   ■ entgangene **Ausbildungsvergütungen** für den Zeitraum der Verzögerung,[5]

9   ■ Nachteile durch **Erschwernisse** im **Studiengang** infolge veränderter Studienbedingungen,[6]

---

3   BGH v. 29.10.1974 – VI ZR 159/73 – MDR 1975, 219 = VersR 1975, 133.
4   BGH v. 6.6.2000 – VI ZR 172/99 – DAR 2000, 527 = MDR 2000, 1334 = NJW 2000, 3287 = NZV 2001, 34 = r+s 2000, 415 = SP 2000, 394 = VersR 2000, 1521 = VRS 99, 343 = zfs 2000, 483; BGH v. 23.10.1984 – VI ZR 30/83 – DAR 1985, 54 = MDR 1985, 479 = NJW 1985, 791 = r+s 1985, 15 = VersR 1985, 62 = VRS 68, 81 = zfs 1985, 76 (Erstattungspflicht erstreckt sich auch auf Verzögerungen des Studiums, denen ein Verletzter ohne den Unfall nicht ausgesetzt gewesen wäre – Vorlesungsstreik –); KG v. 20.10.2005 – 12 U 31/03 – DAR 2006, 149 = NZV 2006, 207 = VersR 2006, 794 = zfs 2006, 147 (Anm. *Diehl*).
Siehe auch BGH v. 11.2.1992 – VI ZR 103/91 – NJW-RR 1992, 791 = VersR 1992, 1235 = zfs 1992, 265.
5   BGH v. 6.6.2000 – VI ZR 172/99 – DAR 2000, 527 = MDR 2000, 1334 = NJW 2000, 3287 = NZV 2001, 34 = r+s 2000, 415 = SP 2000, 394 = VersR 2000, 1521 = VRS 99, 343 = zfs 2000, 483 (Die Verletzte hätte ihre Ausbildung am 1.8.1986 aufgenommen und 3 Jahre später am 31.7.1989 erfolgreich beendet. Der Schaden bemisst sich nach der Differenz zwischen dem Einkommen, das sie bei hypothetischem Beginn der Ausbildung am 1.8.1986 erzielt hätte und denjenigen Einkünften, die sie bei tatsächlicher Aufnahme der Ausbildung ab Januar 1989 erzielt.).

- **Verlust** eines **Stipendium**,[7]

- Nachteile durch **Eingangsverschlechterungen** im **Beruf** (Änderung der Einstellungsbedingungen, veränderte Arbeitsmarktlage),

- entgangenes **Entgelt** für den Zeitraum der **unfallkausalen Verzögerung** des Berufseintrittes,[8]

- **Minderverdienste** infolge verspäteter Einkommenssteigerungen,

- **Minderung** der **Altersrente**, soweit keine Rentenversicherungsbeiträge abgeführt werden.[9]

2. Änderung des Berufszieles

Kann wegen der Schadensfolgen der Verletzte den Beruf nicht mehr ergreifen, den er ohne den Unfall wahrscheinlich ergriffen hätte, sind ihm die Minderungen einschließlich etwaiger Minderungen in der Altersrente gegenüber dem tatsächlich ergriffenen Beruf zu ersetzen. Zu berücksichtigen sind aber auch die wirtschaftlichen Rahmenbedingungen des angestrebten Berufs (schlechte Arbeitsmarktlage, Einstellungshemmnisse, gesundheitliche Voraussetzungen, lange Ausbildungsdauer etc.). Zu bedenken ist auch, dass aus einer akademischen Ausbildung erst zu späteren Zeitpunkten (nach Studienabschluss) Einkünfte resultieren.

Wird eine Ausbildung unfallbedingt abgebrochen, dann aber eine (selbstständige oder abhängige) Erwerbstätigkeit aufgenommen, ist eine Vergleichsrechnung anzustellen und nur der etwaige Minderverdienst auszugleichen. Die Verzögerung an sich ist kein ersatzfähiger Schaden.[10]

Im Einzelfall können auch die wirtschaftlichen Folgen einer besonderen Krisenanfälligkeit des unfallbedingt gewählten Berufszieles schadensersatzrechtliche Bedeutung erlangen.[11]

---

6 OLG Hamm v. 11.5.1970 – 3 U 49/70 – NJW 1970,1853 = VersR 1970,1136 (Führt ein späterer Vorlesungs- und Prüfungsstreik bei unfallbedingter Verzögerung der Prüfung zur erneuten Verzögerung des Abschlusses, so stellt dieses keine adäquate Unfallfolge dar). Siehe aber auch BGH v. 23.10.1984 – VI ZR 30/83 – DAR 1985, 54 = MDR 1985, 479 = NJW 1985, 791 = r+s 1985, 15 = VersR 1985, 62 = VRS 68, 81 = zfs 1985, 76.
7 *Küppersbusch* Rn 169.
8 KG v. 20.10.2005 – 12 U 31/03 – DAR 2006, 149 = NZV 2006, 207 = VersR 2006, 794 = zfs 2006, 147 (Anm. *Diehl*) (Unfallbedingte Verzögerung eines Studienabschlusses).
9 Aufgrund des stark erweiterten Erfassungsbereiches des § 119 SGB X ist die praktische Relevanz deutlich reduziert.
Siehe u.a. *Küppersbusch* Rn 169 sowie Kap 3 Rn 591 ff.
10 Das übersieht OLG Frankfurt v. 17.10.1997 – 22 U 11/95 – NZV 1998, 249, welches unzulässigen fiktiven Erwerbsschaden zuspricht: Kläger bricht Studium unfallbedingt ab und nimmt eine Erwerbstätigkeit auf. Bei Fortsetzung des Studiums wäre unfallkausal eine 10monatige Studienverzögerung eingetreten. Das OLG billigt Ersatz des Verdienstausfalls für diese 10 Monate zu, obwohl der Kläger bereits mit dem früheren Berufseintritt ein gleich hohes Einkommen (wie nach Studienabschluss erwartet) erzielte.
11 *Küppersbusch* Rn 171 f. unter Hinweis auf *Steffen* DAR 1984, 1 ff.
Siehe OLG Hamm v. 21.6.1999 – 6 U 59/99 – DAR 2000, 264 = MDR 2000, 539 = OLGR 2000, 312 = r+s 2000, 199 = SP 2000, 123 (Verdienstausfallersatz bei nicht unfallkausalem Verlust einer nach dem Unfall angetretenen neuen Arbeitsstelle, wenn der Geschädigte ohne den Unfall bei seinem ersten Arbeitgeber weiterbeschäftigt gewesen wäre).

6 Potentiell erwerbstätige Personen

18 Werden durch das Haftpflichtgeschehen **Ausbildungskosten** nutzlos, besteht kein Ersatzanspruch hinsichtlich dieser frustrierten Aufwendungen.[12]

19 Eine Person, die als junger Mensch ursprüngliche berufliche Ziele aufgeben oder umstellen musste, ist dann allerdings auch gehalten, unabhängig von individuellen Interessen eine finanziell möglichst **adäquate Laufbahn** in Angriff zu nehmen.[13]

20 Entschließt sich ein Kind oder Jugendlicher nach Schulabschluss zu einer verletzungsadäquaten Ausbildung, die manchmal auch auf Veranlassung der Arbeitsverwaltung[14] bezahlt wird, und treten dann in der Folgezeit nicht verletzungsbedingte Arbeitslosigkeiten auf, ist deswegen Schadensersatz nicht geschuldet. Dieses gilt umso mehr in Zeiten erhöhter konjunkturell bedingter Arbeitslosigkeit.[15]

21 Hat sich der Verletzte vor der beruflichen (Neu-)Orientierung sachverständig beraten lassen, fällt ihm kein Mitverschulden zur Last, wenn die unfallabhängigen Erkrankungen trotzdem zur Aufgabe des umgesetzten Berufszieles führen.[16]

3. Sozialabgaben

22 Fiktive **Rentenversicherungsbeiträge** sind nicht zu ersetzen. Ein Beitragsanspruch besteht nur soweit, als das gesetzliche Rentenversicherungsrecht die Beitragsentrichtung ermöglicht und auf diese Weise einem späteren Rentennachteil vorbeugt. Hier ist für Schadenereignisse nach dem 30.6.1983 nur der Weg nach § 119 SGB X eröffnet.[17]

23 Ein Geschädigter hat auch keinen Anspruch, vom Ersatzpflichtigen die Mittel zum Abschluss einer **privaten Versicherung** zu erhalten.[18]

24 Muss ein Verletzter, der bisher im Rahmen des Familientarifes in der elterlichen **Krankenversicherung** kostenlos mitversichert war, mit dem Erwerb einer Verdienstausfallrente aus dieser Versicherung nunmehr ausscheiden und sich selbst versichern, so sind dem Verletzten diese Krankenversicherungskosten (längstens für den Zeitraum, für den eine kostenlose Familienmitversicherung bestanden hätte) zu ersetzen.[19] Es besteht u.U. Anspruch auf freiwillige Weiterversicherung (§ 9 SGB V).

---

12 *Geigel-Pardey* Kap 4 Rn 132; *Küppersbusch* Rn 179; *Pardey* S. 215, Rn 916.
13 Vgl. OLG Hamm v. 26.11.1997 – 13 U 92/96 – NZV 1999, 248 = VersR 2000, 234 (BGH hat die Revision nicht angenommen, Beschl. v. 29.9.1998 – VI ZR 364/97 -); OLG Köln v. 17.12.1999 – 3 U 211/97 – SP 2000, 229; OLG Köln v. 5.2.1999 – 3 U 91/98 – SP 2000, 125 (nur LS). Siehe auch BGH v. 4.6.1996 – VI ZR 227/94 – NJWE-VHR 1996, 141.
14 Da die Arbeitsverwaltung nach § 116 SGB X den Schadensersatzpflichtigen in Regress nimmt, finanziert dieser letztlich mittelbar damit häufig bereits die Erstausbildung eines verletzten Kindes oder Jugendlichen.
15 Vgl. OLG Hamm v. 31.1.1986 – 27 W 74/85 – r+s 1986, 180; OLG Zweibrücken v. 1.6.1977 – 1 W 9/77 – VersR 1978, 67.
16 OLG Köln v. 17.12.1999 – 3 U 211/97 – SP 2000, 229; OLG Köln v. 5.2.1999 – 3 U 91/98 – SP 2000, 125 (nur LS).
17 OLG Stuttgart v. 25.11.1997 – 14 U 20/97 – VersR 1999, 630.
Einzelheiten Kap 3 Rn 591 ff.
18 OLG Stuttgart v. 25.11.1997 – 14 U 20/97 – VersR 1999, 630.
19 KG v. 17.6.1999 – 12 U 2463/98 – DAR 2000, 401 (nur LS) = OLGR 2000, 239 (BGH hat die Revision nicht angenommen, Beschl. v. 9.5.2000 – VI ZR 293/99 –); OLG Stuttgart v. 25.11.1997 – 14 U 20/97 – VersR 1999, 630.

III. Zukunftsprognose

Besondere Schwierigkeiten bereitet die Feststellung von Erwerbsschäden bei schwer verletzten Kindern und Jugendlichen, da über deren berufliche Zukunft im Zeitpunkt des Schadeneintritts noch nichts, jedenfalls aber nicht viel, gesagt werden kann. Man kann aber nicht ohne konkrete Anhaltspunkte[20] unterstellen, dass ein verletztes Kind oder Jugendlicher auf Dauer die ihm zu Gebote stehenden Möglichkeiten für eine gewinnbringende Erwerbstätigkeit nicht nutzen und ohne Einkünfte bleiben würde.[21]

Die Rechtsprechung neigt dazu, dem Verletzten einen **„Schätzungsbonus"** zuzubilligen: Grundsätzlich hat der Schädiger die Prognoseschwierigkeiten zu tragen, vor die ein Verletzter gestellt wird, wenn er ex ante beurteilen soll, ob die Verletzungen ihm die Weiterverfolgung seiner ursprünglichen Pläne erlaubt haben würden.[22] Verbleibenden Risiken in der Einschätzung ist mit gewissen Abschlägen Rechnung zu tragen.[23]

Für die **Einschätzung**, welchem Erwerb das Kind (hypothetisch zu einem meist noch weit in der Zukunft gelegenen Zeitpunkt oder nach Ausbildungsende) nachgegangen wäre, kann man auf u.a. folgende Faktoren zurückgreifen:[24]

- bereits erkennbare Fähigkeiten, Begabungen und Neigungen des Kindes vor dem Unfall,
- unfallfremde Gebrechen,[25]
- schon begonnene schulische oder berufliche Ausbildungen,[26]

---

20 Zur Darlegungslast BGH v. 10.7.2007 – VI ZR 192/06 – BGHReport 2007, 1123 = BGHZ 173, 169 = DAR 2007, 639 (nur LS) = MDR 2007, 1370 (nur LS) = r+s 2007, 478 = SP 2007, 353 (nur LS) = VersR 2007, 1536 = VRS 113, 267 = zfs 2007, 681 (Anm. *Diehl*).
21 BGH v. 6.6.2000 – VI ZR 172/99 – DAR 2000, 527 = MDR 2000, 1334 = NJW 2000, 3287 = NZV 2001, 34 = r+s 2000, 415 = SP 2000, 394 = VersR 2000, 1521 = VRS 99, 343 = zfs 2000, 483; BGH v. 3.3.1998 – VI ZR 385/96 – DAR 1998, 231 = DB 1998, 1561 = EWiR 1998, 393 (Anm. *Grunsky*) = MDR 1998, 595 = NJW 1998, 1634 = NZV 1998, 279 = r+s 1998, 196 = SP 1998, 241 = VersR 1998, 772 = VRS 95, 1 = zfs 1998, 210; BGH v. 14.1.1997 – VI ZR 366/95 – DAR 1997, 153 = MDR 1997, 347 = NJW 1997, 937 = NZV 1997, 222 = r+s 1997, 158 = SP 1997, 157 = VersR 1997, 366 = VRS 93, 87 = zfs 1997, 131.
22 BGH v. 6.6.2000 – VI ZR 172/99 – DAR 2000, 527 = MDR 2000, 1334 = NJW 2000, 3287 = NZV 2001, 34 = r+s 2000, 415 = SP 2000, 394 = VersR 2000, 1521 = VRS 99, 343 = zfs 2000, 483; BGH v. 20.4.1999 – VI ZR 65/98 – DAR 1999, 401 = NJW-RR 1999, 1039 = VersR 2000, 233; KG v. 23.7.2001 – 12 U 980/00 – NZV 2002, 95 = OLGR 2002, 7 (Revision – VI ZR 338/01 – nicht durchgeführt); OLG Köln v. 17.12.1999 – 3 U 211/97 – SP 2000, 229; OLG Stuttgart v. 25.11.1997 – 14 U 20/97 – VersR 1999, 630.
23 BGH v. 8.11.2001 – IX ZR 404/99 – BGHReport 2002, 373 = NZV 2002, 268; GH v. 6.6.2000 – VI ZR 172/99 – DAR 2000, 527 = MDR 2000, 1334 = NJW 2000, 3287 = NZV 2001, 34 = r+s 2000, 415 = SP 2000, 394 = VersR 2000, 1521 = VRS 99, 343 = zfs 2000, 483; OLG Köln v. 27.2.2002 – 11 U 116/01 – DAR 2002, 353.
24 Vgl. OLG Frankfurt v. 28.10.1987 – 17 U 171/83 – VersR 1989, 48 = zfs 1989, 78; OLG Karlsruhe v. 25.11.1988 – 10 U 188/88 – DAR 1989, 104 = r+s 1989, 15 = VersR 1989, 1101; OLG Karlsruhe v. 4.8.1989 – 10 U 51/89 – zfs 1990,151 (Allein der Nachweis der intellektuellen Fähigkeit für Aufnahme und Abschluss eines Studiums reicht nicht für die Annahme aus, dass der Verletzte – konkret 12-jähriges Kind – auch tatsächlich ein Studium aufgenommen hätte); OLG Köln v. 21.9.1971 – 9 U 62/71 – NJW 1972, 59 = VersR 1972, 406 (nur LS); OLG Nürnberg v. 29.10.2002 – 3 U 1575/02 – SP 2003, 307 (Abwägung der schulischen und familiären Umstände ließen auf eine zeitliche Studienverzögerung von 5 Jahren schließen. Dabei war auch eine Erziehungszeit für ein zwischenzeitlich geborenes Kind einzubeziehen.).
25 OLG Stuttgart v. 25.11.1997 – 14 U 20/97 – VersR 1999, 630 (Zur Einschätzung eines hypothetischen Arbeitslebens bei unfallfremd – seit Geburt – vorbestehendem Hydrocephalus).

31 ▪ bereits in Gang gesetzte berufliche Pläne für das Kind,

32 ▪ schulische und berufliche Entwicklung von Geschwistern und Kindern (Mitschülern) vergleichbarer familiärer und sozialer Verhältnisse,

33 ▪ Ausbildung, Fortbildung und Beruf der Eltern,[27] eher im Ausnahmefall die Familientradition,

34 ▪ Entwicklung des Kindes nach (und insbesondere trotz[28]) der Verletzung.

35 Je weiter der schulische und berufliche Vorlauf des Verletzten im Unfallzeitpunkt bereits fortgeschritten war, desto konkreter und besser werden die Grundlagen für die Einschätzung des Erwerbsschadens. In der Regulierungspraxis ähnelt die Festlegung eines Schadenbetrages eher einer Weissagung denn einer Prognose. Hier ist das allseitige Bemühen um eine einvernehmliche, alle Seiten befriedende und befriedigende Lösung gefragt.

36 Statistische Erkenntnisse können nur mit Zurückhaltung berücksichtigt werden;[29] dieses gilt umso mehr, wenn dieses Zahlenmaterial nicht auf regionale Besonderheiten abstellen kann.

IV. Vorteilsausgleich, Schadenminderung

37 Anzurechnen sind einerseits ersparte Aufwendungen, die in dem nach dem zu unterstellenden hypothetischen Verlauf angestrebten Beruf angefallen wären (z.B. Fahrtkosten, Berufskleidung, ersparte Ausbildungskosten und Studiengebühren), andererseits auch wegen einer unfallbedingten Be- oder Verhinderung länger gezahlte Stipendien und BAföG-Leistungen (soweit nicht als Darlehn zurückzuzahlen) sowie wegen der Verzögerung der Ausbildung fortgezahlte Hinterbliebenenrenten.[30]

38 Nicht dem Ersatzpflichtigen gutzuschreiben sind höhere Einnahmen aus einem unfallbedingt aufgenommenen qualifizierteren Beruf für die zeitlich davor (z.B. während der Ausbildung) entstandenen Erwerbseinbußen.[31]

---

26 OLG Frankfurt v. 7.4.1983 – 1 U 187/82 – MDR 1983, 752 = zfs 1983, 362 (Verdienstausfall bei unfallbedingt nicht abgeschlossener akademischer Ausbildung).
27 OLG Nürnberg v. 29.10.2002 – 3 U 1575/02 – SP 2003, 307; LG Aschaffenburg v. 17.12.1999 – 3 O 674/98 – SP 2000, 125.
28 OLG Karlsruhe v. 25.11.1988 – 10 U 188/88 – DAR 1989, 104 = r+s 1989, 15 = VersR 1989, 1101; LG Oldenburg v. 20.2.1998 – 6 O 937/97 -.
29 BGH v. 2.2.1965 – VI ZR 275/63 – VersR 1965, 489; OLG Köln v. 21.9.1971 – 9 U 62/71 – NJW 1972, 59 = VersR 1972, 406 (nur LS).
30 Sozialversicherer (vor allem Berufsgenossenschaft und Rentenversicherung), aber auch andere Versorgungsträger zahlen Hinterbliebenenrenten. Anspruch auf Waisenrente besteht grundsätzlich bis zum 18. Lebensjahr (§ 48 IV Nr. 1 SGB VI), verlängert bis längstens zum 27. (u.U. geringfügig verlängert um Wehr-/Ersatzdienstzeiten, § 48 V SGB VI) Lebensjahr bei Ausbildung (§ 48 IV Nr. 2 lit. a SGB VI, § 67 III Nr. 2, 4 SGB VII) oder dem aufgrund einer Behinderung fehlenden Vermögen, sich selbst zu unterhalten (§ 48 IV Nr. 2 lit. b SGB VI). Eine ähnliche Regelung gilt für die beamtenrechtliche Hinterbliebenenversorgung (§ 61 I Nr. 3, II BeamtVG).
Muss ein Sozialversicherer oder anderer Drittleistungsträger nach einem Haftpflichtgeschehens an den Unfallverletzten länger eine Hinterbliebenenrente wegen des (unfallfremden) Todes eines Elternteiles zahlen, kann er diese aber nicht regressieren: Die Hinterbliebenenrente ist schadenkongruent ausschließlich zum Unterhaltsschaden eines unfallbedingt verstorbenen Unterhaltsverpflichteten, nicht aber zum Verdienstausfallschaden des unmittelbar unfallverletzten Beziehers einer Hinterbliebenenrente. Siehe auch *Jahnke* „Unfalltod und Schadenersatz" Kap 1 Rn 82 ff.
31 Es gelten die Ausführungen zur Umschulung entsprechend, siehe Kap 9 Rn 58.

A. Kinder, Schüler, Auszubildende, Studenten

Im übrigen gelten die zum Erwerbsschaden aufgezeigten Grundsätze, insbesondere müssen auch in jugendlichen Jahren Verletzte zur Erfüllung ihrer **Schadenminderungspflicht** baldmöglichst eine Ausbildung aufnehmen.[32]

39

V. Reserveursachen

Zu berücksichtigen sind auch diejenigen Umstände, die sich nach dem üblichen Gang der Dinge ungünstig auf die Einkommensverhältnisse ausgewirkt hätten, z.B. die **Wehr-** oder **Ersatzdienstzeit**,[33] aber auch **Wartezeiten** im Studium (Numerus clausus) sowie Schwierigkeiten bei der Beschaffung und Zurverfügungstellung von Ausbildungsstellen.

40

Wird für die fiktive Einkommensberechnung ein absolviertes **Studium** unterstellt, ist zu bedenken, dass dadurch höhere Ausbildungskosten und für die Studienzeit fehlende Einnahmen in die Berechnung einzustellen sind. Es sind zudem weitere erfolgreiche Studienabschlüsse und daran anknüpfende Einstellungschancen abzuwägen.

41

Auch kann im Einzelfall schadenmindernd zu berücksichtigen sein, dass ein Verletzter gerade wegen seiner Behinderung als anerkannter **Schwerbehinderter bevorzugt** oder früher eine Arbeitsstelle findet (siehe ergänzend §§ 33 ff. SGB IX sowie zur Beschäftigungspflicht[34] der Arbeitgeber §§ 71 ff. SGB IX).

42

VI. Entgangene Dienste, Unterhalt

Werden Kinder oder Jugendliche verletzt oder getötet, können neben der verletzten bzw. getöteten Person auch dritten, nur mittelbar betroffenen, Personen Ersatzansprüche wegen entgangener Dienste[35] oder entgangenen Unterhaltes[36] (§§ 844, 845 BGB) zustehen.

43

VII. Drittleistungen

> **§ 85 SGB VII – Mindest- und Höchstjahresarbeitsverdienst**
>
> (1) Der Jahresarbeitsverdienst beträgt mindestens
>   1. für Versicherte, die im Zeitpunkt des Versicherungsfalls das 15., aber noch nicht das 18. Lebensjahr vollendet haben, 40 %,
>   2. für Versicherte, die im Zeitpunkt des Versicherungsfalls das 18. Lebensjahr vollendet haben, 60 % der im Zeitpunkt des Versicherungsfalls maßgebenden Bezugsgröße. Satz 1 findet keine Anwendung auf Versicherte nach § 3 Absatz 1 Nr. 3.
>
> (2) Der Jahresarbeitsverdienst beträgt höchstens das Zweifache der im Zeitpunkt des Versicherungsfalls maßgebenden Bezugsgröße. Die Satzung kann eine höhere Obergrenze bestimmen.

44

---

32 BGH v. 6.6.2000 – VI ZR 172/99 – DAR 2000, 527 = MDR 2000, 1334 = NJW 2000, 3287 = NZV 2001, 34 = r+s 2000, 415 = SP 2000, 394 = VersR 2000, 1521 = VRS 99, 343 = zfs 2000, 483.
33 OLG Hamm v. 26.11.1997 – 13 U 92/96 – NZV 1999, 248 = VersR 2000, 234 (BGH hat die Revision nicht angenommen, Beschl. v. 29.9.1998 – VI ZR 364/97 -).
Siehe auch OLG Köln v. 21.3.1997 – 19 U 158/96 – VersR 1998, 507 = VRS 98, 170.
34 Öffentliche (verstärkte Verpflichtung, § 82 SGB IX) und private Arbeitgeber mit – grob formuliert – 20 und mehr Arbeitsplätzen (§§ 73, 74 SGB IX) müssen zur Vermeidung einer Ausgleichsabgabe (§ 77 SGB IX) mindestens 5 % der Arbeitsplätze mit Schwerbehinderten (bevorzugt Frauen, § 71 I 2 SGB IX) besetzen (§ 71 I SGB IX). Dieses gilt auch für Ausbildungsstellen, § 72 II SGB IX. Siehe auch OLG Hamm v. 3.2.1999 – 13 U 66/98 – SP 2000, 159.
35 Dazu Kap 7 Rn 112 ff.
36 *Jahnke* „Unfalltod und Schadenersatz" Kap 6 Rn 120 ff.

§ 86 SGB VII – Jahresarbeitsverdienst für Kinder

Der Jahresarbeitsverdienst beträgt
1. für Versicherte, die im Zeitpunkt des Versicherungsfalls das sechste Lebensjahr nicht vollendet haben, 25 %,
2. für Versicherte, die im Zeitpunkt des Versicherungsfalls das sechste, aber nicht das 15. Lebensjahr vollendet haben, $33^{1}/_{3}$ % der im Zeitpunkt des Versicherungsfalls maßgebenden Bezugsgröße.

§ 90 SGB VII – Neufestsetzung nach voraussichtlicher Schul- oder Berufsausbildung oder Altersstufen

(1) ¹Tritt der Versicherungsfall vor Beginn der Schulausbildung oder während einer Schul- oder Berufsausbildung der Versicherten ein, wird, wenn es für die Versicherten günstiger ist, der Jahresarbeitsverdienst von dem Zeitpunkt an neu festgesetzt, in dem die Ausbildung ohne den Versicherungsfall voraussichtlich beendet worden wäre. ²Der Neufestsetzung wird das Arbeitsentgelt zugrunde gelegt, das in diesem Zeitpunkt für Personen gleicher Ausbildung und gleichen Alters durch Tarifvertrag vorgesehen ist; besteht keine tarifliche Regelung, ist das Arbeitsentgelt maßgebend, das für derartige Tätigkeiten am Beschäftigungsort der Versicherten gilt.

(2) ¹Haben die Versicherten zur Zeit des Versicherungsfalls das 30. Lebensjahr noch nicht vollendet, wird, wenn es für sie günstiger ist, der Jahresarbeitsverdienst jeweils nach dem Arbeitsentgelt neu festgesetzt, das zur Zeit des Versicherungsfalls für Personen mit gleichartiger Tätigkeit bei Erreichung eines bestimmten Berufsjahres oder bei Vollendung eines bestimmten Lebensjahres durch Tarifvertrag vorgesehen ist; besteht keine tarifliche Regelung, ist das Arbeitsentgelt maßgebend, das für derartige Tätigkeiten am Beschäftigungsort der Versicherten gilt. ²Es werden nur Erhöhungen berücksichtigt, die bis zur Vollendung des 30. Lebensjahres vorgesehen sind.

(3) Können die Versicherten in den Fällen des Absatz 1 oder 2 infolge des Versicherungsfalls einer Erwerbstätigkeit nicht nachgehen, wird, wenn es für sie günstiger ist, der Jahresarbeitsverdienst nach den Erhöhungen des Arbeitsentgelts neu festgesetzt, die zur Zeit des Versicherungsfalls von der Vollendung eines bestimmten Lebensjahres, der Erreichung eines bestimmten Berufsjahres oder von dem Ablauf bestimmter Bewährungszeiten durch Tarif festgesetzt sind; besteht keine tarifliche Regelung, ist das Arbeitsentgelt maßgebend, das für derartige Tätigkeiten am Beschäftigungsort der Versicherten gilt.

(4) Ist der Versicherungsfall vor Beginn der Berufsausbildung eingetreten und läßt sich auch unter Berücksichtigung der weiteren Schul- oder Berufsausbildung nicht feststellen, welches Ausbildungsziel die Versicherten ohne den Versicherungsfall voraussichtlich erreicht hätten, wird der Jahresarbeitsverdienst mit Vollendung des 21. Lebensjahres auf 75 % und mit Vollendung des 25. Lebensjahres auf 100 % der zu diesen Zeitpunkten maßgebenden Bezugsgröße neu festgesetzt.

(5) Wurde der Jahresarbeitsverdienst nach den Vorschriften über den Mindestjahresarbeitsverdienst oder über den Jahresarbeitsverdienst für Kinder festgesetzt, wird er, vorbehaltlich der Regelungen in den Absatz 1 bis 4, mit Vollendung der in diesen Vorschriften genannten weiteren Lebensjahre entsprechend dem Vomhundertsatz der zu diesen Zeitpunkten maßgebenden Bezugsgröße neu festgesetzt.

(6) In den Fällen des § 82 Absatz 2 Satz 2 sind die Absätze 1 bis 3 entsprechend anzuwenden.

§ 91 SGB VII – Mindest- und Höchstjahresarbeitsverdienst, Jahresarbeitsverdienst nach billigem Ermessen bei Neufestsetzung

Bei Neufestsetzungen des Jahresarbeitsverdienstes nach voraussichtlicher Schul- oder Berufsausbildung oder Altersstufen sind die Vorschriften über den Mindest- und Höchstjahresarbeitsverdienst und über den Jahresarbeitsverdienst nach billigem Ermessen entsprechend anzuwenden.

A. Kinder, Schüler, Auszubildende, Studenten

Gerade bei Kindern und Jugendlichen, die vor Abschluss ihrer Ausbildung verletzt wurden, ist Vorsicht bei der Regulierung der Direktansprüche geboten. Handelt es sich für das verletzte Kind um ein der gesetzlichen Unfallversicherung unterfallendes Geschehen, werden u.a. bei dauerhafter Beeinträchtigung auf den Verdienstausfallschaden anzurechnende Rentenleistungen erbracht, die in Abhängigkeit vom erreichten Lebensalter teilweise deutlich angehoben werden.[37]

Der JAV beträgt mindestens (sog. **Mindest-JAV**, § 85 SGB VII) in Abhängigkeit vom im Zeitpunkt des Versicherungsfall vollendeten Lebensalter des Verletzten einen gesetzlichen festgelegten Prozentsatz von der im Zeitpunkt des Versicherungsfalles maßgebenden Bezugsgröße (BZG, § 18 SGB IV), und zwar:

Übersicht 6.2: Mindest-Jahresarbeitsverdienst

vollendetes Lebensjahr	% der Bezugsgröße	Vorschrift	
bis zum 6. Lebensjahr	25 %	§ 86 Nr. 1	SGB VII
6. – 15. Lebensjahr	33 1/3 %	§ 86 Nr. 2	SGB VII
15. – 18. Lebensjahr	40 %	§ 85 I Nr. 1	SGB VII
ab dem 18. Lebensjahr	60 %	§ 85 I Nr. 2	SGB VII
fiktives Ausbildungsende		§ 90	SGB VII
ab dem 18. Lebensjahr	75 %	§ 90 IV	SGB VII
ab dem 25. Lebensjahr	100 %	§ 90 IV	SGB VII

Bei jüngeren Verletzten wird die Rente in den Folgejahren nach Erreichen der jeweiligen Altersgrenzen (nach oben) angepasst (§ 90 I, III, IV, V SGB VII). **Nach dem 21. Lebensjahr** (§ 90 IV SGB VII) kann eine weitergehende Anpassung, orientiert an einem hypothetisch festgestellten beruflichen Lebensweg, erfolgen und damit zu deutlich höheren Rentenzahlungen führen, die dann auf den Schaden des Direktgeschädigten anzurechnen und – wegen des früheren Forderungsüberganges nach § 116 SGB X im Unfallzeitpunkt – dem Unfallversicherer, soweit übergangsfähig, abzurechnen sind.

Übersicht 6.3: Bezugsgröße (§ 18 SGB IV) und Mindest-Jahresarbeitsverdienst

	monatliche BZG (§ 18 SGB IV)		bis 6. Lbj.: 25 %		6. – 15. Lbj.: 33,33 %		15. – 18. Lbj.: 40 %		ab dem 18. Lbj.: 60 %	
	West	Ost	West	Ost	West	Ost	West	Ost	West	Ost
2002	2.345,00 €	1.960,00 €	586,25 €	490,00 €	781,67 €	653,33 €	938,00 €	784,00 €	1.407,00 €	1.176,00 €
2003	2.380,00 €	1.995,00 €	595,00 €	498,75 €	793,33 €	665,00 €	952,00 €	798,00 €	1.428,00 €	1.197,00 €
2004	2.415,00 €	2.030,00 €	603,75 €	507,50 €	805,00 €	676,67 €	966,00 €	812,00 €	1.449,00 €	1.218,00 €
2005	2.415,00 €	2.030,00 €	603,75 €	507,50 €	805,00 €	676,67 €	966,00 €	812,00 €	1.449,00 €	1.218,00 €
2006	2.450,00 €	2.065,00 €	612,50 €	516,25 €	816,67 €	688,33 €	980,00 €	826,00 €	1.470,00 €	1.239,00 €
2007	2.450,00 €	2.100,00 €	612,50 €	525,00 €	816,59 €	699,93 €	980,00 €	840,00 €	1.470,00 €	1.260,00 €
2008	2.485,00 €	2.100,00 €	621,25 €	525,00 €	828,33 €	699,93 €	994,00 €	840,00 €	1.491,00 €	1.260,00 €

---

37 Siehe ergänzend Kap 3 Rn 416 ff.

50 *Beispiel 6.1:*
Das Kind K wird im Jahre 2008 verletzt. Die MdE wird für den 12-jährigen K mit 30 % festgesetzt.

Ergebnis:
Der Mindest-JAV 2008 beträgt für K im Westbereich 828,33 €/Monat.
- Vollrente: 828,33 € * $^2/_3$ JAV = 552,22 €/Monat,
- MdE 30 %: 522,22 € * 30 % der Vollrente = 165,67 €/Monat.

K erhält im Jahre 2006 eine Verletztenrente in Höhe monatlich 165,67 €.

51 *Beispiel 6.2:*
Die monatliche (§ 18 SGB IV) für 2007 (West, 100 %) beträgt 2.450,00 €, davon sind $^2/_3$ (§ 56 III SGB VII) der Rentenberechnung zugrunde zu legen.

Ergebnis:
In Abhängigkeit vom erreichten Lebensalter und der MdE beträgt die monatliche Rente 2007 auf Grundlage des Mindest-Jahresarbeitsverdienstes (mindestens) zwischen 81,67 € (4-jähriges Kindergartenkind, MdE 20 %) und 980,00 € (19-jähriger Schüler, MdE 100 %). Bei Erwachsenen, die vor Abschluss ihrer Ausbildung verletzt wurden, steigt dann der Betrag auf bis zu 1.633,33 €.
Achtung: Die Rente kann auch nach einem deutlich über dem Mindest-Jahresarbeitsverdienst liegenden Wert zu bemessen sein (vgl. § 90 SGB VII).

52 Beispielsrechnung zu Beispiel 6.2 (S. 335, Rn 6-51): Bezugsgröße 2007 West = 2.450,00 € (2/3 = 1.633,33 €).

MdE	25 %	33,33 %	40 %	60 %	75 %	100 %
100 %	408,33 €	544,39 €	653,33 €	980,00 €	1.225,00 €	1.633,33 €
90 %	367,50 €	489,95 €	588,00 €	882,00 €	1.102,50 €	1.470,00 €
80 %	326,67 €	435,51 €	522,67 €	784,00 €	980,00 €	1.306,67 €
70 %	285,83 €	381,07 €	457,33 €	686,00 €	857,50 €	1.143,33 €
60 %	245,00 €	326,63 €	392,00 €	588,00 €	735,00 €	980,00 €
50 %	204,17 €	272,20 €	326,67 €	490,00 €	612,50 €	816,67 €
40 %	163,33 €	217,76 €	261,33 €	392,00 €	490,00 €	653,33 €
30 %	122,50 €	163,32 €	196,00 €	294,00 €	367,50 €	490,00 €
20 %	81,67 €	108,88 €	130,67 €	196,00 €	245,00 €	326,67 €

53 Die **Vollrente** (§ 56 III 1 SGB VII) beträgt bei vollständigem Verlust der Erwerbsfähigkeit (MdE = 100 %) 2/3 des JAV. Wird die MdE mit mindestens 20 % festgestellt, wird eine **Teilrente** (§ 56 III SGB VII) mit demjenigen Prozentsatz der Vollrente gezahlt, der dem MdE-Grad entspricht.

VIII. Klage

54 Ein verletztes Kind kann Ersatzansprüche wegen der Beeinträchtigung seiner Erwerbsfähigkeit nur im Wege der Feststellung (außergerichtliches Anerkenntnis oder Feststellungsklage) verfolgen. Eine **Leistungsklage auf künftige Rentenzahlung** ist vor dem Eintritt ins erwerbsfähige Alter ausgeschlossen.[38]

B. Arbeitslose

I. Direktanspruch

Die sozialrechtliche gewährte Arbeitslosenunterstützung hat Lohnersatzfunktion. Arbeitslose sind wegen ihrer Arbeitsfähigkeit und Arbeitsbereitschaft grundsätzlich in den Arbeitsmarkt integriert. Soweit ein Arbeitsloser wegen des Haftpflichtereignisses geringere Sozialleistungen erhält, hat er einen Schadenersatzanspruch.

55

War ein Verletzter im Unfallzeitpunkt bereits arbeitslos, ist die Prognose, ob und wann er ohne den Unfall erneut eine Beschäftigung gefunden hätte, schwierig. Die gleichen Probleme bestehen, wenn der berufliche Werdegang vor dem Unfall wechselhaft oder unstetig war[39] oder nur kurzfristige und über das Jahr verteilte Beschäftigungen[40] oder unregelmäßige Einkommen aufweist.

56

Gerade in **Zeiten** und **Regionen / Gebieten** mit **erhöhter Arbeitslosigkeit** wird die Prognose eher ungünstig ausfallen,[41] während in Zeiten der Arbeitskraftnachfrage diese sich auch gerade bezüglich bestimmter Berufskreise positiv darstellen kann. Die Gefahr längerfristiger Arbeitslosigkeit ist für ungelernte oder gering qualifizierte Arbeitnehmer erheblich erhöht.[42] Zu beachten ist, dass auch in Zeiten genereller Arbeitslosigkeit bestimmte Berufsgruppen (z.B. in Intervallen wiederkehrend Ingenieure, Programmierer, Informatiker) stark nachgefragt sein können.

57

---

38 OLG Köln v. 19.5.1988 – 7 U 139/87 – VersR 1988, 1185 = zfs 1989, 10.
39 BGH v. 24.1.1995 – VI ZR 354/94 – DAR 1995, 202 = NZV 1995, 189 = NJW 1995, 2227 = r+s 1995, 217 = VersR 1995, 469 = zfs 1995, 170; BGH v. 2.4.1991 – VI ZR 179/90 – DAR 1991, 260 = MDR 1991, 602 = NJW 1991, 2422 = VersR 1991, 703 = zfs 1991, 262 (nur LS); BGH v. 5.12.1989 – VI ZR 321/88 – NZV 1990, 185 = VersR 1990, 284; BGH v. 31.1.1989 – VI ZR 10/88 – DAR 1989, 224 = NJW-RR 1989, 606 = zfs 1989, 261; OLG Hamm v. 25.10.1999 – 13 U 1/98 – SP 2000, 194; OLG Hamm v. 31.1.1986 – 27 W 74/85 – r+s 1986, 180; OLG Zweibrücken v. 1.6.1977 – 1 W 9/77 – VersR 1978, 67.
40 OLG Hamm v. 15.8.1994 – 6 U 184/91 – r+s 1995, 256 = SP 1995, 297; OLG München (Senat Augsburg) v. 28.7.1994 – 24 U 862/92 – SP 1994, 343.
Siehe auch BGH v. 4.3.1997 – VI ZR 243/95 – MDR 1997, 937 = NJW 1997, 2943 = NZV 1997, 302 = r+s 1997, 371 = SP 1997, 245 = VersR 1997, 751 = VRS 1997, 269 = zfs 1997, 250 (Zeitliche Kongruenz der Sozialhilfe-Jahresleistung bei Einkünften nur in einzelnen Monaten des Jahres).
41 OLG Hamm v. 23.11.2004 – 9 U 203/03 – OLGR 2005, 305 (Bei lebensnaher Prognose ist für die Zukunft zu erwarten, dass in Anbetracht der sich weiter zuspitzenden Lage auf dem Arbeitsmarkt und fehlender Zusatzqualifikation des Klägers – Unfall 12.10.1985, danach Umschulung vom Betriebsschlosser zum Industriekaufmann, durchgängige Arbeitslosigkeit – sich dessen Einstellungschancen bereits aufgrund des allgemeinen Konkurrenzkampfes deutlich verschlechtern werden und seinen gesundheitlichen Beeinträchtigungen für die Einstellung kein entscheidendes Gewicht mehr zukommen wird. Demzufolge muss der Kläger künftig damit rechnen, dass es ihm mit zunehmender Zeit immer schwerer fallen wird, den Kausalzusammenhang zwischen Unfall und Verdienstausfall nachzuweisen. Für den Zeitraum Dezember 2002 – Mai 2003 sprach das OLG einen an einem Vergleichsmann orientierten Schadensersatz zu.).
OLG Hamm v. 31.1.1986 – 27 W 74/85 – r+s 1986, 180; OLG Zweibrücken v. 1.6.1977 – 1 W 9/77 – VersR 1978, 67. *Berz/Burmann-Heß* Kap 6 D, Rn 11.
42 Vgl. OLG Stuttgart v. 25.11.1997 – 14 U 20/97 – VersR 1999, 630; OLG Saarbrücken v. 18.11.2003 – 3 U 804-01-27 – zfs 2005, 287 (Anm. *Diehl*) (Mangels ausreichendem Vortrag kein Verdienstausfallersatz für 26jährigen, im Unfallzeitpunkt seit 15 Monaten arbeitslosen, der deutschen Sprache nicht ausreichend mächtigen Verletzten).

6 Potentiell erwerbstätige Personen

58 Nach der Rechtsprechung des BGH[43] darf bei der Ermittlung eines nach §§ 842, 843 BGB zu ersetzenden Erwerbsschadens auch unter Berücksichtigung der Beweiserleichterungen nach § 252 S. 2 BGB, § 287 I ZPO einem Verletzten, dessen Arbeitskraft unfallbedingt beeinträchtigt ist, ohne hinreichende Anhaltspunkte dafür, wie sich seine Erwerbstätigkeit ohne das Unfallereignis voraussichtlich entwickelt hätte, pauschal kein abstrakt geschätzter „Mindestschaden" zugesprochen werden. Hat allerdings jemand sich eine Existenz aufgebaut, ist i.d.R. davon auszugehen, dass er ohne den Unfall aus beruflicher Tätigkeit Einkommen erzielt haben würde, auch wenn er seine Arbeitsstelle häufig wechselte und zeitweise ohne Einkommen war; die Wechselhaftigkeit kann allerdings dann durch Abschläge Berücksichtigung finden.[44]

59 Hätte der Verletzte auch ohne den Unfall irgendwann seinen Arbeitsplatz verloren (z.B. wegen Konkurses des Arbeitgebers nach dem Unfall), ist es Sache des Geschädigten, Anknüpfungstatsachen darzulegen und unter Berücksichtigung der Beweiserleichterungen aus § 252 BGB, § 287 ZPO zu beweisen, wann, wo und zu welchen Bedingungen er ohne den Unfall Arbeit gefunden hätte.[45]

---

43 BGH v. 24.1.1995 – VI ZR 354/93 – BB 1995, 696 = DAR 1995, 202 = MDR 1995, 693 = NJW 1995, 2227 = NZV 1995, 189 = r+s 1995, 217 = SP 1995, 201 = VersR 1995, 469 = zfs 1995, 170; BGH v. 17.1.1995 – VI ZR 62/94 – DAR 1995, 248 = MDR 1995, 358 = NJW 1995, 1023 = nzv 1995, 217 = r+s 1995, 139 = VersR 1995, 422 = VRS 88, 401. Siehe auch: OLG Hamm v. 25.10.1999 – 13 U 1/98 – SP 2000, 194.

44 Siehe BGH v. 8.11.2001 – IX ZR 404/99 – BGHReport 2002, 373 = NZV 2002, 268; BGH v. 3.3.1998 – VI ZR 385/96 – DAR 1998, 231 = DB 1998, 1561 = EWiR 1998, 393 (Anm. *Grunsky*) = MDR 1998, 595 = NJW 1998, 1634 = NZV 1998, 279 = r+s 1998, 196 = SP 1998, 241 = VersR 1998, 772 = VRS 95, 1 = zfs 1998, 210; BGH v. 17.2.1998 – VI ZR 342/96 – DAR 1998, 349 = MDR 1998, 534 = NJW 1998, 1633 = r+s 1998, 195 = SP 1998, 207 = VersR 1998, 772; BGH v. 24.1.1995 – VI ZR 354/93 – BB 1995, 696 = DAR 1995, 202 = MDR 1995, 693 = NJW 1995, 2227 = NZV 1995, 189 = r+s 1995, 217 = SP 1995, 201 = VersR 1995, 469 = zfs 1995, 170; BGH v. 17.1.1995 – VI ZR 62/94 – DAR 1995, 248 = MDR 1995, 358 = NJW 1995, 1023 = nzv 1995, 217 = r+s 1995, 139 = VersR 1995, 422 = VRS 88, 401; OLG Hamm v. 21.2.2001 – 13 U 208/00 – HVBG-Info 2002, 1273 = r+s 2001, 507 = SGb 2002, 561 (nur LS) = SP 2001, 410 = VersR 2002, 732 = zfs 2001, 406 (Abschlag von 40 %); OLG Hamm v. 25.10.1999 – 13 U 1/98 – SP 2000, 194 (Abschlag in Höhe von 10 % auf die Ausgangsgröße, konkret das Bruttoeinkommen im Jahre 1992. Ferner nahm wurde ein Ende der Lebensarbeitszeit des im Unfallzeitpunkt 26-jährigen, im Unfallzeitpunkt seit 8 Monaten Arbeitslosen mit dem 60. Lebensjahr angenommen.).

45 BGH v. 8.11.2001 – IX ZR 404/99 – BGHReport 2002, 373 = NZV 2002, 268.

Man kann hinsichtlich der Einschätzung, ob Geschädigte ohne Unfall ein Erwerbseinkommen gehabt hätte, im Rahmen der gemäß § 287 ZPO gebotenen Schadensschätzung wegen der wirtschaftlichen Lage einen prozentualen Risikoabschlag vornehmen.[46]

60

Der Arbeitslose muss allerdings für den Zeitraum, für den er einen Erwerbsschaden geltend macht, auch tatsächlich nach den Vorschriften des SGB III dem **Arbeitsmarkt zur Verfügung** gestanden haben.[47] Stellt die Arbeitsverwaltung Leistungen vorzeitig ein, besteht Veranlassung zu prüfen, ob zugleich auch ein schadensersatzrechtlich relevanter Verstoß gegen Mitwirkungsverpflichtungen zur Verwertung restlicher Arbeitskraft vorliegt.

61

II. Drittleistungen an im Unfallzeitpunkt Arbeitslose[48]

Nach § 126 SGB III verliert der Arbeitslose bei **Arbeitsunfähigkeit infolge Krankheit** seine Ansprüche auf Arbeitslosengeld (ALG I) nicht für die Dauer von bis zu 6 Wochen. Erst nach Ablauf der 6-Wochen-Frist besteht häufig Anspruch auf Krankengeld in Höhe der zuvor erbrachten SGB III-Leistungen, § 47b SGB V.

62

1. 6-Wochenzeitraum ab Unfall / Erkrankung (Fortzahlung von ALG I und ALG II)

a. ALG, § 126 SGB III

> **§ 126 SGB III – Leistungsfortzahlung bei Arbeitsunfähigkeit**
>
> (1) ¹Wird ein Arbeitsloser während des Bezugs von Arbeitslosengeld infolge Krankheit arbeitsunfähig, ohne dass ihn ein Verschulden trifft, oder wird er während des Bezugs von Arbeitslosengeld auf Kosten der Krankenkasse stationär behandelt, verliert er dadurch nicht den Anspruch auf Arbeitslosengeld für die Zeit der Arbeitsunfähigkeit oder stationä-

63

---

46 BGH v. 8.11.2001 – IX ZR 404/99 – BGHReport 2002, 373 = NZV 2002, 268; BGH v. 6.2.2001 – VI ZR 339/99 – DAR 2001, 266 = EWiR 2001, 567 (Anm. *Grunsky*) = MDR 2001, 689 = NJW 2001, 1640 = NZV 2001, 210 = r+s 2001, 285 = SP 2001, 158 = VRS 100, 241; BGH v. 6.6.2000 – VI ZR 172/99 – DAR 2000, 527 = MDR 2000, 1334 = NJW 2000, 3287 = NZV 2001, 34 = r+s 2000, 415 = SP 2000, 394 = VersR 2000, 1521 = VRS 99, 343 = zfs 2000, 483; BGH v. 11.11.1997 – VI ZR 376/96 – BGHZ 137, 142 = DAR 1998, 63 = DB 1998, 672 (nur LS) = HVBG-Info 1998, 553 = JA 1998, 441 (nur LS) (Anm. *Roth*) = JuS 1998, 657 (Anm. *Emmerich*) = JZ 1998, 680 (Anm. *Schiemann*) = MDR 1998, 157 (Anm. *van Bühren*, Anm. *Schäfer* MDR 1998, 1080) = NJW 1998, 810 = NJWE-VHR 1998, 108 (nur LS) = NZV 1998, 65 (Anm. *Heß* NZV 1998, 402) = r+s 1998, 20 = SP 1998, 39, 104 = VersR 1998, 201 (Anm. *Wessels* VersR 2000, 284) = VRS 94, 243 = zfs 1998, 93; BGH v. 17.1.1995 – VI ZR 62/94 – DAR 1995, 248 = MDR 1995, 358 = NJW 1995, 1023 = nzv 1995, 217 = r+s 1995, 139 = VersR 1995, 422 = VRS 88, 401; OLG Schleswig-Holstein v. 2.6.2005 – 7 U 124/01 – OLGR 2006, 5 = SchlHA 2006, 163 (Abschlag von 50 % bei psychischem Folgeschaden); KG v. 26.1.2004 – 12 U 8954/00 – NZV 2005, 148 = VersR 2004, 1567 (nur LS) (Abschlag von 1/3 bei selbstständigem Bauunternehmer wegen der Zukunftsrisiken); OLG Hamm v. 21.2.2001 – 13 U 208/00 – HVBG-Info 2002, 1273 = r+s 2001, 507 = SGb 2002, 561 (nur LS) = SP 2001, 410 = VersR 2002, 732 = zfs 2001, 406 (Abschlag von 40 % bei 29jährigem, im Unfallzeitpunkt (1997) arbeitslosem Asphaltbauers); OLG Hamm v. 21.6.1999 – 6 U 59/99 – DAR 2000, 264 = MDR 2000, 539 = OLGR 2000, 312 = r+s 2000, 199 = SP 2000, 123 (Abschlag von 10 % bei 26jährigem, im Unfallzeitpunkt arbeitslosen Mann).

47 AG Solingen v. 6.9.1994 – 13 C 105/94 – SP 1995, 137 (Ein Arbeitsloser, der postalisch für das Arbeitsamt nicht erreichbar ist, steht dem Arbeitsmarkt nicht zur Verfügung und hat keinen Anspruch auf Arbeitslosengeld und damit auch keinen Anspruch auf Erwerbsschadensersatz in Höhe des fiktiven Arbeitslosengeldes).

48 *Bieringer* „Zum Forderungsübergang von Barleistungen nach § 127 AFG und § 1542 RVO bei Arbeitslosen" VersR 1983, 516.

> ren Behandlung bis zur Dauer von sechs Wochen (Leistungsfortzahlung). ²Als unverschuldet im Sinne des Satzes 1 gilt auch eine Arbeitsunfähigkeit, die infolge einer durch Krankheit erforderlichen Sterilisation durch einen Arzt oder eines nicht rechtswidrigen Abbruchs der Schwangerschaft eintritt. ³Dasselbe gilt für einen Abbruch der Schwangerschaft, wenn die Schwangerschaft innerhalb von 12 Wochen nach der Empfängnis durch einen Arzt abgebrochen wird, die Schwangere den Abbruch verlangt und dem Arzt durch eine Bescheinigung nachgewiesen hat, dass sie sich mindestens drei Tage vor dem Eingriff von einer anerkannten Beratungsstelle beraten lassen hat.
>
> (2) ¹Eine Leistungsfortzahlung erfolgt auch im Falle einer nach ärztlichem Zeugnis erforderlichen Beaufsichtigung, Betreuung oder Pflege eines erkrankten Kindes des Arbeitslosen bis zur Dauer von 10, bei alleinerziehenden Arbeitslosen bis zur Dauer von 20 Tagen für jedes Kind in jedem Kalenderjahr, wenn eine andere im Haushalt des Arbeitslosen lebende Person diese Aufgabe nicht übernehmen kann und das Kind das 12. Lebensjahr noch nicht vollendet hat oder behindert und auf Hilfe angewiesen ist. ²Arbeitslosengeld wird jedoch für nicht mehr als 25, für alleinerziehende Arbeitslose für nicht mehr als 50 Tage in jedem Kalenderjahr fortgezahlt.
>
> (3) Die Vorschriften des SGB V, die bei Fortzahlung des Arbeitsentgelts durch den Arbeitgeber im Krankheitsfall sowie bei Zahlung von Krankengeld im Falle der Erkrankung eines Kindes anzuwenden sind, gelten entsprechend.

64 Steht ein Arbeitslosengeldempfänger infolge einer Körperverletzung dem Arbeitsmarkt nicht mehr zur Verfügung, und bezieht er stattdessen des Arbeitslosengeldes (§§ 117 ff. SGB III) Leistungsfortzahlung bei Arbeitsunfähigkeit i.S.d. § 126 I 1 SGB III, entsteht ihm nach der BGH-Rechtsprechung[49] wegen des Wegfalls seines bisherigen Anspruchs bei normativer Betrachtungsweise (vielleicht auch, weil verwaltungsvereinfachende Motive[50] hinter der Arbeitslosengeldzahlung an Arbeitsunfähige stehen) ein Erwerbsschaden, der dann entsprechend auf die Bundesagentur für Arbeit übergeht. Regress wegen seiner Fortzahlung kann die Arbeitsverwaltung daher nehmen.

b. Kinderbetreuung

65 Leistungsberechtigung besteht auch bei Betreuung von Kindern entsprechend den Bestimmungen des § 45 SGB V, § 126 II, III SGB III.

66 **Regress** wegen der Fortzahlung kann die Arbeitsverwaltung nicht nehmen, da keinerlei Beziehung (Kongruenz) zum Betreuungsschaden (vermehrte Bedürfnisse des Kindes) erkennbar ist.

c. Arbeitslosenhilfe, § 25 SGB II

67
> **§ 25 SGB II – Leistungen bei medizinischer Rehabilitation der Rentenversicherung und bei Anspruch auf Verletztengeld aus der Unfallversicherung**
>
> ¹Hat ein Bezieher von Arbeitslosengeld II dem Grunde nach Anspruch auf Übergangsgeld bei medizinischen Leistungen der gesetzlichen Rentenversicherung, erbringen die Träger der Leistun-

---

49 BGH v. 8.4.2008 – VI ZR 49/07 – BGHReport 2008, 789 = DAR 2008, 467 (nur LS) = MDR 2008, 798 = NJW 2008, 2185 = NZV 2008, 402 = r+s 2008, 356 (Anm. *Lemcke*) = SP 2008, 288 = VersR 2008, 824. **A.A.:** LG Aachen v. 10.2.1984 – 5 S 432/83 – VersR 1985, 893 = zfs 1985, 333 (zu § 127 a.F. AFG); AG Münster v. 20.1.1987 – 28 C 621/86 – (zu § 127 n.F. AFG); *Jahnke* „Forderungsübergang im Schadensfall", Schriftenreihe der Arbeitsgemeinschaft Verkehrsrecht im DAV – Homburger Tage 1998, S. 29 ff. (S. 55, Fn 66); *Küppersbusch* Fn 329 (S. 46) und Rn 707.
50 BGH v. 20.3.1984 – VI ZR 78/83 – VersR 1984, 862 mit Hinweis auf BT-Drucksache 8/4022, S. 89 f. zu § 105b I AFG.

> gen nach diesem Buch die bisherigen Leistungen als Vorschuss auf die Leistungen der Rentenversicherung weiter; dies gilt entsprechend bei einem Anspruch auf Verletztengeld aus der gesetzlichen Unfallversicherung. ²Werden Vorschüsse länger als einen Monat geleistet, erhalten die Träger der Leistungen nach diesem Buch von den zur Leistung verpflichteten Trägern monatliche Abschlagszahlungen in Höhe der Vorschüsse des jeweils abgelaufenen Monats. ³§ 102 SGB X gilt entsprechend

Nach § 126 SGB III behält im Unfallzeitpunkt Arbeitslose seine Ansprüche Arbeitslosengeld für die Dauer von bis zu 6 Wochen; für Arbeitslosenhilfe galt dies nur bis 31.12.2004, § 198 S. 1 Nr. 3 SGB III). **68**

§ 25 SGB II a.F. sah vor, dass bei Krankheit, also auch nach einem Unfall, zur Vermeidung eines Trägerwechsels bei überschaubaren Zeiträumen,⁵¹ auch das ALG II für 6 Wochen (bis zum 31.12.2004: §§ 126, 198 S. 1 Nr. 3 SGB III) fortzuzahlen ist, wenn dem Grunde nach Anspruch auf Krankengeld besteht. Regress hätte mangels Nachweis einer unmittelbaren Vermittelbarkeit nur im Ausnahmefall genommen werden können. **69**

§ 25 SGB II ist mit Wirkung zum 1.1.2005 (Art. 2a Nr. 2, Art. 32 VI Verwaltungsvereinfachungsgesetz)⁵² rückwirkend geändert worden. Hat ein ALG II-Bezieher dem Grunde nach Anspruch auf Übergangsgeld bei medizinischen Leistungen der gesetzlichen Renten- oder Anspruch auf Verletztengeld der Unfallversicherung, erbringen die Leistungsträger nach dem SGB II ihre bisherigen Leistungen als **Vorschuss** auf die Leistungen der Rentenversicherung weiter, § 25 SGB II. Ansonsten wird ALG II nicht fortgezahlt. **70**

Eine Regressmöglichkeit entfällt schon mangels Aktivlegitimation, da der Leistungsträger lediglich Vorschüsse zahlt. **71**

2. Zeitraum nach 6 Wochen

a. Krankengeld

> **§ 47b SGB V – Höhe und Berechnung des Krankengeldes bei Beziehern von Arbeitslosengeld, Unterhaltsgeld oder Kurzarbeitergeld** **72**
>
> (1) ¹Das Krankengeld für Versicherte nach § 5 Absatz 1 Nr. 2 wird in Höhe des Betrages des Arbeitslosengeldes oder des Unterhaltsgeldes gewährt, den der Versicherte zuletzt bezogen hat. ²Das Krankengeld wird vom ersten Tage der Arbeitsunfähigkeit an gewährt.
>
> (2) ¹Ändern sich während des Bezuges von Krankengeld die für den Anspruch auf Arbeitslosengeld oder Unterhaltsgeld maßgeblichen Verhältnisse des Versicherten, so ist auf Antrag des Versicherten als Krankengeld derjenige Betrag zu gewähren, den der Versicherte als Arbeitslosengeld oder Unterhaltsgeld erhalten würde, wenn er nicht erkrankt wäre. ²Änderungen, die zu einer Erhöhung des Krankengeldes um weniger als zehn vom Hundert führen würden, werden nicht berücksichtigt.
>
> (3) Für Versicherte, die während des Bezuges von Kurzarbeitergeld arbeitsunfähig erkranken, wird das Krankengeld nach dem regelmäßigen Arbeitsentgelt, das zuletzt vor Eintritt des Arbeitsausfalls erzielt wurde (Regelentgelt), berechnet.
>
> (4) ¹Für Versicherte, die arbeitsunfähig erkranken, bevor in ihrem Betrieb die Voraussetzungen für den Bezug von Kurzarbeitergeld nach dem SGB III erfüllt sind, wird, solange Anspruch auf Fortzahlung des Arbeitsentgelts im Krankheitsfalle besteht, neben dem Arbeitsentgelt als Krankengeld der Betrag des Kurzarbeitergeldes gewährt, den der Versicherte

---

51 BT-Drucksache 15/1516, S. 58.
52 Gesetz zur Vereinfachung der Verwaltungsverfahren im Sozialrecht (Verwaltungsvereinfachungsgesetz) v. 21.3.2005, BGBl I 2005, 818.

> erhielte, wenn er nicht arbeitsunfähig wäre. ²Der Arbeitgeber hat das Krankengeld kostenlos zu errechnen und auszuzahlen. ³Der Arbeitnehmer hat die erforderlichen Angaben zu machen.
>
> (5) Bei der Ermittlung der Bemessungsgrundlage für die Leistungen der gesetzlichen Krankenversicherung ist von dem Arbeitsentgelt auszugehen, das bei der Bemessung der Beiträge zur gesetzlichen Krankenversicherung zugrunde gelegt wurde.
>
> (6) ¹In den Fällen des § 232a Absatz 3 wird das Krankengeld abweichend von Absatz 3 nach dem Arbeitsentgelt unter Hinzurechnung des Winterausfallgeldes berechnet. ²Die Absätze 4 und 5 gelten entsprechend.

73 Nach Ablauf der 6-Wochen-Frist wird Krankengeld in Höhe der zuvor erbrachten SGB III-Leistungen gezahlt, § 47b SGB V. Krankengeld in Höhe des ALG II-Bezuges wird nicht gewährt, § 47b SGB V ist mit Wirkung zum 1.1.2005 (Art. 4 Nr. 2a, Art. 32 VI Verwaltungsvereinfachungsgesetz)[53] geändert worden.

74 Regelmäßig ist das Krankengeld, das zum Verdienstausfallschaden und zum Haushaltsführungsschaden (aber nur soweit dieser auf § 842 BGB beruht)[54] **kongruent** ist, zur Höhe voll übergangsfähig.

75 Liegen allerdings erhebliche **Ersparnisse** des Verletzten während der Zeit der Arbeitsunfähigkeit vor (insbesondere Wegfall von hohen Aufwendungen für Fahrten zum Arbeitsplatz), muss auf dem Nachweis der Übergangsfähigkeit durch die Krankenkasse bestanden werden.

76 Der Krankenversicherer kann bei einem im Unfallzeitpunkt bereits Arbeitslosen das Krankengeld nur in Höhe und für die Zeit der Arbeitslosengeldzahlungen (bis 31.12.2004 auch Arbeitslosenhilfezahlungen) regressieren.[55] Nach § 47b SGB V ist als Krankengeld der Betrag der zuvor erbrachten **Leistung des Arbeitsamtes** zu zahlen.

77 Zu beachten ist der **fiktive Wechsel zur Arbeitslosenhilfe** (bis 31.12.2004) bzw. zum **ALG II** (ab 1.1.2005) nach (fiktiver) Ausschöpfung des Zeitraumes für die Arbeitslosengeldzahlung. Seit dem 1.1.2005 wird Krankengeld in Höhe des ALG II-Bezuges nicht gewährt, in § 47b SGB V wurde das ALG II herausgenommen (Art. 4 Nr. 2a Verwaltungsvereinfachungsgesetz).[56]

b. Träger nach dem SGB II

78 Hat ein ALG II-Bezieher dem Grunde nach Anspruch auf Übergangsgeld bei medizinischen Leistungen der gesetzlichen Renten- oder Unfallversicherung, erbringen die Leistungsträger nach dem SGB II ihre bisherigen Leistungen als Vorschuss auf die Leistungen der Rentenversicherung weiter, § 25 SGB II.

III. § 110 SGB X

79 In den Fällen der §§ 110 f. SGB VII, §§ 640f. RVO (grob fahrlässig herbeigeführter Arbeitsunfall) steht nur leistungspflichtigen **Sozialversicherungsträgern** ein eigenes – und

---

53 Gesetz zur Vereinfachung der Verwaltungsverfahren im Sozialrecht (Verwaltungsvereinfachungsgesetz) v. 21.3.2005, BGBl I 2005, 818.
54 OLG Hamm v. 24.9.2001 – 6 U 86/01 – r+s 2001, 506.
55 BGH v. 20.3.1984 – VI ZR 78/83 – VersR 1984, 862; BGH v. 20.3.1984 – VI ZR 14/82 – BGHZ 90, 334 = NJW 1984, 1811 = VersR 1984, 639.
56 Gesetz zur Vereinfachung der Verwaltungsverfahren im Sozialrecht (Verwaltungsvereinfachungsgesetz) v. 21.3.2005, BGBl I 2005, S. 818.

B. Arbeitslose 6

gerade nicht vom unmittelbar Geschädigten erst abgeleitetes – Forderungsrecht zu.[57] Da die Bundesagentur für Arbeit und die Träger der Grundsicherung für Arbeitsuchende nach dem SGB II nur im Rahmen des § 116 SGB X als „Versicherungsträger" gelten (§ 116 X SGB X), kann die Arbeitsagentur ebenso wenig wie der Sozialhilfeträger Rückgriff nach §§ 110 f. SGB VII, §§ 640 f. RVO nehmen.

---

57 Zum Regress nach §§ 110 SGB VII und § 640 RVO siehe Kap 1 Rn 116 ff.

Kapitel 7 Sonderbereiche

A. Ausfall im Haushalt[1]

I. Haushaltsführungsschaden

1. Verletzungsfall

a. §§ 842, 843 BGB

Wird ein den Haushalt führender Ehegatte (gleich ob Hausfrau oder Hausmann) verletzt und kann er dadurch seiner familiären Unterhaltspflicht nicht mehr nachkommen, verliert er damit die Möglichkeit einer wirtschaftlich sinnvollen Verwertung seiner Arbeitskraft. Die daraus entstehenden Nachteile sind dem Verletzten (und nicht dem mittelbar betroffenen Ehegatten) nach §§ 842, 843 BGB zu ersetzen:[2]

- Soweit die Haushaltsführung als Beitrag zum Familienunterhalt der Versorgung von Familienangehörigen dient, handelt es sich um einen **Erwerbsschaden** (§§ 842, 843 I 1. Alt. BGB),
- soweit die Eigenversorgung der verletzten Person (Hausfrau, Hausmann) entfällt, resultiert der Anspruch aus § 843 I 2. Alt. BGB (**vermehrte Bedürfnisse**).

Zu ersetzen sind die tatsächlichen und fiktiven Kosten einer Hilfskraft, soweit sie erforderlich sind, den unfallbedingten Ausfall in der tatsächlichen Haushaltstätigkeit auszugleichen.

b. Aufteilung Verdienstausfall – vermehrte Bedürfnisse

Die Aufteilung des Schaden in (nicht übergangsfähigen) Mehrbedarf und (übergangsfähigen) Erwerbsschaden kann i.d.R. nach **Kopfteilen** der haushaltsangehörigen Personen vorgenommen werden.[3]

> *Beispiel 7.1:*
> Eine Familie besteht aus 4 Personen: Mutter M, Vater V sowie die Kinder X und Y. M wird anlässlich eines von A verschuldeten Unfalles verletzt. Der monatliche Haushaltsführungsschaden beträgt 400 EUR.
>
> *Ergebnis:*
> Die Familie besteht aus 4 Personen, von denen 3 Personen (V, X und Y) Dienste der M erhalten. Soweit M ihrer Familie keine Dienste im Haushalt erbringen kann, beträgt der auf **§ 842 BGB** gestützte Schadensersatzanspruch $^3/_4$ von 400 EUR, also 300 EUR.

---

1 Zum Thema: *Burmann* „Schadensersatz bei verletzungsbedingtem Ausfall in der Haushaltsführung" zfs 1995, 201; *Hillmann* „Haushaltsführungsschaden" zfs 1999, 229; *Hofmann* „Der Wert der Hausfrauenarbeit nach deutscher und schweizerischer bundesgerichtlicher Rechtsprechung" VersR 1983, 1093; *Jahnke* „Versorgungsschaden in der nicht-ehelichen Lebensgemeinschaft nach einem Unfall" NZV 2007, 329; *Pardey* „Haushaltsführungsschaden bei Verletzung oder Tötung" DAR 2006, 671.
2 BGH v. 23.6.1998 – VI ZR 327/97 – DAR 1998, 447 = NZV 1998, 456 = SP 1999, 44 = VersR 1998, 1387; BGH v. 10.10.1989 – VI ZR 247/88 – r+s 1989, 399 = VersR 1989, 1273; OLG Karlsruhe v. 6.3.1992 – 9 U 189/91 – DAR 1993, 391; LG Frankfurt (Oder) v. 18.5.2007 – 17 O 524/03 – DAR 2008, 29.
3 BGH v. 4.12.1984 – VI ZR 117/83 – MDR 1985, 660 = VersR 1985, 356; LG Frankfurt (Oder) v. 18.5.2007 – 17 O 524/03 – DAR 2008, 29.

Soweit die M sich zu zuvor selbst versorgen musste und dieses jetzt nicht mehr kann, entstehen ihr vermehrte Bedürfnisse, so dass ihr $^1/_4$ von 400 EUR, also 100 EUR, nach **§ 843 BGB** zu ersetzen sind.

M	V
§ 843 BGB	§ 842 BGB
X	Y
§ 842 BGB	§ 842 BGB

7 Mit der Veränderung im Haushaltszuschnitt ändert sich auch die Verteilung § 842 BGB – § 843 BGB und damit auch der Forderungsübergang auf Drittleistungsträger.

8 *Beispiel 7.2:*
Mutter M wird verletzt. Der Haushaltführungsschaden beträgt 300 EUR

Mutter (*§ 843 BGB*)	Vater (§ 842 BGB)	Kind X (§ 842 BGB)	Kind Y (§ 842 BGB)	Forderungsüber- gang auf Dritt- leistungsträger
25 % = 75 EUR	25 % = 75 EUR	25 % = 75 EUR	25 % = 75 EUR	225 EUR
$^1/_3$ = 100 EUR	$^1/_3$ = 100 EUR	$^1/_3$ = 100 EUR	---	200 EUR
50 % = 150 EUR	50 % = 150 EUR	---	---	150 EUR
100 % = 300 EUR	---	---	---	0 EUR

2. Unterhaltsschaden

9 Anders als im Verletzungsfall stützt sich der wegen Tötung des Haushaltsführenden entgangene Betreuungsunterhalt wie der Barunterhalt auf **§ 844 II BGB** (bzw. den entsprechenden Parallelvorschriften der speziellen Haftungsgesetze) und ist nicht (wie bei §§ 842, 843 BGB) zu splitten.

II. Verletzungsfall

1. Eigenversorgung – Fremdversorgung

a. Eigenversorgung

aa. Einzelhaushalt

10 Wegen der unfallbedingt beeinträchtigten Eigenversorgung steht der verletzten Person ein auf § 843 BGB gestützter Anspruch auf Mehrbedarfsrente zu, der nicht vom Familienstand abhängig ist.[4]

11 Auch der alleinstehenden Person mit eigenem Haushalt steht ein Ersatzanspruch zu.[5] Die Störung in der Eigenversorgung der verletzten Person (Hausfrau, Hausmann) selbst stellt

---

[4] OLG Düsseldorf v. 12.6.2006 – I-1 U 241/05 – NJW-RR 2006, 1535 = NJW-Spezial 2006, 450 = NZV 2007, 40 = r+s 2006, 436; LG Kaiserslautern v. 19.5.2006 – 2 O 333/01 – SVR 2007, 343 (nur LS) (Anm. Balke).

keinen Einkommensschaden dar, sondern ist aus dem Rechtsaspekt der vermehrten Bedürfnisse (§ 843 BGB) heraus zu entschädigen. **Kinder**, die noch im Haushalt ihrer Eltern leben, haben keinen Schadenersatzanspruch.[6]

Während der Zeit einer stationären Behandlung ist der Haushaltsführungsschaden angesichts der Versorgung im Krankenhaus oder der Reha-Einrichtung (z.B. bei einer Kur und Anschluss-Heilbehandlung) deutlich reduziert (Beschränkung auf notwendige Erhaltungsmaßnahme im heimischen Bereich).[7]

Wenn man im Ausgangspunkt sich zur Stundensatzhöhe an **BAT/TVöD-Gehaltsgruppen** orientiert, ist für den Single-Haushalt zu beachten, dass hier die Werte **reduzieren** werden müssen; die Vergütungsgruppen beinhalten nämlich auch die Haushaltsführung für weitere Personen und sind von daher höher.

bb. Mehrpersonenhaushalt

Hinsichtlich der unfallbedingt beeinträchtigten Eigenversorgung des verletzten Partners steht diesem ein auf § 843 BGB gestützter Anspruch auf Mehrbedarfsrente zu, der nicht vom Familienstand abhängig ist.[8]

b. Fremdversorgung

Man wird beim Haushaltsführungsschaden **differenzieren** müssen zwischen

- **gesetzlicher Versorgung** (familienrechtlicher Unterhalt),
- **tatsächlicher Versorgung**,
- **vertraglicher Versorgung**.

aa. Gesetzliche Versorgung

Nach der Konzeption der §§ 842 ff. BGB genießt nur die gesetzliche, dh. familienrechtliche, Unterhaltsbeziehung deliktischen Schutz (§§ 844 II, 845 BGB).

Bei der Ermittlung des auf §§ 842, 843 I 1. Alt. BGB (Erwerbsschaden) gestützten Anteils am Haushaltsführungsschaden sind zwei Aspekte zu bedenken, dh. der Anspruch ist in **zwei Stufen** zu ermitteln:[9]

1. Es muss **überhaupt** eine Fremdversorgung **geschuldet** sein.

---

5 BGH v. 18.2.1992 – VI ZR 367/90 – DAR 1992, 262 = MDR 1992, 1129 = NJW-RR 1992, 792 = r+s 1992, 235 = VersR 1992, 618 = VRS 83,127; KG v. 4.12.2006 – 12 U 119/05 – DAR 2007, 587 (nur LS) (Anm. *Forster* DAR 2008, 25) = jurisPR-VerkR 11/2008 Anm. 6 (Anm. *Lang*) = KGR 2007, 629 = MDR 2007, 887 = SP 2007, 437 (nur LS) = VRS 112,323; KG v. 4.5.2006 – 12 U 42/05 – KGR 2006, 749 = NZV 2007, 43 (nur LS) = VRS 111,16 (auch dem Alleinstehenden steht grundsätzlich ein Anspruch auf Ersatz des Haushaltsführungsschadens zu; dies gilt auch, wenn eine Ersatzkraft nicht eingestellt wurde); KG v. 15.2.1982 – 12 U 3843/81 – VersR 1982, 978 = VRS 65,326 = zfs 1982, 362; OLG Düsseldorf v. 23.10.1985 – 15 U 4/85 – zfs 1986, 166; LG Köln v. 15.4.2008 – 8 O 270/06 – DAR 2008, 389 = jurisPR-VerkR 11/2008 Anm. 6 (Anm. *Lang*).

6 Dazu Kap 6 Rn 51.

7 OLG Hamm v. 18.12.2003 – 6 U 105/03 – NZV 2004, 631.

8 OLG Düsseldorf v. 12.6.2006 – I-1 U 241/05 – NJW-RR 2006, 1535 = NJW-Spezial 2006, 450 = NZV 2007, 40 = r+s 2006, 436.

9 Ergänzend *Jahnke* „Versorgungsschaden in der nicht-ehelichen Lebensgemeinschaft nach einem Unfall" NZV 2007, 329 (zu V.2.b).

22 2. Ist eine Fremdversorgung geschuldet, so ist das dann **ersatzfähige Volumen** der Arbeitsleistung zu ermitteln.

(1) Historische Entwicklung des Haushaltsführungsschadens

23 Ursprünglich war die „Ehefrau zu Arbeiten im Hauswesen und im Geschäft des Mannes" (§ 1356 II BGB a.F.) verpflichtet.[10] War sie unfallkausal dazu nicht in der Lage, stand nur dem Ehemann (und nicht etwa der verletzten bzw. getöteten Ehefrau) ein Anspruch nach **§ 845 BGB** wegen Entziehung familienrechtlich geschuldeter Dienste zu. Gesetzesreformen[11] wandelten den ursprünglichen „Dienstanspruch" zu einem Naturalanspruch, der im Rahmen gegenseitiger Unterhaltspflicht geschuldet ist. Diese Systemänderung bedeutete gleichzeitig auch den Wechsel in der Person des Ersatzberechtigten:[12] Der mittelbar betroffene Ehegatte verlor seinen Anspruch aus § 845 BGB (entgangene Dienste), der verletzte Partner erwarb nunmehr einen eigenen Erwerbsschadenanspruch (§§ 842, 843 I 1. Alt. BGB).[13]

24 Der rechtliche Ursprung des als Erwerbsschaden gewerteten Anteils am Haushaltsführungsschaden liegt also im § 845 BGB, der ausschließlich familienrechtlich geschuldete Dienste zum Gegenstand hat. Hierauf setzt die durch die Familienrechtsänderungen erforderlich gewordene Änderung der Rechtsprechung hinsichtlich der Anspruchsgrundlage auf, um den deswegen ansonsten nunmehr nicht mehr ersatzfähigen mittelbaren Schaden Dritter dem Schädiger erneut zu überantworten.

(2) Maßstab

25 Der Einsatz der Arbeitskraft im Haushalt zur Erfüllung der Unterhaltspflicht steht dem auf Erzielung von Gewinn zur Deckung des Lebensbedarfs gerichteten Arbeitseinsatz wirtschaftlich gleich.[14] Von der Dienstleistung gegen Geld unterscheidet sich die Haushaltsführung letztlich nur dadurch, dass sich ihr wirtschaftlicher Erfolg nicht in barer Münze erweist, sondern sich dadurch auszeichnet, dass für die Familiengemeinschaft notwendige Arbeiten nicht entgeltlich durch Dritte erbracht werden müssen.

---

10 Zur historischen Entwicklung siehe *Jahnke* NZV 2007, 329 (zu V.2.b);*Röthel* NZV 2001, 333 (zu IV.1) sowie *Küppersbusch* Rn 181 (Fn 373).
11 Gleichberechtigungsgesetz v. 18.7.1957, BGBl I 1957, 609; Erstes Gesetz zur Reform des Ehe- und Familienrechts v. 14.6.1976, BGBl I 1976, 1421.
12 BGH v. 9.7.1968 – GSZ 2/67 – BB 1968, 974 = BGHZ 50, 304 = DAR 1969, 18 = DB 1968, 1620 = FamRZ 1968, 507 = JR 1969, 100 (Anm. *Bösch*) = JR 1969, 100 (Anm. *Bökelmann*) = JuS 1969, 92 = JZ 1969, 517 = MDR 1968, 821 = NJW 1968, 1823 = VersR 1968, 852.
13 BGH v. 20.5.1980 – VI ZR 202/78 – BGHZ 77, 157 = DAR 1980, 338 = DB 1980, 2285 = FamRZ 1980, 776 = JR 1980, 508 (nur LS) = JuS 1981, 294 (Anm. *Emmerich*) = MDR 1980, 924 = NJW 1980, 2196 = VersR 1980, 921 = VRS 59, 177 = zfs 1980, 300 (auch der Witwer kann seinen Anspruch wegen der „Dienste" nicht mehr auf § 845 BGB stützen sondern nur auf § 844 II BGB); BGH v. 11.7.1972 – VI ZR 194/70 – BB 1972, 1161 = BGHZ 59, 172 = MDR 1972, 941 = NJW 1972, 2217 = VersR 1972, 1075; BGH v. 9.7.1968 – GSZ 2/67 – BB 1968, 974 = BGHZ 50, 304 = DAR 1969, 18 = DB 1968, 1620 = FamRZ 1968, 507 (Anm. *Bosch*) = JR 1969, 100 (Anm. *Bökelmann*) = JuS 1969, 92 = JZ 1969, 517 = MDR 1968, 21 = NJW 1968, 823 = VersR 1968, 52 (Nach dem Inkrafttreten des Gleichberechtigungsgesetzes ist der Ehemann nicht mehr berechtigt, von dem verantwortlichen Schädiger Schadenersatz nach § 845 BGB wegen Behinderung der verletzten Ehefrau in der Haushaltsführung zu verlangen); BGH v. 25.9.1962 – VI ZR 244/61 – BGHZ 38, 5.
14 BGH v. 25.9.1973 – VI ZR 49/72 – BG 1974, 268 = MDR 1974, 302 = NJW 1974, 41,640 = VersR 1974, 162; *Huffmann* „Die nicht-eheliche Lebensgemeinschaft im Schadensrecht – Schadensersatz für entgangenen Unterhalt?" VGT 1985, S. 91.

(a) Unterhaltsberechtigter Personenkreis

Die Arbeit muss anderen **überhaupt geschuldet** sein. Das **familienrechtliche Maß** gibt dabei den personellen Rahmen vor:[15] Bei der Hausarbeit stellt nicht schon die Betätigung der Arbeitskraft als solche, sondern nur die für andere in Erfüllung einer gesetzlich geschuldeten Unterhaltsverpflichtung geleistete Haushaltstätigkeit eine der Erwerbstätigkeit vergleichbare, wirtschaftlich ins Gewicht fallende Arbeitsleistung und damit einen Erwerbsschaden dar. Das durch §§ 842f. BGB geschützte Vermögen des Verletzten kann nur dann betroffen sein, wenn durch das Unterbleiben der Hausarbeit für dritte Personen eine bestehende Unterhaltspflicht mit der Folge unerfüllt bliebe, dass der Verletzte an sich gehalten wäre, auf andere Weise seinen Beitrag zum Familienunterhalt zu leisten.[16] Für die Ermittlung der schadenersatzrechtlich relevanten haushaltsangehörigen Personen ist damit allein auf die familienrechtliche Unterhaltspflicht und nicht auf ein tatsächliches Verhalten abzustellen.

26

Eigene, unterhaltsberechtigte **Kinder** der verletzten Person sind in die Berechnung des Haushaltsführungsschadens einzubeziehen unabhängig von der Frage, ob es sich um gemeinsame Kinder mit einem ehelichen oder nicht-ehelichen Lebensabschnittspartner handelt.

27

Andere **im Haushalt lebende** Familienangehörige (z.B. Schwiegereltern, Geschwister, Stiefkind, Onkel, Tante) oder Freunde sind bei der Berechnung nicht zu berücksichtigen; diese Personen sind auch im übrigen bei der Schadenbetrachtung nur mittelbar Geschädigte. Nur wenn und soweit die verletzte Person für diese Angehörigen gegen Bezahlung (und nicht nur fiktives Entgelt) tätig war, erleidet sie einen konkreten Verdienstausfallschaden.

28

Da der **nicht-eheliche Partner** nicht familienrechtlich unterhaltsberechtigt ist, ist seine Existenz schadenersatzrechtlich irrelevant.[17]

29

Sind **Haustiere** (vor allem Hund, Pferd, Katze) zu versorgen, ist auch hier die fehlende unterhaltsrechtliche Verpflichtung zu sehen und der mit dieser Versorgung verbundene

30

---

15 BGH v. 25.9.1973 – VI ZR 49/72 – BG 1974, 268 = MDR 1974, 302 = NJW 1974, 41,640 = VersR 1974, 162 (zu II.1.b); OLG Düsseldorf v. 12.6.2006 – I-1 U 241/05 – NJW-RR 2006, 1535 = NJW-Spezial 2006, 450 = NZV 2007, 40 = r+s 2006, 436; OLG Düsseldorf v. 12.4.1996 – 14 U 163/95 – OLGR 1996, 181 (Versorgung von Altenteilern – Schwiegermutter – im landwirtschaftlichen Betrieb); OLG Düsseldorf v. 21.2.1991 – 13 U 177/90 – VersR 1992, 1418; OLG Nürnberg v. 10.6.2005 – 5 U 195/05 – DAR 2005, 629 = FamRZ 2005, 2069 (Anm. *Löhnig*) = HVBG-Info 2005, 939 = JurBüro 2006, 276 = MDR 2006, 93 = NJW-Spezial 2006, 210 (nur LS) = NZV 2006, 209 = OLGR 2005, 618 = r+s 2005, 440 = SP 2006, 132 = VersR 2007, 248; LG Itzehoe v. 9.2.2004 – 2 O 145/02 -; LG Hildesheim v. 6.7.2000 – 1 S 36/00 – SP 2000, 410 = VersR 2002, 1431; AG Krefeld v. 3.4.2003 – 70 C 457/02 – SP 2003, 269 (bestätigt LG Krefeld v. 3.4.2003 – 3 S 30/03 – SP 2003, 418); siehe *Jahnke* „Versorgungsschaden in der nicht-eheliche Lebensgemeinschaft nach einem Unfall" NZV 2007, 329 (zu V.2.b) aa) m.w.N.; *Palandt-Thomas* § 843 BGB Rn 8. A.A.:OLG Oldenburg v. 28.7.1992 – 5 U 32/92 – r+s 1993, 101 = VersR 1993, 1491 = zfs 1996, 154; *Huffmann* „Die nicht-eheliche Lebensgemeinschaft im Schadensrecht – Schadensersatz für entgangenen Unterhalt?" VGT 1985, S. 92 (unter Hinweis auf BGH v. 25.9.1973 – VI ZR 49/72 – BG 1974, 268 = FamRZ 1975, 30 = MDR 1974, 302 = NJW 1974, 41,640 = SGb 1974, 390 = VersR 1974, 162 = zfs 1974, 158, BGH v. 25.9.1973 – VI ZR 49/72 – BG 1974, 268 = MDR 1974, 302 = NJW 1974, 41,640 = VersR 1974, 162 und BGH v. 7.5.1974 – VI ZR 10/73 – MDR 1974, 1012 = NJW 1974, 1651 (Anm. *v.Denck* NJW 1974, 2280) = VersR 1974, 1016 = VRS 47,321).

16 OLG Nürnberg v. 10.6.2005 – 5 U 195/05 – DAR 2005, 629 = FamRZ 2005, 2069 (Anm. *Löhnig*) = HVBG-Info 2005, 939 = JurBüro 2006, 276 = MDR 2006, 93 = NJW-Spezial 2006, 210 (nur LS) = NZV 2006, 209 = OLGR 2005, 618 = r+s 2005, 440 = SP 2006, 132 = VersR 2007, 248.

17 Kap 7 Rn 53.

Zeitaufwand außer Betracht zu lassen. Beeinträchtigte Mitwirkung in einem landwirtschaftlichen Betrieb ist unter dem Aspekt des Verdienstausfalles zu würdigen.[18]

(b) Dem schützenswerten Personenkreises erbrachte tatsächlich erbrachte Arbeitsleistung

31 Stehen diejenigen Familienangehörigen fest, denen Naturalleistungen rechtlich berücksichtigenswert entgangen sind, stellt sich erst daran anschließend die Frage, ob das diesen zu erbringende Arbeitsvolumen sich ebenfalls am familienrechtlich geschuldeten ausrichtet (wie beim Unterhaltsschaden) oder aber am tatsächlichen Verhalten.

32 Erst jetzt ist die tatsächlich erbrachte Leistung relevant. Abzustellen ist bei diesem zweiten Prüfungsschritt – anders als beim Unterhaltsschaden nach § 844 II BGB – nicht auf das familienrechtlich geschuldete Maß, sondern darauf, welche tatsächliche Arbeitsleistung die verletzte Person ohne den Unfall ihren unterhaltsberechtigten Familienangehörigen im Haushalt erbracht hätte.[19]

33 Nach §§ 1356, 1360 BGB regeln die Eheleute Haushaltsführung und Erwerbstätigkeit im wechselseitigen Einvernehmen. Ihnen obliegt es, die mit der Haushaltsführung verbundenen Pflichten **untereinander aufzuteilen**. Der Ersatzanspruch des verletzten Ehepartners bestimmt sich nicht nach seiner gesetzlich geschuldeten, sondern nach der von ihr/ihm tatsächlich ohne die Verletzung erbrachten Leistung im Haushalt.[20] Die interne Verteilung der Haushaltsführung ist schadensersatzrechtlich dann zu **korrigieren**, wenn ein offensichtliches Missverhältnis vorliegt, das eine Korrektur als überobligationsmäßig erlaubt oder wenn der Gestaltungsspielraum nicht mehr mit dem Grundsatz der Angemessenheit in Einklang gebracht werden kann.[21] Bei **Verrentung** eines Ehegatten ist eine Neuverteilung der Aufgaben im Haushalt zu bedenken.

bb. Tatsächliche Versorgung

34 Das Deliktrecht, das dem Familienrecht im Rahmen der §§ 842 ff. BGB schon aus Gründen der Rechtssicherheit (Einheitlichkeit des BGB) zu folgen hat,[22] kann lediglich faktisch bestehenden Versorgungsbeziehungen keinen abweichenden deliktischen Schutz gewähren.

---

18 Kap 4 Rn 20.
19 BGH v. 7.5.1974 – VI ZR 10/73 – MDR 1974, 1012 = NJW 1974, 1651 (Anm. v. Denck NJW 1974, 2280) = VersR 1974, 1016 = VRS 47,321.
20 BGH v. 7.5.1974 – VI ZR 10/73 – MDR 1974, 1012 = NJW 1974, 1651 (Anm. v.Denck NJW 1974, 2280) = VersR 1974, 1016 = VRS 47,321; OLG Düsseldorf v. 29.8.2002 – 8 U 190/01 – NJW-RR 2003, 87 = OLGR 2003, 383 = VersR 2004, 120; OLG Oldenburg v. 28.7.1992 – 5 U 32/92 – r+s 1993, 101 = VersR 1993, 1491 = zfs 1993, 154.
21 BGH v. 22.1.1985 – VI ZR 71/83 – VersR 1985, 365; OLG Bamberg v. 16.11.1982 – 5 U 90/82 – FamRZ 1983, 914 = zfs 1983, 295; OLG Köln v. 17.2.1989 – 20 U 37/87 – VersR 1990, 1285 (nur LS) = zfs 1991, 11 (BGH v. 20.3.1990 – VI ZR 127/89 – VersR 1990, 748 hat Revision teilweise nicht angenommen); OLG Zweibrücken v. 31.10.1988 – 1 W 48/88 – NJW-RR 1989, 479 = zfs 1989, 201.
22 BGH v. 25.4.2006 – VI ZR 114/05 – (Berichtigungsbeschluss v. 20.6.2006 – VI ZR 114/05 -) BGHReport 2006, 1171 = DAR 2007, 22 (nur LS) = FamRZ 2006, 1108 (Anm. Luthin) = MDR 2006, 1409 = NJW 2006, 2327 = NJW-Spezial 2006, 402 = NZV 2006, 467 = r+s 2006, 519 (Anm. Bliesener) = SP 2006, 310 = VersR 2006, 1081 = VRS 111,327 = zfs 2006, 677.

A. Ausfall im Haushalt

Wer nicht gegen Entlohnung, sondern wohltätig / karitativ[23] tätig ist oder unentgeltlich[24] für einen anderen Dienstleistungen erbringt und dann unfallkausal dazu vorübergehend oder dauerhaft nicht in der Lage ist, erleidet selbst keinen Erwerbsschaden. Der Ausfall der freiwillig und ohne Erwartung einer verbindlichen Gegenleistung erbrachten Tätigkeit im Haushalt stellt keine ersatzfähige Vermögenseinbuße dar.

35

Der Verletzte selbst erleidet keinen Schaden, da die Arbeitskraft nicht gegen Entgelt zur Verfügung gestellt wurde. Soweit dem nicht verletzten nicht-ehelichen Partner oder dessen Anverwandten (z.B. nicht gemeinsame Kinder) bislang Dienste ohne Gegenleistung vom Verletzten erbracht wurden, erleidet er als nur mittelbar Geschädigter zwar eine Vermögenseinbuße, hat aber – mangels geschützter Rechtsgutverletzung – keinen eigenen Anspruch. Durch den Ausfall erleidet nur der jeweilige Empfänger der Dienstleistung einen Schaden; dieser ist aber Drittgeschädigter, sein Schaden ist nicht erstattungspflichtig. Für den Fall der **bloß tatsächlich erbrachten Arbeitsleistung** stellt sich diese nicht als Äquivalent zur Unterhaltsleistung (eben nicht: Versorgungsverpflichtung) des anderen Partners dar.

36

Der Schadensersatzanspruch richtet sich bei nicht-ehelicher Gemeinschaft grundsätzlich nur an einem – hypothetischen – **Ein-Personen-Haushalt** der verletzten Person unter Außerachtlassung der Haushaltsführung für den Lebens(-abschnitts-)partner aus.[25] Die Vorteile aus der gemeinsamen Nutzung einer Wohnung mit einer weiteren Person (z.B. Partner) (**Rationalisierungseffekte**) senken allerdings den geltend zu machenden Schaden.

37

---

23 OLG Celle v. 3.12.1987 – 5 U 299/86 – NJW 1988, 2618 = JuS 1995, 12 (Anm. *Gotthardt*) = VersR 1988, 1240 = zfs 1988, 37 (Verletzung eines Ordensbruders, der nach Satzung und Gelübde zu unentgeltlicher Arbeit verpflichtet war); siehe auch LG Karlsruhe v. 5.8.1996 – 12 O 148/95 – VersR 1998, 1116 (Das LG-Urteil wurde nicht rechtskräftig, die Parteien verglichen sich anschließend vor dem OLG) m.w.N.; *Bamberger/Roth-Spindler* § 843 Rn 15; *Huffmann* „Die nicht-eheliche Lebensgemeinschaft im Schadensrecht – Schadensersatz für entgangenen Unterhalt?" VGT 1985, S. 95 (zu II.B.2); *Pardey* S. 301, Rn 1275 ff.

24 OLG Celle v. 12.11.1981 – 5 U 67/81 – VersR 1983, 40 = zfs 1982, 104,133 (Großmutter beaufsichtigte unentgeltlich Enkel); OLG Düsseldorf v. 12.4.1996 – 14 U 163/95 – OLGR 1996, 181 (unentgeltliche Versorgung von Altenteilern – Schwiegermutter – durch Schwiegertochter im landwirtschaftlichen Betrieb); OLG Köln v. 13.1.1993 – 11 U 224/92 – r+s 1993, 242 = VersR 1994, 356 (kein Ersatzanspruch besteht für den Bauherrn wegen des Ausfalles der Arbeitskraft des Verletzten, der ihm bei seinem Bau geholfen hat oder hatte helfen wollen); OLG Nürnberg v. 10.6.2005 – 5 U 195/05 – DAR 2005, 629 = FamRZ 2005, 2069 (Anm. *Löhnig*) = HVBG-Info 2005, 939 = JurBüro 2006, 276 = MDR 2006, 93 = NJW-Spezial 2006, 210 (nur LS) = NZV 2006, 209 = OLGR 2005, 618 = r+s 2005, 440 = SP 2006, 132 = VersR 2007, 248; OLG Zweibrücken v. 13.2.1976 – 1 U 165/75 – VersR 1977, 65 (unentgeltliche Mithilfe in der Gaststätte des Ehepartners); siehe auch BGH v. 22.6.2004 – VI ZR 112/03 – BGHReport 2004, 1554 = FamRZ 2004, 1543 = FPR 2004, 640 = MDR 2004, 1355 = NJW 2004, 2894 = NJW-Spezial 2004, 304 = NZV 2004, 513 = r+s 2004, 434 = SP 2004, 368 = SVR 2006, 100 (nur LS) (Anm. *Bachmaier*) = SVR 2005, 456 = VersR 2004, 1192 = zfs 2004, 553 (Anm. *Diehl*) (Kein Ersatz wegen entgangener Eigenleistungen/Bauarbeiten nach Tod).

25 OLG Düsseldorf v. 21.2.1991 – 13 U 177/90 – VersR 1992, 1418; OLG Nürnberg v. 10.6.2005 – 5 U 195/05 – DAR 2005, 629 = FamRZ 2005, 2069 (Anm. *Löhnig*) = HVBG-Info 2005, 939 = JurBüro 2006, 276 = MDR 2006, 93 = NJW-Spezial 2006, 210 (nur LS) = NZV 2006, 209 = OLGR 2005, 618 = r+s 2005, 440 = SP 2006, 132 = VersR 2007, 248; LG Hildesheim v. 6.7.2000 – 1 S 36/00 – SP 2000, 410 = VersR 2002, 1431; AG Gelsenkirchen v. 20.2.2001 – 14 C 367/00 – SP 2001, 197. **A.A.**: *Röthel* NZV 2001, 333 f. (IV.3.) m.w.N.

cc. Vertragliche Versorgung – Naturalleistung als Gegenleistung für Barversorgung

(1) Äquivalent zur gegenseitigen Unterhaltsverpflichtung

38 Haushaltsführung ist das Korrelat zur (bzw. die Konkretisierung der) Unterhaltsverpflichtung des Ehegatten (§§ 1353 I 2, 1360 S. 1 BGB), die bei nicht-ehelichen Gemeinschaften gerade nicht besteht, eine Haushaltsführung ist hier gerade nicht geschuldet.[26]

(2) Synallagma, do ut des

39 Verdienstausfall setzt nicht voraus, dass die fortfallende bzw. geminderte Arbeitsleistung zuvor in Bar abgegolten wurde. Eine Bezahlung von Arbeit kann, wie die Vorschriften des Sozialversicherungs- und Steuerrechts[27] zu geldwerten Vorteilen zeigen, auch durch andere Gegenwerte erfolgen (z.B. Deputate, Werksrabatte, freie Kost und Logis).

40 Hatten nicht-ehelichen Partner bereits **vor dem Unfall vertraglich** geregelt, dass Haushaltsleistungen als Gegenleistung zur Unterhalts- und Versorgungsleistung erfolgen, ist bei unfallkausaler Beeinträchtigung des Haushaltsführenden ein entsprechender Verdienstausfallschaden anzunehmen.[28] Die im Gegenzug für die Unterhaltsleistung (Barunterhalt, Unterkunft) erbrachte Haushaltsführung kann durchaus eine „wirtschaftlich sinnvolle Verwertung"[29] von Arbeitskraft sein. Bloße unverbindliche Absprachen reichen dabei aber nicht aus: Werden diese Haushaltsleistungen freiwillig und ohne wechselseitige Verpflichtung erbracht, können sie also jederzeit wieder eingestellt werden, entfällt ein Schaden.[30]

(3) Nachweis

41 Dienstleistung und Bezahlung stehen, wie es in § 1360 BGB auch zum Ausdruck kommt, in einem Wechselseitigkeitsverhältnis. Bei Eheleuten ergibt sich die Verpflichtung aus dem Gesetz, außerhalb der Familie muss der Verletzte entsprechende Dienstleistungen – zu denen er ja nicht ohne weiteres verpflichtet ist – beweisen.

42 Es besteht keine Vermutung für den Umstand, dass tatsächliche Haushaltsleistungen als Ergebnis einer rechtlichen Verpflichtung erbracht werden.[31] Vielmehr ist eine entspre-

---

26 OLG Köln v. 11.3.1982 – 3 W 18/82 – zfs 1984, 132; OLG Nürnberg v. 10.6.2005 – 5 U 195/05 – DAR 2005, 629 = FamRZ 2005, 2069 (Anm. *Löhnig*) = HVBG-Info 2005, 939 = JurBüro 2006, 276 = MDR 2006, 93 = NJW-Spezial 2006, 210 (nur LS) = NZV 2006, 209 = OLGR 2005, 618 = r+s 2005, 440 = SP 2006, 132 = VersR 2007, 248; LG Hildesheim v. 6.7.2000 – 1 S 36/00 – SP 2000, 410 = VersR 2002, 1431; AG Gelsenkirchen v. 20.2.2001 – 14 C 367/00 – SP 2001, 197; *Küppersbusch* Rn 183.
27 Siehe § 8 II EStG, § 17 I Nr. 3 SGB IV, R 31 LStR, Sachbezugsverordnung.
28 *Geigel-Pardey* Kap 4 Rn 149; siehe auch OLG Düsseldorf v. 12.6.2006 – I-1 U 241/05 – NJW-RR 2006, 1535 = NJW-Spezial 2006, 450 = NZV 2007, 40 = r+s 2006, 436; OLG Nürnberg v. 10.6.2005 – 5 U 195/05 – DAR 2005, 629 = FamRZ 2005, 2069 (Anm. *Löhnig*) = HVBG-Info 2005, 939 = JurBüro 2006, 276 = MDR 2006, 93 = NJW-Spezial 2006, 210 (nur LS) = NZV 2006, 209 = OLGR 2005, 618 = r+s 2005, 440 = SP 2006, 132 = VersR 2007, 248.
29 Vgl. BGH v. 11.7.1972 – VI ZR 194/70 – BB 1972, 1161 = BGHZ 59,172 = MDR 1972, 941 = NJW 1972, 2217 = VersR 1972, 1075; BGH v. 25.9.1973 – VI ZR 49/72 – BG 1974, 268 = MDR 1974, 302 = NJW 1974, 41,640 = VersR 1974, 162; BGH v. 25.9.1962 – VI ZR 244/61 .- BGHZ 38,55.
30 OLG Nürnberg v. 10.6.2005 – 5 U 195/05 – DAR 2005, 629 = FamRZ 2005, 2069 (Anm. *Löhnig*) = HVBG-Info 2005, 939 = JurBüro 2006, 276 = MDR 2006, 93 = NJW-Spezial 2006, 210 (nur LS) = NZV 2006, 209 = OLGR 2005, 618 = r+s 2005, 440 = SP 2006, 132 = VersR 2007, 248.
31 OLG Düsseldorf v. 12.6.2006 – I-1 U 241/05 – NJW-RR 2006, 1535 = NJW-Spezial 2006, 450 = NZV 2007, 40 = r+s 2006, 436.

chende wechselseitige Verpflichtung zum Unterhalt einerseits und Haushaltsführung andererseits vom Geschädigten darzulegen und zu beweisen ohne dass Anscheinsgrundsätze gelten.

Die Vereinbarung muss bereits vor dem Unfall praktiziert, dh. umgesetzt und verwirklicht worden sein.[32] Zur Vermeidung eines Missbrauchs müssen strenge Beweisanforderungen gelten; ohne wirksamen schriftlichen[33] Partnerschaftsvertrag – der sich auch zu Kündigungsmöglichkeiten verhält – spricht vieles für eine fehlende gegenseitige Verpflichtung.

2. Personenkreis

a. Hausmann, Hausfrau

Der Haushaltsführungsschaden ist **geschlechtsunspezifisch** zu ersetzen, also unabhängig davon, ob der Ehemann[34] oder die Ehefrau verletzt wurde.

b. Berufstätige

Auch Berufstätige können neben ihrem Verdienstausfall in ihrer Haushaltsführung beeinträchtigt sein. Jedoch bedeutet nicht jede Arbeitsunfähigkeit im Beruf zugleich eine Beeinträchtigung der Haushaltsführung, hier ist eine getrennte Betrachtung notwendig.

Der allein voll berufstätige Ehepartner erbringt Leistungen im Haushalt regelmäßig freiwillig und nicht aufgrund seiner Unterhaltsverpflichtung. Ein ersatzfähiger Haushaltsführungsschaden entsteht ihm dann nicht.[35]

In einer Doppelverdienerehe müssen die Eheleute durch Umverteilung der Hausarbeit dafür sorgen, dass sich die Behinderung möglichst gering auswirkt.[36]

Zu berücksichtigen ist, dass der Arbeitsunfähige die ihm wegen seiner Arbeitsunfähigkeit nunmehr zur Verfügung stehende **zusätzliche Zeit nutzen** kann und muss, um (leichtere) Hausarbeiten langsamer und erforderlichenfalls mit Pausen zu erledigen.[37] Tätigkeit im Haushalt ist zudem Verwertung von Arbeitskraft.[38]

c. Eingetragene Lebenspartnerschaft

Eingetragene Lebenspartner (LPartG) hatten **bis zum 31.12.2004** zwar Ehegatten angenäherte Rechte und Pflichten, u.a. zur gegenseitigen Fürsorge und Unterstützung (§ 2 LPartG), waren aber untereinander nur zu angemessenem Barunterhalt verpflichtet (§ 5

---

32 Vgl. BGH v. 25.4.2006 – VI ZR 114/05 – (Berichtigungsbeschluss v. 20.6.2006 – VI ZR 114/05 -) BGHReport 2006, 1171 = DAR 2007, 22 (nur LS) = FamRZ 2006, 1108 (Anm. *Luthin*) = MDR 2006, 1409 = NJW 2006, 2327 = NJW-Spezial 2006, 402 = NZV 2006, 467 = r+s 2006, 519 (Anm. *Bliesener*) = SP 2006, 310 = VersR 2006, 1081 = VRS 111,327 = zfs 2006, 677 (zu II.4.b).
33 Wird in einem Prozess trotz Anforderung durch das Gericht eine schriftliche Erklärung nicht vorgelegt, begründet dieses nachhaltige Zweifel an einem wechselseitigen Bindungswillen (siehe OLG Düsseldorf v. 12.6.2006 – I-1 U 241/05 – NJW-RR 2006, 1535 = NJW-Spezial 2006, 450 = NZV 2007, 40 = r+s 2006, 436).
34 LG Köln v. 15.4.2008 – 8 O 270/06 – DAR 2008, 389 = jurisPR-VerkR 11/2008 Anm. 6 (Anm. *Lang*); LG Saarbrücken v. 21.4.2006 – 3 O 79/04 – zfs 2006, 500 (Anm. *Diehl*).
35 OLG Frankfurt v. 26.7.2005 – 17 U 18/05 – SP 2005, 338; OLG Oldenburg v. 20.12.1982 – 13 U 55/82 – VersR 1983, 890.
36 AG Düren v. 7.6.2006 – 45 C 78/06 – SP 2007, 209.
37 *Küppersbusch* Rn 200; siehe ergänzend Rn 88.
38 Dazu Kap 9 Rn 30 f.

LPartG, §§ 1360a, 1360b BGB), begrenzt durch §§ 12, 16 LPartG. Eine Verpflichtung zum Naturalunterhalt bestand nicht, da eine Verweisung auf die die Haushaltsführung regelnden Bestimmungen der §§ 1356, 1360 BGB fehlte. Ersatz wegen entgangenen Naturalunterhaltes (Haushaltsführung) konnte daher bis zum 31.12.2004 **nicht** verlangt werden.

50 Durch das „Gesetz zur Überarbeitung des Lebenspartnerschaftsgesetzes"[39] sind eingetragene Lebenspartner (nur solche i.S.d. LPartG) **ab dem 1.1.2005** letztlich in den meisten zivilen Lebensbereichen Ehegatten gleichgestellt. Mit der Änderung des § 5 LPartG seit 1.1.2005 besteht nun auch eine Verpflichtung zur Haushaltsführung wie bei Ehegatten, sodass auch ein Haushaltsführungsschaden wie bei Ehegatten abzurechnen ist.

d. Kind, Jugendlicher

51 Solange ein verletztes Kind bzw. Jugendlicher keinen eigenen Hausstand gegründet hätte, besteht kein Anspruch auf Haushaltsführungsschaden. Erst ab dem – u.U. fiktiv festzustellenden – Ausscheiden aus dem elterlichen Haushalt ist ein entsprechender Schaden zu ermitteln. Die gesetzliche Mitarbeitpflicht von Kindern (etwa ab dem 12. Lebensjahr) im elterlichen Haushalt fällt regelmäßig nicht ins Gewicht.[40]

52 Prinzipiell kann ein Anspruch der Eltern wegen entgangener Dienste in Betracht kommen.[41] Wird für ein Kind oder einen Jugendlichen ein Haushaltsführungsschaden geltend gemacht, ist regelmäßig zu prüfen, ob es sich nicht rechtlich betrachtet um entgangene Dienste (§ 845 BGB) handelt. In letzterem Fall besteht dann kein in der Person des Verletzten begründeter Schaden, den dieser demzufolge dann auch gar nicht geltend machen kann. Der Anspruch steht vielmehr originär den Eltern zu.

e. Eheähnliche Gemeinschaft

53 Ob der verletzungsbedingten Wegfall oder die Beeinträchtigung der Haushaltsführung in einer nicht-ehelichen Gemeinschaft einen Haushaltsführungsschaden (Berücksichtigung der Fremdversorgung des Partners) ebenso wie in der Ehe begründet, wird in Rechtspre-

---

[39] Gesetz v. 15.12.2004, BGBl I 2004, 3396.
[40] BGH v. 8.2.1983 – VI ZR 201/81 – BGHZ 86,372 = DAR 1983, 221 = FamRZ 1983, 452 = JR 1983, 414 = MDR 1983, 570 = NJW 1983, 1425 = r+s 1983, 101 (nur LS) = VersR 1983, 458 = zfs 1983, 202 (nur LS); BGH v. 12.6.1973 – VI ZR 26/72 – VersR 1973, 939; BGH v. 2.5.1972 – VI ZR 80/70 – VersR 1972, 948.
[41] Siehe Kap 7 Rn 112 ff.

chung⁴² und Literatur⁴³ weitgehend abgelehnt oder allenfalls bei besonderer Situation⁴⁴ zugelassen.

Haben die außerehelichen Partner **vertraglich geregelt**, dass Haushaltsleistungen als Gegenleistung zur Unterhalts- und Versorgungsleistung erfolgen, ist bei unfallkausaler Beeinträchtigung des Haushaltsführenden ein entsprechender Verdienstausfallschaden anzunehmen. Werden diese Haushaltsleistungen aber freiwillig und ohne wechselseitige Verpflichtung erbracht, können sie also jederzeit wieder eingestellt werden, entfällt ein Schaden.⁴⁵

3. Beeinträchtigung

Der jährliche Haushaltsführungsschaden entspricht **nicht** dem **12fachen Monatswert**. Es sind vielmehr solche Zeiten herauszunehmen, in denen auch ohne den Unfall keine Haushaltsführung angefallen wäre (z.B. **Urlaub** oder andere Freizeitaktivitäten; verlängertes Wochenende; Besuche bei Freunden und Verwandten).⁴⁶

Auch ist der **Ausfallzeitraum** zu sehen (im Winter fallen z.B. Gartenarbeiten⁴⁷ kaum an).

Solange ein Verletzter **stationär untergebracht** (z.B. Krankenhaus, Kur, Pflegeheim) ist bzw. künftig sein wird, beschränkt sich der Haushaltsführungsschaden auf diejenigen Tätigkeiten, die die verletzte Person den anderen Familienmitgliedern gegenüber zu erbringen gehabt hätte; ihre eigenen Bedürfnisse werden durch die stationäre Versorgung be-

---

42 OLG Düsseldorf v. 12.6.2006 – I-1 U 241/05 – NJW-RR 2006, 1535 = NJW-Spezial 2006, 450 = NZV 2007, 40 = r+s 2006, 436; OLG Düsseldorf v. 21.2.1991 – 13 U 177/90 – VersR 1992, 1418 (Der Verlust der Fähigkeit, Hausarbeiten zu verrichten, ist nur dann ein Erwerbsschaden i.S.v. § 843 I 1. Alt. BGB, wenn sie der Erfüllung gesetzlicher Unterhaltspflichten dient; die Führung des Haushalts in einer nicht-ehelichen Lebensgemeinschaft reicht hierfür nicht aus); OLG Köln v. 11.3.1982 – 3 W 18/82 – zfs 1984, 132; OLG Nürnberg v. 10.6.2005 – 5 U 195/05 – DAR 2005, 629 = FamRZ 2005, 2069 (Anm. *Löhnig*) = HVBG-Info 2005, 939 = JurBüro 2006, 276 = MDR 2006, 93 = NJW-Spezial 2006, 210 (nur LS) = NZV 2006, 209 = OLGR 2005, 618 = r+s 2005, 440 = SP 2006, 132 = VersR 2006, 248; OLG Oldenburg v. 4.7.2005 – 11 U 4/05 -; LG Hildesheim v. 6.7.2000 – 1 S 36/00 – SP 2000, 410 = VersR 2002, 1431; AG Gelsenkirchen v. 20.2.2001 – 14 C 367/00 – SP 2001, 197; OLG Karlsruhe v. 6.3.1992 – 9 U 189/91 – DAR 1993, 391 (Zu Unrecht zitiert von Hillmann zfs 1999, 229, worauf LG Hildesheim SP 2000, 410 ausdrücklich hinweist) bezieht sich nur auf § 843 I 2. Alt. BGB; OLG Rostock v. 14.6.2002 – 8 U 79/00 – zfs 2003, 233 lässt ausdrücklich offen, ob ein Anspruch besteht, da ein solcher bereits nicht geltend gemacht wurde.
43 Siehe: *Böhme/Biela* S. 216 Rn D 166; *Filthaut* § 6 Rn 28; *Jahnke* „Versorgungsschaden in der nicht-ehelichen Lebensgemeinschaft nach einem Unfall" NZV 2007, 329; *Küppersbusch* Rn 183; *Palandt-Sprau* § 843 Rn 8; *Schirmer* „Nichteheliche Lebensgemeinschaft im Versicherungs- und Verkehrsrecht" DAR 2007, 2; siehe auch die Entschließungen des 23. VGT 1985, Arbeitskreis II, Ziff. 4 sowie des 45. VGT 2007, Arbeitskreis I, Ziff. 3.
44 LG Zweibrücken v. 29.6.1993 – 3 S 94/93 – HVBG-Info 1994, 2697 = JuS 1995, 12 (Anm. *Gotthardt*) = NJW 1993, 3207 (Anm. *Raiser* NJW 1994, 2672) = VersR 1994, 819 bejaht Haushaltsführungsschaden bei einem Paar, dass nach dem Unfall, aber vor Klageerhebung geheiratet hatte; AG Bad Säckingen v. 26.4.1996 – 1 C 167/95 – zfs 1996, 370 (Anm. *Diehl*) bejaht Haushaltsführungsschaden bei nicht-ehelicher Gemeinschaft.
45 Zu den Einzelheiten Kap 7 Rn 15 ff.
46 OLG Celle v. 8.11.1979 – 5 U 236/78 – VersR 1981, 81 (BGH hat Revision nicht angenommen, Beschl. v. 21.10.1980 – VI ZR 302/79); OLG Schleswig v. 2.6.2005 – 7 U 124/01 – OLGR 2006, 5 = SchlHA 2006, 163 (ist ein Geschädigter durchschnittlich 11 Wochen jährlich abwesend, ist für diesen Zeitraum ein Anspruch wegen Haushaltsführungsschaden); OLG Schleswig v. 13.1.2005 – 7 U 78/02 – OLGR 2005, 311 = SchlHA 2005, 303 = SVR 2005, 471 (nur LS) (Anm. *Schröder*) = VersR 2006, 938 (Haushaltsführungsschaden immer nur für 10 ½ Monate im Jahr).
47 OLG Oldenburg v. 4.7.2005 – 11 U 4/05 – (Ein Teil der Arbeiten fiel im fraglichen Zeitraum – Mitte November bis Mitte Januar – ohnehin nicht oder kaum [Gartenarbeiten] an).

reits abgedeckt.[48] Der Monatsbetrag ist entsprechend auf den Verdienstausfallanteil (§ 842 BGB) reduziert.

58 Die Haushaltsführung muss **konkret** und spürbar beeinträchtigt sein,[49] abstrakt bestimmte Grade der Erwerbsminderung sind irrelevant.[50] Zur **Darlegung** eines Haushaltsführungsschadens genügt es materiell-rechtlich nicht, lediglich abstrakt auf die Minderung der Erwerbsfähigkeit hinzuweisen,[51] vielmehr ist insbesondere die konkrete Lebenssituation darzustellen,[52] um gemäß § 287 ZPO ermitteln zu können, nach welchen wesentlichen Auswirkungen auf die Hausarbeit sich der Haushaltschaden berechnen lässt.[53] Es ist von der verletzten Person im Einzelnen substantiiert vorzutragen, welche konkreten Tätigkeiten vor dem Haftpflichtgeschehen durchgeführt wurden, welche konkreten Beeinträchtigungen sie nunmehr daran hinderten, bestimmte Haushaltstätigkeiten auszuführen und in welchem Umfang sie bislang von ihr tatsächlich ausgeführte Arbeiten im Haushalt nicht mehr hat erbringen können (*„Was hat die verletzte Person vorher gemacht? Was kann sie wegen des Unfalles nunmehr nicht mehr machen?"*).[54] Das Beweisangebot auf Einholung eines Sachverständigengutachtens ersetzt nicht den erforderlichen Vortrag zu den körperlichen Beeinträchtigungen.[55] Ein Anspruch auf Ersatz von Haushaltsführungsschäden

---

48 OLG Düsseldorf v. 12.6.2006 – I-1 U 241/05 – NJW-RR 2006, 1535 = NJW-Spezial 2006, 450 = NZV 2007, 40 = r+s 2006, 436; *Küppersbusch* Rn 198, 200.

49 OLG Oldenburg v. 28.7.1992 – 5 U 32/92 – r+s 1993, 101 = VersR 1993, 1491 = zfs 1993, 154 (Eine Behinderung von 10 % bei haushaltsspezifischen Tätigkeiten kann bei der Schadenberechnung wegen gegebener Kompensationsmöglichkeiten außer Betracht bleiben); LG Mannheim 26.7.2007 – 10 S 5/07 – SP 2008, 143.

50 OLG Celle v. 14.12.2006 – 14 U 73/06 – OLGR Celle 2007, 41 = SP 2007, 428 = SVR 2007, 147 (nur LS) (Anm. *Schröder*); OLG Hamm v. 26.3.2002 – 27 U 185/01 – DAR 2002, 450 = NZV 2002, 570 = OLGR 2002, 321 = VersR 2002, 1430; OLG Koblenz v. 3.7.2003 – 5 U 27/03 – VersR 2004, 1011; LG Aachen v. 30.10.2002 – 4 O 69/01 – NZV 2003, 137 = PVR 2003, 28 (Bei einer MdE um 100 % bzw. 50 % kann nicht ohne weiteres von einer gleich hohen Beeinträchtigung der Haushaltsführung ausgegangen werden); LG Kleve v. 16.1.2004 – 5 S 160/03 – SP 2004, 230.

51 OLG Celle v. 14.12.2006 – 14 U 73/06 – OLGR Celle 2007, 41 = SVR 2007, 147 (nur LS) (Anm. *Schröder*).

52 OLG Koblenz v. 7.11.2005 - 12 U 1240/04 – HVBG-Info 2006, 786 = JurBüro 2006, 332 = OLGR 2006, 385 = SP 2006, 6, 89; OLG Koblenz v. 3.7.2003 - 5 U 27/03 – IVH 2003, 214 (nur LS) = OLGR 2003, 356 = NZV 2004, 33 = VersR 2004, 1011 = zfs 2003, 444; LG Saarbrücken v. 21.4.2006 – 3 O 79/04 – zfs 2006, 500 (Anm. *Diehl*).

53 OLG Brandenburg v. 25.10.2007 – 12 U 38/07 – SP 2008, 46; OLG Celle v. 14.12.2006 – 14 U 73/06 – OLGR Celle 2007, 41 = SP 2007, 428 = SVR 2007, 147 (nur LS) (Anm. *Schröder*); OLG Koblenz v. 7.11.2005 – 12 U 1240/04 – HVBG-Info 2006, 786 = JurBüro 2006, 332 = OLGR 2006, 385 = SP 2006, 6,89; OLG Koblenz v. 3.7.2003 – 5 U 27/03 – VersR 2004, 1011 (die Angabe eines verletzten Chirurgen, er lebe in einer eheähnlichen Gemeinschaft und habe für 4 Monate seinen „üblichen" Anteil an den Hausarbeiten in einer 200 m² großen Wohnung nicht erbringen können, lässt bereits keine plausible Schätzung zu); LG Köln v. 15.4.2008 – 8 O 270/06 – DAR 2008, 389 = jurisPR-VerkR 11/2008 Anm. 6 (Anm. *Lang*); LG Saarbrücken v. 21.4.2006 – 3 O 79/04 – zfs 2006, 500 (Anm. *Diehl*).

54 OLG Celle v. 14.12.2006 – 14 U 73/06 – OLGR Celle 2007, 41 = SP 2007, 428 = SVR 2007, 147 (nur LS) (Anm. *Schröder*); OLG Frankfurt v. 11.10.2005 – 8 U 47/04 – MedR 2006, 294 = OLGR 2006, 489 (Beweisangebot auf Einholung eines Sachverständigengutachtens ersetzt nicht den erforderlichen Vortrag zu den körperlichen Beeinträchtigungen, die die Klägerin an der Haushaltsführung gehindert haben); OLG Düsseldorf v. 29.8.2002 – 8 U 190/01 – NJW-RR 2003, 87 = OLGR 2003, 383 = VersR 2004, 120 (es ist nicht Aufgabe eines Sachverständigen, zunächst einmal zu eruieren, in welchem Umfang der Verletzte früher im Haushalt tätig war; dieses wäre unzulässige Ausforschung); LG Kleve v. 16.1.2004 – 5 S 160/03 – SP 2004, 230; AG Düren v. 7.6.2006 – 45 C 78/06 – SP 2007, 209.

55 OLG Frankfurt v. 11.10.2005 – 8 U 47/04 – MedR 2006, 294 = OLGR 2006, 489; OLG Düsseldorf v. 29.8.2002 – 8 U 190/01 – NJW-RR 2003, 87 = OLGR 2003, 383 = VersR 2004, 120.

steht einem Unfallverletzten nicht zu, wenn sein diesbezüglicher Vortrag völlig unsubstantiiert ist und eine sachgemäße Rechtsanwendung schlechthin nicht zulässt.[56]

Die Beeinträchtigung ist nicht am allgemeinen Arbeitsmarkt auszurichten, sondern an der spezifischen Haushaltstätigkeit. Die berufsbedingte Minderung der Erwerbsfähigkeit (MdE) ist nicht mit der **Beeinträchtigung in der Haushaltsführung** (MdH) gleichzusetzen, da sich unfallbedingte Verletzungen im Erwerbsleben und bei der Haushaltsführung unterschiedlich auswirken können.[57] Ein beauftragter Sachverständiger hat auf diese differenzierte Betrachtung zu achten, was ohne vorherigen Hinweis aber nicht immer der Fall ist.[58] Die haushaltsspezifische MdE kann grob mit der Hälfte der allgemeinen MdE veranschlagt werden.[59]

59

Gerade bei geringfügigeren Verletzungen ist zu beachten, dass nicht jede Verletzung zwangsläufig zu einer Beeinträchtigung bei der Haushaltsführung und damit zu einem Haushaltsführungsschaden führt. Dies gilt gerade auch für psychische Beeinträchtigungen, aber auch ein körperlicher Dauerschaden zieht nicht immer zwingend eine Beschränkung in der Haushaltsführung nach sich.[60] IdR[61] entfällt – wie beim Verdienstausfallschaden[62] – bei einer festgestellten **MdE von 20 % oder weniger** eine messbare und schaden-

60

---

56 OLG Koblenz v. 7.11.2005 – 12 U 1240/04 – HVBG-Info 2006, 786 = JurBüro 2006, 332 = OLGR 2006, 385 = SP 2006, 6,89; OLG München v. 1.7.2005 – 10 U 2544/05 – SVR 2006, 180 (Anm. *Quarch*); AG Magdeburg v. 1.3.2004 – 115 C 37/04 (115) – SP 2004, 408; siehe auch KG v. 4.5.2006 – 12 U 42/05 – KGR 2006, 749 = NZV 2007, 43 (nur LS) = VRS 111,16 (Trägt der Kläger erstinstanzlich nicht im Einzelnen vor, welche Hausarbeiten er vor dem Unfall auszuführen pflegte, sondern verweist er auf entsprechende Tabellen in der einschlägigen Literatur, so hat das Erstgericht ihn nach § 139 ZPO zur Ergänzung seines Vortrages aufzufordern).
57 KG v. 4.5.2006 – 12 U 42/05 – KGR 2006, 749 = NZV 2007, 43 (nur LS) = VRS 111, 16; KG v. 3.6.2004 – 12 U 68/03 – DAR 2004, 699; KG v. 21.10.2004 – 12 U 22/04 – OLGR 2005, 123 = Verk-Mitt 2005, 51 = VRS 108, 9,; OLG Frankfurt v. 14.7.1981 – 12 U 65/80 – VersR 1982, 981 = zfs 1982, 363 (BGH hat Revision nicht angenommen, Beschl. v. 8.6.1982 – VI ZR 206/81 -); OLG Hamm v. 26.3.2002 – 27 U 185/01 – DAR 2002, 450 = NZV 2002, 570 = OLGR 2002, 321 = VersR 2002, 1430; OLG München v. 1.7.2005 – 10 U 2544/05 – SVR 2006, 180 (Anm. *Quarch*); LG Kaiserslautern v. 19.5.2006 – 2 O 333/01 – SVR 2007, 343 (nur LS) (Anm. *Balke*); LG Saarbrücken v. 21.4.2006 – 3 O 79/04 – zfs 2006, 500 (Anm. *Diehl*).
58 Vgl. OLG Hamm v. 26.3.2002 – 27 U 185/01 – DAR 2002, 450 = NZV 2002, 570 = OLGR 2002, 321 = VersR 2002, 1430 (Die unfallbedingte Beeinträchtigung einer Hausfrau bei der Haushaltsführung ist nicht im Wege der Schadensschätzung nach § 287 I 1 ZPO abstrakt zu bestimmen. Vielmehr ist die Beeinträchtigung konkret zu bemessen und deren Auswirkung auf die Haushaltstätigkeit zu prüfen.).
59 OLG Hamm v. 26.3.2002 – 27 U 185/01 – DAR 2002, 450 = NZV 2002, 570 = OLGR 2002, 321 = VersR 2002, 1430; OLG Köln v. 18.2.2000 – 19 U 87/99 – OLGR 2000, 274 = SP 2000, 306 = VRS 98,403 = VRS 99,18; OLG Nürnberg v. 13.12.2000 – 4 U 4590/99 – DAR 2001, 366 = OLGR 2001, 248 = VersR 2002, 245; LG Aachen v. 30.10.2002 – 4 O 69/01 – NZV 2003, 137 = PVR 2003, 28.
60 OLG Celle v. 28.9.2000 – 14 U 215/99 – (Nach HWS-Verletzung verstärkte psychische Erkrankung einer Lehrerin führte zwar zur vorzeitigen Pensionierung, hindert sie aber nicht daran, mit den wesentlichen Anforderungen ihres täglichen – außerberuflichen – Lebens fertig zu werden. Ein Haushaltsführungsschaden ist nicht zu ersetzen.).
61 Der Gegenbeweis einer Beeinträchtigung ist aber nicht abgeschnitten: OLG Celle v. 28.4.2005 – 14 U 200/04 – OLGR 2005, 781 = zfs 2005, 434 (Anm. *Diehl*).
62 Kap 2 Rn 115 insbesondere Fn 161.

rechtlich relevante Einbusse in der Haushaltsführung.[63] Auch eine deutliche Minderung in der allgemeinen Erwerbsfähigkeit ist nicht gleichbedeutend mit einer gleichhohen Beeinträchtigung im hauswirtschaftlichen Bereich: Selbst bei hochgradigen Bewegungseinschränkungen der Arme und/oder Beine bewegen sich die Behinderungen in den Tätigkeitsbereichen Beschaffung/Einkauf und Putzen im Bereich von 10 – 20 %.[64]

61 Abzustellen ist – anders als beim Unterhaltsschaden nach § 844 ii bgb – nicht auf das familienrechtlich geschuldete Maß, sondern darauf, welche **Leistungen tatsächlich erbracht** wurden. In welchem Umfang der Verletzte die Hausarbeit tatsächlich selbst geleistet hat, ist aufzuklären. Das familienrechtliche Maß gibt dabei allerdings den personellen Rahmen vor.[65] Für die Schadensersatzleistung ist also maßgeblich, welche tatsächliche Arbeitsleistung die verletzte Hausfrau/Hausmann ohne den Unfall erbracht hätte.[66] Die interne Verteilung der Haushaltsführung ist schadensersatzrechtlich aber dann zu korrigieren, wenn ein offensichtliches Missverhältnis vorliegt, das eine **Korrektur** als überobligationsmäßig erlaubt oder wenn der Gestaltungsspielraum nicht mehr mit dem Grundsatz der Angemessenheit in Einklang gebracht werden kann.[67]

62 Der Aufwand für die gesamte Haushaltsführung wird bestimmt durch den tatsächlichen Zeitaufwand des Verletzten vor dem Unfall, der seinerseits sich orientiert an der Anzahl der Familienmitglieder, dem Alter der Kinder, der Größe und Ausstattung der Wohnung sowie dem allgemeinen Lebenszuschnitt.

63 Die Tabellen von *Schulz-Borck/Hofmann*[68] sind hinsichtlich ihrer aktuellen Brauchbarkeit zu hinterfragen:

64 ■ Soweit von statistisch ermittelten Durchschnittswerten, wie sie in der **Tabelle 8** niedergelegt sind,[69] ausgegangen wird, bedarf dieses kritischer Würdigung.[70] Die Tabelle

---

63 KG v. 13.10.2005 – 12 U 296/03 – NZV 2006, 305 = VersR 2006, 661 = VRS 109,436; KG v. 26.2.2004 – 12 U 276/02 – SP 2004, 299 = VersR 2005, 237 = zfs 2005, 182; OLG Hamm v. 14.5.2001 – 6 U 250/00 – SP 2001, 376; OLG München v. 18.2.1992 – 5 U 6007/90 – DAR 1993, 353 = zfs 1992, 406 (nur LS) = zfs 1994, 48; OLG Nürnberg v. 18.4.1983 – 5 U 251/83 – zfs 1983, 165 (Bei einer MdE von 20 % entfällt ein Anspruch auf Hausfrauenentschädigung); OLG Oldenburg v. 28.7.1992 – 5 U 32/92 – r+s 1993, 101 = VersR 1993, 1491 = zfs 1993, 154 (MdE von 10 % kann bei Schadenberechnung außer Betracht bleiben); LG Aachen v. 30.10.2002 – 4 O 69/01 – NZV 2003, 137 = PVR 2003, 28; LG Bonn v. 9.12.1992 – 7 O 163/91 – SP 1993, 281 (geringfügige Behinderungen [MdE von 10 %] werden bei der Haushaltsführung ohne nennenswerte Mühe ausgeglichen); LG Itzehoe v. 10.2.1997 – 3 (9) O 172/94 – SP 1997, 248; LG Mannheim 26.7.2007 – 10 S 5/07 – SP 2008, 143; LG Kaiserslautern v. 19.5.2006 – 2 O 333/01 – SVR 2007, 343 (nur LS) (Anm. *Balke*) (MdH von 10 % ist entschädigungslos hinzunehmen.
64 OLG Köln v. 17.3.2000 – 19 U 202/98 – SP 2000, 336 (Der Verletzte muss sich zudem aller Hilfsmittel der modernen Technik bedienen und gegebenenfalls durch organisatorische Maßnahmen die Arbeit im Haushalt umverteilen und auf diese Weise den verbleibenden Rest der Behinderung auffangen.); LG Saarbrücken v. 21.4.2006 – 3 O 79/04 – zfs 2006, 500 (Anm. *Diehl*); (Der Grad der Erwerbsunfähigkeit ist nicht ohne weiteres mit dem Grad der Beeinträchtigung in der Haushaltsführung gleichzusetzen. Zur Darlegung eines Haushaltsführungsschadens sind daher die substantiierte Darlegung der anfallenden Haushaltstätigkeiten, der Umfang der Haushaltsführung und die konkrete Art und Weise der Einschränkung des Verletzten bei dieser Haushaltsführung aufgrund bestimmter körperlicher oder psychischer Mängel erforderlich.).
65 Siehe Kap 7 Rn 25 ff.
66 Siehe Kap 7 Rn 31 ff.
67 Siehe Kap 7 Rn 33.
68 *Schulz-Borck/Hofmann* „Schadensersatz bei Ausfall von Hausfrauen und Müttern im Haushalt", 6. Aufl. 2000.

8 gibt, anders als die am erforderlichen Arbeitszeitbedarf ausgerichtete und auf – allerdings sehr alten – Bedarfermittlungen beruhende Tabelle 1, den statistisch ermittelten durchschnittlichen tatsächlichen Arbeitszeitaufwand im Haushalt bei insgesamt 17 verschiedenen Haushaltstypen und die jeweilige Aufteilung der Arbeit auf die Haushaltsangehörigen wieder.[71] Der sich aus der Tabelle 8 ergebende durchschnittlich vom Haushaltsführenden in einem bestimmten Haushaltstyp geleistete Zeitaufwand ist im konkreten Fall dann durch Zu- oder Abschläge aufgrund der individuellen Handhabung an die konkrete Situation anzupassen. Die Tabelle 8 hält u.a. *Küppersbusch*[72] zutreffend für nicht verwertbar, da sie auf Befragungen beruhe und nur subjektive Einschätzungen („gefühlte Werte") wiedergebe und es nicht auf die tatsächlich aufgewendete Zeit ankomme, sondern auf diejenige Zeit, die eine professionelle Hilfskraft aufwenden müsse.

- Die den Tabellen zugrundeliegenden Erhebungen zum Arbeitszeitbedarf sind alt[73] und spiegeln damit nicht den zwischenzeitlichen technischen Fortschritt, aber auch die veränderten Lebensumstände und gesellschaftlichen Entwicklungen wieder. Im 1 Personen-Haushalt ist der Zeitaufwand für Ernährung, Wäschepflege und Haushalt gesunken, bei Erwerbstätigen reduziert sich wegen vermehrt fehlender Präsenz die Nutzung und damit auch die Verschmutzung der Wohnung. Im Mehr-Personenhaushalt wird weniger Zeit für Ernährung, Wäschepflege und Reinigung aufgewandt. Die Rahmenbedingungen haben sich verändert,[74] u.a. werden keine Windeln mehr gewaschen, sondern Papierwindeln benutzt, Fertigmahlzeiten werden auf dem Markt immer stärker angeboten und kommen in die und aus der Mikrowelle; Pizzadienst und Chinataxi sind im Einsatz. Die technische Fortentwicklung von (bis 1991 noch nicht verbreiteten)[75] Haushaltsmaschinen wird begleitet von einem Preisverfall. Tendenziell werden heute eher wieder Leistungen eingekauft (z.B. Kantine, Nutzung von Imbissketten, Essengehen, Pizza-Taxi,) und die Haushaltsführung eher reduziert, gefördert durch gesteigerte Kaufkraft und erhöhte Bereitschaft, Arbeit durch andere erbringen zu lassen (Wäschereinigung, Fensterputzer). Gesunkene Arbeitszeit führt zu deutlich erhöhter Freizeitnutzung (und dabei wohl auch im privaten Bereich dazu, weniger zu arbeiten und mehr zu relaxen).

---

69 Siehe auch: BGH v. 2.12.1997 – VI ZR 142/96 – DAR 1998, 99 = NJW 1998, 985 = r+s 1998, 153 = SP 1998, 159 = VersR 1998, 333; BGH v. 24.4.1990 – VI ZR 183/89 – DAR 1990, 296 = MDR 1990, 809 = NJW-RR 1990, 962 = NZV 1990, 307 = r+s 1990, 272 (nur LS) = VersR 1990, 907 = VRS 90, 257 = zfs 1990, 340; BGH v. 29.3.1988 – VI ZR 87/87 – MDR 1988, 664 = NJW 1988, 1783 = VersR 1988, 490; KG v. 21.10.2004 – 12 U 22/04 – OLGR 2005, 123 = VerkMitt 2005, 51 = VRS 108, 9.
70 Die durch Befragung ermittelten Werte erscheinen zu hoch angesetzt, was vermutlich darauf zurückzuführen ist, dass bei einer Befragung niemand gerne zugibt, keine Tätigkeiten im Haushalt auszuführen und daher eher zur Übertreibung neigen dürfte. Auch den Verteilzeiten mag nicht ausreichend Rechnung getragen sein. Die Zahlen scheinen eher realistisch, wenn beide Ehegatten berufstätig sind.
71 Tabelle 1 und Tabelle 8 sind nach unterschiedlichen Kriterien aufgestellt und von daher nur eingeschränkt miteinander vergleichbar: Tabelle 1 berücksichtigt den Haushaltszuschnitt, Tabelle 8 nicht; Tabelle 8 berücksichtigt, ob beide Ehegatten berufstätig sind (das führt, auch wegen rationellerer Organisation der Haushaltsführung, zu deutlich vermindertem Zeitaufwand) oder nur einer.
72 *Küppersbusch* Rn 193, Fn 415.
73 *Schulz-Borck/Hofmann* S. 8 Fn 4 nennt die Datensammlungen. Die dort zugrundeliegenden Erhebungen stammen teilweise aus den 80′er Jahren (siehe auch *Ludolph* SP 2004, 406 Fn 4), auch wenn sie erst später veröffentlicht wurden.
74 Kritisch auch schon *Ludolph* „Schadensersatz der verletzten Hausfrau / des verletzten Hausmannes im Haftpflichtrecht" SP 2004, 404.
75 Bei der Bewertung nach *Schulz-Borck/Hofmann* S. 56 hat der Haushalt keinen Wäschetrockner und keinen Geschirrspüler; Gartenarbeit besteht in Bewirtschaftung eines Nutzgartens mit Obst- und Gemüseanbau.

66 ▪ Soweit Behinderungen aus Verletzungsbildern abgeleitet werden (Tabellen 6, 6a), dürfte gerade im Bereich der prothetischen Versorgung und Hilfsmittel der technische Fortschritt zu einer Neubewertung führen.[76]

4. Ersatzkraft

67 Wird unfallabhängig eine Ersatzkraft eingestellt, sind deren **konkrete** Kosten **brutto** (einschließlich der Arbeitgebersozialabgaben und Steuern)[77] auszugleichen, wenn deren Einstellung erforderlich und angemessen ist. Die Angemessenheit richtet sich nach Art und Größe des Haushaltes. Reicht die Arbeitsleistung der Hilfskraft nicht aus, den Ausfall voll auszugleichen, kann daneben der verbleibende Anspruch fiktiv netto abgerechnet werden.

68 Die Forderung auf Ersatz der Haushaltshilfekosten ist nicht von der Einstellung einer Hilfskraft abhängig, sondern erfordert nur den Beweis für die Notwendigkeit der Beschäftigung einer Haushaltshilfe.[78] Wird keine Ersatzkraft eingestellt (und behilft man sich im Familien-, Verwandten- oder Freundeskreis), kann der Haushaltsführungsschaden auch **fiktiv** berechnet werden;[79] es sind dann allerdings äußerstenfalls[80] die **Netto**vergütungen (also unter Herausnahme insbesondere der Steuern sowie der Arbeitnehmer- und Arbeitgeber-Sozialversicherungsabgaben) vergleichbarer[81] Arbeitskräfte einer Berechnung zugrunde zu legen.[82] Für die abstrakte Berechnung können die Tabellen von *Schulz-Borck/Hofmann*[83] eine Schätzungsgrundlage bieten.[84] die allerdings wegen ihrer allgemein gehaltenen, fiktiven und bundeseinheitlichen Betrachtung in Ansehung der konkreten örtlichen und persönlichen Umstände doch der Korrektur (i.d.R. nach unten) bedürfen.[85]

---

76 Siehe auch *Ludolph* „Schadensersatz der verletzten Hausfrau/des verletzten Hausmannes im Haftpflichtrecht" SP 2004, 404.
77 BGH v. 8.2.1983 – VI ZR 201/81 – BGHZ 86,372 = DAR 1983, 221 = FamRZ 1983, 452 = JR 1983, 414 = MDR 1983, 570 = NJW 1983, 1425 = r+s 1983, 101 = VersR 1983, 458 = zfs 1983, 202.
78 OLG Celle v. 24.4.1980 – 5 U 204/77 – VersR 1981, 357.
79 BGH v. 10.4.1979 – VI ZR 151/75 – MDR 1979, 833 = VersR 1979, 670.
80 OLG Dresden v. 1.11.2007 – 7 U 3/07 – SP 2008, 292 (Übernehmen Verwandte bzw. Bekannte die Hilfsdienste, ist grundsätzlich nicht der fiktive Nettolohn einer den Umständen nach erforderlichen Haushaltskraft [konkret 6,64 EUR/h] zu ersetzen, sondern lediglich eine angemessene Entschädigung für deren Dienst [konkret 5,00 EUR] geschuldet).
81 Bei Berufstätigen ist nicht etwa deren Erwerbseinkommen der Berechnung zugrunde zu legen: AG Magdeburg v. 1.3.2004 – 115 C 37/04 (115) – SP 2004, 408.
82 BGH v. 8.2.1983 – VI ZR 201/81 – BGHZ 86,372 = DAR 1983, 221 = FamRZ 1983, 452 = JR 1983, 414 = MDR 1983, 570 = NJW 1983, 1425 = r+s 1983, 101 = VersR 1983, 458 = zfs 1983, 202; OLG Celle v. 28.4.2005 – 14 U 200/04 – OLGR 2005, 781 = zfs 2005, 434 (Anm. *Diehl*) (8 EUR/Stunde); OLG Celle v. 9.9.2004 – 14 U 32/04 – NdsRpfl 2004, 347 = NJW-RR 2004, 1673 = NJW-spezial 2004, 355 = OLGR 2004, 523 = SP 2004, 371 = SVR 2005, 68 (nur LS) (Anm. *Schwab*, Anm. *Müller* SVR 2004, 426) = VRS 107,418 (8 EUR/Stunde); OLG Hamm v. 18.12.2003 – 6 U 105/03 – NZV 2004, 631 (8 EUR/Stunde); OLG Oldenburg v. 18.1.2001 – 1 U 107/00 – SP 2001, 196; AG Magdeburg v. 1.3.2004 – 115 C 37/04 (115) – SP 2004, 408 (5,77 EUR/Stunde).
83 *Schulz-Borck/Hofmann* „Schadensersatz bei Ausfall von Hausfrauen und Müttern im Haushalt", 6. Aufl. 2000. Zur Kritik siehe Kap 7 Rn 62.
84 Siehe auch BGH v. 10.4.1979 – VI ZR 151/75 – MDR 1979, 833 = VersR 1979, 670; OLG Düsseldorf v. 21.2.1991 – 13 U 177/90 – VersR 1992, 1418; AG Krefeld v. 8.5.2001 – 78 C 599/99 – SP 2001, 376.
85 BGH v. 8.6.1982 – VI ZR 314/80 – BG 1983, 562 = DAR 1982, 323 = MDR 1983, 45 = NJW 1982, 2866 = r+s 1982, 187 = VersR 1982, 951 = VRS 63,406 = zfs 1982, 361; OLG Düsseldorf v. 16.3.1987 – 1 U 42/86 – DAR 1988, 24.

A. Ausfall im Haushalt

Kann die verletzte Person weiterhin den Haushalt leiten, sind die anzusetzenden Kosten selbstredend niedriger als bei einem vollständigen Ausfall.

5. Zeitraum und Prognose

Die Dauer einer Rente wegen Beeinträchtigung in der Haushaltsführung kann nicht auf das 65. Lebensjahr begrenzt werden. Zu berücksichtigen ist allerdings eine altersbedingte unfallfremde Herabsetzung der Leistungsfähigkeit[86] und voraussehbare – spätere – Mitarbeit anderer Familienangehöriger (z.B. nach Verrentung bzw. Pensionierung), ferner auch die unfallunabhängige Einstellung, aber auch die vorbestehende Existenz von Ersatzkräften (z.B. Putzfrau, Gartenhilfe).[87]

Mit der Verrentung / Pensionierung (Entsprechendes gilt auch für Teilzeitbeschäftigung) des Ehepartners ist dieser unterhaltsrechtlich zur hälftigen Mitarbeit im Haushalt verpflichtet: Auch wenn es grundsätzlich bei einer verletzten Person, die im Haushalt ausfällt, auf die rechtliche Verpflichtung nicht ankommt, spricht hier jedoch eine Vermutung dafür, dass der Ehegatte nach seiner Verrentung entsprechend seiner rechtlichen Verpflichtung mitgeholfen hätte.

Auch andere Veränderungen in der familiären Situation (Wegzug von Kindern, Scheidung, Tod des Partners) führen zu einer Neuberechnung des Haushaltsführungsschadens.

In der Rechtsprechung besteht eine Tendenz, das Ende des Haushaltsführungsschaden mit dem 75. Lebensjahr (bei langjährigen Feststellungsurteilen) anzunehmen, da ab diesem Zeitpunkt die in ihrer Haushaltsführung beeinträchtigte Person auch unfallfremd nicht

---

86 BGH v. 25.4.2006 – VI ZR 114/05 – (Berichtigungsbeschluss v. 20.6.2006 – VI ZR 114/05 -) BGHReport 2006, 1171 = DAR 2007, 22 (nur LS) = FamRB 2006, 305 (nur LS) (Anm. *Erk*) = FamRZ 2006, 1108 (Anm. *Luthin*) = MDR 2006, 1409 = NJW 2006, 2327 = NJW-Spezial 2006, 402 = NZV 2006, 467 = r+s 2006, 519 (Anm. *Bliesener*) = SP 2006, 310 = VersR 2006, 1081 = VRS 111,327 = zfs 2006, 677; OLG Zweibrücken v. 29.7.1977 – 1 U 108/76 – VersR 1978, 356; LG Essen v. 12.2.1976 – 4 O 126/73 – VersR 1977, 674 (Mithilfeverpflichtung des Ehemannes endet allgemein mit dem 70. Lebensjahr).
87 BGH v. 10.10.1989 – VI ZR 247/88 – r+s 1989, 399 = VersR 1989, 1273; AG Oberhausen v. 28.4.2004 – 31 C 3176/03 – SP 2005, 50; siehe *Küppersbusch* Rn 209.

mehr in der Lage sein würde, ihren Haushalt vollumfänglich ohne Unterstützung zu führen.[88]

6. Schadenminderung

74 Die in ihrer Haushaltsführung beeinträchtigte Person muss, nicht zuletzt aus Gründen der Schadenminderung, notfalls den Haushalt **umstrukturieren** und die häusliche Arbeitsverteilung neu vornehmen.[89]

75 Kann die Beeinträchtigung durch **technische Geräte** kompensiert oder erleichtert werden, muss sich der Verletzte hierauf einlassen.[90]

76 Ist der Unfallbeteiligte vorübergehend arbeitsunfähig oder gibt der Verletzter seinen Beruf vollständig auf, ist **kompensatorisch** zu berücksichtigen, dass die verbliebene Arbeitskraft nunmehr voll im Haushalt eingesetzt werden kann, sofern die unfallbedingten Ge

---

[88] OLG Celle v. 23.6.1983 – 5 U 247/82 – zfs 1983, 291; OLG Frankfurt v. 14.7.1981 – 12 U 65/80 – VersR 1982, 981 = zfs 1982, 363 (BGH hat Revision nicht angenommen, Beschl. v. 8.6.1982 – VI ZR 206/81 -); OLG Hamm v. 21.2.1994 – 6 U 225/92 – NJW-RR 1995, 599; OLG Hamm v. 10.11.1994 – 6 U 147/93 -; OLG Köln v. 14.1.1981 – 16 U 63/80 – VersR 1981, 690 (Begrenzung auf das 70. Lebensjahr bei einer 61-jährigen Frau, da der natürliche Alterungsprozess dazu führt, dass viele Hausfrauen ab dem 71. Lebensjahr jedenfalls nicht mehr den gesamten Haushalt allein versorgen können. Es muss daher nach dem 70. Lebensjahr erneut geprüft werden, in welchem Umfang die Verletzte angesichts ihres Gesundheitszustandes – von Unfallfolgen abgesehen – dazu noch in der Lage sein wird.); OLG Zweibrücken v. 29.7.1977 – 1 U 108/76 – VersR 1978, 356; *Diehl* in Anm. zu LG Saarbrücken v. 21.4.2006 – 3 O 79/04; *Jahnke* „Unfalltod und Schadenersatz" Kap 7 Rn 140, *ders* „Abfindung von Personenschadenansprüchen" § 1 Rn 247, 255; *Pardey* Rn 97; siehe auch: BGH v. 7.5.1974 – VI ZR 10/73 – MDR 1974, 1012 = NJW 1974, 1651 (Anm. *v.Denck* NJW 1974, 2280) = VersR 1974, 1016 = VRS 47,321; KG v. 29.11.1996 – 9 U 2238/95 – r+s 1997, 461 (BGH hat Revision nicht angenommen, Beschl. v. 8.7.1997 – VI ZR 39/97 -) (Ohne Darlegung besonderer Verhältnisse kann nicht davon ausgegangen werden, dass eine bei einem Unfall getötete Ehefrau auch mit mehr als 78 Jahren noch zur Haushaltsführung verpflichtet gewesen wäre. Anm.: Die Frage nach einem etwaig jüngeren Endalter stellte sich im entschiedenen Fall nicht, da der Schadensersatzpflichtige bis zur Erreichung des fiktiven 79. Lebensjahres tatsächlich gezahlt hatte.); Siehe auch: BGH v. 7.5.1974 – VI ZR 10/73 – MDR 1974, 1012 = NJW 1974, 1651 (Anm. *v.Denck* NJW 1974, 2280) = VersR 1974, 1016 = VRS 47,321; KG v. 29.11.1996 – 9 U 2238/95 – r+s 1997, 461 (BGH hat Revision nicht angenommen, Beschl. v. 8.7.1997 – VI ZR 39/97 -) (Ohne Darlegung besonderer Verhältnisse kann nicht davon ausgegangen werden, dass eine bei einem Unfall getötete Ehefrau auch mit mehr als 78 Jahren noch zur Haushaltsführung verpflichtet gewesen wäre. Anm.: Die Frage nach einem etwaig jüngeren Endalter stellte sich im entschiedenen Fall nicht, da der Schadensersatzpflichtige bis zur Erreichung des fiktiven 79. Lebensjahres tatsächlich gezahlt hatte.).
[89] KG v. 26.2.2004 – 12 U 276/02 – SP 2004, 299 = zfs 2005, 182 = VersR 2005, 237; AG Düren v. 7.6.2006 – 45 C 78/06 – SP 2007, 209 (in einer Doppelverdienerehe müssen die Eheleute durch Umverteilung der Hausarbeit dafür sorgen, dass sich die Behinderung möglichst gering auswirkt).
[90] KG v. 26.2.2004 – 12 U 276/02 – SP 2004, 299 = zfs 2005, 182 = VersR 2005, 237; OLG Köln v. 17.3.2000 – 19 U 202/98 – SP 2000, 336; siehe auch BGH v. 12.1.1965 – VI ZR 228/63 – VersR 1965, 461 für die berufsbezogene Minderung der Erwerbsfähigkeit.

sundheitsbeeinträchtigungen dieses auch zulassen.[91] Diesem Aspekt ist nicht nur bei psychischen Beeinträchtigungen aufgrund eines HWS-Syndroms Beachtung zu schenken.[92]

Schwere(re) Hausarbeiten, aber auch unregelmäßig anfallende Aufgaben wie Gardinenaufhängen und Fensterputzen,[93] sind bei nur vorübergehender Behinderung zu verschieben.[94] Gerade bei kurzen Zeiträumen ist es möglich und zumutbar, die Führung des Haushaltes durch Umorganisieren und Umdisponieren zu regeln.[95] Dabei muss vorübergehend auch eine geringfügige und zumutbare Unterstützung durch einen (an sich nicht Haushalt tätigen) Lebensgefährten) in Anspruch genommen werden.[96]

Bei einem **Single-Haushalt** besteht in einem höheren Maße als in einem Mehr-Personenhaushalt die Möglichkeit, zeitlich disponible Tätigkeiten (Rasenmähen, Fensterputzen), die aufgrund einer vorübergehenden Beeinträchtigung nicht ausgeführt werden können, nach hinten zu verschieben.

III. Anspruch bei Tod[97]

a. Anspruch

Im Falle der Tötung einer Person ist den anspruchsberechtigten Hinterbliebenen Unterhaltsschadenersatz nach **§ 844 II BGB** (bzw. den entsprechenden Parallelvorschriften der speziellen Haftungsgesetze) zu leisten.

---

91 Vgl. BGH v. 18.2.1992 – VI ZR 367/90 – DAR 1992, 262 = MDR 1992, 1129 = NJW-RR 1992, 792 = r+s 1992, 235 = VersR 1992, 618 = VRS 83,127, BGH v. 24.4.1979 – VI ZR 204/76 – BGHZ 74,226 = NJW 1979, 1403 = VersR 1979, 622; OLG Hamm v. 8.6.2001 – 9 U 137/99 (Vorinstanz LG Paderborn v. 11.5.1999 – 2 O 430/96 -); Siehe auch Kap 9 Rn 30 f.
92 OLG Celle v. 28.9.2000 – 14 U 215/99 – (Nach HWS-Verletzung verstärkte psychische Erkrankung einer Lehrerin führte zwar zur vorzeitigen Pensionierung, hindert sie aber nicht daran, mit den wesentlichen Anforderungen ihres täglichen – außerberuflichen – Lebens fertig zu werden. Ein Haushaltsführungsschaden ist nicht zu ersetzen.); LG Frankfurt (Oder) v. 18.5.2007 – 17 O 524/03 – DAR 2008, 29 (Die verletzte Person soll und muss das Gefühl haben, dass sie in der Familie benötigt wird und nicht den anderen Familienangehörigen zur Last fällt. Insofern ist es in ihrem eigenen Interesse, wenn ihre Mitarbeit im Haushalt auch wertmäßig zum Tragen kommt und nicht etwa nur wegen des guten Willens der anderen ganz außer Ansatz bleibt. Konkret wurde der Ausfall im Haushalt nicht mit 100 %, sondern nur mit 90 % dann berücksichtigt.).
93 AG Düren v. 7.6.2006 – 45 C 78/06 – SP 2007, 209.
94 LG Köln v. 15.4.2008 – 8 O 270/06 – DAR 2008, 389 = jurisPR-VerkR 11/2008 Anm. 6 (Anm. *Lang*); AG Köln v. 5.2.1996 – 262 C 482/95 – SP 1996, 171 (Auch wenn die Unfallverletzte nach dem ärztlichen Attest als Verkäuferin 2 Wochen lang krankgeschrieben war, schließt dieses nicht aus, dass sie nicht in der Lage war, mit zumutbarem Aufwand jedenfalls die gängigen Arbeiten leichterer Art in ihrem kinderlosen 2-Personen-Haushalt zu erledigen).
95 OLG Oldenburg v. 4.7.2005 – 11 U 4/05 –; *Geigel-Pardey* Kap 4 Rn 143.
96 OLG Oldenburg v. 4.7.2005 – 11 U 4/05 – (Zumutbar ist u.a., Einkäufe zu erledigen und darüber hinaus für eine kurze Zeit, jedenfalls für die ersten 3 Wochen des Ausfalles zu 100 %, die sonstige Hausarbeit zu übernehmen, ferner für die weiteren 6 Wochen [50 %-iger Ausfall] die körperlich schweren Arbeiten zu verrichten); AG Göttingen v. 28.2.2001 – 30 C 165/00 – SP 2001, 236; siehe auch *Geigel-Pardey* Kap 4 Rn 143.
97 Zu Detailfragen siehe *Jahnke* in Anwalts-Handbuch Verkehrsrecht Teil 4 Rn 549 ff., *ders.* „Unfalltod und Schadenersatz" Kap 6 Rn 46 ff., 222 ff., *ders* „Abfindung von Personenschadenansprüchen" § 1 Rn 253 ff., 266 ff.

b. Barunterhalt – Naturalunterhalt

80 Die schadenersatzrechtlichen Unterhaltsansprüche der Hinterbliebenen orientieren sich allein an Umfang und Ende der gesetzlich, dh. familienrechtlich geschuldeten Unterhaltsverpflichtung und ohne dass es auf den tatsächlich gewährten Unterhalt des Getöteten ankommt.[98]

81 „Gesetzlicher Unterhalt" i.S.v. § 844 II BGB ist, was im konkreten Fall das Ergebnis eines Unterhaltsprozesses der unterhaltsberechtigten Person gegen den Unterhaltspflichtigen wäre.[99] Eine nur auf Vertrag beruhende Unterhaltspflicht genügt nicht den Anforderungen, die § 844 II BGB an die Schadenersatzpflicht des Schadenersatzpflichtigen gegenüber mittelbar Geschädigten stellt.[100] Der Unterhalt setzt sich zusammen aus

82 ■ dem **Barunterhalt** (wirtschaftliche Unterstützung durch Einkommen) und

83 ■ dem **Naturalunterhalt** (persönliche Zuwendung durch Betreuung, Erziehung und Haushaltsführung).

c. Naturalunterhalt

aa. Familienrechtlicher Rahmen bei Tötung

84 Der Ersatz wegen Fortfalles der Haushaltsführung orientiert sich – anders als im Verletzungsfall – am gesetzlich geschuldeten Maß. Der Umfang der gesetzlichen Unterhaltspflicht hängt auch beim Natural- oder Betreuungsunterhalt von den Lebensumständen und den persönlichen Bedürfnissen der Ehegatten und der unterhaltsberechtigten Kinder ab.[101]

85 Bei der Berechnung sind nicht alle haushaltsangehörigen, im Haushalt tatsächlich anwesenden bzw. mitversorgten Personen (z.B. Eltern[102] oder Schwiegereltern) einzubeziehen, sondern ausschließlich die familienrechtlich unterhaltsberechtigten.

86 Nicht unterhaltsberechtigt sind **Verlobte** oder in **eheähnlicher Gemeinschaft** Lebende (und zwar auch dann nicht, wenn später die Ehe geschlossen wird),[103] Partner einer **nicht-**

---

[98] BGH v. 25.4.2006 – VI ZR 114/05 – (Berichtigungsbeschluss v. 20.6.2006 – VI ZR 114/05 -) NZV 2006, 467 = SP 2006, 310 = VersR 2006, 1081 = zfs 2006, 677; BGH v. 4.11.2003 – VI ZR 346/02 – BGHReport 2004, 157 (Anm. *Schiemann*) = DAR 2004, 79 = FamRZ 2004, 88 = MDR 2004, 449 = NJW 2004, 358 = NZV 2004, 23 = r+s 2004, 435 = SP 2004, 46 = VersR 2004, 75 = zfs 2004, 114.

[99] BGH v. 25.4.2006 – VI ZR 114/05 – (Berichtigungsbeschluss v. 20.6.2006 – VI ZR 114/05 -) NZV 2006, 467 = SP 2006, 310 = VersR 2006, 1081 = zfs 2006, 677; *Soergel-Beater* § 844 Rn 23.

[100] BGH v. 25.4.2006 – VI ZR 114/05 – (Berichtigungsbeschluss v. 20.6.2006 – VI ZR 114/05 -) NZV 2006, 467 = SP 2006, 310 = VersR 2006, 1081 = zfs 2006, 677.

[101] BGH v. 15.3.1983 – VI ZR 187/81 – MDR 1983, 835 = NJW 1983, 2197 = VersR 1983, 688; OLG Frankfurt v. 26.7.2005 – 17 U 18/05 – SP 2005, 338 (Wenn der alleine voll berufstätige Ehepartner im Haushalt Leistungen erbringt, ist regelmäßig davon auszugehen, dass dies freiwillig geschieht und nicht aufgrund seiner Unterhaltspflicht).

[102] Zum Elternunterhalt siehe: BGH v. 28.1.2004 – XII ZR 218/01 – BGHReport 2004, 879 (Anm. *Born*) = FamRZ 2004, 795 (Anm. *Strohal*) = MDR 2004, 753 = NJW 2004, 2167 (nur LS) = NJW-RR 2004, 721 (Da die Ehegatten ihre persönliche und wirtschaftliche Lebensführung in gemeinsamer Verantwortung bestimmen können, steht es ihnen grundsätzlich frei, Vereinbarungen über die innerfamiliäre Arbeitsteilung zu treffen, die einen Ehegatten mehr belasten als den anderen. Die Mitwirkung an einer solchen Gestaltung ist einem Ehegatten im Verhältnis zu seinen unterhaltsberechtigten Eltern nach Treu und Glauben aber dann verwehrt, wenn ein erhebliches Missverhältnis der beiderseitigen Beiträge zum Familienunterhalt vorliegt. In einem solchen Fall ist darauf abzustellen, in welchem Umfang der Unterhaltspflichtige rechtlich gehalten ist, über die Haushaltsführung hinaus zum Familienunterhalt beizutragen.); BGH v. 17.12.2003 – XII ZR 224/00 – BGHReport 2004, 376 = FamRZ 2004, 370 (Anm. *Strohal* FamRZ 2004, 441) = MDR 2004, 450 = NJW 2004, 677.

ehelichen Lebensgemeinschaft (und zwar selbst dann nicht, wenn ihnen vom Getöteten vertraglich Unterhaltsansprüche eingeräumt worden sind)[104] sowie Partner einer nichteingetragenen[105] homophilen Lebensgemeinschaft.

Eingetragene Lebenspartner (LPartG) waren **bis zum 31.12.2004** untereinander nur zu angemessenem Barunterhalt verpflichtet (§ 5 LPartG, §§ 1360a, 1360b BGB); die Berechnung des Barunterhaltsschadens folgt denselben Grundsätzen wie bei der Doppelverdienerehe. Da eine Verpflichtung zum Naturalunterhalt mangels Verweisung auf die die Haushaltsführung regelnden Bestimmungen der §§ 1356, 1360 BGB nicht existierte, konnte kein Ersatz wegen entgangenem Naturalunterhalt (Haushaltsführung) bis zum 31.12.2004 verlangt werden.[106] Erst mit der Änderung des § 5 LPartG durch das „Gesetz zur Überarbeitung des Lebenspartnerschaftsgesetzes"[107] **ab dem 1.1.2005** besteht nun auch eine Verpflichtung zur Haushaltsführung wie bei Ehegatten, sodass auch ein Haushaltsführungsschaden wie bei Ehegatten abzurechnen ist.

87

Waisen ist (wenn und solange sie bedürftig sind) Schadenersatz wegen entgangenen Barunterhaltes bis zum Ende der familienrechtlich geschuldeten Ausbildung zu zahlen.[108] Der Betreuungsschaden tritt nur bis zur **Vollendung des 18. Lebensjahres** daneben.[109] Nach Vollendung des 18. Lebensjahres können Waisen keine Ansprüche wegen entzogenem Betreuungsunterhaltes mehr geltend machen. Betreuungsleistungen für ein volljähriges Kind sind keine Unterhaltsleistungen mehr. Leistungen, die ein Elternteil seinem Kind noch über die Vollendung seines 18. Lebensjahres hinaus in Natur erbringt, sind nicht mehr als Betreuungsunterhalt i.S.v. § 1606 III 3 BGB zu werten.[110] Mit dem Eintritt der Volljährigkeit endet die elterliche Sorge im Rechtssinne und – als Teil hiervon – die vor allem die Pflicht zur Pflege und Erziehung des Kindes beinhaltende Personensorge (§§ 1626, 1631 BGB) des betreuenden Elternteils. Damit entfällt nach dem Gesetz die Grundlage für eine Gleichbewertung von Betreuungs- und Barunterhalt ohne Rücksicht darauf, ob im Einzelfall etwa ein volljähriger Schüler weiter im Haushalt eines Elternteils

88

---

103 BGH v. 13.2.1996 – VI ZR 318/94 – BGHZ 132,39 = JR 1996, 505 (Anm. *Fuchs*) = MDR 1996, 799 = NJW 1996, 1674 = r+s 1996, 311 = VersR 1996, 649; OLG Frankfurt v. 29.6.1983 – 7 U 267/82 -) VersR 1984, 449 (Verlobte).
104 BGH v. 24.6.1969 – VI ZR 66/67 – MDR 1969,921 = VersR 1969,998; OLG Frankfurt v. 24.1.1984 – 8 U 24/83 – zfs 1984, 165 (Vereinbarung, dass Verdienst der Ehefrau ihr allein verbleiben solle, bleibt unberücksichtigt); OLG München v. 15.6.1978 – 1 U 4719/77 – VersR 1979, 1066 (BGH hat die Revision nicht angenommen, Beschl. v. 10.7.1979 – VI ZR 228/78 -).
105 ISv § 1 I des Gesetzes über die Eingetragene Lebenspartnerschaft (Lebenspartnerschaftsgesetz – LPartG -).
106 *Palandt-Brudermüller* § 5 LPartG Rn 1.
107 Art. 7 I Gesetz zur Überarbeitung des Lebenspartnerschaftsrechts v. 15.12.2004, BGBl I 2004, 3396.
108 BGH v. 9.1.2002 – XII ZR 34/00 – FamRZ 2002, 815 = NJW 2002, 2026 = BGHReport 2002, 498 (Anm. *Hauß*) = MDR 2002, 826; *Staudinger-Engler* § 1606 Rn 25; *Palandt-Diederichsen* § 1606 Rn 9.
109 OLG München v. 11.5.2005 – 20 U 5275/04 -; *Jahnke* „Der Kinderunfall – Ein Überblick über haftungs- und schadenersatzrechtliche Aspekte" in Festschrift zum 25-jährigen Bestehen der Arbeitsgemeinschaft Verkehrsrecht des Deutschen Anwaltvereins (2004), S. 213; BGH v. 25.4.2006 – VI ZR 114/05 – (Berichtigungsbeschluss v. 20.6.2006 – VI ZR 114/05 -) NZV 2006, 467 = SP 2006, 310 = VersR 2006, 1081 = zfs 2006, 677 (Ein gesetzlich geschuldeter Unterhalt kann auch bei Gewährung des Unterhalts als Naturalunterhalt nach § 1612 I 2, II BGB vorliegen).
110 BGH v. 9.1.2002 – XII ZR 34/00 – FamRZ 2002, 815 = NJW 2002, 2026 = BGHReport 2002, 498 (Anm. *Hauß*) = MDR 2002, 826; BGH v. 2.3.1994 – XII ZR 215/92 – FamRZ 1994, 1013 = MDR 1994, 1013 = NJW 1994, 1530.

lebt und von diesem noch gewisse Betreuungsleistungen erfährt.[111] Das gilt auch für die Pflege und Betreuung volljähriger Kinder.

89

> **§ 1612 BGB – Art der Unterhaltsgewährung**
>
> (1) ¹Der Unterhalt ist durch Entrichtung einer Geldrente zu gewähren. ²Der Verpflichtete kann verlangen, dass ihm die Gewährung des Unterhalts in anderer Art gestattet wird, wenn besondere Gründe es rechtfertigen.
>
> (2) ¹Haben Eltern einem unverheirateten Kinde Unterhalt zu gewähren, so können sie bestimmen, in welcher Art und für welche Zeit im Voraus der Unterhalt gewährt werden soll, wobei auf die Belange des Kindes die gebotene Rücksicht zu nehmen ist. ²Aus besonderen Gründen kann das Familiengericht auf Antrag des Kindes die Bestimmung der Eltern ändern. ³Ist das Kind minderjährig, so kann ein Elternteil, dem die Sorge für die Person des Kindes nicht zusteht, eine Bestimmung nur für die Zeit treffen, in der das Kind in seinen Haushalt aufgenommen ist.
>
> (3) ¹Eine Geldrente ist monatlich im Voraus zu zahlen. ²Der Verpflichtete schuldet den vollen Monatsbetrag auch dann, wenn der Berechtigte im Laufe des Monats stirbt.

90 Nur im eng begrenzten Ausnahmefall können nach § 1612 II BGB Naturalleistungen (z.B. Pflegeleistungen – unter Einrechnung erzielter Pflegegelder -) als gesetzlich geschuldeter Unterhalt angesehen werden.[112] Es handelt sich dabei aber familienrechtlich um Unterhaltsleistungen, die an die Stelle des ansonsten geschuldeten Barunterhaltes treten und von daher sich schadenersatzrechtlich an den Grundlagen des Ersatzes von Barunterhaltsschaden (und damit vor allem an der finanziellen Bedürftigkeitsprüfung) orientieren. Für die Ersatzfähigkeit reicht eine bloße Vereinbarung aber nicht aus; vielmehr muss diese bereits vor dem Unfalltod praktiziert, dh. umgesetzt und verwirklicht worden sein.[113] Allein die Behauptung einer noch vor dem Tod getroffenen – allerdings noch nicht umgesetzten und vollzogenen – Abrede kann das schadenersatzrechtliche Maß des gesetzlich geschuldeten Unterhaltes ebenso wenig bestimmen wie eine Vereinbarung zwischen Unterhaltspflichtigem und Unterhaltsberechtigtem, es sei ein bestimmter – den gesetzlich geschuldeten Unterhalt übersteigender – Betrag als Unterhalt zu zahlen.[114]

bb. Mitarbeitsverpflichtung

91 Zu berücksichtigen sind die gesetzlich geschuldeten Mitarbeitsverpflichtungen von Kindern und Ehegatten unabhängig davon, ob diese ohne den Tod des Haushaltsführenden ansonsten tatsächlich erbracht worden wären. Soweit vor dem Tod eine familienrechtliche Mithilfepflicht der Unterhaltsgeschädigten bestand, besteht keine Ersatzpflicht unabhängig von dem Umstand, ob und in welchem Umfang der Pflichtige tatsächlich mitgeholfen hat.

---

111 BGH v. 9.1.2002 – XII ZR 34/00 – FamRZ 2002, 815 = NJW 2002, 2026 = BGHReport 2002, 498 (Anm. *Hauß*) = MDR 2002, 826; BGH v. 2.3.1994 – XII ZR 215/92 – FamRZ 1994, 1013 = MDR 1994, 1013 = NJW 1994, 1530.
112 BGH v. 25.4.2006 – VI ZR 114/05 – (Berichtigungsbeschluss v. 20.6.2006 – VI ZR 114/05 -) NZV 2006, 467 = SP 2006, 310 = VersR 2006, 1081 = zfs 2006, 677.
113 BGH v. 25.4.2006 – VI ZR 114/05 – (Berichtigungsbeschluss v. 20.6.2006 – VI ZR 114/05 -) (zu II.4.b) NZV 2006, 467 = SP 2006, 310 = VersR 2006, 1081 = zfs 2006, 677.
114 BGH v. 25.4.2006 – VI ZR 114/05 – (Berichtigungsbeschluss v. 20.6.2006 – VI ZR 114/05 -) NZV 2006, 467 = SP 2006, 310 = VersR 2006, 1081 = zfs 2006, 677 (Eine über die gesetzlich geschuldete Unterhaltspflicht hinausgehende [„überobligatorisch"] tatsächlich erbrachte Unterhaltsleistung ist im Rahmen des § 844 II BGB nicht zu ersetzen).

(1) Ehegatte

Die Mitarbeitspflicht des hinterbliebenen Ehegatten richtet sich zum einen nach der eigenen beruflichen Auslastung in Wechselwirkung zur beruflichen Situation des anderen verstorbenen Ehegatten.[115] Der nach Abzug der von den Kindern zu erbringenden Mithilfeleistungen verbleibende Zeitaufwand ist auf die Ehepartner aufzuteilen; die Mithilfeleistungen durch Hilfskräfte (z.B. durch eine Putzfrau) sind durch entsprechenden Abschlag zu berücksichtigen.

92

Wenn beide Ehepartner voll berufstätig oder beide nicht oder nicht mehr berufstätig (z.B. Rentner, arbeitslos) sind, ist es entsprechend einem modernen Leitbild der Ehe durchaus angemessen, sich die restliche Haushaltsarbeit hälftig zu teilen. Wenn nur ein Ehepartner berufstätig ist und der Haushaltsführende auch nicht durch Alter oder Krankheit an der Wahrnehmung seiner Aufgaben gehindert ist, besteht keine Mithilfepflicht. Veränderungen ergeben sich u.a. auch bei (hypothetischer) Verrentung des Ehegatten.

93

Die Mitarbeitspflicht desjenigen Ehegatten, der eine Vollschichttätigkeit hat, ist geringer als die Pflicht des Ehegatten mit Halbtags- oder Aushilfstätigkeit (Alleinverdiener 0 %,[116] Halbtagsbeschäftigung 25 %,[117] Doppelverdiener 50 %[118]).

94

(2) Kind

> **§ 1619 BGB – Dienstleistungen in Haus und Geschäft**
>
> Das Kind ist, solange es dem elterlichen Hausstand angehört und von den Eltern erzogen oder unterhalten wird, verpflichtet, in einer seinen Kräften und seiner Lebensstellung entsprechenden Weise den Eltern in ihrem Hauswesen und Geschäft Dienste zu leisten.

Auch Kinder sind, wie sich aus § 1619 ergibt, zur Mitarbeit verpflichtet. Der Umfang richtet sich zum einen am Alter des Kindes aus, zum anderen aber auch an dessen sonstiger Belastung (z.B. durch Schulbesuch). Ab etwa dem 12. Lebensjahr wird man – unabhängig von Haushaltsgröße und Anspruchsstufe – von dann an 1 h/Tag bzw. 7 h/Woche ansetzen können.[119] Abweichungen können sich z.B. dann ergeben, wenn das Kind bereits anderweitig durch Ausbildung oder sonstige Betätigungen (z.B. durch sonstigen Unterricht, Sport, Musik pp.) besonders belastet gewesen ist.

95

cc. Schadenbemessung

Am Unterhalt sind beide Ehegatten grundsätzlich zu gleichen Teilen beteiligt. Es obliegt ihnen dann, die Aufteilung der Pflichten nach den konkreten Bedürfnissen und Möglichkeiten zu bestimmen.[120] Nach § 1356 BGB ist es den Eheleuten überlassen, wie sie ihre Lebensgemeinschaft gestalten, ob sie an der herkömmlichen Rollenverteilung (Haushaltsführungsehe) festhalten wollen oder ob sie sich für eine andere Aufgabenverteilung (Dop-

96

---

115 Siehe auch OLG Karlsruhe v. 18.8.2005 – 19 U 120/04 – SP 2006, 276.
116 OLG Frankfurt v. 26.7.2005 – 17 U 18/05 – SP 2005, 338 (Der allein voll berufstätige Ehepartner erbringt Leistungen im Haushalt regelmäßig freiwillig und nicht aufgrund seiner Unterhaltsverpflichtung); OLG Oldenburg v. 20.12.1982 – 13 U 55/82 – VersR 1983, 890.
117 LG Bayreuth v. 30.11.1981 – 2 O 35/81 – VersR 1983, 66.
118 BGH v. 2.4.1974 – VI ZR 130 und 155/73 – NJW 1974, 1238.
119 BGH v. 12.6.1973 – VI ZR 26/72 – VersR 1973, 939; BGH v. 2.5.1972 – VI ZR 80/70 – VersR 1972, 948; OLG Stuttgart v. 10.11.1992 – 14 W 4/92 – SP 1994, 80 (nur LS) = VersR 1993, 1536.
120 BGH v. 6.10.1987 – VI ZR 155/86 – DAR 1988, 20 = MDR 1988, 217 = VersR 1987, 1243; BGH v. 22.1.1985 – VI ZR 71/83 – DAR 1985, 215 = FamRZ 1985, 466 = JR 1985, 418 = MDR 1985, 482 = NJW 1985, 1460 = r+s 1985, 115 = VersR 1985, 365 = VRS 69,7.

pelverdienerehe) entscheiden. Eheleute können durch **tatsächliches Verhalten** oder durch **Vereinbarungen** den Haftungsrahmen des § 844 II BGB zwar nicht erweitern, sie können aber gemäß §§ 1356, 1360, 1360a BGB die Art und Weise der gegenseitigen Unterhaltsgewährung im Rahmen des Angemessenen unter Berücksichtigung der Belange der Familie frei gestalten mit der Folge, dass diese Vereinbarungen dann nicht nur unterhaltsrechtlich, sondern auch haftungsrechtlich verbindlich sind.[121] Wenn ein Ehepartner trotz gleicher Berufstätigkeit alle Arbeiten übernimmt, liegt dieses nicht mehr im Rahmen dessen, was in einer Ehe frei vereinbart werden kann.[122] Spätestens nach Verrentung ist es dem anderen Ehepartner zumutbar, auch neue Alltagsaufgaben zu erlernen.[123]

97 Da unterhaltsrechtlich nur **angemessener Wohnraum** (i.d.R. Mietwohnung) geschuldet ist,[124] ist im Falle der Tötung fortgefallene Tätigkeit z.B. im Garten und Arbeitsanfall in einem großen Haus nicht zu berücksichtigen.

98 Bei Ausfall des Naturalunterhalts ist der Unterhaltsberechtigte vom Schädiger finanziell in die Lage zu versetzen, sich lebensüblicherweise wirtschaftlich gleichwertige Dienste zu verschaffen. Bestimmend für den Schadenersatz ist der erforderliche Arbeitszeitaufwand für einen um die getötete Person reduzierten Haushalt im Verhältnis zum nicht durch einen Tod verkleinerten Haushalt. Wird nach dem Tode der Hausfrau eine Haushaltshilfe tatsächlich eingestellt, kann nicht ohne weiteres das dieser gezahlte Gehalt als Schadenersatz verlangt werden; es kommt vielmehr darauf an, ob der Aufwand nach den konkreten Umständen des Einzelfalles und dem Familienzuschnitt angemessen ist.[125] Wird keine **Ersatzkraft** eingestellt, können die Kosten einer vergleichbaren Kraft unter Berücksichtigung der örtlichen Gegebenheiten der Berechnung zugrunde gelegt werden.[126]

---

121 BGH v. 29.3.1988 – VI ZR 87/87 – MDR 1988, 664 = NJW 1988, 1783 = VersR 1988, 490; OLG Köln v. 17.2.1989 – 20 U 37/87 – VersR 1990, 1285 (nur LS) = zfs 1991, 11 (BGH v. 20.3.1990 – VI ZR 127/89 – DAR 1990, 228 – FamRZ 1990, 848 = MDR 1990, 1100 = NJW-RR 1990, 706 = NZV 1990, 306 = r+s 1990, 200 [nur Ls.] = VersR 1990, 748 = VRS 79,166 = zfs 1990, 261 hat Revision teilweise nicht angenommen).
122 LG Nürnberg-Fürth v. 3.2.2004 – 2 O 9177/03 – und OLG Nürnberg, Verfügung v. 6.7.2004 – 2 U 1260/04 – NZV 2008, 349 (Anm. *Küppersbusch*).
123 LG Nürnberg-Fürth v. 3.2.2004 – 2 O 9177/03 – und OLG Nürnberg, Verfügung v. 6.7.2004 – 2 U 1260/04 – NZV 2008, 349 (Anm. *Küppersbusch*).
124 BGH v. 3.7.1984 – VI ZR 42/83 – MDR 1985, 220 = NJW 1985, 49 = VersR 1984, 961 (Aufwendungen für den Erwerb eines Eigenheims gehören nicht zum standesgemäßen Unterhalt; unterhaltsrechtlich geschuldet wird nur die standesgemäße Mietwohnung); BGH v. 23.11.1966 – VI ZR 9/65 – VersR 1966,1141. Siehe auch: BGH v. 22.6.2004 – VI ZR 112/03 – FamRZ 2004, 1543 = MDR 2004, 1355 = NJW 2004, 2894 = NZV 2004, 513 = r+s 2004, 434 = SP 2004, 368 = VersR 2004, 1192 = zfs 2004, 553 (Anm. *Diehl*); BGH v. 4.11.2003 – VI ZR 346/02 – BGHReport 2004, 157 (Anm. *Schiemann*) = DAR 2004, 79 = FamRZ 2004, 88 = MDR 2004, 449 = NJW 2004, 358 = NZV 2004, 23 = r+s 2004, 435 = SP 2004, 46 = VersR 2004, 75 = zfs 2004, 114; BGH v. 2.12.1997 – VI ZR 142/96 – BGHZ 137,237 = DAR 1998, 99 = DÖD 1998, 161 = FamRZ 1998, 416 = HVBG-Info 1998, 562 = LM BGB § 844 Abs. 2 Nr. 94 (Anm. *Schiemann*) = MDR 1998, 283 = NJW 1998, 985 = NJWE-VHR 1998, 110 (nur LS) = NZV 1998, 149 = r+s 1998, 153 = SP 1998, 159 = VersR 1998, 333 = VRS 94,425 = WI 1998, 38; BGH v. 5.12.1989 – VI ZR 276/88 – MDR 1990, 532 = NJW-RR 1990, 221 = VersR 1990, 317; OLG Hamm v. 1.9.1992 – 9 U 42/92 – r+s 1992, 413; OLG Koblenz v. 19.11.2007 – 12 U 1400/05 – jurisPR-VerkR 11/2008 Anm. 2 (Anm *Jahnke*) = NJW-RR 2008, 1097 = NJW-Spezial 2008, 394 = NVwZ-RR 2008, 511 = OLGR 2008, 342.
125 OLG Köln v. 17.2.1989 – 20 U 37/87 – VersR 1990, 1285 (nur LS) = zfs 1991, 11 (BGH v. 20.3.1990 – VI ZR 127/89 – DAR 1990, 228 = FamRZ 1990, 848 = MDR 1990, 1100 = NJW-RR 1990, 706 = NZV 1990, 306 = r+s 1990, 200 [nur Ls.] = VersR 1990, 748 = VRS 79,166 = zfs 1990, 261 hat Revision teilweise nicht angenommen).
126 BGH v. 29.3.1988 – VI ZR 87/87 – MDR 1988, 664 = NJW 1988, 1783 = VersR 1988, 490.

IV. Drittleistungen

Von Drittleistungsträgern werden zum Haushaltsführungsschaden kongruente Leistungen erbracht, die anspruchsmindernd auf den Direktanspruch anzurechnen sind. 99

1. Verdienstausfall

a. Lohnersatzleistungen

Krankengeld,[127] **Verletztengeld**, **Übergangsgeld** und **Arbeitslosengeld** sind auf den Haushaltsführungsschaden zu verrechnen. Es besteht Kongruenz aber nur zum Erwerbsschadensanteil. 100

Die **Rente wegen verminderter Erwerbsfähigkeit** ist wie die Verletztenrente kongruent nur zum Verdienstausfallanteil des Haushaltsführungsschaden und daher auf den Ersatzanspruch wegen unfallbedingter Einschränkung der Haushaltsführung anzurechnen, soweit der Haushalt für Familienmitglieder geführt wurde.[128] 101

b. Verletztenrente

Die Verletztenrente der gesetzlichen Unfallversicherung ist anzurechnen auf den Anspruch wegen Ausfalles im Haushalt.[129] Soweit der Ausfall der verletzten Person (Hausfrau, Hausmann) zu den vermehrten Bedürfnisse zu rechnen ist, besteht keine sachliche Kongruenz mit der Verletztenrente des Unfallversicherungsträgers, so dass der Forderungsübergang wegen dieses Teiles entfällt.[130] Die Aufteilung des Schaden in (nicht übergangsfähigen) Mehrbedarf und (übergangsfähigen) Erwerbsschaden erfolgt in aller Regel nach Kopfteilen der haushaltsangehörigen Personen.[131] 102

c. Haushaltshilfe

Gehört mindestens ein **Kind unter 12 Jahren**[132] zum Haushalt, stellt die Krankenkasse, aber auch die gesetzliche Unfallversicherung, bei stationärer Behandlung eine Haushaltshilfe (§ 38 SGB V), wenn eine im Haushalt lebende Person den Haushalt nicht weiterführen kann. Auch in anderen Fällen kann nach § 38 SGB V, § 42 SGB VII eine Haushaltshilfe gewährt werden. Für den Bereich der landwirtschaftlichen Sozialversorgung ist auf § 10 KVLG, § 36 ALG, § 54 II SGB VII hinzuweisen. 103

---

127 KG v. 5.6.2008 – 2 U 188/04 – DAR 2008, 520 (nur LS); OLG Hamm v. 24.9.2001 – 6 U 86/01 – HVBG-Info 2002, 1269 = r+s 2001, 506; OLG Koblenz v. 25.7.1991 – 12 U 638/90 – VRS 81,337.
128 BGH v. 25.9.1973 – VI ZR 49/72 – BG 1974, 268 = FamRZ 1975, 30 = MDR 1974, 302 = NJW 1974, 41,640 = SGb 1974, 390 = VersR 1974, 162 = zfs 1974, 158 (Aufgabe von BGH v. 19.12.1967 – VI ZR 62/66 – BG 1968, 405 = DB 1968, 349 = FamRZ 1968, 146 = MDR 1968,317 = VersR 1968, 194); OLG Nürnberg v. 31.3.2000 – 6 U 3817/99 – OLGR 2000, 288 = VersR 2002, 1114 (nur LS).
129 BGH v. 4.12.1984 – VI ZR 117/83 – DAR 1985, 119 = MDR 1985, 660 = NJW 1985, 735 = VersR 1985, 356 = zfs 1985, 141; KG v. 5.6.2008 – 2 U 188/04 – DAR 2008, 520 (nur LS); LG Frankfurt (Oder) v. 18.5.2007 – 17 O 524/03 – DAR 2008, 29.
130 BGH v. 23.6.1998 – VI ZR 327/98 – DAR 1998, 447; BGH v. 8.10.1996 – VI ZR 247/95 – VersR 1996, 1565; BGH v. 25.9.1973 – VI ZR 49/72 – BG 1974, 268 = FamRZ 1975, 30 = MDR 1974, 302 = NJW 1974, 41,640 = SGb 1974, 390 = VersR 1974, 162 = zfs 1974, 158.
131 BGH v. 4.12.1984 – VI ZR 117/83 – MDR 1985, 660 = VersR 1985, 356; siehe auch Beispiel 7.1 in Kap 7.
132 Keine Altersbegrenzung bei auf Hilfe angewiesenen behinderten Kindern, § 38 I 2 2. Alt. SGB V.

d. Kongruenzhinweise

104 Für die Kapitalisierung von Regressforderungen der Drittleistungsträger ist zu bedenken, dass sich der Haushaltsführungsschaden rechtlich aus dem übergangsfähigen Verdienstausfallschadenanteil und dem nicht übergangsfähigen Teil der vermehrten Bedürfnissen zusammensetzt.[133] Die **Anteile verändern** sich mit jeder Veränderung der familiären Situation (z.B. sukzessiver Auszug der Kinder, Verrentung des Partners, Tod des Partners, Heirat, Scheidung) und damit verändert sich auch der Anteil des übergangsfähigen Verdienstausfallanteiles des Haushaltsführungsschadens.

105 Soweit der Ausfall der verletzten Person (Hausfrau, Hausmann) zu den vermehrten Bedürfnissen (Eigenversorgung, § 843 BGB) zu rechnen ist, besteht keine sachliche Kongruenz zu Lohnersatzleistungen, so dass der Forderungsübergang wegen dieses Teiles entfällt.[134] Soweit der Forderungsübergang bzgl. des Haushaltsführungsschadens nur den Anteil des Verdienstausfallschadens (**Fremdversorgung**, § 842 BGB) betrifft, bedeutet dieses:

106

Ehegatten	Kongruenz nur zum Fremdversorgungsschaden.
Lebenspartner (LPartG)	Bis zum 31.12.2004 keine Kongruenz, ab 1.1.2005 wie bei Ehegatten.
Ledige, Verwitwete	Keine Kongruenz und damit kein Regressanspruch des Sozialversicherers, da hier nur vermehrte Bedürfnisse des Verletzten selbst tangiert sind.
Nicht-eheliche Lebensgemeinschaft	Keine Kongruenz.
Kinder	Kongruenz zum Fremdversorgungsschaden.

Teilungsabkommen	Etliche Abkommen enthalten spezielle Regeln zur Übergangsfähigkeit von Renten unabhängig von der rechtlichen Zuordnung zu § 842 BGB oder § 843 BGB.

2. Vermehrte Bedürfnisse

107 Die Leistungen für häusliche Pflegehilfe der Krankenkasse nach §§ 53 ff. SGB V a.F. und Pflegeversicherung nach § 36 SGB XI sind kongruent zu den vermehrten Bedürfnissen und dementsprechend auf den Haushaltsführungsschaden anzurechnen, soweit dieser auf die **Eigenversorgung** (§ 843 BGB) entfällt.[135] Hier spielt dann aber die Kongruenz zum Verdienstschaden keine Rolle.

---

133 Im Detail Kap 7 Rn 2.
134 BGH v. 23.6.1998 – VI ZR 327/98 – DAR 1998, 447; BGH v. 8.10.1996 – VI ZR 247/95 – DAR 1997, 66 = NJW 1997, 256 = r+s 1997, 22 = VersR 1996, 1565 = zfs 1997, 12; BGH v. 25.9.1973 – VI ZR 49/72 – BG 1974, 268 = FamRZ 1975, 30 = MDR 1974, 302 = NJW 1974, 41,640 = SGb 1974, 390 = VersR 1974, 162 = zfs 1974, 158.
135 BGH v. 8.10.1996 – VI ZR 247/95 – VersR 1996, 1565; LG Frankfurt (Oder) v. 18.5.2007 – 17 O 524/03 – DAR 2008, 29.

3. Unterhalt

Wie beim Verdienstausfall erbringen etliche Drittleistungsträger Barleistungen an die Hinterbliebenen, die kongruent zum Unterhaltsschaden in seiner Gesamtheit (Barunterhalt, Naturalunterhalt) sind.[136] Eine Differenzierung wie beim Verdienstausfall (hier nach §§ 842, 843 BGB) entfällt, da der Anspruch bei Tötung sich allein aus § 844 BGB herleitet.

108

Ansonsten ist hervorzuheben, dass sich die familienrechtliche Situation und damit auch das Volumen des Betreuungsunterhaltes im Laufe der Zeit ändern kann.[137]

109

B. Entgangene Dienste

I. Anspruchsgrundlage

> **§ 845 BGB – Ersatzansprüche wegen entgangener Dienste**
>
> ¹Im Falle der Tötung, der Verletzung des Körpers oder der Gesundheit sowie im Falle der Freiheitsentziehung hat der Ersatzpflichtige, wenn der Verletzte kraft Gesetzes einem Dritten zur Leistung von Diensten in dessen Hauswesen oder Gewerbe verpflichtet war, dem Dritten für die entgehenden Dienste durch Entrichtung einer Geldrente Ersatz zu leisten. ²Die Vorschrift des § 843 Absätze 2 bis 4 findet entsprechende Anwendung.
>
> **§ 1618a BGB – Pflicht zu Beistand und Rücksicht**
>
> Eltern und Kinder sind einander Beistand und Rücksicht schuldig.
>
> **§ 1619 BGB – Dienstleistungen in Haus und Geschäft**
>
> Das Kind ist, solange es dem elterlichen Hausstand angehört und von den Eltern erzogen oder unterhalten wird, verpflichtet, in einer seinen Kräften und seiner Lebensstellung entsprechenden Weise den Eltern in ihrem Hauswesen und Geschäft Dienste zu leisten.

110

> **§ 53 LuftVG – Haftung für Schäden außerhalb eines militärischen Luftfahrzeugs**
>
> (1) Für Schäden der in § 33 genannten Art, die durch militärische Luftfahrzeuge verursacht werden, haftet der Halter nach den Vorschriften des ersten Unterabschnitts dieses Abschnitts; jedoch ist § 37 nicht anzuwenden.
>
> (2) War der Getötete oder Verletzte kraft Gesetzes einem Dritten zur Leistung von Diensten in dessen Hauswesen oder Gewerbe verpflichtet, so hat der Halter des militärischen Luftfahrzeugs dem Dritten auch für die entgehenden Dienste durch Entrichtung einer Geldrente Ersatz zu leisten.

111

Mittelbar durch ein Haftpflichtgeschehen beeinträchtigten Personen, die zwar weder körperlich verletzt noch in Sachen geschädigt worden sind, die aber doch einen Vermögensschaden anlässlich des Haftpflichtgeschehens erlitten haben, gibt das Recht der unerlaubten Handlung (nur) in fest umrissenen Ausnahmefällen (u.a. §§ 844, 845 BGB) eigene Ersatzansprüche.

112

Die in § 845 BGB, § 53 LuftVG enthaltene Ersatzregelung darf weder auf andere Drittgeschädigte noch auf andere als die dort genannten Schäden **ausgedehnt** werden.[138] Bei

113

---

136 Umfangreich *Jahnke* „Unfalltod und Schadenersatz" Kap 6 Rn 272 ff.
137 *Jahnke* „Abfindung von Personenschadenansprüchen" § 1 Rn 431 ff.

Auslandsbezug kann, wenn deutsche und ausländische Rechtsnormen einen Ersatzanspruch im Ergebnis zwar gewähren, ihn jedoch aus verschiedenen Rechtsaspekten herleiten, eine korrigierende Auslegung des § 845 BGB in Betracht kommen.[139]

114 § 845 BGB ist durch die Rechtsentwicklung weitgehend überholt und hat allenfalls noch in der **Landwirtschaft** eine geringe praktische Bedeutung.[140]

II. Anspruchsvoraussetzung

1. Aktivlegitimation

115 Werden Kinder oder Jugendliche verletzt oder getötet, so können neben der verletzten bzw. getöteten Person auch dritten, nur mittelbar betroffenen, Personen Ersatzansprüche wegen entgangener Dienste (§ 845 BGB) zustehen.

116 Den auf § 845 BGB gestützten Ersatzanspruch hat ausschließlich der Dienstberechtigte und nicht etwa der unmittelbar Verletzte. Eine **Klage** des Verletzten selbst scheitert also bereits an dessen fehlender Aktivlegitimation. Der Anspruch kann nur von dritten Personen (i.d.R. **Eltern**) geltend gemacht werden und steht ihnen dabei originär (und nicht etwa beispielsweise als Erben) zu.

117 Eltern sind nicht **Gesamtgläubiger** (§ 428 BGB) des Ersatzanspruches wegen entgangener Dienste.[141]

2. Anspruchsvoraussetzung

118 Haftungsvoraussetzung ist (nur)[142] die **Verschuldenshaftung** nach §§ 823 ff. BGB, die anderweitigen haftpflichtrechtlichen Sondergesetze sehen (mit Ausnahme von § 53 II LuftVG) keinen entsprechenden Anspruch vor.

119 Einem Dienstberechtigten stehen bei Wegfall von Dienstleistungen Ersatzansprüche nach § 845 BGB zu, sofern und soweit die verletzte / getötete Person **im Unfallzeitpunkt**[143]

---

138 BGH v. 17.12.1985 – VI ZR 152/84 – DAR 1986, 116 = JR 1986, 413 (Anm. *v.Einem*) = JZ 1986, 451 (Anm. *Dunz*) = MDR 1986, 488 = NJW 1986, 984 = r+s 1986, 67 = SGb 1987, 301 (Anm. *v. Einem*) = VersR 1986, 391 = zfs 1986, 170 = VRS 71, 325; BGH v. 25.10.1960 – VI ZR 175/59 – VersR 1960, 1097; BGH v. 26.1.1955 – VI ZR 251/53 – VersR 1955, 183; OLG Koblenz v. 18.6.2001 – 12 U 814/00 – PVR 2003, 25 (Eine Ausdehnung auf andere Personen [konkret: Unternehmer, dessen Mitarbeiter getötet wurden und dessen andere Mitarbeiter Schockschäden erlitten] ist abzulehnen, da andernfalls die Ersatzpflicht des Schädigers unbegrenzt ausufern würde).
139 Siehe dazu: OLG Frankfurt v. 11.3.2004 – 26 U 28/98 – zfs 2004, 452 (Anm. *Diehl*) (Der im Recht des Staates Georgia/USA vorgesehene „Anspruch auf Ersatz des Wertes des vernichteten Lebens" ist nicht deckungsgleich mit dem deutschen Unterhaltsschadenersatzanspruch); OLG Köln v. 8.3.1994 – 3 U 75/89 – FamRZ 1995, 1200 = JuS 1996, 171 (Anm. *Hohloch*) = NZV 1995, 448 = SP 1996, 45 (nur LS) = VersR 1996, 200 = VRS 89,423 (BGH hat Revision nicht angenommen, Beschl. v. 7.3.1995 – VI ZR 150/94) (Ersatzanspruch belgischer Eltern wegen entgangener Dienste auf dem elterlichen Bauernhof nach Unfalltod ihres Sohnes).
140 *Bamberger/Roth-Spindler* § 845 Rn 1; *Erman-Schiemann* § 845 Rn 1.
141 OLG Hamm v. 28.11.1984 – 13 U 251/83 – r+s 1986, 70.
142 *Jauernig-Teichmann* § 845 Rn 1 i.V.m. § 844 Rn 5; *Soergel-Beater* § 845 Rn 1; kritische Anm. dazu *Münchener Kommentar-Wagner* § 845 Rn 2.
143 BGH v. 18.6.1985 – VI ZR 6/84 – VRS 70, 91; OLG München v. 9.4.1965 – 10 U 1559/64 – VersR 1965,1085; KG v. 6.2.1967 – 12 W 174/67 – DAR 1967,220 = NJW 1967,1089 = OLGZ 1968,17 = VersR 1967,983 = VRS 32,247 (Verlobte).

diesem gesetzlich (**familienrechtlich**)[144] zur Leistung von Diensten in Haushalt und/oder Gewerbe verpflichtet war.

3. Mitverantwortung des Getöteten

Trifft den verletzten oder getöteten Dienstpflichtigen eine Mitverantwortlichkeit, ist Ersatz nur entsprechend der Quote zu leisten, § 846 BGB. 120

III. Personenkreis

1. Vertragliche Verpflichtung

Die verletzte / getötete Person muss dem Dienstberechtigten gesetzlich (dh. familienrechtlich) zur Leistung von Diensten in Haushalt und/oder Gewerbe verpflichtet gewesen sein. Der Ausfall nur vertraglich oder tatsächlich erbrachter Verpflichtungen begründet keinen Anspruch.[145] 121

2. Ehegatte

Ein Ehegatte erbringt weder durch die Haushaltsführung noch durch Mitarbeit im Geschäft oder Büro Dienstleistungen i.S.d. § 845 BGB, sondern erfüllt seine Unterhaltspflicht.[146] Bei Verletzung des haushaltsführenden Ehegatten steht diesem ein eigener Ersatzanspruch zu, im Falle der Tötung richtet sich der Anspruch der Hinterbliebenen an § 844 II BGB aus, ohne dass § 845 BGB etwa subsidiär noch Anwendung fände.[147] 122

3. Nicht-eheliche Beziehung

Gegenüber **nicht-ehelichen Partnern** besteht keine gesetzliche Verpflichtung zur Dienstleistung. 123

Partner i.S.d. **LPartG** haben Verpflichtungen wie Ehegatten, so dass bereits von daher ein Anspruch nicht besteht. 124

---

144 OLG Celle v. 7.10.2004 – 14 U 27/04 – NZV 2006, 95 = SP 2004, 407 (BGH hat Revision nicht angenommen, Beschl. v. 15.3.2005 – VI ZR 278/04).
145 BGH v. 21.11.2000 – VI ZR 231/99 – BGHReport 2001, 123 = DAR 2001, 159 = JA 2001, 619 (nur LS) (Anm. *Schöpflin*) = MDR 2001, 389 = NJW 2001, 971 = r+s 2001, 245 = VersR 2001, 648 (Hofbewirtschaftung aufgrund gesellschaftsrechtlicher Beziehung, Leibgeding); OLG Celle v. 3.12.1987 – 5 U 299/86 – VersR 1988, 1240 (Ordensbruder); OLG Hamm v. 28.11.1984 – 13 U 251/83 – r+s 1986, 70; KG v. 6.2.1967 – 12 W 174/67 – DAR 1967, 220 = NJW 1967, 1089 = OLGZ 1968, 17 = VersR 1967, 983 = VRS 32, 247 (Verlobte); *Bamberger/Roth-Spindler* § 845 Rn 3.
146 BGH v. 14.1.1971 – III ZR 107/67 – VersR 1971, 423; LG Hildesheim v. 26.7.1985 – 2 O 226/85 – zfs 1986, 4; siehe auch: OLG Zweibrücken v. 13.2.1976 – 1 U 165/75 – VersR 1977, 65 (unentgeltliche Mithilfe in der Gaststätte des Ehepartners); zur Historie siehe Kap 7 Rn 23 f.
147 BGH v. 20.5.1980 – VI ZR 202/78 – BGHZ 77, 157 = DAR 1980, 338 = DB 1980, 2285 = FamRZ 1980, 776 = JR 1980, 508 (nur LS) = JuS 1981, 294 (Anm. *Emmerich*) = MDR 1980, 924 = NJW 1980, 2196 = VersR 1980, 921 = VRS 59,177 = zfs 1980, 300.

4. Kind – Eltern

a. Hausstand des Kindes

125 Eine eigene Wohnung oder ausreichendes eigenes Einkommen des Verpflichteten sprechen gegen einen Lebensmittelpunkt im elterlichen Hause.

126 Solange ein verletztes Kind bzw. Jugendlicher keinen eigenen Hausstand gegründet hätte, besteht kein Anspruch auf **Haushaltsführungsschaden**. Erst ab dem – u.U. fiktiv festzustellenden – Ausscheiden aus dem elterlichen Haushalt ist ein entsprechender Schaden zu ermitteln. Die gesetzliche Mitarbeitpflicht von Kindern (etwa ab dem 12. Lebensjahr) im elterlichen Haushalt fällt dabei regelmäßig nicht ins Gewicht.[148]

127 Wird für ein Kind oder einen Jugendlichen ein Haushaltsführungsschaden geltend gemacht, ist zu prüfen, ob es sich rechtlich betrachtet um entgangene Dienste handelt. In letzterem Fall besteht dann kein in der Person des Verletzten begründeter Schaden, den dieser demzufolge auch gar nicht geltend machen kann. Der Anspruch steht vielmehr originär den Eltern zu.

b. Dienstleistung und Unterhalt

128 Anspruchsbegründend ist von den Eltern vorzutragen, dass das Kind von ihnen noch **unterhalten** worden wäre.[149]

129 Hat das Kind eine **eigene Erwerbstätigkeit** aufgenommen, lebt es aber noch im Haushalt der Eltern, erhält dort Unterhaltsleistungen und arbeitet in seiner Freizeit im elterlichen Betrieb noch mit, entfällt gleichwohl ein Ersatzanspruch der Eltern nach § 845 BGB bei Tötung des Kindes.[150]

130 Wird ein (eheliches oder nicht-eheliches) Kind bzw. Adoptivkind durch einen Unfall verletzt oder getötet, kommen Ersatzansprüche der Eltern gegen den Schädiger in Betracht, sofern und soweit das Kind seinen Eltern **gesetzlich** zur Leistung von Diensten in Haushalten und/oder Gewerbe **verpflichtet** war. Zur Dienstleistung sind gesetzlich die Kinder (§§ 1591, 1671 VI, 1705, 1754, 1755 BGB) verpflichtet, und zwar solange, wie sie ihren Lebensmittelpunkt im Hause der Eltern haben und von diesen erzogen und unterhalten werden (§ 1619 BGB). § 1619 BGB begründet eine selbstständige Pflicht und keine Unterhaltspflicht; § 844 II BGB ist daher unanwendbar.[151]

131 Aus § 1618a BGB ist keine Dienstleistungsverpflichtung des Kindes herleitbar.[152]

132 Bei Kindern **ab dem 12. Lebensjahr** kann eine gesetzlich geschuldete Mitarbeitspflicht in der Größenordnung von 1 h/Tag angenommen werden.[153]

---

148 Kap 7 Rn 51 f.
149 LG Paderborn v. 17.3.1983 – 2 O 521/82 – zfs 1983, 261 (Sohn bezog als Polizist eigene Einkünfte).
150 BGH v. 7.10.1997 – VI ZR 144/96 – NJW 1998, 307 = NZV 1998, 67 = r+s 1998, 111 = SP 1998, 10 = WI 1997, 207 (Setzt ein noch im elterlichen Haushalt lebendes Kind seine volle Arbeitskraft für eine anderweitige entgeltliche Tätigkeit ein, so ist kein Raum mehr für unentgeltliche Dienstleistungen i.S.v. § 1619 BGB); OLG Celle v. 31.1.1996 – 3 U 24/95 – r+s 1997, 160 (BGH hat Revision nicht angenommen, Beschl. v. 3.12.1996 – VI ZR 81/96 -); LG Trier v. 25.5.1999 – 11 O 322/98 – SP 1999, 341.
151 *Erman-Schiemann* § 845 Rn 3.
152 *Bamberger/Roth-Spindler* § 845 Rn 2 m.w.N.; *Münchener Kommentar-Wagner* § 845 Rn 4; *Soergel-Beater* § 845 Rn 15.

B. Entgangene Dienste

Zur gesetzlichen Dienstleistungsverpflichtung gehört nicht die Mitarbeit beim **Neubau** eines Eigenheims[154] oder die Mithilfe in der elterlichen Gaststätte.[155]

133

Eltern sind **nicht Gesamtgläubiger** (§ 428 BGB) des Ersatzanspruches wegen entgangener Dienste. Vielmehr steht jedem Elternteil ein Anspruch hinsichtlich derjenigen Dienste des Kindes zu, die ihm entgangen sind.[156]

134

c. Abgrenzung

Schwer abzugrenzen ist häufig, ob es sich um familienrechtliche,[157] gesellschaftsrechtliche[158] oder arbeitsvertragliche[159] Verpflichtungen handelt.

135

Entscheidend ist der Wille der Beteiligten,[160] der zumeist schriftlich (z.B. in einem Ausbildungsvertrag) fixiert ist. Vermutungen für die eine oder die andere Variante gibt es nicht.

136

Bei Tätigkeit im **elterlichen Betrieb** ist eine Aufspaltung der Arbeitsleistung in einen familienrechtlichen und einen arbeitsvertraglichen Teil nicht möglich.[161] Auch in der Landwirtschaft entfällt ein Ersatzanspruch, wenn die Dienstleistung aufgrund eines Arbeits- oder Ausbildungsvertrages erfolgte.[162]

137

5. Eltern – Kind, Kind – Verwandtschaft

Eine umgekehrte Dienstleistungsverpflichtung der Eltern ihren Kindern gegenüber besteht ebenso wenig[163] wie eine Dienstpflicht des Kindes gegenüber anderen Verwandten der Seitenlinie (z.B. Geschwister untereinander, Neffe gegenüber Onkel).

138

IV. Höhe des Anspruches

Familienrechtliche Dienstleistungen kommen nach § 1619 BGB solange in Betracht, wie Kinder dem elterlichen Hausstand angehören und von diesen erzogen und unterhalten (Kost und Logis) werden.[164]

139

---

153 BGH v. 12.6.1973 – VI ZR 26/72 – VersR 1973, 939; BGH v. 2.5.1972 – VI ZR 80/70 – VersR 1972, 948; OLG Celle v. 7.10.2004 – 14 U 27/04 – NZV 2006, 95 = SP 2004, 407 (nicht mehr als 10 Stunden/Woche im landwirtschaftlichen Nebenerwerbsbetrieb des Vater geschuldet) (BGH hat Revision nicht angenommen, Beschl. v. 15.3.2005 – VI ZR 278/04 -).
154 OLG Hamm v. 13.12.1978 – 13 U 104/78 – r+s 1979, 212 (Vorinstanz LG Detmold r+s 1978, 212).
155 LG Arnsberg v. 29.11.1968 – 1 O 291/68 – VersR 1969, 911.
156 OLG Hamm v. 28.11.1984 – 13 U 251/83 – r+s 1986, 70.
157 OLG Saarbrücken v. 14.3.1980 – 3 U 107/78 – VersR 1981, 542 = zfs 1981, 238 m.w.H. (BGH hat Revision nicht angenommen, Beschl. v. 24.3.1981 – VI ZR 93/80 -).
158 Siehe BGH v. 21.11.2000 – VI ZR 231/99 – BGHReport 2001, 123 = DAR 2001, 159 = JA 2001, 619 (nur LS) (Anm. *Schöpflin*) = MDR 2001, 389 = NJW 2001, 971 = r+s 2001, 245 = VersR 2001, 648.
159 OLG Köln v. 13.12.1989 – 13 U 191/89 – JMBl NW 1990, 163 = VersR 1991, 1292 (Mithilfe der Tochter in der Bäckerei der Eltern aufgrund Arbeitsvertrages).
160 BGH v. 6.11.1990 – VI ZR 37/90 – FamRZ 1991, 298 = MDR 1991, 425 = NZV 1991, 110 = VersR 1991, 428 = zfs 1991, 156.
161 OLG Köln v. 13.12.1989 – 13 U 191/89 – JMBl NW 1990, 163 = VersR 1991, 1292 (Mithilfe der Tochter in der Bäckerei der Eltern aufgrund Arbeitsvertrages); LG Arnsberg v. 29.11.1968 – 1 O 291/68 – VersR 1969, 911 (Mithilfe in elterlicher Gaststätte).
162 Vgl. BGH v. 21.11.2000 – VI ZR 231/99 – BGHReport 2001, 123 = DAR 2001, 159 = JA 2001, 619 (nur LS) (Anm. *Schöpflin*) = MDR 2001, 389 = NJW 2001, 971 = r+s 2001, 245 = VersR 2001, 648.
163 OLG Bamberg v. 3.1.1984 – 5 U 126/83 – und (offen gelassen in) BGH v. 20.11.1984 – VI ZR 48/84) VersR 1985, 290 = VRS 68,326 = zfs 1985, 142.

140 Es ist nicht der Schaden aus dem Verlust der Dienste zu erstatten, sondern ihr Wert. Bei der Bewertung der entgangenen Dienste ist nicht auf das (positive oder negative) Betriebsergebnis des von den Eltern betriebenen Gewerbes abzustellen.[165] Zu ersetzen ist der Wert der Dienste mit demjenigen Betrag, der auf dem **freien Arbeitsmarkt** für eine Ersatzkraft aufzuwenden ist, welche die Leistungen des Verletzten erbringt,[166] gekürzt um den **Vorteilsausgleich** für ersparte Aufwendungen für Wohnung und Verpflegung und erhöht um den Wert von Sachbezügen.[167]

141 Regelmäßig ist der Wert der entgangenen familienrechtlich geschuldeten Dienstleistungen geringer als die ersparten Aufwendungen,[168] sodass unabhängig von Detailstreitigkeiten jedenfalls im Ergebnis ein Anspruch entfällt.[169] Schadenmindernd ist der verletzte Dienstleistungspflichtige an anderer Stelle im Haushalt oder Betrieb ganz oder teilweise einzusetzen, wenn dort Dienste ebenfalls verrichtet werden können.

142 Der Anspruch besteht ohne Rücksicht darauf, ob eine **Ersatzkraft tatsächlich eingestellt** wird.[170]

V. Dauer des Anspruches

143 Die Dauer der Rente beschränkt sich auf denjenigen Zeitraum, den der Dienstverpflichtete voraussichtlich die Dienste geleistet hätte.[171] Der Anspruch endet jedenfalls mit dem **Tod** des **Dienstberechtigten**.[172] Sobald das Kind eine **eigene Erwerbstätigkeit** aufgenommen hätte, endet ein Ersatzanspruch der Eltern.[173]

144 Nach allgemeinen Regeln sind die Eltern dahingehend darlegungs- und **beweis**belastet, dass die Dienstpflicht des Kindes über das 18. Lebensjahr hinaus fortbestanden hätte.[174]

145 Da Kinder zur Dienstleistung gesetzlich nur solange verpflichtet, wie sie ihren **Lebensmittelpunkt** im Hause der Eltern haben und von diesen erzogen und unterhalten werden

---

164 OLG Schleswig v. 14.5.1998 – 7 U 87/96 – DAR 1998, 354 = NJW-RR 1998, 1404 = VersR 1999, 633 = SP 1998, 421.
165 BGH v. 18.6.1985 – VI ZR 6/84 – VersR 1985, 1140 = VRS 70, 91 = zfs 1986, 105, BGH v. 25.10.1977 – VI ZR 220/75 – BGHZ 69,380 = JR 1978, 152 = JZ 1978, 67 = MDR 1978, 216 = NJW 1978, 159 = VersR 1978, 90.
166 OLG Karlsruhe v. 13.3.1987 – 10 U 128/86 – FamRZ 1988, 1050 = r+s 1988, 168 = VersR 1988, 1128 (BGH hat Revision nicht angenommen, Beschl. v. 29.3.1988 – VI ZR 107/87 -).
167 OLG Schleswig v. 14.5.1998 – 7 U 87/96 – DAR 1998, 354 = NJW-RR 1998, 1404 = SP 1998, 421.
168 Siehe OLG Karlsruhe v. 13.3.1987 – 10 U 128/86 – FamRZ 1988, 1050 = r+s 1988, 168 = VersR 1988, 1128 (BGH hat Revision nicht angenommen, Beschl. v. 29.3.1988 – VI ZR 107/87 -).
169 OLG Schleswig v. 14.5.1998 – 7 U 87/96 – DAR 1998, 354 = NJW-RR 1998, 1404 = SP 1998, 421 = VersR 1999, 632.
170 *Erman-Schiemann* § 845 Rn 4; BGH v. 9.7.1968 – GSZ 2/67 – BB 1968, 974 = BGHZ 50, 304 = DAR 1969, 18 = DB 1968, 1620 = FamRZ 1968, 507 (Anm. *Bosch*) = JR 1969, 100 (Anm. *Bökelmann*) = JZ 1969, 517 = MDR 1968, 821 = NJW 1968, 1823 = VersR 1968, 852.
171 Vgl. BGH v. 6.11.1990 – VI ZR 37/90 – FamRZ 1991, 298 = MDR 1991, 425 = NZV 1991, 110 = VersR 1991, 428 = zfs 1991, 156.
172 *Palandt-Sprau* § 845 Rn 5; *Soergel-Beater* § 845 Rn 18.
173 BGH v. 7.10.1997 – VI ZR 144/96 – NJW 1998, 307 = NZV 1998, 67 = r+s 1998, 111 = SP 1998, 10 = WI 1997, 207 (Setzt ein noch im elterlichen Haushalt lebendes Kind seine volle Arbeitskraft für eine anderweitige entgeltliche Tätigkeit ein, so ist kein Raum mehr für unentgeltliche Dienstleistungen i.S.v. § 1619 BGB).
174 BGH v. 25.10.1977 – VI ZR 220/75 – BGHZ 69,380 = JR 1978, 152 = JZ 1978, 67 = MDR 1978, 216 = NJW 1978, 159 = VersR 1978, 90; vgl. *Münchener Kommentar-Wagner* § 845 Rn 15.

(§ 1619 BGB), sprechen vor allem eine eigene Wohnung oder ausreichendes eigenes Einkommen des Verpflichteten gegen einen Lebensmittelpunkt im elterlichen Hause.[175]

Zu bedenken ist, dass ein volljähriges Kind die familiäre Dienstleistung **jederzeit** hätte **beenden** können, indem es aus dem elterlichen Haushalt ausscheidet und eine selbstständige Lebensstellung begründet[176] oder mit seinen Eltern einen Arbeitsvertrag schließt.[177] Eine zeitliche Grenze für entgangene Dienste dürfte spätestens mit dem 25. Lebensjahr anzunehmen sein.[178]

VI. Konkurrenz

Der Anspruch aus § 845 BGB ist **subsidiär**. Steht dem Verletzten selbst ein Anspruch wegen Verdienstausfall (§ 842 BGB) zu, weil er seine Arbeitskraft außer Haus ganz oder teilweise nicht verwerten kann, haben daneben die Eltern keinen Anspruch aus § 845 BGB.[179] Das Fehlen eines vorrangigen Anspruches des Kindes haben die Eltern zu beweisen.[180]

Soweit eine Verpflichtung eines bereits berufstätigen Kindes bestand, in seiner Freizeit im elterlichen Betrieb mitzuhelfen, können bei Verletzung grundsätzlich Ansprüche der Eltern nach § 845 BGB neben denen des Kindes bestehen.[181]

VII. Drittleistungen

Erhält der **verletzte** Dienstpflichtige eine Rente eines Sozialversicherers, müssen die Dienstberechtigten sich diese **anspruchsmindernd** anrechnen lassen.[182]

Da sich im Fall der **Tötung** eines Dienstpflichtigen Hinterbliebenenrenten nach dem entgangenen familienrechtlich geschuldeten Unterhalt und nicht nach den entgangenen Diensten richten, besteht **keine Kongruenz** zu Drittleistungen.[183]

---

175 OLG Nürnberg v. 4.7.1990 – 4 U 1553/90 – DAR 1991, 179 = VersR 1992, 188 = zfs 1991, 232; OLG Stuttgart v. 5.7.1989 – 9 U 52/89 – DAR 1990, 349 = VersR 1990, 902 = VRS 79,169 = zfs 1990, 341 (BGH hat Revision nicht angenommen, Beschl. v. 17.4.1990 – VI ZR 234/89 -).
176 BGH v. 6.11.1990 – VI ZR 37/90 – FamRZ 1991, 298 = MDR 1991, 425 = NZV 1991, 110 = VersR 1991, 428 = zfs 1991, 156; BGH v. 5.5.1961 – VI ZR 187/60 – VersR 1961,694.
177 OLG Celle v. 10.8.1989 – 5 U 97/88 – VersR 1991, 1291.
178 *Böhme/Biela* S. 246 Rn D 301 (Fn 762).
179 BGH v. 25.10.1977 – VI ZR 220/75 – BGHZ 69,380 = JR 1978, 152 = JZ 1978, 67 = MDR 1978, 216 = NJW 1978, 159 = VersR 1978, 90.
180 BGH v. 25.10.1977 – VI ZR 220/75 – BGHZ 69,380 = JR 1978, 152 = JZ 1978, 67 = MDR 1978, 216 = NJW 1978, 159 = VersR 1978, 90.
181 OLG Saarbrücken v. 23.10.1987 – 3 U 176/85 – VersR 1989, 757.
182 BGH v. 25.10.1977 – VI ZR 220/75 – BGHZ 69,380 = JR 1978, 152 = JZ 1978, 67 = MDR 1978, 216 = NJW 1978, 159 = VersR 1978, 90; *Küppersbusch* Rn 602 (zu Ziff. 8).
183 *Münchener Kommentar-Wagner* § 845 Rn 18.

Kapitel 8 Vorteilsausgleich[1]

A. Allgemeines

Der Geschädigte darf einerseits nicht besser gestellt werden als er ohne das schädigende Ereignis stünde; andererseits sind nicht alle durch das Schadensereignis bedingten Vorteile auf den Schadensersatzanspruch anzurechnen, sondern nur solche, deren Anrechnung mit dem jeweiligen Zweck des Ersatzanspruches übereinstimmt, dh. dem Geschädigten zumutbar ist und den Schädiger nicht unangemessen entlastet.[2] Nach der Rechtsprechung sind im Rahmen der Schadenberechnung vorteilhafte Umstände, die mit dem schädigenden Ereignis in einem qualifizierten Zusammenhang stehen, zu berücksichtigen, soweit ihre Anrechnung dem Sinn und Zweck des Schadensersatzes entspricht und weder den Geschädigten unzumutbar belastet noch den Schädiger unbillig entlastet.[3] Vor- und Nachteile müssen bei wertender Betrachtung zu einer Rechnungseinheit verbunden sein,[4] wobei festzustellen ist, ob und gegebenenfalls welche einzelnen Vorteile sich bei wertender Betrachtung bestimmten Schadenpositionen zuordnen lassen.[5] Die künftige Entwicklung ist mit zu berücksichtigen;[6] für die Einbeziehung auch künftiger Vorteile ist der Zeitpunkt der letzten mündlichen Verhandlung entscheidend.[7]

1

Freiwillige **Leistungen Dritter** entlasten den Schädiger nicht. Dies gilt für Spenden, freiwillige Zuwendungen und Hilfeleistungen insbesondere von Angehörigen. Erwirbt der Geschädigte infolge des Haftpflichtgeschehens einen gesetzlichen Unterhaltsanspruch ge-

2

---

1 Zum Thema: *von Koppenfels-Spies* „Richtungswechsel in der Rechtsprechung zur Vorteilsausgleichung?" VersR 2005, 1511; *Pauge* „Vorteilsausgleich bei Sach- und Personenschäden" VersR 2007, 569.
2 BGH v. 14.9.2004 – VI ZR 97/04 – DAR 2005, 19 (Anm. *Halm*) = MDR 2005, 145 (Anm. *Vehslage* MDR 2005, 128) = NJW 2004, 3557 = NJW-Spezial 2005, 17 = NZV 2005, 39 = r+s 2005, 125 = SP 2004, 409 = SVR 2005, 23 (nur LS) (Anm. *Grüneberg, Schwab*) = VerkMitt 2005, Nr. 27 = VersR 2004, 1468 = VRS 107, 401 = zfs 2005, 124 (Anm. *Diehl*).
3 BGH v. 18.12.2007 – VI ZR 278/06 – BGHReport 2008, 435 = DAR 2008, 200 (nur LS) = FamRZ 2008, 685 = MDR 2008, 383 = NJW 2008, 1961 = NJW-Spezial 2008, 137 = r+s 2008, 174 = SP 2008, 141 = VersR 2008, 513 = VRS 114, 223 = zfs 2008, 261; BGH v. 17.11.2005 – III ZR 350/04 – EWiR 2006 (nur LS) (Anm. *Frisch*) = MDR 2006, 407 (nur LS) = NJW 2006, 499 = VersR 2006, 413 = WM 2006, 499 = ZIP 2006, 573; BGH v. 2.4.2001 – II ZR 331/99 – VersR 2002, 242 = zfs 2001, 488, BGH v. 21.12.1989 – III ZR 118/88 – BGHZ 109, 380 = MDR 1990, 417 = NJW 1990, 1038 = VersR 1990, 272 = WM 1990, 401.
4 BAG v. 22.3.2001 – 8 AZR 536/00 – ArztR 2002, 122; BGH v. 2.4.2001 – II ZR 331/99 – VersR 2002, 242 = zfs 2001, 488; BGH v. 16.5.1980 – V ZR 91/79 – BB 1980, 1347 = BGHZ 77, 151 = MDR 1980, 919 = NJW 1980, 2187 = VersR 1980, 920 = WM 1980, 1033; BGH v. 17.5.1984 – VII ZR 169/82 – BB 1984, 2021 = BGHZ 91, 206 = MDR 1984, 833 = NJW 1984, 2457 = WM 1984, 1187; BGH v. 6.6.1997 – V ZR 115/96 – BB 1997, 1657 = BGHZ 136, 52 = DB 1997, 2018 = MDR 1997, 924 = NJW 1997, 2378 = WM 1997, 1671; BGH v. 19.12.1978 – VI ZR 218/76 – VersR 1979, 323; OLG Saarbrücken v. 13.6.2006 – 4 U 364/05 – zfs 2007, 325 (Anm. *Diehl*).
5 BGH v. 2.4.2001 – II ZR 331/99 – VersR 2002, 242 = zfs 2001, 488; BGH v. 6.6.1997 – V ZR 115/96 – BB 1997, 1657 = BGHZ 136, 52 = DB 1997, 2018 = MDR 1997, 924 = NJW 1997, 2378 = WM 1997, 1671; OLG Saarbrücken v. 13.6.2006 – 4 U 364/05 – zfs 2007, 325 (Anm. *Diehl*) (Mehrerlös bei unfallkausal vorzeitigem Verkauf eines Geschäftes ist als Vorteil auf den Verdienstausfall des Selbstständigen zu verrechnen).
6 BGH v. 2.4.2001 – II ZR 331/99 – VersR 2002, 242 = zfs 2001, 488.
Vgl. auch BGH v. 29.4.1958 – VI ZR 82/57 – BGHZ 27, 181 = DAR 1961, 270 = JZ 1958, 403 = MDR 1958, 502, 756 = NJW 1958, 1085 = VersR 1958, 453 = VRS 15, 3.
7 BGH v. 2.4.2001 – II ZR 331/99 – VersR 2002, 242 = zfs 2001, 488; BGH v. 12.7.1996 – V ZR 117/95 – NJW 1996, 2652.

gen einen Unterhaltspflichtigen, entlastet dieses den Ersatzpflichtigen ebenfalls nicht, § 843 IV BGB. Soweit Drittleistungsträger (Sozialversicherung, Arbeitgeber u.a.) Leistungen erbringen, findet entweder ein gesetzlicher Forderungsübergang statt oder es besteht eine Abtretungsverpflichtung.

3   Schadensmindernde Vorteile sind **von Amts wegen** zu berücksichtigen (Einwendung, keine Einrede).[8] Bei der Vorteilsausgleichung handelt es nicht um eine Einrede, die der Schädiger erst geltend machen müsste, sondern um eine Inhaltsbeschränkung, die dem Schadenersatzanspruch von vornherein anhaftet.[9]

4   Der Schädiger trägt die Darlegungs- und **Beweislast** für diejenigen Tatsachen, aus denen sich die Vorteilsausgleichung ergibt. Ausreichend ist aber, dass der Schädiger auf den Tatbestand der Ersparnis hinweist. Nunmehr ist es Aufgabe des Geschädigten, da in seiner Sphäre liegend, im Einzelnen zu den Vorteilen vorzutragen.

B. Arbeitgeber – Krankenkasse – Verletzte Person[10]

5   Während der Zeit der Arbeitsunfähigkeit erspart der Verletzte berufliche Aufwendungen, während der Zeit der stationären Behandlung darüber hinaus Aufwendungen insbesondere für Verpflegung. Diese Ersparnisse hat der Verletzte sich im Wege des Vorteilsausgleiches auf seinen Verdienstausfallschaden anrechnen zu lassen.[11]

I.   Kürzung beim Arbeitgeber

6   Solange ein abhängig Beschäftigter gesetzlich und/oder vertraglich Entgeltfortzahlung oder Beamtenbezüge erhält, wird regelmäßig der Vorteilsausgleich (für Ersparnisse während der stationären Behandlung sowie der Zeit unfallbedingter Arbeitsunfähigkeit) beim Rechtsnachfolger, insbesondere dem Arbeitgeber oder Dienstherrn, und nicht beim Verletzten selbst vorgenommen.

7   Wegen der Ersparnisse des Verletzten während der Zeit der stationären Behandlung, aber auch während der Zeit der Arbeitsunfähigkeit, geht letztlich der Anspruch auf Ersatz des Verdienstausfallschadens nur um diesen Vorteilsausgleich gekürzt auf den Arbeitgeber über. Die Eigenersparnis ist also, solange der Arbeitgeber Entgeltfortzahlung[12] leistet, letztlich beim Arbeitgeber (und nicht bei den Leistungen der Sozialversicherung wie der Krankenkasse oder der Berufsgenossenschaft[13]) abzusetzen.[14] Dieses ist in der Praxis häufig dem Arbeitgeber (und auch den von ihm manchmal eingeschalteten Vertretern –

---

8   *Berz/Burmann-Heß* Kap 6 K, Rn 13.
9   BAG v. 22.3.2001 – 8 AZR 536/00 – ArztR 2002, 122; BGH v. 18.12.1981 – V ZR 207/80 – NJW 19882, 1145.
10 Siehe ergänzend *Schmalzl* „Die häusliche Verpflegungsersparnis während des Krankenhausaufenthaltes des Unfallgeschädigten und ihr Einfluss auf seinen Schadensersatzanspruch" VersR 1995, 516.
11 BGH v. 22.1.1980 – VI ZR 198/78 – MDR 1980, 478 = NJW 1980, 1787 = r+s 1980, 107 = VersR 1980, 455; OLG Hamm v. 26.3.1998 – 6 U 214/95 – r+s 1999, 372.
12 Entgeltfortzahlung nach dem EFZG, aber auch während der weiteren Zeit nach Ablauf des 6-Wochenzeitraumes des EFZG bei arbeitsvertraglicher Aufstockung von Sozialversicherungsleistungen (wie z.B. Krankengeld).
13 OLG Hamm v. 30.9.1998 – 32 U 6/98 – VersR 2000, 600.
14 BGH v. 3.4.1984 – VI ZR 253/82 – BG 1984, 720 = MDR 1984, 1017 = NJW 1984, 2628 = r+s 1984, 194 = VersR 1984, 583 = zfs 1984, 175; OLG Hamm v. 23.11.1999 – 27 U 93/99 – DAR 2000, 218 (nur LS) = NJW-RR 2001, 456 = NZA-RR 2000, 298 = NZV 2000, 369.

Anwalt oder Arbeitgeberverband -) nicht zuletzt wegen der leicht misszuverstehenden Entscheidung des BGH vom 3.4.1984[15] nur schwer verständlich zu machen.[16]

II. Rückgriff des Arbeitgebers gegenüber seinem Arbeitnehmer

Der Arbeitgeber seinerseits darf weder seinem Arbeitnehmer die Ersparnis von der Lohnfortzahlung abziehen noch hat er ein Rückforderungsrecht gegenüber seinem Arbeitnehmer; er ist vielmehr nach § 4 EFZG zur ungekürzten Lohnfortzahlung verpflichtet. Hier fallen arbeitsrechtlicher Leistungsanspruch und Schadensersatzanspruch auseinander. Ferner ist auch das Quotenvorrecht von Arbeitnehmern und Beamten zu beachten.

C. Ersparnisse während der Zeit der stationären Behandlung

I. Kongruenz

Zwar sind der Anspruch auf stationäre Behandlung und damit verbunden auch die Kosten der Pflege im Krankenhaus kongruent mit den Heilbehandlungskosten: Der Anspruch geht damit nur gekürzt um den Vorteilsausgleich auf den Heilkostenträger über.

Während bei **Nichterwerbstätigen** daher der Vorteilsausgleich letztlich beim Träger der Heilbehandlungskosten (Krankenkasse bzw. Beihilfeträger) vorzunehmen ist, greift bei einem **Erwerbstätigen** dieser Träger der Heilbehandlungskosten zeitgleich auch auf den Anspruch des Geschädigten auf Ersatz des Erwerbsschaden nach § 116 SGB X zeitlich vor dem Arbeitgeber zu. Da der erwerbstätige Verletzte eigene Aufwendungen u.a. für Verpflegung während der Zeit der stationären Behandlung aus seinem Verdienst finanzieren müsste, besteht bei stationärer Behandlung auch Kongruenz zum Erwerbsschaden. Der Vorteilsausgleich erfolgt damit bei abhängig Beschäftigten (Arbeiter, Angestellte, Auszubildende, aber auch Beamte) letztlich beim Arbeitgeber bzw. Dienstherrn.[17]

Während der den Arbeitgeber treffende Zeitraum bei Arbeitnehmern auf die Zeit der Gehaltsfortzahlung (6 Wochen nach EFZG, u.U. darüber hinaus, wenn Krankengeld o.ä. aufgestockt wird) beschränkt ist (anschließend ist die Übergangsfähigkeit insbesondere von Sozialleistungen beeinträchtigt) gilt die Berücksichtigung zulasten des beamtenrechtlichen Dienstherrn während der gesamten Zeit der Gehalts- und Pensionszahlung (auch nach Zurruhesetzung) bis zur fiktiven unfallfremden Pensionierung.

II. Höhe

Die tägliche Eigenersparnis dürfte in Anpassung an die Steigerung der Lebenshaltungskosten mittlerweile mit 15,– bis 20,– €/Krankenhaustag[18] und höher anzusetzen sein. Bei

---

15 BGH v. 3.4.1984 – VI ZR 253/82 – BG 1984, 720 = MDR 1984, 1017 = NJW 1984, 2628 = r+s 1984, 194 = VersR 1984, 583 = zfs 1984, 175.
16 *Hillmann/Fleischmann* § 9 Rn 285.
17 BGH v. 3.4.1984 – VI ZR 253/82 – BG 1984, 720 = MDR 1984, 1017 = NJW 1984, 2628 = r+s 1984, 194 = VersR 1984, 583 = zfs 1984, 175; LG Arnsberg v. 22.1.1990 – 5 S 284/89 – zfs 1990, 224.
18 OLG Frankfurt v. 29.2.1988 – 4 U 77/87 – zfs 1988, 382 (rd. 7, 50 €/Krankenhaustag); OLG Oldenburg v. 13.6.1988 – 9 U 30/88 – r+s 1989, 85 (rd. 10, – €/Krankenhaustag); LG Münster v. 1.2.1990 – 8 S 329/89 – (rd. 10, – €//Krankenhaustag); AG Münster v. 25.7.1995 – 28 C 297/95 – (rd. 10, – €/Krankenhaustag), AG Münster v. 8.10.1996 – 28 C 400/96 – (rd. 10, – €/Krankenhaustag); AG Nordhorn v. 15.6.1987 – 3 C 576/87 – zfs 1988, 135 (rd. 7, 70 €/Krankenhaustag). *Küppersbusch* Rn 241 f. hält einen Betrag von mindestens 10 € pro Krankenhaustag für angemessen.

8 Vorteilsausgleich

Auszubildenden kann allerdings ein geringerer Betrag angemessen sein. Auf anderweitige niedrigere gesetzliche Regelungen (z.B. im SGB V) kommt es nicht an.[19]

13 Zuvor ist allerdings der vom **Versicherten** bereits entrichtete **Eigenanteil** (§§ 39 IV, 40 VI SGB V: über 18-jährige zahlen ab 1.1.2004 innerhalb eines Kalenderjahres für längstens 28 Tage 10,– €/Kalendertag [§ 61 S. 2 SGB V], bei Reha-Maßnahmen [§ 40 V SGB V] außerhalb der Anschlussheilbehandlung für einen längeren Zeitraum) zu berücksichtigen. Der entrichtete Eigenanteil ist kein dem Verletzten zu ersetzender Schaden,[20] sondern im Gegenteil gesetzlich vorgesehene Anrechnung eines Vorteils in mindestens der in den Sozialgesetzen angesetzten Höhe; der individuelle Vorteil eines Verletzten liegt häufig über dem gesetzlichen Pauschalsatz.

14 Handelt es sich um einen Arbeits- oder Arbeitswegeunfall (Leistungen nach **SGB VII**), entfällt eine Selbstbeteiligung während der Zeit stationärer Behandlungen.

D. Ersparnisse während der Zeit der Arbeitsunfähigkeit

I. Kongruenz

15 Während der Zeit der Arbeitsunfähigkeit erspart sich der Arbeitnehmer teilweise recht erhebliche Aufwendungen der Berufsausübung. Diese Ersparnisse kürzen letztlich ebenfalls den auf den Arbeitgeber bzw. Dienstherrn übergegangenen Anspruch des Verletzten auf Ersatz seines Erwerbsschadens,[21] wenn und solange der Arbeitgeber Leistungen an den Verletzten erbringt (Entgeltfortzahlung für 6 Wochen nach dem EFZG, u.U. aber auch danach, wenn der Arbeitgeber aufgrund einzelarbeitsvertraglicher oder tarifvertraglicher Bestimmungen zur Aufstockung von Sozialleistungen, wie z.B. dem Krankengeld, verpflichtet ist).

II. Höhe

1. Berufsbedingter Aufwand

a. Kosten der Berufsausübung

16 Ein Erwerbstätiger hat Ausgaben, die sein ihm letztlich verbleibendes Arbeitseinkommen schmälern, weil sie zur Berufsausübung erforderlich sind.[22]

---

19 AG Münster v. 8.10.1996 – 28 C 400/96 -.
20 BGH v. 3.4.1984 - VI ZR 253/82 - BG 1984, 720 = DAR 1984, 287 = MDR 1984, 1017 = NJW 1984, 2628 = r+s 1984,1 94 = VersR 1984, 583 = VRS 68, 23 = zfs 1984, 175; OLG Celle v. 4.7.1985 - 5 U 244/84 - zfs 1985, 294; OLG Celle v. 30.1.1975 - 5 U 62/74 - DAR 1975, 269 = VersR 1976, 297 (nur LS); LG Schwerin v. 15.8.2003 – 6 S 144/03 – NZV 2004, 581 = SVR 2004, 69 (Anm. *Balke*); AG Cottbus v. 20.5.2008 – 41 C 219/07 – SP 2008, 327; AG Hannover v. 26.10.2007 – 415 C 11810/06 - SP 2008, 216.
21 BGH v. 22.1.1980 – VI ZR 198/78 – BG 1980, 379 = MDR 1980, 478 = NJW 1980, 1787 = r+s 1980, 107 = VersR 1980, 455 = zfs 1980, 204; OLG Schleswig v. 30.10.1979 – 7 U 75/77 und 7 U 158/77 – VersR 1980, 726 = zfs 1980, 299; LG Karlsruhe v. 8.12.1986 – 6 O 293/86 – zfs 1987, 102; LG Osnabrück v. 12.3.1982 – 3 O 158/81 – zfs 1983, 170.
22 OLG Naumburg v. 23.9.1998 – 12 U 31/98 – SP 1999, 90.

D. Ersparnisse während der Zeit der Arbeitsunfähigkeit

Bei einem Erwerbstätigen handelt es sich neben

- Fahrtkosten,[23]
- Kosten doppelter Haushaltsführung,[24]
- Ausgaben für Kleidung[25] (auch wenn diese steuerrechtlich nicht berücksichtigenswert ist) und deren Reinigung,
- Fachliteratur,
- Beiträge zu Berufsverbänden und Gewerkschaften,
- Werkzeug,
- Reinigungskosten

oft um Ausgaben, die nicht mit der notwendigen Sicherheit bezifferbar sind, die aber zur Berufsausübung gleichwohl erforderlich sind;[26] und zwar unabhängig von ihrer steuerrechtlichen Qualität als Werbungskosten.

Auch der Mehraufwand für eine Tätigkeit in einer Großstadt gegenüber einer Klein- oder Mittelstadt ist zu berücksichtigen.[27]

b. Steuerrecht

Nicht alle tatsächlich zu erbringenden Aufwendungen im Zusammenhang mit der Berufsausübung sind zugleich auch als **Werbungskosten** steuerlich absetzbar. Festzuhalten ist, dass die steuerrechtlichen Kriterien für die Werbungskosten regelmäßig nur das Minimum der anzusetzenden Ersparnisse bilden. Schadensersatzrechtlich sind dabei auch solche Aufwendungen (z.B. für Arbeitskleidung) abzusetzen, die steuerrechtlich keine Berücksichtigung finden. Der zu berücksichtigende Steuervorteil aus den Werbungskosten ist deutlich geringer als der tatsächlich zu betreibende Aufwand und die finanzielle Belastung.

Zudem gilt: Je niedriger das Einkommen, desto höher ist die nach Abzug der steuerlichen Abschreibung (zudem jenseits der **Arbeitnehmerpauschale**[28]) beim Arbeitnehmer verbleibende Nettobelastung.

---

23 OLG Hamm v. 1.7.1999 – 6 U 182/98 – SP 1999, 340. Siehe auch: BFH v. 11.5.2005 – VI R 34/04 – DAR 2005, 589 (Keine Entfernungspauschale für Wege zwischen Wohnung, auswärtiger Unterkunft und auswärtiger Tätigkeitsstätte bei Einsatzwechseltätigkeit); BFH v. 11.5.2005 – VI R 25/04 – DAR 2005, 590 (Keine Entfernungspauschale für Wege zu ständig wechselnden Tätigkeitsstätten ab Betriebssitz).
24 OLG Bamberg v. 21.12.1966 – 1 U 100/66 – VersR 1967, 911.
Berz/Burmann-Heß Kap 6 K, Rn 11. Siehe auch BFH v. 11.5.2005 – VI R 7/02 – DAR 2005, 587 (Höhe des Verpflegungsmehraufwands richtet sich bei Auswärtstätigkeiten i.S.v. § 4 V 1 Nr. 5 S. 3 EStG nach der Abwesenheit des Arbeitnehmers von seiner Wohnung am Ort des Lebensmittelpunktes. Nicht entscheidend ist die Abwesenheitsdauer von der auswärtigen Unterkunft am Einsatzort.).
25 OLG Bamberg v. 21.12.1966 – 1 U 100/66 – VersR 1967, 911. *Berz/Burmann-Heß* Kap 6 D, Rn 83 und 6 K, Rn 11.
26 OLG Naumburg v. 23.9.1998 – 12 U 31/98 – SP 1999, 90.
27 OLG Bamberg v. 21.12.1966 – 1 U 100/66 – VersR 1967, 911.
28 Kap 8 Rn 35: Arbeitnehmerpauschale (§ 9a Nr. 1 EStG) betrug bis 31.12.2001 2.000 DM, ab 1.1.2002 1.044 € und ab 1.1.2004 920 €.

2. Familienrechtliche Leitlinien

29 Die familienrechtlichen Leitlinien des Unterhaltsrechtes berücksichtigen den Aufwand für die Berufsausübung teilweise pauschal mit 5 % des Nettoeinkommens.[29]

30 Das Nettoeinkommen errechnet sich dabei regelmäßig aus dem Bruttoeinkommen (einschließlich einmaliger Jahressonderzahlungen wie z.B. Urlaubs- und Weihnachtsgeld), gekürzt um Steuern und notwendige Vorsorgeaufwendungen (Beiträge zur Sozialversicherung bzw. angemessenen privaten Kranken- und Altersvorsorge).

31 Aktualisierte Tabellen sind zusammengestellt bei *„Schönfelder,* Deutsche Gesetze – Ergänzungsband" zur Gliederungsziffer 47. Eine **Zusammenfassung** der für die Ersparnisbetrachtung wesentlichen Aspekte enthält die nachstehende Übersicht 8.1, Rn 32.

32 **Übersicht 8.1: Unterhaltsrechtliche Leitlinien und Tabellen der OLG'e (Stand 1.1.2008)**

Gericht	Inhalt
OLG Bamberg	Nr. 10.2 Unterhaltsrechtliche Leitlinien der Familiensenate in Süddeutschland:[30] 5 % des Nettoeinkommens, höherer Nachweis ist möglich. Nr. 10.2.2 der Leitlinien zum Unterhalt: Notwendige Fahrtkosten sind nach § 5 II Nr. 2 JVEG anzusetzen (zuletzt 0,30 €/km), ab 30. Entfernungs-km kann Ermäßigung auf 0,20 €/km in Betracht kommen.
KG Berlin	wie OLG Düsseldorf[31]
OLG Brandenburg	Nr. 10.2.1 Unterhaltsleitlinien:[32] 5 % des Nettoeinkommens, höherer Nachweis ist möglich. Nr. 10.2.2 der Leitlinien zum Unterhalt: Fahrtkosten sind mit 0,25 € anzusetzen.
OLG Braunschweig	wie OLG Düsseldorf[33]
OLG Bremen	Nr. 10.2 Unterhaltsrechtliche Leitlinien:[34] Berufsbedingte Aufwendungen sind im Rahmen der Angemessenheit abzuziehen. Erfordernis konkreter Darlegung des Aufwandes. Nr. 10.2.2 Unterhaltsrechtliche Leitlinien: Notwendige Fahrtkosten sind nach § 5 II Nr. 2 JVEG anzusetzen (zuletzt 0,30 €/km), ab 30. Entfernungs-km kann Ermäßigung auf 0,20 €/km in Betracht kommen.
OLG Celle	Nr. 10.2 Unterhaltsrechtliche Leitlinien:[35] Berufsbedingte Aufwendungen sind im Rahmen der Angemessenheit abzuziehen. Erfordernis konkreter Darlegung des Aufwandes. Nr. 10.2.2 Unterhaltsrechtliche Leitlinien: Notwendige Fahrtkosten sind nach § 5 II Nr. 2 JVEG anzusetzen (zuletzt 0,30 €/km).
OLG Dresden	Nr. 10.2 Unterhaltsrechtliche Leitlinien:[36] 5 % des Nettoeinkommens, höchstens 150 € monatlich. Möglichkeit konkreter Darlegung höheren Aufwandes möglich. Nr. 10.2.2 der Leitlinien zum Unterhalt: Notwendige Fahrtkosten sind mit 0,27 € anzusetzen. Bei langen Fahrstrecken (ab 30 Entfernungs-km) kann eine Ermäßigung auf 0,18 €/km stattfinden.

---

29 Einen Überblick über die „Unterhaltsrechtlichen Leitlinien und Tabellen der OLG'e (Stand: Februar 1995)" gibt die Beilage zu Heft 11/1995 der NJW, ergänzt durch die Darstellung *Kalthoener/Büttner* NJW 1995, 1788 (insbesondere S. 1793).
30 *Schönfelder,* Deutsche Gesetze – Ergänzungsband, Nr. 47b.
31 *Schönfelder,* Deutsche Gesetze – Ergänzungsband, Nr. 47a.
32 *Schönfelder,* Deutsche Gesetze – Ergänzungsband, Nr. 47d.
33 *Schönfelder,* Deutsche Gesetze – Ergänzungsband, Nr. 47e.
34 *Schönfelder,* Deutsche Gesetze – Ergänzungsband, Nr. 47f.
35 *Schönfelder,* Deutsche Gesetze – Ergänzungsband, Nr. 47g.
36 *Schönfelder,* Deutsche Gesetze – Ergänzungsband, Nr. 47h.

D. Ersparnisse während der Zeit der Arbeitsunfähigkeit

Gericht	Inhalt
OLG Düsseldorf	Anmerkung A.3 und B.Anmerkung zu I-III:[37] 5 % des Nettoeinkommens, mindestens aber 50 €, höchstens 150 € monatlich. Nr. 10.2.2 der Leitlinien zum Unterhalt:[38] Notwendige Fahrtkosten sind mit 0,30 € (§ 5 II Nr. 2 JVEG) anzusetzen, ermäßigt ab 31. Entfernungs-km auf 0,20 €/km.
OLG Frankfurt	wie OLG Bamberg[39]
OLG Hamburg	wie OLG Bremen[40]
OLG Hamm	Nr. 10.2.1 Unterhaltsrechtliche Leitlinien:[41] Berufsbedingte Aufwendungen sind im Rahmen der Angemessenheit abzuziehen. Erfordernis konkreter Darlegung des Aufwandes. Nr. 10.2.2 Unterhaltsrechtliche Leitlinien: Notwendige Fahrtkosten nur in Höhe öffentlicher Verkehrsmittel, bei Unzumutbarkeit 0,30 €/km. Bei Entfernungen über 30 km nur 0,10 €/km.
OLG Jena	Nr. 10.2 Thüringer Tabelle:[42] Berufsbedingte Aufwendungen sind im Rahmen der Angemessenheit abzuziehen. Erfordernis konkreter Darlegung des Aufwandes, aber Schätzung möglich. Nr. 10.2.2 der Leitlinien zum Unterhalt: Notwendige Fahrtkosten sind mit 0,30 €/km anzusetzen.
OLG Karlsruhe	wie OLG Bamberg
OLG Koblenz	Nr. 10.2.1 der Leitlinien zum Unterhalt:[43] 5 % des Nettoeinkommens, mindestens aber 50 €, höchstens 150 € monatlich. Nr. 10.2.2 der Leitlinien zum Unterhalt: Notwendige Fahrtkosten sind mit 10 €/km monatlich anzusetzen; Kürzung bei längerer Fahrstrecke möglich.
OLG Köln	Nr. 10.2.1 Unterhaltsrechtliche Leitlinien:[44] Berufsbedingte Aufwendungen sind im Rahmen der Angemessenheit abzuziehen. Erfordernis konkreter Darlegung des Aufwandes. Nr. 10.2.2 der Leitlinien zum Unterhalt: Notwendige Fahrtkosten sind mit 0,30 € (§ 5 II Nr. 2 JVEG) anzusetzen, ermäßigt ab 31. Entfernungs-km auf 0,20 €/km.
OLG München	wie OLG Bamberg
OLG Naumburg	wie OLG Bamberg[45]
OLG Nürnberg	wie OLG Bamberg
OLG Oldenburg	Anmerkung A.3 und B.Anmerkung zu I-III:[46] 5 % des Nettoeinkommens, mindestens aber 50 €, höchstens 150 € monatlich. Nr. 10.2.2 der Leitlinien zum Unterhalt: Notwendige Fahrtkosten sind mit 0,30 € anzusetzen, ermäßigt für längere Fahrstrecken.
OLG Rostock	Nr. 10.2 Unterhaltsrechtliche Leitlinien:[47] Berufsbedingte Aufwendungen sind im Rahmen der Angemessenheit abzuziehen. Erfordernis konkreter Darlegung des Aufwandes. Nr. 10.2.2 Unterhaltsrechtliche Leitlinien: Notwendige Fahrtkosten sind mit 0,27 € anzusetzen, ermäßigt für längere Fahrstrecken (ca. 30 Entfernungs-km).
OLG Saarbrücken	wie OLG Düsseldorf[48]

---

37 *Schönfelder*, Deutsche Gesetze – Ergänzungsband, Nr. 47.
38 *Schönfelder*, Deutsche Gesetze – Ergänzungsband, Nr. 47/1.
39 *Schönfelder*, Deutsche Gesetze – Ergänzungsband, Nr. 47i.
40 *Schönfelder*, Deutsche Gesetze – Ergänzungsband, Nr. 47k.
41 *Schönfelder*, Deutsche Gesetze – Ergänzungsband, Nr. 47l.
42 *Schönfelder*, Deutsche Gesetze – Ergänzungsband, Nr. 47m.
43 *Schönfelder*, Deutsche Gesetze – Ergänzungsband, Nr. 47n.
44 *Schönfelder*, Deutsche Gesetze – Ergänzungsband, Nr. 47o.
45 *Schönfelder*, Deutsche Gesetze – Ergänzungsband, Nr. 47p.
46 *Schönfelder*, Deutsche Gesetze – Ergänzungsband, Nr. 47q.
47 *Schönfelder*, Deutsche Gesetze – Ergänzungsband, Nr. 47r.
48 *Schönfelder*, Deutsche Gesetze – Ergänzungsband, Nr. 47s.

Gericht	Inhalt
OLG Schleswig	Nr. 10.2 Unterhaltsrechtliche Leitlinien:[49] Berufsbedingte Aufwendungen sind im Rahmen der Angemessenheit abzuziehen. Erfordernis konkreter Darlegung des Aufwandes. Nr. 10.2.2 Unterhaltsrechtliche Leitlinien: Notwendige Fahrtkosten sind mit 0,30 € (§ 5 II Nr. 2 JVEG) anzusetzen, ermäßigt ab 31. Entfernungs-km auf 0,20 €/km. Übersteigen die Fahrtkosten 15 % des Nettoeinkommens, ist die Unzumutbarkeit der Benutzung öffentlicher Verkehrsmittel darzulegen.
OLG Stuttgart	wie OLG Bamberg
OLG Zweibrücken	wie OLG Bamberg

3. Ersparnis

33 Etliche Gerichte kürzen um pauschal 10 % des Nettoeinkommens,[50] häufig wird aber von der Rechtsprechung ein konkreter und nicht pauschalierter Vorteilsausgleich verlangt.[51] Das OLG Naumburg[52] erleichtert dem Ersatzpflichtigen dessen grundsätzliche Darlegungs- und **Beweislast**: Der Ersatzpflichtige kann im Wege der Schätzung einen bestimmten Betrag vom bisherigen Einkommen des Verletzten als Ersparnis berufsbedingter Aufwendungen einwenden; dem Geschädigten obliegt es dann aufgrund seiner Sachnähe, darzutun, ob und welche (geringeren) Aufwendungen ihm tatsächlich entstanden sind.[53]

34 Beim Vorteilsausgleich schlagen insbesondere die **Fahrtkostenersparnis**se zu Buche. Berücksichtigt werden muss dabei allerdings, dass in nicht wenigen Fällen ein Arbeitnehmer mangels ausreichender Verkehrsverbindung mit dem öffentlichen Personennahverkehr auf sein Fahrzeug vollständig angewiesen ist. In diesem Fall sind nicht nur die Mehrkosten (vor allem Benzin und Öl) – wie bei den Heilbehandlungskosten[54] – anzusetzen, sondern es sind alle mit der Fahrzeughaltung verbundenen (auch festen) Kosten ein-

---

49 *Schönfelder*, Deutsche Gesetze – Ergänzungsband, Nr. 47s.
50 OLG Celle v. 29.11.2005 – 14 U 58/05 – SP 2006, 96; OLG Naumburg v. 23.9.1998 – 12 U 31/98 – SP 1999, 90; OLG Stuttgart v. 17.8.1988 – 4 U 246/87 – (zitiert nach *Küppersbusch* Rn 79, Fn 138); OLG Stuttgart v. 14.8.1985 – 13 U 168/84 – (zitiert nach *Küppersbusch* Rn 79, Fn 138); LG Tübingen v. 14.11.1991 – 2 O 545/91 – zfs 1992, 82 (nur LS).
51 Vgl. OLG Düsseldorf v. 13.3.2000 – 1 U 152/99 – zfs 2000, 531 (Anm. *Diehl*).
52 OLG Naumburg v. 23.9.1998 – 12 U 31/98 – SP 1999, 90.
53 KG v. 20.10.2005 – 12 U 31/03 – DAR 2006, 149 = NZV 2006, 207 = VersR 2006, 794 = zfs 2006, 147 (Anm. *Diehl*) (Berücksichtigung von 5 % ersparten berufsbedingten Aufwendungen bei Ermittlung des Schadens wegen verspäteten Berufseintritts); OLG Celle v. 29.11.2005 – 14 U 58/05 – SP 2006, 96 (Pauschal 5 % des Nettoeinkommens für ersparte berufsbedingte Aufwendungen); OLG Frankfurt v. 26.7.2005 – 17 U 18/05 – SP 2005, 338 (Pauschaler Abzug entsprechend den unterhaltsrechtlichen Regelungen mit 5 % des Nettoeinkommens auch nach Berücksichtigung der Arbeitnehmer-Werbungskostenpauschale des § 9a EStG).
54 Im Rahmen der Heilbehandlung sind Fahrtkosten nur mit ihrem Mehraufwand für Benzin und Öl, nicht aber darüber hinaus anteilig mit den sonstigen festen Kosten der Fahrzeughaltung (z.B. Steuern und Versicherung) zu berücksichtigen: OLG Braunschweig v. 27.7.1990 – 2 U 22/90 – r+s 1990, 303 = r+s 1991, 199 (0, 08 €/km); OLG Celle v. 30.1.1975 – 5 U 62/74 – DAR 1975, 269 = VersR 1976, 297 (nur LS); OLG Hamm v. 13.1.1992 – 13 U 118/91 – r+s 1993, 20 (0, 15 €/km abzgl. Steuervorteil [„außergewöhnliche Belastung"] des Geschädigten bzw. dessen Eltern); OLG Oldenburg v. 13.6.1988 – 9 U 30/88 – r+s 1988, 85 (0, 15 €/km); LG Koblenz v. 17.9.2001 – 5 O 264/97 – SP 2002, 91 (0, 20 €/km).

D. Ersparnisse während der Zeit der Arbeitsunfähigkeit

schließlich der Abschreibung und Rücklage einzubeziehen.[55] Bei älteren Fahrzeugen ist der erhöhte Reparatur- und Ersatzbedarf zu berücksichtigen. Im Einzelfall (vor allem, wenn nur ein Fahrzeug in der Familie vorhanden ist) kann es gerechtfertigt erscheinen, die festen Kosten anteilig entsprechend der privaten und beruflichen Nutzung (km-Leistung) zu verteilen.

Die steuerlichen Möglichkeiten (Werbungskosten jenseits der **Arbeitnehmerpauschale** (§ 9a Nr. 1 EStG; bis 31.12.2001 2.000 DM, ab 1.1.2002 1.044 €, ab 1.1.2004 920 €) sind zu berücksichtigen.[56]

Die Aufwendungen für den Weg zwischen Wohnung und Arbeitsstätte sind bislang steuerlich als Werbungskosten abzugsfähig (§ 9 I Nr. 4 EStG). Die Finanzverwaltung gewährt zur Abgeltung der Aufwendungen eine verkehrsmittelunabhängige Entfernungspauschale:

- Bis 2000 konnten 0,70 DM/km angesetzt werden, anschließend bis 2003 war die steuerliche Entfernungspauschale gestaffelt (für die ersten 10 km 0,36 € je Entfernungskilometer, für jeden weiteren km dann je 0,40 €/km), ab 2004 war die Entfernungspauschale auf 0,30 €/km ohne Staffelung gesenkt.

- Seit 1.1.2007 stellen Aufwendungen für Fahrten von und zur Arbeitsstätte keine Werbungskosten mehr dar (§ 9 II 1 EStG n.F.);[57] nach § 9 II 2 EStG n.F. gilt erst ab dem 21. Entfernungskilometer eine Entfernungspauschale von 0,30 €/km.

Bei längerer Arbeitsunfähigkeit empfiehlt sich folgende **Berechnung** der Fahrtkosten

$$\frac{\text{tägliche Fahrtstrecke}^{58} * \text{Arbeitstage pro Jahr}^{59} * \text{Kostensatz pro km}}{365}$$

Diese Formel ergibt die Durchschnittsersparnis pro Kalendertag und kann daher mit der Zahl der Arbeitsunfähigkeitstage multipliziert werden.

Ähnlich (Berechnung aufs Jahr, Rückrechnung auf den Kalendertag) sollte verfahren werden, wenn andere berufliche Aufwendungen entfallen.

---

55 Nach den vom ADAC in regelmäßigen Abständen veröffentlichten Kostentabellen (z.B. ADAC Motorwelt 3/2006, S. 26 ff., siehe auch www.adac.de [Auto&Motorrad/Autokosten] sind bereits für kleine Klassen 0, 30 €/km und mehr anzusetzen. Beispiele, Stand Motorwelt 3/2006: Peugeot 107 0, 254 €/km, Daihatsu Cuore 1.0 0, 267 €/km; VW Fox 1.2 0, 276 €/km; Opel Corsa 1.0 0, 290 €/km, Fiat Punto 1.2 0, 296 €/km, VW Polo 1.2 0, 304 €/km; Opel Astra 1.3 0, 330 €/km, Renault Mégane 1.5 0, 346 €/km, Toyota Corolla 1.4 0, 346 €/km; Skoda Octavia 1.4 0, 347 €/km, VW Jetta 1.9TDI 0, 377, Volvo S40 0, 386 €/km, Opel Vectra 1.6 0, 414 €/km, BMW 318d 0, 417 €/km; VW Passat 1.9TDI 0, 394 €/km, Audi A6 2.0TDI 0, 480 €/km, Mercedes E200CDI 0, 522 €/km, BMW 520d 0, 522 €/km.

56 Siehe Beispiel 3.2 in Kap 3.

57 Der BFH (Vorlagebeschluss v. 10.1.2008 – VI R 17/07 – BB 2008, 246 = BFHE 219, 358 = DAR 2008, 351 [nur Ls.] = DB 2008, 206 = DStR 2008, 188 = NJW 2008, 608 = NZA 2008, 632 und Vorlagebeschluss v. 10.1.2008 – VI R 7/07 –) hat dem BVerfG (BVerfG-Az. – 2 BvL 1/08 und 2/08 -) die Frage vorgelegt, ob § 9 II 1 EStG idF des StÄndG 2007 insoweit mit dem GG vereinbar ist, als danach Aufwendungen des Arbeitnehmers für seine Wege zwischen Wohnung und regelmäßiger Arbeitsstätte keine Werbungskosten sind und keine weiteren einkommensteuerrechtlichen Regelungen bestehen, nach denen die vom Abzugsverbot betroffenen Aufwendungen ansonsten die einkommensteuerliche Bemessungsgrundlage mindern.

58 Zu beachten ist die Berücksichtigung von Hin- **und** Rückweg. Im Steuerrecht wird nur die einfache Entfernung zugrunde gelegt.

59 365 Kalendertage abzüglich 52 Wochenenden (104 Tage) abzüglich nicht auf einen Samstag oder Sonntag fallende Feiertage (zumeist 6 Feiertage) abzüglich Urlaubstage. IdR kann man mit 225 – 230 Jahresarbeitstagen rechnen. Galt für den Verletzten keine 5-Tage-Arbeitswoche, so ist die Formel entsprechend zu korrigieren.

E. Zeitraum

42 Auch für den Vorteilsausgleich ist die zeitliche Kongruenz zu beachten. Bei Arbeitnehmern können die Ersparnisse nur für den Fortzahlungszeitraum nach dem **EFZG** berücksichtigt werden, max. also 42 Kalendertage.

43 Soweit der Arbeitgeber seine Forderungsberechtigung aus einer Abtretung herleitet (bei Arbeitnehmern bei Leistungen **über das EFZG hinaus**), sind dem Arbeitgeber als Rechtsnachfolger und Drittgläubiger die Ersparnisse seines Arbeitnehmers auch für den darüber hinaus gehenden vollständigen Zeitraum der Arbeitsunfähigkeit entgegenzuhalten. Dieses bedeutet dann i.d.R., dass der Arbeitgeber über den gesetzlichen Forderungsübergang des EFZG hinaus keinen weiteren Anspruch hat: Die Leistungen der Drittleistungsträger (vor allem Kranken- und Verletztengeld) sind regelmäßig so hoch, dass sie vollständig auf den (um die Ersparnisse häufig stark verminderten) Erwerbsschaden zugreifen, so dass für den Arbeitgeber kein Restanspruch mehr verbleibt.

F. Steuern

44 Auch ersparte Steuern, insbesondere bei der Möglichkeit des Vorsteuerabzuges, sind im Wege des Vorteilsausgleiches dem Schädiger gutzubringen.[60]

---

[60] BGH v. 17.11.2005 – III ZR 350/04 – EWiR 2006 (nur LS) (Anm. *Frisch*) = MDR 2006, 407 (nur LS) = NJW 2006, 499 = VersR 2006, 413 = WM 2006, 499 = ZIP 2006, 573; BGH v. 6.6.1972 – VI ZR 49/71 – VersR 1972, 973; BGH v. 22.5.1989 – X ZR 25/88 – NJW-RR 1990, 32.

Kapitel 9 Schadenminderung

> **§ 254 BGB – Mitverschulden**
>
> (1) Hat bei der Entstehung des Schadens ein Verschulden des Beschädigten mitgewirkt, so hängt die Verpflichtung zum Ersatz sowie der Umfang des zu leistenden Ersatzes von den Umständen, insbesondere davon ab, inwieweit der Schaden vorwiegend von dem einen oder dem anderen Teil verursacht worden ist.
>
> (2) ¹Dies gilt auch dann, wenn sich das Verschulden des Beschädigten darauf beschränkt, dass er unterlassen hat, den Schuldner auf die Gefahr eines ungewöhnlich hohen Schadens aufmerksam zu machen, die der Schuldner weder kannte noch kennen musste, oder dass er unterlassen hat, den Schaden abzuwenden oder zu mindern. ²Die Vorschrift des § 278 findet entsprechende Anwendung.
>
> **§ 278 BGB – Verantwortlichkeit des Schuldners für Dritte**
>
> ¹Der Schuldner hat ein Verschulden seines gesetzlichen Vertreters und der Personen, deren er sich zur Erfüllung seiner Verbindlichkeit bedient, in gleichem Umfang zu vertreten wie eigenes Verschulden. ²Die Vorschrift des § 276 Absatz 3 findet keine Anwendung.

Nach § 254 BGB sind die jeweiligen Verursachungsbeiträge zu Schadeneintritt und Schadenhöhe gegeneinander abzuwägen. § 254 BGB lässt dabei auch zu, einen der Beteiligten (auch den Verletzten) allein mit dem Schaden zu belasten.[1]

§ 254 BGB enthält zwar im Ansatz den Grundgedanken, dass sich der Ersatzberechtigte so zu verhalten hat, wie sich ein in gleicher Lage befindlicher vernünftiger Geschädigter verhalten würde, wenn kein Haftpflichtiger vorhanden wäre.[2] Das Gebot zu wirtschaftlich vernünftiger Schadensbehebung verlangt vom Geschädigten allerdings nicht, zugunsten des Schädigers zu sparen oder sich ausnahmslos in jedem Fall so zu verhalten, als ob er den Schaden selbst zu tragen hätte;[3] immerhin kann dem letzten Aspekt aber Bedeutung für die Beurteilung der Frage zukommen, ob der Geschädigte den Aufwand in vernünftigen Grenzen gehalten hat.[4]

Ein Verstoß gegen die Schadengeringhaltungsverpflichtung ist anzunehmen, wenn der geschädigte Maßnahmen unterlässt, die nach allgemeiner Lebenserfahrung ein ordentlicher und verständiger Mensch ergreifen würde, um den Schaden abzuwenden oder zu verringern.[5]

---

1 OLG Dresden v. 25.8.1997 – 17 U 57/97 – VersR 1999, 765 (BGH hat die Revision nicht angenommen, Beschl. v. 19.5.1998 – VI ZR 317/97 -).
2 OLG Celle v. 10.2.1958 – 5 U 146/57 – VersR 1958,344.
3 BGH v. 15.2.2005 – VI ZR 70/04 – BGHReport 2005, 698 = BGHZ 162, 161 = DAR 2005, 266 (Anm. *Poppe*) = MDR 2005, 748 = NJW 2005, 1108 (Anm. *Huber* NJW 2007, 1625) = NJW-Spezial 2005, 160 = NZV 2005, 243 (Anm. *Heß*; Anm. *Freyberger* NZV 2005, 231) = r+s 2005, 172 (Anm. *Lemcke*) = SP 2005, 126, 162 = SVR 2005, 228 (Anm. *Huber*) = VerkMitt 2005, 81 = VersR 2005, 663 (Anm. *Schiemann* VersR 2006, 160) = VRS 108,326 = zfs 2005, 382 (Anm. *Diehl*) m.w.N.
4 BGH v. 15.2.2005 – VI ZR 70/04 – BGHReport 2005, 698 = BGHZ 162, 161 = DAR 2005, 266 (Anm. *Poppe*) = MDR 2005, 748 = NJW 2005, 1108 (Anm. *Huber* NJW 2007, 1625) = NJW-Spezial 2005, 160 = NZV 2005, 243 (Anm. *Heß*; Anm. *Freyberger* NZV 2005, 231) = r+s 2005, 172 (Anm. *Lemcke*) = SP 2005, 126,162 = SVR 2005, 228 (Anm. *Huber*) = VerkMitt 2005, 81 = VersR 2005, 663 (Anm. *Schiemann* VersR 2006, 160) = VRS 108, 326 = zfs 2005, 382 (Anm. *Diehl*); BGH v. 2.3.1982 – VI ZR 35/80 – VersR 1982, 548; BGH v. 20.6.1972 – VI ZR 61/71 – VersR 1972, 1024.
5 BGH v. 5.10.1965 – VI ZR 90/64 – VersR 1965, 1173; OLG Düsseldorf v. 21.2.2006 – I-24 U 22/05 – VersR 2007, 244; OLG Dresden v. 25.8.1997 – 17 U 57/97 – VersR 1999, 765 (BGH hat die Revision nicht angenommen, Beschl. v. 19.5.1998 – VI ZR 317/97 -).

A. Selbstschädigendes Verhalten des Verletzten

I. Aufgabe des Arbeitsplatzes

4 **Wechselt** der Verletzte aus nicht unfallkausalen Gründen nach erfolgreicher Wiedereingliederung in den Arbeitsprozess erneut seine **Arbeitsstelle**, um sich beruflich zu verbessern und erleidet er dabei einen beruflichen Fehlschlag, fehlt es für hieraus geltend gemachte Verdienstausfallansprüche an einem haftungsrechtlichen Zusammenhang mit dem ursprünglichen Unfallgeschehen.[6]

5 Die **Aufgabe** eines **Arbeitsplatzes** durch eigene Kündigung kann einen Verstoß gegen die Schadengeringhaltungsverpflichtung darstellen.[7]

6 Einem Verletzten ist zuzumuten, alles zu tun, um seinen ursprünglichen **Arbeitsplatz** zu **erhalten**.[8] Auch die Frage einer – zumeist unterlassenen – betrieblichen Umsetzung im Betrieb des früheren Arbeitgebers stellt sich häufig: Kann eine Beschäftigung im selben Unternehmen erreicht werden, muss der Verletzte u.U. auch weniger angesehene, sozial niederwertigere Positionen übernehmen. Das gilt jedenfalls, wenn ansonsten Arbeitslosigkeit eintritt.

7 Der Verletzte muss auch nach einer Kündigung sich zügig um einen anderen Arbeitsplatz bemühen.[9]

II. Kündigung

8 **§ 1 KSchG – Sozial ungerechtfertigte Kündigungen**

(1) Die Kündigung des Arbeitsverhältnisses gegenüber einem Arbeitnehmer, dessen Arbeitsverhältnis in demselben Betrieb oder Unternehmen ohne Unterbrechung länger als sechs Monate bestanden hat, ist rechtsunwirksam, wenn sie sozial ungerechtfertigt ist.

(2) [1]Sozial ungerechtfertigt ist die Kündigung, wenn sie nicht durch Gründe, die in der Person oder in dem Verhalten des Arbeitnehmers liegen, oder durch dringende betriebliche Erfordernisse, die einer Weiterbeschäftigung des Arbeitnehmers in diesem Betrieb entgegenstehen, bedingt ist. [2]Die Kündigung ist auch sozial ungerechtfertigt, wenn

---

6 BGH v. 17.9.1991 – VI ZR 2/91 – DAR 1991, 451 = MDR 1992, 133 = NJW 1992, 3275 = NZV 1992, 25 = r+s 1992, 51 = VersR 1991, 1293 = VRS 92, 248; OLG Nürnberg v. 16.1.1991 – 4 U 3530/90 – DAR 1991, 224 = zfs 1991, 118.
7 Vgl. BGH v. 25.3.1980 – VI ZR 98/79 – VersR 1980, 751 = zfs 1980, 299; BGH v. 13.7.2004 – VI ZR 315/03 – r+s 2007, 303 (Anm. *Jahnke* r+s 2007, 271) (Nichtannahmebeschluß zum Urteil des OLG Oldenburg v. 1.10.2003 – 5 U 77/03 -) (Der Arbeitsplatzverlust ist dem Schädiger nicht zuzurechnen, weil der Verletzte nicht substantiiert darlegte, dass angesichts der Größe des Betriebs von mehr als 1.300 Beschäftigten keine Möglichkeit bestanden hatte, ihn im Betrieb anderweitig einzusetzen. Deshalb kann nicht davon ausgegangen werden, dass er ohne den Abschluss des Prozessvergleiches im arbeitsgerichtlichen Verfahren seinen Arbeitsplatz aufgrund einer – noch auszusprechenden – wirksamen ordentlichen Kündigung wegen seiner gesundheitlichen Beeinträchtigung ohnehin verloren hätte.); OLG Hamm v. 3.2.1999 – 13 U 66/98 – SP 2000, 159 (Abbruch der Umschulung zur Lehrschwester seitens unterschenkelamputierter Krankenschwester ist Verstoß gegen Schadenminderungspflicht); OLG Hamm v. 14.2.1979 – 3 U 137/78 – VersR 1980, 751; OLG Koblenz v. 30.11.1998 – 11 U 467/98 – NZA-RR 1999, 426 = OLGR 1999, 263 (Schädiger muss beweisen, dass der Verletzte erfolgreich eine Kündigungsschutzklage hätte erheben können).
8 BGH v. 13.7.2004 – VI ZR 315/03 – r+s 2007, 303 (Anm. *Jahnke* r+s 2007, 271) (Nichtannahmebeschluß zum Urteil des OLG Oldenburg v. 1.10.2003 – 5 U 77/03 -); *Küppersbusch* Rn 55.
9 OLG Düsseldorf v. 21.2.2006 – I-24 U 22/05 – VersR 2007, 244.

> 1. in Betrieben des privaten Rechts
>   a) die Kündigung gegen eine Richtlinie nach § 95 des Betriebsverfassungsgesetzes verstößt,
>   b) der Arbeitnehmer an einem anderen Arbeitsplatz in demselben Betrieb oder in einem anderen Betrieb des Unternehmens weiterbeschäftigt werden kann
>
>   und der Betriebsrat oder eine andere nach dem Betriebsverfassungsgesetz insoweit zuständige Vertretung der Arbeitnehmer aus einem dieser Gründe der Kündigung innerhalb der Frist des § 102 Absatz 2 Satz 1 des Betriebsverfassungsgesetzes schriftlich widersprochen hat,
> 2. in Betrieben und Verwaltungen des öffentlichen Rechts
>   a) die Kündigung gegen eine Richtlinie über die personelle Auswahl bei Kündigungen verstößt,
>   b) der Arbeitnehmer an einem anderen Arbeitsplatz in derselben Dienststelle oder in einer anderen Dienststelle desselben Verwaltungszweiges an demselben Dienstort einschließlich seines Einzugsgebietes weiterbeschäftigt werden kann
>
>   und die zuständige Personalvertretung aus einem dieser Gründe fristgerecht gegen die Kündigung Einwendungen erhoben hat, es sei denn, daß die Stufenvertretung in der Verhandlung mit der übergeordneten Dienststelle die Einwendungen nicht aufrechterhalten hat.
>
> ³Satz 2 gilt entsprechend, wenn die Weiterbeschäftigung des Arbeitnehmers nach zumutbaren Umschulungs- oder Fortbildungsmaßnahmen oder eine Weiterbeschäftigung des Arbeitnehmers unter geänderten Arbeitsbedingungen möglich ist und der Arbeitnehmer sein Einverständnis hiermit erklärt hat. ⁴Der Arbeitgeber hat die Tatsachen zu beweisen, die die Kündigung bedingen.
>
> (3) ¹Ist einem Arbeitnehmer aus dringenden betrieblichen Erfordernissen im Sinne des Absatzes 2 gekündigt worden, so ist die Kündigung trotzdem sozial ungerechtfertigt, wenn der Arbeitgeber bei der Auswahl des Arbeitnehmers die Dauer der Betriebszugehörigkeit, das Lebensalter, die Unterhaltspflichten und die Schwerbehinderung des Arbeitnehmers nicht oder nicht ausreichend berücksichtigt hat; auf Verlangen des Arbeitnehmers hat der Arbeitgeber dem Arbeitnehmer die Gründe anzugeben, die zu der getroffenen sozialen Auswahl geführt haben. ²In die soziale Auswahl nach Satz 1 sind Arbeitnehmer nicht einzubeziehen, deren Weiterbeschäftigung, insbesondere wegen ihrer Kenntnisse, Fähigkeiten und Leistungen oder zur Sicherung einer ausgewogenen Personalstruktur des Betriebes, im berechtigten betrieblichen Interesse liegt. ³Der Arbeitnehmer hat die Tatsachen zu beweisen, die die Kündigung als sozial ungerechtfertigt im Sinne des Satzes 1 erscheinen lassen.
>
> (4) ...

1. Krankheitsbedingte Kündigung

Nach § 1 II KSchG kann der Arbeitgeber aus Gründen in der Person des Arbeitnehmers – auch während der Krankheit[10] – kündigen; wichtigster Unterfall ist die krankheitsbedingte Kündigung.[11] Die Wirksamkeit der Kündigung setzt eine erhebliche Beeinträchtigung der betrieblichen und wirtschaftlichen Interessen des Arbeitgebers durch die zu erwartenden Fehlzeiten voraus, verbunden mit einer negativen Gesundheitsprognose. Die dann vorzunehmende Interessenabwägung muss ergeben, dass dem Arbeitgeber bei einer umfassenden konkreten Abwägung der beiderseitigen Interessen unter Berücksichtigung der Dauer des Arbeitsverhältnisses, der Krankheitsursachen,[12] der Fehlzeiten vergleichbarer Arbeit-

---

10 Anders das Arbeitsrecht der DDR: § 58d Arbeitsgesetzbuch verbot die krankheitsbedingte Kündigung während der Krankheit des Arbeitnehmers.
11 Dazu *Ascheid/Preis/Schmid-Dörner* § 1 KSchG Rn 138 ff.
12 Ist der Unfall auf betriebliche Umstände zurückzuführen, so ist dieses zugunsten des Arbeitnehmers zu berücksichtigen (*Ascheid/Preis/Schmid-Dörner* § 1 KSchG Rn 174 m.w.N.).

nehmer und des Lebensalters des Arbeitnehmers die Beeinträchtigung seiner Interessen nicht mehr länger zuzumuten ist.

10 Zur negativen Gesundheitsprognose ist hervorzuheben: Ist ausweislich ärztlicher Gutachten mit einer Genesung in den nächsten 24 Monaten nach Ausspruch der Kündigung nicht zu rechnen, steht diese Ungewissheit einer krankheitsbedingten dauerhaften Leistungs- und Arbeitsunfähigkeit gleich, sodass eine Kündigung dann regelmäßig wirksam ist.[13] Für die Prognose kommt es auf den Zeitpunkt der Kündigung an; vor der Kündigung liegende Krankheitszeiten können in den Prognosezeitraum (24 Monate) nicht eingerechnet werden.[14]

11 Die Kündigung als ultima ratio ist nur dann zulässig, wenn der Arbeitgeber alle zumutbaren Möglichkeiten zu ihrer Vermeidung ausgeschöpft und geprüft hat, ob und wie er die Kündigung durch andere, mildere Maßnahmen (z.B. Zuweisung eines anderen Arbeitsbereiches oder einer anderen Tätigkeit) vermeiden kann. Nach § 1 II 2 Nr. 1b und Nr. 2b KSchG ist eine Kündigung unwirksam, wenn der Arbeitnehmer an einem anderen Arbeitsplatz weiterbeschäftigt werden kann.[15] Das gilt nach § 1 II 3 KSchG ferner, wenn die Weiterbeschäftigung des Arbeitnehmers nach zumutbaren Umschulungs- oder Fortbildungsmaßnahmen oder eine Weiterbeschäftigung des Arbeitnehmers unter geänderten Arbeitsbedingungen möglich ist und der Arbeitnehmer sein Einverständnis hiermit erklärt hat.

2. Schwerbehinderung

12 Zu bedenken ist die gesetzliche (SGB IX) Verpflichtung der Arbeitgeber,[16] die **Integration behinderter Arbeitnehmer** zu fördern:[17] Zum 1.5.2004[18] wurde mit § 84 SGB IX die

---

13 BAG v. 12.4.2002 – 2 AZR 148/01 – BAGE 101,39 = BB 2002, 2675 (Anm. *v.Steinau-Steinrück*) = DB 2002, 1943 = JR 2003, 132 (nur LS) = MDR 2002, 1255 = NJW 2002, 3271= NZA 2002, 1081.
14 BAG v. 12.4.2002 – 2 AZR 148/01 – BAGE 101,39 = BB 2002, 2675 (Anm. *v.Steinau-Steinrück*) = DB 2002, 1943 = JR 2003, 132 (nur LS) = MDR 2002, 1255 = NJW 2002, 3271= NZA 2002, 1081; BAG v. 29.4.1999 – 2 AZR 431/98 – BAGE 91,271.
15 BAG v. 24.11.2005 – 2 AZR 514/04 – DB 2006, 1063 (nur LS) = EzA § 1 KSchG Krankheit Nr. 51 = NJW 2006, 1614 (nur LS) = NZA 2006, 665 (Arbeitgeber kann sich auf das Nichtvorhandensein eines anderweitigen leidensgerechten Arbeitsplatzes nicht berufen, wenn er den Wegfall des anderweitigen leidensgerechten Arbeitsplatzes selbst treuwidrig herbeigeführt hat); BAG v. 22.9.2005 – 2 AZR 519/04 – DB 2006, 952 = MDR 2006, 1000 (nur LS) = NZA 2006, 486; BAG v. 29.1.1997 – 2 AZR 9/96 – BB 1997, 894 = DB 1997, 1039 = NJW 1997, 2700 = NZA 1997, 709 (Vermeidbarkeit einer krankheitsbedingten Kündigung durch Beschäftigung auf einem anderweitigen leidensgerechten Arbeitsplatz. Gegebenenfalls muss der Arbeitgeber einen solchen Arbeitsplatz durch Ausübung seines Direktionsrechtes frei machen und sich auch um die eventuell erforderliche Zustimmung des Betriebsrates kümmern.); LAG Rheinland-Pfalz v. 9.2.2004 – 7 Sa 1099/03 – EzA-SD 2004, Nr. 20, 17 (nur LS) = LAGE § 81 SGB IX Nr. 2 (Anm. *Leder*) (Arbeitgeber ist nicht verpflichtet, eine zusätzliche behindertengerechte Beschäftigungsmöglichkeit zu schaffen).Siehe ergänzend *Küttner-Eisemann* Nr. 259 Rn 4.
16 Siehe auch *Jousson* „Si tacuisses – Der aktuelle Stand zum Fragerecht des Arbeitgebers nach einer Schwerbehinderung" NJW 2003, 2857.

A. Selbstschädigendes Verhalten des Verletzten

Verpflichtung zur Durchführung eines betrieblichen Eingliederungsmanagements geschaffen.[19] Es kann sich empfehlen, die Anerkennung als Schwerbehinderter möglichst frühzeitig zu betreiben,[20] um damit den besonderen Kündigungsschutz und damit einhergehend eine stärkere Sicherung des Arbeitsplatzes zu erlangen.[21] Der Sonderkündigungsschutz[22] für schwerbehinderte Arbeitnehmer gilt nur, wenn ein Antrag auf Anerkennung als Schwerbehinderter mindestens 3 Wochen vor Zugang der Kündigung gestellt wurde; das gilt auch für Arbeitnehmer, die einem Schwerbehinderten gleichgestellt sind.[23]

Der Geschädigte muss selbst darauf hinwirken, einen leidensgerechten Arbeitsplatz zu erhalten.[24]

Schwerbehinderte (§ 2 II, III SGB IX: Personen mit einem GdB von mindestens 50 bzw. gleichgestellte Personen mit einem GdB von mindestens 30) sind vor einer Arbeitgeberkündigung besser geschützt. Wenn der Arbeitgeber einem schwerbehinderten Arbeitnehmer (ordentlich oder außerordentlich) kündigen will, muss er zuvor (und nicht hinterher) die Zustimmung des Integrationsamtes (früher: „Hauptfürsorgestelle") zur Kündigung beantragen (§§ 85 ff. SGB IX). Eine Kündigung ohne die vorherige Zustimmung des Integrationsamtes ist unwirksam.

Die Zustimmung des Integrationsamtes zur Kündigung bedeutet nicht, dass die Kündigung damit auch rechtmäßig ist. Die Anwendbarkeit des Sonderkündigungsschutzes nach dem SGB IX schließt den Schutz nach dem KSchG nicht aus, sondern verstärkt diesen

---

17 OLG Hamm v. 3.2.1999 – 13 U 66/98 – SP 2000, 159 (Verpflichtung gilt gerade für öffentliche Arbeitgeber); BAG v. 29.1.1997 – 2 AZR 9/96 – BB 1997, 894 = DB 1997, 1039 = NJW 1997, 2700 = NZA 1997, 709 (Gegebenfalls muss der Arbeitgeber einen behindertengerechten Arbeitsplatz durch Ausübung seines Direktionsrechtes frei machen und sich auch um die eventuell erforderliche Zustimmung des Betriebsrates kümmern); BAG v. 4.10.2005 – 9 AZR 632/04 – NJW 2006, 1691 (Nach § 81 IV 1 Nrn. 4 und 5 SGB IX haben schwerbehinderte Arbeitnehmer Anspruch auf behinderungsgerechte Gestaltung und Ausstattung ihres Arbeitsplatzes. Die schuldhafte Verletzung dieser Pflicht kann Schadensersatzansprüche, die auf Ersatz entgangener Vergütung gerichtet sind, nach § 280 I BGB sowie § 823 II BGB i.V.m. § 81 IV 1 SGB IX begründen.). Siehe ergänzend *Ascheid/Preis/Schmid-Dörner* § 1 KSchG Rn 177a m.w.N.
18 BGBl I 2004, 606.
19 LAG Berlin v. 27.10.2005 – 10 Sa 783/05 – BB 2006, 560 (nur LS) = DB 2006, 846 (nur LS) = LAGE § 1 KSchG Krankheit Nr. 37 = MDR 2006, 761 = NJW-Spezial 2006, 229 = NZA-RR 2006, 184 (Die Durchführung des betrieblichen Eingliederungsmanagements i.S.v. § 84 II SGB IX ist nicht formelle Wirksamkeitsvoraussetzung einer krankheitsbedingten Kündigung).
20 BAG v. 24.11.2005 – 2 AZR 514/04 – DB 2006, 1063 (nur LS) = EzA § 1 KSchG Krankheit Nr. 51 = NJW 2006, 1614 (nur LS) = NZA 2006, 665 (Die erst nach Kündigung beantragte Gleichstellung nach § 68 II SGB IX hat für die ausgesprochene Kündigung keine Bedeutung mehr. Es kann aber ein Restitutionsgrund analog § 580 Nr. 7 lit b. ZPO in Betracht kommen.).
21 *Heß/Burmann* „Sonderkündigungsschutz von Schwerbehinderten" NJW-Spezial 2005, 351, ergänzt NJW-Spezial 2005, 452.
22 Zur Wartezeit siehe BAG v. 19.6.2007 – 2 AZR 94/06 – NZA 2007, 1103 (Auf die Wartezeit sowohl nach § 1 I KSchG als auch nach § 90 I Nr. 1 SGB IX sind Zeiten eines früheren Arbeitsverhältnisses mit demselben Arbeitgeber anzurechnen, wenn das neue Arbeitsverhältnis in einem engen sachlichen Zusammenhang mit dem früheren Arbeitsverhältnis steht).
23 BAG v. 1.3.2007 – 2 AZR 217/06 – DB 2007, 1702 = MDR 2007, 1143 (nur LS) = NZA 2008, 302 (Sonderkündigungsschutz nach § 90 IIa 1. Alt. SGB IX findet keine Anwendung, wenn die Schwerbehinderung im Zeitpunkt der Kündigung nicht nachgewiesen ist. Der Schutz bleibt nach § 90 IIa 2. Alt. SGB IX bestehen, wenn das Fehlen des Nachweises nicht auf fehlender Mitwirkung des Arbeitnehmers beruht.) Zu Einzelheiten siehe *Küttner-Kania* Nr. 91 Rn 42, 44 ff. (mit zutreffend kritischer Würdigung des verunglückten § 90 IIa SGB IX).
24 OLG Frankfurt v. 5.10.1995 – 12 U 181/94 – NJW-RR 1996, 1368 = SP 1996, 346.

9 Schadenminderung

Schutz unter anderen Aspekten.[25] Im anschließenden arbeitsrechtlichen Kündigungsschutzverfahren ist dann zu überprüfen, ob die Kündigung aus Gründen des allgemeinen Kündigungsschutzes unwirksam war.[26]

3. Kündigungsschutzklage

16 Wird einem Arbeitnehmer wegen der Verletzungen gekündigt, kann das Nicht-Erheben einer Kündigungsschutzklage eine Verletzung der dem Verletzten auch im Verhältnis zum Schadenersatzpflichtigen treffenden Obliegenheiten darstellen und zur Minderung oder gar zum Ausschluss von Ersatzansprüchen wegen Verdienstausfall führen.

17 Die Kündigungsschutzklage muss auch erhoben werden, wenn die Beschäftigung auf einem leidensgerechten Arbeitsplatz möglich ist.

18 Das Arbeitsverhältnis endet nicht automatisch mit dem Erreichen einer bestimmten Altersgrenze (vgl. § 41 SGB VI); auch die Gewährung von vorgezogenen Renten (Rente wegen teilweiser oder völliger Aufhebung der Erwerbsfähigkeit, Verletztenrente) beendet – vorbehaltlich tarifvertraglicher Regelungen (u.a. BAT)[27] – nicht das Beschäftigungsverhältnis.[28] Hat allerdings ein Bescheid des Rentenversicherers, in dem die Erwerbsunfähigkeit eines Arbeitnehmers festgestellt wird, zur Folge, dass das Arbeitsverhältnis endet, kann der Verletzte gerade bei einer befristeten Rentengewährung verpflichtet sein darauf achten, seinen Arbeitsplatz für die Zeit nach Ablauf der Befristung zu sichern. Entscheidend sind die Umstände des Einzelfalles. Will sich der Arbeitnehmer gegen die Beendigung des Arbeitsverhältnisses wehren, muss er allerdings nicht die 3-Wochenfrist des § 1 V BeschäftigungsförderungsG beachten.[29]

III. Falscher Arbeitsplatz

19 Darf ein Verletzter aufgrund der Unfallfolgen körperliche Arbeiten nur bis zu einem bestimmten Schwere- und Belastungsgrad übernehmen, verstößt er gegen seine Schadenminderungspflicht, wenn er über längere Zeit **zu schwere Arbeiten** ausführt.

20 Gleiches gilt für die Fortführung eines **nicht leidensgerechten Arbeitsplatzes**. Kommt es dann in der Folgezeit zu Arbeitsplatzverlust und Einkommensminderung, kann ein Schadensersatzanspruch ausgeschlossen sein.[30]

---

25 LAG Berlin v. 27.10.2005 – 10 Sa 783/05 – BB 2006, 560 (nur LS) = DB 2006, 846 (nur LS) = LAGE § 1 KSchG Krankheit Nr. 37 = MDR 2006, 761 = NJW-Spezial 2006, 229 = NZA-RR 2006, 184.
26 Zu Einzelheiten siehe *Küttner-Kania* Nr. 91 Rn 63 ff.
27 Siehe auch BAG v. 20.2.2002 – 7 AZR 748/00 – BAGE 100,292 = BB 2002, 1494 (nur LS) = DB 2002, 1665 = MDR 2002, 1013 = NZA 2002, 789 (Eine mit Piloten eines gewerbsmäßig eingesetzten Großflugzeuges 1990 vereinbarte und 1996 bestätigte Altersgrenze von 60. Lebensjahr ist nicht zu beanstanden).
28 *Küttner-Kreitner* Nr. 7 Rn 1, Nr. 354 Rn 1 f.;siehe auch BAG v. 23.2.2000 – 7 AZR 906/98 – BAGE 94, 7 = BB 2000, 1473 = DB 2000, 2076 = MDR 2000, 1079 = NZA 2000, 821 (Arbeitsverhältnis eines Angestellten endet nicht nach § 59 I Unterabs. 1 BAT mit Ablauf des Monats, in dem ihm ein Bescheid eines Rentenversicherers über die Feststellung einer Berufs- oder Erwerbsunfähigkeitsrente zugeht, wenn der Angestellte den Rentenantrag bis zum Ablauf der Widerspruchsfrist des § 84 SGG auf die Gewährung einer Zeitrente nach § 102 SGB VI beschränkt).
29 BAG v. 23.2.2000 – 7 AZR 906/98 – BAGE 94,7 = BB 2000, 1473 = DB 2000, 2076 = MDR 2000, 1079 = NZA 2000, 821 (die Frist muss zwar eingehalten werden, wenn ein Arbeitnehmer die Unwirksamkeit einer Befristung des Arbeitsverhältnis einwendet, nicht aber, wenn ein Arbeitsverhältnis aufgrund einer auflösenden Bedingung sein Ende findet).
30 OLG Frankfurt v. 5.10.1995 – 12 U 181/94 – NJW-RR 1996, 1368 = SP 1996, 346.

B. Verwertung noch vorhandener Arbeitskraft

Unterlässt es ein Geschädigter, einer ihm zumutbaren Arbeit nachzugehen, sind die erzielbaren (fiktiven) Einkünfte anspruchskürzend auf den Schaden anzurechnen.[31]

21

Kann ein Verletzter seiner früheren Beschäftigung infolge des Unfalles nicht mehr nachgehen, ist seine Arbeitskraft aber nicht gänzlich aufgehoben, hat er seine ihm noch verbliebene Arbeitskraft zu verwerten[32] und sich gegebenenfalls auch um einen neuen Arbeitsplatz zu bemühen.[33] Dabei muss er auch **erhebliche Anstrengungen** vornehmen, um eine Beschäftigung (wieder) zu erlangen.[34] Er kann daher u.U. verpflichtet sein, zur Minderung des Schaden einen anderen Beruf und ein anderen Wohnort zu wählen, ein Fahrzeug anzuschaffen und zu benutzen[35] oder sich umschulen zu lassen.

22

U.U. muss auch eine **Teilzeitbeschäftigung** aufgenommen werden.[36]

23

Maßgebend sind die Umstände des Einzelfalles unter Berücksichtigung von Gesundheitszustand, Alter, Persönlichkeit, sozialer Lage, bisheriger Tätigkeit, Vorbildung und bisheriger Lebensstellung des Verletzten. Eine Rolle spielen auch seine Begabung und Anlagen, Kenntnisse und Fähigkeiten, ferner seelische und körperliche Anpassungsfähigkeiten.[37] Ferner zu bedenken sind die Schwierigkeit bei der Arbeitsuche, u.U. Berufstätigkeit des Ehegatten oder die Notwendigkeit zur Versorgung minderjähriger Kinder.[38]

24

---

31 BGH v. 26.9.2006 – VI ZR 124/05 – NZV 2007, 29 = r+s 2007, 39 = SP 2007, 8 = VersR 2007, 76.
32 BGH v. 24.2.1983 – VI ZR 59/81 – MDR 1983, 741 = NJW 1984, 354 = VersR 1983, 488 = zfs 1983, 202; BGH v. 26.9.1961 – VI ZR 234/60 – VersR 1961,1018.
33 BGH v. 23.1.1979 – VI ZR 103/78 – DAR 1980, 49 = JZ 1979, 308 = MDR 1979, 658 = NJW 1979, 2142 = r+s 1980, 20 = VersR 1979, 424 = VRS 56,323; LG Bonn v. 7.2.1994 – 10 O 443/93 – VersR 1995, 57; zur Auskunftsverpflichtung über eine etwaig bestehende Schwerbehinderung auch im Lichte des Diskriminierungsverbotes in § 81 II SGB IX siehe *Joussen* „Si tacuisses – Der aktuelle Stand zum Fragerecht des Arbeitgebers nach einer Schwerbehinderung" NJW 2003, 2857.
34 BGH v. 2.4.1991 – VI ZR 179/90 – DAR 1991, 260 = MDR 1991, 602 = NJW 1991, 2422 = VersR 1991, 703 = zfs 1991, 262 (nur LS); BGH v. 9.10.1990 – VI ZR 291/89 – MDR 1991, 423 = NJW 1991, 1412 = r+s 1991, 437 = VersR 1991, 437; OLG Köln v. 10.1.1990 – 26 U 41/87 – VersR 1991, 111 (BGH hat die Revision nicht angenommen, Beschl. 16.10.1990 – VI ZR 60/90 -).
35 BGH v. 29.9.1998 – VI ZR 296/97 – DAR 1998, 472 = EWiR 1999, 5 (Anm. *Reinking*) = NJW 1998, 3706 = NZV 1999, 40 = r+s 1998, 508 = SP 1998, 451 = VersR 1998, 1428 = VRS 96,9 = zfs 1999, 8 (Verpflichtung des Geschädigten zur Anschaffung und Benutzung eines Kfz zum Erreichen des Arbeitsplatzes).
36 OLG Braunschweig v. 18.9.2000 – 6 U 4/00 – NZV 2001, 517 = r+s 2001, 410 (BGH hat die Revision nicht angenommen, Beschl. v. 15.5.2001 – VI ZR 361/00 -) (Der Verletzte – Querschnittlähmung – fand trotz nach dem Unfall absolvierten Hochschulstudiums keine Anstellung als Diplom-Biologe. Der „vage Hinweis" des darlegungs- und beweisbelasteten Ersatzpflichtigen, Teilzeitbeschäftigungen im universitären und industriellen Bereich seien möglich, ist unzureichend, eine Beweiserhebung des Gerichtes zu veranlassen.).
37 KG v. 23.7.2001 – 12 U 980/00 – NZV 2002, 95 = OLGR 2002, 7 (Revision – VI ZR 338/01 – nicht durchgeführt); KG v. 17.6.1999 – 12 U 2463/98 – DAR 2000, 401 (nur LS) = OLGR 2000, 239 (BGH hat die Revision nicht angenommen, Beschl. v. 9.5.2000 – VI ZR 293/99 -).
38 Zur Beweis- und Darlegungslast: BGH v. 23.1.1979 – VI ZR 103/78 – DAR 1980, 49 = JZ 1979, 308 = MDR 1979, 658 = NJW 1979, 2142 = r+s 1980, 20 = VersR 1979, 424 = VRS 56, 323 (insbesondere bei der Frage, ob der Verletzte eine zumutbare andere Arbeit gefunden hätte); BGH v. 25.9.1973 – VI ZR 97/71 – VersR 1974, 142; OLG Hamm v. 7.10.1993 – 6 U 198/92 – VersR 1995, 669 (BGH hat Revision nicht angenommen, Beschl. v. 14.6.1994 – VI ZR 332/93 -) (Verweisung auf geringwertige Stellung konkret abgelehnt).

9 Schadenminderung

25 Ein Verstoß gegen die Verpflichtung des Verletzten, seine noch verbliebene Arbeitskraft gewinnbringend einzusetzen, ist aber nur dann anzunehmen, wenn der Verletzte zur Verwertung der Arbeitskraft die **Möglichkeit** hat und in der Lage ist.[39]

26 Verliert jemand unfallkausal seinen Arbeitsplatz, findet er hernach eine neue Arbeitsstelle, und verliert er diese neue Arbeitsstelle, hängt die Einstandspflicht des Ersatzpflichtigen für Einkommensverluste in der folgenden Zeit nicht davon ab, ob der Verlust der neuen (zweiten) Arbeitsstelle (ebenfalls) auf den Unfall zurückzuführen ist oder nicht; vielmehr ist allein darauf abzustellen, ob der Geschädigte bei seinem ersten Arbeitgeber noch weiterhin beschäftigt gewesen wäre.[40]

27 Zwar muss der Schädiger beweisen,[41] dass es dem Verletzten nach den Gesamtumständen seiner besonderen Lage möglich und zumutbar war, eine andere als die ihm infolge des Unfalles unmöglich gewordene Arbeit aufzunehmen. Aus dieser **Beweislastverteilung** folgt aber nicht, dass der Verletzte sich nicht selbst um eine Arbeitsaufnahme zu kümmern habe. Vielmehr trifft gerade ihn in erster Linie die Pflicht, sich ernsthaft darum zu bemühen, die ihm verbliebene Arbeitskraft nutzbringend zu verwerten, denn er kennt seine Fähigkeiten und Neigungen am besten.[42] Welche Bemühungen er im einzelnen unternommen hat, ist vom Verletzten im Rahmen der ihn treffenden sekundären Darlegungslast vorzutragen und zu beweisen:[43] Hat der Verletzte gar nichts unternommen, um die ihm verbliebene Arbeitskraft zu verwerten, kann mit Anscheinsbeweis oder sogar Beweislastumkehr gearbeitet werden.[44] Den Verletzten seinerseits trifft die Darlegungs- und **Beweislast** für die in seiner Sphäre liegenden Hindernisse an der Aufnahme einer zumutbaren Arbeitstätigkeit.[45] Er muss i.d.R., wenn er arbeitsfähig oder teilarbeitsfähig ist, den Schä-

---

39 BGH v. 5.12.1995 – VI ZR 398/94 – DAR 1996, 144 = MDR 1996, 695 = NJW 1996, 652 = NZV 1996, 105 = r+s 1996, 57 = SP 1996, 78 = VersR 1996, 332; BGH v. 9.10.1990 – VI ZR 291/89 – MDR 1991, 423 = NJW 1991, 1412 = r+s 1991, 437 = VersR 1991, 437; OLG Düsseldorf v. 8.11.2001 – 13 U 65/98 – r+s 2003, 38 (BGH hat die Revision nicht angenommen, Beschl. v. 17.9.2002 – VI ZR 431/01 -).

40 OLG Hamm v. 21.6.1999 – 6 U 59/99 – DAR 2000, 264 = MDR 2000, 539 = OLGR 2000, 312 = r+s 2000, 199 = SP 2000, 123 (Verdienstausfallersatz bei nicht unfallkausalem Verlust einer nach dem Unfall angetretenen neuen Arbeitsstelle, wenn der Geschädigte ohne den Unfall bei seinem ersten Arbeitgeber weiterbeschäftigt gewesen wäre); *Küppersbusch* Rn 62.

41 Zu den Beweisanforderungen siehe: BGH v. 22.4.1997 – VI ZR 198/96 – DAR 1997, 355 = MDR 1997, 880 = NJW 1997, 3381 = r+s 1997, 415 = VersR 1997, 1158 = VRS 98, 43 = zfs 1997, 326 (Schädiger muss beweisen, dass der Verletzte trotz seiner unfallbedingten Beeinträchtigungen auf dem Arbeitsmarkt noch vermittelbar war. Ist Voraussetzung dafür eine Umschulung, so hat der Schädiger zu beweisen, dass der Verletzte trotz der unfallbedingten Beeinträchtigungen hieran hätte teilnehmen können.); BGH v. 9.10.1990 – VI ZR 291/89 – MDR 1991, 423 = NJW 1991, 1412 = r+s 1991, 437 = VersR 1991, 437; BGH v. 26.2.1980 – VI ZR 2/79 – DB 1980, 1536 = MDR 1980, 570 = NJW 1980, 1788 = r+s 1980, 130 = VersR 1980, 529 = zfs 1980, 238; BGH v. 23.1.1979 – VI ZR 103/78 – DAR 1980, 49 = JZ 1979, 308 = MDR 1979, 658 = NJW 1979, 2142 = r+s 1980, 20 = VersR 1979, 424 = VRS 56, 323; OLG Braunschweig v. 18.9.2000 – 6 U 4/00 – NZV 2001, 517 = r+s 2001, 410 (BGH hat die Revision nicht angenommen, Beschl. v. 15.5.2001 – VI ZR 361/00 -); OLG Köln v. 22.6.1999 – 15 U 67/98 – NZV 2000, 293 = SP 2000, 46 = VersR 2000, 237.

42 BGH v. 23.1.1979 – VI ZR 103/78 – DAR 1980, 49 = JZ 1979, 308 = MDR 1979, 658 = NJW 1979, 2142 = r+s 1980, 20 = VersR 1979, 424 = VRS 56, 323.

43 BGH v. 23.1.1979 – VI ZR 103/78 – DAR 1980, 49 = JZ 1979, 308 = MDR 1979, 658 = NJW 1979, 2142 = r+s 1980, 20 = VersR 1979, 424 = VRS 56,323.

44 BGH v. 23.1.1979 – VI ZR 103/78 – DAR 1980, 49 = JZ 1979, 308 = MDR 1979, 658 = NJW 1979, 2142 = r+s 1980, 20 = VersR 1979, 424 = VRS 56,323; OLG Köln v. 22.6.1999 – 15 U 67/98 – NZV 2000, 293 = SP 2000, 46 = VersR 2000, 237.

45 BGH v. 22.11.2005 – VI ZR 330/04 – BauR 2006, 1142 = VersR 2006, 286; BGH v. 29.9.1998 – VI ZR 296/97 – r+s 1998, 508 = VersR 1998, 1428; BGH v. 9.10.1990 – VI ZR 291/89 – MDR 1991, 423 = NJW 1991, 1412 = r+s 1991, 437 = VersR 1991, 437.

diger darüber unterrichten, welche Arbeitsmöglichkeiten ihm zumutbar und durchführbar erscheinen (ohne allerdings verpflichtet zu sein, insoweit einen Negativbeweis erbringen zu müssen) und was er bereits unternommen hat, um sich wieder in den Arbeitsprozess einzugliedern und einen angemessenen Arbeitsplatz zu erhalten.[46] Hat der Schädiger (z.B. mithilfe eines Reha-Dienstes) eine konkrete zumutbare Arbeitsmöglichkeit aufgezeigt, ist es sodann Sache des Verletzten, darzulegen und zu beweisen, warum er diese Möglichkeit nicht hat nutzen können.[47]

Erzielt der Verletzte aus einer ersatzweise aufgenommenen Erwerbstätigkeit Einnahmen, ist ihm die **Einkommensdifferenz** zwischen früherer oder jetziger Tätigkeit zu ersetzen. Bei **Mithaftung** hat der Verletzte den Anspruch auf den Differenzschaden grundsätzlich nur entsprechend der Haftungsquote,[48] Besonderheiten sind aufgrund des Quotenvorrechtes allerdings bei verletzten Beamten zu berücksichtigen. 28

Die Schadenminderungsverpflichtung eines Verletzten weist deutliche Ähnlichkeiten und Parallelen zu den Erwerbsobliegenheiten des **familienrechtlichen Unterhaltsrechtes** auf, auch wenn man die Beweislastverteilung von § 1573 I BGB (zu Lasten des Unterhaltsklägers) mit einbezieht. Mit dem Einwand, einen angemessenen Arbeitsplatz nicht gefunden zu haben, hat sich die familienrechtliche Rechtsprechung häufig auseinander zu setzen gehabt.[49] Nach der Ansicht des BGH hat sich der Tatrichter mit der Frage zu befassen, ob die Chance, bei intensiverer Arbeitssuche einen Arbeitsplatz zu finden, real oder doch nicht völlig irreal oder nur theoretischer Art ist. Familienrechtliche Ansprüche entfallen, soweit für den Fall sachgerechter Bemühungen eine nicht ganz von der Hand zu weisende Beschäftigungschance besteht. Nur ganz unrealistische und bloß theoretische Beschäftigungschancen bleiben außer Betracht; dies trifft zu, wenn nach der tatrichterlichen Beweiswürdigung die Beschäftigungschance „gleich null" ist, eine Beschäftigung also praktisch nicht in Betracht kommt. Das BVerfG[50] bewertet die schadenrechtlichen Anforderungen sogar niedriger als die familienrechtlichen Obliegenheiten, wenn es ausführt: *„Besteht der von dem Geschädigten erlangte Vorteil in eigenem Arbeitsverdienst, bildet § 254 II BGB den Maßstab für eine Anrechnung. Danach ist der Geschädigte im Rahmen des Zumutbaren verpflichtet, die ihm verbliebene Arbeitskraft zur Abwendung oder Minderung des Erwerbsschadens zu verwenden (vgl. BGH v. 9.10.1990 – VI ZR 291/89 – NJW 1991,1412). An die Erwerbsobliegenheit wird allerdings nicht derselbe strenge Maßstab angelegt, wie er im Unterhaltsrecht für den geschiedenen Ehegatten angenommen wird. So besteht in der Regel keine Pflicht zur Erwerbstätigkeit, wenn minderjährige Kinder zu versorgen sind (vgl. BGH v. 19.6.1984 – VI ZR 301/82 – NJW 1984,2520)"*. 29

---

46 BGH v. 23.1.1979 – VI ZR 103/78 – DAR 1980, 49 = JZ 1979, 308 = MDR 1979, 658 = NJW 1979, 2142 = r+s 1980, 20 = VersR 1979, 424 = VRS 56,323; OLG Köln v. 22.6.1999 – 15 U 67/98 – NZV 2000, 293 = SP 2000, 46 = VersR 2000, 237.
47 OLG Düsseldorf v. 8.11.2001 – 13 U 65/98 – r+s 2003, 38 (BGH hat die Revision nicht angenommen, Beschl. v. 17.9.2002 – VI ZR 431/01 -) (Arbeitsamt hielt die Vermittelbarkeit des am 8.4.1944 geborenen und am 28.11.1991 verunfallten Geschädigten zwar wegen jüngerer und qualifizierter Konkurrenten für „äußerst ungünstig", jedoch nicht für unmöglich. Konkret genügte der Geschädigte daraufhin nicht seiner prozessualen Darlegungslast.).
48 BGH v. 28.4.1992 – VI ZR 360/91 – DAR 1992, 300 = MDR 1993, 126 = NJW-RR 1992, 1050 = NZV 1992, 313 = r+s 1992, 271 = VersR 1992, 886.
49 BGH v. 15.11.1995 – XII ZR 231/94 – FamRZ 1996, 345 = MDR 1996, 345 = NJW 1996, 517; BGH v. 4.6.1986 – IVb ZR 45/85 – NJW 1986, 3080 (Keine Beweiserleichterung nach § 287 II BGB für den Unterhalt begehrenden Ehegatten, der keine angemessene Erwerbstätigkeit zu finden vermag.).
50 BVerfG v. 11.10.2007 – 1 BvR 625/05 – NJW-Spezial 2007, 602.

C. Haushaltsführung

30 Gibt der Verletzte eine ihm nicht mehr zumutbare oder nicht mehr mögliche Erwerbstätigkeit auf und versorgt er statt dessen den Haushalt seiner Familie, liegt hierin eine wirtschaftlich sinnvolle Verwertung der ihm verbliebenen Arbeitskraft. Der Erwerbsschaden ist (als Spiegelbild des Haushaltsführungsschadens) um den Wert dieser Haushaltstätigkeit zu kürzen.[51]

31 Als Vorteil ist anspruchsmindernd zu berücksichtigen, wenn infolge der Haushaltsführung durch den Verletzten eine Haushaltshilfe oder Kinderfrau nicht weiterbeschäftigt werden muss oder dem Ehepartner eine Erwerbstätigkeit ermöglicht wird.[52]

D. Überobligatorische Tätigkeit

32 Wenn und soweit ein Verletzter durch sog. „überobligatorische Arbeit" Einkünfte erzielt, ist dieses Einkommen dann nicht auf Erwerbschäden anzurechnen. Die unterhaltsrechtliche Rechtsprechung der Familiengerichte[53] ist auf die schadensersatzrechtliche Problematik nicht übertragbar. Leistungen, die ein Geschädigter aufgrund einer Beschäftigung, ohne hierzu im Rahmen der Schadensminderungspflicht gegenüber dem Schädiger gehalten zu sein, erhält, dürfen dem Ersatzpflichtigen nicht zugute kommen.[54]

33 Arbeitet ein Verletzter, spricht bereits eine Vermutung dafür, dass es sich um eine zumutbare Tätigkeit handelt.[55] Eine überobligatorische Tätigkeit kann im Ausnahmefall anzunehmen sein, wenn die Tätigkeit mit erheblichen Risiken (vor allem gesundheitlicher,

---

51 Vgl. BGH v. 24.4.1979 – VI ZR 204/76 – 74,226 = NJW 1979, 1403 = VersR 1979, 622; OLG Hamm v. 8.6.2001 – 9 U 137/99 – (Der Haushaltstätigkeit muss ein konkreter Vermögenswert zuzumessen sein. Handreichungen iSe bloßen „Betätigungstherapie" reichen nicht) (ebenso Vorinstanz LG Paderborn v. 11.5.1999 – 2 O 430/96 -); LG Frankfurt (Oder) v. 18.5.2007 – 17 O 524/03 – DAR 2008, 29 (Die verletzte Person soll und muss das Gefühl haben, dass sie in der Familie benötigt wird und nicht den anderen Familienangehörigen zur Last fällt. Insofern ist es in ihrem eigenen Interesse, wenn ihre Mitarbeit im Haushalt auch wertmäßig zum Tragen kommt und nicht etwa nur wegen des guten Willens der anderen ganz außer Ansatz bleibt. Konkret wurde der Ausfall im Haushalt nicht mit 100 %, sondern nur mit 90 % dann berücksichtigt.); *Berz/Burmann-Heß* Kap 6 D, Rn 88; *Hillmann/Fleischmann* § 9 Rn 416; *Küppersbusch* Rn 63, 180; *Pardey* S. 213, Rn 908.
52 *Diehl* zfs 2000, 531.
53 Vgl. beispielsweise OLG Karlsruhe v. 27.10.2003 – 2 UF 107/03 – NJW 2004, 859 (Um die überobligatorische Erwerbstätigkeit der Unterhaltsberechtigten zu privilegieren, ist unter Berücksichtigung des Alters der Kinder das aus überobligatorischer Arbeit erzielte Einkommen einschließlich des hieran anknüpfenden Arbeitslosengeldes nur mit der Hälfte zu berücksichtigen).
54 BGH v. 19.10.1993 – VI ZR 56/93 – DAR 1994, 67 = MDR 1994, 673 = NJW 1994, 131 = NZV 1994, 63 = VersR 1994, 186 = zfs 1994, 10; BGH v.16.2.1971 – VI ZR 147/69 – BGHZ 55, 329 = DAR 1971,266 = MDR 1971,469 = NJW 1971,836 = VersR 1971,544 = VRS 41,165 (Keine Anrechnung des Ertrages aus nachgeholten Geschäften eines Selbstständigen, soweit sich die Nachholung als überobligatorische Maßnahme darstellt); KG v. 23.7.2001 – 12 U 980/00 – NZV 2002, 95 = OLGR 2002, 7 (Revision – VI ZR 338/01 – nicht durchgeführt) (Kein Verstoß gegen die Schadensminderungspflicht, wenn eine Geschädigte, die unfallbedingt eine Ausbildung zur Holzfacharbeiterin nicht abschließen konnte, welche sie ohne Unfall erfolgreich beendet hätte, eine überobligationsmäßig aufgenommene Tätigkeit als Zimmerdisponentin in der Rezeption eines Hotels aufgibt. Überobligationsmäßige Tätigkeit auf einem „Schonarbeitsplatz", die angesichts der beim Unfall erlittenen orthopädischen Schäden die Verletzte nicht hätte aufnehmen müssen.).
55 Siehe auch OLG Karlsruhe v. 27.10.2003 – 2 UF 107/03 – NJW 2004, 859 (Aus überobligationsmäßiger Tätigkeit herrührendes Arbeitslosengeld ist teilweise bedarfsdeckend im Rahmen familienrechtlichen Unterhaltes anzurechnen).

u.U. auch wirtschaftlicher Art)⁵⁶ verbunden oder die Art der Tätigkeit dem Geschädigten nicht zumutbar ist.

Andererseits ist zu beachten, dass der Ersatzpflichtige einwenden kann, dass der **gesundheitliche Heilungsprozess** durch überobligatorische Tätigkeit verzögert wird bzw. durch die Tätigkeit weitere gesundheitliche Beeinträchtigungen entstehen.⁵⁷

E. Erwerbsminderungsrente und Hinzuverdienst

Soweit neben einer Erwerbsminderungsrente Einkommen (Details bestimmt § 96a SGB VI; für Altfälle ist § 313 SGB VI zu beachten) hinzu verdient werden, sind diese Einkünfte regelmäßig nicht überobligatorisch erzielt, sondern (als verwertete Restarbeitskraft) auf den Minderverdienst anzurechnen.

Wird die Möglichkeit eines Zuverdienstes nicht genutzt, beurteilt sich dieses schadensersatzrechtlich unter dem Aspekt nicht verwerteter, aber noch vorhandener Arbeitskraft.

> **§ 96a SGB VI – Rente wegen verminderter Erwerbsfähigkeit und Hinzuverdienst**
>
> (1) ¹Eine Rente wegen verminderter Erwerbsfähigkeit wird nur geleistet, wenn die Hinzuverdienstgrenze nicht überschritten wird. ²Sie wird nicht überschritten, wenn das Arbeitsentgelt oder Arbeitseinkommen aus einer Beschäftigung oder selbstständigen Tätigkeit oder vergleichbares Einkommen im Monat die in Absatz 2 genannten Beträge nicht übersteigt, wobei ein zweimaliges Überschreiten um jeweils einen Betrag bis zur Höhe der Hinzuverdienstgrenze nach Absatz 2 im Laufe eines jeden Kalenderjahres außer Betracht bleibt. ³Die in Satz 2 genannten Einkünfte werden zusammengerechnet. ⁴Nicht als Arbeitsentgelt gilt das Entgelt, das
> 1. eine Pflegeperson von dem Pflegebedürftigen erhält, wenn es das dem Umfang der Pflegetätigkeit entsprechende Pflegegeld im Sinne des § 37 SGB XI nicht übersteigt, oder
> 2. ein behinderter Mensch von dem Träger einer in § 1 Satz 1 Nr. 2 genannten Einrichtung erhält.
>
> (1a) Abhängig vom erzielten Hinzuverdienst wird
> 1. eine Rente wegen teilweiser Erwerbsminderung in voller Höhe oder in Höhe der Hälfte,
> 2. eine Rente wegen voller Erwerbsminderung in voller Höhe, in Höhe von drei Vierteln, in Höhe der Hälfte oder in Höhe eines Viertels,
> 3. eine Rente für Bergleute in voller Höhe, in Höhe von zwei Dritteln oder in Höhe von einem Drittel
>
> geleistet.
>
> (2) Die Hinzuverdienstgrenze beträgt
> 1. bei einer Rente wegen teilweiser Erwerbsminderung
>   a) in voller Höhe das 0,23fache,
>   b) in Höhe der Hälfte das 0,28fache
>   der monatlichen Bezugsgröße, vervielfältigt mit der Summe der Entgeltpunkte (§ 66 Absatz 1 Nr. 1 bis 3) der letzten drei Kalenderjahre vor Eintritt der teilweisen Erwerbsminderung, mindestens jedoch mit 1,5 Entgeltpunkten,
> 2. bei einer Rente wegen voller Erwerbsminderung in voller Höhe 400 Euro,

---

56 BGH v. 25.9.1973 – VI ZR 97/71 – VersR 1974, 142; siehe auch BGH v. 19.10.1993 – VI ZR 56/93 – DAR 1994, 67 = MDR 1994, 673 = NJW 1994, 131 = NZV 1994, 63 = VersR 1994, 186 = zfs 1994, 10; BGH v. 28.4.1992 – VI ZR 360/91 – DAR 1992, 300 = MDR 1993, 126 = NJW-RR 1992, 1050 = NZV 1992, 313 = r+s 1992, 271 = VersR 1992, 886.
57 BGH v. 25.9.1973 – VI ZR 97/71 – VersR 1974, 142.

3. bei einer Rente wegen voller Erwerbsminderung
   a) in Höhe von drei Vierteln das 0,17fache,
   b) in Höhe der Hälfte das 0,23fache,
   c) in Höhe eines Viertels das 0,28fache
   der monatlichen Bezugsgröße, vervielfältigt mit der Summe der Entgeltpunkte (§ 66 Absatz 1 Nr. 1 bis 3) der letzten drei Kalenderjahre vor Eintritt der vollen Erwerbsminderung, mindestens jedoch mit 1,5 Entgeltpunkten,
4. bei einer Rente für Bergleute
   a) in voller Höhe das 0,25fache,
   b) in Höhe von zwei Dritteln das 0,34fache,
   c) in Höhe von einem Drittel das 0,42fache
   der monatlichen Bezugsgröße, vervielfältigt mit der Summe der Entgeltpunkte (§ 66 Absatz 1 Nr. 1 bis 3) der letzten drei Kalenderjahre vor Eintritt der im Bergbau verminderten Berufsfähigkeit oder der Erfüllung der Voraussetzungen nach § 45 Absatz 3, mindestens jedoch mit 1,5 Entgeltpunkten.

(3) [1]Bei der Feststellung eines Hinzuverdienstes, der neben einer Rente wegen teilweiser Erwerbsminderung oder einer Rente für Bergleute erzielt wird, stehen dem Arbeitsentgelt oder Arbeitseinkommen gleich der Bezug von
1. Krankengeld,
   a) das aufgrund einer Arbeitsunfähigkeit geleistet wird, die nach dem Beginn der Rente eingetreten ist, oder
   b) das aufgrund einer stationären Behandlung geleistet wird, die nach dem Beginn der Rente begonnen worden ist,
2. Versorgungskrankengeld,
   a) das aufgrund einer Arbeitsunfähigkeit geleistet wird, die nach dem Beginn der Rente eingetreten ist, oder
   b) das während einer stationären Behandlungsmaßnahme geleistet wird, wenn diesem ein nach Beginn der Rente erzieltes Arbeitsentgelt oder Arbeitseinkommen zugrunde liegt,
3. Übergangsgeld,
   a) dem ein nach Beginn der Rente erzieltes Arbeitsentgelt oder Arbeitseinkommen zugrunde liegt oder
   b) das aus der gesetzlichen Unfallversicherung geleistet wird, und
4. den weiteren in § 18a Absatz 3 Satz 1 Nr. 1 SGB IV genannten Sozialleistungen.
[2]Bei der Feststellung eines Hinzuverdienstes, der neben einer Rente wegen voller Erwerbsminderung erzielt wird, steht dem Arbeitsentgelt oder Arbeitseinkommen das für denselben Zeitraum geleistete
1. Verletztengeld und
2. Übergangsgeld aus der gesetzlichen Unfallversicherung
gleich. [3]Als Hinzuverdienst ist das der Sozialleistung zugrunde liegende monatliche Arbeitsentgelt oder Arbeitseinkommen zu berücksichtigen. [4]Die Sätze 1 und 2 sind auch für eine Sozialleistung anzuwenden, die aus Gründen ruht, die nicht in dem Rentenbezug liegen. [5]Absatz 1 Satz 3 ist nicht für geringfügiges Arbeitsentgelt oder Arbeitseinkommen anzuwenden, soweit dieses auf die sonstige Sozialleistung angerechnet wird.

(4) Absatz 3 wird auch für vergleichbare Leistungen einer Stelle mit Sitz im Ausland angewendet.

F. Umschulung und Wiedereingliederung

Es gilt der Grundsatz: „Je früher ein Wiedereingliederungsversuch nach dem Unfallgeschehen startet, desto höher ist die Chance auf eine erfolgreiche Wiedereingliederung." Internationale Studien[58] kommen zu folgendem Ergebnis:

Die **Chance** erneuter Arbeitsaufnahme liegt

- nach 6 Monaten Abwesenheit von der Arbeit bei 50 %,
- nach 12 Monaten Abwesenheit von der Arbeit bei 20 %,
- nach 24 Monaten Abwesenheit von der Arbeit bei 10 %.

Die langen Wartezeiten belasten den Verletzten, aber auch dessen Familie.

I. Reha-Maßnahme

Die wichtigste berufliche Reha-Maßnahme ist die Umschulung.[59] Als Träger der Maßnahme kommen

- neben der **Bundesagentur für Arbeit**

- vor allem **Rentenversicherung** (Voraussetzung: Erfüllung der Wartezeit von 15 Jahren [§ 11 I Nr. 1 SGB VI] bzw. zur Vermeidung einer Erwerbsminderungsrente [§ 11 I Nr. 2, IIa Nr. 1 SGB VI] oder im Anschluss an eine medizinische Maßnahme [§ 11 IIa Nr. 2 SGB VI])

- und gesetzliche **Unfallversicherung** (Voraussetzung: Arbeitsunfall, § 8 SGB VII) in Betracht.

Aufgrund der sozialrechtlichen Bestimmungen nicht zuletzt des SGB IX ist in der Praxis für den Schadenersatzschuldner im Vorfeld häufig nicht überschaubar und klar, ob Arbeitsagentur oder Rentenversicherer für die Bezahlung der Umschulung zuständig ist. Nach §§ 5 Nr. 2, 6 I Nrn. 2 und 4 SGB IX sind u.a. Arbeitsagentur als auch Rentenversicherer in Betracht kommende zuständige Reha-Träger. Angesichts der auch vom Versicherten (verletzte Person) beeinflussbaren Antragstellung und des anschließenden Verfahrens (siehe §§ 14, 15 SGB IX) kann trotz der rechtlich in § 22 II SGB II bestimmten Subsidiarität die Arbeitsverwaltung primär zuständig werden. Die Eintrittspflicht von entweder Rentenversicherung oder Arbeitsagentur stellt sich im Ergebnis für denjenigen, der nach § 116 SGB X dem Regress ausgesetzt ist, letztlich als parallel gestaltete Einstandspflicht dar. Angesichts der vom BGH[60] aufgestellten Kriterien des Schuldnerschutzes ist daher von **Gesamtgläubigerschaft** jedenfalls von Rentenversicherung und Arbeitsagentur hinsichtlich der Umschulungskosten auszugehen.[61]

---

58 v.Hadeln/Riedl „Reha-Management – die moderne Form der Personenschadenbearbeitung" NZV 2000, 34.
59 BGH v. 26.2.1991 – VI ZR 149/90 – BB 1991, 2043 (nur LS) = DAR 1991, 293 = MDR 1991, 1143 = r+s 1991, 234 = VersR 1991, 596 = VRS 81,163 = zfs 1991, 230 (Anspruch des Geschädigten auf Umschulung).
60 Kap 1 Rn 93.
61 LG Gera v. 15.2.2007 – 6 O 1863/05 (aufgehoben durch OLG Thüringen v. 29.7.2008 – 5 U 232/07 -; Revision ist eingelegt zum Revisions-Az. VI ZR 208/08) stellt darauf ab, dass wegen § 22 II SGB III das Arbeitsamt nur subsidär zuständig für Umschulungen ist und sieht daher die Arbeitsagentur als Rechtsnachfolger des Rentenversicherers, die damit die Abfindung des Rentenversicherers (mit dem auch die Kosten einer Umschulung diskutiert waren) gegen sich gelten lassen muss.

45 Wird eine berufliche Reha-Maßnahme auf Kosten der Bundesagentur durchgeführt, werden Übergangsgeld und Beiträge zur Sozialversicherung (Kranken-, Pflege-, Unfall- und Rentenversicherung) gezahlt, § 160 SGB III.

II. Teilnahmepflicht

46 Kann der Verletzte in seinem erlernten Beruf unfallbedingt nicht mehr tätig sein, ist er grundsätzlich im Rahmen seiner Schadengeringhaltungsverpflichtung verpflichtet, sich einer geeigneten Weiterbildung oder Umschulung in einen anderen Beruf, der seinen Behinderungen gerecht wird, zu unterziehen, wenn damit sein ansonsten eintretender Erwerbsschaden gemindert oder ausgeschlossen werden kann.[62] Erforderlichenfalls muss er auch einen Umzug hinnehmen.

47 Eine Umschulung als Maßnahme zur Schadenminderung ist allerdings nur geschuldet, wenn sie zumutbar ist. IdR fehlt es hieran, wenn die Umschulung allen beruflichen Neigungen und Fertigkeiten des Geschädigten widerspricht.[63]

48 Hervorzuheben ist, dass ein Sozialversicherer durchaus verpflichtet sein kann, mehrere Umschulungsmaßnahmen durchzuführen, bis eine Wiedereingliederung des Verletzten in das Erwerbsleben erfolgt.

49 Der Schädiger muss **beweisen**, dass der Verletzte trotz seiner unfallbedingten Beeinträchtigungen auf dem Arbeitsmarkt noch vermittelbar war. Ist Voraussetzung dafür eine Umschulung, so hat der Schädiger zu beweisen, dass der Verletzte trotz der unfallbedingten Beeinträchtigungen hieran hätte teilnehmen können.[64]

III. Kosten

1. Erforderlichkeit

50 Der Geschädigte, der wegen seiner Unfallverletzungen seinen bisherigen Beruf nicht ausüben kann, hat gegenüber dem Ersatzpflichtigen grundsätzlich einen Anspruch auf Erstattung der Kosten, die für die Umschulung in einen seiner bisherigen beruflichen Tätigkeit nicht nur in der Einkommensstruktur, sondern auch sozial **gleichwertigen Beruf** aufzuwenden sind. Der Zurechnungszusammenhang zwischen Schädigung und Umschulungskosten kann nur dann entfallen, wenn die Entscheidung für die Änderung seines beruflichen Lebensweges dem persönlichen Lebensrisiko des Geschädigten zuzurechnen ist.[65]

51 Anspruch auf Erstattung der Umschulungskosten besteht, wenn die Umschulung im Zeitpunkt der Entschließung bei verständiger Beurteilung der Erfolgschancen der Maßnahme und ihres Verhältnisses zu andernfalls absehbaren Einbußen, die bei einem Verzicht auf die Umschulung zu erwarten sind, diese Maßnahme zur Abwehr als objektiv sinnvoll und

---

62 OLG Hamm v. 3.2.1999 – 13 U 66/98 – SP 2000, 159 (Abbruch der Umschulung zur Lehrschwester seitens unterschenkelamputierter Krankenschwester ist Verstoß gegen Schadenminderungspflicht); OLG Koblenz v. 2.4.1979 – 12 U 1260/77 – VersR 1979, 964; siehe auch OLG München v. 25.10.1984 – 1 U 2989/84 – VersR 1986, 669 (allerdings zu § 2 I BUZ).
63 OLG Karlsruhe v. 25.3.1988 – 10 U 24/88 – NJW 1989, 111.
64 BGH v. 22.4.1997 – VI ZR 198/96 – DAR 1997, 355 = MDR 1997, 880 = NJW 1997, 3381 = r+s 1997, 415 = VersR 1997, 1158 = VRS 98,43 = zfs 1997, 326.
65 BGH v. 26.2.1991 – VI ZR 149/90 – BB 1991, 2043 (nur LS) = DAR 1991, 293 = MDR 1991, 1143 = r+s 1991, 234 = VersR 1991, 596 = VRS 81,163 = zfs 1991, 230; LG Osnabrück v. 13.10.1989 – 11 S 246/89 – r+s 1990, 237 = VersR 1990, 865 (nur LS) = zfs 1990, 120 (Kein Anspruch auf Erstattung der Umschulung eines Polizisten, mit der eine höhere Qualifizierung angestrebt wurde).

geeignet erscheint.⁶⁶ Es reicht dabei aus, ist aber auch erforderlich, dass einerseits konkrete Anhaltspunkte für eine Dauerbehinderung an der Ausübung des bisherigen Berufes bestehen und andererseits die Umschulung handfeste Erwartungen für eine berufliche Rehabilitation des Verletzten rechtfertigt.⁶⁷

Der Ersatzpflichtige trägt die Kosten der Umschulung nur, wenn bewiesen ist, dass der Verletzte ohne berufsfördernde Maßnahmen eine Arbeitsstelle, die hinsichtlich des Einkommens seinen früheren Tätigkeiten entsprochen hätte, nicht hätte finden können.⁶⁸ | 52

Insbesondere ist auch die Frage einer vorherigen – zumeist unterlassenen – **betrieblichen Umsetzung** im Betrieb des früheren Arbeitgebers zu prüfen. | 53

Ist die Umschulungsmaßnahme zur Schadenbeseitigung ungeeignet, hat der Geschädigte den Aufwand selbst zu tragen.⁶⁹ Führt der Drittleistungsträger eine Umschulungsmaßnahme mit **vorhersehbarer Unvermittelbarkeit** des in diesen Beruf Umgeschulten (Beispiele aus der Vergangenheit: Bürokaufmann, Güteprüfer, Pförtner) durch, entfällt eine Ersatzpflicht. Gleiches gilt für unbrauchbare und übertriebene Reha-Maßnahmen. | 54

2. Umfang

Wird ein Verletzter, dessen Umschulung zu einem seiner bisherigen Tätigkeit gleichwertigen Beruf möglich und ihm zumutbar war, auf eigenen Wunsch für eine **höher qualifizierte Arbeit** ausgebildet, beschränkt sich die Ersatzverpflichtung auf diejenigen Umschulungskosten, die auch bei einer Ausbildung zu einem gleichwertigen Beruf angefallen wären.⁷⁰ Hätte die Ausbildung im gleichwertigen Beruf in kürzerer Zeit abgeschlossen werden können, ist ebenso für den darüber hinausgehende Zeitraum kein Verdienstausfall oder Minderverdienst zu ersetzen, wenn eine entsprechend frühzeitigere Vermittlung in diesem gleichwertigen Beruf wahrscheinlich gewesen wäre. Bietet allerdings nur die Umschulung in einen höherwertigen Beruf Aussicht auf erfolgreiche Vermittlung in ein Beschäftigungsverhältnis, kann diese im Einzelfall ersatzfähig sein. | 55

Zu den notwendigen Reha-Kosten zählt auch die **Eingliederungshilfe**, die für den unfallbedingt zur Umschulung gezwungenen Verletzten an dessen künftigen Arbeitgeber gezahlt wird.⁷¹ | 56

Ist die Umschulung durch Verschulden des Verletzten **nutzlos** geblieben, hat der Ersatzpflichtige sie nicht zu bezahlen.⁷² | 57

---

66 BGH v. 4.5.1982 – VI ZR 175/80 – BG 1983, 108 = DAR 1982, 273 = DB 1982, 2695 = MDR 1982, 1008 = NJW 1982, 1638 = r+s 1982, 142 = VersR 1982, 767 = VRS 63,163 = zfs 1982, 297; OLG Koblenz v. 2.4.1979 – 12 U 1260/77 – VersR 1979, 964; OLG Koblenz v. 25.4.1994 – 12 U 543/93 – r+s 1995, 183 = SP 1995, 203 = VersR 1995, 549 (BGH hat die Revision nicht angenommen, Beschl. v. 24.1.1995 – VI ZR 174/94).
67 LG Augsburg v. 26.9.2006 – 2 O 1165/06 – NJOZ 2007, 21 = NJW-Spezial 2007, 258 unter Hinweis auf BGH NJW 1982, 2321.
68 OLG Koblenz v. 2.4.1979 – 12 U 1260/77 – VersR 1979, 964.
69 LG Augsburg v. 26.9.2006 – 2 O 1165/06 – NJOZ 2007, 21 = NJW-Spezial 2007, 258 unter Hinweis auf BGH v. 4.5.1982 – VI ZR 175/80 – NJW 1982, 1638.
70 BGH v. 2.6.1987 – VI ZR 198/86 – BB 1987, 2518 (nur LS) = MDR 1987, 1014 = NJW 1987, 2741 = r+s 1987, 312 = VersR 1987, 1239 = VRS 73,406 = zfs 1987, 365; OLG Schleswig v. 6.9.1989 – 9 U 132/87 – VersR 1991, 355 (BGH hat die Revision nicht angenommen, Beschl. v. 26.9.1990 – VI ZR 294/89 -).
71 OLG Köln v. 30.3.1984 – 19 U 196/83 – VersR 1985, 94; siehe ergänzend BGH v. 11.6.1991 – VI ZR 307/90 – NZV 1991, 387 = zfs 409 m.w.N.
72 OLG Koblenz v. 2.4.1979 – 12 U 1260/77 – VersR 1979, 964.

IV. Vorteilsausgleich

58 Ein Vorteilsausgleich wegen einer durch die Umschulung erfolgten Einkommensverbesserung des Geschädigten findet grundsätzlich nicht statt.[73] Auch ein Minderverdienst während der Einarbeitungszeit ist nicht mit einem späteren höheren Einkommen verrechenbar.[74]

59 Zu berücksichtigen ist allerdings derjenige mit der Umschulung verbundene Aufwand, den ein Ersatzberechtigter zur unfallfremden Aus- und Weiterbildung ebenfalls hätte betreiben müssen. Arbeitsmaterialien und Arbeitskleidung sind daher nicht in allen Fällen mit zu übernehmen. In Fällen auswärtiger (Heim-) Unterbringung ist ein Vorteilsausgleich wegen ersparter Eigenaufwendungen beim Reha-Träger nur dann möglich, wenn kein Verdienstausfall des Verletzten mehr in Betracht kommt.[75]

G. Medizinische Maßnahmen

60 Die möglichst weitgehende Wiederherstellung der Gesundheit und Beschwerdefreiheit dient nicht nur der Eingliederung und Aufrechterhaltung des Erwerbslebens, sondern zugleich der Steigerung der privaten Lebensqualität. Gerade letzteres sollte man bei aller Diskussion um Schadenminderungspflichten nicht aus dem Auge verlieren: Gefragt ist daher weniger rechtliche Argumentation als persönliche Überzeugungsarbeit; Konfrontation und Prozess führen regelmäßig nicht entscheidend weiter.

I. Behandelnder Arzt

61 Aus Art. 2 I GG folgt das Recht eines Verletzten, selbst darüber zu bestimmen, zu welchem Arzt er sich in Behandlung begibt.[76]

II. Befolgung ärztlicher Anordnung

62 Ein Verletzter muss ärztlichem Rat, u.a. den Therapie- und Kontrollanweisungen, folgen, um den Gesundheitsprozess zu fördern,[77] beispielsweise, gerade bei Verletzung der unteren Extremitäten, der Empfehlung zur Gewichtsreduktion.

---

[73] BGH v. 1.2.1983 – VI ZR 62/82 – VRS 65,89; BGH v. 2.6.1987 – VI ZR 198/86 – BB 1987, 2518 (nur LS) = MDR 1987, 1014 = NJW 1987, 2741 = r+s 1987, 312 = VersR 1987, 1239 = VRS 73,406 = zfs 1987, 365; OLG Nürnberg v. 16.1.1991 – 4 U 3530/90 – DAR 1991, 224 = VersR 1991, 1256 = zfs 1991, 118.

[74] OLG Nürnberg v. 16.1.1991 – 4 U 3530/90 – DAR 1991, 224 = VersR 1991, 1256 = zfs 1991, 118.

[75] Dieses folgt aus der Entscheidung des BGH v. 3.4.1984 – VI ZR 253/82 – MDR 1984, 1017 = NJW 1984, 2628 = r+s 1984, 194 = VersR 1984, 583 = zfs 1984, 175.

[76] Vgl. auch OLG Saarbrücken v. 28.12.2001 – 5 U 903/99 – NVersZ 2002, 257 (BUZ-Versicherung).

[77] BGH v. 17.12.1996 – VI ZR 133/95 – MDR 1997, 353 = MedR 1997, 319 = NJW 1997, 1635 = VersR 1997, 449; BGH v. 30.6.1992 – VI ZR 337/91 – VersR 1992, 1229; BGH v. 8.10.1985 – VI ZR 114/84 – 96, 98 = JZ 1986, 238 = MDR 1986, 218 = NJW 1986, 775 = r+s 1986, 34 = VersR 1986, 185 = zfs 1986, 100 (den Patienten trifft die Obliegenheit, an den Heilungsbemühungen des Arztes mitzuwirken); BGH v. 25.6.1985 – VI ZR 270/83 – VersR 1985, 1068; OLG Köln v. 16.12.1996 – 5 U 256/94 – NJW 1997, 3099 (nur LS) = VersR 1997, 1102 (Mitverschulden, wenn Geschädigter entgegen ärztlicher Anordnung in Kenntnis der Schädlichkeit des Nikotinabusus für Heilungschancen das Rauchen nicht unterlässt); OLG Oldenburg v. 28.5.1985 – 1 U 49/83 – VersR 1986, 1220 = VRS 71,161 = zfs 1986, 329 (BGH hat die Revision nicht angenommen, Beschl. v. 8.4.1986 – VI ZR 91/85 -).

III. Medizinische Eingriffe

Der Geschädigte muss sich zur Wiederherstellung oder Besserung seiner Arbeitsfähigkeit – im zumutbaren Rahmen – auch medizinischen Eingriffe zur Besserung seines Zustandes unterziehen.[78] Er ist dabei gehalten, sich auf einfache, gefahrlose und sicheren Erfolg versprechende Maßnahmen einzulassen.[79]

63

Dem Verletzten kann u.U. die fehlende Durchführung einer Therapie nicht entgegengehalten werden, wenn er gerade wegen seiner psychischen und intellektuellen Anlage die Notwendigkeit einer Behandlung nicht erkennen konnte.[80]

64

IV. Operation

Bei operativen Eingriffen muss es sich um einen Eingriff handeln, der einfach und gefahrlos ist, keine besonderen Schmerzen bereitet und sichere Aussicht auf Heilung oder wesentliche Besserung bietet.[81] Für die Zumutbarkeit einer solchen Operation reicht es nicht aus, dass sie aus ärztlicher Sicht unter Abwägung ihrer Chancen und Risiken empfehlenswert ist und dementsprechend dem Verletzten von (gegebenenfalls mehreren) Ärzten angeraten wird. Eine medizinische Operationsindikation allein genügt noch nicht.[82]

65

---

78 BGH v. 18.4.1989 – VI ZR 221/88 – MDR 1989, 900 = NJW 1989, 2332 = VersR 1989, 701; BGH v. 14.3.1989 – VI ZR 136/88 – DAR 1989, 263 = MDR 1989, 404 = NJW 1989, 2250 = NZV 1989, 305 = r+s 1989, 185 = VersR 1989, 635 = VRS 77,81 = zfs 1989, 258 (Lebenslanges Tragen einer Augenklappe zur Wiederherstellung der Fahrtauglichkeit ist unzumutbar); BGH v. 4.11.1986 – VI ZR 12/86 – r+s 1987, 70 (nur LS) = VersR 1987, 408 (Anm. *Deutsch* VersR 1987, 559) = zfs 1987, 163 (nur LS); OLG Düsseldorf v. 19.12.1974 – 12 U 174/72 – VersR 1975, 1031 (Ellenbogen); OLG Oldenburg v. 28.2.1985 – 1 U 49/83 – VersR 1986, 1220 (BGH hat die Revision nicht angenommen, Beschl. v. 8.4.1986 – VI ZR 91/85 -) (Zumutbare Sprunggelenksoperation); OLG Oldenburg v. 25.3.1980 – 5 U 6/77 – VersR 1982, 175 = zfs 1982, 107 (BGH hat die Revision nicht angenommen, Beschl. v. 14.5.1981 – VI ZR 124/80 -) (Unzumutbare Hüftoperation); OLG Oldenburg v. 2.2.1978 – 1 U 112/77 – NJW 1978, 1200 (Unzumutbare Hüftgelenksoperation).
79 BGH v. 4.11.1986 – VI ZR 12/86 – r+s 1987, 70 (nur LS) = VersR 1987, 408 (Anm. *Deutsch* VersR 1987, 559) = zfs 1987, 163 (nur LS); OLG Frankfurt v. 13.7.2005 – 7 U 197/01 – r+s 2006, 164 = VersR 2006, 828 (Zu §§ 9 I, 10 AUB); OLG Saarbrücken v. 28.12.2001 – 5 U 903/99 – NVersZ 2002, 257 (BUZ-Versicherung).
80 OLG Hamm v. 1.10.1996 – 27 U 25/95 – NJW 1997, 804 = NZV 1997, 272 = r+s 1997, 114 = VersR 1997, 374 (Unterlassene Durchführung einer Psychotherapie bei abnormer Erlebnisverarbeitung – Konversionsneurose).
81 BGH v. 15.3.1994 – VI ZR 44/93 – MDR 1994, 667 = NJW 1994, 1592 = r+s 1994, 217 = SP 1994, 279 = zfs 1994, 354; BGH v. 4.11.1986 – VI ZR 12/86 – r+s 1987, 70 (nur LS) = VersR 1987, 408 (Anm. Deutsch VersR 1987, 559) = zfs 1987, 163 (nur LS); BGH v. 24.10.1961 – VI ZR 23/61 – VersR 1961,1125 = VRS 21,403; OLG Düsseldorf v. 19.12.1974 – 12 U 174/72 – VersR 1975, 1031; OLG Düsseldorf v. 8.11.2001 – 13 U 65/98 – r+s 2003, 38 (BGH hat die Revision nicht angenommen, Beschl. v. 17.9.2002 – VI ZR 431/01 -) (Für Narbenbruchoperation wird Duldungspflicht bejaht, im Ergebnis aber deren Kausalität für die Verstoß gegen Schadenminderungspflicht verneint); OLG Frankfurt v. 22.10.1992 – 3 U 146/93 – VRS 86,17 (BGH hat die Revision nicht angenommen, Beschl. v. 6.7.1993 – VI ZR 293/92 -); siehe auch OLG Saarbrücken v. 23.7.2004 – 5 U 683/03-64 – IVH 2004, 187 = NJW-RR 2004, 1403 = OLGR 2004, 621 = VersR 2005, 63 (Die Berufsunfähigkeitsversicherung kennt keine Obliegenheit zur Heilbehandlung. Trifft ein Versicherter einfache, gefahrlose, nicht mit Schmerzen verbundene, sichere Aussicht auf Heilung oder wesentliche Besserung versprechende medizinische Maßnahmen nicht, so kann er dann auch keine Leistung aus der Berufsunfähigkeitsversicherung verlangen.).
82 BGH v. 15.3.1994 – VI ZR 44/93 – MDR 1994, 667 = NJW 1994, 1592 = r+s 1994, 217 = SP 1994, 279 = zfs 1994, 354 (Arthrodese des Fußgelenkes).

V. Eingriff in den Heilverlauf

66 Zur Schadenvergrößerung führende Eingriffe des Verletzten in den Heilverlauf können im Ausnahmefall nicht nur unter dem Aspekt der Schadenminderung oder des Mitverschuldens zu werten sein, sondern den Zurechnungszusammenhang insgesamt entfallen lassen.[83]

H. Schadenfeststellung

67 Bei der Schadenfeststellung (z.B. Ermittlung des Umfanges der Verletzungen) sind dem Geschädigten Rücksichtspflichten auferlegt, deren Verletzung ihn u.U. zum Ersatz von **Mehrkosten** der Schadenregulierung verpflichten können.[84] Die Feststellung der Verletzungen im gerichtlichen Beweissicherungsverfahren ist regelmäßig nicht erforderlich; die damit verbundenen erhöhten Aufwendungen insbesondere für Anwalt und Gericht sind vom Schädiger nicht zu tragen.[85]

68 Der Verletzte ist regelmäßig verpflichtet, aussagekräftige **ärztliche Unterlagen** zur Prüfung des Verletzungsumfanges beizubringen[86] bzw. dem Versicherer die notwendigen

---

[83] Siehe Kap 2 Rn 69 ff.
[84] BGH v. 11.10.1983 – VI ZR 251/81 – VersR 1984, 79; siehe auch OLG Stuttgart v. 17.9.1993 – 2 W 26/93 – SP 1994, 227 (Recht auf Einsicht in Originalunterlagen).
[85] Siehe OLG Düsseldorf v. 24.11.1981 – 4 U 105/81 – VersR 1982, 1147.
[86] KG v. 26.10.2006 – 12 U 62/06 – KGR 2007, 375 = NZV 2007, 308 = VRS 112,5 (Trägt ein Unfallbeteiligter zum Zeitpunkt der mündlichen Verhandlung der ersten Instanz nicht vor, unter welchen körperlichen Beeinträchtigungen er noch leidet, ist seinem Antrag auf Vernehmung des behandelnden Arztes nicht nachzukommen. Macht der Kläger dann in der Berufung erstmals geltend, unfallbedingt in seiner Lebensführung erheblich behindert zu sein, ist dieses Vorbringen nach § 531 II 3 ZPO nicht zuzulassen.); OLG Hamm v. 8.6.1994 – 32 U 166/90 – OLGR 1995, 271 = zfs 1996, 11 (Keine Bindung des Gerichtes an die Auffassung eines Arztes zur Arbeitsunfähigkeit eines Verletzten); AG Beckum v. 15.7.1997 – 7 C 89/97 – r+s 1997, 458 (Anm. *Lemcke* insbesondere zum HWS-Schaden).

Schweigepflichtentbindungserklärungen zur Verfügung zu stellen. Lehnt ein Verletzter medizinische Begutachtungen ab, kann dies zu seinen Lasten im Prozessfall gehen.[87]

Wird ein Erwerbsschaden durch **Sachverständige** ermittelt, hat der Ersatzpflichtige (Schädiger bzw. Haftpflichtversicherer) einen Anspruch darauf, dass alle Angaben, die der Geschädigte dem Sachverständigen zur Erstellung des Gutachtens gemacht oder durch Einblick in die Geschäftsunterlagen vermittelt hat, auch ihm (dem Ersatzpflichtigen) zur Kenntnis gebracht werden, soweit sie zur Schadenberechnung von Bedeutung sind.[88]

69

---

[87] OLG Hamburg v. 19.12.2006 – 9 W 105/06 – (Selbst bei Annahme eines „Sachverwertungsverbotes" für rechtswidrig erlangten Sachvortrag führt dies nicht zur Unverwertbarkeit der erlangten Informationen. Unstreitige Tatsachen hat das Gericht seiner Entscheidung zugrunde zu legen, ohne dass es auf einen etwaigen Ausschluss von Beweismitteln ankommt.); OLG Koblenz v. 14.11.1994 – 12 U 1830/93 – r+s 1996, 403 (BGH hat die Revision nicht angenommen, Beschl. v. 7.11.1995 – VI ZR 393/94 – (Absehen von weiterer Gutachteneinholung und Rückgriff auf anderweitige Sozialgerichtsakten, als Verletzter die Begutachtung durch Gerichtsgutachter ablehnte); OLG München v. 12.1.2006 – 1 U 3633/05 – ArztR 2006, 333 = GesR 2006, 160 = OLGR 2006, 341 (In einem Arzthaftpflichtprozess kann die Forderung nach Offenlegung gesundheitlicher Verhältnisse – und damit einhergehend die Entbindung früherer Ärzte von der Schweigepflicht – einer Partei gerechtfertigt sein, sofern der Streitgegenstand damit in Beziehung steht); OLG München v. 23.4.1996 -1 W 1428/96 – OLGR 1997, 172 (Die Parteien eines Arzthaftungsprozesses sind nicht verpflichtet, ihre gesamten gesundheitlichen und persönlichen Verhältnisse dem Prozessgegner gegenüber umfassend zu offenbaren, auch soweit sie mit dem konkreten Fall nichts zu tun haben. Die Forderung einer Offenlegung der geschützten Daten ist nur insoweit gerechtfertigt, als der Streitgegenstand damit in Beziehung steht.); LG Kempten v. 22.2.2007 – 1 O 2613/05 – (Entbindet der Versicherungsnehmer im laufenden Verfahren den vom Versicherer als Zeugen benannten Mediziner ohne verständlichen Grund nicht von der Schweigepflicht, ist dies als Fall der Beweisvereitelung zu werten. Es handelt sich um ein missbilligenswertes Verhalten, durch welches die Beweisführung unmöglich gemacht oder erschwert wird. Die Weigerung ist im Rahmen der Beweiswürdigung zu berücksichtigen.); LG Hof v. 14.2.2007 – 23 O 404/03 – (Der Entscheidung des BVerfG v. 23.10.2006 – 1 BvR 2027/02 – VersR 2006, 1669 lässt sich nicht entnehmen, dass Auskünfte, die aufgrund einer pauschalen Schweigepflichtentbindungserklärung erlangt wurden, generell vom Versicherer nicht verwertet werden dürfen. Datenschutz ist kein Tatenschutz: Wer schuldhaft falsche Angaben zu Vorerkrankungen bei der Antragstellung macht, kann nicht unter Berufung auf BVerfG a.a.O. einem ehrlichen Versicherungsnehmer gleichgestellt werden und sich den Konsequenzen insoweit entziehen.). Siehe auch: *Wussow* WI 1996, 139 zur Problematik, unter welchen Umständen ein Gericht Anträge auf Einholung von Sachverständigengutachten zurückweisen darf (§ 286 ZPO); BAG v. 12.4.2002 – 2 AZR 148/01 – BAGE 101,39 = BB 2002, 2675 (Anm. *v.Steinau-Steinrück*) = DB 2002, 1943 = JR 2003, 132 (nur LS) = MDR 2002, 1255 = NJW 2002, 3271= NZA 2002, 1081 (Weigert sich der erkrankte Arbeitnehmer vorprozessual die ihn behandelnden Ärzte von der Schweigepflicht zu entbinden, so ist es ihm dennoch verwehrt, im Kündigungsschutzprozess die negative Gesundheitsprognose unter Bezugnahme auf ärztliche Zeugnis zu bestreiten); BGH v. 11.7.1958 – VI ZR 198/57 – VersR 1958, 768 (Verletzter ist nicht verpflichtet, sich als Beweisobjekt [ärztliche Untersuchung] benutzen zu lassen, um der Gegenseite den Beweis zu erleichtern. Das Gericht kann allerdings aus dieser Weigerung einen Beweisgrund zugunsten der Gegenpartei entnehmen.); BVerfG v. 6.6.2006 – 2 BvR 1349/05 – DVP 2007, 35 (nur LS) (Anm. *Vahle*) = GesR 2007, 41 = MedR 2006, 586 (eine gerichtliche Weisung, mit der von einem Betroffenen, der im Maßregelvollzug in einem psychiatrischen Krankenhaus untergebracht ist, die Entbindung seines Arztes von der Schweigepflicht gegenüber staatlichen Stellen verlangt wird, verletzt mangels derzeit vorhandener Rechtsgrundlage dessen allgemeines Persönlichkeitsrecht); BVerfG v. 23.10.2006 – 1 BvR 2027/02 – DVBl 2007, 111 = GesR 2007, 37 = r+s 2007, 29 = VersR 2006, 1669 (Anm. *Egger* VersR 2007, 905) = WM 2006, 2270 = zfs 2007, 34 (Anm. *Rixecker*) (Verletzung des Rechts auf informationelle Selbstbestimmung durch eine in Versicherungsverträgen enthaltene generelle Verpflichtung, zur Feststellung des Versicherungsfalls, eine Schweigepflichtentbindung zu erteilen; *Egger* „Schweigepflichtentbindung in privater Berufsunfähigkeits- und Krankenversicherung" VersR 2007, 905.

[88] BGH v. 15.3.1988 – VI ZR 81/87 – DAR 1988, 268 = LM Nr. 38 zu § 252 BGB = MDR 1988, 849 = NJW 1988, 3016 = NZV 1988, 134 = VersR 1988, 837 = VRS 75,161 = zfs 1988, 310; OLG Karlsruhe v. 25.3.1988 – 10 U 128/87 – r+s 1988, 136 = VersR 1988, 1164.

70 Auch im Rahmen der Beweiserleichterungen kann eine Verpflichtung bestehen, **Einkommensteuererklärungen** und -bescheide für vor dem Unfall liegenden Jahre dem Gericht vorzulegen.[89] Wenn das nicht ohne Aufdecken des Steuergeheimnisses des Geschädigten möglich ist, so ist dieses ein Nachteil, den der Verletzte bei der Geltendmachung des konkreten Schaden auch im Rahmen des § 252 BGB hinnehmen muss.[90]

71 Wird Minderverdienst oder Einkommensverlust geltend gemacht, hat der Verletzte unaufgefordert seine nach dem Haftpflichtgeschehen tatsächlich **erzielten Einkünfte** zu offenbaren und mit den behaupteten Einbußen zu verrechnen.[91]

72 Der Arbeitgeber ist verpflichtet, prüfbare und nachvollziehbare **Abrechnungsunterlagen** zu überreichen, wenn er Ersatz der Entgeltfortzahlung verlangt.

I. Warnpflicht

73 Nach § 254 II BGB gewinnt die Pflicht zum **rechtzeitigen**[92] Hinweis auf bevorstehende außergewöhnliche Schäden (z.B. Finanzierungskosten, Verdienstausfall, Nutzungsausfall[93]) an Bedeutung.[94]

74 Der Hinweis muss **konkret** und insbesondere in seiner Dringlichkeit für den Ersatzpflichtigen nachvollziehbar und nicht in allgemein gehaltener Form[95] (z.B. in standardisierter anwaltlicher Schriftsatzform) erfolgen.

75 Es handelt sich hierbei um Verpflichtungen des Geschädigten und nicht des Schädigers. Der Schädiger soll Gelegenheit haben, durch entsprechende Maßnahmen doch noch die Entstehung des Schaden abzuwenden. Der Schädiger kann sich daher (mangels **Kausalität**) nicht auf die Verletzung der Warnpflicht berufen, wenn derartige Maßnahmen entweder gar nicht getroffen werden können oder er nachweislich auf die Warnung nicht reagiert hätte.[96]

---

[89] OLG Karlsruhe v. 25.3.1988 – 10 U 128/87 – r+s 1988, 136 = VersR 1988, 1164 (bei gemeinsamer Steuerveranlagung mit dem Ehegatten können dessen Einnahmen verdeckt werden); siehe auch BGH v. 13.4.1983 – IVb ZR 374/81 – FamRZ 1983, 680.

[90] BGH v. 15.3.1988 – VI ZR 81/87 – DAR 1988, 268 = LM Nr. 38 zu § 252 BGB = MDR 1988, 849 = NJW 1988, 3016 = NZV 1988, 134 = VersR 1988, 837 = VRS 75,161 = zfs 1988, 310; vgl. auch BGH v. 19.6.1951 – I ZR 118/50 – BGHZ 2, 310.

[91] OLG Hamm v. 26.11.1997 – 13 U 92/96 – NZV 1999, 248 = VersR 2000, 234 (BGH hat die Revision nicht angenommen, Beschl. v. 29.9.1998 – VI ZR 364/97 -).

[92] LG Halle v. 5.5.2000 – 1 S 77/00 – SP 2000, 386; AG Bochum v. 30.5.2001 – 42 C 82/01 – SP 2002, 23.

[93] OLG Frankfurt v. 28.10.2005 – 24 U 111/05 – DAR 2006, 23 = VersR 2005, 1742 (Bei monatelanger Wartezeit auf ein Ersatzteil obliegt es dem Geschädigten vor einem ungewöhnlich hohen Nutzungsausfall zu warnen).

[94] BGH v. 13.9.2007 – I ZR 155/04 – BGHReport 2008, 230 = TranspR 2007, 466 = VersR 2008, 1090 = VRS 114,106, BGH v. 19.9.1995 – VI ZR 226/94 – NJWE-VHR 1996, 7 = VersR 1996, 380; BGH v. 26.5.1988 – III ZR 42/87 – BB 1988, 2278 = JZ 1989, 102 = MDR 1989, 45 = NJW 1989, 290 = VersR 1988, 1178; BGH v. 24.6.1986 – VI ZR 222/85 – DB 1986, 2482 = MDR 1987, 742 = NJW 1986, 2945 = r+s 1986, 257 = VersR 1986, 1208; OLG Dresden v. 25.8.1997 – 17 U 57/97 – VersR 1999, 765 (BGH hat die Revision nicht angenommen, Beschl. v. 19.5.1998 – VI ZR 317/97 -),; OLG Düsseldorf v. 31.5.2006 – I-18 U 205/05 – VersR 2007, 667 (zu § 425 II HGB, Paketbeförderung); OLG Nürnberg v. 17.9.1999 – 6 U 428/99 – zfs 2000, 12.

[95] LG Halle v. 5.5.2000 – 1 S 77/00 – SP 2000, 386; AG Münster v. 28.10.1999 – 8 C 4376/99 – SP 2001, 21.

[96] BGH v. 19.9.1995 – VI ZR 226/94 – NJWE-VHR 1996, 7 = VersR 1996, 380.

Der Schadensersatzpflichtige hat die **Beweislast** dafür, dass der Geschädigte schuldhaft den Schaden nicht abgewendet hat.[97]

J. Hinweispflicht

Den Anspruchsberechtigten treffen im Rahmen der Schadenabwicklung Aufklärungs- und Hinweispflichten, vor allem hinsichtlich etwaiger Drittleistungen und der Wiederaufnahme einer Erwerbstätigkeit.

Eine originäre Verpflichtung des Geschädigten (und damit kein vom Schädiger zu beweisender Verstoß gegen die Schadengeringhaltungsverpflichtung) ist der unaufgeforderte Hinweis auf **Leistungen von dritter Seite**[98] bzw. bei Drittleistungsträgern (insbesondere Sozialversicherungsträgern) gestellte **Leistungsanträge**.[99] Soweit Dritte (z.B. Eltern, Ehegatten) für den unmittelbar Verletzten gehandelt haben, trifft den Verletzten bzw. seinen Vertreter (Anwalt, Vormund, Pfleger, Eltern) eine Nachforschungs- und Erkundigungspflicht.

Der Verletzte, der unfallbedingte Erwerbseinbußen einfordert, muss unaufgefordert sein **tatsächlich erzieltes Einkommen** offenlegen und gegenrechnen.[100]

Sind Anträge bei Drittleistungsträgern noch **nicht** endgültig **beschieden**, besteht hierzu ebenfalls eine Erklärungsverpflichtung des Verletzten.[101]

---

97 BGH v. 4.3.1986 – VI ZR 242/84 – VersR 1986, 705; AG Stollberg v. 10.6.1997 – 3 C 521/95 – SP 1999, 205 (Zur Darlegungslast des Verletzten).
98 OLG Hamm v. 3.4.2001 – 27 U 199/00 – DAR 2001, 360 (nur LS) = OLGR 2002, 7 = VersR 2002, 483 = VRS 100,401 (Ein Geschädigter, der eine Unfallrente des GUV erhalten hat, kann in Höhe dieser Leistungen den dem Grunde nach zum Schadensersatz verpflichteten Versicherer nicht aus einem zum Vergleich des Verdienstausfallschadens geschlossenen Abfindungsvergleich in Anspruch nehmen, wenn er den Versicherer vor Vergleichsabschluss pflichtwidrig nicht auf die in jenem Zeitpunkt bereits anerkannte Leistungspflicht des Sozialversicherers hingewiesen hat). Folgeprozess mit der Sozialversicherung: BGH v. 8.7.2003 – VI ZR 274/02 – BB 2004, 164 (nur LS) = BGHZ 155, 342 = DAR 2003, 512 = HVBG-Info 2003, 2869 = LMK 2003, 207 (nur LS) (Anm. *Eichenhofer*) = NJW 2003, 3193 = NZV 2003, 463 = r+s 2003, 524 = SP 2003, 376 = SVR 2004, 75 (nur LS) (Anm. *Engelbrecht*) = VersR 2003, 1174 = zfs 2003, 542 (Berufung zu OLG Hamm v. 18.6.2002 – 29 U 81/01 – HVBG-Info 2003, 811 = r+s 2002, 460) (Rückabwicklung der an die Krankenkasse gezahlten Beträge und Forderungsübergang auf gesetzliche Unfallversicherung).
99 OLG Hamm v. 3.4.2001 – 27 U 199/00 – DAR 2001, 360 (nur LS) = OLGR 2002, 7 = VersR 2002, 483 = VRS 100,401 (Verschweigen, dass der Unfall nach vorangegangener Ablehnung seitens des Unfallversicherers dann doch als Arbeitsunfall anerkannt wurde und eine Verletztenrente gewährt wird).
100 OLG Hamm v. 26.11.1997 – 13 U 92/96 – NZV 1999, 248 = VersR 2000, 234 (BGH hat die Revision nicht angenommen, Beschl. v. 29.9.1998 – VI ZR 364/97 -).
101 OLG Hamm v. 3.4.2001 – 27 U 199/00 – DAR 2001, 360 (nur LS) = OLGR 2002, 7 = VersR 2002, 483 = VRS 100,401; die Schwierigkeit einer Rückabwicklung zeigt der Folgeprozess mit der Sozialversicherung: BGH v. 8.7.2003 – VI ZR 274/02 – BB 2004, 164 (nur LS) = BGHZ 155, 342 = DAR 2003, 512 = HVBG-Info 2003, 2869 = LMK 2003, 207 (nur LS) (Anm. *Eichenhofer*) = NJW 2003, 3193 = NZV 2003, 463 = r+s 2003, 524 = SP 2003, 376 = SVR 2004, 75 (nur LS) (Anm. *Engelbrecht*) = VersR 2003, 1174 = zfs 2003, 542 (Berufung zu OLG Hamm v. 18.6.2002 – 29 U 81/01 – HVBG-Info 2003, 811 = r+s 2002, 460) (Rückabwicklung der an die Krankenkasse gezahlten Beträge wegen späterer Zuständigkeitsbegründung der gesetzlichen Unfallversicherung [GUV]).

K. Kreditaufnahme

81 Grundsätzlich hat ein Geschädigter die Kosten der Schadenbeseitigung aus eigenen Mittel vorzustrecken, wenn dieses ohne Einschränkung seiner gewohnten Lebensführung möglich ist.[102] Umstände, die eine Kreditaufnahme notwendig machen oder sie wirtschaftlich vernünftig erscheinen lassen, hat der Verletzte zu beweisen.[103]

82 Ein Geschädigter ist im Rahmen seiner Schadengeringhaltungsverpflichtung gehalten, bei Fehlen eigener Geldmittel einen Kredit für die Kosten der Schadenbeseitigung aufzunehmen.[104]

83 Dies gilt insbesondere, wenn die Kreditkosten erheblich unter den ansonsten aus dem Ausfall des gewerblich genutzten Betriebsmittels (z.B. Fahrzeug) entstehenden Verdienstausfalles liegen.[105]

84 Bei der Geltendmachung von Kreditkosten ist dem **Zinseszinsverbot** (§§ 248, 289 S. 1, 291 S. 2, 301 BGB) Beachtung zu schenken.

L. Beamte

85 Mit Rücksicht auf das sog. Quotenvorrecht der Beamten kommt ein Verstoß gegen Schadengeringhaltungsverpflichtungen häufig nur beim Dienstherrenregress zum Tragen.[106] Das Quotenvorrecht führt dazu, dass der verletzte Beamte aus dem Anspruch gegenüber dem Ersatzpflichtigen zunächst seinen verbleibenden Schaden (z.B. Minderverdienst, Pensionierungsschaden) decken darf, bevor der Dienstherr seinen kongruenten Aufwand beim Ersatzpflichtigen einfordern kann.

---

[102] BGH v. 6.11.1973 – VI ZR 27/73 – BB 1974, 1554 = BGHZ 61, 346 = DAR 1974, 17 = MDR 1974, 129 = NJW 1974, 34 (Anm. *Himmelreich* NJW 1974, 1897) = VersR 1974, 90 (Anm. *Hartung* VersR 1974, 147) = WM 1973, 1334.
[103] OLG Zweibrücken v. 12.12.1980 – 1 U 109/80 – r+s 1981, 108 = VersR 1981, 343 = zfs 1981, 171.
[104] Siehe auch BGH v. 18.6.1968 – VI ZR 122/67 – VersR 1968, 970 (bei der Berechnung des unfallkausalen Verdienstausfallschadens ist u.U. auch zu berücksichtigen, dass der Verletzte infolge der unfallbedingten Aufwendungen in einen finanziellen Engpass geraten ist und deswegen den Wareneinkauf drosseln musste, was wiederum zu einem Umsatzrückgang und einer Gewinnverminderung führte); AG Münster v. 28.10.1999 – 8 C 4376/99 – SP 2001, 21.
[105] OLG Düsseldorf v. 3.2.1997 – 1 U 68/96 – zfs 1997, 253.
[106] BGH v. 24.2.1983 – VI ZR 59/81 – MDR 1983, 741 = NJW 1984, 354 = VersR 1983, 488 = VRS 65,91 = zfs 1983, 202 (Nichtverwertung verbliebener Arbeitskraft); OLG Frankfurt v. 22.10.1992 – 3 U 146/93 – VRS 86,17 (BGH hat Revision nicht angenommen, Beschl. v. 6.7.1993 – VI ZR 293/92 -); OLG Karlsruhe v. 5.9.1996 – 19 U 131/95 – r+s 1997, 413 = VersR 1998, 1115 (BGH hat Revision nicht angenommen, Beschl. v. 6.5.1997 – VI ZR 333/96 -).

Kapitel 10   Reha-Management

A. Sozialversicherung – Haftpflichtversicherung

Sozialleistungsträger haben den gesetzlichen Auftrag (siehe §§ 33 ff. SGB IX) zur beruflichen Rehabilitation verletzter Personen,[1] unabhängig von der Existenz etwaiger Schadensersatzpflichtiger oder deren Haftpflichtversicherer. Kostenträger sind vor allem die Renten- und Unfallversicherer sowie die Arbeitsverwaltung (§ 6 SGB IX, früher § 2 RehaAnglG), nur ausnahmsweise der Sozialhilfeträger. Die praktische Ausführung liegt fast vollständig in der Hand der Arbeitsverwaltung, die sich dann aber mit dem jeweiligen Kostenträger abzustimmen hat. Selbst bei ordnungsgemäßer Beratung vergingen häufig mehr als 2 bis 2 ½ Jahre zwischen dem Antrag auf Rehabilitation und dem Beginn einer Maßnahme.[2] Die in dieser Warteschleife sich verstärkende psychische Belastung des Verletzten führte dann zu Demotivation und Frustration, aber auch zu Gewöhnungseffekten an den Zustand von Untätigkeit. Die Chance auf einen Rehabilitationserfolg verringert sich zudem überproportional zur Länge der Wartezeit.[3]

Der **Haftpflichtversicherer** war in der Vergangenheit regelmäßig nur mit dem Regress der Sozialleistungsträger nach Durchführung der Maßnahmen befasst, ohne auf die Art, den Umfang und den Zeitpunkt Einfluss genommen zu haben. Nachdem vermehrt Zweifel an der Effizienz der öffentlichen Träger aufkam, werden mittlerweile verstärkt Reha-Dienste in die Schadensregulierung mit einbezogen, um eine erfolgversprechendere Reintegration von Verletzten in ein Berufsleben zu fördern.

B. Reha-Management[4]

Das Reha-Management kann die Arbeitsmarktsituation mit seiner hohen Zahl an Arbeitsuchenden nicht bereinigen. Es kann aber dem Unfallopfer helfen, seine durch den Unfall herabgesetzten Chancen im Verhältnis zu konkurrierenden Arbeits- und Beschäftigungs-

---

1 BGH v. 22.6.2006 – III ZR 19/05 – (Verletzt der Reha-Berater eines Rentenversicherer seine Verpflichtungen im Rahmen der Bemühungen um einen Arbeitsplatz, kann der Rentenversicherte Schadensersatzansprüche nach § 839 BGB haben).
2 *Budel/Buschbell* „Neue Wege bei der Rehabilitation Schwerverletzter" VersR 1999, 158 (160 unter Hinweis auf die Angaben des VDR für das Jahr 1996).
3 *v. Hadeln/Riedl* „Reha-Management – die moderne Form der Personenschadenbearbeitung" NZV 2000, 34.
4 Zum Thema: *Budel/Rischar/Tille* „Rehabilitationsmanagement der Haftpflichtversicherer – Ein Instrument zur Regulierung von Personenschäden" in *Himmelreich* Jahrbuch Verkehrsrecht 2000, 332; *Dornes* „Personenschadenmanagement: Case-Management aus medizinischer Sicht" NZV 2008, 232; *Eich* „Professionelles Reha-Management – Eine neue Dimension in der Regulierung von Versicherungsfällen" zfs 2007, 69; *Höfle* „Schadensmanagement beim Personenschaden" zfs 2001, 197; *Hugemann* „Personenschaden-Management", Dissertation WWU Münster 2005; *Lang* „Das Reha-Management – Eine Erfolgsgeschichte für alle Beteiligten" NZV 2008, 19; *Lauer* „Case Management in der Rehabilitation von Unfallverletzten" DAR 2006, 712; *Knospe* „Reha-Management blüht im Verborgenen" Versicherungswirtschaft 2001, 1215; *Krieger* „Frühe Rehabilitation lohnt sich" Financial Times Deutschland v. 27.10.2008, S. 3 SB03; *Müller* „Nicht nur eine Frage des Schmerzensgeldes" Versicherungswirtschaft 2001, 687; *Schneider* „Personenschadenmanagement aus Sicht des Geschädigten" zfs 2008, 303; *Steffen* „Erste Erfahrungen mit dem Personenschaden-Management" zfs 2001, 389; *Tille/Budel* „Berufliche Rehabilitation von Schwerstverletzten" zfs 1998, 321.

losen zu verbessern. Ansatzpunkt ist von daher nicht die Behandlung der Einschränkung der Leistungsfähigkeit, sondern das Wecken, Entwickeln und Fördern des individuell verbliebenen bzw. vorhandenen Potentials. Gewollt ist die materielle Schadensabwicklung im Interesse aller Beteiligten durch die (Re-)Integration des Verletzten in das auf ein eigenes Erwerbsleben gestützte soziale und volkswirtschaftliche Umfeld.

4 Das Reha-Management ist eine **freiwillige** Unterstützungshandlung der privaten Versicherungswirtschaft, die die eigentlich der Sozialversicherung obliegenden Aufgaben übernimmt oder forciert. Der gesetzliche Auftrag der Sozialleistungsträger soll nicht durch die Aktivitäten der privaten Versicherer und Reha-Dienste zurückgedrängt werden. Weder das Unfallopfer noch der Haftpflichtversicherer können voneinander verlangen, dass anstelle des von Sozialleistungsträgern gesteuerten Verfahrens ein privat initiiertes Reha-Management eingerichtet wird.[5]

5 Das Reha-Management kann nur aufgrund freiwilliger Übereinkunft zwischen Verletztem und Schadensersatzpflichtigem eingerichtet werden. Ohne **Einverständnis** des Verletzten kommt eine Einschaltung nicht in Betracht. Erforderlich ist, dass der Verletzte die ihn behandelnden Ärzte auch gegenüber dem Reha-Dienst von der Schweigepflicht entbindet und darüber hinaus die Einverständniserklärung abgibt, dass der Reha-Berater Einsicht in die beim Sozialleistungsträger vorhandenen Unterlagen nehmen kann.

6 Es gilt für den Verletzten der Grundsatz der Freiwilligkeit einer Teilnahme am Reha-Management. Es bleibt aber bei der Verpflichtung des Geschädigten, die ihm noch verbliebene Arbeitskraft sinnvoll zu verwerten und sich hierzu erforderlichenfalls auch beruflich neu zu orientieren. Ein Geschädigter, der das Angebot auf ein Reha-Management ablehnt, muss sich dann selbst (mit Unterstützung der Sozialleistungsträger) im Rahmen des Zumutbaren anderweitig um die Wiedereingliederung in das Arbeitsleben bemühen, wobei ihm die Regelungen des SGB IX deutlich stärkere Rechte – die er dann auch unverzüglich geltend machen muss – gegenüber den Sozialleistungsträger verschaffen. Die Ablehnung, ein Reha-Management zu nutzen, führt für sich genommen nicht zum Mitverschuldenseinwand. Der Verletzte hat aber bei Scheitern oder Verzögerung einer beruflichen Wiedereingliederung u.U. eine **erhöhte Darlegungslast**, warum seine eigenen Bemühungen nicht oder erst verzögert fruchteten.[6]

C. Kosten

7 Der Haftpflichtversicherer beauftragt den Reha-Dienst und trägt die Kosten des Reha-Managementes. Der Verletzte hat keinen Anspruch darauf, sich selbst einen Reha-Berater zu suchen und dessen Kosten dann dem Haftpflichtversicherer in Rechnung zu stellen. Es versteht sich von selbst, dass einem Verletzten keine fiktiven Kosten eines nicht in Anspruch genommenen Reha-Dienstes zu zahlen sind.

8 Soweit der **Anwalt** des Verletzten im Verhältnis zum eingeschalteten Reha-Dienst besondere Tätigkeiten entfaltet, beeinflusst dieses je nach Umfang der Tätigkeit nur den Gebührenrahmen der Geschäftsgebühr (§ 118 BRAGO, Nr. 2400 RVG-VV) und allenfalls ausnahmsweise den Gegenstandswert; eine neue und eigenständige gebührenrechtliche Ange-

---

5 *Höfle* „Referat zum 38. Deutschen Verkehrsgerichtstag 2000", S. 75; *Schneider* „Personenschadenmanagement aus Sicht des Geschädigten" zfs 2008, 303 (zu 2).
6 *Schneider* „Personenschadenmanagement aus Sicht des Geschädigten" zfs 2008, 303 (zu 6.a).
Ähnlich *Küppersbusch* Rn 67.

legenheit wird aber nicht begründet. Der Reha-Dienst entfaltet Tätigkeiten im vom Sozialleistungsträger bereits aufgrund gesetzlichen Auftrages geschuldeten Bereich, der, wird kein Reha-Dienst tätig, gebührenrechtlich ohne Relevanz ist.

Kapitel 11   Prozessuales, Beweisfragen

A. Einstweilige Verfügung

Mr. Justice Biles, ein humorvoller englischer Richter, soll einmal den etwas verworrenen Vortrag eines Anwaltes unterbrochen haben mit dem Vorschlag: *„Versuchen Sie doch, die Tatsachen systematisch vorzutragen. Am besten chronologisch. Wenn Sie das nicht können, vielleicht alphabetisch."*[1]

Schadensersatzrenten nach §§ 842 ff. BGB können nur dann durch einstweilige Verfügung sichergestellt werden, wenn eine solche Absicherung zur **Abwendung existenzgefährdender Nachteile** für den Verletzten erforderlich ist.[2] Ähnlich den Fällen des Notunterhaltes ist eine Leistungsverfügung zur Abwendung wesentlicher Nachteile i.S.v. § 940 ZPO dann erforderlich, wenn ein Geschädigter unfallbedingt die Grundlage seiner persönlichen und wirtschaftlichen Existenz nicht aufrechterhalten kann, er also in eine Notlage geraten ist, sodass er dringend auf die sofortige Erfüllung seines Leistungsanspruches angewiesen ist.[3]

Der Verfügungsgrund fehlt aber, wenn die Notlage vom Geschädigten dadurch mitverursacht wurde, dass er schuldhaft die rechtzeitige Verfolgung von Ansprüchen im Wege des Klageverfahrens absäumte.[4]

B. Prozesskostenhilfe

Im Rahmen der auch nach § 115 ZPO gebotenen Abwägung zwischen Interessen des Antragstellers und denen der Allgemeinheit ist die Zumutbarkeit einer Eigenvorsorge vor der Antragstellung bedeutsam. **Selbstständige** und Gewerbetreibende müssen für das Risiko der Notwendigkeit gerichtlicher Durchsetzung von Ansprüchen oder die Verteidigung gegen gerichtliche Inanspruchnahme in geschäftlichen Angelegenheiten Vorsorge treffen. Im Prozesskostenhilfeverfahren müssen sie dartun, dass sie zu aktiver Zeit Rücklagen in ausreichender Höhe gebildet hatten und dass und wofür diese Rücklagen später verbraucht worden sind.[5]

---

1   Zitat nach *Harold Percy Romberg* „Die Richter Ihrer Majestät – Portrait der englischen Justiz" (2. Aufl. 1966), S. 7.
2   OLG Celle v. 23.2.1989 – 5 U 312/86 – VersR 1990, 212 = zfs 1990, 122; OLG Düsseldorf v. 13.10.1986 – 1 U 119/86 – VersR 1988, 803 = zfs 1988, 310; OLG Frankfurt v. 11.10.2006 – 19 W 51/06 – NJW 2007, 851 = OLGR 2007, 378 = zfs 2007, 503 (Anm. *Diehl*); OLG Saarbrücken v. 9.11.1999 – 4 U 489/99 – 181 – OLGR 2000, 244.
3   OLG Düsseldorf v. 13.10.1986 – 1 U 119/86 – VersR 1988, 803 = zfs 1988, 310; OLG Frankfurt v. 11.10.2006 – 19 W 51/06 – NJW 2007, 851 = OLGR 2007, 378 = zfs 2007, 503 (Anm. *Diehl*).
4   OLG Frankfurt v. 11.10.2006 – 19 W 51/06 – NJW 2007, 851 = OLGR 2007, 378 = zfs 2007, 503 (Anm. *Diehl*).
5   OLG Celle v. 4.8.2005 – 9 W 81/05 – OLGR 2006, 151 (Rücksichtnahme auf erheblich überschuldete Länderhaushalte). Im Einzelfall kann auch Schmerzensgeld als zur Prozessführung einzusetzendes Vermögen angesehen werden: BGH v. 10.1.2006 – VI ZB 26/05 – BGHReport 2006, 524 = FamRZ 2006, 548 = MDR 2006, 827 = NJW 2006, 1068 = NZV 2006, 271 (nur LS) = VersR 2006, 673 (Zahlung wegen Persönlichkeitsverletzung kann im Rahmen der PKH-Prüfung einsetzbares Vermögen sein); BVerwG v. 18.5.1995 – 5 C 22/93 – BVerwGE 98, 256 = DÖV 1995, 869 = DVBl 1995, 1191 = FamRZ 1995, 1348 = MDR 1996, 864 = NJW 1995, 3001 = NVwZ 1996, 67 (nur LS).

C. Aktivlegitimation

I. Überprüfung

4 Gerade mit Blick auf die vielfältigen Drittleistungen ist regelmäßig zu prüfen, ob der Fordernde (unmittelbar Verletzter, Drittleistungsträger) auch tatsächlich Inhaber der Forderung ist oder noch ist. Dieses gilt vor allem angesichts der im Personenschadenbereich vorzufindenden Zessionen auf Drittleistungsträger.

II. Künftige Zuständigkeit

5 Problematisch sind absehbare (aber noch nicht erfolgte) oder befürchtete Forderungsveränderungen und -berechtigungen.

6 ▪ **Sozialversicherern** (auch Rentenversicherer für Regress nach § 119 SGB X[6]), die mit künftiger Zuständigkeit und daran anknüpfender Leistungspflicht rechnen, fehlt die Aktivlegitimation für eine Feststellungsklage.

7 ▪ **Sozialhilfeträger** haben kein Rechtsschutzinteresse für eine Klage, wenn nicht ernsthaft zu erwarten ist, dass Sozialhilfeleistungen für den Verletzten zu erbringen sind.

8 ▪ Die **private Kranken-** oder **Pflegeversicherung** kann keine Feststellungsklage erheben, wenn ein Forderungsübergang mangels Leistungserbringung nicht vollzogen ist.[7]

9 ▪ Ein **Arbeitgeber**, auf den die Forderung nach § 6 EFZG erst mit jeweiliger Leistung übergeht, kann ebenso wenig wie die private Versicherung eine künftige Forderung sichern.

10 Wegen der Einzelheiten wird auf die Darstellung im Kapitel 1E.II.3 Künftig erst mögliche Zuständigkeit (Kap 1 Rn 61 ff.) verwiesen.

D. Klageantrag – Rentenantrag

11 Aus dem Klageantrag muss deutlich hervorgehen, **ob** der Geschädigte Rente oder Kapitalabfindung begehrt.[8]

12 **Höhe** und **Dauer** der Rente muss der Kläger nicht bestimmt beziffern. Es genügt, wenn der Kläger nach ausreichendem Tatsachenvortrag Höhe und Dauer ins richterliche Ermessen stellt.[9] Die Frage, ob und in welcher Höhe für einen bestimmten Zeitraum ein Verdienstausfallschaden eingetreten ist, wird von der Rechtskraft eines **früheren Feststellungsurteils** nicht erfasst.[10]

---

6 Der Rentenversicherer wird erst mit der Buchung des ersten Pflichtbeitrages zuständig (Kap 3 Rn 738).
7 AG Bad Homburg v. 18.3.1999 – 2 C 5105/98 (10) – VersR 2000, 844.
8 BGH v. 21.7.1998 – VI ZR 276/97 – NJW 1998, 3411 = NZV 1998, 500 (nur LS) = r+s 1998, 464 (Gericht darf nicht von sich aus Schmerzensgeld in Kapital- und Rentenbeträge aufteilen).
9 BGH v. 24.4.1975 – III ZR 7/73 – VersR 1975, 856.
10 BGH v. 28.6.2005 – VI ZR 108/04 – DAR 2005, 503 = HVBG-Info 2005, 829 = MDR 2005, 1363 = NJW-RR 2005, 1517 = NZV 2005, 519 = r+s 2005, 484 = SP 2005, 408 = VersR 2005, 1159 = zfs 2005, 490.
Siehe auch BGH v. 24.1.1995 – VI ZR 354/93 – BB 1995, 696 = DAR 1995, 202 = MDR 1995, 693 = NJW 1995, 2227 = NZV 1995, 189 = r+s 1995, 217 = SP 1995, 201 = VersR 1995, 469 = zfs 1995, 170; BGH v. 23.10.1984 – VI ZR 30/83 – DAR 1985, 54 = MDR 1985, 479 = NJW 1985, 791 = r+s 1985, 15 = VersR 1985, 62 = VRS 68, 81 = zfs 1985, 76.

Für die Rente ist im Urteil eine zeitliche Grenze (und zwar auf einen bestimmten Kalendertag) festzusetzen.[11]

Die Rente ist der Höhe nach zu staffeln und in einzelne Zeitabschnitte zu unterteilen, wenn sich im Zeitpunkt der letzten mündlichen Verhandlung künftige Änderungen bereits absehen lassen (z.B. Erreichen des Rentenalters, Bestehen einer künftigen Schadenminderungspflicht, altersbedingtes Nachlassen der Arbeitskraft [auch im Bereich der Haushaltsführung], Verringerung der Mithilfepflicht von Angehörigen [z.B. eines Kindes wegen Besuchs einer höheren Schule], Wegfall der Erwerbstätigkeit bei einer Frau nach ihrer Verheiratung, Fortfall weiterer Ersatzberechtigter).

Der Rentenanspruch nach § 843 BGB ist kein Unterhaltsanspruch, sondern ein Schadensersatzanspruch. Damit gelten nicht die Vorschriften über den Unterhaltsanspruch (u.a. nicht die §§ 1612 II BGB, 1613 BGB). Nach § 843 II BGB findet § 760 BGB Anwendung: Schadensersatzrenten sind danach **drei Monate im Voraus** zu zahlen. Die vierteljährliche Vorschusspflicht startet mit dem Beginn der Zahlungspflicht und nicht erst mit dem Kalenderquartal.[12] Hat der Geschädigte den Beginn des Quartals erlebt, für das die Rente im Voraus zu zahlen ist, so kann nichts zurückgefordert werden, § 760 II BGB.

Ein verletztes **Kind** kann Ersatzansprüche wegen der Beeinträchtigung seiner Erwerbsfähigkeit nur im Wege der Feststellung (außergerichtliches Anerkenntnis oder Feststellungsklage) geltend machen. Die Feststellung der Erstattungsfähigkeit eines zukünftigen Erwerbsschadens ist unzulässig, wenn bereits ein materieller Feststellungsanspruch tenoriert oder außergerichtlich anerkannt ist.[13] Eine **Leistungsklage** auf künftige Rentenzahlung ist vor dem – u.U. nur fiktiven – Eintritt ins erwerbsfähige Alter regelmäßig ausgeschlossen.[14]

E. Rente

I. Rentenmehrheit

Hat ein Verletzter einen (Renten-)Anspruch sowohl auf Ersatz des Verdienstausfalles als auch des Mehrbedarfes, so sind im gerichtlichen Verfahren beide Schadenarten zu einer einheitlichen Rente zusammenfassen, wobei mit Blick auf § 323 ZPO die Urteilsgründe erkennen lassen müssen, für welchen Anspruch welcher Teilbetrag zuerkannt wurde.[15]

II. Rentenvergleich

Zum Rentenvergleich siehe Einzelheiten im Kapitel 14E (Kap 14 Rn 48 ff.).

F. Beweisregeln

Behauptung ist nicht Beweis. (William Shakespeare)

---

11 RG v. 20.4.1931 – 492/30 VI – JW 1932, 787.
12 Verlangt ein Kläger allerdings monatliche Zahlungen, ohne die gesetzlich vorgesehene Zahlungsweise zu erwähnen, so darf das Gericht nicht auf eine vierteljährlich vorschüssige Zahlungspflicht tenorieren (ne [eat iudex] ultra petita partium, § 308 ZPO).
13 OLG Celle v. 7.10.2004 – 14 U 27/04 NZV 2006, 95 = SP 2004, 407 (BGH hat Revision nicht angenommen, Beschl. v. 15.3.2005 – VI ZR 278/04).
14 OLG Köln v. 19.5.1988 – 7 U 139/87 – VersR 1988, 1185 = zfs 1989, 10.
15 BGH v. 19.5.1981 – VI ZR 108/79 – NJW 1982, 757 = VersR 1982, 238.

I. § 286, 287 ZPO, § 252 S. 2 BGB

20 Ebenso wie die Schadenzurechnung in **zwei Prüfungsschritten** erfolgt, ist hinsichtlich der Beweislast zwischen der haftungsbegründenden und der haftungsausfüllenden Kausalität zu unterscheiden:[16]

21 1. Schritt: Haftungs**begründende** Kausalität nach dem Maßstab des § 286 ZPO.

22 2. Schritt: Haftungs**ausfüllende** Kausalität nach dem Maßstab des § 287 ZPO.

1. Haftungsbegründende Kausalität

23
> **§ 286 ZPO – Freie Beweiswürdigung**
>
> (1) ¹Das Gericht hat unter Berücksichtigung des gesamten Inhalts der Verhandlungen und des Ergebnisses einer etwaigen Beweisaufnahme nach freier Überzeugung zu entscheiden, ob eine tatsächliche Behauptung für wahr oder für nicht wahr zu erachten sei. ²In dem Urteil sind die Gründe anzugeben, die für die richterliche Überzeugung leitend gewesen sind.
>
> (2) An gesetzliche Beweisregeln ist das Gericht nur in den durch dieses Gesetz bezeichneten Fällen gebunden.

Es ist festzuhalten, dass

24 ▪ der **Umstand** der Verletzung („überhaupt verletzt") und

25 ▪ der daraus dann resultierende **Umfang** und die **Schwere** der Verletzung

26 vom Anspruchsteller im Rahmen des **Strengbeweises** (§ 286 ZPO) – und nicht unter den Beweiserleichterungen des § 287 ZPO – darzulegen und zu beweisen ist.

a. Primärschaden

27 Die haftungsbegründende Kausalität betrifft die Ursächlichkeit des Unfallereignisses für die Rechtsgutverletzung als solche, also für den Primärschaden des Verletzten iSe Belastung seiner gesundheitlichen Befindlichkeit. Die Nachweispflicht eines Verletzten erstreckt sich auf Eintritt und Höhe des Schadens,[17] damit also u.a. auch auf den Umstand, dass er überhaupt bei dem Unfallgeschehen eine Körper- und Gesundheitsverletzung (Primärverletzung) erlitten hat. Der Anspruchsteller, der Ersatz seines Verdienstausfalles verlangt, muss also zunächst den ursächlichen Zusammenhang (haftungsbegründende Kausalität) zwischen schädigendem Verhalten (Rechtsgutverletzung **dem Grunde nach**)

---

16 Siehe BGH v. 12.2.2008 – VI ZR 221/06 – BGHReport 208, 606 (nur LS) = GesR 2008, 250 = MDR 2008, 624 = NJW 2008, 1381 = NJW-Spezial 2008, 265 = r+s 2008, 214 = VersR 2008, 644 = zfs 2008, 321; BGH v. 22.9.1992 – VI ZR 293/91 – DAR 1993, 23 = MDR 1993, 175 = NJW 1992, 3298 = NZV 1993, 64 (nur LS) = r+s 1993, 14 = SP 1993, 34 = VersR 1993, 55 = zfs 1993, 43.

17 BGH v. 30.6.1970 – VI ZR 71/69 – VersR 1970, 903. Siehe zur Rechtsgutverletzung ergänzend Kap 2 Rn 32 ff.

und der eingetretenen Rechtsgutverletzung (Körperverletzung) im Rahmen der strengen Voraussetzungen des § 286 ZPO (**Strengbeweis**) nachweisen.[18]

Den aus dieser Verletzung resultierenden **Umfang der Beeinträchtigung** hat der Anspruchsteller dann ebenfalls im Rahmen des Strengbeweises (§ 286 ZPO) und nicht unter den Beweiserleichterungen des § 287 ZPO darzulegen und zu beweisen.[19] Die bei einem groben ärztlichen Behandlungsfehler eintretende Beweislastumkehr gilt nur hinsichtlich des Gesundheitsschadens, nicht aber hinsichtlich der materiellen Schäden, die als Folge des Gesundheitsschadens (Vermögensnachteile wegen Erwerbsunfähigkeit u.a.) geltend gemacht werden; diese Vermögenseinbußen gehören zu den Sekundärschäden, für die das Beweismaß des § 287 ZPO gilt.[20]

28

---

[18] BGH v. 3.6.2008 – VI ZR 235/07 – NJW-Spezial 2008, 521 = r+s 2008, 395 = SP 2008, 323 = VersR 2008, 1133 (Anm. *Lemcke*); BGH v. 12.2.2008 – VI ZR 221/06 – BGHReport 208, 606 (nur LS) = GesR 2008, 250 = MDR 2008, 624 = NJW 2008, 1381 = NJW-Spezial 2008, 265 = r+s 2008, 214 = VersR 2008, 644 = zfs 2008, 321; BGH v. 4.11.2003 – VI ZR 28/03 – DAR 2004, 81 = IVH 2004, 8 (nur LS) = MDR 2004, 509 = NJW 2004, 777 = NZV 2004, 27 = r+s 2004, 39 = SP 2004, 40 = SVR 2004, 227 (Anm. *Schwab*) = VersR 2004, 118 = VRS 106, 177 = zfs 2004, 159 (Zeitliche Nähe zwischen Unfall und Morbus-Sudeck-Erkrankung reicht zum Nachweis nicht aus); BGH v. 27.4.1994 – XII ZR 16/93 – MDR 1994, 684 = VersR 1994, 1351; KG v. 10.6.2004 – 12 U 315/02 – DAR 2005, 25 = KGR 2004, 576 = NZV 2005, 315 = VRS 107, 258; KG v. 15.5.2000 – 12 U 3645/98 – DAR 2002, 211 (nur LS) = NVwZ-RR 2002, 450 = NZV 2002, 172 = VerkMitt 2002, Nr. 45 = VersR 2002, 1429 (BGH hat Revision nicht angenommen, Beschl. v. 4.12.2001 – VI ZR 282/00 -); KG v. 21.10.1999 – 12 U 8303/95 – r+s 2000, 151 = VersR 2001, 595 (BGH hat Revision nicht angenommen, Beschl. v. 23.5.2000 – VI ZR 376/99 -); OLG Brandenburg v. 8.3.2007 – 12 U 48/06 – SP 2007, 428; OLG Hamm v. 2.7.2001 – 13 U 224/00 – SP 2002, 11; OLG München v. 8.2.2002 – 10 U 3448/99 – NZV 2003, 474 = r+s 2005, 84 = VersR 2004, 124 (BGH hat Revision nicht angenommen, Beschl. v. 1.4.2003 – VI ZR 156/02 -). LG München I v. 25.1.2001 – 19 O 13145/99 – SP 2002, 15. Siehe ergänzend Kap 2 Rn 32 ff.

[19] BGH v. 12.2.2008 – VI ZR 221/06 – BGHReport 208, 606 (nur LS) = GesR 2008, 250 = MDR 2008, 624 = NJW 2008, 1381 = NJW-Spezial 2008, 265 = r+s 2008, 214 = VersR 2008, 644 = zfs 2008, 321 (Die haftungsbegründende Kausalität betrifft die Ursächlichkeit des Behandlungsfehlers für die Rechtsgutverletzung als solche, also für den Primärschaden des Patienten iSe Belastung seiner gesundheitlichen Befindlichkeit. Insoweit gilt das strenge Beweismaß des § 286 ZPO, das einen für das praktische Leben brauchbaren Grad von Gewissheit verlangt.); BGH v. 4.11.2003 – VI ZR 28/03 – DAR 2004, 81 = IVH 2004, 8 (nur LS) = MDR 2004, 509 = NJW 2004, 777 = NZV 2004, 27 = r+s 2004, 39 = SP 2004, 40 = SVR 2004, 227 (Anm. *Schwab*) = VersR 2004, 118 = VRS 106, 177 = zfs 2004, 159 (Zeitliche Nähe zwischen Unfall und Morbus-Sudeck-Erkrankung reicht zum Nachweis nicht aus); KG v. 9.5.2005 – 12 U 14/04 – DAR 2005, 621 = NZV 2005, 470; KG v. 10.6.2004 – 12 U 315/02 – DAR 2005, 25 = KGR 2004, 576 = NZV 2005, 315 = VRS 107, 258; KG v. 21.10.1999 – 12 U 8303/95 – r+s 2000, 151 = VersR 2001, 595 (BGH hat Revision nicht angenommen, Beschl. v. 23.5.2000 – VI ZR 376/99 -); OLG Hamm v. 2.7.2001 – 13 U 224/00 – SP 2002, 11; LG München I v. 25.1.2001 – 19 O 13145/99 – SP 2002, 15.

[20] BGH v. 12.2.2008 – VI ZR 221/06 – BGHReport 208, 606 (nur LS) = GesR 2008, 250 = MDR 2008, 624 = NJW 2008, 1381 = NJW-Spezial 2008, 265 = r+s 2008, 214 = VersR 2008, 644 = zfs 2008, 321 (Die Feststellung der haftungsausfüllenden Kausalität und damit der Ursächlichkeit des Behandlungsfehlers für alle weiteren [Folge-]Schäden einschließlich der Frage einer fehlerbedingten Verschlimmerung von Vorschäden richtet sich nach § 287 ZPO; hier kann zur Überzeugungsbildung eine überwiegende Wahrscheinlichkeit genügen); BGH v. 16.5.2006 – VI ZR 145/05 (Nichtannahmebeschluss zu OLG Schleswig v. 24.6.2006 – 4 U 10/04 -); BGH v. 28.10.1993 – VI ZR 155/92 – ArztR 1994, 253 = MDR 1994, 303 = MedR 1994, 245 = NJW 1994, 801 = NJW-RR 1994, 1086 (nur LS) = r+s 1994, 136 (nur LS) = VersR 1994, 52; BGH v. 28.6.1988 – VI ZR 210/87 – ArztR 1989, 259 = MDR 1988, 1045 = MedR 1988, 310 = NJW 1988, 2948 = VersR 1989, 145; BGH v. 9.5.1978 – VI ZR 81/77 – JR 1979, 111 (Anm. *Wittmann*) = MDR 1978, 916 = NJW 1978, 1683 = r+s 1978, 208 = VersR 1978, 764; OLG Düsseldorf v. 17.3.1988 – 8 U 167/86 – ArztR 1989, 65 = r+s 1989, 147 = VersR 1989, 192 (BGH hat Revision nicht angenommen, Beschl. v. 6.12. – VI ZR 122/88 -).

29 Im Rahmen des § 286 ZPO ist für die richterliche Überzeugungsbildung zwar keine mathematisch oder medizinisch notwendige Sicherheit erforderlich, wohl aber ein solch hoher Grad an Wahrscheinlichkeit, dass er vernünftigen Zweifeln Schweigen gebietet, ohne sie völlig auszuschließen.[21] Das strenge Beweismaß des § 286 ZPO verlangt einen für das praktische Leben brauchbaren Grad von Gewissheit.[22]

b. Behandelnde Ärzte

30 Ärztliche **Atteste**, die letztlich allein auf subjektiven Beschwerdebeschreibungen des Patienten beruhen, genügen nicht zum Nachweis seiner Verletzung.[23] Gerade bei Bagatellunfällen reicht es für den Geschädigten zu führenden Vollbeweis nicht aus, Arztberichte vorzulegen, die sich auf nicht objektivierbaren, allein auf der Schilderung des Verletzen beruhenden Angaben stützen, wenn die übrigen Umstände des Falls und der Unfallablauf (z.B. geringe biomechanische Einwirkung) gegen den Eintritt der körperlichen Verletzung sprechen.[24]

---

[21] OLG Hamm v. 2.4.2001 – 13 U 148/00 – SP 2001, 342 m.w.N.

[22] BGH v. 12.2.2008 – VI ZR 221/06 – BGHReport 208, 606 (nur LS) = GesR 2008, 250 = MDR 2008, 624 = NJW 2008, 1381 = NJW-Spezial 2008, 265 = r+s 2008, 214 = VersR 2008, 644 = zfs 2008, 321; BGH v. 9.5.1989 – VI ZR 268/88 – ArztR 1990, 234 = JuS 1990, 327 (Anm. *Schmidt*) = MDR 1989, 902 = MedR 1989, 240 = NJW 1989, 2948 = VersR 1989, 758; BGH v. 18.1.2000 – VI ZR 375/98 – BauR 2000, 904 = BB 2000, 744 (nur LS) = DAR 2000, 215 = DB 2000, 873 (nur LS) = MDR 2000, 582 = NJW 2000, 953 = r+s 2000, 197 = SP 2000, 265 = VersR 2000, 503; BGH v. 14.1.1993 – IX ZR 238/91 – FamRZ 1993, 668 = HVBG-Info 1994, 423 = MDR 1993, 1239 = NJW 1993, 935 = Rpfleger 1993, 358 = WM 1993, 902.

[23] BGH v. 3.6.2008 – VI ZR 235/07 – NJW-Spezial 2008, 521 = r+s 2008, 395 = SP 2008, 323 = VersR 2008, 1133 (Anm. *Lemcke*) (Da der Arzt, der einen Unfallgeschädigten untersucht und behandelt, diesen nicht aus der Sicht eines Gutachters betrachtet, sondern ihn als Therapeut behandelt, steht für ihn die Notwendigkeit einer Therapie im Mittelpunkt, während die Benennung der Diagnose als solche für ihn zunächst von untergeordneter Bedeutung ist. Deshalb sind zeitnah nach einem Unfall erstellte ärztliche Atteste für den medizinischen Sachverständigen eher von untergeordneter Bedeutung. Eine ausschlaggebende Bedeutung wird solchen Diagnosen im Allgemeinen jedenfalls nicht beizumessen sein. Im Regelfall wird das Ergebnis einer solchen Untersuchung nur als eines unter mehreren Indizien für den Zustand des Geschädigten nach dem Unfall Berücksichtigung finden können.); KG v. 9.5.2005 – 12 U 14/04 – DAR 2005, 621 = NZV 2005, 470; OLG Frankfurt v. 22.1.1999 – 24 U 61/97 – NZV 2000, 165 = r+s 2001, 65 = VersR 2000, 609 (BGH hat Revision nicht angenommen, Beschl. v. 9.11.1999 – VI ZR 83/99 -); OLG Hamm v. 2.7.2001 – 13 U 224/00 – SP 2002, 11; OLG Hamm v. 4.6.1998 – 6 U 200/96 – r+s 1998, 326 = VersR 1999, 990; OLG Koblenz v. 12.6.2006 – 12 U 29/06 – SP 2006, 349 (Vorlage eines ärztlichen Attestes, wonach der Kläger eine Handprellung erlitten habe, reicht zum Verletzungsnachweis nicht aus); OLG Karlsruhe v. 24.9.1999 – 10 U 85/99 – DAR 2001, 509 = NZV 2001, 511 = r+s 2002, 112 (BGH hat die Revision nicht angenommen, Beschl. v. 8.5.2001 – VI ZR 314/00 -); OLG Stuttgart v. 19.3.1999 – 2 U 150/98 – SP 1999, 232; AG Annaberg v. 12.6.2002 – 4 C 281/00 – SP 2005, 377 (Die in den ärztlichen Attesten bescheinigten HWS-Verletzungen werden nicht aus der Sicht des Arztes als Gutachter vorgenommen, sondern resultieren aus der therapeutischen Aufgabe des Arztes, den seitens des Patienten geäußerten Beschwerden nachzugehen und nicht diese gegebenenfalls kritisch in Frage zu stellen); AG Düsseldorf v. 9.7.2001 – 58 C 17116/00 – SP 2002, 14, AG Gummersbach v. 16.8.2001 – 2 C 724/00 – SP 2002, 15; AG Stade v. 18.5.2004 – 61 C 1277/03 – SP 2004, 263. Siehe auch AG Langenfeld v. 12.5.1999 – 31 C 134/98 – SP 1999, 342 (Keine Erstattung der Attestkosten bei fehlerhafter Diagnose). Zum Nachweis der Arbeitsunfähigkeit im Krankenversicherungsrecht siehe BSG v. 8.11.2005 – B 1 KR 18/04 R – (Die ärztliche Bescheinigung hat keinen höheren Beweiswert als das MDK-Gutachten. Wenn der MDK zum Ergebnis kommt, dass eine unter Depressionen leidende Frau wieder arbeitsfähig ist, so muss der einen Tag später behandelnde Arzt seine gegenteilige, die Arbeitsunfähigkeit bescheinigende Diagnose detailliert begründen.).

[24] LG Darmstadt v. 12.8.2005 – 2 O 94/03 – zfs 2005, 542 m.w.N.

F. Beweisregeln

Wird eine durch ein Unfallgeschehen ausgelöste **psychische Reaktion**[25] vom Betroffenen und den ihn behandelnden Ärzten als organische Verletzung gedeutet und behandelt, sind die hierauf vielleicht zurückzuführenden körperlichen Beschwerden dem Schädiger nicht mehr zuzurechnen.[26] In der Rechtsprechung[27] hat sich die Auffassung weitestgehend manifestiert, dass eine Verletzung der HWS jedenfalls ein gewisses Maß an biomechanischer Einwirkung voraussetzt und daher bei nur geringer biomechanischer Einwirkung eine **HWS-Verletzung** ausgeschlossen oder jedenfalls belanglos ist.

c. Zeitliche Nähe

Allein der zeitliche Zusammenhang zwischen Unfallereignis und dem Auftreten von geklagten Beschwerden reicht nicht zum Nachweis der Kausalität aus.[28] Die bloße zeitliche Nähe der Entstehung findet bei der Feststellung der haftungsbegründenden Kausalität auch dann keine Anwendung, wenn der durch einen Verkehrsunfall Betroffene den Beweis, dass eine zeitlich nach dem Unfall aufgetretene Erkrankung auf den Unfall zurückzuführen ist, wegen der Art der Erkrankung nach dem Maßstab des § 286 ZPO nicht führen kann.[29]

d. Vorheriges Regulierungsverhalten

Stellt jemand die Behauptung[30] auf, bei einem Unfall eine Verletzung (das gilt nicht nur für den Bereich der HWS-Verletzungen) erlitten zu haben, so folgt nicht bereits aus dem **außergerichtlichen Regulierungsverhalten** des Schadensersatzpflichtigen (oder seines Haftpflichtversicherers) zwingend ein Anerkenntnis oder Geständnis (§ 288 ZPO).[31] Auch

---

25 Siehe hierzu auch Kap 2 Rn 37 ff.
26 OLG Hamm v. 8.9.2005 – 6 U 185/04 – DAR 2007, 705 = r+s 2006, 394 (BGH hat die Nichtzulassungsbeschwerde zurückgewiesen, Beschl. v. 11.7.2006 – VI ZR 230/05 -) (Der Unfallverursacher haftet auch nicht für Gesundheitsschäden, die erst durch Fehler bei der ärztlichen Behandlung ausgelöst werden [konkret – objektiv falsche – ärztliche Äußerung des Verdachtes auf HWK6-Fraktur und daraus resultierender Gefahr einer Querschnittlähmung]); OLG Hamm v. 30.10.2000 – 6 U 61/00 – r+s 2001, 63 = VersR 2002, 78.
27 KG v. 21.10.1999 – 12 U 8303/95 – r+s 2000, 151 = VersR 2001, 595 (BGH hat Revision nicht angenommen, Beschl. v. 23.5.2000 – VI ZR 376/99 -); KG v. 3.7.1997 – 22 U 4816/96 – VersR 1997, 1416; OLG Düsseldorf v. 14.7.1997 – 1 U 226/96 – r+s 1997, 457; OLG Hamburg v. 28.11.1997 – 14 U 34/97 – NZV 1998, 415 = r+s 1998, 63; OLG Hamm v. 2.7.2001 – 13 U 224/00 – SP 2002, 11; OLG Frankfurt v. 22.1.1999 – 24 U 61/97 – NZV 2000, 165 = r+s 2001, 65 = VersR 2000, 609 (BGH hat Revision nicht angenommen, Beschl. v. 9.11.1999 – VI ZR 83/99 -); OLG Frankfurt v. 16.12.1998 – 23 U 55/98 – zfs 1999, 516; OLG Hamm v. 14.9.2001 – 9 U 24/01 – r+s 2002, 111; OLG Hamm v. 10.3.2000 – 9 U 187/96 – zfs 2001, 160; OLG Hamm v. 2.4.2001 – 13 U 148/00 – DAR 2001, 360; OLG Hamm v. 4.6.1998 – 6 U 200/96 – VersR 1999, 990; OLG Karlsruhe v. 14.5.1998 – 19 U 81/97 – zfs 1998, 375.
Siehe auch BGH v. 8.7.2008 – VI ZR 274/07 – NJW 2008, 2845 = NJW-Spezial 2008, 521 = r+s 2008, 397 (Anm. *Lemcke*) = SP 2008, 321 = VersR 2008, 1126. (Anm. *Schulte* VersR 2008, 1415).
28 OLG Brandenburg v. 25.9.2008 – 12 U 17/08 –; OLG Hamm v. 16.12.1999 – 6 W 47/99 – r+s 2000, 153. OLG Saarbrücken v. 28.6.2005 – 4 U 236/04 – OLGR 2005, 740 = SP 2006, 134.
29 BGH v. 4.11.2003 – VI ZR 28/03 – DAR 2004, 81 = IVH 2004, 8 (nur LS) = MDR 2004, 509 = NJW 2004, 777 = NZV 2004, 27 = r+s 2004, 39 = SP 2004, 40 = SVR 2004, 227 (Anm. *Schwab*) = VersR 2004, 118 = VRS 106, 177 = zfs 2004, 159 (Morbus Sudeck I).
30 Zum Thema: *Lepsien/Mazzotti* „Wie aussagekräftig sind die eigenen Angaben von Unfallopfern hinsichtlich der einwirkenden biomechanischen Belastung bei einer Fahrzeugkollision?" NZV 2007, 226.
31 Siehe auch BGH v. 14.4.1999 – IV ZR 289/97 – r+s 1999, 344, 483 (nur LS) = VersR 1999, 838 (Ein schriftsätzliches Geständnis erlangt mit stillschweigender Bezugnahme auf vorbereitende Schriftsätze in der mündlichen Verhandlung Wirksamkeit); BGH v. 7.12.1998 – II ZR 266/97 – NJW 1999, 579 (Gerichtliches Geständnis kann sich auch aus dem Prozessvortrag ergeben).

die haftungsbegründende Kausalität einer zunächst in der Korrespondenz nicht ausdrücklich streitig gestellten „Grundverletzung" kann durchaus in einem anschließenden Prozess dann in die Beweislast des eine Verletzung Behauptenden gestellt werden.[32] Das OLG Hamm[33] betont, dass bei Erschöpfung der zur Verfügung stehenden Erkenntnismöglichkeiten nach der allgemeinen Beweislastregel Zweifel zulasten des beweispflichtigen Geschädigten gehen.

2. Haftungsausfüllende Kausalität

34

> **§ 287 ZPO – Schadensermittlung; Höhe der Forderung**
>
> (1) ¹Ist unter den Parteien streitig, ob ein Schaden entstanden sei und wie hoch sich der Schaden oder ein zu ersetzendes Interesse belaufe, so entscheidet hierüber das Gericht unter Würdigung aller Umstände nach freier Überzeugung. ²Ob und inwieweit eine beantragte Beweisaufnahme oder von Amts wegen die Begutachtung durch Sachverständige anzuordnen sei, bleibt dem Ermessen des Gerichts überlassen. ³Das Gericht kann den Beweisführer über den Schaden oder das Interesse vernehmen; die Vorschriften des § 452 Absatz 1 Satz 1, Absätze 2 bis 4 gelten entsprechend.
>
> (2) Die Vorschriften des Absatz 1 Satz 1, 2 sind bei vermögensrechtlichen Streitigkeiten auch in anderen Fällen entsprechend anzuwenden, soweit unter den Parteien die Höhe einer Forderung streitig ist und die vollständige Aufklärung aller hierfür maßgebenden Umstände mit Schwierigkeiten verbunden ist, die zu der Bedeutung des streitigen Teils der Forderung in keinem Verhältnis stehen.

35

> **§ 252 BGB – Entgangener Gewinn**
>
> ¹Der zu ersetzende Schaden umfasst auch den entgangenen Gewinn. ²Als entgangen gilt der Gewinn, welcher nach dem gewöhnlichen Lauf der Dinge oder nach den besonderen Umständen, insbesondere nach den getroffenen Anstalten und Vorkehrungen, mit Wahrscheinlichkeit erwartet werden konnte.

36 Erst wenn der erste Verletzungserfolg feststeht, kommt für die Weiterentwicklung und Höhe (haftungsausfüllende Kausalität) des Schadens einschließlich der Frage einer unfallkausalen Verschlimmerung von Vorschäden dem Verletzten die Beweiserleichterung

---

32 BGH v. 22.5.2001 – VI ZR 74/00 – NJW 2001, 2550 = r+s 2001, 415 = SP 2001, 284.
   Siehe ergänzend *Jahnke* „Abfindung von Personenschadenansprüchen" § 2 Rn 34 ff.
33 OLG Hamm v. 2.7.2001 – 13 U 224/00 – SP 2002, 11. Ähnlich OLG Karlsruhe v. 24.9.1999 – 10 U 85/99 – DAR 2001, 509 = NZV 2001, 511 (BGH hat die Revision nicht angenommen, Beschl. v. 8.5.2001 – VI ZR 314/00 -).

des § 287 I ZPO zugute, wobei je nach Lage des Falles eine höhere oder auch deutlich höhere Wahrscheinlichkeit genügt.[34]

Mitursächlichkeit der unerlaubten Handlung reicht aus.[35]

3. Feststellungstitel

Die Rechtskraft eines vorausgegangenen **Feststellungsurteils** betreffend die Ersatzpflicht sämtlicher materieller Schäden aus dem Unfallereignis erfasst nicht die Frage, ob und in welcher **Höhe** für einen bestimmten Zeitraum ein Verdienstausfallschaden eingetreten ist.[36]

4. Rechtsnachfolge

Die Beweislastverteilung gilt auch für etwaige Rechtsnachfolger.[37]

II. Nachweisanforderungen

1. Geschädigter[38]

Die Nachweispflicht der Geschädigten erstreckt sich auf Eintritt und Höhe des Schaden. Er hat darzulegen und zu beweisen, dass eine Handlung des In-Anspruch-Genommenen (Schädigers) ursächlich für die Körperverletzung war (haftungsbegründende Kausalität)

---

34 BGH v. 12.2.2008 – VI ZR 221/06 – BGHReport 208, 606 (nur LS) = GesR 2008, 250 = MDR 2008, 624 = NJW 2008, 1381 = NJW-Spezial 2008, 265 = r+s 2008, 214 = VersR 2008, 644 = zfs 2008, 321; BGH v. 21.7.2005 – IX ZR 49/02 – AnwBl 2005, 789 = BGHReport 2005, 1581 = BRAK-Mitt 2005, 260 (nur LS) (Anm. *Chab*) = MDR 2006, 177 = NJW 2005, 3275 = WM 2005, 2110 = ZIP 2005, 1925; BGH v. 28.6.2005 – VI ZR 108/04 – BGHReport 2005, 1342 = DAR 2005, 503 = HVBG-Info 2005, 829 = MDR 2005, 1363 = NJW-RR 2005, 1517 = NJW-RR 2005, 1517 = NJW-Spezial 2005, 449 = NZV 2005, 519 = r+s 2005, 484 = SP 2005, 408 = VerkMitt 2006, Nr. 25 = VersR 2005, 1159 = zfs 2005, 490; BGH v. 21.7.1998 – VI ZR 15/98 – ArztR 1999, 52 = MedR 1998, 512 (nur LS) = MDR 1998, 1165 = NJW 1998, 3417 = VersR 1998, 1153 = zfs 1998, 414; BGH v. 22.9.1992 – VI ZR 293/91 – DAR 1993, 23 = MDR 1993, 175 = NJW 1992, 3298 = NZV 1993, 64 (nur LS) = r+s 1993, 14 = SP 1993, 34 = VersR 1993, 55 = zfs 1993, 43; BGH v. 21.10.1987 – VI ZR 15/85 – VersR 1987, 310; BGH v. 24.6.1986 – VI ZR 21/85 – MDR 1987, 43 = MedR 1987, 42 = NJW 1987, 705 = r+s 1987, 40 = VersR 1986, 1121; OLG Hamm v. 2.7.2001 – 13 U 224/00 – SP 2002, 11 m.w.N.; OLG München v. 15.9.2006 – 10 U 3622/99 – r+s 2006, 474 (Anm. *Lemcke*); LG Tübingen v. 31.8.2006 – 1 O 195/05 – SP 2006, 419.
35 BGH v. 26.9.2006 – VI ZR 247/05 – BGHReport 2006, 1517 = DAR 2007, 21 (Anm. *Staab* DAR 2007, 349) = MDR 2007, 268 = NJW 2007, 66 (Anm. *van Bühren*) = NJW-Spezial 2007, 17 = NZV 2007, 30 = r+s 2006, 523 = SP 2007, 87 = VerkMitt 2007, Nr. 8 = VersR 2007, 81 (Anm. *Tomson* VersR 2007, 923) = VRS 112, 1; BGH v. 25.4.2006 – VI ZR 36/05 – BGHReport 2006, 1161 = DAR 2006, 574 (Anm. *Staab* DAR 2007, 349) = MDR 2006, 1344 = NJW 2006, 2397 = NJW-Spezial 2006, 403 = NZV 2006, 476 = r+s 2006, 522 = SP 2006, 356 = SVR 2006, 465 (nur LS) (Anm. *Schröder*) = VerkMitt 2006, Nr. 77 = VersR 2006, 1139 = zfs 2006, 680 (Anm. *Diehl*); OLG Hamburg v. 26.11.2004 – 1 U 67/04 – OLGR 2005, 101.
36 BGH v. 28.6.2005 – VI ZR 108/04 – (Bestätigung von BGH v. 24.1.1995 – VI ZR 354/93 – BB 1995, 696 = DAR 1995, 202 = MDR 1995, 693 = NJW 1995, 2227 = NZV 1995, 189 = r+s 1995, 217 = SP 1995, 201 = VersR 1995, 469 = zfs 1995, 170).
37 Siehe auch Kap 1 Rn 77 ff. und Kap 4 Rn 182 ff.
38 Siehe auch Kap 4 Rn 95 zum Gewinnausfall des Selbstständigen.

und dass diese Körperverletzung dann zu einem Schaden führte (haftungsausfüllende Kausalität).[39]

41 Derjenige, der einen Einkommensschaden i.S.d. § 252 BGB geltend macht, hat die hypothetische Entwicklung seiner Berufs- und Einkommenslage ohne das Schadensereignis darzulegen und – bei erheblichem Bestreiten – zu beweisen. Dabei steht es ihm frei, den Schaden im Wege der Brutto- oder Nettolohnmethode[40] zu berechnen. Der Verletzte hat grundsätzlich darzulegen und zu beweisen,

42 ▪ dass nach dem gewöhnlichen Lauf der Dinge oder den besonderen Umständen des Falles

43 ▪ ohne das Unfallgeschehen

44 ▪ eine bestimmte nachhaltige Erwerbsmöglichkeit mit Wahrscheinlichkeit zu erwarten gewesen wäre,

45 ▪ die ihm nunmehr unfallbedingt entgangen ist.

46 Im Bereich der haftungsausfüllenden Kausalität kommen dem Geschädigten die **Beweiserleichterungen** der § 252 S. 2 BGB, § 287 ZPO zu Gute.

47 ▪ Nach **§ 252 S. 2 BGB** kommt es darauf an, welcher Gewinn nach dem gewöhnlichen Lauf der Dinge oder nach den besonderen Umständen, im Besonderen nach den getroffenen Vorkehrungen und Anstalten, mit Wahrscheinlichkeit erwartet werden konnte. Der Geschädigte muss dabei nicht zur vollen Gewissheit darlegen, dass der Gewinn auch erzielt worden wäre; es reicht vielmehr anstelle des positiven Nachweises eine gewisse Wahrscheinlichkeit des Gewinnentganges. Konnte der Gewinn nach dem gewöhnlichen Lauf der Dinge mit Wahrscheinlichkeit erwartet werden, dann ist zu vermuten, dass er auch gemacht worden wäre.[41] Volle Gewissheit, dass der Gewinn gezogen worden wäre, ist nicht erforderlich.[42] Der Geschädigte muss aber die Umstände darlegen und beweisen, aus denen er nach dem gewöhnlichen Verlauf oder nach den besonderen Umständen des Falles seine Gewinnerwartung herleitet.[43] Stehen diese Tatsachen dann zur Überzeugung des Gerichtes fest, genügt es, wenn der Gewinn nach dem gewöhnlichen Lauf der Dinge mit Wahrscheinlichkeit erwartet werden

---

[39] Siehe OLG Frankfurt v. 29.3.1995 – 23 U 160/94 – MDR 1995, 1012 = VersR 1996, 336 (nur LS) (Der Verdienstausfall einer Frau, die seit Jahren nicht mehr gearbeitet hat, kann nicht durch eine Absichtserklärung ihres Ehemannes, dass sie wieder gearbeitet hätte, nachgewiesen werden); ähnlich KG v. 12.3.1990 – 12 U 219/89 –.
[40] Siehe ergänzend Kap 16 Fn 3.
[41] BGH v. 24.10.2006 – X ZR 124/03 – BauR 2007, 375 = BGHReport 2007, 190 = NJW-RR 2007, 325 = WM 2007, 303; BGH v. 19.10.2005 – VIII ZR 392/03 – BGHReport 2006, 163 = JR 2007, 27 (Anm. *Spallino*) = MDR 2006, 501 = NJW 2006, 843 (nur LS) = NJW-RR 2006, 243 = WM 2006, 544; BGH v. 9.6.1970 – VI ZR 155/68 – VersR 1970, 860; BGH v. 2.12.1969 – VI ZR 238/68 – VersR 1970, 256 (Arbeitgeberauskunft als Schätzungsgrundlage); BGH v. 13.6.1967 – VI ZR 12/66 – VersR 1967, 903.
[42] BGH v. 26.7.2005 – X ZR 134/04 – VersR 2006, 131 (An das Vorbringen eines selbstständigen Unternehmers, ihm seien erwartete Gewinne entgangen, dürfen wegen der damit regelmäßig verbundenen Schwierigkeiten keine allzu strengen Anforderungen gestellt werden [BGH v. 9.4.1992 – IX ZR 104/91 – NJW-RR 1992, 997]); BGH v. 2.5.2002 – III ZR 100/01 – NJW 2002, 2556.
[43] OLG München v. 4.5.2007 – 10 U 3439/05 – (BGH hat die Revision nicht angenommen, Beschl. v. 12.2.2008 - VI ZR 151/07 -).

F. Beweisregeln

konnte;[44] wobei solche Tatsachen, die selbst zum gewöhnlichen Lauf der Dinge gehören, nicht bewiesen zu werden brauchen.[45]

- § 252 S 2 BGB bietet dem Geschädigten zwei Möglichkeiten der Schadensberechnung: Zum einen die abstrakte Methode, die von dem regelmäßigen Verlauf im Handelsverkehr ausgeht, dass der Kaufmann gewisse Geschäfte im Rahmen seines Gewerbes tätigt und daraus Gewinn erzielt, und zum anderen die konkrete Methode, bei der der Geschädigte nachweist, dass er durch die schädigende Handlung an der Durchführung bestimmter Geschäfte gehindert worden ist und dass ihm wegen der Nichtdurchführbarkeit dieser Geschäfte Gewinn entgangen ist.[46] Der Geschädigte muss aber die Umstände darlegen und beweisen, aus denen er nach dem gewöhnlichen Verlauf oder nach den besonderen Umständen des Falles seine Gewinnerwartung herleitet.[47] Stehen diese Tatsachen dann zur Überzeugung des Gerichtes fest, genügt es, wenn der Gewinn nach dem gewöhnlichen Lauf der Dinge mit Wahrscheinlichkeit erwartet werden konnte;[48] wobei solche Tatsachen, die selbst zum gewöhnlichen Lauf der Dinge gehören, nicht bewiesen werden brauchen.[49]

48

Im Fall der abstrakten Schadensberechnung ist die volle Gewissheit, dass der Gewinn gezogen worden wäre, nicht erforderlich; vielmehr genügt der Nachweis einer gewissen Wahrscheinlichkeit. Ist ersichtlich, dass der Gewinn nach dem gewöhnlichen Lauf der Dinge mit Wahrscheinlichkeit erwartet werden konnte, wird vermutet, dass er erzielt worden wäre. Dem Ersatzpflichtigen obliegt dann der Beweis, dass er nach dem späteren Verlauf oder aus irgendwelchen anderen Gründen dennoch nicht erzielt wor-

49

---

44 BGH v. 6.2.2001 - VI ZR 339/99 - BGHReport 2001, 376 = DAR 2001, 266 = EWiR 2001, 567 (nur LS) (Anm. *Grunsky*) = IBR 2001, 543 (nur LS) (Anm. *Groß*) = LM BGB § 252 Nr 81 = MDR 2001, 689 = NJW 2001, 1640 = NZV 2001, 210 = PVR 2001, 243 (nur LS) (Anm. *Halm*) = r+s 2001, 285 = SP 2001, 158 = VerkMitt 2002, Nr 1 = VRS 100, 241; BGH v. 16.3.1959 – III ZR 20/58 – BB 1959, 506 = BGHZ 29, 393 = DB 1959, 540 (nur LS) = MDR 1959, 557 = NJW 1959, 1079 = VersR 1959, 473 (nur LS); OLG München v. 4.5.2007 – 10 U 3439/05 – (BGH hat die Revision nicht angenommen, Beschl. v. 12.2.2008 - VI ZR 151/07 -).
45 OLG München v. 4.5.2007 – 10 U 3439/05 – (BGH hat die Revision nicht angenommen, Beschl. v. 12.2.2008 - VI ZR 151/07 -).
46 BGH v. 19.10.2005 – VIII ZR 392/03 – BGHReport 2006, 163 = JR 2007, 27 (Anm. *Spallino*) = MDR 2006, 501 = NJW 2006, 843 (nur LS) = NJW-RR 2006, 243 = WM 2006, 544; BGH v. 30.5.2001 – VIII ZR 70/00 – BGHReport 2001, 2010 = DB 2001, 2189 = MDR 2001, 1249 = NJW-RR 2001, 1542 = WM 2001, 2010.
47 OLG München v. 4.5.2007 – 10 U 3439/05 – (BGH hat die Revision nicht angenommen, Beschl. v. 12.2.2008 - VI ZR 151/07 -).
48 BGH v. 6.2.2001 - VI ZR 339/99 - BGHReport 2001, 376 = DAR 2001, 266 = EWiR 2001, 567 (nur LS) (Anm. *Grunsky*) = IBR 2001, 543 (nur LS) (Anm. *Groß*) = LM BGB § 252 Nr 81 = MDR 2001, 689 = NJW 2001, 1640 = NZV 2001, 210 = PVR 2001, 243 (nur LS) (Anm. *Halm*) = r+s 2001, 285 = SP 2001, 158 = VerkMitt 2002, Nr 1 = VRS 100, 241; BGH v. 16.3.1959 – III ZR 20/58 – BB 1959, 506 = BGHZ 29, 393 = DB 1959, 540 (nur LS) = MDR 1959, 557 = NJW 1959, 1079 = VersR 1959, 473 (nur LS); OLG München v. 4.5.2007 – 10 U 3439/05 – (BGH hat die Revision nicht angenommen, Beschl. v. 12.2.2008 - VI ZR 151/07 -).
49 OLG München v. 4.5.2007 – 10 U 3439/05 – (BGH hat die Revision nicht angenommen, Beschl. v. 12.2.2008 - VI ZR 151/07 -).

11 Prozessuales, Beweisfragen

den wäre.[50] Ist der Geschädigte Kaufmann, entspricht es dem gewöhnlichen Lauf der Dinge, dass er marktgängige Waren jederzeit zum Marktpreis absetzen kann.[51]

50 ▪ Ebenso will **§ 287 ZPO** dem Verletzten den Nachweis seines Schaden erleichtern, indem er an die Stelle der sonst erforderlichen Einzelbegründung die freie Überzeugung des Gerichtes treten lässt. Wenn es für das freie Ermessen nicht an allen Unterlagen fehlt, muss das Gericht erforderlichenfalls zu einer Schätzung greifen.[52] Steht fest, dass ein der Höhe nach nicht bestimmbarer, aber erheblicher Schaden entstanden ist, ergibt sich idR aus den Umständen eine hinreichende Grundlage für die Schätzung eines Mindestschadens.[53] Wenn es für das freie Ermessen nicht an allen Grundlagen fehlt, muss das Gericht nötigenfalls nach freiem Ermessen entscheiden, ob ein Schaden entstanden ist und in welcher Höhe. Dabei kann und darf das Gericht auch solche Umstände berücksichtigen, die ihm sonst bekannt geworden sind, ohne dass es einer Verhandlung darüber oder einer etwaigen Befragung der Parteien nach § 139 ZPO bedarf.[54] Unzulässig und unmöglich ist einer derartige Entscheidung nur dann, wenn wegen Fehlens hinreichender Anhaltspunkte eine Grundlage für eine Schätzung nicht zu gewinnen wäre und das richterliche Ermessen vollends in der Luft schweben würde.[55]

51 Die Beweisregeln und Grundsätze, die der VI. Zivilsenat des BGH zu Ansprüchen aus unerlaubter Handlung entwickelt hat, gelten auch im Bereich der **Vertragshaftung**.[56]

52 Dem Richter ist es nicht verwehrt, verbleibenden Risiken durch **pauschale Abschläge** Rechnung zu tragen.[57]

---

50 BGH v. 19.10.2005 – VIII ZR 392/03 – BGHReport 2006, 163 = JR 2007, 27 (Anm. *Spallino*) = MDR 2006, 501 = NJW 2006, 843 (nur LS) = NJW-RR 2006, 243 = WM 2006, 544; BGH v. 30.5.2001 – VIII ZR 70/00 – BGHReport 2001, 2010 = DB 2001, 2189 = MDR 2001, 1249 = NJW-RR 2001, 1542 = WM 2001, 2010.

51 BGH v. 19.10.2005 – VIII ZR 392/03 – BGHReport 2006, 163 = JR 2007, 27 (Anm. *Spallino*) = MDR 2006, 501 = NJW 2006, 843 (nur LS) = NJW-RR 2006, 243 = WM 2006, 544; BGH v. 29.6.1994 – VIII ZR 317/93 – BB 1994, 2029 = BGHZ 126, 305 = DAR 1994, 396 = DB 1994, 2184 = JuS 1995, 74 (nur LS) (Anm. *Emmerich*) = MDR 1994, 2184 = NJW 1994, 2478 (Anm. *Pohlmann* NJW 1995, 3169) = NZV 1994, 390 = VRS 87, 401 = WM 1994, 1632 = zfs 1994, 365 = ZIP 1994, 1362.

52 BGH v. 8.11.2001 – IX ZR 404/99 – BGHReport 2002, 373 = NZV 2002, 268; BGH v. 20.4.1999 – VI ZR 65/98 – DAR 1999, 401 = NJW-RR 1999, 1039 = VersR 2000, 233; BGH v. 9.6.1970 – VI ZR 155/68 – VersR 1970, 860.

53 BGH v. 28.2.1996 - XII ZR 186/94 - NJW-RR 1996, 1077 = WM 1996, 1270; OLG München v. 4.5.2007 – 10 U 3439/05 – (BGH hat die Revision nicht angenommen, Beschl. v. 12.2.2008 - VI ZR 151/07 -).

54 BGH v. 16.5.1960 – III ZR 88/59 – BB 1960, 886 = MDR 1960, 911 = VersR 1960, 786; BGH v. 16.3.1959 – III ZR 20/58 – BB 1959, 506 = BGHZ 29, 393 = DB 1959, 540 (nur LS) = MDR 1959, 557 = NJW 1959, 1079 = VersR 1959, 473 (nur LS); OLG München v. 4.5.2007 – 10 U 3439/05 – (BGH hat die Revision nicht angenommen, Beschl. v. 12.2.2008 - VI ZR 151/07 -).

55 BGH v. 5.5.1970 – VI ZR 212/68 – BB 1970, 862 = BGHZ 54, 45 = DB 1970, 1264 = JuS 1970, 586 = JZ 1971, 371 (Anm. *Lieb* JZ 1971, 358) = MDR 1970, 752 = NJW 1970, 1411 = VersR 1970, 766 = VRS 39, 163; BGH v. 16.3.1959 – III ZR 20/58 – BB 1959, 506 = BGHZ 29, 393 = DB 1959, 540 (nur LS) = MDR 1959, 557 = NJW 1959, 1079 = VersR 1959, 473 (nur LS); OLG München v. 4.5.2007 – 10 U 3439/05 – (BGH hat die Revision nicht angenommen, Beschl. v. 12.2.2008 - VI ZR 151/07 -).

56 BGH v. 26.7.2005 – X ZR 134/04 – VersR 2006, 131.

F. Beweisregeln

Die Parteien sind im Rahmen der § 252 BGB, § 287 ZPO gehalten, **Unterlagen** beizubringen, Anhaltspunkte vorzutragen sowie die für die Wahrscheinlichkeitsprüfung und die Schätzung beachtlichen Aspekte darzulegen.[58] Legt der Geschädigte notwendige Belege für die Schadenschätzung nicht vor, scheidet regelmäßig eine Schadenschätzung aus.[59] Eine Schadenschätzung ist unzulässig, wenn sie mangels greifbarer Anhaltspunkte völlig in der Luft hängen würde.[60] Ein Tatrichter darf sich allerdings auch nicht vorschnell unter Hinweis auf die Unsicherheit möglicher Prognosen seiner Aufgabe, auf der Grundlage der § 252 BGB, § 287 ZPO eine Schadenermittlung vorzunehmen, entziehen.[61]

53

Kann ein Geschädigter **zur Zeit** den **Beweis nicht führen**, ist ihm gleichwohl die Feststellungsklage verwehrt. Ein Schadenposten, der Gegenstand einer bezifferten Leistungsklage sein kann, kann nicht in identischem Umfange zugleich, auch nicht hilfsweise, Gegenstand eines Feststellungsantrages sein; über den Schadenposten ist vielmehr abschließend (mit der Rechtskraft des § 322 ZPO) im Rahmen eines Leistungsantrages im positiven oder negativen Sinne zu entscheiden.[62]

54

---

57 BGH v. 26.7.2005 – X ZR 134/04 – VersR 2006, 131, BGH v. 8.11.2001 – IX ZR 404/99 – BGHReport 2002, 373 = NZV 2002, 268, BGH v. 20.4.1999 – VI ZR 65/98 – DAR 1999, 401 = NJW-RR 1999, 1039 = VersR 2000, 233; BGH v. 3.3.1998 – VI ZR 385/96 – DAR 1998, 231 = EWiR 1998, 393 (Anm. *Grunsky*) = MDR 1998, 595 = NJW 1998, 1634 = NZV 1998, 279 = r+s 1998, 196 = SP 1998, 241 = VersR 1998, 772 = zfs 1998, 210; BGH v. 17.2.1998 – VI ZR 342/96 – DAR 1998, 349 = MDR 1998, 534 = NJW 1998, 1633 = r+s 1998, 195 = SP 1998, 207 = VersR 1998, 772; BGH v. 24.1.1995 – VI ZR 354/93 – BB 1995, 696 = DAR 1995, 202 = MDR 1995, 693 = NJW 1995, 2227 = NZV 1995, 189 = r+s 1995, 217 = SP 1995, 201 = VersR 1995, 469 = zfs 1995, 170; BGH v. 17.1.1995 – VI ZR 62/94 – DAR 1995, 248 = MDR 1995, 358 = NJW 1995, 1023 = nzv 1995, 217 = r+s 1995, 139 = VersR 1995, 422 = VRS 88, 401; OLG Köln v. 27.2.2002 – 11 U 116/01 – DAR 2002, 353; OLG Köln v. 22.6.1999 – 15 U 67/98 – NZV 2000, 293 = SP 2000, 46 = VersR 2000, 237.
58 BGH v. 5.4.2005 – VI ZR 21/03 – (Trotz mehrfacher Aufforderung durch das OLG hatte ein selbstständiger Bauunternehmer seinen Steuerberater nicht von der Schweigepflicht entbunden, sondern wollte stattdessen seinen Verdienstausfall abstrakt berechnen), BGH v. 14.12.1998 – II ZR 330/97 – JZ 1999, 848 = MDR 1999, 434 = NJW 1999, 954 = VersR 2000, 369 = WM 1999, 610 = zfs 1999, 279; BGH v. 3.3.1998 – VI ZR 385/96 – DAR 1998, 231 = EWiR 1998, 393 (Anm. *Grunsky*) = MDR 1998, 595 = NJW 1998, 1634 = NZV 1998, 279 = r+s 1998, 196 = SP 1998, 241 = VersR 1998, 772 = zfs 1998, 210; BGH v. 28.2.1996 – XII ZR 186/94 – NJW-RR 1996, 1077; BGH v. 9.6.1970 – VI ZR 155/68 – VersR 1970, 860; OLG Karlsruhe v. 25.3.1988 – 10 U 128/87 – r+s 1988, 136 = VersR 1988, 1164 (Auch im Rahmen der Beweiserleichterungen kann eine selbstständige Handelsvertreterin verpflichtet sein, Einkommensteuererklärungen und -bescheide für die 3 vor dem Unfall liegenden Jahre dem Gericht vorzulegen. Dieses gilt auch bei gemeinsamer Steuerveranlagung mit dem Ehegatten [BGH v. 13.4.1983 – IVb ZR 374/81 – FamRZ 1983, 680].). OLG Köln v. 4.3.1993 – 12 U 138/92 – zfs 1993, 261 = VRS 85, 262; LG Hildesheim v. 26.11.1999 – 7 S 173/99 – SP 2000, 54 (bestätigendes Berufungsurteil zu AG Burgdorf SP 1999, 382); BAG v. 27.1.1972 – 2 AZR 172/71 – DB 1972, 1299 = NJW 1972, 1437 = VersR 1972, 870 (nur LS).
59 BGH v. 5.5.1970 – VI ZR 212/68 – BB 1970, 862 = BGHZ 54, 45 = DB 1970, 1264 = JuS 1970, 586 = JZ 1971, 371 (Anm. *Lieb* JZ 1971, 358) = MDR 1970, 752 = NJW 1970, 1411 = VersR 1970, 766 = VRS 39, 163; KG v. 16.1.1997 – 12 U 6048/95 –; OLG Frankfurt v. 16.12.1998 – 23 U 55/98 – zfs 1999, 516.
60 BGH v. 27.10.1998 – VI ZR 322/97 – DAR 1999, 66 = NJW 1999, 136 = NZV 1999, 75 = r+s 1999, 68 = SP 1999, 48 = VersR 1999, 106 = VRS 96, 87 = zfs 1999, 75 (Ein bloßer, zudem nicht näher begründeter Verdacht weiterer Einkünfte vermag als Schätzungsgrundlage nach § 287 I ZPO nicht auszureichen); KG v. 4.11.2002 – 12 U 4705/00 – NZV 2003, 191 = VersR 2004, 483; AG Düsseldorf v. 27.7.1999 – 230 C 5277/99 – r+s 2001, 77 (bestätigt durch LG Düsseldorf v. 12.4.2000 – 23 S 450/99 –).
61 BGH v. 26.7.2005 – X ZR 134/04 – VersR 2006, 131.
62 BGH v. 17.2.1998 – VI ZR 342/96 – DAR 1998, 349 = MDR 1998, 534 = NJW 1998, 1633 = r+s 1998, 195 = SP 1998, 207 = VersR 1998, 772.

2. Schädiger

55 Die Behauptungs- und Beweislast für die zur Anwendung des § 254 BGB führenden Umstände trägt grundsätzlich der Schädiger, der damit seine Ersatzpflicht mindern oder beseitigen will.[63] Da dem Schädiger aber nichts Unmögliches überantwortet werden darf, kann er beanspruchen, dass der Geschädigte an der Beweisführung mitwirkt, soweit es sich um Umstände aus seiner Sphäre handelt (**Sphärentheorie**).[64] Dies bedeutet, dass der Schädiger zwar die Voraussetzungen seines Einwandes aus § 254 II BGB beweisen muss, der Verletzte aber zuvor seiner Darlegungslast zu genügen hat. Deshalb muss der Geschädigte zunächst darlegen, was er unternommen hat, um seiner Schadengeringhaltungspflicht zu genügen. Demgegenüber ist es dann Aufgabe des Schädigers, zu behaupten und zu beweisen, dass der Verletzte entgegen seiner Darstellung seine Schadenminderungspflicht hätte erfüllen können.[65]

56 Ein Geschädigter muss die ihm verbliebene Arbeitskraft in zumutbarer Weise gewinnbringend nutzen.[66] Ob er dabei gegen die ihm obliegende **Schadenminderungspflicht** verstoßen hat, hat der Schädiger darzulegen und zu beweisen, insbesondere zu der Frage, ob und in welchem Umfange der Geschädigte eine ihm zumutbare Tätigkeit hätte ausüben können.[67]

57 Dem Schädiger steht es frei, gleichfalls unter Berufung auf die Erleichterungen der § 252 BGB, § 287 ZPO[68] darzulegen und zu beweisen, dass – infolge **überholender Kausalität** – der Geschädigte auch ohne den Unfall (z.B. durch anderweitige Erkrankungen, Nachlassen der Arbeitskraft, berufliche Veränderungen) ein geringeres als das behauptete Einkommen erzielt oder aus betriebs- oder gesamtwirtschaftlichen Gründen seine Arbeit verloren und kein Erwerbseinkommen erzielt hätte, die behaupteten entgangenen Einkünfte also auch ohne das schädigende Ereignis zu einem bestimmten Zeitpunkt ganz oder teilweise ohnehin entfallen wären.

3. Substantiierung

58 Zwar kommen einem Geschädigten, der Verdienstausfall einfordert, die Darlegungs- und Beweiserleichterungen der § 252 BGB, § 287 ZPO zugute. Dieses ändert aber nichts daran, dass es zur Ermittlung des Erwerbsschadens konkreter Anknüpfungstatsachen bedarf,

---

63 BGH v. 22.11.2005 – VI ZR 330/04 – BauR 2006, 1142 = VersR 2006, 286; KG v. 4.11.2002 – 12 U 4705/00 – NZV 2003, 191 = VersR 2004, 483.

64 BGH v. 22.11.2005 – VI ZR 330/04 – BauR 2006, 1142 = VersR 2006, 286. Siehe ergänzend *Küppersbusch* NZV 2005, 398, Fn 41 sowie Kap 9 Rn 27.

65 BGH v. 22.11.2005 – VI ZR 330/04 – BauR 2006, 1142 = VersR 2006, 286; BGH v. 22.4.1997 – VI ZR 198/96 – DAR 1997, 355 = MDR 1997, 880 = NJW 1997, 3381 = r+s 1997, 415 = VersR 1997, 1158 = VRS 98, 43 = zfs 1997, 326; BGH v. 23.1.1979 – VI ZR 103/78 – DAR 1980, 49 = JZ 1979, 308 = MDR 1979, 658 = NJW 1979, 2142 = r+s 1980, 20 = VersR 1979, 424 = VRS 56, 323.

66 OLG Braunschweig v. 18.9.2000 – 6 U 4/00 – NZV 2001, 517 = r+s 2001, 410 (BGH hat die Revision nicht angenommen, Beschl. v. 15.5.2001 – VI ZR 361/00 -) (Der Verletzte fand trotz nach dem Unfall – mit Querschnittlähmung – absolvierten Hochschulstudiums keine Anstellung als Diplom-Biologe. Der „vage Hinweis" des darlegungs- und beweisbelasteten Ersatzpflichtigen, Teilzeitbeschäftigungen im universitären und industriellen Bereich seien möglich, ist unzureichend, eine Beweiserhebung des Gerichtes zu veranlassen.).

67 BGH v. 3.3.1998 – VI ZR 385/96 – DAR 1998, 231 = EWiR 1998, 393 (Anm. *Grunsky*) = MDR 1998, 595 = NJW 1998, 1634 = NZV 1998, 279 = r+s 1998, 196 = SP 1998, 241 = VersR 1998, 772 = zfs 1998, 210.
Siehe zu Einzelheiten Kap 9 Rn 3 ff.

68 KG v. 23.7.2001 – 12 U 980/00 – NZV 2002, 95 = OLGR 2002, 7 (Revision – VI ZR 338/01 – nicht durchgeführt).

die der Geschädigte darlegen und nachweisen muss.[69] Es genügt, wenn der Verletzte hinreichende Anhaltspunkte für eine Schadenschätzung nach § 287 ZPO liefert.[70] Beweisantritte durch „**Einvernahme des Steuerberaters**" oder „**Einholung eines Sachverständigengutachtens**" ersetzen nicht substantiiertes Vorbringen.[71]

Ein **Sachvortrag** ist erheblich, wenn Tatsachen vorgetragen werden, die in Verbindung mit einem Rechtssatz geeignet und erforderlich sind, das geltend gemachte Recht zu begründen. Die Angabe näherer Einzelheiten ist grundsätzlich nur dann erforderlich, wenn diese für die Rechtsfolgen von Bedeutung sind; dabei hängt es vom Einzelfall ab, in welchem Maße die Partei ihr Vorbringen durch die Darlegung konkreter Einzeltatsachen noch weiter substantiieren muss.[72] Ein Anspruch ist einem Unfallverletzten zu versagen, wenn sein Vortrag völlig unsubstantiiert ist und eine sachgemäße Rechtsanwendung schlechthin nicht zulässt.[73]

Die Anforderung an die **Substantiierungslast** des Bestreitenden hängt davon ab, wie substantiiert der darlegungspflichtige Gegner vorgetragen hat.[74] Regelmäßig genügt gegenüber einer Tatsachenbehauptung des darlegungspflichtigen Klägers das einfache Bestreiten des Beklagten.[75] Ob und inwieweit die nicht darlegungsbelastete Partei ihren Sachvor-

---

69 BGH v. 3.3.1998 – VI ZR 385/96 – DAR 1998, 231 = EWiR 1998, 393 (Anm. *Grunsky*) = MDR 1998, 595 = NJW 1998, 1634 = NZV 1998, 279 = r+s 1998, 196 = SP 1998, 241 = VersR 1998, 772 = zfs 1998, 210; OLG Brandenburg v. 3.11.2005 – 12 U 74/05 –; OLG Frankfurt v. 11.3.2004 – 26 U 28/98 – zfs 2004, 452 (Anm. *Diehl*) (Es sind in jedem Fall ausreichende Anknüpfungstatsachen für eine Schätzung vorzutragen und gegebenenfalls nachzuweisen); OLG Hamm v. 1.7.1999 – 6 U 182/98 – SP 1999, 340; OLG Karlsruhe v. 3.6.2005 – 10 U 149/04 – SP 2005, 374; OLG München v. 15.9.2006 – 10 U 3622/99 – r+s 2006, 474 (Anm. *Lemcke*) (§ 287 ZPO entbindet nicht vollständig von der grundsätzlichen Beweislastverteilung und erlaubt nicht, zugunsten des Beweispflichtigen einen bestimmten Schadenverlauf zu bejahen, wenn nach den festgestellten Einzeltatsachen „alles offen" bleibt oder sich gar eine überwiegende Wahrscheinlichkeit für das Gegenteil ergibt). Siehe auch LG Verden v. 27.7.2006 – 5 O 412/04 – SP 2006, 421 (Mangels Vorliegen einer Primärverletzung – behauptetes HWS wurde nicht bewiesen – war die Einholung eines weiteren Gutachtens auf psychologischem Gebiet nicht erforderlich. Soweit die Klägerin nach Eingang sämtlicher Gutachten sich auf den Standpunkt stellte „psychische Primärverletzungen" erlitten zu haben, hatte sie sich ersichtlich dem für sie nachteiligen Gutachtenergebnis angepasst und die Behauptung von „psychovegativen Störungen nach HWS-Trauma" ersichtlich ins Blaue hinein aufgestellt.).
70 KG v. 4.11.2002 – 12 U 4705/00 – NZV 2003, 191 = VersR 2004, 483 m.w.N.
71 OLG Karlsruhe v. 14.7.2004 – 7 U 18/03 – VersR 2005, 420; AG Düsseldorf v. 18.2.2004 – 22 C 15432/03 – SP 2004, 262.
72 BGH v. 4.7.2000 – VI ZR 236/99 – MDR 2000, 1392 = VersR 2000, 1520.
   Vgl. zu den Substantiierungsanforderungen: BGH v. 13.8.1997 – VIII ZR 246/96 – NJW-RR 1998, 712; BGH v. 21.1.1999 – VII ZR 398/97 – MDR 1999, 735 = NJW 1999, 1859; BGH v. 26.5.1999 – VIII ZR 123/98 – MDR 1999, 1206 = VersR 1999, 1279 = ZIP 1999, 1307; KG v. 4.11.2002 – 12 U 4705/00 – NZV 2003, 191 = VersR 2004, 483.
73 OLG Frankfurt v. 11.3.2004 – 26 U 28/98 – zfs 2004, 452 (Anm. *Diehl*) (Schätzung unzulässig, wenn sie mangels greifbarer, vom Geschädigten vorzutragender Anhaltspunkte völlig in der Luft hängen würde), OLG Karlsruhe v. 3.6.2005 – 10 U 149/04 – SP 2005, 374; OLG Koblenz v. 7.11.2005 – 12 U 1240/04 – HVBG-Info 2006, 786 = JurBüro 2006, 332 = OLGR 2006, 385 = SP 2006, 6, 89; OLG München v. 1.7.2005 – 10 U 2544/05 – SVR 2006, 180 (Anm. *Quarch*); AG Düsseldorf v. 18.2.2004 – 22 C 15432/03 – SP 2004, 262 (Inhaltliche nichtssagende Bescheinigung des Steuerbraters).
74 BGH v. 19.4.1999 – II ZR 331/97 – VersR 2000, 514; BGH v. 3.2.1999 – VIII ZR 14/98 – MDR 1999, 696 = VersR 2000, 511; BGH v. 8.12.1992 – VI ZR 24/92 – MDR 1993, 319 = VersR 1993, 367 = WM 1993, 461; BGH v. 12.10.1989 – IX ZR 184/88 – MDR 1990, 238 = WM 1989, 1779.
75 BGH v. 3.2.1999 – VIII ZR 14/98 – MDR 1999, 696 = VersR 2000, 511; BGH v. 11.7.1995 – X ZR 42/93 – MDR 1996, 352 = NJW 1995, 3311; BGH v. 23.3.1993 – VI ZR 176/92 – MDR 1994, 45 = NJW 1993, 1782 = VersR 1993, 759.
   BGH v. 11.7.1995 – X ZR 42/93 – MDR 1996, 352 = NJW 1995, 3311.

trag substantiieren muss, lässt sich aber nur aus dem Wechselspiel von Vortrag und Gegenvortrag bestimmen, wobei die Ergänzung und Aufgliederung des Sachvortrags bei hinreichendem Gegenvortrag immer zunächst Sache der darlegungs- und beweispflichtigen Partei ist.[76]

61 Eine darüber hinausgehende Substantiierungslast trifft die nicht beweisbelastete Partei nur ausnahmsweise dann, wenn der darlegungspflichtige Gegner außerhalb des von ihm darzulegenden Geschehensablaufs steht und die maßgebenden Tatsachen nicht näher kennt, während sie der anderen Partei bekannt und ihr ergänzende Angaben zuzumuten sind.[77]

62 Das **Gericht** braucht die Sachaufklärung zwar nicht bis zur vollen Überzeugung von der endgültigen Schadenhöhe fortzusetzen, es darf aber nicht einen substantiierten Vortrag zur Entwicklung der Schadenhöhe von vornherein außer Acht lassen. § 287 ZPO erfasst grundsätzlich auch diejenigen Fälle, bei denen zur Schadensbemessung eine Zukunftsprognose erforderlich ist.[78] Maßgeblich für die Schadensbemessung ist der Zeitpunkt der letzten mündlichen Verhandlung.[79]

63 Steht der geltend gemachte Anspruch dem Grunde nach fest und bedarf es nun nur noch der Ausfüllung der Höhe, muss der Tatrichter auch bei Lücken oder sonstigen Unklarheiten im Vortrag immer nach pflichtgemäßem Ermessen beurteilen, ob nicht wenigstens die Schätzung eines Mindestanspruches möglich ist.[80]

4. Anscheinsbeweis

64 Die dem Geschädigten obliegende Beweisführung wird im Einzelfall durch die von der Rechtsprechung herausgebildeten Grundsätze des Anscheinsbeweises erleichtert.[81] Steht danach ein Sachverhalt fest, der nach der Lebenserfahrung auf eine bestimmte Ursache oder einen bestimmten Geschehensablauf hinweist, so ist diese Ursache oder dieser Ablauf, wenn der Fall das Gepräge des Üblichen und Gewöhnlichen trägt, als bewiesen anzusehen.

65 Der Anscheinsbeweis bedeutet nicht, dass die beweisbelastete Partei ihre Darstellung nur wahrscheinlich zu machen braucht. Der streng nachgewiesene Teilsachverhalt und allgemeine oder besondere Erfahrungsgrundsätze müssen vielmehr zusammen die volle Überzeugung des erkennenden Gerichts von der Richtigkeit des behaupteten Geschehensablaufs begründen.[82]

66 Die Beweislast kehrt der Anscheinsbeweis nach allgemeiner Meinung nicht um. Greift der Anscheinsbeweis, ist er nur dann entkräftet, wenn der Gegner Tatsachen vorträgt und im

---

[76] BGH v. 19.4.1999 – II ZR 331/97 – VersR 2000, 514; BGH v. 3.2.1999 – VIII ZR 14/98 – MDR 1999, 696 = VersR 2000, 511; BGH v. 1.4.1993 – VII ZR 22/92 – MDR 1993, 1137 = DtZ 1993, 278; BGH v. 30.9.1993 – VII ZR 178/91 – MDR 1993, 1206 = NJW 1993, 3196.

[77] BGH v. 3.2.1999 – VIII ZR 14/98 – MDR 1999, 696 = VersR 2000, 511; BGH v. 23.3.1993 – VI ZR 176/92 – MDR 1994, 45 = NJW 1993, 1782 = VersR 1993, 759; BGH v. 11.7.1995 – X ZR 42/93 – MDR 1996, 352 = NJW 1995, 3311; BGH v. 11.6.1990 – II ZR 159/89 – MDR 1991, 226 = WM 1990, 1844 = VersR 1990, 1254; BGH v. 17.10.1996 – IX ZR 293/95 – MDR 1997, 193 = WM 1996, 2253.

[78] BGH v. 2.4.2001 – II ZR 31/99 – VersR 2002, 242.

[79] BGH v. 2.4.2001 – II ZR 31/99 – VersR 2002, 242; BGH v. 12.7.1996 – V ZR 117/95 – NJW 1996, 2652; KG v. 20.10.2005 – 12 U 31/03 – DAR 2006, 149 = NZV 2006, 207 = VersR 2006, 794 = zfs 2006, 147 (Anm. *Diehl*).

[80] OLG Frankfurt v. 11.3.2004 – 26 U 28/98 – zfs 2004, 452 (Anm. *Diehl*).

[81] *Palandt-Heinrichs* Vorbemerkung § 249 Rn 163 m.w.N.

[82] OLG Köln v. 25.2.2005 – 6 U 139/04 – DAR 2005, 404 = MDR 2005, 1346 = NZV 2005, 523 = OLGR 2005, 334 = SVR 2006, 31 (nur LS) (Anm. *Schwab*) = VRS (2005) 109, 263.

Bestreitensfalle auch beweist, aus denen sich die ernsthafte Möglichkeit des anderen Geschehensablaufs ergibt. Kann der Schaden auf mehrere typische Geschehensabläufe zurückzuführen sein, von denen nur einer zur Haftung des in Anspruch genommenen Schädigers führt, muss der Geschädigte diesen Ablauf beweisen, sofern auch die anderen Abläufe ernsthaft in Betracht kommen. Erschütternd ist der Anscheinsbeweis, wenn unstreitig oder vom Inanspruchgenommenen bewiesen wird, dass ein schädigendes Ereignis durch zwei verschiedene Ursachen mit jeweils typischen Geschehensabläufen herbeigeführt worden sein und jede für sich allein den Schaden verursacht haben kann.[83] Haftet der Inanspruchgenommene in einem solchen Fall nur für eine der möglichen Ursachen, sind die Regeln über den Anscheinsbeweis nicht anwendbar. Dabei kommt es noch nicht einmal darauf an, ob die eine oder andere Verursachungsmöglichkeit nach den Erfahrungen des täglichen Lebens die wahrscheinlichere ist.[84]

---

[83] BGH v. 5.10.2004 – XI ZR 210/03 – BB 2004, 2484 (Anm. *Spindler* BB 2004, 2766) = BGHZ 160, 308 = DB 2004, 2577 = EWiR 2005, 167 (nur LS) (Anm. *van Look*) (Anm. *Derleder* EWiR 2005, 579) = JuS 2005, 177 (nur LS) (Anm. *Eggers* JuS 2005, 492) = MDR 2005, 159 (Anm. *Timme* MDR 2005, 304) = NJW 2004, 3623 = VersR 2005, 272 = WM 2004, 2309 (Anm. *Hofmann* WM 2005, 441) = ZIP 2004, 2226; OLG Köln v. 25.2.2005 – 6 U 139/04 – DAR 2005, 404 = MDR 2005, 1346 = NZV 2005, 523 = OLGR 2005, 334 = SVR2006, 31 (nur LS) (Anm. *Schwab*) = VRS (2005) 109, 263.

[84] BGH v. 5.10.2004 – XI ZR 210/03 – BB 2004, 2484 (Anm. *Spindler* BB 2004, 2766) = BGHZ 160, 308 = DB 2004, 2577 = EWiR 2005, 167 (nur LS) (Anm. *van Look*) (Anm. *Derleder* EWiR 2005, 579) = JuS 2005, 177 (nur LS) (Anm. *Eggers* JuS 2005, 492) = MDR 2005, 159 (Anm. *Timme* MDR 2005, 304) = NJW 2004, 3623 = VersR 2005, 272 = WM 2004, 2309 (Anm. *Hofmann* WM 2005, 441) = ZIP 2004, 2226; OLG Köln v. 25.2.2005 – 6 U 139/04 – DAR 2005, 404 = MDR 2005, 1346 = NZV 2005, 523 = OLGR 2005, 334 = SVR2006, 31 (nur LS) (Anm. *Schwab*) = VRS (2005) 109, 263.

Kapitel 12   Verjährung[1]

A. Schuldrechtsreform[2]

Die durch die Schuldrechtsreform zum 1.1.2002 in das BGB eingeführten Bestimmungen für die Verjährung gelten nicht nur für neue schuldrechtliche Beziehungen (und damit auch für die Abwicklung von Schadenfällen), sondern sind letztlich auf alle laufenden Rechtsbeziehungen unabhängig von ihrem Entstehungszeitpunkt auch rückwirkend anzuwenden.[3]

Für Haftpflichtfälle, die ihren Ursprung erst in Ereignissen nach dem 31.12.2001 haben, gilt ausschließlich das neue, durch das Schuldrechtsmodernisierungsgesetz geschaffene Verjährungsrecht.

Für ältere, vor dem 1.1.2002 begründete Haftpflichtfälle enthält Art. 229 § 6 EGBGB die verjährungsrechtlichen Übergangsbestimmungen in Anlehnung an Art. 169 EGBGB,[4] 231 § 6 EGBGB.[5] Grundsätzliches Ziel der Übergangsregel ist die Verkürzung der bisher bestehenden Verjährungsregeln auf die jeweils kürzeren Fristen. Nach Art. 229 § 6 I 2 EGBGB gilt – analog Art. 231 § 6 I 2 EGBGB -, dass (abweichend von der Grundregel des Art. 229 § 5 I 1 EGBGB) für die am 31.12.2001 noch nicht verjährten Ansprüche die Länge der Verjährungsfrist und die sie beeinflussenden Umstände (Beginn, Hemmung, Unterbrechung) für den Zeitraum vor dem 1.1.2002 nach dem BGB in der bis zu diesem Tag geltenden („alten") Fassung bestimmt wird. Ab dem 1.1.2002 sind die durch das Schuldrechtsmodernisierungsgesetz geschaffenen neuen Regeln anzuwenden.[6]

Auf am 1.1.2002 bereits verjährte Ansprüche ist das neue Recht ausdrücklich nicht anwendbar, Art. 229 § 6 I 1 EGBGB.

B. Verjährung (§§ 194 ff. BGB)

Das Gesetz ist geprägt von dem Bestreben, alle vertraglichen und außervertraglichen Ansprüche (auch außerhalb des BGB) einer einheitlichen Verjährungsregelung zu unterwerfen und gleichzeitig die allgemeine Verjährungsfrist von früher 30 Jahren auf 3 Jahre (§ 195 BGB) drastisch zu reduzieren. Für die Reform des Verjährungsrechts orientierte

---

1 Zum Verjährungsrecht ausführlich *Jahnke* „Abfindung von Personenschadenansprüchen" § 5.
2 Zu Einzelproblemstellungen *Jahnke* „Abfindung von Personenschadenansprüchen" § 5 Rn 10 ff.
3 Dazu im Detail *Jahnke* „Auswirkungen der Rechtsänderungen durch das Schuldrechtmodernisierungsgesetz und das (geplante) 2. Schadenrechtsänderungsgesetz auf die Regulierung von Personenschadenansprüchen" zfs 2002, 105.
4 Siehe auch: BGH v. 6.12.1973 – VII ZR 37/73 – DAR 1974, 74 = NJW 1974, 237 = VersR 1974, 125 (Vorinstanz OLG Düsseldorf v. 23.1.1973 – 4 U 168/72 – VersR 1973, 338) (ersetzt das Gesetz den früheren Rechtszustand durch eine grundlegende Neuregelung mit geänderter Verjährungsfrist, verjährt der früher entstandene Anspruch nach altem Recht, wenn es an einer anderslautenden Übergangsnorm fehlt); BGH v. 17.10.1960 – VII ZR 216/59 – NJW 1961 25 = VersR 1960, 1036 (entsprechende Anwendung von Art. 169 II EGBGB, hier Art. 6 Gesetz zur Änderung des HGB v. 6.8.1953, BGBl I 1953, 771).
5 Verfassungsrechtliche Bedenken werden bereits geäußert: *Ayad* DB 2001, 2697.
6 Vgl. BGH v. 23.1.2007 – XI ZR 44/06 – BGHReport 2007, 430 = BGHZ 171, 1 = DStR 2007, 685 (Anm. *Goette* DStR 2007, 821) = NJW 2007, 1584 (Anm. *Witt*) = VersR 2007, 1090 = WM 2007, 639 = ZIP 2007, 624; BGH v. 8.7.1999 – III ZR 159/97 – BauR 2001, 461 = BGHZ 142, 172 = NJW 1999, 3332 = VersR 2001, 113 = WM 1999, 620 (zu Art. 231 § 6 EGBGB).

sich der Gesetzgeber weitgehend am Leitbild des § 852 BGB a.F., da sich das System des § 852 BGB a.F. grundsätzlich bewährt habe.[7] Für den Bereich der deliktischen Haftung halten sich damit die Änderungen in überschaubarem Rahmen.

I. Allgemeines

6 Die Verjährung bewirkt ein **Leistungsverweigerungsrecht** (§ 214 I BGB), der Anspruch geht also nicht unter. Aufrechnung und Zurückbehaltungsrechte können trotz Verjährung dann geltend gemacht werden, wenn zu unverjährter Zeit Gegenseitigkeit bestand (§ 215 BGB). Mit dem Hauptanspruch verjähren auch von ihm abhängige Nebenleistungen (§ 217 BGB).

7 **Aufrechnung** und **Zurückbehaltungsrechte** können trotz Verjährung dann geltend gemacht werden, wenn zu unverjährter Zeit Gegenseitigkeit bestand (§ 215 BGB).

II. Prozessuales

1. Einrede

8 Der Verjährungseinwand ist eine **Einrede** (vgl. auch § 10 III 1, 2. Halbs. GKG a.F., § 5 III 1, 2. Halbs. GKG 2004, § 15 IV 2 ZSEG a.F.,[8] § 2 III 4 JVEG). Die Geltendmachung der Verjährung ist eine geschäftsähnliche Handlung des sachlichen Rechts und setzt die Bekundung des Schuldnerwillens voraus, die Leistung endgültig zu verweigern und dies mit dem Ablauf der Verjährungsfrist zu begründen. Bevor dies geschehen ist, steht dem Verlangen des Gläubigers auf Erbringung der Leistung nichts entgegen.[9]

---

[7] BT-Drucksache 14/6040, S. 104 f.
[8] Siehe auch Art. 5 IX Regierungsentwurf eines Gesetzes zur Modernisierung des Schuldrechts (BT-DrS 14/6040, S. 43, 279).
[9] BGH v. 23.6..2008 – GSZ 1/08 – (Die erstmals im Berufungsrechtzug erhobene Verjährungseinrede ist unabhänig von den Voraussetzungen des § 531 II 1 Nr. 1–3 ZPO zuzulassen, wenn die Erhebung der Verjährungseinrede und die den Verjährungseintriitt begründenden tatsächlichen Umstände zwischen den Prozessparteien unstreitig sind); BGH v. 2.10.2003 – V ZB 22/03 – BB 2003, 2595.

B. Verjährung (§§ 194 ff. BGB)

Die Einrede kann bis zum **Schluss der mündlichen Verhandlung**, nur noch ausnahmsweise nach Änderung des § 531 II ZPO auch noch in der **Berufungsinstanz**,[10] jedenfalls aber nicht mehr in der **Revision**,[11] erhoben werden.[12] Es reicht aus, wenn die Verjährungseinrede einmal erhoben ist. Eine ausdrückliche Wiederholung in der nächsten **Instanz** ist nicht erforderlich.[13]

9

Die Einrede kann von einem Haftpflichtversicherer auch dann noch dem deckungsrechtlich zu beurteilenden Befreiungsanspruch gegenüber eingewandt werden, wenn in einem vorangegangenen Verfahren trotz der Verjährung des Deckungsanspruches (§ 12 VVG a.F.) Schutz für die Verteidigung gegenüber erhobenen Haftpflichtansprüchen gewährt wurde.[14]

10

Einreden sind in einem Prozess nicht von Amts wegen zu beachten, ein **Versäumnisurteil** gegen den ausgebliebenen Beklagten ist also möglich (§ 331 II ZPO). Dies gilt selbst dann, wenn die klagende Partei prozessual vorträgt, der Gegner berufe sich bereits vorprozessual auf Verjährung.[15]

11

Der richterliche Hinweis auf einen bedenkenswerten Verjährungseinwand begründet nicht zugleich zwingend den Vorwurf der **Befangenheit**.[16] Der Richter überschreitet die Schwelle zur Parteilichkeit allerdings, wenn er einem Prozessbeteiligten den entsprechenden Ratschlag gibt oder ihn sogar bedrängt, sich auf Verjährung zu berufen.[17]

12

---

10 BGH v. 19.1.2006 – III ZR 105/05 – BB 2006, 574 = BGHReport 2006, 570 = BGHZ 166, 29 = DB 2006, 499 = JZ 2006, 524 (Anm. *Herresthal*) MDR 2006, 822 = NJW-RR 2006, 630 = VersR 2006, 546 = WM 2006, 479 = ZIP 2006, 68 (die erstmals in der Berufungsinstanz erhobene Verjährungseinrede ist ohne Rücksicht auf die besonderen Voraussetzungen in § 531 II ZPO zuzulassen, wenn sie auf Grundlage unstreitigen Tatsachenvorbringens zu beurteilen ist); OLG Karlsruhe v. 12.9.2007 – 7 U 169/06 – NJW 2008, 925 = NZV 2008, 246 (nur LS (erstmalige Erhebung der Verjährungseinrede im Berufungsrechtszug ist unabhängig davon, ob die Tatsachen auf die sich die Erhebung der Verjährungseinrede gründet, unstreitig sind, nicht zuzulassen); OLG Karlsruhe v. 4.11.2004 – 19 U 216/03 – BRAK-Mitt 2005, 112 (Anm. *Chab*) = MDR 2005, 412 = VersR 2005, 1306 (die erstmals in der Berufungsinstanz erhobene Verjährungseinrede ist nicht nach § 531 II ZPO ausgeschlossen, wenn der zugrundeliegende Sachverhalt unstreitig ist und bei Zulassung keine Beweisaufnahme erforderlich wird); OLG Bamberg v. 28.12.2004 (Hinweisbeschluß zu 14 O 711/01) ließ die Einrede nicht mehr zu, weil aus dem Vorbringen des Beklagten kein Grund erkennbar war, die Einrede nicht schon in erster Instanz zu bringen (*Chab* BRAK-Mitt 2005, 112); offengelassen: BGH v. 6.12.2007 – III ZR 146/07 – BGHReport 2008, 315 = MDR 2008, 375 = NJW-RR 2008, 459 = WM 2008, 490; ablehnend: BGH v. 21.12.2005 – X ZR 165/04 – BGHReport 2006, 599 = MDR 2006, 766 (Anm. *Noethen* MDR 2006, 1024); vgl. auch OLG Hamm v. 16.9.1994 – 20 U 11/94 – VersR 1995, 819 (Berufung auf Verfristung der Klage [§ 12 III VVG a.F.] ist auch in 2. Instanz noch möglich); OLG Neustadt v. 14.11.1958 – 1 U 123/58 – VersR 1959, 299; siehe auch BGH v. 19.10.2005 – IV ZR 89/05 – SP 2006, 295 = zfs 2006, 153 (Beruft sich ein Versicherer auf den Ablauf der Klagefrist des § 12 III VVG a.F. erstmals in der Berufungsinstanz, so liegt darin weder ein – erstinstanzlich konkludent erklärter – Verzicht auf die sich aus § 12 III VVG a.F. ergebende Leistungsfreiheit noch ein Rechtsmissbrauch. Das Berufen auf den Ablauf der Frist nach § 12 III VVG a.F. steht im Prozess zur Disposition des Versicherers – ist also nicht von Amts wegen zu beachten -, ohne dass eine Verpflichtung zum unverzüglichen Geltendmachen besteht.).
11 BGH v. 1.3.1951 – III ZR 205/50 – BGHZ 1, 234.
12 BGH v. 25.8.1988 – IVa ZR 14/87 – NJW-RR 1988, 1195 = VersR 1988, 953; zur Rechtzeitigkeit der Verjährungseinrede im Prozess siehe *Zöller-Gummer/Heßler*, § 531 Rn 31.
13 BGH v. 15.12.1988 – IX ZR 33/88 – MDR 1989, 445 = VersR 1989, 286.
14 OLG Stuttgart v. 15.7.1999 – 7 U 266/98 – VersR 2000, 881.
15 BGH v. 2.10.2003 – V ZB 22/03 – BB 2003, 2595.
16 Siehe BGH v. 12.11.1997 – IV ZR 214/96 – VersR 1998, 1437 m.w.N.
17 BGH v. 2.10.2003 – V ZB 22/03 – BB 2003, 2595; OLG Frankfurt v. 13.12.2000 – 16 W 47/00 – OLGR 2001, 146.

2. Beweislast

13 Der **Leistungspflichtige** (Schadenersatzschuldner), der sich auf den Verjährungseintritt berufen will, hat Beginn und Ablauf der Verjährungsfrist darzulegen und zu beweisen.[18]

14 Den **Gläubiger** (Anspruchsteller bzw. Drittleistungsträger) trifft die Darlegungs- und Beweislast für die Voraussetzungen von Hemmung und Unterbrechung.

III. Fristenlauf

1. Allgemein

15 Der Zeitpunkt des **Fristbeginns**, die **Fristdauer** (und damit ihr Ende) sowie deren **Ablauf** hemmende oder unterbrechende Umstände bestimmen die Verjährung.

16 Die Novellierung behält die frühere gesetzliche Systematik bei. Das Verjährungsrecht berücksichtigt den Ablauf einer Verjährungsfrist beeinflussende Umstände und Ereignisse

17 ▪ durch eine **Hemmung** (die Nichteinrechnung bestimmter Zeiten in die Verjährungsfrist, §§ 203 – 209 BGB),

18 ▪ eine **Ablaufhemmung** (die Verjährungsfrist läuft frühestens eine bestimmte Zeit nach Wegfall von Gründen ab, die der Geltendmachung des Anspruchs entgegenstehen, §§ 210, 211 BGB) oder

19 ▪ durch eine **Unterbrechung** der Verjährung (Neubeginn der Verjährung, § 212 BGB).

20 Schadenersatzansprüche wegen Personenschaden unterliegen stets einer einheitlichen Verjährung, auch wenn sie vertraglicher Natur sind (z.B. Haftung aus Verletzung eines ärztlichen Behandlungsvertrages ohne gleichzeitigen Nachweis deliktischer Haftung). Bei **Anspruchskonkurrenz** (z.B. positive Vertragsverletzung neben § 823 BGB) gilt für alle wahlweise geltend zu machenden Ansprüche stets eine einheitliche Verjährungsfrist (siehe auch §§ 199 II; 213 BGB).

21 Für den Fristenlauf ist abzuwägen: Einerseits muss dem Gläubiger eines Anspruches „eine faire Chance"[19] eröffnet sein, seinen Anspruch geltend zu machen. Dazu muss er ausreichend Gelegenheit haben, Bestand und Berechtigung seiner Forderung zu prüfen, Beweise zu sammeln und notfalls die gerichtliche Klärung herbeizuführen. Andererseits verdient auch der Schuldner Schutz, wobei in erster Linie die Nachteile zu sehen sind, die der Ablauf von Zeit für die Abwehr unbegründeter Ansprüche mit sich bringt (Verlust von Beweismitteln, insbesondere Zeugen und Belege). Abzuwägen ist auch der Umstand, dass ein Schuldner darauf vertraut, dass eine Forderung nicht mehr geltend gemacht wird und dementsprechend disponiert.[20]

---

18 BGH v. 10.4.2008 – VII ZR 58/07 – BauR 2008, 1305 = BGHReport 2008, 833 = BGHZ 176, 128 = MDR 2008, 875 = NJW 2008, 2429 = VersR 2008, 1075 = WM 2008, 1329; BGH v. 23.1.2007 – XI ZR 44/06 – BGHReport 2007, 430 = BGHZ 171, 1 = DStR 2007, 685 (Anm. *Goette* DStR 2007, 821) = NJW 2007, 1584 (Anm. *Witt*) = VersR 2007, 1090 = WM 2007, 639 = ZIP 2007, 624; BGH v. 19.1.2006 – III ZR 105/05 – BB 2006, 574 = BGHReport 2006, 570 = BGHZ 166, 29 = DB 2006, 499 = JZ 2006, 524 (Anm. *Herresthal*) MDR 2006, 822 = NJW-RR 2006, 630 = VersR 2006, 546 = WM 2006, 479 = ZIP 2006, 68 (nach allgemeinen Beweislastgrundsätzen ist derjenige, der sich auf die Verjährung beruft, darlegungs- und beweispflichtig dafür, dass die Voraussetzungen der von ihm in Anspruch genommenen Norm vorliegen – konkret spezielle Verjährungsvorschrift im Wertpapierrecht); BGH v. 30.1.1980 – VIII ZR 237/78 – WM 1980, 534 (zu II.3.a.).
19 Zur Interessenabwägung *Jahnke* „Abfindung von Personenschadenansprüchen" § 5 Rn 1 ff.
20 BT-Drucksache 14/6040, S. 95 f., 100.

2. Verjährungsfrist und Anspruchsart

Das bisherige Verjährungsrecht kannte viele unterschiedliche Fristen zwischen 6 Wochen und 30 Jahren auch für ähnliche oder gleiche Tatbestände, wobei die Frist regelmäßig an der Rechtsnatur des Anspruches anknüpfte.

a. Allgemeine Frist

Die allgemeine Frist von 30 Jahren wurde als zu lang angesehen, u.a. mit Rücksicht darauf, dass der Verpflichtete davor geschützt werden soll, für unzumutbar lange Zeiträume vorsorglich Beweismittel aufzubewahren und andere Maßnahmen zur Abwehr unbegründeter Ansprüche zu treffen. Das Gesetz definiert die regelmäßige Verjährungsfrist nunmehr mit 3 Jahren (§ 195 BGB), beginnend mit Jahresultimo (§ 199 BGB).

b. Vertragliche Ansprüche

Für vertragliche Ansprüche, z.B. aus Teilungsabkommen, aber auch der Pflichtverletzung[21] eines Behandlungsvertrages, die nach dem früheren Recht je nach Vertragstyp und Anspruchsart zwischen 6 Wochen und 30 Jahren verjähren, gilt nunmehr eine einheitliche Frist von 3 Jahren.

c. Gesetzliche Ansprüche

Gesetzliche Ansprüche (u.a. Geschäftsführung ohne Auftrag, ungerechtfertigte Bereicherung,[22] Ansprüche aus dem Eigentümer-Besitzer-Verhältnis außerhalb von § 197 I Nr. 1 BGB) verjähren in 3 Jahren (§ 195 BGB).

Auch der **Gesamtschuldnerausgleich** fällt unter diese 3-Jahres-Frist.[23] Ein Problem stellt u.a. die Abwicklung von Gesamtschuldfällen in reinen Teilungsabkommensfällen dar.

> *Beispiel 12.1:*
> Ein Versicherungsnehmer meldet rein vorsorglich trotz objektiv fehlender Haftung seiner Haftpflichtversicherung den Schadenfall, bei dem ein Insasse durch die Kollision mit einem 2. Fahrzeug verletzt wird. Erst 4 Jahre später meldet sich für einen Insassen eine Krankenkasse mit Ansprüchen nach Teilungsabkommen.
>
> *Ergebnis:*
> Der Regress erweist sich unter Verjährungsaspekten als problematisch.

Zu beachten ist die 10-Jahres-Frist des § 199 IV BGB bei fehlendem Wissen.

d. Deliktische Ansprüche

Deliktische Ansprüche werden differenziert betrachtet (§ 852 BGB a.F. ist aufgehoben).

---

21 Zur Verjährung aus Vertragsverletzung siehe BGH v. 9.11.2007 – V ZR 25/07 – BGHReport 2008, 159 = BRAK-Mitt 2008, 59 (nur LS) (Anm. *Jungk*) = DNotZ 2008, 453 = MDR 2008, 191 = NJW 2008, 506 = WM 2008, 89.
22 BGH v. 19.3.2008 – III ZR 220/07 – ags 2008, 321 = BGHReport 2008, 625 = BRAK-Mitt 2008, 114 (nur LS) (Anm. *Grams*) = MDR 2008, 615 = NJW-RR 2008, 1237 = VersR 2008, 1121 = WM 2008, 1077; BGH v. 23.1.2007 – XI ZR 44/06 – BGHReport 2007, 430 = BGHZ 171, 1 = DStR 2007, 685 (Anm. *Goette* DStR 2007, 821) = NJW 2007, 1584 (Anm. *Witt*) = VersR 2007, 1090 = WM 2007, 639 = ZIP 2007, 624.
23 OLG Karlsruhe v. 7.2.2008 – 12 U 126/07 – zfs 2008, 216.

aa. Personenschaden

30 Bei Personenschäden beträgt die Frist 3 Jahre ab Kenntnis bzw. Kennenmüssen von Schaden und Schädiger (§§ 195, 199 I BGB), der Fristbeginn ist allerdings auf den Ablauf des 31.12. des laufenden Jahres (Jahresultimo) verschoben. Es gilt unabhängig von der Kenntnis eine absolute Verjährungsfrist von 30 Jahre ab dem „Schadentag" (§ 199 II BGB). Schadensersatzansprüche wegen Personenschaden unterliegen stets einer einheitlichen Verjährung, auch wenn sie vertraglicher Natur sind.

bb. Sachschaden

31 Bei Sachschäden beträgt die Frist ebenfalls 3 Jahre ab Kenntnis bzw. Kennenmüssen von Schaden und Schädiger, beginnend mit Jahresultimo. Ohne Rücksicht auf die Kenntnis gilt eine absolute Frist von 10 Jahren ab Entstehung, längstens 30 Jahre ab „Schadentag" (§ 199 III BGB). Maßgeblich ist die früher endende Frist (§ 199 III 2 BGB).

e. Sonstige Rechte

32 Für Ansprüche aus vollstreckbaren Titeln verbleibt es bei der Frist von 30 Jahren (§ 197 I Nrn. 3 – 5 BGB), beginnend mit der Rechtskraft der Entscheidung (§ 201 BGB).

33 Ansprüche auf regelmäßig wiederkehrende Leistungen und Unterhaltsleistungen verjähren – wie schon nach früherem Recht – unabhängig von ihrem Rechtsgrund in einer kürzeren Frist von dann 3 (statt bislang 4) Jahren (§ 197 II BGB) ab Jahresultimo (§§ 195, 199 I BGB), und zwar auch bei bestehendem Feststellungsurteil hinsichtlich der künftig fällig werdenden Leistungen (§ 197 II 2 BGB).[24]

3. Beginn der Verjährung

34 **§ 199 BGB – Beginn der regelmäßigen Verjährungsfrist und Höchstfristen**

(1) Die regelmäßige Verjährungsfrist beginnt mit dem Schluss des Jahres, in dem
1. der Anspruch entstanden ist und
2. der Gläubiger von den den Anspruch begründenden Umständen und der Person des Schuldners Kenntnis erlangt oder ohne grobe Fahrlässigkeit erlangen müsste.

(2) Schadensersatzansprüche, die auf der Verletzung des Lebens, des Körpers, der Gesundheit oder der Freiheit beruhen, verjähren ohne Rücksicht auf ihre Entstehung und die Kenntnis oder grob fahrlässige Unkenntnis in 30 Jahren von der Begehung der Handlung, der Pflichtverletzung oder dem sonstigen, den Schaden auslösenden Ereignis an.

(3) [1]Sonstige Schadensersatzansprüche verjähren
1. ohne Rücksicht auf die Kenntnis oder grob fahrlässige Unkenntnis in zehn Jahren von ihrer Entstehung an und
2. ohne Rücksicht auf ihre Entstehung und die Kenntnis oder grob fahrlässige Unkenntnis in 30 Jahren von der Begehung der Handlung, der Pflichtverletzung oder dem sonstigen, den Schaden auslösenden Ereignis an.

[2]Maßgeblich ist die früher endende Frist.

(4) Andere Ansprüche als Schadensersatzansprüche verjähren ohne Rücksicht auf die Kenntnis oder grob fahrlässige Unkenntnis in 10 Jahren von ihrer Entstehung an.

---

24 BGH v. 30.5.2000 – VI ZR 300/99 – DAR 2000, 476 = r+s 2000, 417 = VersR 2000, 1116; BGH v. 20.11.1997 – IX ZR 136/97 – NJW 1998, 1058; BGH v. 6.3.1990 – VI ZR 44/89 – DAR 1990, 226 = MDR 1990, 809 = NJW-RR 1990, 664 = VersR 1990, 755 = zfs 1990, 28.

> (5) Geht der Anspruch auf ein Unterlassen, so tritt an die Stelle der Entstehung die Zuwiderhandlung.

Die regelmäßige Verjährungsfrist beträgt 3 Jahre, beginnend mit dem Schluss des Jahres (Jahresultimo), in dem der Anspruch entstanden ist und der Gläubiger des Anspruches von den den Anspruch begründenden Umständen und der Person des Schuldners Kenntnis erlangte oder ohne grobe Fahrlässigkeit Kenntnis hätte erlangen können (§ 199 I BGB).

a. Entstehung

Entstehung i.S.v. § 199 BGB meint letztlich die Fälligkeit eines Ersatzanspruches und setzt § 198 S. 1 BGB a.F. fort. Die Verjährung bei Körperverletzungen beginnt für den gesamten Schaden bereits mit der schädigenden Handlung und nicht erst mit der Schadenentstehung,[25] der Schaden stellt eine Einheit dar. Erfasst werden alle Schadenfolgen, deren Eintritt im Zeitpunkt der allgemeinen Schadenkenntnis nur als möglich voraussehbar waren.[26] Die volle Übersehbarkeit des Umfanges und der Höhe des Schadens ist für den Verjährungsbeginn nicht erforderlich. Der Grundsatz der Schadenseinheit beruht auf den Geboten der Rechtsklarheit und -sicherheit; hieraus folgt, dass Ausnahmen von diesem Grundsatz nur in eng begrenzten Fällen akzeptabel sind.[27]

Für das Schadensersatzrecht setzt nicht mehr das Schadenereignis bzw. der Tag, an dem die erforderliche Kenntnis erlangt wird, den Startpunkt, sondern stets das Jahresende. In aller Regel fallen Entstehung und Fälligkeit des Anspruches zusammen; die gesetzliche Neuregelung will aber auch die bestehende Rechtsprechung zu Spätschäden fortgesetzt wissen,[28] lässt dann aber offen, ob die Frist stets mit Jahresultimo beginnt oder aber, wie in den Fällen der Hemmung / Unterbrechung,[29] unterhalb des Jahres am auf die Kenntniserlangung folgenden Tag. Existiert eine Grunderkrankung, die erst später zu weiteren Schäden führt, so besteht kein Grund, den Fristbeginn auf das Jahresende zu verschieben; anderes kann aber gelten, wenn aus einem Ereignis erst spät erstmals Körperschäden resultieren.

b. Kenntnis, grob fahrlässige Unkenntnis

Anders als im bis zum 31.12.2001 geltenden Recht setzt grob fahrlässige Unkenntnis von Schaden und Schädiger (**Kennenmüssen**) wie bei § 12 I ProdHaftG die Verjährung in Lauf. Zu Lasten des Verletzten oder seines Rechtsnachfolgers wirkt damit nicht nur positive Kenntnis, sondern auch grob fahrlässige Unkenntnis eines **Vertreters**.[30]

aa. Positive Kenntnis

Die Rechtsprechung zu § 852 BGB a.F. hatte die grob fahrlässige Unkenntnis generell nicht in den Verjährungslauf einbezogen und nur die missbräuchliche Nichtkenntnis der

---

25 BT-Drucksache 14/6040, S. 109.
26 BGH v. 16.11.1999 – VI ZR 37/99 – DAR 2000, 115 = NZV 2000, 204 = r+s 2000, 110 = SP 2000, 86 = VersR 2000, 331 = zfs 2000, 150.
27 BGH v. 3.6.1997 – VI ZR 71/96 – DAR 1997, 395 = NJW 1997, 2448 = NZV 1997, 395 = r+s 1997, 368 = VersR 1997, 1111 = zfs 1997, 365.
28 BT-Drucksache 14/7052, S. 180.
29 Siehe Kap 12 Fn 38, 39.
30 BGH v. 23.1.2007 – XI ZR 44/06 – BGHReport 2007, 430 = BGHZ 171, 1 = DStR 2007, 685 (Anm. *Goette* DStR 2007, 821) = NJW 2007, 1584 (Anm. *Witt*) = VersR 2007, 1090 = WM 2007, 639 = ZIP 2007, 624.

verlangten Kenntnis gleichgesetzt.³¹ Eine Schadensersatzforderung verjährte ohne **positive Kenntnis** des Geschädigten von den nach § 852 I BGB a.F. erforderlichen Umständen nur, wenn der Gläubiger es verabsäumte, eine gleichsam auf der Hand liegende Erkenntnismöglichkeit wahrzunehmen und deshalb letztlich die Berufung auf Unkenntnis als Förmelei erscheint, weil jeder andere in der Lage des Gläubigers unter denselben konkreten Umständen die Kenntnis gehabt hätte.³²

bb. Grob fahrlässige Unkenntnis

40 Die Rechtsprechung zu § 852 BGB a.F. hatte die grob fahrlässige Unkenntnis generell nicht in den Verjährungslauf einbezogen und nur die missbräuchliche Nichtkenntnis der verlangten Kenntnis gleichgesetzt. Eine Schadenersatzforderung verjährte ohne positive Kenntnis des Geschädigten nur, wenn verabsäumt wurde, eine auf der Hand liegende Erkenntnismöglichkeit zu ergreifen. Bedurfte es nur noch weiterer einfacher Nachfragen, um Kenntnis von der Person des Schädigers zu erlangen, so war die Berufung auf Unkenntnis formalistisch und missbräuchlich.

41 Durch die Einbeziehung der grob fahrlässigen Unkenntnis ging die Novellierung über die vorherige Rechtslage (d.h. die Fälle des missbräuchlichen Kenntnisentzuges) hinaus und fordert vom Geschädigten, sich verschärft um die Verfolgung seiner Ansprüche zu kümmern. Die Neufassung entspricht letztlich dem **Rechtsgedanken** des § 277 BGB, wonach grobe Fahrlässigkeit stets auch dann schadet, wenn man in eigenen Angelegenheiten unsorgfältig handelt; Kenntnisnahme von der Existenz eines Anspruchs sowie der Person des Schuldners ist eine eigene Angelegenheit eines jeden Gläubigers.

42 **Grobe Fahrlässigkeit** bedeutet eine objektiv schwere, ungewöhnlich krasse Verletzung der im Verkehr erforderlichen Sorgfalt, also ein Fehlverhalten, das auch subjektiv nicht entschuldbar ist und den gewöhnlichen Umfang erheblich übersteigt. Grob fahrlässig handelt demnach, wer die von ihm zu fordernde Sorgfalt in einem ungewöhnlich groben Maße verletzt hat, indem er alles das unbeachtet gelassen hat, was im gegebenen Fall jedem hätte einleuchten müssen.³³ Man kann zur Einschätzung auf die Rechtsprechung zu §§ 277, 300, 521, 599, 680, 968 BGB, § 61 VVG a.F.,³⁴ eher mit Zurückhaltung auch zu § 640 RVO und § 110 SGB VII,³⁵ zugreifen.

cc. Drittleistungsträger

43 Nachdem in der Gesetzesbegründung auch das Vertrauen in das Nichtverfolgen von Ansprüchen (u.a. auch mit Blick auf die stark verkürzte Verjährung eines möglichen Gesamtschuldnerausgleiches) und die Dispositionsfreiheit des Schadensersatzschuldners als

---

31 Zu Detailfragen *Jahnke* „Abfindung von Personenschadenansprüchen" § 5 Rn 310 ff.
32 BGH v. 6.3.2001 – VI ZR 30/00 – VersR 2001, 866; BGH v. 18.1.2000 – VI ZR 375/98 – BauR 2000, 904 = BB 2000, 744 (nur LS) = DAR 2000, 215 = DB 2000, 873 (nur LS) = MDR 2000, 582 = NJW 2000, 953 = r+s 2000, 197 = SP 2000, 265 = VersR 2000, 503.
33 BT-DrS 14/6040, S. 108 m.w.N.
34 BGH v. 12.10.1988 – IVa ZR 46/87 – MDR 1989, 337 = NJW-RR 1989, 213 = r+s 1989, 62 = VersR 1989, 141 = VRS 76, 273 = zfs 1989, 140; BGH v. 23.1.1985 – IVa ZR 128/83 – BB 1985, 697 = DAR 1985, 222 = JZ 1985 499 = MDR 1985, 557 = NJW 1985, 2648 = r+s 1985, 80 = VersR 1985, 440; BGH v. 7.4.1970 – VI ZR 217/68 – VersR 1970, 622.
35 BGH v. 8.2.1989 – IVa ZR 57/88 – VersR 1989, 582; BGH v. 12.1.1988 – VI ZR 158/87 – MDR 1988, 488 = NJW 1988, 1265 = r+s 1988, 171 (nur LS) = VersR 1988, 474 = zfs 1988, 210; siehe auch *Lemcke/Heß* „Der Regress des Sozialversicherers nach § 110 SGB VII" r+s 2007, 221 mit einer Urteilszusammenstellung.

schützenswertes Gut des Schadenersatzschuldners ausdrücklich herausgestellt werden,[36] müssen auch verwaltungsinterne Informationsdefizite zulasten des Gläubigers bereits unter Aspekt der groben Fahrlässigkeit durchschlagen, ohne dass im Einzelfall dann auf § 242 BGB (z.B. unter dem Aspekt der Verwirkung) zuzugreifen wäre.

Beim Drittleistungsregress (z.B. Sozialversicherer, Träger der Sozialhilfe, beamtenrechtlicher Dienstherr) wird insbesondere auch ein **Organisationsverschulden** beachtet werden müssen,[37] wenn beispielsweise keine generelle Vorsorge dafür getroffen wird, dass die Leistungsabteilungen die mit der Durchführung von Regressen beauftragten Personen nicht oder nicht rechtzeitig über Rückgriffsmöglichkeiten informieren.

Werden beispielsweise Sachbearbeiter von Leistungsabteilungen oder Behörden nicht dahingehend **geschult** oder nachhaltig unterrichtet, dass bei fremdverursachten Leistungen auch Rückgriffsmöglichkeiten gegen den Verantwortlichen bestehen könnten (und bei Fehlen von Regresssachbearbeitern dann die Angelegenheit zur Prüfung an die Rechtsabteilung oder einen Rechtskundigen abzugeben ist), liegt in dieser mangelnden Vorsorge für Regressmöglichkeiten ein grob fahrlässiges Fehlverhalten.

4. Unterbrechung

Das Gesetz wählt für die unterbrechenden Tatbestände den Begriff des „Neubeginns der Verjährung" (§ 212 BGB), ohne inhaltlich die Unterbrechungswirkung zu verändern. Die unterbrechenden Handlungen sind auf ein geringes Maß zurückgeführt. Etliche Umstände, die nach früherem Recht die Verjährung unterbrachen und damit zum Neubeginn der Verjährung führten, haben im neuen Recht nur noch hemmende Wirkung. Anerkenntnisse, Abschlagszahlungen und ähnliches Verhalten führen zu einem Neubeginn der Verjährung ebenso wie Vollstreckungshandlungen (§ 212 BGB).

Schon zu § 201 BGB a.F. galt, dass die Verjährung nach einer Unterbrechung bereits unmittelbar anschließend und nicht erst mit Jahresultimo neu zu laufen begann.[38] Die Interessenlage ist gegenüber dem alten Verjährungsrecht nicht verändert.

5. Hemmung

Die Hemmung regeln §§ 203 ff. BGB. Hier finden sich etliche Umstände, die nach früherem Recht die Verjährung unterbrachen.

Die Hemmungswirkung (§ 209 BGB), wonach die Zeiten in die Verjährungsfrist nicht eingerechnet werden, entspricht früherem Recht. Endet die Hemmung und eine etwaig anschließende Nachfrist (siehe §§ 203 S. 2, 204 II BGB), so läuft die Frist am darauf folgenden Tag und nicht erst nach Jahresultimo weiter. Die zum bisherigen Recht (§ 201 BGB a.F.) ergangene Rechtsprechung[39] gilt weiter.

---

36 BT-DrS 14/6040, S. 96, 100.
37 *Küppersbusch* Rn 792; *Lemcke* r+s 2007, 124.
38 BAG v. 18.3.1997 – 9 AZR 130/96 – NJW 1997, 3461; BAG v. 29.3.1990 – 2 AZR 520/89 – NJW 1990, 2578; BGH v. 6.3.1990 – VI ZR 44/89 – VersR 1990, 755; Siehe auch *Palandt-Heinrichs* § 212 Rn 8.
39 BGH v. 9.12.1982 – III ZR 182/91 – BGHZ 86, 98 = MDR 1983, 471; BGH v. 18.5.1977 – III ZR 116/74 – WM 1977, 895; RG v. 8.6.1928 – III 426/27 – RGZ 120, 355; OLG Hamm v. 31.5.1995 – 20 U 24/95 – OLGR Hamm 1995, 183; *Palandt-Heinrichs* § 209 Rn 1.

a. Rechtsverfolgung (§ 204 BGB)

50 Hemmung tritt ein durch rechtsverfolgende Maßnahmen, u.a. durch Zustellung eines Mahnbescheides, Antrag auf Prozesskostenhilfe und Klageerhebung. Hervorzuheben ist, dass auch der Antrag auf Durchführung eines selbstständigen Beweisverfahrens zur Klärung des Haftungsgrundes oder des Schadenumfanges die Verjährung hemmt.

51 Die Hemmung dauert bis 6 Monate nach Rechtskraft der Entscheidung oder anderweitigen Erledigung des eingeleiteten Verfahrens (§ 204 II BGB).

b. Personenbezogene Sonderbeziehung (§ 207 BGB)

52 Ansprüche zwischen Ehegatten und eingetragenen Lebenspartnern sind in ihrer Verjährung solange gehemmt, wie die Beziehung besteht. Gleiches gilt für Ansprüche zwischen Eltern und Kindern (und Stiefkindern) während der Minderjährigkeit, aber auch für weitere personenbezogene Verhältnisse (Vormundschaft, Betreuung, Pflegschaft, Beistand) für die Dauer dieser Sonderbeziehung. Eine Nachfrist ist nicht vorgesehen.

53 Dem Vorschlag des Bundesrates,[40] den Hemmungstatbestand ausdrücklich auch auf ehe- und familienähnliche Verhältnisse zu erstrecken, ist der Gesetzgeber nicht gefolgt.

c. Verhandlung (§ 203 BGB)[41]

54
> **§ 203 BGB – Hemmung der Verjährung bei Verhandlungen**
> ¹Schweben zwischen dem Schuldner und dem Gläubiger Verhandlungen über den Anspruch oder die den Anspruch begründenden Umstände, so ist die Verjährung gehemmt, bis der eine oder der andere Teil die Fortsetzung der Verhandlungen verweigert. ²Die Verjährung tritt frühestens drei Monate nach dem Ende der Hemmung ein.

55 Solange zwischen dem Schuldner und dem Gläubiger Verhandlungen über den Anspruch oder die den Anspruch begründenden Umstände schweben, ist die Verjährung gehemmt, bis eine Partei die Fortsetzung der Verhandlungen verweigert. § 203 S. 1 BGB übernimmt damit die Gedanken vorbestehender spezialrechtlicher Vorschriften (vor allem § 852 II BGB a.F.).

56 Die gesetzliche Neuregelung sieht ausdrücklich davon ab, Beginn und Ende der Verhandlungen besonders zu beschreiben oder eine Form generell festzulegen. Die Art und Weise, wie über streitige oder zweifelhafte Ansprüche verhandelt werden könne, sei so vielgestaltig, dass sie sich einer weitergehenden Regelung entziehe.

57 Spezialvorschriften können allerdings Formvorgaben beinhalten; so gilt **§ 3 Nr. 3 S. 3 PflVG a.F. / § 115 II 3 VVG n.F.**, wonach bis zu schriftlichen Entscheidung die Verjährung gehemmt ist, unverändert fort. § 3 Nr. 3 S. 3 PflVG a.F. / § 115 II 3 VVG n.F., betrifft aber ausschließlich das erstmalige Geltendmachen von Ansprüchen gegenüber dem Haftpflichtversicherer, so dass bei Fortführung von Verhandlungen nach vorheriger schriftlicher Ablehnung keine erneute schriftliche Zurückweisung erforderlich ist.[42] Die

---

[40] BR-Drucksache 338/01, Nr. 14, S. 9.
[41] Zu Detailfragen: *Fischinger* „Zur Hemmung der Verjährung durch Verhandlungen nach § 203 BGB" VersR 2005, 1641; *ders.* „Sind die §§ 203 ff. BGB auf die Höchstfristen des § 199 Abs. 2 – 4 BGB anwendbar?" VersR 2006, 1475; *Jahnke* „Abfindung von Personenschadensansprüchen" § 5 Rn 435 ff.
[42] BGH v. 5.11.2002 – VI ZR 416/01 – NJW 2003, 895 = NZV 2003, 80 = r+s 2003, 36 = SP 2003, 72 = VersR 2003, 99 = zfs 2003, 174 (Vorinstanz OLG Düsseldorf v. 29.10.2001 – 1 U 39/01 – SP 2002, 284).

Verjährung richtet sich damit bei Wiederaufnahme von Verhandlungen nur noch an § 14 StVG a.F., §§ 852 II BGB a.F., 203 BGB n.F. aus; insbesondere kann damit Verjährung durch Einschlafen der Verhandlung eintreten.[43]

Die an eine Verhandlung i.S.v. § 852 II BGB a.F. begrifflich und inhaltlich zu stellenden Voraussetzungen und Bedingungen werden auf das Verjährungssystem allgemein übertragen. Die Beendigung von Verhandlungen bei schlichtem Einschlafen der Gespräche ohne eindeutige Erklärung eines Beteiligten über das Ende seiner Verhandlungsbereitschaft wird als einer gesetzlichen Festschreibung nicht zugänglich angesehen und daher die Lösung im Einzelfall der Rechtsprechung – wie schon zu § 852 II BGB a.F. – überantwortet.

58

Da das Ende der Verhandlungen für den Gläubiger überraschend und u.U. kurz vor Fristablauf eintreten kann, sieht § 203 S. 2 BGB eine besondere Ablaufhemmung vor, wonach die Verjährung erst frühestens 3 Monate nach dem Ende der Verhandlungen eintritt.

59

IV. Verjährungsverzicht

> **§ 202 BGB – Unzulässigkeit von Vereinbarungen über die Verjährung**
> (1) Die Verjährung kann bei Haftung wegen Vorsatzes nicht im Voraus durch Rechtsgeschäft erleichtert werden.
> (2) Die Verjährung kann durch Rechtsgeschäft nicht über eine Verjährungsfrist von 30 Jahren ab dem gesetzlichen Verjährungsbeginn hinaus erschwert werden.

60

Verjährungserleichterungen, insbesondere ein Verjährungsverzicht für längstens 30 Jahre, sind rechtlich möglich (§ 202 BGB),[44] nachdem sie im zuvor geltenden Recht nur über Treu und Glauben (§ 242 BGB gegenüber § 225 BGB a.F.) in die Regulierungspraxis eingeführt waren.[45] Auch die Parteivereinbarung von gesetzlich nicht vorgesehenen Hemmungs- und Unterbrechungsgründen ist gestattet. Hierzu zählen insbesondere vertragliche Urteilersetzungen, aber auch das pactum de non petendo. Verjährungserleichterungen in AGB´en müssen sich an §§ 307, 309 Nr. 8 lit. b ff), 651m BGB (siehe §§ 9, 11 Nr. 10 lit. e, f AGBG a.F.) messen lassen.

61

Formvorschriften sind nicht vorgesehen. Ein Rechtsanspruch auf Abgabe eines Verjährungsverzichtes besteht allerdings nicht; Ansprüche müssen dann durch Klage oder klageersetzende Erklärungen gesichert werden.

62

C. Verdienstausfall und Verjährung

> **§ 197 BGB – Dreißigjährige Verjährungsfrist**
> (1) In 30 Jahren verjähren, soweit nicht ein anderes bestimmt ist,
> …

63

---

43 BGH v. 5.11.2002 – VI ZR 416/01 – NJW 2003, 895 = NZV 2003, 80 = r+s 2003, 36 = SP 2003, 72 = VersR 2003, 99 = zfs 2003, 174 (Vorinstanz OLG Düsseldorf v. 29.10.2001 – 1 U 39/01 – SP 2002, 284); LG Münster v. 29.9.2003 – 15 O 116/03 – r+s 2005, 264 (Schriftliche Abrechnung des Sachschadens auf Grundlage einer 100 %-Haftung enthält ausreichende schriftliche Entscheidung. Der darüber hinaus verfolgte Personenschaden kann dann verjähren.).
44 Siehe auch *Jahnke* „Abfindung von Personenschadenansprüchen" § 5 Rn 224 ff., 253 f.
45 Dazu *Jahnke* „Abfindung von Personenschadenansprüchen" § 5 Rn 228 ff.

> 3. rechtskräftig festgestellte Ansprüche,
> 4. Ansprüche aus vollstreckbaren Vergleichen oder vollstreckbaren Urkunden und
> ...
>
> (2) Soweit Ansprüche nach Absatz 1 Nr. 2 regelmäßig wiederkehrende Leistungen oder Unterhaltsleistungen und Ansprüche nach Absatz 1 Nr. 3 bis 5 künftig fällig werdende regelmäßig wiederkehrende Leistungen zum Inhalt haben, tritt an die Stelle der Verjährungsfrist von 30 Jahren die regelmäßige Verjährungsfrist.

I. Stammrecht

64 Ist der Gesamtanspruch noch nicht verjährt, verjähren auch Einzelansprüche nicht.[46]

65 Für die Verjährung des Anspruchs auf rückständige Rentenleistungen ist entscheidend, ob das Stammrecht verjährt ist.[47] Ist das Stammrecht verjährt, so sind auch die aus dem Stammrecht fließenden weiteren **regelmäßig wiederkehrenden Ansprüche** (Verdienstausfallschäden, aber auch vermehrte Bedürfnisse) verjährt.[48] Die 3-jährige Verjährungsfrist des § 195 BGB gilt – wie bereits zu 852 BGB a.F. – nur für das Stammrecht, nicht dagegen für die aus dem Stammrecht fließenden weiteren Ansprüche wie z.B. auf Ersatz des Verdienstausfallschadens; auf diese Ansprüche ist die Frist des § 197 II BGB anzuwenden.[49] Die Fristen nach § 195 BGB und § 197 II BGB können unterschiedlich laufen.

II. Wiederkehrende Leistung

66 Sind Ansprüche bereits angemeldet, verjährt zwar nicht das Stammrecht. Wiederkehrende Leistungen unterliegen aber dann der Verjährung. Es ist stets zwischen Stammrechtsverjährung und Verjährung von wiederkehrenden Leistungen zu unterscheiden.

67 Auch wenn das Stammrecht nicht verjährt ist, können Teilleistungen, insbesondere wiederkehrende Leistungen trotzdem verjährt sein.

68 Die Verjährung von Zinsansprüchen, Renten und sonstigen regelmäßig wiederkehrenden Leistungen richtet sich nach § 197 II BGB. § 197 BGB gilt ebenso für Ersatz- und **Nebenansprüche**, die an die Stelle des ursprünglichen Anspruches getreten sind oder ihn ergänzen. Vom Rechtsgrund einer Leistung hängt ihre Einbeziehung unter die regelmäßig wiederkehrenden Leistungen i.S.v. § 197 BGB im Allgemeinen nicht ab.[50]

---

46 BGH v. 29.10.1985 – VI ZR 56/84 – BB 1986, 354 = DAR 1983, 83 = JZ 1986, 153 = MDR 1986, 304 = NJW 1986, 2943 = NJW-RR 1986, 321 = r+s 1986, 78 = VersR 1986, 96 = zfs 1986, 69 (nur LS); BGH v. 16.2.1984 – III ZR 208/82 – VersR 1984, 441 = VRS 66, 418 = zfs 1984, 195 (nur LS).
47 BGH v. 3.7.1973 – VI ZR 38/72 – VersR 1973, 1066.
48 BGH v. 28.1.2003 – VI ZR 263/02 – NJW 2003, 1524 = NZV 2003, 225 = PVR 2003, 291 = r+s 2003, 171 = SP 2003, 155 = VersR 2003, 452 = VRS 104, 405 = zfs 2003, 281; OLG Saarbrücken v. 14.11.2006 – 4 U 227/06 – 68 – SP 2007, 392.
49 BGH v. 28.1.2003 – VI ZR 263/02 – NJW 2003, 1524 = NZV 2003, 225 = PVR 2003, 291 = r+s 2003, 171 = SP 2003, 155 = VersR 2003, 452 = VRS 104, 405 = zfs 2003, 281; BGH v. 26.2.2002 – VI ZR 288/00 – BGHReport 2002, 583 = NJW 2002, 1791 = NZV 2002, 265 = r+s 2002, 283 = SP 2002, 268 = VersR 2002, 996 = VRS 102, 401 = zfs 2002, 333 = ZIP 2002, 1623.
50 BGH v. 18.12.2005 – VI ZR 312/04 – FamRZ 2006, 115 = GesR 2006, 87 = HVBG-Info 2006, 387 = MDR 2006, 502 = NJW 2006, 994 (nur LS) = NZV 2006, 75 = r+s 2006, 40 = SP 2006, 191 = VersR 2006, 132 = VRS 110, 161 (Nichtannahmebeschluß zu OLG München v. 18.11.2004 – 24 U 115/04 –) (Schadenersatzrente für den Pflegemehrbedarf eines Kindes); BGH v. 23.9.1958 – I ZR 106/57 – BB 1959, 9 = BGHZ 28, 144 = DB 1959, 55 = MDR 1959, 98 = NJW 1959, 239.

1. Feststellungsurteil

Liegt ein Feststellungsurteil[51] vor oder aber soll eine außergerichtliche Verständigung ein solches Urteil ersetzen, so beurteilte sich die Verjährung **bis zum 31.12.2001** nach § 218 BGB a.F. und nicht nach § 852 I BGB a.F.[52] Nach der daher anzuwendenden Vorschrift des § 218 II BGB a.F. galt dann gemäß §§ 197, 198, 201 a.F. BGB, dass die Ansprüche auf Rückstände von regelmäßig wiederkehrenden Leistungen jeweils vier Jahre nach dem Schluss desjenigen Jahres verjähren, in dem sie entstanden, dh. fällig geworden sind.[53]

Soweit rechtskräftig festgestellte – oder in einer einem Urteil gleichstehenden Erklärung anerkannte – Ansprüche künftig fällig werdende regelmäßig wiederkehrende Leistungen zum Inhalt haben, tritt mit dem **1.1.2002** nach § 197 II BGB an die Stelle der 30-jährigen Verjährungsfrist die regelmäßige 3-jährige Verjährungsfrist des § 195 BGB, beginnend (§ 199 I BGB) wie im bis zum 31.12.2001 geltenden Recht am Jahresende.[54]

Bei einem Feststellungsurteil über **regelmäßig wiederkehrende Leistungen**, welches ganz allgemein die Ersatzpflicht des Schädigers ausspricht, unterliegen

- der **30-jährigen** Verjährung des § 197 I Nr. 3 BGB (bis zum 31.12.2001 geltendes Recht: § 218 I BGB a.F.)
  alle Ansprüche, die **bis** zum **Eintritt der Rechtskraft** fällig geworden und tituliert sind,

- einer kürzeren Verjährung (bis zum 31.12.2001 geltendes Recht: 4 Jahre gemäß § 218 II BGB a.F., ab 1.1.2002 3 Jahre gemäß § 197 II BGB)
  die erst **nach Rechtskraft** fällig gewordenen bzw. werdenden Ansprüche (§ 197 II BGB).[55]

Einer **3-jährigen** Frist unterfallen damit die nach Eintritt der formellen Rechtskraft fällig werdenden Ersatzansprüche wegen Lohn- und Verdienstausfall.[56] Allerdings kann die Zahlung eines Rententeils die Verjährung (nur) des Stammrechtes unterbrechen.[57]

---

51 Siehe zur Verjährung eines Feststellungsurteils bei wiederkehrenden Leistungen: BGH v. 23.6.1998 – VI ZR 327/97 – DAR 1998, 447 = NZV 1998, 456 = SP 1999, 44; OLG Düsseldorf v. 23.6.1994 – 18 U 241/93 – MDR 1995, 160.

52 BGH v. 26.2.2002 – VI ZR 288/00 – NZV 2002, 265 = SP 2002, 268 = VersR 2002, 996 = zfs 2002, 333 (auch ein deklaratorisches Anerkenntnis kann zur 4-jährigen Verjährungsfrist des § 197 BGB a.F. führen, wenn die Vereinbarung den Anspruchsteller klaglos stellen und ein rechtskräftiges Feststellungsurteil ersetzen soll); BGH v. 30.5.2000 – VI ZR 300/99 – DAR 2000, 476 = r+s 2000, 417 = VersR 2000, 1116; BGH v. 6.3.1990 – VI ZR 44/89 – DAR 1990, 226 = MDR 1990, 809 = NJW-RR 1990, 664 = VersR 1990, 755 = zfs 1990, 28 m.w.N.

53 BGH v. 30.5.2000 – VI ZR 300/99 – DAR 2000, 476 = r+s 2000, 417 = VersR 2000, 1116; BGH v. 20.11.1997 – IX ZR 136/97 – NJW 1998, 1058; BGH v. 6.3.1990 – VI ZR 44/89 – DAR 1990, 226 = MDR 1990, 809 = NJW-RR 1990, 664 = VersR 1990, 755 = zfs 1990, 28.

54 Dazu detailliert Beispiel 12.2.

55 BGH v. 23.6.1998 – VI ZR 327/97 – DAR 1998, 447 = NZV 1998, 456 = SP 1999, 44 = VersR 1998, 1387; BGH v. 20.11.1997 – IX ZR 136/97 – NJW 1998, 1058; BGH v. 6.3.1990 – VI ZR 44/89 – DAR 1990, 226 = MDR 1990, 809 = NJW-RR 1990, 664 = VersR 1990, 755 = zfs 1990, 28; BGH v. 3.11.1988 – IX ZR 203/87 – DB 1989, 877 = MDR 1989, 250 = NJW-RR 1989, 215 = zfs 1989, 156.

56 BGH v. 3.11.1988 – IX ZR 203/87 – DB 1989, 877 = MDR 1989, 250 = NJW-RR 1989, 215 = zfs 1989, 156; BGH v. 24.6.1980 – VersR 1980, 1180, 177 = VersR 1980, 927 = VRS 59, 161 = zfs 1980, 367 (vorausgegangener Prozesskostenhilfebeschluss v. 16.10.1979 – VI ZR 188/78 – VersR 1980, 88); OLG Bamberg v. 27.7.1979 – 5 W 44/79 – VersR 1980, 852.

57 BGH v. 8.10.1969 – IV ZR 63/68 – VersR 1969, 1141; OLG Frankfurt v. 27.4.1981 – 1 U 79/80 – VersR 1982, 66.

75 Die **4-jährige** Verjährung des § 218 II BGB a.F. endete spätestens mit Ablauf des 31.12.2004.

2. § 197 II BGB

76 Bei der Abwicklung von Schadenersatzansprüchen erbringen nicht nur Schadenersatzverpflichteter bzw. dessen Haftpflichtversicherung wiederholend Leistungen, sondern vielfach auch Sozialversicherer, Sozialhilfeträger sowie weitere Träger von **Drittleistungen** (beamtenrechtlicher Dienstherr, Arbeitgeber, berufsständischer Versorgung pp.). Auch dieses sind wiederkehrende Leistungen i.S.v. § 197 II BGB, die auch bei unverjährtem Stammrecht einer Verjährungsfrist von 3 Jahren unterliegen.[58] Das gilt unabhängig davon, ob es sich bei dem übergegangenen Anspruch des Geschädigten um einen gesetzlichen oder einen vertraglichen Schadenersatzanspruch handelt.[59]

77 Die Verjährung von Zinsansprüchen, Renten und sonstigen regelmäßig wiederkehrenden Leistungen richtet sich nach § 197 II BGB.

78 § 197 II BGB enthält **keine abschließende Enumeration** von bestimmten Leistungen, sondern ist allgemein und generell auf regelmäßig anfallende Beträge anzuwenden. Entscheidend ist die regelmäßige Wiederkehr und nicht die Gleichmäßigkeit des Betrages.[60] Der Anspruch muss sich seiner Natur nach auf Leistungen ausrichten, die in zeitlicher regelmäßiger Wiederkehr zu erbringen sind.[61] § 197 BGB gilt ebenso für Ersatz- und Nebenansprüche, die an die Stelle des ursprünglichen Anspruches getreten sind oder ihn ergänzen. Es muss sich um eine Verbindlichkeit handeln, die nur in den fortlaufenden Leistungen besteht und darin ihre charakteristische Erscheinung hat.[62] § 197 BGB will das übermäßige Anwachsen von Schulden, die aus regelmäßigen Einkünften des Schuldners zu tilgen sind, verhindern.[63]

---

[58] KG v. 24.9.2007 – 20 U 25/06 – (es kommt nicht darauf an, ob die Verjährungsfrist des Stammrechtes zu laufen begonnen hat).
[59] KG v. 24.9.2007 – 20 U 25/06.
[60] BGH v. 23.9.1958 – I ZR 106/57 – BB 1959, 9 = BGHZ 28, 144 = DB 1959, 55 = MDR 1959, 98 = NJW 1959, 239; *Palandt-Heinrichs* § 197 Rn 6.
[61] BGH v. 18.12.2005 – VI ZR 312/04 – FamRZ 2006, 115 = GesR 2006, 87 = HVBG-Info 2006, 387 = MDR 2006, 502 = NJW 2006, 994 (nur LS) = NZV 2006, 75 = r+s 2006, 40 = SP 2006, 191 = VersR 2006, 132 = VRS 110, 161 (Nichtannahmebeschluß zu OLG München v. 18.11.2004 – 24 U 115/04 –); BGH v. 19.12.2000 – X ZR 128/99 – BGHZ 146, 228 = DB 2001, 864 (nur LS) = FamRZ 2001, 409 = JuS 2001, 864 (Anm. *Schmidt* JuS 2001, 708) = MDR 2001, 743 = NJW 2001, 1063 = WM 2001, 579; BGH v. 23.9.1958 – I ZR 106/57 – BB 1959 ,9 = BGHZ 28, 144 = DB 1959, 55 = MDR 1959, 98 = NJW 1959, 239.
[62] BGH v. 18.12.2005 – VI ZR 312/04 – FamRZ 2006, 115 = GesR 2006, 87 = HVBG-Info 2006, 387 = MDR 2006, 502 = NJW 2006, 994 (nur LS) = NZV 2006, 75 = r+s 2006, 40 = SP 2006, 191 = VersR 2006, 132 = VRS 110, 161 (Nichtannahmebeschluß zu OLG München v. 18.11.2004 – 24 U 115/04 –); BGH v. 19.12.2000 – X ZR 128/99 – BGHZ 146, 228 = DB 2001, 864 (nur LS) = FamRZ 2001, 409 = JuS 2001, 864 (Anm. *Schmidt* JuS 2001, 708) = MDR 2001, 743 = NJW 2001, 1063 = WM 2001, 579; BGH v. 10.7.1986 – III ZR 133/85 – BB 1986, 1601 = BGHZ 98, 174 = DB 1986, 1867 = JuS 1986, 996 (nur LS) (Anm. *Emmerich*) = MDR 1986, 915 = NJW 1986, 2564 (Anm. *Steinmetz*) = NJW-RR 1986, 1237 (nur LS) = WM 1986, 991.
[63] BGH v. 18.12.2005 – VI ZR 312/04 – FamRZ 2006, 115 = GesR 2006, 87 = HVBG-Info 2006, 387 = MDR 2006, 502 = NJW 2006, 994 (nur LS) = NZV 2006, 75 = r+s 2006, 40 = SP 2006, 191 = VersR 2006, 132 = VRS 110, 161 (Nichtannahmebeschluß zu OLG München v. 18.11.2004 – 24 U 115/04 –), BGH v. 23.9.1958 – I ZR 106/57 – BB 1959, 9 = BGHZ 28, 144 = DB 1959, 55 = MDR 1959, 98 = NJW 1959, 239; BGH v. 27.1.1988 – IVb ZR 12/87 – BGHZ 103, 160. = FamRZ 1988, 387 = MDR 1988, 479 = NJW 1988, 2604.

Bei einem Feststellungsurteil über regelmäßig wiederkehrende Leistungen, das ganz allgemein die Ersatzpflicht des Schädigers ausspricht, unterliegen der verkürzten 3-jährigen[64] Frist die nach Eintritt der formellen Rechtskraft fällig werdenden Ansprüche u.a. wegen 79

- Lohn- und **Verdienstausfall**,[65] und zwar einschließlich der Sozialversicherungsabgaben, 80
- Rückgriff nach § 179 Ia SGB VI,[66] 81
- **Unterhaltsschaden**, 82
- vermehrter Bedürfnisse (z.B. **Pflegekosten**[67]), 83
- im Einzelfall auch **Heilbehandlungskosten**, wenn sie in gewissen regelmäßigen Abständen erbracht werden.[68] 84
- Auch der Regress nach **§ 119 SGB X** unterliegt der kurzen Verjährung. Beiträge i.S.v. § 119 SGB X sind regelmäßig wiederkehrende Leistungen i.S.d. § 197 II BGB n.F. und verjähren damit in der kurzen Frist von 3[69] Jahren (§ 195 BGB n.F.).[70] Die Sozialversicherungsbeiträge[71] – als zwingender Bestandteil des Lohnes eines abhängig Beschäftigten – werden notwendigerweise ratierlich (monatlich) abgeführt und nicht als Einmalbeitrag (wie z.B. in der Lebensversicherung möglich). 85

III. Berechnungsbeispiel

Beispiel 12.2: 86
F wurde am 12.1.1989 durch einen Verkehrsunfall schwer verletzt. Ein Feststellungsurteil vom 6.5.1990 sichert dem F Anspruch auf Ersatz ihm entstehender künftiger Verdienstausfallschäden.

---

64 Für Altforderungen ist das Übergangsrecht in Art. 229 § 6 EGBGB noch zu beachten, wonach für Teilzeiträume die Verjährung erst nach 4 Jahren eintritt.
65 BGH v. 28.1.2003 – VI ZR 263/02 – NJW 2003, 1524 = NZV 2003, 225 = PVR 2003, 291 = r+s 2003, 171 = SP 2003, 155 = VersR 2003, 452 = VRS 104, 405 = zfs 2003, 281; BGH v. 26.2.2002 – VI ZR 288/00 – NZV 2002, 265 = SP 2002, 268 = VersR 2002, 996 = zfs 2002, 333; BGH v. 3.11.1988 – IX ZR 203/87 – DB 1989, 877 = MDR 1989, 250 = NJW-RR 1989, 215 = zfs 1989, 156; BGH v. 24.6.1980 – VI ZR 188/78 – r+s 1980, 177 = VersR 1980, 927 = VRS 59, 161 = zfs 1980, 367 (vorausgegangener Prozesskostenhilfebeschluss v. 16.10.1979 – VI ZR 188/78 – VersR 1980, 88); OLG Bamberg v. 27.7.1979 – 5 W 44/79 – VersR 1980, 852; LG Aschaffenburg v. 17.12.1999 – 3 O 674/98 – SP 2000, 125.
66 *Jahnke* „Beitragsregress nach § 179 Abs. 1a SGB VI" VersR 2005, 1210.
67 BGH v. 18.12.2005 – VI ZR 312/04 – FamRZ 2006, 115 = GesR 2006, 87 = HVBG-Info 2006, 387 = MDR 2006, 502 = NJW 2006, 994 (nur LS) = NZV 2006, 75 = r+s 2006, 40 = SP 2006, 191 = VersR 2006, 132 = VRS 110, 161 (Nichtannahmebeschluß zu OLG München v. 18.11.2004 – 24 U 115/04 –); BGH v. 30.5.2000 – VI ZR 300/99 – DAR 2000, 476 = r+s 2000, 417 = VersR 2000, 1116; BGH v. 23.6.1998 – VI ZR 327/97 – DAR 1998, 447 = NZV 1998, 456 = SP 1999, 44 = VersR 1998, 1387; BGH v. 6.3.1990 – VI ZR 44/89 – DAR 1990, 226 = MDR 1990, 809 = NJW-RR 1990, 664 = VersR 1990, 755 = zfs 1990, 28; *Diehl* zfs 2005, 336.
68 *Diehl* zfs 2005, 336; LG Oldenburg v. 15.12.2004 – 9 O 3000/04 – (Werden in einem Zeitraum von 15 Jahren insgesamt 4 Kuren geltend gemacht, handelt es sich nicht um eine wiederkehrende Leistung i.s.v. § 218 II BGB a.F.).
69 Für Altforderungen ist das Übergangsrecht in Art. 229 § 6 EGBGB noch zu beachten, wonach für Teilzeiträume die Verjährung erst nach 4 Jahren eintritt.
70 *Jahnke* „Beitragsregress nach § 179 Abs. 1a SGB VI" VersR 2005, 1210; a.A.: KG v. 16.5.2002 – 20 U 5124/00 -; LG Saarbrücken v. 1.4.2004 – 4 O 253/03 –.
71 Siehe auch § 25 SGB IV und BGH v. 23.9.2004 – IX ZR 148/03 – VersR 2006, 231.

F arbeitet mittlerweile wieder. Er erhält sein Gehalt jeweils am 15. des laufenden Monates (= arbeitsvertraglicher Fälligkeitstermin) ausgezahlt.
F hat unfallbedingt einen Minderverdienst, der Schaden entsteht Monat für Monat zum gleichen Tag (Gehaltszahlung). Diesen Schaden hat F bislang nicht geltend gemacht.

Ergebnis:
Verjährung tritt in 4-jährigem bzw. (ab 1.1.2002) 3-jährigem Abstand zur Schadenentstehung am jeweiligen 31.12., 24^{00} h ein.

1. Vergleich der Systeme

87 Legt man das **alte Recht** zugrunde, gilt zunächst eine – um 1 Jahr längere[72] – Frist von 4 Jahren (§ 197 BGB a.F.), und zwar auch bei Vorliegen eines Feststellungsurteils (§ 218 II BGB a.F.). Weiter verschiebt § 201 BGB a.F. den Fristbeginn weg vom Zeitpunkt des Schadeneintritts (15. des laufenden Monates) hin zum Jahresultimo.[73]

88 *Beispiel 12.3:*
Der Verdienstausfall entsteht am 15.3.2000; die Verjährung träte ein zu Jahresultimo 4 Jahre später, also mit Ablauf des 31.12.2004; der Verjährungseinwand wäre am 1.1.2005 0^{00} h erfolgreich. Der Verdienstausfall entsteht am 15.12.2000, die Verjährung würde ebenfalls mit Ablauf des 31.12.2004 erfolgen.

89 Legt man das durch das **Schuldrechtmodernisierungsgesetz** geänderte Verjährungsrecht zugrunde (§ 197 II BGB), so läuft die Verjährungsfrist 3 Jahre ab Jahresende der Fälligkeit.[74] Die Frist ist um 1 Jahr verkürzt.

90 *Beispiel 12.4:*
Der Verdienstausfall ist fällig am 15.3.2000; Verjährung tritt am Jahresende 3 Jahre später ein, also mit Ablauf des 31.12.2003.

2. Konkurrenz der System

91 Die Konflikte löst Art. 229 § 6 IV EGBGB. Danach ist im Ergebnis für Altforderungen aus der Zeit vor dem 1.1.2002 eine zeitliche Grenze spätestens mit dem 31.12.2004 (3 Jahre ab 1.1.2002) zu ziehen.

3. Ergebnis

92 Der F hat seit Jahren Monat für Monat unfallkausale Minderverdienste. Die Fälligkeit des jeweiligen Schaden wird im konkreten Fall jeweils mit dem 15. eines Monates angenommen.

93 Die Verjährung richtet sich sowohl nach altem wie nach neuem Recht:

1.1.1996 – 31.12.1996	Der Verdienstausfall in der Zeit vom 1.1.1996 – 31.12.1996 verjährte bereits nach altem Recht mit Ablauf des **31.12.2000**. Art. 229 § 6 I 1 EGBGB belässt es bei dieser Verjährung. Der Verjährungseinwand gilt auch gegenüber Forderungen aus der Zeit **vor dem 1.1.1996**.

---

[72] Wegen § 201 BGB a.F. und der dort bestimmten Abstellung auf Jahresultimo kann die Frist bei Forderungen aus dem Januar beinahe 2 Jahre länger sein.
[73] § 760 BGB soll an dieser Stelle außer Betracht bleiben.
[74] Entstehung meint in aller Regel Fälligkeit.

C. Verdienstausfall und Verjährung

1.1.1997 – 31.12.1997	Für den Ausfall in der Zeit vom 1.1.1997 – 31.12.1997 tritt nach altem Recht die Verjährung mit Ablauf des **31.12.2001** ein. Nach neuem Recht wäre wegen der um 1 Jahr verkürzten 3-Jahresfrist der Januarschaden 1997 ebenso wie Dezemberschaden 1997 bereits am 31.12.2000 verjährt gewesen. Der Verjährungseinwand mit Ablauf des 31.12.2001 beruht auf altem Recht, Art. 229 § 6 I 1 EGBGB.
1.1.1998 – 31.12.1998	Die Schäden aus der Zeit vom 1.1.1998 – 31.12.1998 verjährten nach altem Recht am 31.12.2002, nach neuem Recht in 3 Jahren zu Jahresultimo 31.12.2001. Hier gilt nach § 6 IV 2 EGBGB, dass die Verjährung erst mit dem **31.12.2002** abläuft.[75]
1.1.1999 – 31.12.1999	Die Schäden aus der Zeit vom 1.1.1999 – 31.12.1999 verjährten unter Zugrundelegung alten Rechtes am 31.12.2003. Nach neuem Recht verjähren sie mit Ablauf des 31.12.2002. Nach Art. 229 § 6 IV 2 EGBGB gilt, dass das Fristende auf den **31.12.2003** fällt.
1.1.2000 – 31.12.2000	Die Schäden aus der Zeit vom 1.1.2000 – 31.12.2000 verjähren nach altem Recht am 31.12.2004, nach neuem Recht tritt die Verjährung mit Ablauf des 31.12.2003 ein. Wie für 1999 gilt nach Art. 229 § 6 IV 2 EGBGB ein Fristende mit dem **31.12.2004**. Die Anwendung von Art. 229 § 6 IV 1 EGBGB führt zum selben Ergebnis.
1.1.2001 – 31.12.2001	Nach Art. 229 § 6 IV 1 EGBGB wird die kürzere 3-jährige Verjährungsfrist des neuen Rechtes ab dem 1.1.2002 gerechnet, etwaige Schäden aus dem Jahre 2001 verjähren demnach mit dem Ablauf des **31.12.2004**. Soweit die 4-Jahresfrist des alten Rechtes eine Frist darüber hinaus setzt, ist diese wegen Art. 229 § 6 I 1 EGBGB unbeachtlich.
1.1.2002 – 31.12.2002	Ab dem 1.1.2002 entstehende Verdienstausfallschäden unterliegen dann ausschließlich der 3-Jahresfrist des neuen Recht (Art. 229 § 6 I 1 EGBGB) und verjähren zu Jahresultimo. Der am 15.1.2002 entstehende Verdienstausfall ist ebenso erst am **31.12.2005** verjährt wie der Schaden vom 15.12.2002.
1.1.2003 – 31.12.2003	Der im Verlaufe des Jahres entstehende Verdienstausfall verjährt mit Ablauf des **31.12.2006**.

---

[75] Siehe auch *Palandt-Heinrichs* Art. 231 § 6 EGBGB Rn 4.

Kapitel 13 Kapitalisierung[1]

A. Vorbemerkung

Die Kapitalisierung künftiger Forderungen aus Schadenfällen dient der wirtschaftlichen Erledigung von Regressfällen im Interesse aller Beteiligten. Die Abfindung eines Drittleistungsträgers wird dabei nicht immer von denselben Kriterien bestimmt wie die Abfindung des Direktanspruches. Gesetzliche Bestimmungen über die Modalitäten einer Kapitalisierung haftpflichtrechtlicher Schadensersatzansprüche existieren nicht. Für die außergerichtliche Kapitalisierung gelten gegenüber der gerichtlichen keine wesentlichen Unterschiede.

Soweit die Kapitalabfindung durch Urteil ausgesprochen wird, muss das erkennende Gericht nachvollziehbar darlegen, von welchen künftigen wirtschaftlichen Faktoren es bei der Schätzung nach § 287 ZPO ausgeht.[2]

Die einzelnen Berechnungsfaktoren sind je nach den Besonderheiten des Falles zu schätzen, wobei die Beteiligten Prognosen zur künftigen Entwicklung der Lebensumstände des Verletzten und der wirtschaftlichen Daten und Rahmenbedingungen wagen müssen. Letztlich ist der Kapitalbetrag unter Abwägung der beiderseitigen Interessenlagen frei auszuhandeln.

Der Berechtigte soll (so der BGH[3] für die gerichtliche Kapitalisierung) denjenigen Kapitalbetrag erhalten, der – ausgerichtet an den individuellen Verhältnissen des Berechtigten – während der voraussichtlichen Laufzeit der Rente (dh. einer bestimmten Zeit oder aber der durchschnittlich noch zu erwartenden Lebens- oder Erwerbsdauer) zusammen mit dem Zinsertrag dieses Kapitals ausreicht (ausreichen muss), die an sich geschuldete Rente zu zahlen. Am Ende der voraussichtlichen Laufzeit ist dann das (zwischenzeitlich immer wieder verzinste Rest-) Kapital bis auf Null abgebaut.

Bei der Kapitalisierung wird also der gegenwärtige Wert künftiger Rentenleistungen ermittelt (Barwertberechnung einer Rente zur endgültigen Ablösung einer Rente). Die (auf die Abgeltung künftig fällig werdender Renten gerichtete) Kapitalabfindung ist selbstredend niedriger als die Addition der sukzessive fällig werdenden Renten. Nur die im Zeitpunkt der Kapitalisierung bereits aufgelaufenen fälligen Renten aus der Vergangenheit werden, soweit noch nicht ausbezahlt, addiert und die künftigen Rentenleistungen kapitalisiert.

---

1 Siehe ergänzend *Jahnke* „Abfindung von Personenschadenansprüchen" § 1 (S. 33 ff.).
2 BGH v. 8.1.1981 – VI ZR 128/79 – BGHZ 79, 187 = DAR 1981, 46 = DB 1981, 786 = NJW 1981, 818 = MDR 1981, 306 = VersR 1981, 283 (Anm. *Nehls*) = VRS 65, 182 = zfs 1981, 105; BGH v. 24.4.1990 – VI ZR 183/89 – DAR 1990, 296 = MDR 1990, 809 = NJW-RR 1990, 962 = NZV 1990, 307 = r+s 1990, 272 (nur LS) = VersR 1990, 907 = VRS 90, 257 = zfs 1990, 340.
3 BGH v. 8.1.1981 – VI ZR 128/79 – BGHZ 79, 187 = DAR 1981, 46 = DB 1981, 786 = NJW 1981, 818 = MDR 1981, 306 = VersR 1981, 283 (Anm. *Nehls*) = VRS 65, 182 = zfs 1981, 105.

Übersicht 13.1: Kapitalisierung – Kapitalabbau im weiteren Verlauf

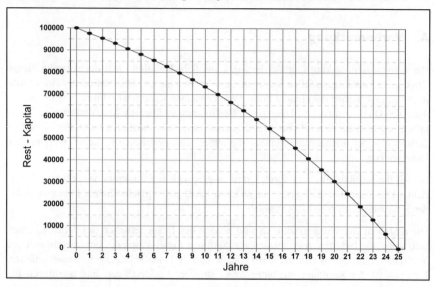

Die Übersicht 1.2 (Kap 13 Rn 8) zeigt, wie eine erst in 10 Jahren beginnende jährliche Rente bereits „heute" – also vor erstmaliger Fälligkeit – mit einem Betrag versehen ist, der sich zunächst bis zum ersten Fälligkeitszeitpunkt (in 10 Jahren) nur aufzinst und erst danach durch Entnahme der dann jeweils fälligen Leistungen sich bis zum letzten Fälligkeitstermin schließlich auf Null abbaut.

Übersicht 13.2: Kapitalisierung – Aufgeschobene Rente

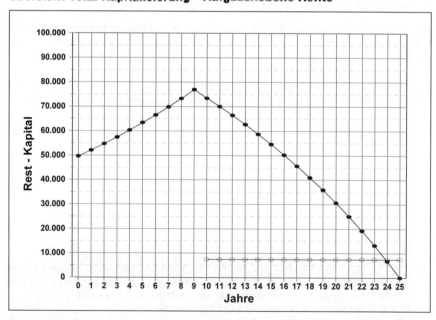

B. Recht auf Kapitalabfindung

Ein unfallbedingter Erwerbsschaden endet nicht bereits mit dem Zeitpunkt der vollständigen gesundheitlichen Wiederherstellung. Auch nach Beendigung der Arbeitsunfähigkeit kann Schadensersatz wegen Verdienstausfalles verlangt werden, wenn und solange die Erwerbslosigkeit noch ihre Ursache in dem Unfall hat.[4]

Mittlerweile (an-)erkennt auch die Rechtsprechung die Sinnhaftigkeit und das Interesse von Geschädigten und Schädiger an einer Erledigung von Schadensersatzansprüchen durch Kapitalabfindung,[5] wenngleich gerade die **BGH-Rechtsprechung zum Forderungsübergang** auf Drittleistungsträger (insbesondere Sozialhilfeträger,[6] Arbeitsverwaltung,[7] Krankenkasse,[8] Versorgungsverwaltung[9]) diese Kapitalisierung für den Schadensersatzpflichtigen unnötig erschwert.[10]

Teilweise gibt das Gesetz unter engen Voraussetzungen einen Anspruch auf Kapitalabfindung. Besteht kein solcher gesetzlicher Anspruch auf eine Kapitalabfindung, sind die Beteiligten trotzdem nicht gehindert, im Wege der Verhandlung eine solche zu vereinbaren. Die Konditionen können und müssen auch dann frei ausgehandelt werden. Hierbei ist den wirtschaftlichen Interessen beider Seiten gerecht zu werden.

I. Allgemein

Gegenüber **mehreren** Ersatzpflichtigen bzw. Ersatzberechtigten (§ 428 BGB) kann die Entscheidung für eine Kapitalisierung nur einheitlich erfolgen.[11]

Renten und Kapitalabfindung sind zwei verschiedene Arten der Befriedigung desselben Anspruches. Die Klage aus § 843 BGB unterbricht daher die Verjährung für beide Ersatzarten.[12]

---

4 BGH v. 2.4.1991 – VI ZR 179/90 – DAR 1991, 260 = MDR 1991, 602 = NJW 1991, 2422 = NZV 1991, 425 = VersR 1991, 703 = zfs 1991, 262 (nur LS).
5 Vgl. BGH v. 12.12.1995 – VI ZR 271/94 – BGHZ 131, 274 = NZV 1996, 110 = r+s 1996, 102 = SP 1996, 79 = VersR 1996, 349 = WI 1996, 34 = zfs 1996, 90; OLG Bamberg v. 2.10.1996 – 5 U 217/95 – SP 1998, 49; siehe auch *Lemcke* r+s 1999, 24 und r+s 1999, 69.
6 Kap 14 Rn 15.
7 Kap 14 Rn 20.
8 BGH v. 8.12.1998 – VI ZR 318/97 – BB 1999, 1766 (nur LS) = DAR 1999, 166 = MDR 1999, 353 = NJW 1999, 1782 = NZV 1999, 158 = NVersZ 99,189 = r+s 1999, 109 (Anm. *Lemcke* r+s 1999, 510) = SP 1999, 87 = VersR 1999, 382 = VRS 96, 321 = zfs 1999, 190.
9 BGH v. 16.10.2007 – VI ZR 227/06 – r+s 2008, 83 = VersR 2008, 275 (Für die Kenntnis vom Rechtsübergang nach § 5 OEG, § 81a BVG genügt grundsätzlich die Kenntnis von Tatsachen, nach denen mit Leistungen nach dem OEG zu rechnen ist. Aspekte der Erschwerung der Abfindung des Versorgungsberechtigten und Hinderlichkeit beim „Täter-Opfer-Ausgleich" haben bei der Interessenabwägung zugunsten des Erhaltes der Rückgriffsmöglichkeiten des Versorgungsträgers zurückzutreten.).
10 *Jahnke* VersR 1995, 1155 (E., vor I.).
11 BGH v. 13.7.1972 – III ZR 107/69 – BGHZ 59, 187 = DB 1972, 1868 = NJW 1972, 1711 = VersR 1972, 1017; RG v. 27.5.1908 – VI 328/07 – RGZ 68, 429; *Bamberger/Roth-Spindler* § 843 Rn 33; *Erman-Schiemann* § 843 Rn 19; *Wussow-Dressler*, Unfallhaftpflichtrecht Kap 36 Rn 2.
12 RG v. 10.7.1911 – VI 373/10 – RGZ 77, 213; *Erman-Schiemann* § 843 Rn 19.

II. Ersatzberechtigter (Geschädigter)

1. Wichtiger Grund

14 Wem nach § 843 I BGB Geldrenten zustehen, kann (nur) bei Vorliegen eines wichtigen Grundes anstelle der Rente (wegen vermehrter Bedürfnisse, Erwerbs- und Unterhaltsschaden) eine Abfindung in Kapital verlangen (§ 843 III BGB; ähnlich: § 845 S. 2 BGB, § 8 II HaftpflG, § 38 II LuftVG, § 13 II StVG, § 9 ProdHaftG, § 14 UmweltHG).

15 Als „wichtigen Grund" anerkennt die Rechtsprechung u.a. den Aufbau einer neuen Existenz oder einen günstigen Einfluss auf den Zustand des Verletzten.[13]

16 Regelmäßig hat allerdings auch der Haftpflichtversicherer ein Interesse an der Kapitalabfindung, so dass sich der Versicherer nur in seltenen Fällen gegen ein Kapitalisierungsbegehren des Ersatzberechtigten sträuben dürfte.

2. Wahlrecht, Wechsel in der Person des Berechtigten

17 Das Recht, eine Kapitalabfindung zu verlangen, ist zu jedem – auch späteren – Zeitpunkt ausübbar. Auch wenn der Geschädigte nicht von Beginn der Schadensersatzverpflichtung an auf einer Kapitalabfindung bestanden hat, kann er sein Wahlrecht aber auch dann noch ausüben, wenn er zuvor Rentenleistungen erhalten hat. Deren eventuell notwendige Anrechnung bleibt der Festsetzung des Abfindungsbetrages vorbehalten.[14] Hat ein Rechtsübergang stattgefunden, beschränkt sich das Wahlrecht des Geschädigten auf den ihm verbliebenen Anspruchsteil.[15]

18 Das Wahlrecht des Geschädigten, eine Kapitalabfindung zu verlangen, ist **höchstpersönlich** und daher weder abtretbar noch pfändbar.[16] Renten sind auch dann unpfändbar, wenn zurückliegende Beträge in einer Summe gezahlt werden: Aufgelaufene Beträge bleiben Rentenzahlungen und werden nicht durch den Zahlungsverzug zur Kapitalabfindung.[17]

19 Die Kapitalabfindung unterliegt demgegenüber nicht dem Schutz des § 850b I ZPO und kann nach § 400 BGB abgetreten und gepfändet werden.

III. Ersatzverpflichteter (Schädiger)

20 Es besteht keine Verpflichtung des Ersatzberechtigten zur Kapitalisierung seiner Ansprüche, sondern nur eine Berechtigung, die Kapitalisierung zu fordern. Der Ersatzverpflichtete kann dem Ersatzberechtigten also eine Kapitalisierung nicht aufdrängen,[18] er hat kein Recht auf Kapitalabfindung.

---

13 Siehe die Nachweise bei: *Böhme/Biela* S. 249 Rn D 318; *Filthaut* § 8 Rn 17; *Hofmann*, Haftpflichtrecht, S. 293 (1.11.9.2, Rn 188); *Küppersbusch* Rn 853; *Palandt-Sprau* § 843 Rn 21; *Soergel-Beater* (13. Aufl. 2005) § 843 Rn 31.
14 BGH v. 19.5.1981 – VI ZR 108/79 – NJW 1982, 757 = VersR 1982, 238.
15 BGH v. 19.5.1981 – VI ZR 108/79 – NJW 1982, 757 = VersR 1982, 238.
16 OLG Köln v. 27.7.1990 – 19 U 30/90 – r+s 1991, 371 (BGH hat die Revision nicht angenommen, Beschl. v. 1.6.1991 – VI ZR 286/90 -).
17 OLG Köln v. 27.7.1990 – 19 U 30/90 – r+s 1991, 371 (BGH hat die Revision nicht angenommen, Beschl. v. 1.6.1991 – VI ZR 286/90 -).
18 BGH v. 8.1.1981 – VI ZR 128/79 – BGHZ 79, 187 = DAR 1981, 46 = DB 1981, 786 = MDR 1981, 306 = NJW 1981, 818 = VersR 1981, 283 = VRS 65, 182 = zfs 1981, 105.

C. Ermittlung des Kapitalbetrages

I. Allgemeine Berechnung

Die Berechnung der Kapitalabfindung erfolgt durch Multiplikation der jährlichen Schadenhöhe mit dem ermittelten Kapitalisierungsfaktor: 21

> Jahresschadenbetrag (monatlicher Ansatzbetrag * 12) * Kapitalisierungsfaktor
> = Kapitalbetrag

Der **Kapitalisierungsfaktor** wird mit Hilfe mathematischer Tabellen ermittelt, in denen Laufzeit, Zinsfuß und Zahlungsweise berücksichtigt sind. Unterschiedliche Laufzeiten verschiedener Schadenarten sind gegebenenfalls durch Differenzfaktoren zu berücksichtigen. 22

Das Produkt aus Jahresschadenbetrag und Kapitalisierungsfaktor ergibt denjenigen **Kapitalbetrag**, aus dem der Geschädigte für die zugrunde zu legende Laufzeit durch Kapitalabbau einerseits und Zinserträgnisse andererseits in der vereinbarten Höhe seinen jährlichen Schadenbedarf decken kann. 23

Der versicherungsmathematisch exakt ermittelte Abfindungsbetrag kann allerdings im Einzelfall zu hoch oder zu niedrig sein, weil beispielsweise der Rentenberechtigte (von der Statistik abweichend) früher oder später als statistisch der Norm entsprechend verstorben wäre oder sich in seinen persönlichen (familiär, beruflich) Verhältnissen verändert hätte. Hier hat dann eine individuelle **Korrektur** zu erfolgen. 24

II. Faktoren

Die Berechnung/Bestimmung des Kapitalbetrages wird durch folgende Faktoren wesentlich bestimmt: 25

- **Laufzeit** des Schadensersatzes, 26
- rechnerischer **Zinsfuß**, 27
- voraussichtliche **Änderungen** der Rentenhöhe. 28

Die einzelnen Berechnungsfaktoren sind je nach den Besonderheiten des Falles zu schätzen, wobei Prognosen zur künftigen Entwicklung der Lebensumstände des Verletzten und der wirtschaftlichen Daten zu treffen sind.[19] 29

1. Laufzeit der Schadensersatzrente

Die Laufzeit der Schadensersatzrente bestimmt sich 30

- aus dem **Stichtag**[20] der Barwertberechnung, 31
- dem **Alter** des **Verletzten** (und damit dessen Lebenserwartung) und 32
- dem in der Zukunft liegenden **Ende** der **Rentenempfangsberechtigung**. 33

---

19 BGH v. 8.1.1981 – VI ZR 128/79 – BGHZ 79, 187 = DAR 1981, 46 = DB 1981, 786 = NJW 1981, 818 = MDR 1981, 306 = VersR 1981, 283 = VRS 65, 182 = zfs 1981, 105; BGH v. 24.4.1990 – VI ZR 183/89 – DAR 1990, 296 = MDR 1990, 809 = NJW-RR 1990, 962 = NZV 1990, 307 = r+s 1990, 272 (nur LS) = VersR 1990, 907 = VRS 90, 257 = zfs 1990, 340.
20 Im Zeitpunkt der Kapitalisierung: Offene Forderungen der Vergangenheit werden addiert, künftige Forderungen kapitalisiert.

a. Stichtag

34 Als Stichtag der Berechnung ist versicherungsmathematisch derjenige Tag zu verstehen, zu dem das Alter des Berechtigten bestimmt wird.

35 Grundsätzlich ist als Stichtag für sämtliche Renten dann der **Unfallzeitpunkt** zugrunde zu legen, wenn der Schaden, der durch die Rente ausgeglichen werden soll, bereits im Unfallzeitpunkt eingetreten ist.[21] Die gesetzlichen Vorschriften gewähren dem Geschädigten unmittelbar einen Rentenanspruch. Dieser entsteht bereits mit der Schädigung und nicht erst mit der Feststellung durch Urteil, Vergleich oder Anerkenntnis.

36 Zwischen Schadenereignis (Unfall), Schadeneintritt (z.B. in der Vergangenheit Verdienstausfall, in der Zukunft Minderverdienst oder Rentenminderung) und Abfindungsverhandlung (Kapitalisierung der künftigen Ansprüche) liegt nicht selten eine größere Zeitspanne. Der zurückliegende und noch nicht regulierte Schaden wird dann addiert, der künftige kapitalisiert: Bei der Kapitalisierung derjenigen Renten, bei denen es nur auf das Leben des Berechtigten ankommt (Verdienstausfallschaden, vermehrte Bedürfnisse u.Ä.), kann dann ohne weiteres als Berechnungsstichtag der **Tag der Kapitalisierung** angesetzt werden.

b. Zeitraum und Prognose

37 Grundsätzlich ist auf die anderweitigen Ausführungen zu einzelnen Problematiken zu verweisen.[22]

aa. Zeitabschnitte

38 Wird über einen längeren Zeitraum der Verdienstausfall kapitalisiert, kann man regelmäßig vom durchschnittlichen Jahreseinkommen (u.U. zurückgerechnet auf den Monat) ausgehen.[23]

bb. Individuelle Umstände

39 Nachgewiesene (§ 252 BGB, § 287 ZPO) zukünftige

40 ■ **positive** (insbesondere berufliche) **Weiterentwicklungen** (Beförderung, Altersstufen, beruflicher Aufstieg; tarifliche Gehaltssteigerungen nur soweit, wie nicht durch den Kapitalisierungsfaktor bereits ausreichend kompensiert), aber auch

41 ■ **Verringerungen** (z.B. mit hypothetischem Eintritt in den Ruhestand; Mitarbeitspflicht im Haushalt nach Verrentung bzw. Pensionierung; vorzeitiges Ausscheiden aus dem Beruf) oder

42 ■ **Wegfall** des Einkommens (wegen überholender Kausalität)

43 sind wie eine aufgeschobene Rente ab dem jeweiligen Zeitpunkt der Änderung zu kapitalisieren (Berechnung mit Differenzfaktor).

---

21 BGH v. 22.1.1986 – IVa ZR 65/84 – MDR 1986, 365 = NJW-RR 1986, 650 = VersR 1986, 392 = zfs 1986, 182.
22 Siehe insbesondere zu Zeitraum und Prognose: Kap 3 Rn 159 ff., Kap 3 Rn 561, Kap 4 Rn 91 ff., Kap 6 Rn 25, Kap 7 Rn 70 ff.
23 Siehe BGH v. 4.3.1997 – VI ZR 243/95 – MDR 1997, 937 = NJW 1997, 2943 = NZV 1997, 302 = r+s 1997, 371 = SP 1997, 245 = VersR 1997, 751 = VRS 97, 269 = zfs 1997, 250 (Erzielt jemand sein Jahreseinkommen nur im Laufe weniger Monate, so ist dieses für die zeitliche Kongruenz auf das gesamte Jahr anteilig zu verteilen).

Ein Geschädigter muss sich im Rahmen seines Verdienstausfallbegehrens entgegen halten lassen, dass die entgangenen Einkünfte auch ohne das schädigende Ereignis, etwa infolge einer bereits vor dem Unfall vorhandenen Erkrankung oder Disposition, zu einem bestimmten Zeitpunkt ganz oder teilweise ohnehin eingetreten wären.[24]

44

Die hypothetische Einkommensentwicklung des Verletzten wird individuell auch beeinflusst durch

45

- alters- oder gesundheitsbedingte Herabsetzung der körperlichen Leistungsfähigkeit,[25] wahrscheinliche vorzeitige Invalidisierung, (z.B. Wegfall von Überstunden, Wegfall oder Unwirtschaftlichkeit von Nebentätigkeiten), ausländerrechtliche Stellung,[26]

46

- Verdiensteinbußen aufgrund wirtschaftlicher Fortentwicklung[27] (z.B. durch Wegfall des Arbeitsplatzes), wirtschaftliche Fortentwicklung des Arbeitgebers,[28] erhöhtes Beschäftigungsrisiko als ungelernte Arbeitskraft,[29] Konkurs des Arbeitgebers in strukturschwacher Gegend,[30] Kurzarbeit,

47

Gründe überholender Kausalität können einen reduzierten Kapitalisierungsfaktor bedingen, diese anderweitigen Umstände sind allerdings vom Schädiger vorzutragen und zu beweisen.[31]

48

2. Zinsfuß

Der Zinsertrag ist abhängig von dem Zinsfuß, den der Anspruchsberechtigte langfristig[32] erzielen kann.[33] Die gängigen Tabellen enthalten Berechnung für Zinsfüße von 3,5 bzw. 4 bis 7 %.

49

---

24 BGH v. 29.5.1969 – III ZR 143/67 – VersR 1969, 802; BGH v. 5.2.1965 – VI ZR 239/63 – VersR 1965, 491 = zfs 1984, 259.
25 BGH v. 7.5.1974 – VI ZR 10/73 – NJW 1974, 1651 = VersR 1974, 1016.
26 BGH v. 8.11.2001 – IX ZR 404/99 – BGHReport 2002, 373 = NZV 2002, 268.
27 Vgl. OLG Hamm v. 31.1.1986 – 27 W 74/85 – r+s 1986, 180 zu den Beweisanforderungen an den Verletzten in Zeiten konjunktureller Schwierigkeiten; ferner BGH v. 24.1.1995 – VI ZR 354/93 – BB 1995, 696 = DAR 1995, 202 = MDR 1995, 693 = NJW 1995, 2227 = NZV 1995, 189 = r+s 1995, 218 = SP 1995, 201 = VersR 1995, 469 = zfs 1995, 170 (wechselhafter beruflicher Werdegang) sowie OLG Hamm v. 15.8.1994 – 6 U 184/91 – r+s 1995, 256 (Berechnung des Verdienstausfalles bei unregelmäßigem Erwerbsleben vor dem Unfall); siehe auch BGH v. 17.1.1995 – VI ZR 62/94 – DAR 1995, 248 = MDR 1995, 358 = NJW 1995, 1023 = r+s 1995, 139 = VersR 1995, 422 = VRS 88, 401 (zur Ermittlung des Erwerbsschadens bei einem jungen und noch nicht in einem festen Arbeitsverhältnis stehenden Verletzten); siehe zur Prognose: OLG Hamm v. 15.6.1998 – 6 U 85/95 – r+s 1998, 465 (Bei der Prognose, ob ein Verletzter eine Arbeitsstelle gefunden hätte, muss neben der Ausbildung und dem bisherigen Arbeitsverlauf die ungünstige Arbeitsmarktlage berücksichtigt werden. Ist die Prognose sehr ungünstig, ist auch für die Schätzung eines Mindestschaden kein Raum).
28 BGH v. 12.3.1962 – III ZR 148/61 – VersR 1962, 824.
29 BGH v. 8.11.2001 – IX ZR 404/99 – BGHReport 2002, 373 = NZV 2002, 268 (Bauhilfsarbeiter).
30 OLG Karlsruhe v. 25.1.1989 – 1 U 1/88 – NZV 1990, 269 = VRS 90, 1.
31 BGH v. 23.10.1984 – VI ZR 24/83 – VersR 1985, 60.
32 BGH v. 22.1.1986 – IVa ZR 65/84 – VersR 1986, 552.
33 BGH v. 22.1.1986 – IVa ZR 65/84 – MDR 1986, 365 = NJW-RR 1986, 650 = VersR 1986, 392 (ergänzende Hinweise VersR 1986, 552) = zfs 1986, 182 (Es ist ein realistischer Zinsfuß zugrunde zu legen, dh. also ein Zinsfuß, der der Effektivverzinsung entspricht, die auf dem Kapitalmarkt für Rentenwerte von vergleichbarer Laufzeit erzielt wird. Nicht abzustellen ist etwa auf die im Unfallzeitpunkt üblichen Zinssätze, sachgerechter ist vielmehr die Abstellung auf einen langfristigen Durchschnittssatz.).

Übersicht 13.3: Entwicklung des Kapitalisierungsfaktors in Abhängigkeit von Laufzeit und Zinsfuß

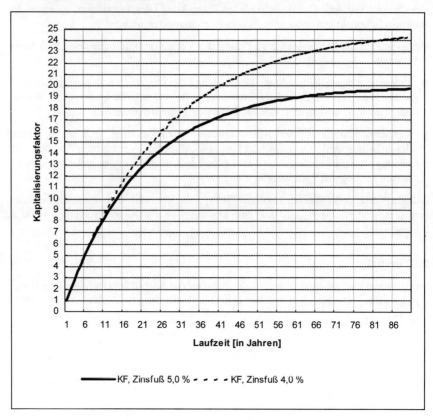

C. Ermittlung des Kapitalbetrages

Die Praxis (Rechtsprechung[34] und Literatur[35]) legt regelmäßig einen Zinsfuß von **5 – 5,5 %** zugrunde. Dieses gilt auch für die Gerichte bei der Abwägung u.a. von Schmerzensgeldsgeldrenten. Abzustellen ist nicht auf Sparbuchzinsen, sondern auf den Geld- und Wertpapiermarkt, und zwar auch außerhalb mündelsicherer Anlagen. 51

Ein Zinsfuß von **5,5 – 6 %** wird auch vom Gesetzgeber und den Finanzverwaltungen als Ausgangspunkt der Berechnung von Kapitalwerten angenommen.[36] 52

Die Steuergesetzgebung geht bei der Umstellung der Pensionsrückstellung von einer Mindest-Renditeerwartung von **6 %** aus (§ 6a III, letzter Satz EStG). Bei der Kapitalab- 53

---

[34] BFH v. 30.7.2003 – X R 12/01 – NJW 2004, 1756; BGH v. 8.1.1981 – VI ZR 128/79 – VersR 1981, 283 (285 re. Sp.) (5 – 5,5 %); KG v. 2.9.2002 – 12 U 1969/00 – NZV 2003, 416 (5 %); OLG Brandenburg v. 9.2.2006 – 12 U 116/05 – (5 % für Vergleichsrechnung bei Schmerzensgeldrente); OLG Brandenburg v. 10.9.2002 – 11 U 24/98 – VersR 2004, 382 BGH hat Revision nicht angenommen, Beschl. v. 3.2.2003 – VI ZR 341/02 -) (5 % für Vergleichsrechnung bei Schmerzensgeldrente): OLG Celle v. 14.7.2005 – 14 U 17/05 – VersR 2006, 1085 (5 %); OLG Celle v. 7.10.2004 – 14 U 27/04 – NZV 2006, 95 = SP 2004, 407 (5 % für Vergleichsrechnung bei Schmerzensgeldrente) (BGH hat Revision nicht angenommen, Beschl. v. 15.3.2005 – VI ZR 278/04 -); OLG Hamm v. 12.9.2003 – 9 U 50/99 – zfs 2005, 1223 (Anm. *Diehl*) (5 % für Vergleichsrechnung bei Schmerzensgeldrente); OLG Hamm v. 12.2.2001 – 13 U 147/00 – SP 2001, 267 (Zinssatz zwischen 5–6 % für Vergleichsrechnung bei Schmerzensgeldrente); OLG Thüringen v.12.8.1999 – 1 U 1622/98 – zfs 1999, 419 (5 %); OLG Naumburg v. 28.11.2001 – 1 U 161/99 – VersR 2002, 1295 (5 %); OLG Nürnberg, Verfügung v. 6.7.2004 – 2 U 1260/04 – NZV 2008, 349 (Anm. *Küppersbusch*) (zu 2.d.) (5 %) (Unterhaltsschaden) (OLG Nürnberg bestätigt die Auffassung des LG Nürnberg-Fürth v. 3.2.2004 – 2 O 9177/03 – NZV 2008, 349, das auch eine Dynamisierung ablehnt); OLG Oldenburg v. 7.5.2001 – 15 U 6/01 – SP 2002, 56 (5 %); OLG Stuttgart v. 4.1.2000 – 14 U 31/98 – VersR 2001, 1560 (BGH hat Revision nicht angenommen, Beschl. v. 6.3.2001 – VI ZR 51/00 -) (Zinssatz zwischen 5 – 5,5 % für Vergleichsrechnung bei Schmerzensgeldrente); OLG Stuttgart v. 30.1.1997 – 14 U 45/95 – VersR 1998, 366 (BGH hat Revision nicht angenommen, Beschl. v. 14.10.1997 – VI ZR 62/97 -) legt sich zwischen 5,5 % und 6,5 % durchschnittlicher Verzinsung nicht fest; LG Kleve v. 9.2.2005 – 2 O 370/01 – zfs 2005, 235 (Zinssatz von 5 % für Vergleichsrechnung bei Schmerzensgeldrente); LG Neuruppin v. 12.7.2005 – 5 O 76/02 – (5 %); LG Verden v. 22.11.2005 – 5 O 86/04 – (5 % für Vergleichsrechnung bei Schmerzensgeldrente; BGH v. 8.1.1981 – VI ZR 128/79 – VersR 1981, 283 (285 re. Sp.) hält einen Satz von 5 – 5,5 % für angemessen, berücksichtigt dabei allerdings zu Lasten des Ersatzpflichtigen Kosten der Vermögensanlage und der Besteuerung der Erträgnisse.

[35] *Böhme/Biela* Rn D 325 für Direktanspruch: 5 % und Rn D 332 für Sozialversicherer: 5,5 %; *Erman-Schiemann*, § 843 Rn 19: 5 – 5,5 %; *Euler* SVR 2005, 10 (zu IV.1) (5 %); *Jagow/Burmann/Heß*, § 843 Rn 38: 5 %; *Jahnke* „Schadenrechtliche Aspekte der Schmerzensgeldrente – zugleich Anmerkung zu OLG Brandenburg, Urteil v. 9.2.2006 – 12 U 116/05 –" r+s 2006, 228: 5 %, *ders.* „Unfalltod und Schadenersatz" Kap 7 Rn 197: 5 %, *ders.* „Der Verdienstausfall im Schadensatzrecht" Kap 13 Rn 52: 5 %; *Küppersbusch* Rn 869: 5 %; *Lang* „Der Abfindungsvergleich beim Personenschaden" VersR 2005, 894: 5 %; *Langenick/Vatter* „Aus der Praxis für die Praxis: Die aufgeschobene Leibrente – ein Buch mit sieben Siegeln ?" NZV 2005, 10 (zu II.2): 5 %; *Münchener Kommentar-Wagner*, §§ 842,843 Rn 77: 5 – 5,5 %; *Schneider* r+s 2004, 221, *ders.* zfs 2004, 541: 5 %; *Schneider/Stahl* S. 285 f. 5 %; *Schwab* „Zwischenruf zum Aufsatz von Jürgen Nehls „Kapital statt Rente (§§ 843 Abs. 3, 779 BGB): Rechnungszinsfuß näher bei 0 Prozent als bei 5 Prozent DAR 2007, 444 ff." DAR 2007, 669.

[36] § 19 des Gesetzes zur Verbesserung der betrieblichen Altersversorgung v. 19.12.1974, BGBl I 1974, 3610 fasste § 6a III 3 EStG dahingehend, dass bei der Berechnung des Teilwertes der Pensionsverpflichtungen ein Rechnungszinsfuß von 5,5 % anzuwenden ist (BGBl I 1974, 3620); durch das 2. Haushaltsstrukturgesetz v. 22.12.1981, BGBl I 1982, 235 wurde dieser Rechnungszinsfuß dann auf 6 % erhöht (zum zeitlichen Geltungsbereich siehe § 52 VIII EStG). Dieser Zinsfuß galt bis mindestens 1.1.2006 (§ 6a III Nr. 2 S. 2 EStG); § 13 III BewertungsG (zuletzt geändert durch Gesetz zur Änderung steuerlicher Vorschriften (Steueränderungsgesetz 2001 – StÄndG 2001) vom 20.12.2001, BGBl I 2001, 3794,3807) sieht für den Kapitalwert wiederkehrender Nutzungen und Leistungen ebenfalls 5,5 % als Zinssatz vor.

findung im Rahmen des § 12 I StVG a.F.[37] (gültig für Schadenfälle bis 17.12.2007[38] ist das noch vorhandene Kapital mit 6 % bei unbegrenzter Laufzeit zu kapitalisieren; der Höchstbetrag der Jahresrente entspricht jeweils 6 % des Kapitalhöchstbetrages.[39] Zwar beträgt der gesetzliche Zinsfuß nach § 246 BGB 4 %, nach §§ 288 I, 291 BGB wird der Basiszinssatz um weitere 5 Prozentpunkte aufgestockt.[40]

54 Der BGH[41] hielt bei der Ermittlung des Kapitalwertes einer Schadensersatzrente im Rahmen der Erschöpfung des Deckungssummenkapitales (§ 155 VVG) einen langfristigen Durchschnittszinsertrag von **8 %** für angemessen.

3. Zu- und Abschläge

a. Sterbetafel

55 Die Kapitalisierungstabellen berücksichtigen nur die durchschnittliche und nicht die individuelle Lebenserwartung. Einer konkreten – möglicherweise auch erst durch den Unfall verursachten – gesundheitlich verkürzten Lebenserwartung ist durch Kürzung des Kapitalisierungsfaktors Rechnung zu tragen.

56 Die Tabellen berücksichtigen nur den Tod (letaler Faktor) bei durchschnittlicher statistischer Lebenserwartung, nicht allerdings die weiter vorhandenen non-letalen Faktoren, die ebenfalls ein Ende der Rentenzahlung zur Folge haben können. Das sonstige allgemeine Lebens- und Gesundheitsrisiko wird dem Geschädigten (oder seinem Rechtsnachfolger) abgenommen. Auch ist zu berücksichtigen, dass häufig Unfallverletzungen die statistische Lebenserwartung verkürzen.

57 Bei **Risikoarbeitsgruppen** (z.B. Schwerarbeit, Untertagetätigkeit) ist – wie bei Bergleuten bereits gesetzlich vorgegeben – die verkürzte Lebensarbeitszeit mit zu berücksichtigen.

---

37 Ähnlich die weiteren Haftungshöchstsummen wie beispielsweise § 117 BBergG; §§ 9, 10 HaftpflG; § 37 LuftVG; § 10 ProdHG, § 15 UmweltHG.

38 Die Änderungen der §§ 12f. StVG sind für Unfälle ab dem 18.12.2007 in Kraft getreten, Art. 9 des 2. Gesetz zur Änderung des PflVG und anderer versicherungsrechtlicher Vorschriften v. 17.12.2007, BGBl I 2007, 2833. Nach § 12 StVG n.F. ist für Unfälle ab 18.12.2007 freie Vereinbarung vorzunehmen. Die Rentenbeschränkung in § 12 I StVG a.F. auf 6 % des Höchstbetrages ist in § 12 I 2 StVG n.F. ersetzt durch die Formulierung „Die Höchstbeträge nach Satz 1 gelten auch für den Kapitalwert einer als Schadenersatz zu leistenden Rente". Europarechtlich (5. KH-Richtlinie) musste der feste Kapitalisierungszinsfuß aufgegeben werden; der Kapitalisierungsfaktor ist individuell zu ermitteln (BR-DrS 225/07 v. 30.3.2007, S. 36).

39 Einzelheiten siehe bei *Hofmann*, Haftpflichtrecht, S. 292 (1.11.9.2 Rn 186a); ferner: BGH v. 17.3.1964 – VI ZR 15/63 – VersR 1964 ,638 = VRS 27, 87; BGH v. 16.12.1968 – III ZR 179/67 – VersR 1969, 281; BGH v. 25.2.1958 – VI ZR 44/57 – BG 1959, 35 = MDR 1958, 505 = NJW 1958, 711 = VersR 1958, 324 (bei der Berechnung, ob der Höchstbetrag des § 12 StVG überschritten wird, ist die SVT-Rente unter Zugrundelegung eines Zinssatzes von 6 % kapitalisiert zu veranschlagen); OLG Saarbrücken v. 19.9.1975 – 3 U 77/74 – VersR 1976, 185 (zu § 37 LuftVG).

40 *Schwab* „Zwischenruf zum Aufsatz von *Nehls* „Kapital statt Rente (§§ 843 Abs. 3, 779 BGB): Rechnungszinsfuß näher bei 0 Prozent als bei 5 Prozent DAR 2007, 444 ff." DAR 2007, 669.

41 BGH v. 22.1.1986 – IVa ZR 65/84 – VersR 1986, 552 (Ergänzung der Urteilsgründe der zuvor bereits unvollständig abgedruckten Entscheidung in VersR 1986, 392) = MDR 1986, 365 = NJW-RR 1986, 650 = zfs 1986, 182; Siehe auch BGH v. 28.11.1979 – IV ZR 83/78 – BB 1980, 126 = DAR 1980, 115 = MDR 1980, 387 = VersR 1980, 132 = VRS 58, 178 sowie ferner BGH v. 28.11.1990 – IV ZR 233/89) MDR 1991, 512 = NJW-RR 1991, 984 = r+s 1991, 115(nur LS),224 = VerBAV 1991, 312 = VersR 1991, 172 = VRS 58, 178 = zfs 1991, 138 sowie ferner BGH v. 28.11.1990 – IV ZR 233/89 – MDR 1991, 512 = NJW-RR 1991, 984 = r+s 1991, 115 (nur LS),224 = VerBAV 91, 312 = VersR 1991, 172 = zfs 1991, 138.

Die Sterbetafeln erfassen nur deutsche Staatsangehörige.[42] Die Lebenserwartung von **Gastarbeiter**n der „ersten Generation" ist kürzer,[43] eine leichte Korrektur des Kapitalisierungsfaktors ist damit erforderlich. Die Lebenserwartung der sog. „zweiten und dritten Generation" dürfte der berücksichtigten statistischen Entwicklung entsprechen. Entsprechendes gilt bei der Verletzung von anderen Ausländern. Hier können nicht ohne weiteres die Daten der Allgemeinen Deutschen Sterbetafel übernommen werden.[44]

Gleiches wie für die Gastarbeiter gilt für **Aussiedler/Übersiedler** aus Osteuropa.

b. Teuerungszuschlag

Vor allem bei außergerichtlicher Kapitalisierung ist es nicht gerechtfertigt, mögliche künftige inflationäre Entwicklungen mit zu bewerten.[45]

Ebenso sind folgende Faktoren berücksichtigenswert, z.B.

- konkretes Vorversterbensrisiko,
- nachschüssige Zahlungsweise (z.B. weil Verdienstausfall noch nicht geltend gemacht oder nachgewiesen, Verzinsung nur bei Verzug),
- vorzeitige Invalidisierung (insbesondere bei bestimmten Berufsgruppen),
- überholende Kausalität (z.B. Arbeitsplatzrisiko).

Die non-letalen Faktoren (insbesondere Invaliditäts- und Arbeitsplatzrisiko) bleiben regelmäßig unberücksichtigt. Teilweise wird vertreten, aufgrund dieser non-letalen Faktoren müsste der Zinsfuß um 1,5 – 3 Prozentpunkte (und damit auf einen Zinsfuß von 7 – 8,5 %) erhöht werden,[46] was dann letztlich zu einer Senkung des anzuwendenden Kapitalisierungsfaktors führt.

D. Beispiele

Ist der zu kapitalisierende Betrag höhenmäßig nicht gleichbleibend (z.B. bei Minderverdienst, gestuftem Minderverdienst, Rentenminderung) oder beginnt der Schaden erst in der Zukunft (aufgeschobene Rente, z.B. Kinderunfall), so muss dieses zu unterschiedlicher Berechnung für die einzelnen Zeitabschnitte führen.

Der gesamte Zeitraum, über den hinweg die Forderung kapitalisiert werden soll, wird zu diesem Zwecke dann in Teil-Zeiträume mit den jeweils hierzu gehörenden Kapitalisierungsfaktoren (KF) zerlegt. Es wird dann für jeden Teilzeitraum die Berechnung durchgeführt.

---

42 BGH v. 8.11.2001 – IX ZR 404/99 – BGHReport 2002, 373 = NZV 2002, 268.
43 Siehe auch *Küppersbusch* Rn 490; eine Auflistung internationaler Sterbetafeln enthält *Jahnke* „Abfindung von Personenschadensansprüchen" § 6 Rn 77 (Mann) und § 6 Rn 79 (Frau).
44 BGH v. 8.11.2001 – IX ZR 404/99 – BGHReport 2002, 373 = NZV 2002, 268.
45 *Böhme/Biela* S. 253 Rn D 332; *Küppersbusch* Rn 874 f.
46 *Becker/Böhme* (Kraftverkehrs-Haftpflicht-Schäden, 19. Aufl. 1994) S. 267 Rn D 276; *Schneider* VersR 1981, 493 (497).

I. Aufgeschobene Rente und Differenzfaktor

69 *Beispiel 13.1:*
An den Verletzten **V** sollen von heute[47] an für einen Zeitraum von 4 Jahren Renten in Höhe von monatlich 500 EUR gezahlt werden.
Nach dem 4. Jahr sind monatlich nur noch 300 EUR bis zum 20. Jahr zu berücksichtigen,
nach dem 20. Jahr für dann noch 5 Jahre monatlich 100 EUR.
Der Zinsfuß wird für diesen langen Zeitraum mit durchschnittlich 5 % angenommen.
Der Berechnung wird im Beispiel zur Vereinfachung nur die Zeittabelle zugrunde gelegt. Korrekturen insbesondere für vorzeitige Versterblichkeit bleiben damit außen vor.

70 Die **Kapitalisierungsfaktoren** betragen (Zeittabelle,[48] Zinsfuß 5,0 %):

Jahre ab heute	Zinsfuß 5 %
4	3,55
5	4,33
16	10,84
20	12,46
25	14,09

71

Laufzeit [Jahre]	↙ Heute	↙ 4	↙ 20	↙ 25
	<4 Jahre>	<16 Jahre>	<5 Jahre>	
KF:		14,09		
KF:	3,55			
KF:	3,55	12,46[49] – 3,55 = **8,91**		
KF:	3,55	8,91	14,09 – 3,55 – 8,91 = **1,63**	

Berechnung

72 Für den **ersten Zeitraum** von 4 Jahren gilt ein KF von **3,55**:

12 Monate * 500 EUR * KF 3,55 = 21.300 EUR

73 Der **zweite Zeitraum** bis zum 20. Jahr setzt sich aus zwei Zeiträumen zusammen: Zuerst der Zeitraum bis zum Ende des 4. Jahres, der bereits zuvor abgerechnet wurde und dann der Differenzzeitraum bis zum Ende des 20. Jahres.

Hier wird nun der Faktor für den Zeitraum bis zum Ende des 20 Jahres aus der Tabelle abgelesen (= 12,46) und dann um die Wertigkeit des bereits berücksichtigten Zeitraumes von 4 Jahren (ab heute) (= 3,55) gekürzt. Der so ermittelte Differenzfaktor für die Zeit nach dem 4. Jahr bis zum vollendeten 20. Jahr von **8,91** ergibt den für den Differenzzeitraum gültigen Multiplikator (= Differenzfaktor):

12 Monate * 300 EUR * KF 8,91 = 32.076 EUR

---

[47] „Heute" bedeutet im Folgenden den Tag, an dem die Abfindungssumme verhandelt und die Kapitalisierung vorgenommen wird.
[48] Kap 12 Rn 84.
[49] Kapitalisierungsfaktor für den gesamt Zeitraum von heute bis zum Ende des 20. Jahres.

Ebenso wie für den vorangegangenen Zeitraum wird nunmehr der Differenzfaktor für den letzten und **dritten Zeitraum** bestimmt. Die Zeiten bis zum Ende des 4. Jahres und sodann des 20. Jahres sind bereits dort berücksichtigt.

Bis zum **Ende des 25. Jahres** gilt von heute an ein Faktor von 14,09, herauszunehmen sind die bereits abgerechneten Zeiträume bis zum Ende des 20. Jahres mit einer Wertigkeit von 12,46, die Differenz beträgt also **1,63**. Für den letzten Zeitraum errechnet sich dann der Betrag wie folgt:

12 Monate * 100 EUR * KF 1,63 = 1.956 EUR

Insgesamt ist damit für den **Gesamtzeitraum** von 25 Jahren zu zahlen:

21.300 EUR + 32.076 EUR + 1.956 EUR = 55.332 EUR

II. Kinderunfall, hinausgeschobene Leibrente

Beispiel 13.2:
Ein zum Zeitpunkt der Abfindung (also heute[50]) 8-jähriges Mädchen wird durch einen Unfall schwer verletzt und daher zukünftig entweder als Hausfrau oder aber in ihren Erwerbseinkünften beeinträchtigt sein.
Die Parteien verständigen sich – mit Blick auf die endgültige Erledigung – auf einen Monatsschadenbetrag von 500 EUR ab dem 20. Lebensjahr bis zum Lebensende (und nicht nur bis zum 75. Lebensjahr). Eine etwaig verkürzte Lebenserwartung bleibt (zur Vereinfachung der Beispielsrechnung) unberücksichtigt.

Ausgangspunkt ist das Lebensalter im Abfindungszeitraum. Die Restlebenserwartung einer „heute" 8-jährigen Frau beträgt nach der Sterbetafel 1997/1999 noch 73,01 Jahre[51] (zum Vergleich bei Männern: 66,94 Jahre).

Die **Kapitalisierungsfaktoren** betragen:

Jahre ab heute	Zinsfuß 5,0 %
lebenslang[52]	19,773
12[53]	8,863

Laufzeit [Jahre]	↙ Heute	↙ 20	↙ Tod
KF:	<12 Jahre>		
KF:	19,773		
KF:	8,863		
KF:		19,773 − 8,863 = 10,910	

Berechnung:

Ausgangspunkt ist das Lebensalter und die davon abhängige Restlebenserwartung zum Zeitpunkt der Abfindung.

Der KF ist der Kapitalisierungstabelle zu entnehmen, die neben dem reinen Zeitfaktor auch die Versterblichkeit mitberücksichtigt. Alternativ kann man die Restlebenserwartung

---

50 „Heute" bedeutet im Folgenden den Tag, an dem die Abfindung berechnet wird.
51 *Becker/Böhme/Biela* (22. Aufl. 2002), S. 442, R III, Tabelle 1.
52 Sterbetafel 1997/99 Frauen, Zinsfuß 5,0 % (*Arnau* in VersR 2001, 954, Tabelle I).
53 Reiner Zeitfaktor: 12 Zeitjahre, Verzinsung 5,0 % (*Jahnke* „Abfindung von Personenschadenansprüchen" § 6 Rn 12).

der Allgemeinen deutschen Sterbetafel entnehmen und dann den Zeitfaktor ermitteln. Konkret wird der KF (lebenslang, Frau, 8 Jahre alt, 5,0 %) mit **19,773** angegeben.[54]

81 Da die Rente erst mit Erreichen des 20. Lebensjahres (also in 12 Jahren, gerechnet vom „heutigen" Abfindungstermin) beginnt, ist dieser Zeitraum aus der Kapitalisierung heraus zu nehmen. Die Wertigkeit dieses Zeitraumes beträgt 8,863; unter Außerachtlassung einer vorzeitigen Versterblichkeit der Verletzten kann (zu deren Gunsten) mit einem reinen Zeitfaktor von **8,863** (12 Zeitjahre, Verzinsung 5,0 %) gerechnet werden.

82 Die Differenzberechnung ergibt sich danach wie folgt (Maximalzeitraum ./. fehlende Fälligkeit: 19,773 – 8,863 = **10,910**):

12 Monate * 500 EUR * KF 10,910 = 65.460 EUR

E. Zeitrententabelle

83 Die nachfolgende Zeitrententabelle[55] enthält den Kapitalisierungsfaktor (und zwar ohne jegliche Berücksichtigung der Versterblichkeit) bei einer Abzinsung (Anlagezinssätze: 4 % – 8 %) über einen Zeitraum von $<y>$ Jahren.

84

y Jahre | Zins:	4 %	5 %	5,5 %	6 %	7 %	8 %
1	0,96154	0,95238	0,94787	0,94340	0,93458	0,92593
2	1,87869	1,85941	1,84632	1,83339	1,80802	1,78326
3	2,77509	2,72325	2,69793	2,67301	2,62432	2,57710
4	3,62990	3,54595	3,50515	3,46511	3,38721	3,31213
5	4,45182	4,32948	4,27028	4,21236	4,10020	3,99271
6	5,24214	5,07569	4,99553	4,91732	4,76654	4,62288
7	6,00205	5,78637	5,68297	5,58238	5,38929	5,20637
8	6,73274	6,46321	6,33457	6,20979	5,97130	5,74664
9	7,43533	7,10782	6,95220	6,80169	6,51523	6,24689
10	8,11090	7,72173	7,53763	7,36009	7,02336	6,71008
11	8,76048	8,30641	8,09254	7,88687	7,49867	7,13896
12	9,38507	8,86325	8,61852	8,38384	7,94269	7,53608
13	9,98565	9,39357	9,11708	8,85268	8,35765	7,90378
14	10,56312	9,89864	9,58965	9,29498	8,74547	8,24424
15	11,11839	10,37966	10,03758	9,71225	9,10791	8,55948
16	11,65230	10,83777	10,46216	10,10590	9,44665	8,85137
17	12,16567	11,27407	10,86461	10,47726	9,76322	9,12164
18	12,65930	11,68959	11,24607	10,82760	10,05909	9,37189
19	13,13394	12,08532	11,60765	11,15812	10,33560	9,60360
20	13,59033	12,46221	11,95038	11,46992	10,59401	9,81815
21	14,02916	12,82115	12,27524	11,76408	10,83553	10,01680
22	14,45112	13,16300	12,58317	12,04158	11,06124	10,20074
23	14,85684	13,48857	12,87504	12,30338	11,27219	10,37108
24	15,24696	13,79864	13,15170	12,55036	11,46933	10,52876
25	15,62208	14,09394	13,41393	12,78336	11,65358	10,67478
26	15,98277	14,37519	13,66250	13,00317	11,82578	10,80998
27	16,32959	14,64303	13,89810	13,21053	11,98671	10,93516

---

54 *Arnau* VersR 2001, 954 (Berichtigung VersR 2002, 35), Tabelle I.
55 zfs 1980, 236 f.

y Jahre | Zins:	4 %	5 %	5,5 %	6 %	7 %	8 %
28	16,66306	14,89813	14,12142	13,40618	12,13711	11,05108
29	16,98371	15,14107	14,33310	13,59072	12,27767	11,15841
30	17,29203	15,37245	14,53375	13,76483	12,40904	11,25778
31	17,58849	15,59281	14,72393	13,92909	12,53181	11,34980
32	17,87355	15,80268	14,90420	14,08404	12,64656	11,43500
33	18,14765	16,00255	15,07507	14,23023	12,75379	11,51389
34	18,41120	16,19290	15,23703	14,36814	12,85401	11,58693
35	18,66461	16,37419	15,39055	14,49825	12,94767	11,65457
36	18,90828	16,54685	15,53607	14,62099	13,03521	11,71719
37	19,14258	16,71129	15,67400	14,73678	13,11742	11,77518
38	19,36786	16,86789	15,80474	14,84602	13,19347	11,82887
39	19,58448	17,01704	15,92866	14,94907	13,26493	11,87858
40	19,79277	17,15909	16,04612	15,04630	13,33171	11,92461
41	19,99305	17,29437	16,15746	15,13802	13,39412	11,96723
42	20,18563	17,42321	16,26300	15,22454	13,45245	12,00670
43	20,37079	17,54591	16,36303	15,30617	13,50696	12,04324
44	20,54884	17,66277	16,45785	15,38318	13,55791	12,07707
45	20,72004	17,77407	16,54773	15,45583	13,60552	12,10840
46	20,88465	17,88007	16,63292	15,52437	13,65002	12,13741
47	21,04294	17,98102	16,71366	15,58903	13,69161	12,16427
48	21,19513	18,07716	16,79020	15,65003	13,73047	12,18914
49	21,34147	18,16872	16,86275	15,70757	13,76680	12,21216
50	21,48218	18,25593	16,93152	15,76186	13,80075	12,23348

Die **Berechnung** des Kapitalbetrages ergibt sich wie folgt: 85

Nachdem Monatsbetrag und Laufzeit (z.B. die Lebenserwartung oder aber ein fester Kapitalisierungszeitraum) feststehen, wird der dem Zinssatz zugehörige Kapitalisierungsfaktor (KF) herausgesucht.

Beispiel 13.3: 86
Monatlicher Zahlbetrag 400 EUR, 32-jähriger Mann (Lebenserwartung [Sterbetafel 1986/88] noch rd. 42 Jahre), Zinssatz 5,5 %:
400 EUR/Monat * 12 Monate * KF 16,26300 = 78.062,40 EUR

F. Sterbetafel

Vom Statistischen Bundesamt werden in Deutschland in regelmäßigen Abständen sog. 87
„Allgemeine Sterbetafeln für die Bundesrepublik Deutschland" ermittelt und veröffentlicht. Diese berücksichtigen die gesamte Bevölkerung der Bundesrepublik, und zwar alle Bevölkerungsgruppen ohne irgendwelche Differenzierungen (beispielsweise nach Beruf, Wohnort und Familienstand). Unterschieden wird ausschließlich nach dem Geschlecht.

Daneben gibt es aufgrund von Volkszählungen weitere **spezielle Sterbetafeln**, die Ergebnisse nach besonderen Kriterien ausweisen und vor allem bevölkerungswissenschaftlichen Zwecken dienen. Diese speziellen Tafeln können bei der Schadenregulierung jedoch wegen ihrer anderweitigen Zielrichtung nicht herangezogen werden. 88

Die **durchschnittliche Lebenserwartung** ist für die Kapitalisierung unbrauchbar: Abzustellen ist immer (und ausschließlich) auf das konkret bereits erreichte Lebensalter und die 89 sich hieraus dann ergebende durchschnittliche Restlebensdauer, die von einer durchschnittlichen Lebensdauer ganz erheblich abweichen kann.

90 Sofern eine Rente lebenslang zu kapitalisieren ist, ist allein auf die – aus einer deutschen oder internationalen Sterbetafel[56] ablesbaren – statistische **Restleben**serwartung der männlichen und weiblichen Bevölkerung abzustellen, wobei die statistische Restlebenserwartung im jeweiligen konkreten Fall manchmal vor allem aufgrund der gesundheitlichen Begleitumstände beim Verletzten der individuellen Korrektur nach unten bedarf.

---

56 *Jahnke* „Abfindung von Personenschadenansprüchen" S. 371 ff.

Kapitel 14　Abfindungsvertrag

A. Direktanspruch

Werden die Direktansprüche eines Verletzten ganz oder teilweise durch einen Abfindungsvertrag erledigt, so sind etliche Verfahrensfragen und rechtliche Besonderheiten zu beachten.

Wegen der Einzelheiten der rechtlich beachtenswerten Aspekte bei der Abfindung von Ersatzansprüchen ist auf weiterführende Literatur[1] zu verweisen.

Sind Drittleistungsträger, insbesondere Sozialversicherungsträger, anlässlich eines Schadenfalles eintrittspflichtig, kann die Regulierung mit dem Direktgeschädigten regelmäßig erst dann erfolgen, wenn die **Leistungen der Dritten** feststehen oder ausreichend überschaubar sind. Bei einem Abfindungsvergleich auch für die Zukunft müssen diese Drittleistungen teilweise im Wege der Schätzung Berücksichtigung finden.

Der Geschädigte kann zwar auf seine Ansprüche gegenüber dem Sozialversicherungsträger verzichten (§ 46 SGB I). Der **Verzicht** ist allerdings für die Zukunft widerruflich (§ 46 I SGB I).

Der Anspruch des Versicherten auf Geldleistungen gegenüber einem Sozialversicherungsträger kann **abgetreten** werden, allerdings nur mit Genehmigung des zuständigen Sozialversicherungsträgers (§ 53 II Nr. 2 SGB I).[2] Zur Erfüllung oder Sicherung von Ansprüchen auf Rückzahlung von Darlehen oder auf Erstattung von Aufwendungen können – unter Beachtung des Bestimmtheitsgrundsatzes[3] – solche Ansprüche auf Geldleistungen abgetreten und verpfändet werden (§ 53 II SGB I), die im Vorgriff auf fällig gewordene Sozialleistungen zu einer angemessenen Lebensführung erbracht wurden.

B. Drittleistungsträger

Sind **mehrere Drittleistungsträger** eintrittspflichtig und schließt der Ersatzpflichtige mit einem dieser Drittleistenden einen Abfindungsvergleich, so betrifft bei Gesamtgläubigerschaft diese Abfindung häufig nur den diesem Ersatzberechtigten im Innenverhältnis zustehenden Anteil.

Der nach § 12 StVG geschuldete Haftungshöchstbetrag kann durch Abschluss eines Abfindungsvergleiches auch über eine geringere Summe mit Erlass der Restschuld (z.B. durch Kapitalisierung) erbracht werden.[4]

1　*Jahnke* „Abfindung von Personenschadensansprüchen" § 2 (S. 113 ff.).
2　Siehe auch BGH v. 13.5.1997 – IX ZR 246/96 – NJW 1997, 2823 (zur Zulässigkeit der Abtretung mehrerer pfändungsfreier Anspruchsteile auf laufende Geldleistungen).
3　BSG v. 19.3.1992 – 7 RAr 26/91 – BSGE 70, 186 (Erst zukünftig entstehende Ansprüche eines Arbeitslosen gegen das Arbeitsamt nach § 53 SGB I nur dann wirksam abgetreten, wenn sie nach ihrer konkreten Bezeichnung ausreichend bestimmt sind. Eine Erklärung, wonach „hiermit meine Ansprüche gegenüber dem Arbeitsamt ... in Höhe der mir zu gewährenden Leistungen nach dem AFG" abgetreten werden, genügt diesen Anforderungen nicht.).
4　BGH v. 24.9.1996 – VI ZR 315/95 – DAR 1997, 24 = NJW 1996, 3418 = NZV 1997, 36 = r+s 1996, 488 = SP 1996, 410 = VersR 1996, 1548.

I. Forderungsübergang im Unfallzeitpunkt

8 Erwirbt der Zessionar die Forderung im Unfallzeitpunkt (z.B. § 116 SGB X, § 87a BBG), erfasst der Abfindungsvergleich zwischen Geschädigtem und Ersatzverpflichteten diese Drittansprüche nicht.

1. Allgemeines

9 Leistungen an den Verletzten haben nur dann befreiende Wirkung für den Ersatzverpflichteten, wenn er den Forderungsübergang nicht kannte.[5] Die **Bösgläubigkeit** des Ersatzverpflichteten (§ 407 BGB) hat der Sozialversicherer zu beweisen.

10 Die Anforderungen an die Kenntnis vom Gläubigerwechsel sind in der Praxis allerdings gering. Für den Verlust des guten Glaubens genügt schon die Kenntnis der tatsächlichen Voraussetzungen, aus denen sich die Sozialversicherungspflicht des Verletzten ergibt (z.B. Wissen, dass Verletzter Arbeitnehmer usw. war) bzw. das Wissen um tatsächliche Umstände, von denen allgemein bekannt ist, dass sie eine Sozialversicherungspflicht begründen.[6] In der Praxis ist eine gutgläubige Falschleistung allerdings eher die Ausnahme (z.B. bei Unkenntnis freiwilliger Versicherung).[7]

2. Späterer Erwerb

11 Erwirbt ein Zessionar ausnahmsweise die Forderung nicht im Unfallzeitpunkt, aber **vor** dem Zeitpunkt des **Abfindungsvergleiches**, ist der Vergleich im Verhältnis zum Drittleistenden u.U. dann unwirksam, wenn der Versicherer Kenntnis von der Zession hatte (§ 407 BGB).[8]

---

5 Siehe zum Problem der Systemänderung und den Auswirkungen bei Abfindungsvergleichen: *Arnau* VersR 1996, 1340, *Jahnke* VersR 1995, 1156, *ders.* VersR 1996, 924, *Küppersbusch* NZV 1997, 30, *Wegmann* VersR 1995, 1288, *Wiesner* VersR 1995, 144, *Wussow* WI 1994, 201 f., WI 1995, 93 f.

6 BGH v. 16.10.2007 – VI ZR 227/06 – r+s 2008, 83 = VersR 2008, 275 (Für die Kenntnis vom Rechtsübergang nach § 5 OEG, § 81a BVG genügt grundsätzlich die Kenntnis von Tatsachen, nach denen mit Leistungen nach dem OEG zu rechnen ist. Aspekte der Erschwerung der Abfindung des Versorgungsberechtigten und Hinderlichkeit beim „Täter-Opfer-Ausgleich" haben bei der Interessenabwägung zugunsten des Erhaltes der Rückgriffsmöglichkeiten des Versorgungsträgers zurückzutreten.); BGH v. 17.4.1990 – VI ZR 276/89 – MDR 1990, 811 = NJW 1990, 2933 = VersR 1990, 1028 = zfs 1990, 342 (nur LS); BGH v. 4.10.1983 – VI ZR 44/82 – BG 1985, 594 = MDR 1984, 216 = NJW 1984, 607 = r+s 1984, 9 (nur LS) = VersR 1984, 35 = VRS 66, 165 = zfs 1984, 77 (nur LS); BGH v. 13.2.1975 – VI ZR 209/73 – VersR 1975, 446,BGH v. 27.2.1962 – VI ZR 260/60 – VersR 1962, 515; OLG Nürnberg v. 17.12.1975 – 4 U 93/75 – VersR 1977, 613 (Zu den Anforderungen an die Kenntnisse eines Sachbearbeiters einer Haftpflichtversicherung).

7 KG v. 5.10.2001 – 6 U 7340/99 – NVersZ 2002, 457 (fehlende Kenntnis von privater Krankenversicherung); OLG Oldenburg v. 18.3.1997 – 5 U 178/96 – VersR 1998, 633 (Das Wissen von der nichtehelichen Geburt eines Kindes vermittelt keine positive Kenntnis von einem beim Erzeuger bestehenden Versicherungsschutz – konkret: AOK – für das Kind).

8 BGH v. 4.10.1983 – VI ZR 44/82 – BG 1985, 594 = MDR 1984, 216 = NJW 1984, 607 = r+s 1984, 9 (nur LS) = VersR 1984, 35 = VRS 66, 165 = zfs 1984, 77 (nur LS) (gesetzliche Neuregelung des Leistungsumfanges); BGH v. 7.5.1968 – VI ZR 179/66 – VersR 1968, 771 (Haftpflichtversicherer war Sozialversicherungsverhältnis nicht bekannt); iehe auch LG Bamberg v. 28.9.1995 – 1 O 531/92 – SP 1996, 10 (Sozialversicherer muss Abfindung der Direktansprüche gegen sich gelten lassen, wenn im Zeitpunkt der Abfindung ernsthaft nicht damit zu rechnen war, dass der Verletzte in das Erwerbsleben wieder eingegliedert werden und Erwerbsunfähigkeitsrentenansprüche erwerben könne); iehe ergänzend *Wiesner* VersR 1995, 143 f. und *Jahnke* VersR 1996, 924 ff.

3. Sozialamt, Arbeitsverwaltung

Zu beachten sind Besonderheiten für diejenigen Leistungsträger, deren Sozialleistungen eben nicht an das Vorbestehen eines Sozialversicherungsverhältnisses anknüpfen (Arbeitsverwaltung und Sozialamt). Hier findet ein Forderungsübergang bereits dann statt, wenn und soweit infolge des schädigenden Ereignisses aufgrund konkreter Anhaltspunkte künftige Sozialleistungen (z.B. Rehabilitationsmaßnahmen) ernsthaft in Betracht zu ziehen waren.

Da der Forderungsübergang auf Arbeitsverwaltung und Sozialhilfeträger zu einem Zeitpunkt erfolgt, den in der täglichen Praxis kaum jemand voraussehen kann („**Orakel**"),[9] ist die außergerichtliche Regulierung von Unfallschäden für den Schadenersatzleistenden mit einem erheblichen Risiko behaftet, wenn beide Parteien (Verletzter, Ersatzpflichtiger) eine in die Zukunft gerichtete Erledigung gemeinsam anstreben oder der Verletzte auf einer Kapitalisierung besteht.

a. Sozialhilfe

aa. Forderungsübergang

Verdienstausfallansprüche (oder andere in regelmäßig wiederkehrender Höhe zu entrichtende Rentenbeträge), die einem Verletzten für die **Zukunft** zustehen, müssen ihm ohne Berücksichtigung etwaiger Sozialhilfeansprüche zuerkannt werden.[10] Im Hinblick auf den Subsidiaritätscharakter der Sozialhilfe muss ein Geschädigter seinen Lebensbedarf zunächst aus dem Schadenersatzanspruch gegen den Schädiger decken, bevor er auf die Sozialhilfe zurückgreifen kann.

Der Forderungsübergang auf den Sozialhilfeträger erfolgt bereits, sobald infolge des schädigenden Ereignisses aufgrund **konkreter Anhaltspunkte**, auch für eine Bedürftigkeit des Verletzten, mit der Leistungspflicht eines Sozialhilfeträgers zu rechnen ist. Erforderlich für den Rechtsübergang ist, dass nach den konkreten Einzelfallumständen Sozialleistungen ernsthaft in Betracht zu ziehen sind.[11] Zugleich hat der BGH den Schutz des Schadenersatzverpflichteten nach §§ 407 I, 412 BGB (**gutgläubige Leistung an einen Nichtberechtigten**) drastisch eingeschränkt: An die Kenntnis des Forderungsüberganges seien „nur maßvolle Anforderungen zu stellen, um den Schutz der sozialen Leistungsträ-

---

9 Siehe auch *Geigel-Plagemann* Kap 30 Rn 41.
10 BGH v. 3.3.1998 – VI ZR 385/96 – DAR 1998, 231 = EWiR 1998, 393 (Anm. *Grunsky*) = MDR 1998, 595 = NJW 1998, 1634 = NZV 1998, 279 = r+s 1998, 196 = SP 1998, 241 = VersR 1998, 772 = zfs 1998, 210; BGH v. 4.3.1997 – VI ZR 243/95 – MDR 1997, 937 = NJW 1997, 2943 = NZV 1997, 302 = r+s 1997, 371 = SP 1997, 245 = VersR 1997, 751 = VRS 97, 269 = zfs 1997, 250.
11 BGH v. 4.3.1997 – VI ZR 243/95 – MDR 1997, 937 = NJW 1997, 2943 = NZV 1997, 302 = r+s 1997, 371 = SP 1997, 245 = VersR 1997, 751 = VRS 97, 269 = zfs 1997, 250; BGH v. 9.7.1996 – VI ZR 5/95 – NJW 1996, 2933 = NZV 1996, 445 = r+s 1996, 398 = SP 1996, 345 = VersR 1996, 1258 = WI 1996, 171; BGH v. 25.6.1996 – VI ZR 117/95 – NJW 1996, 2508 = NZV 1996, 402 = r+s 1996, 404 = SP 1996, 312 = VersR 1996, 1126 = zfs 1996, 311; BGH v. 13.2.1996 – VI ZR 318/94 – BGHZ 132, 39 = DAR 1996, 357 = JR 1996, 505 (Anm. *Fuchs*) = LM BGB § 844 Abs. 2, Nr. 93 = MDR 1996, 799 = NJW 1996, 1674 = NVwZ 1996, 824 = NZV 1996, 229 = r+s 1996, 311 = SGb 1996, 328 = SP 1996, 168 = VersR 1996, 649 = VRS 91, 267; BGH v. 12.12.1995 – VI ZR 271/94 – BGHZ 131, 274 = NJW 1996, 726 = NZV 1996, 110 = r+s 1996, 102 = SP 1996, 79 = VersR 1996, 349 = WI 1996, 34 = zfs 1996, 90.

ger nicht durch die Behauptung fehlenden Wissens vom Gläubiger unterlaufen zu können".[12]

16 Trotz Forderungsüberganges auf den Sozialhilfeträger verbleibt dem Geschädigten die Ermächtigung, vom Schädiger die Ersatzleistung einzufordern (Nachrang der Sozialhilfe). Ein rechtskräftiges, vom Geschädigten erstrittenes **Feststellungsurteil** wirkt ebenso wie titelersetzendes Anerkenntnis auch zugunsten des Sozialhilfeträgers.[13] Für den Lauf der Verjährung gegenüber dem Sozialhilfeträger kommt es nicht auf den (i.d.R. recht frühen) Kenntnisstand des Geschädigten an, sondern (zur Vermeidung einer Schlechterstellung des Sozialhilfeträgers gegenüber einem Sozialversicherer) auf die Kenntnis des beim Sozialhilfeträger regressbefugten Sachbearbeiters.[14]

bb. Sozialhilfe und Kapitalisierung

17 Der BGH[15] hat dem Geschädigten für seine **künftigen Ansprüche** eine **Einzugsermächtigung** erteilt, u.a. mit der Konsequenz, dass der Schadenersatzpflichtige auch im Verlaufe der weiteren Regulierung mit befreiender Wirkung an den unmittelbar Anspruchsberechtigten zahlen kann. Der BGH begründet seine Entscheidung zum Zeitpunkt des Forderungsüberganges („Absehbarkeit der Leistungspflicht des Sozialhilfeträgers") u.a. damit, dass ein bereits mit Eintritt des Schadens eintretender Forderungsübergang auf den Sozialhilfeträger *„in einer Vielzahl von Fällen, in denen es nie zu Sozialhilfeleistungen kommt, ohne sachlichen Grund eine Schadensregulierung, insbesondere in Form eines Abfindungsvergleiches, unmöglich machen oder zumindest erheblich erschweren würde."*[16] Der BGH führt weiter aus: *„Der Zweck der von der Subsidiarität der Sozialhilfe geprägten Einziehungsermächtigung besteht aber nach Auffassung des BGH darin, durch Realisierung des Ersatzanspruches gegenüber dem Schädiger den Eintritt der Hilfsbedürftigkeit und damit eine Inanspruchnahme des Sozialhilfeträgers zu vermeiden. Rechtshandlungen des Anspruchsberechtigten muss der Sozialhilfeträger also nur soweit gegen sich gelten lassen, als sie durch diesen Einziehungszweck gedeckt sind."*[17]

18 Trotz der dem Anspruchsberechtigten für die Zukunft zugewiesenen Einzugsermächtigung ist es **problematisch**, ob diese auch das Recht erfasst, letztlich mit Wirkung gegen

---

12 BGH v. 12.12.1995 – VI ZR 271/94 – BGHZ 131, 274 = NJW 1996, 726 = NZV 1996, 110 = r+s 1996, 102 = SP 1996, 79 = VersR 1996, 349 = zfs 1996, 90.
13 BGH v. 5.3.2002 – VI ZR 442/00 – BGHZ 150, 94 = EWiR 2002, 745 (nur LS) (Anm. *Plagemann*) = HVBG-Info 2002, 1949 = NJW 2002, 1877 = NVersZ 2002, 332 = NZV 2002, 266 = r+s 2002, 241 = SP 2002, 236 = VersR 2002, 869 = VRS 102, 447 = ZIP 2002, 1462 = zfs 2002, 337.
14 BGH v. 12.12.1995 – VI ZR 271/94 – BGHZ 131, 274 = NJW 1996, 726 = NZV 1996, 110 = r+s 1996, 102 = SP 1996, 79 = VersR 1996, 349 = WI 1996, 34 = zfs 1996, 90.
15 BGH v. 27.6.2006 – VI ZR 337/04 – BGHReport 2006, 1367 = DAR 2007, 22 (nur LS) = MDR 2007, 151 = NJW 2006, 3565 = NZV 2007, 33 = r+s 2007, 40 = SP 2006, 381 = SVR 2007, 58 (Anm. *Lang*) = VersR 2006, 1383 = VRS 111, 252 = zfs 2006, 618; BGH v. 10.10.2002 – III ZR 205/01 – HVBG-Info 2002, 3168 = MDR 2003, 26 = NJW 2002, 3769 = NZV 2002, 557 = r+s 2003, 80 = SP 2003, 10 = VersR 2002, 1521 = zfs 2003, 14; BGH v. 5.3.2002 – VI ZR 442/00 – BGHZ 150, 94 = DAR 2002, 305 = EWiR 2002, 745 (nur Ls., Anm. *Plagemann*) = HVBG-Info 2002, 1949 = NJW 2002, 1877 = NVersZ 2002, 563 = r+s 2002, 241 = SP 2002, 337 = VersR 2002, 869 = VRS 102, 447 = zfs 2002, 337; BGH v. 12.12.1995 – VI ZR 271/94 – BGHZ 131, 274 = FamRZ 1996, 279 = HVBG-Info 1996, 516 = JR 1997, 14 (Anm. *Müller/Steinmeyer*) = MDR 1996, 799 = NJW 1996, 726 = NJW-RR 1996, 1306 = NVwZ 1996, 515 (nur LS) = NZV 1996, 110 = r+s 1996, 102 = SP 1996, 79 = VersR 1996, 349 = VRS 90, 358 = WI 1996, 34 = zfs 1996, 90; OLG Köln v. 8.5.1998 – 19 U 210/97 – HVBG-Info 1999, 1618 = OLGR 1998, 249 = SGb 19999, 133 (nur LS) = VersR 1998, 1307 (BGH hat die Revision nicht angenommen, Beschl. v. 23.3.1999 – VI ZR 179/98 -).
16 BGH v. 12.12.1995 – VI ZR 271/94 – VersR 1996, 350 (li. Sp. zu II.1.b. bb).
17 BGH v. 12.12.1995 – VI ZR 271/94 – VersR 1996, 351 (re. Sp. zu II.1.c. cc. (a)).

den Sozialhilfeträger anstelle einer laufenden Leistung auch die einmalige Kapitalabfindung zu verlangen. Außerhalb des klagbaren Anspruches auf Kapitalabfindung ist die endgültige Fallabschließung durch Zahlung eines Kapitalbetrages risikobehaftet: Es besteht trotz und wegen der BGH-Rechtsprechung das Risiko, dass der Ersatzpflichtige sich gegenüber dem später eintrittspflichtigen Sozialhilfeträger nicht auf die Abfindung berufen kann. Ist der Abfindungsbetrag nachvollziehbar und vor allem ausreichend (auch unter Einbeziehung des nunmehr die Sozialhilfeleistung auslösenden Risikos) kalkuliert, mag die Chance auf Bestand eines Abfindungsvergleiches bestehen; Risikovergleiche (vor allem bei problematischer Haftung oder schwieriger Zukunftsprognose) ohne konkrete Nachrechenbarkeit sind in ihrem Bestand aber deutlich eher gefährdet.

Wird in einem **Gerichtsverfahren** (bei Bestehen eines wichtigen Grundes, vgl. §§ 843 III, 844 II 1, 2. Halbsatz BGB) ein Anspruch auf Kapitalisierung bejaht – dieses ist in der Praxis selten -, so muss man eine abschließende Wirkung auch gegenüber dem Sozialhilfeträger annehmen. Die Interessenabwägung bei der Feststellung des wichtigen Grundes hat die Möglichkeit späterer Sozialhilfeansprüche mit einbeziehen.

b. Arbeitsamt
aa. Unfall ab dem 1.7.1983, § 127 AFG n.F., § 116 SGB X

Der Forderungsübergang auf die Arbeitsverwaltung erfolgt erst für Unfälle ab dem 1.1.1998 nach § 116 SGB X (§ 116 X SGB X); für Unfälle in der Zeit vom 1.7.1983 bis 31.12.1997 gilt § 127 AFG a.F. (§ 426 SGB III), der auf § 116 SGB X verweist.

Der Forderungsübergang auf die Arbeitsverwaltung erfolgt zwar nach § 116 SGB X (§ 116 X SGB X) und damit grundsätzlich im Unfallzeitpunkt, nicht aber vor Zahlung des ersten Pflichtbeitrages.

Auch soweit der Verletzte im Unfallzeitpunkt noch nicht beitragspflichtig zur Arbeitslosenversicherung war (z.B. Unfälle von Kindern, Schülern und Studenten, anderen nichtsozialversicherungspflichtigen Personen wie Beamte), ist ein Forderungsübergang auf die Bundesagentur für Arbeit – allerdings nur für solche Leistungen der Arbeitsverwaltung, die nicht von vorheriger Beitragszahlung abhängig sind – trotz vorangegangener Abfindung des unmittelbar Verletzten möglich, wenn bereits zum Zeitpunkt des Abfindungsvergleiches künftige Rehabilitationsleistungen ernsthaft in Betracht zu ziehen waren.[18] Da der Forderungsübergang auf die Arbeitsverwaltung zu einem Zeitpunkt erfolgt, den in der Praxis eigentlich niemand voraussehen kann („Orakel"), ist bei der außergerichtliche Regulierung dieses Risiko zu sehen.

bb. Unfall vor dem 1.7.1983, § 127 AFG a.F.

Die Vorschriften des Arbeitsförderungsgesetzes (AFG) (mit Ausnahme der Leistungsbestimmungen bei Zahlungsunfähigkeit des Arbeitgebers, die erst zum 1.1.1999 durch das SGB III ersetzt werden) wurden mit Wirkung zum 1.1.1998 durch das SGB III abgelöst. Für Unfälle (vor allem Kinderunfälle und Spätschäden) vor dem 1.7.1983 gilt weiterhin § 127 AFG a.F.,[19] und zwar auch für Leistungen nach den Folgevorschriften des AFG im SGB III und SGB II, soweit Unfälle abzuwickeln sind, die sich vor dem 1.7.1983 ereigneten.

---

18 Dazu Kap 3 Rn 340 ff.
19 *Becker/Böhme* (17. Aufl. 1989) S. 503 (Nr. 13).

14 Abfindungsvertrag

24 Das bei § 127 AFG a.F.– wie bei § 1542 RVO – geltende Quotenvorrecht ist für Schadenfälle vor dem 1.7.1983 zu beachten.[20]

25 Der Forderungsübergang auf die Arbeitsverwaltung erfolgte im Rahmen von § 127 AFG a.F. erst mit **Bewilligung** der Leistung. Nach der Rechtsprechung[21] zu § 127 AFG a.F. (vor dem 1.7.1983) bedeutete dieses, dass eine vom Geschädigten unterzeichnete Abfindungserklärung, die keinen Vorbehalt hinsichtlich des Verdienstausfalles enthielt, dazu führte, dass die Arbeitsverwaltung wegen ihrer Aufwendungen (insbesondere Umschulungskosten) dann keinen Regress beim Ersatzpflichtigen mehr nehmen konnte, wenn im Zeitpunkt des Abfindungsvertrages die Leistung noch nicht bewilligt war.

26 *Beispiel 14.1:*
AS (* 1963) erlitt durch einen Unfall am 30.6.1983 schwere Beinverletzungen. Im Jahre 2005 erkrankt der jetzt 42-jährige AS unfallbedingt und verliert seinen Arbeitsplatz. Ohne den Unfall hätte AS ein Nettoeinkommen von monatlich 2.000 EUR gehabt, die Arbeitsverwaltung zahlt seit dem 1.7.2005 Arbeitslosengeld (Bewilligungsbescheid v. 15.6.2005) in Höhe von 1.400 EUR und bewilligt am 14.12.2005 sodann eine Fortbildungsmaßnahme (Umschulung). Die Ansprüche (u.a. wegen Verdienstausfall) sind durch Abfindungsvergleich mit dem Geschädigten im Jahre 1995 abgefunden worden.

Ergebnis:
Mit der Abfindung der Direktansprüche auf Ersatz von Verdienstausfallschaden im Jahre 1995 sind auch die Ansprüche der Arbeitsverwaltung (einschließlich der zum Verdienstausfall kongruenten Umschulung) erledigt. Ein Forderungsübergang auf die Arbeitsverwaltung hätte frühestens mit Bewilligung von Arbeitslosengeld (Forderungswechsel am 15.6.2005) und hinsichtlich der Fortbildungsmaßnahme (Forderungswechsel am 14.12.2005) erfolgen können.

---

20 OLG Bamberg v. 12.12.1978 – 5 U 44/78 – r+s 1979, 150 = VersR 1979, 473 (Anm. *Perkuhn* VersR 1979, 1109).
21 BGH v. 14.2.1984 – VI ZR 160/82 – DAR 1984, 289 = MDR 1984, 832 = VersR 1984, 482 = VRS 66, 440 = zfs 1984, 204 (nur LS); BGH v. 23.3.1982 – VI ZR 293/80 – BGHZ 83, 245 = DB 1982, 2457 = MDR 1982, 570 = NJW 1982, 1763 = r+s 1982, 122 = VersR 1982, 646 = VRS 63, 34 = zfs 1982, 140; OLG Frankfurt v. 3.2.1983 – 1 U 112/82 – r+s 1984, 84 = VersR 1984, 484 = VRS 66, 271 = zfs 1984, 104; OLG Hamm v. 14.6.1982 – 13 U 103/81 – VersR 1983, 1061 = zfs 1984, 12; OLG Köln v. 25.6.1981 – 18 U 249/80 – VersR 1982, 780 = zfs 1982, 297 (Kein Forderungsübergang nach Abfindungsvergleich mit dem Geschädigten, sofern nicht der Reha-Träger beweist, dass der Haftpflichtversicherer positive Kenntnis vom gesetzlichen Forderungsübergang gehabt hat. Hat der Rechtsübergang noch nicht einmal stattgefunden, ist die Bösgläubigkeit des Haftpflichtversicherers ebenso ausgeschlossen wie der Gedanke an eine böswillige Vereitelung eines allenfalls zukünftig und möglicherweise einmal erwachsenen Anspruchs auf Aufwendungsersatz für Reha-Maßnahmen zugunsten des Geschädigten.); OLG Köln v. 29.10.1980 – 13 U 98/80 – zfs 1981, 366; LG Koblenz v. 22.6.1987 – 5 O 73/87 – VersR 1988, 923 (Anm. *Hartung* VersR 1988, 1195).

II. Forderungsübergang nach dem Unfall

1. Abfindung des Direktgeschädigten

Erfolgt der Forderungsübergang nicht im Unfallzeitpunkt, sondern später (z.B. Abtretung; § 90 BSHG aF [für Unfälle vor dem 1.7.1983],[22] § 6 EFZG [früher: § 4 LFZG];[23] § 67 VVG a.F., § 86 VVG n.F.), kann der Geschädigte vorher wirksam über seine gesamten Ansprüche zulasten des künftigen Zessionars verfügen.

27

Unterzeichnet der unmittelbar Verletzte eine vorbehaltlose Abfindungserklärung, so ist ab diesem Zeitpunkt ein Forderungsübergang weder nach § 67 VVG a.F., § 86 VVG n.F. z.B. auf einen privaten Kranken-/Pflegeversicherer[24] noch nach § 6 EFZG (vor 1.5.1994: § 4 LFZG) auf den Arbeitgeber[25] möglich.

28

Dies kann dann u.U. zu Rechtsverlusten des Geschädigten gegenüber diesen Dritten führen (konkrete Sanktionen sehen z.B. § 5 LFZG,[26] § 7 I Nr. 2 EFZG, § 67 I 3 VVG a.F.,[27] § 86 II VVG n.F.) vor. Soweit der Geschädigte daraufhin Vermögenseinbußen (Mindereinkommen, Fortfall privatärztlicher Versorgung) erleidet, ist ein Schadenersatzanspruch

29

---

22 Siehe zu § 90 BSHG a.F.: BGH v. 13.7.2004 – VI ZR 273/03 – FamRZ 2004, 1569 = MDR 2005, 34 = NJW 2004, 3176 = NZV 2004, 625 (nur LS) = SP 2004, 370 = VersR 2004, 126 (Der Sozialhilfeträger kann den auf Ersatz des Unterhaltsaufwandes für ein Kind gerichteten Schadensersatzanspruch der Mutter gegen den Arzt [vgl. BGHZ 86, 240 ff.] auch auf sich überleiten, wenn die Mutter nicht wirtschaftlich leistungsfähig ist); BGH v. 13.2.1996 – VI ZR 318/94 – BGHZ 132, 39 = DAR 1996, 357 = JR 1996, 505 (Anm. *Fuchs*) = LM BGB § 844 Abs. 2, Nr. 93 = MDR 1996, 799 = NJW 1996, 1674 = NVwZ 1996, 824 = NZV 1996, 229 = r+s 1996, 311 = SGb 1996, 328 = SP 1996, 168 = VersR 1996, 649 = VRS 91, 267.
23 OLG Frankfurt v. 3.3.1993 – 19 U 222/91 – OLGR 1993, 245.
24 KG v. 5.10.2001 – 6 U 7340/99 – NVersZ 2002, 457 (Prozessvergleich zwischen Schädiger und Geschädigten schließt Ansprüche der privaten Kranken-Vollversicherung aus); OLG Frankfurt v. 3.3.1993 – 19 U 222/91 – OLGR 1993, 245 (Etwas anders gilt allenfalls dann, wenn der Geschädigte nachweist, dass der Abfindungsvergleich entgegen seinem Wortlaut nur eine beschränkte Wirkung haben sollte); OLG Hamm v. 25.9.1992 – 20 U 340/91 – (Private Kranken-Zusatz-Versicherung neben weiter bestehendem Krankenversicherungsschutz in einer AOK. Das OLG Hamm stellte entscheidend auf ein [konkret nicht angenommenes] Missverhältnis zwischen Schaden und Abfindungssumme ab.); OLG Koblenz v. 26.3.1980 – 1 U 785/79 -; LG Bayreuth v. 26.6.1992 – 2 O 230/92 – r+s 1993, 178 = r+s 1994, 159.
25 BAG v. 7.12.1988 – 5 AZR 757/87 – BAGE 60, 258 = BB 1989, 630 = DB 1989, 534 = HVBG-Info 1989, 1171 = MDR 1989, 569 = NJW 1989, 1302 = NZA 1989, 306; LAG München v. 20.6.1989 – 3 Sa 9/89 – LAGE § 63 HGB, Nr. 9; OLG Frankfurt v. 3.3.1993 – 19 U 222/91 – OLGR 1993, 245; OLG Koblenz v. 26.3.1980 – 1 U 785/79 -; OLG Köln v. 11.11.1992 – 2 U 57/92 – r+s 1993, 419; OLG München v. 17.9.1987 – 24 U 657/88 – zfs 1987, 364; OLG Saarbrücken v. 16.3.1984 – 3 U 17/83 – VersR 1985, 298 = zfs 1985, 145; LG Köln v. 25.11.1986 – 3 O 755/85 – zfs 1987, 107; LG Osnabrück v. 25.10.1991 – 11 S 400/91 -; AG Leverkusen v. 25.6.1981 – 28 C 182/81 – zfs 1982, 8; AG Lingen v. 12.9.1991 – 12 C 195/91 – (Vorinstanz zu LG Osnabrück v. 25.10.1991 – 11 S 400/91 -); *Jahnke* „Abfindung von Personenschadenansprüchen" § 2 Rn 330; *Schneider/Stahl* S. 267; a.A.: LG Hildesheim v. 10.2.1993 – 7 S 314/92 – zfs 1993, 187.
26 Zu den Anforderungen an den Arbeitnehmer siehe BAG v. 7.12.1988 – 5 AZR 757/87 – BB 1989, 630 = DB 1989, 534 = MDR 1989, 569 = NJW 1989, 1302 = NZA 1989, 306.
27 Zu den Rückgriffsmöglichkeiten des privaten Krankenversicherers und den Einschränkungen siehe KG v. 5.10.2001 – 6 U 7340/99 – NVersZ 2002, 457; LG Köln v. 7.10.2004 – 24 O 516/03 – r+s 2005, 328 (Ein objektiver Verstoß gegen das Aufgabeverbot liegt in jedem Handeln des Versicherungsnehmers, das seinen Schadensersatzanspruch dem Versicherer entzieht. Dazu gehört der Anspruchsverlust durch Erlass, Vergleich, Verzicht oder Abtretung ebenso wie jedes sonstige Verhalten, durch das der Ersatzanspruch dem Zugriff des Versicherers entzogen wird – konkret Rücknahme der Berufung gegen klagabweisendes Urteil.).

gegenüber seinem Rechtsberater wegen Verletzung der Beratungspflichten (positive Vertragsverletzung des Mandatsvertrages) denkbar.

2. Sicherung

30 Problematisch sind absehbare (aber noch nicht erfolgte) oder befürchtete Forderungsveränderungen und -berechtigungen.

Wegen der Einzelheiten wird auf die Darstellung im Kapitel 1E.II.3 Künftig erst mögliche Zuständigkeit (Kap 1 Rn 61 ff.) verwiesen.

C. Rechtsnachfolge des abgefundenen Leistungsträgers

31 Hat ein Drittleistungsträger mit dem Ersatzpflichtigen einen Abfindungsvergleich geschlossen, so hat er seinerseits einen ihm nachfolgenden **Leistungsträger** nicht am erzielten Abfindungsbetrag zu beteiligen (Beispiel: Krankenkassenwechsel).[28]

32 Schließt ein **gesetzlicher Kranken-/Pflegeversicherer** mit dem Ersatzpflichtigen hinsichtlich der Heilbehandlungskosten einen Abfindungsvergleich und scheidet hernach der Geschädigte aus dem gesetzlichen Krankenversicherungsverhältnis aus[29] (z.B. Erwerb einer Beamtenstellung, Überschreiten der Pflichtversicherungsgrenzen und Wechsel zum privaten Krankenversicherer, Sozialhilfe), so kann

33 ■ der **Verletzte** selbst[30] (wenn beispielsweise der private Krankenversicherer die Vorerkrankungen ausschließt),

34 ■ der vom Verletzten selbst seine Rechte ableitende private Krankenversicherer,

35 ■ aber auch ein später etwaig zuständiger **Sozialhilfeträger**,

nicht aber

36 ■ eine andere gesetzliche Krankenkasse,

37 ■ der **Dienstherr** (als Beihilfeträger), der unmittelbarer Rechtsnachfolger der gesetzlichen Krankenversicherung wird,[31]

---

28 BGH v. 9.7.1985 – VI ZR 219/83 – BG 1986, 242 = MDR 1986, 309 = NJW 1985, 2756 = r+s 1985, 251 (nur LS) = VersR 1985, 1083 = zfs 1986, 14 (nur LS).
29 Siehe auch OLG Karlsruhe v. 14.4.1993 – 13 U 160/91 – zfs 1994, 241 (Ergreift unfallbedingt ein Verletzter einen anderen Beruf, bei dem er nicht mehr der gesetzlichen Krankenversicherung unterfällt, so kann er die erforderlichen höheren Kosten einer freiwilligen Weiterversicherung bei dem bisherigen Sozialversicherer oder einer privaten Krankenversicherung ersetzt verlangen).
30 BGH v. 8.12.1998 – VI ZR 318/97 – BB 1999, 1766 (nur LS) = DAR 1999, 166,243 (nur LS) = MDR 1999, 353 = NJW 1999, 1782 = NVersZ 1999, 189 = NZV 1999, 158 = PVR 2001, 82 (Anm. *Halm*) = r+s 1999, 109 (Anm. *Lemcke* r+s 1999, 510) = SP 1999, 87 = VersR 1999, 382 = VRS 96, 321 = zfs 1999, 190 (Die auf den gesetzlichen Krankenversicherungsträger auflösend bedingt übergegangenen Schadenersatzansprüche fallen bei Beendigung der Mitgliedschaft des Unfallverletzten auf diesen zurück. Ein Abfindungsvergleich zwischen SVT und Haftpflichtversicherer ist gegenüber dem Verletzten unwirksam, soweit dessen Rechte dadurch beeinträchtigt werden. Allerdings läuft die Verjährung zu Lasten des unmittelbar Verletzten ab dem Zeitpunkt des Abfindungsvergleiches mit der Krankenkasse.); siehe auch BGH v. 3.12.2002 – VI ZR 142/02 – NJW 2003, 1455 = NZV 2003, 176 = r+s 2003, 390 = SP 2003, 93 = VersR 2003, 267 = zfs 2003, 181.
31 BGH v. 7.12.1982 – VI ZR 9/81 – VersR 1983, 262; *Küppersbusch* Rn 667 ff.

C. Rechtsnachfolge des abgefundenen Leistungsträgers

Regress wegen der nunmehr weiter anfallenden Heilbehandlungs- und Pflegekosten nehmen, soweit die schadenkausalen Heilbehandlungs- und Pflegekosten vom Leistungsspektrum der gesetzlichen Kranken- und Pflegeversicherung (SGB V,) (und zwar entsprechend dem im Zeitpunkt der nunmehr erforderlichen Behandlung gültigen SGB V, SGB XI) ansonsten erfasst worden wären.

Ein zwischen Schadensersatzpflichtigem und Sozialversicherungsträger geschlossener Abfindungsvergleich kann auch Bindungswirkung gegenüber einem Sozialhilfeträger entfalten.[32] Dies gilt umso mehr als durch § 264 SGB V eine Leistungsidentität gewährleistet ist.

I. Abfindungswirkung gegenüber Rechtsnachfolgern

1. Grundsatz

Grundsätzlich wirkt ein Vergleich (aber auch eine Vereinbarung zur Haftungsquote oder **Regulierungsquote**, z.B. wegen zweifelhafter Kausalität) nur zwischen den jeweiligen Vertragsparteien, und zwar ohne Drittaußenwirkung.[33] Ein Dritter (z.B. Sozialversicherungsträger) wird also beispielsweise durch eine Vereinbarung zur **Haftungsquote** nicht gebunden.

Der dem Verletzten oder seinen Hinterbliebenen wegen des Schadenfalles Leistungen erbringende Drittleistungsträger (insbesondere **Sozialversicherungsträger**) muss die Regulierungsquote selbstständig (besser oder schlechter) mit dem Ersatzpflichtigen vereinbaren und ist an die Feststellungen und Vereinbarungen im Verhältnis zum unmittelbar Verletzten (Direktgeschädigten)[34] oder einem anderen – parallel zuständigen – Drittleistungsträger[35] (außerhalb einer Rechtsnachfolge) ebenso wenig gebunden wie der Ersatzleistungsverpflichtete; insbesondere erstreckt sich die Rechtskraft von Urteilen des unmittelbar Verletzten nicht auf den Drittleistungsanspruch.[36] Dies gilt auch für § 119 SGB X. Allerdings geht von der Direktregulierung eine **Indizwirkung** aus, die nicht ohne weiteres ignoriert werden kann.

---

32 BGH v. 24.9.1996 – VI ZR 315/95 – DAR 1997, 24 = NJW 1996, 3418 = NZV 1997, 36 = r+s 1996, 488 = SP 1996, 410 = VersR 1996, 1548.
33 BGH v. 13.2.1996 – VI ZR 318/94 – BGHZ 132, 39 = DAR 1996, 357 = JR 1996, 505 (Anm. *Fuchs*) = LM BGB § 844 Abs. 2, Nr. 93 = MDR 1996, 799 = NJW 1996, 1674 = NVwZ 1996, 824 = NZV 1996, 229 = r+s 1996, 311 = SGb 1996, 328 = SP 1996, 168 = VersR 1996, 649 = VRS 91, 267 (zum Unterhaltsschaden); OLG Hamm v. 24.10.2001 – 13 U 85/01 – DAR 2002, 216 = NJW-RR 2002, 1322 = OLGR 2002, 214 = SP 2002, 162 = VersR 2003 ,1595 = zfs 2002, 475.
34 OLG Celle v. 20.4.1989 – 5 U 26/88 – DAR 1990, 179 = VersR 1990, 911 = zfs 1990, 225 (nur LS); vgl. OLG Hamm v. 24.10.2001 – 13 U 85/01 – DAR 2002, 216 = NJW-RR 2002, 1322 = OLGR 2002, 214 = SP 2002, 162 = VersR 2003, 1595 = zfs 2002, 475.
35 BGH v. 4.3.1986 – VI ZR 234/84 – BG 1986, 756 = DAR 1986, 267 (nur LS) = MDR 1986, 746 = NJW 1986, 1861 = NJW-RR 1986, 902 = r+s 1986, 182 = VersR 1986, 810 = zfs 1986, 267 (nur LS) (die Vereinbarung einer Haftungsquote mit einem Gesamtgläubiger bindet nicht die weiteren Gesamtgläubiger).
36 OLG Koblenz v. 25.4.2005 – 12 U 289/04 – VersR 2006, 1382 (Anm. *Keller* VersR 2006, 1607) (Urteil im Haftpflichtprozess entfaltet materielle Rechtskraftwirkung und Präjudizialität grundsätzlich nur zwischen den damaligen Prozessparteien. Es wirkt auch für und gegen Personen, die nach dem Eintritt der Rechtshängigkeit Rechtsnachfolger der bisherigen Parteien geworden sind.).

2. Ausnahmen

42 Eine Ausnahme gilt für die **Sozialhilfe**, zu deren Gunsten – aber auch zu deren Lasten – ein rechtskräftiges, vom Geschädigten erstrittenes Feststellungsurteil ebenso wie ein titelersetzendes Anerkenntnis wirken kann.[37]

43 Weitere Ausnahmen gelten bei **Rechtsnachfolge**[38] und für Ansprüche, die nur sukzessive nach § 6 EFZG, § 67 VVG a.F., § 86 VVG n.F. übergehen. Hier binden Erklärungen des Rechtsvorgängers den Rechtsnachfolger: Rechtsvorgänger kann zum einen ein anderer Drittleistungsträger sein, zum anderen aber auch der Verletzte selbst, wenn der Forderungsübergang nicht im Unfallzeitpunkt erfolgt, sondern später (z.B. Arbeitgeber, private Krankenversicherung, aber auch bei erst später begründetem Sozialversicherungsverhältnis).

44 *Beispiel 14.2:*
Der Arbeiter X wird am 12.1.2004 bei einem Verkehrsunfall verletzt. X schließt am 15.2.2005 mit dem Haftpflichtversicherer V des Schadenersatzpflichtigen einen Vergleich, wonach V dem A alle künftigen materiellen Schäden mit einer Haftungsquote von 60 % zu ersetzen hat.
Der Rentenversicherer R verlangt Ersatz des Beitragsschadens sowie Ersatz einer Reha-Maßnahme. Der Arbeitgeber A verlangt Ersatz der Lohnfortzahlung in der Zeit vom 12.1. – 15.2.2004 sowie für die Zeit der Materialentfernung (1.10. – 30.10.2005), die private Krankenversicherung P verlangt Ersatz der ihr Januar 2004 und Oktober 2005 entstandenen Aufwendungen. Nachdem X im Jahre 2006 unfallkausal vorzeitig verrentet wird, verlangt auch die berufsständische Versorgung Ersatz ihrer Aufwendungen.
Die Frage der Unfallkausalität der Aufwendungen ist außer Streit. Aufgrund neuer Tatsachen stellt sich heraus, dass die Haftungsquote mit 80 % hätte angenommen werden müssen.

Ergebnis:
1. X selber kann keine Nachbesserung verlangen. Der Vergleich mit X legt verbindlich die Haftungsquote mit 60 % fest. X verzichtet zwar nicht – wie bei einem vorbehaltlosen Abfindungsvergleich – auf sämtliche künftige Ansprüche, er spricht allerdings einen Teilverzicht (nämlich in Höhe von 40 % seiner Ansprüche) aus.
2. Der **Rentenversicherer** R erwirbt die Forderung nach § 116 SGB X und nach § 119 SGB X im Unfallzeitpunkt und kann die Quote eigenständig festmachen ohne dass die Einigung im Verhältnis X und V rechtlich verbindlichen Einfluss hat.
3. Der **Arbeitgeber** A erwirbt die Forderung des X erst mit seiner jeweiliger Zahlung. Hinsichtlich der Lohnfortzahlung unmittelbar nach dem Unfall erfolgte der Forderungsübergang auf A mit der Fortzahlung bereits im Januar und Februar 2004, sodass X durch den Abfindungsvergleich am 15.2.2005 auf das Forderungsvolumen keinen Einfluss mehr nehmen konnte. Mit dem Vergleich am 15.2.2005 verzichtete X auf 40 % seiner künftigen Ersatzansprüche. Soweit A dann im Oktober 2005 Lohn fortzahlte, bestand eine Ersatzforderung des X nur noch in Höhe

---

[37] BGH v. 5.3.2002 – VI ZR 442/00 – BGHZ 150, 94 = DAR 2002, 305 = EWiR 2002, 745 (nur LS) (Anm. *Plagemann*) = HVBG-Info 2002, 1949 = NJW 2002, 1877 = NVersZ 2002, 563 = NZV 2002, 266 = r+s 2002, 241 = SP 2002, 337 = VersR 2002, 869 = VRS 102, 447 = zfs 2002, 337 = ZIP 2002, 1462 (Vorinstanz OLG Hamm v. 16.10.2000 – 13 U 89/00 – OLGR 2002, 340 = r+s 2002, 156 = SP 2001, 295); siehe auch BGH v. 24.9.1996 – VI ZR 315/95 – DAR 1997, 24 = NJW 1996, 3418 = NZV 1997, 36 = r+s 1996, 488 = SP 1996, 410 = VersR 1996, 1548.
[38] OLG Koblenz v. 25.4.2005 – 12 U 289/04 – VersR 2006, 1382 (Anm. *Keller* VersR 2006, 1607).

der Haftungsquote von 60 %, auf die weiteren 40 % hatte X verzichtet; A erwirbt von X im Oktober 2005 also nur gekürzt Ansprüche und kann maximal 60 % seiner Lohnfortzahlung ersetzt verlangen.

Anm.: Hätte A mit V im Februar 2004 eine Ersatzquote von 50 % verbindlich auch für weitere Lohnfortzahlungen vereinbart, so könnte A nicht mehr als diese 50 % verlangen. Er hat sich über ihm (A) bereits zugewiesene Ansprüche vergleichsweise verständigt.

4. Für die **private Krankenversicherung** P gilt dasselbe wie für A. Für die Forderung aus Januar 2004 verhandelt P die Quote selbstständig (auch unter Beachtung eines Quotenvorrechtes z.B. zugunsten einer gesetzlichen Krankenkasse), für die Forderung aus Oktober 2005 hat X die Haftungsquote[39] verbindlich vorgegeben.
5. Die **betriebliche Altersversorgung** erwirbt per Abtretung Rechte des X. Soweit auf seine Rechte ganz (z.B. durch vorbehaltlose Abfindung) oder teilweise (z.B. Vereinbarung einer Haftungsquote) verzichtet hat, trifft diese die betriebliche Altersversorgung als Rechtsnachfolger des X unmittelbar.

D. Bestand des Vergleiches[40]

Der Abfindungsvergleich wird nicht dadurch hinfällig, dass sich der Gesundheitszustand oder die Einkommenssituation des Geschädigten zum Positiven oder Negativen verändert. Auch Fehleinschätzungen für die Zukunft gehören zur Natur eines Risikovergleiches. Ebenso wenig wie bei Verbesserung gegenüber seiner eingeschätzten Situation der Geschädigte an den Ersatzleistenden nichts zurückzahlen muss hat der Ersatzpflichtige nachzulegen, wenn sich die künftige Entwicklung schlechter darstellt als vom Geschädigten erwartet.

45

Es entspricht dem Wesen eines Abfindungsvergleiches, dass bei ihm Leistung und Gegenleistung nicht in einem Gegenseitigkeitsverhältnis (wie z.B. bei einem Kauf oder der Miete) stehen; daher können Äquivalenzstörungen nicht ohne weiteres die Abänderung des Vergleiches rechtfertigen.[41] Nur unter besonderen Umständen kommt eine Abänderung (§§ 157, 242 BGB) in Betracht, wenn dieses erforderlich ist, um die von den Parteien gewollten und verfolgten Zwecke zu erreichen.

46

In der Praxis als „Irrtumsanfechtung" (§ 119 BGB) bezeichnete Anfechtungserklärungen erweisen sich häufig als rechtlich unbeachtlicher **Motiv-** oder **Kalkulationsirrtum**.[42] Ein Kalkulationsirrtum berechtigt grundsätzlich selbst dann nicht zur Anfechtung, wenn der Erklärungsempfänger diesen erkannt hat; allerdings kann aus Treu und Glauben bzw. cul-

47

---

39 Wegen des Quotenvorrechtes entspricht die Haftungsquote aber nicht der Regulierungsquote. Vielmehr ist unter Zugrundelegung der Haftungsquote der vom Schädiger geschuldete Betrag zu ermitteln und dann unter Anwendung des Quotenvorrechtes (und nicht verhältnismäßig) auf den unmittelbar Geschädigten und die weiteren Ersatzgläubiger zu verteilen.
40 Einzelheiten siehe *Jahnke* „Abfindung von Personenschadenansprüchen" § 2 F, Rn 347 ff.
41 OLG Frankfurt v. 14.8.2003 – 1 W 52/03 – zfs 2004, 16; OLG Koblenz v. 29.9.2003 – 12 U 854/02 – IVH 2004,33 = NZV 2004, 197.
42 BGH v. 23.10.1998 – BLw 20/98 – NJ 1999, 147; BGH v. 7.7.1998 – X ZR 17/97 – BauR 1998, 1089 = BGHZ 139, 177 = DB 1998, 1909 = EWiR 1998, 871 (nur LS) (Anm. *Medicus*) = IBR 1998, 419 (nur LS) (Anm. *Dähne*) = JR 1999, 153 (Anm. *Peters*) = JuS 1979, 79 (nur LS) (Anm. *Emmerich* JuS 1999, 79 und *Waas* JuS 2001, 14) = JZ 1999, 365 (Anm. Singer JZ 1999, 342) = MDR 1999, 216 = NJW 1998, 3192 = WM 1998, 2375; OLG Hamm v. 21.2.2005 – 13 U 25/04 – NJW-RR 2006, 65 = NJW-Spezial 2005, 544 = VersR 2006, 562 (Erledigung eines Rechtsstreites durch auf fehlerhaftem Sachverständigutachten beruhendem Vergleich).

pa in contrahendo der Erklärungsempfänger zum Hinweis auf den Kalkulationsfehler verpflichtet sein.[43]

48 Stirbt ein Verletzter später unfallkausal und entstehen den Hinterbliebenen nunmehr Unterhaltsschäden, erfasst ein Abfindungsvergleich wegen der Verdienstausfallansprüche nicht den Unterhaltsschaden.[44]

E. Rentenvergleich[45]

I. Prozesshandlung

49 **Zukünftige Änderungen** in der Höhe des Rentenanspruches können vom erkennenden Gericht berücksichtigt werden, wenn sie voraussehbar sind (§ 252 BGB, § 287 ZPO). Dieses gilt selbstverständlich auch für die außergerichtliche Regulierung.

50 Ein Vergleich zum Erwerbsschadensersatz kann, wenn der Vergleich keine Altersgrenze beinhaltet, seine Geschäftsgrundlage spätestens mit dem 65. Lebensjahr verlieren, wenn die Parteien bei Vergleichsschluss davon ausgingen, dass der damals Arbeitslose nach unterstellter Beendigung der Arbeitslosigkeit als Nicht-Selbstständiger tätig geworden wäre.[46]

51 Der **Prozessvergleich** über eine Rente kann nach § 323 IV ZPO mit der Abänderungsklage angepasst werden, wobei auch eine Abänderung für die Vergangenheit möglich ist.[47] Eine Wiedereinsetzung in den vorigen Stand analog § 230 ZPO entfällt bei Versäumung eines Vergleichswiderrufes.[48] Trotz Vergleiches mit dem regulierenden Haftpflichtversicherer soll eine Abänderungsklage gegen den versicherten Schädiger möglich sein, da einem Prozessvergleich die in § 3 Nr. 8 PflVG a.F./§ 124 VVG n.F. zuerkannte Wirkung einer rechtskräftigen Feststellung nicht zukomme.[49]

---

43 BGH v. 16.8.2008 – VI ZR 296/07 –; BGH v. 7.7.1998 – X ZR 17/97 – BauR 1998, 1089 = BGHZ 139, 177 = DB 1998, 1909 = EWiR 1998, 871 (nur LS) (Anm. *Medicus*) = IBR 1998, 419 (nur LS) (Anm. *Dähne*) = JR 1999, 153 (Anm. *Peters*) = JuS 1979, 79 (nur LS) (Anm. *Emmerich* JuS 1999, 79 und *Waas* JuS 2001,14) = JZ 1999, 365 (Anm. *Singer* JZ 1999, 342) = MDR 1999, 216 = NJW 1998, 3192 = WM 1998, 2375 (Anm. *Kindl* WM 199, 2198) = ZIP 1998, 1640 (eine Verpflichtung zur Überprüfung auf Kalkulationsfehler kann allenfalls dann bestehen, wenn sich der Tatbestand eines Kalkulationsirrtums und seiner unzumutbaren Folgen für den Bieter aus dessen Angebot oder dem Auftraggeber bekannten sonstigen Umständen geradezu aufdrängt).
44 Siehe Kap 1 Rn 178 ff. sowie *Jahnke* „Unfalltod und Schadensersatz" Kap 7 Rn 6 ff.; *ders* „Abfindung von Personenschadenansprüchen" § 2 Rn 161 ff.
45 Vertiefend *Jahnke* „Abfindung von Personenschadenansprüchen" § 2 Rn 298 ff., 384 ff.
46 OLG Karlsruhe v. 19.4.2001 – 19 U 201/00 – r+s 2002, 329 = VersR 2002, 1113; siehe auch BGH v. 27.1.2004 – VI ZR 342/02 – DAR 2004, 346 = FamRZ 2004, 777 = IVH 2004, 117 = MDR 2004, 810 (nur LS) = NJW-RR 2004, 821 = NZV 2004, 291 = r+s 2004, 342 = SP 2004, 190 = VersR 2004, 653 = VRS 106, 413 = zfs 2004, 260 (für die Höhe der Unterhaltsrente aus § 844 II BGB ist das fiktive Nettoeinkommen des Getöteten nur bis zu seinem voraussichtlichen Ausscheiden aus dem Erwerbsleben maßgeblich; derzeit ist dies bei einem nicht selbstständig Tätigen grundsätzlich die Vollendung des 65. Lebensjahres).
47 BGH v. 4.10.1982 – GSZ 1/82 – DAR 1983, 52 = DB 1983, 934 = JR 83, 198 = JZ 1983, 397 = MDR 1983, 189 = NJW 1983, 228 = VersR 1983, 147 = WM 1983, 272 = zfs 1983, 113 (nur LS) (Prozessvergleich über künftig fällig werdende wiederkehrende Leistungen).
48 OLG Hamm v. 9.7.1991 – 20 W 25/91 – VersR 1992, 983.
49 BGH v. 30.4.1985 – VI ZR 110/83 – NJW-RR 1986, 22 = VersR 1985, 849 = VRS 69, 181.

II. Außergerichtliches Verfahren

Die Abwicklung künftig regelmäßig anfallender Ersatzansprüche kann grundsätzlich auch durch einen Rentenvergleich kanalisiert werden.

Haben die Parteien **keine Laufzeit** festgelegt, kann diese durch ein Gericht nachträglich bestimmt werden.[50]

Im Rahmen außergerichtlicher Rentenvergleiche gilt **§ 323 ZPO** nur bei ausdrücklicher Vereinbarung, möglich ist aber eine Anpassung nach § 242 BGB bei wesentlicher Veränderung der wirtschaftlichen Verhältnisse. Eine Rentenanpassung kann zwar ausdrücklich ausgeschlossen werden, allein schon aus dem Fehlen einer Gleitklausel ist dieser Parteiwille allerdings noch nicht zu entnehmen.[51]

III. Flexible Rente

Die Verurteilung in eine dynamische Rente, gekoppelt beispielsweise an den Lebenshaltungskostenindex, ist ebenso **unzulässig** wie deren außergerichtliche Vereinbarung (z.B. durch Wertsicherungsklausel).[52]

Zukünftige Änderungen in der Höhe des Rentenanspruches (beispielsweise mit Erreichen der Altersgrenze der Erwerbstätigkeit) sind, wenn sie voraussehbar sind (§ 252 BGB, § 287 ZPO), zu berücksichtigen. Anpassungen erfolgen durch abändernden Vergleich oder Abänderungsklage (§ 323 ZPO).

---

§ 2 Preisangaben- und Preisklauselgesetz (PaPkG)[53]

(1) ¹Der Betrag von Geldschulden darf nicht unmittelbar und selbsttätig durch den Preis oder Wert von anderen Gütern oder Leistungen bestimmt werden, die mit den vereinbarten Gütern oder Leistungen nicht vergleichbar sind. ²Das Bundesministerium für Wirtschaft kann auf Antrag Ausnahmen genehmigen, wenn Zahlungen langfristig zu erbringen sind oder besondere Gründe des Wettbewerbs eine Wertsicherung rechtfertigen und die Preisklausel nicht eine der Vertragsparteien unangemessen benachteiligt. ³Der Geld- und Kapitalverkehr, einschließlich der Finanzinstrumente im Sinne des § 1 Absatz 11 des Kreditwesengesetzes sowie die hierauf bezogenen Pensions- und Darlehensgeschäfte, bleibt vom Indexierungsverbot ausgenommen. ⁴Desgleichen bleiben Verträge von gebietsansässigen Kaufleuten mit Gebietsfremden vom Indexierungsverbot ausgenommen.

(2) Die Bundesregierung wird ermächtigt, durch Rechtsverordnung ohne Zustimmung des Bundesrates
  1. die Voraussetzungen näher zu bestimmen, unter denen Ausnahmen vom Preisklauselverbot nach Absatz 1 Satz 2 einzeln oder allgemein genehmigt werden können, oder solche Ausnahmen festzulegen,
  2. die Ausnahmen nach Absatz 1 Satz 3 und 4 für bestimmte Arten von Rechtsgeschäften aus Gründen des Verbraucherschutzes zu begrenzen und

---

50 KG v. 29.11.1996 – 9 U 2238/95 – r+s 1997, 461 = VRS 94, 173 (BGH hat die Revision nicht angenommen, Beschl. v. 8.7.1997 – VI ZR 39/97 -).
51 BGH v. 4.10.1988 – VI ZR 46/88 – BGHZ 105 ,243 = DAR 1989, 19 = MDR 1989, 149 = NJW 1989, 289 = NZV 1989, 65 = r+s 1989, 14 (nur LS) = VersR 1989, 154 = VRS 76, 161 = WI 1988, 207 = zfs 1989, 79.
52 Siehe auch BGH v. 10.12.2004 – IXa ZB 73/04 – BGHReport 2005, 541 = FamRZ 2005, 437 = JurBüro 2005, 324 = MDR 2005, 534 = NJW-RR 2005, 366 = WM 2005, 246 (Vollstreckungstitel kann hinreichend bestimmt sein, wenn er eine Wertsicherungsklausel enthält, die sich auf den Preisindex des Statistischen Bundesamt bezieht).
53 BGBl I 1998, 1253.

> 3. statt des Bundesministeriums für Wirtschaft eine andere Bundesbehörde zu bestimmen, die für die Erteilung dieser Genehmigungen zuständig ist.

58 **Wertsicherungsklauseln** unterlagen bis 1998[54] der Genehmigungspflicht[55] durch die Deutsche Bundesbank nach § 3 S. 2 Währungsgesetz, § 49 II Außenwirtschaftsgesetz[56] § 3 Währungsgesetz wurde durch das EuroEG aufgehoben und durch § 2 des Preisangaben- und Preisklauselgesetzes (PaPkG) ersetzt.[57] § 2 PaPkG[58] reguliert nunmehr an Stelle des Währungsgesetzes das Indexierungsverbot.

59 Gleitklauseln bedürfen der **Genehmigung** der zuständigen Behörde (§ 7 PrKV: Bundesamt für Wirtschaft und Ausfuhrkontrolle [BAFA]). Gleitklauseln sind Vereinbarungen, die die Höhe einer Geldschuld an eine vertragsfremde Bezugsgröße (z.B. Preisindex für die Lebenshaltung) binden und bei Änderung der Bezugsgröße eine automatische Anpassung vorsehen.[59] Genehmigungsfreie Spannungsklausel (§ 1 Nr. 2 PrKV) machen demgegenüber die Höhe der Geldschuld. Mit der aufgrund § 2 II PaPkG erlassenen Preisklauselverordnung (PrKV)[60] werden die von der Vertragspraxis zur Wertsicherung entwickelten Klauseltypen (Leistungsvorbehaltsklausel, § 1 Nr. 1 PrKV, Spannungsklausel, § 1 Nr. 2 PrKV, Kostenelementeklausel, § 1 Nr. 3 PrKV, Erbbaurecht, § 1 Nr. 4 PrKV) ausdrücklich von der Genehmigung freigestellt. Für Miet- und Pachtverträge, die nicht Wohnraum betreffen, gilt eine Genehmigungsfiktion nach § 4 I PrKV, für Mietanpassungen bei Wohnraum ist die Indexmiete spezialrechtlich zugelassen (§ 4 II PrKV, § 557b BGB).

60 Die Abwicklung künftig regelmäßig anfallender Ersatzansprüche kann zulässig durch Anbindung an anderweitige flexibilisierte Richtmaßstäbe durch einen Rentenvergleich kanalisiert werden, z.B. durch die **Anwendungserklärung** bestimmter Einstufungen in Anlehnung an den Bundesangestelltentarifvertrag (**BAT**), dessen Nachfolgeregelung (**TVöD**) oder beamtenrechtliche **Besoldung**.

IV. Anpassung von Rente und Kapitalbetrag

1. Kapitalbetrag

61 Anders als bei der Rentenzahlung entfällt eine Abänderung der Kapitalabfindung (z.B. analog § 323 ZPO) auch bei wesentlicher Veränderung der für ihre Berechnung maßgebenden Verhältnisse,[61] da bei der Kapitalabfindung unsichere Zukunftschancen und individuelle Aspekte bereits abzuwägen waren. Das Risiko einer Fehleinschätzung ist in Kauf zu nehmen, da ja der Verletzte sich etwas von einer Abfindung verspricht und der Ersatzverpflichtete nur bei Vorliegen besonderer Umstände zur Kapitalzahlung verpflichtet ist. IdR hat auch der den Kapitalbetrag Leistende keine Aussicht, eine Abänderung des Ver-

---

54 § 3 Währungsgesetz wurde gestrichen durch Art. 9, § 1 des Gesetzes zur Einführung des EUR (Euro-Einführungsgesetz – EuroEG) v. 9.6.1998, BGBl I 1998, 1253.
55 Zur Genehmigungspflicht *Palandt-Heinrichs* § 245 Rn 24 ff.
56 Zu Detailfragen siehe die Richtlinien der Deutschen Bundesbank über die Genehmigung von Wertsicherungsklauseln (Mitteilung der Deutschen Bundesbank Nr. 1015/78 v. 9.6.1978, abgedr. im Bundesanzeiger Nr. 109v. 15.6.1978).
57 Art. 9, § 4 des Gesetzes zur Einführung des EUR (Euro-Einführungsgesetz – EuroEG) v. 9.6.1998, BGBl I 1998, 1253, dazu ergänzend gilt die Preisklauselverordnung (PrKV) v. 23.9.1998, BGBl I 1998, 3043/BGBl III 1998 ,720-17-2.
58 Der Text ist auszugsweise wiedergegeben bei *Palandt-Heinrichs* § 245 Rn 24.
59 *Palandt-Heinrichs*, § 245 Rn 28 m.w.N.
60 Preisklauselverordnung (PrKV) v. 23.9.1998, BGBl I 1998, 3043 / BGBl III 1998, 720-17-2.
61 BGH v. 8.1.1981 – VI ZR 128/79 – BGHZ 79, 187 = DAR 1981, 46 = DB 1981, 786 = MDR 1981, 306 = NJW 1981, 818 = VersR 1981, 283 = VRS 65,182 = zfs 1981, 105.

gleiches dann zu erreichen, wenn sich die Verhältnisse des Verletzten wesentlich zu seinen (des Verletzten) Gunsten ändern. Dieses ist nun einmal die Natur des Abfindungsvergleiches (begrifflich gleichbedeutend: Risikovergleich).

Das Risiko, durch eine Abfindung zuviel bezahlen zu müssen bzw. zuwenig zu erhalten, haben beide Parteien abzuwägen und zu tragen. Nur im Ausnahmefall kann daher ein Vergleich nach den allgemeinen Grundsätzen für die Anpassung eines Vergleiches nach § 242 BGB (Wegfall der Geschäftsgrundlage) abgeändert und angepasst werden.[62]

2. Rente

> **§ 323 ZPO – Abänderungsklage**
>
> (1) Tritt im Fall der Verurteilung zu künftig fällig werdenden wiederkehrenden Leistungen eine wesentliche Änderung derjenigen Verhältnisse ein, die für die Verurteilung zur Entrichtung der Leistungen, für die Bestimmung der Höhe der Leistungen oder der Dauer ihrer Entrichtung maßgebend waren, so ist jeder Teil berechtigt, im Weg der Klage eine entsprechende Abänderung des Urteils zu verlangen.
>
> (2) Die Klage ist nur insoweit zulässig, als die Gründe, auf die sie gestützt wird, erst nach dem Schluss der mündlichen Verhandlung, in der eine Erweiterung des Klageantrages oder die Geltendmachung von Einwendungen spätestens hätte erfolgen müssen, entstanden sind und durch Einspruch nicht mehr geltend gemacht werden können.
>
> (3) ¹Das Urteil darf nur für die Zeit nach Erhebung der Klage abgeändert werden. ²Dies gilt nicht, soweit die Abänderung nach § 1360a Absatz 3, § 1361 Absatz 4 Satz 4, § 1585b Absatz 2, § 1613 Absatz 1 BGB zu einem früheren Zeitpunkt verlangt werden kann.
>
> (4) Die vorstehenden Vorschriften sind auf die Schuldtitel des § 794 Absatz 1 Nr. 1, 2 und 5, soweit darin Leistungen der im Absatz 1 bezeichneten Art übernommen oder festgesetzt worden sind, entsprechend anzuwenden.
>
> (5) Schuldtitel auf Unterhaltszahlungen, deren Abänderung nach § 655 statthaft ist, können nach den vorstehenden Vorschriften nur abgeändert werden, wenn eine Anpassung nach § 655 zu einem Unterhaltsbetrag führen würde, der wesentlich von dem Betrag abweicht, der der Entwicklung der besonderen Verhältnisse der Parteien Rechnung trägt.

a. Abänderung

Zum Schutz von Kaufkraftverlusten ist der **Anspruchsberechtigte** auf die Abänderungsklage (§ 323 ZPO) oder außergerichtliche Abänderung des Vergleiches angewiesen.[63] Aber nicht nur der Anspruchsberechtigte, sondern auch der **Ersatzverpflichtete** kann bei Veränderung der Verhältnisse Abänderungsklage erheben.

---

62 BGH v. 12.7.1983 – VI ZR 176/81 – DAR 1983, 390 = DB 1984, 824 = DÖD 1984, 99 = MDR 1984, 133 = NJW 1984, 115 = VersR 1983,1034 = VRS 65, 321 = ZBR 1983, 359 = zfs 1984 ,7 (zum vom Beamten übernommenen Risiko in einem Abfindungsvergleich, der den Erwerbsschaden endgültig erledigen soll, gehören auch unvorhergesehene strukturelle Besoldungsverbesserungen); BGH v. 4.10.1988 – VI ZR 46/88 – BGHZ 105, 243 = DAR 1989, 19 = MDR 1989, 149 = NJW 1989, 289 = NZV 1989, 65 = r+s 1989, 14 (nur LS) = VersR 1989, 154 = VRS 75, 61 = zfs 1989, 79; siehe ergänzend *Jahnke* „Ausgewählte Probleme für die Schadenregulierung", S. 85 ff.
63 OLG Karlsruhe v. 7.5.1969 – 4 U 51/68 – VersR 1969, 1123; siehe auch BGH v. 3.7.1973 – VI ZR 60/72 – NJW 1973, 1653 = VersR 1973, 1067.

65 Es muss sich um eine **wesentliche Veränderung** handelt, die zur Abweichung von mindestens 10 % führt.[64] Die Abänderung kann einerseits **nach oben** (regelmäßig auf Veranlassung des Ersatzberechtigten), andererseits aber ebenso auch **nach unten** (i.d.R. auf Verlangen des Ersatzpflichtigen) erfolgen.

66 Auch Rentenvergleiche sind grundsätzlich wegen Wegfalles der **Geschäftsgrundlage** einer Anpassung zugänglich.[65] Auch die **Kündigung** ist möglich.[66]

b. Wesentliche Veränderung

67 Eine Rente kann bei wesentlicher Änderung der Verhältnisse (auf Seiten des **Geschädigten**: Verschlimmerung des Körperschadens, Erhöhung des hypothetischen Verdienstes, Erhöhung der Lebenshaltungskosten – auf Seiten des **Ersatzverpflichteten**: Veränderung der berücksichtigten hypothetischen wirtschaftlichen Verhältnisse zum Nachteil des Verletzten [z.B. Konkurs des ehemaligen Arbeitgebers], Besserung des Gesundheitszustandes,[67] verbesserte Erwerbsmöglichkeiten, veränderte Familienverhältnisse[68]) abgeändert werden (Abänderungsklage, § 323 ZPO).

c. Abänderung ex-nunc

68 Eine Anpassung ist nur möglich für noch nicht abgewickelte Rechtsverhältnisse (also nur für noch weiter laufende Schadensersatzansprüche). Die Anpassung erfolgt i.d.R. **ex nunc** (dh. ohne Rückwirkung[69]).

69 § 323 III 1 ZPO fixiert dabei die Anpassungswirkung erst für künftige Leistungen ab dem Zeitpunkt der Klagezustellung. Soweit für familienrechtliche Ansprüche auch außergerichtliche Maßnahmen ausreichen, gilt dieses nicht für Schadensersatzforderungen. Eine Abänderung ist nicht möglich (§§ 323 II, III ZPO), wenn die Grundlage für die Berechnung des Verdienstausfallschadens bereits im Zeitpunkt der letzten mündlichen Verhandlung unrichtig war.[70]

---

[64] *Zöller-Vollkommer* § 323 Rn 33 weist allerdings darauf hin, dass eine schematische Anwendung einer 10 %-Schwelle von der Rechtsprechung nicht angewandt wird; siehe auch BGH v. 15.5.2007 – VI ZR 150/06 – BGHReport 2007, 753 (Anm. *Luckey*) = DAR 2007, 513 = FamRZ 2007, 1092 (nur LS) = NJW 2007, 2475 (Anm. *Teichmann*) = NJW-Spezial 2007, 306 = r+s 2007, 391 = SP 2007, 282 = VersR 2007, 961 = zfs 2007, 442 (Abänderung einer Schmerzensgeldrente, die anders als Verdienstausfall und Unterhaltsrente nicht der Deckung des täglichen Lebensbedarfes dient, jedenfalls nicht unter 25 %iger Steigerung der Lebenshaltungskostenindex).

[65] BGH v. 4.10.1988 – VI ZR 46/88 – BGHZ 105, 243 = DAR 1989 ,19 = MDR 1989, 149 = NJW 1989, 289 = NZV 1989, 65 = r+s 1989, 14 (nur LS) = VersR 1989, 154 = VRS 76, 161 = WI 1988, 207 = zfs 1989, 79 (Anpassung einer Unterhaltsrente, die ihren Versorgungszweck nicht mehr erfüllte); OLG Saarbrücken v. 20.12.1996 – 3 U 439/95 – NZV 1997, 271 (Neuregelung der Pflegeversicherung).

[66] OLG Hamm v. 14.12.2004 – 9 U 129/04 – DAR 2005, 339 (Leistet der Schädiger Zahlungen zum Ausgleich unfallbedingter Beeinträchtigungen und stellt er diese Zahlungen im Zusammenhang mit der Erhebung der Feststellungsklage auf Nichtbestehen einer Zahlungspflicht ein, so ist dieses als Kündigung der ursprünglichen Vereinbarung über ein Rentenversprechen anzusehen).

[67] Vgl. OLG Hamm v. 13.5.1996 – 6 U 92/94 – r+s 1997, 199 (BGH hat die Revision nicht angenommen, Beschl. v. 18.2.1997 – VI ZR 236/96 -).

[68] OLG Hamm v. 14.12.2004 – 9 U 129/04 – DAR 2005, 339 = NZV 2005, 150.

[69] Siehe allerdings zur Abänderung von Prozessvergleichen: BGH v. 4.10.1982 – GSZ 1/82 – DAR 1983, 52 = MDR 1983, 189 = NJW 1983, 228 = VersR 1983, 147 = zfs 1983, 113 (nur LS).

[70] OLG Hamm v. 1.7.1997 – 9 U 30/97 – VersR 1998, 1571 = zfs 1997, 411.

Kapitel 15 Anwalts- und Prozesskosten

A. Außergerichtliches Verfahren

Im Rahmen außergerichtlicher Schadenregulierung bestimmen sich die Anwaltskosten in Altfällen bis zu deren Abschluss nach §§ 23, 118 BRAGO, für Mandate ab 1.7.2004 nach dem RVG und dem zugehörigen Vergütungsverzeichnis (RVG-VV) (§ 60 RVG).

I. Mandatsverhältnis – Schadensersatzverhältnis

Die Antwort auf die Frage, in welchem Umfang ein Schadensersatzverpflichteter die außergerichtlichen Rechtsverfolgungskosten[1] (Rechtsanwaltsgebühren) zu zahlen hat, hängt von folgenden zwei Faktoren ab:[2]

- Zum Ersten muss die Gebühr im **(Mandats-)Verhältnis** Rechtsanwalt – Mandant überhaupt angefallen und vom Mandanten seinem Anwalt geschuldet sein (= Erfüllung der Tatbestandsvoraussetzungen der §§ 23, 118 BRAGO bzw. der Nachfolgeregeln des RVG).[3] Dieses ist vorwiegend eine gebührenrechtliche Frage, die nach den Vorschriften von BRAGO und RVG zu beantworten ist.

- Zum Zweiten muss die im Mandatsverhältnis (zwischen Rechtsanwalt und Mandant) angefallene Gebühr darüber hinaus dann schadensersatzrechtlich im **(Schadensersatz-)Verhältnis** Schädiger – Geschädigter zu erstatten sein. Erst wenn die erste Voraussetzung zum Grund und zur Höhe erfüllt ist, ist weiter zu fragen, ob der Schadensersatzberechtigte nach den für sein Verhältnis zum Schädiger (Außenverhältnis) maßgebenden Grundsätzen des sachlichen Schadensersatzrechts (§§ 249 ff. BGB) verlangen kann, dass der zum Schadensersatz Verpflichtete ihm diese Kosten ganz oder teilweise ersetzen muss.[4] Der Schadensersatzpflichtige hat nicht schlechthin alle durch das Schadenereignis adäquat verursachten Anwaltskosten zu ersetzen, sondern nur solche, die aus Sicht des Geschädigten zur Wahrnehmung seiner Rechte erforderlich und zweckmäßig waren.[5]

Der Gebührenanspruch des Rechtsanwaltes aus dem Mandatsverhältnis (Innenverhältnis) einerseits und der Schadensersatzanspruch aus dem Schadensersatzverhältnis (Außenverhältnis) andererseits sind nicht zwingend deckungsgleich: Der Anspruch aus dem Man-

---

1 Grundsätzlich zur Erstattung von Rechtsanwaltsgebühren: BGH v. 8.11.1994 – VI ZR 3/94 – DAR 1995, 67 = MDR 1995, 150 = NJW 1995, 446 = NZV 1995, 103 = r+s 1995, 99 = SP 1995, 96 = VersR 1995, 183 = zfs 1995, 48, 61.
2 Siehe grundlegend: BGH v. 1.10.1968 – VI ZR 159/67 – AnwBl 1969, 15 = MDR 1969, 41 = NJW 1968, 2334 = VersR 1968, 1145 und BGH v. 7.11.2007 – VIII ZR 341/06 – ags 2008, 107 = AnwBl 2008, 210 (Anm. *Schneider* AnwBl 2008, 282) = BGHReport 2008, 414 = BRAK-Mitt 2008, 83 (nur LS) = JurBüro 2008, 190 = MDR 2008, 351 = NJW 2008, 1888 = RVGreport 2008, 111 (nur LS) = SP 2008, 125 (nur LS) = SVR 2008, 186 = zfs 2008, 164 (Anm. *Hansens*); BGH v. 18.1.2005 – VI ZR 73/04 – BGHReport 2005, 785 = FamRZ 2005, 689 (nur LS) = MDR 2005, 751 = NJW 2005, 1112 = NZV 2005, 252 = r+s 2006, 243 = SP 2005, 250 = VersR 2005, 558 = VRS 108, 334.
3 BGH v. 1.10.1968 – VI ZR 159/67 – AnwBl 1969, 15 = MDR 1969, 41 = NJW 1968, 2334 = VersR 1968, 1145.
4 BGH v. 1.10.1968 – VI ZR 159/67 – AnwBl 1969, 15 = MDR 1969, 41 = NJW 1968, 2334 = VersR 1968, 1145.
5 BGH v. 18.1.2005 – VI ZR 73/04 – BGHReport 2005, 785 = FamRZ 2005, 689 (nur LS) = MDR 2005, 751 = NJW 2005, 1112 = NZV 2005, 252 = r+s 2006, 243 = SP 2005, 250 = VersR 2005, 558 = VRS 108, 334.

datsverhältnis stellt lediglich die Begrenzung nach oben dar, der begründete Schadensersatzanspruch kann durchaus erheblich darunter liegen.

6 Der Anwalt ist nach § 49b V BRAO verpflichtet, seinen Mandanten auf die Höhe der der durch seine Inanspruchnahme entstehenden Kosten hinzuweisen, wenn diese sich nach dem Gegenstandswert richten;[6] eine Aufklärungspflicht kann sich darüber hinaus im Einzelfall aus Treu und Glauben ergeben.[7] Der Mandant hat darzulegen und zu beweisen, dass der Anwalt ihn nicht belehrt hat und ihm sodann aus dem Verstoß gegen die Belehrungspflicht ein Schaden entstanden ist.[8]

II. Allgemeine Erstattungsgrundsätze

7 Grundsätzlich sind Anwaltskosten, wie auch das BVerfG[9] hervorhebt, von jeder Partei selbst zu tragen und nur als Folge von Verzug oder (vor-)vertraglichem Fehlhalten als Schadenersatz geschuldet. Diesen Grundsatz hat die deutsche[10] Rechtsprechung ausnahmsweise durchbrochen, und zwar für den Bereich der Haftpflichtschadenregulierung, beschränkt aber auf einen Kreis von Geschädigten, die aus Gründen der Waffengleichheit besonderen Schutzes bedürfen.[11] Zu ersetzen sind dann aber nicht alle durch das Schadenereignis adäquat verursachten Kosten, sondern nur solche, die aus Sicht des Geschädigten zur Wahrnehmung seiner Rechte erforderlich und zweckmäßig sind.[12]

8 Zu ersetzen sind Kosten der Beauftragung eines **ortsansässigen** Anwaltes, nicht aber weitergehende Kosten bei Anwaltswechsel.

9 Sind Ersatzansprüche in Deutschland zu verfolgen, ist die Einschaltung **ausländischer Anwälte** nicht erforderlich.[13] Ihre Kosten sind nicht vom ersatzpflichtigen Schädiger zu ersetzen.

---

6 BGH v. 24.5.2007 – IX ZR 89/06 – ags 2007, 386 (Anm. *Schons*) = AnwBl 2007, 628 = BRAK-Mitt 2007, 175 (Anm. *Grams*) = DB 2007, 1639 (nur LS) = FamRZ 2007, 1322 = JurBüro 2007, 479 (Anm. *Enders*) = MDR 2007, 1046 = NJW 2007, 2332 = NJW-Spezial 2007, 382 = VersR 2007, 1377 = WM 2007, 1390 = zfs 2007, 465 (Anm. *Hansens*) (weist Anwalt vor Übernahme des Auftrages nicht darauf hin, dass sich die für seine Tätigkeit zu erhebenden Gebühren nach dem Gegenstandswert richten, ist er dem Mandanten zum Ersatz des hieraus entstehenden Schadens verpflichtet – cic, §§ 280 I, 311 II BGB).
7 OLG Köln v. 12.3.1997 – 17 U 85/96 – VersR 1998, 1282, 231 (BGH hat Revision nicht angenommen, Beschl. v. 5.2.1998 – IX ZR 161/97 -).
8 BGH v. 24.5.2007 – IX ZR 89/06 – ags 2007, 386 (Anm. *Schons*) = AnwBl 2007, 628 = BRAK-Mitt 2007, 175 (Anm. *Grams*) = DB 2007, 1639 (nur LS) = FamRZ 2007, 1322 = JurBüro 2007, 479 (Anm. *Enders*) = MDR 2007, 1046 = NJW 2007, 2332 = NJW-Spezial 2007, 382 = VersR 2007, 1377 = WM 2007, 1390 = zfs 2007, 465 (Anm. *Hansens*).
9 BVerfG (3. Kammer des 2. Senates) Beschl. v. 30.1.1990 – 2 BvR 1085/89 – NJW 1990, 3072.
10 Anders überwiegend im europäischen Ausland: *Buse* „Von Anwalt zu Anwalt – international" DAR 2001, 536; *Neidhart* „Straßenverkehrsrechtliche Probleme in Spanien" DAR 2001, 536; *Zwerger* „Gebühren für die außergerichtliche Regulierung von Verkehrsunfallschäden in den wichtigsten europäischen Reiseländern durch deutsche Rechtsanwälte" DAR 1988, 321.
11 *Jahnke* in Anwalts-Handbuch Verkehrsrecht Teil 5 Rn 14 ff.
12 BGH v. 18.1.2005 – VI ZR 73/04 – BGHReport 2005, 785 = FamRZ 2005, 689 (nur LS) = MDR 2005, 751 = NJW 2005, 1112 = NZV 2005, 252 = r+s 2006, 243 = SP 2005, 250 = VersR 2005, 558 = VRS 108, 334.
13 BGH v. 12.7.2005 – VI ZR 83/04 – BGHReport 2005, 1582 = BGHZ 163, 351 = NJW 2006, 1271 (Anm. *Czerwenka* NJW 2006, 1250) = NJW-Spezial 2006, 63 = NZV 2005, 629 (Anm. *Huber* NZV 2005, 620) = r+s 2005, 528 = TranspR 2006, 478 = VersR 2005, 1559 = VRS 110, 185.

III. Außergerichtliche Erledigung

Die Erstattung außergerichtlicher Rechtsverfolgungskosten (im wesentlichen Anwaltskosten) wird dem Direktgeschädigten i.d.R. **neben** dem vereinbarten **Abfindungsbetrag** geschuldet, auch wenn dieses nicht ausdrücklich schriftlich fixiert ist.[14]

Anderes gilt u.a. bei Abwicklung von Auslandsschäden oder der Regulierung mit solchen Anspruchstellern, denen nicht ohne weiteres auch außerhalb der Voraussetzungen des Verzuges Anwaltskosten zu ersetzen wären (z.B. Arbeitgeber,[15] Sozialversicherung).[16] Mangels ausdrücklicher anderweitiger Abrede trägt dann jede Partei ihre außergerichtlichen Kosten selbst.

Es empfiehlt sich, die zu erstattenden Anwaltskosten im Verhandlungstermin klarzustellen.

IV. Tätigkeit gegenüber eigenem Versicherer

Rechtsverfolgungskosten gegenüber eigenen Versicherern (z.B. Kaskoversicherung, private Unfallversicherung) können dem Geschädigten zu ersetzen sein, wenn er unfallbedingt davon abgehalten ist, seine Ansprüche anzumelden und anwaltliche Inanspruchnahme notwendig war.[17]

V. Aktivlegitimation

Der Rechtsanwalt hat gegenüber dem Schadenersatzverpflichteten keinen eigenen Anspruch auf Zahlung von Gebühren. Der Anspruch besteht nur in der Person des (schadenersatzberechtigten) Mandanten.

In eigenem Namen aus eigenem Recht kann der Anwalt die Gebühren zwar gegenüber seinem Mandanten verfolgen, nicht aber gegenüber dem Schadenersatzverpflichteten einklagen. Soweit die **Klage in eigenem Namen** auf eine in einer Prozessvollmacht formularmäßig enthaltene Abtretung etwaiger Kostenerstattungsansprüche gestützt wird, bestehen berechtigte Bedenken hinsichtlich der Wirksamkeit dieser Abtretung unter dem Gesichtspunkt von § 305c I BGB.[18] Die Abtretung einer Anwaltsgebührenforderung an einen Rechtsanwalt ist auch ohne Zustimmung des Mandanten wirksam.[19]

---

14 *Küppersbusch* Rn 837; anders noch OLG Köln v. 26.11.1962 – 10 U 125/62 – VersR 1963, 468.
15 Siehe Kap 4 Rn 322 ff.
16 Siehe *Jahnke* „Entgeltfortzahlung und Regress des Arbeitgebers im Schadenfall seines Arbeitnehmers" NZV 1996, 177 (zu C.III.4.a), *ders.* „Anfall und Erstattung der Besprechungsgebühr (§ 118 I Nr. 2 BRAGO) bei der Regulierung von Schadenfällen" VersR 1991, 272 f.; *ders.* in Anwalts-Handbuch Verkehrsrecht Teil 5 Rn 14 ff.
17 BGH v. 10.1.2006 – VI ZR 43/05 – ags 2006, 256 = AnwBl 2006, 357 = BGHReport 2006, 654 = DAR 2006, 386 = MDR 2006, 929 = NJW 2006, 1065 = NJW-Spezial 2006, 160 = NZV 2006, 244 = r+s 2006, 305 = SP 2006, 259 = VerkMitt 2006, Nr. 12 = VersR 2006, 521 = VRS 110, 106 = zfs 2006, 929; BGH v. 18.1.2005 – VI ZR 73/04 – BGHReport 2005, 785 = FamRZ 2005, 689 (nur LS) = MDR 2005, 751 = NJW 2005, 1112 = NZV 2005, 252 = r+s 2006, 243 = SP 2005, 250 = VersR 2005, 558 = VRS 108, 334.
18 Nach OVG Münster v. 23.2.1987 – 11 B 43/87 – NJW 1987, 3029 unter Hinweis auf weitere Rechtsprechung ist die in einer Prozessvollmacht formularmäßig enthaltene Vorausabtretung unwirksam.
19 BGH v. 1.3.2007 – IX ZR 189/05 – AnwBl 2007, 453 = BGHReport 2007, 537 (Anm. *Hirtz*) = BRAK-Mitt 2007, 125 = DB 2007, 969 = FamRZ 2007, 810 = MDR 2007, 806 = NJW 2007, 1196 = NJW-Spezial 2007, 238 = RVGreport 2007, 197 (nur LS) (Anm. *Hansens*) = VersR 2007, 861.

16 Wird die **Freistellung** des Mandanten von der Gebührenforderung verlangt, ist diese Verpflichtung möglichst konkret und genau zu bezeichnen. Der Freistellungsanspruch setzt u.a. die Fälligkeit der Schuld, von der Befreiung verlangt wird, voraus;[20] dabei gilt, dass solange eine anwaltliche Honorarnote nicht erstellt ist, sie auch nicht fällig ist.

B. Einheitliches Mandat

I. Mehrere Besprechungen und Verhandlungen

17 Soweit mehrere Verhandlungen oder Besprechungen stattfinden, die sich auf denselben Gegenstand beziehen, entsteht im Ergebnis stets nur eine Gebühr (§ 13 II BRAGO / § 15 II RVG).[21]

II. Vereinzelung

18 Einem Rechtsanwalt ist es nicht gestattet, einseitig und ohne hinreichenden Sachgrund anstehende Verfahren eines Auftraggebers zu vereinzeln statt sie nach ihrer objektiven Zusammengehörigkeit als eine Angelegenheit zu behandeln, bei der die Gegenstandswerte zusammenzurechnen sind. Ist sowohl eine getrennte als auch eine gehäufte Verfahrensführung ernsthaft in Betracht zu ziehen, muss der Rechtsanwalt das Für und Wider des Vorgehens unter Einbeziehung der Kostenfolge dem Auftraggeber darlegen und seine Entscheidung herbeiführen.[22]

1. Sukzessives Geltendmachen

19 Die sukzessive außergerichtliche Verfolgung von Schadensersatzansprüchen, teilweise über Jahre hinweg, ist grundsätzliche eine Einheit i.S.d. § 13 II BRAGO / § 15 II RVG. Wird der mit der außergerichtlichen Regulierung beauftragte Anwalt im Verlaufe der Abwicklung mit der Verfolgung weiterer, zum Teil auch erst später entstehender, Ansprüche betraut, verbleibt es bei ein und „derselben" Angelegenheit im gebührenrechtlichen Sinne.[23] Die Gebühren sind also nach einem einzigen Gesamtstreitwert zu berechnen,[24] soweit nicht die 2-Jahres-Frist des § 13 V 2 BRAGO / § 15 V 2 RVG zur Anwendung gerät.

---

20 BGH v. 7.11. 1985 – III ZR 142/84 – MDR 1986, 385 = NJW 1986, 978 = VersR 1986, 170 (Anm. *Nöcker* JA 1986, 329); LG Berlin v. 17.4.2000 – 58 S 428/99 – DAR 2000, 361 = VersR 2002, 333 = zfs 2001, 85.
21 Siehe *Jahnke* VersR 1991, 264 (274), Fn 115 m.w.N.
22 BGH v. 11.12.2003 – IX ZR 109/00 – ags 2004, 145 (Anm. *Schneider*) = AnwBl 2004, 251 = BGHReport 2004, 487 (Anm. *Schneider*) = BRAK-Mitt 2004, 75 (nur LS) (Anm. Grams) = FamRZ 2004, 535 = NJW 2004, 1043 = WM 2004, 1792.
23 *Gerold/Schmidt-Madert* § 15 Rn 26, 255; *Hartmann* § 15 RVG Rn 43; *Hoppmann* DAR 1998, 328.
24 BGH v. 9.2.1995 – IX ZR 207/94 – DAR 1995, 980 = NJW 1995, 1431 = NZV 1995, 231 = VersR 1995, 980 = VRS 89, 116 = WI 1995, 76 = zfs 1995, 191, 431 (nur LS); *Hartmann* § 15 RVG Rn 43; siehe aber auch OLG Hamm v. 27.3.2000 – 3 U 212/99 – DAR 2000, 429 = r+s 2000, 440 = SP 2001, 217 (Es handelt sich dann nicht um „dieselbe Angelegenheit" i.s.v. § 13 II 1 BRAGO, wenn es sich um die Geltendmachung von Teilansprüchen über längere zeitliche Abschnitte über Jahre hinweg, in oftmals wechselnder Höhe und auf der Grundlage nicht unkomplizierter Neuberechnungen handelt, an denen der Anwalt beteiligt ist und über die er auch Verhandlungen führt).

2. Wiederkehrende Leistungen

Bei regelmäßig wiederkehrender Abrechnung von Verdienstausfallschäden sind Anwaltskosten im Wege der **Differenzabrechnung** zu erstatten, da durch die jährliche Abrechnung kein jeweilig neues Mandat begründet wird, sondern es sich vielmehr um eine einheitliche Abrechnung handelt.[25]

Dem Geschädigten steht ein Anspruch auf Erstattung von Anwaltskosten dann nicht mehr zu, wenn die Tätigkeit des Anwaltes letztlich darin besteht, die **Abrechnungsunterlagen** zur Schadensbestimmung zu **übersenden**, und zwar auch dann, wenn die notwendigen Rechenoperationen (z.B. Minderverdienstberechnung) im Anwaltschreiben durchgeführt sind.[26] Gleiches gilt, wenn die Abrechnung für den Geschädigten so transparent geworden ist, dass die Inanspruchnahme anwaltlicher Hilfe nicht mehr geboten (erforderluch iSv § 249 BGB) erscheint.[27] Im Einzelfall kann anstelle der Gebühren nach § 118 BRAGO/Nr. 2400 RVG-VV auch die Gebühr nach § 120 BRAGO/Nr. 2402 RVG-VV in Betracht zu ziehen sein, wenn bei einer Gesamtbetrachtung letztere Gebühr zu einer geringeren Gesamtgebührenforderung führt.

Werden wiederkehrende Leistungen – häufig im Vergleichswege – kapitalisiert und durch Einmalzahlung ausgeglichen, so ist der Berechnung der Anwaltskosten der **Abfindungsbetrag** zugrunde zu legen.

C. Streitwert

Nicht nur bei der Frage nach der Erstattungsfähigkeit, sondern auch bei der Ermittlung des Streitwertes ist zwischen Mandatsverhältnis einerseits und Schadensersatzverhältnis andererseits zu unterscheiden.

I. Mandatsverhältnis

Im Mandatsverhältnis entspricht der Gebührenstreitwert dem **Auftragswert**. Beauftragt der Mandant seinen Anwalt, einen Kapitalbetrag von 100.000 EUR im Regulierungsgespräch zu fordern, so schuldet er die Gebühr nach einem Streitwert von 100.000 EUR unabhängig vom Ergebnis.[28]

Der dem Schadensersatzbegehren zugrunde zu legende Gebührenstreitwert ist stets der Höhe nach beschränkt durch den Geschäftswert im Mandatsverhältnis.[29]

---

25 Ob „mehrere Angelegenheiten" i.S.v. § 13 BRAGO anzunehmen sind, wenn die Schadenregulierung irgendwann zu einem Abschluss gekommen ist und der Anwalt danach nur noch den in den jeweiligen Jahren neu entstehenden Verdienstausfall verfolgt, lässt der BGH (v. 9.2.1995 – IX ZR 207/94 – DAR 1995, 266 = NJW 1995, 1431 = NZV 1995, 231 = VersR 1995, 980 = VRS 89,166 = WI 1995, 76 = zfs 1995, 191,431 [nur Ls.]) ausdrücklich offen. Siehe auch LG Kleve v. 7.10.1981 – 5 S 17/81 – AnwBl 1981, 509 = zfs 1982, 44.
26 AG Münster v. 15.11.2001 – 49 C 3409/01 -.
27 AG Lippstadt v. 10.7.1985 – 20 C 151/85 – zfs 1986, 206.
28 LG Limburg v. 27.5.1992 – 3 S 61/92 – zfs 1993, 64.
29 BGH v. 1.10.1968 – VI ZR 159/67 – AnwBl 1969, 15 = MDR 1969, 41 = NJW 1968, 2334 = VersR 1968, 1145.

II. Schadensersatzverhältnis

26 Probleme ergeben sich bei Verzicht des Geschädigten – aus welchen Gründen auch immer – auf Mehrforderungen.

27 Unstreitig kann der Geschädigte vom Schädiger nicht Ersatz der Anwaltsgebühren, berechnet auf der Grundlage eines Streitwertes in Höhe der vollen – aber letztlich vom Ersatzpflichtigen nicht vollständig erfüllten – Forderung verlangen. Für die Problemlösung erweist sich eine Analogie zu § 92 ZPO als unpraktikabel, obwohl die dieser Vorschrift zugrunde liegenden Rechtsgedanken letztlich zum Tragen kommen.

28 Die Rechtsprechung hat die Praxis gebilligt, nach der die Gebühren nach dem aufgrund des Gespräches **letztendlich gezahlten Betrages** streitwertmäßig berechnet werden.[30]

III. Gerichtsverfahren

29 Der für die Berechnung der im **gerichtlichen Verfahren** anzusetzenden Anwaltskosten maßgebliche Gegenstandswert bemisst sich ausschließlich nach der Bewertungsvorschrift des § 42 II GKG n.F. Es kommt also auf den 5-fachen Jahresbetrag des Bezugsrechtes an (§ 8 I 1 BRAGO, § 23 I 1 RVG, § 42 II GKG n.F.).[31]

30 Der prozessuale Wert nach § 9 ZPO dient ausschließlich der Ermittlung der **sachlichen Zuständigkeit** des erkennenden Gerichtes sowie des Rechtsmittelstreitwertes,[32] so dass für die Bemessung des Gegenstandswertes für Rentenansprüche hierauf nicht zurückgegriffen werden darf.

31 Der **Gebührenstreitwert** eines Antrags auf Feststellung einer Geldrente wegen Körperverletzung kann mit 80 % des Wertes, den ein im übrigen gleichgelagerter Zahlungsanspruch in Anwendung des § 42 II GKG n.F. gehabt hätte, in Ansatz gebracht werden.[33]

D. Vergleich

I. Einigungsgebühr, Vergleichsgebühr

1. Zeitlicher Anwendungsbereich

32 **§ 61 RVG – Übergangsvorschrift aus Anlass des Inkrafttretens dieses Gesetzes**
(1) ¹Die BRAGO in der im Bundesgesetzblatt Teil III, Gliederungsnummer 368-1, veröffentlichten bereinigten Fassung, zuletzt geändert durch Art. 2 Absatz 6 des Gesetzes vom 12.3.2004 (BGBl I S. 390), und Verweisungen hierauf sind weiter anzuwenden, wenn der unbedingte Auftrag zur Erledigung derselben Angelegenheit im Sinne des § 15 vor dem

---

30 BGH v. 7.11.2007 – VIII ZR 341/06 – ags 2008, 107 = AnwBl 2008, 210 (Anm. *Schneider* AnwBl 2008, 282) = BGHReport 2008, 414 = BRAK-Mitt 2008, 83 (nur LS) = JurBüro 2008, 190 = MDR 2008, 351 = NJW 2008, 1888 = RVGreport 2008, 111 (nur LS) = SP 2008, 125 (nur LS) = SVR 2008, 186 = zfs 2008, 164 (Anm. *Hansens*); BGH v. 18.1.2005 – VI ZR 73/04 – BGHReport 2005, 785 = FamRZ 2005, 689 (nur LS) = MDR 2005, 751 = NJW 2005, 1112 = NZV 2005, 252 = r+s 2006, 243 = SP 2005, 250 = VersR 2005, 558 = VRS 108, 334; BGH v. 13.4.1970 – III ZR 75/69 – AnwBl 1971, 321 = DAR 1970, 242 = MDR 1970, 663 = NJW 1970, 1122, 1456 = VersR 1970, 573; OLG München v. 28.4.1977 – 1 U 4177/76 – VersR 1977, 1036; *Jahnke* VersR 1991, 264 (274), Fn 117 m.w.N.
31 OLG Düsseldorf v. 21.9.1976 – 15 U 204/72 – VersR 1977, 868.
32 *Zöller-Herget*, § 9 Rn 1.
33 OLG Frankfurt v. 9.7.1996 – 24 W 28/96 – OLGR Frankfurt 1996, 179 (Rückstände aus der Zeit vor Klageerhebung bleiben außer Betracht).

1.7.2004 erteilt oder der Rechtsanwalt vor diesem Zeitpunkt gerichtlich bestellt oder beigeordnet worden ist. ²Ist der Rechtsanwalt am 1.7.2004 in derselben Angelegenheit und, wenn ein gerichtliches Verfahren anhängig ist, in demselben Rechtszug bereits tätig, gilt für das Verfahren über ein Rechtsmittel, das nach diesem Zeitpunkt eingelegt worden ist, dieses Gesetz. ³§ 60 Absatz 2 ist entsprechend anzuwenden.

(2) Auf die Vereinbarung der Vergütung sind die Vorschriften dieses Gesetzes auch dann anzuwenden, wenn nach Absatz 1 die Vorschriften der BRAGO weiterhin anzuwenden und die Willenserklärungen beider Parteien nach dem 1.7.2004 abgegeben worden sind.

2. Einigungsgebühr (Mandat nach dem 30.6.2004 erteilt)

Nr. 1000 VV-RVG – Einigungsgebühr (1,5)

(1) Die Gebühr entsteht für die Mitwirkung beim Abschluss eines Vertrags, durch den der Streit oder die Ungewissheit der Parteien über ein Rechtsverhältnis beseitigt wird, es sei denn, der Vertrag beschränkt sich ausschließlich auf ein Anerkenntnis oder einen Verzicht. Dies gilt auch für die Mitwirkung bei einer Einigung der Parteien in einem der in § 36 RVG bezeichneten Güteverfahren. Im Privatklageverfahren ist Nummer 4146 anzuwenden.

(2) Die Gebühr entsteht auch für die Mitwirkung bei Vertragsverhandlungen, es sei denn, dass diese für den Abschluss des Vertrags im Sinne des Absatzes 1 nicht ursächlich war.

(3) Für die Mitwirkung bei einem unter einer aufschiebenden Bedingung oder unter dem Vorbehalt des Widerrufs geschlossenen Vertrag entsteht die Gebühr, wenn die Bedingung eingetreten ist oder der Vertrag nicht mehr widerrufen werden kann.

(4) Soweit über die Ansprüche vertraglich verfügt werden kann, gelten die Absätze 1 und 2 auch bei Rechtsverhältnissen des öffentlichen Rechts.

(5) Die Gebühr entsteht nicht in Ehesachen (§ 606 Absatz 1 Satz 1 ZPO) und in Lebenspartnerschaftssachen (§ 661 Absatz 1 Nr. 1 bis 3 ZPO). Wird ein Vertrag, insbesondere über den Unterhalt, im Hinblick auf die in Satz 1 genannten Verfahren geschlossen, bleibt der Wert dieser Verfahren bei der Berechnung der Gebühr außer Betracht.

Nach Nr. 1000 I 1 RVG-VV entsteht die Einigungsgebühr, wenn der Streit oder die Ungewissheit der Parteien über ein Rechtsverhältnis durch Abschluss eines Vertrages unter Mitwirkung des Anwaltes beseitigt wird; es sei denn, der Vertrag beschränkt sich ausschließlich auf ein Anerkenntnis oder einen Verzicht. Die Einigungsgebühr soll die frühere Vergleichsgebühr ersetzen und inhaltlich erweitern durch Honorierung jeglicher vertraglicher Beilegung eines Parteistreits.[34] Durch die zusätzliche Gebühr soll die mit der Einigung verbundene Mehrbelastung und erhöhte Verantwortung vergütet werden.

---

[34] BGH v. 13.4.2007 – II ZB 10/06 – ags 2007, 366 = AnwBl 2007, 551 = BB 2007, 1302 (nur LS) = BGHReport 2007, 847 = BRAK-Mitt 2007, 177 (nur LS) = FamRZ 2007, 1096 = JurBüro 2007, 411 (Anm. *Enders*) = MDR 2007, 979 = NJW 2007, 2187 = NJW-Spezial 2007, 336 = RPfleger 2007, 506 = WM 2007, 1145 = zfs 2007, 469 (Anm. *Hansens*); BGH v. 10.10.2006 – VI ZR 280/05 – ags 2007, 57 (Anm. *Schneider*) = BB 2006, 2779 = BGHReport 2007, 183 = DAR 2007, 176 (Anm. *Jungbauer*) = JurBüro 2007, 73 = NJW-Spezial 2007, 65 = NZV 2007, 132 = RPfleger 2007, 168 = RVGreport 2007, 65 = SP 2007, 86 = zfs 2007, 165 (Anm. *Hansens*); siehe ergänzend BT-Drucksache 15/1971, S. 147, 204.

35 Die bloße Annahme eines einseitigen Verzichts oder ein Anerkenntnis reicht für das Entstehen der Einigungsgebühr nicht aus.[35] Die Anrechnung von Ansprüchen, die der Schädiger bzw. dessen Versicherer für objektiv gerechtfertigt oder doch für vertretbar hält, enthält noch kein Angebot auf Einigung und löst daher die Einigungsgebühr nicht aus.[36]

3. Vergleichsgebühr (Mandat vor dem 1.7.2004 erteilt)

36
> **§ 23 BRAGO**[37]
>
> (1) Für die Mitwirkung beim Abschluss eines Vergleiches (§ 779 BGB) erhält der Rechtsanwalt $^{15}/_{10}$ der vollen Gebühr (Vergleichsgebühr). ... Soweit über den Gegenstand des Vergleiches ein gerichtliches Verfahren anhängig ist, erhält der Rechtsanwalt die Vergleichsgebühr nur in Höhe einer vollen Gebühr; das gleiche gilt, wenn ein Verfahren über die Prozesskostenhilfe anhängig ist.

37 Die Vergleichsgebühr richtete sich für die gerichtliche und außergerichtliche Regulierung nach § 23 BRAGO.

4. Streitwert

38 Die Gegenstandswerte von Geschäftsgebühr und Einigungsgebühr / Vergleichsgebühr sind nicht zwingend identisch.[38] Bei Personenschäden werden häufig Sachschäden, aber auch andere Einzelpositionen, über die nicht diskutiert wurde, abgerechnet. Soweit Ansprüche teilweise abgerechnet sind, erhöhen sie nur den Gegenstandswert der Geschäftsgebühr, nicht aber auch der Einigungsgebühr. Regelmäßig ist der Streitwert der Geschäftsgebühr der oberste Wert, der Streitwert für die Einigungsgebühr liegt häufig darunter.

II. Zwischenvergleich

39 Werden in derselben Schadensache mehrere Vergleiche geschlossen, kommt es auf die Umstände, aber auch auf die Parteiabsprachen an, ob die Streitwerte zu kumulieren sind oder aber getrennte Abrechnungen iSe neuen Angelegenheit vorzunehmen sind.

---

35 BGH v. 13.4.2007 – II ZB 10/06 – ags 2007, 366 = AnwBl 2007, 551 = BB 2007, 1302 (nur LS) = BGHReport 2007, 847 = BRAK-Mitt 2007, 177 (nur LS) = FamRZ 2007, 1096 = JurBüro 2007, 411 (Anm. *Enders*) = MDR 2007, 979 = NJW 2007, 2187 = NJW-Spezial 2007, 336 = RPfleger 2007, 506 = WM 2007, 1145 = zfs 2007, 469 (Anm. *Hansens*); BGH v. 10.10.2006 – VI ZR 280/05 – ags 2007, 57 (Anm. *Schneider*) = BB 2006, 2779 = BGHReport 2007, 183 = DAR 2007, 176 (Anm. *Jungbauer*) = JurBüro 2007, 73 = NJW-Spezial 2007, 65 = NZV 2007, 132 = RPfleger 2007, 168 = RVGreport 2007, 65 = SP 2007, 86 = zfs 2007, 165 (Anm. *Hansens*); BGH v. 28.3.2006 – VIII ZB 29/05 – ags 2006, 403 (Anm. *Schneider*) = AnwBl 2006, 585, 860 = BGHReport 2006, 940 = DAR 2006, 418 = JurBüro 2006, 360 = MDR 2006, 1375 = NJW 2006, 1523 = NJW-Spezial 2006, 258 = RPfleger 2006, 436 = SP 2007, 29.
36 BGH v. 10.10.2006 – VI ZR 280/05 – ags 2007, 57 (Anm. *Schneider*) = BB 2006, 2779 = BGHReport 2007, 183 = DAR 2007, 176 (Anm. *Jungbauer*) = JurBüro 2007, 73 = NJW-Spezial 2007, 65 = NZV 2007, 132 = RPfleger 2007, 168 = RVGreport 2007, 65 = SP 2007, 86 = zfs 2007, 165 (Anm. *Hansens*); AG Düsseldorf v. 10.7.2006 – 48 C 5936/06 – SP 2007, 159.
37 IdF des KostenrechtsänderungsG v. 24.6.1994 (BGBl I 1994, S. 1325 ff.), das am 1.7.1994 in Kraft trat (Art. 12).
38 LG Wiesbaden v. 19.10.1993 – 8 S 237/93 – zfs 1995, 71; AG Göttingen v. 13.8.1999 – 26 C 69/99 (1204) – zfs 2001, 131; AG Hersbruck v. 1.8.1995 – 4 C 1006/95 – SP 1996, 151.

Bei Zwischenvergleichen kann aber – je nach den zeitlichen Umständen – ein neuer „Gegenstand" (§ 13 V 2 BRAGO/§ 15 V 2 RVG) begründet sein mit der Folge, dass erneut ohne Berücksichtigung der Streitwertprogression abgerechnet werden muss, und zwar dann, wenn die **ursprüngliche Schadensabwicklung abgeschlossen** (dh. mandatsmäßig erledigt[39]) wurde und erst **2 Jahre später** der Anwalt erneut tätig wird.

Wird aber **Jahr für Jahr** z.B. der Verdienstausfall abgerechnet, verbleibt es bei der Regel des § 13 V 1 BRAGO/§ 15 V 1 RVG und damit bei einer einzigen Angelegenheit, die (nur) streitwertprogressiv, dh. letztlich mit Differenzgebühren, abgerechnet wird. § 13 V 2 BRAGO/§ 15 V 2 RVG stellt dabei nicht auf Zeitjahre (also 24 Monate) ab, sondern auf Kalenderjahre: Wurde der ursprüngliche Auftrag im März 2005 erledigt, dann löst ein neuer Auftrag in derselben Sache tätig zu werden, neue Gebühren im Mandatsverhältnis erst dann aus, wenn der erneute Auftrag im Jahre 2008 (ab dem 1.1.2008) erteilt wurde.[40] Die Forderungsberechtigung im Mandatsverhältnis führt aber nicht zwingend auch zu einem schadensersatzrechtlichen Ausgleichsverhältnis, da hier Rücksichtspflichten (**Schadenminderung**) zu beachten sind.

III. Teilerledigung

Sind Teile des Anspruches bereits vor Abschluss des Abfindungsvergleiches durch Abrechnung erledigt, bleiben sie bei der Ermittlung des Gegenstandswertes für die Vergleichsgebühr unberücksichtigt.[41]

Hatte der Ersatzpflichtige z.B. vor einem Vergleichsgespräch, aufgrund dessen für Schmerzensgeld und Wertminderung weitere 4.000 EUR gezahlt werden, bereits einen Betrag (z.B. auf den unstreitigen Fahrzeugschaden) von 10.000 EUR abgerechnet oder erkennbar nicht in das Vergleichsgespräch einbezogen, ist schadensersatzrechtlich eine Geschäftsgebühr nach dem insgesamt gezahlten Betrag (14.000 EUR) sowie eine Einigungsgebühr/Vergleichsgebühr nach 4.000 EUR zu erstatten, da Gegenstand des Vergleiches nur ein Betrag von letztlich 4.000 EUR war.[42]

IV. Abfindungsvorbehalt

Etwaige Vorbehalte wirken sich regelmäßig nicht gebührensteigernd aus. Soweit aus einem Vorbehalt in einem Abfindungsvergleich künftige Ansprüche später dann noch abzuwickeln sind, werden diese im Wege der gebührenrechtlichen **Differenzabrechnung** berücksichtigt, soweit nicht eine abweichende Regelung getroffen wurde.[43]

---

39 OLG Karlsruhe v. 25.8.1997 – 11 W 111/97 – AnwBl 1998, 217 = JurBüro 1998, 26 (§ 13 V 2 BRAGO gilt auch für Fälle, in denen der frühere Auftrag vor dem 1.7.1994 erteilt wurde).
40 *Gerold/Schmidt-Madert* § 15 Rn 259; *Hoppmann* DAR 1998, 328.
41 AG Göttingen v. 13.8.1999 – 26 C 69/99 [1204]- DAR 2000, 285.
42 LG Bochum v. 10.3.1983 – 10 S 2/83 – zfs 1983, 272; AG Dortmund v. 18.6.1986 – 111 C 289/86 – zfs 1986, 268; AG Gießen v. 11.1.1989 – 45 C 3224/88 – zfs 1989, 126, AG Tempelhof-Kreuzberg v. 15.4.1997 – 9 C 622/96 – SP 1999, 68.
43 *Jahnke* in Anwalts-Handbuch Verkehrsrecht Teil 5, Rn 189.

E. Anwaltliche Honorarvereinbarung[44]

45

§ 3a RVG – Vergütungsvereinbarung

(1) ¹Eine Vereinbarung über die Vergütung bedarf der Textform. ²Sie muss als Vergütungsvereinbarung oder in vergleichbarer Weise bezeichnet werden, von anderen Vereinbarungen mit Ausnahme der Auftragserteilung deutlich abgesetzt sein und darf nicht in der Vollmacht enthalten sein. ³Sie hat einen Hinweis darauf zu enthalten, dass die gegnerische Partei, ein Verfahrensbeteiligter oder die Staatskasse im Falle der Kostenerstattung regelmäßig nicht mehr als die gesetzliche Vergütung erstatten muss. ⁴Die Sätze 1 und 2 gelten nicht für eine Gebührenvereinbarung nach § 34.

(2) ¹Ist eine vereinbarte, eine nach § 4 Absatz 3 Satz 1 von dem Vorstand der Rechtsanwaltskammer festgesetzte oder eine nach § 4a für den Erfolgsfall vereinbarte Vergütung unter Berücksichtigung aller Umstände unangemessen hoch, kann sie im Rechtsstreit auf den angemessenen Betrag bis zur Höhe der gesetzlichen Vergütung herabgesetzt werden. ²Vor der Herabsetzung hat das Gericht ein Gutachten des Vorstands der Rechtsanwaltskammer einzuholen; dies gilt nicht, wenn der Vorstand der Rechtsanwaltskammer die Vergütung nach § 4 Absatz 3 Satz 1 festgesetzt hat. ³Das Gutachten ist kostenlos zu erstatten.

(3) ¹Eine Vereinbarung, nach der ein im Wege der Prozesskostenhilfe beigeordneter Rechtsanwalt für die von der Beiordnung erfasste Tätigkeit eine höhere als die gesetzliche Vergütung erhalten soll, ist nichtig. ²Die Vorschriften des bürgerlichen Rechts über die ungerechtfertigte Bereicherung bleiben unberührt.

(4) § 8 des Beratungshilfegesetzes bleibt unberührt.

§ 4 RVG – Erfolgsunabhängige Vergütung

(1) ¹In außergerichtlichen Angelegenheiten kann eine niedrigere als die gesetzliche Vergütung vereinbart werden. ²Sie muss in einem angemessenen Verhältnis zu Leistung, Verantwortung und Haftungsrisiko des Rechtsanwalts stehen.

(2) ¹Der Rechtsanwalt kann sich für gerichtliche Mahnverfahren und Zwangsvollstreckungsverfahren nach den §§ 803 bis 863 und 899 bis 915b ZPO verpflichten, dass er, wenn der Anspruch des Auftraggebers auf Erstattung der gesetzlichen Vergütung nicht beigetrieben werden kann, einen Teil des Erstattungsanspruchs an Erfüllungsstatt annehmen werde. ²Der nicht durch Abtretung zu erfüllende Teil der gesetzlichen Vergütung muss in einem angemessenen Verhältnis zu Leistung, Verantwortung und Haftungsrisiko des Rechtsanwalts stehen.

(3) ¹In der Vereinbarung kann es dem Vorstand der Rechtsanwaltskammer überlassen werden, die Vergütung nach billigem Ermessen festzusetzen. ²Ist die Festsetzung der Vergütung dem Ermessen eines Vertragsteils überlassen, gilt die gesetzliche Vergütung als vereinbart.

§ 4a RVG – Erfolgshonorar

(1) ¹Ein Erfolgshonorar (§ 49b Absatz Satz 1 BRAO) darf nur für den Einzelfall und nur dann vereinbart werden, wenn der Auftraggeber aufgrund seiner wirtschaftlichen Verhältnisse bei verständiger Betrachtung ohne die Vereinbarung eines Erfolgshonorars von der Rechtsverfolgung abgehalten würde. ²In einem gerichtlichen Verfahren darf dabei für den Fall des Misserfolgs vereinbart werden, dass keine oder eine geringere als die gesetzliche Vergütung zu zahlen ist, wenn für den Erfolgsfall ein angemessener Zuschlag auf die gesetzliche Vergütung vereinbart wird.

(2) Die Vereinbarung muss enthalten:

---

[44] Zum Thema: *Hansens* „Erfolgshonorar- und Vergütungsvereinbarung ab 1.7.2008" RVGreport 2008, 282; *v. Seltmann* „Die Neuregelung des anwaltlichen Erfolgshonorars – und was sich sonst noch ändert" BRAK-Mitt 2008, 99.

E. Anwaltliche Honorarvereinbarung

1. die voraussichtliche gesetzliche Vergütung und gegebenenfalls die erfolgsunabhängige vertragliche Vergütung, zu der der Rechtsanwalt bereit wäre, den Auftrag zu übernehmen, sowie
2. die Angabe, welche Vergütung bei Eintritt welcher Bedingungen verdient sein soll.

(3) ¹In der Vereinbarung sind außerdem die wesentlichen Gründe anzugeben, die für die Bemessung des Erfolgshonorars bestimmend sind. ²Ferner ist ein Hinweis aufzunehmen, dass die Vereinbarung keinen Einfluss auf die gegebenenfalls vom Auftraggeber zu zahlenden Gerichtskosten, Verwaltungskosten und die von ihm zu erstattenden Kosten anderer Beteiligter hat.

§ 4b Fehlerhafte Vergütungsvereinbarung

¹Aus einer Vergütungsvereinbarung, die nicht den Anforderungen des § 3a Absatz 1 Satz 1 und 2 oder des § 4a Absatz 1 und 2 entspricht, kann der Rechtsanwalt keine höhere als die gesetzliche Vergütung fordern. ²Die Vorschriften des bürgerlichen Rechts über die ungerechtfertigte Bereicherung bleiben unberührt.

Von der gesetzlichen Regelung (BRAGO / RVG) abweichende Gebühren dürfen vereinbart werden. Während im gerichtlichen Verfahren diese nur höher sein dürfen als die gesetzlichen Gebühren, kann im außergerichtlichen Bereich auch ein Zeit- oder Pauschalhonorar vereinbart werden.

Über den Gebührenanspruch hinausgehende Gebührenvereinbarungen sind im Mandatsverhältnis regelmäßig **wirksam**, wenn sie die Grenzen der Sittenwidrigkeit (§ 138 I BGB) nicht überschreiten.[45]

Gebührenvereinbarungen oberhalb der gesetzlichen Vergütung ohne **Schriftform** sind nichtig (§ 125 BGB i.V.m. § 3 I 1 BRAGO/§ 4 I RVG).[46]

Erfolgshonorare (§ 49b BRAO) sind nach Maßgabe des § 4a RVG im Mandatsverhältnis wirksam.[47]

---

[45] BVerfG (2. Kammer des 1. Senates) v. 12.8.2002 – 1 BvR 328/02 – NJW 2002, 3314 (Bei Unwirksamkeit einzelner Abreden sind die Vereinbarungen über Auslagen zu denjenigen über das Honorar in ein der Bedeutung des Grundrechts – Art 12 I GG – gerecht werdendes Verhältnis zu setzen) (Zum Anwendungsbereich des § 352 StGB bei Honorarvereinbarungen anlässlich einer Haftpflichtregulierung BGH v. 6.9.2006 – 5 StR 64/06 – AnwBl 2006, 759 = JR 2007, 202 (Anm. *Kuhlen*) = NJW 2006, 3219 = NJW-Spezial 2006, 523 = NStZ-RR 2007, 142); siehe auch BVerfG v. 12.12.2006 – 1 BvR 2576/04 – AnwBl 2007, 297 = BB 2007, 617 (Anm. *Römermann*; Anm. *Kilian* BB 2007, 1061) = BRAK-Mitt 2007, 63 (Anm. *Kirchberg*) = DAR 2007, 297 (nur LS) = DStR 2007, 874 (Anm. *Mutschler*) = FamRZ 2007, 615 = MDR 2007, 621 (nur LS) = NJW 2007, 979 (Anm. *Johnigk*; Anm. *Kleine-Cosack* NJW 2007, 1405) = WM 2007, 853 (Das Verbot anwaltlicher Erfolgshonorare einschließlich des Verbotes der „quota litis" [§ 49b II 2 BRAO a.F., § 49b II 1 BRAO] ist mit Art 12 I GG insoweit nicht vereinbar, als es keine Ausnahme für den Fall zulässt, dass der Rechtsanwalt mit der Vereinbarung einer erfolgsbasierten Vergütung besonderen Umständen in der Person des Auftraggebers Rechnung trägt, die diesen sonst davon abhielten, seine Rechte zu verfolgen.) (Vorinstanz BGH v. 18.10.2004 – AnwSt(B) 11/03 -); BGH v. 27.1.2005 – IX ZR 273/02 – VersR 2006, 431 (Bei einer Vergütungsvereinbarung für Strafverteidigung von mehr als dem 5fachen der gesetzlichen Höchstgebühren wird ein Verstoß gegen das Mäßigungsverbot vermutet); BGH v. 30.5.2000 – IX ZR 121/99 – VersR 2001, 1235; OLG Hamm v. 25.4.1996 – 28 U 188/95 – zfs 1997, 70; OLG Köln v. 3.9.1997 – 17 U 31/97 – VersR 1998, 520 = zfs 1999, 177; OLG Saarbrücken v. 3.5.2006 – 1 U 397/05-143 – BRAK-Mitt 2006, 183 (Vergütungsvereinbarung, bei der sich ein Anwalt ein Erfolgshonorar in Form eines prozentualen Anteils am noch zu erzielenden Entschädigungsbetrag in einer Arzthaftungssache versprechen lässt, stellt eine unzulässige quota-litis-Vereinbarung i.S.d. § 49b BRAO dar. Der gesetzliche Gebührenanspruch bleibt, da der Anwaltvertrag nicht nichtig ist, allerdings bestehen.).

[46] OLG Saarbrücken v. 3.5.2006 – 1 U 397/05-143 – BRAK-Mitt 2006, 183.

[47] Zur Gesetzesbegründung BT-Drucksache 16/8384 v. 5.3.2008.

50 Im Schadenersatzverhältnis sind nur die gesetzlich geschuldeten und nicht die vertraglich vereinbarten Gebühren und Honorare zu ersetzen (vgl. § 3a I 3 RVG[48])

F. Gerichtliches Verfahren

51 „*A good lawyer knows the law, a great lawyer knows the judge.*"[49]

I. Zivilgerichtlicher Vergleich

52 Wird im Verlaufe eines Prozesses ein Vergleich geschlossen, sollte der dann zu protokollierende Vergleich auch die Kostenverteilung regeln.

53 Die Kostenregelung in einem Prozessvergleich geht der gesetzlichen Regelung des § 269 III 2 ZPO vor.[50] Wird im gerichtlichen Vergleich ausdrücklich festgehalten, dass die **„Kosten gegeneinander aufgehoben"** werden (oder aber *gelten* gemäß § 98 S. 1 ZPO die Kosten *als gegeneinander aufgehoben*), bedeutet dieses gemäß § 92 I 2 ZPO, dass

54 ▪ zum einen jede Prozesspartei ihre eigenen **außergerichtlichen Kosten** (insbesondere Anwaltskosten) selbst trägt,[51]

55 ▪ dem **Nebenintervenienten** gegen den Gegner der von ihm unterstützten Hauptpartei kein Anspruch auf Kostenerstattung zusteht (siehe § 101 ZPO),[52]

56 ▪ zum anderen die **Gerichtskosten** (einschließlich der Kosten für eventuelle Beweisaufnahmen, z.B. für Sachverständige und Zeugen) hälftig geteilt werden.

57 Wird der Rechtsstreit in der Berufung verglichen und werden die „Kosten des Rechtsstreites" gegeneinander aufgehoben, sind darunter die Kosten beider Instanzen zu verstehen, wenn nicht ausdrücklich etwas anderes im Vergleich fixiert wird.[53]

---

48 Siehe auch BT-Drucksache 16/8384 v. 5.3.2008, S. 10 (zu Artikel 2, Nr. 2).
49 Ein guter Anwalt kennt das Gesetz, ein großartiger Anwalt kennt den Richter (amerikanisches Sprichwort unter Juristen).
50 BGH v. 27.9.2007 – VII ZB 85/06 – BGHReport 2008, 93 = JurBüro 2008, 94 = MDR 2007, 1442 = NJW-RR 2008, 261 = RVGreport 2008, 40 (nur LS); BGH v. 24.6.2004 – VII ZB 4/04 – ags 2004, 356 (Anm. *Onderka*) = BauR 2004, 1502 (nur LS) = BGHReport 2004, 1463 = FamRZ 2004, 1552 = MDR 2004, 1251 = NJW-RR 2004, 1506 = ZfBR 2004, 783.
51 Die außergerichtlichen Kosten insbesondere des Anwaltes werden also nicht geteilt. Vertritt der Anwalt nur eine Partei, haben beide Prozessparteien i.d.R. gleich hohe Kosten. Unterschiede ergeben sich aber gegenüber einer Kostenteilung auch der außergerichtlichen Kosten u.a. dann, wenn die Erhöhungsvorschrift des § 6 BRAGO a.F./Nr. 1008 RVG-VV anzuwenden ist (Häufiger Fall: Verklagt sind Fahrer, Halter und Kfz-Haftpflichtversicherung – oder wenn Korrespondenzanwälte eingeschaltet sind).
52 BGH v. 27.9.2007 – VII ZB 85/06 – BGHReport 2008, 93 = JurBüro 2008, 94 = MDR 2007, 1442 = NJW-RR 2008, 261 = RVGreport 2008, 40 (nur LS) (Antrag des Streithelfers, dem Antragsteller die Kosten eines selbstständigen Beweisverfahrens aufzuerlegen, ist unwirksam, wenn die vom Streithelfer unterstützte Partei diesem Antrag widerspricht); BGH v. 5.9.2006 – VI ZB 65/05 – BGHReport 2006, 1494 (Anm. *Bonifacio*) = DAR 2007, 28 = FamRZ 2006, 1753 = MDR 2007, 290 = NJW 2006, 3498 = VersR 2007, 84; siehe auch OLG Hamm v. 19.7.2000 – 20 U 53/99 – r+s 2001, 304 (§ 101 ZPO gilt auch, wenn ein Prozess durch gerichtlichen Vergleich – auch ohne Mitwirkung des Nebenintervenienten – beendet wird. Die Prozessparteien können den Kostenanspruch nicht beschneiden.).
53 *Geigel-Freymann* Kap 41 Rn 49; siehe auch BGH v. 22.2.2007 – VII ZB 101/06 – AnwBl 2007, 462 = BRAK-Mitt 2007, 127 (nur LS) = FamRZ 2007, 1013 (nur LS) = JurBüro 2007, 360 = MDR 2007, 917 = SP 2007, 267 (nur LS) (Auch die Terminsgebühr zählt zu den „Kosten des Rechtsstreites" und ist daher aufgrund der Kostenverteilung im Vergleich zu erstatten.).

Wird die Kostenentscheidung dem Gericht überlassen, entspricht es der Üblichkeit und Billigkeit, wenn der Prozessausgang offen ist, diejenigen Kosten, die sich auf noch nicht entscheidungsreife Ansprüche beziehen, gegeneinander aufzuheben.[54]

Ein – konkludenter – **Rechtsmittelverzicht** der Parteien ergibt sich nicht schon daraus, dass bei Abschluss eines Vergleiches auf eine Begründung der dem Gericht überlassenen Kostenentscheidung verzichtet wird.[55]

Ein im Verlaufe eines Rechtsstreites zwischen dem Haftpflichtversicherer und dem Anspruchsteller geschlossener Vergleich, der bezüglich der Verfahrenskosten beinhaltet, dass nach Klagerücknahme **keine Kostenanträge** gestellt werden, kann sich u.U. als ein – unwirksamer – Vertrag zulasten einer mitverklagten versicherten Person darstellen.[56]

Übernimmt eine Partei in einem Prozessvergleich „*sämtliche Kosten des Rechtsstreites*", erstreckt sich diese Regelung, solange nicht zwingende Anhaltspunkte dagegen sprechen, auch auf die durch den Vergleich verursachten Kosten[57] einschließlich der Terminsgebühr,[58] u.U. einschließlich der Kosten eines eingeschalteten Verkehrsanwaltes.[59] Etwas anderes hat nur dann zu gelten, wenn sich aus den Umständen ergibt, dass die Kostenregelung sich nicht auf den Vergleich erstrecken sollte.

Für die Festsetzung der Einigungsgebühr reicht die Glaubhaftmachung aus, dass die Parteien eine Vereinbarung i.S.v. Nr. 1000 I 1 RVG-VV abgeschlossen haben; die Protokollierung eines als Vollstreckungstitel tauglichen Vergleichs (§ 794 I Nr. 1 ZPO) ist nicht erforderlich.[60]

II. Sozial- bzw. Arbeitsrechtsstreit

Im Ausnahmefall können die Kosten eines Sozial- oder Arbeitsrechtsstreites im Zusammenhang mit dem Unfall (Haftpflichtgeschehen) ersatzfähig sein.[61] Wird der Anwalt beauftragt, z.B. im Rentenverfahren, tätig zu werden, kann dieses als Unfallfolge Schadenersatzansprüche auch hinsichtlich der hiermit verbundenen Rechtsverfolgungskosten einschließlich der Anwaltskosten auslösen.

---

54 LG Erfurt v. 16.9.2003 – 3 O 565/02 – zfs 2004, 14 m.w.N.
55 BGH v. 5.9.2006 – VI ZB 65/05 – BGHReport 2006, 1494 (Anm. *Bonifacio*) = DAR 2007, 28 = FamRZ 2006, 1753 = MDR 2007, 290 = NJW 2006, 3498 = VersR 2007, 84 m.w.N.
56 OLG Frankfurt v. 1.2.1995 – 18 W 101/94 – VersR 1996, 387.
57 LAG Düsseldorf v. 8.2.2001 – 7 Ta 37/01 – MDR 2001, 655; LAG Düsseldorf v. 28.9.2000 – 7 Ta 373/00; OLG München v. 5.5.1997 – 11 W 1160/97, MDR 1997, 786 = OLGR 1997, 154; OLG Düsseldorf v. 15.9.1998 – 10 WF 10/98, MDR 1999, 119 = OLGR 1999, 85; OLG Hamburg JurBüro 1978, 1023 (zum Fall der Quotelung der Kosten des Rechtsstreits); siehe ergänzend *Geigel-Freymann* Kap 41 Rn 49.
58 BGH v. 22.2.2007 – VII ZB 101/06 – AnwBl 2007, 462 = BRAK-Mitt 2007, 127 (nur LS) = FamRZ 2007, 1013 (nur LS) = JurBüro 2007, 360 = MDR 2007, 917 = SP 2007, 267 (nur LS).
59 OLG Düsseldorf v. 15.9.1998 – 10 WF 10/98 – MDR 1999, 119 = zfs 1999, 319 (nur LS).
60 BGH v. 13.4.2007 – II ZB 10/06 – ags 2007, 366 = AnwBl 2007, 551 = BB 2007, 1302 (nur LS) = BGHReport 2007, 847 = BRAK-Mitt 2007, 177 (nur LS) = FamRZ 2007, 1096 = JurBüro 2007, 411 (Anm. *Enders*) = MDR 2007, 979 = NJW 2007, 2187 = NJW-Spezial 2007, 336 = RPfleger 2007, 506 = WM 2007, 1145 = zfs 2007, 469 (Anm. *Hansens*).
61 BGH v. 16.1.1990 – VI ZR 170/89 – AnwBl 1991, 111 = BB 1990, 998 = DAR 1990, 177 = DB 1990, 1560 = JZ 1990, 447 = MDR 1990, 707 = NJW 1990, 1360 = NJW-RR 1990, 665 (nur LS) = NZV 1990, 225 = r+s 1990, 200 (nur LS) = VersR 1990, 496 = „VRS 79,1 = zfs 1990, 225.

III. Strafverfahren

1. Nebenklage

64 Wer sich als Nebenkläger dem Verfahren anschließen kann, regelt § 395 StPO abschließend.[62] Stirbt das Opfer einer Körperverletzung, geht seine Nebenklagebefugnis nicht mehr auf seine in § 93 II StPO bezeichneten Angehörigen über.[63]

65 Nebenklagekosten und andere Kosten im Rahmen der Strafverfolgung sind ausschließlich im Strafverfahren auszugleichen. Werden dem Schadenersatzpflichtigen im Strafverfahren die Nebenklagekosten ganz oder teilweise auferlegt, muss er diese selbst (u.U. auch sein Rechtsschutzversicherer) zahlen. Rechtsanwaltskosten, die einem durch strafbares Verhalten betroffenen Verletzten für die Vorbereitung und Durchführung seiner Nebenklage entstehen, fallen nicht in den **Schutzbereich** von § 7 StVG, § 823 BGB.[64]

66 Werden die Nebenklagekosten nur **teilweise** dem Schädiger auferlegt (z.B. bei erheblicher Mithaftung) (§ 472 StPO), können die weiteren, beim Geschädigten verbliebenen Kosten nicht zivilrechtlich verlangt werden, da insoweit das Strafurteil Rechtskraftwirkung entfaltet. Wird im Strafverfahren über die Kosten der Nebenklage **nicht entschieden**, kann der Schädiger ebenfalls nicht mehr zivilrechtlich in Anspruch genommen werden, da allein der Strafrichter zur Entscheidung über die Nebenklagekosten befugt ist.[65]

67 Haftpflichtversicherer eines Schadenersatzpflichtigen erstatten Nebenklagekosten mangels Deckung durch AKB und AHB nicht.[66]

2. Adhäsionsverfahren[67]

68 Der durch eine Straftat **Verletzte** oder sein Erbe selbst kann nach §§ 403 ff. StPO seine zivilrechtlichen Ansprüche auch im Wege des Adhäsionsverfahrens gegen den Beschul-

---

[62] LG Passau v. 22.9.2006 – 1 Qs 146/06 – DAR 2007, 405 (besonderes Anschlussinteresse i.S.v. § 395 III StPO ist zu bejahen, wenn das Strafverfahren Auswirkungen auf den nicht abschließend regulierten Verkehrsunfall haben kann; z.B. wenn Mitverschulden streitig ist).
[63] BGH v. 13.5.1998 – 3 StR 148/98 – VRS 95, 227 (Aufgabe von BGHSt 33,114 nach Änderung des Nebenklagerechtes durch das Opferschutzgesetz v. 18.12.1986).
[64] BGH v. 20.5.1958 – VI ZR 127/57 – MDR 1958,597 = NJW 1958, 1044 = VersR 1958, 417; BGH v. 23.1.1958 – II ZR 28/57 – BGHZ 26, 261 = MDR 1958, 218 = VersR 1958, 106; BGH v. 17.5.1957 – VI ZR 63/56 – BGHZ 24,263 = VersR 1957, 599; LG Duisburg v. 10.10.1978 – 3 O 49/78 – VersR 1980, 75; LG Krefeld v. 8.12.1976 – 9 Qs 598/76 – AnwBl 1977, 121; LG Münster v. 25.11.1985 – 3 S 156/88 – NJW-RR 1989, 1369 = zfs 1990, 42; LG Wuppertal v. 25.8.1976 – 8 S 154/76 – VersR 1977, 1041; LG Verden v. 5.3.1979 – 1 T 52/79 – r+s 1976, 96; AG Stadthagen v. 17.7.1985 – 4 C 432/85 – zfs 1988, 65; siehe auch *Diehl* zfs 2007, 627.
[65] BGH v. 24.9.1957 – VI ZR 300/56 – NJW 1957, 1878; OLG Schleswig v. 30.6.1993 – 9 U 11/92 – VersR 1994, 831; OLG Düsseldorf v. 26.3.1970 – 18 U 101/69 – VersR 1972, 52; OLG Köln v. 21.4.1997 – 12 U 114/96 – VersR 1998, 1036; AG Friedberg v. 19.7.1989 – C 757/89 – NJW-RR 1989, 1368 = zfs 1990, 43 AG Karlsruhe v. 10.9.1982 – 6 C 330/82 – VersR 1983, 693.
[66] BGH v. 2.2.1960 – VI ZR 48/59 – VersR 1960, 405; BGH v. 23.1.1958 – II ZR 28/57 – BGHZ 26, 261 = MDR 1958, 218 = VersR 1958, 106; LG Aachen v. 17.10.1980 – 3 S 231/80 – VersR 1982, 199; LG Hannover v. 2.9.1985 – 9 S 204/85 – VersR 1986, 1245.
[67] Zum Thema: *Neidhart* „Adhäsionsverfahren – ein kurzer Ländervergleich. Schadenersatz im Strafverfahren nach Verkehrsstraftaten" DAR 2006, 415 (Deutschland, Belgien, Frankreich, Griechenland, Italien, Niederlande, Österreich, Portugal, Schweiz, Spanien).

digten (nicht jedoch gegenüber Jugendlichen, § 81 JGG)[68] vor dem Strafgericht im Strafverfahren verfolgen. Im Adhäsionsverfahren ist ein Anerkenntnisurteil zulässig.[69]

Der einem Nebenkläger beigeordnete Anwalt muss im Rahmen der Prozesskostenhilfe gemäß § 404 V StPO, § 121 II ZPO ausdrücklich für das Adhäsionsverfahren aufgrund Antrages beigeordnet sein.[70]

Andere Rechtsnachfolger (Zessionare; Drittleistungsträger insbesondere Sozialversicherer), aber auch Haftpflichtversicherer,[71] haben, da sie ihren Anspruch nicht unmittelbar aus der Straftat erworben haben, kein Antragsrecht nach § 403 StPO im Rahmen des Adhäsionsverfahrens.[72]

IV. Vormundschaftsgericht

Die Kosten für die Einholung der vormundschaftsgerichtlichen Genehmigung sind als Schadenersatzposition im Rahmen der Haftung zu erstatten.[73] Rechtsverfolgungskosten können ersatzfähig sein, wenn sie adäquat kausal auf dem Schadenereignis beruhen und die Inanspruchnahme anwaltlicher Hilfe unter den Umständen des Falles erforderlich war.[74]

G. Umsatzsteuer[75]

Ist der Anspruchsberechtigte nicht zum Vorsteuerabzug berechtigt, ist die auf die Anwaltskosten entfallende Umsatzsteuer ebenfalls zu übernehmen.

Kann der Anspruchsberechtigte aber grundsätzlich die Vorsteuer absetzen, ist dann allerdings zu beachten, dass auch bei vorsteuerabzugsberechtigten Ersatzberechtigten nicht alle Positionen der Umsatzsteuer unterliegen, z.B. nicht Heilbehandlungskosten, Schmerzensgeld. Die Umsatzsteuer auf die Rechtsanwaltskosten ist dann in demjenigen Verhältnis zu übernehmen, in dem die umsatzsteuerpflichtigen Schadenpositionen zum Gesamtschaden stehen. Relevanz hat dieses u.a. in denjenigen Fällen, in denen auch ein hoher Sachschaden (z.B. am PKW) mit abgewickelt wird.

Die **Aktenversendungspauschale** ist nicht umsatzsteuerpflichtig.[76]

---

68 *Meyer-Goßner* § 403 Rn 8 und vor § 406d Rn 3.
69 BGH v. 30.6.2005 – 1 StR 176/05 – DAR 2006, 285 = NStZ-RR 2005, 353 (nur LS).
70 Einzelheiten siehe *Burhoff* „Erstreckung der Bestellung eines Rechtsanwaltes auch auf das Adhäsionsverfahren?" RVGreport 2008, 249.
71 OLG Karlsruhe v. 25.11.1983 – 3 Ws 169/83 – Justiz 1984, 107 = MDR 1984, 336.
72 *Meyer-Goßner* § 403 Rn 4.
73 LG Hanau v. 11.7.2003 – 2 S 50/2003 – zfs 2004, 35 (Anm. *Madert*) (hier: Prozess gegen Rechtsschutzversicherung) (Vorinstanz AG Hanau v. 30.1.2003 – 36 C 1960/02-16 – ags 2003, 350 [*Madert*] = zfs 2003, 309 [Anm. *Madert*]).
74 BGH v. 10.1.2006 – VI ZR 43/05 – ags 2006, 256 = AnwBl 2006, 357 = BGHReport 2006, 654 = DAR 2006, 386 = MDR 2006, 929 = NJW 2006, 1065 = NJW-Spezial 2006, 160 = NZV 2006, 244 = r+s 2006, 305 = SP 2006, 259 = VerkMitt 2006, Nr. 12 = VersR 2006, 1065 = VRS 110,106 = zfs 2006, 929; BGH v. 18.1.2005 – VI ZR 73/04 – BGHReport 2005, 785 = FamRZ 2005, 689 (nur LS) = MDR 2005, 751 = NJW 2005, 1112 = NZV 2005, 252 = r+s 2006, 243 = SP 2005, 250 = VersR 2005, 558 = VRS 108, 334.
75 Siehe ergänzend *Jahnke* „Steuern und Schadensersatz" r+s 1996, 205.
76 AG Chemnitz v. 12.9.2007 – 12 OWi 520 JS 36363/06 – DAR 2008, 114; *Schäpe* „(Steuer)rechtliche Probleme bei der Aktenversendungspauschale" DAR 2008, 114.

Kapitel 16   Steuerrechtliche Aspekte[1]

Schadensersatzleistungen können sowohl die betriebliche wie die private Sphäre des Ersatzberechtigten betreffen. Der Ersatz der Schäden für persönliche Rechtsgüter (Leben, Gesundheit) unterfällt generell der privaten Sphäre.[2]

A. Allgemein

I. Netto-Schaden

Einem in seinem Erwerbsleben durch ein schädigendes Ereignis Betroffenen sind zunächst nur seine Netto-Einbußen zu ersetzen.[3]

Der Regulierung sollte nicht ohne Überprüfung der konkreten Fallumstände die aus den Lohn- und Einkommensteuertabellen ermittelte **Monatssteuer** zugrunde gelegt werden.[4] Die Monatssteuer berücksichtigt die unterhalb des Jahres von den Ehegatten gewählte Steuerklasse (IV/IV, III/V) und die vorgenommene Verteilung von Kinder- und sonstigen Freibeträgen. Dabei handelt es sich letztlich aber nur um Vorschüsse auf die noch festzusetzende Jahres-Einkommensteuerschuld der Ehegatten, die dann im Innenverhältnis der Ehegatten untereinander verhältnismäßig zu verteilen ist.

> *Beispiel 16.1:*
> So kann es beispielsweise vorkommen, dass ein Selbstständiger (Freiberufler) sämtliche Freibeträge seiner im Beamtenverhältnis stehenden Ehefrau zubilligt mit der Konsequenz, dass diese unterhalb des Jahres relativ zu wenig Steuern zahlt.
>
> *Ergebnis:*
> Erstreckt sich die Feststellung der Steuerschuld für die Ehegatten dann über einen längeren Zeitraum, ist der Familie häufig – wenn auch nur vorübergehend – eine erhöhte Liquidität zugeführt, die erst zu einem späteren Zeitpunkt von der Steuerverwaltung abgeschöpft wird.
> Dieses würde dazu führen, dass die Schadenabwicklung ebenfalls solange (u.U. Jahre) zurückgestellt werden müsste: Man wird in solchen Fällen daher dazu übergehen müssen, die verletzte Person hinsichtlich ihrer steuerlichen Belastung allein zu betrachten.

---

1 Zum Thema: *Hartung* „Steuern beim Personenschaden" VersR 1986, 308; *Jahnke* „Steuern und Schadensersatz" r+s 1996, 205; *Kullmann* „Schadensersatz und Steuern" VersR 1993, 385; *Weber-Grellet* „Erwerbsschäden im Steuerrecht" DAR 1994, 52.
2 BFH v. 29.10.1963 – VI 290/62 U – BStBl III 1964, 12; BFH v. 29.10.1959 – IV 235/58 U – BStBl III 1960, 87.
3 Zu den Berechnungsmethoden (einerseits „Bruttolohnmethode", andererseits „modifizierte Nettolohntheorie"), deren Unterschieden sowie den jeweiligen Beweisanforderungen siehe zusammenfassend: BGH v. 15.11.1994 – VI ZR 194/93 – BGHZ 127, 391 = DAR 1995, 109 (Anm. *vGerlach* DAR 1995, 221) = JZ 1995, 403 (Anm. *Lange*) = LM § 249 (Ha) BGB Nr. 51 = MDR 1995, 155 = NJW 1995, 389 = NJW-RR 1995, 476 (nur LS) = NZV 1995, 63 (Anm. *Hofmann* NZV 1995, 94) = r+s 1995, 61 = VersR 1995, 105 = WI 1995, 14 = zfs 1995, 90; siehe ferner die Anmerkungen zur vorgenannten Entscheidung des BGH (v. 15.11.1994 – VI ZR 194/93 -) *vGerlach* DAR 1995, 221, *Hofmann* NZV 1995, 94 sowie *Lange* JZ 1995, 406.
4 Siehe BGH v. 29.9.1987 – VI ZR 293/86 – DAR 1988, 23 = NJW-RR 1988, 149 = r+s 1988, 12 = VRS 74, 3.

II. Steuererstattung

1. Mehrsteuer

5 Hat der Geschädigte die Schadensersatzrenten als Einkommen zu versteuern, so hat der Ersatzpflichtige für dem Erwerb zuzuordnenden Schadensersatz auch denjenigen Steuerbetrag zu erstatten, mit dem die Finanzverwaltung den Verletzten belastet, sobald ihm der Schädiger (oder dessen Haftpflichtversicherer) den zu versteuernden Teil des Nettoverdienstausfallschadens ersetzt hat.[5] Zu ersetzen ist allerdings nur die (anteilige) **Mehr**steuer,[6] die auf den erstatteten Betrag entfällt, und nicht die gesamte Steuerlast.

2. Berechnungsgrundlage

6 Zu ersetzen ist nach der Rechtsprechung grundsätzlich nur derjenige Steuerbetrag, der sich ergäbe, würde der Verletzte allein steuerlich veranlagt.[7] Die Art und Weise, wie sich Eheleute steuerlich eingerichtet haben, darf sich nicht zum Nachteil des Ersatzpflichtigen auswirken. Vorteile, die in Wahrheit nur für das Einkommen des nicht verletzten, aber höher verdienenden Ehegatten bestehen, dürfen nicht dem Schädiger angelastet werden. Der Schädiger ist nur verpflichtet, diejenigen Steuern auf den zu leistenden Schadensersatz zu zahlen, die auf das Einkommen der Verletzten entfallen.[8] Unberücksichtigt bleiben dabei auch Fremdeinnahmen (z.B. Einnahmen aus Aktien, Immobilien pp.).

7 Bei einer Unterhaltsrente hat der BGH[9] hervorgehoben, dass die konkrete Steuerbelastung zu ermitteln sei: Im zugrunde liegenden Fall war damit für die ersten 2 Jahre der Witwe noch der Splittingtarif steuerrechtlich zuzubilligen; danach war die – konkret zu bestimmende Steuermehrbelastung – der (teueren) Grundtabelle zu entnehmen.

8 Erzielten sowohl die unmittelbar verletzte Person als auch zugleich sein Ehegatte zu versteuernde Einkünfte (Doppelverdienerehe), so ist zunächst die auf das Familieneinkommen zu entrichtende Steuer zu ermitteln, sodann das Verhältnis der beiden Bruttoeinkommen (der Ehegatten) zueinander zu errechnen und entsprechend diesem Verhältnis dann der relative hypothetische Steueranteil beim Verletzten anzusetzen.[10]

---

5 BGH v. 17.11.2005 – III ZR 350/04 – EWiR 2006 (nur LS) (Anm. *Frisch*) = MDR 2006, 407 (nur LS) = NJW 2006, 499 = VersR 2006, 413 = WM 2006, 499 = ZIP 2006, 573; BGH v. 2.12.1997 – VI ZR 142/96 – BGHZ 137, 237 = DAR 1998, 99 = DÖD 1998, 161 = FamRZ 1998, 416 = HVBG-Info 1998, 562 = LM BGB § 844 Abs. 2 Nr. 94 (Anm. *Schiemann*) = MDR 1998, 283 = NJW 1998, 985 = NJWE-VHR 1998, 110 (nur LS) = NZV 1998, 149 = r+s 1998, 153 = SP 1998, 159 = VersR 1998, 333 = VRS 94, 425 = WI 1998, 38; BGH v. 10.4.1979 – VI ZR 151/75 – BB 1979, 2320 = DAR 1980, 16 = DB 1979, 2320 = JZ 1979, 474 = MDR 1979, 833 = NJW 1979, 1501 = r+s 1979, 195 = VersR 1979, 670 = VRS 57, 94; BGH v. 19.3.1974 – VI ZR 19/73 – VersR 1974, 700; OLG Oldenburg v. 13.2.1991 – 4 U 83/90 – r+s 1992, 414 = zfs 1992, 82; BFH v. 25.10.1994 – VIII R 79/91 – BB 1995, 77 = BFHE 175, 439 = BStBl II 1995, 19 = DB 1995, 19 = DStR 1995, 49 (Anm. *Weber-Grellet* DStR 1996, 1993) = FamRZ 1995, 555 (nur LS) = NJW 1995, 1238 = NZV 1995, 194 = r+s 1995, 300 (nur LS) = SP 1995, 235 = VersR 1995, 856.
6 BGH v. 2.12.1997 – VI ZR 142/96 – DAR 1998, 99 = NJW 1998, 985 = r+s 1998, 153 = SP 1998, 159 = VersR 1998, 333 (Unterhaltsschaden einer Beamtenwitwe: Der Berechnung ist der den entgangenen Unterhaltsleistungen kongruente Teil des Witwengeldes zugrunde zu legen).
7 BGH v. 28.4.1970 – VI ZR 193/68 – MDR 1970, 669 = NJW 1970, 1271 (Anm. *Wais* NJW 1970, 1637) = VersR 1970, 640 = VRS 39, 1.
8 BGH v. 28.4.1970 – VI ZR 193/68 – MDR 1970, 669 = NJW 1970, 1271 (Anm. *Wais* NJW 1970, 1637) = VersR 1970, 640 = VRS 39, 1.
9 BGH v. 2.12.1997 – VI ZR 142/96 – DAR 1998, 99 = NJW 1998, 985 = r+s 1998, 153 = SP 1998, 159 = VersR 1998, 333.
10 Siehe Beispiel 3.2 in Kap 3.

3. Steuerschraube

Der Ersatz des Steuerbetrages ist eine nach § 24 Nr. 1 lit. a EStG zu versteuernde Einnahme, so dass nunmehr eine „Steuerschraube" einsetzen kann: Jeder weitere Ersatz der im jeweiligen Folgejahr anfallen Steuer löst seinerseits wieder eine Steuerpflicht aus.[11] Sicher vermeiden kann man diese Steuerschraube nur durch eine vorherige Einbeziehung der auf die Abfindung entfallenden Steuer in den Abfindungsbetrag. Die Zahlung der Steuer obliegt dann dem Anspruchsberechtigten ohne Nachforderungsrecht gegenüber dem Ersatzpflichtigen (was in der Abfindungserklärung gegebenenfalls festzuhalten wäre).[12]

4. Einbindung des Finanzamts

Gerade bei Selbstständigen kann sich empfehlen, hinsichtlich der steuerrechtlichen Seite der Schadensersatzabwicklung das zuständige Finanzamt bereits vor Zahlung der Abfindungs- oder Schadensumme mit einzubeziehen und die bedeutsamen Fragen mit diesem vorab zu klären und abzustimmen.

Gerade das Problem der Steuerschraube lässt sich dann u.U. durch Vereinbarung eines Einmal-Steuerbetrages vermeiden.

III. Fiktivsteuer

Die Steuer ist nicht fiktiv zu ersetzen, sondern nur soweit ihr Anfall konkret nachgewiesen ist.[13]

IV. Fälligkeit

Steuerzahlungen sind gegenüber der Finanzverwaltung fällig aufgrund eines Vorauszahlungsbescheides (§ 37 EStG) bzw. aufgrund eines endgültigen Steuerbescheides (§ 220 AO).

Der Geschädigte hat vor Fälligkeit der Steuerschuld nur einen **Feststellungsanspruch**.[14] Die Erstattung von Steuerbeträgen kann vom Schädiger erst verlangt werden, wenn die Steuerveranlagung des Geschädigten durchgeführt ist.[15]

Eine Ausnahme kann dann bestehen, wenn der Geschädigte Sicherheit leisten muss.[16] Liegt ein Vorauszahlungsbescheid des Finanzamtes vor, besteht m.E. ein gleichgelagerter

---

11 OLG München v. 18.9.1998 – 10 U 5352/97 – NZV 1999, 513 = r+s 1999, 417 (Anm. *Lemcke*) (BGH hat die Revision nicht angenommen, Beschl. v. 6.7.1999 – VI ZR 352/98 -).

12 Siehe zu dieser Problematik Hartung VersR 1986, 310 (mit Wiedergabe der Auffassung der Oberfinanzdirektion Hannover).

13 BGH v. 2.12.1997 – VI ZR 142/96 – DAR 1998, 99 = NJW 1998, 985 = r+s 1998, 153 = SP 1998, 159 = VersR 1998, 333; OLG München v. 18.9.1998 – 10 U 5352/97 – NZV 1999, 513 = r+s 1999, 417 (Anm. *Lemcke*) (BGH hat die Revision nicht angenommen, Beschl. v. 6.7.1999 – VI ZR 352/98 -); OLG Nürnberg v. 9.4.1997 – 4 U 1841/96 – NZV 1997, 439(490).

14 OLG München v. 28.8.1980 – 10 U 1469/80 – VersR 1981, 169; OLG Oldenburg v. 13.2.1991 – 4 U 83/90 – r+s 1992, 414 = zfs 1992, 82.

15 BGH v. 10.12.1992 – IX ZR 54/92 – MDR 1993, 582 = NJW 1993, 1137 = VersR 1993, 446 (Rechtskraft des Bescheides ist abzuwarten); BGH v. 3.12.1992 – IX ZR 61/92 – MDR 1993, 582 = NJW 1993, 1139 = VersR 1993, 443 (Nicht vor Erlass des Steuerbescheides); OLG München v. 28.8.1980 – 10 U 1469/80 – VersR 1981, 169; OLG Oldenburg v. 13.2.1991 – 4 U 83/90 – r+s 1992, 414 = zfs 1992, 82; *Wussow* WI 1998, 135.

16 BGH v. 3.12.1992 – IX ZR 61/92 – MDR 1993, 582 = NJW 1993, 1139 = VersR 1993, 443.

und fälliger Schadensersatzanspruch des Verletzten in Höhe der **Steuervorauszahlung**, allerdings nur Zug um Zug gegen Abtretung eines etwaigen Erstattungsanspruches gegenüber der Finanzbehörde.[17] Dieser Erstattungsanspruch kann erst nach Ablauf der Steuerperiode ermittelt werden; die Abtretung dient dabei – als Kehrseite der Erstattungspflicht bzgl. der Vorauszahlungen – der Absicherung des Ersatzpflichtigen bei überhöhter Steuervorauszahlung.

B. Steuerarten[18]

I. Einkommensteuer

1. Einkünfte

a. Steuerfreie Einnahmen

16　Nach § 3 EStG sind u.a. steuerfrei:

17　■ Bar- und Sachleistungen der Kranken-, Pflege-[19] und gesetzlichen Unfallversicherung (§ 3 Nr. 1 lit. a EStG);

18　■ Sachleistungen sowie Kinder-, Pflegeversicherungs- und Krankenversicherungszuschüsse der gesetzlichen Rentenversicherung, Übergangsgeld nach dem SGB VI (§ 3 Nrn. 1, 14 EStG);

19　■ Arbeitslosengeld, Kurzarbeitergeld, Schlechtwettergeld, Arbeitslosenhilfe, ALG II, Unterhaltsgeld sowie die übrigen Leistungen nach dem SGB III (AFG), soweit sie Arbeitnehmern oder Arbeitsuchenden oder zur Förderung der Ausbildung oder Fortbildung der Empfänger gewährt werden (§ 3 Nr. 2, 2a, 2b EStG).

20　Die Steuerfreiheit dieser Leistungen ist zugunsten des ersatzpflichtigen Schuldners zu berücksichtigen. Bei einigen Leistungen ist der steuerrechtliche **Progressionsvorbehalt** zu beachten.

b. Einmalige Leistungen

21　Schadensersatzansprüche können (gänzlich oder in Teilbereichen) durch Einmalzahlung abgefunden werden. Diese Abfindung ist steuerfrei, wenn und soweit es sich nicht um den Ersatz entgangener Einnahmen handelt.[20]

22　Nach §§ 2 I, 24 Nr. 1 lit. a EStG unterliegen (nur) „Entschädigungen, die gewährt worden sind als Ersatz für entgangene oder entgehende Einnahmen", der Steuerpflicht. Entschädi-

---

17　Ebenso *Wussow* WI 1998, 136.
18　Zum Thema: *Jahnke* „Abfindung von Personenschadenansprüchen" § 4 Rn 9 ff.
19　Nach § 3 Nr. 36 EStG sind steuerfrei die Einnahmen für Leistungen zur Grundpflege oder hauswirtschaftlichen Versorgung bis zur Höhe des Pflegegeldes nach § 37 SGB XI, wenn diese Leistungen von Angehörigen des Pflegebedürftigen oder von anderen Personen, die damit eine sittliche Pflicht gegenüber dem Pflegebedürftigen erfüllen, erbracht werden.
20　Siehe OLG München v. 18.9.1998 – 10 U 5352/97 – NZV 1999, 513 = r+s 1999, 417 (Anm. *Lemcke*) (BGH hat die Revision nicht angenommen, Beschl. v. 6.7.1999 – VI ZR 352/98 -).

gungen als Ersatz in diesem Sinne können bei allen Einkunftsarten in Betracht kommen[21] und erfassen auch die Leistungen aufgrund haftpflichtrechtlicher Bestimmungen.

Zahlungen auf Schmerzensgeld, Heilbehandlungskosten (Ersatz von Krankheitskosten, insbesondere Selbstbeteiligungen), vermehrte Bedürfnisse, Ausfall im Haushalt, Unterhalt und Beerdigungskosten sind nicht steuerpflichtig.[22]

Erhält ein Steuerpflichtiger von einem Haftpflichtigen aufgrund eines Vergleiches eine Entschädigung wegen entgehender und entgangener Einnahmen, für aufgewendete Heilbehandlungskosten sowie Schmerzensgeld, kann (wenn der Vergleich nichts über die Abgeltung der einzelnen Schadenpositionen aussagt) die Finanzverwaltung die **Aufteilung** der Abfindungssumme **schätzen**.[23]

c. Wiederkehrende Leistungen (periodische Zahlungsweise)

Schadensersatzrenten sind bei periodischer Zahlungsweise (siehe § 22 Nr. 1 EStG) vom Empfänger (dem Geschädigten) als Einkommen zu versteuern, es sei denn, bei einmaliger Leistung wäre die Ersatzleistung nicht steuerbar.[24]

Allein die periodische Zahlungsweise bestimmt aber nicht die Steuerbarkeit einer Zahlung. Für die steuerliche Behandlung kommt es vielmehr darauf an, ob es möglich ist, die Schadenrente einer bestimmten Einkunftsart des EStG zuzuordnen.

2. Schadenarten und Versteuerung

a. Verdienstausfall

Ersatz für Verdienstausfallschäden ist zu versteuern.

b. Haushaltsführungsschaden

Der Ausfall eines **Verletzten** im Haushalt ist, soweit die Haushaltsführung zugunsten der Familienangehörigen erfolgt, rechtlich zwar als „Erwerbstätigkeit" (und zwar gegenüber der eigenen Familie) i.S.v. § 842 BGB zu qualifizieren[25] (im übrigen handelt es sich um vermehrte Bedürfnisse der verletzten Person). Diese zivilrechtliche Einordnung bedeutet aber nicht gleichzeitig, dass damit auch die steuerrechtliche Bestimmung des § 22 EStG Anwendung findet. Die Haushaltsführung in der Familie ist kein steuerbarer Einkommenstatbestand. Ersatzleistungen auf den Haushaltsführungsschaden sind nicht zu versteuern.[26]

---

[21] BFH v. 26.5.1965 – I 84/63 U – BStBl III 1965, 480; BFH v. 17.12.1959 – IV 223/58 U – BStBl III 1960, 72.
[22] Im Einzelnen Kap 16 Rn 27 ff.
[23] BFH v. 29.10.1959 – IV 235/58 U – VersR 1960, 336.
[24] BFH v. 25.10.1994 – VIII R 79/91 – BB 1995, 77 = BFHE 175, 439 = BStBl II 1995, 19 = DB 1995, 19 = DStR 1995, 49 (Anm. *Weber-Grellet* DStR 1996, 1993) = FamRZ 1995, 555 (nur LS) = NJW 1995, 1238 = NZV 1995, 194 = r+s 1995, 300 (nur LS) = SP 1995, 235 = VersR 1995, 856.
[25] BGH v. 4.12.1984 – VI ZR 117/83 – DAR 1985, 119 = MDR 1985, 660 = NJW 1985, 735 = VersR 1985, 356 = zfs 1985, 141; BGH v. 25.9.1973 – VI ZR 49/72 – BG 1974, 268 = FamRZ 1975, 30 = MDR 1974, 302 = NJW 1974, 41, 640 = SGb 1974, 390 = VersR 1974, 162 = zfs 1974, 158.
[26] *Berz/Burmann-Heß* Kap 6 O, Rn 5a; *Jahnke* „Abfindung von Personenschadenansprüchen" § 4 Rn 24, 29.

16 Steuerrechtliche Aspekte

29 Im Falle der **Tötung** wird nicht differenziert zwischen Barunterhalt und Naturalunterhalt; Anspruchsgrundlage ist stets der Unterhaltsschaden i.S.v. § 844 BGB. Es entfällt damit ein steuerbarer Tatbestand.[27]

c. Schmerzensgeld

30 Zahlungen auf Schmerzensgeld sind weder hinsichtlich des Kapitalbetrages noch hinsichtlich einer Schmerzensgeldrente steuerpflichtig.[28]

d. Heilbehandlung, vermehrte Bedürfnisse

31 Zahlungen auf Heilbehandlungskosten[29] (Ersatz von Krankheitskosten, insbesondere Selbstbeteiligungen, siehe auch § 3 Nr. 1 EStG) bzw. vermehrte Bedürfnisse[30] sind (kapitalisiert[31] oder als Einmal-Betrag) nicht steuerpflichtig.[32]

e. Beerdigungskosten, Unterhaltsschaden[33]

32 Aus der Entscheidung des BFH v. 25.10.1994[34] folgt, dass auch Unterhaltsschadensrenten nach § 844 BGB nicht zu versteuern sind. Zahlungen auf Unterhaltsschaden[35] und Beerdigungskosten[36] sind weder kapitalisiert noch als Einmal-Betrag steuerpflichtig.

---

27 *Jahnke* „Unfalltod und Schadenersatz" Kap 7 Rn 63, *ders.* „Abfindung von Personenschadensansprüchen" § 4 Rn 25, 29.
28 BFH v. 25.10.1994 – VIII R 79/91 – BB 1995, 77 = BFHE 175, 439 = BStBl II 1995, 19 = DB 1995, 19 = DStR 1995, 49 (Anm. *Weber-Grellet* DStR 1996, 1993) = FamRZ 1995, 555 (nur LS) = NJW 1995, 1238 = NZV 1995, 194 = r+s 1995, 300 (nur LS) = SP 1995, 235 = VersR 1995, 856; ebenso: Erlass des Finanzministers Brandenburg v. 3.4.1995 (- 34 – S 2255 – 2/95) SP 1995, 236 und die Anordnung des Bundesministers der Finanzen mit Schr. v. 8.11.1995 (IV B 3 – S 2255 – 22/95) NZV 1996, 140.
29 *Jahnke* „Abfindung von Personenschadensansprüchen" § 4 Rn 27, 29.
30 BFH v. 14.12.1994 – X R 106/92 – BB 1995, 866 (nur LS) = BFHE 176, 402 = BStBl II 1995, 410 = DB 1995, 1010 (nur LS) = DStZ 1995, 408; BFH v. 25.10.1994 – VIII R 79/91 – BB 1995, 77 = BFHE 175, 439 = BStBl II 1995, 19 = DB 1995, 19 = DStR 1995, 49 (Anm. *Weber-Grellet* DStR 1996, 1993) = FamRZ 1995, 555 (nur LS) = NJW 1995, 1238 = NZV 1995, 194 = r+s 1995, 300 (nur LS) = SP 1995, 235 = VersR 1995, 856 (klarstellend gegenüber BFH v. 19.10.1978 – VIII R 9/77 – BFHE 126, 405 = BStBl II 1979, 133 = DB 1979, 529 = NJW 1979, 2423 [nur Ls] = r+s 1980, 20); ebenso: Anordnung des Bundesministers der Finanzen mit Schr. v. 8.11.1995 (IV B 3 – S 2255 – 22/95) NZV 1996, 140; a.A. vor Änderung der BFH-Rechtsprechung: BGH v. 23.5.1985 – III ZR 69/84 – VersR 1985, 859 = NJW 1985, 3011.
31 BFH v. 25.10.1994 – VIII R 79/91 – BB 1995, 77 = BFHE 175, 439 = BStBl II 1995, 19 = DB 1995, 19 = DStR 1995, 49 (Anm. *Weber-Grellet* DStR 1996, 1993) = FamRZ 1995, 555 (nur LS) = NJW 1995, 1238 = NZV 1995, 194 = r+s 1995, 300 (nur LS) = SP 1995, 235 = VersR 1995, 856.
32 BFH v. 25.10.1994 – VIII R 79/91 – BB 1995, 77 = BFHE 175, 439 = BStBl II 1995, 19 = DB 1995, 19 = DStR 1995, 49 (Anm. *Weber-Grellet* DStR 1996, 1993) = FamRZ 1995, 555 (nur LS) = NJW 1995, 1238 = NZV 1995, 194 = r+s 1995, 300 (nur LS) = SP 1995, 235 = VersR 1995, 856.
33 Zu steuerrechtlichen Problematiken bei der Berechnung von Unterhaltsschäden siehe *Jahnke* „Unfalltod und Schadenersatz" Kap 7 Rn 25 ff.
34 BFH v. 25.10.1994 – VIII R 79/91 – BB 1995, 77 = BFHE 175, 439 = BStBl II 1995, 19 = DB 1995, 19 = DStR 1995, 49 (Anm. *Weber-Grellet* DStR 1996, 1993) = FamRZ 1995, 555 (nur LS) = NJW 1995, 1238 = NZV 1995, 194 = r+s 1995, 300 (nur LS) = SP 1995, 235 = VersR 1995, 856; siehe auch BGH v. 2.12.1997 – VI ZR 142/96 – BGHZ 137, 237 = DAR 1998, 99 = DÖD 1998, 161 = FamRZ 1998, 416 = HVBG-Info 1998, 562 = LM BGB § 844 Abs. 2 Nr. 94 (Anm. *Schiemann*) = MDR 1998, 283 = NJW 1998, 985 = NJWE-VHR 1998, 110 (nur LS) = NZV 1998, 149 = r+s 1998, 153 = SP 1998, 159 = VersR 1998, 333 = VRS 94, 425 = WI 1998, 38.

f. Zusammenfassung

Übersicht 16.1: Versteuerung von Schadenersatz 33

Versteuerung	keine Versteuerung (unabhängig ob Rentenzahlung oder Kapitalabfindung)
Verdienstausfallrente	Haushaltsführungsschaden
Verdienstausfallkapitalbetrag	Heilbehandlungskosten
	Vermehrte Bedürfnisse
	Schmerzensgeld
	Beerdigungskosten
	Unterhaltsschaden

3. Berechnung

a. Zu versteuerndes Einkommen

Zur Ermittlung der zu zahlenden Einkommensteuer ist zunächst das „zu versteuernde Einkommen" zu ermitteln, danach ist entsprechend der Höhe des zu versteuernden Einkommens die tarifliche Einkommensteuer entsprechend der Formeln des § 32a I EStG zu berechnen. 34

Die Berechnungsparameter in § 32a EStG sind in den letzten Jahren mehrfach geändert worden. Die für das jeweilige Schadenersatzjahr geltenden Besteuerungsgrundsätze sind bei Verdienstausfallberechnung zu beachten. 35

b. Steuertarif

Auf das zu versteuernde Einkommen ist dann entweder der Grund- oder der Splittingtarif zur Ermittlung der individuellen Steuerbelastung anzuwenden. 36

aa. Grundtarif

Der Grundtarif (§ 32a EStG) gilt für alle Steuerpflichtigen, die keinen Anspruch auf den Splittingtarif haben (negative Abgrenzung). 37

---

35 FG Rheinland-Pfalz v. 5.7.2007 – 4 K 1535/05 – DStrE 2008, 137 (Revisions-Az. BFH – X R 31/07-); OLG Brandenburg v. 20.12.2000 – 14 U 84/99 – NZV 2001, 213 = VRS 101, 248; OLG Nürnberg v. 9.4.1997 – 4 U 1841/96 – NZV 1997, 439 (Dienstherrnregress bei Tod eines Beamten); LG Paderborn v. 10.10.2002 – 2 O 254/02 -; LG Stuttgart v. 25.1.1991 – 21 O 586/89 -; *Beiser* „Unterhaltsersatzrenten in der Einkommensteuer" DB 2001, 1900; *Jahnke* in Anwalts-Handbuch Verkehrsrecht Teil 4, Rn 625, *ders*. „Unfalltod und Schadenersatz" Kap 7 Rn 64 f.; *Küppersbusch* Rn 439, 754.

36 BFH v. 25.10.1994 – VIII R 79/91 – BB 1995, 77 = BFHE 175, 439 = BStBl II 1995, 19 = DB 1995, 19 = DStR 1995, 49 (Anm. *Weber-Grellet* DStR 1996, 1993) = FamRZ 1995, 555 (nur LS) = NJW 1995, 1238 = NZV 1995, 194 = r+s 1995, 300 (nur LS) = SP 1995, 235 = VersR 1995, 856 (klarstellend gegenüber BFH v. 19.10.1978 – VIII R 9/77 – BFHE 126, 405 = BStBl II 1979, 133 = DB 1979,529 = NJW 1979, 2423 [nur Ls.] = r+s 1980, 20); *Jahnke* „Unfalltod und Schadenersatz" Kap 7 Rn 65.

16 Steuerrechtliche Aspekte

38 *Beispiel 16.2:*
Der alleinstehende A hat im Jahr 2002 ein zu versteuerndes Einkommen von 50.000 EUR.[37]

zu versteuerndes Einkommen	Einkommensteuer -Grundtarif-	-Splittingtarif-
50.000 EUR	14.400 EUR	

Ergebnis:
A zahlt eine Einkommensteuer in Höhe von 14.400 EUR, berechnet nur nach dem Grundtarif.

bb. Splittingtarif

39 Der gegenüber dem Grundtarif günstigere Splittingtarif gilt für Verheiratete mit Zusammenveranlagung, § 32a V EStG. Verwitwete Personen erhalten ihn letztmals im Jahr nach dem Tod des Ehegatten, § 32a VI Nr. 1 EStG. Auf geschiedene und getrennt lebende Ehegatten findet dieser Tarif nur ausnahmsweise Anwendung; wegen der Einzelheiten ist auf § 32a VI EStG zu verweisen.

40 Nach § 32a V EStG bestimmt sich die aufgrund des Splittingtarifes zu zahlende Einkommensteuer wie folgt:

41 ▪ Das zu versteuernde (Familien-)Einkommen wird zunächst halbiert,

42 ▪ für die Hälfte des zu versteuernden Einkommens wird dann die tarifliche Einkommenssteuer nach dem Grundtarif errechnet und dieser Betrag sodann wieder verdoppelt.

43 *Beispiel 16.3:*
Der verheiratete A hat im Jahr 2002 ein zu versteuerndes Einkommen von 50.000 EUR. Seine Ehefrau E ist ohne steuerpflichtiges Einkommen.[38]

zu versteuerndes Einkommen	Einkommensteuer -Grundtarif-	-Splittingtarif-
25.000 EUR	4.757 EUR	
50.000 EUR	14.400 EUR	9.514 EUR

Ergebnis:
Die Einkommensteuer wird berechnet aus dem verdoppeltem Grundtarif (Einkommensteuer bei 25.000 EUR = 4.757 EUR; Verdoppelung: 4.757 EUR * 2) nach dem halben Einkommen (50.000 EUR * $^1/_2$ = 25.000 EUR). A zahlt bei gemeinsamer Veranlagung mit seiner Ehefrau E also eine nach dem Splittingtarif berechnete Einkommensteuer in Höhe von 9.514 EUR.

---

[37] Einkommensteuer, berechnet nach dem Einkommensteuertarif 2002. Kirchensteuer und Solidaritätszuschlag bleiben im Beispiel außer Betracht.

[38] Einkommensteuer, berechnet nach dem Einkommensteuertarif 2002. Kirchensteuer und Solidaritätszuschlag bleiben im Beispiel außer Betracht.

Beispiel 16.4:
Der verheiratete A hat im Jahr 2002 ein zu versteuerndes Einkommen von 40.000 EUR. Seine Ehefrau E hat ein steuerpflichtiges Einkommen in Höhe von 10.000 EUR.[39]

zu versteuerndes Einkommen	Einkommensteuer -Grundtarif-	-Splittingtarif-
10.000 EUR	611 EUR	
25.000 EUR	**4.757 EUR**	
40.000 EUR	10.158 EUR	
50.000 EUR	14.400 EUR	**9.514 EUR**

Ergebnis:
Beide Einkommen der Eheleute werden addiert (40.000 EUR + 10.000 EUR = 50.000 EUR). Die Einkommensteuer wird berechnet mit einem verdoppeltem Grundtarif (Verdoppelung der nach dem Grundtarif berechneten Einkommensteuer bei 25.000 EUR: 4.757 EUR * 2) nach dem halben Gesamteinkommen ($^1/_2$ * 50.000 = 25.000 EUR).
Die Eheleute A und E zahlen bei gemeinsamer Veranlagung zusammen eine Einkommensteuer in Höhe von 9.514 EUR, berechnet nach dem Splittingtarif.
Würden beide getrennt veranlagt, ergäbe sich eine Familienbelastung von (611 EUR + 10.158 EUR =) 10.769 EUR.

Beispiel 16.5:
Der verheiratete A hat im Jahr 2002 ein zu versteuerndes Einkommen von 25.000 EUR. Seine Ehefrau E hat ebenfalls ein steuerpflichtiges Einkommen in Höhe von 25.000 EUR.[40]

zu versteuerndes Einkommen	Einkommensteuer -Grundtarif-	-Splittingtarif-
25.000 EUR	**4.757 EUR**	
50.000 EUR	14.400 EUR	**9.514 EUR**

Ergebnis:
Beide Einkommen werden addiert (25.000 EUR + 25.000 EUR = 50.000 EUR). Die Einkommensteuer wird berechnet mit einem verdoppeltem Grundtarif (Verdoppelung der Steuer – Grundtarif – nach 25.000 EUR = 4.757 EUR * 2) nach dem halben Gesamteinkommen (1/2 * 50.000 = 25.000 EUR).
Die Eheleute A und E zahlen bei gemeinsamer Veranlagung zusammen eine Einkommensteuer in Höhe von 9.514 EUR, berechnet nach dem Splittingtarif.
Würden beide getrennt veranlagt, ergäbe sich eine gleichhohe Familienbelastung.

cc. Steuerklassenwahl

Die unterhalb des Jahres von den Ehegatten gewählte Steuerklasse (IV/IV, III/V) und die vorgenommene Verteilung von Kinder- und sonstigen Freibeträgen spiegelt nicht die „echte Steuerschuld", die erst durch die Jahressteuer festgestellt wird, wider, sondern bil-

---

[39] Einkommensteuer, berechnet nach dem Einkommensteuertarif 2002. Kirchensteuer und Solidaritätszuschlag bleiben im Beispiel außer Betracht.
[40] Einkommensteuer, berechnet nach dem Einkommensteuertarif 2002. Kirchensteuer und Solidaritätszuschlag bleiben im Beispiel außer Betracht.

det nur die Grundlage für letztlich „Vorschüsse" auf die Jahres-Einkommensteuerschuld der Ehegatten.[41]

4. Versteuerung von Renten

47 Renten und Pensionen werden unterschiedlich versteuert.

48 ■ **Pensionen**, die vor allem von Beamten, Richtern und deren Witwen und Waisen bezogen werden, sind steuerpflichtig (§ 19 I 1 Nr. 2 EStG),[42] jedoch durch einem Versorgungsfreibetrag (§ 19 II EStG) begünstigt. Beamtenrechtliche Versorgungsempfänger haben ihre Hinterbliebenenbezüge zu versteuern.[43] Änderungen sind durch das Alterseinkünftegesetz[44] vorgenommen.

49 ■ **Renten** unterliegen ebenfalls der Versteuerung (§ 22 Nr. 1 S. 3 lit. a EStG), wobei die Besteuerung sich am Jahr des Rentenbeginns orientiert.

5. Versteuerung von Verdienstausfallabfindungen

50 § 34 EStG gilt auch für Entschädigungsleistungen, § 34 II Nr. 2 EStG.

51
> **§ 24 EStG**
>
> Zu den Einkünften im Sinne des § 2 Absatz 1 gehören auch
> 1. Entschädigungen, die gewährt worden sind
>   a) als Ersatz für entgangene oder entgehende Einnahmen oder
>   b) für die Aufgabe oder Nichtausübung einer Tätigkeit, für die Aufgabe einer Gewinnbeteiligung oder einer Anwartschaft auf eine solche;
>   c) als Ausgleichszahlungen an Handelsvertreter nach § 89b HGB;
> 2. Einkünfte aus einer ehemaligen Tätigkeit im Sinne des § 2 Absatz 1 Satz 1 Nr. 1 bis 4 oder aus einem früheren Rechtsverhältnis im Sinne des § 2 Absatz 1 Satz 1 Nr. 5 bis 7, und zwar auch dann, wenn sie dem Steuerpflichtigen als Rechtsnachfolger zufließen;
>
> ...
>
> **§ 34 EStG – Außerordentliche Einkünfte**
>
> (1) [1]Sind in dem zu versteuernden Einkommen außerordentliche Einkünfte enthalten, so ist die auf alle im Veranlagungszeitraum bezogenen außerordentlichen Einkünfte entfallende Einkommensteuer nach den Sätzen 2 bis 4 zu berechnen. [2]Die für die außerordentlichen Einkünfte anzusetzende Einkommensteuer beträgt das Fünffache des Unterschiedsbetrags zwischen der Einkommensteuer für das um diese Einkünfte verminderte zu versteuernde Einkommen (verbleibendes zu versteuerndes Einkommen) und der Einkommensteuer für das verbleibende zu versteuernde Einkommen zuzüglich eines Fünftels dieser Einkünfte. [3]Ist das verbleibende zu versteuernde Einkommen negativ und das zu versteuernde Einkommen positiv, so beträgt die Einkommensteuer das Fünffache der auf ein Fünftel des zu verstcuernden Einkommens entfallenden Einkommensteuer. [4]Die Sätze 1 bis 3 gelten nicht

---

41 Siehe auch Kap 16 Rn 3 f.
42 § 19 II EStG wurde neu gefasst mit Wirkung vom 1.1.2005 durch Art. 1 Nr. 11b) i.V.m. Art. 18 III des Alterseinkünftegesetzes v. 5.7.2004,BGBl I 2004, 1427.
43 Zum Ersatz der Steuern siehe BGH v. 2.12.1997 – VI ZR 142/96 – BGHZ 137, 237 = DAR 1998, 99 = DÖD 1998, 161 = FamRZ 1998, 416 = HVBG-Info 1998, 562 = LM BGB § 844 Abs. 2 Nr. 94 (Anm. *Schiemann*) = MDR 1998, 283 = NJW 1998, 985 = NJWE-VHR 1998, 110 (nur LS) = NZV 1998, 149 = r+s 1998, 153 = SP 1998, 159 = VersR 1998, 333 = VRS 94, 425 = WI 1998, 38.
44 Gesetz zur Neuordnung der einkommensteuerrechtlichen Behandlung von Altersvorsorgeaufwendungen und Altersbezügen (Alterseinkünftegesetz – AltEinkG) v. 9.7.2004,BGBl I 2004, 1427.

> für außerordentliche Einkünfte im Sinne des Absatzes 2 Nr. 1, wenn der Steuerpflichtige auf diese Einkünfte ganz oder teilweise § 6b oder § 6c anwendet.
> (2) Als außerordentliche Einkünfte kommen nur in Betracht:
> 1. Veräußerungsgewinne im Sinne der §§ 14, 14a Absatz 1, der §§ 16 und 18 Absatz 3 mit Ausnahme des steuerpflichtigen Teils der Veräußerungsgewinne, die nach § 3 Nr. 40 Buchstabe b in Verbindung mit § 3c Absatz 2 teilweise steuerbefreit sind;
> 2. Entschädigungen im Sinne des § 24 Nr. 1;
> 3. Nutzungsvergütungen und Zinsen im Sinne des § 24 Nr. 3, soweit sie für einen Zeitraum von mehr als drei Jahren nachgezahlt werden;
> 4. Vergütungen für mehrjährige Tätigkeiten; mehrjährig ist eine Tätigkeit, soweit sie sich über mindestens zwei Veranlagungszeiträume erstreckt und einen Zeitraum von mehr als zwölf Monaten umfasst;
> 5. Einkünfte aus außerordentlichen Holznutzungen im Sinne des § 34b Absatz 1 Nr. 1.
> (3) ¹Sind in dem zu versteuernden Einkommen außerordentliche Einkünfte im Sinne des Absatzes 2 Nr. 1 enthalten, so kann auf Antrag abweichend von Absatz 1 die auf den Teil dieser außerordentlichen Einkünfte, der den Betrag von insgesamt 5 Millionen EUR nicht übersteigt, entfallende Einkommensteuer nach einem ermäßigten Steuersatz bemessen werden, wenn der Steuerpflichtige das 55. Lebensjahr vollendet hat oder wenn er im sozialversicherungsrechtlichen Sinne dauernd berufsunfähig ist. ²Der ermäßigte Steuersatz beträgt 56 Prozent des durchschnittlichen Steuersatzes, der sich ergäbe, wenn die tarifliche Einkommensteuer nach dem gesamten zu versteuernden Einkommen zuzüglich der dem Progressionsvorbehalt unterliegenden Einkünfte zu bemessen wäre, mindestens jedoch 16 Prozent. ³Auf das um die in Satz 1 genannten Einkünfte verminderte zu versteuernde Einkommen (verbleibendes zu versteuerndes Einkommen) sind vorbehaltlich des Absatzes 1 die allgemeinen Tarifvorschriften anzuwenden. ⁴Die Ermäßigung nach den Sätzen 1 bis 3 kann der Steuerpflichtige nur einmal im Leben in Anspruch nehmen. ⁵Erzielt der Steuerpflichtige in einem Veranlagungszeitraum mehr als einen Veräußerungs- oder Aufgabegewinn im Sinne des Satzes 1, kann er die Ermäßigung nach den Sätzen 1 bis 3 nur für einen Veräußerungs- oder Aufgabegewinn beantragen. ⁶Absatz 1 Satz 4 ist entsprechend anzuwenden.

Für Zahlungen nach dem 1.1.1999 gilt § 34 EStG 1999: In der Einkommensteuerveranlagung wird die Vergütung für mehrjährige Tätigkeit aus dem zu versteuernden Einkommen herausgerechnet, durch 5 dividiert, 1/5 dem zu versteuernden Einkommen wieder hinzugerechnet, die Einkommensteuer für dieses Fünftel berechnet und der ermittelte Steuerbetrag dann verfünffacht (§ 34 I EStG 1999).

Zahlungen bis zum 31.12.1998 waren nach der sog. Drittelungsmethode steuerbegünstigt (§ 34 III EStG 1998).

II. Kirchensteuer

Soweit Lohn-/Einkommensteuer zu erstatten ist, ist auch die hierauf entfallende Kirchensteuer zu ersetzen. Zu beachten ist, dass bei der Ermittlung des Netto-Verdienstausfallschadens auch eine etwaige Kirchensteuerpflicht anspruchsmindernd zu berücksichtigen ist.

Der Ersatzberechtigte muss sich dahingehend **erklären** und beweisen, ob er Kirchensteuer zahlt oder nicht.[45] Erklärt sich der Ersatzberechtigte nicht, ist dieses zu seinem Nachteil bei der Berechnung zu berücksichtigen.

---

45 *Berz/Burmann-Heß* Kap 6 O, Rn 25.

56 Die Kirchensteuerpflicht knüpft zum einen an die Kirchenzugehörigkeit an, zum anderen an den Wohnsitz im Gebiet einer steuerberechtigten Kirche.

57 Die Kirchensteuer wird unterschiedlich je nach Bundesland als prozentuale Zuschlagssteuer zur Einkommen-/Lohnsteuer erhoben (§ 51a EStG) und beträgt entweder 8 %[46] oder 9 %.[47]

58 Tritt der Hauptverdiener aus der Kirche aus und bleibt der andere Ehepartner, der keine oder nur geringe Einkünfte hat, Kirchenmitglied, zahlt der Hauptverdiener, da ihm keine kirchensteuerrechtliche Bemessungsgrundlage zugewiesen ist, keine Kirchensteuer. In etlichen Bundesländern besteht dann die Möglichkeit, den kirchensteuerpflichtigen Ehegatten über das besondere **Kirchgeld** in glaubensverschiedenen Ehen zur Kasse zu bitten. Dieses wird wie die Kirchensteuer im Steuerbescheid festgesetzt und ist bei der Schadenberechnung wie die Kirchensteuer zu berücksichtigen.

III. Solidaritätszuschlag

59 Soweit einem Verletzten die Lohn-/Einkommensteuer zu erstatten ist, ist auch der hierauf entfallende Solidaritätszuschlag zu ersetzen. Zu beachten ist, dass bei der Ermittlung des Netto-Verdienstausfallschadens auch der Solidarzuschlag anspruchsmindernd zu berücksichtigen ist.

60 Der Solidaritätszuschlag wird wie die Kirchensteuer als prozentuale Zuschlagsteuer (§ 3 SolZG) zur Einkommen-/Lohnsteuer (Jahressteuer) erhoben.

IV. Gewerbesteuer, Gewerbekapitalsteuer

1. Gewerbesteuer

61 Schadensersatz, den ein Gewerbetreibender wegen unfallbedingter Minderung seiner Erwerbsfähigkeit erhält, gehört nicht zum Gewerbeertrag nach § 7 GewStG und unterliegt nicht der Gewerbesteuer.[48] Diese Steuerersparnis kommt im Wege des Vorteilsausgleiches dem Ersatzpflichtigen zugute.[49]

62 Die Entschädigung kann allerdings nach § 24 Nr. 1 EStG **einkommensteuer**pflichtig (als Einkünfte aus Gewerbebetrieb) sein.[50]

63 Rentenzahlungen, die ein Gewerbetreibender als Ausgleich für den durch einen Unfall verminderten gewerblichen Gewinn erhält, stellen gewerbliche Einkünfte dar und unterliegen der Gewerbesteuer.[51]

---

46 Bundesländer: Baden-Württemberg, Bayern, Bremen, Hamburg.
47 Bundesländer: Berlin, Brandenburg, Hessen, Mecklenburg-Vorpommern, Niedersachsen, Nordrhein-Westfalen, Rheinland-Pfalz, Saarland, Sachsen, Sachsen-Anhalt, Schleswig-Holstein, Thüringen.
48 BFH v. 28.8.1968 – I ZR 252/65 – VersR 1969, 481; BGH v. 23.1.1979 – VI ZR 4/77 – DAR 1979, 246 = DB 1979, 1034 = MDR 1979, 485 = NJW 1979, 915 = r+s 1979, 149 = VersR 1979, 519 = VRS 56, 322.
49 BGH v. 10.2.1987 – VI ZR 17/86 – BB 1987, 715 = DB 1987, 1682 = JZ 1987, 574 (Anm. v.Laumen) = MDR 1987, 571 = NJW 1987, 1814 = r+s 1987, 132 (nur LS) = VersR 1987, 668 = zfs 1987, 263; BGH v. 26.2.1980 – VI ZR 2/79 – DB 1980, 1536 = MDR 1980, 1788 = r+s 1980, 130 = VersR 1980, 529 = zfs 1980, 238; BGH v. 23.1.1979 – VI ZR 4/77 – DAR 1979, 246 = DB 1979, 1034 = MDR 1979, 485 = NJW 1979, 915 = r+s 1979, 149 = VersR 1979, 519 = VRS 56, 322.
50 Zur Abgrenzung einkommensteuerpflichtiger Entschädigungsleistungen siehe BFH v. 18.6.1998 – IV R 61/97 – NJW 1998, 3736 (Vom Steuerberater wegen Falschberatung zu leistender Schadensersatz stellt keine Betriebseinnahme dar).

2. Gewerbekapitalsteuer

Die Steuer nach dem Gewerbekapital (Gewerbekapitalsteuer), die früher bereits wegen ihrer relativen Geringfügigkeit vernachlässigt werden konnte, wurde in den neuen Bundesländern (nicht zuletzt wegen des damit verbundenen erheblichen Verwaltungsaufwandes) bis 31.12.1997 nicht erhoben (§ 37 GewStG) und ist in den alten Bundesländern ab 1.1.1998 abgeschafft.

V. Vermögenssteuer

Die deutsche Vermögensteuer war eine Substanzsteuer, die vom Wert des Nettovermögens (Bruttovermögen abzüglich Schulden) des Steuerpflichtigen (natürliche oder juristische Person) berechnet wurde, das zu einem bestimmten Stichtag vorhanden ist. Ihre Bewertungsmethodik wurde 1995 für **verfassungswidrig**[52] erklärt und wird daher seit 1997 nicht mehr erhoben. Die Wiedereinführung ist allerdings in der Diskussion.[53]

Erwarb ein Steuerpflichtiger mithilfe einer Kapitalabfindung (von Unfallrentenansprüchen) Wirtschaftsgüter, so unterlag er damit der Vermögensteuer, auch wenn die Rentenansprüche selbst (§ 111 Nr. 7b BewG) nicht zum sonstigen Vermögen des § 110 BewG gehörten.[54]

VI. Mehrwertsteuer[55]

Die Begriffe „Umsatzsteuer" und „Mehrwertsteuer" sind inhaltlich identisch.

Im **Sachschadenrecht** ist für Unfälle ab dem 1.8.2002 § 249 BGB n.F. zu beachten.

1. Schaden

Grundsätzlich kann ein Geschädigter vom Ersatzpflichtigen die für die Wiederherstellung des Zustandes aufzuwendenden Kosten einschließlich der Mehrwertsteuer ersetzt verlangen. Ob allerdings nach § 249 BGB ein Anspruch auf Erstattung auch der Mehrwertsteuer besteht, richtet sich danach, ob der Verletzte die Steuer auf das Finanzamt abwälzen kann. Ist er hierzu berechtigt, besteht wirtschaftlich sein Schaden nur im Nettobetrag.

Der Verletzte muss von seiner Berechtigung zum Vorsteuerabzug **Gebrauch** machen.[56]

---

51 BFH v. 26.2.1988 – III R 241/84 – BStBl II 1988, 615; BFH v. 21.2.1957 – IV 630/55 U – BStBl III 1957, 164.
52 BVerfG v. 22.5.1995 – 2 BvL 37/91 – BStBl II 1995, 655.
53 Siehe beispielsweise Gutachten des Deutschen Instituts für Wirtschaftsforschung im Auftrag von ver.di, IG Metall und Hans-Böckler-Stiftung (Argumente für die Wiedereinführung der Vermögensteuer, die Anhebung der Erbschaftsteuer und die Mindestbesteuerung von Unternehmensgewinnen) (http://www.einblick.dgb.de/hintergrund/2002/18/text01).
54 FG Münster v. 12.3.1992 – 3 K 3361/88 VSt – EFG 1992, 639 (bestätigt durch BFH v. 6.12.1995 – II R 36/92 – BB 1996, 363 = BFH/NV 1996, 517; BVerfG v. 22.7.1996 – 1 BvR 400/96 – StE 1996, 576 hat Verfassungsbeschwerde nicht angenommen) (konkret Grundbesitz); BFH v. 30.6.1999 – II R 5/98 – DStRE 2000, 35 = ZEV 1999, 451 (BVerfG v. 7.10.1999 – 1 BvR 1456/99 – hat Verfassungsbeschwerde nicht angenommen) (Keine Vermögensteuerbefreiung für mit Mitteln aus Schmerzensgeld erworbene Wertpapiere).
55 Zum Thema: *Behnke* „Vorsteuerschaden bei Verkehrsunfällen" DAR 2000, 60; *Jagow/Burmann/Heß* § 249 Rn 73 ff.

71 Bei **Gläubiger-** oder **Schuldnermehrheit** kann bedeutsam sein, wer im Innenverhältnis sich als letztlich Berechtigter oder Verpflichteter herausstellt (z.B. Kfz-Haftpflichtversicherer im Verhältnis zu den mitversicherten Personen).[57]

72 Die **Beweislast** für die fehlende Mehrwertsteuerabzugsberechtigung trifft den Verletzten.[58] Der Geschädigte ist hiermit auch nicht übermäßig belastet, da das entsprechende Negativattest ohne weiteres von seinem zuständigem Finanzamt erteilt werden kann. Je nach den Fallumständen kann auch die nachprüfbare Stellungnahme des Steuerberaters zum Nachweis ausreichen. Erklärt sich der Ersatzberechtigte nicht, ist dieses zu seinem Nachteil bei der Berechnung zu berücksichtigen.

73 Bei **Schadensersatzleistungen** wegen entgangenen Gewinns fällt keine zu ersetzende Umsatzsteuer an.[59]

2. Berechtigung

74 Vorsteuerabzugsberechtigt sind Unternehmer (§§ 2, 2a, 15 I UStG), Kleinunternehmer (§ 19 II UStG), befreite Unternehmer sowie land- und forstwirtschaftliche Betriebe, wenn sie für MwSt optierten (§§ 9, 24 IV UStG).

75 Macht ein Steuerpflichtiger von der **Steuerpauschalisierungsmöglichkeit** (§ 24 UStG) Gebrauch (z.B. als Landwirt), hat er Anspruch auf Erstattung der bei der Schadenbeseitigung anfallenden Mehrwertsteuer.[60] Im Falle der Pauschalierung wird von der Finanzverwaltung unterstellt, dass der Steuerpflichtige genauso viel Mehrwertsteuer zahlt wie er einnimmt: Der Steuerpflichtige führt einerseits keine Mehrwertsteuer an das Finanzamt ab, erhält andererseits aber auch keine Vorsteuer vom Finanzamt erstattet.

76 Im Regelfall werden **landwirtschaftliche Betriebe** nach Durchschnittssätzen besteuert (pauschalierender Betrieb, § 24 UStG).[61] Die Vorsteuer aus erhaltenen Rechnungen können diese Landwirte allerdings nicht geltend machen, sodass der Schadenersatzbeträge inklusive Mehrwertsteuer zu erstatten sind. Ein Landwirt kann allerdings von einem Jahr auf das andere zur Regelbesteuerung wechseln (optierender Betrieb, § 15a UStG); die Option führt zu einer anteiligen Mehrwertsteuerberücksichtigung und -erstattung u.U. auch für bereits erhaltene Schadenersatzleistungen. Bei nachträglicher Optierung hat der Landwirt dann die anteilige Mehrwertsteuererstattung an den Schadenersatzleistenden zurückzuzahlen, da er entsprechend um die anteilige Mehrwertsteuer bereichert ist.

---

56 AG Bremen v. 25.4.1980 – 14 C 11/80 – VersR 1980, 1153 = zfs 1981, 44; LG Kiel v. 15.6.1994 – 5 S 173/93 – DAR 1994, 500 = SP 1995, 46, 407 = VersR 1995, 1322 (Wiederbeschaffung eines Fahrzeuges von privat, so dass Umsatzsteuer nicht ausgewiesen wurde, verstößt gegen § 254 BGB); LG Zweibrücken v. 8.12.1997 – 4 S 65/97 – NJW-RR 1998, 1246 (Gemeinnütziger Verein, der keine Mehrwertsteuer zu entrichtet hat, hat Anspruch nur auf Nettoersatz).

57 KG v. 28.10.1997 – 1 W 1070/97 – VersR 1999, 464 = zfs 1999, 318 (werden Kfz-Haftpflichtversicherung und Halter gemeinsam verklagt und obsiegen beide, so ist auch bei Vorsteuerabzugsberechtigung des Halters dem Haftpflichtversicherer die Mehrwertsteuer auf die gesamte Vergütung des gemeinsamen Prozessbevollmächtigten einschließlich der Erhöhungsgebühr [§ 6 BRAGO] zu erstatten, weil der nicht zum Vorsteuerabzug berechtigte Haftpflichtversicherer im Innenverhältnis allein zur Kostentragung verpflichtet ist).

58 KG v. 10.3.1975 – 12 U 1768/74 – VersR 1976,391; LG München I v. 28.3.1985 – 19 S 20610/84 – zfs 1985, 198.

59 BGH v. 21.11.1991 – VII ZR 4/90 – NJW 1992, 1620.

60 OLG Hamm v. 18.6.1997 – 13 U 10/97 – r+s 1997, 505 = SP 1998, 58 = VersR 1998, 1260 (Anm. *Schmalzl* VersR 1998, 1564).

61 Siehe zum MwSt-Ersatz bei landwirtschaftlichen Produkten OLG Hamm v. 27.11.2006 – 6 U 139/06 – r+s 2007, 523.

Ein Handelsvertreter zahlt von seinen Provisionsabgaben Mehrwertsteuer, ein Gewerbetreibender die Gewerbesteuer. Die Schadensersatzleistung ist nicht mehrwertsteuerpflichtig. Unfallbedingt verminderte oder entfallende Mehrwertsteuern sind als Vorteil auf den Erwerbsschaden anzurechnen.[62]

3. Zeitpunkt

Maßgeblicher Zeitpunkt für den Ersatz aufgewendeter Mehrwertsteuer ist der Zeitpunkt des Versicherungsfalles[63] bzw. der Tag des Schaden.

Bei einer sich über einen längeren Zeitraum erstreckenden Schadenabwicklung kann ein Wechsel in der Vorsteuerabzugsberechtigung geschehen. Dann hat eine entsprechend zeitabschnittsweise Berücksichtigung zu erfolgen.

Bei **Steuerpauschalierung** (§ 24 UStG) besteht zwar Anspruch auf MwSt-Erstattung,[64] bei **nachträglicher Optierung** (§ 15a UStG) hat der Geschädigte (z.B. Landwirt) dann aber anteilige MwSt-Erstattung an den Schadenersatzleistenden zurückzuzahlen.

4. Anwaltskosten

Nur soweit Geschädigter nicht zum Vorsteuerabzug berechtigt ist, ist auf Anwaltskosten entfallende MwSt zu übernehmen. Unterliegen bei Vorsteuerabzugsberechtigtem Positionen nicht der MwSt (z.B. Heilbehandlungskosten, Schmerzensgeld), ist diese verhältnismäßig zu erstatten.

5. Ärztliche Gutachten

Jeder Arzt, der insbesondere Alkohol-Gutachten, Gutachten über den Gesundheitszustand als Grundlage für Versicherungsabschlüsse, Gutachten über die Berufstauglichkeit, Gutachten über die Minderung der Erwerbsfähigkeit in Sozialversicherungsangelegenheiten,[65] in Angelegenheiten der Kriegsopferversorgung und in Schadenersatzprozessen o.ä. erstellt, muss seit dem 9.3.2001 den Umsatzsteuerbetrag zusätzlich gegenüber dem Kostenträger berechnen.

Nach § 19 I UStG können Ärzte für sich die Kleinunternehmerbefreiung geltend machen.

---

62 BGH v. 10.2.1987 – VI ZR 17/86 – BB 1987, 715 = DB 1987, 1682 = JZ 1987, 574 (Anm. *v. Laumen*) = MDR 1987, 571 = NJW 1987, 1814 = r+s 1987, 132 (nur LS) = VersR 1987, 668 = zfs 1987, 263.
63 OLG Köln v. 3.6.1993 – 5 U 202/92 – VersR 1994, 303 = zfs 1995, 102.
64 OLG Hamm v. 18.6.1997 – 13 U 10/97 – VersR 1998, 1260.
65 BFH v. 31.7.2007 – V B 98/06 – BB 2007, 2053 (nur LS) = BFHE 217, 94 = BStBl II 2008, 35 = DB 2007, 2125 (nur LS) (Anm. *Stähler* DB 2008, 434) = DStRE 2008, 107 = GesR 2008, 112 (nur LS) (Die Erstellung ärztlicher Gutachten, die der Vorbereitung der Entscheidung eines Versicherungsträgers über die Gewährung einer Rente wegen verminderter Erwerbsfähigkeit dienen sollen, ist auch dann nicht nach § 4 Nr. 14 UStG steuerfrei, wenn in den Gutachten Möglichkeiten zur Rehabilitation geprüft werden).

C. Steuervergünstigung

84 Steuerfreie Leistungen (insbesondere nach § 3 EStG) sind zugunsten des Schädigers zu berücksichtigen. Es gilt der Grundsatz, dass schadensbedingte Steuerersparnisse des Geschädigten stets den zu ersetzenden konkreten Schaden verringern.[66]

85 Steuererleichterungen sind bei der Schadenbemessung zugunsten des Schädigers nur dann nicht zu berücksichtigen, wenn sie dazu dienen, eine sonst gegebene steuerliche Schlechterstellung des Geschädigten zu vermeiden.[67]

I. Steuervorteile beim Verletzten

86 Zugunsten eines Schadensersatzpflichtigen sind nicht zu berücksichtigen mit der Folge, dass der Steuervorteil beim Geschädigten verbleibt:

87 ■ Pauschalbetrag für **Körperbehinderte**[68] (§ 33b EStG),[69]

88 ■ **Ermäßigung** des Steuertarifes infolge Verzögerung in der Schadensersatzleistung,[70]

89 ■ **Verjährung** der Steuerschuld,[71]

90 ■ Steuerermäßigung nach § 34 I, II Nr. 2 EStG a.F. für **Kapitalentschädigung**.[72]

91 Verwendet ein Geschädigter Schadenzahlungen zur vorzeitigen Tilgung eines Baukredites, so dass Zinsen für diesen Kredit steuerlich nicht mehr absetzbar sind, ist diese steuer-

---

[66] BGH v. 28.9.1999 – VI ZR 165/98 – DAR 2000, 62 = NZV 1999, 508 = r+s 1999, 506 = SP 1999, 411 = VersR 2000, 65 = zfs 2000, 14 (Steuervorteile bei Bezug von Sozialhilfe, Besteuerung der Rente mit dem Ertragsanteil); BGH v. 15.11.1994 – VI ZR 194/93 – DAR 1995, 109 = LM § 249 (Ha) BGB Nr. 51 = MDR 1995, 155 = NJW 1995, 389 = NJW-RR 1995, 476 (nur LS) = NZV 1995, 63 = r+s 1995, 61 = VersR 1995, 105 = WI 1995, 14 = zfs 1995, 90 (Progressionsdifferenzen, beispielsweise bei nur quotenmäßiger Haftung oder aber bei anzurechnenden steuerbegünstigten Leistungen Dritter); BGH v. 30.5.1989 – VI ZR 193/88 – DAR 1989, 243 = DB 1989, 2067 = MDR 1989, 982 = NJW 1989, 3150 = NZV 1989, 345 = r+s 1989, 288 (nur LS) = VersR 1989, 855 = zfs 1989, 338 (Steuervergünstigung für Arbeitnehmerabfindungen); LG Zweibrücken v. 8.12.1997 – 4 S 65/97 – NJW-RR 1998, 1246 (Rückerstattung von Mehrwertsteuer wegen Gemeinnützigkeit).

[67] BGH v. 30.5.1989 – VI ZR 193/88 – DAR 1989, 243 = DB 1989, 2067 = MDR 1989, 982 = NJW 1989, 3150 = NZV 1989, 345 = r+s 1989, 288 (nur LS) = VersR 1989, 855 = zfs 1989, 338; BGH v. 10.11.1987 – VI ZR 290/86 – DAR 1988, 52 = DB 1988, 960 (nur LS) = MDR 1988, 307 = NJW-RR 1988, 470 = NZV 1988, 98 = r+s 1988, 46 = VersR 1988, 464 = zfs 1988, 101 (Pauschalbetrag für Körperbehinderte); BGH v. 3.2.1970 – VI ZR 245/67 – WM 1970,633 (Ermäßigung des Steuertarifes infolge Verzögerung in der Schadensersatzleistung); BGH v. 18.12.1969 – VII ZR 121/67 – VersR 1970, 223 = NJW 1970, 461 (Verjährung der Steuerschuld).
Allgemein zur Anrechnung von Steuervorteilen BGH v. 9.12.1987 – IVa ZR 204/86 – NJW-RR 1988, 856 = WM 1988, 220.

[68] Zur Steuerentlastung bei Gehbehinderung siehe BFH v. 2.10.1992 – III R 63/91 – DAR 1993, 363.

[69] BGH v. 10.11.1987 – VI ZR 290/86 – DAR 1988, 52 = DB 1988, 960 (nur LS) = MDR 1988, 307 = NJW-RR 1988, 470 = NZV 1988, 98 = r+s 1988, 46 = VersR 1988, 464 = zfs 1988, 101; BGH v. 30.5.1958 – VI ZR 90/57 – VersR 1958, 528.

[70] BGH v. 3.2.1970 – VI ZR 245/67 – WM 1970, 633.

[71] BGH v. 18.12.1969 – VII ZR 121/67 – VersR 1970, 223 = NJW 1970, 461.

[72] BGH v. 22.3.1994 – VI ZR 163/93 – DAR 1994, 273 = MDR 1994, 669 = NJW 1994, 2084 = NZV 1994, 270 = r+s 1994, 299 = SP 1994, 280 = VersR 1994, 733 = zfs 1994, 242; BGH v. 14.1.1993 – III ZR 53/92 – MDR 1993, 742 = NJW 1993, 1643 = VersR 1993, 707; BGH v. 26.2.1980 – VI ZR 2/79 – DB 1980, 1536 = MDR 1980, 570 = NJW 1980, 1788 = r+s 1980, 130 = VersR 1980, 529 = zfs 1980, 238; OLG Hamm v. 15.2.1995 – 13 U 111/94 – NZV 1995, 316.

liche Veränderung bei der Berechnung des Verdienstausfallschadens unberücksichtigt zu lassen.[73]

II. Steuervorteile beim Schädiger

Zugunsten des Ersatzpflichtigen, dem damit die Steuervorteile verbleiben, sind zu berücksichtigen u.a.: 92

- Steuervergünstigung für **Arbeitnehmerabfindungen** (§ 3 Nr. 9 EStG).[74] 93
- Wegfall der Gewerbesteuer für Schadensersatz an Gewerbetreibenden wegen unfallbedingter Minderung seiner Erwerbsfähigkeit,[75] 94
- Rückerstattung von **Mehrwertsteuer** wegen Gemeinnützigkeit.[76] 95
- unfallbedingt verminderte oder **entfallende Mehrwertsteuern**,[77] 96
- Steuerfreiheit der **Beihilfe**, § 3 Nr. 11 EStG, 97
- Bei der Berechnung des Verdienstausfallschadens sind gewisse Steuervergünstigungen für **sozialrechtliche Leistungen** im Wege des Vorteilsausgleiches zu berücksichtigen: 98
- Steuerfreiheit von Bar- und Sachleistungen der gesetzlichen **Unfallversicherung** (§ 3 Nr. 1 lit. a EStG), 99
- Abzusetzen ist das nach § 3 Nr. 1 lit. a EStG steuerfreie **Krankengeld**. 100
- Ferner ist bei Bezug einer **Erwerbsunfähigkeitsrente** derjenige Steuervorteil zu berücksichtigen, der durch die Besteuerung der Rente nur in ihrem Ertragsanteil liegt.[78] 101
- Die Steuervorteile bei Bezug von **Sozialhilfe** (§ 3 Nrn. 2b, 11 EStG) sind zugunsten des Schädigers zu berücksichtigen.[79] 102

---

73 BGH v. 10.12.1985 – VI ZR 31/85 – BB 1986, 629 = DAR 1986, 113 = JZ 1986, 202 = MDR 1986, 396 = NJW 1986, 983 = r+s 1986, 70 = VersR 1986, 389 = VRS 70, 245 = zfs 1986, 171.
74 BGH v. 30.5.1989 – VI ZR 193/88 – DAR 1989, 243 = DB 1989, 2067 = MDR 1989, 982 = NJW 1989, 3150 = NZV 1989, 345 = r+s 1989, 288 (nur LS) = VersR 1989, 855 = zfs 1989, 338.
75 BGH v. 10.2.1987 – VI ZR 17/86 – BB 1987, 715 = DB 1987, 1682 = JZ 1987, 574 (Anm. v. Laumen) = MDR 1987, 571 = NJW 1987, 1814 = r+s 1987, 132 (nur LS) = VersR 1987, 668 = zfs 1987, 263; BGH v. 26.2.1980 – VI ZR 2/79 – DB 1980, 1536 = MDR 1980, 570 = NJW 1980, 1788 = r+s 1980, 130 = VersR 1980, 529 = zfs 1980, 238; BGH v. 23.1.1979 – VI ZR 4/77 – DAR 1979, 246 = DB 1979, 1034 = MDR 1979, 485 = NJW 1979, 915 = r+s 1979, 149 = VersR 1979, 519 = VRS 56, 322.
76 LG Zweibrücken v. 8.12.1997 – 4 S 65/97 – NJW-RR 1998, 1246.
77 BGH v. 10.2.1987 – VI ZR 17/86 – BB 1987, 715 = DB 1987, 1682 = JZ 1987, 574 (Anm. v. Laumen) = MDR 1987, 571 = NJW 1987, 1814 = r+s 1987, 132 (nur LS) = VersR 1987, 668 = zfs 1987, 263.
78 BGH v. 28.9.1999 – VI ZR 165/98 – DAR 2000, 62 = NZV 1999, 508 = r+s 1999, 506 = SP 1999, 411 = VersR 2000, 65 = zfs 2000, 14; BGH v. 10.11.1987 – VI ZR 290/86 – DAR 1988, 52 = DB 1988, 960 (nur LS) = MDR 1988, 307 = NJW-RR 1988, 470 = NZV 1988, 98 = r+s 1988, 46 = VersR 1988, 464 = zfs 1988, 101; BGH v. 8.4.1986 – VI ZR 92/85 – NJW-RR 1986, 1216 = r+s 1986, 226 = VersR 1986, 914 = zfs 1986, 330; BGH v. 24.9.1985 – VI ZR 65/84 – DAR 1986, 50 = MDR 1986, 218 = NJW 1986, 245 = VersR 1986, 162 (Anm. Hartung VersR 1986, 264) = zfs 1986, 40.
79 BGH v. 28.9.1999 – VI ZR 165/98 – DAR 2000, 62 = NZV 1999, 508 = r+s 1999, 506 = SP 1999, 411 = VersR 2000, 65 = zfs 2000, 14.

16 Steuerrechtliche Aspekte

103 ■ Auch sind dem Schädiger steuerliche **Progressionsdifferenzen** (die sich beispielsweise bei nur quotenmäßiger Haftung oder aber bei anzurechnenden steuerbegünstigten Leistungen Dritter ergeben) gutzuschreiben.[80]

---

[80] BGH v. 15.11.1994 – VI ZR 194/93 – BGHZ 127, 391 = DAR 1995, 109 (Anm. *v.Gerlach* DAR 1995, 221) = JZ 1995, 403 (Anm. *Lange*) = LM § 249 (Ha) BGB Nr. 51 = MDR 1995, 155 = NJW 1995, 389 = NJW-RR 1995, 476 (nur LS) = NZV 1995, 63 (Anm. *Hofmann* NZV 1995, 94) = r+s 1995, 61 = VersR 1995, 105 = WI 1995, 14 = zfs 1995, 90.

Index

Fette Zahlen = Kapitel, magere Zahlen = Randnummern.

§ 179 Ia SGB VI *siehe* Behindertenwerkstatt, Sozialversicherung-Rentenversicherung-§ 179 Ia SGB VI

§§ Text
- AAG
  - § 1 **4** 390
  - § 5 **4** 390
- AFG aF
  - § 127 **3** 458
- AFG nF
  - § 127 **3** 464
- AlterstzG
  - § 10 **3** 323
- AufenthG
  - § 1 **3** 172
- BeamtStG
  - § 40 **5** 17
- BGB
  - § 90a **2** 27
  - § 197 **12** 63
  - § 199 **12** 34
  - § 202 **12** 60
  - § 203 **12** 54
  - § 252 **11** 35
  - § 254 **9** 1
  - § 428 **1** 85
  - § 430 **1** 85
  - § 611 **5** 16
  - § 651f **2** 243
  - § 842 **1** 162
  - § 843 **1** 162
  - § 844 **1** 162
  - § 845 **1** 162; **7** 110
  - § 960 **2** 27
  - § 1612 **7** 89
  - § 1618a **7** 110
  - § 1619 **7** 94, 110
- BRAGO
  - § 23 **15** 36
- BRRG
  - § 42 **5** 17
- BRRG aF
  - § 52 **3** 1222
- BUrlG
  - § 7
    - III **4** 250
    - IV **4** 250
- EFZG
  - § 3
    - I **3** 310; **4** 214
    - III **3** 310; **4** 214
    - § 4 **3** 310; **4** 214
- EStG
  - § 8 **3** 154
  - § 24 **16** 51
  - § 34 **16** 51
- FreizügG/EU
  - § 2 **3** 173
- FRG
  - § 22b **3** 538
- HPflG
  - § 5 **1** 163
  - § 6 **1** 163
  - § 7 **1** 163
  - § 8 **1** 163
- KSchG
  - § 1 **9** 8
- LuftVG
  - § 35 **1** 164
  - § 53
    - II **7** 111
- PaPkG
  - § 2 **14** 57
- ProdHaftG
  - § 7 **1** 165
  - § 8 **1** 165
  - § 9 **1** 165
- RVG
  - § 3a **15** 45
  - § 4 **15** 45
  - § 4a **15** 45
  - § 4b **15** 45
  - § 61 **15** 32
- RVG-VV
  - Nr. 1000 **15** 33
- RVO
  - § 640 **1** 117
  - § 1542 **3** 383
- SGB I
  - § 45 **3** 362
  - § 46 **3** 362
- SGB II
  - § 16
    - III **3** 74
  - § 25 **6** 67
- SGB III
  - § 126 **6** 63
- SGB IV
  - § 7a **3** 115
  - § 8 **3** 46, 911
  - § 8a **3** 46, 911

Index

- SGB IV-2003
  - § 7 **3** 105
- SGB V
  - § 224 **3** 1072
  - § 47b **6** 72
- SGB VI
  - § 5 **3** 912
  - § 8 **3** 941
  - § 50 **3** 1045
  - § 62 **3** 842
  - § 77 **3** 218
  - § 96a **9** 37
  - § 179 **3** 1098
  - § 224 **3** 843
  - § 235 **3** 202
- SGB VII
  - § 7 **3** 560
  - § 8 **3** 560
  - § 12 **2** 51
  - § 85 **6** 44
  - § 86 **6** 44
  - § 90 **6** 44
  - § 91 **6** 44
  - § 105 **4** 121
  - § 110 **1** 118
- SGB X
  - § 115 **4** 207
  - § 116 **3** 365
    - I **3** 841, 1072
    - III **3** 841, 1072
    - X **3** 470, 474
  - § 117 **1** 84
  - § 119
    - I **3** 841, 1044
  - § 119 aF **3** 861
  - § 120
    - I **3** 1022
- SGB X aF
  - § 111 **3** 626
- SGB X nF
  - § 111 **3** 628
- StVG
  - § 10 **1** 166
  - § 11 **1** 166
- ZPO
  - § 286 **11** 23
  - § 287 **11** 34
  - § 323 **14** 63

325 €-Job *siehe auch* Mini-Job, 640 DM-Beschäftigung
630 DM-Beschäftigung **2** 214
- Ab 1.4.1999 **3** 14
- Ab 1.4.2003 **3** 30
- Bis 31.3.1999 **3** 12

- Sozialversicherung
  - Beitrag **3** 21
  - Pflichtbeitrag **3** 905
§ 119 SGB X *siehe auch* Erfüllung-Rentenminderungsschaden, Sozialversicherung-§ 119 SGB X, Sozialversicherung-Rentenversicherung-§ 179 Ia SGB VI
§ 119 SGB X
- Abfindungsvergleich **3** 873, 1028
  - Vorbehalt **3** 1032
  - Vorbehaltlos
    - Vor 1.1.2001 **3** 1030
    - Vor Rentenpflichtverhältnisbegründung **3** 1031
- Abtretung **1** 57
- ALG II **3** 430
- Anspruchsvoraussetzung
  - Aufwendungsersatz **3** 849
  - GoA **3** 849
  - Mitverantwortlichkeit **3** 851
  - Schadenersatzanspruch **3** 848
  - § 110 SGB VII **3** 849, 979
  - § 640 RVO **3** 979
- Arbeitslosigkeit **3** 430, 970
- Arbeitsunfall **3** 977
  - § 110 SGB VII **3** 979
- Aufstockungstheorie **3** 851
- Ausland
  - Beschäftigung **3** 953, 1059, 1061
  - Rentenversicherung **3** 953, 1059, 1061
  - Rentenversicherung, Sozialversicherung **3** 1061
  - Staatsangehörigkeit **3** 1059, 1060
  - Unfallort **3** 1059
- Befriedigungsvorrecht **3** 984
- Berufsständische Versorgung **3** 1067
- Beschützende Werkstatt **3** 976
- Betriebliche Altersversorgung **3** 1070
- Deutsche Rentenversicherung **3** 953, 1059, 1061
- Drittleistung **3** 968
- Fehlerhafter Regress **3** 1008
- Forderungsberechtigung beim Verletzten **3** 955, 988, 989, 1007, 1014, 1019
- Gericht
  - Prozessführungsbefugnis **3** 989
  - Prozessstandschaft **3** 989
  - Sozialgericht **3** 1011
  - Zivilgericht **3** 850
- Geringfügige Beschäftigung **3** 913
  - Hauptbeschäftigung **3** 920
- Haftungsausschluss **3** 977
- Hypothetischer Verlauf **3** 957
  - Arbeitgeberauskunft **3** 954

- Kein Anspruch des Geschädigten mehr **3** 955, 1007
- Keine Anwendung **3** 179, 896, 1062
  - Fiktive Rentenversicherungsbeiträge **3** 1066
  - Selbstzahler **3** 1066
- Minderverdienst **3** 975
- Mini-Job **3** 913, 920
- Mitverschulden **3** 851, 986
- Pflegegeld **2** 195; **3** 508, 893, 1055
- Pflegeperson
  - Grenze **3** 937
- Pflichtbeitragswirkung
  - Altersrente **3** 1048, 1110
  - Erwerbsminderungsrente
    - Anspruchsentstehung **3** 1051
    - Erhöhung **3** 1056
  - Konsequenzen **3** 1044
  - Rentenbegründung **3** 1044
  - Vorversicherungszeit
    - Pflegeperson **3** 939, 1055
    - Selbständigkeit nach Unfall **3** 966, 1054
    - Spätere Erwerbsunfähigkeit **3** 1051
  - Wartezeiterfüllung
    - Erwerbsminderungsrente **3** 1046, 1109
    - Hinterbliebenenversorgung **3** 1049
  - § 119 III 1 SGB X **3** 1044
- Pflichtbeitragszeit **3** 874
- Pflichtversicherte Person **3** 877
  - Nachversicherung **3** 942
- Quotenvorrecht **3** 983, 984
- Regresshöhe **3** 948
  - ALG II **3** 971
  - Arbeitslosenhilfe **3** 970
  - Beitragsbemessungsgrenze **3** 956
  - Bruttoeinkommen **3** 949
  - Darlegung **3** 954
  - Nachweis **3** 992
  - Prognose **3** 993
  - Verletztenrente **3** 973, 975
- Relative Theorie **3** 852, 1043
- Rentenkürzung
  - Mitverschulden **3** 231, 996
  - Sozialrecht **3** 232, 1004
- Rentenminderung **3** 846
- Rentenverkürzung
  - Verletztenrente **3** 611, 974, 975, 1009
- Rückwirkung
  - Abgeschlossener Sachverhalt **3** 1036
  - Quotenvorrecht **3** 1043
  - Unfalltag nach 1.7.1983 **3** 1025
  - § 120 SGB X **3** 1023
- Spitzbeitrag **3** 847, 999, 1137, 1139

- Teilungsabkommen **3** 995
- Treuhandverhältnis **3** 846
  - Abfindungsvergleich **3** 991
  - Alleinige Forderungsberechtigung **3** 990
  - Arbeitsunfall **3** 978
  - Erfüllung **3** 233, 1007
  - Forderungsberechtigung **3** 989, 1012
  - Haftung **3** 991, 1011
  - Kontenberichtigung **3** 232, 990, 1005, 1011
  - Mitspracherecht **3** 991
  - Pauschalierung **3** 994
  - Rechtsweg **3** 1011
  - Schadenersatz **3** 1011
  - Teilungsabkommen **3** 995
  - Unfalltag **3** 1012
  - § 110 SGB VII **3** 979
  - § 179 Ia SGB VI **3** 1135
- Unfall nach dem 30.6.1983 **6** 22
- Unfallfeste Position **3** 967
- Unfallzeitpunkt **3** 863
- Unzureichender Regress **3** 996
  - Mitverantwortlichkeit **3** 996
- Verjährung **3** 1010; **12** 85
  - Kenntnis **3** 1017, 1020
    - Heilbehandlung **3** 1021
  - Rechtsnachfolge **3** 1020
- Verkehrsopferhilfe **3** 982
- Verletztenrente **3** 973
- Versicherungsschutz **3** 981
- Verwandtenprivileg **3** 980
- Voraussetzung **3** 854
  - Ab 1.1.2001 **3** 866
  - Beitragsbuchung **1** 67; **3** 872, 1015, 1019, 1026, 1035
  - Bis 31.12.2000 **3** 862
  - Freiwillige Versicherung **3** 860, 871, 874, 1018
  - Pflichtversicherung **3** 860, 864, 870, 874, 1018
  - Unfalltag nach 30.6.1983 **3** 855, 1074
  - Unfalltag vor 1.7.1983 **3** 856, 1024
- Wechsel des Sicherungssystems **3** 961
  - Berufsständische Versorgung **3** 964
  - Lebensversicherung **3** 964
  - Selbständigkeit **3** 965
  - Verbeamtung **3** 963
  - Vorteilsausgleich **3** 962
  - Vorversicherungszeit **3** 966, 1054
- Zeitraum **3** 957, 968
  - Altersrente **3** 959
  - Berufsständische Versorgung **3** 960
  - Hypothetischer Berufsweg **3** 951, 960, 961

- Prognose **3** 951, 960, 961
- Selbständigkeit **3** 960
- Tätigkeit **3** 951
- Teilmonat **3** 957
- Verbeamtung **3** 960
- Wechsel des Sicherungssystems **3** 961

Abänderung **14** 62, 68
- Prozessvergleich **14** 51
- Rentenvergleich, außergerichtlicher **14** 54

Abfindung *siehe auch* Arbeitgeberabfindung, Kapitalisierung, Vergleich
- Arbeitgeberabfindung **3** 398, 410, 452
- Berufsständische Versorgung **3** 650
- Erschwerung **13** 10
  - Rechtsprobleme **13** 10; **14** 13, 18
- Forderungsübergang **13** 10; **14** 18
- Kapitalabfindung **13** 1; **14** 61
  - Anspruchsrecht **13** 11
  - Berechnung **13** 21
  - Klageantrag **11** 11
  - Mehrere Ersatzberechtigte **13** 12
  - Mehrere Ersatzpflichtige **13** 12
  - Pfändung **13** 19
  - Rechtsanspruch **13** 9
  - Sinn **13** 10
  - Wahlrecht **13** 17
    - Höchstpersönlichkeit **13** 18
- Kind **3** 379, 462, 504, 549
- Recht auf Kapitalabfindung **13** 14
  - Ersatzpflichtiger **13** 20
  - Wichtiger Grund **13** 14
- Rechtliche Besonderheiten **14** 1
- Steuer **16** 21
- Verfahrensfragen **14** 1

Abfindungsvergleich *siehe* Vergleich
Abtretung **3** 123; **14** 5, 27; *siehe auch* Abtretung-Arbeitgeber
- Arbeitgeber **1** 56; **4** 145, 371, 377
- Arbeitsverwaltung **3** 453
- Betriebliche Altersversorgung **3** 350
- Beweislage
  - Veränderung **1** 54, 81; **4** 184; **11** 39
- Finanzamt **16** 15
- Krankenkasse
  - Arbeitgeber **4** 147, 388
- Wirksamkeit **4** 141

Adhäsionsverfahren **15** 68
- Prozesskostenhilfe **15** 69

Adoption
- Kind **7** 130

Aerobictraining **2** 250
Akkord **4** 234
Aktivlegitimation *siehe* Forderungsberechtigung

Alkohol **1** 20
- Arbeitsunfall **3** 568
- Entgeltfortzahlung **4** 191
- Fahruntüchtigkeit **3** 570
- Grobe Fahrlässigkeit **4** 350
- Unfallversicherung **3** 568, 570, 571
- Wegeunfall **3** 570

Alleingesellschafter *siehe* Ein-Mann-Gesellschaft
Alleinverdiener **3** 297
Allgemeines Lebensrisiko *siehe* Lebensrisiko, Allgemeines
Altersrente *siehe* Sozialversicherung-Rentenversicherung-Altersrente, Verdienstausfall-Ende des Arbeitslebens
- Berufsständische Versorgung **3** 648

Altersteilzeit **3** 249, 324
- Altersrente **3** 532
- Arbeitgeber **3** 325
- Beamte **3** 1162
- Blockmodell **3** 326
- Krankengeld **3** 332
- Nebeneinkunft **3** 333; **5** 20
- Teilzeitmodell **3** 329
- Übergangsrecht **3** 207
- Übersicht **3** 331

Altfall
- Schadenereignis ab dem 1.7.1983
  - Arbeitsverwaltung **3** 465
- Schadenereignis vor dem 1.7.1983 **3** 366
  - Arbeitsverwaltung **3** 457; **14** 23
    - Abfindung **3** 461; **14** 25
  - Entgangene Krankenkassenbeiträge **3** 1074
  - Künstlersozialkasse **4** 60
  - Sozialhilfe **3** 442, 702, 857; **14** 27
  - § 119 SGB X **3** 179, 856, 1024, 1065; **6** 22
  - § 127 AFG **3** 368, 457; **14** 23
  - § 1542 RVO **3** 368, 382, 384, 857

Änderung
- Berufliche Lebensplanung
  - Kind **6** 15
- Berufsziel
  - Kind **6** 15
- Laufbahn **6** 19

Änderung der Verhältnisse *siehe* Abänderung, Klage-Abänderungsklage
Angehörigenprivileg *siehe* Verwandtenprivileg
Angestellter *siehe* Arbeitnehmer
Anlagebedingte Neigung *siehe* Vorschaden
Anpassung *siehe* Abänderung
Anspruchsgrundlage
- Anspruchsnorm **1** 160

Index

- Anspruchsvoraussetzung **2** 12
- BGB **1** 162
- Eingriff in den eingerichteten Gewerbebetrieb **2** 26, 177, 229, 232, 269
  - Arbeitgeber **2** 231; **4** 157
- Entgangene Dienste **7** 118
- Haftung für Dritte **2** 73
- Hinterbliebene
  - Eigenes Recht **7** 116
- HPflG **1** 163, 166
- Keine **2** 13
- LuftVG **1** 164
- Opferschutzorganisation **2** 14
- ProdHaftG **1** 165
- Schutzgesetz **2** 21, 97
- Unterhaltsschaden **1** 169
- Verdienstausfall **1** 160, 167
- Weißer Ring **2** 14
- § 823 II BGB **2** 21

Anspruchsminderung **2** 89; *siehe auch* Mitverschulden
- Dienstherr **3** 1225
- Tropfentheorie **2** 84
- Überholende Kausalität **2** 84
- § 846 BGB **7** 120

Antrag *siehe auch* Klage-Antrag
- Beitragspflichtbefreiung **4** 15
- Sozialleistung **3** 359
- Steuerbefreiung **3** 27

Anwalt *siehe* Rechtsanwalt
Anwaltskosten *siehe* Rechtsanwalt
Arbeiter *siehe* Arbeitnehmer
Arbeitgeber **1** 22, 155; **2** 117, 235; **3** 27; **4** 144; **13** 47; *siehe auch* Arbeitgeber-Abtretung; *siehe auch* Lohnfortzahlung, Selbständige, Dienstherr
- 630 DM-Beschäftigung
  - Sozialversicherungsbeitrag **3** 21
  - Abwälzung **3** 25
- Abrechnung **3** 265
- Abrechnungsunterlagen **9** 72
- Abtretung **1** 56; **3** 320; **4** 377
  - Anspruch **1** 54
- Altersteilzeit **3** 325
- Arbeitgeberabfindung **3** 289, 322
- Arbeitgeberverband **8** 7
- Auskunft an Rentenversicherung **3** 954
- Begriff **4** 166
- Drittschadensliquidation **4** 158, 330
- Eingliederungshilfe **9** 56
- Eingriff in den eingerichteten Gewerbebetrieb **2** 231; **4** 157
- Ersatzkraft für verletzten Arbeitnehmer **4** 305
- Erstattungsanspruch gegen Krankenkasse **4** 147, 388
- Forderungsübergang **1** 155; **4** 145, 358
  - Abtretung **4** 371
  - Arbeitsvertrag **1** 51, 53; **4** 375
  - Cessio legis **4** 359
  - Gestörte Gesamtschuld **4** 383
  - Tarifvertrag **1** 51, 53; **4** 375
  - Übersicht **3** 318
  - Versicherungsschutz **4** 384
  - § 116 SGB X **3** 605; **4** 378
  - § 119 SGB X **4** 381
- Freie Berufe **3** 1247
- Konkurs **3** 163, 166; **6** 59; **13** 47; **14** 67
- Kürzung
  - Vorteilsausgleich **8** 6, 10, 15, 43
- Lohnfortzahlung **1** 70; **3** 311; **4** 152, 161, 220
  - Unfallversicherer **3** 605; **4** 379
- Pauschalsteuer **3** 29
- Quotenvorrecht **1** 56; **3** 320; **4** 201, 348, 364, 377; **5** 37; **8** 8
- Regress **4** 222
  - Abfindung **4** 316
  - Abfindung des Arbeitnehmers **4** 353, 374; **14** 29
  - Abgabenlast **4** 268
  - Altersversorgung **4** 262
  - Anwaltskosten **4** 321, 327
  - Arztbesuch **4** 311
  - Baugewerbe **4** 332
  - Besuchskosten **4** 318
  - BG-Beitrag **4** 272
  - Ersatzkraft **4** 304
  - Gemeinkostenzuschlag **4** 298
  - Hinterbliebenenleistung **4** 312
  - Hinterbliebenenversorgung **4** 262
  - Krankenbesuch **4** 318
  - Krankengeldzuschlag **4** 314
  - Leistungen jenseits des EFZG **4** 344
    - Abtretung **4** 372
  - Lohnfortzahlung **4** 220
  - Mehrwertsteuer **4** 324, 331
  - Regressvereitelung **4** 352; **14** 29
  - Rückstellung **4** 264
  - Schadenabwicklungskosten **4** 320
  - Schadenermittlungskosten **4** 319
  - Schadensabwicklung **4** 317
  - Schlechtwettergeld **4** 339
  - Sozialkosten **4** 283
  - Sozialversicherungsabgaben **4** 258
  - Tatsächliche Zahlung **4** 203, 227, 363
  - Teilausfall **4** 309, 349
  - Überstunden **4** 307
  - Umlage **4** 285

623

Index

- Umorganisation **4** 306
- Umsatzeinbuße **4** 301
- Unfallversicherung **4** 272, 276
- Versorgungslast **4** 291
- Vertragsstrafe **4** 303
- Verwaltungskosten **4** 295, 317
- Vorteilsausgleich **4** 343
- Winterbauumlage **4** 338
- Zusatzurlaub **4** 289
- Rückgriff der Krankenkasse **4** 208
- Scheinselbständige **3** 119, 879
- Sonderleistung an Arbeitsunfähige **3** 139
- Sozialversicherung
  - Beitrag **3** 76
- Umorganisation **4** 306
- Umsatzeinbuße durch Verletzung des Arbeitnehmers **4** 302
- Verletzung des Mitarbeiters **1** 155; **2** 235; **4** 144, 152, 161, 220
- Verzugschaden **4** 146, 326
- Zahlung trotz Verweigerungsrecht **4** 200
- Zuschuß zum Verletztengeld **3** 584

Arbeitgeberabfindung **3** 289, 322, 410
- Anrechnung
  - Arbeitslosengeld **3** 398, 452
  - Arbeitslosenhilfe **3** 398, 410
- Steuer **3** 398; **16** 93

Arbeitnehmer *siehe auch* 630 DM-Beschäftigung, Arbeitgeber, Beamte, Quotenvorrecht-Arbeitnehmer, Fortzahlung
- Abrechnung **3** 262
- Arbeitnehmer, unselbständige **1** 155; **2** 235; **4** 143, 144, 155, 358
  - Angestellter **3** 9, 312
  - Arbeiter **3** 9, 196, 312
  - Auszubildender **3** 9
  - Drittleistung **3** 303
  - Einkommen **3** 136
  - Lohnfortzahlung **4** 152, 161, 220
- Begriff **3** 6
- Scheinselbständige **3** 116

Arbeitnehmerüberlassung *siehe auch* Leiharbeit
Arbeitnehmer, unselbständige **1** 22
Arbeitsendalter *siehe* Verdienstausfall-Altersgrenze, Verdienstausfall-Ende des Arbeitslebens
Arbeitskraft
- Beeinträchtigung **2** 113, 116, 263; **6** 58
  - Eigenes Unternehmen **4** 71
- Entgeltorientierung **2** 106
- Verwertung **2** 107, 110, 116, 151, 186, 263; **3** 132, 285, 354; **4** 69, 70, 71, 92, 112; **6** 58; **7** 1; **9** 22; **11** 56
  - Erwerbsunfähigkeitsrente

- Hinzuverdienst **9** 35
- Haushaltsführung **9** 30
- Möglichkeit **9** 25
- Teilzeit **9** 23
- Zuverdienst **9** 36

Arbeitskraftfortfall
- Mittelbarer Schaden **2** 118, 231

Arbeitslosenversicherung *siehe* Sozialversicherung-Arbeitsverwaltung
Arbeitslosigkeit **3** 354, 443; **6** 55; *siehe auch* Sozialversicherung-Arbeitsverwaltung
- ALG II **3** 413; **6** 69
  - Subsidiarität **3** 418
- Altersrente **3** 247, 251, 532
- Arbeitslosengeld **3** 392; **6** 64
- Arbeitslosenhilfe **3** 406; **6** 68
- Arbeitsmarkt
  - Verfügbarkeit **6** 61
- Barleistung **6** 62
- Barleistungen bei Krankheit **3** 443
- Berufsständische Versorgung **3** 1069
- Haushaltsführung **7** 93
- Kausalität, überholende **2** 87
- Kinderbetreuung **3** 447; **6** 65
- Kinderunfall **6** 20
- Kongruenz **1** 106
- Krankengeld **6** 73
- Prognose **6** 57
- Rentenreform **3** 212
- Rentenversicherung **3** 430, 970
- Schadenminderung
  - Vermeidung **3** 354; **9** 6, 22
- Teil-Arbeitslosengeld **3** 404
- Umschulung **3** 449
- Unfallkausale Unternehmensschließung **4** 143
- Unfallversicherungsschutz **3** 573
- Verfügbarkeit **6** 61
- Wirtschaftliches Umfeld **6** 57

Arbeitsunfähigkeit
- Behindertenwerkstatt **2** 109
- Strafgefangener **2** 109
- Vorbestehende Arbeitsunfähigkeit **2** 109

Arbeitsunfall *siehe auch* Aufwendungsersatz, Haftungsausschluss, Dienstunfall, Sozialversicherung-Unfallversicherung
- Arbeitgeber **4** 382
- Arbeitsverwaltung **3** 480; **6** 79
- Begriff **3** 561
- Berufsständische Versorgung **3** 658
- Betriebliche Altersversorgung **3** 352
- Fahrlässigkeit, grobe **4** 197
- Kausalität **3** 563
- Leichtsinn **3** 566
- Nebeneinkunft

Index

- JAV **3** 576; **5** 8
- Nebentätigkeit **5** 10
  - Beamter **5** 11
- Öffentlicher Dienst **3** 1231
- Regressabwicklung **1** 119
  - Arbeitsverwaltung **3** 480
  - Bedeutung **3** 551
  - Übersicht **1** 109
- Rentenversicherung
  - Wartezeit **3** 518
- RVO – SGB VII **1** 119
- Scheinselbständige **3** 125
- Schmerzensgeld **4** 128
- Selbständige
  - § 105 II SGB VII **4** 120
- Sozialhilfe **3** 708
- Spätere Anerkennung **3** 617
- Übersicht
  - Örtlichkeit **3** 574
  - Zeittafel **3** 573
- Versorgungsfall (BVG) **3** 751
- Wegeunfall **3** 562
- Zuständigkeitswechsel **3** 617
- § 105 II SGB VII **4** 120
- § 110 SGB VII **1** 119, 120
  - Arbeitgeber **4** 382
  - Arbeitsverwaltung **3** 480; **6** 79
  - Berufsständische Versorgung **3** 658
  - Beschränkung **1** 127
  - Betriebliche Altersversorgung **3** 352
  - Beweisverteilung **1** 130, 138
  - Gesamtgläubigerschaft **1** 144
  - Gesamtschuld **1** 148
  - Haftungseinwand **1** 125
  - Kongruenz **1** 126
  - Krankenkasse **3** 608
  - Originärer Anspruch **1** 124
  - Sachschaden **1** 129
  - Schmerzensgeld **1** 128
  - Sozialhilfe **3** 709
  - Verzicht **1** 142
  - Zweitschädiger **1** 148
  - § 119 SGB X **3** 849, 979
  - § 179 Ia SGB VI **3** 1128
- § 119 SGB X **3** 977
- § 179 Ia SGB VI **3** 1132
- § 640 RVO **1** 119, 123
  - Arbeitgeber **4** 382
  - Arbeitsverwaltung **3** 480; **6** 79
  - Berufsständische Versorgung **3** 658
  - Betriebliche Altersversorgung **3** 352
  - Beweisverteilung **1** 130
  - Geamtschuld **1** 146
  - Gesamtgläubigerschaft **1** 143
  - Haftungseinwand **1** 125
  - Kongruenz **1** 126
  - Krankenkasse **3** 608
  - Originärer Anspruch **1** 124
  - Sozialhilfe **3** 709
  - Zweitschädiger **1** 146
  - § 119 SGB X **3** 849, 979
  - § 179 Ia SGB VI **3** 1128

Arbeitsunwilligkeit **2** 107

Arbeitsverhältnis
- Beendigung
  - Kündigung
    - Abfindung **3** 289, 322; **4** 316
    - Krankentagegeldversicherung **3** 799
    - Krankheitsbedingte **9** 9
    - Rentenalter **3** 200
    - Schwerbehinderung **9** 12
    - Kündigungsschutzklage **9** 16
    - Rentengewährung **9** 18

Arbeitsverwaltung *siehe* Sozialversicherung-Arbeitsverwaltung

Arbeitswegeunfall *siehe* Arbeitsunfall, Dienstunfall

Architekt **4** 75

Architektenarbeit **2** 158

Arzt
- Arztbericht
  - Amtsarzt **3** 1212; **4** 323
  - Beibringung **9** 68
  - Beweiswert **11** 30
  - Krankheitsbedingte Kündigung **9** 10
  - Mehrwertsteuer **16** 82
- Arztbesuch **2** 120; **4** 311
  - Arbeitszeit **2** 121; **4** 311
  - Gleitzeit **2** 125, 273
  - Zeitverlust **2** 273
- Ärztliche Anordnung
  - Schadenminderung **9** 62
- AU-Bescheinigung **1** 80, 81, 82; **3** 797; **4** 183
- Auswahlrecht **9** 61
- Behandlungspflicht **3** 1167
- Berufsständische Versorgung **3** 634, 653
- Einkommensprognose **4** 93
- Fahrtkosten **2** 59
- Fehlbehandlung
  - Kunstfehler **2** 76; **11** 28
  - Verjährung **12** 20
  - Zurechnung **11** 31
- Gesamtschuld **2** 77
- Internetrecherche **2** 222
- Nebentätigkeit **5** 19
- Schadenbestimmung **4** 79
- Zeuge Jehova **2** 71

Arztbericht *siehe auch* Attest, Gutachten

625

Asylbewerber **1** 24; **3** 740; *siehe auch* Ausländer, Sozialhilfe
- Asylverfahren **3** 177, 749
- Forderungsübergang **3** 745
- Grundsicherung **3** 727
- Leistung **3** 743
- Regressberechtigung **3** 661
- SGB II **3** 415
- Sozialamt **3** 661
- Sozialhilfe **3** 664, 741
- Sozialversicherung **3** 748
- Subsidiarität **3** 741
- Tätigkeit **2** 203; **3** 176, 749
- Verdienstausfall **3** 749

Attest *siehe auch* Beweis-Attest, Beweis-Gutachten, Gutachten
- Kosten **2** 59
- Verwaltungskosten **1** 152; **4** 323

Aufgabe beruflicher Lebensplanung **6** 19

Aufwandsentschädigung **2** 127; **3** 147, 156; **5** 39
- Steuerfreie **3** 16

Aufwendungen, nutzlose *siehe* Aufwendungen, vergebliche

Aufwendungen, vergebliche **2** 170, 178, 190, 191, 244, 248
- Aufwendungen Dritter **2** 257
- Aufwendungsersatz **3** 1126
- Ausbildungskosten **2** 253; **6** 18
- Clubbeitrag **2** 250
- Feier **2** 254, 258
- Fitnessstudio **2** 247, 250
- Führerschein **2** 249
- Hobby **2** 251
- Jagdpacht **2** 250
- Jahreskarte **2** 247
- Kursgebühr **2** 250
- Leasing **2** 257
- Miete **2** 255, 257
- Mittelbarer Schaden **2** 257
- Sport **2** 247, 251
- Theaterkarte **2** 250, 257
- Unterricht **2** 256
- Wochenendhaus **2** 252

Aufwendungsersatz **1** 77
- § 110 SGB X **1** 126
- § 640 RVO **1** 126

Aushilfe *siehe auch* Nebeneinkunft
- Aushilfsarbeitsverhältnis **3** 8; **5** 6

Auskunft
- Antrag auf Drittleistungen **9** 80
- Aufklärungspflicht **9** 77
- Hinweispflicht **9** 77

Ausland
- Sozialversicherung **3** 953, 1061

- Tätigkeit **3** 953, 1061
- § 119 SGB X
  - Beitragsausfall **3** 953, 1059, 1061

Ausländer *siehe auch* Asylbewerber, Aussiedler, Fremdrentenrecht
- ALG II **3** 415
- Arbeitserlaubnis, fehlende **2** 203; **4** 176
- Arbeitsgenehmigung, fehlende **2** 203; **4** 176
- Arbeitsmöglichkeit **3** 174
  - Asylbewerber **3** 176
  - EU-Bürger **3** 175
- Aufenthaltsgenehmigung, fehlende **2** 203
- Erwerbsschaden **3** 163
- JAV **3** 579
- Kapitalisierung **13** 58
- Rechtsstellung **13** 46
- Sozialhilfe **3** 664
- Sozialversicherung **3** 305, 540, 1060
- Verdienstausfallschaden **3** 177

Auslöse *siehe* Einkommen-Sonderleistung-Auslöse

Ausschlussfrist *siehe* Frist

Außereheliche Gemeinschaft *siehe* Eheähnliche Gemeinschaft

Aussiedler **13** 59
- Fremdrentenrecht **3** 539
- JAV **3** 579
- Sozialversicherung **3** 540
- Sterbetafel **13** 59

Auszubildender **6** 6; *siehe* Arbeitnehmer-unselbständige
- Erwerbsschaden **6** 5

Autohändler **4** 75

Azubi *siehe* Arbeitnehmer-unselbständige

BAFöG **3** 809
Bahnbeamte **3** 1175, 1219
Baumaßnahme *siehe auch* Eigenleistung am eigenen Heim
- Verschieben **2** 154

Beamte **3** 1142; *siehe auch* Arbeitnehmer, Quotenvorrecht
- 630 DM-Beschäftigung **3** 22, 23
- Abrechnung **3** 263, 293
- Altersteilzeit **3** 1162
- Arbeitnehmerstatus **3** 126
- Aufwandsentschädigung **3** 1142
- Beförderung **3** 1158
- Beihilfe **3** 1170
  - Quotenvorrecht **3** 1172, 1224
- Bundesbeamte **3** 1142
  - BBG **3** 1145
- Dienstfähigkeit **3** 1163
- Dienstunfallversorgung **3** 1196

Index

- Einmalige Unfallentschädigung **3** 1206
- Unfallausgleich **3** 1197
- Unfallruhegehalt **3** 1203
- Drittleistung **3** 303, 1184
- Einkommen **3** 1155
  - Sonderleistungen **3** 1156
  - Urlaubsgeld **3** 1156
  - Weihnachtsgeld **3** 1156
- Entgeltfortzahlung im Krankheitsfall **3** 1181
- Föderalismusreform **3** 237, 1144, 1156, 1217, 1220, 1223
  - BeamtStG **3** 1165
  - Besoldungsrecht **3** 1156, 1185
  - Dienstunfähigkeit **3** 1165
  - Landesbeamtenrecht **3** 1144, 1145
  - Versorgungsrecht **3** 1186
- Forderungsübergang **3** 1184, 1216
  - Bahn **3** 1219
  - Post **3** 1218
  - Telekom **3** 1218
  - Zeitpunkt **3** 1220
- Gehaltsfortzahlung **3** 1157
- Heilbehandlung
  - Behandlungspflicht **3** 1167
  - Beihilfe **3** 1170
  - Familienangehörige **3** 1177, 1179
  - Ruhestandsbeamte **3** 1174
- Landesbeamte **3** 1142
- Leistungszulage **3** 1158
- Nebentätigkeit **3** 1159
  - Arbeitsunfall **3** 578
- Pensionierung **2** 107; **3** 196, 236, 1173, 1182; **9** 85
  - Reha vor Rente **3** 1165
  - Überprüfung **3** 1161
  - Vorzeitige **3** 1160
  - Weiterverwendung **3** 1164
  - Zeitpunkt **3** 191
- Polizeivollzugsbeamte **3** 1166
- Private Krankenversicherung **3** 293
- Private Pflegeversicherung **3** 293
- Prognose **3** 1169
- Quotenvorrecht **2** 186; **3** 1181, 1182, 1223; **9** 28, 85
  - Anspruchskonkurrenz **3** 1227
  - Beihilfes **3** 1172, 1224
  - Privatversicherung **3** 1228
  - Sozialversicherung **3** 1229
  - Verjährung **3** 1226
  - Vorteilsausgleich **3** 1214; **8** 8
- Referendar
  - Arbeitslosigkeit **3** 406
  - Rechtsreferendar **3** 1146
  - Sozialversicherung **3** 944, 1147
- Studienreferendar **3** 1150
- Ruhestandsbeamte **3** 1173
  - Beihilfe **3** 1174
- Schadenberechnung **3** 293
- Schadenminderung **9** 28, 85
- Unfallausgleich
  - Grundrente (BVG) **3** 1197
- Verminderter Arbeitseinsatz **3** 1208
- Vermögenswirksame Leistungen **3** 141
- Vorsorgeaufwand **3** 1170
- Vorteilsausgleich **3** 1214
  - Soldat **3** 1215

Bedarfsgemeinschaft
- Mittelbarer Schaden **2** 215

Bedürfnisse, vermehrte **3** 547; **13** 36
- Eigenleistung am eigenen Heim **2** 151
- Haushaltsführungsschaden **7** 3, 11
  - Verletztenrente **3** 613
- Steuer **16** 23, 31, 33

Beerdigungskosten
- Steuer **16** 23, 31, 32, 33

Befriedigungsvorrecht *siehe* Quotenvorrecht
- Beamte **3** 1241
- Deckungssumme **3** 655, 660, 985
- Haftungshöchstsumme **3** 655, 660, 985
- Sozialhilfe **3** 705
- § 119 SGB X
  - Direktanspruch **3** 984

Behindertenwerkstatt **2** 109; **3** 542, 1099; *siehe auch* Sozialversicherung-§ 119 SGB X, Sozialversicherung-Rentenversicherung-§ 179 Ia SGB VI
- Grundsicherung **3** 729
- Kapitalisierung **3** 542
- Kostenträger **3** 1100
- Rentenversicherung **3** 543
- Sozialhilfe **3** 689
- Sozialversicherung **3** 1101
  - Beitragsbemessung **3** 1102
  - Beitragslast **3** 1105
  - Rentenversicherung **3** 1104
  - Träger der Einrichtung **3** 1100
- § 119 SGB X **3** 892, 976, 988, 1101
- § 179 Ia SGB VI **3** 1097

Beifahrer *siehe* Insasse, Zeuge
Beihilfe *siehe auch* Beamte
- Beihilfesatz **3** 1170
- Steuer **16** 97

Beispiel
- Abgleich Unterhaltsschaden zu hypothetischem Verdienstausfall bei Mitverschulden **1** 196
- Arbeitnehmer
  - Quotenvorrecht **4** 365

627

Index

- Arbeitsverwaltung, Regress Schaden **3** 463, 506
- Berechnung
  - Alleinverdiener **3** 297
  - Doppelverdienerehe **3** 299
  - Kapitalisierung **13** 69, 76, 86
  - Kinderunfall **13** 76
- Bloßer Wegfall der Arbeitskraft **4** 70
- Entgelt-Orientierung **2** 111, 114
- Entwertungsschaden **2** 164, 166
- Ersatzkraft **4** 84
- Gewinnausfall **2** 260
- Gewinnausfall nach Sachschaden **2** 3
- Hausfrau und Erwerbsminderungsrente **3** 940
- Haushaltsführungsschaden, §§ 842, 843 BGB **7** 6
- Kapitalisierung
  - Aufgeschobene Rente **13** 69, 76
  - Differenzfaktor **13** 69, 76
  - Kinderunfall **13** 76
  - Laufzeit, Monatsbetrag **13** 86
- Konkrete Vermögenseinbuße **4** 74
- Mindest-Jahresarbeitsverdienst **6** 51
- Mittelbarer Schaden **2** 71
- Mittelbarer Schaden Arbeitnehmer **2** 3
- Nachholen von Einkünften **4** 111
- Neugründung **4** 88
- Rechtsgutverletzung, fehlende **2** 20
- Steuer **16** 4
- Umstrukturierung **4** 113
- Verdienstausfall - Unterhaltsschaden **1** 184
- Vergleich Schadenersatzrecht - Steuerrecht **2** 217
- Verjährung
  - Wiederkehrende Leistung **12** 86

Beitrag *siehe auch* § 119 SGB X, Fiktion, Fiktiver Schaden, Sozialversicherung-Beitrag, Wartezeit
- Beamte
  - Private Versicherung **3** 1173
- Beitragsdifferenz **2** 223
- Beitragszuschlag **2** 264; **3** 796, 802
- Berufsständische Versorgung **3** 1068
- Berufsverband **8** 22
- Betriebliche Altersversorgung **3** 1070
  - Differenzbetrag **3** 975
  - Freiwillige Aufstockung **3** 1069
- Gewerkschaft **8** 22
- Lohnersatzleistung **3** 847
  - § 119 SGB X **3** 881
- Mitgliedschaft **2** 221
- Private Krankenversicherung
  - Beamte **3** 294
- Private Pflegeversicherung
  - Beamte **3** 294
- Selbsthilfegruppe **2** 221
- Unfallversicherung **1** 118
- § 119 SGB X **3** 846

Beitragsbemessungsgrenze *siehe* Sozialversicherung-Beitragsbemessungsgrenze

Beitragsregress *siehe* § 119 SGB X
- Mitverschulden **3** 231, 996
- Unzureichender Regress **3** 230

Beitragsschaden *siehe* § 119 SGB X

Beitragszuschlag *siehe* Schaden-Beitragszuschlag

Belegschaftsrabatt **2** 173; **3** 152

Berechnung *siehe auch* Vorteilsausgleich
- Anderweitige Einnahmen **3** 280, 288, 303
  - Ausländischer Träger **3** 305
- Beamte **3** 293
- Beispiele **3** 295
- Berechnungsmodalität **16** 2
  - Arbeitgeber **3** 265
  - Arbeitnehmer **3** 262
  - Beamte **3** 263, 293
  - Bruttolohnmethode **3** 262; **4** 105
  - Nettolohnmethode, modifizierte **3** 262
  - Selbständige **3** 265
- Drittleistungen **3** 280, 288, 303
  - Ausländischer Träger **3** 305
- Schadenminderung **3** 285
- Sozialversicherungsabgaben **3** 266
  - Tabelle **3** 274
- Sozialversicherungsleistungen **3** 280, 303
  - Ausländischer Träger **3** 305
- Steuer **3** 275
- Vorteilsausgleich **3** 287, 304
  - Betriebliche Altersversorgung **3** 344
- Zeitrententabelle **13** 84

Bereicherungsverbot, schadenrechtliches **2** 103

Bereicherung, ungerechtfertigte
- Bereicherungsausgleich
  - Arbeitsunfall **1** 147, 148

Berufsbedingte Aufwendungen **2** 217; **8** 5, 15, 41

Berufsgenossenschaft *siehe* Sozialversicherung-Unfallversicherung

Berufsrisiko
- Zurechnungszusammenhang **2** 63, 99

Berufssoldat *siehe* Soldat

Berufsständische Versorgung **3** 179, 634; **4** 115
- Berufsunfähigkeitsrente **3** 644
  - Pfändung **3** 647
- Altersrente **3** 648
- Beitrag **3** 38, 636
- Beitragschaden **3** 1068

628

- Forderungsübergang
  - § 116 SGB X **3** 605
- Krankengeld
  - Beitrag **3** 488, 636
- Leistungsspektrum **3** 639
- Mini-Job **3** 38
- Quotenvorrecht **3** 650, 651, 660
- Unfallversicherer **3** 656
- Wartezeit **3** 640
- Zuschuss zur Krankenversicherung **3** 649
- Zuschuss zur Pflegeversicherung **3** 649
- § 119 SGB X **3** 1068
Berufsunfähigkeitsrente *siehe* Sozialversicherung-Rentenversicherung-Berufsunfähigkeitsrente
Beschützende Werkstatt *siehe* Behindertenwerkstatt
Besuchskosten **2** 129
- Babysitter **2** 133
- Haushalt **2** 132
- Urlaub, unbezahlter **2** 131
Betreuung **2** 138
Betriebliche Altersversorgung **3** 334; **4** 15
- Altersrente **3** 339
- Beitragsausfall **3** 1071
- Direktversicherung **3** 335, 346
- Direktzusage **3** 337
- Pensionsfond **3** 336, 347
- Pensionskasse **3** 336, 347
- Quotenvorrecht **3** 350
- Unfallversicherer **3** 351
- Unterstützungskasse **3** 338, 347
- VBL **3** 348, 350, 1070, 1152, 1246
- Verletztenrente **3** 343
- ZVK **3** 1070, 1246
Betriebshilfe **4** 26, 31
Betriebsinhaber *siehe* Selbständige
Beweis
- Aktivlegitimation **1** 61
- Allgemeine Erfahrungswerte **2** 116
- Anderweitige Entwicklung **11** 57
- Anforderung
  - Eigenleistung am eigenen Heim **2** 156
- Anscheinsbeweis **11** 64
- Anspruchsgrundlage **1** 35
- Anwaltliche Belehrung **15** 6
- Arbeitgeber
  - Leistungsbeschränkung
    - Eigenverschulden des Arbeitnehmers **4** 189
- Arbeitsrecht - Schadenersatzrecht **1** 79
- Arbeitsunfähigkeit **1** 78, 81
  - Arbeitsrecht **1** 80; **4** 183
  - Schadenersatzrecht **1** 81; **4** 184
- Attest **1** 82; **11** 30

- Beamte
  - Leistungszulage **3** 1158
- Beweiserhebungskosten **1** 154; **4** 319
- Beweiserleichterung **11** 46
  - Vorschaden **11** 36
- Beweislast
  - Anderweitige Entwicklung **13** 48
  - Einkommen nach üblichem Ende des Arbeitslebens **3** 200
  - Ende des Arbeitslebens **3** 195
  - Familienrechtlicher Unterhalt **9** 29
  - Schadenminderung
    - Umschulung **9** 49
  - Sekundär **1** 137; **3** 152, 276; **8** 4; **9** 27; **11** 55
  - sekundäre **2** 92
  - Sphärentheorie **1** 137; **3** 152, 276; **8** 4; **9** 27; **11** 55
- Beweislastumkehr
  - Anscheinsbeweis **11** 66
  - Arzt **11** 28
  - Außergerichtliche Regulierung **11** 33
  - Ende des Arbeitslebens **3** 197
- Beweisregeln **11** 20
  - Vertragshaftung **11** 51
- Beweissicherungsverfahren **9** 67
- Beweisverfahren **12** 50
- Beweiswürdigung
  - Sachverständige Feststellung **4** 99
- Bösgläubigkeit **14** 9
- Derzeit nicht zu führender Beweis **11** 54
- Eigenleistung am eigenen Heim **2** 156
- Einvernahme des Steuerberaters **11** 58
- Entgangene Dienste **7** 144
  - Verletzter **7** 147
- Entgangene Geschäfte **4** 75
- Erleichterung **2** 116; **4** 95; **6** 58
- Ersatzkraftkosten **4** 82
- Ersparnis **8** 33
- Fahrradhelm **4** 195
- Feststellungstitel **11** 38
- Gesamtvermögensvergleich **2** 100
- Gewinnminderung **4** 95
- Haushaltsführungsschaden **7** 58
  - Ersatzkraft **7** 68
  - Nicht-eheliche Gemeinschaft **7** 41
- Kausalität **1** 78
  - Haftungsausfüllende **4** 95; **11** 22, 28, 36, 40, 46, 50; **13** 39
  - Haftungsbegründende **2** 7, 58; **11** 21, 27, 40
  - Überholende **2** 85, 89; **11** 57; **13** 48
- Kirchensteuer **16** 55
- Kreditaufnahme **9** 81

629

Index

- Mehrwertsteuer **16** 72
- Nicht-eheliche Gemeinschaft
  - Haushaltsführung **7** 41
- Rabatt **3** 152
- Rechtsgutverletzung **2** 58; **11** 27
- Rechtsnachfolge **1** 54, 77; **2** 92; **4** 184; **11** 39
  - Beweislast, sekundäre **2** 92
- Riesterrente **3** 144
- Rüruprente **3** 144
- Sachbezug **3** 152
- Sachverständigengutachten **7** 58; **11** 58
- Schadenminderung **11** 56
  - Arbeitskraftverwertung **9** 27
  - Hinweispflicht **9** 76, 78
  - Vermittelbarkeit **9** 49
  - Warnpflicht **9** 76
- Schutzhelm **4** 194
- Schutzkleidung **4** 194
- Sicherheitsgurt **4** 193
- Sozialrecht **2** 79
- Spekulationsgewinn **2** 225
- Steuer **3** 276
- Steuervergünstigung **3** 276
- Strengbeweis
  - Anforderung **11** 29
  - Kausalität **11** 26, 27
  - Schwere der Verletzung **11** 25
  - Umfang der Verletzung **11** 25, 28
  - Umstand der Verletzung **11** 24, 27
- Substantiierung **11** 59
- Unterlagen beibringen **11** 53
- Verdienstausfall **11** 41
- Verjährung **12** 13
- Verletzung **11** 20, 26, 27, 28
- Vorlage der Einkommensteuererklärung **9** 70
- Vorteilsausgleich **8** 4, 33
- Wahrscheinlichkeit **2** 185; **4** 75, 96; **11** 47
- Zeitliche Nähe **11** 32
- § 110 SGB VII
  - Anspruchshöhe **1** 131
  - Grobe Fahrlässigkeit **1** 130
  - Mithaftung **1** 133
  - Übergangsfähigkeit **1** 137
  - Übersicht **1** 138
- Bezugsgröße **3** 543, 580; **4** 14; **6** 49
- BG (= Berufsgenossenschaft) *siehe* Sozialversicherung-Unfallversicherung
- Bildhauer *siehe* Künstler
- Bonvivant **2** 108
- Bösgläubigkeit **14** 9; *siehe auch* Gutgläubigkeit
- Buchführung
  - Doppelte **4** 103

- Budget, trägerübergreifendes **3** 696
- Bundesversorgungsgesetz **3** 750
  - Ausgleichsrente **3** 759
  - Berufsschadenausgleich **3** 762
  - Ehegattenzuschlag **3** 766
  - Erwerbsminderungsrente
    - Übersicht **3** 764
  - Familienzuschlag **3** 766
  - Grundrente (BVG) **3** 757
  - Kinderzuschlag **3** 766
  - Krankenkasse **3** 773
  - Leistung **3** 754
  - Quotenvorrecht **3** 768, 770
  - Versorgungsfall **3** 751
  - Versorgungskrankengeld **3** 755
  - Wehrdienstunfall **3** 752
- Bürokosten **2** 255
- Bußgeld
  - Bußgeldpauschale **2** 207; **5** 43
  - Einnahmeausfall **2** 172
- BUZ *siehe* Berufsunfähigkeitszusatzversicherung

- Caritative Tätigkeit **2** 110, 150, 178; **7** 35
  - Anspruch **2** 14
- Chancenvereitelung **2** 143
- Clubbeitrag **2** 250

- Darlegung (Darlegungslast) *siehe* Beweis
- Darlehn **3** 123; **14** 5
- Darlehnsmehrbedarf **2** 159
- Deckung
  - Deckungssumme **3** 986
    - Befriedigungsvorrecht **3** 655, 660, 985
  - Deckungsverhältnis **1** 29
- Deputat *siehe* Einkommen-Sonderleistung-Deputat; *siehe auch* Sachbezug
- Diebstahl **2** 261
- Dienste, entgangene **1** 175; **2** 146; **6** 43; **7** 52, 112
  - Aktivlegitimation **7** 115, 118
  - Anspruchsvolumen **7** 139
  - Dauer **7** 143
  - Drittleistung **7** 149
  - Eigene Tätigkeit **7** 129, 143
  - Einzelgläubiger **7** 134
  - Elterlicher Betrieb **7** 137, 140
  - Eltern **7** 116, 130
  - Forderungsberechtigung **7** 115
  - Gesamtgläubiger **7** 117, 134
  - Gesetzliche Verpflichtung **7** 121
  - Haftung **7** 120
  - Haushaltsführungsschaden **7** 52, 127
  - Kind **7** 138
  - Landwirtschaft **7** 114

- LPartG **7** 124
- Mitarbeitspflicht **7** 132
- Mithaftung **7** 120
- Mitverantwortung **7** 120
- Mitverschulden **7** 120
- Nicht-eheliche Partner **7** 123
- Tötung **7** 119
- Verletzung **7** 119, 130
- Verpflichtung **7** 130, 131, 135
- Vertragliche Verpflichtung **7** 121
- Verwandte **7** 138

Dienstherr **1** 22; **3** 1181; **4** 144; *siehe auch* Arbeitgeber, Beamte
- Altersversorgung **3** 1181
- Hinterbliebenenversorgung **3** 1181
- Krankenversicherung **3** 1181
- Kürzung
  - Vorteilsausgleich **8** 6, 10, 15
- Lohnfortzahlung **3** 311
- Pflegeversicherung **3** 1181
- Ruhestandsversorgung **3** 1181
- Unfallversicherung **3** 1187
- Vorruhestandsversorgung **3** 1181

Dienstunfall **3** 1187, 1191, 1233; *siehe auch* Arbeitsunfall, Beamte-Dienstunfallversorgung; *siehe* Dienstunfall
- Ausschlussfrist **3** 1194
- Dienstwegeunfall **3** 1190
- Dritter Ort **3** 1193
- Haftungsausschluss
  - Beamter **3** 1234
  - Dienstherr **3** 1236
  - Teilnahme am allgemeinen Verkehr **3** 1238
  - Übersicht **3** 1240
- Meldefrist **3** 1194
- Soldat **3** 780
- Wehrpflicht **3** 780
- Zivildienst **3** 780

Dienstwegeunfall *siehe* Arbeitsunfall, Dienstunfall

Differenzfaktor *siehe* Kapitalisierung-Differenzfaktor

Differenzhypothese **2** 100, 244

Doppelte Haushaltsführung *siehe* Miete-Doppelte Haushaltsführung

Doppelverdienerehe **3** 299

Drittleistung *siehe auch* Forderungsübergang, Privatversicherung, Sozialversicherung
- Abfindung
  - Schwerverletzte **1** 189
- Allgemein **1** 37
- Arbeitgeber
  - Mittelbarer Schaden **1** 155; **4** 153, 267
- Beamte **3** 1184

- Befriedigungsvorrecht
  - Beamte **3** 1241
- Berechnungsmodalitäten **3** 3
- Drittleistungsträger **1** 9, 15
  - Mittelbarer Schaden **1** 151
    - Anwaltskosten **1** 154, 156
    - Arztbericht **1** 152; **4** 323
    - Auszahlungskosten **1** 153; **3** 583
    - Dolmetscher **1** 152; **4** 323
    - Gutachten **1** 152, 154; **4** 323
    - Portokosten **1** 152, 154; **4** 320
    - Regressabwicklung **1** 154
    - Telefonkosten **1** 152, 154; **4** 320
    - Übersetzungskosten **1** 152; **4** 323
    - Verwaltungskosten **1** 152; **3** 583, 724, 778, 1212; **4** 295, 317, 322
    - Zeitaufwand **1** 154
- Drittleistungsverhältnis **1** 30
- Forderungsübergang
  - Hinterbliebene **1** 189
- Freiwillige Leistungen Dritter **8** 2
- Gesetzlicher Träger **1** 9
- Haushaltshilfe **7** 103
- Krankenversicherung
  - Erstattung nach AAG **4** 148, 167, 211, 380, 391, 398
  - Erstattung nach §§ 10 ff. LFZG **4** 147, 388
- Privater Träger **1** 9
- Selbständige **4** 114
- Übersicht **1** 107
- Unterschiede **3** 2

Drittleistungsträger *siehe auch* Arbeitgeber, Dienstherr, Privatversicherung, Sozialhilfeträger-Sozialversicherung; *siehe auch* Forderungsübergang-Kein Anspruch

Drittleistungsverhältnis *siehe* Drittleistung-Drittleistungsverhältnis

Drittschadensliquidation **2** 118; **4** 158, 330

Dynamik
- Betriebliche Altersversorgung **3** 235, 341
- Bezugsgröße **3** 543
- Krankengeld **3** 483
- Rentenzahlung **14** 55
- Wertsicherungsklausel **14** 58
- Zuschlag **13** 60

Eheähnliche Gemeinschaft *siehe auch* Ehegatte, Lebenspartner, LPartG, nicht-eheliche Gemeinschaft, Partner
- ALG II **3** 972
- Dienstleistung **2** 145
- Grundsicherung **3** 727
- Haushaltsführungsschaden **7** 53
- Sozialhilfe **3** 972

631

Index

- Tod 7 86
- Ehegatte *siehe auch* eheähnliche Gemeinschaft, Familienangehörige-Mitversicherung, Lebenspartner, LPartG, nicht-eheliche Gemeinschaft, Partner
  - ALG II 3 972
  - Alleinverdiener 3 297
  - BAT 3 137
  - Doppelverdienerehe 3 299; 16 8
  - Einkünfte 3 27
  - Entgangene Dienste 7 23, 122
  - Forderungsübergang
    - Krankenkasse 3 503
  - Gütergemeinschaft 4 44, 53
  - Haushaltsführung 7 1, 44
    - Umverteilung 7 33, 71
  - Kirchgeld 16 58
  - Landwirtschaft 4 28, 32, 37, 38, 42, 43
  - LPartG
    - Haushaltsführung 7 49
  - Mitarbeit im Erwerbsgeschäft 2 119, 148
  - Mitversicherung
    - Krankenkasse 3 503
  - Nachteil
    - Soziale Stellung 2 176
    - Sozialhilfe 2 215
  - Scheidung
    - Mitarbeit 9 29
    - Unterhaltszahlung 3 28
  - Steuer 16 6
    - Splittingtarif 16 39
    - Steuerklassenwahl 16 3, 46
  - Tod 7 84
  - Urlaub
    - Absage 2 240, 257
  - Urlaubsstorno 3 806
  - Verjährung 12 52
  - Zuschlag
    - BVG 3 766
- Eigenersparnis *siehe* Ersparnis, Vorteilsausgleich
- Eigenleistung am eigenen Heim 2 151
- Einbuße *siehe* Minderverdienst
- Ein-Euro-Job 3 75
- Eingliederungshilfe *siehe* Wiedereingliederung-Eingliederungshilfe
- Eingriff in den eingerichteten Gewerbebetrieb *siehe* Anspruchsgrundlage-Eingriff in den eingerichteten Gewerbebetrieb
- Einkommen
  - Arbeitslohn 3 137
  - Ausfall von Bußgeld 2 172
  - Begriffe 3 133
    - Brutto-Einkommen 3 134
    - Netto-Einkommen 3 134
  - Sozialversicherungspflichtiges Einkommen 3 134
  - Steuerpflichtiges Einkommen 3 134
  - Bußgeldersatz 2 207; 5 43
  - Ehegatteneinkommen 16 8
  - Entgangene Dienste 7 145
  - Ermittlung
    - Arbeitnehmer 3 135
    - Kind 6 25
    - Neugründung 4 90
    - Selbständige 4 68, 98
  - Ersatztätigkeit 9 28
  - Ersparnis 8 17
  - Fiktives Einkommen 3 167
  - Kindergeld 3 145
  - Pflegetätigkeit 2 193
  - Saisonarbeiter 3 160
  - Schadenersatzrente 16 5
  - Schwarzarbeit 1 118
  - Sonderleistung
    - Aufwandsentschädigung 2 127; 3 147, 156; 5 39, 41
      - Steuerfreie 3 16
    - Auslagen 2 127; 3 156
    - Auslandszulage 3 147
    - Auslöse 5 41
      - Familenrechtliche Handhabung 5 45
      - Sparanteil 5 44
      - Steuerrechtliche Handhabung 5 46
    - Bußgeldübernahme 3 153
    - Deputat 2 173; 3 152
    - Erschwerniszulage 3 147
    - Fahrtkostenersatz 3 147; 5 41, 42
    - Fahrtkostenzuschuss 5 42
    - Geldstrafe 2 171
    - Geldwerte Zuwendung 5 43, 47
    - Kinderzulage 3 148
    - Kleidergeld 5 42
    - Kost und Logis 5 47
    - Ministerialzulage 3 149
    - Nachtzulage 3 147
    - Rabatt 3 152
      - Steuer 3 155
    - Rabatte 5 47
    - Sachbezug 2 173; 3 152
      - Korrekturen 3 155
    - Schichtarbeiterzulage 3 147
    - Seifengeld 5 42
    - Spesen 2 127; 3 156; 5 41
    - Trennungsentschädigung 3 147; 5 41
    - Trinkgeld 2 226; 3 162; 4 257
    - Überstunden 13 46
      - Fiktive 4 344; 5 35, 37
    - Urlaubszeit 3 150
    - Verheiratetenzuschlag 3 148

- Werksrabatt **2** 173; **3** 152
- Zulage **3** 147
  - Steuer **3** 151
- Sonderleistungen
- Jahressonderzahlung **3** 138
- Überstunden **3** 158; **4** 238
  - Arbeitszeit **5** 31, 36
  - Arbeitszeitgesetz **5** 33
  - Fiktive **5** 38
  - Kollegen **4** 307, 308; **5** 29, 35
  - Kurzarbeit **5** 29, 35
  - Tarifvertrag **5** 38
  - Vergleichsarbeitnehmer **5** 29
- Steuerfreie Einnahmen **16** 16
- Unregelmäßiges Einkommen **1** 104; **2** 222; **3** 29, 65, 160; **6** 56
  - Nachholbarkeit **3** 161
- Unterhaltsschaden **7** 82
- Vermögenswirksame Leistung **3** 140

Einkommen, rechtswidriges **2** 201
- Arbeitnehmerüberlassung **2** 204
- Arbeitszeitrecht **2** 206
- Ausländer **2** 203
- Bestechung **2** 209, 217
- Bußgeldersatz **2** 207; **5** 43
- Leiharbeit **2** 204
- Nebeneinkunft **5** 22
- Personenbeförderung **2** 205
- Prostitution **2** 210; **4** 65
- Schmiergeld **2** 209, 217
- Schwarzarbeit **2** 202; **3** 291; **4** 104; **5** 25
- Sozialversicherung **2** 213
- Telefonsex **2** 212
- Verstoß gegen gute Sitte **2** 208
- Verstoß gegen sozialrechtliche Zusammenrechnungsvorschriften **2** 214

Einkommensminderung *siehe* Minderverdienst

Einkünfte *siehe* Einkommen

Ein-Mann-Gesellschaft *siehe auch* Gesellschaft-Ein-Mann-Gesellschaft
- Geschäftsführergehalt **4** 51

Einnahmen *siehe* Einkommen

Einrede
- Prozess **12** 11

Einstweilige Verfügung *siehe* Prozess-Einstweilige Verfügung

Einzugsermächtigung **3** 676; **14** 17, 18

Eltern *siehe auch* Gesetzliche Vertreter-Eltern
- Entgangene Dienste **7** 116
- Mitversorgte Person **7** 85

Elterngeld
- BEEG **3** 828
- Forderungsübergang **3** 838
- Fortfall bei Tod **2** 161, 183
- Wegfall
  - Mittelbarer Schaden **3** 837

Entgeltfortzahlung im Krankheitsfall
- Arbeitgeber **3** 311
- Arbeitsamt **3** 443
- Beamte **3** 1181
- Dienstherr **3** 1160
  - Quotenvorrecht **9** 85

Entlassung **3** 166

Entwertungsschaden **2** 162
- Leibgeding **2** 184

Erbe
- Adhäsionsverfahren **15** 68
- Anspruch **1** 177, 187
- Erbmasse
  - Belastung
    - Verpflichtungen des Erblassers **2** 257
    - Vertrag **2** 257
- Unterhaltsberechtigter **1** 188

Erfüllung
- Gesamtgläubiger **1** 90
  - Versorgungsträger - Krankenkasse **3** 774
- Gesamtschuld
  - § 110 SGB VII **1** 148
  - § 640 RVO **1** 147
- Gutgläubige Leistung an Dritte **3** 625
- Prämienzuschlag **3** 802
- Rentenminderungsschaden **3** 233, 955, 991, 996, 1005, 1007, 1058
  - Mitverantwortlichkeit **3** 231, 1001
  - Sozialrechtliche Ursache **3** 232, 1004
  - § 179 Ia SGB VI **3** 1137
- Teilungsabkommen **1** 113
- Verzug **1** 158
- Vorversicherung
  - Pflegeperson **3** 939
  - Wechsel des Sicherungssystems **3** 966, 1054
  - § 119 SGB X **3** 1051
- Vorversicherungszeit **3** 120
- Wartezeit **3** 35, 120, 203, 206, 241, 255, 516, 530
  - Allgemeine **3** 517, 545
  - Arbeitslose **3** 532
  - Bergmann **3** 209
  - Berufsständische Versorgung **3** 640, 648
  - Frauen **3** 240
  - Grundsicherung **3** 722, 729
  - Landwirt **4** 42
  - Langjährig Versicherte **3** 239, 531
  - Reha-Maßnahme **9** 42
  - Rentenerhöhung **3** 223

633

- Schwerbehinderung **3** 210, 245
- Vorzeitigkeit **3** 518
- § 119 SGB X **3** 925, 936, 986, 1046, 1048, 1051
- § 50 SGB VI **3** 1046, 1109

Erntehelfer **3** 160

Ersatzeinkunft
- Hinweispflicht **9** 79, 80

Ersatzkraft
- Betriebshilfe **4** 26, 31
- Haushaltshilfe **2** 132; **4** 28, 32, 40, 41; **7** 98, 103; **9** 31

Ersparnis *siehe auch* Vorteilsausgleich
- Berufsbedingter Aufwand **8** 27

Erwerbsfähigkeit
- Teilweise Erwerbsfähigkeit **2** 105

Erwerbsschaden *siehe* Verdienstausfall

Erwerbsunfähigkeitsrente *siehe* Sozialversicherung-Rentenversicherung-Erwerbsunfähigkeitsrente

Erziehungsgeld
- Forderungsübergang **3** 827
- Fortfall bei Tod **2** 161, 183
- Wegfall
  - Mittelbarer Schaden **3** 826

Erziehungsgeld, BErzGG **3** 820

Fahrerlaubnis
- Verlust, ungerechtfertigter
  - Schadenersatz **2** 171, 271

Fahrlässigkeit, grobe *siehe auch* Alkohol, Aufwendungsersatz

Fahrlässigkeit, grobe
- Alkohol **4** 350
- Arbeitnehmer **4** 187, 190
- Arbeitsunfall **1** 117, 118
- Lohnfortzahlung **4** 350
- Verjährung **1** 193; **12** 42
  - Organisation **12** 44
  - Schulung **12** 45
- Versicherungsschutz **1** 20
- § 110 SGB VII **1** 130
- § 640 RVO **1** 130

Fahrradunfall
- Entgeltfortzahlung **4** 195

Fahrschule **4** 111, 113

Fahrtkosten
- Arbeitgeberzuschuss **5** 42
- Ersparnis **3** 287; **8** 18, 34
- Heilbehandlungskosten **8** 34
- Mittelbarer Schaden **2** 221

Fahrtkostenersparnis *siehe* Vorteilsausgleich

Fälligkeit
- Rechtskraft **12** 73, 79
- Sozialleistung **3** 123; **14** 5

- Verjährung **12** 69, 72

Familienangehörige
- ALG II **3** 423
- Arbeitslosenhilfe **3** 407
- Beihilfe **3** 1177, 1179
- Beschäftigung **3** 81
- Betrieb **2** 147; **4** 6, 21, 85
- Einkommen **3** 300; **16** 8
- Einkommenszuschlag **3** 137, 1155
- Fahrzeugnutzung **2** 246
- Fiktive Entwicklung **3** 170
- Grundsicherung **3** 727
- Kenntnis **4** 102
- Landwirt **3** 902; **4** 21, 37, 394
- Mitversicherung **1** 64; **3** 22, 42, 376, 379, 428, 503, 505; **4** 25; **5** 28; **6** 24
- Tod **7** 84
- Unterhalt **7** 28

Familienprivileg *siehe* Verwandtenprivileg

Familienrecht
- Unterhalt **7** 16, 80
  - Abänderung **14** 69
  - Auslöse **5** 45
  - Berufsbedingter Aufwand **8** 29
  - Mitarbeit **9** 29
  - Nettoeinkommen **8** 30
  - Umfang **1** 171; **7** 84

Familienrechtliche Handhabung **5** 45
- Berufsbedingter Aufwand **8** 29
- Übersicht **8** 32
- Mitarbeit **9** 29

Fehlverhalten Dritter
- Arzt **2** 76; **11** 28
  - Zeuge Jehova **2** 71
- Zurechnungszusammenhang **2** 70, 73

Ferienjob **6** 6

Fernwirkungsschaden *siehe* Schockschaden

Feststellungsklage *siehe* Klage-Feststellungsklage

Feuerwehr
- Berufsrisiko **2** 63, 99

Fiktion *siehe auch* Fiktiver Schaden
- Altersbedingter Ruhestand **3** 1160
- Beiträge zur Sozialversicherung
  - Behindertenwerkstatt **3** 976, 988
- Eigenleistungen, entgangene **2** 153
- Ersatzkraft **2** 116; **4** 70, 80
- Erwerb der Beamtenstellung **3** 960
- Fiktive familiäre Entwicklung **3** 170
- Fiktive Gehaltsveränderung **3** 171
- Fiktive Überstunden **5** 35, 38
- Fiktiver Schaden **2** 110
- Fiktives Bruttoeinkommen **3** 266
- Fiktives Einkommen **3** 167; **5** 23

- Fiktives Landwirtschaftsmeistergehalt **4** 19
- Fiktives Nettoeinkommen **3** 263
- Fiktivgehalt **3** 1182
- Hypothetischer Rentenversicherungsverlauf **3** 957
  - Rentenversicherungsbeitrag **6** 22
  - Selbständigkeit **3** 960
  - Steuer **16** 12
- Fiktiver Schaden *siehe auch* Fiktion
  - Rentenversicherungsbeitrag **3** 948; **6** 22
  - Steuer **16** 12
- Finanzierungskosten
  - Schadenminderung **9** 73, 82
- Fitnessstudio **2** 247
- Flugzeugführer *siehe* Pilot
- Föderalismusreform *siehe* Beamte-Föderalismusreform
- Forderungsberechtigung
  - Arbeitsverwaltung **3** 439
  - Entgangene Dienste **7** 115
  - Künftige **1** 61; **11** 5; **14** 30
    - Anerkenntnis **1** 65
    - Arbeitgeber **1** 70; **11** 9
    - Feststellungsklage **1** 65
    - Private Krankenversicherung **1** 69; **11** 8
    - Private Pflegeversicherung **1** 69; **11** 8
    - Sozialhilfe **1** 68; **11** 7
    - Sozialversicherung **11** 6
    - Verjährungsverzicht **1** 65
    - § 119 SGB X **1** 66; **3** 1016; **11** 6
      - Kenntnis **3** 1017
  - Prüfung **1** 35; **11** 4
  - Rechtsanwaltskosten **15** 14
- Forderungsübergang *siehe auch* Drittleistung, Familienangehörige-Mitversicherung
  - Abfindung **13** 10; **14** 18
    - Rechtsprobleme **13** 10; **14** 13, 18
  - Abfindungsvergleich **14** 3, 9, 40
    - Forderungsübergang nach Unfall **14** 27
    - Rechtsnachfolge **14** 31
  - Abtretung **1** 53
    - Abtretungsverpflichtung **1** 53
    - Konkurrenz zur Cessio legis **1** 55
    - Rückabtretung **1** 58, 71
    - Weitergehende Leistung **1** 56
    - § 119 SGB X **1** 57
  - Allgemein **1** 34
  - Analogieverbot **1** 50
  - Arbeitsvertrag **1** 51
  - Arbeitsverwaltung **3** 443, 465, 476; **14** 20
    - Künftige Leistungen **3** 419
    - Übersicht **3** 455
  - Art **1** 42, 48
  - Asylbewerber **3** 661, 745

- BAföG **3** 809
- Bahn **3** 1219
- Beamte **3** 1184, 1216
- Berufsständische Versorgung **3** 650
- Berufsunfähigkeitszusatzversicherung, private **3** 795; **4** 138
- Betriebliche Altersversorgung **3** 349
- Betriebsunterbrechungsversicherung **4** 140
- Beweisverteilung **1** 77, 83; **4** 184
- Bundesagentur für Arbeit **3** 481
- Bundesversorgungsgesetz **3** 768
- Cessio legis **4** 359
- Dienste, entgangene **7** 149
- Drittleistung **1** 37; **3** 301
  - Dienste, entgangene **7** 149
  - Übersicht **1** 107
- Elterngeld **3** 838
- Erziehungsgeld **3** 827
- Freiwillige Versicherung **3** 373, 789; **4** 137
- Gesamtgläubigerschaft **1** 86
- Gesetzlich **1** 42, 48, 49
- Grundsicherung **3** 732
  - Abtretung **3** 732
  - § 116 SGB X **3** 733
- Insassenunfallversicherung **3** 792
  - Fahrer **3** 793
- Kein Anspruch **1** 149
  - Altersrente **3** 534
  - Fehlerhafter Beitragsregress **3** 611, 974, 1009
  - Kein Schadenersatzanspruch **2** 12, 15, 19, 26, 39
  - Keine Kongruenz **1** 150
  - Keine Schutzgesetzverletzung **2** 21
  - Keine Sozialleistung **1** 147; **3** 367, 370, 429, 446, 494, 1112; **10** 8
  - Kinderkrankengeld **1** 148
  - Verlängerung einer Hinterbliebenenrente **1** 149, 150
- Kein Schadenersatzanspruch **2** 12
- Keine Sozialleistung **1** 147
- Kindergeld **3** 817
- Kinderunfall **1** 57, 148; **2** 126; **3** 179, 374, 379, 462, 477, 494, 502, 503, 504, 505, 506, 549, 856, 988, 1016; **6** 45; **7** 149; **14** 22, 23
- JAV **3** 580
- Kirche **3** 1243
- Kirchlich Bedienstete **3** 1243
- Kongruenz **1** 78, 96; **3** 372
  - § 640 RVO **1** 126
  - Fahrzeugschaden **1** 129
  - Rechtslageregress **1** 115
  - sachliche **1** 98

Index

- Sachschaden **1** 101, 129
- Schadenpositionen **1** 102
- Schmerzensgeld **1** 100; **3** 614
- Übersicht **1** 97, 107
  - Leistungssystem **1** 38
- Verdienstausfall **2** 152, 264; **3** 160, 319, 327, 609, 610, 1016, 1050, 1118, 1131, 1200; **4** 154, 213, 226, 244, 359; **7** 101; **8** 10, 15
- Vermehrte Bedürfnisse **2** 151
- Zeitliche **1** 103
- § 110 SGB VII **1** 126
- § 179 Ia SGB VI **3** 1130
- Konkurrenz
  - Arbeitgeber
    - Krankenkasse **3** 321; **4** 380
    - Unfallversicherung **3** 321; **4** 379
    - § 110 SGB X **4** 381
  - Berufsständische Versorgung
    - Rentenversicherung **3** 656
    - Unfallversicherung **3** 656
  - Betriebliche Altersversorgung
    - Rentenversicherung **3** 351
    - Unfallversicherung **3** 351
  - Budget, trägerübergreifendes **3** 696
  - Krankenkasse
    - Arbeitgeber **3** 321; **4** 380
    - Versorgungsverwaltung **3** 773
  - Sozialversicherung **1** 86
  - Unfallversicherung
    - Arbeitgeber **3** 321, 605; **4** 378, 379
    - Barleistung **3** 603
    - Berufsständische Versorgung **3** 605, 656
    - Betriebliche Altersversorgung **3** 351
  - Versorgungsverwaltung
    - Krankenkasse **3** 773
  - § 119 SGB X
    - Arbeitgeber **4** 381
    - § 179 Ia SGB VI **3** 1135
  - § 179 Ia SGB VI
    - § 119 SGB X **3** 1135
- Krankenhaustagegeldversicherung, private **3** 800
- Krankenkasse
  - Übersicht **3** 501
- Krankentagegeldversicherung, private **3** 800; **4** 139
  - Beitragszuschlag **3** 802
- Krankenversicherung
  - AAG **4** 148, 167, 380, 391, 398
  - §§ 10 ff. LFZG **4** 147, 388
- Künftig erwartet **1** 57, 61
- Lebensversicherung, private **3** 794
- Leistungsbewilligung **14** 25
- Lohnfortzahlung **4** 357
- OEG **3** 786
  - Anspruchskonkurrenz **3** 787
  - Kenntnis **3** 788
- Orakel **3** 479, 707; **13** 10
- Originärer Anspruch **1** 49
  - Arbeitgeber **4** 145, 294, 358, 369, 371
  - Hinterbliebene **1** 178, 189
  - Teilungsabkommen **1** 110
  - § 110 SGB VII **1** 124, 126; **3** 606, 979
  - § 640 RVO **1** 124, 126, 139; **3** 606, 979
- Pfarrer **3** 1243, 1245
- Pflegekasse
  - Übersicht **3** 509
- Post **3** 1218
- Privat **1** 42, 48, 49
- Privatversicherung
  - Leistungsgewähr **1** 69
- Recht im Unfallzeitpunkt **1** 43
- Rechtsänderungen **1** 45
  - Übersicht **1** 47
- Reiserücktrittsversicherung **2** 239; **3** 803
- Rentenversicherung
  - Übersicht **3** 550
- Rückabtretung **1** 58, 71
- Rückübertragung **1** 58, 71
  - Minderjährige **1** 74
  - Rechtsvorgänger **1** 75
  - Sozialhilfe **1** 73
- Satzung **1** 51
- Selbständige
  - Freiwillige Sozialversicherung **4** 137
- Sozialhilfe **3** 673, 700; **14** 15
  - Künftige Leistungen **1** 68; **3** 675; **11** 7
  - Orakel **3** 706
  - Übersicht **3** 700
  - Unfallversicherung, private **3** 668
- Sozialhilfeträger
  - Verjährung **3** 676; **14** 16
- Sozialversicherung
  - Beitragsentrichtung **1** 63
  - Mitversicherte Person **1** 64; **3** 503, 505; **6** 24
  - § 1542 RVO **3** 384
- Summenversicherung **3** 790
- Tarifvertrag **1** 51
- Teilungsabkommen **1** 111; **4** 401
- Telekom **3** 1218
- Träger der Grundsicherung für Arbeitsuchende **3** 475, 481
- Übergangsfähigkeit **1** 83
- Unfallversicherung
  - Übersicht **3** 607
- Unfallversicherung, private **3** 668, 791
- Unregelmäßige Einkünfte **3** 160

- Unterhaltsschaden – Verdienstausfall – Entgangene Dienste **1** 180, 182
- Vorwirkung von Gesetzen **1** 46
- Zeitpunkt **1** 40, 59
  - Abtretung **1** 60
  - Beamte **3** 1220
  - Cessio legis **1** 60
- Zusatzversorgungskasse **3** 808
- § 119 SGB X **1** 66; **3** 1014
  - Beitragsentrichtung **1** 67
    - Buchungstag **1** 67; **3** 872, 1015, 1019, 1035
  - Rückforderung
    - Verbuchung **3** 979
  - Übersicht **3** 1013
- § 179 Ia SGB VI **3** 1111
  - Übersicht **3** 1113
  - § 119 SGB X **3** 1135

Forderungsübergang, § 119 SGB X *siehe* § 119 SGB X-Abfindungsvergleich

Formel
- Kapitalisierung **13** 21
- Steuer
  - Splittingtarif **16** 40
- Verletztenrente **3** 596
- Vorteilsausgleich
  - Arbeitsunfähigkeit **8** 39

Fortkommensschaden *siehe* Minderverdienst, Verdienstausfall

Fortzahlung
- Arbeitslosengeld **3** 443
- Arbeitslosenhilfe **3** 443
- Beamtenbezüge **3** 1160
- Forderungsübergang
  - Arbeitsamt **3** 443
- Geschäftsführergehalt **4** 51

Fortzahlung Arbeitgeber *siehe* Lohnfortzahlung

Freiberufler **3** 634; **4** 1; *siehe auch* Unternehmer
- Arbeitnehmer **3** 1247
- Drittleistung **4** 115
- Nebentätigkeit **5** 13
- Rentenversicherung **3** 901
- Steuer **16** 4

Freistellungstag **4** 252

Freiwillige Versicherung
- Summenversicherung **3** 790

Freizeit **2** 125, 169, 236, 267; **3** 805; **7** 129; *siehe auch* Urlaub, Zeitverlust, Vermögensschaden
- Altersteilzeit **3** 328
- Elterliche Fürsorge **2** 274
- Freizeitobjekt **2** 247
- Haushaltsführungsschaden **7** 55, 65

Fremdrentenrecht **3** 306, 539

Frist
- Ablauffrist
  - Arbeitslosengeld **3** 401
  - Arbeitslosenhilfe **3** 411
  - Beamtenbezüge **3** 1160
  - Entgeltfortzahlung **3** 312
  - Krankengeld **3** 492
  - Sozialhilfe **14** 14
  - Verletztengeld **3** 588
  - Verletztenrente **3** 593
- Ausschlussfrist
  - Dienstunfall **3** 1194
- Meldefrist **1** 19
  - Dienstunfall **3** 1194
- Rahmenfrist
  - Arbeitsverwaltung **3** 401
- Verjährungsfrist
  - 3 Jahre **12** 74
  - 30 Jahre **12** 72

Frustrationsschaden *siehe* Aufwendungen, vergebliche

Frustrierte Aufwendungen *siehe* Aufwendungen, vergebliche

Führerschein
- Motorrad **2** 249
- Pilotenschein **2** 249

Gastarbeiter **13** 58
- Sterbetafel **13** 58

Geburtstagsfeier **2** 254

Gegenstand
- Verlust **2** 261

Geldstrafe **2** 171; **3** 153

Gemeinschaft, außereheliche *siehe* Eheähnliche Gemeinschaft

Geringfügige Beschäftigungen **5** 12
- 325 €-Job **3** 14
- 400 €-Job **3** 30
- 630 DM-Beschäftigung **3** 12
- Altersteilzeit **3** 333; **5** 20
- Erwerbsunfähigkeitsrente **3** 927
- Geringfügige vesicherungspflichtige Beschäftigung **3** 76
- Gleitzone **3** 59
- Hauptbeschäftigung **3** 921
  - Sozialabgaben **3** 18, 34, 57, 64
  - Sozialversicherungsfrei **3** 922, 929
  - Sozialversicherungsfreie **3** 37
- Kurzfristige Beschäftigung **3** 65
- Mehrere **2** 214; **3** 13, 16, 33, 36, 923, 924
- Midi-Job **3** 56
- Mini-Job **3** 30
- Privathaushalt **3** 47, 928; **4** 395
- Reha-Leistung **3** 927

637

Index

- Rentenversicherung
  - Aufstockung **3** 35
- Rentenversicherungspflicht **3** 903, 910
  - Aufstockung **3** 924
- Sozialabgaben **3** 18, 38
  - Arbeitslosenversicherung **3** 44
  - Beamte **3** 43
  - Pflegeversicherung **3** 44
  - Privathaushalt **3** 51
  - Rentner **3** 43
- Steuer **3** 55
- Übersicht **3** 73
- Vorversicherungszeit **3** 927
- § 119 SGB X **3** 913
  - Hauptbeschäftigung **3** 920

Geringfügige Verletzung *siehe* Rechtsgutverletzung-Bagatelle

Gesamtgläubigerschaft **1** 86
- Abfindung **1** 88
- Außenverhältnis **1** 87
- Drittleistungsträger **14** 6
- Eltern **7** 117, 134
- Innenverhältnis **1** 89, 90
- Krankenkasse (LFZG, AAG) - Arbeitgeber **4** 402
- Prätendenstreit **1** 95
- Schuldnerschutz **1** 94
- Sozialversicherer **1** 91; **3** 612, 625, 1058
  - Dienstherr **1** 92; **3** 1229
  - Umschulung **9** 44
  - Versorgungsträger **1** 92; **3** 774
- § 110 SGB VII **1** 144
- § 119 SGB X
  - § 179 Ia SGB VI **3** 1135
- § 640 RVO **1** 143

Gesamtschuld
- Arztfehler **2** 77
- Erst- und Folgeschädiger **2** 74
- Gestörte
  - Arbeitgeber **4** 383
  - Arbeitsunfall **1** 33; **3** 708
    - § 110 SGB VII **1** 148
    - § 640 RVO **1** 147
- Verjährung **12** 26, 43

Geschäftsführer **4** 47, 51; *siehe auch* Ein-Mann-Gesellschaft, Gesetzliche Vertreter-Juristische Person, Tantieme

Geschwindigkeitsüberwachung
- Einnahmeausfall **2** 172

Geschwister **3** 831

Gesellschaft **2** 174; *siehe* Unternehmer
- Ein-Mann-Gesellschaft **4** 50
  - Mondscheingehalt **4** 52
- Geschäftsführer **4** 47

Gesellschafter
- Mittelbarer Schaden **4** 45

Gesetzliche Vertreter *siehe auch* Vertreter
- Eltern **1** 191
- Juristische Person
  - Geschäftsführer **3** 129; **4** 47, 50, 51
  - Vorstandsmitglied **3** 129

Gewerbebetrieb, Eingriff in den eingerichteten *siehe* Anspruchsgrundlage-Eingriff in den eingerichteten Gewerbebetrieb

Gewerblich genutztes Fahrzeug **2** 4

Gewinnausfall *siehe* Minderverdienst, Verdienstausfall

Gleitzeit
- Ärztliche Behandlung **2** 125, 273
- Besuchskosten **2** 131

Gliedertaxe **2** 113; **3** 594

Grad der Behinderung *siehe* GdB

Gratifikation **3** 138; **4** 243

Grobe Fahrlässigkeit *siehe* Fahrlässigkeit, grobe

Grundrente (BVG) **3** 757, 1202
- Schmerzensgeld **3** 667
- Sozialhilfe **3** 669
- Unfallausgleich **3** 1197

Grundsicherung **3** 687, 714
- Antrag **3** 718
- Antragsberechtigung **3** 719
- Bedürftigkeit **3** 716
- Behindertenwerkstatt **3** 729
- Leistungen **3** 728
- Mehrbedarf **3** 728
- Regelsatz **3** 728
- Sozialhilfeträger **3** 714
- Sozialversicherung, vorbestehende **3** 717
- Subsidiarität **3** 726, 734
- Verwandtenprivileg **3** 737

Gurt
- Entgeltfortzahlung **4** 192

Gutachten *siehe auch* Attest, Beweis-Attest, Beweis-Gutachten
- Kostenersatz **1** 152; **4** 323
- Steuer **16** 82

Gutgläubigkeit *siehe auch* Bösgläubigkeit
- Leistung an Nichtberechtigten **3** 121, 625, 775; **14** 10, 15

GUV (= Gemeindeunfallversicherungsverband) *siehe* Sozialversicherung-Unfallversicherung

Haftpflichtversicherung
- Haftungshöchstsumme **14** 7

Haftung
- Entgangene Dienste **7** 120
- Haftungshöchstsumme **3** 986; **14** 7

Index

- Befriedigungsvorrecht **3** 655, 660, 985
- Haftungsverhältnis **1** 28
- Kind **6** 2
- Lebensalter und Verantwortlichkeit (Übersicht) **6** 1

Haftungsausfüllende Kausalität *siehe* Kausalität-haftungsausfüllende

Haftungsausschluss
- Arbeitsunfall **3** 125, 977

Haftungsausschluss, Arbeitsunfall *siehe* Arbeitsunfall

Haftungsbegründende Kausalität *siehe* Kausalität-haftungsbegründende

Handwerker **4** 1, 115
- § 119 SGB X **3** 886

Hauptbeschäftigung **2** 214

Hausfrau **7** 1, 11, 44
- Landwirtschaftliche Hausfrau **4** 20

Haushaltsführung
- Verwertung restlicher Arbeitskraft **9** 30

Haushaltsführung, Doppelte *siehe* Miete-Doppelte Haushaltsführung

Haushaltsführungsschaden
- Allgemein **7** 1
- Beeinträchtigung **7** 58
- Berechnung **7** 55
- Berufstätigkeit **7** 45
- Besuchskosten **2** 132
- Dauer **7** 70
- Dienste, entgangene **7** 122
- Drittleistungen **7** 99
- Eheähnliche Gemeinschaft **7** 53
- Eingetragene Lebenspartner **7** 49, 87
- Ersatzkraft **7** 67
- Haushaltshilfe **2** 132; **4** 28, 32, 40, 41; **7** 98, 103; **9** 31
- Haustier **7** 30
- Kind **7** 51, 126
- Kongruenz **3** 1050; **7** 105
- Landwirtschaft **4** 20, 28; **7** 30
- Maßstab
  - Unterhaltsberechtigung **7** 84
- MdE
  - 20 % **2** 115; **7** 60
- Schadenminderung **7** 74; **9** 30
- Steuer **16** 23, 28, 33
- Tier **7** 30
- Unterhalt **1** 172; **7** 98
- Verletzengeld **3** 610
- Verletztenrente **3** 610
- Verletzung **7** 10
  - Eigenversorgung **7** 10
  - Fremdversorgung **7** 15
- Zeitraum **7** 70
- Zuordnung **2** 152; **7** 5

Haushaltshilfe **2** 132; **4** 28, 32, 40, 41; **7** 98, 103; **9** 31

Hausmann **7** 1, 44; *siehe* Hausfrau

Heilbehandlung
- Arztbesuch **2** 121; **4** 311
- Beihilfe
  - Beamte
    - Hinterbliebene **3** 1224
    - Steuer **16** 97
    - Verletzung **3** 1174
- Besuchskosten **2** 129
- Betreuung **2** 138
- Steuer **16** 23, 31, 33
- Zeitaufwand **2** 120, 274
  - Eltern **2** 126, 137
- Zuwendung, familiäre **2** 134

Heimpflege
- Unfallversicherung
  - Verletztenrente **3** 598

Heirat
- Fiktive familiäre Entwicklung **3** 170

Heiratschance, verminderte **2** 175

Helm
- Entgeltfortzahlung **4** 194

Hilfe, unentgeltliche **2** 149

Hinterbliebene *siehe* Mittelbarer Schaden-Anspruch-Hinterbliebenene

Hinweispflicht
- Drittleistungsträger **9** 78
- Ersatzeinkunft **9** 79, 80

HIV-Infektion **2** 36

Hochzeit
- Kosten
  - Mittelbarer Schaden **2** 258

Hochzeitsfeier **2** 254

Honorarvereinbarung *siehe* Rechtsanwalt-Honorarvereinbarung

Index *siehe* Lebenshaltungskostenindex

Infektion
- Dritte **2** 36
- HIV **2** 36

Insasse *siehe auch* Zeuge
- Ansprüche **2** 20; **4** 129
- Insassenunfallversicherung **3** 792
- Schock **2** 39, 65
- Teilungsabkommen **12** 27

Insassenunfallversicherung *siehe* Privatversicherung-Insassenunfallversicherung

Insolvenz *siehe* Konkurs

Installationsarbeit **2** 158

Internet
- MISSOC **3** 308
- Recherche **2** 222; **3** 183

Index

Jagdpacht **2** 250
Jahreskarte **2** 247
JAV *siehe* Sozialversicherung-Unfallversicherung-Jahresarbeitsverdienst
Jugendlicher *siehe auch* Kind, Schüler

Kapitalabfindung *siehe* Abfindung-Kapitalabfindung
Kapitalisierung **13** 1, 89; *siehe auch* Abfindung-Kapitalabfindung
– Ausländer **3** 163; **13** 58
– Aussiedler **13** 59
– Behindertenwerkstatt **3** 542
– Berechnung **13** 21
– Beruflicher Status **3** 163
– Differenzfaktor **13** 43, 67
  – Beispiel **13** 71, 78
– Erwerbsschaden **3** 165
– Faktoren **13** 25
– Gastarbeiter **13** 58
– Gesundheitlicher Status **3** 163
– Kapitalbetrag **13** 3, 4, 21, 23
  – Abänderung **14** 61
  – Anpassung **14** 68
– Laufzeit **13** 4, 22, 23, 26, 30, 71, 78, 85
– Lebensarbeitszeit **3** 164
– Rentenhöhe
  – Änderung **13** 28
– Sterbetafel **13** 55, 87
– Stichtag **13** 31, 34
– Teuerungszuschlag **13** 60
– Unterhalt **14** 17
– Zeitrententabelle **13** 83, 84
– Zinsfuß **13** 22, 27, 49, 50, 66, 69, 70, 77
  – Gesetzgeber **13** 53
  – Praxis **13** 51
Karitative Tätigkeit *siehe* caritative Tätigkeit
Karriereschaden **2** 263; **13** 40
Kaufmann **4** 1
Kausal *siehe* Kausalität
Kausalität *siehe auch* Beweis-Kausalität
– Dienstrecht **2** 81
– Haftungsausfüllende **11** 36, 40
– Haftungsbegründende **11** 27, 40
– Mitursächlichkeit **11** 37
  – Zeuge Jehova **2** 71; **9** 66
– Sozialrecht **2** 79, 80; **3** 567, 568
– Tropfentheorie **2** 82
– Überholende **2** 87; **6** 59
  – Beweis **11** 57; **13** 48
    – Beweiserleichterung **2** 85
  – Kapitalisierung **3** 163; **13** 42, 44, 65
  – Zeuge Jehova **2** 72
– Vorschaden **2** 43, 78; **3** 259; **11** 36

– Wesentliche Bedingung **2** 79, 80; **3** 567, 568
– Zeuge Jehova **2** 71; **9** 66
Kein Anspruch *siehe auch* Drittleistung-Drittleistungsträger-Mittelbarer Schaden, Mittelbarer Schaden-Drittleistungsträger, Vermögenseinbuße-Drittleistungsträger-Mittelbarer Schaden
Kind *siehe auch* Familienangehörige-Mitversicherung, Jugendlicher, Leibgeding, Nasciturus, Schüler, Student
– Arbeitslosengeld **3** 397
– Ausbildungskosten, vergebliche **6** 18
– Ausbildungsverzögerung **6** 6
– Berufszieländerung **6** 15
– Eltern
  – Krankengeld **1** 148
  – Verletztengeld **1** 148
  – Zeitaufwand **2** 126
– Erwerbsschaden **6** 5
– Ferienjob **6** 6
– Feststellungsklage **6** 54; **11** 16
– Fiktive familiäre Entwicklung **3** 170
– Forderungsübergang **1** 57, 148; **3** 179, 374, 379, 462, 477, 494, 502, 504, 505, 549, 856, 988, 1016; **6** 45; **7** 149; **14** 22, 23
  – Abfindung **3** 462, 504, 549
  – Haushaltshilfe **7** 103
  – JAV **3** 580
  – Krankenkasse **3** 503
– Gesetzliche Vertretung **1** 191
– Haftung **6** 2
– Kapitalisierung **13** 67, 76
– Kinderarbeit **6** 6
– Leistungsklage **6** 54; **11** 16
– Mitverschulden **6** 3
– Mitversicherung
  – Krankenkasse **3** 503
– Produkthaftung **2** 54
– Prognose **6** 25
  – Aspekte **6** 27
  – Schwierigkeiten **6** 26
– Rentenminderung **3** 179; **6** 14, 15, 22
– Schadenminderung **6** 19
  – Kind **6** 39
– Sozialversicherung **6** 45
  – Haushaltshilfe **7** 103
– Tod
  – Anspruch der Eltern **6** 43
– Unfallversicherung **2** 52
– Verletzung
  – Anspruch der Eltern **6** 43
– Vorteilsausgleich **6** 37
– Wehrdienst
  – Wegfall **6** 40

640

Index

- Zeitaufwand
  - Eltern **2** 134
- Zivildienst
  - Wegfall **6** 40
- Kinderfrau *siehe* Haushaltshilfe
- Kindergeld **2** 179; *siehe* Kind-Kindergeld; *siehe auch* Elterngeld, Erziehungsgeld, Jugendlicher, Leibgeding, Nasciturus, Schüler, Student
  - Ausländer **2** 180
  - Beamte **2** 181
  - BKGG **3** 811
  - BVG-Rentenzuschlag **3** 766
  - Ende **3** 816
  - Familienkasse **3** 812
  - Familienlastenausgleich **3** 170
  - Forderungsübergang **3** 817
  - Fortfall bei Tod **2** 161, 182
  - Kinderzulage **3** 814
  - Kindeseinkommen **3** 813
  - Stationäre Unterbringung **3** 815
  - Verlängerung **3** 818
- Kinderkrankengeld
  - Kinderpflege-Verletztengeld **3** 589
  - Teilungsabkommen **3** 498
- Kirche
  - Beschäftigte **3** 1242
  - Forderungsübergang **3** 1243
- Kirchgeld **16** 58
- Klage *siehe auch* Prozess
  - Abänderungsklage **14** 51
    - Änderungszeitpunkt **14** 67
  - Antrag
    - Feststellungsantrag **11** 54
    - Kapitalabfindung **11** 11
    - Leistungsantrag **11** 54
    - Rente **11** 12
  - Feststellungsklage **11** 54
  - Kapitalabfindung
    - Urteilsinhalt **13** 2
- Kleidergeld **5** 42
- Kongruenz *siehe* Forderungsübergang-Kongruenz
  - Dienste, entgangene **7** 150
  - Ersparnis **8** 7
    - Stationäre Behandlung **8** 9
  - Saisonarbeiter **3** 160
- Konkurs **3** 163, 166; **6** 59; **13** 47; **14** 67
  - Berufsständische Vereinigung **1** 50
  - Insolvenzgeld **4** 288
  - Konkursausfallgeld **4** 280
- Konzertkarte **2** 250
- Körperbehinderung
  - Steuervergünstigung **16** 87

Kosten *siehe auch* Beweissicherungsverfahren, Fahrtkosten, Finanzierungskosten, Rechtsanwalt-Kosten Werbungskosten
Kostenindex *siehe* Lebenshaltungskostenindex
Krankengeld *siehe* Sozialversicherung-Krankenversicherung-Krankengeld
Krankentagegeldversicherung *siehe* Privatversicherung-Krankentagegeldversicherung
Krankenversicherung *siehe* Privatversicherung-Private Krankenversicherung, Sozialversicherung-Krankenversicherung
- Erstattung nach §§ 10 ff. LFZG **4** 147, 388
Kreditkosten **9** 83; *siehe auch* Finanzierungskosten
Kündigung
- Krankheitsbedingte **9** 9
  - Schwerbehinderung **9** 12
- Rentengewährung **9** 18
Kunstfehler *siehe* Arzt-Arztfehler
Künstler **4** 55, 115
- Sozialversicherung **4** 59, 116
- § 119 SGB X **3** 889
Kurzarbeit **3** 159; **13** 47
- Vergleichsarbeitnehmer **5** 29, 35

Landesbeamte *siehe* Beamte-Föderalismusreform
Landwirt *siehe* Selbständige-Landwirt
Lebensarbeitszeitende *siehe* Verdienstausfall-Ende des Arbeitslebens
Lebenserwartung
- Durchschnittliche **13** 89
- Restliche **13** 89
- Risikoarbeitsgruppe **3** 164; **13** 57
Lebenspartner *siehe auch* Ehegatte, eheähnliche Gemeinschaft, LPartG, nicht-eheliche Gemeinschaft, Partner
- Entgangene Dienste **7** 123
Lebenspartner, eingetragene **7** 49, 87
Lebensrisiko, allgemeines **2** 64, 66
- Beruflicher Lebensweg **9** 50
- Kausalität **2** 62
- Reflexwirkung **2** 15
- Schockschaden **2** 39, 45
- Schreckzustand **2** 44, 64
- Seelische Beeinträchtigung **2** 220
- Seelische Erschütterung **2** 40
- Umfahrung einer Unfallstelle **2** 26
- Unfallzeuge **2** 65
Lebensversicherung *siehe* Privatversicherung-Lebensversicherung
Leibgeding **2** 184
Leiharbeit *siehe auch* Arbeitnehmerüberlassung

641

Index

Leistungen, wiederkehrende
- Feststellungsurteil **12** 67, 69
- Verjährung **12** 67, 69

Liebhaberobjekt **2** 247

Literaturanschaffung
- Mittelbarer Schaden **2** 222

Lohnausgleichskasse **4** 147, 388; *siehe auch* § LZFG-§ 10 ff., Arbeitgeber

Lohnersatzleistung
- § 119 SGB X **3** 881

Lohnfortzahlung **4** 152, 161
- Arbeitgeber **3** 311
- Arbeitnehmer **4** 162, 169
- Arbeitserlaubnis, keine **4** 176
- Arbeitsunfähigkeit **4** 180
- Baugewerbe **4** 331
- Einkünfte **4** 231
- Erneute Erkrankung **4** 216
- Forderungsübergang **4** 357
    - Arbeitgeber **4** 145, 358, 371
        - Krankenkasse, §§ 10 ff. LFZG, AAG **4** 398
- Fortzahlung trotz Verweigerungsrecht **4** 200, 227
- Geschäftsführer **4** 48, 163
- Grobe Fahrlässigkeit **4** 350
- Jenseits EFZG **4** 344
- Krankenkasse
    - AAG **4** 386
    - LFZG **4** 386
- Leistungsbeschränkung
    - Eigenverschulden des Arbeitnehmers **4** 186
- Leistungsspektrum **4** 220
- Lohnausfallprinzip **3** 315; **4** 229
- Mitverschulden **3** 316; **4** 188
- Regress **4** 220
- Regressvereitelung **4** 352; **14** 29
- Startfrist **4** 175
- Umfang **4** 212
    - Akkord **4** 234
    - Anwesenheitsprämie **4** 245
    - Bruttolohn **4** 233
    - Dienstwagen **4** 256
    - Einmalzahlung **4** 239
    - Fixum **4** 235
    - Gehaltszuschlag **4** 254
    - Geldwerter Vorteil **4** 256
    - Gratifikation **4** 243
    - Regelmäßige Gewährung **4** 244
    - Sachbezug **4** 256
    - Treueprämie **4** 243
    - Trinkgeld **4** 257
    - Überstunden **4** 238
    - Urlaubsgeld **4** 241
- Vermögenswirksame Leistung **4** 237
- Weihnachtsgeld **4** 242
- Verschuldete Erkrankung **4** 185
- Verweigerung der Fortzahlungsverpflichtung
    - Schutz des Arbeitnehmers **3** 317; **4** 206
- Voraussetzungen **4** 170
- Vorteilsausgleich **4** 343
- Wegfall der Fortzahlungsverpflichtung
    - Alkohol **4** 191
    - Alles-oder-Nichts **4** 199
    - Fahrradhelm **4** 195
    - Gurt **4** 192
    - Helm **4** 194
    - Schutz des Arbeitnehmers **4** 206
    - Schutzkleidung **4** 194
    - Straßenverkehrsverhalten **4** 196
    - Treu und Glauben **4** 205; **5** 5
    - Unfall bei Nebentätigkeit **4** 204; **5** 1
- Zeitraum **4** 215
    - Beamte **4** 218
    - Kirchlich Bedienste **4** 219

LPartG *siehe auch* Ehegatte, eheähnliche Gemeinschaft, Lebenspartner, nichteheliche Gemeinschaft, Partner
- Entgangene Dienste **7** 124
- Haushaltsführungsschaden **7** 87

Makler **4** 75

Maler *siehe* Künstler

MdE **2** 113; **3** 594; **4** 74
- 20 % **2** 115; **7** 60

Mehraufwand
- Großstadt **8** 26

Mehrkosten
- Schadenregulierung **9** 67

Mehrwertsteuer
- Eigenleistung am eigenen Heim **2** 159
- Erstattungsanspruch
    - Gemeinnützigkeit **16** 95

Meldefrist *siehe* Antrag, Frist

Midi-Job **3** 31, 56, 73

Miete **2** 255
- Doppelte Haushaltsführung **8** 19

Minderung der Erwerbsfähigkeit *siehe* MdE

Minderverdienst **2** 113, 185; **3** 178; **9** 20; **13** 36; *siehe auch* Kapitalisierung, Differenzfaktor
- Finanzieller Engpass **2** 187
- Gewinnminderung **4** 95
- Offenlegung erzielten Einkommens **9** 71
- Rentenminderung **3** 178, 179, 510, 610, 846, 1062, 1069; **13** 36
    - Verletztenrente **3** 973, 975
    - § 119 SGB X **3** 975

- Umschulung **9** 58
- Verletztenrente **3** 973, 975

Mindestschaden *siehe* Verdienstausfall-Mindestschaden

Mini-Job **3** 32, 73
- Ab 1.4.2003 **3** 30
- Putzfrau **3** 46
- § 119 SGB X **3** 913
  - Hauptbeschäftigung **3** 920

Mitarbeiter
- Ansprüche des Unternehmers **1** 155; **2** 235; **4** 144, 155, 220, 358
- Ausfall des Unternehmers **4** 143

Mitarbeitspflicht
- Haushalt
  - Ehegatte **7** 92
  - Kind **7** 95, 132

Mitgliedsbeitrag
- Mittelbarer Schaden **2** 221

Mithaftung *siehe* Mitverschulden

Mitschuld *siehe* Mitverschulden

Mittelbarer Schaden **2** 91; **4** 145, 358; *siehe auch* Forderungsübergang-Kein Anspruch
- Anspruch
  - Analogie **2** 97
  - Dienste, entgangene **6** 43; **7** 52, 112
  - Grundsatz **2** 95
  - Hinterbliebene **2** 96, 164, 166, 224; **3** 350, 517, 1049, 1071, 1179, 1181; **4** 37, 132, 312, 375, 376; **6** 37; **7** 122
- Anspruchsberechtigung **2** 93
- Arbeitgeber **1** 155; **4** 141, 145, 153, 267
  - Kündigungsschutz **2** 2
- Arbeitnehmer **4** 143
- Aufwendungen, vergebliche **2** 257
- Beschränkung auf Vermögensschaden **2** 36, 98
- Caritative Tätigkeit **2** 110
- Dienstherr **4** 141, 145
- Drittleistungsträger **1** 151
  - Anwaltskosten **1** 154, 156
  - Arztbericht **1** 152; **4** 323
  - Auszahlungskosten **1** 153; **3** 583
  - Dolmetscher **1** 152; **4** 323
  - Gutachten **1** 152, 154; **4** 323
  - Portokosten **1** 152, 154; **4** 320
  - Regressabwicklung **1** 154
  - Telefonkosten **1** 152, 154; **4** 320
  - Übersetzungskosten **1** 152; **4** 323
  - Verwaltungskosten **1** 152; **3** 583, 724, 778, 1212; **4** 295, 317, 322
  - Zeitaufwand **1** 154
- Drittschadensliquidation **2** 118
- Eigene Rechtsgutverletzung **2** 36, 98
- Entwertung **2** 163
- Fahrtkosten **2** 221
- Flugschein **2** 178
- Gesellschaft **4** 45, 142
- Heiratschance **2** 175
- Hochzeitskosten **2** 258
- Literaturanschaffung **2** 222
- Mitgliedsbeitrag **2** 221
- Motorradführerschein **2** 178
- Offenbarung einer Vorerkrankung **2** 90
- Pflegetätigkeit **2** 192, 199
- Psychische Beeinträchtigung **2** 220
- Recherche **2** 222
- Reflexwirkung **2** 16
- Selbsthilfegruppe **2** 221
- Sozialabgaben, keine **1** 173; **2** 224; **3** 1071
- Soziale Stellung **2** 176
- Steuer **3** 282
- Urlaub **2** 240
- Vertragliche Verpflichtung **2** 257
- Wegfall
  - Arbeitskraft **2** 118, 231
  - Elterngeld **3** 837
  - Erziehungsgeld **3** 826
  - Pflegetätigkeit **2** 197, 199
  - Soziale Stellung **2** 176
  - Sozialrechtliche Vorteile **2** 215
  - Unternehmer **2** 234
- Zuwendung gegenüber Kind **2** 135

Mitverantwortung *siehe* Mitverschulden

Mitverschulden **1** 15; *siehe auch* Anspruchsminderung
- Alkohol
  - Arbeitsunfall **3** 572
- Änderung Berufsziel **6** 21
- Arbeitgeber **3** 316; **4** 186, 190, 367
  - Quotenvorrecht **4** 364
- Arbeitsunfall **3** 572
- Beamte **3** 1182, 1225
- Beitragsregress **3** 231, 996
- Berufsständische Versorgung **3** 651
- Drittleistung **1** 36
- Entgangene Dienste **7** 120
- Entgeltfortzahlung **4** 186
- Getöteter **7** 120
- Kind **6** 3
- Reha-Management **10** 6
- Späterer Arztfehler **2** 77
- § 105 II SGB VII **4** 130, 135
- § 119 SGB X **3** 231, 851, 986, 996

Mitversicherung
- Wegfall **6** 24

Modifizierte Nettolohnmethode *siehe* Berechnungmodalität-Nettolohnmethode

Mondscheingehalt **4** 52

Index

Nachhilfe **2** 256
Nasciturus
– Abfindungsvergleich mit Mutter **2** 48
– Anspruchsberechtigung **2** 99
– Mitverantwortung der Mutter **2** 50
– Produkthaftung **2** 54
– Unfallversicherung **2** 52
– Verletzung **2** 46
– Verletzung der Mutter **2** 47
– Verletzungshandlung **2** 49
Nebenbeschäftigung *siehe* Nebeneinkunft
Nebeneinkommen *siehe auch* Nebeneinkunft
Nebeneinkunft **2** 127, 189; **3** 8, 146
– Altersteilzeit **3** 333; **5** 20
– Arbeitslosengeld **3** 400
– Arbeitsunfall **5** 10
  – Erhöhung des JAV **3** 576; **5** 8
  – Unfall bei Nebentätigkeit **3** 578
– Aufwandsentschädigung **3** 156
– Auslöse **3** 156
– Beamte **3** 1159
– Begriff **5** 6
– Dauer **5** 26
– Entgeltfortzahlung
  – Hauptarbeitgeber **5** 2
  – Nebenarbeitgeber **5** 4, 6, 7
– Fiktive Einkünfte **5** 23
– Geldwerte Zuwendung **3** 152; **5** 47
– Hauptbeschäftigung
  – Fehlende Genehmigung **5** 4, 22
    – Arbeitgeberinteressen **5** 21
    – Genehmigungspflicht **5** 18
  – Sozialabgaben **3** 18, 34, 57, 64
  – Steuer **3** 28
  – Verbotene Nebentätigkeit **4** 205; **5** 5
– Mehrere geringfügige Beschäftigungen **2** 214; **3** 13, 16, 33, 36, 923, 924
– Mehrfachtätigkeit **2** 214; **5** 22, 26
– Mini-Job **5** 28
– Nettoausgleich **5** 24
– Schwarzarbeit **5** 25
– Spesen **3** 156
– Steuer **3** 28
– Überforderung **5** 27
– Unfall **4** 204; **5** 1
  – Entgeltfortzahlung **5** 4
– Unfallversicherung **5** 8
– Versicherungspflichtige Nebeneinkunft **3** 404
– Wegfall **5** 27; **13** 46
Nebenklage **2** 188; **15** 64
– Anwaltskosten
  – Schadenersatz **15** 65
Nebentätigkeit *siehe* Nebeneinkunft

Nettolohnmethode *siehe* Berechnungmodalität-Nettolohnmethode
Nettolohnvereinbarung **3** 290
Nettoschaden **16** 2
Neugründung *siehe* Verdienstausfall-Junges Unternehmen, Verdienstausfall-Neugründung
Nicht-eheliche Gemeinschaft *siehe auch* Ehegatte, eheähnliche Gemeinschaft, Lebenspartner, LPartG, Partner; *siehe* Eheähnliche Gemeinschaft, Lebenspartner, LPartG
Normativer Schaden **1** 82; **2** 102; **3** 444; **6** 64
Nothelfer
– Beamter **3** 1229
– Schockschaden **2** 99
– Unfallversicherungsschutz **3** 551, 573, 617
Nutzlose Aufwendungen *siehe* Aufwendungen, vergebliche
Nutzungsausfall **2** 190, 245
– Gewerblich genutztes Fahrzeug **2** 4
– Zinsen **2** 275

OEG **3** 782
– Kraftfahrzeugunfall **3** 783
– Leistung **3** 784
– Quotenvorrecht **3** 786
Offenlegung erzielten Einkommens **9** 71
Öffentlicher Dienst
– Angestellte **3** 1143, 1151
– Arbeiter **3** 1143, 1151
– Betriebliche Altersversorgung **3** 1152
– Kirche **3** 1242
– Nicht-Beamtete **3** 1151
– Pfarrer **3** 1242
Öffentlicher Dienst, Beamte *siehe* Beamte
Opferentschädigung *siehe* OEG, Verkehrsopferhilfe
Ordensangehörige **2** 110; **3** 130
Ordnungsbehörde
– Bußgeld
  – Einnahmeausfall **2** 172

Partner *siehe auch* Ehegatte, eheähnliche Gemeinschaft, Lebenspartner, LPartG, nicht-eheliche Gemeinschaft
– ALG II **3** 423
– Elterngeld **3** 831
– Entgangene Dienste **7** 123
– Erziehungsgeld **3** 823
– GSiG **3** 727
– Haushaltsführung **7** 14, 29, 36, 40, 53
  – Partnerschaftsvertrag **7** 43
  – Rationalisierungseffekt **7** 37
– Infektion **2** 36

- Mittelbarer Schaden **2** 229
- Produkthaftung **2** 53
- Sozialhilfe **3** 665
- Tod **7** 86
- Vermittelte Rechtsgutverletzung **2** 36
- § 119 SGB X **3** 430

Pensionär *siehe* Rentner

Personenschaden
- Beweis **11** 27
- Haushaltsführungsschaden **7** 1
- Nasciturus **2** 61; **6** 1
- Nutzlose Aufwendungen **2** 244
- Psychische Beeinträchtigung **2** 44, 55, 64
- Schadenanfälligkeit **2** 78
- Verletzungsverdacht **1** 77; **2** 59; **4** 184; **11** 39
  - Rechtsnachfolge **1** 77; **4** 184; **11** 39
- Vorschaden **2** 78
- Vorsorgliche Untersuchung **2** 59

Personenschadenmanagement *siehe* Reha-Management

Pfändung **3** 123, 647; **14** 5

Pfarrer **3** 1242, 1244
- Forderungsübergang **3** 1245
- Quotenvorrecht **3** 1246

Pflege
- Betreuung **2** 138
- Mittelbarer Schaden **2** 192, 199
- Pflegeperson **2** 193
- Pflegetätigkeit
  - Einkommen **2** 193
  - Unentgeltlich **2** 192
- Zuwendung **2** 134

Pflegegeld
- Steuer **2** 196
- Verdienst **2** 193, 195; **3** 507; **7** 90
- § 119 SGB X **2** 195; **3** 508, 893, 937, 1055

Pflegeperson **2** 193

Pflegeversicherung *siehe* Privatversicherung-private Pflegeversicherung, Sozialversicherung-Pflegeversicherung

Pflichtbeitrag *siehe* Beitrag

Pflichtmitglied
- Arbeitsverwaltung **3** 395
- Krankenversicherung **3** 396, 409; **4** 116
- Pflegeversicherung **4** 116
- Rentenversicherung **3** 542, 877; **4** 3
  - ALG II-Empfänger **3** 883
  - Altersrentenbezug **3** 897
  - Arbeiter **3** 878
  - Arbeitnehmerähnlicher Selbständiger **3** 884
  - Auszubildende **3** 878
  - Beamte **3** 898, 943
  - Behindertenwerkstatt **3** 892, 1101
- Berufsständische Versorgung **3** 900
- Ehescheidung **3** 946
- Freiberufler **3** 901
- Freiwillig Versicherte **3** 908
- Geringfügig Beschäftigte **3** 903, 910
- Handwerker **3** 886
- Hausfrau **3** 907
- Journalist **3** 889
- Keine **3** 896, 1064
- Kindererziehungszeit **3** 894
- Künstler **3** 889
- Landwirt **3** 902
- Lohnersatzleistungsbezieher **3** 880
- Mini-Job **3** 905, 910
- Nachversicherung **3** 942
- Pflegeperson **3** 893, 937
  - Vorversicherung **3** 939
- Publizist **3** 889
- Referendar **3** 944
- Richter **3** 898, 943
- Scheinselbständige **3** 879
- Schüler **3** 906
- Student **3** 906
- Vorruhestandsbezüge **3** 895
- Wehrdienst
  - Berufssoldat **3** 899, 943
  - Wehrpflicht **3** 891
  - Zeitsoldat **3** 899, 943
- Zivildienst **3** 891
- Selbständige **4** 115, 116
- Unfallversicherung **4** 117

Pflichtmitgliedschaft
- Arbeitgeber
  - Lohnfortzahlung **4** 389

Pflichtversicherte Person *siehe* Pflichtmitglied-Rentenversicherung

Pilotenschein *siehe* Führerschein-Pilotenschein

Polizei
- Berufsrisiko **2** 63, 99

Portokosten **1** 152, 154; **4** 320

Postbeamte **3** 1175, 1218

Prämie *siehe auch* Zulage
- Gehaltsbestandteil **3** 138; **4** 243, 255
- Privatversicherung **3** 790
  - Zuschlag **3** 796, 802
- Versicherung
  - Nichtzahlung **3** 981

Prämienzuschlag *siehe* Beitrag-Beitragszuschlag

Private Schadenvorsorge *siehe* Privatversicherung

Private Unfallversicherung *siehe* Privatversicherung-Private Unfallversicherung

Index

Private Vorsorge **1** 9; *siehe* Privatversicherung, Sozialversicherung
Privatversicherung **1** 18
- 630 DM-Beschäftigung **3** 22
- Berufsunfähigkeitsversicherung
  - Beitragszuschlag **2** 266
- Berufsunfähigkeitszusatzversicherung **3** 795; **4** 138
- Betriebsunterbrechungsversicherung **4** 140
- Insassenunfallversicherung **3** 792
  - Fahrer **3** 793
- Krankenhaustagegeldversicherung **3** 800
- Krankentagegeldversicherung **3** 797; **4** 139
- Krankenversicherung **1** 18; **3** 22, 1170; **6** 23
  - Beamte **3** 1228
  - Beitragszuschlag **2** 264
- Lebensversicherung **1** 18; **3** 794; **4** 15
  - Beitragszuschlag **2** 264
- Meldefrist **1** 19
- Pflegeversicherung **1** 18; **3** 1170
  - Beamte **3** 1228
- Quotenvorrecht **3** 632
- Reiserücktrittsversicherung
  - Forderungsübergang **2** 239; **3** 803
  - Stornokosten **3** 806
  - Tod **3** 807
- Summenversicherung **3** 790
- Unfallversicherung **3** 791
  - Beitragszuschlag **2** 264
  - Subsidiarität **3** 630
- Zahlung trotz Verweigerungsrecht **3** 632; **4** 203
Probearbeitsverhältnis **3** 8; **5** 6
Produkthaftung
- Kind **2** 54
- Nasciturus **2** 54
- Partner **2** 53
Prognose *siehe auch* Zeitraum
- Arbeitslose **6** 56
- Aspekte
  - Kind **6** 27
- Einkommensentwicklung **3** 166
  - Beamte **3** 1169
- Entwicklung mit Ersatzkraft **4** 86
- Haushaltsführungsschaden **7** 70
- Kapitalisierung **13** 37
- Kind **6** 25
- Lebensarbeitszeit **3** 178
  - Selbständige **4** 91
- Lebensumstände **13** 3, 29
- Neugründung **4** 89
- Schätzungsunterlagen **4** 100
- Schwierigkeiten **6** 58
  - Kind **6** 26

- Sozialhilfe **14** 18
- Weissagung **6** 35
Progression **3** 276; **16** 103
- Minderverdienst **3** 279
- Progressionsvorbehalt **16** 20
- Streitwert **15** 40
Prostitution **2** 210; **4** 65; *siehe auch* Einkommen, rechtswidriges
- Sozialversicherung **2** 211; **3** 839; **4** 66
Prozess *siehe auch* Beweis, Klage
- Abänderungsklage **14** 51, 64
  - Wesentliche Veränderung **14** 65, 67
- Beachtung von Amts wegen **12** 11
- Beweislast
  - Verjährung **12** 13
- Einstweilige Verfügung **11** 1a
- Feststellungsklage
  - Feststellungsinteresse
    - Sozialhilfeträger **1** 68
- Feststellungsurteil
  - Sozialhilfeträger **3** 677; **14** 16
  - Verjährung
    - Leistungen, wiederkehrende **12** 67, 69
- Instanz
  - Berufung **12** 9
    - Vergleich **15** 57
  - Einrede **12** 9
  - Revision **12** 9
- Klage, Antrag **11** 11
- Mehrheit von Renten **11** 17
- Prozesskostenhilfe
  - Adhäsionsverfahren **15** 69
  - Selbständige **11** 3
  - Verjährung **12** 50
- Prozessvergleich **14** 51
- Richterliche Befangenheit **12** 12
- Versäumnisurteil
  - Verjährungseinrede **12** 11
Prozesskostenhilfe *siehe* Prozess-Prozesskostenhilfe
Prozessvergleich *siehe* Prozess-Prozessvergleich
- Beteiligte
  - Nebenintervenient **15** 55
- Drittbeteiligung **15** 55
- Klagerücknahme **15** 60
- Kostenaufhebung **15** 53, 58
- Kostenentscheidung **15** 58
  - Einigungsgebühr **15** 62
  - Rechtsmittelverzicht **15** 59
- Kostenregelung **15** 52, 53
- Kostenübernahme **15** 61
- Rentenzahlung
  - Abänderung **14** 51

Index

- Vertrag zulasten Dritter **15** 60

Psychische Beeinträchtigung
- Mittelbarer Schaden **2** 220

Publizist
- § 119 SGB X **3** 889

Putzfrau **2** 214

Quotenvorrecht **3** 3; *siehe auch* Befriedigungsvorrecht
- Arbeitgeber **1** 56; **3** 320; **4** 201, 348, 364; **5** 37
  - Vorteilsausgleich **8** 8
- Arbeitnehmer **4** 377
- Beamte **2** 186; **3** 1181, 1182, 1223; **9** 28, 85
  - Anspruchskonkurrenz **3** 1227
  - Beihilfe **3** 1172, 1224
  - Föderalimusreform **3** 1217
  - Privatversicherung **3** 1228
  - Sozialversicherung **3** 1229
  - Verjährung **3** 1226
  - Vorteilsausgleich **3** 1214; **8** 8
- Beispiel
  - Arbeitnehmer **4** 365
- Berufsständische Versorgung **3** 650, 651, 660
- Betriebliche Altersversorgung **3** 350
- BVG **3** 768, 770
- OEG **3** 786
- Pfarrer **3** 1246
- Privatversicherung **3** 632
- Sozialhilfe **3** 705
- Sozialversicherung
  - § 127 AFG **3** 459; **14** 24
  - § 1542 RVO **3** 387, 857; **14** 24
  - § 119 SGB X **3** 984
    - Aufstockungstheorie **3** 851
    - Relative Theorie **3** 852, 1043
  - § 116 SGB X **3** 983

Rabatt *siehe* Einkommen-Sonderleistung-Rabatte; *siehe auch* Sachbezug

Radargerät
- Einnahmeausfall **2** 172

Rauschmittel *siehe* Alkohol

Recherche **3** 183
- Mittelbarer Schaden **2** 222

Rechtsänderungen
- Zeittafel **1** 47

Rechtsanwalt
- Aktenversendungspauschale
  - Mehrwertsteuer **15** 74
- Arbeitgeber **4** 327
- Beratung
  - Kosten **15** 6
- Beratung, falsche **14** 29

- Einschaltung **4** 101
- Erfolgshonorar **15** 49
- Gebühren **15** 1
  - Ausländischer Anwalt **15** 9
  - Einfache Schreiben **15** 21
  - Einigungsgebühr **15** 34
  - Erstattung **15** 7
  - Gerichtsverfahren **15** 52
  - Honorarvereinbarung **15** 46
  - Mandatsverhältnis **15** 2
  - Mehrere Besprechungen **15** 17
  - Mehrwertsteuer **15** 72; **16** 81
  - Nebenklage **15** 65
  - Ortsansässiger Anwalt **15** 8
  - Prozessvergleich **15** 52
  - Schadenersatzanspruch **15** 2, 65
    - Erfolgshonorar **15** 50
  - Streitwert
    - Abfindungsbetrag **15** 22
    - Gerichtsverfahren **15** 29
    - Mandatsverhältnis **15** 24
    - Schadenersatzanspruch **15** 26
  - Sukzessives Geltendmachen **15** 19, 20, 41
  - Vereinzelung **15** 18
  - Vergleichsgebühr **15** 37
  - Wiederkehrende Leistungen **15** 19, 20, 41
  - § 120 BRAGO **15** 21
- Honorarvereinbarung **2** 218; **15** 46
- Kosten
  - Arbeitgeber **4** 327
  - Beweissicherungsverfahren **9** 67
  - Schadenersatz
    - Arbeitgeber **1** 157
    - Arbeitsrechtsstreit **15** 63
    - Drittleistungsträger **1** 154
    - Eigener Versicherer **15** 13
    - Nebenklage **15** 66
    - Sozialhilfeträger **1** 157
    - Sozialrechtsstreit **15** 63
    - Sozialversicherer **1** 157
    - Vormundschaftsgericht **15** 71
  - Schadenminderung **15** 21, 41
  - Schadenersatz
    - Reha-Dienst **10** 8
- Kostenerstattung
  - Anspruchsgegner **15** 14
  - Freistellung **15** 16
  - Klageberechtigung **15** 15
- Nebenklagekosten **15** 65
  - Deckung **15** 67
- Streitwert
  - Idnetität **15** 38
  - Teilerledigung **15** 42

647

Index

- Vorbehalt **15** 44
- Zwischenvergleich **15** 39

Rechtsgutverletzung *siehe auch* Personenschaden
- Bagatelle **2** 42, 69; **7** 60
- Eigentum **2** 25
- Gesundheit **2** 34, 40
- Infektion durch Dritte **2** 36
- Keine Heilmaßnahme **2** 37
- Körper **2** 32, 35
  - Nachweis **2** 59; **11** 27
    - Rechtsnachfolge **1** 77; **4** 184; **11** 39
- Nasciturus **2** 46
- Psyche **2** 38
- Psychische Folgewirkungen **2** 41
- Rechtsgüter **2** 18
- Schock **2** 45
- Substanzschädigung **2** 24
- Tier **2** 28
- Vermutung **2** 33
- Wegversperrung **2** 26

Rechtsnachfolge
- Abfindung **14** 28, 31, 40, 43
- Adhäsionsverfahren **15** 70
- Anspruch **2** 92
- Beweislage **1** 54, 77; **4** 184; **11** 39
- Beweislast **11** 39
- Erbschaft **1** 177
- Kapitalisierung
  - Risikoverteilung **13** 56
- Sozialhilfe **3** 677; **14** 16
- Sozialversicherung **3** 381; **14** 36, 41
  - Beamte **3** 1221
  - Mitversicherung **1** 64; **3** 503, 505; **6** 24
  - Rückübertragung **1** 75
  - Verjährung **3** 1020
- Unfalltod **1** 187
- Verjährung **12** 38

Rechtsnachfolge, Beweislast *siehe auch* Abtretung-Beweislage

Rechtsschutzinteresse *siehe* Forderungsberechtigung

Rechtssystem
- Arbeitnehmer **4** 151
- Schadenersatz **2** 92
- Uneinheitlichkeit **3** 301

Rechtswidrige Einkünfte *siehe* Einkommen, rechtswidriges

Referendar *siehe* Beamte-Referendar

Reha-Management **10** 1
- Freiwilligkeit **10** 4
- Kosten **10** 7

Reise *siehe* Freizeit, Urlaub

Reiserücktrittsversicherung *siehe* Privatversicherung-Reiserücktrittsversicherung

Reisevertragsrecht **2** 242

Rente *siehe auch* Altersrente, Berufsunfähigkeitsrente, Betriebliche Altersversorgung Erwerbsunfähigkeitsrente, Verletztenrente
- Abänderung **14** 51
- Anpassung **14** 54, 68
- Rentenmehrheit **11** 17
- Rentenvergleich **11** 18; **14** 49
  - Künftige Änderung **14** 49
- Steuer
  - Ertragsanteil **3** 28
- Verjährung **12** 68, 77
- Vorzeitige Altersgrenze **3** 252
- Zahlungsweise **11** 15

Rentenalter *siehe* Verdienstausfall-Ende des Arbeitslebens

Rentenanspruch
- Wartezeit **3** 203, 206, 241, 516, 530
  - Allgemeine **3** 517, 545
  - Arbeitslose **3** 532
  - Bergmann **3** 209, 255
  - Berufsständische Versorgung **3** 640, 648
  - Frauen **3** 240
  - Grundsicherung **3** 722, 729
  - Landwirt **4** 42
  - Langjährig Versicherte **3** 239, 531
  - Reha-Maßnahme **9** 42
  - Rentenerhöhung **3** 223
  - Schwerbehinderung **3** 210, 245
  - Vorzeitigkeit **3** 518
  - § 119 SGB X **3** 925, 936, 986, 1046, 1048, 1051
  - § 50 SGB VI **3** 1046, 1109

Rentenminderung *siehe* § 119 SGB X, Beamte, Minderverdienst, Pensionierung, Rentenminderung-Erfüllung

Rentenminderung, Erfüllung *siehe* Erfüllung-Rentenminderungsschaden

Rentenvergleich *siehe* Rente-Rentenvergleich, Vergleich-Rentenvergleich

Rentenversicherung *siehe* § 119 SGB X, Sozialversicherung-Rentenversicherung

Rentner **2** 107; *siehe auch* Pensionär

Reserveursache
- Kind **6** 40

Richter *siehe* Beamte

Riesterrente **3** 144

Risikoabschlag
- Schadenschätzung **6** 26, 58, 60; **7** 92; **11** 52

Risikozuschlag *siehe* Beitrag-Beitragszuschlag

Rücksichtspflicht *siehe* Schadenminderung

Rückübertragung *siehe* Forderungsübergang-Rückübertragung

Sachbezug *siehe* Einkommen-Sonderleistung-Sachbezug
Sachschaden
- Forderungsübergang **1** 101, 129
Sachverständiger
- Sachverhaltsermittlung **9** 69
Saisonarbeit **1** 105; **2** 219, 222; **3** 29, 65, 160; **4** 67
Sanitäter
- Berufsrisiko **2** 63, 99
Sanktion **2** 171
Schaden
- Beitragszuschlag **2** 264
- Keine Ersatzberechtigung **2** 13
- Risikozuschlag **2** 264
Schadenabwicklung
- Zeitaufwand **2** 272
Schadenbestimmung
- Differenzhypothese **2** 100
- Normativer Schaden **1** 82; **2** 102; **3** 444; **6** 64
Schadenersatz
- Ersatzkraft **4** 70, 74, 81, 85, 86, 108, 305
- Ersatzkraft, fiktive **2** 116; **4** 70, 80
- Nebenklagekosten **15** 65
- Verzug **13** 63
Schadenersatz, Fiktiv *siehe* Fiktiver Schaden
Schadenersatz, Geringhaltungspflicht *siehe* Schadenminderung
Schadenersatznorm
- Unterhaltsschaden **1** 169
- Verdienstausfall **1** 161, 167
Schadenersatzverhältnis **1** 28
Schadengeringhaltung *siehe* Schadenminderung
Schadengeringhaltungsverpflichtung *siehe* Schadenminderung
Schadenminderung **9** 3; *siehe auch* Mitverschulden, Schadenminderung
- Anerkennung als Schwerbehinderter **9** 12
- Arbeitskraftverwertung **3** 285, 354; **9** 22
  - Haushaltsführung **9** 30
  - Teilzeit **9** 23
  - Zuverdienst **9** 36
- Ärztliche Anordnung **9** 62
- Aufgabe des Arbeitsplatzes **9** 5, 16
- Baumaßnahme verschieben **2** 154
- Beamte **3** 1164
- Beweislast **11** 56
- Eingriff in den Heilverlauf **9** 66
- Fahrereinstellung **4** 109
- Finanzieller Engpass **4** 72
- Haushaltsführung **7** 74
- Hinweispflicht **2** 187; **4** 56; **9** 78
- Kind **6** 19, 39
- Kreditaufnahme **2** 187; **9** 82
- Kreditkosten **9** 73
- Kündigung **9** 5
  - Klage **9** 16
  - Krankheitsbedingte **9** 9
  - Neuer Arbeitsplatz **9** 7
  - Schwerbehinderung **9** 12
- Kündigungsschutzklage **9** 16
- Leidensgerechter Arbeitsplatz **9** 13, 17, 19
- Medizinische Maßnahmen **9** 60
- Medizinischer Eingriff **9** 63
- Mietfahrzeug **2** 5
- Operation **9** 65
- Rechtsanwalt
  - Kosten **15** 21
- Schadenfeststellung **9** 67
- Selbständige **4** 108
- Sicherung des Arbeitsplatzes **9** 12
- Überobligatorische Tätigkeit **9** 32
- Umdisposition **2** 5; **4** 112
- Umschulung **9** 40
  - Höherverdienst **3** 286
- Umsetzung, betriebliche **9** 53
- Umstrukturierung **4** 112
- Verhalten des Verletzten **9** 4, 32
  - Arbeitsmarktverfüglichkeit **3** 436, 451
  - Ärztliche Anordnung **9** 62
  - Medizinischer Eingriff **9** 63
  - Überobligatorische Tätigkeit **9** 34
  - Verantwortlichkeit **9** 64
- Warnpflicht **9** 73
- Wechsel des Verkehrsmittel **4** 109
Schadenminderung, Umschulung *siehe auch* Umschulung
Schadenminderungspflicht *siehe* Schadenminderung
Schadenregulierung
- Mehrkosten **9** 67
Schadenschätzung
- Risikoabschlag **6** 26, 58, 60; **7** 92; **11** 52
Scheinselbständige *siehe* Selbständige-Scheinselbständige
Schmerzensgeld
- Anspruch **1** 160
- Arbeitsunfall **4** 128
  - § 105 II SGB VII **4** 134
- Bemessung
  - Verletztenrente **3** 615
- Forderungsübergang **1** 100, 107; **3** 1198
- Grundrente (BVG) **3** 758
- Körperverletzung **2** 32
- Mehrwertsteuer **15** 73; **16** 81

- Schmerzensgeldrente **13** 51
  - Steuer **16** 33
- Schonvermögen
  - Sozialhilfe **3** 667
  - Zinsen **3** 667
- Sozialhilfe **3** 667
  - Grundrente (BVG) **3** 667
- Steuer **16** 23, 30
- Steuerschätzung **16** 24
- Tabelle
  - mittelbarer Schaden **2** 222
- Urlaub **2** 237; **3** 805
- Verletztenrente **3** 614
- Zeitverlust **2** 268
- § 110 SGB VII **1** 128

Schockschaden **2** 44, 99
- Allgemeines Lebensrisiko **2** 39, 64
- Berufsrisiko **2** 63
- Insasse **2** 39, 65
- Krankheitswert **2** 45
- Mittelbarer Schaden **2** 36, 98
- Seelische Beeinträchtigung **2** 220
- Voraussetzungen **2** 45
- Zeuge **2** 39, 65, 99
  - Beruflich veranlasst **2** 63

Schuldnerschutz
- Gesamtgläubiger **1** 94; **9** 44
- Verjährung **12** 21

Schuldrechtsreform
- Verjährung **12** 1
  - Fristenlauf **12** 3
  - Systemvergleich **12** 87
- § 852 BGB aF **12** 5

Schüler **6** 6; *siehe auch* Auszubildende, Kind, Student

Schutzgesetz **2** 22, 97

Schutzkleidung
- Entgeltfortzahlung **4** 194

Schwarzarbeit *siehe* Einkommen, rechtswidriges

Schwerbehinderter **3** 245

Schwerverletzte
- Abfindung **1** 183

Seelische Beeinträchtigung
- Schockschaden **2** 220

Seifengeld **5** 42

Selbständige **2** 112; **3** 88; **4** 1; *siehe auch* Arbeitgeber
- 630 DM-Beschäftigung **3** 22, 23
- Abrechnung **3** 265
- Anspruch gegen Drittleistungsträger **1** 16
- Arbeitsunfall **4** 120
- Berufsständische Versorgung **3** 635; **4** 115
- Bessere Ersatzkraft **4** 86
- Drittleistung **4** 114

- Einbindung des Finanzamtes **16** 10
- Erwerbsunfähigkeitsrente **3** 528
- Geringfügige Beschäftigung **3** 28, 37
- Gesellschafter **3** 128; **4** 44, 51, 142
- Gesellschaftlicher Wandel **4** 93
- Gesetzliche Altersgrenze **4** 93
- Krankenversicherung **4** 116
- Landwirt **4** 1, 16
  - Altersrente **3** 213, 537
  - Altersversorgung **4** 35
  - Ehegatte
    - Altersversorgung **4** 38, 43
    - Erwerbsminderungsrente **4** 42
  - Entgangene Dienste **7** 114, 137
  - Krankenversicherung **4** 24
  - Mehrwertsteuer
    - Besteuerungswechsel **16** 76, 80
    - Pauschalisierung **4** 18; **16** 75, 76, 80
    - Regelbesteuerung **4** 18; **16** 76, 80
  - Nebenerwerb **3** 576; **4** 25; **5** 10, 14
  - Nebenerwerbslandwirt **4** 23
  - Rentenversicherung **3** 902
  - Schadenbestimmung **4** 17
  - Sozialversicherung **3** 633; **4** 22
  - Sozialversorgung **7** 103
  - Spritzschaden **4** 16
  - Steuer **4** 18
  - Unfallversicherung **4** 29
- Mitarbeiter **1** 155; **2** 234, 235
- Nebentätigkeit **5** 13
  - Abgaben **5** 15
- Pflegeversicherung **4** 116
- Rentenversicherung **4** 115
- Schadenbestimmung **4** 67
- Schadenminderung **4** 108
- Scheinselbständige **3** 77; **4** 3
  - 5/6-Regelung **3** 95
  - Arbeitsunfall **3** 125
  - Existenzgründer **3** 114
  - Klärungsverfahren **3** 116
  - Konsequenzen **3** 118
  - Personenkreis **3** 111
  - Regelung 1999 **3** 79
  - Regelung 2000 **3** 90
  - Regelung 2003 **3** 104
  - Sozialleistung **3** 120
  - Versicherungspflicht **3** 119
  - § 119 SGB X **3** 121, 124, 879
- Schwarzeinkunft **4** 104
- Selbständige, arbeitnehmerähnliche **3** 85, 97, 885; **4** 2, 10
  - Regelung 1999 **4** 5
  - Regelung 2000 **4** 9
- Sozialversicherung
  - Barleistung **4** 118

- Rentenversicherung **4** 14
- Steuer **16** 4
  - Einbindung des Finanzamtes **16** 10
- Unfallversicherung
  - Verletztengeld **3** 586
- Unterrichtung Dritter **4** 103
- Verletzung des Mitarbeiters **2** 235; **4** 144, 152, 220
- Vertreter **3** 127

Selbsthilfegruppe
- Mittelbarer Schaden **2** 221

Sicherheitsmechanismen *siehe* Alkohol, Gurt, Helm, Schutzkleidung

Sittenwidrige Einkünfte *siehe* Einkommen, rechtswidriges

Soldat **3** 1143; *siehe auch* Beamte, Wehrpflichtiger, Zivildienstleistender

Solidarzuschlag *siehe* Steuer-Solidarzuschlag

Soziale Einbuße
- Mittelbarer Schaden **2** 176

Soziale Stellung
- Verlust
  - Mittelbarer Schaden **2** 176

Sozialhilfe **3** 662; *siehe auch* Asylbewerber
- ALG II **3** 663, 672
- Altenhilfe **3** 694
- Arbeitslosenhilfe **3** 407
- Arbeitsunfall **3** 708
- Ausländer **3** 664
- Bedürftigkeit **14** 17
- Befriedigungsvorrecht **3** 705
- Behindertenwerkstatt **3** 689
- Blindenhilfe **3** 691
- Budget, trägerübergreifendes **3** 696
- Eingliederungshilfe **3** 688
- Einkommen **3** 666
  - Grundrente (BVG) **3** 669, 1202
  - Verletztenrente **3** 669
- Einmalige Leistung **3** 685
- Einzugsermächtigung **3** 676; **14** 17, 18
- Forderungsübergang **3** 700; **14** 15
  - Orakel **3** 706
- Gesamtgläubiger **1** 90
- Grundsicherung **3** 687, 714
- Heimunterbringung **3** 689
- Hilfe zum Lebensunterhalt **3** 680
- Laufende Leistungen **3** 681
- Pauschalierung **3** 682
- Regelsatz **3** 682
- Schadenereignis ab dem 1.7.1983 **3** 704
- Schadenereignis vor dem 1.7.1983 **3** 442, 702, 857; **14** 27
- Sozialamt **3** 661
- Sozialhilfeempfänger **3** 131
- Sozialhilfeträger **1** 24
- Sozialversicherungsbeitrag
  - Weiterzahlung **3** 683
- Subsidiarität **3** 670, 675; **14** 14, 17
  - Arbeitsunfall **3** 708
- Verwandtenprivileg **3** 710
  - Krafthaftpflichtschaden **3** 711
- Von Amts wegen **3** 678
- Weiterführung des Haushaltes **3** 692

Sozialhilfeempfänger *siehe* Sozialhilfe-Sozialhilfeempfänger

Sozialhilfeträger *siehe* Sozialhilfe-Sozialhilfeträger

Sozialversicherung **1** 15; **3** 119, 354; **9** 45; *siehe auch* § 119 SGB X, Beitrag; *siehe* Krankenversicherung, gesetzliche; *siehe* Pflegeversicherung, gesetzliche
- Geringfügige versicherungspflichtige Beschäftigung **3** 76
- Allgemein **3** 356
- Antrag **3** 359
- Arbeitsverwaltung **1** 15
  - ALG II **3** 413, 422
    - Erkrankung **3** 446
    - Sozialversicherungsbeitrag **3** 428
  - Arbeitslosengeld **2** 223; **3** 392, 485
    - Arbeitgeberabfindung **3** 398, 452
    - Dauer **3** 401
    - Fortzahlung bei Krankheit **3** 443
    - Höhe **3** 397
    - Ruhen **3** 399
    - Sozialversicherungsabgaben **3** 396
  - Arbeitslosenhilfe **3** 406, 409, 485
    - Arbeitgeberabfindung **3** 410
    - Dauer **3** 411
    - Fortzahlung bei Krankheit **3** 443
    - Höhe **3** 408
    - Ruhen **3** 399
    - Sozialversicherungsabgaben **3** 409
  - Forderungsübergang **3** 465, 476; **14** 20
  - Kein Sozialversicherungsträger **3** 390, 481
  - Kinderbetreuung **3** 447
  - Leistungsberechtigung **3** 389
  - Leistungsbeschränkung **3** 450
  - Schadenereignis vor dem 1.7.1983 **3** 368, 457; **14** 23
  - Steuer **16** 19
  - Subsidiarität **3** 418
  - Teil-Arbeitslosengeld **3** 404
  - Umschulung **3** 449
- Ausländische **3** 305, 540, 953, 1061
- Aussiedler **3** 539
  - Unfallversicherung **3** 541
- Barleistung
  - Ausgangswert **3** 358

651

- Beamte 3 1170
- Beitrag
  - 630 DM-Beschäftigung 3 13, 18
  - Arbeitgeber
    - Alleinige Beitragstragungspflicht 3 76
  - Arbeitslosenhilfe 3 409
  - Arbeitslosenversicherung 3 267
  - Beamte 3 1170
  - Behindertenwerkstatt 3 543, 547, 976
  - Berufsständische Versorgung 3 1069
  - Eigener Schaden der Sozialversicherung 3 844
  - Fiktiver Beitrag 6 22
  - Freiwillige Aufstockung
    - 630 DM-Beschäftigung 3 24
  - Handwerker 3 887
  - Krankenversicherung 3 271
    - Allgemeiner Beitragssatz 3 273
    - Rentner 3 273
  - Lohnersatzleistung 3 847
  - Minderverdienst 2 223
  - Pflegeversicherung 3 269
    - Ausnahme 3 269
  - Rentenversicherung 3 267, 521
    - Knappschaft 3 268
  - Rentner 3 283
  - Schadenberechnung 3 261, 266
  - Scheinselbständige 3 119
  - Selbständige 4 14
  - Tabelle 3 274
  - Übergangsgeld 9 45
  - Verletztengeld 3 585
  - Verletztenrente 3 591
- Beitragsbemessungsgrenze 3 956, 1067
- Beitragsbemessungsgrundlage
  - Arbeitslosengeld 3 396
  - Arbeitslosenhilfe 3 409
  - Verletztengeld 3 585
- Beitragsregress
  - Arbeitslosenversicherung 3 1093
  - KVdR 3 1094
  - Pflegeversicherung 3 1095
  - Unfallversicherung 3 1096
- Bundesversorgungsgesetz 3 750
- Forderungsübergang 3 366
  - Altfall 3 457; 14 23
  - Arbeitsverwaltung 3 453
    - Regresszuständigkeit 3 439
  - Familienangehörige 3 376, 379
  - Keine Sozialleistung 1 147; 3 367, 370, 429, 446, 494, 1112; 10 8
  - Mitversicherung 3 376, 379
  - Pflegeversicherung 3 508
  - Rechtsnachfolge 1 75; 3 381; 14 36, 41

- Beamte 3 1221
  - Mitversicherung 1 64; 3 503, 505; 6 24
  - Verjährung 3 1020
  - Rückübertragung 1 71
  - Schadenereignis vor 1.7.1983
    - Arbeitsverwaltung 3 457; 14 23
  - Sozialleistung 3 368
    - Spätschaden 3 377, 378, 385, 1003; 14 3
  - Spätschaden 3 375
    - Altfall 3 462
  - Subsidiarität
    - § 33 I SGB II 3 442
  - Zeitpunkt
    - Begründung des Versicherungsverhältnisses 3 374
    - Unfallzeitpunkt 3 374
- Freiwillige Versicherung
  - Barleistung
    - Anrechnung 3 373, 789; 4 137
  - Rentenversicherung 3 960
  - Selbständige 4 114
  - Unfallversicherung 3 586
  - Jahresarbeitsverdienst 3 578
- Fremdrentenrecht 3 539
- Konkurrenz von Barleistungen (BG-Unfall) 3 604
- Krankenversicherung 1 15; 3 21, 482
  - Arbeitslose 3 487
  - Beitragsregress 3 1073
    - Andere Lohnersatzleistung 3 1085
    - Freiwillig Versicherte 3 1076
    - Krankengeldanspruch 3 1080
      - Rückwirkender Fortfall 3 1085
      - Zeitraum 3 1083
    - Minderverdienst 3 1089
    - Pflichtversicherte 3 1075
    - Reha-Maßnahme 3 1088
    - Teilungsabkommen 3 1091
    - Unfallversicherungsschutz 3 1087
  - BVG 3 773
  - Eigener Schaden 3 845
  - Erstattung nach §§ 10 ff. LFZG 4 398
  - Kinderkrankengeld 3 493
    - Höhe 3 495
  - Krankengeld 2 223; 3 276, 312, 445, 482
    - Altersteilzeit 3 332
    - Arbeitslosengeld 3 485
    - Arbeitslosenhilfe 3 485
    - Aufstockung 3 312
    - Dauer 3 492
    - Höhe 3 483
    - Ruhen 3 491

- Sozialversicherungsbeitrag **3** 488
- Steuer **16** 100
- Zusammentreffen mit Rentenversicherungsleistung **3** 484, 491
- Mitversicherung **6** 24
- Pflichtmitgliedschaft
  - Selbständige **4** 116
- Schadenereignis vor dem 1.7.1983
  - Entgangene Krankenkassenbeiträge **3** 1074
- Steuer **16** 17
- Vorteilsausgleich **8** 7, 10
- Wechsel zur Unfallversicherung **3** 617
- Künstler **4** 59
- Kurzfristige Beschäftigung **3** 19
- Landwirt **3** 633; **4** 22
  - Ehegatte **4** 38
- Leistungsspektrum **3** 358
- Maßnahmen **3** 357
- Nebentätigkeit
  - Unfallversicherung **5** 8
- Nettoleistung **3** 280
- Pflegeversicherung **1** 15; **3** 507
  - Pflichtmitgliedschaft
    - Selbständige **4** 116
  - Steuer **16** 17
- Pflichtmitgliedschaft **3** 12
- Prostituierte **2** 211; **3** 839; **4** 66
- Quotenvorrecht
  - § 127 AFG **3** 459; **14** 24
  - § 1542 RVO **3** 387, 857; **14** 24
- Rentenversicherung **1** 15; **3** 510, 976; **4** 2
  - 630 DM-Beschäftigung **3** 24
    - Arbeitgeberbeitrag **3** 23
    - Arbeitnehmerbeitrag **3** 24
  - Altersrente **2** 223; **3** 24, 184, 203, 239, 544
  - Befreiung
    - Berufsständische Versorgung **3** 635, 1068
    - Quotenvorrecht **3** 653
  - Beitragsregress
    - Unzureichender Regress **3** 230
  - Erwerbsunfähigkeitsrente **3** 24, 546
    - Hinzuverdienst **3** 546; **9** 35
    - Steuer **16** 101
  - Landwirt **3** 902
  - Nachversicherung **3** 942
  - Pflichtbeitragszeit **3** 874
  - Pflichtmitgliedschaft **3** 877, 1064; **4** 3
    - Selbständige **4** 115
  - Rente **3** 514
    - Altersrente **3** 530
    - Bergmann **3** 529
    - Berufsunfähigkeitsrente **3** 524
  - Erwerbsminderungsrente **3** 524, 527
  - Erwerbsunfähigkeitsrente **3** 527
  - Hinterbliebene **3** 515
  - KVdR **3** 535
  - PVdR **3** 537
  - Teilerwerbsminderung **3** 523
  - Vollerwerbsminderung **3** 523
  - Voraussetzung **3** 516
  - Steuer **16** 18
  - Übergangsgeld **3** 491, 511
  - Vorgezogene Rente **3** 522
  - Wartezeit **3** 24, 239, 245, 517, 986
    - Bergmann **3** 255
    - Vorzeitige Erfüllung **3** 518
  - Zusammentreffen mit Krankenkassenleistung **3** 484
  - § 179 Ia SGB VI **3** 1097
    - Arbeitsunfall **3** 1132
    - Forderungsübergang **3** 1111
      - Andere Soziallasten **3** 1122
      - Forderungsberechtigung **3** 1120
      - Kongruenz **3** 1129
      - Verwandtenprivileg **3** 1133
      - Zeitpunkt **3** 1116
    - § 116 SGB X **3** 1112, 1124
    - § 119 SGB X **3** 1135
    - Kostenträger **3** 1122
    - Systemänderung **3** 1117
    - Verjährung **3** 1141; **12** 81
    - § 110 SGB VII **3** 1128
    - § 119 SGB X **3** 1119
    - § 640 RVO **3** 1128
- Schadenereignis vor dem 1.7.1983 **3** 366, 368, 382
- Arbeitsverwaltung **3** 457; **14** 23
- Steuer **16** 16, 98
- Umschulung **9** 48
- Unfallversicherung **1** 15; **3** 550; **4** 74
  - Arbeitsunfall **3** 519, 561
    - Alkohol **3** 568
    - Mehrere Arbeitsunfälle **3** 595
    - Scheinselbständigkeit **3** 125
    - Übermüdung **3** 568
  - Gesetzliche - private **3** 574
  - Jahresarbeitsverdienst **3** 575, 594, 597
    - Fiktion **3** 579
    - Freiwillig Versicherte **3** 578
    - Jüngere Verletzte **3** 578
    - Kind **6** 46
    - Landwirtschaft **3** 578; **4** 34
    - Mehrere Beschäftigungen **3** 576; **5** 8
    - Mindest-Jahresarbeitsverdienst **3** 580; **6** 46
    - Satzung **3** 582
  - Kind **6** 45

Index

- Rentenanpassung **6** 48
- Kinderpflege-Verletztengeld **3** 589
- Landwirt **4** 22, 29
- See-Unfallversicherung **3** 578
- Selbständige **4** 114, 117
- Steuer **16** 17, 99
- Übergangsgeld **3** 600
  - Verletztenrente **3** 592, 602
- Unfallversicherungsschutz **3** 573
- Verletztengeld **3** 583
  - Dauer **3** 587
  - Höhe **3** 584
  - Mehrere Beschäftigungen **3** 586
  - Ruhen **3** 586
  - Sozialversicherungsabgaben **3** 585
  - Verletztenrente **3** 592
- Verletztenrente **3** 590, 973, 975; **4** 74
  - ALG II **3** 591
  - Beginn **3** 592
  - Berechnungsformel **3** 596
  - Betriebliche Altersversorgung **3** 343
  - Dauer **3** 593
  - Erhöhung **3** 597
  - Haushaltsführungsschaden **3** 610
  - Kürzung bei Heimpflege **3** 598
  - Sozialhilfe **3** 591, 669
  - Sozialversicherungsabgaben **3** 591
  - Steuer **3** 591
  - Übergangsgeld **3** 592, 602
  - Verletztengeld **3** 592
- Wegeunfall **3** 569
- Zuständigkeitswechsel **3** 617
  - Privatversicherung **3** 630
- Verjährung **3** 364
- Verzicht **3** 122, 363
- Von Amts wegen **3** 361

Sozialversicherung, Beitrag *siehe* § 119 SGB X, Fiktion-Beiträge zur Sozialversicherung, Regress

Sozialversicherung, Pflichtmitgliedschaft *siehe* Pflichtmitglied-Rentenversicherung

Sozialversicherung, Rentenversicherung *siehe* § 119 SGB X

Sozialversicherungsabgabe **3** 266
- Behindertenwerkstatt **3** 547
- Verringerung **2** 223

Spätschaden
- Tod **1** 192

Spekulationsgewinn **2** 225

Spesen *siehe* Einkommen-Sonderleistung-Spesen

Sphärentheorie **1** 137; **3** 152, 276; **8** 4; **9** 27; **11** 55

Staatsanwalt *siehe* Beamte

Statikeraufgabe **2** 158

Statistik
- Unterhaltsrechtliche Leitlinien der OLG'e **8** 32
- Verkehrsunfall **1** 2
  - Tote **1** 4
  - Verletzte **1** 5

Stau **2** 17, 26, 269

Sterbetafel **13** 55
- Allgemeine Sterbetafel **13** 87
- Aus-/Übersiedler **13** 59
- Durchschnittliche Lebenserwartung **13** 89
- Gastarbeiter **13** 58
- Spezielle Sterbetafel **13** 88
- Sterbetafel 1986/88 **13** 76

Steuer **16** 1; *siehe auch* Vorteilsausgleich-Steuer
- Alleinverdiener **3** 297
- Arbeitgeberabfindung **3** 398
- Arztgutachten **16** 82
- Beamte **3** 1182
  - Gehaltsfortzahlung **3** 1181
- Berufsbedingte Aufwendungen **2** 217
- Betriebliche Altersversorgung **3** 342
- Doppelverdienerehe **3** 299
- Drittelungsmethode **16** 53
- Ehegatte **16** 4
- Einbindung des Finanzamtes **16** 10
- Einkommensteuer **3** 275; **16** 16
  - Berechnung **16** 34
  - Schadenersatz **16** 62
- Einkünfte aus abhängiger Beschäftigung **4** 231
- Einmalige Leistung **16** 21
- Entgeltfortzahlung **3** 313
- Entschädigungsleistung **16** 50
- Fahrtkosten **5** 46
- Fälligkeit **16** 13
- Fiktive Steuer **16** 12
- Freibetrag **16** 3, 4, 46
  - Belegschaftsrabatt **3** 155
- Fünftelung **16** 52
- Gewerbekapitalsteuer **16** 64
- Gewerbesteuer **16** 61, 77
- Grundtarif **16** 37
- Hinterbliebene **16** 48
- Kirchensteuer **3** 275; **16** 54
- Kirchgeld **16** 58
- Landwirt **4** 18; **16** 75, 76
- Mehrwertsteuer **16** 67
  - Abzugsberechtigung **16** 74
  - Gutachten **16** 82
  - Sachschaden **16** 68
  - Schadenersatz **16** 73
    - Anwaltskosten **16** 81
  - Schuldnermehrheit **16** 71

- Zeitpunkt **16** 78
- Monatssteuer **16** 3
- Pauschale
  - Werbungskosten **8** 35
- Pauschalsteuer **3** 29
  - 630 DM-Beschäftigung **3** 26
- Pension **16** 48
- Pflegegeld **2** 196
- Progressionsdifferenz **3** 276; **16** 103
  - Minderverdienst **3** 279
- Progressionsvorbehalt **16** 20, 103
- Rente **16** 49
- Schadenberechnung **3** 263, 275; **4** 105
- Schadenersatz
  - Bedürfnisse, vermehrte **16** 23, 31, 33
  - Beerdigungskosten **16** 23, 31, 32, 33
  - Betreuungsschaden **16** 29
  - Erwerbsschadenkapital **16** 33
  - Erwerbsschadenrente **16** 33
  - Feststellungsanspruch **16** 14
  - Haushaltsführungsschaden **16** 23, 28, 33
  - Heilbehandlung **16** 23, 31, 33
  - Mehrsteuer **3** 277; **16** 5
  - Schmerzensgeld **16** 23, 30
  - Schmerzensgeldrente **16** 33
  - Unterhaltsschaden **16** 23, 32, 33
  - Verdienstausfallschaden **16** 27
- Solidarzuschlag **3** 275; **4** 233; **16** 59
- Splittingtarif **16** 7, 39
  - Formel **16** 40
- Steuerarten **16** 16
- Steuerersparnis **4** 83
- Steuererstattung **16** 5
- Steuerfreiheit **3** 27; **16** 20
- Steuerklasse **16** 3, 46
  - Wahl **16** 3, 46
- Steuerrecht **2** 216
- Steuerschraube **16** 9
- Steuertarif **16** 36
- Steuervergünstigung **3** 151, 276; **16** 84
  - Arbeitgeberabfindung **16** 93
  - Beihilfe **16** 97
  - Ermäßigung des Steuertarifes **16** 88
  - Gewerbesteuer **16** 94
  - Kapitalentschädigung **16** 90
  - Körperbehinderung **16** 87
  - Mehrwertsteuer **16** 95
  - Progression **16** 103
  - Sozialhilfe **16** 102
  - Sozialleistung **16** 16, 98
  - Unfallversicherung **16** 99
  - Verjährung der Steuerschuld **16** 89
- Trinkgeld **2** 227
- Unterhaltsrente **16** 7
- Unterhaltsschaden **16** 32

- Vermögenssteuer **16** 65
- Verpflegungsmehraufwand **5** 46
- Vorauszahlungsbescheid **16** 15
- Vorteilsausgleich **8** 44; **16** 84, 86, 92
- Werbungskosten **5** 46; **8** 25, 27, 35
  - Arbeitnehmerpauschale **8** 28, 35
  - Pauschale **8** 35
- Wiederkehrende Leistung **16** 25
- Zu versteuerndes Einkommen **16** 34
  - Schadenersatzjahr **16** 35

Steuerrecht **16** 25
Stichtag
- RVO **1** 120
- SGB VII **1** 120

Stornokosten
- Urlaub **2** 238, 257; **3** 806

Strafgefangener **2** 109
Strafverfahren **2** 270
- Verlust der Fahrerlaubnis **2** 171, 271
- Zeitverlust **2** 270

Student **6** 6; *siehe auch* Auszubildender, Kind, Schüler
- Erwerbsschaden **6** 5

Subsidiarität
- ALG II **3** 418
- Asylbewerber **3** 741
- Grundsicherung **3** 726, 734; **9** 44
- Privatversicherung
  - Unfallversicherung **3** 630
- Sozialhilfe **3** 670, 675; **14** 14, 17
  - Arbeitsunfall **3** 708
- Umschulung
  - Arbeitsverwaltung **9** 44
- § 33 I SGB II **3** 442

Substantiierung **11** 59
Summenversicherung
- Berufsunfähigkeitszusatzversicherung, private **3** 795; **4** 138
- Forderungsübergang **3** 790
- Insassenunfallversicherung **3** 792
  - Fahrer **3** 793
- Krankenhaustagegeldversicherung, private **3** 800
- Krankentagegeldversicherung, private **3** 800; **4** 139
- Lebensversicherung **3** 794
- Reiserücktrittsversicherung **3** 803
- Unfallversicherung, private **3** 791

Systemänderung
- ALG II **3** 430, 437
  - Rentenversicherungspflicht **3** 438
- GSiG **3** 735
- Haushaltsführungsschaden **7** 23
- Landwirtschaftlicher Ehegatte **4** 38
- § 119 SGB X **3** 1027

Index

- § 127 AFG **3** 465
- § 1542 RVO **3** 386
- § 179 Ia SGB VI **3** 1117

Tantieme **4** 255; *siehe auch* Geschäftsführer
Teilungsabkommen
- Arbeitgeberregress **4** 404
- Arbeitgeberregress, umgekehrter **4** 405
- Auslegung **1** 116
- Gesamtschuld
  - Verjährung **12** 26
- Haftpflichtversicherer **1** 112
- Kinderkrankengeld **3** 498
- Kongruenz **1** 115
- Krankenkasse
  - AAG **4** 401
  - BVG **3** 774
  - KV-Beitrag **3** 1091
  - Versorgungsverwaltung **3** 774
- Limit **1** 114; **4** 401
- Lohnfortzahlung
  - Unfallversicherung **4** 379
- Originärer Anspruch **1** 49, 111; **4** 401
- Regressabwicklung **1** 110, 137
  - Übersicht **1** 109
- Regressgläubiger **1** 113
- Rückabwicklung **3** 622
- Übergangsfähigkeit **7** 106
- Unfallversicherer
  - Lohnfortzahlung **4** 379
- Verjährung **12** 24
- Versicherte Person **1** 113
- Versorgungsverwaltung **3** 774
- Vertragliche Verpflichtung **1** 111; **4** 401
- § 110 SGB VII **1** 124
- § 119 SGB X **3** 995

Teilzeit
- Ferienjob **6** 6

Telefonkosten **1** 152, 154; **4** 320
Telekombeamte **3** 1175, 1218
Theaterkarte **2** 250
Theorie der wesentlichen Bedingung **2** 79, 80; **3** 567, 568
Tier
- Aneignungsrecht **2** 29
- Ausbildungskosten **2** 31
- Herrenlos **2** 29
- Jagdpächter **2** 29
- Schadenersatz **2** 28
  - Tod **2** 30
  - Verletzung **2** 30
- Wildes Tier **2** 29

Trinkgeld **2** 226; **3** 162; **4** 257; *siehe* Einkommen-Sonderleistung-Trinkgeld
- Forderungsübergang **4** 257

- Steuer **2** 227

Übermüdung **3** 568
Überobligatorische Tätigkeit **7** 61; **9** 32
Übersetzung **1** 152; **4** 323
Übersicht
- Altersteilzeit **3** 331
- Altfälle **1** 47
- Anhebung des Rentenalters **3** 204
- Anspruchsgrundlage (Prüfungsschema) **1** 33
- Behindertenwerkstatt
  - Rentenversicherung **3** 1104
  - Sozialversicherung **3** 548
- Beschränkung der Leistungspflicht **1** 32
- Beweisverteilung bei § 110 SGB VII **1** 138
- Bezugsgrösse und Mindest-Jahresarbeitsverdienst **6** 49
- Cessio legis
  - Arbeitgeber **3** 318
  - Arbeitsverwaltung **3** 455
  - Krankenkasse **3** 501
  - Pflegekasse **3** 509
  - Rentenversicherung **3** 550
  - Sozialhilfe **3** 700
  - Unfallversicherung **3** 607
  - § 179 Ia SGB VI **3** 1113
- Dienstunfall-Regress **3** 1240
- Drittleistung - Kongruenz **1** 107
- Drittleistungsträger und kongruente Leistungen **1** 107
- Einbindung Dritter in Abfindungsvergleich **1** 186
- Entwicklung des Kapitalisierungsfaktors in Abhängigkeit von Laufzeit und Zinsfuß **13** 50
- Erwerbstätige Personen **3** 5
- Forderungsübergang
  - Art **1** 49
  - Forderungsübergang – Teilungsabkommen - §§ 110 SGB VII, 640 RVO **1** 109
  - Zeitpunkt **1** 60
  - §§ 10, 12 LFZG, 1 f., 5 AAG **4** 387
- Forderungswechsel zum Rentenversicherer nach § 119 SGB X **3** 874
- Geringfügige Beschäftigung **3** 73
- Haftungs- und Leistungsbeziehungen **1** 6
- Kapitalisierung
  - Aufgeschobene Rente **13** 8
  - Kapitalabbau im weiteren Verlauf **13** 6
- Kongruenz **1** 97
- Kongruenz und Leistungssystem **1** 38
- Lebensalter und Verantwortlichkeit **6** 1
- Mindest-Jahresarbeitsverdienst **6** 47

- Kinder **6** 49
- Prüfungsschema zur Haftung **1** 33
- Rechtsänderungen **1** 47
- Rentenversicherung
  - Regelrentenalter **3** 204
  - § 119 SGB X **3** 1013
- Schadenpositionen einer geschädigten Person **1** 102
- Sozialversicherungsbeitrag **3** 274
- Unfallversicherung
  - Gesetzliche und private **3** 574
  - Konkurrenz von Barleistungen beim BG-Unfall **3** 604
  - Privatsphäre – berufliche Sphäre **3** 574
  - Versicherungsschutz **3** 573
- Unterhaltsrechtliche Leitlinien und Tabellen der OLG'e **8** 32
- Versteuerung von Schadenersatzleistungen **16** 33

Übersiedler *siehe* Aussiedler
Überstunden *siehe* Einkommen-Sonderleistung-Überstunden
Umsatzsteuer *siehe* Mehrwertsteuer; *siehe* Steuer-Mehrwertsteuer
Umschulung *siehe auch* Reha-Management, Schadenminderung-Umschulung
- Abfindungsvergleich
  - Direktanspruch **3** 461, 465, 477; **14** 25
  - Drittleistungsträger
    - Gesamtgläubiger **9** 44
- Beamte **3** 1165
- Berufsbedingte Aufwendungen **9** 59
- Bewilligung **3** 461; **14** 25
- BVG **3** 756
- Chance **9** 38
- Eingliederungshilfe **9** 56
- Erfolgschance **9** 51, 54, 57
- Erforderlichkeit **9** 52
- Gesamtgläubiger **9** 44
- Höherqualifizierung **9** 55
  - Dauer **9** 55
- Kündigungsvermeidung **9** 11
- Mehrere **9** 48
- Minderverdienst **9** 55
- Nutzlose **9** 54, 57
- Sinnhaft **9** 51
- Sozial gleichwertig **9** 50
- Subsidiarität **9** 44
- Teilnahmepflicht **9** 46
- Träger der Maßnahme **9** 40
- Umsetzung, betriebliche **9** 53
- Unfallversicherung **3** 599, 604
- Unvermittelbarkeit **9** 54
- Vorteilsausgleich **9** 58

Umsetzung, betriebliche
- Umschulung
  - Schadenminderung **9** 53
Umsiedler *siehe* Aussiedler
Unfallfeste Position **3** 967
Unfallfremd
- Kausalität, überholende **2** 72, 87; **6** 59
  - Beweis **11** 57; **13** 48
    - Beweiserleichterung **2** 85
  - Kapitalisierung **3** 163; **13** 42, 44, 65
- Labilität **2** 80
- Schadenanfälligkeit **2** 80, 83
- Vorschaden **2** 80
Unfallrente *siehe* Verletztenrente
Unfallversicherung *siehe* Privatversicherung-Private Unfallversicherung, Sozialversicherung-Unfallversicherung; *siehe* Unfallversicherung, gesetzliche
- Steuer **16** 99
Unfallzeitpunkt **3** 166; **13** 35
- Arbeitslosigkeit **6** 56
- Status des Verletzten **6** 35
Unterhalt
- Angemessener **7** 98
- Familienrecht **7** 80, 84
- Gesetzlicher
  - Schadenersatzanspruch **7** 80
- Kapitalisierung
  - Sozialhilfe **14** 17
Unterhaltsschaden **1** 169; **6** 43
- Abfindungsvergleich **1** 176; **14** 48
- Anspruchsgrundlage **1** 169
- Barunterhalt **7** 82
  - Einkünfte **1** 172
- Betreuung **7** 98
- Eingetragene Lebenspartner **7** 87
- Entwertungsschaden **2** 165
- Haushaltsführung **7** 61, 84
- Naturalunterhalt **1** 172; **7** 83, 98
  - Betreuung **7** 98
  - Ersatzkraft **7** 98
  - Haushaltsführung **7** 84
  - Mitarbeitspflicht **7** 91
- Originärer Anspruch
  - Hinterbliebene **1** 187
- Steuer **16** 23, 32, 33
- Umfang **1** 171
  - Barunterhalt **1** 172
- Unterhaltspflicht, vertragliche **7** 86
- Verdienstausfall **1** 167, 176, 194; **14** 48
- Verjährung
  - Beginn **1** 193
- Verlobte **7** 86
Unternehmen, Neugründung *siehe* Verdienstausfall-Junges Unternehmen, Ver-

Index

dienstausfall-Neugründung, Unternehmer; *siehe auch* Arbeitgeber, Freiberufler, Selbständige
Unternehmer **2** 117, 174, 229
- Arbeitsunfall **1** 119
- Ersatzkraft **4** 80
- Landwirtschaftlicher **4** 25, 29, 37
  - Ehegatte **4** 38
- Mitunternehmer **3** 7, 127
- Sachschaden **2** 2
- Scheinselbständigkeit **3** 77
- Subunterenhmer **3** 127
- Subunternehmer **3** 7
- Unfallversicherung **3** 574
Urlaub **2** 236; *siehe auch* Freizeit
- Barabgeltung **4** 251
- Berechnung **4** 246
- Besuchskosten **2** 131
- Ehegatte **2** 240, 257
- Freistellungstag **4** 252
- Haushaltsführungsschaden **7** 55
- Nebentätigkeit **5** 6
- NebentätigkeitAnspruch **3** 8
- Reiserücktritt **3** 805
- Schmerzensgeld **2** 237; **3** 805
- Stornokosten **2** 238; **3** 806
- Urlaubsentgelt **4** 248
- Urlaubsgeld **3** 135, 138; **4** 241
- Urlaubskasse **4** 334, 336
- Urlaubstag **4** 252
- Urlaubsvertreter **3** 65
- Verrentung **2** 241
- Vertaner **2** 236, 247; **3** 805
  - Reisevertragsrecht **2** 242
- Wegfall **4** 251
- Zulagen **3** 150
- Zusatzurlaub für Schwerbehinderte **4** 253, 289
- Zweckentfremdung **5** 21
Ursächlichkeit *siehe* Kausalität
Urteil
- Rentenurteil
  - Änderungen, künftige **14** 56
  - Dynamik **14** 55

Verbotene Geschäfte *siehe* Einkommen, rechtswidriges
Verdienstausfall
- Altersgrenze **3** 180
  - Flexible **3** 184
  - Gesetzliches Rentenalter **3** 199
    - Betriebliche Altersversorgung **3** 234
    - Sonderregeln **3** 238
  - Kündigung **3** 200
  - Sachinformation **3** 180

- Vorzeitige **3** 252
- Anspruchsgrundlage **1** 160
- Ausländer **3** 163
- Caritative Tätigkeit **2** 110, 150, 178; **7** 35
- Dienste, entgangene **1** 176
- Drittleistung
  - Sozialversicherung, freiwillige **3** 616
- Ehegatte
  - Gütergemeinschaft **4** 53
- Ende des Arbeitslebens **3** 196
  - Arbeitnehmer **3** 184
  - Arbeitslose **3** 247
  - Beamte **3** 191
  - Bergmann **3** 256
  - Berufsunfähiger **3** 245
  - Erwerbsunfähiger **3** 245
  - Pilot **3** 257
  - Polizei **3** 253
  - Polizeivollzug **3** 253
  - Schwerbehinderter **3** 245
  - Selbständige **4** 91
  - Soldat **3** 254
  - Taucher **3** 258
  - Untertage-Beschäftigter **3** 255
- Endzeitpunkt **13** 9
- Entgelt-Orientierung **2** 112
- Ersatzeinkunft **9** 79, 80
- Erwerbsminderungsrente **3** 217
- Gemeinnützige Tätigkeit **2** 110; **7** 35
- Gewerblich genutztes Fahrzeug **2** 4; **4** 111
- Gewinnausfall **2** 1
- Grenze
  - Vorschaden **3** 260
- Junges Unternehmen **4** 87
- Kein Anbieten der Arbeitskraft **2** 107
- Kein Verwerten der Arbeitskraft **2** 107
- Keine Arbeitswert-Orientierung **2** 112
- Landwirt **4** 17
- Lebensarbeitszeit
  - Arbeitslose **3** 212
  - Beamte **3** 237
  - Bergmann **3** 209
  - Künstler **3** 214
  - Landwirt **3** 213
  - Leitender Angestellte **3** 250
  - Rente mit 67 **3** 201
  - Schwerbehinderte **3** 210
- Mietwagen **2** 6
- Minderverdienst **9** 79, 80
- Mindestschaden **2** 116; **4** 95; **6** 58; **11** 50
- Nettolohnvereinbarung **3** 291
- Neugründung **4** 87
- Pflege **2** 192
- Reha-Management **10** 1
- Rentenminderung

- Erwerbsminderungsrente 3 1006
- Mithaftung 3 231, 996
- Sozialrecht 3 232, 1004
- Sachschaden 2 2
- Schadensberechnung
  - Ersparnis 8 16
    - Arbeitnehmerpauschale 8 28
  - Steuer 16 27, 33
  - Taxi 2 6
  - Unentgeltliche Tätigkeit 2 110; 7 35
  - Unterhaltsschaden 1 167, 176, 189, 194; 14 48
  - Wohltägige Tätigkeit 2 110
- Verdienstausfall, Berechnung *siehe* Berechnung
- Verdiensteinbuße *siehe* Verdienstausfall, Minderverdienst; *siehe auch* Einkommen
- Vereinsbeitrag 2 221
- Vergebliche Aufwendungen *siehe* Aufwendungen, vergebliche
- Vergleich *siehe auch* Abfindung, Prozessvergleich, Rentenvergleich
- Abänderung
  - Fehleinschätzung 14 45
  - Wegfall der Geschäftsgrundlage 14 66
- Abfindungsvertrag 14 1
- Anfechtung
  - Kalkulationsirrtum 14 47
  - Motivirrtum 14 47
- Drittleistungsträger 1 189; 14 3, 9
  - Bindung 14 40
    - Krankenkasse 3 618
    - Rechtsnachfolge 3 677; 14 16, 28, 43
    - Sozialhilfe 14 39, 42
    - Unfallversicherung 3 619
  - Forderungsübergang nach Unfall 14 27
  - Rechtsnachfolge 14 31
- Einbindung Dritter 1 185, 186
- Entgangene Dienste 1 183
- Erfüllung
  - Haftungshöchstsumme 14 7
- Forderungsübergang 3 438, 506, 619, 1118, 1221; 4 374; 14 3, 8, 9, 11, 22, 26, 31, 39, 40, 44
  - Arbeitgeber 14 28
  - Arbeitsamt 3 465, 477; 14 12, 20
  - Arbeitsverwaltung 3 462
  - Beihilfe 14 37
  - Gesamtgläubiger 1 88; 14 6
  - Kind 3 462, 504, 549
  - Krankenkasse, private 14 28
  - Krankenversicherung 3 504; 14 32
  - Pflegekasse, private 14 28
  - Pflegeversicherung
    - Krankenversicherung 14 32

- Rechtsnachfolge 14 31
- Rentenversicherung 3 549
- Sozialhilfe 14 35
- Sozialhilfeträger 14 14
- Späterer Tod 1 176
- § 119 SGB X 3 873
- Forderungsübergang nach Unfall 14 27
- Formulierungsvorschlag
  - Einbindung Dritter 1 186
- Geltungsbereich 1 176
- Gesamtgläubiger 1 88
- Kind 3 379, 462, 504, 549
- Künftige Sozialleistungen 3 465; 14 3, 12, 14, 20
- Mittelbar Betroffene 1 183
- Nasciturus 2 48
- Nebenkosten
  - Rechtsanwalt 15 10
- Regulierungsverhalten 11 33
- Rentenvergleich 14 52, 60
  - Abänderung 14 66
  - Gleitklausel 14 54
- Rentenversicherung
  - § 119 SGB X 3 991
- Rentenzahlung
  - Abänderung 14 54
- Risikosphäre 14 22, 45
- Schwerverletzte
  - Tod 1 183
- Sozialleistung 14 40
  - Abtretung 3 123; 14 5
  - Kenntnis 14 9
  - Verzicht 14 4
- Teilungsabkommen 4 404
- Todesfall 1 176
  - Unterhalt 1 188
- Unterhaltsschaden 1 183
- Vormundschaftsgericht
  - Kosten 15 71
- § 119 SGB X 1 67
- Verjährung 12 1, 68; *siehe auch* Frist
  - Ablaufhemmung 12 18
  - Aufrechnung 12 7
  - Beginn 12 35
    - Fälligkeit 1 192
    - Kenntnis 12 38
    - Positive 12 39
    - Nichtkenntnis
      - Fahrlässigkeit 12 40
  - Beweislast
    - Hemmung 12 14
    - Unterbrechung 12 14
    - Verjährungseintritt 12 13
  - Eheähnliche Gemeinschaft 12 53
  - Ehegatte 12 52

659

- Fahrlässigkeit, grobe **1** 193
- Feststellungsurteil **12** 68, 69
- Forderungsübergang
  - Sozialhilfeträger **3** 676; **14** 16
- Frist **12** 22
  - Ablauf **12** 15
  - Allgemeine **12** 23
  - Beginn
    - Tod **1** 193
  - Bereicherung, ungerechtfertigte **12** 25
  - Delikt **12** 29
    - Personenschaden **12** 30
    - Sachschaden **12** 31
  - Gesamtschuld **12** 26
  - GoA **12** 25
  - Grobe Fahrlässigkeit **1** 193
  - Kurze **12** 66
  - Rechtsnachfolge
    - Unzuständigkeit **3** 619
  - Teilungsabkommen **12** 24
  - Tod **1** 192, 193
  - Vertrag **12** 24
- Fristenlauf **12** 21
- Gesamtanspruch **12** 64, 66
- Heilbehandlungskosten **12** 84
- Hemmung **12** 17, 48
  - Schriftliche Entscheidung **12** 57
  - Verhandlung **12** 55
- Jahresultimo **12** 35
- Kapitalabfindung **13** 13
- Kenntnis
  - Fälligkeit **1** 192
  - Heilbehandlung **3** 1021
  - Nichtkenntnis
    - Fahrlässigkeit **12** 38
      - Drittleistungsträger **12** 43
      - Organisationsverschulden **12** 44
      - Schulung **12** 45
      - Vertreter **12** 38
  - Sozialhilfeträger **14** 16
  - § 119 SGB X **3** 1017, 1020
- Kind - Eltern **12** 52
- Leistungsverweigerungsrecht **12** 6
- Mittelbar Betroffene **1** 190, 193
- Pflegekosten **12** 83
- Prozess
  - Befreiungsanspruch **12** 10
  - Beweislast **12** 13
  - Einrede **12** 8
    - Instanz **12** 9
    - Versäumnisurteil **12** 11
    - Zeitpunkt **12** 9
  - Richterliche Befangenheit **12** 12
  - Versäumnisurteil **12** 11
- Rechtsnachfolge

- § 119 SGB X **3** 1020
- Rente **13** 13
- Rentenleistung
  - rückständige **12** 65
- Schuldnerschutz **12** 21
- Schuldrechtsreform **12** 1
  - Systemvergleich **12** 87
  - § 852 BGB aF **12** 5
- Sozialleistung **3** 364
- Sozialversicherung
  - § 111 SGB X **3** 627
- Späterer Tod **1** 190
- Stammrecht **12** 65
- Steuerschuld **16** 89
- Teilungsabkommen **12** 24
- Unterbrechung **12** 19, 46
- Unterhaltsschaden **12** 82
- Verjährungsfrist
  - Leistungen, wiederkehrende **12** 67, 69
  - Urteil
    - Feststellungsurteil **12** 67, 69
- Verjährungsverzicht **12** 61
- Wiederkehrende Leistung **12** 66
  - Begriff **12** 78
- Zinsen **12** 77
- § 119 SGB X **3** 1010
- § 197 II BGB **12** 76
Verkehrsopferhilfe
- OEG **3** 783
- § 119 SGB X **3** 982
Verkehrssicherungspflicht **2** 13
Verletzung, geringfügige *siehe* Rechtsgutverletzung-Bagatelle
Verlust
- Diebstahl **2** 261
- Wertgegenstand **2** 261
Vermögenseinbuße
- Drittleistungsträger
  - Mittelbarer Schaden **1** 151
Vermögenseinbuße, Mittelbarer Schaden *siehe auch* Forderungsübergang-Kein Anspruch
Vermögensnachteil **2** 263; **3** 132
- Verlust der Fahrerlaubnis **2** 171, 271
Vermögensschaden **2** 263; **4** 71; *siehe auch* Arbeitgeber, mittelbarer Schaden, Urlaub, Vermögensnachteil, Zeitverlust
- Arbeitgeber **4** 141, 145, 323
- Mittelbarer Schaden **4** 141, 145
- Wegfall der Arbeitskraft **4** 69
- Zeitverlust **5** 39
Vermögenswirksame Leistungen **3** 140
Versicherung *siehe auch* Deckung, Privatversicherung, Sozialversicherung
- Versicherungsabschluss

- Berufsunfähigkeitsversicherung **2** 144
- Vereitelung **2** 144
- Versicherungsrechtliche Nachteile **2** 264
- Versicherungsschutz
  - Fahrlässigkeit, grobe **1** 20
- Versicherungsschutzversagung
  - Arbeitgeber **4** 384
  - Berufsständische Versorgung **3** 659
  - BVG **3** 781
  - Dienstherr **3** 1241
  - Grundsicherung **3** 739
  - Krankenversicherung **3** 1079
  - Sozialhilfe **3** 712
  - Verkehrsopferhilfe
    - § 119 SGB X **3** 982
    - § 119 SGB X **3** 981
    - § 179 Ia SGB VI **3** 1134
- Versicherungsschutz *siehe auch* Deckung, Familienangehörige-Mitversicherung
- Versicherungssumme *siehe* Deckungssumme
- Vertrag zulasten Dritter
  - Prozessvergleich **15** 60
- Vertragliche Verpflichtung
  - Mittelbarer Schaden **2** 257
- Vertreter *siehe auch* Gesetzliche Vertreter, Rechtsanwalt
  - Gesetzlicher Vertreter
    - Juristische Person **3** 129
  - Handelsvertreter **3** 88, 102, 127; **16** 77
  - Praxisvertretung **4** 84
  - Versicherungsvertreter **3** 88; **4** 88
- Verwaltungskosten **1** 152; **3** 583, 724, 778, 1212; **4** 295, 317, 322
- Verwandtenprivileg
  - Abtretung **1** 56; **3** 1230
  - Arbeitgeber **4** 382
  - Beitragsregress
    - Krankenkasse **3** 1078
    - § 179 Ia SGB VI **3** 1133
  - Berufsständische Versorgung **3** 657
  - Betriebliche Altersversorgung **3** 353
  - Budget, persönliches **3** 699
  - BVG **3** 779
  - Dienstherr **3** 1230
  - Grundsicherung **3** 737
  - Nicht-eheliche Gemeinschaft **1** 46
  - Sozialhilfe **3** 704, 710
  - § 110 SGB VII **1** 140
  - § 119 SGB X **3** 980
  - § 640 RVO **1** 139
- Verzicht
  - Sozialleistung **3** 122, 363
- Verzug **1** 158
  - Rechtsanwaltskosten **1** 157
  - Schadenersatz **1** 159; **4** 146, 326; **13** 63

- Verzugsfolge **1** 49, 159; **4** 146, 326
  - Arbeitgeber **4** 144, 296
  - Mehrwertsteuer **4** 331
  - Rechtsanwaltskosten **1** 157; **4** 321, 327; **15** 7, 11
  - Zinsen **2** 276; **4** 292; **13** 63
- Volljährigkeit
  - Entgangene Dienste **7** 146
- Vollmacht
  - Abtretung **15** 15
  - Formular **15** 15
  - Prozessvollmacht **15** 15
- Vorerkrankung
  - Verborgene **2** 86, 90
- Vormundschaftsgerichtliche Genehmigung
  - Kosten **15** 71
- Vorschaden **2** 43, 72, 78, 83, 90, 109; **3** 259; **4** 98; **11** 36; *siehe auch* Kausalität, überholende, Unfallfremd, Vorerkrankung
  - Kind **6** 29
- Vorstand *siehe* Vertreter-Juristische Person
- Vorstandsmitglied *siehe auch* Gesellschafter
- Vorsteuer *siehe* Steuer-Mehrwertsteuer
- Vorteilsausgleich **3** 287, 304, 547; **8** 1
  - Arbeitgeberabfindung **3** 289, 322, 398, 410, 452
  - Arbeitsunfähigkeit **4** 403; **8** 17
  - Auslöse
    - Familenrechtliche Handhabung **8** 29
  - Beamte **3** 1214
  - Berufsbedingte Aufwendungen **8** 5, 15, 16
    - Arbeitnehmerpauschale **8** 28
    - Berechnung **8** 39
    - Fahrtkosten **8** 34
    - Familienrecht **8** 29
    - Schätzung **8** 33
    - Werbungskosten **8** 27, 35
  - Betriebliche Altersversorgung **3** 344
  - Eigenanteil **8** 13
  - Eigenleistung am eigenen Heim **2** 160
  - Einkommen **8** 1
  - Entgangene Geschäfte **4** 77
  - Fahrtkosten **8** 34
  - Freie Kapazitäten **4** 78, 107
  - Freiwillige Leistungen Dritter **8** 2
  - Gesamtgläubiger **4** 403
  - Höhe **8** 12, 27
  - Kürzung
    - Arbeitgeber **8** 6, 10, 15, 43
    - Arbeitnehmer **8** 8
    - Beihilfeträger **8** 10
    - Berufsgenossenschaft **8** 7
    - Dienstherr **8** 6, 10, 15
    - Krankenkasse **8** 7, 10
    - Sozialversicherung **8** 7, 10

661

Index

- Landwirt **4** 21
- Mehraufwand **5** 42
- Pauschal **8** 33
- Soldat **3** 1215
- Sozialversicherung **2** 160; **3** 119, 266; **9** 45
  - Ausländischer Träger **3** 305
  - Nettoleistung **3** 280
- Stationäre Behandlung **4** 403; **8** 7, 9
- Steuer **3** 27, 28, 263, 275; **4** 17, 83, 105; **8** 44; **16** 4, 6, 20, 84, 86, 92
  - Beamtenbeihilfe **16** 97
  - Gewerbesteuer **16** 61, 94
  - Mehrwertsteuer **16** 69, 77, 96
  - Unfallversicherung **16** 99
- Umschulung **9** 58
- Unterhaltsrechtliche Leitlinien **8** 32
- Verwertung des Unternehmen **4** 106
- Von Amts wegen **8** 3
- Wegfall von Wehr-/Zivildienst **3** 167; **6** 40
- Zeitraum **8** 13, 42

Wahrscheinlichkeit *siehe* Beweis-Wahrscheinlichkeit
Waise
- Barunterhalt **7** 88
- Steuer **16** 48

Wartezeit *siehe auch* Erfüllung-Wartezeit, Rentenanspruch-Wartezeit, Sozialversicherung-Rentenversicherung-Wartezeit
- Berufsständische Versorgung **3** 640
- Studium **6** 40

Wegfall der Geschäftsgrundlage **14** 62
Wehrdienst
- Wegfall **3** 167; **6** 40
- Wehrdienstbeschädigung **3** 518
- Wehrpflichtiger **3** 1143
  - § 119 SGB X **3** 891

Weihnachtsgeld **3** 138; **4** 242
Werbungskosten *siehe* Steuer, Werbungskosten
Werksrabatt **2** 173; **3** 152
Werkstatt, beschützende *siehe* Behindertenwerkstatt
Wertgegenstand
- Verlust **2** 261
Wertminderung **2** 60
Wertsicherungsklausel **14** 55
- Genehmigung **14** 59
Wiedereingliederung *siehe* Umschulung; *siehe* Reha-Management, Umschulung
- Späterer Berufswechsel **9** 4
Wiederkehrende Leistung
- Bedürfnisse, vermehrte **12** 83
- Heilbehandlungskosten **12** 84
- Rente **14** 14

- Anpassung **14** 66
- Rentenvergleich **14** 52, 60
- Schadenminderung **15** 21
- Sozialhilfe **14** 14
- Verjährung **12** 65, 67, 69

Witwe
- Steuer **16** 48

Zeitaufwand *siehe* Vermögensschaden-Zeitverlust
Zeitpunkt
- Letzte mündliche Verhandlung **4** 94; **8** 1; **11** 14, 62

Zeitraum **3** 166; **4** 91; **6** 25, 61; **13** 37, 69; *siehe auch* Prognose
- Beamte **3** 1169
- Kapitalisierung **13** 68
- Wehr-/Ersatzdienst **3** 167

Zeitrententabelle **13** 83, 84
Zeitverlust **1** 154; *siehe auch* Freizeit, Vermögensschaden
- Arztbesuch **2** 121; **4** 311
- Ärztliche Behandlung **2** 273
- Freizeit **2** 125, 169, 267
- Gleitzeit **2** 273
- Schadenabwicklung **2** 272
- Schmerzensgeld **2** 268
- Stau **2** 17, 26, 269
- Strafverfahren **2** 270
- Unfallaufnahme **2** 270
- Zeugenaussage **2** 270

Zession *siehe* Forderungsübergang
Zessionsverhältnis **1** 31
Zeuge
- Berufsrisiko **2** 63
- Schockschaden **2** 39, 63, 65, 99
- Unfallversicherungsschutz **3** 573
- Zeitaufwand **2** 270
- Zeuge Jehova **2** 71

Zeuge Jehova
- Verweigerung einer Behandlung **2** 71; **9** 66

Zinsen
- Abzinsung **13** 83
- Baukredit **16** 91
- Darlehnsmehrbedarf **2** 159
- Nutzungsausfall **2** 275
- Steuer
  - Einnahmen **3** 28
  - Kredittilgung **16** 91
  - Verjährung **12** 68, 77
- Verzug **13** 63
- Zinsertrag
  - Kapitalisierung **13** 4, 23, 49
- Zinseszinsverbot **2** 276; **9** 84

- Zinsfuß
  - Kapitalisierung **13** 22, 27, 49, 51, 66, 69, 70, 77
- Zivildienst **3** 1143
  - Wegfall **3** 167; **6** 40
  - Zivildienstbeschädigung **3** 518
  - Zivildienstleistender **3** 1149
    - § 119 SGB X **3** 891
- Zugangsfaktor **3** 219
- Zumutbarkeit
  - Beweismittelaufbewahrung **12** 23
  - Erwerbstätigkeit **3** 354, 759; **9** 21, 27, 33; **11** 56
    - 400 €-Job **3** 913
  - Korrektiv **2** 104
  - Kündigungsvermeidung **9** 11
  - Medizinischer Eingriff **9** 63
  - Nachholen von Arbeit **4** 110
  - Schadenrecht **3** 434
  - Sozialhilfe **3** 417
  - Sozialrecht **3** 355, 435
  - Umdisponieren **4** 112
    - Besuchskosten **2** 131
    - Haushalt **7** 77, 96; **9** 30
  - Umschulung **9** 47, 55; **10** 6
- Zurechnungszusammenhang *siehe auch* Kausalität, Lebensrisiko
  - Allgemeines Lebensrisiko **2** 39, 62, 64, 220
- Arbeitsstellenwechsel **9** 4
- Berufsrisiko **2** 63, 99
- Fehlverhalten Dritter **2** 70, 73
- Feuerwehr **2** 63, 99
- Folgeschäden **2** 66
- Geringfügigkeit **2** 69
- Polizei **2** 63, 67, 99
- Reflexwirkung **2** 15
- Sanitäter **2** 63, 99
- Schadenanlage **2** 69
- Schadenbegutachtung **2** 68
- Unfallaufnahme **2** 67
- Zeuge Jehova **2** 71; **9** 66
- Zusatzversorgungskasse **3** 808
- Zuschlag *siehe auch* Schaden-Beitragszuschlag
  - Beitragszuschlag **2** 264
  - Gehaltszuschlag **4** 254
  - Gemeinkostenzuschlag **4** 299
  - Kinderzuschlag **4** 255
  - Krankengeld **4** 315
  - Prämienzuschlag **3** 796, 802
  - Rentenzuschlag **3** 24
  - Risikozuschlag **3** 796, 802
  - Solidarzuschlag **3** 275; **4** 233; **16** 59
  - Tarifvertrag **4** 315
  - Teuerung **13** 60
  - Zuschlagssteuer **16** 57
- Zuwendung, familiäre **2** 134